ISBN 978-0-656-63777-5
PIBN 11031253

1 MONTH OF
FREE
READING

at

www.ForgottenBooks.com

By purchasing this book you are eligible for one month membership to ForgottenBooks.com, giving you unlimited access to our entire collection of over 1,000,000 titles via our web site and mobile apps.

To claim your free month visit:

www.forgottenbooks.com/free1031253

English
Français
Deutsche
Italiano
Español
Português

www.forgottenbooks.com

Mythology Photography **Fiction**
Fishing Christianity **Art** Cooking
Essays Buddhism Freemasonry
Medicine **Biology** Music **Ancient**
Egypt Evolution Carpentry Physics
Dance Geology **Mathematics** Fitness
Shakespeare **Folklore** Yoga Marketing
Confidence Immortality Biographies
Poetry **Psychology** Witchcraft
Electronics Chemistry History **Law**
Accounting **Philosophy** Anthropology
Alchemy Drama Quantum Mechanics
Atheism Sexual Health **Ancient History**
Entrepreneurship Languages Sport
Paleontology Needlework Islam
Metaphysics Investment Archaeology
Parenting Statistics Criminology
Motivational

Zeitschrift

des

Vereins für hessische Geschichte und Landeskunde.

Neue Folge. Siebenzehnter Band.

(Der ganzen Folge XXVII. Band.)

Kassel.

Im Commissionsverlage von A. Freyschmidt,

Hof-Buchhandlung.

1892.

1584
.457
.93   (1892·93)   [Bd. 27.28]

Druck von L. Döll in Kassel.

Inhalt.

I.

Der Chronist Wigand Gerstenberg.

Nebst Untersuchungen über ältere hessische Geschichtsquellen.

Von

Julius Pistor.

—⊗—

Erster Abschnitt.

I.

Einleitung.

Die Bedingungen, unter denen die politische und kirchliche Entwicklung Hessens im früheren Mittelalter vor sich gegangen ist, haben mit denjenigen viel Verwandtes, die für die Ausbildung des benachbarten thüringischen Gebietes massgebend gewesen sind. Beide Länder waren schon früh Theile des fränkischen Reiches, behielten aber dabei eine Zeit lang einen gewissen Grad von Selbständigkeit: in Thüringen wie in Hessen finden wir ein nationales Herzogthum, das sich freilich hier bedeutend länger hielt als dort. Man wird zwar nicht behaupten können, dass der Schwerpunkt des Reiches in jenen Zeiten dauernd in den genannten

Territorien gelegen habe; trotzdem entbehrten sie aber keineswegs einer nach einer anderen Seite sich geltend machenden Bedeutung: Hessen diente Jahrhunderte hindurch den fränkischen Herrschern als Stützpunkt für ihre Unternehmungen gegen die Sachsen; in einem noch höheren Grade und während eines viel grösseren Zeitraumes lag Thüringens Bedeutung in seiner Eigenschaft als Grenzmark gegen die slavische Welt [1]).

Viel Aehnlichkeit zeigt sich auch hinsichtlich der kirchlichen Entwickelung beider Territorien. In Hessen wie in Thüringen bestand das Heidenthum nach der Bekehrung der Franken noch zwei Jahrhunderte fort, bis Bonifatius dort dem Christenthum eine bleibende Stätte schuf. Um diesen Zweck bald und vollständig zu erreichen, fasste man die Stiftung von Bisthümern in's Auge: in Thüringen sollte Erfurt, in Hessen Büraburg der kirchliche Mittelpunkt werden. Allein hier wie dort scheinen wichtige Vorbedingungen für ihre Existenz gefehlt zu haben [2]), denn von einer Wirksamkeit des Erfurter Bisthums hören wir gar nichts [3]) und die Thätigkeit, die Büraburg entfaltete, war gleichfalls nicht von Belang [4]). Auch andere Stiftungen des Bonifatius in diesen Landen konnten nie zu rechtem Gedeihen kommen: Ohrdruf in Thüringen und Amöneburg und Fritzlar in Hessen. Aber darin liegt ein wesentlicher Unterschied, dass hier die Klöster Fulda und Hersfeld sich schnell zu grosser Bedeutung

---

[1]) Vgl. *Fr. X. v. Wegele* in den Annales Reinhardsbrunnenses (Thür. Geschichtsquellen I. Bd.) p. VII ff.

[2]) Vgl. hierüber u. a. *W. Arnold,* Deutsche Geschichte II, 1. S. 213 ff.

[3]) *F. W. Rettberg,* Kirchengesch. Deutschlands II, 367 ff.

[4]) *Rettberg,* I, 598 ff. und *H. Heppe,* Kirchengeschichte beider Hessen I, 36 und 44.

aufschwangen: nicht nur dass sie die Erbschaft des eingegangenen Bistbums Büraburg antraten und durch päpstliche und kaiserliche Privilegien die Immunität von Bischofs- und Grafengewalt erlangten, auch in Thüringen nahmen sie unter den kirchlichen Gewalten die erste, unter den weltlichen eine nicht zu unterschätzende Stellung ein. Selbst Mainz konnte hier diesen Klöstern weder an äusseren Machtmitteln noch an Einfluss auf das kirchliche Leben gleichkommen[5]).

Diese Verhältnisse sind begreiflicherweise nicht ohne nachhaltigen Einfluss auf die Entfaltung des geistigen Lebens und besonders auf die Entwicklung der Geschichtschreibung in beiden Ländern gewesen. Der hervorragenden Stellung entsprechend, welche die genannten Klöster im Reiche einnahmen, finden wir in ihnen eine z. Th. glänzende historiographische Thätigkeit zu einer Zeit, wo in Thüringen noch niemand daran dachte, geschichtliche Ereignisse aufzuzeichnen. Bald sollte indes das umgekehrte Verhältnis eintreten. Denn kaum ist die Historiographie in Hessen verstummt, da entfaltet sich im Nachbarlande, anknüpfend an das Geschlecht Ludwigs des Bärtigen, eine grosse Regsamkeit auf dem Gebiete der Geschichtschreibung, zuerst in Erfurt, dann in Reinhardsbrunn und später in Eisenach[6]). Unter der nicht geringen Zahl der hessischen Dynastengeschlechter jener Zeit findet sich keines, das auch nur im entferntesten von der Bedeutung für das Land gewesen wäre, welche das Haus Ludwigs für Thüringen hatte; und als nun gar die beträchtlichen gisonischen Besitzungen an Thüringen kamen und der Kern des hessischen Landes zu einem Anhängsel des Nachbargebietes herabsank, da konnte dort von einem

---

[5]) *Th. Knochenhauer*, Gesch. Thüringens in der karol. und sächs. Zeit S. 145 ff., bes. S. 164 ff.

[6]) *v. Wegele* a. a. O. p. X und XI.

Erwachen des eingeschlummerten geschichtlichen Inter-
esses keine Rede sein. In der That sind die Nachrichten der späteren hessischen Chronisten über diese
Zeiten höchst spärlich, und vergeblich versuchen sie
diese Dürftigkeit durch eine intensive Berücksichtigung
der thüringischen Verhältnisse zu verdecken. Man hat
es eben damals unterlassen, Aufzeichnungen zu machen,
und das Versäumte konnte später nicht nachgeholt
werden. Infolge dieses Umstandes fing die thüringische
Historiographie an einen ausserordentlich starken Einfluss auf die hessische auszuüben, und dieser machte
sich auch noch für die Zeiten geltend, wo sich in
Hessen bereits eine ansehnliche Geschichtschreibung
entwickelt hatte.

Nahezu hundertundzwanzig Jahre war ein grosser
Theil von Hessen im Besitze des thüringischen Land-
grafenhauses gewesen, da errang das Land durch den
Tod des Heinrich Raspe seine politische Selbständigkeit wieder, es bekam in Heinrich von Brabant einen
Herrscher, dessen Persönlichkeit und Thaten wohl geeignet waren, der heimischen Geschichtschreibung neue
und nachhaltige Anregung zu geben. Indessen ist über
das Wiedererwachen historischer Studien in dieser Zeit
nichts Sicheres bekannt, weil die Quellen, aus denen
der sogleich zu nennende Johannes Riedesel für
die zweite Hälfte des dreizehnten Jahrhunderts schöpfte,
nicht nothwendig schriftlich fixirt gewesen sein müssen.
Riedesel ist der Verfasser einer hessischen Chronik, die
jedoch nicht in ihrer ursprünglichen Form, sondern nur
in — freilich, wie es scheint, ziemlich vollständigen —
Auszügen erhalten ist, welche Wigand Gerstenberg
gegen das Ende des fünfzehnten Jahrhunderts aus
derselben machte.

Schwerlich wird es gelingen, über die Person des
Verfassers völlige Klarheit zu schaffen. Der Chronist

hiess Johannes und gehörte dem bekannten hessischen
Adelsgeschlechte der Riedesel an[7]); mehr lässt sich mit
Bestimmtheit nicht behaupten[8]).

Trotz der mangelhaften Ueberlieferung tritt übrigens
der Charakter der Arbeit unzweideutig hervor: der
Verfasser ist offenbar bemüht, die Begebenheiten ob-
jektiv zu schildern; Aeusserungen subjektiver Art finden
sich nicht, doch lässt sich seine Anhänglichkeit an das
hessische Fürstenhaus unschwer erkennen.

Riedesels Chronik, die übrigens in Hessen wenig
verbreitet gewesen sein muss, — denn nur von Gerstenberg steht es unzweifelhaft fest, dass er sie unmittelbar benutzt hat, — ist begreiflicherweise von nicht
geringem Einfluss auf spätere Darsteller der hessischen
Geschichte gewesen: ausser Lauze war kein einziger
unter diesen Chronisten in der Lage, Riedesels Nachrichten richtig zu stellen oder gar durch andere Quellen
zu ersetzen.

Mit der Landesgeschichte muss sich auch die sogenannte Hessenchronik beschäftigt haben. Gerstenberg citirt dieselbe im ganzen 14 mal, aber nur in
grossen Zwischenräumen. Der unbekannte Verfasser
ist in seiner Darstellung bis auf Heinrich I. zurückgegangen und hat ohne Zweifel den genealogischen
Verhältnissen des hessischen Fürstenhauses besondere
Aufmerksamkeit geschenkt, doch berichtet er auch über

---

[7]) *O. Lorenz,* Deutschlands Geschichtsquellen II², 93 will
nicht entscheiden, ob Joh. Riedesel der Verfasser oder nur der
Besitzer der Chronik war. Doch kann keinerlei Zweifel hierüber
obwalten: Gerstenberg sagt (bei *Fr. Chr. Schmincke,* Monimenta
Hassiaca II, S. 437) ausdrücklich: „Alsus schribet Johan Ryteßel",
ferner S. 445: „alß Johan Ryteßel beschribet" und ähnlich auch
S. 378, 448, 451, 453, 457 u. s. w.

[8]) Dass Riedesel im Jahre 1327 gestorben sei, wie Jos.
Rübsam bei *Wetzer* und *Welte,* Kirchenlexikon 2. Aufl. 5. Bd.
Sp. 1934 annimmt, beruht auf einem Irrthum.

äussere Unternehmungen, besonders über solche aus der Regierungszeit des Landgrafen Hermann. —

Die Zeiten des vierzehnten und des beginnenden fünfzehnten Jahrhunderts waren für eine kräftige und gleichmässige Entfaltung der die Landesgeschichte behandelnden Historiographie nichts weniger als günstig, während gerade die lokale Geschichtschreibung mancherlei Anregung erhielt. Wohl vollzogen sich damals wichtige Umwandlungen, aber sie traten selbst für den aufmerksamen Beobachter nicht sogleich in ihrer vollen Bedeutung hervor; sie waren auch z. Th. wenigstens von zuviel Unruhe und Unglück für das Land begleitet, als dass die Wissenschaften hätten blühen, dass die Geschichte namentlich in ausgiebigem Maasse hätte Bearbeiter finden können. Hierher gehört zunächst das eifrige und beharrliche Streben der Landgrafen, den überkommenen kleinen und sehr zerstückelten Besitzstand zu vergrössern und abzurunden, ein Bemühen, das nach Lage der Dinge anfangs nur schwachen Erfolg haben konnte. Am glücklichsten war hierin Heinrich I. und dessen Enkel Heinrich II. Bedeutungsvoller war es, dass es ersterem gelang, seine Erhebung in den Reichsfürstenstand durchzusetzen; aber noch waren nur geringe Theile, nicht sein gesammtes Besitzthum als ein dem Reiche unmittelbar angehörendes Lehen anerkannt: dies war erst der Regierung Heinrichs II. vorbehalten. Allein dieses Emporkommen war doch nur langsam und in beträchtlichen Zwischenräumen erfolgt und ausserdem zu wenig mit bedeutenden äusseren Vorgängen, etwa siegreichen Feldzügen und gänzenden Thaten, verbunden gewesen, als dass die Historiographie hier rechte Anknüpfungspunkte hätte finden können.

Stärker mussten schon die kriegerischen Ereignisse der Zeit, insbesondere die langwierigen Kämpfe

mit Mainz um die staatliche und territorial-kirchliche
Selbständigkeit Hessens in's Auge fallen [9]). Bereits in
der Zeit der Verbindung dieses Landes mit Thüringen
hatten dieselben begonnen; heftiger waren sie dann unter
Heinrich I. entbrannt, der trotz Acht und Bann die mit
Nachdruck erhobenen unbilligen Ansprüche des Erzbis-
thums nach vieljährigen mit aller Erbitterung geführten
Kämpfen zurückwies (1283). Nach dem Tode des Land-
grafen Johann brach, da die um die mainzischen Leben
des Verstorbenen zwischen dessen Bruder Otto und
Peter von Mainz geführten Unterhandlungen erfolglos
blieben, der Streit von neuem aus, und wiederum litt
Hessen unsäglich unter der Barbarei der mainzischen
Kriegsvölker. Erst nach dem Tode der beiden Fürsten
kam es zu einem Vergleich. Lange dauerte aber die
Ruhe nicht; nach ergebnislosen Unterhandlungen griff
man zu den Waffen, und der Kampf endete mit dem
Siege Heinrichs II. (1347).

Ein Vierteljahrhundert etwa ruhten nunmehr die
Fehden mit dem gefährlichen Nachbar, aber diese
Epoche war nicht dazu angethan, die schweren Schäden,
die Land und Leute erlitten, zu heilen, im Gegentheil,
die schlimmsten Zeiten kamen erst, als Heinrich II. und
sein Neffe Hermann mit dem übermütigen hessischen
und benachbarten Adel um ihre Existenz ringen mussten.
Diesen Konflikten folgte ein womöglich noch heftigerer
Zusammenstoss mit den niederhessischen Städten, die
sich soeben noch als die treuesten Helfer der Fürsten
gezeigt hatten. In engem Zusammenhang mit diesen
Unruhen standen die gegen Hessen gerichteten kriege-

---

[9]) Vergl. die übersichtliche Darstellung der Beziehungen
Hessens zu Kurmainz bei *W. Friedensburg*, Landgraf Hermann II.
der Gelehrte von Hessen und Erzbischof Adolf I. von Mainz
(Zeitschr. für hess. Gesch. N. F. XI, 3 ff.) und besonders bei
Heppe a. a. O. I, 47 ff.

rischen Unternehmungen benachbarter Fürsten, des
Markgrafen Balthasar von Thüringen, des Herzogs Otto
von Braunschweig und des Erzbischofs Adolf I. von
Mainz, die, unterstützt von dem hessischen Adel, nichts
Geringeres als die Vernichtung der Landgrafschaft beabsichtigten. Auch die Städte regten sich und konnten
nur mit Mühe niedergehalten werden. Aber trotzdem
ging aus all diesen wechselvollen Kämpfen die zähe
Ausdauer Hermanns siegreich hervor, nicht jedoch,
ohne dass dieser Erfolg der Territorialherrschaft mit
einem starken Niedergang des hessischen Städtethums
und mit beträchtlichem materiellen Schaden des ganzen
Landes erkauft worden wäre. An Zwistigkeiten mit
Mainz fehlte es zwar auch während der letzten Re-
gierungsjahre dieses Fürsten nicht, doch ruhten wenigstens die Waffen, und erst Hermanns Nachfolger
Ludwig I. war es beschieden, durch zwei Siege die
fort und fort erneuten Uebergriffe dauernd zu beseitigen (1427).

Alle diese Konflikte, zu denen noch zahlreiche Fehden mit benachbarten weltlichen und geistlichen Fürsten
und vereinzelt auch Zwistigkeiten innerhalb des landgräflichen Hauses kamen hatten die gesunde, stetige
Entwicklung der politischen Verhältnisse stark beeinträchtigt und im Zusammenhang hiermit eine Geschichtschreibung, die sich höhere Ziele steckt als die
lokale, nicht recht aufkommen lassen. Doch war trotz
mannigfacher Misserfolge die Dynastie aus diesen
Kämpfen und Verwicklungen siegreich hervorgegangen,
sie hatte ihren Besitz erheblich vermehrt, ihr Ansehn
war in den Nachbargebieten und darüber hinaus nicht
unbeträchtlich gestiegen. Besonders reichen Zuwachs
hatte die zweite Hälfte des fünfzehnten Jahrhunderts
durch die Erwerbung der Grafschaften Ziegenhain,
Nidda und Katzenelnbogen gebracht. Und als dann

allmählich ruhigere Zeiten eintraten, als in Hessen das
Bewusstsein der Zusammengehörigkeit, das sich trotz
der Theilung des Landes in zwei Fürstenthümer stets
erhalten hatte, durch die Erfolge der Landgrafen mehr
und mehr erstarkte, da begann entsprechend dieser
Steigerung der äusseren Macht und des damit verbundenen Selbstgefühls auch die Historiographie einen
kräftigen Aufschwung zu nehmen.

Auf die Mitte des genannten Jahrhunderts etwa
weisen zunächst nicht näher bekannte Aufzeichnungen
des Tilemann Hollauch, des Kanzlers Ludwigs I.,
die von Späteren benutzt wurden. Sie handeln, soweit
dies aus vereinzelten Citaten ersichtlich ist, von Erwerbungen des genannten Fürsten. Um dieselbe Zeit
entstanden, vielleicht in Zierenberg oder dem benachbarten Kloster Hasungen, kurze in kunstloser Form
abgefasste Notizen, welche die Zeit von 1455—1460
behandeln und unter anderem auf Ereignisse Rücksicht
nehmen, die Hessen betrafen [10]).

Eine viel höhere Bedeutung haben die Werke, die
gegen das Ende des fünfzehnten und im ersten Viertel
des sechzehnten Jahrhunderts entstanden: es sind die
Chroniken des Wigand Gerstenberg aus Frankenberg und des Johannes Nohen [11]) aus Hersfeld. Beide

---

[10]) Abgedruckt bei *Mone*, Anzeiger für Kunde der deutschen
Vorzeit 1835 Sp. 282 ff. Vgl. *Lorenz*, Deutschlands Geschichtsquellen II², 94 und hierzu *A. Wyss* in der Deutschen Litteraturzeitung VIII. (1887) Sp. 1339.

[11]) So schreibt er seinen Namen in der von *Landau* nach
dem vermuthlichen Autograph herausgegebenen Chronik (Zeitschr.
für hess. Gesch. V. S. 1). Dieselbe Form hat ausserdem *Cyr.
Spangenberg*, Hennebergische Chronika (Strassburg 1599) S. 8—10
und 219, womit desselben Adelspiegel II, 72 zu vergleichen ist.
In der Erfurter Matrikel ist er (1461) verzeichnet als Joh. Nun
(Akten d. Erf. Univ. I, 287). *Lauze* nennt ihn in dem ersten,
noch ungedruckten Theile seiner Chronik (S. 30a, 252, 258, 263,

Männer hatten nahe Beziehungen zum Landgrafenhause:
Gerstenberg war Kapellan Wilhelms III., Nohen stand in
den Diensten der Landgräfin Mechthilde, der Witwe Ludwigs II., und scheint Hofmeister des jungen Wilhelm II.
gewesen zu sein. Gerstenberg, dem wir uns nunmehr
ausschliesslich zuwenden, schrieb neben einer Geschichte
seiner Vaterstadt Frankenberg eine ausführlichere thüringisch-hessische Chronik.

II.

Die Handschriften und Ausgaben.

Die Frankenberger Chronik ist in zahlreichen
Handschriften überliefert[12]), von denen jedoch nur die
der Ständischen Landesbibliothek in Kassel gehörige
Mss. Hass. in 4° nr. 26 in Betracht kommen kann, da sie
wie ein Vergleich mit zwei von Gerstenbergs Hand
herrührenden Schriftstücken lehrt, von dem Chronisten
selbst geschrieben ist[13]). Dieselbe enthält ausserdem
Johann Emmerichs Frankenberger Stadtrecht, das
anfangs (bis Blatt 8 einschliesslich) ebenfalls die Schriftzüge Gerstenbergs aufweist.

---

u. s. w.) Nhuen oder Nhun. Dagegen weist der nach einer
schlechten Handschrift von *Senckenberg* in Selecta jur. et hist. V.
veranstaltete Abdruck einer Chronik des Hersfelder Geschichtschreibers S. 463 die Form Nobe auf, während man S. 388 wieder
Noben liest. Noch heute kommt der Familienname Nuhn in einigen
westlich von Hersfeld gelegenen Dörfern (Kirchheim u. a.) vor.

[12]) Vergl. *Ph. A. F. Walther*, Literärisches Handbuch für
Geschichte und Landeskunde von Hessen im allgemeinen und dem
Grossherzogthum Hessen insbesondere. 2. Suppl. S. 13 (nr. 90).

[13]) Hierauf hat, wie ich nachträglich sehe, bereits *G. Schenk
zu Schweinsberg* (Quartalblätter des hist. Vereins f. d. Grossherzogth.
Hessen 1884 S. 35) aufmerksam gemacht. Eine nochmals vorge-
nommene Vergleichung der von diesem herangezogenen Urkunde
vom Jahre 1497 und eines eigenhändigen Schreibens Gerstenbergs
(mitgetheilt unten im Anhang I.) mit dieser Handschrift und dem

Der Codex umfasst im ganzen mit Ausschluss des leeren Vorsetzblattes 68 Blätter, von denen 60 mehr oder weniger beschrieben sind. Davon kommen 40 auf die Frankenberger Chronik, die ursprünglich 41 Blätter umfasste. An Stelle von Blatt 16 und 17 (nach Gerstenbergs Zählung), die herausgerissen sind, ist nämlich später nur e in Blatt eingeklebt und dasselbe auch nur theilweise beschrieben. Im Texte findet sich also hier eine beträchtliche Lücke. Mit Blatt 41 beginnt das Frankenberger Stadtrecht, das bis Blatt 60 reicht. Die übrigen 8, ursprünglich 9 Blätter — denn das erste ist weggeschnitten — sind leer.

Das Titelblatt trägt folgende Aufschrift in grossen Buchstaben, von denen einige im Anfang der Wörter mit Roth ausgemalt sind:

Hec chronica francobergensia edita sunt a venerabili viro domino Guigando Gerstenberg dicto vietoris Incliti principis ac domini domini Guilhelmi lantgrauij Sacellano et huius ciuitatis filio.

Darunter steht von späterer Hand und mit anderer Tinte geschrieben:

Pro Civitate Francobergensi.

Dann unten rechts mit dunklerer Tinte die Zahl 1350.

Die Rückseite und die erste Seite des nächsten Blattes ist unbeschrieben. Weiterhin folgt auf der zweiten Seite des zweiten Blattes ein Verzeichniss der geistlichen Orden mit Angabe ihrer Stiftungszeit u.s.w. [14]).

---

noch zu erwähnenden Codex, welcher die gleichfalls von Gerstenberg selbst geschriebene thüringisch-hessische Chronik enthält, bestätigt obige Annahme.

[14]) Vielleicht hat bei dieser Zusammenstellung die Uebersicht De ordinibus ecclesiae, die einigen Handschriften der Chronik des von Gerstenberg viel benutzten Engelhus angehängt ist (vergl. *Leibnitz*, Script. rer. Brunsv. II, 87), als Vorbild gedient. Beide

Mit Blatt 4 beginnt die Chronik und zugleich mit ihr
die .vom Verfasser herrührende Blattzählung vermittelst römischer Zahlzeichen, die zunächst bis Blatt 10
geht; dann sind letztere beim Einbinden ganz oder
theilweise weggeschnitten mit Ausnahme von Blatt 27,
29, 32, 33, 34, 35 (nach der Zählung des Chronisten,
der wir hier folgen). Blatt 10 und 11 sind von anderer Hand numerirt. Am Schlusse der Frankenberger
Chronik befindet sich ein ausführliches sachlich geord-
netes Register.

Mit dem Frankenberger Stadtrecht beginnt eine
neue Blattzählung; die römischen Zahlen sind hier in
Roth ausgeführt, aber ebenfalls häufig ganz oder theil-
weise· weggeschnitten (Blatt 1, 2, 3, 4 — Blatt 5 fehlt
ganz — 9, 10, 12, 17. 18, 19, 21).

Der Theil der Handschrift, in welchem das er-
wäbnte Stadtrecht verzeichnet ist, ist wohl erhalten.
In weniger gutem Zustande befinden sich die Blätter,
auf welchen die Chronik niedergeschrieben wurde.

Letztere enthält 15 angetuschte Federzeichnungen
(nach der neueren Zählung S. 2, 3, 4, 5a, 8, 10a, 12,
13a, 17, 20, 21, 25, 26, 29a, 32), von denen 5
(S. 5a, 21, 25, 29a, 32) eine ganze Seite einnehmen.
Dieselben haben keinen hoben künstlerischen Werth,
sind aber nicht ohne Bedeutung für die Kenntniss des
damaligen Bauwesens, der Tracht, der Bewaffnung
u. s. w. Diese Bilder sind auf Veranlassung des Chronisten der Handschrift einverleibt, und letzterer verweist stets auf dieselben mit den Worten: „Hir sal
stehin . . . .‟

Die Schrift ist die des ausgehenden 15. und des
beginnenden 16. Jahrhunderts, die Tinte ist schwarz

Verzeichnisse sind nach chronologischen Gesichtspunkten angelegt,
hinsichtlich der Reihenfolge, der Zahl der Orden und der Angabe
ihrer Stiftungszeit finden sich. aber einige Differenzen.

und stark aufgetragen. Die Anfänge der einzelnen Abschnitte sind mit rothen, sorgfältig ausgemalten Initialen geschrieben, auch sonst sind einzelne Anfangsbuchstaben mit derselben Farbe gezeichnet. Roth unterstrichen sind die Quellenangaben, die Denkverse und hier und da auch einzelne Sätze und Wörter, die besonders hervorgehoben werden sollen.

Zahlreich und von verschiedenen Händen sind die Notizen zwischen den Kolumnen und am Rande; sie enthalten meist kurze Inhaltsangaben. Zuweilen findet sich auch ein NB und ähnliches und dabei allerlei Bemerkungen, wie z. B. S. 31a, wo zwischen den Kolumnen mit Beziehung auf den Text der Chronik die Worte stehen: tempora nostra.

Schliesslich mag noch bemerkt werden, dass auf dem letzten (35.) Blatte des Textes, das übrigens mit einem anderen zusammengeklebt ist, sich zwei Abschnitte zu den Jahren 1507 und 1520 finden, die aber spätere Zusätze sind und demgemäss auch in dem unmittelbar darauf folgenden Inhaltsverzeichniss nicht berücksichtigt wurden. Der ursprüngliche Text reichte nur bis zum Jahre 1505.

Wann die Reinschrift angefertigt wurde, ist nicht zu ersehen. Am Schlusse des Frankenberger Stadtrechtes findet sich zwar die Notiz: finis anno domini 1493 — und darunter von anderer Hand eine weitere Bemerkung über den 1494 erfolgten Tod Emmerichs, allein die erstgenannte Jahreszahl bezieht sich wohl auf die Zusammenstellung der Rechtsgewohnheiten durch Emmerich, nicht auf die Zeit, wo die Abschrift angefertigt wurde. Möglich ist auch, dass das Stadtrecht bereits 1493 abgeschrieben wurde, dass später auf irgend eine Weise der Anfang verloren ging, hernach wieder von Gerstenberg ergänzt und das Ganze schliesslich mit der Chronik znsammengebunden wurde.

Von Blatt 9 des Stadtrechts an sind nämlich, wie erwähnt, die Schriftzüge nicht mehr die des Chronisten,
auch wird nunmehr ein dunkleres Papier mit anderem
Wasserzeichen verwendet.

Was oben über den Werth der der Ständischen
Landesbibliothek in Kassel angehörenden Handschrift
von Gerstenbergs Frankenberger Chronik gesagt ist,
gilt auch von desselben Verfassers thüringisch-hessischer
Chronik, die gleichfalls Eigenthum der genannten Anstalt ist (Mss. Hass. in 4⁰ nr. 115). Die Handschrift
enthält abgesehen von 4 leeren Blättern, die vor dem
Texte eingeheftet sind, und dreien, die hinter demselben sich befinden, im ganzen 340 Blätter und beginnt mitten in der Geschichte Alexanders d. Gr., sodass also, wie ein Vergleich mit dem Abdruck der
Chronik bei *Ayrmann* in dessen Sylloge anecdotorum
omnis aevi etc. I. 3 ff. zeigt, etwa 3 Blätter fehlen müssen.

Die Blätter sind mit arabischen Ziffern numerirt,
aber erst als das Titelblatt und der Anfang nicht mehr
vorhanden war; damals fehlte ausserdem ein Blatt
zwischen 283 und 284, was jedoch nicht bemerkt wurde.
Eine alte Hand schrieb dazu die Bemerkung: „difs plat
hat schwerlich ein from man ausgeschnittenn." Die
Zählung ist auch sonst eine ungenaue, indem dieselbe
erst mit dem zweiten Blatte beginnt; ferner folgt nach
Blatt 76 und 99 sogleich Blatt 78 bezw. 101, ohne
dass dazwischen ein Blatt fehlte, dagegen sind 2 Blätter
mit 223 bezeichnet.

Die Schrift ist dieselbe wie in der Frankenberger
Chronik, auch die dort gebräuchlichen Formen der
Initialen und Abkürzungen kehren hier wieder.

Verbesserungen und Zusätze von der Hand des
Schreibers, wobei meist dieselbe Tinte benutzt wurde,
sind selten; sie finden sich S. 127, 130a, 137a, 150,
158, 192a, 193, 206a, 235, 238, 275a, 282a, 296, 306a,

335, 337. Hier und da sind Theile des Blattes her-
ausgenommen und durch neue, von derselben Hand be-
schriebene ergänzt: so S. 43, 62, 71, 94, 131, 148, 263.
Zwischen Blatt 108 und 109, ebenso zwischen 112 und
113, 126 und 127, 138 und 139 sind schmale be-
schriebene Papierstreifen eingeklebt.

Sehr zahlreich sind die von verschiedenen Händen
in deutscher und lateinischer Sprache gemachten Rand-
bemerkungen. Der Text geht S. 340a bis zum Tode
Wilhelms I. (1515). Es finden sich dann noch zu den
Jahren 1524 und 1549 zwei Zusätze von späterer Hand.

Die Handschrift ist mit zahlreichen Federzeichnungen geschmückt, die aber theilweise später dadurch
verunstaltet wurden, dass man einigen Personen Bärte
malte oder einzelne Gegenstände (Fahnen, Wappen-
schilder u. s. w.) in ungeschickter Weise kolorirte. Voll-
bilder finden sich S. 14, 35a, 36, 38a, 40, 41, 42a,
45, 46, 60, 64a, 267a, 270, 272, 275, 276, 286a;
kleinere Bilder S. 4a, 5a, 6, 7, 8, 9, 9a, 12a, 13, 15a,
27a, 34a, 36a, 44, 45a, 47, 48, 51, 57a, 62, 63, 65a,
267, 268a, 273, 274, 285, 287a. An vielen Stellen
wird auf ein zugehöriges Bild verwiesen, wo aber nur
der für letzteres nöthige leere Raum zu finden ist.

Ueber das Schicksal der beiden Handschriften
lässt sich uur soviel sagen, dass als *Fr. Chr. Schmincke*
um die Mitte des vorigen Jahrhunderts die thüringisch-
hessische Chronik herausgab, die Codices bereits auf
der Kasseler Bibliothek zu finden waren. Denn die
Mittheilung, die sich auf dem Titel einer neueren
Abschrift der Frankenberger Chronik [15]) findet, dass
die Kopie auf Veranlassung des Johann v. Bodenhausen,
Landvogtes an der Eder, im Jahre 1706 von Abraham
Streithoff angefertigt sei, da die Frankenberger Chronik

---

[15]) Ständische Landesbibliothek in Kassel, Mss. Hass. in fol.
nr. 49.

„fast alt und nicht wohl zu leſen" war, ist doch zu
unbestimmt, um einen einigermassen sicheren Schluss
auf den damaligen Aufbewahrungsort ' der hier wohl
gemeinten Originalhandschrift zuzulassen.

Die Frankenberger Chronik ist verhältnismässig
früh, im Jahre 1619, von J o h a n n F r i e d r i c h
F a u s t, demselben, der auch von der Limburger Chronik eine Ausgabe veranstaltet, hat, in fol. veröffentlicht worden unter dem Titel: Franckenbergisch
Chronick vnd Zeit-Buch. Zusammen getragen durch
Weygand Gerstenbergern, sonsten Büddenbender genandt. Ausgeführet biss vfs Jahr Christi Ein tausend
fünff hundert vnd fünff vnd zwantzig. Itzo zu son-
derer lieb vnd wolgefallen allen Historischen Antiquariis
an tag gegeben è Mss. J. F. F. V. A. Mit sonder-
barer von des Heiligen Reichs Vicariats Macht er-
theilter Befreyhung, verlegt durch Gotthard Vôgelin. Im
Jahr, 1619. — Diese Ausgabe ist weder ganz vollständig noch in Beziehung auf die sprachlichen Formen
zuverlässig: es fehlt z. B. Sp. 34 die Mittheilung über
die Schädigung der Stadt in der Fehde des Landgrafen
Heinrich I. mit Gerhard von Mainz (vgl. *Joh. Phil.*
Kuchenbecker, Analecta Hassiaca V, 186); Sp. 69 hält
es der Herausgeber für überflüssig, die Leiden und
Drangsale der Bürger nach dem Tode Heinrichs III.
sämmtlich aufzuzählen, und begnügt sich mit dem Hinweis auf „die alte Chronica", womit die handschriftliche Ueberlieferung gemeint ist. Auch sonst kommt
es ihm wenig auf Genauigkeit an: Sp. 76 lässt er im
Bauernkrieg 5000 Bauern vor Frankenberg erschlagen,
Pfeifer und Münzer aber bei Frankenhausen hingerichtet werden. Ein Beispiel mag zeigen, mit welcher
Willkür der Text behandelt wurde, bezw. wie gering-
werthig die von Faust seiner Ausgabe zu Grunde ge-
legte Handschrift ist.

He hat gebuwet die hobin porten deßhernhußes.

Dußße worte sint beschrebin in dem buch der tageredde des altin testaments in dem tzweytin buche in dem XXVII capitel. Vnde sint geschrebin von dem fromen konige der judden Joathan genant, wilcher dan liß buwen die bobin porten der heiligin stad Hierusalem, auch vile stedde in dem gebyrge juddischlants, darzu an den enden der welde liß er buwen castella, bolwercke vnde torne, want er streyd geyn den konnig der soene Ammon vnde vwerwan en auch vnde thet vil gutes vnde alle das godde behagelichin was, ußgescheyden das er gestatte das sin folck geyn god sondigete.

Faust Sp. 1.

... Das ist, Er hat gebauwet die hohe porten des Herrenhauses.

Vnd seynd diese wort geschrieben von dem fromen Konig der Juden, genandt Jotham, welcher lise bauwen die hohe pforten der H. Stadt Jerusalem, auch viel Stådt im Gebirg des Judischen Lands. Dazu an den enden der Walde lise er bauwen Castelln, Bollwercke und Tůrne. Dann er stritt gegen die Sȯhne Ammon, vnd vberwand sie, vnd thet viel guts vnd was Gott gefiel: Ausgescheiden dass er gestattete, dass sein Volck wider Gott sůndigete.

Da Fausts Abdruck mit der Zeit sehr selten geworden war, gab dann 1731 *Joh. Ph. Kuchenbecker* die Chronik nach einer gleichfalls schlechten Handschrift und ausserdem nicht einmal vollständig heraus (Analecta Hassiaca Coll. V, 145—240). Nach seiner eigenen Erklärung am Schlusse der Vorrede hat er „alles dasjenige, was der Autor von alten Zeiten und sonst zu

der Hessischen Historie nicht gehörigen Dingen er-
wehnet, mit Fleiss ausgelassen, um mit ungewissen und
wenig oder gar nichts dienenden Ausschweiffungen das
Papier nicht ohnnöthig zu verderben." Dies veranlasste Chr. Fr. Ayrmann die fehlenden Stellen in
seiner Sylloge anecdotorum I, 623—672 zu ediren
(1746). Zugleich veröffentlichte er (a. a. O. S. 3—168)
die bis dahin noch nicht gedruckte thüringisch-hessische
Chronik Gerstenbergs, die aber nur unvollständig wiedergegeben wird und gleich seinen Ergänzungen zu der
von Kuchenbecker veranstalteten Ausgabe der Frankenberger Chronik auf mangelhafter handschriftlicher Grundlage beruht. Erst *Fr. Chr. Schmincke* ging auf die
Originalhandschrift zurück. Er ergänzte zunächst (1747)
Ayrmanns Ausgabe der thüringisch-hessischen Chronik
(Monimenta Hassiaca I, 31—293) und lieferte im
folgenden Jahre einen für jene Zeiten sehr genauen
Abdruck der weiteren Stücke bis zum Schlusse (a. a. O.
II, 295—574). —

Wie die übrigen hessischen Chronisten des fünfzehnten und sechzehnten Jahrhunderts, so hat auch
Gerstenberg eine eingehende und ausführliche Bearbeitung noch nicht erfahren. Kaum nennenswerth sind
die dürftigen Angaben, die *Kuchenbecker* seiner Ausgabe der Frankenberger Chronik (a. a. O. Vorrede S.
2 f.) vorausschickte; von der thüringisch-hessischen
Chronik hatte derselbe nur ungewisse Kunde, da er
sie nie selbst sah. Das Gleiche gilt von Ayrmann und
seinen Bemerkungen über den nämlichen Gegenstand
in der 1732 erschienenen Einleitung zur hessischen
Historie der älteren und mittleren Zeiten S. 13 f. Erst
H. Chr. Senckenberg gab drei Jahre später einige
Mittheilungen über die thüringisch-hessische Chronik
(Selecta juris et historiarum tom. III. praeloqu. p. 56
und 57), erkannte den Werth derselben aber so wenig,

dass er die Ansicht vertrat, die Kenntnis der hessischen Geschichte würde durch eine Herausgabe der Chronik kaum gefördert werden (vgl. auch tom. V. praef. p. 36 und 37). Besser unterrichtet zeigte sich später *Ayrmann* in der Vorrede der oben erwähnten Sylloge § 1—14, doch stützte sich seine Kenntnis der Chronik auf eine, wie gesagt, ungenaue und dazu noch nicht einmal vollständige Abschrift, die in der Hauptsache nur bis zu den Zeiten Karls d. Gr. reichte. Den geringen historischen Werth dieser Partieen erkannte Ayrmann, und es veranlassten ihn daher fast ausschliesslich andere Gründe zur Veröffentlichung derselben: es war ihm in erster Linie um die Sprache des Chronisten zu thun. Weitere Beiträge brachte bald darauf Fr. Chr. Schmincke in den Vorreden zu der oben erwähnten Ausgabe der thüringisch-hessischen Chronik.

Recht wesentlich wurde die Kenntnis von Gerstenbergs Arbeiten erweitert und vertieft durch *Helfr. Bernh. Wenck*, den Verfasser der Hessischen Landesgeschichte. Die Schrift, die wir hier im Auge haben, erschien zuerst 1777 und zwar unter dem Titel: Geschichte der hessischen Historiographie; sie wurde dann in erweiterter Fassung dem ersten Bande des soeben erwähnten Werkes einverleibt[16]). Auch heute noch haben seine Gerstenberg und die übrigen hessischen Geschichtschreiber behandelnden Ausführungen hohen Werth.

Die territorialgeschichtliche Forschung unseres Jahrhunderts hat sich in sehr bescheidenem Maasse mit der Untersuchung der heimischen Geschichtsquellen befasst, und nur gelegentlich fällt daher hier und da ein Streiflicht auf letztere. So finden sich im zweiten und dritten Bande von *Christoph Rommel's* Geschichte von Hessen einzelne dankenswerthe Bemerkungen, die in-

---

[16]) Unter der Ueberschrift: Von den Quellen der hessischen Geschichte. Dort wird § 11 und 12 über Gerstenberg gehandelt.

sofern von besonderer Bedeutung sind, als sie über die
Zuverlässigkeit des Chronisten oder seiner Gewährs-
männer einigen Aufschluss geben. Wenig Neues und
manches Unrichtige enthält dagegen *B. Röse's* Artikel
Gerstenberg in Ersch und Gruber's Allgemeiner Encyklopädie 1. Section, 62. Theil S. 90—93, der besonders auf
Wenck zurückgeht. Werthvoller sind wieder *Wyss'* kurze
Ausführungen in der Allgemeinen deutschen Biographie
IX, 66 f. und die Ergebnisse, welche die Untersuchungen
von *Ilgen* und *Vogel* über den thüringisch-hessischen
Erbfolgestreit (Zeitschr. f. hess. Gesch. N. F. X, 151 ff.)
hinsichtlich der Zuverlässigkeit von Gerstenbergs Vor-
lagen gehabt haben [17]).

III.

Das Leben Gerstenbergs. Inhalt und Cha-rakteristik der thüringisch-hessischen Chronik.

Die äusseren Lebensumstände des Chronisten sind,
soweit sich dies bei der Dürftigkeit unserer Nachrichten
beurtheilen lässt, wenig bewegter Art gewesen. Wigand
Gerstenberg, genannt Boddenbender oder Doleatoris [18]),

---

[17]) Die Gerstenberg betreffenden Stellen finden sich a. a. O.
S. 157 und 178.

[18]) In dem unten im Anhang mitgetheilten Brief nennt er sich
Guigandus Gerstenberg (nicht Gerstenberger), genannt Bodinbender.
In der Frankenberger Chronik findet sich (S. 1a, 32a und 34 der
ursprünglichen Numerirung) dieselbe Namensform mit dem Zusatze „Boddenbendirs". Die Erfurter Matrikel (s. Anm. 20) verzeichnet ihn als Wigandus Doleatoris, und so schreibt er seinen
Namen auch in einem von seiner Hand ausgestellten Reverse (s.
Anm. 25). Ueber diese genetivische Namensform vgl. *Albert
Heinze*, Die deutschen Familiennamen S. 34. Der doppelte Zu-
name, den der Chronist führt, erklärt sich wohl, wie schon Ayrmann (Sylloge I, Prolegom. § 1) vermuthet, so, dass die Familie
zunächst nach dem Orte ihrer Herkunft benannt wurde und dass
erst später in Rücksicht auf das Böttcherhandwerk irgend eines

wurde am 1. Mai 1457 in Frankenberg geboren [19]).
Ueber seine Eltern, seine Familienverhältnisse und seine
Jugend wissen wir nichts, und nur soviel ist bekannt,
dass er im Frühling 1473 die Erfurter Hochschule bezog, die damals viel von Hessen besucht wurde, um
sich dem Studium der Theologie zu widmen [20]). Im
Jahre 1486 finden wir ihn als Altaristen in Frankenberg wieder, wo er auf seine Kosten den Kirchhof ein-
friedigen lässt [21]); 1497 stattet er zwei Altäre auf das
prächtigste aus [22]); zwei Jahre früher ist er als Kapellan des Landgrafen Wilhelm des Jüngeren mit diesem
auf dem Reichstage zu Worms, über den er ausführliche Mittheilungen macht [23]). Hier setzte er es durch,
dass die Stadt Frankenberg ihr Banner wiedererhielt,
welches die Bewohner von Medebach bei einem
Ueberfalle einst erbeutet hatten [24]). Bald darauf wurde
er von letztgenanntem Fürsten mit dem Altare Felicis
et Adaucti auf dem Schlosse in Marburg belehnt, worüber er am 10. Januar 1497 einen Revers ausstellte [25]).

Gliedes derselben der Beiname Bodenbender (Boddenbender) in
Gebrauch kam. Nicht nachzuweisen ist, dass Gerstenberg selbst
letztere Benennung in Vietor oder Vietoris (wie auf dem alten, aber
nicht von dem Chronisten herrührenden Titel der Frankenb. Chron.
zu lesen ist) latinisirt habe. Vgl. hierüber auch *Schenk* a. a. O.

[19]) Vergl. *Abr. Saur's* Diarium zum 1. Mai (S. 257). Saur
stammte gleichfalls aus Frankenberg.

[20]) Geschichtsquellen der Provinz Sachsen VIII. Bd. Akten
der Erfurter Universität. 1. Theil. S. 352. Vgl. auch *Ad. Stölzel*,
Studirende der Jahre 1368—1600 aus dem Gebiete des späteren
Kurfürstenthums Hessen in der Zeitschrift f. hess. Gesch. N. F.
V. Supplem. S. 25 und S. 5, wo von der Bedeutung der Univer-
sität Erfurt für Hessen die Rede ist.

[21]) Frankenb. Chron. ed. Faust Sp. 70.

[22]) Das. Sp. 72.

[23]) Monim. Hass. II, 557 ff.

[24]) Frankenb. Chron. Sp. 72.

[25]) Abgedruckt in den Quartalblättern des hist. Vereins für
das Grossherzogthum Hessen 1884 S. 35.

Später, im Jahre 1517, wandte er sich in einem Schreiben an den Amtmann Balthasar Schrautenbach in Giessen mit der Bitte um Fürsprache bei der Landgräfin Anna, der Witwe Wilhelms des Mittleren, zu Gunsten eines Altars der Pfarrkirche zu Frankenberg[26]). Am 27. August 1522 ist er gestorben[27]). Dies ist alles, was sich mit Bestimmtheit über sein Leben ermitteln lässt[28]).

Von den beiden Arbeiten Gerstenbergs nimmt hinsichtlich ihrer Bedeutung für die Kenntnis der älteren hessischen Historiographie die thüringisch-hessische Chronik die erste Stelle ein. Sie ist nach seiner eigenen Angabe im Jahre 1493 „zusammen geschrieben[29]). Da aber Nachrichten sich finden, die bis zum Jahre 1515 reichen[30]), so geht wohl nur die erste Anlage des Werkes auf jenen Zeitpunkt zurück.

Dass es bei Gerstenbergs nahen Beziehungen zum hessischen Fürstenhause nicht zufällig ist, wenn er die Abfassung einer Landesgeschichte unternahm, zeigt die Einleitung. Anknüpfend an das Bibelwort: Mementote operum patrum, quae fecerunt in generationibus suis, et accipietis gloriam magnam[31]) — heisst es dort: „Und wiewol die vorgeschrieben worte uns vorgelegt werden zu einer geistlichen lehre, jedoch zu ehren dem edlen fürstenthum zu Hessen mögen sie wol vorgelegt werden

---

[26]) Abgedruckt unten im Anhang I.

[27]) *Saur* a. a. O. zum 27. August (S. 476).

[28]) Die anschauliche Schilderung von dem Brande der Stadt Frankenberg i. J. 1476 (Frankenb. Chron. Sp. 61 ff.) legt die Vermuthung nahe, dass Gerstenberg Augenzeuge war. Dass G. nicht überall, wo er als solcher schreibt, dies ausdrücklich bemerkt, ergiebt der erwähnte eingehende Bericht über den Reichstag zu Worms.

[29]) *Ayrmann*, Sylloge I, 6.

[30]) S. o. S. 15.

[31]) 1. Makkab. 2, 51.

den erleuchteten hochgebornen fürsten und herrn den
landgrafen zu Hessen, auf das sie gedencken der wercke
der alten fürsten, darzu ihrer eltern und ahnherrn, was
sie gethan haben in iren geberden und iglicher in
seiner zeit seines regements, auch was die alten fürsten
und herrn gegen gott und die welt und gegen ire lande
guts gethan haben, dass des die jungen und nach-
kommende fürsten und fürstinnen ein exempel haben,
denselben nachzufolgen, was auch unbequem und ver-
seumlich von den alten fürsten und herrn gehandelt
were, dass da die jungen fürsten sich vor hüten und
in ein bessern wandeln möchten" u. s. w.[32]). Die
Chronik ist also — ob infolge besonderen Auftrages
oder nicht, lässt sich nicht ermitteln — zunächst für
die hessischen Fürsten und deren Gemahlinnen und
weiter für die künftigen Herren des Landes bestimmt.
Dass dieselbe in deutscher Sprache abgefasst wurde,
dafür giebt Gerstenberg den Umstand als Grund an,
dass „beyde geistliche und weltliche capitel und stiffte
in deutschen landen ire brieffe schreiben, ausgeben und
innemen in deutscher sprach, da doch in vergangen

---

[32]) *Ayrmann* a. a. O. S. 4. Aehnlich äussert sich Gerstenberg Monim. Hass. II, 406 und, auf die Verhältnisse seiner Vaterstadt sich beziehend, Frankenb. Chron. Sp. 2 f. — Die in dieser
Arbeit mitgetheilten Stellen aus der thüringisch-hessischen Chronik
habe ich nach der Ausgabe von *Schmincke* wiedergegeben, und nur
da, wo ein Citat in der Originalhandschrift nicht mehr zu finden
ist und demgemäss auch bei *Schmincke* fehlt, wurde *Ayrmaun's*
Abdruck zu Hülfe genommen; doch musste dessen regellose Orthographie etwas gleichmässiger gestaltet werden.
Bei Citaten aus der Frankenberger Chronik ist die Ausgabe
von *Faust*, bezw. *Kuchenbecker* berücksichtigt worden, doch war,
soweit die betr. Stellen in der Originalhandschrift noch stehen,
mit einigen geringen Veränderungen die von Gerstenberg ange-
wandte Orthographie massgebend. Die weiter unten aus Lauzes
Chronik entnommenen Stücke sind gleichfalls fast ganz unverändert geblieben.

jahren auch die leyen lateinische brieffe gaben und namen.“ 33).

Der Inhalt der Chronik ist ein ausserordentlich mannigfaltiger. Gerstenberg theilt denselben in zwei Bücher, deren erstes die Geschichte von Thüringen (wozu seiner Ansicht nach auch Hessen gehörte) bis zur Trennung beider Länder umfasste, im zweiten kommt lediglich Hessen in Betracht. Als ältesten Beherrscher nennt er Alexander d. Gr., den er ausführlich behandelt. Nachdem Gerstenberg dann die Diadochenzeit flüchtig gestreift, wendet er sich der römischen Geschichte zu, in deren Mittelpunkt Cäsar und dessen angebliche Eroberungen in Deutschland gestellt werden. Weitläufiger noch sind einzelne Episoden aus der Geschichte der Merowinger und des alten Thüringerreiches dargestellt. Dann kommen die Karolinger, von denen wieder Karl Martell und Karl d. Gr. mit ihren Beziehungen zu Thüringen eine besondere Rolle spielen; auch der Thätigkeit des Bonifatius wird eingehend gedacht. Wo überhaupt die allgemeine Reichsgeschichte mit den Geschicken Thüringens sich irgend berührt, wird dieselbe in weiterer Ausdehnung behandelt, was besonders bei Heinrich IV. der Fall ist. Dagegen tritt diese von da an, wo die Geschichte der Landgrafen beginnt, mehr in den Hintergrund. In der ausführlichen Darstellung dieser Zeit nimmt wieder das Leben der heiligen Elisabeth und ihres Gemahles den meisten Raum ein, und nur hin und wieder fällt ein spärliches Licht auf die Geschicke des hessischen Landes. Das zweite Buch beginnt mit der Darstellung des thüringisch-hessischen Erbfolgestreites und behandelt im weiteren Verlaufe die einzelnen hessischen Landgrafen von Heinrich I. bis zum Tode Wilhelms I. (1515),

---

33) *Ayrmann* a. a. O. S. 5.

ihre Fehden mit benachbarten weltlichen und geistlichen Fürsten, unter denen die Grafen von Nassau
und die Erzbischöfe von Mainz die erste Stelle einnehmen, mit dem einheimischen und fremden Adel,
ihre Erwerbungen, die Gründung von Städten, Stiftern
und Klöstern in Hessen und den umliegenden Landen
u. s. w. Seine besondere Aufmerksamkeit richtet er
auf die genealogischen Verhältnisse nicht nur des hessischen Fürstenhauses, sondern auch der Grafen von
Ziegenhain und Katzenelnbogen, deren Gebiete später
durch Vertrag an Hessen fielen [24]). Dies ist in grossen
Zügen der Inhalt der Chronik. Ausserordentlich zahlreich sind Einschiebsel aller Art, die Wunder, Himmelserscheinungen, Hungersnoth, Seuchen, Missgeburten u.s.w.
behandeln; daneben finden sich Nachrichten über Heilige, über die Entstehung der geistlichen Orden, sowie
einzelne Episoden aus der Kaiser- und Papstgeschichte.
Besonderes Gewicht legt der Chronist auf solche Ereignisse, die geeignet sind, die Fürsten über ihre Pflichten
zu belehren und sie von allerlei Untugenden und Miss-
griffen abzuhalten. So warnt er vor Unmässigkeit im
Essen und Trinken [35]), Unkeuschheit [36]), vorschnellem
Urtheil [37]), Simonie [38]) und thörichten Rathgebern [39]),
zeigt an Beispielen, wie unvortheilhaft es ist, wenn
Fürsten und Herren ihre Frauen mit in den Krieg
nehmen [40]), wie gefährlich, wenn erstere ihr Leben und

---

[24]) Monim. Hass. II, 407: Nach demmale nu das die grave-
scheffte von Zigenhayn, von Nidde, von Katzinelnbogen unde von
Dietz hirnach an das lant zu Hessen kummen unde angevallen
sint, so geburt sich derselbin graven auch midde zu gedencken.

[35]) Ayrmann, Sylloge I, 14.

[36]) Das. S. 87.

[37]) Monim. Hass. I, 80.

[38]) Das. S. 107 f.

[39]) Ayrmann, Sylloge I, 20 und 40.

[40]) Das. S. 143 f.

ihre Gesundheit unvorsichtig ganz ihren Dienern an-
vertrauen[41]), und ermahnt zur Wohltbätigkeit[42]) und
Gerechtigkeit[43]), zur unausgesetzten Sorge für Kirche,
Land und Leute und zur Demuth vor Gott[44]).

Sonst tritt der Verfasser fast nie mit subjektiven
Aeusserungen hervor[45]), er vermeidet es absichtlich,
seine Person in den Vordergrund zu stellen. Dem ausführlich S. 557—564 von ihm beschriebenen Reichstage zu Worms (1495) hat er selbst beigewohnt; er
spricht jedoch, wie oben gesagt, nicht hiervon, sondern
erwähnt es nur an einer Stelle seiner Frankenberger
Chronik, wo er es nicht gut verschweigen konnte[46]).

Die Anordnung des Stoffes ist im ganzen genommen streng chronologisch. In den meisten Fällen
giebt er da, wo er hierzu im Stande ist, die Jahreszahl
bei den einzelnen Ereignissen an; sonst begnügt er
sich mit Wendungen wie: „bie dußen getzyten“, „in
denselbin jaren“ u. s. w. Die grössere oder geringere
Ausführlichkeit, mit der er die Begebenheiten erzählt,

---

[41]) Das. S. 16 f. und Monim. Hass. I, 84 f.

[42]) *Ayrmann*, Sylloge I, 89 und 100.

[43]) Monim. Hass. II, 425.

[44]) *Ayrmann*, Sylloge I, 103 f., 130 und Monim. Hass. I, 44.
Auch die Stelle bei *Ayrmann* S. 50 über die Herrschaft der Römer
ist in lehrhaftem Tone gehalten. Vgl. ferner das. S. 36 f., 43 und
Monim. Hass. I, 48 und II, 397 f. Ob *B. Röse* Recht hat, wenn
er a. a. O. S. 91 annimmt, dass Gerstenbergs moralisirende Tendenz
hervorgerufen sei durch das von ihm benutzte Speculum historiae,
dessen Verfasser die nämliche Neigung zeige, ist nicht zu erweisen.

[45]) Nur einmal klagt er (*Ayrmann*, Sylloge I, 121) gelegentlich darüber, dass die Laien im Besitze von Zehnten, die Geistlichen vou weltlichem Gut seien. Vergl. auch Frankenb. Chron.
Sp. 66, wo er seine Mitbürger zur Dankbarkeit gegen die Bewohner von Treysa auffordert.

[46]) S. o. S. 21.

hängt bei ihm in der Regel nicht von ihrer Wichtigkeit ab, sondern ist lediglich durch den Umfang der
jedesmaligen Quelle bedingt: so kommt es, dass oft Vorgänge von untergeordneter Bedeutung viel eingehender
besprochen werden als wichtige.

Auf mancherlei Einwendungen ist der Chronist gefasst. Solche, die ihm einen Vorwurf daraus machen wollen,
dass er Ereignisse darstelle, die er gar nicht miterlebt
habe, verweist er auf Sallust und Livius, auf Hieronymus und Ambrosius, denn auch diese beriefen sich
auf glaubwürdige mündliche oder schriftliche Quellen[47]).
Doch zeigt er in seiner Darstellung selbst eine starke
Abneigung gegen mündliche Ueberlieferung. Ausdrücklich erklärt er in dem Berichte über die Regierung
Ludwigs des Friedsamen (1413—1458), dass ihm der
Stoff nahezu ausgehe, da ihn die Aufzeichnungen für
die nun kommende Zeit fast gänzlich im Stiche liessen;
wie bisher, so verschmähe er es auch jetzt, das Geschehene nach Hörensagen darzustellen und überlasse
die Aufgabe, die Geschichte dieser Zeit zu schreiben,
solchen, welche die Ereignisse erlebt und sich z. Th.
in der Umgebung des genannten Fürsten befunden
hätten. Es genügt ihm, etliche Daten und Punkte,

---

[47]) *Ayrmann*, Sylloge I, 6 f. Die Stelle ist übrigens aus
Lupus' Leben des heil. Wigbert (Acta Sanctorum Boll. 13. Aug.
III. p. 134 linke Kolumne) entlehnt. wo es heisst: Nec vero cui-
quam haec ideo judicentur infima, quod octingentesimo trigesimo
sexto anno Dominicae Incarnationis . . . praesens opusculum cu-
dens ante nonaginta annos acta repetere videar; cum profecto, si
vel leviter eruditus, non ignoret Salustium Crispum Titumque
Livium non pauca, quae illorum aetatem longe praecesserant,
partim auditu partim lectione comperta narrasse et, ut ad nostros
veniam, Hieronymum Pauli sui vitam, quae certe remotissima
fuerat, litteris illustrasse et antistitem Ambrosium Virginis Agnes
passionem, cui profecto contemporalis non fuerat, editam reli-
quisse.

die er „zusammengelesen", aufzuzeichnen „zu vortfasel deme, der vortmers schriben wil"[48]).

IV.

Inhalt und Charakteristik der Frankenberger Chronik.

Gerstenberg ist, wie erwähnt, auch Verfasser einer Chronik der Stadt Frankenberg. Wann er dieselbe begonnen, ist unbestimmt, doch fällt die Beendigung des Werkes nicht vor 1505[49]). Durch die Feuersbrunst vom 9. Mai 1476 war fast der ganze Ort eingeäschert worden und auch der grösste Theil der im öffentlichen und auch wohl im privaten Besitze befindlichen Urkunden, Rechnungsbücher, chronikalischen Aufzeichnungen u. s. w. vernichtet oder sonst abhanden gekommen. „Dar verbrante der stad", so klagt der Chronist, „alle ire altin briefe, privilegien unde fryheid, die sie hattin von keyßer Karolo, von kunnig Curde, von kunnig Hinricbe unde von andern fursten unde hern. Darzu verbrantin en vile chroniken, alde register unde vile guter rechtbucher"[50]). Gerstenberg übernahm es nun, mit Hülfe von Urkunden, Auszügen aus solchen, Abschriften und mit Benutzung chronikalischer Notizen, die sich auf irgend eine Weise erhalten hatten, den Verlust, soweit dies noch möglich war, zu ersetzen[51]). Wie er sein grösseres Werk über die thüringisch-hessische Geschichte gewissermassen dem landgräflichen Hause widmet[52]), so hat er nach seiner eigenen Aussage die Stadtchronik der Bürgerschaft „zu eren ge-

---

[48]) Monim. Hass. II, 522 f.
[49]) S. o. S. 13.
[50]) Sp. 62.
[51]) Sp. 3, wo auch von der verbrannten „herrlichen" Stadtchronik die Rede ist, und Sp. 70. Vgl. ferner Sp. 63.
[52]) S. o. S. 22 f.

macht, geschrebin unde vor eyn gedechtenisse geschenkt
unde gelaßin, syner darbie zu gedenken"[53]). Auch
hier wird der Zweck der Arbeit deutlich ausgesprochen.
Die jungen Bürger sollen sich die Thaten der Vorfahren
zum Muster nehmen, sich aber vor deren Fehlern
büten ; er will ihnen zeigen, dass die Stadt durch den
echten Bürgersinn ihrer Bewohner vor Zeiten gross
und mächtig gewesen ist[54]). Bevor er die Geschichte
seines Heimathortes erzählt, weist er in einer Art von
Einleitung auf die bedeutende Stellung hin, die Frankenberg einst eingenommen, und nennt mit Bezug auf ein
Bibelwort, das er auch hier an den Anfang der Chronik setzt, die Stadt eine Pforte des Landes, weil sie
den fränkischen Herrschern als starker Stützpunkt
gegen die Sachsen gedient habe. Eine „Pforte der
Christen" und „hohe Pforte Gottes, des ewigen Herrn",
wurde Frankenberg dadurch, dass Karl Martell, Karlmann, Pippin und Karl d. Gr. von hier aus die heidnischen Sachsen bekriegten, die schliesslich überwunden
und zum Christenthum bekehrt wurden. Endlich war
die Stadt auch „eine gute Pforte, am Ende des Landes
gelegen", als die von Mainz, Köln, Paderborn, Nassau,
Ziegenhain, Waldeck, Wittgenstein und andere Widersacher die Landgrafen befehdeten. —

Nach der Meinung des Chronisten hat Frankenberg eine fast tausendjährige Geschichte. Der Frankenkönig Dietrich erbaute nämlich gegen die Sachsen, die
in Sachsenberg ein starkes Bollwerk hatten und von
hier aus Hessen häufig beunruhigten, im Jahre 520
zum Schutze des Landes auf einer Anhöhe eine Kemnate und nannte dieselbe Frankenberg. Diese Burg

---

[53]) Sp. 70.
[54]) Sp. 2 f. Aehnlich spricht er sich in der thüringisch-
hessischen Chronik (*Ayrmann*, Sylloge I, 49 f.) über den Gemeinsinn der Römer aus.

war auch in den folgenden Jahrhunderten der Ausgangspunkt für die gegen die Sachsen gerichteten
Unternehmungen der fränkischen Herrscher bis auf
Karl den Grossen, der dieselbe zu einem Hauptwaffen-
platz machte. Mit einem gewissen Behagen beschreibt
sodann der Chronist die Lage der inzwischen zu einer
ansehnlichen Stadt gewordenen Feste, die Strassen u.
s. w. und ihr Wachsthum, das nach seiner Ansicht
hauptsächlich der Auffindung von Goldminen, der Anlegung einer Münze in der Stadt durch Karl und zahlreichen Privilegien zu verdanken war. Weitere Ver-
günstigungen wurden derselben durch König Konrad I.
und später durch den Landgrafen Heinrich I. zu Theil.
Auch hier lässt es sich Gerstenberg nicht nehmen, ein
ausführliches Bild von dem Wohlstand der Stadt zu entwerfen. Aber allmählich kam Frankenberg infolge verschiedener Umstände und besonders durch die zahlreichen
Fehden der Landgrafen mit ihren Nachbarn herunter, und
als nun gar im Jahre 1476 ein furchtbares Brandunglück
die Stadt heimsuchte, war es für immer mit der Blüthe
derselben vorbei. Denn nach dem Tode Heinrichs des
Reichen (1483), der dem Orte auf alle Weise aufzuhelfen suchte, wurde Frankenberg durch die Diener des
noch unmündigen Wilhelm des Jüngeren und deren
Helfershelfer unterdrückt und geschädigt. In kräftigen
Worten macht sich der Chronist Luft über diese
„Schälke" und „Spitzhüte" und unterzieht sich der
Mühe, ein langes Verzeichnis ihrer an der Stadt verübten Missethaten aufzustellen [55]). In den folgenden
Abschnitten werden hauptsächlich die Bemühungen
wohlhabender Bewohner um eine einigermassen würdige Ausstattung ihres Gotteshauses erwähnt, Vorgänge
von grösserer Wichtigkeit dagegen nur in beschränkter

---

[55]) Dasselbe ist, weil es in den Ausgaben fehlt, unten im
Anhang II abgedruckt.

Zahl: z. B. die Wallfahrten Wilhelms des Jüngeren
nach Frankenberg, der Besuch der Stadt durch den
Kardinal Raimund im Jahre 1503, der zweimalige Ausbruch der Pest in demselben und dem folgenden Jahre
u. a. m. —

Mit den ihm zu Gebote stehenden Mitteln musste
Gerstenberg von vornherein darauf verzichten, seinen
Mitbürgern ein lebensvolles Bild von der Geschichte
der Stadt zu entwerfen; es konnte ihm nur darauf ankommen, alles zusammenzustellen, was geeignet war,
irgend welchen Aufschluss zu geben. Man darf daher
bei der Beurtheilung dieses Flickwerkes keinen strengen
Masstab anlegen, man darf inhaltlich und formal
letzteres nicht mit den gleichzeitigen historiographischen
Erzeugnissen der grossen Städte im Süden, Westen
und Norden des Reiches vergleichen, wo die Chronisten
einen wesentlich umfassenderen und inhaltsreicheren
Stoff zu verarbeiten in der Lage waren. Nur für einen
verhältnismässig kleinen und an hervorragenden Ereignissen recht armen Zeitraum kann sodann der Chronist
als Augenzeuge gelten. Dass er aber anschaulich zu
erzählen versteht, zeigt unter anderem die Schilerung,
die er von dem grossen Brande der Stadt entwirft.
Wenn es ihm ferner nicht stets gelungen ist, die Geschichte der letzteren mit der des Landes in innigere
Beziehung zu setzen, so trägt auch hier die dürftige
Ueberlieferung die meiste Schuld; freilich findet sich auf
der anderen Seite wieder eine Anzahl von Stellen, welche
mit Frankenberg nicht das Geringste zu thun haben.

V.
Die Quellen und ihre Benutzung.

In der Einleitung zu seiner thüringisch-hessischen
Chronik stellt Gerstenberg ein ziemlich vollständiges
Verzeichnis der von ihm hauptsächlich benutzten

Quellen auf; was er ausser diesen noch verwandt hat,
führt er meist im Texte an [56]). Ein recht umfang-
reiches Material ist hier zur Verarbeitung gekommen,
und zwar gehört dasselbe nicht nur der mittelalterlichen scholastischen und historischen Litteratur an,
auch das Alterthum ist vertreten. Schmilzt bei näherem
Zusehen die stattliche Anzahl der angeblich benutzten
Autoren auch beträchtlich zusammen, indem der Chronist viele nur mittelbar aus Citaten bei anderen Ge-
schichtschreibern kennt, so ist seine Belesenheit doch
eine immerhin achtungswerthe.

Von antiken Schriftstellern macht er namhaft
Aristoteles, Galenus, Lucanus, Seneca, Valerius Maximus, Josephus (Hegesippus), Plinius den Aelteren, Sue-
tonius, Justinus, Rufus Festus, Macrobius; ferner Augustinus, Hieronymus, Orosius, Gregorius Magnus.

Häufiger als aus diesen nimmt er seine Mittheilungen für das Alterthum und weiterhin für das Mittelalter aus den damals gangbaren Handbüchern der Geschichte: Bedas und Helinandus' Chroniken werden wie
das Pantheon des Gotfried von Viterbo und das als
Cursus mundi bezeichnete Cosmodromium des Gobelinus Persona [57]) nur sehr vereinzelt genannt; wenig
Gebrauch hat er auch von der Historia scholastica des
Petrus Comestor gemacht; hier und da bezieht er sich

---

[56]) Einen Theil der Autoren citirt er gelegentlich auch in
der Frankenberger Chronik; andererseits ist die Anzahl der Schriftsteller sehr gering, die nur hier und nicht auch in der thüringisch-
hessischen Chronik genannt werden.

[57]) Frankenb. Chron. Sp. 8, *Ayrmann* S. 18 und Monim.
Hass. II, 530. Da die letzte Stelle Bezug auf das Jahr 1440
nimmt, während die Chronik des Gobelinus Persona nur bis 1418
reicht, so ist entweder das Citat falsch oder Gerstenberg hat
irgend eine Fortsetzung benutzt. — Die oben angeführte Uebersetzung des Wortes Cosmodromium findet sich schon bei *Engelhus* (SS. rer. Brunsv. II, 979).

auf den Traktat des Jordan von Osnabrück De praero-
gativa Romani imperii. Nur einmal wird Honorius
genannt [58]). Oefter beruft sich Gerstenberg auf Hermannus Januensis und auf Martinus Fuldensis; am
meisten schöpft er aus dem Speculum historiae des
Vincenz von Beauvais, dem Fasciculus temporum des
Werner Rolewinck und der Chronik des Dietrich
Engelbus.

Für gewisse Perioden des Mittelalters dienen ihm
als Quelle Gregor von Tours, Paulus Diaconus in seiner
Historia Romana und Historia Langobardorum und der
gefälschte Turpinus; seltener citirt er Dietrich von
Niem und Aeneas Silvius. Reichlicheren Gebrauch
macht Gerstenberg von einem Geschichtswerk, dessen
Verfasser er Lambertus Leodicensis nennt [59]). — Nicht
näher bekannt scheinen die Arbeiten zweier Kano-
niker, des Eburhartus und Waltbertus [60]), und die
Schriften zweier Mönche, des Salumarus und Theo-
thones [61]) zu sein, auf die er einmal hinweist.

Von einzelnen Länder- und Städtegeschichten benutzt er mehr oder minder häufig folgende: Heinrich

---

[58]) Monim. Hass. I, 54.

[59]) *Wenck* (Hess. Landesgesch. I. p. XVI) vermuthet, dass
hier eine Verwechslung mit Lambert von Hersfeld vorliegen müsse.
Dies ist unrichtig, denn Gerstenberg citirt den Lambertus Leodicensis nicht nur bei Nachrichten, die thatsächlich auf den Hersfelder Chronisten zurückgeben, sondern auch sonst, wo an eine
Benutzung des letzteren nicht zu denken ist und wo die Mittheilungen aus Bruno (de bello Saxonico), Bernold und anderen Ge-
schichtschreibern geschöpft sind. Ich finde Lambertus Leodicensis zuerst Monim. Hass. I, 46 (z. J. 908), zuletzt das. 246 (um
1170) citirt.

[60]) *Ayrmann* S. 123.

[61]) Das. S. 109, wo jedoch der Herausgeber irrthümlich
Theodorus statt Theotones schreibt.

Rosla's Sachsenchronik [62]), eine schwäbische [63]) und eine
der sehr zahlreichen thüringischen Chroniken [64]); ferner
die Strassburger Chronik des Jakob Twinger von
Königshofen, eine Mainzer Chronik [65]) und die Nürnberger Chronik des Hartmann Schedel, die er in der
von Georg Alt herrührenden Uebersetzung gekannt zu
haben scheint [66]). Was er diesen Werken entnahm, bezieht sich zum grössten Theile auf die allgemeine deutsche
Geschichte, dagegen ist ihm die Limburger Chronik
ausserdem noch eine verhältnismässig reiche Fund-

---

[62]) Auf dieses Werk des Verfassers der sog. Herlingsberga
hat meines Wissens zuerst *K. Grube* (Jahrb. d. Görres-Gesellsch.
III, 62 f.) aufmerksam gemacht. Die Stellen, wo Rosla's Sachsenchronik von Gerstenberg citirt wird (*Ayrmann* S. 139 und Frankenb. Chron. Sp. 16), verbreiten kein neues Licht über Rosla's Arbeit: Gerstenberg nennt beide Male neben Rosla auch Engelhus
als Gewährsmann, und letzterer führt an der entsprechenden Stelle
in der That einige Verse Rosla's wörtlich an (*Leibnitz*, SS. rer.
Brunsv. II, 1062).

[63]) Ich vermuthe, dass hiermit die bei *Potthast*, Bibliotheca
S. 424 verzeichnete Chronik des Thomas Lirer gemeint ist, die
ich nicht einsehen konnte.

[64]) Nicht das Werk des Johannes Rothe, sondern die sog.
Chronica und Zeitregister von Noah, die auch von anderen hes-
sischen Chronisten benutzt wurde. Vgl. über dieselbe *Wenck* a. a.
O. p. IX und X.

[65]) Der Verfasser derselben ist vielleicht Johann Hebelin
von Heymbach, der in seiner (freilich erst im Jahre 1500 verfassten) Chronik die Inschriften der Kirche zu St. Alban bei Mainz
aufgezeichnet hat (daraus mitgetheilt von *Ph. Jaffé* in den Monu-
menta Moguntina S. 714 ff.). Gerstenberg erwähnt nämlich (bei
Ayrmann S. 58) eine Grabschrift des Mainzer Bischofs Aureus,
aus der er das Todesjahr desselben (454) entnimmt, und führt
(das. S. 140) wörtlich die Inschrift auf dem Sarge der Fastrada
an, die sich vollständiger in einer Würzburger Handschrift von
Hebelins Chronik findet (Monum. Mogunt. S. 71 f. Note 2). Ueber
Hebelin vgl. besonders *D. König* in den Forsch. z. deutsch. Gesch.
XX, 53 ff.

[66]) Nur diesen nennt er.

grube für die hessische Geschichte im vierzehnten Jahrhundert gewesen.

Daneben hat die Legendenlitteratur Bedeutung für ihn. Er kennt die Lebensbeschreibungen des Einsiedlers Paulus von Hieronymus, der Agnes von Ambrosius [67]), des Goar von Wandalbert, des Kilian [68]), des Bonifatius [69]), des Godehard von Wolfhere [70]). Das von Dietrich von Apolda verfasste Leben der heil. Elisabeth hat er grossentheils in seine Chronik herübergenommen [71]), auch die Biographie Ludwig's IV., ihres Gemahls, die von dessen Kaplan Bernhard herrührt, wird öfter benutzt. In sehr wenigen Fällen ist ihm die Historia Longobardica des Jacobus de Voragine Quelle gewesen, und nur einmal kommt eine nicht näher bekannte Vita der Wilhildis vor [72]).

---

[67]) Diese beiden wenigstens dem Namen nach: vgl. Anm. 47.

[68]) Frankenb. Chron. Sp. 8. Es scheint die bei *Canisius*, Lect. antiqu. (ed. nov.) III, 1 abgedruckte, angeblich von Egilward herrührende Vita gemeint zu sein. Die dort (S. 175) in Betracht kommende Stelle lautet: Qua (sc. Gallia) permetata in provinciam Germaniae devenit, quae ab incolis terrae ipsius Orientalis Francia vocitatur.

[69]) Frankenb. Chronik Sp. 6 und *Ayrmann* S. 108. Nach dem Citat an letzterer Stelle kannte Gerstenberg mehrere Legenden des Bonifatius; doch lässt sich die dort mitgetheilte Sage von einem Siege des Heiligen über die Sachsen am Gehülfenberge in den gedruckten älteren Legenden nicht nachweisen und ist wohl späteren Ursprungs. Vgl. auch Acta Sanct. Boll. 5. Juni I, 498 f.

[70]) Die Monim. Hass. I, 96 angeführte Stelle ist theils aus Wolfhere's Vita Godehardi prior (Monum. Germ. SS. XI, 194, 4—6 und 10—12), theils aus der Vita posterior (das. S. 209, 30—37) genommen.

[71]) Dass er nicht die unter dem Titel Chronica sant Elisabet erschienene Uebersetzung der genannten Biographie benutzt hat, erwähnt bereits *Wenck* a. a. O. p. VII. Die deutsche Uebertragung wurde erst i. J. 1520 gedruckt (bei Mathes Maler in Erfurt).

[72]) Frankenb. Chron. Sp. 8, wo aber die falsche Lesart Wichtildis steht.

Schliesslich mag noch erwähnt werden, dass er einmal den Glossographen Papias [73]) und den Papst Innocenz III. [74]) citirt. Hin und wieder entnimmt er seinen Quellen, namentlich Engelhus, Denkverse (Monim. Hass. II, 373, 420, 449, 518, 526, 531, 546, 550) [75]) und bezieht sich auch einige Male auf Urkunden, indem er dieselben bald wörtlich, bald auszugsweise mittheilt, bald nur kurz auf sie verweist (S. 468 ff., 496 f., 506, 523, 534). Zuweilen hat es den Anschein, als ob er urkundliches Material benutzt habe (S. 450, z. J. 1310; S. 494, z. J. 1323; S. 506, z. J. 1389 u. s. w.).

---

[73]) *Ayrmann* S. 18.

. [74]) Monim. Hass. I, 83.

[75]) Darunter behandeln zwei (S. 420 und 518) Ereignisse aus der hessischen Geschichte: der erstere betrifft den Brand von Marburg (im J. 1261), während der andere sich auf die Einäscherung von Kirchhain durch den Grafen Heinrich (VII.) von Waldeck (im J. 1412) bezieht. Letzterer Vers kehrt bei *Lauze* S. 262, aber in etwas veränderter Form, wieder. Ein anderer Denkvers auf dasselbe Ereigniss, den Johann Boppenheuser aus Kirchhain verfasste, findet sich in der „Hessischen Zeitrechnung" (S. 150a des der Ständ. Landesbibl. in Kassel angehörenden Exemplares des Alten und neuen hess. Schreib-, Märkte- und Chroniken-Kalenders). — Von den beiden Gedichten, die Gerstenberg mittheilt (S. 515 und 536), hat das eine die Ermordung Friedrich's von Braunschweig (im J. 1400) zum Gegenstand und ist aus *Dietrich Engelhus'* Chronik (SS rer. Brunsv. II, 1137) genommen, das andere feiert Landgraf Ludwig I. als trefflichen Landesfürsten Auch dieser Vers findet sich, gleichfalls etwas umgestaltet, bei *Lauze* S. 267a. Letzterer theilt ausserdem S. 266 folgendes Distichon auf Ludwig mit, das, wie der Anfang lehrt, aus einem grösseren Ganzen stammt:

Quique ob iustitiae cultum legumque sacrarum
Oblati titulos abnuit imperii.

Die Quelle mag ein Lobgedicht auf den Landgrafen sein, wie solche z. B. ein italienischer Humanist auf Wilhelm den Aelteren verfasste (mitgetheilt in *Dilich's* hess. Chronik, Ausgabe v. 1605, II, 263a ff.).

Von grösserer Wichtigkeit ist es, dass Gerstenberg eine Anzahl hessischer Geschichtsquellen benutzt und in den meisten Fällen auch namhaft gemacht hat, die in ihrer ursprünglichen Gestalt verloren gegangen sind. Für einen erheblichen Theil des dreizehnten und das erste Drittel des vierzehnten Jahrhunderts ist Riedesel Hauptquelle, für das letztere kommt dann besonders die sog. Hessenchronik in Betracht. Von untergeordneter Bedeutung sind sodann Aufzeichnungen, die in den Klöstern Hersfeld, Georgenberg bei Frankenberg, Spiesskappel, Aulisberg und Haina gemacht wurden; in Haina ist wohl auch die einige Male von Gerstenberg benutzte Legende des Bruders Kurd von Hirlesheim entstanden. Ganz vereinzelt schöpft der Chronist auch aus nicht näher bekannten Aufzeichnungen des Kanzlers Tilemann Hollauch und giebt hin und wieder die Ziegenhainer und Katzenelnbogener Grafen betreffende Nachrichten genealogischer Art, über deren Ursprung gleichfalls Unklarheit herrscht.

Hinsichtlich der Quellenbenutzung erklärt er ausdrücklich, dass er nichts willkürlich hinzugesetzt, ausgelassen und, abgesehen von einer hier und da gedrängteren Darstellung des Stoffes, keinerlei Veränderungen mit letzterem vorgenommen habe. Bei der grossen Verschiedenheit der einzelnen Quellen rücksichtlich der Chronologie, der Ausführlichkeit und der ganzen Art der Darstellung sieht Gerstenberg voraus, dass man Uebereinstimmung mit anderen Werken in diesen Punkten häufig vermissen wird; er warnt aber davor, bei einem solchen Falle in der „ersten Bewegung" seine Arbeit gering zu achten oder zu verbessern. Der Betreffende soll vielmehr die vom Verfasser benutzten Schriften erst gründlich lesen; dann wird er sich davon überzeugen, „dass einer lenger oder korzer die daten schreibet dann der ander". Doch will der

Chronist dies nicht so verstanden wissen, als ob sein
Werk gar keiner Richtigstellung bedürfe: er legt vielmehr jedem wirklich Kundigen die Bitte ans Herz, zu
„corrigiren, emendiren und bessern in der warheit"[76]).

Da unsere Kenntnis der oben erwähnten hessischen Geschichtsquellen fast nur auf Gerstenbergs
Vermittelung beruht, so ist es von Wichtigkeit festzustellen, ob er bei Benutzung seiner Vorlagen gewissenhaft verfahren ist oder nicht, ob also das Bild, das er
uns von der früheren hessischen Geschichtschreibung
giebt, auf Zuverlässigkeit und einige Vollständigkeit
Anspruch erheben darf. Wir wählen zu diesem Zwecke
einen Vergleich mit der Limburger Chronik[77]). Dieselbe, die Gerstenberg etwa 40mal citirt, eignet sich
hierzu nicht nur wegen der verhältnismässig sicheren
Ueberlieferung, sondern auch deshalb, weil sie sehr
viel Hessisches enthält.

Ein Vergleich der aus dieser Quellenschrift herrührenden Nachrichten in seiner thüringisch-hessischen
Chronik mit den Parallelstellen der Limburger Chronik
zeigt, dass er im ganzen sich eng an seine Vorlage
anschliesst und diese genau wiedergiebt. Doch finden
sich einige Fälle, wo er gewisse Bemerkungen der
letzteren auslässt. So fehlt S. 467 (z. J. 1335) der
Zusatz der Vorlage (S. 25, 9): „unde lagen nun dage
in dem lande zu Sassen". S. 481 f. (z. J. 1350) hat
sich Gerstenberg kürzer gefasst und ein Stück (S. 38,
10—13 u. 18 „bit an Cassel") nicht wiedergegeben. Ebenso fehlt S. 507 (z. J. 1391) die Bemerkung der Vorlage (S. 83, 22 u. 23), dass auch der Bischof von Paderborn und Herzog Otto von Braunschweig an dem Zuge

---

[76]) *Ayrmann*, Sylloge I, 8 f. Aehnlich äussert sich Martinus Minorita bei *Eccard*, Corp. hist. med. aev. I, 1651.
[77]) Herausgegeben von *Arthur Wyss* in den Monum. Germ·
Deutsche Chroniken IV, 1.

gegen die Herren von Padberg theilnahmen. Die Nachrichten der Limburger Chronik S. 63, 1—10 über die Stärke des Landgrafen und der Sterner, über die Verwüstung des Landes bis in die Gegend von Fritzlar und die Fortsetzung des Krieges hat Gerstenberg S. 491 ff. gleichfalls übersehen. Das Datum lässt der Chronist S. 510 f. (z. J. 1396) aus (vgl. Limb. Chron. S. 91, 24 u. 25); S. 513 äussert er sich nur allgemein über die Zeit des Fuldaer Brandes, während die Limb. Chron. S. 95, 17 das genaue Datum aufweist.

Andere Auslassungen sind von geringerem Belang. So fehlt bei Gerstenberg S. 483 die Angabe der Lage der Burg Falkenstein und des Sitzes der Hunde, die sich in der Limb. Chronik S. 37, 18—20 findet; S. 506 (z. J. 1390) schweigt er über die Lage von Liebenau, während die Limb. Chron. S. 82, 24 einen dieselbe bezeichnenden Zusatz hat. Beide Male konnte der Chronist jedoch die Oertlichkeiten als bekannt voraussetzen. Auch die Bemerkung seiner Vorlage „unde geschah daz mit vurrederie" beachtet Gerstenberg nicht.

Ganz unberücksichtigt geblieben sind die Nachrichten der Limb. Chronik S. 26, 6—12, S. 42, 5—7 u. S. 46, 12—14 (über die Theuerung in Hessen).

Weniger Anerkennung würde seine Genauigkeit hinsichtlich der Chronologie und der Wiedergabe des Inhaltes verdienen, wenn· wir bestimmt entscheiden könnten, ob nicht die Art der Ueberlieferung die Schuld trüge. Dies ist in der That das wahrscheinlichere. Uebrigens sind auch die hierher gehörigen Fälle selten. Ein chronologischer Irrthum ist es z. B., wenn er S. 510 die Zerstörung der Burg Elkershausen 1395 erfolgt sein lässt, während der Verfasser der Limburger Chronik S. 90, 11 u. 12 dies Ereignis in das folgende Jahr versetzt. Ebendamit hängt es wohl auch zusammen, dass Gerstenberg S. 485 die Grafen von Katzeneln-

bogen Wilhelm und Eberhard nennt, wogegen die Limburger Chronik S. 86, 25 und 87, 1 Eberhard und Diet-
hard hat; ferner baute nach Gerstenberg Wilhelm, nach
der Limburger Chronik Eberhard das Schloss Schwal-
bach. Ausserdem hat Gerstenberg — und dies spricht
sehr für die obige Annahme — hier Nachrichten, die
wir vergebens in der Limburger Chronik suchen.

Wenig zuverlässig zeigt er sich in seiner Citirmethode; doch ist dies ein Mangel, von dem überhaupt kaum einer der gleichzeitigen Chronisten ganz
frei sein dürfte. Ausserordentlich häufig nennt er
nämlich seine Vorlage gar nicht. Man vergleiche bei
Gerstenberg S. 482 die Bemerkung über Gerlach von
Mainz und Landgraf Heinrich II. mit der Limb. Chron.
S. 39, 16—20; indessen muss der Chronist hier noch
eine zweite Quelle ausgeschrieben haben, da er die
Notiz über Kirchhain allein hat. Ebenso wenig spricht
er sich S. 506, wo er von einer Missgeburt in Boppard
erzählt, über seine Vorlage aus: die Nachricht steht in
der Limb. Chronik S. 79, 14—16. Diese Beispiele, die
sich übrigens sehr vermehren liessen, mögen genügen.

Noch häufiger sind die Fälle, wo in Bezug auf
die Quellenangabe Ungenauigkeiten mit unterlaufen.
Der Chronist citirt nämlich nicht selten die Limburger Chronik am Schlusse einer Reihe von Mittheilungen, die nur zum Theil aus derselben herrühren.
Es geht z. B. das Citat S. 475 oben nur auf den
zweiten Abschnitt (vgl. die Limb. Chron. S. 29), nicht
auf den ersten, wo S. 474 von dem Tode des Grafen
Engelbert von Ziegenhain die Rede ist. Zu demselben
Ergebnis gelangt man bei dem Citat S. 509 (z. J. 1392),
wo die Mittheilung über die Gründung der Hochschule
zu Erfurt anderswoher genommen ist, das übrige aber,
wie auch Gerstenberg angiebt, der Limburger Chronik
(S. 84, 43, 82, 86) entstammt. Selten zeigt er sich so

genau, dass er, wie dies z. B. S. 510 f. der Fall ist,
am Schlusse einiger Nachrichten eine Wendung gebraucht wie: „Duß vorgeschrebin leßit man alle in
der chronicken von Lympurg." Dies trifft in der That
auch zu (vgl. dazu die Limb. Chron. S. 91). Ganz so
verhält es sich mit den Mittheilungen S. 513 f., womit
die Limburger Chronik S. 93, 91, 94 und 95 zu vergleichen ist.

Zuweilen werden auch Nachrichten aus anderen
Quellen mit solchen aus der Limb. Chronik verbunden
und letztere wird allein namhaft gemacht. Vgl. z. B.
S. 474 f. (Bie den getzyten was — lebete) mit Limb.
Chronik S. 29, 22—24 u. 29—30. S. 482 stammt die Bemerkung, dass Landgraf Heinrich II. seine Bundesgenossen entlassen habe, nicht aus der Limb. Chronik
S. 38 (Kap. 26), ebensowenig ist, wie erwähnt, von der
Belehnung des genannten Landgrafen mit Kirchhain
(das.) etwas in der Limb. Chronik S. 39 (Kap. 29) zu
finden. Umgekehrt wird S. 487 (z. J. 1366) über den
Tod Ottos des Schützen neben der Thüringer Chronik
auch die Limburger citirt, in der sich nichts hierüber
findet.

Manchmal deutet Gerstenberg mit gewissen Wendungen die Benutzung anderweitiger Quellen an, die
aber, da die Hauptsache der von ihm genannten Vorlage
entnommen ist, nicht weiter erwähnt werden. So
heisst es S. 474: „Alß man das auch leßit in der
chronicken von Lympurg". In der That hat die Limb.
Chronik S. 25 f. weder den Namen der Tochter Heinrichs II. (Adelheid), noch den des Klosters (Ahnaberg),
was also einer anderen Vorlage entlehnt sein muss. Man
vergleiche ferner S. 488 („Alß man das auch leßit in
der chronicken von Lympurg") mit der Limb. Chronik
S. 55, wo wir den grössten Theil der von Gerstenberg
a. a. O. gebrachten Mittheilungen vergebens suchen.

Fast regelmässig bedient er sich dieser Wendung
in seiner Frankenberger Chronik, wenn er andeuten
will, dass er neben der von ihm angeführten Hauptquelle speziell für die Frankenberg angehenden Ereignisse noch anderweitige Aufzeichnungen benutzt hat.

Schliesslich findet sich noch eine Anzahl von
Stellen, wo der Inhalt verschiedener von ihm namhaft
gemachter Vorlagen so miteinander verquickt ist, dass
sich die einzelnen Bestandtheile der letzteren zuweilen
nur deshalb mehr oder weniger genau bestimmen lassen,
weil die Quellen Gerstenbergs entweder sämmtlich oder
bis auf eine noch erhalten sind. Vgl. S. 481 (Chronik
von Limburg, Strassburg und „andere" Chroniken), 485
(Thüringer-, Hessen- und Limburger Chronik), 493 (dieselben Chroniken und „andere geleße"), 495 f. (Limburger und Thüringer Chronik), 503 (Hessen- und Limburger Chronik), 505 (Thüringer-, Hessen- und Limburger Chronik).

VI.

Gerstenberg als Historiker. Seine wissen-schaftliche Bildung.

Ganz gegen die damals herrschende Gewohnheit
nennt Gerstenberg vielfach seine Quellen und giebt
dieselben in einer Fassung wieder, die zuweilen — was
besonders gegenüber den in deutscher Sprache geschriebenen der Sache gemäss hervortritt — mit den Vorlagen wörtlich, meist aber wenigstens sachlich übereinstimmt. Umschreibungen und Erweiterungen, wie sie
in derartigen Werken jener Zeit häufig vorkommen,
scheint er absichtlich vermieden zu haben. Indessen
kommen aber auch, wie oben gezeigt worden ist, Fälle
vor, wo er das Lob einer gewissenhaften Quellenbenutzung und genauen Citirmethode keineswegs in dem
Masse verdient, wie man es ihm gespendet hat.

Aber noch andere, schwerer wiegende Mängel müssen
hier erwähnt werden. Dazu gehört vor allen Dingen
sein kritisches Unvermögen. Von dem verschiedenen
Werthe seiner Vorlagen hat er keine Ahnung, er citirt
in einem Athem neben Josephus den Fasciculus temporum, neben Justinus oder Orosius das Speculum
historiale. Bei Uebereinstimmung zweier oder mehrerer
Quellen gelten ihm die Berichte derselben als dem
wahren Sachverhalt entsprechend; er denkt nicht daran,
dass der eine seiner Gewährsmänner von dem andern
unmittelbar oder mittelbar abhängig sein kann, dass
sein Zeugnis mithin keinerlei selbständigen Werth hat.
Wenn ihm für ein Ereignis nur ei n e Quelle zu Gebote
steht, benutzt er dieselbe ohne Bedenken; wenigstens
deutet er nirgends an, dass er auf Wiedergabe einer
Vorlage wegen mangelnder Zuverlässigkeit derselben
verzichte. Wie könnte er sonst seinen Quellen Nachrichten über das hohe Alter von Frankenberg und von
anderen Städten, über die Beziehungen der Merowinger
und Karolinger zu seinem Heimathsorte u. a. m. nach-
schreiben? Nicht gerade häufig kommt er in die Verlegenheit, es mit zwei einander widersprechenden Angaben zu thun zu haben; selbstverständlich denkt er
dann nicht daran, den Werth der Vorlagen gegen
einander abzuwägen oder an den Mittheilungen selbst
Kritik zu üben. Er entscheidet sich in einem solchen
Falle entweder gar nicht [78]) oder er stimmt dem Ge-
währsmanne zu, dessen Angaben von anderen Geschicht-
schreibern bestätigt werden [79]). Höchst selten ist er im

---

[78]) Vgl. *Ayrmann*, Sylloge I, 50 (Entstehung und Bedeutung
des Namens der Franken), Monim. Hass. I, 108 (Regierungszeit
Kaiser. Heinrichs III.), II, 543 f. (Tod des Landgrafen Ludwig I.) u. a.
[79]) Aus diesem Grunde verwirft er Monim. Hass. I, 275 f.
eine Angabe des Fasciculus. Einen ähnlichen Fall bietet das. S.
71 und 74.

Stande, wenigstens ein Moment von einiger Bedeutung
beizubringen: dies ist denn aber auch für ihn ausschlag-
gebend. Ein Beispiel mag genügen. Gerstenberg verwirft die Ansicht des Vincentius, dass Rudolf, der Gegen-
könig Heinrich's IV., Herzog von Burgund gewesen sei,
indem er sich auf den Fasciculus und andere Chroniken
beruft, als Hauptgrund aber den Umstand geltend macht,
dass genannte Herrscher öfter „in den landen bie Saßen
gelegen" mit einander gekämpft hätten [80]). In vereinzelten Fällen geht er ziemlich leicht über derartige
Fragen hinweg. So lässt er es in seiner thüringisch-
hessischen Chronik (Monim. Hass. II, 399 f.) dahin-
gestellt sein, von wem Landgraf Hermann, der Sohn
der heiligen Elisabeth, vergiftet worden sei; in der
Frankenberger Chronik dagegen, wo er sich auf dieselben hierin einander widersprechenden Quellen — die
Thüringer Chronik und Riedesel — beruft, folgt er,
ohne Riedesel's abweichende Angabe überhaupt zu erwähnen, ohne weiteres der Thüringer Chronik [81]).

Hinsichtlich seines Urtheils über der allgemeinen
Geschichte angehörende Personen und Ereignisse ist
ein Fortschritt bei Gerstenberg nicht zu konstatiren,
er steht keineswegs über seinen Quellen, dem Fasciculus, Speculum, dem Cursus mundi u. s. w.; gläubig
schreibt er ihnen vielmehr alle Märchen und Fabe-
leien nach.

Von seiner geringen Befähigung, die Begebenheiten selbständig und ohne fremde Stütze zu beurtheilen, scheint übrigens der Chronist selbst überzeugt gewesen zu sein, und dies mag im Verein mit
seiner Gewissenhaftigkeit ihn veranlasst haben, die
Zeitgeschichte nur skizzenhaft zu behandeln. Dass er
sich auf die Darstellung der letzteren überhaupt ein-

---

[80]) Das. S. 182 f. — [81]) Sp. 25.

lässt, hat nach seinem eigenen Geständnis darin seinen
Grund, dass er einem etwaigen Fortsetzer sichere An-
haltspunkte an die Hand geben will [82]. Denn wo er
sich auf Quellen berufen kann, schiebt er gewissermassen die Verantwortung für seine Mittheilungen von
seinen Schultern auf die seiner Gewährsmänner, und
wohl nur aus diesem Grunde machte er letztere namhaft; wo es sich· aber darum handelt, Nachrichten
über Vorgänge und Personen, welche der Gegenwart
oder der nahen Vergangenheit angehören, einzuziehen
und für deren Zuverlässigkeit Gewähr zu leisten, legt
ihm seine Vorsicht und Befangenheit starke Hindernisse in den Weg. Er erklärt selbst nur dürftige Aufzeichnungen über die Thaten Ludwigs des Friedsamen
und seiner Nachfolger vorgefunden zu haben und will
wie bisher, so auch fortan von mündlicher Ueberlieferung nichts wisssen [83]. Trotzdem bleibt er diesem
Grundsatze nicht in allen Stücken treu, denn unmöglich
haben ihm über sämmtliche Ereignisse, die sich im letzten
Viertel des fünfzehnten und im Anfange des sechzehnten Jahrhunderts zutrugen, schriftliche Berichte
vorgelegen; von manchen Begebenheiten, wie z. B.
dem mehrfach erwähnten Reichstage zu Worms (1495),
schreibt er vielmehr als Augenzeuge [84]; andere Nachrichten beruhen nach seiner eigenen Angabe auf Hörensagen [85].

---

[82] S. oben S. 27.

[83] Monim. Hass. II, 522 f.

[84] Vgl. oben S. 21.

[85] Monim. Hass. II, 523 heisst es, nachdem Gerstenberg
unmittelbar vorher jenen Grundsatz aufgestellt hat: „Man sprichet
wie dußem fursten“ u. s. w. Das. S. 524 ist er nicht ganz
sicher, ob Hermann, ein Sohn Ludwig's des Friedsamen, Domherr
zu Mainz und zu Köln gewesen sei. Er setzt deshalb seiner dies-
bezüglichen Mittheilung die Bemerkung hinzu: „alß ich verstanden habe“.

Freilich mag er über vieles nicht gut unterrichtet
gewesen sein. Er selbst spricht dies einmal deutlich
aus und verweist auf andere, die als Zeitgenossen und
Augenzeugen eher berufen seien, über die Vorgänge auf
dem Tage zu Aachen (1456) Bericht zu erstatten, als
er [86]. Auffallender ist diese Unkenntnis bei Fragen
genealogischer Art, über die er sich doch sonst gut
unterrichtet zeigt. Er erklärt z. B., nicht zu wissen,
ob Ludwig der Friedsame mit seiner Gemahlin Anna
mehr Kinder gehabt habe als die sechs, die er namentlich aufzählt [87]; in derselben Lage ist er bei den Nachkommen Ludwig's des Freimüthigen, seines älteren Zeitgenossen [88].

Im Zusammenhange mit der geringen Sorge des
Chronisten um Gewinnnng reichhaltigen Stoffes, die da
bemerkbar wird, wo es sich um Darstellung des ausgehenden Mittelalters handelt, steht ohne Zweifel auch
die seltene Heranziehung urkundlichen Materials in der
thüringisch-hessischen Chronik, während er gerade in
dem. der Geschichte von Frankenberg gewidmeten
Werke reichlichen Gebrauch davon macht. Indessen
hat letzterer Umstand nicht sowohl darin seinen Grund,
dass mit der Herbeischaffung und Benutzung der Urkunden keinerlei Schwierigkeiten verbunden waren, da
doch meist nur das in Frankenberg selbst befindliche
Material zur Verwendung kam, als vielmehr in dem
Bedürfnis, die gerade hier überaus magere chronistische Ueberlieferung nach Möglichkeit zu vervollstän-
digen. Wären ihm nicht nur für einzelne Partieen
seiner Stadtgeschichte, sondern für das ganze Werk
die chronistischen Quellen reichlicher zugeflossen, er
hätte gewiss vollen Gebrauch von denselben gemacht,

---

[86]) Monim. Hass. II, 543.
[87]) Das. S. 524. — [88]) Das. S. 544.

und es ist sehr fraglich, ob er dann ein so grosses
Gewicht auf Ausnutzung der inhaltlich zumeist doch
recht dürftigen Urkunden gelegt hätte.

Hinsichtlich der Chronologie und der Zuverlässigkeit seiner Nachrichten für die gesammte ältere hessische
Geschichte bis etwa zur Mitte des fünfzehnten Jahrhunderts bietet Gerstenberg im ganzen nicht mehr
Sicherheit als seine Quellen, da er mit wenigen Ausnahmen ganz auf ihnen fusst. Er selbst deutet an,
dass ihm die chronologischen Bestimmungen und die
kürzere oder ausführlichere Darstellungsweise seiner
Vorlagen Schwierigkeiten verursachten[89]), und dies muss
besonders lästig in solchen Fällen gewesen sein, wo er
sich im Interesse der Vollständigkeit genöthigt sah, die
Berichte verschiedener Chronisten, deren Angaben sich
häufig nicht mit einander deckten oder an Unklarheit
litten, zu einem Ganzen zu verschmelzen. Dass diese
Versuche missglückten, beweisen z. B. seine Ausführungen über die Sternerfehde (Monim. Hass. II, 491—493),
wo ohne Heranziehung urkundlichen Materials ein auch
nur annähernd genaues Bild nicht gewonnen werden
konnte. Dies hat Gerstenberg hier und anderwärts
versäumt, wenn er auch gelegentlich Urkunden, die ihm
gerade zur Hand sein mochten, so verwerthet, dass er
ihren Inhalt mittheilt[90]). An eine Berichtigung der
Quellenangaben durch letztere, wie sie z. B. fünfzig
Jahre später *Wigand Laure* vereinzelt vornahm, ist bei
unserem Chronisten nicht zu denken. Dass Gerstenberg übrigens neben zahlreichen Irrthümern auch viel
Brauchbares in seine Darstellung mitherübergenommen
hat, zeigen, um nur e i n e s anzuführen, seine das hessische Fürstenhaus betreffenden genealogischen Angaben,
die in der Hauptsache als zuverlässig gelten können;

------

[89]) *Ayrmann*, Sylloge I, 8. — [90]) S. o. S. 36.

auch an der Regierungszeit, die er den einzelnen Landgrafen zuweist, ist wenig auszusetzen. Von Ludwig I.
(1413—1458) an sind in dieser Beziehung seine alle
Glieder des Fürstenhauses umfassenden Bemerkungen,
die sich häufig sogar auf den Ort, das Monatsdatum
und die Tageszeit erstrecken, mit sehr geringen Ausnahmen zutreffend. Irrthümlich ist es z. B., wenn er
die Vermählung des genannten Landgrafen iu das Jahr
1433 setzt, statt, wie *Rommel* annimmt[91]), 1436; auch
weiss er nichts von dessen Tochter Anna, die früh
starb[92]); von den Kindern Ludwig's II. erwähnt er die
früh verstorbene Elisabeth nicht, setzt aber, wie bereits erwähnt, vorsichtig hinzu, er könne nicht sagen,
ob es mehr Kinder gewesen seien[93]). Auch sonst irrt
er zuweilen in Beziehung auf Ereignisse, die seiner
Zeit nicht allzu fern lagen: wenn er z. B. die Unter-
werfung der Herren von der Lippe, von Büren u. a.
unter Hessen bedingt sein lässt durch einen Feldzug
des Landgrafen Friedrich von Thüringen im Jahre
1448[94]), der ausserdem 1440 bereits nicht mehr am
Leben war (vgl. *Rommel*, Gesch. v. Hessen II. Anm.
S. 214 u. 188). Doch ist zu bemerken, dass er auch hier
nicht gewillt ist, die Verantwortung für den grösseren
Theil seiner Nachrichten auf sich zu nehmen[95]).

Gerstenberg's Abneigung gegen eine selbständige
Behandlung und Verarbeitung des Stoffes, die er
übrigens mit vielen berühmteren Vertretern der historischen Litteratur im ausgehenden Mittelalter theilt und
die besonders in der engen Anlehnung an seine Ge-

---

[91]) Gesch. von Hessen II. Anm. S. 247.
[92]) Das. Aum. S. 248.
[93]) Monim. Hass. II, 544. Vgl. o. S. 46.
[94]) Das. S. 532.
[95]) Er setzt a. a. O. hinzu: „Hir sagen etzliche“ und weiter
unten: „Desglichin sprechin etzliche“.

währsmänner zu Tage tritt, zeigt sich auch sonst. Nie
versteigt er sich zu dem Versuche, den Charakter eines
Landgrafen auf Grund eigener Erfahrung oder doch der
Kenntnis der Thaten desselben zu schildern; wo sich
solche Charakterzeichnungen finden, wie z. B. die Heinrich's I. (Monim. Hass. II, 424) und seines Sohnes Otto
(S. 452), Hermann's II. (S. 490 f.), Ludwig's I. (S. 519 f.),
sind sie ohne Zweifel den betreffenden Vorlagen entnommen.

In dieser kompilatorischen Thätigkeit des Verfassers liegt auch der Grund für den Mangel an Eigen-
art, den die Sprache fast durchweg zeigt: auch hier
sklavische Abhängigkeit von seinen deutschen Vorlagen
und, wo er auf eigenen Füssen steht, abgesehen von
wenigen Ausnahmen dürftiges Aneinanderreiben der
Thatsachen, das im stärksten Gegensatze zu der reichen
Gestaltungskraft eines Johannes Noben oder der frischen
Darstellungsweise eines Dietrich von Schachten[96]), seiner
Zeitgenossen, steht. Lässt sich doch überhaupt in
beiden Chroniken kein einziges Mal die Anwendung
von Bildern oder irgendwelches Bemühen des Verfassers
um rhetorischen Schmuck nachweisen, kaum dass er
sich einmal herbeilässt, ein Sprichwort zu gebrauchen[97]).

Ueber die wissenschaftliche Bildung und den geistigen Gesichtskreis des Chronisten sind wir zwar nicht
in wünschenswerther Weise unterrichtet, doch geben
seine Arbeiten immerhin einigen Aufschluss. Dass er
in Erfurt theologischen Studien obgelegen, ist bereits
gesagt worden; Spuren hiervon finden sich in seinen
Chroniken: er führt dort nicht nur öfter Bibelstellen
an, die er dann zuweilen zum Ausgangspunkt für kürzere oder längere geistliche Betrachtungen und Ermah-

---

[96]) Vgl. über letzteren *O. Lorenz*, Deutschlands Geschichtsquellen II³, 95 und die Allgem. deutsche Biographie XXX, 486.
[97]) Ein solches findet sich z. B. bei *Ayrmann* S. 14.

nungen macht [98]), sondern zeigt auch Bekanntschaft mit exegetischen Schriften des Augustinus, Gregorius und Beda [99]); einmal nimmt er · auf das kanonische Recht Bezug [100]). Was seine humanistische Bildung betrifft, so kann man daraus, dass er einige römische Autoren citirt, nicht auf eingehende Studien schliessen, denn die oben genannten klassischen Schriftsteller sind durchweg, solche, die das ganze Mittelalter kennt, auf die der Blick nicht erst durch die Humanisten gelenkt worden ist. Tiefere Kenntnisse auf diesem Gebiete darf man selbstverständlich bei ihm nicht erwarten: die Begriffe, die er vom Alterthum hat, sind höchst seltsamer Art und gründen sich mehr auf die von ihm benutzten Lehrbücher der Weltgeschichte als auf eingehendes Studium der römischen Historiker selbst. Dass er die griechischen Schriftsteller, die er namhaft macht, im Original gelesen habe, daran ist vollends nicht zu denken [101]). Ueberhaupt steht er in dieser Hinsicht genau auf dem Standpunkte, den der mehrfach erwähnte Nohen einnimmt. Bei beiden findet sich nicht die leiseste Spur einer dem Geiste der hereinbrechenden neueren Zeit entsprechenden Auffassungsweise. Von diesem Standpunkte aus betrachtet, könnten Gerstenberg's Arbeiten recht gut zwei Jahrhunderte früher entstanden sein. Nicht anders steht es mit seinem Aber-

---

[98]) Vgl. *Ayrmann* S. 40, 47, 100, 103, 120, 131; Monim. Hass. I, 44, 81, 110, 192 f., 194; II, 397 f.; Frankenb. Chron. Sp. 3, 70 u. s. w. In den meisten Fällen fügt er dem Texte der Vulgata eine gereimte Uebersetzung bei, deren Verfasser er selbst zu sein scheint: wenigstens giebt er Monim. Hass. I. 49, 122 und *Ayrmann* S. 16 f., 27 lateinische Verse und *Ayrmann* S. 36 sogar ein Citat aus Aristoteles in deutschen Reimen wieder.

[99]) *Ayrmann* S. 4, 5, 30, 61.

[100]) Das. S. 46.

[101]) Vergl. das lateinische Citat aus Aristoteles bei *Ayrmann* S. 36.

und Wunderglauben. Auffallende Himmelserscheinungen
sind ihm Vorzeichen von allerlei verderblichen Ereignissen, von Hungersnoth, Seuchen, Krieg u. s. w., und
die Wunder der heil. Elisabeth erzählt er Dietrich von
Apolda ebenso treuherzig nach wie der Legende die des
Bruders Kurt von Hirlesheim, des heil. Wigbert und
anderer. Mit dieser Auffassungsweise verträgt sich indes recht gut die hohe Meinung, die er von der Buch-
druckerkunst hat [102]), und ebenso der Umstand, dass er
es für nöthig erachtet, in seiner thüringisch-hessischen
Chronik auch der Entstehung deutscher Universitäten
kurz zu gedenken [103]).

Eine weitere Schwäche liegt in seinen etymolo-
gischen Spielereien, mag er nun selbst der Urheber
oder nur der gläubige Nachbeter sein. Doch trifft
dieser Vorwurf nicht Gerstenberg allein und seine Zeitgenossen: mit nicht viel besseren Mitteln machten sich
später die humanistischen Geschichtschreiber — in
Hessen Lauze — an die Aufgabe, alte Volks-, Per-
sonen- und Ortsnamen u. s. w. zu deuten und auf diese
Erklärungen historische Schlüsse aufzubauen. Es ist
daher nicht gerade schlimm, wenn er die Stadt
Wannfried mit Winfried in Verbindung bringt und den
unweit davon liegenden Gehülfenberg seinen Namen
daher haben lässt, dass einst Bonifatius an dieser Stelle
gegen die heidnischen Sachsen göttliche Hilfe erfleht
und erhalten habe [104]), wenn er ferner in die Nähe von
Hammenhausen ein altes Heiligthum des Juppiter Am-
monius verlegt u. a. m. [105]).

Recht erfreulich ist dagegen sein Streben nach
Wahrheit und Gerechtigkeit, das ihn vor absichtlicher

---

[102]) Monim. Hass. II, 545.
[103]) Vgl. das. S. 498 (Heidelberg), 504 (Köln), 509 (Erfurt).
[104]) *Ayrmann* S. 108.
[105]) Frankenb. Chron. Sp. 7.

Verdrehung der Thatsachen und vor jeder unbilligen
Parteinahme bewahrt hat. Es ist ihm wirklich Ernst
mit den Worten, die er im Eingange seiner grösseren
Chronik sich zum Grundsatze gemacht hat: „Darin
ist nichts unrecht eingesetzt noch unrecht abgebrochen
noch die meinunge verwandelt, sondern als die materien
und dinge verhandelt sein, rechtlich und in der warheit ufgeschrieben" [106]). Es fehlt ihm auch nicht an
Muth, seine Meinung selbst über fürstliche Persönlichkeiten offen auszusprechen, wo andere es für zweck-
mässiger gehalten haben würden, zu schweigen: wie
nachdrücklich tadelt er z. B. die Jagdliebhaberei Wilhelms III. und die Misswirthschaft während dessen
Minderjährigkeit, wie zieht er über die Augendiener
und Schurken her, welche die Stadt Frankenberg um
ihr Eigenthum betrogen und es noch obendrein fertig
brachten, dass dieselbe bei dem jungen Fürsten in Ungnade fiel [107]). Neben diesem schlichten und geraden
Sinn zieht uns sodann noch die reine Liebe und Verehrung an, die ihn mit dem angestammten Fürstenhause verbindet; nirgends in seinen Werken leiht er
zwar dieser Gesinnung lauten Ausdruck, aber sie ist
doch aus seiner ganzen Darstellung deutlich herauszu-
fühlen [108]).

---

[106]) *Ayrmann* S. 8.

[107]) Frankenb. Chron. Sp. 68 ff.

[108]) Nicht zum mindesten beruht dieselbe auf der hohen
Verehrung, die er der heil. Elisabeth entgegenbringt. Vgl. Monim.
Hass. II, 407, wo es heisst: „. . . . nachdem es (sc. das Hessenland) den rechtin erben gefulget hat alß den herrn, die von dem
heyligen liebe sent Elyzabeth unde von erme kunniglichin eddelin
blude geborin sint. Das sint bynamen die irluchten hochgepornen
furstin unde herrn die eddelen hertzogen von Brabant, die sich dan
hirnehist schriben lantgraven zu Heßen."

VII.

Gerstenberg's Einfluss auf die spätere hessische Geschichtschreibung.

Der Einfluss, welchen Gerstenberg auf die späteren Darstellungen der hessischen Geschichte ausgeübt hat, ist sehr bedeutend; hierin kann dem Chronisten höchstens noch der sogen. Senckenbergische Anonymus an die Seite gestellt werden [109]). Zunächst schloss sich ihm Wigand L a u z e in vielen Stücken, wenn auch nicht unbedingt und nicht ohne Zuhilfenahme anderweitigen, urkundlichen Materials an. Gerstenberg's Nachrichten bilden gewissermassen den Grundstock seiner Arbeit. Noch stärker tritt er bei dem Verfasser der sog. C o n - g e r i e s [110]) und weiterhin bei dem hessischen R e i m - c h r o n i s t e n in den Vordergrund [111]), dessen Erzählung der Hauptsache nach nichts weiter ist als eine Wiedergabe G erstenberg's in seinen beiden Chroniken und des erwähnten Anonymus. Dies sind auch im wesentlichen die Quellen des geistlosen Abschreibers Joseph I m - h o f [112]). Reicheres Material hat dagegen wieder Wilhelm D i l i c h [113]) vorgelegen: neben Gerstenberg, dem er besonders für das dreizehnte und vierzehnte Jahrhundert folgt, benutzte er den Anonymus und ferner Lauze,

---

[109]) Herausgegeben von *Senckenberg*, Selecta juris et historiarum III, 303 ff.. Diese Chronik ist, wie ich an einem anderen Orte nachzuweisen gedenke, nichts weiter als eine Kompilation aus verschiedenen Arbeiten des Johannes Noben von Hersfeld.

[110]) Zuletzt herausgegeben von *Nebelthau* in der Zeitschrift für hess. Gesch. VII, 309 ff.

[111]) Zuletzt herausgegeben von *Adrian*, Mittheilungen aus Handschriften und seltenen Druckwerken S. 136 ff.

[112]) Herausgegeben von *Hermann Müller* in der Zeitschr. f. preuss. Gesch. u. Landesk. XVIII, 389 ff.

[113]) Vgl. über denselben *J. Cäsar* in der Zeitschr. f. hess. Gesch. N. F. VI, 313 ff. und in der Allgem. deutschen Biographie V, 225 f.

der hier überhaupt zum ersten Male zur Geltung
kommt, daneben hat er aber auch einzelne Nachrichten, die unbekannten Quellenschriften entnommen
sein müssen. Auch bei dem letzten der hessischen
Chronisten, Joh. Just Winkelmann, ist der Einfluss Gerstenberg's noch deutlich wahrzunehmen, wenngleich er in vieler Beziehung noch reichere Hilfs-
· mittel zur Verfügung hatte als Dilich. Dieses Material ·
bestand indessen nicht etwa in neuentdeckten heimischen
Quellen, sondern mehr in Arbeiten, die inzwischen über
einzelne Punkte der Geschichte Hessens und besonders
der der Nachbarlande erschienen waren. Noch heute
ist Gerstenberg nicht selten die einzige Quelle, die für
wichtige Abschnitte der hessischen Vorzeit, wenn auch
nicht ausreichenden und untrüglichen, so doch immerhin dankenswerthen Aufschluss giebt.

Anhang.

I.

*Wigand Gerstenberg an Balthasar Schrautenbach, Amt-
mann in Giessen. Frankenberg 1517, Juni 30.*

Gerstenberg bittet Schrautenbach, durch Fürsprache bei der Landgräfin die Belehnung des Magisters Heinrich Solde mit dem
Altar der heil. Anna in der Pfarrkirche zu Frankenberg zu
erwirken.

Dem ernvesten unde achtbarn hern Baltasarn
Schrutenbach, amptman zun Gifßen, mynem fruntlichen
lieben hern *).

Ernvester unde achtbar her amptman, myn ge-
beet unde willigen dinst alletzyt zuvor. Lieber berre,
alß ich itzt kortzlich tercia post Viti mit uwer vesti-

1517
Juni 16

----

*) Aeussere Adresse.

keyd gereth habe eynß altarß halber sancte Anne gelegen zum Franckenberge in armario ecclesie parochi-
alis, der praesente omnibus et singulis computatis by
2 gulden fallen hat unde nicht meer etc., nu biddet
dißer geynwirtiger her Hinrich Solde arcium magister*)
umbe genanten altar unde sprichet he wulle en vast
beßern by namen mit 20 gulden houptgelts. Uff das
nu der altar so gebessert mocht werden, so wil ich
myner redde vergeßen und fallen laßen unde bitte
uwer ernvestikeid dem genanten hern Hinriche frunt-
lich unde furderlich zu syn, das myne gnedige frauw
zu Hessen en wulle gnediglichen mit genantem altar
versehen und presentirn. Wil ich umbe uwer vestikeid
gerne verthinen. Herkennet god der uch lange tzyt
frolich sparen wulle. Datum Franckenberg tercia post
Petri et Pauli anno domini MDXVII.   Juni 30

Guigandus Gerstenberg genant Bodinbender priester.
[Original. Staatsarchiv in Marburg.]

II.

*Ein unedirtes Stück der Frankenberger Chronik**).*

In sunderheid so panthin sie die lude umbe born- S. 31a
holtz. Ob das selbe holtz wole bircken unde aspen
worin unde in dem vorhultze an dem felde gehauwen was,
so sprochin die schelke sie ensultin nicht da adder da
holtz hauwen uff das sie nicht das wiltpret veriageden.
Item panthin sie die lude das sie in den welden ire
phee hutten unde sprochin wie das wiltpret sulde das
graß essen. Alsus musten sich die lude mit en umbe
die pande vertragen. Aber die selbin schelke hegeden

---

*) Studierte 1505 in Erfurt. Vgl. *Stölzel* a. a. O. S. 34.
**) Enthält die ausführliche Darstellung der Bedrängnis der
Stadt, über die *Faust* in seiner Ausgabe Sp. 60 (vgl. *Ayrmann*
S. 671) mit den Worten hinweg geht: „Allhie wil ich ubergehen,
was der alte chronicus meldet . . .“

die wustenunge unde die gronde enselbers, wante dy
gebur musten en das graiß mehin machin unde das
hauw heym furen adder verkoufftin das hauw. Item
darnach blebin die lude mit deme mit dem (*sic*) phee
in dem felde, da quamen die dorffschultheyßin unde die
lantknechte von Wulckerßdorff von Geißmar von Rod-
dena unde von andern gebiden unde panthin unde
slugin die hirten darnidder unde sprochin das felt ge-
horte in ire ampte. Item darnach trebin die lude das
phee in ire eigin erpweßin alß uff der Nune in der
Nuttze zu Beringeßdorff zu Holtzhußin in dem Bech-
toldeßbeyne unde der glichin, do panten die schelke
unde sprochin wy das die kuwe eßen die eicheln die in
dy weßin gevallen weren von den eichinboymen, wy
wole dicke und vile keyne eichele darselbis gewaßen
war. Item panthin sie die lude darumbe das sie das
waßer in ire weßin karten unde sprochin die schelke
wy das die fische musten sterben darumbe das en das
waßer uß der Edern unde uß der Nune genummen
wurde unde deß zuwenick hettin: Item der schult-
heiße von Rodenauw nam sich an alleß verthedings
unde buße biß in den bach tzusschin dem Gorgenberge
unde der Nuwenstad. Item der von Firmyn nam eß
sich an biß vor die Tzidderbrucken. Item der schult-
heiße von Geißmar nam eß sich ane biß widder die
garten vor der Geißmarporten. Item die knechte zu
Wulckerßdorff namen eß sich ane biß vor die Flutarcken
S. 32. wilchs dan alle gelogin was, nachdeme male Franckenberg das eldeste sloß unde ampt ist in all dußer
plege so mag man wole mircken das | eß auch dinst
gerechtikeyd unde zugehorunge hat. Auch mag man
sulche login mircken, alß man dan beschrebin findet,
wie das bischoff Gerlach zu Menttz habe den lantgraven
angesprochin umbe das nuwe halßgerichte (das itzunt
an der Margburger straße stehit), wy das selbe sulte

uff deß bischoffs eygenthum stehin, unde so er das
nicht mochte bybrengin, da behilt der lantgrave sulch
gerichte mit rechte*). Item was die stad adder der
raith zu schicken hatte da tzogin sich die hernknechte
yn unde machten eß nach erem gevallen widder der
stad gemeynen nottz. Item namen der stad ire gemeyne
unde tzunten sie yn. ·Item die˙ schelke fingen die lude
in dem felde unde furtin sie bo sie eynen boym funden,
da hingen sy die lude unde worgetin sie unde schattz-
stin en ire narunge abe. Item die selbin schelke ver-
lettzstin die burgere in der stad unde tzogin sie in die
keller unde slugen sy darynne. Item die schelke fingen
die burgere in der stad unde furtin sy geyn Margburg
in den torn. Item die schelke drungen die lude das
sie sultin ire tochtere unde ander frauweßnamen en
zu der ee geben unde dardurch brochtin sie das fulck
auch umbe vil narunge. Item slugin sie die lude uff
der straße in der stad darnidder unde stochin sie uff
die kyrmeßßentage in der fryheyd. Item die schelke
namen sich ane geistlicher dinge alß eesache unde
ander das alleyn vor die geistlicheid horet unde ver-
drungen unde veriagedin die lude. Item namen sie
sich ane die priesterschafft zu straffin unde namen den
priestern ir phee unde daden en vil ungemachs ane,
dartzu den terminarien unde den ordensluden alß den
von Heyne von Weßintfelt vom Gorgenberge unde hirnehist den sustern unde legedin vil gewalt unde un-
rechts an die geistlichin lude unde namen en ire narunge. Item die schelke unde jegere namen den von
Franckenberg zu tzween maln ir phee unde musten eß
die lude gar dur widder loßin. Item namen sie den
burgern ire˙ acker garten unde erbe mit gewalt. Item
namen sie den luden ire hemel uß den perchin. Item

---

*) Vgl. Frankenb. Chron. Sp. 43 (z. J. 1365).

begingen sie vil schalkheyd mit den scheffern unde mit iren hunden. Item dadin die schelke den luden verderplichin großen schaden an iren fruchten uff dem felde, da sie dan steideß mit iren hunden durch tzogen zu fuße unde zu pherde liffin unde ranthen unde verterbetin die fruchte. Item gingen die schelke den luden zu buße unde boden schoffe korn keße unde alleß das die lude in iren hußen hatten unde wer en nicht gab, den belogin sie unde brochtin en tzehinfalt darumbe.

Zweiter Abschnitt.

I.

Einleitung.

Gerstenberg hat keineswegs in dem Masse wie etwa Johannes Rothe auf dem Gebiete der thüringischen Historiographie alles, was bis dahin über die heimische Geschichte niedergeschrieben worden war, in seine Chroniken herübergenommen, denn zwischen letzteren und den Arbeiten des etwa gleichalterigen Johannes Noben, der im ganzen dieselben Zeiten und dieselben Personen behandelte, finden sich kaum einige dürftige Berührungspunkte. Diese an sich befremdende Erscheinung hat ohne Zweifel darin ihren Grund, dass der Hersfelder Chronist mehr . aus niederhessischen Quellen schöpfte, während Gerstenberg's Nachrichten zum guten Theile aus Oberhessen stammen. Trotzdem ist letzterer von grösserer Wichtigkeit für die Kenntnis der hessischen, als Rothe für die der thüringischen Historiographie, da Rothe's Quellen fast sämmtlich noch erhalten

. sind, während dies bei dem hesssischen Chronisten
nicht zutrifft. Gerstenberg's Bedeutung steigt aber
noch beträchtlich, wenn man ihn mit seinem eben genannten Landsmanne vergleicht: er macht nämlich,
wenn auch nicht immer, so doch in den meisten Fällen
seine Quellen namhaft und leistet somit gewissermassen
dafür Gewähr, dass, wie er auch ausdrücklich versichert, die geschichtliche Ueberlieferung durch ihn
keine Trübung oder Entstellung erfahren hat [114]). Mag
er auch seine Vorlagen, wo sie ihm wegen ihrer weit-
läufigen Fassung in die meist knappe Form seiner
Darstellung nicht zu passen schienen, gekürzt und die
chronologischen Fragen bisweilen im Widerspruch mit
seinen Quellen selbständig zu lösen versucht haben,
so ist er trotzdem von ungleich höherer Bedeutung als
Noben, der nicht das geringste Gewicht auf Namhaftmachung seiner Quellen legt und uns dadurch ausser
Stand setzt seine Mittheilungen nach dieser Seite hin
zu kontroliren. Gerstenberg giebt somit, um es kurz
zu sagen, unter den hessischen Chronisten, von denen
hier überhaupt nur Wigand Lauze und höchstens noch
Wilhelm Dilich in Betracht kommen können, das verhältnismässig treueste und vollständigste Bild der älteren
Historiographie, und eine jede Untersuchung über letztere wird von ihm auszugehen haben.

II.

Johannes Riedesel und seine Chronik.

Riedesel's Aufzeichnungen, die von 1233 bis etwa
1330 reichen [115]), beschäftigen sich, soweit dies aus den

---

[114]) S. o. S. 52.
[115]) Auf diesen Endtermin weist eine Reihe von Nachrichten
der Frankenb. Chron. Sp. 38, wo am Schlusse Riedesel und für einen
Theil der Mittheilungen die Limburger Chronik als Quelle angegeben
ist. Die Bemerkung über die Wiedereinlösung von Frankenberg im

bei Gerstenberg erhaltenen Bruchstücken zu erkennen
ist, fast ausschliesslich mit der Geschichte des hessischen Fürstenhauses: die Ankunft der Herzogin Sophie
von Brabant in Hessen, ihr und ihres Sohnes Empfang,
ihr Zug nach Thüringen, ihr vergebliches Bemühen um
die Erwerbung dieses Landes und schliesslich ihr Regiment in Hessen, — alles dies wird, z. Th. eingehend,
dargestellt. Dann wendet sich der Chronist den Thaten
Heinrich's I. zu und schildert mit besonderer Ausführlichkeit die Streitigkeiten mit Mainz und die Säube-
rung des Landes von Raubschlössern; weitläufig werden
auch die Zwistigkeiten zwischen dem Landgrafen und
seinem ältesten Sohne Otto und deren Beilegung erzählt. Otto, den Riedesel als einen weisen und milden
Herrscher preist, tritt dann ausschliesslich in den
Vordergrund, indem seine Fehden mit Mainz, Nassau
und Braunschweig eingehende Berücksichtigung finden.
Ausser kriegerischen Ereignissen erwähnt Riedesel hin
und wieder auch die Vergrösserung des Gebietes [116]), Verträge [117]), von den Landgrafen unternommene Bauten [118]),
Theuerungen, Seuchen [119]) u. s. w.

Ueber die Person des Chronisten wie über seine
Lebenszeit giebt Gerstenberg, der nichts weiter als den
Namen nennt, keinerlei Auskunft, und es wird schwerlich gelingen, hierüber völlige Klarheit zu schaffen,
wenngleich die von Gerstenberg mitgetheilten Bruchstücke aus der Chronik desselben einzelne, wenn auch

Jahre 1330 stammt ohne Zweifel aus Riedesel, während die Nachricht von dem Treffen bei Gudensberg (1350) der Limburger Chronik entnommen ist, wie die Darstellung des letzteren Ereignisses
in Gerstenbergs thüringisch-hessischer Chronik S. 481 f. beweist.
[116]) Monim. Hass. II, 432, 458.
[117]) Das. S. 416, 429, 435, 439, 451, 456.
[118]) Das. S. 412 f., 432, 448, 451, 457.
[119]) Das. S. 413, 448 f.

. dürftige und nur mit Vorsicht zu verwerthende An-
haltspunkte bieten. Es finden sich nämlich gewisse
Andeutungen, die auf eine geraume Zeit nach den Ereignissen erfolgte Abfassung der Chronik hinweisen;
indessen ist von vornherein die Möglichkeit nicht ganz
ausgeschlossen, dass dieselben in der Vorlage sich nicht
fanden, sondern Zusätze Gerstenberg's sind.

Zunächst ist es selbstverständlich, dass Riedesel
nicht die ganze von ihm behandelte Zeit (von einem
Jahrhundert) erlebt haben kann; sodann findet sich
überhaupt in sämmtlichen Bruchstücken keine einzige
Andeutung, dass der Verfasser einmal als Augenzeuge
berichtet, wenn schon einzelne Vorgänge ziemlich eingehend geschildert werden: man vergleiche Monim.
Hass. II, 416—418 die Erzählung von dem Schwure des
Markgrafen Heinrich und seiner Mannen und S. 427—429,
besonders 429, die Darstellung des Sieges Heinrich's I.
über Erzbischof Werner von Mainz (1277). — Die für
unsern Zweck hauptsächlich in Betracht kommenden
Stellen sind folgende:

S. 378 heisst es zum Jahre 1232 von Fritzlar:
„want alß Johan Rytefsel schribet in syner cronicken,
so was die stad vorhinne großer dan sie itzund ist.“
Ohne Zweifel bezieht sich dies nicht auf eine Beschreibung Fritzlar's durch Riedesel, sondern nur
auf eine gelegentliche Bemerkung desselben über den
Umfang der Stadt vor seiner Zeit.

S. 383 berichtet Riedesel von der Verbrennung
der Ketzer hinter dem Marburger Schlosse und fährt
fort: „. . . . darumbe heißet es noch in der
Ketzerbach“.

. S. 399: „Unde darumbe so wart dem frummen
jungen herrn (sc. *Landgraf Hermann von Thüringen*) von
den eddelluten vergeben unde man sprichet, eß
sie zu Wetter gescheen. Alsus schribet Johannes Ryd-

eßel in siner cronicken." Dies können nur Worte
Riedesels sein, der, sich auf Hörensagen stützend, eine
falsche Angabe macht, denn thatsächlich starb Hermann in Kreuzburg.

S. 412: „. . . . unde (sc. *Sophie*) understunt. eyn
nuwe slos uff eynen bergk geyn Blancksteyn zu buwen
unde heißit nach hude bitage uff der Nuwen-
burg."

S. 416: „. . . . unde (sc. *Sophie*) versatzste eme
die stad Wildungen vor 700 marg sweren phennige,
wilche stad zu vil getzyten ist geheißchin wurden widder
zum lande zu Heßen zu stellen, das dannoch nicht
gescheen ist. Alsus schribet Johann Ryteßel in seiner
cronicken." Zunächst irrt der Chronist hinsichtlich der
Verpfändung von Wildungen durch Sophie: vgl. *Rommel*,
hess. Gesch. I, 316 f. und *Varnhagen*, Grundlagen der
waldeckischen Gesch. I, 301—303. Ferner wurden,
soviel bekannt, die hessischen Ansprüche auf die genannte Stadt nach 1294 erst wieder 1347 und 1368
geltend gemacht[120]).

S. 462 f. ist (z. J. 1327) von einer Niederlage
der Marburger Bürger die Rede. Der Chronist fährt
dann fort: „Duß geschach als man schreib nach gots
geburt 1327 jare uff sontag vor pinxsten genant Exaudi,
unde er bleib so vil toit, das man nach alle jare
derselbin begenckeniße heldet mit vigilien
unde selemeßen zu den predigerherrn zu
Margburg." Dieses und das gleich darauf folgende
Datum (uff unsers hern lichenams tag) sind die einzigen
genauen Zeitbestimmungen, welche in den von Gerstenberg angeblich aus Riedesel entlehnten Stücken vorkommen.

Die mitgetheilten Stellen zeigen, falls sie von
Riedesel selbst herrühren, was bei den meisten wahr-

---

[120]) *Rommel*, a. a. O. II. Anm. S. 67.

scheinlich ist, aber durchaus nicht sicher nachgewiesen werden kann [121]), und nicht Zusätze und Bemerkungen Gerstenbergs sind, dass die Nachrichten geraume Zeit nach den Ereignissen und nicht gleichzeitig mit diesen niedergeschrieben wurden.

Für eine spätere Abfassung der Riedesel'schen Chronik sprechen bestimmter die Ungenauigkeiten, die sich zuweilen finden: schon oben wurde auf den Irrthum hinsichtlich der Verpfändung von Wildungen hingewiesen; auch leidet die Darstellung des hessisch-thüringischen Erbfolgestreites an erheblichen Mängeln [122]). Ebenso äussert sich Riedesel in einzelnen Fällen über den Inhalt von Verträgen nicht in allen Stücken zutreffend [123]).

Ziehen wir aus dem Gesagten den Schluss, so ist es wahrscheinlich, dass die Abfassung der Chronik geraume Zeit, vielleicht einige Jahrzehnte nach 1330 fällt. Die Quellen mögen grossentheils mündliche, in einzelnen Fällen auch schriftliche gewesen sein; manches hat Riedesel wohl auch selbst miterlebt.

Ueber die Person des Verfassers wissen wir nichts Sicheres. In den hessischen Urkunden aus dem letzten Jahrzehnt des dreizehnten und der ersten Hälfte des vierzehnten Jahrhunderts wird unter den Zeugen häufig ein Johannes Riedesel, meist mit der Bezeichnung miles oder Ritter, genannt [124]). Ob wir es hier mit

---

[121]) Zieht man in Betracht, dass Gerstenberg eine Zeit lang als Priester in Marburg lebte, so gewinnt die Annahme sehr an Wahrscheinlichkeit, dass wenigstens die oben mitgetheilte Notiz von den Vigilien und Seelenmessen, die dort alljährlich für die Gefallenen gehalten werden, von ihm herrührt. Vergl. S. 506 die Bemerkung über eine päpstliche Absolution, „die man zu Margburg nach hat."

[122]) Vgl. *Ilgen* und *Vogel* a. a. O. S. 157 und 178.

[123]) Siehe die Ausführungen am Schlusse dieses Kapitels.

[124]) Ein Joh. Riedesel kommt meines Wissens zuerst im Jahre 1245 vor, wo er als miles bezeichnet wird (*Wenck* III. Ur-

einer oder mehreren Personen zu thun haben, kommt
für unsere Zwecke ebensowenig in Betracht, wie die
Frage, welcher Ritter Johannes Riedesel der Vater eines
gleichnamigen Geistlichen war, der zwischen 1334 und
1341 als Hofmeister eines Grafen von Ziegenhain mit
einem Empfehlungsschreiben und wichtigen Aufträgen
des Landgrafen Heinrich II. zum Papste Benedikt XII.
reiste [125]). An und für sich kann sowohl der Geistliche

kundb. nr. CXCII); ferner 1296 (das. II. Urkdb. nr. CCXXXIX).
1297 (das. III. nr. CXCVI; II. nr. CCXL u. CCXLII), 1304 (das.
nr. CCLIV), 1312 (das. nr. CCLXXII als miles), 1321 (Hess. Urkundenbuch, herausgeg. von *Arthur Wyss* II. nr. 392: Johannes
miles cognominatus Ritesel mit zwei Söhnen Johann und Heinrich;
erwähnt werden ausserdem minderjährige Söhne und Töchter des
ersteren), 1328 (Hess. Urkunden, herausgeg. von *Ludwig Baur*,
I. nr. 521: strenuus miles Johannes dictus Rithesil; hier werden
auch die treuen Dienste erwähnt, die dieser dem Landgrafen Otto
leistete), 1330 (das. nr. 739: Johannes Rythesel miles), 1333 Hess.
Urkundb. II. nr. 586: her Johan Ryetesel ryttere und her Johan
Ryetesel pherner zu Grünenberg), 1333 (das. nr. 588: strenuus et
famosus vir dominus Johannes Rythesil miles; dessen Gattinnen
Hedwig und Mechtilde), 1336 (das. nr. 630: strenuus miles dominus Johannes dictus Rithesil), 1336 (*Wenck* II. nr. CCCXXXIII:
Herr Joh. Ryetesel, ritter), 1337 (*Brückner*, Henneberg. Urkundenbuch II, nr. XLVI: Johan Riethesil, ritter). Ausserdem erwähnt
Landau, Ritterburgen IV, 2 aus 1309 einen Ritter Johannes Riedesel als Schultheissen von Frankenberg, sowie dessen Gemahlin
Hedwig. Ebenso war ein Johannes Riedesel als Schiedsrichter bei
den Streitigkeiten zwischen Landgraf Otto und Erzbischof Matthias
von Mainz betheiligt: vgl. die Urkunde vom Jahre 1324 bei
Gudenus, Cod. diplom. tom. III. p. 219. Eine andere Person ist wohl
der 1353 vorkommende Johann Riedesel, Sohn des Johann, genannt von der Huntzpach (Hess. Urkundb. II. nr. 888) und der in
einer Urkunde v. J. 1359 erwähnte Ritter Johann Riedesel, Amtmann in Homberg a. d. Ohm (das. nr. 987). Mit letzterem scheint
der Ritter Joh. Riedesel identisch zu sein, der urkundlich (bei
Baur, Hess. Urkunden I. nr. 920, Note zu nr. 841 u. zu nr. 1039)
in den Jahren 1357, 1361 und 1370 vorkommt.

[125]) Das Schreiben ist gedruckt bei *Schannat*, Vindem. lit.

wie der Ritter Verfasser einer Chronik sein [126]), denn es
ist, wie die Geschichte der deutschen Historiographie
im Mittelalter zeigt, nichts Ungewöhnliches, dass vornehme Laien in vorgerückten Jahren geschichtliche Aufzeichnungen machen. Es hat sogar die Annahme viel
für sich, derjenige Johannes Riedesel möchte der Chronist
sein, der das besondere Vertrauen des Landgrafen Otto
besass und von ihm zum Schiedsrichter in den Streitigkeiten mit Mainz bestellt wurde, der ferner nach dem
Bekenntnis Heinrich's II. dessen Vater Otto zahlreiche
wichtige Dienste leistete; diese Vermuthung gewinnt
sehr an Wahrscheinlichkeit, wenn man in Betracht
zieht, dass der Chronist das Bild Otto's besonders
scharf zeichnet und ihn trotz der Streitigkeiten mit
seinem Vater als gottesfürchtigen Mann und trefflichen
Fürsten preist.

Ebenso schwierig zu beantworten ist die Frage
nach der ursprünglichen Gestalt und dem Umfange der
Chronik. Gerstenberg citirt dieselbe in seiner thüringisch-hessischen Chronik 30 mal und mit einer Ausnahme nur in solchen Fällen, wo es sich um hessische,
bezw. thüringisch-hessische Verhältnisse handelt [127]).

---

terar. Coll. II, 126 f. Der Hofmeister wird das. S. 127 als Johannes natus Johannis Ryetesel militis bezeichnet.

[126]) Auf diese Möglichkeit weist *Wenck*, Hess. Landesgesch.
I. p. VIII und Note 1 hin. Vergl. auch *G. Landau*, Die hess.
Ritterburgen und ihre Besitzer IV, 2.

[127]) Monim. Hess. II, 378, 384, 399, 411, 412, 413 (2 mal),
416 (2 mal), 418, 424, 429, 431, 432 (2 mal), 434, 435, 436, 437,
439, 445, 448, 449, 451, 453, 457 (2 mal), 458, 462, 463. Auch
in der Frankenb. Chronik wird Sp. 25 (wo Riedesel's „Historie"
oder „Historien" citirt werden), 27, 30 (wo der Herausgeber die
Quellenangabe ausgelassen hat), 32, 37 und 38 auf Riedesel Bezug
genommen. Sämmtliche Stellen kommen abgesehen von der letzten
auch und zwar in ausführlicherer Fassung in der thür.-hess. Chronik vor. Doch hat Gerstenberg, wie dies schon aus dem Umstand

Da Gerstenberg in seiner Chronik nicht selten auch
Dinge berührt, die zu seiner eigentlichen Aufgabe nicht
in Beziehung stehen [128]), so kann man wohl annehmen,
dass er Riedesel auch bezüglich anderer als hessischer
Angelegenheiten hier und da zu Rathe gezogen haben
würde, wenn dieser sich nicht fast ganz auf Hessen
beschränkt hätte. Es ist also Riedesel's Chronik wohl
eine hessische, und nur der Anknüpfung wegen werden
in ihr, wie auch *Wenck* vermuthet [129]), die letzten Zeiten
der thüringischen Herrschaft über Hessen behandelt [130]).
Nicht leicht ist es dagegen wieder, über den Umfang
der Chronik etwas Gewisses zu sagen, denn Gerstenberg citirt Riedesel nicht Jahr für Jahr, sondern mit
Unterbrechungen, so z. B. 1242, 1246, 1247, 1250,
1277, 1286, 1288, 1293. Bei einer Chronik, die wie
die Limburger naturgemäss Vieles bringen muss, was
Gerstenberg für seine Arbeit nicht verwerthen konnte,
wäre ein solches Verfahren des letzteren keineswegs auffallend, aber Riedesel gegenüber liegt die Sache anders.
Entweder hat die Chronik des letzteren nicht viel mehr
enthalten als das, was Gerstenberg wiedergiebt, oder
dieser hat da, wo sich zugleich bei Riedesel und bei
anderen Chronisten Berichte über dieselben Ereignisse
fanden, mitunter nur letztere benutzt. Es wäre aber
jedenfalls auffallend, wenn Gerstenberg über hessische

hervorgeht, dass eine aus Riedesel entlehnte Stelle der Frankenberger Chronik in seiner grösseren Arbeit nicht nachgewiesen
worden kann, nicht die betreffenden Stellen seines erstgenannten
Werkes aus der thür.-hess. Chronik verkürzt herübergenommen.

[118]) S. o. S. 25 und 31.

[119]) A. a. O. p. VIII.

[130]) Abgesehen von der Monim. Hass. II, 378 sich findenden
Stelle über Fritzlar, die möglicherweise im Zusammenhang mit der
Eroberung der Stadt durch Landgraf Konrad (1232) steht, ist S. 383
von Konrad von Marburg und S. 399 von Landgraf Hermann von
Thüringen und dessen Tod die Rede.

Verhältnisse in erster Linie nicht Riedesel zu Rathe
gezogen hätte, vorausgesetzt, dass dieser Auskunft geben
konnte. Auf der anderen Seite wieder darf man nicht
ausser Acht lassen, dass Gerstenberg häufig ganz über
seine Quellen schweigt oder es versäumt, bei übereinstimmenden Angaben verschiedener Gewährsmänner die
Berichte derselben auseinanderzuhalten [131]; bisweilen
nennt er, wo er zwei Vorlagen hatte, nur eine [132]), und
nur einmal, bei starker Abweichung Riedesel's von der
Thüringer Chronik, merkt er dies ausdrücklich an [133]). Es
ist also recht gut möglich, dass er hier und da Riedesel's
Nachrichten allein oder vermischt mit Bestandtheilen
anderer Quellen benutzt hat, ohne hiervon Mittheilung
zu machen. Eine weitere Schwierigkeit liegt darin,
dass wir gar nicht in der Lage sind, bestimmt nachzuweisen, wieweit Gerstenberg seine Vorlagen gekürzt
wiedergegeben hat [134]). Wenn auch die knappe Fassung
der Limburger Chronik von letzterem im Ganzen unverändert gelassen wurde, bedingt dies keineswegs ein
ähnliches Verfahren des Chronisten in Bezug auf die
eingehendere Darstellung in der Arbeit Riedesel's. —

Neben Gerstenberg muss auch Lauze aus Riedesel
geschöpft haben. Lauze pflegt im Gegensatz zu den
früheren Partieen seiner Chronik bei der Darstellung
der hessischen Geschichte seit Heinrich I. seine Vorlagen
sehr selten zu nennen [135]); nur wo er bekannte und

---

[131]) Vgl. Monim. Hass. II, 412, 415, 431, 449 u. o. S. 40 f.
[132]) Vgl. z. B. thür.-hess. Chron. a. a. O. S. 409 f. („Nu
worin etzliche — tzweydracht") mit Frankenb. Chron. Sp. 27. In
letzterer wird Riedesel, in ersterer die Thüringer Chronik als
Quelle angegeben.
[133]) Monim. Hass. II. 399. Vgl. o. S. 44.
[134]) Dass er überhaupt gekürzt hat, ist S. 37 bereits erwähnt.
[135]) Vgl. den ersten, noch ungedruckten Band seiner Chronik. Die Originalhandschrift ist in der Ständ. Landesbibliothek in
Kassel (Mss. Hass. in fol. nr. 1).

berühmte Namen wie Nauclerus, Irenicus, Bruschius u. s. w. aufzählen kann, verschmäht er es auch hier nicht. Aeussert er sich aber einmal über eine Quelle, so thut er dies in der Regel ziemlich allgemein. S. 247 spricht er von hessischen Jahrbüchern, S. 239 von einer fuldischen Chronik, S. 250 von einem fuldischen Chronographen; anderwärts wieder nennt er zwar Namen, versäumt es aber, den Titel des betreffenden Werkes bestimmter anzugeben. Einige Male erwähnt er Johannes Nohen von Hersfeld, aber nur an einer Stelle bezeichnet er die Vorlage genauer [136]); Gerstenberg, den er neben Nohen sehr häufig benutzt hat, nennt er im ganzen nur 4 mal [137]), wo er, nach dem Inhalt der Citate zu urtheilen, dessen thüringisch-hessische Chronik im Auge gehabt haben muss. Da nun Riedesel nirgends von ihm erwähnt wird, so liegt zunächst freilich die Annahme nahe, dass da, wo Lauze mit dem genannten Chronisten übereinstimmt, Gerstenberg der Vermittler ist. Thatsächlich lassen sich die meisten Stücke bei Lauze, die nur aus Riedesel stammen können, nahezu in der gleichen Fassung bei Gerstenberg nachweisen. Einmal nennt Lauze letzteren sogar als Quelle, wo sich dieser auf Riedesel beruft. Indessen ist zu bemerken, dass Lauze hier, wie sich aus nachstehender Zusammenstellung ergiebt, vielfach doch von seiner Vorlage abweicht und noch anderweitige Quellen gehabt haben muss.

Gerstenberg (Monim. Hass. II, 433 f.).

Bie dißen getzyten woren in dem lande zu Heßen vile roupsloße unde mortkuten, die dan ire lehene

Lauze I, 240a.

Umb diese zeit waren irer noch viel vom adel im land zu Hessen, welche alle freiherrn sein und ire lehen

---

[136]) S. 290a.
[137]) S. 29a, 95a, 236, 240a.

nicht umbe den fursten ent-
phaen wulden, sundern sie
woren des lants fygent, etzliche uffenberliche, etzliche
heymelichin, die bestreid
der lantgrave unde ·gewan
sie, etzliche brach er zu
grunde nidder, etzliche be-
satzste er mit den synen
unde in sunderheit duße
nachgeschrebin 18 sloße
Blancksteyn, die tzwey
Hoenfelßche, die tzwey Gu-
denberge, den ·Keßeberg
uff der Eddern, Aldenburg,
Rulkirchen, Rudelßen,
Swartzenberg, Helffinberg,
Wulffeshußen, Ruckers-
hußen, Landeßburg, Czi-
genberg, Pederßheyn, Ul-
richsteyn unde Eyßenbach.
. . . .
Alsus schribet Johan Ryt-
eßel in syner chronicken.

vom landgraven nicht em-
phoen wolten, denn sie
hatten zuvor, da die land-
schafft one ein gewiß haubt
gewesen, viel dorffer zu
sich gezogen, welche ims
(*sic*) furstenthumb und
nicht inen zugehorten. derhalben hat sie der land-
grave uberzogen und aus
dem lande vertrieben, und
werden furnemlich diese
von herr Wigand Boden-
bendern vom Franckenberg
benent.: Wolffe von Gudenberg, die Gieren von Gudenberg, die Resen von Gudenberg, die von Blancken-
stein, Keiserberger, Ruel-
kircher, Helffenberger, Ul-
richsteiner, Eisenbecher und
andere mehr. die Guden-
berger fur sich selbs haben
gethan was sie schuldig
waren und seind im lande
blieben, dergleichen auch
die Wolffe von Gudenberg,
aber die Resen und Gieren
seind an Rheinstraum ko-
men, die anderen haben
sich in andere lender bge-
ben (*sic*) mussen.

Wichtiger sind zwei andere Stellen bei Lauze
(S. 240 f. und 243 f.), wo dieser ausführlicher als Riedesel bei Gerstenberg (S. 427 ff., 456 f. und 462 f.) ist
und in Einzelheiten von letzterem abweicht. Es liegt
also die Frage nahe: hat Lauze hier Riedesel in anderer Gestalt vor sich gehabt als in der Fassung bei
Gerstenberg, oder hat er noch anderweitiges Quellen-

material benutzt und auf Grund desselben die Erzählung Riedesel-Gerstenberg's vervollständigt, bezw. berichtigt?

Betrachten wir zunächst die zweite Stelle, welche Nachrichten über den Zwist Landgraf Otto's mit Erzbischof Mathias hinsichtlich der mainzischen Leben in Hessen enthält. Lauze hat hier, wie es auf den ersten Blick scheint, Riedesel-Gerstenberg vor sich gehabt, seine ausführliche Erzählung ist indes, wie die nachstehende Zusammenstellung zeigt, daneben z. Th. wenigstens aus anderen Quellen geflossen, mögen dies nun Urkunden oder eine auf letzteren beruhende Darstellung gewesen sein.

Gerstenberg.

S. 456 f.

Darnach sprach der bischoff [Peter] widder dißen fursten ane umbe die leenschafft die lantgrave Johan vom stifft zu Mentz gehabt hatte unde sprach: nachdem male syn bruder sunder libes erben verstorben were unde das lant verteilt were, so weren die lehene dem stiffte lediglichin verfallen.

so antwerte der lantgrave, wy das das lant unde die lehenschafft nach nye verdeylt gewest were, sundern syn vater seliger hette tzußchen en eyne mutschar gemacht. auch ob es schone verdeilt ge-

Lauze I, 243 f.
Anno etc. 1323.

Das 7. Capitel.

Mathias grave von Bucheck ein Burgundier und monch S. Benedicti ordens zu Maurbach im Elsaß, volgents ertzbischoff zu Meintze, kam auf den whan, nochdem weiland landgrave Johan one manliche leibeserben verstorben, weren seine lehen so er und seine voreltern von dem bisthumb Meintze zu leben getragen, ime und gemeltem ertzstifft als verledigte lehen heimgefallen. dagegen hielt es der landgrave dofur: weil angezeigte leben durch rechtmessige und bestendige erbschafft an seine voreltern kommen, davon er auch allerlei alter und glaubwirdiger urkhunde fur konte legen, das dorzu in

west were (des doch nicht was), so hoefte he das in rechtin nicht herkant sulde werden, das eyner an libes erben storbe der eynen naturlichen lebenigen bruder nach eme liße, ydoch so wulte he synß rechtin by dem Romschin riche bliben. . . . .
Alsus schribet Johan Riteßel in syner cronicken.

S. 462.

Bischoff Mathias von Mentz (alß Johan Riteßel schribet in siner chronicken) herweckede widder uff die sache mit den lehingutern die lantgrave Johan gehabt hatte, alß vor geschrebin stehit, unde gedochte alletzyt darnach, wie he die lantgraven gantz verdilgen mochte unde das lant zu Hessen in sine gewalt brengin mochte.

Unde*) hat der vorgen. unser herre erzebischof zu Menze unde wir mit truwen gelobt u. zu den heiligen gesworn stede u. veste zu haltende an alle geverde dissen iegenwortigen brief unde wie uns die vorgenanten sunlute richten nach minne oder nach reichte also da vorgeschriben stat.

der separation oder mutscherung so er etwan mit seinem bruder Johan gehalten ausdruglich vorbehalten were, das alle leben ein samptlehen sein und bleiben solten und sie also keine erbliche division oder todttheylung gethan und er nu one manliche lebenserben verscheiden were, er als ein rechter erbe dorzu und solchs leben an inen devolvirt und noch nicht fur verledigte leben zu halten.

Zuletst kam es dobin, das beide partheien auf nachbenente gutliche underhandler bewilligten: Emichen graven zu Nassaw, heren Wenceßlaum von Cleen burggraven zu Friedberg in der Wederaw und andere mehr.

verhiessen auch zu beiden theilen, was die in solchen irrungen ausprechen, dorbei solte es jede parthei one weiterung bleiben lossen,

---

*) *Gudenus*, Cod. Diplom. III. p. 220 (Urkunde vom 12. Juli 1324. Der Erzbischof und der Landgraf vereinigen sich über die zu erwählenden Schiedsrichter).

. . .Wir*) grefe Emiche von Nassau . . . und wir Wenzel von Cleen burggrafe zu Friedeberg und Bernhart von ᶾGuns rittere . . . ratlute und scheidelute gekorn umb die leben und gut die de vorgenante ertzbischoff zu Mentze fordert und spricht, das sie ihme und seinem stifte von lantgrefen Johannes tode wegen ledig worten sint und an in und seinem stifte ledeglich erstorben, die der vornante lantgrefe Otte besizet und inne het sit sines bruders lantgrefen Johannes tod. sprechent und erteilent uf unsern eit mit diesem briefe, das der vorgenante lantgrefe Otte in den vorgenanten leben und gut sizen sol. und wil in der vorgenante ertzbischof dorumbe ansprechen und beteigedingen, so zal er dem vorgenanten lantgrefen Otte fur sine mantag mahnen als recht ist und was die erteilent, das zol er liden und stete halten . . .

dorauf sprochen dieselbigen nu also auß, das der landgrave Otto billich bei allen leben seines vatters und auch deren so weiland landgrave Johan inne gehabt und verlossen so lange solte gelossen werden, biß der von Meintze inen mit einem bessern rechte davon tribbe. da nun dem bischoff dieser sentenz nicht gefellig, mochte er den landgraven fur seinen mangericht furnemen und von deme weiters bescheids gewertig sein.

---

*) *Schmincke,* De superarbitriis Beilage II. und *Gudenus* l. c. p. 225 (Aus dem Schiedsspruche Emicho's von Nassau, Wenzel's von Cleen und Bernhard's von Güns: Eylohe bei Amöneburg, S. Martinsabend [Nov. 10.] 1324).

. . . Des *) quam ich ryden zu Amenborg uff S. Mertens tag, du sprach myn herre greve Emiche er hette eyn bryv lassen schryben, den solt ich besigiln. du sprach ich: herre das intun ich nicht, ich inzal is von rechte nicht tun . . . des lud mich min herre von Mentze darumb an sin geistlich gerichte zu Mentze . . . und drang mich darzu mit banne den he an mich legte, das ich den bryff . . . besigiln muste mit myme ingesigil widder minen willen.

und dass alle lude dy dyssen bryff sehin oder horin lesen disse vorgeschr. rede wissen und deste bass glouben mogen, so hab ich . . .

Hieran wolte der bischoff nicht benuget sein, vergaß aller zusage und citirte die benenten scheidsrichter allesampt gen Amelberg und begerte an dieselbigen ime solches spruchs ein erklerung zu thuen. als nu die scheidsrichter erscheinen und des bischoffs meinung hatten angehort, weigerten sie sich weiter erklerung zu thuen und liessen es bei gethanem außsproch, den der landgrave ließ dawider protestiren und bestendige ursachen anzeigen, worumb sie in solcher sachen weiter nicht betten zu erkennen. jedoch ward am letsten grave Emicho uberredt das er dem bischoff zu willen sein wolte, aber der burggrave von Friedberg bleib steif bei vorgeschener abrede. derbalben hiesch inen der bischoff ghen Meintze und da der burggrave aussenbleib, sprach inen der bischoff zu banne. solte er davon wider erlediget werden, so muste er singen wie es der bischoff haben wolte.

Nichts desteweniger beklagte sich hernach in einem offentlichen außschreiben angeregter burggrave solches hohen gewalts so

---

*) *Schmincke* a. a. O. Beilage III (Erklärung des Burggrafen Wenzel von Cleen [1327 Febr. 2]).

Gerstenberg S. 462.

unde hat eynen großen krig mit dem lantgraven angefangin unde thet eme vil verdrißes ane. zu eyner tzyt ranthin die sinen vor Marpurg unde fingen die lude in der porten unde furten sie dor den Loynberg unde namen auch midde was sie von phee betraden. da tzogin die von Margburg nach biß vor Ameneburg, da wantin sie sich dy figende unde hattin eynen hinderhalt unde slugin unde biben sich, so das die von Margburg nidder lagin unde worden jemerlich hermordet herslagin unde gefangin. duß geschach als man schreib nach gots geburt 1327 jare uff sontag vor pinxsten genant Exaudi . . .

an inen geleget were fur allermeniglichem, aber der bischoff ließ sich solches nicht hoch anfechten, sondern thät landgrave Otten auch in bann und erledigte alle seine underthanen irer aidpflichte so sie ime als irem angebornen und erbherren gethan betten, ließ ime dorzu auß Amelburg und Friedßler auch dem schlosse Melnaw bei Wetter grossen schaden zufugen. denn die seinen ritten fur Wetter und Marpurg erlegten viel vom adel und andere burger aus dem land zu Hessen. und als die burger zu Marpurg solches steten zugrifs uberdrussig worden und den Mentzischen biß hart fur Amelburg nachzogen (das geschahe auf den suntag Exaudi den nehesten vor pfinsten) worden sie ubereylet und irer viel erschlagen und gefangen.

Lauze theilt sodann ein Schreiben Ludwig's von Bayern an den Landgrafen Otto seinem Wortlaut nach mit [138]) und stimmt dann wieder bis auf einige Zusätze mit Riedesel-Gerstenberg überein.

Gerstenberg S. 463.

. . . unde balde darnach uff unsers herrn lichenams tag im selbin jare [1327] tzoch

Lauze I, 244 f.

Aber das alles ungeachtet, weil er gesehen das hohermelter konig eben der

---

[138]) Abgedruckt nach einer Kopie in der Zeitschr. für bess. Gesch. V, 53.

bischoff Mathias mit großer gewalt in das lant zu Heßen unde verkundigete uffenberlich das sie nichts schonen sultin, es wer stedde dorffere kirchin kluße cloistere spitale glocken adder keyner gewyhedin stedde nach priesteren moncben junffern adder nonnen unde gab applaß unde gnade dartzu, wilcher vil schadens unde vil mordens unde übbel gethun mochte, dem sultin vergebin syn alle syne sonde. hirumbe ensulten sie nymants schonen, er were geistlich adder werntlich. aber lantgrave Hinrich satzste sinen getruwen in god den herrn unde in die beschurunge sent Elisabeth unde sprach syne frunde an, dartzu sin lant unde lude unde enthilt sich vor den Mentzschin. alsus schribet Johan Riteßel in siner chronicken.

zeit mit seinen eigenen anligen, und des reichs gescheften viel zu thun hat und uberladen war, hot er einen offentlichen zog gegen den landgraven furgenommen und in seiner absage meniglichem erlaubet kirchen clausen spital und sichenhäuser zu spoliiren und keins stands noch menschen zu verschonen. hat also mit gewalt die einwoner der stadt Giessen gedrungen sich an inen zu ergeben, wie Chaspar Bruschius im leben dieses bischoffs deutlich anzeiget, aber sich dorin weit irret, das er Henricum nennet welcher vorlangst abgestorben und landgrave Otto sein söen am regiment war welchen er auch endlich dohin genotiget hat ime etliche viel tausent gulden fur seinen aufgewendten kriegskosten zu geben. und ist dennoch der hauptsachen halben nichts beschlossen noch vertragen worden.

Ganz ähnlich steht es mit den unten nebeneinander gestellten Nachrichten beider Chronisten über den Streit, der zwischen Heinrich I. und dem Erzbischof Werner von Mainz über die Ausübung der Sendgerichtsbarkeit in Hessen entstanden war. Doch fehlt hier das urkundliche Material.

Lauze I, 239 ff.

Anno etc. 1277. Landgrave Heinrich hat weiland
Gerhardum ertzbischoffen zu Meintze von wegen des
seends beschrieben. denn die officiales seendprobste und
ertzpriester zu Friedßler Ameneburg und Meintze beschwerten die unterthanen im land zu Hessen uberaus
hart mit solchen dingen und mißbrauchten also irer
empter, das wo einer nur etwas an narung vermochte
der ward durch die seendpfaffen heimlich geruget und
angegeben, als solte er mit diesem und ihenem laster
beschreit und verargwonet sein. dorauff ward er den
sobald citirt und·geladen auf die probsteien hart be-
schuldiget und etwan an sinem guten namen und leu-
mund dadurch schwerlich verletzet. understunden sie
sich den schoen zu entschuldigen mit irem aide, halff es
doch nicht, sondern ward den antragern mehr geglaubet
den iren purgationibus, auch da einer noch so unschuldig erfunden, muste er doch umb die erledigungsbrieffe
viel gelts geben. das verdroß den landgraven und weil
seine schrifften bei dem vorigen bischoff ein geringe
ansehens gehabt, beschreib er Wernerum ertzbischoff
doselbst dieser sachen halber auch und zeigt deme an
das ime sollichs lenger nicht zu leiden sein wolt, das
uber alles alt herkommen die armen dermasen solten
beschweret werden, gesann darneben auch an die ertz-
und seendpfaffen sich des seends zu sitzen biß auff
weiter erortterung in seinen landen zu enthalten. hierauff

Gerstenberg S. 427 ff.
Du man schreib nach
gots geburt 1277 jar, do
starp bischoff Gerhard von
Mentz unde quam eyner
an sine stat der hiß Wern-
herus. dußer Wernber
ertzbischoff zu Mentz hatte
den fursten lantgraven Hinrich im vorgenanten jare
zu banne bracht unde eyn
interdict in das gantze
land zu Heßen gelacht
unde was vil dedingenß

sprach bischoff Werner
den landgraven in bann
und gebott im gantzen
furstenthumb Hessen alle
gewonliche gottesdienste
und ceremonien zu under-
lossen, samlete dorzu ein
groß kriegsvolck, hengte
grave Gotfried von Cziegenhain auch an sich und den
graven von Witgenstein, welcher zu dem mål noch die
stadt Battenberg inhatte,
lågerten sich in den Bus-

unde arbeit umbe, so das der furste 7 jar lang in dem banne was. so nun der bischoff sach das he en mit banne unde interdict nicht betzwingen mochte nach syme willen: do versammete he eyn groiß here unde tzoch uwer en und legerte sich in den Buchsecker dail, so wart dem lantgraven geraten, das he sich in eynen fride unde süne gebe mit dem bischoffe. deß sante der lantgrave syne treffliche botschaft dar unde ließ eme byden dry tusent marck colscher phennige, das er unde syn lant uß dem banne kommen mochten. sulchs enwulde der bischoff nicht thun, sundern he tzoch vorterß in syne stad geyn Fritzlar unde thet daruß großen schaden dem lantgraven, want grave Godfrid von Czigenheyn unde grave Widdekynd von Battinburg, der dan von geburt was eyner von Witgensteyn, die worin des bischoffs helffere mit andern herrn. deß sammete der lantgrave auch eyn groiß here und geboit in syme lande daß alle manslude, die eynen stecken adder swert getragin mochten, das die quemen vor Fritzlar. du lyß der lantgrave eynen strid dem

seckerthäl und liessen dem landgraven alle freundtschafft absagen. da riethen viel, man solte sich mit dem bischoff gutlich vertragen, etliche aber widerriethen dasselbige in hoffenung dieses kriegs besser zu geniessen. doch ward zuletst beschlossen, man solte etliche vom adel an den bischoff schicken und versuchen lossen, ob sie diese irrung in der gute konten hinlegen und vertragen. dorauff forderte gemelter bischoff dreihundert marck colnischer phenning fur seine aufgewendte kriegsrustung, darneben etliche stedte ime und dem ertzstift Meintze zu ubergeben. nu war der landgrave urbutig die angeforderte summa gelts zu erlegen, aber stedte hinzugeben war er nicht bedocht. — — — — —
Nichts deste weniger noch vollendung angezeigter sachen nam gedochter bischoff wider einen zog gegen dem landgraven fur ... und als er mit seinem hauffen noch grosser muhe biß tur Friedßler kam und solches der landgrave vernam, ließ er jederman im lande gepieten, der nur einen stecken tragen konte, auff zu sein und das gemeine vatterland erretten

bischoffe anbyten, den nam he uff unde tzoch uß der stad zu felde. unde alß der bischoff sach sulch groiß folck, do flohe he widder zu der staid. Unde die burgere forchtin sich, queme der bischoff mit syme folcke widder in die stad, daß es gar dure darinne wurde unde wurden auch ußewennig von dem lantgraven belegert unde villichte aber verbrant unde verstort mochtin werden, alß en vormalß von lantgraven Curde zu Doringen unde Heßen gescheen was. unde hirumbe so slugen sie die dore zu unde lißen den bischoff mit 20 pherden yn unde lißen die andern daruße, die musten sich behelffin in den graben, tzůnen unde in den hůßerchin die in den gartin stunden. unde alßbalde gesan der bischoff eyner fruntschafft, anders weren die bußen der stad vil lichte von den Heßen alle toit geslagen wurden. also wart dem landgraven eyn fridde unde sůne, wy he selberß wulde nach alle syme willen unde der bischoff, der vor in dem Buchsecker dale nicht nemen wulde dry tusend marck, dem enwart nu keyn phennig unde muste dem lantgraven unde syme lande

zu helffen. der bischoff war keck und mutig, darum bott er dem landgraven eine offentliche feldschlacht an. als er aber den herzu sach kommen, erschrack er so hefftig, das er noch der stadt Friedßler eylete und begerte sich alda einzulossen. aber die burger wolten inen nicht stercker als mit zwantzig pferden einlossen. Da nu der khune heldt nirgends auß wußte, ließ er bei dem landgraven umb gutliche underhandelung ansuchen, dorauff endtlich nachvolgender vertrag aufgericht und im felde vor Friedsler gemacht ward.

Erstlich das der bischoff den landgraven mit dem gantzen lande aus dem bann thuen und absolviren solte. darnach das er und alle nachkomene bischoffe zu Meintze den seend nicht anders setzen noch halten solten wider der vermuge der beschriebenen geyst-

eynė absolution bestellen uff syne eigin koste unde dem lantgraven all synen schaden gentzlichin keren, auch alle ansproche bie unde abestellen. darzu behilt der lantgrave sulch priviley unde fryheid, das eyn bischoff von Mentz adder die commißarien unde officiale vortmers keynen senth nummermee halten sullen in den steddin syns lants unde furstenthumps zu Heßen, durch wilche seenthe syne arme lude vormalß geschynt unde geschrappin wordent. alsus schribet Johann Ryteßel in syner chronicken.

lichen und weltlichen rechte von alters her zu halten zugelossen und bewilliget were. zum dritten das hinfurter kein seendprobst auf der ertzpriester angeben oder jemands anders clage einigem underthanen aus dem furstenthumb Hessen umb weltlicher sachen willen oder geldschulden fur ire geystliche gerichte heischen noch laden. das dennoch landgrave Heinrich nu vergebens und umb sonst alles erlangte welches er zuvor von dem zornigen ertzbischoffe mit guten worten und angebottener grosser summa gelts nicht konte erhalten. denn der zuvor umb fried ansuchte mochte er nicht werden, der ihnen aber nicht haben wolte, wird nu froe das er dorzu gelossen wirdt.

Lauze hat, wie oben gezeigt wurde, in seinem Berichte über den Zwist zwischen Landgraf Otto und Mathias von Mainz urkundliches oder auf Urkunden zurückgehendes chronikalisches Material verarbeitet. Vielleicht sind auch gewisse andere Bemerkungen in diesem Abschnitte, die sich bei ihm, aber nicht bei Gerstenberg finden, derselben Quelle entnommen. Letzterer spricht nämlich nur von einer Schädigung der Bürger von Marburg durch die mainzische Besatzung von Amöneburg, während Lauze auch Melnau und Wetter eine Rolle spielen lässt und allein die Angabe von der an Mainz gezahlten Kriegsentschädigung hat, die auch

bei *Bruschius* (Magnum opus S. 15 f.) fehlt. Sehr nahe
liegt die Vermuthung, dass Lauze hier wie in dem oben
S. 68 f. mitgetheilten Stück den vollständigen Riedesel benutzt hat, den er, wie sogleich dargethan werden
wird, noch in anderer Gestalt, als bei Gerstenberg, vielleicht in der ursprünglichen, gekannt haben muss.

Dieselben Momente kommen auch bei den beiderseitigen Berichten über den Streit Heinrich's I. mit
Werner von Mainz in Betracht, der über die miss-
bräuchliche Ausübung der Sendgerichtsbarkeit in Hessen
entstanden war. Auch hier weicht Lauze von Riedesel-Gerstenberg mannigfach ab, indem er in der Lage
war, anderweitiges Material heranzuziehen. Er spricht
nämlich ziemlich ausführlich über das unkanonische
Verfahren der Sendpröbste, das von Riedesel-Gerstenberg nur ganz kurz erwähnt wird; weiterhin gedenkt
er einiger Schreiben, die der Landgraf in dieser Sache
an Werner und dessen Vorgänger richtete: auch hiervon
ist dort nichts zu finden. Von grösster Bedeutung sind
aber die Abweichungen, welche die Mittheilungen der
Chronisten über den Vertrag aufweisen. Nach Gerstenberg hätte nämlich Heinrich vollkommene Sendfreiheit
für alle hessischen Städte erlangt, während Lauze ausdrücklich und in Uebereinstimmung mit dem wirklichen
Sachverhalte erklärt, dass nur die den kanonischen
Satzungen widersprechende Ausdehnung der 'Sendgerichtsbarkeit auf weltliches Gebiet fortan unterbleiben
sollte [139].

Obwohl wir, wie oben gesagt, nicht in der Lage
sind, die Urkunden genauer zu bezeichnen, die Lauze
hier vorgelegen haben, so giebt uns dieser selbst doch
einige beachtenswerthe Andeutungen über seine Quellen.

---

[139]) Vgl. *H. Heppe*, Kirchengesch. beider Hessen I, 48 und
ausser der dort angeführten Litteratur noch *Soldan*, Zur Gesch. d.
Stadt Alsfeld II, 10.

Er erwähnt Schreiben, die Landgraf Heinrich an Werner und dessen Vorgänger in der mehrfach erwähnten Angelegenheit gerichtet habe: aus diesen ist wohl sicher des Chronisten Erzählung von dem unkanonischen Verfahren der Sendpriester von Fritzlar, Amöneburg und Mainz geflossen. Auf eine Aufzählung der mannigfachen Beschwerden des Landgrafen in den betr. Schreiben, die an sich schon natürlich genug ist, weisen ausdrücklich die Worte Lauze's hin: „Das verdroß den landgraven und weil seine schrifften bei dem vorigen bischoff eine geringe ansehens gehabt, beschreib er Wernerum ertzbischoff doselbst dieser sachen halber auch und zeigt deme an, das ime sollichs lenger nicht zu leiden sein wolt, das uber alles alt herkomen die armen dermasen (d. h. wohl, wie es der Landgraf in seinen früheren Schreiben auseinander gesetzt hatte) solten beschweret werden". Ausserdem hat Lauze die Vertragsurkunde selbst als Quelle gedient[140]). Dafür spricht nicht nur die Angabe des Ausstellungsortes („im felde vor Friedsler"), sondern auch die eingehende und genaue Mittheilung der Bedingungen.

Auch sonst finden sich Differenzen: Riedesel-Gerstenberg weiss z. B. nichts davon, dass, wie Lauze mittheilt, dem Landgrafen der Rath ertheilt wurde, die streitige Sache mit dem Schwerte zu entscheiden. Ferner forderte nach Lauze der Erzbischof 300 Mark kölnische Pfennige und einige hessische Städte, während Riedesel-Gerstenberg die Sache so darstellt, als habe der Landgraf seinem Gegner 3000 Mark angeboten, und von Städten überhaupt nicht spricht. Auch darin

---

[140]) Aehnlich ist das Verhältnis zwischen Lauze S. 249 f. und Gerstenberg a. a. O. S. 482, ebenso scheinen Lauze's Mittheilungen S. 249a über einen zwischen dem Landgrafen Heinrich II. und Ludwig dem Junker abgeschlossenen Vertrag auf urkundlicher Grundlage zu beruhen.

liegt eine Verschiedenheit, dass nach Lauze der Landgraf in die Abtretung von Städten nicht willigt, während bei Riedesel-Gerstenberg der Erzbischof die angebotene Summe ausschlägt; ebenso lässt der letztge-
nannte Chronist den Landgrafen seinem Gegner vor
Fritzlar einen Streit anbieten, während nach Lauze der
Bischof der Herausforderer ist. Zu erwähnen ist
schliesslich noch, dass Lauze die beiden Züge des letzteren (in das Buseckerthal und nach Fritzlar) viel deut-
licher von einander scheidet, als dies Riedesel-Gerstenberg thut.

Diese Verschiedenheiten können nur darin ihren
Grund haben, dass Lauze Riedesel's Chronik noch in
anderer Gestalt kannte, als sie bei Gerstenberg erhalten ist, und dass Gerstenberg's Auszug der kürzere
und weniger genaue ist. Fraglich bleibt es dagegen,
ob Lauze das von ihm verarbeitete urkundliche Material
bereits in der Chronik Riedesel's vorfand oder nicht.
Im ersteren Falle müsste Gerstenberg nicht nur seine
Vorlage recht erheblich gekürzt, sondern sich der erstrebten Knappheit der Darstellung zuliebe geradezu
schwerer Irrthümer schuldig gemacht haben. Allein
zu dieser Annahme sind wir, weil wir Gerstenberg sonst
als einen im Ganzen gewissenhaften Geschichtschreiber
kennen gelernt haben, durchaus nicht berechtigt. Lauze
wird vielmehr Riedesel auf Grund von Urkunden still-
schweigend berichtigt und hier wie auch sonst in seinem
Werke (vgl. z. B. S. 253a das Schreiben Hermann's
des Gelehrten an die oberhessische Ritterschaft, S. 264 f.
die Bemerkung über die Bulle Paul's II., die Lauze
selbst eingesehen hat u. s. w.) einen Brief, von dem
er gelegentlich Kenntnis erhalten hatte, seiner Erzählung
eingefügt haben. Ausgeschlossen ist natürlich nicht,
dass er auch bei Riedesel einzelne Urkunden vorfand
und benutzte. —

Es erübrigt noch das Verhältnis der sog. Riedesel'schen Excerpte zu Riedesel-Gerstenberg näher zu
beleuchten. Die unter diesem Titel von *Kuchenbecker*,
Anal. Hass. III, 1—71 veröffentlichten Notizen, zu
denen dann später *Ayrmann* Ergänzungen gab (das. VI,
457—473), wurden bereits von *Schmincke* (Vorrede zu
Mon. Hass. II.) für Auszüge aus Gerstenberg's thüringisch-hessischer Chronik gehalten. Dies trifft der Hauptsache nach zu. Sehr fraglich ist dagegen, ob Gerstenberg selbst seine Arbeit excerpirt hat; denn diese Annahme stützt sich lediglich darauf, dass in einer die genannten Auszüge enthaltenden Handschrift der ehemaligen v. Uffenbach'schen Bibliothek der Chronist als
der Urheber der Excerpte genannt wurde [141]). Wer diese
Bemerkung gemacht hat, kann zudem nicht einmal
ermittelt werden.

Der Werth dieses Auszuges wird allgemein mit
Recht als sehr gering bezeichnet [142]), und ebenso belanglos sind auch die wenigen Nachrichten, die die
Fortsetzung bis zum Jahre 1547 bezw. 1552 enthält.
Was zuvörderst das Verhältnis der Excerpte zu Riedesel-Gerstenberg betrifft, so zeigt ein Vergleich der
einander entsprechenden Notizen, dass der Auszug
recht dürftig ist und dass nicht einmal alle von Gerstenberg aus Riedesel entnommenen Stellen berücksichtigt
wurden. Nur e i n e kleine Differenz findet sich, die
aber vielleicht auf eine Ungenauigkeit des Abschreibers

---

[141]) Vgl. *Wenck* a. a O. p. XVIII u. Note 3. Anderer Ansicht als Wenck ist *Wyss* (Deutsche Litteraturzeitung 1887 Sp. 1338)
Die in der Ständ. Landesbibl. in Kassel aufbewahrten Abschriften
der Excerpta chronici Riedeseliani (Mss. Hass. in 4° nr. 8, 116 u.
124) enthalten keine Mittheilungen über den Epitomator.

[142]) Nur *Ilgen* und *Vogel* bezeichnen (Zeitschr. f. hess. Gesch.
N. F. X, 178) eine nähere Untersuchung der Exc. Ried. und ihres
Verhältnisses zu Riedesel-Gerstenberg als wünschenswerth.

zurückzuführen ist: bei *Kuchenbecker* III, 5 f. zerstört
Landgraf Konrad sechs Dörfer im Nassauischen, wovon
Riedesel-Gerstenberg S. 383 f. nichts weiss.   .

Von grösserem Belang sind die Abweichungen des
Epitomators von Gerstenberg in den die Sternerfehde
behandelnden Partieen, wo die Erzählung des letzteren
ziemlich dürftig ist. Manches hat der Epitomator der
Limburger Chronik entnommen (so S. 26 die Nachricht,
dass die Sterner länger als acht Tage auf hessischem
Boden weilten und das Land bis nach Fritzlar hin
verwüsteten, und die Mittheilung von dem Versuche
des Grafen von Katzenelnbogen Hadamar zu überrumpeln), anderes stammt aus Gerstenberg's Frankenberger Chronik oder der Quelle, die demselben als Vorlage gedient hat (so S. 26 f. die Erzählung von dem
Anschlag der Sterner auf die Neustadt von Frankenberg,
wo der Epitomator aber am Schluss noch eine Nachricht
über die Altstadt hat, die sich bei Gerstenberg nicht
findet). Der Ursprung anderer Mittheilungen ist dagegen
gar nicht nachweisbar: S. 26 ist von dem Tode des
Grafen Gottfried von Ziegenhain und der Fortführung
des Krieges durch seinen gleichnamigen Sohn die Rede;
S. 27 wird über die Verbrennung von Wetter sammt
dem dortigen Stifte und S. 27 f. über die Thätigkeit des
Landgrafen Hermann in Marburg und Kassel berichtet,
woran sich die Nachricht von dem durch die Feinde
angerichteten Schaden und der Bestrafung der untreuen
Edelleute schliesst. Auch Lauze gedenkt, aber nur
kurz, S. 254 des Landtages in Marburg (wo aber ausser
Hermann auch Landgraf Heinrich II. anwesend ist), sowie
der Verbrennung des Stiftes (nicht der Stadt) Wetter und
S. 254 a u. 255 der Züchtigung der ungehorsamen Ritter;
auch der Tod des Grafen von Ziegenhain wird S. 255
von ihm erwähnt. Ebensowenig wie der Epitomator
nennt Lauze seine Quellen; auch Gerstenberg, der sich

S. 493 auf die Chroniken von Thüringen, Hessen, Limburg und auf „andere geleße" beruft, kann hier bei
der Allgemeinheit seines Ausdruckes keinen Aufschluss
geben. Da indess, wie weiter unten gezeigt werden
wird, Lauze für diese Partieen hauptsächlich die Hessenchronik oder eine verwandte Quelle benutzt hat, so ist
es nicht unwahrscheinlich, dass auch die Mittheilungen
des Epitomators auf denselben oder ähnlichen Grundlagen beruhen.

Was sich etwa sonst noch an Abweichungen
findet, ist sehr geringfügig und hat wohl meist in
Lese- oder Schreibfehlern seinen Grund. So lässt der
Epitomator S. 46 (z. J. 1433) das sich an das Bei-
lager Ludwig's des Friedsamen anschliessende Turnier
in Sachsen abgehalten werden, während Gerstenberg
S. 527 Kassel nennt; S. 67 giebt der Epitomator das
Lebensalter Wilhelm's des Jüngern auf 18½ Jahre an,
wogegen Gerstenberg S. 569 nur 18 Jahre hat; auch
hinsichtlich des Todestages der Landgräfin Jolantha
besteht eine Differenz (vgl. die Excerpte S. 67 und
Gerstenberg S. 570). Schliesslich bestimmen die Excerpte S. 56 (z. J. 1479) das Ende des letzten Grafen
von Katzenelnbogen zeitlich noch genauer als dies
Gerstenberg S. 551 thut.

III.

Die Hessenchronik.

Gerstenberg citirt die Hessenchronik 14 mal in
seiner thüringisch-hessischen Chronik, aber auch wie
Riedesel's Werk in grossen Zwischenräumen [143]). Nur
einmal beruft er sich in der Frankenberger Chronik

---

[143]) Monim. Hass. II, 430, 461, 462, 485 (z. J. 1360), 486
(z. J. 1360), 487 (z. J. 1364), 493 (etwa 1372), 496 (etwa 1373),
501 (z. J. 1381), 502 (z. J. 1383 und 1385), 503 (z. J. 1386), 505
(z. J. 1388), 514 (z. J. 1398).

Sp. 38 auf sie und zwar für ein Ereignis, das er in
dem erstgenannten Werke S. 464 unter Hinweis auf
Hainaer Notizen erzählt. Indessen deutet er beidemal
an, dass er auch noch andere Quellen gekannt hat [144]).
Der Verfasser muss in seiner Darstellung auf Heinrich I.
zurückgegangen sein [145]) und hat, vielleicht weil er dem
Landgrafenhaus näher stand, den genealogischen Verhältnissen des letzteren besondere Aufmerksamkeit geschenkt [146]), doch berichtet er auch über äussere Unternehmungen, besonders aus der Regierungszeit des Landgrafen Hermann [147]). Die von Gerstenberg mitgetheilten
Bruchstücke sind zu dürftig und ausserdem nicht selten
so mit Bestandtheilen der Limburger und der Thüringer
Chronik vermengt, dass der Charakter dieser Quellenschrift nicht in der erwünschten Deutlichkeit hervortritt [148]).

Von den späteren Chronisten scheint nur Lauze
in Verbindung mit der Hessenchronik gebracht werden
zu können. Wie oben bemerkt wurde [149]), beruft sich
derselbe einmal auf die hessischen Jahrbücher, und zwar
ist dies der Fall bei Gelegenheit einer chronologischen
Frage, doch lässt sich hier etwas Sicheres nicht ausmachen, da Gerstenberg von Lauze an dieser Stelle abweicht und eine Quelle überhaupt nicht angiebt. Dagegen

---

[144]) In der thüringisch-hessischen Chronik heisst es: „Hirvon
leßit man auch zu Heyno", wogegen das Citat in der Frankenberger lautet: „wie man das findet weiter beschrieben in der
hessischen Chronik". Freilich ist diese Lesart nicht sicher — das
betreffende Blatt (16) fehlt in der Handschrift —, und *Kuchenbecker's* Abdruck (Anal. Hass. V, 191) hat „auc,h" statt „weiter".

[145]) Monim. Hass. II, 429 f. spricht er von der zweiten Vermählung dieses Landgrafen.

[146]) Vgl. das. ausser S. 429 f. noch 459 ff., 486 f. und 502.

[147]) A. a. O. S. 500 f., 502 (z. J. 1385), 502 f., 504 f., 514.

[148]) Z. B. S. 462, 485, 490—493, 502 f., 504 f.

[149]) S. S. 68.

fällt in's Gewicht, dass Lauze nie genau mit Gerstenberg hinsichtlich solcher beiden gemeinsamen Stellen übereinstimmt, die Gerstenberg aus der Hessenchronik entlehnt hat. Es wird sich daher kaum etwas gegen die Annahme einwenden lassen, dass Lauze diese Quellenschrift nicht nur in der Gestalt der Gerstenberg'schen Ueberlieferung, sondern auch in anderer Fassung gekannt habe, mag diese nun die ursprüngliche oder eine überarbeitete und mit anderweitigen Nachrichten verquickte gewesen sein. Man vergleiche:

Gerstenberg S. 482 f.

Im selbin jare do man tzalte 1351 jare, du fingen die von Hoitzfeld graven Johan von Naßauw herrn zu Hademar mit vil sime folcke. duß geschach bie Loynberg uff des heiligin crutzes tag im herbeste. dißes nidderwurffs worden die von Hoitzfeld so riche unde so mudig, das sie hirnehist balde auch des fursten lantgraven Hinrichs fygent worden.

Lauze I, 249 a (z. J. 1349).

Die von Hotzfeldt hatten vor wenig jaren einen graven von Nassaw erlegt und groß gut bei demselbigen bekommen, derwegen sie gantz frech und stolz worden, liessen sich auch landgrave Ludewigen anreizen, das sie sich wider iren angebornen landsfursten understunden aufzulehnen. hierzu thet auch gute forderung Gerlacus der newlich erwelete erzbischof zu Meintze grave von Nassaw.

Gerstenberg S. 485 f.

Im selbin vorgenanten jare [1360], do woren die von Hoitzfeld deß lants zu Heßen fygent unde dadin mircklichin großen schaden, wante der grave von Naßauw deß Dilnburg ist der halff den von Hoitzfeld. . also wart lantgrave Hinrich widder reyde unde tzoch uwer den von

landgrave Heinrich und sein sön Otto zogen iren feinden under augen komen

Naßauw unde quamen zu-
sammen vor Hoensolms
unde der lantgrave behilt
das felt unde gewan 70 ge-
saddelter pherde dem von
Naßaw ane. unde der lant-
grave zoch vorterß unde
thet vil schadens biß geyn
Sigen. Alsus findet man
in der Heßen chronicken.

zusammen bei Hohensolms.

da worden den von
Hotzfeldt und iren an-
hengern siebenzig settel
ledig gemacht und ir ganze
haufe in die flucht ge-
schlagen. den folgten die
Hessen nach biß fur die
stadt Siegen, plunderten
alles was sie ankamen.

Ganz abgesehen von chronologischen Differenzen
ist Lauze auch sonst vielfach mit Gerstenberg nicht in
Uebereinstimmung. Grosses Gewicht ist zwar nicht
darauf zu legen, wenn Lauze den „ganzen Haufen“ der
Feinde durch die Landgräflichen in die Flucht geschlagen werden lässt: das kann zur Noth aus Gerstenberg's Bericht herausgelesen werden; anders aber liegt
die Sache, wenn man in Betracht zieht, dass nach
Lauze Landgraf Ludwig seine Hand im Spiele hat,
dass ferner Otto der Schütz an dem Zuge theilnimmt.
Hierfür bietet Gerstenberg nicht den geringsten Anhalt;
auch aus der Limburger Chronik, die nur von der
Niederlage des Grafen Johann von Nassau spricht
(Kap. 19), konnte Lauze nichts entnehmen.

Nahe Verwandtschaft besteht trotz mancher Verschiedenheiten auch zwischen den Berichten Gerstenberg's und Lauze's über Landgraf Heinrich II. und den
Bund der Alten Minne. Gerstenberg beruft sich auch
hier auf die Hessenchronik.

Gerstenberg S. 496.

In dißen getzyten kreig
der alte furste lantgrave
Hinrich unde sin vetter
lantgrave Herman Dredorff
zu sich von graven Emiche
zu Naßauw. das verdroiß
grave Johan des Dilnburg

Lauze S. 255.

Obwol der Sterner bund
aufgelost und geschwecht
war ... so war er doch
darumb noch nicht aller-
dinge zerbrochen, den die
hauptursacher desselbigen
gaben ime einen andern

ist unde machte eynen grossen bont zusammen, die hissen die gesellen von der Alden Mynne unde wart fygent unde warff die lantgraveschin ritter nidder vor Wetzflar unde thet so grossen schaden mit sinen helffern in dem bonde, das des nicht wole zu achten stehit. sunderlichin im ampte zu Konnigeßberg zu Gissen zu Hermansteyn zu Blancksteyn zu Bidenkap unde umbe Margburg in den gerichten zu Lare *) zu Dutphe zu Caldern im Hittenberge unde in andern enden. so bestunt der alte furste zu buwen geyn den von Nassauw unde buwete zu Yßemerade under den Hessenwalt. Alsus leßit man in der Hessen chronicken.

namen, nanten sich nicht mehr Sterner, sondern die Alten Manne und hot grave Johan von Nassaw denselbigen allermeist erregt... Da nu diesen vorteil grave Johan ersahe und seinem bruder auch gerne gedienet bette, damit er zum bisthumb komen und die landgraven zu Hessen also daheimen behielte, uberfiel er das gerichte Blanckenstein, Widenhausen die vorstadt an Marpurg, Hermanstein bei Wetzflar, Bidencap die stadt, Dutphe Baern Kaldern Huttenberg und Giessen, furte einen grossen raub hinweg, schlug auch dem landgraven bei Wetzflar einen guten hauffen reysiger pferde abe, den die landgraven dorfften sich aus dem underfurstenthumb nicht in gegenrustung begeben, dieweil inen herzog Otto von Braunschweig auff dem balse lag und seiner schanze auch warnam. das demnach das Hessenland durch diesen graven und seinen anhang einen merglichern schaden genommen den zuvor durch die Sternervede.

Fast ebenso verhält es sich mit den beiderseitigen Mittheilungen über die Gründung der Stifter in Kassel und Rotenburg:

---

*) Bare? Der Anfangsbuchstabe ist in der Handschrift nicht deutlich zu lesen.

Gerstenberg S. 462.

Der vorgenante furste lantgrave Hinrich beßerte gar wole sin lant, want wo er gute wustenunge hatte, da ließ er ußrumen und dorffere buwen.

Er machte auch tzwene stiffte in dem furstenthum zu Heßen, nemelich zu Caßel unde zu Rodinberg. Duß leßit man in der Heßen chronicken, auch eyn teil in der chronicken von Limpurg.

Lauze I, 255 a.

Er *(sc. Heinrich II.)* hat die zwo herliche stiftkirchen eine zu Cassel auf der Freiheit und die andere zu Rodenberg auf der Fulda erbauwen lassen und die beide mit grosen gutern dotiert und begabet, auch die stat Cassel seer erweitert und grosser gemacht.

Die Worte „Der vorgenante furste — sin lant" hat Gerstenberg der Limburger Chronik S. 26, 3 entnommen, das Übrige stammt aus der Hessenchronik, aus der auch Lauze mittelbar oder unmittelbar geschöpft haben muss. Die Mittheilung des letzteren über die Begabung der Stiftskirchen muss nicht nothwendig sich auch in der Hessenchronik gefunden haben, wohl aber die Nachricht von der Vergrösserung der Stadt Kassel.

Vergleicht man ferner Gerstenberg S. 500 „Im selbin jare schickte lantgrave Herman — dadin uß Hoitzfelt" und S. 501 „Deß schickte der lantgrave Herman eyn here dar — an iren fruchten" mit Lauze in der Zeitschrift f. hess. Gesch. N. F. XI, 305 „Cunrad Spiegel — das der landgrave muste abziehen", sodann Gerstenberg S. 503 „Da trait die furstynne heruß — versprach sie en so gar, das sie uffbrochin" [150]) mit Lauze

---

[150]) Diese Stelle findet sich nicht in der Limburger Chronik, die Gerstenberg neben der Hessenchronik als Quelle nennt, sie muss also aus letzterer stammen.

a. a. O. S. 308 f. „Als sie aber ungeverlich zwene tage
dafur gelegen waren — das er nicht wuste was er ir
darauf zur antwort geben solte", so unterliegt es keinem
Zweifel, dass Lauze hier wie anderwärts entweder aus
der Hessenchronik selbst oder aus einer Darstellung
geschöpft hat, die auf jene zurückgeht. Am wahr-
scheinlichsten ist die Annahme, dass beide Geschichtschreiber die Hessenchronik je nach Bedürfnis bald
weitläufiger, bald kürzer excerpirten, dass Gerstenberg
aber auch andere Quellen — in erster Linie die Limburger Chronik — benutzte, während Lauze sich meist
wohl nur an die Hessenchronik hielt und die Nachrichten
der letzteren in ausführlicherer Form herübernahm, als
dies von Seiten Gerstenberg's bei dessen grundsätzlicher
Kürze geschehen konnte.

IV.
Die Aufzeichnungen des Tilemann Hollauch.

Tilemann Hollauch war Kanzler Ludwig's des
Friedsamen und machte Aufzeichnungen, die nur Er-
werbungen dieses Landgrafen durch Kauf, Leben u. s. w.
betroffen zu haben scheinen; wenigstens handeln davon
die 4 von Gerstenberg angeführten Stellen, von denen
3 auch das Monatsdatum aufweisen (S. 532, z. J. 1449;
S. 534, z. J. 1451; S. 535, z. J. 1453 und 1456).
Die Schrift, denen die Notizen entnommen sind, nennt
Gerstenberg (z. J. 1449 und 1456) „Register". Auch
Wilhelm Buch will in seiner handschriftlichen hessischen
Chronik diese Aufzeichnungen benutzt haben; indes
kennt er dieselben offenbar nur durch Gerstenberg's
Vermittelung [151]).

---

[151]) Vgl. *Walther*, Literär. Handbuch. 2. Suppl. S. 17 (nr. 104).
Die in der Ständ. Landesbibl. in Kassel aufbewahrte Abschrift von
Buch's Chronik (Mss. Hass. in fol. nr. 154) stammt aus diesem
Jahrhundert und ist wegen der zahlreichen Lesefehler kaum zu
gebrauchen.

V.

Die Frankenberger Aufzeichnungen.

Der grosse Brand von Frankenberg im Jahre 1476
hat neben den Schätzen an Urkunden, Rechtsbüchern,
Registern u. s. w. auch eine Anzahl von Chroniken
und darunter die „herrliche" Chronik der Stadt vernichtet [152]. Welcher Art die genannten Chroniken gewesen sein mögen, darauf lässt sich ebensowenig eine
bestimmte Antwort geben, wie auf die Frage nach der
näheren Beschaffenheit jener Stadtchronik. Dass mancherlei urkundliche Aufzeichnungen theils im Original,
theils in Abschriften oder Auszügen sich erhalten hatten,
deutet, wie oben erwähnt, der Chronist selbst an [153],
und aus diesem Material baut er vorzüglich seine Arbeit
auf. Indessen schweigt er ganz von den chronikalischen Quellen, die er gleichfalls in ausgiebigem Masse
verwendet.

In der Frankenberger Chronik finden sich nämlich vom Ausgang des zwölften Jahrhunderts an Nachrichten in grösseren oder kleineren Zwischenräumen,
die bald nur wenige Zeilen ausmachen, bald — besonders für das vierzehnte und etwa die erste Hälfte des
fünfzehnten Jahrhunderts — recht ausführlich werden.
Im Allgemeinen kann man sagen, dass gerade das vierzehnte Jahrhundert mit seinen Seuchen, Geisselfahrten,
Städte- und Ritterbündnissen, seinen Kämpfen zwischen
dem emporstrebenden Bürgerthum und dem herunter-
gekommenen Adel, wozu noch die fort und fort sich
erneuernden Zwistigkeiten innerhalb der Gemeinden
kamen, die städtische Chronistik in Hessen und anderwärts zu einer gewissen Blüthe brachte. Dies lassen
auch die Vorlagen Gerstenberg's erkennen. Seine das

---

[152] Frankenb. Chron. Sp. 62 f., 70, 3.
[153] S. o. S. 28.

genannte und das folgende Jahrhundert betreffenden Mittheilungen zeichnen sich durch Ausführlichkeit und Genauigkeit aus, während die frühere Zeiten behandelnden meist so kurz und allgemein gehalten sind, dass die Vermuthung sich aufdrängt, es möchte die Entstehung derselben ihren Grund in der Verlegenheit des Chronisten haben, der wohl Einiges über die allgemeine Geschichte des Landes in jenem Zeitraum zu sagen weiss, nichts aber über die Geschichte der Stadt, die er doch darstellen möchte. Von grossen Heldenthaten seiner Mitbürger zu sprechen, verbot ihm seine Gewissenhaftigkeit; indessen lag es nahe, dass bei einer schweren Niederlage des hessischen Heeres, bei einer allgemeinen Verwüstung des Landes auch das Frankenberger Aufgebot starke Verluste erlitt, dass die Stadt selbst mit ihrem Weichbild geschädigt wurde. Dies ist der erste Eindruck, den gewisse Mittheilungen des Chronisten hervorrufen.

Sp. 29 ist von einer Fehde zwischen Landgraf Heinrich I. und Paderborn die Rede. Derselbe Gegenstand wird in der thüringisch-hessischen Chronik S. 424 behandelt. Die Grundlage für diese Nachricht bildet, wie nachstehende Zusammenstellung zeigt, eine thüringische Chronik.

Thüringer Chronik S. 91 a [154]).	Thür.-hess. Chron.	Frankenb. Chron. (Anal. Hass. V, 177) [155]).
In den zeitten zogen die Westphalen, der	In den getzyten du tzogen die Westphe-	In diesen zeiten waren die Westpfäling

---

[154]) Ich citire nach dem Exemplare der Ständ. Landesbibliothek in Kassel Mss. Hass. in 4° nr. 117, das aus der zweiten Hälfte des 16. Jahrhunderts zu stammen scheint.

[155]) Diese Stelle ist in der Originalhandschrift nicht mehr vollständig zu lesen, weil das stark brüchige Papier hier abgesprungen ist. Nur der Schlusssatz (unde slug — croniken) ist derselben entnommen. Für das Übrige wurde *Kuchenbecker's* Abdruck benutzt, der sich vielfach zuverlässiger erweist als der *Faust's*.

bischoff vonn Palborn, uff lantgraveHeinrichen und thatt ime viel schaden. da streitt er mitt inen und

schlugk irer mehr dann anderthalbhundert toidt und finck irer hundert und zwanzigk, die gaben viel geldes.

linge unde der bischoff von Padeborn uwer lantgraven Hinriche unde dadin eme großen schaden in Heßen. da rustede sich der furste unde tzoch en entgeyn unde streyd mit en unde gewan den stryd unde slug er mee wan 150 toid unde finck er 120. Alsus leßit man in der Doringer chronicken.

und Paderbornische feinde und thaten dieser stadt viel schaden. es geschah zu einer zeit, dass ihnen landtgraff Henrich nachjagte und kam an sie und stritten zusammen einen grossen mächtigen streit, und gott gab dem landtgraff Henrich das glück, dass er den streit gewan — unde slug er mee wan 150 toit und finck er 120 guter wopener, als man das auch lesit in der Doringer croniken.

Darauf, dass nach der Frankenberger Chronik der Landgraf den Feinden nachjagte, was weder in der thüringischen noch in Gerstenberg's thüringisch-hessischer Chronik erzählt wird, ist kein grosses Gewicht zu legen: eine solche Bemerkung konnte Gerstenberg zur Noth auf Grund der genannten Hauptquelle machen. Wichtiger ist die Erwähnung des von der Stadt erlittenen Schadens in der Frankenberger Chronik, wohingegen in der thüringisch-hessischen Chronik nur allgemein von Hessen die Rede ist. Erstere Notiz muss der Verfasser aus einer anderen Quelle geschöpft haben: hierauf deutet mit Sicherheit der Zusatz „auch" am Schlusse der Stelle in der Frankenberger Chronik, den Gerstenberg bei Citaten ausnahmslos nur dann hat, wenn ihm neben der angeführten Vorlage noch eine zweite, in der Regel minder ausführliche Quelle zur Verfügung stand [156]). Letztere ist in diesem Falle bestimmt lokaler Natur gewesen.

---

[156]) Vgl. die Mittheilung über den Frankenberger Teich in

Nicht ganz so steht es mit folgenden Stellen:

Thür.-hess. Chron. S.428.	Frankenb. Chron. Sp.30.
... he (*sc. der Erzbischof von Mainz*) tzoch vorterß in syne stad geyn Fritzlar unde thet daruß großen schaden dem lantgraven, want grave Godfrid von Czigenheyn unde grave Widdekynd von Battinburg, der dan von geburt was eyner von Witgensteyn, die worin des bischoffs helffere mit andern herrn.	In dißer phede leyd die stad Franckenberg auch vil schadens, want grave Godfrid von Czigenhayn unde grave Widdekynd von Battenburg (der dan von geburt was einer von Witgensteyn), die woren des bischoffs helffere mit vil andern hern.
. . . . S. 429: Alsus schribet Johann Ryteßel in syner chronicken.	. . . . Alsuß schribet Johan Rytesel in siner croniken [157]).

Hier beruft sich Gerstenberg beide Male auf Riedesel, ohne dass er in der Frankenberger Chronik eine Andeutung über eine etwaige zweite Vorlage macht.

Wieder anders gestaltet sich die Sache, wenn man nachstehende Stellen miteinander vergleicht:

Thür.-hess. Chron. S.485.	Frankenb. Chron. Sp.43.
Im selbin vorgenanten jare do woren die von Hoitzfeld deß lants zu Heßen fygent unde da din mircklichin großen schaden, wante der grave von Nassauw, deß Dilnburg ist, der halff den von Hoitzfeld ... S. 486: Alsus findet man in der Heßen chronicken.	Im selbin vorgenanten jare du woren die junckern von Hoitzfeld deß lants zu Heßen fygent unde do din den von Frankenberg sunderlichin mircklichin schaden, want der grave von Naßauw, deß Dilnburg ist, der halff en.

---

der thür.-hess. Chronik S. 432 und in der Frankenberger Chronik Sp. 32, wo beide Male gesagt wird, dass „auch" Riedesel hierüber berichte.

[157]) Dies Citat fehlt in der Ausgabe von *Faust*.

Gerstenberg nennt also nur in der thüringisch-
hessischen Chronik seine Quelle, erwähnt dort aber
auch Frankenberg nicht.

Eine zweite Klasse von Mittheilungen, welche
Frankenberg betreffen, ist ebenfalls in Berichte über
den Gang der Ereignisse in Hessen überhaupt eingeflickt, enthält aber ganz spezielle, wenn auch kurze
Nachrichten, die meist nur lokalen Ursprungs sein
können. Sp. 38 wird der Verlust der Frankenberger
schon genauer bestimmt: „Und in diesem streit namen
die von Franckenberg unmeßlichen grossen schaden
an toden, an gefangenen, an harnisch und an pferden,
dann sie mit grosser macht da waren. und dieses geschach uf S. Laurentiustag. und war dies die erste
gemeine niderlag deren von Franckenberg seither den
ersten landgraven zu Hessen: wie man das findet
auch beschrieben in der hessischen cronica". Dieselbe
Sache wird, jedoch ohne Erwähnung der Frankenberger, in der thüringisch-hessischen Chronik S. 464 f.
erzählt, wo Aufzeichnungen zu Haina als Quelle ange-
gegeben werden.

Sp. 23 ist von kriegerischen Ereignissen des
Jahres 1195 die Rede, in welche auch Hessen verwickelt wurde. Derselbe Gegenstand wird in der thüringisch-hessischen Chronik (Monim. Hass. 1) S. 273 f.
behandelt. Die Grundlage der Darstellung in der
Frankenberger Chronik bildet eine Thüringer Chronik, deren Bericht Gerstenberg nahezu wörtlich in
sein grösseres Werk hinübergenommen hat. Man
vergleiche

Thür.-hess. Chron.	Thüringer Chro- nik S. 62 f.	Frankenb. Chron.
Do man schreib nach goddes geburt 1195 jare, du wurden die tzwene	Ein jar darnach anno Christi 1194 jar, da worden die bischoffe	Darnach do man schreib nach gots ge- burt 1195 jare, do wart

ertzbischoffe von Mentz unde von Collen lant-graven Hermans vigen-de unde tzogin vor Grünenberg unde ver-brantin eme das gar. dartzu tzogin sie vor Margburg unde ver-brantin auch das. in des alß lantgrave Her-man das werin wulde unde tzoch mit vil fulckes in Hessen: da hatte sich der von Mißen besammet unde vergaß der süne unde richtunge unde tzoch uff en heymelichen in Doringen unde thet großen schaden. da das lantgrave Herman herfure, du karte er widderumbe unde wul-de mit den Mißenern striden, da wurdin sie fluchtig und er wart vile gefangin, die ließ der lantgrave furin geyn Warperg unde Ysenach unde sattzste sie in gefenckeniße. in des tzogen die tzwene ertzbischoffe vorters vor Melsungen unde wulden das gewynnen. da tzoch lantgrave Herman zu en unde wulde sie bestriden. du quamen die tzwene epte von Fulda unde von Hersfeld unde namen den krig uff unde

von Meintz und Collen lantgrave Hermans fein-de und zogen vor Grun-bergk und verbranten ime die statt.

indeß aber lantgrave Herman das steuern wolte,

hatte sich der marg-grave von Meissen be-sammet und vergaß der shune und schlichtunge und zog uff inen in Doringen heimlichen und thatt grossen scha-den. da das lantgrave Herman erfur, kherte er widder umb und wolte mit dem marg-graven streitten. da floch er von dem felde und der seinen wurden viel gefangen, die er furte gein Wartpergk

und Isennach und sazte sie gefenglich. indes zogen die zwene erz-bischoff vor Milsungen und wolten das ge-winnen. da zoch lant-rave Herman zu inen und wolte sie be-streiten. da kamen die zwene epte zu Fulda und Hirsfelt und undernamen den kriegk und richten sie

bischoff Curt von Mentze unde der bi-schoff von Collen fy-gent uwer lantgraven Herman unde tzogin in Hessen mit großer macht unde legertin sich vor Gronenberg unde darnach vor Marg-burg unde verbrantin die tzwene flecken alle gar. deß buwetin dy von Franckenbergk 6 guter wartte genant uffme Heymbache Nu-wenwarte Hoenberg Aldenwarte unde Callo-warte. in dußer phede leyd die stad vil un-gemachs unde sunder-lich von den Colschen mit eren helffern. Von dußen geschichten fin-det man auch in der Doringer croniken.

richten sie früntlich uff freundtlich uff dem
dem felde . . . . Duße felde.
geschichte leßit man
in der Doringer cro-
niken.

Auch hier ist in der Frankenberger Chronik neben
der Hauptquelle eine Vorlage lokalen Ursprungs benutzt
worden. Ziemlich bestimmt lautet ferner die Nachricht
ohne Quellenangabe z. J. 1295 (*Kuchenbecker*, Anal.
Hass. V, 186 — die Stelle fehlt in der Ausgabe von
Faust), wo Graf Wittekind von Battenberg als Helfer
des Erzbischofs Gerhard von Mainz bezeichnet wird.
In der thüringisch-hessischen Chronik S. 432 (z. J. 1289)
und 435 (ohne Angabe des Jahres), wo sich Gerstenberg
für dieselbe Begebenheit auf Riedesel als Gewährsmann
beruft, ist aber von den erwähnten Grafen nicht die Rede.
Sp. 37 (z. J. 1315) wird von der Schädigung der Stadt gesprochen, indem der Erzbischof Peter von Mainz Battenberg und Rosenthal innegehabt habe. In der thüringisch-
hessischen Chronik S. 456 fehlt auch hier wieder die
Jahreszahl und ausserdem die Erwähnung der genannten
Orte. Beide Male nimmt der Verfasser Bezug auf
Riedesel, doch hat es, wie später weiter ausgeführt
werden wird, den Anschein, als ob letzterer in der
Frankenberger Chronik nicht in Beziehung auf die F r a n -
k e n b e r g betreffenden Vorgänge als Gewährsmann
genannt würde. Nach Sp. 42 hielt sich Landgraf
Heinrich II. auf seinem Zuge gegen Itter in Frankenberg auf. Am Schlusse heisst es: „Alß man das a u c h
leßit in der croniken von Lympurg." Dieses „auch" weist
bekanntlich auf eine zweite Quelle hin. In der thüringisch-hessischen Chronik S. 483 spricht Gerstenberg z. J.
1354 von demselben Ereignis und beruft sich nur auf
die Limburger Chronik, hat aber ebensowenig wie
letztere (S. 43, 12—18) die Frankenberg betreffende

Mittheilung. Sp. 41 wird (nach den Chroniken von Limburg, Strassburg und dem Fasciculus) wie auch in der thüringisch-hessischen Chronik S. 476 ff. (wo neben denselben Quellen der Fasciculus nicht genannt wird) von der Judenverfolgung und den Geisslern berichtet; es finden sich in der Frankenberger Chronik aber auch Nachrichten über die Verbrennung der Juden in Frankenberg und die Geisselbrüder, denen hier die Fahnen und Kerzen abgenommen wurden. Sp. 50 f. wird der Zug des Landgrafen Hermann gegen Padberg erzählt, wobei sich ausser dem genauen Datum Angaben über dessen Aufenthalt in Frankenberg und die Stärke des Heeres finden. Am Schlusse heisst es: „. . . . alß man auch leßit in der croniken von Lympurg." Aus letzterer Quelle entnahm Gerstenberg auch seinen Bericht in der thüringisch-hessischen Chronik S. 507 f. über dieselben Ereignisse, wo aber, wie in der Limburger Chronik (a. a. O. S. 43), weder ein Datum noch Frankenberg überhaupt erwähnt wird. Ein Frankenberg betreffender Zusatz ist ferner Sp. 47 (z. J. 1380) zu finden, wo die Theilnahme der Bürger mit 50 Reitern — die Zahl bietet die Handschrift S. 20 a, während Faust dieselbe weglässt — an der Verwüstung der Fluren von Mardorf u. s. w. durch Hermann den Gelehrten erwähnt wird. Hiervon weiss die thüringisch-hessische Chronik S. 500 nichts.

Hinsichtlich der Herkunft der oben angeführten ganz kurzen Bemerkungen über die Schädigung der Stadt u. s. w. fehlt jeder Anhalt dafür, dass Gerstenberg diese und die etwas eingehenderen gleichfalls auf Frankenberg bezüglichen Mittheilungen einfach erfunden haben soll: dies würde im schärfsten Gegensatze zu der Gewissenhaftigkeit stehen, die er anderwärts zeigt. Beide Gruppen von Nachrichten können, an und für sich betrachtet, z. Th. wenigstens aus Landesgeschichten, der Chronik Riedesel's und der Hessenchronik, stammen.

7 *

Denn es ist nicht unmöglich, dass die Verfasser in irgend-
welchen Beziehungen zu Frankenberg standen und aus
diesem Grunde die Stadt besonders berücksichtigten.
Riedesel erwähnt z. B., wie oben bemerkt, die Anlegung
des grossen Teiches in der Nähe des Ortes durch Heinrich I. i. J. 1288. Indessen ist zweierlei zu bedenken:
zuvörderst deutet Gerstenberg an mehreren Stellen
durch den schon mehrfach besprochenen Zusatz „auch"
bei den Quellencitaten an, dass er noch anderweitiges
Material gekannt habe; was sodann seine Quellenangaben am Schlusse von kürzeren oder längeren Abschnitten anlangt, wo die Stadt betreffende Nachrichten
in Mittheilungen allgemeinerer Art eingeflickt sind, aber
keine lokale Quelle aufgeführt wird, so zeigt wenigstens die Sp. 41 sich findende Stelle über die Verbrennung der Juden in Frankenberg u. a. m., dass hier
sein Citat ungenau ist: er beruft sich auf die Chroniken
von Limburg und Strassburg und ausserdem auf den
Fasciculus temporum, wo Frankenberg mit keinem Worte
erwähnt wird. Er hat also hier Nachrichen untergebracht, die mit den von ihm citirten Vorlagen nichts
gemein haben, und es liegt somit die Vermuthung nahe,
dass er auch sonst, wenn er sich z. B. auf Riedesel
beruft, daneben noch aus nicht namhaft gemachten
lokalen Quellen geschöpft habe.

Auffallend ist auf den ersten Blick, dass Gerstenberg sich über letztere nicht näher auslässt, während er
doch sonst ziemlich fleissig citirt; indes steht er hierin
nicht ganz allein: auch Königshofen nennt z. B. absichtlich, wie es scheint, keinen einzigen seiner zahlreichen Strassburger Gewährsmänner [158]). Bei Gerstenberg hängt dies Schweigen wohl damit zusammen, dass
die benutzten städtischen Aufzeichnungen bekannt und
allgemein zugänglich sein mochten.

---

[158]) Vgl. Deutsehc Städtechroniken VIII. S. 161 und 175.

Recht ausführlich sind schliesslich noch einige
Nachrichten, die z. Th. wenigstens nur in losem Zu-
sammenhange mit den Geschicken des Landes stehen.
Hierhin gehört Sp. 45 f. die Erzählung von dem Ueberfall der Frankenberger Neustadt durch die Sterner (um
1372); Sp. 46, 48 f. u. 50 die Mittheilung über Hermann von Treffurt, Friedrich von Padberg und den sog.
Kran von Bige und ihre Beziehungen zu Frankenberg;
Sp. 56 f. der Bericht über die Räubereien des Gottfried
von Langen und Johann Schobbel und die Verluste der
Frankenberger bei Hallenberg (1463); Sp. 58 ff. die
Notiz über die Niederlage derselben am Schartenberge
(1473), über den Aufenthalt des Landgrafen Heinrich III.
in Frankenberg (1474) u. s. w.

Mag auch der Inhalt einiger von diesen Stellen,
die sich auf Ereignisse des 15. Jahrhunderts beziehen,
auf eignen Erlebnissen des Verfassers beruhen oder
aus mündlicher Tradition geflossen sein, so spricht doch
die Mehrzahl derselben deutlich dafür, dass der erwähnte
Brand der Stadt nicht sämmtliche chronistische Aufzeichnungen früherer Zeiten, besonders des vierzehnten
Jahrhunderts, vernichtet hat [159]). Gerstenberg hat sie

---

[159]) Abgesehen von Frankenberg brachte man damals auch
in andern hessischen Städten, besonders in Hersfeld, der Zeitgeschichte ein lebhaftes Interesse entgegen. In Hersfeld gaben die
sogen. Sternerfehde, in welcher die Stadt eine hervorragende Rolle
spielte, die Kämpfe der Bürger mit benachbarten Edelleuten, mit
dem Stifte u. a. m. Stoff zu Aufzeichnungen (vgl. die bei *Senckenberg*, Selecta jur. et hist. V abgedruckte Chronik S. 378 f.. 380—
393, 398—402, 410—412 u. s. w.), die, wie hier nicht weiter ausgeführt werden kann, durchaus den Charakter gleichzeitiger Abfassung tragen. Den Nachrichten der sogen. *Congeries* (Zeitschrift
f. hess. Gesch. VII), welche die in da., letzte Viertel des 14. Jahr-
·hunderts fallenden kriegerischen Vorgänge in Niederhessen und
besonders um Kassel behandeln (S. 330 ff.), liegen ebenso Auf-
· zeichnungen zu Grunde, die gleichzeitig mit den Ereignissen
niedergeschrieben wurden. Der Verfasser derselben, auf welche

ohne Zweifel im ganzen so wiedergegeben, wie er sie
vorfand [160]), und kann für Unrichtigkeiten nicht wohl

neuerdings wieder *W. Friedensburg* aufmerksam machte'(abgedr.
in der Zeitschrift f. hess. Gesch. N. F. XI, 310 f.) ist Dietrich
Schwarz, der i. J. 1403 als Kanonikus des Martinsstiftes in Kassel
urkundlich vorkommt (*Kuchenbecker*, Anal. Hass. V, 23; vgl. auch
S. 85 und 112). Eine auf die genannten Ereignisse bezügliche
Anekdote wurde erst später schriftlich fixirt. Sie findet sich in
der Congeries (S. 332) und mit weiteren Angaben in *H. W. Kirchhoff's* Wendunmut (Ausg. v. Oesterley II, 329 f.). Ueber den Ursprung seiner Notizen äussert sich *Kirchhoff* (S. 330) folgendermassen: „Diese geschicht hab ich von Nickel Nußpicker seligen,
einen fleißigen liebhaber der historien, abgeschrieben, hette er von
einem alten mönch, weiland im brudercloster allhie zu Cassel, herr
Anebold geheißen, welchem es sein großvater erzehlet gehabt und
die obgemelte händel hett verrichten helffen, erfahren". — Zu derselben Art von Nachrichten sind sodann Aufzeichnungen in dem
sogen. „Bürgerbuch" von Gelnhausen aus dem Ende des 14. und
·Anfang des 15. Jahrhunderts (Zeitschrift f. hess. Gesch. N. F. XII,
405 ff.) und wohl auch die Erzählung von dem missglückten Angriffe des mainzischen Hauptmanns Ingebrant auf Homberg zu
rechnen, die Lauze (S. 260, z J. 1401) einer lokalen Quelle entnommen zu haben scheint.

[160]) Lauze's Berichte über einige Frankenberg betreffende
Ereignisse enthalten Angaben, die theils im Widerspruch mit den
entsprechenden Mittheilungen Gerstenberg's stehen, theils sich bei
diesem gar nicht finden. Hierher ist (S. 246 a) seine Erzählung
von dem Streit der Brüder Hermann und Friedrich v. Treffurt
(welch' letzterer von Gerstenberg Mon. Hass. II, 493 f. und Frankenb. Chron. Sp. 46 gar nicht erwähnt wird) mit den Bürgern von
Frankenberg zu rechnen. Am Schlusse fügt er seiner Bemerkung,
dass beide Edelleute aus der Stadt vertrieben wurden, noch folgende
Notiz hinzu: „. . . etliche sagen, sie (d. h. die v. Treffurt) seient
von den burgern in solchem lerm beide umbkommen und erschlagen worden." Also hat Lauze für seine Erzählung mindestens
zwei in einzelnen Punkten von einander und von Gerstenberg abweichende Darstellungen gekannt. Eine andere Quelle als dieser
muss ihm auch für die kurze Nachricht über die Niederlage der
Frankenberger am Schartenberge (i. J. 1473) und die hierauf
folgenden Ereignisse (vgl. Mon. Hass. II, 549 und Frankenb. Chron.
Sp. 58, 59 u. 60) vorgelegen haben, da er (S. 274) die Bürger

verantwortlich gemacht werden, da ihm das Material
zur Kontrole jener Ueberlieferungen fehlte. Hierhin
gehören auch seine topographischen Beschreibungen
und eingehenden Schilderungen von dem städtischen
Leben und Verkehr früherer Jahrhunderte: Sp. 11—15
für die Zeit Karl's d. Gr., Sp. 31 f. u. 34—36 für die
des Landgrafen Heinrich I. Letztere für Erdichtung
Gerstenberg's zu halten, geht nicht an, da dies zu der
Gewissenhaftigkeit, die er sonst zeigt, im stärksten
Gegensatze stände. Er hat dieselben sicher älteren
Aufzeichnungen entnommen, die vielleicht als Theil
einer Stadtchronik eine topographische Beschreibung
des Ortes enthielten.

Es erübrigt noch, die Denkverse zu erwähnen, die
der Chronist gelegentlich anführt, ohne dass er sich
über den Ursprung derselben äussert. Sp. 5 finden
sich zwei, die sich auf die Gründung der Stadt durch
den Frankenkönig Theoderich im Jahre 520 beziehen.
Sp. 17 erzählt Gerstenberg von der Erbauung der
Marienkirche in Frankenberg und deren Einweihung
durch Lullus im Jahre 810, wozu er die gleiche Anzahl
Verse mittheilt. Dieses Gotteshaus wurde nach der

---

durch die Bewohner von Bilstein, Gerstenberg aber durch die von
Brilon geschlagen werden lässt. Nach Gerstenberg schickten sodann, als Landgraf Heinrich III. sich zu einem Rachezuge gegen
die Westfalen rüstete, letztere und insbesondere die von Brilon
angesehene Leute (deren Namen nicht weiter mitgetheilt werden)
zum Landgrafen und baten um Verzeihung, während Lauze als
Gesandte Gottfried Lang und Johann Schoenbichel namhaft macht.
Diese sind ohne Zweifel identisch mit den beiden Edelleuten Gottfried v. Langen und Johann Schobbel, die nach Gerstenberg (Frankenb. Chron. Sp. 56 f.) zehn Jahre früher Frankenberg belästigten,
bei den in Rede stehenden Angelegenheiten aber von ihm gar
nicht erwähnt werden. — Allem Anschein nach sind die Mittheilungen des Frankenberger Chronisten genauer als die Lauze's,
der Gerstenberg hier weder unmittelbar noch auch ausschliesslich
benutzt haben kann.

Angabe eines ziemlich ausführlichen Metrums Sp. 31
i. J. 1286 abgebrochen und von Heinrich I. durch ein
neues ersetzt. Sp. 56 findet sich sodann ein Denkvers
auf den Frost des Jahres 1430 und Sp. 67 zwei solche
auf den Brand der Stadt i. J. 1476. Der letzte, Sp.
71, handelt von der Ankunft der Süster in Fränken-
berg (1487).

Ganz abgesehen davon, dass die Gewohnheit, auf
wichtige Ereignisse Denkverse zu machen, erst im späteren Mittelalter aufkam, kennzeichnet schon der Inhalt der beiden ersten den geringen Werth derselben:
es handelt sich, wie erwähnt, um den Ursprung der
Stadt, den der Verseschmied in das Jahr 520 setzt, und
weiter um die Einweihung der Marienkirche durch
Lullus zu einer Zeit, wo letzterer bereits mehr als
zwanzig Jahre todt war[161]). Alte, zuverlässige Nachrichten liegen hier also auch nicht zu Grunde, und es
sind wohl sämmtliche Denkverse erst im fünfzehnten
Jahrhundert entstanden. —

Trotzdem Gerstenberg sich über die ältere Frankenberger Historiographie nicht weiter ausspricht, ja nicht
einmal eine einzige hierher gehörige Quelle namhaft
macht, ergiebt doch, wie gezeigt wurde, eine nähere·
Betrachtung des von ihm verwandten Materials, dass
ihm neben einigem Wertlosen auch wichtige Nachrichten, insbesondere für das 14. Jahrhundert, vorgelegen haben, die unsere Kenntnis der mittelalterlichen städtischen Chronistik in Hessen nicht unbeträchtlich erweitern.

---

[161]) In seiner thüringisch-hessischen Chronik (*Ayrmann* S.
140) setzt er dagegen den Tod des Erzbischofs ganz richtig in das
Jahr 786.

VI.

Die Hersfelder Chronik.

Wie Gerstenberg selbst im Eingange seines grösseren Werkes angiebt, hat er eine Hersfelder Chronik
benutzt [162]. Wir wissen darüber nichts Näheres, doch
muss sie, da sie von dem Chronisten nur zweimal, soweit
ersichtlich, herangezogen wird, wenig brauchbaren Stoff
enthalten haben, am wenigsten wohl für die Geschichte
von Hersfeld, die der Chronist gar nicht berührt. Hätte
er darin ausführliche Nachrichten über dieses Stift gefunden, so würde er sie z. Th. wenigstens wiedergegeben
haben. Die Berücksichtigung von Hersfeld hätte zwar
seinem Programm nicht entsprochen, da er es zunächst
mit Hessen zu thun hat, allein seine zahlreichen Notizen über benachbarte und entferntere Klöster u. s. w.
zeigen, dass er es hiermit nicht genau nimmt. Thatsächlich geht die erste der beiden aus der Hersfelder
Chronik mitgetheilten Stellen auf Lambert von Hersfeld zurück:

Gerstenberg (Monim.
Hass. I, 103).

Dußer bobist (Leo IX.)
hilt eyn concilium zu Mentz
unde eynen seenth in geyn-
wirtickeyd des vorgenanten
keyßer Hinrichs unde in
byweßen 42 bischöffe. Alß
man das auch leßit in der
croniken von Herßfelt.

Lambert z. J. 1050
(Handausgabe S. 31).

Leo papa . . . . Mo-
gontiae sinodum celebravit
praesidente imperatore cum
42 episcopis.

Der Zusatz „auch" lässt anf Benutzung einer
zweiten Quelle schliessen, aus der vermuthlich die der
Erwähnung der Mainzer Synode vorausgehende Wunder-
erzählung von Leo IX. und dem aussätzigen Bettler

[162] *Ayrmann* S. 7.

geschöpft ist, die in eine Chronik von Hersfeld offenbar gar nicht hineinpasst, wohingegen es nicht auffällig ist, wenn eine kurze Notiz über die genannte Synode sich in einem Werke findet, das sich allem Anschein nach an Lambert anlehnt. Dieser ist auch mittelbar oder unmittelbar die Quelle für die andere, aus dem zweiten Buche jener Chronik entnommene Nachricht (a. a. O. S. 129), welche gleichfalls nicht von Hersfeld handelt. Es ist von vier Plagen die Rede, die aus der Uneinigkeit Heinrich's IV. mit seiner Gemahlin und dem Papste erwachsen seien: „Die irste, das der keyßer darnach stunt tag unde nacht, wie er Doringer land betzwingen mochte. die ander plage, das der bischoff zu Mentze Doringer lant uff tzehindin gebin tzwingen wulde. die dritte, wie der keyßer verfulgete Otten von Saßen hertzog zu Beyern mit sampt dem lande zu Saßen. die vierde, das der bobist mit dem keyßer tzweydrechtig wart unde mit der paffheyd. daruß dan vorters quam so große errunge unde tzweydracht tzußchin den paffen unde den leygen, alß hyrvor ymehe gewest ist, alß man das wol hirnach horin sal."

Auch *C. Bruschius* benutzte, ohne den Verfasser zu kennen, Lambert's Werk in dem Fulda betreffenden Abschnitt seiner Chronologia monasteriorum Germaniae praecipuorum. Dagegen scheint sich *Cyr. Spangenberg* im Adelspiegel II, 416, wo er über Hans v. Dörnberg handelt und „etliche hessische Annales" neben einer „herschfeldischen Chronica" citirt, auf Arbeiten des mehrfach genannten Nolten zu beziehen. —

Das Wenige, was Gerstenberg aus der Hersfelder Historiographie mittheilt, scheint der klösterlichen, nicht der städtischen Geschichtschreibung anzugehören, giebt aber keinerlei weiteren Aufschluss über die dortige historiographische Thätigkeit. Von höherer Bedeutung

hierfür sind die Mittheilungen des soeben erwähnten
Nohen, in dessen theilweise freilich nicht in originaler
Fassung überlieferten Werken sich unverkennbare Spuren
einer zwar nicht umfangreichen, aber immerhin be-
merkenswerthen hersfeldischen Chronistik im 14. und 15.
Jahrhundert finden.

VII.

Die Aufzeichnungen von Haina und Aulisburg.

Hierher gehört die vermuthlich in dem Cister-
zienserkloster Haina von einem Unbekannten verfasste
Legende des Bruders Kurd von Hirlesheim [163]). Glieder
dieser Familie kommen gegen das Ende des 13. und
während des 14. Jahrhunderts häufig in Urkunden als
Wetzlarer Bürger und Scheffen vor [164]); ein anderer
Zweig des Geschlechtes scheint schon frühe nach dem
benachbarten Hessen gekommen zu sein, und diesem
gehörte wohl Kurd, der Vater des Hainaer Mönches,
an [165]). Derselbe unternahm gegen das Jahr 1200 mit
einem Grafen von Ziegenhain eine Fahrt an den Rhein,
beide verunglückten beim Uebersetzen über den Strom

---

[163]) Der Ort, von dem das Adelsgeschlecht v. H. seinen
Namen hat, heisst heute Hörnsheim und liegt in der Nähe von
Wetzlar.

[164]) In dem hessischen Urkundenbuche von *Wyss.* Bd. 1 u. 2
werden in dem genannten Zeitraum meist als Scheffen von Wetzlar
genannt: Hartrad, Hartmann, Johann, Eberhard und Heinrich von
Herlisheim. Dieselben Personen werden auch (mit Ausnahme von
Hartmann) bei *v. Ulmenstein,* Gesch. v. Wetzlar erwähnt (vgl. das
Register im 3. Bande unter v. Herlisheim).

[165]) Hess. Urkundenb. I. nr. 229 findet sich (1267) ein Hermann v. Herlishem als Scheffe in Homberg a. d. Ohm. Nach
Gerstenberg, der (Monim. Hass. II, 306 ff.) vermuthlich nach der
Legende Kurd's Näheres über letzteren mittheilt, war der Vater
desselben ein hessischer Ritter (das. S. 307).

und wurden zu Erbach begraben. Erst nach dem Tode des Vaters kam Kurd zur Welt. Diesen benannte die Mutter Hedwig nach ihrem Gemahl und erzog ihn sorgsam. Im 18. Jahre zum Ritter geschlagen, wurde er in demselben Jahre Mönch in Altenhaina, wo er drei Jahre lang, bis 1221, verblieb [166]. Zu dieser Zeit siedelten die Brüder nach Haina über. Hier führte Kurd ein erbauliches Leben [167] bis zum Jahre 1270, wo er starb. Er wurde in Haina begraben [168] und wirkte noch nach seinem Tode in wunderthätiger Weise [169].

Die Legende, welche wohl nicht vor Beginn des 14. Jahrhunderts entstanden ist [170], unterscheidet sich offenbar in nichts von der bekannten Art solcher Aufzeichnungen: sie bringt viel Stoff über den frommen Lebenswandel und die Wunder des Heiligen und nur hier und da werthvollere Bemerkungen über geschichtliche Ereignisse. Gerstenberg citirt sie zweimal [171],

---

[166] Demnach müsste er, wie oben angenommen, um 1200 geboren sein.

[167] Vgl. die Stücke aus seiner Legende bei Gerstenberg a. a. O. S. 394—396, wo übrigens der Herausgeber einige Wundererzählungen als werthlos nicht mitgetheilt hat.

[168] Das. S. 426 und Frankenb. Chron. Sp. 29. In den zahlreichen Hainaer Urkunden (abgedr. Anal. Hass. IV, 305—349; VIII, 275—321; XI, 122—184) finde ich Kurd nur einmal als Zeugen in einer dies Kloster betreffenden Urkunde des Grafen Berthold (I.) von Ziegenhain v. J. 1254 (a. a. O. IX, 140) und zwar an erster Stelle aufgeführt (frater Cunradus de Herlesheim monachus et sacerdos).

[169] Landgraf Heinrich I. gelobte, als er 1296 gefährlich erkrankt war, eine Wallfahrt zum Grabe Kurd's und wurde gesund. Gerstenberg a. a. O. S. 437 f. Ueber die Zeit der Krankheit vgl. *Fr. Rehm*, Handbuch d. Gesch. beider Hessen I, 152.

[170] Vgl. die vorige Anm.

[171] S. 394 (396) und 438.

doch hat es den Anschein, als ob er sie häufiger benutzt
habe, ohne sie zu nennen [172]). Einen anderen Charakter
tragen gewisse Aufzeichnungen, die nach Gerstenberg's
Angaben in den Klöstern Haina und Aulisburg gemacht
wurden. Diese Mittheilungen zerfallen in zwei Gruppen:
die einen sind gleichzeitige Aufzeichnungen von kriegerischen Ereignissen, die sich gegen das Ende des 13.
und im Anfange des 14. Jahrhunderts in Hessen und
den Nachbargebieten abspielten, die anderen behandeln
fast ausschliesslich die Geschichte der klösterlichen Niederlassungen in Aulisburg und Haina.

Betrachten wir zunächst die erste Gruppe. Gerstenberg weist an drei Stellen auf Hainaer Quellen hin:
S. 425 f. ist von einem Einfalle der »Westfälinger« in
Hessen und ihrer Niederlage durch Landgraf Heinrich I.
bri der Karlskirche (1270) die Rede [173]). S. 433 wird
erzählt, wie Graf Gottfried von Ziegenhain dieselben

---

[172]) So z. B. S. 306 f., wo die Geschichte Kurd's bis zu
seinem Eintritt in's Kloster, und S. 426, wo sein Tod erzählt wird.
Mit der letzten Stelle ist Frankenb. Chron. Sp. 29 zu vergleichen.

[173]) „Alsus leßit man zu Heyne". Dieselbe Nachricht findet
sich auch und zwar mit genauerer Zeitangabe („im herbeste") und
mit Hinweis auf dieselbe Quelle in der Frankenb. Chron. Sp. 29 f.
Vielleicht liegt aber hier eine Ungenauigkeit bezw. eine Verwechslung mit dem Siege des Grafen Gottfried von Ziegenhain über die
Westfalen bei Geismar vor, der nach der thür.-hess. Chronik a. a.
O. S. 433 in den Herbst des Jahres 1293 fiel. Die dies Ereignis
betreffende Nachricht bei Lauze S. 239 (z. J. 1270) lautet: „Anno
etc. 1270 kam der genante bischoff von Paderborn wider mit
grosser macht ins Hessenland, da traf landgrave Heinrich mit ime
unferne von Gudensperg; da blieben auf des bischoffs seiten vierhundert man auf der walstatt und dorzu worden ime hundert und
zwanzig erbar man abgefangen, und hot gemelts bisthumb diesen
schaden in vielen jaren nicht konnen erstatten." Hinsichtlich der
Zeit und des Ortes der Schlacht steht Lauze im Einklang mit
Gerstenberg, auch die Zahl der Gefallenen ist bei beiden die nämliche; dagegen spricht Lauze von 120 gefangenen Rittern: hiervon

Feinde bei Geismar besiegte (1293) [174]. S. 464 f. findet
sich eine Nachricht über einen Zug des Erzbischofs
Matthias von Mainz und des Grafen Johann von Nas-
sau-Dillenburg und über das Treffen bei Wetzlar
(1328) [175].

Wesentlich verschieden hiervon sind die Mittheilungen, die die Geschichte der genannten Ansiede-
lungen behandeln. Es kommen hierbei 2 Stellen in
Betracht: Monim. Hass. I, 225 f. ist von der Stiftung
von Aulisburg durch Poppo von Reichenbach die Rede;
das. II, 307 f. stehen Mittheilungen über Bruder Kurd,
über Altenhaina, Haina, Aulisburg und den Eintritt des
Grafen Heinrich von Ziegenhain in das Kloster Aulisburg u. s. w. [176].

Ueber diese Dinge haben wir noch einen zweiten
Bericht, der etwas kürzer gehalten ist und bei mancher

---

weiss Gerstenberg nichts. Vielleicht beruht diese Zahl auf einer
Verwechslung mit einer Angabe Gerstenberg's S. 424, derzufolge
bei einem früheren Einfall der Westfalen 120 Mann gefangen
wurden.

[174] „Alsus leßit man zu Heyne". Lauze S. 241a hat im
ganzen dieselbe Nachricht, aber ohne Angabe der Jahreszeit, wie
sie sich bei Gerstenberg findet. Ebenso sucht man hier die Bemerkung des letzteren, dass wenige umkamen, vergeblich. Andererseits schliesst Lauze seine Mittheilung mit den Worten: „und
furte sie (d. h. die Gefangenen) mit sich ghen Cziegenhain." Obwohl dies an und für sich ein willkürlicher Zusatz Lauze's sein kann,
so hat es doch in Anbetracht der soeben besprochenen Abweichungen den Anschein, als ob er sich einer anderen Quelle als
Gerstenberg's bedient habe.

[175] „Hirvon leßit man auch zu Heyne". Dies deutet
Gerstenberg's Citirmethode zufolge bestimmt auf das Vorhanden-
sein noch anderer Quellen. In der That zeigt Gerstenberg Frankenb. Chron. Sp. 38, dass er auch den Bericht der Hessenchronik
über das gleiche Ereignis gekannt hat.

[176] „Duß findet man zu Heyne unde zu Aulißburg."

Abweichung von Gerstenberg's Erzählung doch wieder viel Uebereinstimmung zeigt: er ist in der Chronik Lauze's enthalten, der einige Zeit Vorsteher des Hospitals in Haina war [177]). Beide Chronisten verdanken entweder ihre Nachrichten einer Schrift, deren Verfasser Urkunden benutzt hat, oder sie haben den Stoff selbst aus solchen entnommen.

Wir sind in der Lage einen Theil der Urkunden nachzuweisen, aus denen die Berichte der beiden Chronisten mittelbar oder unmittelbar geflossen sind: sie finden sich bei *Kuchenbecker*, Anal. Hass. IV, 341 ff. Die Hauptquelle scheint der unter nr. IV abgedruckte urkundliche Bericht vom Jahre 1244 zu sein.

In nachstehender Zusammenstellung sind der besseren Uebersicht wegen die einzelnen Sätze der Urkunde, wo dies nöthig erscheint, so umgestellt, dass sie unmittelbar neben die Parallelstellen aus Gerstenberg's Chronik zu stehen kommen. Eine solche Umstellung ist aus diesem Grunde auch einmal bei Lauze vorgenommen.

Gerstenberg. (Monim. Hass. I, 225 f.)	Anal. Hass. IV, 356 f.	Lauze I, 219 a f. (z. J. 1221).
In demselbin jare (1150) du gab grave Boppo von Richenbach mit folbort siner gemaheln frauwen Berten dem cloister zum Aldencampe ordenß von Cistercien die stedde Aulißburgk mit alle siner zugehörunge. deß	Praesenti autentico testamur nos intellexisse, quod cum comes Boffo de Richenbach cum uxore sua Bertha nomine montem qui dicitur Aulesburg cum suis appendiciis ecclesiae Campensi Cisterciensis Ordinis obtu-	

---

[177]) Vgl. die Ausgabe von *Bernhardi* und *Schubart* (Zeitschr. f. hess. Gesch. 2. Suppl.) Bd. 1. Vorw. p. IV und die Allgem. deutsche Biographie XVIII, 80.

sánte der apt von Al-
dencampe dry convente
dar, eynen nach dem
andern. der irste wonte
etzliche tzyt na bie Au-
lisburg an eyner stedde
genant Loüelbach, der
gingk vorters geyn
Riffensteyn. darnach
wonetin eynß andern
ordenß geistlicher lude,
monche unde nonnen

zu Loüelbach. dar-
nach santin die vom
Aldencampe den an-
dern convent geyn Au-
lißburg, der gingk auch
vortane geyn Michel-
steyn an dem Hartze
gelegen. zum dritten
male santin die von
dem Aldencampe aber
eynen convent geyn
Aulißburg, der ginck
widder heym. alsus
wart das cloister Aulß-
burg hirnehist ver-
verlaßin, alß die geist-
lichen 38 jare allezu-
sammen dar gewonet
hatten. unde darnach
quamen widder monche
geyn Aulißburg, als
man hirnach beschre-
ben findet. dußer vor-
genante grave Boppo
von Richenbach der
was eyner von Czigen-
heyn geborn unde furte
dasselbe wapen, sun-

lisset anno gratiae1150.
eadem ecclesia tres
conventus singillatim
sibique succedentes ad
dictum locum scilicet
Aulesburg transmisit,
quorum primus ali-
quamdiu moratus in
Louelbach transivit Ri-
fensteine. post eius dis-
cessum etiam alterius
religionis monachi et
moniales ibidem sunt
demorati. secundus
post habitationem in
Aulesburg venit ad La-
pidem sancti Michaelis.

tertius de Hegene re-
diit in Campum.

Anno 1150 seind
zwolff personen
von Alten Campe ins
Hessenland komen und
haben den Aulißberg
beneben dem dorffe
Louilbach eingenom-
men der meynung alda
ein kloster zu bauwen,
seind aber bald eins
andern zuroth worden
und da dannen gen
Louilbach und wider
alda dannen ghen Reif-
fentein gezogen.
dornach sandte der con-
vent zu Alden Campe
abermols zwolff per-
sonen ins Hessenland,
die giengen gen Michel-
stein.
zum dritten sandte er
noch zwolff per-
sonen, die zogen aus
Hessen wider nach Al-
ten Campe.

ern das der name
erwandelt was. Duß
indet man zu Heyne
ande zu Aulißburg.

Monim. Hass. II,
307 f.

Unde in dem vor-
genanten jare du man
schreib nach gots ge-
burt 1221 jare, du
ging der convent von
Aldenheyne mit bruder
Curde von Hirleßheim
an eyne ander stedde
unde buwetin da eyn
erlich monster unde
cloister genant Heyne.
alß nu vormalß das
cloister zu Aldencampe
na abescheyde der dryer
convente, wie vorge-
schreben stehit, die
stedde Aulißburg ver-
liß, du gab grave Hin-
rich von Czigenheyn
sulche stedde dem
closter zum Aldenberge
bie Collen gelegen, des
sante der apt von Al-
denberge genant Coß-
wyn eynen convent
geyn Aulißburg, die
wonten darselbis unde
darnach zu Aldenheyne
zusammen wol 33 jare
ehir sie geyn Heyne
quemen unde das bu-

Ad ultimum vero, cum
ecclesia Campensis ab
eodem loco recessasset,
comes Henricus de
Zigenhagen . . . prae-
fatum deo locum et
gloriosae virgini Mariae
. . . obtulit. hunc er-
go locum in suam sus-
cepit curam quidem
abbas de Aldenberg,
Gozwinus nomine . . .
et fratres illuc de pro-
prio transmisit coe-
nobio . . .

Aber in diesem ob-
gemeltem 1221. jar,
den zwanzigsten
tag Maii, ist dersel-
bige convent wider
alda aufgebrochen und
ghen Heyne kommen.

dornach anno 1188
ward vom Altenberge
bei Collen ein convent
gen Aulißberg ge-
schickt. dieser hat
den Aulißberg ver-
lossen, ist ghen Alten-
oder Obern-Heyne kom-
men und alda ange-
fangen zu bauwen, da
man es jetzund auf
dem Espe nennet, und
seind noch etliche alte
maurenrumpe und bor-
ne doselbst vorhanden.
und an dem ort ist er
drei und dreissig jar
blieben.

weten. dußer grave Hin-
rich wart eyn monch
zu Aulißburg mit vilen
eddeln syner ritter-
schafft unde er was ein
neve des vorgeschreben
graven Boppo von
Richenbach. Alsus fin-
det man zu Heyne be-
schreben.

... comes Henricus
de Zigenhagen nepos
praedictorum nobilium,
qui postea factus est
monachus in Aules-
burg ... cum quibus-
dam nobilioribus suae
provinciae militibus ...
Cistertium ... adiit ..

... Heinrich grave zu
Cziegenhain, noch-
dem ime sein ehe-
gemahel verstor-
ben, ist mit vielen
vom adel in bemelts
kloster gangen, hot
auch dasselbige mit
vielen zehenden, wel-
den und gutern zum
richlichsten dotiert und
begabet, auch den platz
und boden, dorauff
angezeigts kloster ge-
bauwet, welche sein
erbeeigenthumb seind
gewesen, dorzu ge-
geben ...

Vergleichen wir zunächst Gerstenberg's Bericht
mit dem Inhalte der Urkunde, so ergiebt sich, dass die
erste Hälfte des ersten Abschnittes bis zu den Worten:
›geyn Michelsteyn an dem Hartze gelegen‹ fast nichts
als eine Uebersetzung des entsprechenden Stückes der
Urkunde ist. Dagegen lässt sich in der zweiten Hälfte
die Dauer des Aufenthaltes der Mönche in Aulisburg
(38 Jahre, also bis 1188) ebensowenig urkundlich
nachweisen, wie die Notiz, dass Graf Poppo von
Reichenbach ziegenhainischen Stammes gewesen sei.

Der andere Abschnitt beginnt mit einer Mittheilung, die Kurd's Legende entnommen sein kann. Auch
hinsichtlich der Uebersiedelung der von Goswin gesandten Brüder von Aulisburg nach Altenhaina und der
Dauer ihres Aufenthaltes in beiden Klöstern (33 Jahre,
also bis 1221) giebt die Urkunde keine Auskunft.

Lauze's Darstellung zeigt gleichfalls sehr viel Aehnlichkeit mit Gerstenberg und der angeführten Urkunde,
doch lässt er die Nachricht von der Anwesenheit von

Mönchen und Nonnen „eyns andern ordenß" (alterius
religionis) in Löhlbach aus. Auf der andern Seite hat
er aber die Notiz, dass dreimal hintereinander je z w ö l f
Mönche von Altenkampe aufbrachen und dass die Ueber-
siedlung von Altenhaina nach Haina am 2 0. M a i 1221
erfolgte; auch findet sich bei ihm allein die Bemerkung,
dass Graf Heinrich n a c h d e m T o d e s e i n e r G e-
m a h l i n in's Kloster ging.

Gerstenberg muss also wie auch Lauze noch anderweitiges Material benutzt haben: dass solches einst
vorhanden war, geht aus dem urkundlichen Berichte
selbst hervor. Abgesehen von einer Urkunde v. J. 1215,
auf die sich dieser (S. 357) bezieht (abgedruckt Anal.
Hass. XI, 124—130 unter nr. II; dieselbe kommt ausserdem noch Anal. Hass. IV, 347—355 als Transsumpt in
einem Aktenstücke v. J. 1493 vor), wird ein anderes
Schriftstück namhaft gemacht, das nicht mehr vorhanden
ist. Die Stelle lautet: Constat etiam ex alio scripto et
testibus, quorum baec sunt nomina: Joannes abbas,
Hermannus prior, qui conventum de Campo missum
vidisse se meminit in Aulesburg, et Conradus conversus
monasterii memorati. —

Diese drei Gattungen von Aufzeichnungen werden
anscheinend auch durch die Art und Weise, wie Gerstenberg bei jeder die Quellen citirt, von einander geschieden. Bei der Legende Kurd's heisst es S. 394:
„Man leßit zu Heyne in syner legenden" und S. 438:
„Alsuß leßit man zu Heyne in bruder Curts legenden".

Bei den Nachrichten über die erwähnten kriegerischen Vorgänge wird auf Haina verwiesen (vgl. Anm.
173, 174, 175).

Als Quelle für die Geschichte der klösterlichen
Niederlassungen nennt er Aufzeichnungen zu Haina und
Aulisburg (vgl. Anm. 176). An einer der hier in Be-
tracht kommenden Stellen (Monim. Hass. II, 308) heisst

es zwar: „Alsus findet man zu Heyne beschreben" —
es fällt aber in's Gewicht, dass Gerstenberg den grössten
Theil seiner Mittheilungen offenbar aus der Legende
Kurd's genommen hat (vgl. Anm. 172), die eben nur
in Haina entstanden sein kann. Der Chronist führt
also hier wie anderwärts am Schlusse seiner Nachrichten
nur eine der benutzten Quellen an. Andererseits ist zu
beachten, dass er in der Parallelstelle der Frankenberger Chronik Sp. 23 f. (wo die Nachrichten über
das Leben des Heiligen fehlen) ausdrücklich Hainaer
und Anlisburger Aufzeichnungen als Quelle angiebt.
Freilich ist auch bei der ungenügenden Kenntnis, die
wir von der Beschaffenheit jener Notizen haben, die
Möglichkeit nicht ganz ausgeschlossen, dass nicht allein
die sogen. Hainaer und Aulisburger Aufzeichnungen,
sondern auch Kurd's Legende einzelne Nachrichten über
die klösterlichen Stiftungen enthielt, und dass Gerstenberg sich somit für dieselbe Mittheilung das eine Mal auf
diese, das andere Mal auf jene Quelle berufen konnte [178]).

---

[178]) Noch andere Quellen als Gerstenberg hat *Johannes Letzner,*
der Verfasser einer Beschreibung des Klosters Haina (Mühlhausen
1588), die *Kuchenbecker* Anal. Hass. IV, 305—340 (unvollständig)
wieder abgedruckt hat, benutzt. *Letzner* zählt (Anal. Hass. IV,
335) einige Mönche des Klosters aus dem Ende des 13. und der
ersten Hälfte des 14. Jahrhunderts auf und beruft sich dabei auf
ein altes Memorienbuch, das also wohl aus Haina stammte. Bei
Erwähnung von Reliquien und Wundern zu Haina, von Wallfahrten u. s. w. nennt er (das. S. 310) ein „Walshäusisches Missal",
und es ist wohl dieselbe Quelle, von der er weiter unten (S. 318)
mit den Worten spricht: „wie das alles und sonsten viel dergleichen
eine alte Agenda, worin forn und hinten von solchem jahrmarkt
viel geschrieben, etwan aus dem Closter Waelshusen herfür komen,
anzieget." — Dass man in Aulisburg wissenschaftlichen Bestrebungen
nicht abhold war, zeigt ein Verzeichnis von Büchern meist theologischen Inhalts, die ehemals in diesem Kloster sich vorfanden (vgl.
die Urkunde v. J. 1244 bei *Kuchenbecker* a. a O. S. 359). Dort ist
auch, vermuthlich im Anfange des 13. Jahrhunderts, ein lateinisches

VIII.

Die Aufzeichnungen von Georgenberg und Spiesskappel.

Dürftig sind die Nachrichten, die Gerstenberg als aus dem Cisterzienserinnenkloster Georgenberg bei Frankenberg stammend bezeichnet. Er berichtet S. 439 (z. J. 1297), dass der von Heinrich I. in der Nähe dieser Stadt angelegte Teich ausgebrochen sei und grossen Schaden angerichtet habe; der genannte Landgraf habe ihn deshalb von neuem eindämmen lassen. Die gleiche Mittheilung bringt, aber ohne Quellenangabe, die Frankenberger Chronik Sp. 34. Vielleicht ist auch die Notiz von der Gründung des Klosters i. J. 1249 in der thüringisch-hessischen Chronik S. 413 auf dieselbe Quelle zurückzuführen. Dagegen beruhen wohl die Mittheilungen in der Frankenberger Chronik Sp. 27 und 28 über Sophie von Brabant und deren Beziehungen zum Kloster auf urkundlicher Grundlage.

Eine grössere Bedeutung können auch die Nachrichten aus dem Prämonstratenserkloster Spiesskappel nicht in Anspruch nehmen. Gerstenberg erwähnt dieselben z. J. 1301 (S. 441), wo von den Stiftern des Klosters und der Einäscherung desselben die Rede ist.

Verwandt hiermit ist Lauze's gleichfalls kurzer Bericht in dessen Chronik S. 242 (z. J. 1301), der jedoch insofern von Gerstenberg abweicht, als er einestheils das Gründungsjahr von Spiesskappel (1221) mittheilt, anderntheils aber die Nachricht von dem Eintritt des einen der beiden Stifter in's Kloster nicht hat.

Gedicht entstanden, welches *Joh. Fr. Conr. Keller* in den Hess. Nachrichten III, 9—14 mittheilt.

IX.

Die Aufzeichnungen über die Grafen von Ziegenhain.

Seinem Programme gemäss berücksichtigt Gerstenberg in der thüringisch-hessischen Chronik auch die Grafen von Ziegenhain: 15 Mal berührt er — abgesehen von solchen Stellen, wo letztere im Zusammenhang mit Ereignissen der hessischen Geschichte erwähnt werden [179]) — in dem Zeitraume von 1247—1431 ziegenhainische Verhältnisse. Der Inhalt dieser Nachrichten betrifft fast durchgängig Familienereignisse des Grafenhauses, und zwar wird 13 Mal ein genaues Datum angegeben: darunter sind 10 Todtestage von Angehörigen des Geschlechts [180]), 1 Mal ein Ritterschlag [181]), 1 Mal eine Heirath [182]), 1 Mal ein Sieg [183]); nur in 2 Fällen ist das Jahr allein angegeben, das genaue Datum dagegen fehlt [184]).

Nur einmal giebt Gerstenberg eine Andeutung allgemeiner Art über die Quelle dieser Nachrichten, indem es S. 442 heisst: „Alsus leßit man zu Czigenheyn." Dieselben entstammen wohl Memorien- oder Messbüchern,

---

[179]) Wie dies z. B. Monim. Hass. II, 436 f., 491 f., 504 f. u. s. w. der Fall ist. Hierzu sind wohl auch S. 531 und 533 (in der Frankenb, Chron. Sp. 56) die Bemerkungen über die Besitzergreifung der Grafschaft durch Ludwig den Friedsamen und den Tod des letzten Grafen zu rechnen. Berücksichtigt ist ferner nicht die Stelle S. 433 über einen Sieg des Grafen Gottfried, wo es heisst: „Alsus leßit man zu Heyne."

[180]) Monim. Hass. II, 412 (z. J. 1247), 419 (z. J. 1257) 426 (z. J. 1270), 432 (z. J. 1286), 442 (z. J. 1304), das. (z. J. 1307), 466 (z. J. 1333), 474 (z. J. 1342), 490 (z. J. 1371), 525 (z. J. 1425).

[181]) Das. S. 490 (z. J. 1371).

[182]) Das. S. 524 (z. J. 1417).

[183]) Das. S. 527 (z. J. 1431).

[184]) Das. S. 490 (z. J. 1371) und 524 (z. J. 1419).

in die derartige Aufzeichnungen gewöhnlich gemacht
wurden, wie denn auch z. B. später Lambertus Collmann
in solchen Büchern ähnliche Notizen vorgefunden und
in seiner Baumbachischen Familienchronik benutzt hat.

Auch Lauze giebt S. 211 a und 219 einige die
Ziegenhainer Grafen betreffende Mittheilungen, die indes
mit den Nachrichten Gerstenberg's nichts gemein haben.
Die Bemerkungen, die er sodann S. 266 a und 267
über Johann (II.), den letzten seines Geschlechtes, macht,
stammen wohl aus der ehemals ziegenhainischen Stadt
Treisa: so die Mittheilung von dem gräflichen Leichen-
zug, der auf dem Wege von Ziegenhain nach dem Erb-
begräbnis in Haina Treisa berührt habe (S. 266 a),
vielleicht auch die Erzählung von dem gewissenlosen
Rentmeister Johann's; jedenfalls erklärt Lauze, der
einige Jahre in Treisa lebte, eine von ihm mitgetheilte
Nachricht über Beziehungen des Grafen zu der Stadt
(S. 267) dortigen Stadtregistern entnommen zu haben.
Uebrigens hat sich das Andenken an Johann noch lange
im Volke erhalten. Letzner theilt in seiner oben erwähnten Geschichte von Haina (Anal. Hass. IV, 319)
eine auf die ungewöhnliche Leibesstärke des Grafen
bezügliche Anekdote mit, die ihm „viel guter alter Leut"
.bezeugt hätten.

X.

Die Aufzeichnungen über die Grafen von Katzenelnbogen.

Gerstenberg's Mittheilungen über die Grafen von
Katzenelnbogen, die übrigens gleich den das ziegenhainische Grafenhaus betreffenden nach Wenck fast
sämmtlich zuverlässig sind [185]), haben einen ganz ähnlichen Charakter wie diese: sie beziehen sich gleich-

---

[185]) a. a. O. p. XVI.

falls auf Geburten [186]), Vermählungen [187]), Todesfälle [188])
und sonstige Vorkommnisse, die für das Geschlecht
von Bedeutung waren [189]). Auch hier findet sich häufig
neben der Jahreszahl das genaue Datum angegeben.
Ueber die Herkunft seiner Mittheilungen schweigt der
Chronist mit einer Ausnahme (S. 485), wo er sich auf
die Limburger Chronik bezieht. Indes zeigt ein Vergleich mit der in Frage kommenden Stelle (a. a. O. S. 86
unten und 87), dass ausserdem noch eine zweite, von
Gerstenberg nicht genannte Quelle herangezogen sein
muss. Anderes hat er Urkunden [190]) oder wohl hessischen Quellen entnommen [191]).

---

[186]) Monim. Hass. II, 516 (z. J. 1402), 525 (z. J. 1427), 531
(z. J. 1443).

[187]) Das. S. 509 (z. J. 1393), 525 (z. J. 1422), das. (z. J.
1427), 531 (z. J. 1443).

[188]) Das. S. 465 (z. J. 1329), 466 (z. J. 1331), 535 (z.
J. 1453). Zu den beiden letzten Angaben vgl. die Grabschriften bei
Wenck a. a. O. U.-B. S. 273 (nr. X) und 277 (nr XXV).

[189]) Das S. 409 (um d. J. 1246), 419 (z. J. 1255), 427 (z.
J. 1276), 485 (um d. J. 1356), 525 (z. J. 1421).

[190]) So die Mittheilung S. 534 über die Eheberedung zwischen
Landgraf Heinrich III. und Anna von Katzenelnbogen. S. o. S. 36.

[191]) Hierher ist S. 531 die Nachricht über die Vermählung
Heinrich's III. und S. 551 die Notiz über den Tod des letzten Grafen
von Katzenelnbogen zu rechnen.

II.

Die Ritterburgen der vormaligen Abtei Fulda.

Von

Dr. Justus Schneider
in Fulda.

⤞⟨✕⟩⟶

Literatur.

Brower, Fuldensium antiquitatum Libri IV. Antwerpen 1612.

Schannat, Fuldischer Lehn-Hof sive de Clientela Fuldensi. Frankfurt a. M. 1726.

Schannat, Corpus traditionum & Buchonia vetus. 1724.

Schannat, Historia Fuldensis & codex probationum. 1724.

Biedermann, Geschlechtsregister der Reichsfreyunmittelbaren Ritterschaft Landes zu Franken löblichen Orts Rhön und Werra. Bayreuth 1749.

Denner, Urkunden des Fuldaer Archivs über die ehemaligen Fuldischen Aemter. 2 Bände. Manuscript.

Landau, Die Hessischen Ritterburgen und ihre Besitzer. 3 Bände. Cassel 1832—1836.

Schneider, Joseph, Buchonia, 4 Bände. Fulda 1826—1829.

Schneider, Joseph, Beschreibung des hohen Rhöngebirges, 2. Auflage. Fulda 1840.

von Eberstein, Louis Ferdinand Freiherr, Urkundliche Geschichte des reichsritterlichen Geschlechtes von Eberstein auf der Rhön, 1. Band, 2. Ausgabe. Berlin 1889.

von Eberstein, Stammreihe und Fehde. Berlin 1887.

Im Juli 1890 hielt ich bei der 56. Jahresversammlung des Vereins für hessische Geschichte und Landeskunde zu Fulda einen Vortrag über die Ritterburgen der vormaligen Abtei Fulda, in welchem jedoch das Thema kaum zur Hälfte erschöpft werden konnte. In ganz fragmentarischer Form wurden die Ritterburgen des ehemals fuldaischen Gebietes in den jetzigen Kreisen Fulda, Gersfeld und Hünfeld, sowie in den jetzt zu Sachsen-Weimar gehörigen Theilen in historischer Beziehung behandelt. Angeregt durch die Fülle von vorliegendem urkundlichen und geschichtlichen Material habe ich nunmehr die Geschichte der Ritterburgen Fulda's in kurzer Besprechung weiter zu einem gewissen Abschluss geführt, indem ich noch die Beschreibung der im westlichen Theil des Kreises Fulda, im Kreise Schlüchtern und in denjenigen Theilen der früheren Abtei, welche nunmehr zum Grossherzogthum Hessen und Königreich Bayern gebören, anfügte. Auf Vollständigkeit macht deshalb diese Arbeit keinen Anspruch, indem eine erschöpfende Behandlung des Gegenstandes ein wenigstens ebenso starkes Werk zu Stande bringen würde, wie die hessischen Ritterburgen von Landau. Wenn auch in diesem vorzüglichen Werke unseres berühmten hessischen Geschichtsforschers die Beschreibungen einiger fuldaischen Burgen enthalten sind und von mir benutzt wurden (Steinau, Haselstein Buchenau, Haun, Eisenbach und Steckelsburg), ist doch meine Arbeit bezüglich der übrigen Burgen neu und sehr viele Angaben nur zerstreut in den oben angeführten Werken enthalten, vieles überhaupt noch nicht gedruckt erschienen. Dazu gehören namentlich viele Auszüge aus Urkunden des Fuldaer Archives, welches zwar gegenwärtig dem hessischen Archive zu Marburg einverleibt ist; doch waren mir eine grosse Menge einschlägiger Urkunden in Abschriften zugänglich, welche

der frühere hiesige Archivar De n n e r unter dem Titel:
„Die Fuldischen Aemter" im Manuscript gesammelt
und mit Uebersichten versehen, in einem zweibändigen
Werke der hiesigen Landesbibliothek hinterlassen hat,
dessen erster Band 1000 Quartseiten, der zweite 848 zählt.

Zunächst möchte ich die Grenzen des geistlichen
Fürstenthums, der Abtei Fulda feststellen, innerhalb
welcher ich die Ritterburgen, welche im Mittelalter bestanden haben, bei meiner Arbeit berücksichtigt habe.
Obschon diese Grenzen im Laufe der Jahrhunderte in
Folge der vielen Verkaufe und Verpfändungen sehr gewechselt haben, kann man doch die Grenzlinie im
Allgemeinen so feststellen, dass das Hauptland abge-
rundet erscheint, wenn auch die von mir nachfolgend
bezeichnete Linie nicht gerade alles enthält, was jemals
fuldaisch gewesen ist und andererseits Theile innerhalb
dieser zur Herrschaft anderer Dynasten stets oder zeit-
weise gehört haben.

Wir denken uns also die Abtei Fulda im Mittel-
alter folgendermassen umgrenzt: Im Norden von der
Abtei H e r s f e l d, der Landgrafschaft H e s s e n - C a s s e l,
die nördlichsten Orte waren H e r m a n n s p i e g e l gegen
Hersfeld, V a c h a gegen Hessen; im Osten von den
H e n n e b e r g i s c h e n Besitzungen und von dem Bisthum W ü r z b u r g. Der östlichste fuldaische Ort war
Z i l l b a c h bei Wernshausen an der Werra. Im Süden
grenzte das Amt H a m m e l b u r g mit dem äussersten
Orte H u n d s f e l d ebenfalls an Würzburg. Weiter isolirt
lag im Süden die Propstei H o l z k i r c h e n, 5 Stunden
südwestlich von Würzburg mitten in dessen Gebiet.
Im Westen grenzte zunächst Hammelburg an die Besitzungen der Grafen von R i e n e c k; dann bildeten die
Grafschaften H a n a u und Y s e n b u r g die Westgrenze
gegen das Amt S a l m ü n s t e r, ferner die R i e d e s e l-
schen, früher E i s e n b a c h'schen Besitzungen gegen die

Aemter Neuhof und Grossenlüder; Stadt und Amt
Herbstein war der am meisten nach Westen gelegene
Theil Fulda's. Im Nordosten bildete die Schlitzer
Herrschaft gegen die Landgrafschaft Hessen-Cassel
die Grenze. Die vielen isolirten Besitzungen, welche
im Mittelalter meist durch Verpfändung wieder verloren
gingen, kommen hier nicht in Betracht.

Die Ritterschaft, die freien Männer, welche zahlreich im Gebiete des Stiftes Fulda und an dessen
Grenzen wohnten, begaben sich grösstentheils in den
Schutz der Abtei und wurden dann als Commendirte,
vassi oder vasalli bezeichnet. Die Ritter bauten
sich Burgen und befestigten dieselben. Auch das Stift
selbst stand wieder unter dem Schutz eines mächtigen
Herrn; der Graf von Ziegenhain war der Schirmvogt des Stiftes Fulda. Aber trotz dieses wechselnden
Schutzverhältnisses, trotz der Lehensverträge mit Rittern
und Grafen kam es bald zu Streitigkeiten und Zer-
würfnissen zwischen Schirmvogt, Abt und Rittern,
welche vom 12. bis zum Anfang des 16. Jahrhunderts
andauerten und die Kräfte und den Reichthum des
Stiftes Fulda sehr erschöpften.

Ich beginne zunächst mit den Ritterburgen, welche
in nächster Nähe der Abtei Fulda, in den jetzigen
Kreisen Fulda, Hünfeld und Gersfeld gelegen waren.

I.
Haselstein *).

Die ersten Kämpfe der Abtei mit den Rittern begannen unter der Regierung des Abtes Wolfhelm
(1109—1114). Die fuldaischen Ministerialen von Hasela
suchten ihre dem Stifte gehörige Burg Haselstein
demselben zu entreissen und betrieben eifrig Raub und
Wegelager an den vorüberziehenden Leuten. Vergeblich

---

*) Landau, die hessischen Ritterburgen, 1. Band S. 293 ff.

suchte Abt Wolfhelm den Räubern ihr Handwerk zu
legen. Er wurde bei der Belagerung der Wartburg, als
er Kaiser Heinrich IV. 1114 in einem Feldzug nach
Sachsen Heeresfolge leistete, von dem Landgrafen Ludwig von Thüringen gefangen genommen und nach
Brower *) drei Jahre lang auf der Milseburg in Gefangenschaft gehalten. Schon *Schannat***), der spätere
fuldaische Geschichtsschreiber, schenkt dieser Behauptung
keinen Glauben. Er meint, ass der Ort der Gefangenschaft richtiger Merseburg heissen solle. *Cornel*
nennt das Gefängniss Meysenburg. Der Nachfolger
Erlolf (1114—1122) erstürmte Haselstein und Milseburg,
vertrieb deren räuberische Insassen und befestigte beide
Plätze zum Schutze der Abtei. Bald darauf kamen die
von Hasela oder von Haselstein wieder auf ihre Burg
und fingen das Räubergewerbe von Neuem an, welches
im Buchenlande bald allgemein unter den Rittern wurde.

Abt Bertho I. von Schlitz soll eines unnatürlichen Todes gestorben sein, als er der Raubsucht seiner
Lehensmannen steuern wollte. Abt Marquard I.
(1150—1165) musste Haselstein, welches sein Ministerial
Gerlach von Haselstein (Gerlacus miles) in
der alten Weise als Schlupfwinkel für seine Raubzüge
benutzte, wieder erstürmen. Gerlach wurde vertrieben;
Nachkommen von ihm sühnten sich indessen mit den
Aebten wieder aus und verlangten abermals ihre Stammburg, welche indessen später an andere Familien (von
Taffta, von Schlitz und von Buchenau) kam. 1512 war
Dietrich von Ebersberg dort Amtmann. Die alte Burg
zerfiel, es wurde ein neues Schloss als fuldaisches Amtshaus unter dem Felsen erbaut, welches noch steht und
jetzt zwei preussischen Förstern zur Wohnung dient.
Die Familie von Haselstein gilt als längst ausgestorben;

---

*) *Brower*, liber IV, pag. 295.
**) *Schannat*, Buchonia vetus, pag. 367.

jedoch erhielt vor einigen Jahren der Lehrer zu Haselstein einen Brief von einem österreichischen Offizier
Namens von Haselstein, welcher sich nach seinen
angeblichen Ahnen erkundigte. Uebrigens sah ich in
der Schweiz in der Gegend von Chur auch eine Burg
Haselstein, wo ein Geschlecht dieses Namens ansässig
gewesen sein soll.

Der Haselstein ist eine der prächtigsten unserer
Bergruinen. Zwischen Hünfeld und Geisa erhebt sich
der steile kleine Kegel von vollendeter Glockengestalt
in einem Kesselthale, welches von schönen bewaldeten
Bergen rings umgeben ist. Oben findet man noch
ziemlich viel Mauerwerk mit einigen Fensteröffnungen.
Am Abhang des Kegels bis zur Thalsohle der Hasel
breitet sich das freundliche Dörfchen gleichen Namens
aus, dessen höchster Punkt das oben erwähnte neue
Schloss ist, während von der Bevölkerung die Burg-
ruine „das alte Schloss" genannt wird.

II.
Milseburg.

Die obigen Angaben (S. 125) über die Milseburg
sind die einzig wenigen, welche beweisen sollen, dass
auf diesem schönsten unserer Rhönberge eine Burg
gestanden habe. Da nirgends in den Urkunden Fulda's
von einem Rittergeschlechte Milseburg etwas erwähnt
wird, ist es wahrscheinlich, dass wenn überhaupt daselbst eine Burg stand, diese den Herrn von Eberstein gehört hat, in deren Gebiete von Alters her
dieser Berg gelegen war, welche sie 1540 an die Herren
von Rosenbach verkauften, nach deren Aussterben
die von Guttenberg, Graf Sickingen und von
Zobel die alte Herrschaft Schackau heute noch besitzen. Auf der Höhe kann die Burg nicht gestanden
haben, die jetzige Kapelle ist als Burgplatz zu klein.
Aber auf dem vor der Milseburg gelegenen Hügel Lieden-

küppel fiudet sich noch etwas Mauerwerk, möglicherweise war dieses der Burgplatz.

Die alte Eberstein'sche Herrschaft umfasst die Milseburg und die derselben zunächst gelegenen Berge und Wälder, die Dörfer Schackau, Kleinsassen, Oberbernhards, Eckweisbach, Ruppsroth, Brand und Wickers.

In Schackau steht noch ein altes Schloss, jetzt dem freiherrlich von Guttenberg'schen Fideikommis gehörig, in welchem ein Rentverwalter und Oberförster wohnt.

III.
Eberstein.

Die Stammburg der Herrn von Eberstein war auf dem Tannenfels bei Brand gelegen. Ein Nachkomme dieses edlen Geschlechtes, Freiherr Louis Ferdinand von Eberstein, preussischer Ingenieur-Hauptmann a. D. zu Berlin, hat uns eine urkundliche Geschichte des reichsritterlichen Geschlechtes Eberstein in 4 grossen Quartbänden in 1. Auflage 1865, in 2. Auflage 1889 übermittelt, ein höchst verdienstliches Werk, welchem die folgenden geschichtlichen Notizen entnommen sind.

Die Stammburg Eberstein auf dem Tannenfels, einem hübschen, von herrlichem Buchenwald gekrönten Kegel, ist bis auf die Spur eines Wallgrabens gänzlich zerstört. Hier war die spätere Grenze der Herrschaft Tann und des Stiftes Fulda, daher der Name Tann- und Fuldaisch, Tann-Fölsch, woraus der Name Tannenfels entstand, der also mit Tannen, die hier im Buchenlande nicht gefunden wurden, gar nichts zu thun hat*).

---

*) Bei *Eberstein*, urkundliche Geschichte I. Band S. 439 heisst es: „Nach Eroberung des Ebersteins theilten sich Fulda und Würzburg in die Mark Brand." 1454 wurde „die Wüstung Braude halp" als Zubehör zum Schlosse Auersberg dem Hans von der Tann verpfändet ... Es gehörte also die eine Hälfte der Mark

Die Familie von Eberstein ist sehr alt. Der Stammvater aller jetzt noch lebenden dieses Geschlechtes, der 1676 gestorbene Ernst Albrecht von Eberstein äussert sich in einem Briefe folgendermassen: „Die frei-fränkisch ritterliche Familie, welche mit den beiden gräflichen eines Ursprungs und nur ut dictus wegen Heirath einer Patricierin von Augsburg 903 als adelig geachtet, hat das berühmte Stammhaus Eberstein, welches Stammschloss von den Bischöfen Berthold zu Würzburg und Bertoch Abten zu Fulda, weil es ihnen zu fürchterlich war, sider 1282 zerstört steht." Das wirklich historische der frühesten Schicksale dieses Hauses will ich nach dem angeführten urkundlichen Werke schildern. Caspar Bruschius *) schreibt (1551) vom Abt Marquard: „Arcem Haselstein ab antecessoribus per vim occupatam pecuniis numeratis persolvit ac emit, arcem Eberstein vi cepit." Das geschah 1150.

Nach *Schannat* führte Marquard mit Zustimmung des Papstes und des Kaisers die Waffe gegen seine eigenen adeligen Lehensleute, die des Stiftes Güter nicht anders, wie Kriegsbeute zerrissen, eroberte die Burg Haselstein und legte zum Schutze der Abtei gegen die Ritter die befestigte Burg Bieberstein an. Wenn auch Schannat von der Eroberung des Ebersteins durch Marquard im Jahre 1150 nichts meldet, so ist doch klar, dass die der Milseburg, dem dominirenden Berge in der Eberstein'schen Herrschaft gegenüber angelegte

---

Brand den Herren von der Tann, die andere Hälfte dem Stifte Fulda und seit jener Zeit führte der die Ruine Eberstein tragende Berg im Volksmunde den Namen „Tann-Fuldische Küppel" oder das „Tann-Földsch", woraus durch Nichtverständniss der dortigen Volksmundart seitens der Kartographen „Tannenfels" gemacht worden ist.

*) De monasteriis Germaniae praecipuis pag. 61.

Burg dazu dienen sollte, den Herrn von Eberstein einen Kappzaum anzulegen.

Nach der Eberstein'schen Familientradition sollen um diese Zeit drei Söhne des Botho von Eberstein aus der Burg vertrieben und nach der Rückkehr von dem Kreuzzuge soll sie Abt Hermann (1165—1168) wieder mit ihrer Burg belehnt haben. 1231 verlieh der Bischof Hermann von Würzburg den Ebersteinen das Marschall-amt. Die schlimmste Katastrophe in der Blüthezeit des Faustrechtes trat in dem Fuldaer Stiftslande 1271 ein. In einer Fehde der Ritter von Eberstein, von Ebersberg, von Steinau etc. mit dem Stifte Fulda wurde der Ritter Hermann von Ebersberg gefangen ge-nommen; der Abt Bertho II. von Leibolz liess ihn auf dem Markte zu Fulda durch Gerlach Küchen-meister öffentlich enthaupten, wodurch die Ritter im höchsten Grade erregt wurden. Die Ritter Albert und Heinrich von Ebersberg, Gyso von Steinau, Albert von Brandow, Eberhard von Spal, Conrad und Bertho von Lüppeln und Conrad von Rossdorf verschworen sich, den Abt zu er-morden; auf der grossen Wasserkuppe, noch heute im Volksmunde der Spielberg oder auch Pfaffenberg ge-nannt, losten sie, wer die Verschwörung leiten und den ersten tödtlichen Streich gegen den Abt führen sollte. Das Loos traf Gyso von Steinau. Sie drangen unter der Maske der Frömmigkeit in die St. Jakobs-kapelle neben der Abtsburg am 15. April 1271 zu der Zeit ein, als der Abt die Messe las und stachen auf ein Zeichen Gyso's von Steinau den Unglücklichen nieder, der mit 26 Dolchstichen das Leben aushauchte. Die Ritter sprengten auf ihren bereit gehaltenen Pferden davon; der rasch erwählte Nachfolger des ermordeten Abtes, Bertho III. von Mackenzell, verfolgte mit seinen Mannen die Ritter, welche sich in der Burg

Steinau gesammelt hatten, vertrieb sie aus derselben
und erreichte sie in dem Dorfe Hasel (heute Kirchhasel),
wo sie sich in der Kirche verschanzt hatten. Man er-
brach die verrammelte Pforte und richtete unter ihnen
ein schreckliches Blutbad an. Alle kamen um, nur die
beiden von Ebersberg wurden lebendig gefangen genommen und auf Befehl des Kaisers Rudolph von
Habsburg zu Frankfurt a. M. 1274 gerädert. Nach dieser
Schandthat wurden die von Steinau, Ebersberg und
Eberstein als Häupter der Verschwörung ihrer Güter
entsetzt. Die Burgen Ebersberg und Poppenhausen
wurden sofort geschleift. Letzteres gehörte damals dem
Würzburgischen Marschall Conrad von Eberstein
genannt von Poppenhausen. Die Burg Eberstein bot
hartnäckigen Widerstand; der Marschall leistete seinem
Bruder Botho dort kräftigen Beistand, wodurch die
Fehde zwischen dem Würzburger Fürstbischof Berthold von Sternberg und dem fuldaischen Abte
Bertho IV. von Bimbach (1274—1286) entbrannt
sein soll. Beide Fürsten hatten nach heftigem Wort-
streite zu den Waffen gegriffen und gegenseitig ihre
Länder verwüstet. Kaiser Rudolph I. vermittelte
diesen Streit zu Nürnberg und brachte eine Sühne zu
Stande. Da sich der Streit aber nicht in aller Kürze
beenden liess, berief er die Parteien nach Oppenheim
und übertrug das Schiedsrichteramt den Edlen Eberhard von Schlüsselburg, Gottfried von Brun-
eck und Berthold von Liebesberg, welche zu
Fuchsstadt einen Vergleich zu Stande brachten, worin
sie bestimmten, dass die streitenden Parteien Würzburg
und Fulda das Haus zu Eberstein, als den Stein des
Anstosses, gemeinschaftlich niederreissen, gleicher Weise
auch das Castrum und den Ort Brand zu befestigen
übernehmen sollten, im übrigen hätten sie und ihre
Unterthanen sich nach dem zu richten, was schon vor-

her zu Nürnberg vor dem Könige zu beiderseitigem
Frieden angeordnet worden. In der Urkunde von 1282
heisst es: „Wir schullen mit einander daz Hus zu Eberstein brechen und unser nachkameling sul daz weder
buwen, noch sollen vurhengen, daz es jeman wieder-
buwe. Wir schullen och einander buwen zu Brandowe
burg und statt und alli daz gut, daz in die Marken
zu Brandowe höret, daz sulle wir miteinander haben
gemein." Die Burg Eberstein wurde gründlich zerstört,
so dass heute von ihr nur die Spur eines Wallgrabens
auf dem Tannenfels übrig ist. Wie lang das gemeinsame
Schloss in dem am Fusse desselben gelegenen Dorfe
Brand bestanden hat, ist uns nicht bekannt. Nur sehen
wir, dass von demselben eben so wenig übrig geblieben
ist wie von jener, nämlich die Spur eines Wallgrabens
im Garten vor dem Schulhause in Brand.

Nach dem Eberstein'schen Werke waren die Familien
von Ebersberg und Eberstein nahe verwandt, Zweige
eines Hauptstammes, die früher ein Gesippe ausmachte.
Sie hatten zusammen die Ganerbschaft in Poppenhausen
und führten beide in ihren Wappen die Streitangel, genannt fränkische Lilie, die Ebersteiner drei weisse Lilien
im blauen Felde, die Ebersberger nur eine.

IV.

Bieberstein.

Das Schloss Bieberstein, von Marquard I. zur
Vertheidigung gegen die Raubritter 1150 erbaut*) und

---

*) Vergl. *Brower*, lib. III. pag. 267: Ego Marquardus coepi
aedificare castrum Biberstein, non quod conveniat Monachis nisi in
Monasterio habitare, et spiritualia proelia exercere, sed quia mundus
in maligno positus, nescit a malo cedere, nisi per violentiam ei
resistatur. Cogitabam enim in animo meo: Ecce locus castri hujus,
si ab aliquo hostium Ecclesiae fuerit deprehensus, omne malum
nobis ingeretur; et non nisi magno detrimento rerum, et periculo

mit getreuen Mannen besetzt, erhielt sich stets im Besitze der Äbte von Fulda, welche es übrigens sammt der Verwaltung des Amtes öfter an ritterschaftliche Familien verliehen oder verpfändeten, so an von Malkoz 1336, von Hune (Haune) 1362 und 1382, von Buchenau 1401, von Lüder 1449*). Dem Abte Balthasar von Dernbach (1570—1606), welcher 1570 abgesetzt wurde, wurde 1579 bis zu seiner Restitution 1602 Bieberstein als Wohnsitz angewiesen. Fürstabt Adalbert I. Schleifras, der Erbauer des Domes und Schlosses zu Fulda, liess hier 1711—1713 das jetzige noch stehende Schloss errichten, welches von seinen Nachfolgern als Sommerresidenz benutzt wurde**).

V. und VI.

Poppenhausen und Ebersberg.

In dem jetzigen Poppenhausen am Fusse des Ebersberges hatten die Ganerben von Eberstein, von Ebersberg und von Steinau ein festes Schloss, welches zwar nach der Frevelthat von 1271 wie der Ebersberg geschleift, aber wieder aufgebaut wurde, nachdem sich der jüngere Bruder der hingerichteten beiden Ebersberger, Gyso, 1305 mit dem Abte Heinrich II. Grafen von Weilnau wieder ausgesöhnt hatte. Doch entstanden mit dem Abte neue Fehden, so dass 1393 Fürstabt Friedrich von Romrod gemeinsam mit dem Landgrafen Balthasar von Thüringen und dem Würzburger Bischofe Gerhard von Schwarzenburg das Schloss Poppenhausen be-

hominum, ejicietur. Ex hoc coepi illud possidere, et in usum Ecclesiae redigere, et cum fidelibus et monasterii honorem querentibus militibus disponere; qui juramento hoc confirmarunt, nunquam se, nisi pro honore Monasterii et Abbatis, nec in morte dedere.

*) *Denner*, Fuldische Aemter, I. Band, S. 1—33.
**) Vgl. *Schneider*, Buchonia 2. Bd., 2. H. S. 107.

lagerte, welches aber nicht eingenommen werden konnte.
Ermuthigt durch diese Erfolge bauten die Ebersberger
ihre alte Stammburg wieder auf (1395—1396). Der
Abt Johann von Merlau, dessen Mittel durch den Brand
der Stiftskirche, beziehungsweise deren nothwendige
Wiederherstellung geschwächt waren, musste den Ebersberg der Familie wieder zum Leben geben unter der
Bedingung, dass jeder männliche Sprosse im 12. Lebensjahre der Abtei den Vasalleneid leistete. Doch schon
1459 begannen aufs Neue die Fehden der Steinauer
und Ebersberger gegen die Äbte.

Der Abt Reinhard Graf von Weilnau war
glücklicher als seine Vorgänger und eroberte 1459 das
feste Schloss in Poppenhausen; die Burg am Ebersberge
wurde 1460 nach Brower *), 1465 nach Bruschius ebenfalls
erobert und zerstört. Seitdem liegt dieselbe im Schutte;
doch ist es die bedeutendste Ruine im fuldischen Lande.
Auf dem 689 Meter hohen Kegel des Ebersberges erheben sich noch immer zwei ansehnliche Thürme, welche
durch Mauerwerk verbunden sind. Der eine Thurm ist
1854 durch den bayerschen Landrichter Geigel von
Weyhers mit einer Treppe versehen worden: von ihm
kann man die herrliche Aussicht nach allen Seiten geniessen. Im äussern Mauerwerk unter den Thürmen
hat der Rhönklub eine Schutzhütte erbaut. Das Geschlecht der Herren von Ebersberg blühte noch bis in
die neueste Zeit.

VII. und VIII.

Schneeberg und Weyhers.

Von den längst ausgestorbenen Herren von Schnee-
berg, deren Stammburg auf einem Vorsprunge des Feld-
berges am Rande der Hohen Rhön gelegen war, von

---

*) *Brower.* lib. IV, pag. 328.

der ausser Resten eines Wallgrabens keine Spuren mehr
vorhanden sind, hatten die von Ebersberg die Herrschaft
von Gersfeld erworben, das würzburgisches Leben wurde,
während ein anderer Zweig von Ebersberg gen. zu
Weyhers sich in Weyhers niedergelassen hatte. Die
dortige Burg befand sich an dem Platze, den jetzt das
mittlere Wirthshaus einnimmt*).

IX.

Gersfeld.

In Gersfeld bestanden noch im vorigen Jahrhundert
drei Linien, das obere, mittlere und untere Schloss.
Die beiden ersteren starben aus; der letzte Sprosse,
Generallieutenant Gustav Alexander Freiherr zu
Ebersberg, genannt zu Weyhers, starb zu Darm-
stadt am 27. März 1848. Im Jahre 1740 erbaute Frei-
herr Hugo Carl Isabella von Ebersberg-Wey-
hers das grosse untere Schloss, wie es jetzt noch steht.
Dessen Tochter heirathete 1785 einen französischen
Grafen von Montjoye-Woffray, der sich zu deutsch
Frohberg nannte. Dessen Enkel Graf Ludwig von
Montjoye besitzt heute noch die Herrschaft Gersfeld**).

Von dem Schlosse zu Poppenhausen ist nichts mehr
übrig; es soll das Gebäude am Marktplatze, wo jetzt
der Tanzsaal des Gasthauses zum Engel sich befindet,
gestanden haben. Ein alter Thorbogen an einer Mauer
hinter dem Gasthause zum Stern mag noch von dieser
Burg herrühren.

Bei dem Bau der Kirche zu Poppenhausen vor
etwa 40 Jahren wurde ein grosses Lager von menschlichen Knochen gefunden, deren Träger vielleicht in den
Kämpfen des Mittelalters gefallen waren.

*) *Joseph Schneider*, Beschreibung des hohen Rhöngebirges,
2. Aufl. S. 171 ff.

**) *Justus Schneider*, Führer durch die Rhön. 4. Aufl. S. 139.

X.

Steinau. *)

Die mehrfach erwähnten **Herrn von Steinau**, welche in Poppenhausen an der Ganerbschaft betheiligt waren, hatten ihre Stammburg in dem Dorfe **Steinau**, welches unmittelbar rechts von der Bahnlinie Fulda-Hünfeld und ziemlich nahe der 2 Kilometer vor dem Dorfe sich von dieser abzweigenden Bahnlinie Fulda-Tann in dem Haunthale gelegen ist. Die Burg Steinau wurde zwar nach dem Morde des Abtes Bertho in Rücksicht auf den nicht betheiligten jüngeren Bruder Gyso's, **Hermann** genannt der Lange nicht geschleift und blieb diesem und seinem Schwager **Friedrich von Schlitz** zum Lehen: aber auch jener befehdete 1286 den Abt **Marquard**, welcher die Burg eroberte und Hermann's Antheil zerstörte. Die späteren Schicksale der von Steinau, welche sich dauernd in Poppenhausen niederliessen und wahrscheinlich von dem Hofe Steinrücke nächst dem Ebersberg den Namen **Steinau** genannt **Steinrück** annahmen, sind sehr mannigfaltig.

Mit verschiedenen buchischen Rittern: von Bimbach, Buchenau, Romrod, Trubenbach und Weyhers, befehdeten sie 1397 den Landgrafen von Hessen; 1400 den Bischof von Würzburg, 1403 den Grafen Friedrich von Henneberg-Aschach. Im Jahre 1403 verpfändete Bischof Johann von Würzburg an Hans von Steinau genannt Steinrück die Stadt und das Amt Neustadt an der Saale. Dessen Sohn Heintz hatte im Bunde mit dem Grafen von Schwarzburg, den von Hutten und von Sickingen 1447 abermals eine Fehde mit dem Hochstifte Würzburg. Jacob von Steinau befand sich 1442 im Gefolge Kaiser Friedrich III. auf dem Zuge nach Italien

*) *Landau*, bess. Ritterburgen, 1. Bd., S. 209. — *Joseph Schneider*, Rhönbeschreibung. S. 329.

und empfing in Neapel, wo sich der Kaiser mit der Prinzessin Leonore von Portugal vermählte, den Ritterschlag. Fortwährende Befehdungen und Belehnungen kamen im 15. Jahrhunderte vor. Im 17. Jahrhundert finden wir General von Steinau in sächsischen und bayerischen Diensten. Nach *Landau* soll das Geschlecht erloschen sein; doch finde ich im preussischen Medizinalkalender drei Aerzte von Steinau genannt Steinrück in Berlin.

Die Stammburg Steinau ist wahrscheinlich bis Ende des 16. Jahrhunderts in dem Besitze der Familie gewesen. Von derselben ist aber nichts mehr übrig. In dem Burghofe, der von einem nun trockenen Graben in Form eines Vierecks umgeben wird, sind 5 Bauernhäuser eingebaut. Nur einige dicke Grund- und Kellermauern erinnern noch an die alte Burg.

XI.

Rabenstein.

Im Haupttheile des Rhöngebirges bestanden ausser den früher genannten nur noch einige Ritterburgen.

Auf dem Rabenstein nächst dem Dammersfeld finden sich Ueberreste von Mauerwerk und ein altes Kellerloch, an den benachbarten Ottersteinen der Rest eines Wallgrabens. Ueber diese Ritterburgen schweigt die Geschichte gänzlich, es ist nur eine Vermuthung, dass Ahnen der Herrn von Thüngen hier gehaust hätten.

XII.

Lichtenburg.

Die nicht im fuldaischen Besitze gelegenen Burgstätten Osterburg, Salzburg bei Neustadt, Sondheim und Hildenburg im Streuthale übergehe ich gänzlich, ich möchte nur noch wenige Worte über die noch immer stattliche Ruine Lichtenburg (oder

Lichtenberg) bei Ostheim vor der Rhön sagen*). Sie
stammt wahrscheinlich aus dem 12. Jahrhundert und
wurde vom Kaiser Friedrich II. dem Abte Kuno von
Fulda (1216—1222) geschenkt. Sie wurde von dem
Grafen von Bodenlauben wiederrechtlich besetzt,
aber vom Abte Conrad III. von Malkoz (1222—1247)
wieder erobert, welcher die Burgmannen von Lichtenburg dort zu ihrer Vertheidigung einsetzte. Im 14
Jahrhundert kam die Burg an die Grafen von Henneberg,
nach deren Aussterben an Sachsen-Weimar, welches das
Amt Lichtenburg, jetzt Ostheim mit den Orten Sondheim, Stetten und Urspringen als Enclave im bayerischen
Gebiete noch besitzt.

XIII.
Auersberg.

Nicht weit von Burg Eberstein oder Tannenfels
nahe bei dem Amtsorte Hilders springt vor dem hohen
und schön bewaldeten Auersberge eine niedrige Berg-
terrasse vor, die das alte Schloss Auersberg trägt**).
Hohes Mauerwerk in Form eines Sechseckes mit den
Resten eines Thurmes mit Auslugöffnungen gegen O.
und S. bildet eine sehr schöne stattliche Ruine. Das
Mauerwerk ist 1876 auf Kosten des Staates reparirt
und vor Verfall geschützt, auch eine Treppe und Altane
mit Thürmchen zum Genusse der Aussicht eingebaut
worden. Das Schloss soll ursprünglich der Familie von
Nithardshausen gehört haben. Eine Burgfrau von
Auersberg, welche trotz der Warnung ihres Kutschers
durch die angeschwollenen Fluthen der Ulster in des
Teufels Namen fahren wollte, ist der Sage nach er-
trunken, während der gottesfürchtige Kutscher gerettet
wurde. Die Burg war später würzburgischer Amtssitz,

*) *Schannat*, Buchonia vetus. pag. 420.
**) *Schneider, Joseph*. Rhönbeschreibung S. 239.

welcher aber im 17. Jahrhundert nach Hilders verlegt wurde, worauf dieselbe zerfiel. Diese Burg dominirt das ganze obere Ulsterthal von seinem Ursprung bis zu dem 10 Kilometer von Hilders entfernten Tann.

XIV.
Tann. *)

In Tann finden wir am südlichen Ende des Städtchens am Ufer der Ulster die drei im Viereck erbauten Schlösser der Freiherren von der Tann, das gelbe, rothe und blaue, an deren Stelle früher die alte Burg Tann gestanden hat. Dieses uralte buchische Adelsgeschlecht wurde schon 968, 1165, 1234 und 1284 bei den Turnieren zu Merseburg, Zürich, Regensburg und Würzburg genannt und betrieb zur Zeit des Faustrechtes die Räuberei gleich den übrigen, schon genannten Adelsgeschlechtern. Der Abt Heinrich VI. von Hohenburg (1315—1353) zwang die Herren im Jahre 1323 ihre Burg ihm als Lehen aufzutragen. Als sie trotzdem ihre Befehdungen fortsetzten, drohte der Abt von Fulda 1405 durch den Hauptmann des Landfriedens Friedrich Schenk mit Gefangenschaft. Sie unterwarfen sich dem Abt aufs Neue als Vasallen und versprachen, von jedem männlichen Sprossen im 15. Jahre den Eid der Treue ablegen zu lassen. Da die nach Fulda ziehenden Wallfahrer sehr von diesen Edelleuten belästigt und ausgeplündert wurden, mussten dieselben nebst anderen Rittern für die Zeit vor und nach dem Bonifatius- und Allerheiligen-Fest freies Geleit versprechen, worüber sich in dem Tann'schen Archive folgende Urkunde findet: „Wir Dietrich von Ebersberck Ritter, Simon und Carlen von Steinau, Steinrück genannt, Gebrüder Hermann Giese und Eduard, alle genannt von

*) *Schneider*, Rhönbeschreibung S. 288. — *Schannat*, Buchonia vetus, pag. 413. — *Schannat*, Antiquit. Fuld., pag. 303. — *Biedermann*, Geschlechtsregister, tabula 181 bis 193.

Weyhers, Engelhardt, Hertind und Reinhard, Simon und
Gaumen Gebrüdern, Wilhelm und Adolph Gebrüdern
und Apel von Kreienberg, alle genannt von der Tann,
bekennen in diesem offenen Briefe, dass wir um sonder-
licher Begehrung willen des ehrwürdigen Johannes
Abten zu Fulda, Herrn Gyso's Dechants und des Con-
ventes gemeinlich daselbst unsere liebe gnädige Herre
gesichert und geseligt haben, alle die Menschen mit
allen ihrer Habe, die kommen und wandeln, rytening,
fahrning, gening, oder sie kommen gen Fuld dar und
danne, acht Tage vor dem nächsten Sancte-Bonifacien-
Abend und acht Tage vor dem Allerheiligen Abend,
als die Gnade und Ablass eingehen, und als lange Zeit,
als dieselben Gnaden währen, nach Ußweisung der
Brief, die unser heiliger Vater der Papst darüber gegeben hat und acht Tage darnach sie kommen nach
Ablass, Gnaden, Kaufmannschaft. Nach Christus Geburt
vierzehnhundert Jahr, danach im sechsten Jahr auf die
Mittwochen, nächst der Pallwochen"*). Im Jahre 1501
wurde dieses Versprechen erneuert, wohl ein Zeichen,
dass es nicht allzu genau gehalten worden war.

Die drei Linien von der Tann stammen von
Drillingsbrüdern aus dem 13. Jahrhundert ab. Aus der
Reformationszeit ist Eberhard von der Tann als
persönlicher Freund Luthers zu erwähnen. Der als
bayerscher General bekannte Ludwig von der Tann
entstammt der Linie der Gelbschlösser, welche sich von
der Tann-Rathsamhausen nennen.

XV.
Rockenstuhl.

Von Tann aus fällt uns bereits ein hübscher kegel-
förmiger Berg in die Augen, welcher das mittlere Ulster-

---

*) Manuscript der von der Tann'schen Registratur, abge-
druckt in *Jos. Schneider's* Rhönbeschreibung S. 294.

thal ebenso dominirt wie der Auersberg das obere, der Rockenstuhl bei Geisa. Nach *Schannat* *) bedeutet Roggen-Stole: Roggonis sedes, die Burg des Gaugrafen Roggo, mit welcher später (1303) Graf Berthold von Henneberg als seinem alten Stammschlosse vom Fürstabt Heinrich V. von Weilnau belehnt wurde. Später war der Rockenstuhl fuldaischer Amtssitz.

Am Ende des 17. Jahrhunderts wurde das Schloss abgebrochen und von demselben Materiale das Schloss zu Geisa, jetziges sächsisches Amtsgericht, erbaut. Gegenwärtig findet sich nur noch spärliches Mauerwerk auf dem Rockenstuhl, in welches erst kürzlich der Rhönklub einen Aussichtsthurm eingebaut hat.

XVI—XXIII.
Fischbach, Neidhartshausen, Lengsfeld, Weilar, Gehaus, Rossdorf, Buttlar, Mannsbach.

Die übrigen Burgen des Fuldaer Landes in den Ämtern Geisa und Fischbach (später Dermbach), welche jetzt zum 4. Verwaltungsbezirk des Grossherzogthumes Sachsen-Weimar gehören, wollen wir nur kurz erwähnen, da sie nicht viel bemerkenswerthes bieten. Der fuldaische Gerichtssitz Fischbach lag auf einem Berge, dem Hähnchen, nahe bei der schönen Propstei Zella, welche jetzt noch als Domäne erhalten ist. Auf dem Hähnchen findet man noch Mauerwerk und einige Kellerlöcher. Das lange verpfändet gewesene Amt Fischbach wurde vom Fürstabt Adalbert I. von Schleifras (1700—1714) nach Dermbach verlegt und das Schloss zu Dermbach von demselben erbaut, welches jetzt den Behörden als Wohnung und Bureau dient.

—— ——

*) *Schannat*, Buchonia vetus pag. 372.
**) ibid. pag. 104 f. — *Schannat*, Traditiones pag. 554.

Nahe bei Zella liegt auch das Dorf Neidhartshausen,
nächst dem die Burg des Erpho von Nithards-
husen stand, der das Kloster Zella gründete. Die
Familie war vielfach im Fuldaischen belehnt und auch
an den Fehden der Ritter betheiligt.

Die heute noch bestehenden Adelssitze der Freiherrn und Grafen von Boyneburg in Lengsfeld *), Weilar,
Gehaus, von Mansbach und von Geyso zu Mannsbach,
von Geyso zu Wenigentaft und Rossdorf, von Wech-
mar zu Rossdorf, übergehe ich, obgleich die genannten
Freiherrn und Grafen sämmtlich zum Fuldaer Lehens-
verbande gehörten, da aus der eigentlichen Ritterzeit
nichts von denselben zu berichten ist mit Ausnahme von
Mansbach, welches 1280 wegen Räuberei der Besitzer
vom Abte Bertho IV. von Bimbach geschleift wurde**).
Im Dorfe Buttlar hat auch die Wiege des gleichnamigen
hessischen Adelsgeschlechtes gestanden

XXIV—XXVI.

Morsberg, Mackenzell und Wehrda.

Im Norden der Abtei, im Kreise Hünfeld, finden
wir noch zahlreiche Burgen, von welchen Buchenau,
Stoppelsberg und Fürsteneck die bedeutendsten sind:
Haselstein wurde schon behandelt; am Morsberge
bei Rasdorf, einem der Berge des grossen Kegelspieles
hatten die Edlen gleichen Namens eine Burg, die aus
dem 12. Jahrhundert stammte, von der noch wenig
Spuren übrig sind***). In Mackenzell†) stand eine den
Herrn von Schenkwald, später von Buchenau gehörige
Burg, welche später Amtssitz wurde.

—

*) Lengsfeld ist durch Erbschaft an die Grafen von Roten-
han, jetzt an von Guttenberg gekommen.
**) *Schannat*, Buchonia vetus, pag. 365.
***) ibid. pag 367. — †) ibid. pag. 366.

In Wehrda waren von Alters her die Herren von Trümbach oder Trubenbach*) begütert; ihre Burg war seit 1369 beständig fuldaisches Burglehen. Die Herrn von Trümbach und von Stein zu Nordheim, welche durch Heirath (1828) nach Wehrda kamen, besitzen heute noch die zwei dortigen Schlösser und Rittergüter.

XXVII und XXVIII.

Burghaun und Stoppelsberg.

In Burghaun und auf dem Stoppelsberge, hausten die Ritter von Haun oder Hune, über deren Burgen ich noch nähere geschichtliche Mittheilungen machen muss**).

Das fuldaische Amt Burghaun war zur Zeit der Gauverfassung ein Centgericht. Der älteste Ort war Hünhan (Hunhain), das Geschlecht von Hune oder Haune wurde mit ihrer Burg Haune und dem Centgericht von den Fuldaer Aebten belehnt. Auch sie waren im 13. Jahrhundert bereits Raubritter; ihre Burg wurde 1274 vom Abte Berthold IV. von Bimbach erobert, aber später der Familie wieder verliehen. Um die Burg war bereits 1324 ein Ort angebaut, das heutige Burghaun. Die von Haune hatten noch eine andere Burg auf dem Stoppelsberge, Hauneck genannt, welche auch fuldaisches Lehen war. Frowin von Haune verkaufte 1422 die Hälfte von Hauneck an den Fürstabt Johann von Merlau, der somit zu den Ganerben der Burg gehörte. Der Fürst von Waldenstein und die Familie von Romrod bekamen durch Kauf einen Theil

---

*) *Schannat*, Clientela. pag. 173.
**) *Landau*, hess. Ritterburgen, I. Band, S. 87 (Burghaun). S. 121 (Hauneck). — *Denner*, fuldische Aemter, 1. Band, S. 496 bis 711. — *Schannat*, Clientela, pag. 113.

davon; der Romrodsche Theil wurde 1490 ebenfalls dem Stifte Fulda verkauft.

Trotzdem trugen die Ganerben von Haune und Fürst von Waldenstein dem Landgrafen von Hessen-Kassel hinterlistiger Weise die Burg Hauneck zum Leben auf. Erst 1539 trat Hessen mit seinen Ansprüchen auf, deren Beseitigung dem Abte von Fulda theuer zu stehen kam. Die Familie von Haune erlosch im 17. Jahrhundert; alle ihre Güter theilten der Abt von Fulda und Volpert Daniel von Schenk zu Schweinsberg unter sich. Dieser erhielt dann für seinen Antheil ein Schloss zu Buchenau, so dass Burg und Amt Burghaun lediglich zu Fulda gehörten. Die Burg wurde vom Fürstabt Adalbert I. von Schleifras abgebrochen und auf dem Burghofe die jetzige katholische Kirche erbaut.

Die von Haune betheiligten sich allezeit an den Ritterfehden des Mittelalters. Die erste Zerstörung ihrer Burg wurde schon erwähnt; 1283 kämpfte Ulrich von Haune im Würzburgischen gegen die Grafen von Henneberg und Kastell. Simon von Haune gehörte dem Sternerbunde an, welcher Hessen 1371 bis 1373 verwüstete. Simon, Apel und Reinhard von Haune befehdeten 1378 die Stadt Hersfeld gemeinsam mit dem dortigen Abte und verwüsteten deren ganze Umgegend entsetzlich. 1385 kämpfte Simon mit dem Erzstifte Mainz gegen Hessen. Gyso von Haune war Propst auf dem Petersberge und später Grossdechant der fuldaischen Kirche. Im Jahre 1402 fielen die von Haune mit mehreren buchischen Rittern in das hessische Gebiet ein, wurden aber vom Landgraf Hermann bei Homberg geschlagen. Sie zogen sich nach Hauneck auf den Stoppelsberg zurück; der Landgraf erstürmte ihre Burg. 1409 sühnten sie sich wieder mit demselben aus. Hans und Reinhard von Haune fielen später

in das thüringische und hennebergische Gebiet ein. Der
Landgraf Friedrich von Thüringen mit Eckard von der
Tann zogen darauf vor Burghaun und suchten die Burg
durch Verrath zu nehmen: als die Ritter zur Kirche
gegangen waren, gaben die ungetreuen Knechte ein
Zeichen, worauf der Angriff erfolgte. Doch hatte Reinhard Zeit genug, seine Kemnate zu gewinnen, er tötete
die Knechte und setzte die Vertheidigung schnell ins
Werk und mit solchem Erfolge, dass der Angriff abgeschlagen wurde. Von Neuem fiel er bald darauf wieder
ins Hennebergische ein und setzte seine Plünderungen
fort. Graf Wilhelm von Henneberg zog nun mit 2000
Mann vor Burghaun und schloss dasselbe ein. Reinhards Bruder Hans, Berthold von Mansbach und Carl
von Lüder suchten einen Vergleich zu Stande zu bringen,
der aber an Reinhards Widerspruch scheiterte.

Am 24. Januar 1442 schritt Wilhelm zum Sturm,
wobei sich besonders die Schmalkalder auszeichneten.
Die Mauern wurden erstiegen, das Schloss erobert.
Graf Wilhelm befreite viele seiner Unterthanen aus
dem Burghauner Kerker. Reinhard und sein Sohn
Philipp von Haune wurden gefangen genommen. Graf
Georg von Henneberg, Wilhelms Nachfolger und der
Bischof von Würzburg mussten nun einen Antheil der
Burg Haune erhalten, den sie aber an Philipp von
Haune, nachdem sie sich ausgesöhnt, wieder heraus-
gaben.

Dieser Philipp findet sich 1486 als hessischer
Amtmann zu Rotenburg. Im Jahre 1483 befehdeten
die von Haune im Bunde mit den hessischen Rittern von
Falkenberg, Holzsadel, Langschenkel und Borken die
beiden Stifte Hersfeld und Fulda. Sie verwüsteten die
Gegend und raubten eine Menge Vieh, so dass Land-
graf Ludwig von Hessen als Schutzherr der Abtei
Hersfeld einschreiten musste. Der Fürstabt von Fulda

vermittelte und setzte fest, dass die von Haune eine
Entschädigung von 200 Gulden an Hersfeld zu zahlen
hätten. Da sich die Zahlung verzögerte, gab der Fürstabt aus eigener Kasse das Geld, weil er fürchtete, der Landgraf würde die Burg Haune erobern. Eine Streitigkeit
zwischen Philipp und Gyso von Haune, die dadurch
entstanden war, dass letzterer den ersten mit der Arm-
brust bedrohte, wurde von dem Abte zu Fulda beigelegt. Es wurde ein Burgfrieden mit scharfen Bestimmungen zwischen den Ganerben festgesetzt, dem
auch der fuldaische Amtmann zu Haune Lucas von
Trümbach beitrat.

Ueber die Belagerung des Schlosses Hauneck
auf dem Stoppelsberge von 1402 besteht noch die
Sage, dass die Hessen es lange belagert und durch
Herabwerfen von Steinen viel Schaden gelitten hätten;
nachdem sich der Ritter von Haune nicht mehr länger
halten konnte, habe er sich in einer Wasserkufe, welche
oben mit Leinengarn bedeckt und von einem Esel getragen worden sei, geflüchtet.

Der Landgraf von Hessen blieb nun im Besitz
des Stoppelsberges, den er durch den früher erwähnten
Kauf zu sichern suchte. Durch die benachbarten Herren
von Buchenau, welche mit Landgraf Heinrich III. in
Fehde lebten, wurde Hauneck 1469 abermals erstürmt
und niedergebrannt. 1482 liess es der Landgraf wieder
herstellen. Engelhard von Buchenau wird 1499 als
Amtmann von Hauneck, Jacob Schröder 1572 als Vogt
„uff Hauneck" genannt. Darauf schweigt die Geschichte,
das Schloss ist wohl unbewohnt geblieben und zerfallen.

Der Stoppelsberg mit der Ruine Hauneck ist nunmehr einer der schönsten Ausflugs- und Aussichtspunkte
der nördlichen Rhön. Der steil kegelförmige Berg
bietet eine überaus weite Aussicht, da er ziemlich im

Centrum zwischen vier Gebirgen, dem Thüringer Wald, Rhöngebirge, Vogelsgebirge und dem hessischen Bergland liegt.

Die den Gipfel krönende, interessante Ruine besteht aus zwei Theilen; das überwölbte Burgthor führt in den Burghof mit zwei Hauptgebäuden; das südliche ist ein grosses Viereck mit dicken Mauern; das nördliche ist thurmartig und wird von dem preussischen Generalstab als trigonometrischer Punkt benutzt, der mit der Milseburg und dem Inselsberg korrespondirt.

XXIX.
Buchenau.

Bei weitem das mächtigste und berühmteste Geschlecht unter dem buchischen Adel waren die Freiherrn von Buchenau *). Nicht weit vom Stoppelsberg an der Eitra liegt das Dörfchen Buchenau auf einer Anhöhe, welche die umfänglichen Schlossgebäude trägt, die aus dem 16. und 17. Jahrhundert stammen. Dieselben fallen nach der Westseite ungemein steil ab und machen heute noch den Eindruck einer ächten mittelalterlichen Burg.

Im 12. und 13. Jahrhundert erhielten die von Buchenau viele Leben von den Abteien Fulda und Hersfeld. Die vielen Gerechtsame, welche ihnen letztere Abtei eingeräumt hatte (darunter das Holzförsteramt) führten auch zu häufigen Streitigkeiten. Im 14. Jahrhundert kämpften sie mit den Grafen von Ziegenhain. Der Landgraf von Hessen versetzte ihnen das Schloss Friedewald; auf Fürsteneck wurden sie erbliche Burgleute. 1374 vermittelten sie die Fehde zwischen dem Bischof Gerhard und der Stadt Würzburg. Mit dem Landgrafen von Hessen fochten sie bei Wetzlar 1378,

*) *Landau*, hess. Ritterburgen, 2. Band, S. 95. — *Schannat*, Clientela, pag. 60.

1384 und 1385, aber dann auch gegen den Landgrafen Hermann mit verschiedenen Verbündeten.

Eberhard von Buchenau, genannt die alte Gans, zog 1384 gegen Rotenburg, dessen Amtmann er gewesen war, wurde aber zurückgeschlagen. Im folgenden Jahre zog er mit dem Landgrafen von Thüringen, Markgraf Friedrich von Meissen und dem Herzog von Braunschweig gegen Cassel. Das Hessenland ward arg verwüstet. Landgraf Hermann sah sich genöthigt, einen unvortheilhaften Frieden zu schliessen. Die Buchenau erhielten wieder viele Pfandschaften in Hessen und halfen ihm auch 1393 gegen die von Baumbach in einer Fehde, bei welcher sich ihnen auch die von Kolmetsch, Trott, von Romrod und Treusch von Buttlar als Mitkämpfer angeschlossen hatten. 1387 befehdeten die Buchenauer den Grafen von Schwarzburg. 1395 befehdete Eberhard die alte Gans gemeinschaftlich mit Neidhart und Heinrich von der Tann den Grafen Heinrich von Henneberg. Im 14. Jahrhundert fanden in Folge der ausgedehnten Besitzungen und Pfandschaften in Thüringen noch mehrere Fehden in dortiger Gegend statt, schliesslich auch noch eine Fehde mit Hessen wegen Friedewald. Im 15. Jahrhundert nahmen diese Fehden, verbunden mit vielen Gräueln und Schreckensthaten, immer noch ihren Fortgang. Selbst Albrecht von Buchenau, Abt des Stiftes Hersfeld, zeichnete sich durch Grausamkeit und schimpfliche Behandlung seiner Unterthanen aus. Auch Hermann von Buchenau, welcher Abt des Stiftes Fulda wurde, war ein gewaltthätiger Mann. Durch die Heirath der Anna von Buchenau mit Kurt von Wallenstein entbrannte ein heftiger Familienstreit über die Erbschaft, die zur Belagerung Buchenau's seitens der 4000 Mann starken verbündeten Truppen des Landgrafen Heinrichs von Hessen-Marburg, des Abtes von Fulda, der Grafen von

Henneberg und Büdingen führten, aber mit Hülfe des
Landgrafen Ludwig von Hessen-Cassel siegreich abgeschlagen wurde. Caspar von Buchenau war mit dem
Stift Würzburg 1479 in einen Streit verwickelt und
verübte im Amt Rothenfels nächst Aschaffenburg uner-
hörte Grausamkeiten. Durch Vermittelung des Pfalzgrafen Philipp kam am 11. Februar 1480 eine Sühne
zu stande. Trotz des wilden Kriegerlebens wurde indessen Caspar von Buchenau Vorsteher der 1491 vom
Fuldaer Abte Johann II., Graf von Henneberg, gestifteten
Gesellschaft des heiligen Ritters Simplicius.

Engelhard von Buchenau, der ein sehr wüstes
Leben führte, verkaufte 1494 dem Landgrafen Wilhelm III. von Hessen-Marburg einen grossen Theil
seiner beträchtlichen Hute. Da der vorgenannte Abt
von Fulda als Lehensherr den Verkauf nicht genehmigte, entbrannte ein Streit. Der Marschall des Landgrafen, Hans von Dörnberg, fiel in das Fuldaische ein
und verbrannte das Dorf Hauswurz. Der Abt zog
gegen Buchenau; Engelhard's Leute, zehnmal stärker,
drängten Anfangs die Fuldaer zurück; diese aber er-
mannten sich und griffen die Buchenauer so wüthend
an, dass sie vollständig geschlagen wurden und nahmen
Engelhard gefangen.

Die folgende Geschichte der Buchenauer bietet
noch eine Menge von Besitzstreitigkeiten gegen die
Aebte von Fulda und Hersfeld, welche kein besonderes
Interesse erregen dürften.

Im dreissigjährigen Kriege zeichneten sich noch
mehrere von Buchenau aus. Ein Theil der Güter,
welche Fulda erworben hatte, wurden 1692 an Wolf
Christoph Schenk zu Schweinsberg verkauft. Diese
Familie ist noch im Besitze dieses Gutes, das Schloss
mit schönem Giebel in deutscher Renaissance liegt ab-
seits von der grösseren Burg im Dorfe.

Ein Drittheil der Herrschaft kam 1702 durch Heirath an **Wolf Daniel zu Boyneburg-Lengsfeld** und durch Erbschaft später an den Obergerichts-Director **von Warnsdorf** in Fulda und schliesslich an dessen Tochter Freifrau von Spiegel-Peckelsheim. Der andere Theil der Güter blieb der Familie von Buchenau; die zwei letzten Sprossen waren Karoline, die in Rasdorf 1816 unverehlicht starb und Ludwig von Buchenau, welcher sich in Folge eines Liebeshandels am 22. Mai 1815 erschoss. Der Kurfürst von Hessen suchte darauf als früherer Lehensherr das Gut an sich zu ziehen; es entstand ein langwieriger Prozess desselben mit der Familie von Seckendorf-Gutend, welche Ansprüche machte, da eine Tochter von Ludwigs Urgrossvater einen Freiherrn dieses Geschlechts geheirathet hatte. Der Prozess wurde durch Vergleich zu Gunsten der Seckendorf entschieden, welche heute noch die Herrschaft ausser dem Schenk'schen Gut allein besitzen, nachdem sie das Spiegel'sche käuflich dazu erworben hatten.

XXX.

Fürsteneck.

Das noch erhaltene Schloss **Fürsteneck**, welches nahe bei Buchenau an der Strasse von Eiterfeld nach Schenklengsfeld liegt, muss der Vollständigkeit halber hier erwähnt werden *). Es waren daselbst verschiedene Ritterfamilien, darunter von Buchenau, beliehen. Später war es Eigenthum und Amtssitz des Stiftes Fulda; die jetzigen Gebäude sind im vorigen Jahrhundert von den Fürstbischöfen von Buseck und von Harstall grösstentheils neu erbaut worden und dienen jetzt als preussische Staatsdomäne.

---

*) *Schannat*, Buchonia vetus, pag. 352.

An der westlichen Grenze der Abtei Fulda, in
dem jetzt zum Grossherzogthum Hessen gehörenden
Grenzgebiete, liegen noch einige merkwürdige Burgen,
deren Besitzer fuldaische Vasallen waren, nämlich
S c h l i t z, W a r t e n b e r g und E i s e n b a c h, von welchen nur Wartenberg in Trümmern liegt, während
Schlitz noch Residenz der Grafen von Görz ist und
das herrliche Eisenbach den Freiherrn Riedesel zu
Eisenbach gehört. Die übrigen Schlösser der Freiherrn von Riedesel zu Lauterbach und Stockhausen
brauche ich nicht zu erwähnen, da dieselben nicht zu
den mittelalterlichen Burgsitzen gehören.

XXXI.

Schlitz.

In Schlitz *) ist allerdings das hübsche Residenz-
schloss Hallenburg und die noch neuere Berleburg auch
nicht als „Burg" anzusehen; aber hoch auf dem Gipfel
des Berges, an welchem das anmuthige Schlitz im
Kesselthale zwischen Sengersberg und Eisenberg angebaut ist, erheben sich noch zwei echte alte Burgen,
die V o r d e r b u r g und H i n t e r b u r g. In ihren
Grundrissen und in mancher Einzelheit haben sie das
mittelalterliche Gepräge vollkommen erhalten. Das Geschlecht v o n S l i t e s e, von Slitz, später Freiherrn und
Grafen v o n S c h l i t z, genannt G ö r z, wird zwar vielfach in den Fehden des Mittelalters erwähnt, doch ist
die Stammburg in Schlitz nie belagert, erobert oder
zerstört worden. Bereits 1116 kommt Ermenoldus de

---

*) *Biedermann*, Geschlechts-Register. tab. 86—96. — *Schannat*, Buchonia vetus pag. 375. — *Schannat*, Clientela, pag. 159.
Die Angaben aus der neueren Zeit stammen aus einer geschriebenen Pfarrchronik, von der Einsicht zu nehmen Herr Oberpfarrer
Dieffenbach in Schlitz gütigst gestattete, wofür ich demselben
hiermit meinen Dank ausspreche.

Slitese als Zeuge in einer Schenkungsurkunde des
Grafen Poppo von Henneberg vor. Derselbe schenkte
sein Gut Heimenrod der Kirche zu Fulda. Sein Sohn
Gerlach von Slitese schenkte derselben Kirche ein Gut
in Swalmenaha (Schwalmgrund). Bertho I. von
Schlitz regierte die Abtei Fulda als Fürstabt 1133—
1134; er zog mit Kaiser Lothar nach Rom, als dieser
vom Papste Innocenz II. gekrönt wurde. Weil er der
Raubsucht der fuldaischen Lehensmänner zu steuern
suchte, soll er eines unnatürlichen Todes gestorben
sein. Friedrich und Hermann von Schlitz und dessen
Gemahlin Agnes erhielten Leben von der Abtei Fulda
und gaben ihr Gut in Blankenwald zur Gründung des
Klosters Blankenau her (1169). Simon von Schlitz
hatte ein Lehen in Müss (Mosa), die Raxburg. 1365
war derselbe Schiedsmann zwischen dem Abte Heinrich VI. von Hohenburg und dem Bischofe von Würzburg und Grafen Heinrich VIII. von Henneberg. Der
Abt hatte den Schlitzer in einer Fehde mit dem Landgrafen Otto von Hessen zuvor unterstützt (1318). Heinrich von Schlitz war 1333 zwischen demselben Abte
und dem Erzbischof von Mainz Schiedsrichter. Er
hatte 3 Söhne: 1) Simon, Burgmann zu Bodenlaube
bei Kissingen; 2) Heinrich, fuldaischer Hofmarschall;
3) Friedrich zu Kochingenberg, einer Burg, welche auf
dem Kötzenberge im Schildwalde, unweit von Hemmen
gestanden hat. Seine drei Töchter verheiratheten sich
mit von der Tann, von Buchenau und von Schenk zu
Schweinsberg. Ein anderer Simon von Schlitz erhielt
1439 im Namen seiner Ganerben die Herrschaft Schlitz
als männliches Erblehen. Die Herrn von Schlitz waren
fast ständig Erbmarschälle der Abtei Fulda, bekleideten
aber auch Hof- und Staatsämter in Cassel und Würzburg. Eustach von Schlitz genannt Görz, geboren 1527,
gestorben 1598, ist der Stammvater der jetzigen gräf-

lichen Hauses. Es bestanden früher 4 Linien: 1) die
zu Steinau (Eingangs erwähnt), 2) die zu Haselstein,
3) die von Blankenwald, 4) die von Rechenberg (dem
heutigen Richthof) oder Kötzenberg. Sie hatten ein
gemeinsames Wappen und waren durch einen Vertrag
verpflichtet, als gemeine Burgherrn, auch Görzische
Burgmannen und Ganerben sich gegenseitig zu schützen.

Noch einige Daten aus der Geschichte des Geschlechtes möchte ich erwähnen. 1265 schlug der Abt
Bertho von Leibolz den Grafen Gottfried von Ziegenhain, mit dem die Schlitzer verbündet waren, zerstörte
deren Burg zu Blankenwald und verwandelten das
Mannskloster Blankenau in ein Frauenkloster. 1330
war die bekannte Empörung der Fuldaer Bürger unter
Führung des Schirmvogtes Grafen von Ziegenhain,
welcher vom Abte Heinrich VI. nach Schlitz zurückgetrieben wurde. 1493 legte Landgraf Wilhelm der
mittlere von Hessen-Cassel den Streit der Brüder Simon, Ludwig und Johann von Schlitz bei. Wilhelm
Balthasar von Schlitz genannt Görz war Holstein-Got-
torp'scher Geheimer Rath und dann Minister König
Karl XII. von Schweden. Er wurde am 13. März 1719
enthauptet; sein Leichnam ist in der östlichen Seiten-
kapelle der Stadtkirche zu Schlitz beigesetzt. Friedrich
Wilhelm von Schlitz genannt Görz wurde 1677 in den
Reichsgrafenstand erhoben.

XXXII.
Wartenberg [*]).

Vor dem hessischen Dorfe Angersbach auf dem
Wege nach Lauterbach ¼ Stunde entfernt lag die
Burg Wartenberg (oder Wartenbach) auf einem kleinen

---

[*] *Landau*, bess. Ritterburgen S. 365. — *Schneider*, Jos.,
Buchonia, 4. Bd., 1. Heft, S. 170.

Hügel, von der nur noch ganz spärliche Mauerreste
übrig sind, welche noch durch Graben nach Schätzen
von den Angersbacher Bewohnern weiter zerstört worden
sind. Der Burgplatz war gross, wie man aus den
Resten der Wiederlagsmauern ersieht. Bereits 1261
wurde die Burg von dem Fürstabt Bertho II. von Leibolz zerstört. Im 12. Jahrhundert scheint die Familie
von Angersbach die Burg besessen zu haben, deren
Erben die Herrn von Wartenberg gewesen sein müssen.
Später trennte sich das Geschlecht in zwei Stämme,
deren jüngerer sich von Eisenbach nannte. Doch gab
es noch einen älteren Stamm von Eisenbach. Die von
Wartenberg und von Eisenbach gehörten zu den Raub-
rittern, deren Burgen von Bertho II. zerstört wurden.
Die letzte des Stammes, Agnes von Wartenberg, schenkte
der Gemeinde Angersbach einen grossen Wald; die
übrigen ihr zustehenden Gefälle erhielt das Kloster
Fulda. Angersbach, wo bereits Bonifatius ein Kloster
(A n g a r i u s - K l o s t e r) erbaut hatte, und Lauterbach
gehörten der Abtei Fulda. Die Gefälle dortselbst wurden
von dem Kämmerer in jedem Jahre am Dreikönigstage
erhoben, dem bestimmten Tage des Gerichts, welches
den Namen Saugericht erhalten hat, weil dabei ein
Schwein zu einer Mahlzeit gegeben und nach bestimmter Vorschrift vertheilt wurde.

XXXIII.

Eisenbach. *)

Die Burg Wartenberg scheint nach ihrer erwähnten
Zerstörung nicht wieder aufgebaut zu sein, wohl aber
Eisenbach an der Strasse von Lauterbach nach Herbstein, welches heute noch als echt mittelalterliche Burg
im Aeusseren und Inneren als Wohnsitz des Herrn von

*) *Landau,* hess. Ritterburgen, 3. Bd , S. 359.

Riedesel zu Eisenbach besteht. Nach *Schannat* (Clientela pag. 145) wurde Eisenbach, welches Rorichius von
Eisenbach*) bereits als fuldaisches Leben inne gehabt
hatte, von dessen Nachfolger Hermann von Riedesel
auf's Neue als solches anerkannt. Dieser Familie ist
das herrliche Schloss verblieben. Durch den Kunstsinn
des jetzigen Besitzers und seiner Frau Mutter enthält
es im Innern ein wahres Museum mittelalterlicher
Möbel und Kunstgegenstände, welche mit dem ganzen
Bau harmoniren. Der Besucher wird dort vollkommen
in die schöne Zeit des Ritterlebens und der Minnesänger
zurückversetzt. Die Besucher des Vogelsgebirges, dessen
nördliche Pforte das schöne Eisenbach bildet, werden
durch dasselbe unwillkürlich an die Wartburg erinnert,
die in ähnlicher Weise das Thüringer Waldgebirge er-
schliesst. Aus einem grünen Wiesenthale erhebt sich
der basaltige Berg, der die Burg trägt. Die Abhänge
sind mit herrlichen Waldanlagen geziert. Die alten
Befestigungsmauern umschliessen einen wohlgepflegten
Schlossgarten. Die eigentliche Burg liegt gegen Osten;
die Vorburg, als Oekonomiegebäude, gegen Westen und
Süden. Das erste Gebäude rechts vom Thor ist sehr
hoch und trägt das Riedesel'sche und Malsburg'sche
Wappen und am Rand die Wappen von 6 verwandten
Geschlechtern. Dieses ist nach der Inschrift 1559 erbaut. Es folgen noch zwei ältere Gebäude, dann an
der Nordseite die Burgkirche aus dem 17. Jahrhundert.
Nun stehen wir vor der eigentlichen Burg, die ein
grosses Rechteck bildet und aus zwei Haupttheilen besteht. Nördlich sind sie durch eine Mauer, südlich
durch das Thorgebäude verbunden. Auf einer Tafel
über dem Thore befindet sich ein Schild mit einem
Stück Haut mit der Jahreszahl 1678. Die Haut soll

---

*) *Schannat*, Probationes Clientelae CCLI, pag. 286.

von dem letzten Bären stammen, der an dem Wege
nach Stockhausen erlegt wurde. Das grosse vier-
eckige Gebäude mit dem Schieferdach stammt aus der
zweiten Hälfte des 16. Jahrhunderts. Es ist sicher älter
und vielfach umgebaut, jetzt nicht mehr bewohnbar;
selbst der frühere Rittersaal hat nur kahle Wände.
Ein fünfeckiges Thurmgebäude schliesst sich südlich
an. Das gegen Westen liegende Hauptgebäude bildet
die zweite Längsseite der Burg. Ein viereckiger
Treppenthurm mit schöner Wendeltreppe führt bis an
das fünfte Stockwerk. Die Inschrift eines Saales im
4. Stocke trägt die Jahreszahlen 1580 und 1581. Die
übrigen Gebäude sind jünger. Um die Burg läuft die
Ringmauer mit Rondelen und Schiessscharten und der
Zwinger. Am Fusse des Burgberges bewässerte ein
Bach den Wallgraben. Von mehreren Teichen ist nur
noch einer übrig, neben welchem Reste einer alten
gothischen Kapelle sich vorfinden.

XXXIV und XXXV.
Lüder und Bimbach *).

Zahlreich waren die Burgen und Adelssitze aus
dem Mittelalter in dem Amtsbezirke Grossenlüder.
Leider ist hier von den wirklich alten fast nichts mehr
übrig. Grossenlüder selbst war der Stammsitz der
Familie von Lüder, von der noch einige tüchtige
Generale in Diensten der Landgrafen von Hessen-Cassel
rühmlichst bekannt sind. Die Freiherrn von Lüder
waren ureingesessene Edelleute, welche dem Kloster
Fulda zuerst fromme Schenkungen zuwendeten und
später ihre Güter zum Lehen auftrugen. Ausserdem
waren in diesem Bezirke noch ansässig Edle von Müss,
von Kaitz in Müss, von Lütterz (Luthards), von Mal-

---

*) *Schneider*, Joseph, Buchonia, Bd. 4 Heft 1, S. 79 ff.

koz in Malkes und Niederrode, von Steinbach zu Poppen-
rod, von Uffhausen, von Bimbach (Bienbach), von Blankenwalt in Blankenau. Sie sind meist frühzeitig, schon
im 13. Jahrhundert, ausgestorben, nur die von Bimbach und von Lüder hatten mehr geschichtliche
Bedeutung. Bertho von Bimbach und Conrad
von Malkoz waren bereits früher genannte, tüchtige
Aebte Fulda's. Von der Burg in Bimbach sind noch
spärliche Ueberreste in einigen Mauern des der Kirche
zunächst gelegenen Bauernhofes in Oberbimbach zu
finden. Auch ein schöner, steinerner Sockel eines
übrigens in Fachwerk erbauten Bauernhauses deutet
auf einen Adelssitz hin. In Unterbimbach findet man
noch in einem Grasgarten eines Bauern Ueberreste eines
Wallgrabens. Ausserdem ist noch eine vollständig erhaltene Kemnate, das Steinhaus mit hohen gothischen
Giebeln, mit einem Erker und einer steinernen Wendeltreppe von 52 Tritten bemerkenswerth. An dem
steinernen Thore sah mein Vater (Buchonia Bd. IV
1. Heft Seite 98) einen Schlussstein mit der Jahreszahl
1587 und dem Boyneburg'schen Wappen. An der
Hausthüre steht jetzt noch die Jahreszahl 1579, an der
Stallthüre 1583 und an dem eisernen Ofen im Wohn-
zimmer 1587. Das Haus, ein grosses Bauerngut, gehört Herrn Ferdinand Döppner. Das Geschlecht von
Bimbach ist wahrscheinlich im 15. Jahrhundert ausgestorben, seine Güter an die von Lüder und später an
von Boyneburg übergegangen.

In Grossenlüder hatten die Herren von Lüder
zwei Burgen, die Vorder- oder Fröschburg und
die Hinter- oder Unterburg, auch Döringsburg.
Beide sind im 18. Jahrhundert modern umgebaut worden.
Die Fröschburg diente als Rentereigebäude und gehört
seit 12 Jahren dem Gastwirthe Placidus Weissmüller,
sie ist jetzt an Beamte vermiethet.

Der von meinem Vater erwähnte Pforteneingang mit kleinen Säulen ist nicht mehr zu sehen. Auch ein von demselben erwähntes steinernes Thor an dem Wege nach Müss mit der Jahreszahl 1512 ist nicht mehr vorhanden. Die Unterburg oder Hinterburg enthielt bis 1866 die Wohnung des Aktuars und die herrschaftlichen Fruchtböden. Der Garten dabei ist mit Mauern umgeben und heisst noch der grosse Unterburgsgarten. Jetzt ist das Gebäude Oberförsterei. Das Dachwerk ist anscheinend 1625 gezimmert. Das schöne alte Amtsgerichtsgebäude mit dem Schleifras'schen Wappen war auch ein Burgsitz. Es ist jedenfalls von dem Grossdechant des Fuldaer Stiftskapitels, an den das Gericht von den Herrn von Boyneburg, denen es als Erben der Herrn von Lüder verpfändet war, durch Rückkauf überging, als Amtshaus erbaut worden. Das Amt Grossenlüder gehörte von da ab dem Fuldaer Stiftskapitel, wesshalb auch die Kirche daselbst am Portale die Wappen der 15 Kapitulare des Hochstiftes trägt.

XXXVI.

Müss *).

Eine Linie derer von Lüder hatte einen Burgsitz zu Müss. Nach deren Aussterben kam derselbe sammt der Hinterburg zu Grossenlüder an Philipp Döring, später an die Familie von Romrod. Die Burg von Müss ist jetzt noch als Bauernhof wohl erhalten und sehenswerth. Das zweistöckige Hauptgebäude hat in der Mitte einen vorspringenden Erkerthurm mit einer Wendeltreppe und in der Richtung der Stiege schiefen Fenstern. Die Treppe hat 43 Tritte, welche im obersten Thurmgeschosse ganz klein und zierlich sind. Ueber der Thurmpforte, einem herrlichen Bau in deutscher

*) Buchonia l. c.

Renaissance befinden sich die Wappen des Geschlechtes der mit Lüder verwandten von Romrod, von Diemar und Schad von Leipolz. Ueber der Kellerthür befindet sich die Jahreszahl 1503, in Steinen der Nebengebäude 1562, 1613 und 1687; Besitzer des Gebäudes ist der Bauer Franz Keller.

XXXVII.

Blankenau.

In Blankenau *) sind noch die schönen Propstei-gebäude als Staatsdomänen erhalten. Das alte Geschlecht von Blankenwald, eine Linie der von Schlitz, hat auf dem nahe gelegenen Haimberge eine Burg besessen, von der keine Spur mehr übrig ist. Durch Stiftung und Verkauf dieser Ritter von Scblitz-Blankenwald wurde das Cisterzienser-Nonnenkloster 1266 zu Blankenau gegründet, welches im 16. Jahrhunderte zu der adligen Benedictiner-Propstei umgewandelt wurde. Am Eingang der Kirche rechts findet sich noch das Grabdenkmal des Hermann von Schlitz, genannt Blankenwalt, gegen 600 Jahre alt.

Wir kommen nun zum südlichen Theile der Abtei. Hier waren von hervorragenden Burgen der Brandenstein nächst Elm, die Steckelsburg der Herrn von Hutten und die übrigen Huttenschen Burgen und Schlösser: Stolzenberg bei Soden, Altengronau, Romsthal, sowie die Thüngen'schen Schlösser zu Zeitlofs, Weissenbach, Rossbach, Sodenberg und Reussenberg, ferner im Amt Hammelburg Saaleck und Trimberg und im Brückenauer Amt die Schlösser in Brückenau Römershag, die Burgen Schildeck und Werberg. Die

*) Buchonia l. c.

Burg im Amtsorte Schwarzenfels, sehr romantisch auf einem isolirten Berge gelegen, gehörte den Grafen von Hanau und war von diesen mit Burgmannen (darunter von Eberstein) besetzt.

XXXVIII.

Brandenstein.

Brandenstein*) liegt dominirend auf einer Anhöhe gegenüber dem Bahnhofe Elm. Der erste der sieben Tunnels der Bahnstrecke Elm—Gemünden führt unter dem Brandenstein hindurch. Die Burg gehörte ursprünglich dem Kloster Schlüchtern, von welchem sie 1424 Mangold von Eberstein zum Lehen erhielt. Später waren die Grafen von Hanau Lehensherrn. Die Burg ist noch erhalten, die Gebäude stammen indessen aus der neueren Zeit und wurden einem Grafen von Stollberg-Wernigerode vom Staat verkauft. Derselbe hat sie nunmehr wieder an Herrn Hauptmann von Scheffel verkauft. Fuldaisch ist also die Burg nie gewesen, ich erwähne derselben nur darum, weil die Besitzer im Mittelalter, die Freiherrn von Eberstein, fuldaische Lehensleute waren. Aus dieser Zeit ist die Fehde Mangolds von Eberstein (eines Enkels des vorher erwähnten gleichnamigen) mit der Stadt Nürnberg bemerkenswerth. Diese Fehde fällt in den Schluss der mittelalterlichen Zeit des Faustrechts (1516 bis 1522) und bietet ein merkwürdiges Material für die damalige Zeit der Rechtsunsicherheit, Willkür und Gewaltherrschaft des Adels, der würdig seiner Vorgänger in Raub, Wegelagerung und Gewaltthätigkeit an unschuldigen Reisenden und Kaufleuten sein freches Spiel

---

*) *von Eberstein*, urkundliche Geschichte, I. Band, S. 259; *von Eberstein*, Stammreihe und Fehde, S. 137.

trieb, was wohl nicht zum wenigsten zum Ausbruche des berüchtigten Bauernkrieges beitrug.

Die Fehde wurde veranlasst durch eine angebliche Verwandte Mangolds von Eberstein, Wittwe Agatha Oedheimer, welche sich mit ihrer Tochter Helena in den Schutz Mangold's begab, weil die Stadt Nürnberg deren Ansprüche nicht befriedigte, die sie nach der Vertreibung von ihrem Gute Farrnbach bei Nürnberg erhoben hatte. Mangold sandte 1516 einen Fehdebrief durch seinen Neffen, einen Bruder Ulrichs von Hutten (einen „reisigen Knaben") mit der Aufforderung, die Ansprüche der Oedheimer im Betrage von über 20,000 Gulden in 4 Wochen zu befriedigen, an den Rath von Nürnberg. Der Rath war hoch erstaunt, meinte, Mangold „lege seine Sichel in einen fremden Schnitt", weil Agatha Oedheimer Nürnberg's „verpflichtete und ungeledigte Bürgerin" sei; dessen ungeachtet sei er erbötig, die Sache nach Mangolds Belieben entweder vor dem Kaiser, vor der fränkischen Ritterschaft, oder vor anderen geistlichen oder weltlichen Herren zum Austrage bringen zu lassen. Darauf ruhte aber die Sache bis 1519, wo Mangold im Namen der Oedheimer einen neuen Fehdebrief nach Nürnberg sandte. Mangold eröffnete die Fehde mit Hülfe vieler verbündeter Ritter (seines Vetters Georg Eberstein von Ginolfs, der von Rosenberg, von Hutten, von der Tann, von Thüngen u. a.) und führte sie bis zum Jahre 1522 fort. Doch ist es irrthümlich, zu glauben, dass Mangold mit seinen und seiner verbündeten Mannen gen Nürnberg gezogen sei, um seine Forderungen geltend zu machen; ein Strauch- oder Waldraub wurde in Scene gesetzt und alle Reisende, welche auf den damaligen alten Verkehrswegen Frankfurt—Nürnberg, oder Frankfurt—Leipzig im weitesten Umkreise des Brandensteins, vom Main bis zur Fulda und Ulster des Weges herzogen und im

Verdacht standen, von Nürnberg zu stammen, oder mit
Nürnbergern zu handeln, wurden aufgegriffen und nach
dem Brandenstein in das Gefängniss geschleppt, in
Stock und Ketten gelegt und gefoltert, bis sie ein
hohes Lösegeld auftrieben. Selbst Schweizer, Polen
und Sachsen wurden nicht verschont! Die protokol-
larischen Aussagen der armen Gefangenen, welche diese
nach endlicher Befreiung in der Kriegsstube in Nürnberg machten, sowie Briefe derselben an die Angehörigen, worin sie um Einlieferung des Lösegeldes
bitten, sind uns in den Eberstein'schen Werken aufbewahrt und entrollen uns das ganze Schandbild dieses
„ritterlichen" Treibens, welches die Thaten eines ver-
kommenen rohen und gewaltthätigen Adels am Ende
dieser über 400 Jahre während Periode des Faustrechts beschliesst. Die Stadt Nürnberg verklagte Mangold von Eberstein vor dem Kaiser, worauf derselbe
sammt der Agatha Oedheimer in die Reichsacht gethan
wurde. Graf Georg von Wertheim sollte Mangold's
Güter einziehen und bemächtigte sich am 17. April
1522 des Brandensteins. Mangold hatte sich aber
schon vorher in die nahe Steckelburg zurückgezogen,
da ihm durch Einkauf seines Vaters das Recht zustand,
sich derselben in seinen Fehden als Waffenplatz zu bedienen. Von hier begab er sich zu seinem Freunde
Franz von Sickingen, dem er im eben ausgebrochenen
Kampfe mit dem Kurfürsten von Trier half. Hier beschloss der edle Mangold sein ritterliches Leben, indem
er bei der Belagerung von St. Wendel durch einen
Schuss tödtlich getroffen wurde.

XXXIX.
Steckelberg *).

Mangolds von Eberstein Schwester Ottilie heirathete 1486 Ulrich von Hutten zu Steckelberg.

---

*) *Landau*, hess. Ritterburgen. 3. Bd. S. 187.

Ihr 1488 geborener Sohn war der bekannte Schriftsteller, Dichter und Reformator Ulrich von Hutten.
Dessen Geburtsstätte, die jetzt in Trümmern liegende
Burg auf dem Steckelberge, ist nur eine Stunde von
dem Brandenstein entfernt, und wird am besten von
der Station Vollmerz nächst Elm bestiegen. Der Burg-
berg senkt sich nach Westen gegen Vollmerz und Ramholz hin ab. Gegen Osten steht er mit einem höheren
Bergrücken, dem grossen Nikus in Verbindung. An
seinem Abhang entspringt die Kinzig. Etwas weiter
nordwestlich von der jetzigen Ruine stand eine ältere
Burg, welche kaum noch Spuren erkennen lässt. Sie
wurde von einem alten Geschlechte von Steckelberg
bewohnt, kam dann zu Würzburg, von welcher sie
Graf Reinhard von Hanau zum Lehen hatte. Kaiser
Rudolph von Habsburg liess sie 1276 abbrechen, sie
sollte auch ohne kaiserliche Erlaubniss nicht wieder
aufgebaut werden. Deshalb wurde von dem älteren
Ulrich von Hutten 1388 die Burg an einem anderen
Platze wieder aufgebaut; er besass dieselbe als Würz-
burgisches Lehen. Die alte Familie von Hutten soll
aus dem 9. Jahrhundert stammen, ist aber erst aus
dem 13. Jahrhundert geschichtlich bekannt. Dieselbe
ist sehr weit verzweigt und unterschied sich in eine
Gronauer, Stolzenberger, Steckelberger und fränkische
Linie. Dieselbe blüht heute noch im fränkischen
Stamme und besitzt die früher fuldaischen Güter im
Romsthaler Grund bei Salmünster. Die Güter der
Herrn von Hutten waren theils würzburgische, theils
fuldaische und hanauische Lehen. Sie waren angesehene Beamte und Marschälle dieser Höfe, wenn auch
häufig blutige und erbitterte Fehden das gute Einvernehmen mit ihren Lehensherren störten. Die Geschichte
des berühmtesten Trägers des Hutten'schen Namens,
jenes Ulrich, der am 21. April 1488 auf der Steckel-

burg geboren wurde und nach vielen Reisen in aller
Herren Länder am 31. August 1523 auf der Insel
Ufnau im Züricher See starb, kann ich als bekannt
hier übergeben.

Die Ruine auf dem Steckelberge besteht aus zwei
gewaltigen Steinmauern und einem Thurmreste mit 6
Fuss dicken Mauern, in dem sich das Burgverliess befand. Im Schlusstein eines Thorbogens befindet sich
noch die etwas defecte Inschrift: „Anno Domini
1509 Ulrich von Hutten". Daran stösst noch ein
viereckiger Hofbau.

XL.

Sannerz.

Im 17. Jahrhundert verfiel die Steckelburg allmählig, die Besitzer Philipp Daniel und sein Sohn Johann Hartmann von Hutten verzogen nach Sannerz.
Nach dem Aussterben der Steckelberger Linie kam das
schöne Schloss in Sannerz an Fulda zur Lehensherr-
schaft zurück und wurde Propstei. Jetzt dient das
Gebäude einer Rettungsanstalt für verwahrloste Knaben.
Die Steckelberger Herrschaft kam an die Gronauer
Linie mit dem Wohnsitz in Ramholz, nach deren Aussterben an von Landers, Grafen Degenberg, Fürst Ysen-
burg-Büdingen und ist jetzt durch Kauf an Herrn Rittmeister Stumm gekommen, der schon viel für Erhaltung der Burgreste auf dem Steckelberge gethan hat.

XLI.

Stolzenberg*).

Eine andere Hutten'sche Burg ist Stolzenberg gewesen, deren Trümmer, Mauern und ein alter runder
Thurm sich über dem Städtchen Soden, gegenüber von

*) *Landau*, hess. Ritterburgen. 3. Bd., S. 211.

11*

Salmünster erheben. Vom Vogelsberg herab kommend, führt der Bach Salza durch den Huttenschen Grund, bestehend aus den Dörfern Romsthal, Kerbersdorf, Eckardsroth, Wahlerts und Marborn hierher zu dem nach seinen Salzquellen genannten Soden, einstmals die Saline Fuldas, jetzt ein aufblühendes junges Soolbad. Im 9. Jahrhundert gehörte diese Gegend einem Grafen Stephan, welcher sie dem fuldaischen Abte Hugo gegen den Ort Criechesfelt vertauschte. Das nahe Salmünster gehörte auch dazu. Zum Schutze des Landstriches erbauten die Fuldaer Aebte die Burg Stolzenberg, welche im 13. Jahrhundert bereits einmal zerstört, aber vom Abt Heinrich IV. auf Befehl und mit Hülfe König Wilhelms wieder aufgebaut wurde. Unter dem Schutze der Burgmauern entstand zuerst der Ort Salz (jetzt noch ein Hof) und dann Soden (anfänglich Stolzenthal genannt), welcher Ort auf Vorstellung des Fuldaer Abtes Heinrich V., Graf von Weilnau, Stadtrechte erhielt. Die Stolzenburg erhielt vom Abte Burgmannen (von Eppenstein, Graf von Battenberg, von Joss, von Altenburg), 1328 wurden die Brüder Friedrich und Frowin von Hutten erbliche Burgmannen. 1340 wurde Stolzenberg zuerst an Ulrich von Hoelin, dann 1384 an Frowin und Conrad von Hutten für 5400 Pfund Heller sammt Salmünster und dem später sogenannten Hutten'schen Grunde verpfändet. Der Abt behielt sich verschiedene Gerechtsame und die Oeffnung der Burg vor. Als Luther 1521 von dem Reichstage zu Worms zurückkehrte, soll er auf Stolzenberg bei Frowin von Hutten, kurmainzischem Marschall, zu Gast gewesen sein. Der letztere war mit Franz von Sickingen verbündet, in Folge dessen von den diesen bekämpfenden Fürsten Salmünster und Stolzenberg erobert wurden. 1512 war ein Theil der Burg eingestürzt; 1519 wurde sie neu erbaut. Frowin verkaufte 1528 die sämmt-

lichen Güter an den fränkischen Stamm von Hutten.
1624 kündigte der Abt von Fulda seinen Antheil an
der Pfandschaft. Ein Theil kam an Mainz, welches
1734 durch Vergleich das nunmehr verfallene Schloss
Stolzenberg, Soden und Salmünster für 52500 Gulden
an Fulda zurück gab. Mit Fulda kam dann das Amt
Salmünster an Kurhessen (1816).

Ohne die Thalburgen der Herrn von Thüngen zu
Zeitlofs, Rossbach, Weissenbach, Burgsinn etc., welche
sämmtlich noch theils als Schlösser, theils als Oekonomiegebäude bewohnt sind, hier näher zu beschreiben,
wende ich mich nun zu den südlichsten Ritterburgen
des fuldaischen Gebietes im Hammelburger Amte:
Sodenberg, Reussenberg, Saaleck und Trimberg, von
welchen nur Saaleck noch bewohnt ist. Alle diese
stattlichen Ruinen auf den Höhen zwischen Main und
fränkischer Saale, besonders auch die schöne und
grosse würzburgische Ruine Homburg, werden heute
noch, nicht nur wegen ihrer geschichtlichen Bedeutung,
sondern auch wegen ihrer hervorragenden landschaft-
lichen Schönheit als herrliche Aussichtspunkte im Laufe
des Sommers von einer grossen Anzahl Touristen Mittel-
deutschlands besucht.

XLII.

Sodenberg.

Der Sodenberg*) (neuerdings der fränkische
Rigi genannt) liegt am linken Ufer der Saale, 2 Stunden
von Hammelburg, 3 Stunden von Gemünden am Main
und erhebt sich 550 Meter über der Meeresfläche, 346
Meter über den Spiegel des Mains. Der Berg ist schön
bewaldet und hat ungeheuere Basaltfelsen. Die Aus-

---

*) *Trabert*, das Frankenland (Würzburg bei Woerl), S. 13.
— *Schannat*, Clientela, pag. 176.

sicht auf das Saalthal, nach dem Rhöngebirge und
Spessart ist weit und umfassend. Ueber einen Ring-
wall kommt man an einem steinernen Crucifix mit dem
Thüngen'schen Wappen und der Jahreszahl 1515 vorbei zu der am höchsten Gipfel gelegene Ruine mit
doppelten Ringmauern und einem sehr geräumigen Burghof. Der alte hohe Thurm ist vor etwa 30 Jahren
gänzlich eingefallen. Von dem Rhönclub ist auf dessen
Grundmauern ein hölzerner Aussichtsthurm erbaut
worden.

Nach *Schannat* (l. c.) ist die Burg Sodenberg
1431 mit der ausdrücklichen Zustimmung des Abtes
Johann von Fulda erbaut worden. Theodorich, Karl,
Conrad, Eberhard, Engelhard, Balthasar und Sigismund
von Thüngen empfingen dieselbe als männliches Lehen
und ihre Nachkommen sollten, so oft es nothwendig
erscheine, die Belehnung neu empfangen und andere
Personen sollten daselbst keinen Besitz erhalten, ausser
mit Genehmigung des Abtes von Fulda. Später wurde
indessen ein Theil an das Juliusspital zu Würzburg
veräussert. Von den Erstgeborenen der Geschlechter
von Thüngen empfingen die Belehnung von Fulda: 1536
Eustach von Thüngen auf Sodenberg, 1540
Pancratius von Thüngen daselbst, 1558 Neidhart
von Thüngen zu Zeitlofs, 1573 Wigbert von
Thüngen zu Reussenberg, 1586 Philipp von
Thüngen zu Sodenberg und Greiffenstein, 1601
Wernher von Thüngen, 1638 Albert von Thüngen
zu Rossbach, 1651 Neidhart von Thüngen zu
Sodenberg. Uebrigens hat früher bereits eine Burg auf
dem Sodenberg, ehemals Kilianstein genannt, gestanden,
die 1296 urkundlich erwähnt wird und Hermann von
Sotenberg gehörte. Ein Theodorich von Sotenberg
wird 1306 erwähnt. Die von Thüngen waren schon
im 14. Jahrhunderte im Besitze der Burg und brand-

schatzten von da und dem nahen Reussenberg die
Gegend ebenso, wie die anderen Rittergeschlechter.
1393 mussten sie die Burg an das Hochstift Würzburg
abtreten, um der Reichsacht zu entgehen, raubten aber,
da sie als Lehensleute dieselbe behielten, weiter fort.
Von Bischof Gerhard von Würzburg wurde deshalb
1395 die Burg belagert und erstürmt, welcher dieselbe
sodann an die von Hutten zum Lehen gab. Nachdem
sich später die von Thüngen wieder des Sodenberges
bemächtigt hatten, trugen sie, wie oben bemerkt, die
Burg dem Abte von Fulda als Lehen auf. Götz von
Berlichingen verlebte hier bei seinem Onkel Neidhart von Thüngen zum Theil seine Jugendjahre. Im
Bauernkriege versuchten die aufständischen Bauern vergeblich den Sodenberg einzunehmen. Die Verpfändung
des Schlosses an das Juliusspital geschah gegen den
Willen des Fuldaer Abtes 1660. Das Schloss zerfiel
allmählig, es wurde aber weiter unten ein Oekonomie-
hof angelegt, welcher noch in gutem Betriebe ist und
den Herrn von Thüngen gehört, nachdem sie einen
langwierigen Prozess erst in der neueren Zeit gewonnen hatten:

XLIII.

Reussenberg.

Eine Stunde südwärts vom Sodenberge liegt der
Reussenberg mit schöner Ruine; die Burg war 1333
von Herrn von Thüngen erbaut und ist von den Würzburger Bischöfen öfters belagert worden. Bei den dem
Bauernkriege vorausgehenden Unruhen wurde 1522
hier der fuldaische Propst zu Johannesberg, Melchior von Kuchenmeister ermordet, als er von
einem Besuche der gleichfalls fuldaischen Propstei

Holzkirchen in Unterfranken heimzureisen im Begriff stand *).

XLIV.
Saaleck.

Das schöne Schloss Saaleck nächst Hammelburg hatte für die Fuldaer Abtei einen doppelten Werth; einmal als Grenzfeste gegen das so oft feindliche Hochstift Würzburg und die unsicheren Ritter und oft ungetreuen Vasallen der dortigen Gegend; dann aber auch als ergiebige Wein-Domäne. Der an dem Südabhange des Schlossberges gewachsene Wein steht an Güte den besten Rhein- und Frankenweinen nicht nach und war nächst dem gleichfalls der Abtei gehörigen rheinischen Johannesberger die Zierde der Fuldaer Hoftafel.

Hammelburg wurde bereits 777 von Karl dem Grossen dem Stifte Fulda geschenkt. Ein alter sagenumwobener viereckiger Thurm auf Saaleck soll aus diesen früheren Zeiten herrühren. Urkundlich wird die Burg Saaleck im 14. Jahrhunderte erwähnt. Im Bauernkriege wurde sie zerstört. Die jetzigen hübschen Schlossgebäude tragen die Wappen des Fürstabtes Joachim von Grafeneck (1644—1671) und des letzten Fürstbischofes Adalbert von Harstall. Saaleck kam 1816 an die Krone Bayern und wurde 1866 an Herrn Banquier Vornberger in Würzburg verkauft **).

XLV.
Trimberg ***).

Zwei Stunden aufwärts im Saalthale von Saaleck entfernt liegt die alte Burg Trimberg. Von derselben

*) *Schneider*, Joseph, Buchonia 4. Band, 2. Heft. S 32.
**) *Schneider*, Justus, Führer durch die Rhön (4. Aufl. Würzburg bei Stahel), S. 164.
***) *Schneider*, Justus, l. c. S. 165.

stehen noch die Hauptmauern und zwei Giebelwände,
worin eine Restauration mit altdeutscher Einrichtung
eingebaut ist. Edle von Trimberg werden 1137
genannt. Nach dem Aussterben der Familie 1239 kam
die Burg an das Hochstift Würzburg als Amtssitz. Ein
Zweig der von Hutten war hier erblich belehnt*).
Wenn auch Trimberg nie zu Fulda gehörte, wurden
doch die Amtsleute Hartrad und Friedrich von Hutten
zu Trimberg 1384 und Friedrichs Sohn Conrad als
erbliche Burgmannen zu Saaleck vom Fuldaer Abte
Friedrich von Romrod (1383—1395) eingesetzt.

Zuletzt haben wir nun noch der Burgen zu erwähnen, welche in dem vormals fuldaischen, jetzt bayrischen Amt Brückenau gelegen sind. Zwei Ruinen
finden sich nur in dieser Gegend, welche wegen ihrer
romantischen Lage den Besuch der Rhöntouristen veranlassen, Schildeck und Werberg, beide waren eigentlich keine Ritterburgen, sondern Amtssitze, müssen
aber zu jenen in so fern gerechnet werden, als sie
vielfach den mächtigen Rittergeschlechtern der Gegend
verpfändet und verkauft und von diesen mit mehr oder
weniger Recht wieder an andere verkauft wurden.
Beide Burgen liegen im südlichen Vorgebirge der Rhön,
der Schildeck (550 m), auf einem schönen Kegel dicht
an der Landstrasse von Brückenau nach Kissingen mit
ziemlich ansehnlichen Mauer- und Thurmresten, der
Werberg nahe bei dem Dorfe gleichen Namens, 1 Stunde
von Kothen in einsamer waldiger Gegend, ein kleiner
steiler Kegel mit mächtigem Basaltfelsen, der nur sehr
spärliche Mauerreste der einstigen stolzen Burg trägt,
von Gestalt dem Haselstein ungemein ähnlich.

*) *Schannat*, Clientela, pag. 117.

XLVI und XLVII.

Schildeck und Werberg.

Ueber die Geschichte dieser zwei Burgen geben die fuldaischen Geschichtsschreiber *Schannat* und *Brower* äusserst geringe Auskunft; und doch liegt bezüglich derselben in dem fuldaischen Archive, welches sich nunmehr in Marburg befindet, ein wahrer Schatz von Urkunden verborgen, welche uns darüber Auskunft geben können. Mit Hülfe eines umfänglichen Manuscriptes über die ehemals fuldaischen Aemter des früheren Archivars *Denner*, worin dieser Mann mit wahrem Bienenfleiss sämmtliche Archiv-Urkunden copirt, kritisch gesichtet und übersichtlich besprochen hat, bin ich in den Stand gesetzt, einen richtigen historischen Ueberblick betreffs dieser Burgen und Aemter zu geben, wie derselbe noch nirgends in älteren nnd neueren Arbeiten unserer Lokalgeschichte vorliegt.

Von Schildeck berichtet *Brower* [*)], dass es ein berühmtes Schloss und der Aufenthalt vieler Herren gewesen sei, auch den Titel eines Gerichtes und Amtes getragen habe. Es sei aber unter der Regierung des Fürstabtes Heinrich IV. von Erthal das Amt nach Brückenau gekommen (1249), welcher Ort den Namen von der hier über die Sinne geschlagenen Brücke bekommen habe, früher sei er Sinnau genannt worden. Nach den von *Denner* [**)] angezogenen Urkunden ist Schildeck ein Burgschloss und Amt gewesen, welches die Ortschaften Schondra, Singenrain, Gerod, Mitgenfeld und Riedenberg umfasste und in dem den Karolingischen Kaisern gehörigen Salzforst gelegen war, von welchen Theile dieses Waldes dem Kloster Fulda geschenkt

---

[*)] *Brower*, liber IV, pag. 307.
[**)] *Denner*, Fuld. Aemter 1. Bd. S. 72—181.

wurden. Die Aebte haben stets diese Schenkung als
ihr Eigenthum gegen fremde Ansprüche vertheidigt, bis
1575 der halbe Antheil von den von Thüngen als freies
Eigenthum beansprucht und durch den Domdechanten
zu Würzburg, Neidhart von Thüngen an Fürstbischof
Julius verkauft wurde. Jedoch wurde auf Beschwerde
Fuldas durch Kaiser Rudolph II. der Kauf wieder rückgängig gemacht (1579), weil der Vertrag vom Fürstabt Balthasar von Dernbach erzwungen worden sei.
Fulda musste indessen für den „Rückkauf", bewirkt
von den Kaiserlichen Kommissarien Heinrich, Hoch-
und Deutschmeister und Johann Achilles Jesting zu
Kirchberg und Linde 15,000 Gulden zahlen (1579).

Viele kleine und grosse Dynasten haben von
Fulda durch Verpfändung Schloss und Amt Schildeck
im Laufe der Zeit erworben, aber nie als Erblehen,
sondern stets nur auf Wiederkauf oder Einlösung. Das
Besitzthum war deshalb oft in Gefahr verloren zu
gehen, da mehrere dieser Herren widerrechtlich darüber
verfügten, wie der Herzog Schwanteburg zu Stettin,
welcher den halben Theil als Erbeigenthum an Dietrich
von Bibra um 3500 Gulden veräusserte. Urkundlich
liegen solche Kaufbriefe aus der damaligen Verpfän-
dungs-Epoche vor von dem Kurfürsten von Mainz, den
Herzögen von Stettin*) und Sachsen, den Fürstbischöfen
von Würzburg, Landgrafen von Hessen, Grafen von
Henneberg, Herren von Haberkorn, von Bibra, von
Merlau, von Riedesel, von Sauwenheim, von Döring-
berg, von Görz, von Steinau genannt Steinrück, von
Hutten und von Thüngen. Schliesslich kam Schildeck
an die in Römershag von Fulda belehnten Herrn von
der Tann. Im Jahre 1692 wurde aber dieses Tannische

---

*) Ich vermuthe, dass „Stettin" ein Schreibfehler oder Irr-
thum seitens *Denner's* ist und, dass es „Wettin" heissen muss.

Lehen zu Römershag sammt Schildeck, Gerod und
Mitgenfeld für 105,000 Gulden wieder von dem Abte
Placidus von Droste gekauft. Die Burg Schildeck soll
im dreissigjährigen Kriege zerstört worden sein. Ihre
Trümmer dienten noch im Anfange des vorigen Jahr-
hunderts dazu, um den bekannten wohlthätigen Fuldaer
Kanzler Johannes Vogelius als Herren von Schildeck
in den Adelstand zu erheben, von welchem die Schil-
deck'sche Stiftung zum Nutzen verarmter Fuldaer
Bürger herrührt.

Das Schloss We r b e r g gehörte, wie Schildeck,
ebenfalls zu dem Theile des Salzforstes, welcher bereits 816 von Pipin und Karlmann dem Kloster Fulda
geschenkt wurde. Der Name Werberg, auch Warberg,
Werenberg, Wernberg in den Urkunden genannt, deutet
darauf hin, dass diese Burg gebaut ist, um den Feind
wahrzunehmen (gleich wie Warte, Wartthurm), oder
sich dessen zu wehren. Da ein adeliges Geschlecht
von Werberg nie bestanden hat, ist wohl anzunehmen,
dass die Burg in diesem Sinne von den Fuldaer Aebten
erbaut worden ist. Eine geschichtliche Nachricht über
deren Entstehung fehlt gänzlich, die älteste Urkunde
ist von 1345, in welcher der Fürstabt Heinrich VI. von
Hohenberg dem Apel Küchenmeister ein Burggut zu
Werberg, nämlich eine Hofstatt „in demselben Huße
bei der Capellen und die halben Stallungen uswendig
dem Huße oben dem Thorhuß etc." für 100 Pfund
Heller auf Wiederkauf übergiebt.

Die zweite Urkunde von 1362 besagt, dass Fürstabt Heinrich VII. von Cralucke das fuldaische Schloss
und Veste Werberg, wie auch das Gericht Motten mit
allen Wäldern, Wässern, Dörfern, Vorwerken etc. dem
fuldaischen Marschalle Konrad von Hutten, Frowin
seinem Bruder und ihren Erben für 6000 Pfund Heller
versetzt und die Einlösung des Küchenmeister'schen

Burglehens für 100 Pfund Heller gestattet habe. Die
Grenze des Amtes Werberg gegen den Würzburgischen
Theil des Salzforstes ist 1512 von Kunz Schad zu
Kothen und Walther Martin als Schultheiss derer zu
Weyhers bestimmt und versteint worden; sie ging von
Riedenberg bis zum Sinnborn, scheint also von der
vorderen Sinn gebildet worden zu sein.

Nach der Verpfändung von 1362 ist Werberg eine
echte Raubritterburg geworden und geblieben bis zu
ihrer Zerstörung im Jahre 1403. Später verlautet vom
Amte „Werberg" nichts mehr, da der Amtssitz nach
Motten kam. Das Amt „Motten" war also mit dem
früheren Amte „Werberg" identisch, gleich wie Amt
Brückenau mit Amt Schildeck. In Werberg und Umgebung verübten nun die von Hutten die bekannten
Schandthaten als „Befehdungen". Frowin Vater und
Sohn und Hartmann von Hutten gaben den pfandweise
erhaltenen Besitz als Eigenthum aus, verkauften $1/8$
davon an Erzbischof Konrad von Mainz und gaben demselben auch die Oeffnung der Burg, welche Fulda ausschliesslich vorbehalten war. Sie beraubten mit andern,
dem Stift feindlichen Rittern die fuldaischen Unterthanen in den Aemtern Salmünster und Neuhof durch
Brandschatzungen, beraubten die Geistlichen, Kirchen
und Friedhöfe, hoben die Glocken aus den Thürmen,
raubten Pferde, Schweine und Kühe und plünderten
die Reisenden. Sogar bis nach Fulda erstreckte sich
ihr freches Räuberhandwerk. Aus der Walkmühle daselbst entwendeten sie das Wolltuch, welches die damals in Fulda blühende Wollweberzunft gefertigt hatte.
Aus dem Kloster Johannesberg bei Fulda raubten sie
300 Stück Schafe und Pferde.

Zwei Belagerungen des Schlosses sind geschichtlich bekannt. Die erste 1351 seitens der Grafen von
Henneberg ereignete sich vor der Verpfändung an die

von Hutten, als Werberg noch fuldaischer Amtsitz war. Sie wurde durch eine Fehde veranlasst, die Fürstabt Heinrich VI. von Hohenburg mit dem Landgrafen von Hessen hatte. Der Fürstabt belagerte die hessische Stadt Alsfeld; Graf Heinrich von Henneberg war mit dem Landgrafen verbündet und suchte Alsfeld zu entsetzen, wurde aber vom Fürstabt gefangen genommen. Um seinen Vater zu rächen, zog Graf Hermann von Henneberg gegen Werberg und bekam durch List diese Burg in seine Gewalt, wurde aber von dem Fürstabt wieder daraus vertrieben. Nochmals versuchte der Henneberger Graf die Belagerung mit verstärkter Mannschaft, wurde aber durch den folgenden Fürstabt Heinrich VII. von Craluke abermals zurückgeschlagen.

Die zweite Belagerung und Vernichtung der Burg Werberg aber geschah in Folge der Hutten'schen Gräuel und Räubereien durch ein kaiserliches Kriegsheer, gebildet von würzburgischen, fuldaischen und hennebergischen Mannschaften unter Anführung des Hauptmanns Friedrich Schenk zu Limburg auf Befehl des Kaisers Ruprecht im Jahre 1403. Es hat dabei sehr blutig hergegangen und wird urkundlich erwähnt, dass nicht nur die belagerten Mannen der von Hutten sich tüchtig gewehrt, sondern dass auch die Belagerer durch andere Hutten'sche Mannschaften, die zum Entsatze herbeigezogen waren, von den Geschützen bedrängt wurden. Es kamen also hier schon Feuerwaffen in Anwendung, obwohl grösstentheils noch damals mit Pfeil und Bogen geschossen wurde. Die Burg Werberg ist dabei gründlich zerstört worden, so dass sich gegenwärtig nur ganz spärliche Reste davon finden. Aber bereits seit 200 Jahren graben und ackern die Bewohner des Dorfes Werberg immer wieder Pfeile und Lanzenspitzen von Zeit zu Zeit aus den Aeckern, die die alte Burg umgeben.

Im Jahre 1404 wurde wieder Frieden geschlossen
und die Liquidation des Fürstabten zu Schweinfurt für
die durch von Hutten erlittenen Beschädigungen auf
16,000 Gulden berechnet. Doch ist nicht urkundlich
festgestellt, ob der Fürstabt das Geld erhalten hat. Die
Ansprüche derer von Hutten waren indessen mit der
Zerstörung von Werberg nicht erledigt. Durch Wieder-
verpfändung und Vererbung oder Heirath machten folgende Familien noch Ansprüche auf das Amt Werberg
oder Motten: von Küchenmeister, von Hune, von Lich-
tenstein, von Stein zu Altenstein, von Seckendorf, von
Mörle, von Schenk zu Schweinsberg und von Weyhers.
Das Stift Fulda kündigte zweimal (1540 und 1548) die
Pfandschaft auf. Es entstand ein Prozess am Kammer-
gericht, welcher bis 1594 währte. Von da ab kam das
Amt Motten nach Befriedigung aller Ansprüche der
Pfandinhaber wieder unmittelbar zu dem Stift Fulda
und verblieb dabei bis 1816, wo es sammt Brückenau
und Hammelburg an Bayern überging.

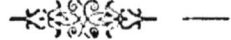

III.

Johann von Pappenheim und seine Fehden gegen den Bischof Johann IV. von Hildesheim.

Von

Gustav von Pappenheim.

Ungedruckte Quellen.

Akten des Marburger Staatsarchiv's: Politische Abtheilung Hildesheim und Paderborn.

Akten des Stammer Archiv's: Ehepakten und Verträge. Copialbuch der Gebrüder von Pappenheim a. 1570.

Gedruckte Quellen.

Die Stiftsfehde von *Hermann Adolf Lüntzel.* Hildesheim 1846.

Die Hildesheim'sche Fehde von *Dr. A. Delius* zu Wernigerode.

Heinemann, Geschichte von Braunschweig und Hannover 2. Band. Hildesh. Stiftsfehde S. 275.

Johann von Pappenheim war der zweite Sohn des aus dem hessisch-paderborn'schen Kriege (1464 —1471) schon bekannten Burchard von Pappenheim. Zur Gemahlin hatte letzterer in zweiter Ehe Elisabeth von Boineburg-Holnstein. Die Geschwister Johann's hiessen: Friedrich, Reinhard, Georg, Burchardt, der junge und Olicke. Im Jahre 1508 war Johann Senior der Familie und nebst seinem Bruder Georg Amtmann zu Gieselwerder. Seine Gemahlin Kunne von Uffeln, welche ihm einen Sohn und eine Tochter geboren hatte, hinterliess er im Januar des Jahres 1518 als Witwe. Der Sohn Johanns hiess Ludolf und seine Tochter Margaretha. Letztere heirathete im Jahre 1536 den Ritter und Doctor der Rechte, Georg von Boineburg-Lengsfeld, den Sohn des bekannten hessischen Landes-Hofmeisters Ludwig von Boineburg.

Nachdem über die Gründe, welche Burchhardt — den Vater Johanns — veranlassten, im hessisch-paderborn'schen Krieg die Partei des Landgrafen zu Hessen zu ergreifen, trotzdem ihm die Hälfte der Stadt Liebenau für 5000 Goldgulden vom Bischof Simon von Paderborn verpfändet worden war, noch nichts genaueres bekannt ist*), so sei es gestattet, hierüber folgendes aus den Paderborner Akten d. Marb. St. A. mitzutheilen: 1) hatte der Bischof von Paderborn, nach dem Tode Rabes vom Calenberg (im J. 1464), den Burchard von Pappenheim mit dem Calenberge bei Marburg nicht belieben, obgleich Burchard der leibliche Vetter Rabe's v. C. war und mit demselben in einem Ganerbschaftsvertrag gestanden hatte;

2) war der Bischof vor Liebenau gezogen, hatte den Burgfrieden gebrochen und versucht den Burchard von Pappenheim gefangen zu nehmen. Letzterer wurde jedoch bei diesem unerwarteten Ueberfall von ersterem nicht zum Gefangenen gemacht, sondern es gelang dem Bischof nur einen Knecht Burchards, namens Muthsell, in seine Gewalt zu bekommen. Ausserdem hatte

---

*) Vergl. Zeitschrift für hessische Geschichte und Landeskunde. Neue Folge Bd. 2 Heft 1 S 20 u. 19. von *Stölzel.*

der Bischof ohne dazu berechtigt zu sein, den im Gefängniss zu Liebenau befindlichen Feind Burchards, nämlich den Speckbortel von Godlingen, aus seinem Gefängniss freigelassen. Burchard war hierdurch sowohl, wie auch durch die Entziehung seiner Paderbornschen Erblehen, welche ihm der Bischof nun vorenthielt, gezwungen worden: der Feind des Bischofs und des Stifts Paderborn zu werden.

„Musste eck von Noitwegen ut deme Lande riten und einen gneidigen Herren soken, dass eck mehr den umb viff dusend Gulden tho Schaden gekommen bin u. s. f.!" beklagte sich Burchard in seinem Fehdebrief an den Bischof von Paderborn; verlangte seine Erblehen im Stift Paderborn zurück, sowie die 5000 Goldgulden, für welche ihm die Hälfte von Liebenau verpfändet worden war *). Unter dem gnädigen Herrn, dem sich Burchard nun in dem hessisch-paderbornischen Krieg anschloss, ist offenbar Landgraf Ludwig II. zu Hessen gemeint. Dieser Fehdebrief, dessen Datum nicht ersichtlich, ist offenbar erst nach dem im Jahre 1471 zwischen Hessen und Paderborn abgeschlossenen Frieden auf 33 Jahre von Burchard von Pappenheim verfasst worden. Denn der Bischof Simon von Paderborn konnte sich nicht entschliessen, dem Burchard von Pappenheim die ihm entzogenen Leben im Hochstift Paderborn wieder herauszugeben, wie es die Bestimmungen des Friedensschlusses erheischten. Auch die Spiegels vom Desenberge, welche zum Anhang des Bischofs gehörten, waren, da sie die ihnen vor dem Friedensschluss gehörige Hälfte der Stadt Liebenau vorloren hatten, die erbittersten Feinde des vom Landgrafen von Hessen zum Amtmann in Liebenau einge-

---

*) Paderborn. Akt. des Marburger Staatsarchivs.

setzten Burchard von Pappenheim geworden *). Wie
nicht anders zu erwarten, führten diese Misshelligkeiten
nach der Fehdeerklärung Burchards sehr bald zu Thätlichkeiten. Es waren zunächst die Söhne des Amt-
mannes Hermann von Spiegel zum Schöneberg und
seiner Gemahlin Jutta **): Henrich und Schoneberg,
welche den Burchard von P. und seinen Bruder Friedrich befeindeten. In Folge dessen wurde zunächst am
20. October 1473 Henrich von Spiegel von Burchard
und Friedrich v. P. im freien Felde bei Liebenau gefangen genommen.

Seine Freilassung erlangte er erst, nachdem er
Urphede geschworen und gegen genügende Bürgschaft
gelobt hatte bis zum 20. October 800 gute rheinische
Goldgulden zu bezahlen ***). Die ganze Fehde wurde
am 16. März 1474 auf Ansuchen des Bischofs zwar
durch die Vermittlung des Landgrafen beigelegt, doch
war dieselbe hiermit noch lange nicht beendet †). Denn
im October des Jahres 1477 überzog Burchard von
Pappenheim, verbündet mit Werner von Hanstein und
Hans von Stockhausen, das Hochstift Paderborn wieder
mit Krieg ††). Ferner wurde Schoneberg von Spiegel
am 26. Juli 1478 von· Burchard v. P. und seinen
Freunden — dem Johann, Hermann und Caspar von
Meisebug —- gefangen genommen und zu Zuschen ins
Gefängniss gesetzt. Nach Erlegung einer beträchtlichen
Summe Geldes und Angelobung der Urphede kam

---

*) Zeitschrift für hessische Geschichte und Landeskunde
Neue Folge 2. Bd. von *Stölzel* S. 21 u. 22.

**) Wormeler Urk. ann. 1454 u. 1458.

***) Copialbuch der Gebrüder von Pappenheim, Rezess und
Verträge.

†) Stammer Copialbuch Bl. 270. *Falckenheiner* S. 272.

††) *Landau.* Hessische Ritterburgen 1. Band S. 69.

Schoneberg von Spiegel dann wieder frei*). Wieder wurde am 5. August 1478 durch den Landgrafen zu Hessen Friede zwischen den fehdenden Partheien gestiftet. Doch lange noch nach dem Tode Burchards von Pappenheim († 1493) dauerten die Misshelligkeiten und Güterstreitigkeiten zwischen den Nachkommen der Familien Pappenheim und Spiegel und führten auch vielfach noch zu Thätlichkeiten. In diesen Verhältnissen, unter Kämpfen und mancherlei Gefahren waren Johann von Pappenheim und seine Brüder zu tüchtigen ritterlichen Männern herangewachsen.

Bevor nun zu einer eingehenden Darstellung der Fehde des Johann von Pappenheim mit dem Bischof Johann dem IV. von Hildesheim geschritten werden kann, ist es durchaus nöthig im allgemeinen über die damaligen Hildesheimer Verhältnisse orientirt zu sein.

. Das Bisthum Hildesheim dehnte sich damals im Osten bis zur Ocker und im Westen noch über die Leine aus. Ausserdem gehörte noch zum Bisthum das Gebiet von Dassel am Solling. An allen seinen Marken war das Bisthum von Braunschweigisch-Wolfenbüttelschen Ländergebieten begrenzt. Auch das Gebiet um Dassel am Solling war von denselben gänzlich umschlossen. Das Land zwischen Deister und Leine bildet die nördliche Hälfte der Herzoglich-Braunschweigischen Länder, welche zum Fürstenthum Kalenberg gehörten. An der oberen Leine, von Nordheim über Göttingen südwestlich bis über Münden, dehnte sich die südliche Hälfte des Kalenbergischen Länderantheils aus**).

Der Länderantheil Braunschweig-Wolfenbüttels zerfiel in die nördliche von ostwärts der Aller bis west-

---

*) Copialbuch der Gebrüder von Pappenheim, Rezess und Verträge in Akt. des Stammer Archiv's.
**) Nach gedruckten Quellen über die Hildesheimer Fehde nnd Mittheilungen des Herrn Archiv-Assistenten *Delius* u. a.

lich der Ocker reichende und die südliche etwa von
Goslar bis über die Weser sich ausdehnende Hälfte.
Johann IV. Herzog zu Sachsen-Lauenburg war seit dem
Jahre 1503 Bischof zu Hildesheim. Sein Bruder Erich
war sein Vorgänger gewesen, welcher im Jahre 1502
nach dem Tode des Bischofs Barthold zum Bischof
daselbst erwählt worden war. Das Stift Hildesheim
war schon zu Anfang des 15. Jahrhunderts derart verschuldet gewesen, dass der Bischof desselben oft nicht
eine unverpfändete Burg besass, wo er seinen Wohnsitz
nehmen konnte. Diese Verhältnisse veranlassten wahrscheinlich den Herzog Erich zu Sachsen-Lauenburg
sehr bald nach seinem Einzug in die Stadt Hildesheim
auf seinen Bischofsstuhl zu verzichten*). Derselbe wurde
dann im Jahre 1508 zum Fürstbischof von Osnabrück
und Paderborn erwählt.

Sein Bruder Bischof Johann IV. versuchte, nachdem er vom Papst noch im Jahre 1503 zum Bischof
von Hildesheim bestätigt worden war, die finanziellen
Verhältnisse des Stifts wieder zu ordnen, wobei er aber
bei der Ritterschaft des Stifts auf grossen Widerstand
stiess, theils weil dieselbe befürchtete, die Macht des
Bischofs würde hierdurch zu gross werden, theils weil
sie die ihnen verpfändeten Burgen schon längst als ihr
unablösbares Erbe betrachtet hatten.

Mit den Herzögen von Braunschweig-Kalenberg
und Wolfenbüttel befand sich der Bischof nicht in
gutem Einvernehmen, weil dieselben die Burgen und
deren Zubehörungen, welche Herzog Bernhard von
Lüneburg und seine Söhne Otto und Friedrich von der
Grafschaft Eberstein und Herrschaft Homburg im Jahre
1433 dem Bischof Magnus von Hildesheim für eine Summe

---

*) *Lüntzel, Delius; Heinemann,* Braunschweig. Gesch. 2.
Band u. s. f.

Geldes verschrieben hatten, auslösen wollten. Hiermit
war natürlich der Bischof von Hildesheim nicht wohl
zufrieden. Die andere an diesen Besitzungen noch Antheil habende Linie Braunschweig-Lüneburg, welche das
Land inne hatte, das im Süden an Wolfenbüttel, Hildesheim und Kalenberg angrenzte und sich nördlich bis
Harburg erstreckte, hatte kein Interesse daran, die an
Hildesheim verpfändeten Schlösser einzulösen, weil ein
Sohn Herzog Heinrich des Mittleren zum Nachfolger
des Bischofs Johann IV. bestimmt worden war. Schon
frühzeitig entstanden Reibereien zwischen den unzu-
friedenen Stiftsrittern und dem Bischof von Hildesheim,
welche von den Herzogen Erich und Heinrich von Braunschweig-Kalenberg und Wolfenbüttel auf das bereitwil-
ligste unterstützt wurden und die Vorboten und Anfänge
der grossen Hildesheim'schen Fehde bildeten. In *Lün-
txel's*[*]) Beschreibung der Stiftsfehde wird auch ein auf den
Bischof abgesehener Ueberfall erwähnt, dem der Bischof
aber nicht zum Opfer fiel, sondern nur einige Herren
seines Gefolges. Nachdem letztere auch eine Rolle in
der Pappenheim'schen Fehde spielen und der Hergang
beim Ueberfall in den Akten des Marb. St. A. enthalten ist, so dürfte es nicht ganz unzweckmässig sein,
über den Bericht der Akten hierunter Mittheilungen
zu machen.

Den Hergang bei diesem Ueberfall schilderten
die Hofherrn des Bischofs in einem Schriftstück vom
3. Juli 1514 folgendermassen: »In dem Jahre vifften
hundert und elwen (1511) am Abend der heiligen dreier
Könige dem hochwüidigen, durchlauchtigen hochgebornen Fürsten und Herrn. Herrn Johann Biscopp
tho Hildenßen, Hertoge zu Saßen, Engern und West-
ualen, unsre genädigen Herren; also E. f. Gn. Houed-

herrn in dat Kloster Marienrode by Hildenßen belegen, darfülwest F. f. G. der högesten Ehre syner Krönunge des Dages hofft willig entfangen, gefolget hebten; also wy up de Negede by dat Kloster gekommen durch ittliche Ritter, dann bowen dem Kloster eyn Holt gestichet (Holz versteckt), eweryleth (überfallen), ürder geworpen und gefenkliche angenommen syn worden. Unß iß overst des dageß nicht gesecht, in weß Hende wy gefangen syn und beffte wy fordert (und würden wir gefordert) unß stellen sollten, sundern uns zugesagt, wey wy an den Hüpe kommen, solle unß sodanß tho wetende werden. So awerst der Hüpe de Flucht genommen und wy davon nicht bebben kommen mögen, sind deßhalben zu Zwillinge (im Zweifel) gestanden, so lange dat erbar May Lodewich von Velten an de Rideschap des Stiffts von Hildenßen geschreven und sich beklagt befft, dat ome des angetzegeden Dages durch hochgeb. unsern gn. Herren von Hildenßen marglich, Bedrankniße myt der Najacht geschehen, dardurch he von Pferde und Knechte gedrungen. Heffte sich in der Schrift vor einen Homutmann des Radeß zu Marienrode opentlicke angegeuen und uns och ungefährliche in dry Wochen na sodan Gefenkniss mit eyne open Brewe, daran syn wontlich Ingesegelle gedruckt und geeschet als eyn Howether des Radeß, wy F. f. g. und gy uts hierinn liegenden Kopien u. s. w."

Dieser Brief war von den Hofherren des Bischof dem Kord und Herbord von Mandeslohe nnd Asche von Steinberge an den Bischof und die Stiftsritterschaft gerichtet, um sich gegen ungerechte Beschuldigungen der Stiftsfeinde: Jobst von Gleidingen und Ludwig von Veltheim zu rechtfertigen. Die ganze Sache verhielt sich nun folgendermassen: Die Grossvögte und Hofherren des Bischofs Kord und Herbord von Mandeslohe und Asche von Steinberge waren von den Stiftsfeinden Jobst

von Gleidingen und dem Hofherren von Marienrode
Ludwig von Veltheim bei dem Ueberfalle gefangen ge-
nommen worden und gegen das Gelübde: sich auf das
Begehren der Sieger zu jeder Zeit wieder als Gefangene
in die Hände derselben zu stellen, freigelassen worden.
Nach 3 Wochen war ihnen dann ein offener Brief von
Ludwig von Veltheim zugesendet worden, worin ihnen
derselbe befahl: dass sie samt zweien Knechten mit
Harnisch und Pferden drei Tag nach Empfang dieses
Briefes in der Taverne zu Harpeke sich einzustellen
hätten und daselbst so lange ein Gefängniss leisten
sollten, bis er ihnen weiteres befehlen würde. Selbst
wenn der Krug (Wirthshaus) abbrennte, sollten sie so
lange auf der kalten Stätte halten, bis er ihnen weitere Befehle ertheilen würde. Acht Tage nach Empfang
dieses Briefes und nachdem sie dem Bischof von Hildesheim sowohl wie dem Herzog Heinrich dem Aelteren von
Braunschweig-Lüneburg ihre Landes- und Heereskraft
aufgekündigt hatten, traten die Hofherren des Bischofs
ihr Gefängniss zu Harpeke an und blieben daselbst 11
Wochen. Erzbischof Ernst, Prinz von Sachsen, welcher
damals bei ausbrechenden Streitigkeiten zwischen benachbarten Fürstenthümern zumeist als Schiedsrichter
erwählt wurde, war auch in dieser Sache von dem Stift
Hildesheim und seinen Feinden zu Rathe gezogen worden.
Die gefangenen Hofherren des Bischofs wurden in seine
Hände gestellt, nachdem dieselben ihr Gefängniss zu
Harpeke abgeleistet hatten. Von demselben hatten die
Gefangenen dann Befehl erhalten, sich nach Wolmir-
städt zu verfügen, wo ihnen abermals ein Gefängniss
von 21 Wochen auferlegt wurde. Nachdem diese Zeit
abgelaufen war, wurden sie einstweilen freigelassen.
Ihre Sache war unterdessen zur Verhandlung gekommen.
Der Erzbischof Ernst von Magdeburg, der Bischof von
Hildesheim und Ludwig von Velten hatten in Marienrode

eine Zusammenkunft gehabt, wo der Sachverhalt bei dem
Ueberfall festgestellt wurde. Die Stiftsfeinde Asche von
Kramme und Jost Gleidingen hatten nämlich behauptet,
dass sie die Hofherren bei dem Ueberfall allein gefangen
genommen hätten, und dieselben deshalb nur ihren Befehlen sich fügen müssten. Ludwig von Velten gab
hiergegen indessen freimüthig an: die Hofherren des
Bischofs wären ihm durch seine Knechte in die Hände
geliefert worden, und die Fanggulden seien im Beisein
der beiden Jungherren Jost von Gleidingen und Asche
von Kramme von ihm den Gefangenen abgenommen
worden. Auch Kord von Mandeslohe, des seligen
Bartolds Sohn, hatte brieflich angegeben: nicht Jobst
von Gleidingen oder Asche von Kramme hätten sie gefangen genommen, sondern ein Knecht Vernt genannt.
Derselbe Knecht habe ihm dann auch zu Harpeke eine
goldene Kette abgenommen und im Beisein vieler Junk-
herren, Frauen, Jungfrauen und Knechten zu Aschers-
leben zu Ludwigs von Veltens Handschuld gemacht.
Letzterer erbot sich dann, die Gefangenen gegenüber
den Forderungen des Jost Gleidingen und Asche von
Kramme zu verantworten, wenn dieselben sich ihm
wieder zu Wolmirstädt stellen würden. Asche Kramme
und Jost Gleidingen hatten hingegen verlangt, die Gefangenen sollten sich ihnen zu Züptzen in Polen stellen.
Letztere begaben sich jedoch nach Wolmirstädt und
leisteten dort abermals ein hartes Gefängniss. Darauf
wurden sie in den Hof Dormessen auf der S. Moritz-
burg zu Halle befohlen, wo dann der Erzbischof Ernst
von Magdeburg einen Rechtsspruch in dieser Streit-
sache zwischen dem Bischof von Hildesheim und dem
Ludwig von Velten dahin that, dass die Gefangenen
Urphede zu leisten hätten und dann freigesprochen
werden sollten. Dieser Rechtsspruch wurde angenommen
und die Gefangenen, nachdem sie Urphede geschworen

hatten, ihres Gefängnisses entlassen. Nach dem Tode
des Erzbischofs Ernst von Magdeburg (†1513) wurden
die Hofherren des Bischofs auf eine unberechtigte Mahnung sich zum Gefängniss zu stellen genöthigt, sich
vor der versammelten Ritterschaft des Stifts Hildesheim
nochmals zu verantworten, was, wie oben angeführt,
im Jahr 1514 geschah, worauf die unbegründeten Klagen
der Stiftsfeinde abgewiesen wurden und weitere Anklagen
unterblieben. Im höheren Grad zu ernstlicheren An-
lässen — zur grossen Hildesheimer Fehde — wurden
die Streitigkeiten, welche im Jahre 1514, 1515 und
1516 zwischen dem Bischof von Hildesheim und seinen
Stiftsrittern, den Herren von Saldern, wegen der Einlösung ihrer Burgen ausgebrochen waren, worauf hier
nicht weiter eingegangen werden kann.

Zu dieser Zeit hatte auch die Fehde des Johann
von Pappenheim mit dem Bischof von Hildesheim ihren
Anfang genommen. Am 11. November 1515 berichtete
der Bischof Erich von Osnabrück und Paderborn an
den Statthalter zu Kassel, Krafft von Bodenhausen:
Johann von Pappenheim sei mit seinem Anhang in
das Amt Aertzen bei Hameln eingefallen und habe
den Bischöflich-Hildesheimischen Unterthanen daselbst
grossen Schaden zugefügt. Dieser Angriff auf das Stift
Hildesheim wäre auch von etlichen seiner Unterthanen
ohne sein Wissen und Willen unterstützt worden, weshalb er befürchte, obgleich er sonst mit seinem Bruder
gut stände, der Bischof könne ihm entgelten lassen,
und er bitte ihm mitzutheilen, was er zu erwarten
haben würde, wenn er die Verwalter und Räthe des
Fürstenthums Hessen um Hülfe ersuchen würde.

Der Bischof von Hildesheim befand sich indessen
schon zur Zeit in Verhandlungen mit der damaligen
Regentin von Hessen — der Landgräfin Anna, um dem
gewaltsamen Vorgehen des Johann von Pappenheim

gegen das Stift Hildesheim ein Ende zu machen. Indem
er sich bitter über Johann von Pappenheim beschwerte,
welcher ihm einen schimpflichen Backenschlag versetzt
habe — wie er angab — verlangte er: Entschädigung
und Einstellung der Fehde. Die Landgräfin versicherte
dem Bischof in einem Schreiben vom 23. Dezember 1515:
dass ihr die Fehde nicht lieb sei, und sie sich alle
Mühe geben wolle, den Johann von Pappenheim zur
Einstellung der Fehde zu bewegen, um alle Streitigkeiten
auf friedlichem Wege zu schlichten. Johann von Pappenheim äusserte sich dann auch folgendermassen auf ein
an ihn von der Landgräfin gerichtetes Schreiben: nachdem er mit dem Grossvogt des Bischofs, dem Herbord
von Mandeslohe, Streitigkeiten gehabt habe, so sei anfangs sein ganzes Bemühen darauf hin gerichtet gewesen,
dieselben auf friedliche Weise zu schlichten. Mit einer
Vorschrift (d. h. Begleitschreiben) der Landgräfin habe
er dem Bischof dann schriftlich seine Beschwerden über
Mandeslohe zugesendet, aber weder vom Bischof noch
dem Mandeslohe eine Antwort darauf bekommen. In
Folge dessen hätte sich dann die Fehde zwischen ihm,
dem Bischof und Herbord von Mandeslohe entwickelt.
Jedoch nur die äusserste Noth habe ihn dazu bewogen
oder gebracht, dem Bischof und seinen Unterthanen
die Warnung und Erklärung zu übersenden: dass er
von nun an mit seinen Helfern und Helfershelfern des
Bischofs und seines Landes Feind sein wolle. Damit
die Landgräfin nur nicht glaube — wie vom Bischof
behauptet würde, — dass er die Fehde aus Muthwillen
begonnen habe, erkläre er sich zu einem Waffenstillstand in der Fehde und zu einer Tagsatzung bereit
und schlug einen Bestand der Fehde bis zum 31. Mai
vor. Dieser Termin erschien der Landgräfin zu kurz,
und dieselbe ersuchte ihn, den Stillstand der Fehde
noch zu verlängern. Eine Tagsatzung mit dem Bischof

wurde dann am 17. Juli zu Höxter verabredet und der
Stillstand der Fehde bis zum 25. Juli hinausgeschoben.
Kurz vor der angesetzten Tagsatzung hatte nun der
Bischof durch seinen Diener, den damaligen Amtmann
auf der Tonenburg bei Höxter Starius von Münchhausen
der Landgräfin schriftlich mittheilen lassen, dass er zu
der angesetzten Tagessatzung nicht kommen könne,
ihr später aber eine Tagsatzung am 5. August vor-
schlagen lassen, mit dem Ersuchen, dieselbe persönlich
zu besuchen und mit ihm daselbst zusammenzutreffen.
Dies letzte Schreiben ist vom 29. Juli datirt und vom
Bischof wurde eine persönliche Zusammenkunft mit
der Landgräfin hauptsächlich desshalb begehrt, weil
er wünschte, einen früher schon zwischen Hessen und
Hildesheim aufgerichteten Vertrag zu erneuern und zu
befestigen. — Der Statthalter Krafft von Bodenhausen,
welchem dies Schreiben von einem Boten des Starius
von Münchhausen zugestellt worden war, konnte dasselbe der Landgräfin nicht gleich zustellen, da dieselbe
abwesend war. Erst am 3. August Morgens war dies
Schreiben zur Beantwortung dem Johann von Pappenheim zugesendet worden. Unter anderem schrieb der
letztere wörtlich folgendes: Dieweile solche Zusammenkunft meiner gnädigen Frau und des Bischofs mir wie
meinen Gesellen zu langweilig werden möchte und in
vorliegender Gestalt nur zu Unkosten und Schaden
gereichen würde, so habt ihr wohl abzunehmen, was
ich ihrer Gnaden für eine Antwort darauf nur geben
kann. . . . .
Der Hess. Rath Itel Löwenstein zu Löwenstein theilte
dem Johann von Pappenheim darauf am 4. August
mit: Sobald er zur Regentin und seinen Freunden käme,
würde er auf Mittel und Wege denken, die ihm gelegen
wären, um auf seiner Fehde zu beharren — doch bis
dahin — möge er in Ruhe stehen. — Die Tagsatzung

fand nun wahrscheinlich desshalb nicht statt, weil
Johann von Pappenheim nicht zugeschrieben hatte, der
angesetzte Termin zu kurz war und die Landgräfin, durch
Regierungsgeschäfte verhindert wurde, denselben zu besuchen. Die Antwort des Johann von Pappenheim war
dem St. von Münchhausen auch zugesandt worden.

Nach den Angaben des Starius von Münchhausen,
war der Bischof durch das Nichtzustandekommen der
Tagsatzung und Nichterscheinen der Landgräfin so
ärgerlich geworden, dass ein paar Wochen vergingen,
ehe er geneigt war, die Verhandlungen wieder aufzunehmen. Bis zum Ende des Jahres 1516 wurden noch
mehrere Schreiben zwischen der Hildesheimschen und
Hessischen Regierung gewechselt, welche jedoch zu
keinen Verhandlungen führten, weil der Bischof die angesetzten Tagessatzungen jedesmal kurz vor ihrem Beginn abschrieb. Vielfach hatte Johann von Pappen-
beim der Landgräfin schon abgerathen, sich mit dem
Bischof in weitere Verhandlungen einzulassen, da derselbe eine Beendigung der Fehde auf dem Wege des
Rechts gar nicht beabsichtige, sondern nur danach
strebe, ihm dieselbe bis in den Winter hinein unmöglich
zu machen. Doch die Landgräfin hatte trotzdem die
Versuche einen Frieden herbeizuführen nicht aufgegeben,
und Johann von Pappenheim war dadurch gezwungen,
den Stillstand der Fehde bis zum Jahr 1517 einzuhalten.

Im Anfang des Jahres 1517 gelang es dann auch
dem bischöflichen Diener Starius von Münchhausen den
alten Vertrag, welcher ehemals zwischen dem Bischof
Bartholt von Hildesheim und dem Landgrafen Wilhelm
von Hessen im Jahr 1491 den 24. September auf
20 Jahre abgeschlossen worden war, wieder mit den
Hessischen Räthen zu Einbeck aufzurichten und zu
erneuern. Dieser Vertrag erschien dem Johann von
Pappenheim für die Fortführung seiner Fehde sehr

nachtheilig, wahrscheinlich weil sie auf Grund desselben, ganz nach Belieben der Bevollmächtigten beider Länder beigelegt werden konnte, ohne dabei auf seine eventuell berechtigten Forderungen Rücksicht zu nehmen. An demselben Tage — wahrscheinlich am 1. April —, an welchem der Amtmann Starius von Münchhausen und die hessischen Räthe in Einbeck sich zur Abschliessung des Vertrages versammelt hatten, ergriff Johann von Pappenheim wieder die Offensive in der Fehde, indem er im Gericht Aertzen bei Hameln die Stiftsunterthanen angriff. Ein Dorf, Leder genannt, wurde hierbei verbrannt. Erfolgreich drang er dann noch weit über die Weser, Leine und Innerste im Stift Hildesheim vor.

Ueber die Art und Weise seines Vorgehens und die Ausführung dieser kriegerischen Unternehmungen ist wenig bekannt, da die Correspondenzen darüber nur einige Thatsachen berichten. Das Haus und Gericht Aertzen war damals von dem Bischof von Hildesheim an den Starius von Münchhausen und den Heinrich von Hardenberg verpfändet worden. Letzterer war Unterthan des Bischofs von Paderborn und hatte früher zu den Feinden des Stifts Hildesheim gehört.*) Auf das Ansuchen und die Bitte des Bischofs von Paderborn liess Johann von Pappenheim die Güter und Unterthanen des Heinrich von Hardenberg im Gericht Aertzen unbehelligt. Es sei noch erwähnt, dass Heinrich von Hardenberg im Jahr 1518 mit den Münchhausens in einen ernstlichen Streit wegen der Einnahmen des Pfandhauses Aertzen gerieth und dadurch veranlasst wurde, sich in die Dienste des Bischofs Franz von Minden zu begeben. Letzterer zog dann mit aller Macht am 8. September 1518 vor das Haus Aertzen, um dasselbe einzunehmen, was ihm aber nicht gelang.

*) *Heinemann*, Gesch. von Braunschweig 2. Bd. S. 213.

Der Bischof Johann IV. hatte zu dieser Zeit das ganze
Haus Aertzen für 900 Gulden an den Starius und
Jobst von Münchhausen verpfändet. Correspondenzen
vom 7., 17. und 28. April sowie vom 1. Mai, welche
vom Bischof von Hildesheim und zumeist vom Starius
von Münchhausen an die Landgräfin Anna und die
hessische Regierung abgesendet wurden, berichten in
klagender Weise über die Angriffe des Johann von
Pappenheim und die Beschädigungen, welche derselbe
ihnen und den Stiftsunterthanen zugefügt habe.

Starius von Münchhausen hebt in den Klagen
gegen Johann von Pappenheim hauptsächlich hervor,
dass letzterer ihn so schmählich misshandelt und geschädigt habe, weil er den alten Bündnissvertrag
zwischen Hessen und -Hildesheim zum Wohle beider
Länder wieder aufgerichtet und erneut — zu Abschluss
gebracht habe. Ferner: Johann von Pappenheim befürchte hauptsächlich durch den Vertrag in seiner Fehde
beeinträchtigt und benachtheiligt zu werden, besonders,
wenn er gezwungen sei, sich auf friedlichem Wege mit
dem Bischof zu vergleichen. Im weiteren beanspruchte
Starius den Schutz Hessens gegen das gewaltsame Vorgehen seines Gegners, weil er als Amtmann von der
Tonenburg mit Hessen verwandt oder hessischer Unterthan wäre. — (Das Stift Corvey, zu welchem die ehemalige Tonenburg gehörte, stand damals unter hessischem
Schutz.) — Auch über den Bischof von Paderborn erging sich Starius in Klagen, weil derselbe den Heinrich
von Hardenberg unter seinen Schutz gestellt habe,
während er ihn dem gewaltthätigen Vorgehen des Johann
von Pappenheim gänzlich preisgegeben habe. —

Der Bischof von Hildesheim berichtete ebenfalls
in seinem Brief an die Landgräfin Anna nichts anderes
als Beschuldigungen gegen seinen Feind, den Johann
von Pappenheim, und theilte ihr unter vielem anderen

mit: dass Johann von Pappenheim in dem Hylensischen Walde drei Männer — seine Unterthanen — gefangen genommen habe, welche sich noch im Gefängniss zu Liebenau befänden. Johann von Pappenheim erklärte auf alle diese Anklagen der Landgräfin Anna: vor Abschluss des Bündnissvertrages — der oben erwähnt — habe er dem Bischof und seinen Unterthanen genügende Warnungen und Fehdebriefe zugehen lassen und werde ihre unberechtigten und übermüthigen Klagen nicht weiter berücksichtigen. Ausserdem wären ihm im Gericht Aertzen Knechte in einer ganz grausamen Weise getödtet worden.

Die Landgräfin bemühte sich indessen, auf die vielfachen Gesuche des Bischofs und des Amtmanns von Münchhausen, einen Stillstand der Fehde und friedliche Verhandlungen zwischen den beiden feindlichen Partheien herbeizuführen. Am 7. Mai hatte sie eine Tagsatzung für den 9. Juni anberaumt, womit sich der Bischof einverstanden erklärte. — Aber am nämlichen Tag sendete Johann von Pappenheim von neuem einen Fehdebrief an das Domkapitel, an den Bürgermeister und Rath der Stadt Hildesheim, die Ritterschaft und alle Stände des Stifts, worin er den Benannten ins Gedächtnis zurückruft: — dass er wegen der Anforderung, welche er an den Herbold von Mandeslohe zu machen habe, wie ihnen wohlbekannt sei, dem ganzen Stift die Fehde schon lange erklärt habe. Ferner stellte er sie folgendermassen zur Rede: So hab' ich mich solcher Fehde etliche meiner Knechte zu Fuss jüngst gewesener Zeit auf Euch als meinen Feind anzugreifen ausgefertigt, die dann auf dem Holts (wahrscheinlich (Holz oder Wald) nach Lutger mit etlichen Landstrassen, Wanderern und Kohlenführern, den von Schwiechels zugehörig, gemangelt (gefochten.) In solcher Handlung einer meiner reisigen Knecht, Kunz genannt, den ich

von Jugend auf reisig erzogen von den Wydderwetien
(Feinden) erschossen und entleibt. Davon waren sie
aber nicht gesättigt, sondern darüber durch den hoch-
müthigen und blutgierigen Kurt und Ludwig von
Schwiechel ihm nach Entleibunge durch den Diebs-
henker ohne rechtliche Ordnunge als einen rovetter-
lichen (raubritterlichen) Obenktotther (Abentheurer) rath-
stosen und richten laßen: und hewet Ihne mir zum
Hohn und schmähligen Spott und möglichen Nachteil
zu Salzkittel bei der Handwaßen (Landstrassen) gesetzt
und vor ein Spiegel aufgerichtet. Das ich mich mit
dem erwehren, dermassen zu handeln, dass genannt
und zu ihme — als Rittermässigen — noch keinen
andern dess adelichen ritterlichen Gelübdes oder ihren
Mitthelfern solches zu bestehen nit hat vermuthet.
Auch soliches obens aus alten Herkommen, sonderlich
in gute Verwarnungen und Fehde meines Vorsehens nit
gebräuchlich. Wie erbahrlich ihm dasselbe ist: Das
stell ich zu Euch und alle bysinnige Menschenherzen
zu ermessen; — muss solches dem allmächtigen Gott
und der Zeit befehlen. Ich habe Jetzo einige der Euren
aus euer Stadt Hildesheim, die da wohnhaftig sein,
in meiner Haft gefänglich: was ich mit denselbigen
euch wieder thuens wiederum beginnen werde, syn
ich noch he bedacht . . . . ." Den Brief der Landgräfin vom 7. Mai beantwortete Johann, nachdem er
ihr den Verlauf der Fehde mitgetheilt hatte, wie es
schon erwähnt ist, folgendermassen: Dass er seinen so
schändlich geschmähten und ermordeten Knecht noch
nicht gerächt habe und seine sämmtlichen Knechte sich
solange darüber nicht beruhigen würden, bis entweder
diese grausame an seinem armen Knecht verübte schänd-
liche That durch Wiedervergeltung gesühnt worden wäre,
oder der Körper seines getödteten Knechtes in geweihter
Erde nach christlichem Brauch bestattet worden sei.

Erst, wenn das eine oder andere geschehen wäre, könne er sich auf einen Stillstand der Fehde einlassen. Die Landgräfin, welche besorgt war, der Bischof könne der Hessischen Regierung Schwierigkeiten bereiten, da er die strengste Einhaltung des Einungsvertrages forderte und die Einstellung der ihm so lästigen Fehde des Johann von Pappenheim unter allen Umstände verlangte, suchte — durch vielfache Ermahnungen und Drohungen — den Johann von Pappenheim zu bewegen, seine Anforderungen an den Bischof und seine Stiftsritter fallen zu lassen und in einen Stillstand der Fehde einzuwilligen. Ausdrücklich fügte sie auch noch hinzu: sie müsse dieses ihres Herren und Sohnes wegen verlangen, um den Frieden mit dem Stift Hildesheim aufrecht zu erhalten. Nachdem Johann von Pappenheim hierauf aber nicht einging, befahl sie ihren Räthen mit ihm zu handeln und folgendes von ihm zu verlangen:

1. den Bestand der Fehde ohne Weigerung anzunehmen;

2. ihm vorzuhalten: dass er vermöge der Liebenauer Pfandverschreibung, — keinerlei Fehde oder Krieg gegen andere zu führen berechtigt sei; er thue dann das mit Erlaubniss eines Fürsten zu Hessen oder desselben Verwalters;

3. wenn er sich länger weigere, den Anstand und die Tagsatzung anzunehmen, sollten sie ihn mit keinerlei Hülfe, Verschub und Unterschleifung unterstützen und im äussersten Fall gegen ihn werben. Auch wurden diese, gegen Johann von Pappenheim, von der hessischen Regierung ergriffenen Massregeln dem Bischof von Hildesheim schriftlich mitgetheilt, um ihn zufrieden zu stellen. Aber zugleich mussten ihm auch die hessischen Räthe am 28. Mai mittheilen: dass Johann von Pappenheim den Stillstand der Fehde noch nicht bewilligt habe, weil sein geschmähter Knecht noch kein christ-

liches Begräbniss erhalten hätte. Nachdem der Bischof
und seine Stiftsritter diesem Verlangen des Johann von
Pappenheim nicht nachkamen, so verstrichen die von
der Landgräfin angesetzten Tagsatzungen im Monat
Juni, ohne dass verhandelt werden konnte. — In Zuschriften vom 1. und 8. Juli vom Bischof an die Landgräfin berichtete derselbe: dass Johann von Pappen-
beim ihm nun Antwort auf die angesetzten Tagessatzungen gegeben habe, indem er über die Weser,
Leine und Innerste im Stift vorgedrungen sei, seinen
geistlichen Unterthanen, den Marschällen Kordt und
Ludewig von Schwichelde, aus dem Kloster Reichen-
berg am Harz (bei Goslar), 44 Ochsen nebst mehreren
Gefangenen genommen habe und ausserdem noch viele
Beschädigungen zugefügt habe. — Obgleich nun die
Schwichelder den Johann von Pappenheim freundlich
hätten bitten lassen, ihnen die Ochsen und Gefangenen
wieder zuzustellen, so habe Johann dieselben doch bis
nach Liebenau mitgenommen.

Ferner beschwerte sich der Bischof über den an
seine sämmtlichen Stiftsunterthanen gerichteten Fehdebrief des Johann von Pappenheim, in welchem der
Bischof gänzlich ignorirt worden war, und sagte
unter vielem anderen folgendes: „Unde können über des
Pappenheims Schreiben nit to fül utwundern, dat my
alle handeln schol, wo ome gefällig. Went J. L. und
gy hebben gut wetten, dat in allen Landen, geistlich
und weltlich, de Onynge (Ordnung) und Gebork (Gebrauch): dat nich Kapittel, Ritterschap oder Landschap,
sondern allein de regerende Landesfürsten vor sich
und de seine Geleide pflegen thuende. Wir laten uns
averst uth Pappenheims muthwilligen Handlunge, der
he sick von Tagen zu Tagen immer und mehr beflitigt,
nit anders bedunken, wie dat J. L. und gy seiner
nicht mächtig sei u. s. w.‟

Es geht hieraus hervor, wie wenig der Bischof die beleidigende Handlungsweise seiner Stiftsritter dem Johann von Pappenheim gegenüber in Betracht zog. Ferner berichtete der Bischof: Johann von Pappenheim babe seine Bürger in Bodenwerder geschatzt (das heisst: gefangen genommen und gegen genügende Bürgschaft und Gelübde wieder freigelassen). — Der Bischof verlangte desshalb: das durch Gelübde von den Bürgern bedungene Geld sollte ungefordert bleiben.

Ferner enthielt der Brief des Bischofs ein Entschuldigungsschreiben des Kord und Godelbert von Schwicheld, welche den schon todten Pappenheim'schen Knecht gerichtet hatten. Dieselben berichteten über diesen Vorfall folgendes: Von Katenauer dem Schweinemeister und noch ein paar Buben seien ihnen schon vor längerer Zeit etliche Pferde geraubt und nach Hessen geführt worden. In Folge dessen hätten sie später, als ihnen abermals 21 Pferde hinweggeführt worden wären, dieselben durch Nachjäger den Pferdewegführern wieder abnehmen lassen wollen. Die Nachjäger hätten dann die letzteren auch eingeholt und angegriffen. Bei dem Kampfe wären 2 ihrer Knechte erschlagen worden und ein Knecht ihrer Gegner sei ebenfalls bei dem Kampf ums Leben gekommen. Auch die Pferde seien fast alle todt gestochen worden. Nachdem sie nun nicht gewusst hätten, dass Johann von Pappenheim ihr Feind sei und sie den getödteten Knecht ihrer Gegner nicht als Pappenheim'schen erkannt hätten, so könne die Hinrichtung des Knechts ihnen nicht zum Vorwurf gemacht werden, besonders da bei dem Kampf zwei ihrer Knechte getödtet worden wären, während ihre Gegner nur den einen verloren hätten. —

Der Schweinemeister Katenauer, der Knecht Gottlingk und noch Andere, welche den Pfaffenmarschällen

schon etliche Pferde vor diesem letzten Rencontre weg-
geführt hatten, waren von dem hessischen Amtmann
Urban von Eschwege ausgefertigt worden, lebten in
redlicher Fehde mit dem Stift Hildesheim und gehörten
nicht zu den Knechten des Johann von Pappenheim.

Indem nun noch mehrere Schreiben zwischen
Hildesheim und Hessen hin- und hergesendet wurden,
ohne eine Tagsatzung herbeizuführen, näherte sich der
Monat seinem Ende. Die Landgräfin Anna wie auch
der Bischof wünschten dringend, die ihnen so lästige
Fehde des Johann von Pappenheim zu schlichten.
Doch der Letztere besorgte, dass ein Rechtsspruch,
welcher auf Grund des vorerwähnten Vertrags zwischen
den verbündeten Regierungen gefällt wurde, ihm nachtheilig sein könnte, wesshalb er seine Rechtserbietungen
so stellte, dass ein Stillstand der Fehde noch nicht
eintreten konnte.

Der Bischof hatte ausserdem noch hundert Gulden
Schatzgeld an die Landgräfin gesendet, welche die von
Johann von Pappenheim freigelassenen Bodenwerder
Bürger — ihrem Gelübde nach — am 25. Juli demselben zu bezahlen hatten. Der Bischof schrieb noch
der Landgräfin: Bis zum Tage des Verhörs wolle er
seine Forderungen einstellen und bitte die Landgräfin
nur dringend, den Johann von Pappenheim zu bewegen
die Fehde bis dahin zu unterlassen. Doch der Landgräfin gelang es nicht den Johann von Pappenheim
zur Einstellung der Fehde bis zum 16. October zu bewegen, trotzdem ihm zur Einsichtnahme der oberwähnte
Bündnissvertrag zugesendet worden war und ihm ferner:
keine Hülfe, Vorschub und Unterschleif im Fürstenthum
Hessen mehr gestattet werden sollte. Indem er der
Landgräfin nochmals den Verlauf der Fehde auseinander-
setzte, den Uebermuth und die unritterliche Handlungsweise seiner Gegner schilderte, den Schaden, den er

durch dieselben erlitten, beschrieb, die Entschuldigungsschreiben der Pfaffenmarschälle, als mit den Thatsachen
nicht übereinstimmend erwies, weigerte er sich dem
Befehle der Landgräfin Folge zu leisten.

Ferner äusserte er: Der erst neuerdings abgeschlossene Bündnissvertrag zwischen Hessen und Hildesheim könne seine Fehde, die viel älter wäre als der
Vertrag, weder ungeschehen machen noch beenden,
bevor der Bischof und seine Stiftsritter nicht seinen
vielfach erwähnten billigen Forderungen nachgekommen
wären. Die Rechtskräftigkeit des Bündnissvertrags
würde erst hiernach Geltung für ihn erlangen können.
Wenn nun aber der Bündnissvertrag in gänzlich unge-
rechter und unbilliger Weise gegen ihn gebraucht
werde, um ihn danach wegen seiner Fehde abzu-
urtheilen, so würde er sich mit Gottes Hülfe und
seinem Schwert weiteren Rath zu schaffen wissen.
Denn er sei nur durch den Uebermuth und die Unbilligkeit seiner Gegner zu der Fehde gezwungen worden
und sei um seiner Ehre willen gezwungen die Fehde
so lange noch fortzuführen, bis er von seinen Gegnern
genügende Genugthuung erlangt haben würde. Nicht
um schnöden Gewinn, Raub oder Muthwillen, — wie
ihm seine Gegner vorwürfen, — fehde er, sondern um
seine Ehre, welche er mit Gut und Blut vertheidigen
müsse. Ebenso wolle er der Landgräfin und seinem
Landesherren mit seinem Gut und Blut dienen und in
allem gehorsam sein, ausser in seiner Fehde. — Hiermit endigten nun die Verhandlungen in der Fehde
wieder, ohne dass ein Stillstand derselben zu Stande
gekommen wäre.

Nachdem die Landgräfin die vom Bischof über-
sandten 100 Gulden von den durch Johann von Pappenheim gegen Gelübde freigelassenen Bürgern von Bodenwerder wieder zurückgeschickt hatte, bestellte Johann

von Pappenheim die Bürgen dieser Bürger für den 17. August in eine Herberge nach Warburg, um ihm ihrem Gelübde gemäss die hundert Gulden bis zum 25. August zu bezahlen.

In dieser Zeit kamen die Streitigkeiten zum Austrag, welche der Bischof mit seinen Unterthanen, dem Hillebrant, Borchart und Kord von Saldern, wegen der Auslösung der ihnen verpfändeten bischöflichen Burg Lauenstein hatte. Das Lösegeld für die Burg hatte der Bischof in Hildesheim bei dem Abt zu S. Michaelis in Hildesheim deponirt, da die Saldern dasselbe nicht hatten annehmen wollen. Die Saldern sollten nun gewaltsam aus der Burg vertrieben werden, wozu der Bischof von der Landgräfin für die Zeit eines Monats hundert Reisige — laut des Bündnissvertrages — verlangte. Die Landgräfin erklärte sich damit einverstanden und schrieb: Den Bedingungen des Vertrags wolle sie nachkommen, nur bitte sie den Bischof, ihr es 54 Tage vorher wissen zu lassen, wenn er die Hülfe nöthig habe. In einer angehängten Beischrift jedoch stellte die Landgräfin noch die Bedingung: dass sie vor Uebersendung der Hülfe noch einen Vergleichsversuch zwischen dem Bischof und seinen Unterthanen — den Saldern — versuchen wolle.

Hierauf wollte sich der Bischof aber nicht einlassen, sondern schrieb ihr auf das Schreiben vom 10. August am 26. August wieder: Die Landgräfin solle ihm, ohne vorher einen Ausgleichsversuch zu machen, die Hülfe übersenden, wenn er sie verlangen würde. — Indessen wurden die von Saldern durch einen Schiedsspruch der Hildesheimer Stände gezwungen, dem Bischof den Lauenstein zu übergeben und somit hatte derselbe die hessische Hülfe nicht nöthig. — Durch Zuschriften vom 11. und 27. August hatte die Landgräfin nochmals versucht den Johann von Pappenheim zum Stillstand der Fehde bis zum 16. October zu bewegen. — Starius von Münchhausen, welcher das Bündniss zwischen Hessen und Hildesheim zu Stande gebracht hatte, durch welches der Bischof hoffte, die Fehde des Johann von Pappenheim zum Nachtheil desselben zu beendigen, hatte letzteren auf der Tonenburg bei Höxter überfallen, wie Münchhausen am 1. September an den Statthalter Krafft von Bodenhausen berichtete, wahrscheinlich um ihn für die gegen ihn gerichteten Anklagen und Intriguen zu bestrafen. Münchhausen schreibt hierüber: „Ick hedde my nicht verhopet, dat Johann von Papenheim bedde vergonth worden, dat hy my thor Thonenborch und dat myn alle darßo rofflich angetastet, so ik in Hulden dene Fürstinne von Heßen da vorgewanth was (verwant oder unterthänig) und ick myn hohe Rechtes-Arbedinge hedden angessen werden . . . . . ., dat ik viel Undankeß und Unwillen kregen bebte um des Fürstendomß Heßen wyllen dare my duth alle und to gefoppet warth . . . . . . dat ik up myn Alter nun honer-werden dorfft wento gy hebben wol afftrennende. . . . . . daß vil ouer veerhundert Gulden to Schaden u. s. f."

Die Landgräfin, welche damals gerade mit Regierungsgeschäften sehr überladen war, schrieb dem Statthalter von Kassel, er solle den Starius von Münchhausen gegen Johann von Pappenheim beschützen und was ihm genommen wäre, solle ihm wieder zugestellt werden, was aber wohl nicht geschah, denn am 4. October richtete Münchhausen ein dringendes Gesuch an die Landgräfin, ihm zu seinem Recht zu verhelfen. Er führte auch an, dass er als Amtmann des Stifts Corvei Steuer an Hessen zu bezahlen habe und desshalb auch den Schutz Hessens beanspruchen könne. Es sei nur bemerkt, dass er in Wirklichkeit nur des Bischofs Diener war und bei der Fehde nur die In-

teressen desselben und die seinigen vertrat. Die Landgräfin hatte schon am 7. September von Johann von
Pappenheim verlangt, einen Stillstand der Fehde und
Tagsatzung anzunehmen und dem Starius von Münchhausen das genommene wieder zuzustellen. Indessen
hatte der Statthalter Krafft von Bodenhausen wegen
einem Hildesheimer Unterthan, Namens Sterner, welcher
ohne eine Fehde gegen Hessen zu haben, einem
Mann aus Witzenhausen zwei Pferde und eine Summe
Geldes genommen hatte und in dem Gerichte der
Gebrüder Kordt und Ludewig von Schwichelde Schutz
gefunden hatte, bei dem Bischof Klage geführt. Die
von Schwichel verweigerten aber denselben zu strafen
oder auszuliefern.

Die Landgräfin übersandte dem Johann von Pappenheim nochmals einen ernstlichen Befehl, den Stillstand
der Fehde gegen den Bischof und eine Tagsatzung anzunehmen, ohne auf den vorher an den Bischof gestellten Anforderungen zu bestehen, da derselbe diese
nicht annehmen wolle. Doch Johann von Pappenheim
antwortete am 9. Dezember: dass kurz vor dem vom
Bischof bewilligten Stillstand der Fehde ihm und
seinen Brüdern das Dorf Sunrike bei Borgentreich
von bischöflichen Unterthanen geplündert und verbrannt
worden sei. — Auch wären einige Leute von dort als
Gefangene mit fortgeführt worden. Der Landgräfin zu
Gefallen wolle er einen Stillstand der Fehde, aber
nochmals bis zum 2. Februar 1518 annehmen, wenn
die Sache wegen seiner 2 Knechte, welche von den
Herrn von Alfelde (Linie der von Steinberge auf
dem Wispenstein bei Alfelde) getödtet worden wären,
zur Hauptverhandlung gemacht würde und alles Uebrige
zu einem gütlichen Verhör kommen solle. — (Die Alfelde hatten zwei Knechte des Johann von Pappenheim
ermordet und sich damit entschuldigt, dass sie dieselben

nicht als Pappenheim'sche Knechte erkannt hätten.)
Sollte dies der Bischof nicht annehmen, so bäte er die
Landgräfin, ihn nicht weiter zu bedrängen, sondern
nach Landeseinung zu beschützen. Dem Bischof theilte
. dann die Landgräfin den Inhalt des Pappenheim'schen
Briefes mit und bat den Stillstand der Fehde bis zum
22. Februar anzunehmen. Doch der Bischof schien
sehr ungehalten über das Schreiben des Johann von
Pappenheim zu sein und behauptete: dass seine Unterthanen das Dorf Sunrike nicht während des Stillstands
der Fehde beraubt hätten. Auch würde es ihm schwer
werden — wie er erklärte — sich mit Pappenheim in
einen Stillstand der Fehde zu begeben, bevor derselbe
ihm nicht seine Gefangenen ausgeliefert hätte. Ferner
theilte er der Landgräfin am 17. Januar mit: Hans
von Steinberge habe sich bei ihm beklagt, dass Johann
von Pappenheim ihm kürzlich 2 seiner Knechte gefangen genommen habe, welche noch im Gefängniss
zur Liebenau sässen. Auch der Hessische Statthalter
Krafft von Bodenhausen habe ihm geklagt: dass seine
Unterthanen aus dem Stift Hildesheim den Hansen
von Stockhausen in Stammen beraubt hätten. Doch
solle der Hans von Stockhausen sich über die Hildesheim'schen nicht weiter beschweren, da sie durch
Pappenheims gewaltsame Handlungsweise gezwungen
worden wären sich zu entschädigen. Johann von
Pappenheim war nach dem Zeugniss der Lehnsurkunden
schon vor dem 19. Januar 1518 gestorben und ein
Volkslied aus der damaligen Zeit, von dem nur der
erste Vers noch bekannt ist, besingt ihn als den Helden
der Fehde folgendermassen:

> Der ale Rab' von Papenheim.
> De flog von siner Miste:
> He schitt dem Biskopp up den Kopp;
> Nu hilp, Herr Jesu Christe!

Am 17. Februar 1518 hatten 19 Pfandherren des
Stifts Hildesheim ein Bündniss gegen den Bischof von
Hildesheim abgeschlossen und sich unter den Schutz
der Herzöge von Braunschweig gestellt für den Fall
dass sie mit dem Bischof in eine Fehde kommen
würden. Auf den Lauenstein hatte der Bischof, nachdem er denselben von den von Saldern ausgelöst hatte,
den Starius von Münchhausen gesetzt. Als derselbe
am 22. Februar 1518 vom Lauenstein zum Bischof
reiten wollte, wurde er unterwegs — wahrscheinlich von
den Stiftsrittern des Bundes — ermordet und am
andern Morgen erst von Mühlenschütten in der Innerste
gefunden.

Im Monat März des Jahres 1518 war der Landgraf Philipp zu Hessen von dem Kaiser Maximilian
als volljährig erklärt worden und hatte die Regierung
des Fürstenthums Hessen im 14. Jahr angetreten. Derselbe suchte nun auch sogleich die Fehde des verstorbenen Johann von Pappenheim mit dem Stift
Hildesheim, welche letzterer auf seinen Bruder Georg
und Vetter Christoph den Aelteren vererbt hatte, beizulegen.

Schon am 8. Mai 1518 hatte Landgraf Philipp
ein Schreiben an den Bischof gerichtet, worin er sich
über etliche Buben: Corde Sterner und andere beschwerte, welche seinen Unterthanen drei Pferde genommen und die Leute auf der Strasse angefallen
hatten. Ueber dieselben hatte sich auch der Statthalter
in Kassel schon beschwert, konnte aber von dem
Bischof nichts erlangen. Landgraf Philipp setzte dem
Bischof auch noch auseinander, dass er aus einem
Brief der vom Bischof an Johann von Enzenberg gerichtet gewesen wäre, ersehen habe, dass er diesen
Buben selber habe entlaufen lassen und machte ihm
darüber heftige Vorwürfe. Auch über den Dietrich von

Bocke zu Nordholz beschwerte sich der Landgraf. Der Bischof erklärte darauf am 15. Mai 1518: dass er durchaus kein Gefallen an den Thaten des Sterners und Genossen fände, sondern die Sache, wie der Landgraf aus den beigelegten Briefen des Dietrich von Bocke ersehen könne, — habe untersuchen lassen. Dem Statthalter von Kassel wären auf seine Zuschrift hin auch schon 2 Pferde wieder zugesendet worden. Mit Dietrich Boke wolle er die Verhandlungen wegen seiner vermeinten Klage ganz nach dem Gefallen des Landgrafen einleiten, wenn er es wünsche. Auch wäre es sein Wunsch sich mit den Erben des Johann von Pappenheim in Verhandlungen einzulassen, um eine Abstellung und Beilegung der Pappenheimschen Fehde gegen das Stift herbeizuführen. Die grosse Hildesheimer Fehde hatte indessen im Anfang des Jahres 1519 begonnen, auf welche hier nicht weiter eingegangen werden kann. Es sei nur bemerkt, dass der Bischof von Hildesheim schon am 9. April den Landgrafen Philipp bat, ihm hundert Reisige, gerüstet mit Harnischen, am 25. April nach Dassel zu schicken, indem er sich auf den Einungsvertrag zwischen Hessen und Hildesheim berief. — Der Landgraf lehnte dieses ab: da er auch in einem Bündnissvertrag mit den Herzögen von Braunschweig stände, welchen seine Mutter im Jahr 1514 abgeschlossen habe, wobei die, mit denen Hessen früher in Einung gestanden hatte, ausgenommen worden wären.

Wiederholt suchte nun noch der Bischof den Landgrafen zu überreden, die dem Herzog Erich von Braunschweig zugesendeten Hülfstruppen abzuberufen und ihm Beistand zu leisten; worauf ihm aber, der Landgraf Philipp zuletzt am 29. Mai 1519 einen ganz entschiedenen Absagebrief übersandte. Die Hessischen Hülfstruppen, welche der Landgraf den Braunschweigischen

Herzögen zugesandt hatte, waren indessen schon am 19. Mai im Lager von Gandersheim mit den Braunschweigischen Truppen in Streit gerathen, da letztere den Hessischen Löwen — in dem Banner derselben — für einen Hund gehalten hatten. Das Wort Hundehessen, welches von den Braunschweigern gebraucht worden war, führte dann zu Auseinandersetzungen, wobei die Hessen ihre Waffen gegen ihre Bundesgenossen gebrauchten und in Folge dessen auf ihr Ansuchen von den Herzögen von Braunschweig entlassen wurden. An der für die Braunschweiger Herzöge so unglücklichen Schlacht bei Soltau am 28. Juni waren keine Hessen betheiligt.

Am 6. Juli bekam der Landgraf durch ein Handschreiben Herzog Heinrich des Jüngeren von Braunschweig-Wolfenbüttel die ersten Nachrichten über diese merkwürdige Schlacht *), worin die Verbündeten (Herzog Heinrich von Braunschweig-Lüneburg und der Bischof von Hildesheim) durch ihre ritterliche Reiterei einen glänzenden Sieg über ihre Gegner erfochten. — Kurz vor der Schlacht bei Soltau hatte der Landgraf den Herzögen wieder 350 Reiter und 600 Mann zu Fuss zugesendet, welche am Harz die Schlösser Herzog Heinrich des Jüngern von Braunschweig-Wolfenbüttel nach der Schlacht gegen die Lüneburger deckten.

Am 3. Juli 1519 hatte der damalige Statthalter von Kassel Christian von Hanstein abermals 500 Mann Hülfstruppen abgesendet und die aus Braunschweig früher abgezogenen Hessen sich zurückziehen lassen.

Nachdem nun im Spätherbst in der grossen Fehde ein Stillstand eingetreten war, fingen die Verhandlungen zwischen dem Landgrafen Philipp und dem Bischof von Hildesheim in der kleinen Fehde wieder an. Der

---

*) Siehe Anlage.

Bischof hatte am 26. November 1519 an den Landgrafen geschrieben : er habe desselben Schreiben gelesen und bedanke sich für die Mühe, welche sich der Landgraf gemacht habe, um die Fehde zu Ende zu bringen und erbäte sich einen Stillstand der Fehde bis zum 20. März 1520. Jedoch eine Tagsatzung in der Zwischenzeit vom 26. November bis Weihnachten könne er nicht annehmen, da er durch vielfache Geschäfte verhindert wäre dieselbe zu besuchen.

Durch weitere Verhandlungen wurde am 27. März eine Tagsatzung verabredet, welche aber auch nicht stattfinden konnte, weil der Bischof damals ausser Landes war. Aber auch diese wurde nicht eingehalten, jedoch trat eine Verlängerung des Stillstands der Fehde bis zum 29. April ein. Am 18. April begannen dann wieder die Verhandlungen wegen einer Tagsatzung. Hessische Unterthanen, welche der bischöfliche Vogt zum Lauenstein im Gefängniss sitzen hatte, wollte der Bischof nicht eher aus ihrem Gefängniss entlassen wissen, bevor nicht auch die Hildesheim'schen Unterthanen, welche sich im Liebenauer Gefängniss befanden, freigelassen worden wären. Der Landgraf Philipp bewog dann auch sehr bald die beiden Brüder von Pappenheim, ihm ihre Gefangenen in die Hände zu stellen, was er dem Bischof am 21. April mittheilte. Indess hatte der Landgraf auch dem Burchardt, Cord, Hilmar und Vschwig von Steinberg geschrieben und um Auslieferung des Corde Sterner gebeten. Derselbe hatte nämlich im Amt Immenhausen durch Mord und Raub viel Schaden angerichtet und hessische Strassenwanderer vielfach niedergeworfen und beschädigt. Seine Frau und Kind wohnten im Amt zu Bokelnheim, von denselben wie auch von seinem Bruder und seinen Freunden war er bei seinen Raub- und Mordthaten immer unterstützt worden. Die von Steinberge stellten

darauf ihren Gefangenen, den Cord Sterner nämlich,
in die Hände des Bischofs von Hildesheim. Nachdem hierauf vom Cristoffel und Georg von Pappenheim
ein dreimonatlicher Stillstand der Fehde bewilligt worden
war, bat der Landgraf Philipp den Bischof Johann ihm
einen Tag und gelegene Malstätte anzugeben, wo der
Frieden geschlossen werden solle.

Einige Worte noch über das fernere Leben der
beiden an der Fehde betheiligten Vettern von Pappenheim, den Erben des Fehdehelden Johann, mögen diese
Mittheilungen beschliessen. — Georg von Pappenheim,
welcher nach seiner vorzüglichen Schrift zu urtheilen *)
einen für die damalige Zeit guten Unterricht genossen
haben muss, wurde vom Landgraf Philipp zum hessischen
Rath ernannt. Ferner im Jahr 1534, als Landgraf
Philipp sich auf seinem Kriegzug zur Einsetzung des
Herzogs Ulrichs von Würtemberg in sein Land befand,
gehörte er zu den Statthaltern und Landesverwesern
zu Hessen. Mit der von der niederhessischen Ritterschaft aufgebrachten 3000 Reiter starken Reiterei ver-
nichtete bekanntlich Landgraf Philipp bei dem ober-
wähnten Kriegszug das aus 18,400 Mann bestehende
kaiserliche Heer, welches bei Lauffen am Nekar eine
überaus starke und feste Stellung eingenommen hatte.

In erster Ehe war Georg von Pappenheim mit
Christine von Berlepsch und in der zweiten Ehe
mit Margarethe von Hopfgarten vermählt. Seine Nachkommenschaft blühte noch lange in Hessen und auch
in Dänemark und erlosch im Jahr 1719.

Cristoffel von Pappenheim, der Sohn des schon
anfangs erwähnten Friedrich des älteren von Pappenheim, ist der Stammhalter der noch jetzt lebenden

---

*) Schriftstück vom Jahre 1516, feste schöne Handschrift,
was damals selten. Hildesheimer Akten des Marburger Staatsarchivs.

Pappenheim'schen Familie gewesen. Seine erste Frau war Orthie von Dutingerode und seine zweite Anna von Liebenstein.

Beilage I.

Schreiben des Johann von Pappenheim an die Land-gräfin Anna, worin er derselben erklärt, was ihn be-wogen habe, dem Bischof von Hildesheim und dem Gross-vogt desselben — dem Herbord von Mandeslohe — die Fehde zu erklären und dieselben im Gericht Aertzen zu überfallen. 1516 April 4.

Durchlauchtige, hochgeborne Fürstinne, genädige Frau, meine underdänige, schuldige und ganz willige Dienste, sy E. f. g. worin alle willig lewen!

Erentveste, liebe Oheime, Schwäger und gude Freunde, myne freundlichen Dienst touor; genädige Fürstin und erenveste, liebe Oheime, Schwäger und guten Freunde!

Euer fürstlichen Gnaden und Freundschaft Sriven und itzund eyne Absrivet eines Brewes E. f. g. und Freundschaft tho gesrewen von dem Biscop von Hildesheim, und bedripende die Fede, so sick twischen dem obgenannt Bischoppe, auch Herborde von Mandeslo seinen Untersatzen und mir intfaldit bette. Inhalts desselbigen Bribess und Schrift geleßen und verstanden. — Gebbe darauf E. f. g. und Freundschaft dienstlich und freundlich tor Antwort: dat my E. f. g. und Freundschaft sollen to recht mächtig syn, in der Poiz nai Retzi (= Aertzen) und ausirhalben, was mit Feden und Verwirrunge geschein ist. Winttin Ich mich sunner Sache allezeit von Anfange wintti hier E. g. s. und Freund-schaft zu Rechte erboten han und erbede mich so noch;

dass Ich dann keyne Antwordt uf E. f. g. und Freundschaft genädigen und freundlichen Vorschrift vor
mich haben gedan von dem Bischoppe vorgenannt
habe erlangen mögen und das dorch bett mich die
Not das heingebracht: dass ich des Bischofs, synes
Landes und Lude und Herbordess von Mandeslo
Feynt geworden bin. Das aver E. f. g. und Freundschaft nicht etwa poniren sollin, dass ich moitwilligen
Lusten zu Feden habe, mag ich wohl erliden eynen
Bestand twischen irst kommende Pingsten; Und wie
mir der Bestand vom Bischop und den Sinen der Sachi
mit Oeme tho schiken — haiben tho gesriwe wird,
dann soll der Bestand aingein. Und dat dann ein
dach in der Sachi bynnen Eimbecke gemachet und
angesakt würde, und Ich mit mynen Freunden tho so
dannen Tage — tho und aff — mit felichen Geleyde
und Sekerheit in unsir Gewarsam mogen versorget
werden: dann sollen E. f. g. und Freundschaft myner
tho rechte mächtig sein. Des geben Ich E. f. g. und
Freundschaft so dienstlich und freundlich widderumb
tor Antwordt. — Geschrieben unter mein Insiegel am
Dage Ambrosius dv. x^{c}xvi.

Johann von Papenheim.

Beilage II.

*Ein Schreiben Johanns von Pappenheim vom 8. August
1517 an die Landgräfin Anna zu Hessen, worin er
ihr mittheilt, warum er einen Stillstand in der Fehde
gegen den Bischof Johann von Hildesheim nicht eingehen kann.*

Durchlauchtige, Hochgeborne Fürstinne, gnädige
Frau und ernvesten, grossgünstigen Freunde, Euer
fürstliche Gnaden und Euch meinen underdänigen Dienst
in allen Fleiss gewend!

Euer Liebden, fürstlich Gnaden und euer Schreiben
mit inliegender des Bischofs von Hildesheim habe ich
sammt anderen Copieen unterthänig empfangen und
Inhalts: als Aufschluss und Verlängerung des angesetzten
Tages und Bestands vermerkt, mit ernstlicher Ermah-
nunge, des bis auf nächstkünftigen S. Gallen zu verfolgen. Wie aber ich nit gesinnt — hat ich als den
Inhalt der aufgerichten Einung noch zwyschen den löblichen Fürstenthum Hessen und Hildesheim'schen Stift
zu ermessen — des mir weiter meine Fehde obgedachtes
Fürstenthum zu enthalten gar nit gegönnt wird; darauf
S. f. g. und Euch ich underdänig und freundlichst zu
erkennen geben: nachdem E. f. g. und Euch zweifellos
ahn, unvergessen — welches Mass ich meines mannichfaltigen Klagens und Erbietens des mir Jahre und
Tage zuwent alles unfruchtbar erhoffen zu solcher
Fehde bewegt, diene E. f. g. und Euch zu genädigen
Gefallen; vylmal ich underdäniglichen willigen Bestand
und Tage verfolgt, der mir dann zum Theil so ich mit
meiner Freundschaft in meiner Behausung gewest, in
Willent des Tages Ansatzunge zu verfolgen — durch
den Bischopp abgekündigt und folgenden, da ich eines
Tages zu Hexor mit sammt meines Beistand Handlungen
gewartet, war aussenblieben, — kein Widerbot schrifft-
lich noch mündlich dahin verfertigt. Solches Umtreibens
und Aufhaltens mynen armen Gesellen zu möglichen
unüberwindlichen Schaden erflossen ist und doch bisher
nicht bittlich sein mögen — und das der Bischop jetzund
ein unziemlich Längerunge des Bestandts bis in der
Wintertage — derzeit dann jene armen Gesellen noth-
dürftige Wanderung in Fehden nit vormöglich stille
stehen, uns ansinnen thut, kann ich solches seines ob-
kundigen Aussenbleibens und mannichfaltigen Aufhaltens, auch anderer möglich bewegender Ursach —
anders nichts ermessen: dann das mich der Hildesheimer

Bischof solches seines muthwilligen Umtreibens und
Aufhaltens in ewigen, verderblichen Schaden bringt und
die Fehde in die Länge muth *) zu machen vermeint.
Aus solchen Allen abgezeigten und anderen Ursachen,
kann noch will ich furter keins gütlichen Anstands
dulden noch leiden. Ich will doch zu E. f. g. und
Euch mich dessfalls mit Zuvordenken genädiglich und
guter Hoffnunge tragen, auch hiermit underdänig und
freundlich bitten, — solchen Uebermuths, so mir von
dem Hildesheimschen Bischof und etzlichen seiner Verwandten begegnet, aus fürstlicher Unbilligkeit und
adelicher Tugend zu beherzigen lassen und des Fürstenthums Hessen und sunderlich der Liebenau, daran ich
mein Geld hab, auch meine seligen Voreltern — die
dem und anderen — immer ihr Recht zu vielmalen
daraus gewährt, mich armen Gesellen nit verzagen
wollen, sundern mich hinfürter — so bisher Inhalt der
aufgerichteten Vereinunge noch des Fürstenthums Hessen,
so ich rechts allweg erbötig und erduldet habe, möge
genädiglich liden laden und rechts gönnen möge mit
Bedacht, das ich derselben Vereininge und Fürstenthums
ine Geleit — und das meine Verfolgunge, Verbot, Verwarnunge und Fehde, ehe der Vereinunge des Fürsten-
tums zu Hessen und Hildesheimschen Stift aufgerichtet,
der ich jetzo Inhalt copeilich empfangen und erstanden
und angefangen ist. — Sol aber ich über soliches Alles
des Fürstenthums zu Hessen und meiner Behausung —
des dorch zu E. f. g. und Euch ich gar kein Vertrauen
— noch Zuvorsicht habe verurtheilen werden — des
solt Gott allmächtige erbarmen! went mich soliches
auch ahn gemeiner Landschaft mei Herr und Freund,
der doch allenthalb mit sammt E. f. g. und Euch
meiner aller Ehre und Billigkeit — ausgesundert (was

---

*) d. h. matt.

mit Verwarnunge und Fehde bestehe) mächtig sein solle. Und Erstehens solches Gewalts zu beklagen und demnach wieder Rath haben, meine Anforderunge mit Hülfe des Allmächtigkeit zu erfordern. Des also E. f. g. und Euch dahin ich mich mit Unterthänigkeit, freund willig zu dienen schuldig erkenne ich im Widern nit gewiss zu verhalten: bei meines Siegels des Tages S. Cyriacus anno ᶜxxvii.

IV.

Burgfriede der Ganerben des Schlosses Schildeck.

(Montag den 22. Februar 1425.)

Mitgetheilt von

L. von Loewenstein,
Major z. D. zu Kassel.

ir Johanns von gots gnaden apt zu Fulde bekennen offintlichin an disem brieffe fure uns, unser nachkomen und stift, und Ditterich here zu Bickinbach, Erkinger von Sauwinsheime ritter, Conrad von Steinauwe, Steinrucke genant, und Conrad vom Hutten bekennen an disem offin brieffe geyn aller menlich, wir Johann apt fure uns unser nachkomen und stift, und wir die andirn uns ichlicher besindern fure sich und sine erbin, daz wir eines rechten borkfrides als von des sloßes Schildeck wegen ober eyne komen sin als ferre der borkfride wendet und begriffen hat als hernach ernand wirdet. Mit namen daz wir Johanns, unser nachkomen und stift zu eynem halben teyle des itzund genanten sloßes und siner zugehorunge, und wir dy andirn alle und unser erbin zu dem andirn halben teyle nemelichen

unser iklicher und sine erbin zu eynem virden teyle
desselbin halbin teiles gutlich sitzen und unser einer
den andirn und dy sinen ire lip und gud us und in
deme borkfride getruwlich scburen, schutzen und schirmen
sal. Und sal unser keyner ader dy sinen den andirn
ader dy sinen darus ader dar yne nicht angriffin ader
beschedigen mit worten ader werken ader nicht ver-
unrechten, nemlich daz unser keiner des andern gesinde
in nemen sal, es were dann daz sie sich es weren
knechte oder meyde mit gunst, willen adder rechten
von yme gescheiden hetten angeverde. Were auch daz
zweitracht worde also, daz unser eines ader mere
knechte des andirn knechte obergeben mit scheltworten
ader werken, messer adder ander waffen gewonnen,
ader wonten in deme borkfriden, da solte nymands der
darzu queme dem andern helffen, sundern welich unser
adder die sinen darzu quemen, die solden getrewlich
scheiden und denselben, der dene frebel ader bruch
getan hette, begriffin und in unßme gemeinen thorme
und beheltnis daselbest zu Schildeck behalden bis ere
deme cleger eine gnuge getan hette umbe solichin
frebel und bruch. Und were daz sy sich des nicht
vereinen konden, waz danne dy audirn ganerben dy
dannoch weren, dy der sache nicht zuschicken hetten,
derkennten ader ire der merer teile, daz umbe solichin frebel und bruch buse gnuck were, darby solde
es bliben und von beiden teilen gehalden werden. Sluge
aber ir einer den andern tod, da god fure sy, were
danne darzu queme der ganerbin oder dy sinen, der
solde denselbin hemmen, uffhalden und gefangen legen
in unser aller beheltnis dene thorme daselbest zu Schildeck, und dene getruwlich berwaren und bewaren lassen
alsolange bis er buse umbe solchin frebel und totslak
getede nach rechte, ob er anders nicht gnade an dene
nehesten frunden des der derschlagen ader derstochen

were finden mochte, alles an argliste. Were auch daz
unser eynes knechte ader mere eynen der ganerbin oder
mere obergeben mit worten, werken, messer ader ander
waffin gewonnen, frebelich wonten ader todslugen,
des god nicht wolle, were darzu queme, der solde denselben der also gefrebelt hette uffhalden und kommern
alslange bis ere deme cleger ader dene clegern darumbe
wandel und buse getan hette nach deme als vorgeschriben
steet an geverde. Sundern were auch daz unser der ganerbin einer ader mere den andirn sinen amptman ader
voyd hise ligen frebelich in deme borkfride, der solde
von stunt als ere des vermant werde, us deme sloß
Schildeck und deme borkfride daselbst riden und da
yne nicht komen innewendig vire wochen den nehesten
darnach als ere soliches gemand worden were, und
solde dann darnach aber dar in nicht komen bis daz
ere darumbe buse und wandel getede nach deme dy
gekoren drie unser frunde dy wir ober disen borkfride
gekoren haben ader zu zyten von uns ader unsern
nachkomen und erbin gekoren werden, ader ire der
mereteil erkenten. Were aber daz unser einer ader mere
der ganerbin den andrin sinen amptman ader voyd
obergebin, also daz wir messer ader ander waffin ober
sy gewonnen ader sie wenten in deme borkfride
frebelichen, so solde derselbe der solichin bruch getan
hette, von stund als ere des vermand werde, us deme
sloße und borkfride riden und bynnen eyme gantzen
virteil jares deme nehesten darnach darin nicht komen,
bis daz ere buse darumbe getan hette nach derkentnis
der drier gekoren ober den borkfride ader ire deme
meren teile, es were danne vor mit dene clegern in
fruntschaft abgetragen an geverde. Were aber ungeverlich
daz dy drie in deme virteil jares nicht zusamenkomen
mochten, ader mit was sachin sich daz vorschickete,
doch also daz daz sumen an deme, der dene bruch getan

bette, nicht were, so mochte derselbe sich wider zu
sinem teile gehalden, dar yne riden und sich des gebruchen, also doch daz ere darnach buse und wandel
tede wann ere darumbe gefordert werde, alles nach
derkentnis der drier nach deme als vor und nach geschriben steet. Were es auch, daz got verbiete, daz
unser der ganerben eyner den andern totslüge, werde
der begriffen, da danne auch alle ganerbin die geinwerdig
weren und die iren getrewlich zu helffen und yne halden
solden ob sy mochten, so lise man mit yme gehin
waz recht were, ob ere anders nicht gnade an dene
clegern finden kende. — Were aber daz ere dar vone
queme, so sal ere sines teiles an Schildeck beraubt sin
mit allem deme daz darzu gehoret, und sollin des
derslagen erbin sinen teile an Schildeck mit sinen zu-
gehorungen innemen und innehaben alsolange bis der
morder darumbe zu buse ader richtunge komen were. —
Nemelich ist geteidinget, daz unser keiner der ganerbin
dem andern nymand vor vorteidingen ader verantworten
sal, ere sitze dann buwelich by yme ader thue es mit
rechte an arglist. — Sundern ist geteidinget, daz unser
kyner des andern finde ader die yme adder den sinen
merklichen ader groblichen schaden getan hetten, zu
Schildeck in deme sloße adder borkfride nicht halden
ader verteidingen sal mit furesatze, geschee es aber
an vorsatz, so mochte der deme, der sinen find ader
der yme ader den sinen solchin schaden gethan hette,
schribin und an yme muten, daz ere yne vermochte, ob
ere anders sin find were, daz ere die fehede und ver-
warunge ab tede ader yme buse, karunge und wandel
tede umbe solichin schaden. Tede ere es dann nicht
von stunt, so salde ere yne da dann beisen komen
mit siner habe innewendig zweier tage und nachtfrist,
dar an man yne auch nichtis hindern sal. Tede ere
des aber alsdann nicht, so möchte der, des find ere

were adder deme ere schaden gethan hette, es mit
yme halden wie yne gelustet an widdersprechen eines
icklichen an alles geverde und an argeliste. — Nemlich
ist geteidinget daz unser keyner der ganerbin niemand
zu Schildeck in deme sloße oder borckfride halden sal,
daryne adder darus ymanden anzugriffen, ere wolle sin
dann zu rechte mechtig sin. — Were auch daz unser
einer adder mere der ganerbin undereinander zu feheden
adder krige queme adder daz andere heren adder lude
mit eyne krigeten, also daz unser einer adder mere uff
eyne, und eyne adder mere uff dy andere syten weren,
so sal doch unser keiner adder die sinen dene andern
adder die sinen us adder in dene borkfride nicht an-
griffen adder beschedigen, sundern dar yne als gude
ganerbin undereynander sitzen und bliben nach allem
deme als vorgerort ist angeverde. — Sundern ist bered
und geteidinget worden, ab wir Johann apt abgingen
und eine nuwe apt zu Fulde worden, daz der zu deme
sloße Schildecke nicht gelaßen werden sal von unser
keyme der ganerbin noch auch deme voite der von
des stiftes wegen da were, ere habe danne disin borkfride vore gelobet und gesworen. Desselbin glichen
were, daz unser einer adder mere der ganerbin sone
hetten dy zu iren jaren, nemelich zwelff jaren, komen
weren, wolden sich die us und in daz vorgenante sloß
und borkfride Schildeck ziehen und sich des gebruchen,
adder ob unser einer adder mere der ganerbin iren
teile verpffenden adder verkeuffin musten adder wolden,
adder ob der ganerbin einer adder mere formunder gewonnen, adder ob unser einer der ganerbin adder mere
zu zyten einen amptmann adder voit daselbst hine setzin
wolde, daz man der keine zulaßin sal, ere habe danne
zuvorntan disin borkfride gelobet und gesworen zu
balden an argliste. Me ist gered, ob unser der ganerbin
einer adder mere, sine nachkomen adder erbin iren teil

miteinander ader ein teyle und iren zugehorunge an
deme vorgenanten userme sloße Schildeck verpffenden
uff widerkauff ader ortedeclichin verkauffin wolden,
worde daz uff uns Johanns apts syten also gelegen,
waz wir dann an userme teile verpffenden wolden, daz
solden wir den andirn unsern ganerbin adder iren
erbin anbieten ein gantz virteil jares vore sant Peters
tage ad cathedram genend. Wolden sy dann ir einer
ader mere uns als vile als andere daruff lihen, so solden
wir yne des gonnen vor allin andern, wolden wir
es aber verkeuffin, so solden wir es yne aber solicher
mase verkondigen als nehest gerort ist; und waz wir
dann also daran verkeuffen wolden alles oder ein teile,
daz solden wir yne nicht thurer achten dann daz sich
ye ein achtenteile an deme vorgenanten gantzen sloße
und siner zugehorunge gebore fure nunhundert gulden
nach antzale, usgenomen waz wir ader unsere nachkomen an userme teile sundern gebuwet betten nach
dato dis briffes, daz nicht an gemeynen buwe gescheen were, dene solden sie uns auch nachgliche ablegen und hinnach geben, und ob wir uns darumbe
under eyne nicht vereynen mechten, waz dann unser
gekoren dry frinde erkenten in eyme glichen, daz sy uns
dafure geben solden, darby solde es bliben und gehalden
werden. Were aber daz sy der vorsatzunge oder kauffes
mit uns solichermasen nicht angehin wolden, so mechten
wir des kauffes mit andern unsern genoßen oder armen
luden angehen und daryne tun nach userme besten
nutzen an ire, irer erbin und eines icklichen widdersprechen, also doch daz dieselbin, dy darzu also komen
solden, disen borkfride nach sinem innhalden gelobet
und gesworen haben, ere dann sy zu deme vorgenanten
sloße adder siner zugehorunge gelassen werden nach
deme als nehest gerort ist an alles geverde. Were aber
daz es uns Dytteriche here zu Bickenbach, Erkinger

von Sauwinsheyme ritter, Conrad von Steinauwe Steinrucke genand, odder Conrade vom Hutten unser eines
adder mere sache also gelegen worden, daz wir ader
unser erbin unßern teile, welcher daz were, versetzen
ader verkeuffen mussten ader wolden, daz solde unser
einer, welchem daz also gelegen werde, dene andren
itzund genanten sinen ganerbin anbieten; wolden sy
dann daruff nicht lihen ader darumbe keuffen, so solden
wir es darnach unserme obgenanten gnedigen herren von
Fulde ader sinen nachkomen anbieten und deme auch
folgen und nachgehen mit der pffandunge oder verkauffe
welches daz were in alle der mase als nehest von demselben unsme herren von Fulde und sinen nachkomen
geschriben steet, und wolden alsdann ir keiner daruff
lihen ader darumbe keuffen, so mochten wir des kauffes
ader pffandunge mit eyme oder meren unsern genoßin
angehin und dar ynne tun nach unßme willen und
nutzen an widdersprechen eines iklichen, also auch daz
derselbe ader diselben, dy also zu eynem teile da
komen wolden, zu voran disin borkfride globet und
gsworen haben zu halden, alles nach deme als nehest
und auch da vore geschriben steet angeverde. Und
welich unser sinen teile solichermase also verpffente
ader verkeuffte, so solden die andern ganerbin deme
der daz keuffte ader daruff lihe nach deme als nehest
gerort ist zum borkfride nemen und komen lassen an
inlegunge. — Und were daz der vorkeuffer sine teil
des dickgenanten sloßes Schildecke mit der zugehorunge
miteinander verkeuffte und nicht an deme sloße behilde, so solden dy andirn ganerbin yme ader ere yne
widerumbe denselbin iren nachkomen, stiffte ader erben
vorderme von dys borkfrides wegen lenge nicht verbunden
sin an alles geverde. — Auch ob man sich fure dys
obgenante sloß legern ader daz verbuwin wolde, wie
das queme, weliche ganerbin daz dann erfuren, dy

solden es von stunt den andern zu wissen tun und solde
als dann unser icklicher von stunt getruwlich darzu tun
mit aller siner vermögende und es helfen eintschuden
mit luden, kosten, geschotze adder was dann em not-
dorfft were angeverde. — Worde aber daz vorgenante
sloß verloren, wii daz queme, so solde icklich ganerbe
getruwlich daran helfen und tun mit liebe und gute
ob wir daz widder gewynnen mochten, und wii daz
widder gewonnen worden, so solde doch icklicher
widder zu sinem teile komen angeverde. — Es ist
auch nemelich gered und geteidinget, daz unser iklicher der ganerben thormern, thorhutern und wechtern
lonen und bekostigen sal nach antzale und geborunge,
als ere teils an deme vorgenanten sloß hat, an arglist.
Vorder ist beteidinget, daz wir den ganerben alle jare
zweene us uns kysin sollen, dy da macht haben zu
buwen und zu bessern unsern gemeinen buwe daselbest
zu Schildeck, doch nach rate und derkentnis unser
aller, es sy an bruken, czunen, slege adder andern
sachen, des dann nod ist, darzu dann auch unser icklicher gebin sal nach geborunge als ere an dem sloße
hat, und were das unser etlicher daran sumigk worden
und sine teil nicht usrichte, so mochten dieselben
buwemeister, welche dan zu jare weren, diselben ader
dy iren darumbe pffenden und solche antzale und geborunge darvon usrichten und daz auch als dicke tun
des not wirdet an alles geverde. — Auch sal unser
keiner buwin an der gemeyne des dickgenanten sloßes
an der andirn ganerbin aller willen und rad an geverde.
Nemelich ist bered, daz wir Johann apt des stiftes
Fulde und unser nachkomen einen der gekoren darzu
kysin und geben sollen, und wir Ditterich here zu
Bickenbach, Erkinger von Sauwinsheym ritter, Conrad
von Steinawe Steinrucke genand, und Conrad vom Hutten
den andern, und wir obgenanten miteinander einen

gemeynen oberman, als wir Johann apt dann itzunder
Hansen vom Hutten dene jungen gekoren haben, und
wir obgenanten den andirn ganerbin Caspar von Bybra,
und danne miteinander Mangolde von Eberstein als
einen oberman gekoren haben. Und wann man von
gebrechen wegen des borkfrides vorgerorte der itzunt
genanten bedarff, so sollin die parthien, die der sache
dann widder einander zu schicken haben, dieselbin ir
iklicher besundern darzu bidden und daz auch tun als
dicke des not wirdet, und yne die sache furlegen;
was sie dann alle adder ir der merer teil erkenten by
irme eyde, also solde .es von allen teilen gehalden
werden. — Und wie dicke derselben gemeynen gekoren
einer abginge, wer der uff unser Johanns aptes siiten
gekoren gewest, so solden wir adder unser nachkomen
einen andern an desselben abgegangen stad kysen
innewendig vire wochen dene nehesten als wir darumbe
gemand worden von den andern unsern ganerbin ir
eyme ader mere. Desselbigen glichen solden wir die
andern ganerbin auch tun, ob unser gekoren frund
abginge, wann wir des vermanet worden von deme vorgenanten unsern hern von Fulde oder sinen nachkomen.
Und welchem teile daz also gelegen worden, wenne
der ader die gekoren hetten nachdeme als nehest geschriben steet, die solden daz der andern parthie zu
wissin. tun. — Were aber daz unser gekoren oberman
abginge, so solden wir innewendig zweien menden den
néhesten darnach als uns daz zu wissen worden were, uns
zusamen verboten und eines gemeynen obermans an des
abgegangen stat oberkomen und kysin an all geverde. Es
sal unser icklicher und die sinen den andirn und die sinen
futerunge erlassen in deme borkfride ungeverlich. — Welch
unser der ganerbin einer ader mere von sine ader der
sinen von borkfride wegen zu dem andern zu sprechen
bette, darumbe ere yne meynte antzulangen, tede ere

darumbe nicht kontliche vorderunge bynne der jarsfrist
nehest nachdeme die sache gescheen were, so solde sie
vorder tod und abe syn und keine vorderunge darumbe
zutunde haben angeverde. — Diser borkfride sal weren
und nicht abgelin mit godes helffe dii wile wir dies
vorgenante sloß und gerichte also inne haben, und sal
dene unser keyner widdersprechen ader nicht daruß sin
mit worten oder werken, heymelich ader offinlich in
keyne wys anders dann diser briff von worte zu worte
ludet und saget, es were danne daz wir, unser nachkomen und erbin gemeinlich eines andern bessern borkfride oberquemen und eine worden, alles an argk.
Diser vorgeschribene borkfride sal angehen an deme
sloße Schildeck und dar yne und darumbe so ferre
bis gein Schuntra, von Schuntra bis gein Metchinfeld,
von Metchinfeld biss gein Ritenbergk, von Ritenbergk
biss gein Gernode, von Gernode geyn Sinchinrayne, von
Sinchinrayne widder gein Schuntra und darynne umbe
und umbe biß an daz sloß vorgenante, also doch
daz unser keynem der ganerben, sinen nachkomen oder
erbin daz keynen schaden bringe an unser ikliches
rechte daz wir in dene itzund genanten dorffen und
borkfride habin ongeverde. — dise obgeschribin artikel
alle und iklichin besundern, als die von worten zu
worten hier inne geschrieben steen, haben wir obgenanten Johann apt des stiftes Fulde und wir Ditterich
here zu Bickenbach, Erkinger von Sauwinsheyme ritter,
Conrad von Steinawe Steinrucke genand, und Conrad
vom Hutten, wir Johann apt fure uns, unser nachkomen
und stift und wir itzund genanten fure uns und unser
erbin unser einer dem andirn mit hande in hande
mit einer rechten steten truwen gelobet und darnach
mit uffgerachten fingern liplich zu den heiligen gesworen
stete, feste und unverbruchlich zu halden an alle geverde
und argliste. — Und des zu bekentnis und merer sicher-

heite haben wir Johann apt unser groser ingesigel fure uns, unser nachkomen und stift, und wir Ditterich here zu Bickenbach, Erkinger von Sauwinsheime ritter, Conrad von Steinawe Steinruck genand, und Conrad vom Hutten fure uns und unsere erbin unser iklicher sin eygen ingesigel mit rechtin wissin auch an disen briff gehangen, datum anno domini millesimo quadringentesimo vicesimo quinto, ipsa die beati Petri ad Cathedram.

Die schadhaften Wappen der Herrn von Bickenbach, Steinau und Hutten hängen an, das des Aptes von Fulda ist abgefallen.

Die wohlerhaltene Pergament-Urkunde befindet sich im Besitze der Bibliothek des Vereins für hess. Geschichte und Landeskunde zu Kassel.

V.

Die Kasseler Bibliothek im ersten Jahrhundert ihres Bestehens.

(16. und 17. Jahrhundert.*)

Von

Dr. Carl Scherer.

⁂

Duncker hat in seiner als Festschrift zum 300jährigen Bestehen der Landesbibliothek zu Kassel erschienenen Abhandlung: Landgraf Wilhelm IV. von Hessen, genannt der Weise, und die Begründung der Bibliothek zu Kassel im Jahre 1580, Kassel (Theodor Fischer) 1881, ein anschauliches und lebendiges Bild gezeichnet von der ersten Entstehung dieser schönen Schöpfung jenes Fürsten, von dem warmen Eifer des Stifters für ihr weiteres Wachsthum und von den Bemühungen und Hilfeleistungen befreundeter Gelehrten

---

*) Die nachfolgende Darstellung beruht, namentlich in ihrem zweiten Theile, soweit nicht andere Quellen namhaft gemacht worden sind, vorwiegend auf den bislang unbeachtet gebliebenen Akten der Landesbibliothek. Ich habe den betreffenden Angaben die Bezeichnung: A. L. B. zugefügt.

zumal von der Thätigkeit und dem Leben des ersten
Bibliothekars Johann Buch. Das frühste Zeugnis dafür, dass der Genannte Bibliothekar der landgräflichen
Büchersammlung war, stammt aus dem Jahre 1584 und
findet sich in einer Rede, die der Marburger Professor
Philippus Matthaeus am 16. Februar dieses Jahres auf
den Tod des Landgrafen Philipps II. des Jüngeren, der
einst des Magisters Buch Unterricht genossen hatte,
hielt und zu Marburg dem Druck übergab *). Ist hiernach gewiss Buch der Bibliothek als deren erster Vorsteher gesichert, so müssen wir doch andererseits die
Zeitgrenzen für die bibliothekarische Wirksamkeit jenes
Mannes, wie sie Duncker gezogen hat, einschränken,
denn thatsächlich ist Buch nicht bis zu seinem Tode
im September 1599 **) ununterbrochen an der
Bibliothek thätig gewesen. Es findet sich unter den aus-
gewählten Gedichten des Rodolphus Goclenius ein Lied,
welches dem »Joanni Rodingo: illustrissimi Principis
D. D. Guilielmi, Hassiae Langravii, &c Bibliothecario:
& opt. Matronae Margaritae Transfeldiae, novis Sponsis«
gewidmet ist ***); wir wissen andererseits aus der poetischen Zueignung, die drei Freunde Rudolf Goclenius,
Hieronymus Treutler und Jacob Thisius dem Joh. Rodingus beim oben erwähnten Anlass zusandten, dass

*) Oratio de vita et obitu illustrissimi Principis ac Domini
Domini Philippi Junioris ... habita Marpurgi a Philippo Matthaeo
... Marpurgi (Per Aug. Colbium.) 1584. 4. Wiederholt im Pa-
negyr. Acad. Marp. Marp. 1590. 8.

**) Der 29. September ist der Begräbnistag Buchs nach den
von *Schmincke* angefertigten Auszügen aus den Kasseler Kirchenbüchern. Mscr. Hass. fol. 113 [Ständ. Landesb.] s. dazu *Duncker*
a. a. O. S. 9.

***) Liber selectiorum carminum Rodolphi Goclenii ... Nunc
primum in lucem editus. Marburg (Hutwelcker). 1606. 8. Ebenso bezeichnet ein Anagramm des Fabronius auf Joh. Roding diesen
in der Ueberschrift als „Poeta et Magister artium Bibliothec. Cassellanus" s. Mscr. Poet. fol. 12 S. 762. [Ständ. L.-B.]

die Hochzeit im Jahre 1588 stattgefunden hat*). Wir
gewinnen somit für diesen Zeitpunkt einen zweiten
Bibliothekar in der Person des Johannes Rodingus. Als
Sohn**) des bekannten Marburger Theologen und Professors Nikolaus Roding und Enkel des vermuthlich
aus der Schweiz eingewanderten, späteren Treysaer
Bürgermeisters Johann Roding***) zu Marburg geboren,
erhielt der Jüngling seine akademische Bildung auf der
Hochschule seiner Vaterstadt, in deren Album er vom
zeitigen Rektor Oldendorpius am 22. September 1562
eingeschrieben ist†). Johannes hatte sich wie sein
berühmterer Bruder Wilhelm††), der zuerst das Ca-
meralrecht in ein System brachte, der Rechtswissen-
schaft gewidmet und erscheint so als Notar und An-
walt in Rechtsurkunden aus den Jahren 1582, 1592
und 1597†††). Im Jahre 1602 begegnet er uns wieder
als Bürgermeister von Kassel und Oberhaupt des dortigen Stadtgerichts, im folgenden Jahre noch einmal
unter den Schöffen der Stadt*†). Wann Roding, der

*) *Strieder*, Gel. Gesch. Bd. XI S. 326; Rodings erste Frau
war am 15. Nov. 1585 begraben. s. Mscr. Hass. fol. 113 Bl. 330.
[Ständ. L.-B.]

**) *Stölzel*, Die Entwicklung des gelehrten Richterthums.
Bd. I S. 121 u. 145.

***) *Strieder* Bd. XI S. 322 und *Stölzel* a. a. O. Bd. I S. 121
Note 28.

†) *Catalogus* studiosorum . . . ed. *Caesar*. P. II p. 54.

††) Ueber ihn s. *Stintzing*, Geschichte der Deutsch. Rechts-
wissenschaft. Bd. I S. 520; in der Ausgabe der Pandectarum
Cameralium des Wilhelm Roding von 1604 (Cassel bei Wessel
gedruckt) hat Johannes dem vorstorbenen Bruder ein Epitaphium
gesetzt.

†††) *Stölzel* a. a. O. S. 445; die Urkunde von 1592 besitzt
die Bibliothek des Geschichtsvereins.

*†) *Stölzel*, Bürgermeister und Rath der Stadt Kassel
(1239—1650). In der Zeitschrift des Vereins für Hess. Gesch. N. F.
Bd. V S. 150.

zum letzten Male unseres Wissens im Jahre 1605 als
fürstlicher Rath erwähnt wird, gestorben ist, war nicht
zu ermitteln; sicher war er bereits nicht mehr am
Leben etwa im Jahre 1621/22, wo wir in einem Entwurf des Moritzschen Hof- und Kanzley-Staats Johannis
Rodingi seeligen Wittib mit einem Gnadengehalt von
47 fl. und 20 alb. jährlich bedacht sehen *). Roding
muss, das lässt sich selbst aus den spärlichen Nachrichten schliessen, eine angesehene Stellung eingenommen haben. Wir sehen ihn in Beziehungen zu D.
Johannes Magnus, dem fürstlichen Rath, dem er als
litterarischer Beistand den Abdruck eines Werkchens in
Nürnberg und Beschaffung von Büchern aus Kassel
nach seinem Wohnorte Treysa vermittelt **). In dem
umfangreichen Foliobande, der die noch zum grössten
Theile ungedruckten Dichtungen des Philologen, Theologen, Rechtsgelehrten und gekrönten Dichters Hermann Fabronius ***) enthält und der nach manchen
Schicksalen schliesslich in der Kasseler Bibliothek ein
sicheres Obdach gefunden hat, steht — denn nicht
leicht ist ein damals Lebender von des Fabronius
Muse verschont geblieben, — auch eine dem Rodingus
gewidmete Elegie†). Von Kassel aus, wo die Pest
tobt, schreibt der Heimgekehrte an den Magister Joh.
Rodingus, den Dichter und einzigtheuren Freund, der
sich nach der ländlichen Stille von Rengershausen

*) Mscr. Hass. fol. 77 Bl. 21. [Ständ. Landesbibl.] und
unten S. 236.
**) Mscr. Hass. fol. 101 Bl. 296. [Ständ. Landesbibl.] Jo-
annis Rodingii ad. D. Johannem Magnum ... Epistola data e
pago Rengershausen. 9. die Oct. 1598. Abschrift von Kalckhoffs Hand.
***) *Rommel* Bd. VI S. 479 und *Strieder* Bd. IV S. 48 ff.
†) Mscr. Poet. fol. 12 Elegiar. Liber IV. Elegia XV S. 341.
Ueber die Schicksale der Handschrift s. die Bemerkung *Bernhardis*
vorn in derselben.

geflüchtet hat und hier in Trauerliedern der Opfer gedenkt, die die grimme Seuche in der Stadt fordert.
Ein Originalbrief, gleichfalls im Besitz der Landesbibliothek *), zeigt vertrauten Verkehr mit Jacobus Mo-
sanus, dem sprachenkundigen Leibarzt und eifrigen
Mitarbeiter des Landgrafen Moritz in dessen chemischem
Laboratorium **), demselben Manne, der im Verein mit
seinem Freunde Hermann Wolff im Jahre 1609 eine
Beschreibung des damals „neu eröffneten und an seinen
thugenden wunderbarlich befundenen" mineralischen
Brunnens bei Nordshausen unweit von Kassel herausgegeben hat ***). Das Schreiben, unterm 18. August 1599
in gewandten Distichen abgefasst, wendet sich an den
Freund, der augenblicklich in Rotenburg weilt, mit
einer eiligen Nachricht. Der Inhalt ist leider dürftig;
es handelt sich um eine für den Briefempfänger wichtige
Angelegenheit, die der Schreiber offenbar nicht dem
Papier anvertrauen mochte und von der wir nun, weil
sie allzu wichtig und geheim behandelt ist, nichts erfahren dürfen. Die Nachschrift empfiehlt den Dr. Lucanus — es ist vermuthlich der Dr. jur. und Hersfeldische Rath Laurentius Lucanus gemeint †) — der
gelegentlichen Fürsprache und Unterstützung beim Landgrafen. Für die gute Stellung, die Roding zu seinem
Fürsten einnahm, spricht am besten eine kleine, launige
Einladungskarte, die Moritz an den rechtskundigen Mann
am 6. October 1605 aus seinem staubbedeckten Museum

---

*) Mscr. litt. fol. 4 unter Rodingus.

**) *Rommel* Bd. VI S. 493 u. *Strieder* Bd. XVII S. 285.

***) Beschreibung des Mineralischen Brunnens, so newlicher
Zeit bey Cassel in Hessen widerumb in Brauch gebracht worden
. . . Cassel (Wessel.) 1609. In demselben Jahr erschien ebenda
auch der lateinische Text.

†) Die auf den Tod seiner Gattin (8. Oct. 1590) erschienenen
„Elegiae et consolationes" wurden 1591 bei P. Egenolph in Marburg
gedruckt.

richtet *). Der Gelehrte soll ihn am andern Morgen um
6 Uhr besuchen und einpaucken für die juristischen
Institutionen, die der Landgraf an demselben Tage mit
einigen jungen Edelleuten treiben will; aber kurz und
klar soll die Vorlesung sein, denn so präge er es sich
am leichtesten ein und übermittele es am besten seinen
Schülern.

Von der Thätigkeit Rodings als Dichter, die gewiss
der Sitte der Zeit entsprechend sowie den ihm verliehenen
Titel „Poeta" rechtfertigend eine grosse gewesen ist,
habe ich nur zwei gedruckte Einzelwerke in den
Händen, eine dem Landgrafen Wilhelm IV. gewidmete
Trauerklage auf den Tod von Reinhard Scheffer, Johann
von Meysenbugk und Eckbrecht von der Malsburg aus
dem Jahre 1587 und ein Glückwunschgedicht für Augustus
Sagittarius **). Eine Ethik, deren Vorrede, datirt vom
1. September, sich an Bernhard von Anhalt wendet,
ist mir nur in der Hanauer Ausgabe von 1593, wo sie
zusammen mit des Scribonius Ethik erschien, bekannt ***).
Sie gibt nach Ramistischer Methode in schulmässiger,
knapper Form die Begriffsbestimmungen der Sittenlehre.
Nach einer Bemerkung Kalckhoffs soll Roding auch den
Pandektencommentar des Matthaeus Wesenbeck zuerst

---

*) Mausol. Maurit. S. 20. s. auch *Rommel* Bd. VI S. 499.

**) Querimonia lugubris super obitum Reinh. Schefferi . . .
Joannis de Meysenbugk ... et Egbrechti de Malsburgk ... Autore
Joanne Rodingo Hasso. Marburg (P. Egenolph.) 1587. Das Titelblatt des Kasseler Exemplars hat 3 handschriftliche Distichen,
eine Widmung an einen ungenannten Dr. med. — Carmen in honorem . . . Dn. Augusti Sagittarii Dresdensis, gradum Baccalau-
reatus in Academia Marpurgensi consequentis, 23 Maij Anno &c.
77 scriptum a Johanne Rodingo Martispurgensi. o. O. u. J.
1 Bl. fol.

***) Ethicae Libri Quatuor Joannis Rodingi Marpurgensis;
Ad methodi Ramee leges conformati. Nunc secundó in lucem editi.
Hanoviae 1593.

1602 zu Lich veröffentlicht haben *). Handschriftlich
besitzt die Landesbibliothek von Roding eine „Panegyris" auf Philipp und „Memorabilia" aus Wilhelms
Leben, beide dem Landgrafen Moritz gewidmet **).

Rodings Thätigkeit an der Kasseler Bibliothek ist
vermuthlich nicht von langer Dauer gewesen, denn bereits
am 1. Januar 1593 wird der alte Buch wiederum verpflichtet „die Fürstliche Bibliothec, Mappen und instrumenta mathematica in guter Verwahrung und inventario zu halten"***). Möglich, dass Buch nunmehr das
Amt bis zu seinem Tode inne gehabt hat.

Der Mann, dem an dritter Stelle, soweit wir wissen,
die Verwaltung der Bibliothek übertragen wurde, war
Jacobus Thysius. Ein Vlamländer von Geburt und
gebildet auf den Schulen zu Antwerpen und Löwen, hatte
Thysius als Jüngling die Fremde aufgesucht, in Marburg, Heidelberg und Ingolstadt studirt, sich in Frankreich, Ungarn und Italien umgesehen und auf den
dortigen Hochschulen, zuletzt in Padua, gute Sprachkenntnisse und juristisches Wissen erworben. Die
inneren religiösen und politischen Unruhen verscheuchten
ihn später, wie so manchen seiner Landsleute, aus der
Heimath; in Hessen, wohin er mit Empfehlungen kam,
fand er sein zweites Vaterland †). Bis zum Jahre 1788,
wo das Gebäude dem neuen Brückenbau weichen musste,

---

*) Joh. Christ. *Kalckhoffs* Hassia literata. Mscr. Hass. fol. 72a.
[Ständ. Landesbibliothek.]

**) Im Sammelband Mscr. Hass. fol. 48.

***) *Strieder* Bd. II S. 50 Anmerkung.

†) Die Hauptquelle für Thysius ist Wilhelm *Dilich*. De
Urbe et Academia Marpurgensi ed. Caesar. P. IV S. 36. Daraus
abgeschrieben sind die *Kalckhoff*'schen handschriftlichen Nachrichten der Kasseler Bibliothek (Ms. Hass. 4º 79 und 4º 133) sowie
Freher, Theatrum virorum eruditione clarorum. S. 1028, der auch
das Bildnis übernommen hat; s. auch *Rommel* Bd. VI S. 503 u.
808; *Strieder* Bd. XVI S. 181 u. *Duncker* a. o. O. S. 27.

pries eine Inschrift am Thysiusschen, dem späteren
Dillingschen Hause am Markt zu Kassel den gastlichen
Genius des Landgrafen Moritz, der hier einem Ver-
triebenen eine Zufluchtsstätte bereitet hatte *). Etwa
1595 mag Thysius nach Kassel gekommen sein; im
folgenden Jahre finden wir ihn noch einmal in seiner
Geburtsstadt Antwerpen. Ein Brief, den er von dort
am 10. Juli nach Kassel an den Dr. jur. und Fürstl.
Rath Magnus Weiffenbach schickt **), lässt einmal ein
gewisses Ansehen beim Antwerpener Rath, bei dem er
sich in Sachen des Weiffenbach verwendet, erkennen
und andererseits ein bereits günstiges Einvernehmen
mit seinem neuen Landesherrn vermuthen.

Am 4. August 1600 gründete sich Thysius seinen
Hausstand, indem er die nachgelassene Tochter des
Hessischen Capitäns Caspar Geyse, der beim Bau des
Jägerhauses zu Kassel umgekommen war, als Gattin
heimführte ***). Was der befreundete Fabronius in seinem
unvermeidlichen Hochzeitsgedicht den jungen Eheleuten
gewünscht hatte:

„Thysi, fausta, precor, regnent in conjuge lecto,
Thysius ut blandus prodeat indo puer“ †)

ging überzeitig in Erfüllung, denn im Kirchenbuche lesen
wir bereits unterm 21. October desselben Jahres: „hat
Jacobus Thysius taufen lassen, Gevatter gewesen der
Cammermeister Johann Heugel und dem Kind der Namen
Johann Friedrich gegeben“ und der Schreiber fügt hinzu:

*) *Casparson,* Geschichte sämmtl. Hessen-Cassel. franz.
Colonien. S. 6—7 und *Strieder* Bd. XVI S. 181 Anmerkung.

**) Abschrift von *Kalckhoffs* Hand in Mscr. Hass. 4° 101.
[Ständ. Landesbibliothek.]

***) *Schminckes* Auszüge aus den Kirchenbüchern in Mscr.
Hass. fol. 113 Bl. 321 b [Ständ. Landesbibliothek.] und *Strieder*
Bd IV S. 33.

†) Fabronii Epigr. Lib. II. Mscr. Poet. fol. 12 S. 435. [Ständ.
Landesbiblioth.]

„Es ist aber Thysiana nona post nuptias septimana ins Kindsbett kommen non sine grandi ecclesiae hujus scandalo weil sie in einem Krantz zur Kirche gegangen" *). In ebendiesem Jahre wäre nach Rommel **) Thysius Sekretarius und Bibliothekar geworden, nach Strieder letzteres erst 1620 ***). Ich finde dem gegenüber folgendes. Fabronius nennt im Jahre 1600 den Thysius Licentiatus juris, ebenso bezeichnet sich der Gelehrte selbst in einem Huldigungsgedicht, das der italiänischen Sprachlehre seines Freundes Catharinus Dulcis vom Jahre 1605 vorgedruckt ist †), sowie in einem kleinen, handschriftlich vorhandenen Lobgedicht auf Melsungen aus dem letzten Jahrzehnt des 16. oder ersten des 17. Jahrhunderts ††). Ein kurzer, wohl derselben Zeit angehöriger Brief des älteren Goclenius trägt die Aufschrift an den Geheim-Sekretär Jacobus Thysius †††). Diese Zeugen wissen also nichts von einer Stellung an der Bibliothek. Der erste, den ich als Gewährsmann dafür anführen kann, dass Thysius fürstlicher Bibliothekar war, ist Bartolomaeus Bilovius in den dem Letzteren gewidmeten Versen im 40. Buch seiner Epigramme *†), wo er diesen ausdrücklich mit I. U. L. Poeta egregius und Biblioth. Cassell. praefectus anredet. Das genannte Büchlein des Bilovius ist zwar ohne Angabe des Druckjahres erschienen, muss aber zweifellos im Jahre 1611 entstanden und veröffentlicht

---

*) Mscr. Hass. fol. 113 Bl. 321 b. [Ständ. Landesbiblioth.]

**) Bd. VI S. 503 und *Duncker* a. a. O. S. 27.

***) Bd. XVI S. 181.

†) Catharini Dulcis Schola Italica . . . Francoforti. [1605.] 8. s. auch *Rommel* Bd. VI S. 477 und *Strieder* Bd. III S. 243 ff.

††) Mscr. Hass. fol. 12 Bl. 202. Überschrieben: Dedicatio Milsungiae. [Ständ. Landesbibl.]

†††) Mscr. Hass. 4° 101 S. 257. [Ständ. Landesbiblioth.] Abschrift von *Kalckhoff*.

*†) Barptolomaei Bilovii Epigrammatum Libellus XI. Magdeburg (Joachim Boelius.) o. J. 8.

sein. Ein unsteter, nicht unbeanlagter, aber etwas lüder-
licher und verliebter Geselle, dem die Krönung zum
kaiserlichen Poeta laureatus vermuthlich den Kopf ver-
drehte, war Bilovius nach manchen Reisen 1611 nach
Hessen aufgebrochen. Von Marburg, wo er mit den
Professorenkreisen Fühlung gewann, kam er nach Kassel
an den Hof, wo Moritz den Gelehrten günstig aufnahm.
Entweder in dankbarer Gesinnung oder eher noch in
Hoffnung auf Anstellung hat der Dichter damals das 40.
Buch seiner Epigramme, das sich fast ausschliesslich an
Hessische Persönlichkeiten wendet, geschrieben und dem
Landgrafen gewidmet, noch ehe er um Neujahr 1612
auf Kasseler Empfehlung hin die Rectorstelle in Schmal-
kalden erhielt *). Fällt somit jenes Gedicht auf Thysius
ins Jahr 1611, so erhalten wir hierdurch ein sicheres
Zeugnis für dessen Thätigkeit als Bibliothekar. Wenn
es erlaubt wäre, ein Mahnschreiben des Thysius **), in
dem er am 6. Februar 1605 Bücher zurückfordert, als
Dienstsache und nicht als Privatangelegenheit aufzufassen — und beides ist möglich — so kämen wir höher
hinauf in das Jahr 1605.

Bereits 1615 erhält dann der Gelehrte seine Berufung an die Hochschule in Marburg, wo er an Stelle des
schon 1614 erkrankten Hermann Kirchner sich als Professor der Geschichte und Poetik mit Gregorius Schönfeld,
der die Redekunst übernahm, in des Erstgenannten Lehrthätigkeit theilt ***). Nach 5 Jahren kehrte Thysius
nach Kassel zurück, um noch 8 Jahre am Collegium
Adelphicum als Lehrer der ausländischen Sprachen zu

---

*) Über Bilovius s. *Strieder* Bd. 1 S. 426 ff. Ausführlichere
Nachrichten bietet der von Strieder nicht benutzte *Geisthirt* in der
Historia Schmalcaldica Heft II S. 128 (Zeitschrift des Vereins für
Henneb. Gesch. Suppl. Hft. II).

**) Mscr. litt. fol. 4 unter Thysius. [Ständ. Landesbibl.]

***) *Catalogus* studiosorum . . . ed. *Caesar*. Part. IV S. 95.

wirken *). Am 30. November 1628 trug man den 73jäh-
rigen zu Grabe; seine Gattin, die ihn um einige Jahre
überlebte, ist am 17. April 1632 gestorben **).

Proben seiner Kunstfertigkeit als Dichter, wie ihn
die beredten Verse seiner Mitjünger in Apoll gern feiern,
sind gedruckt wie ungedruckt verstreut erhalten Anders
steht es mit einem vermeintlichen grösseren Werke des
Thysius. Als Nebelthau im Jahre 1858 die sog.
hessische Congeries herausgab ***), verwendete er für die
Drucklegung neben zwei anderen Handschriften einen
Sammelband der Ständischen Landesbibliothek zu
Kassel †), der u. a. von Bl. 173—202 eine Beschreibung
des Landes Hessen nebst den Sitten und Thaten seiner
Bewohner enthält, die unter dem Titel: *Descriptio totius
Hassiae ut et de moribus et rebus gestis Hassorum* als
herrenlose Schrift auch in den landeskundlichen Handbüchern von Walther und Ackermann verzeichnet ist.
Am Ende dieser Beschreibung steht nun unglücklicher
Weise ausser anderm ein Gedicht, geschrieben von einer
anderen Hand als die vorhergehenden Blätter, wohl von
der des Verfassers selbst, der aus der Unterschrift sich
als unser Jacobus Thysius I. U. L. ergibt. Die Verse,
die der Stadt Melsungen ruhmvolle Vergangenheit preisen,
haben mit der vorausgehenden Beschreibung Hessens
nicht das geringste zu thun. Trotzdem hat Nebelthau ††),
die von Duncker †††) offenbar ohne Nachprüfung ge-
theilte Vermuthung gewagt, dass jene Unterzeichnung des
Thysius auf die gesammte Descriptio zu beziehen und

---

*) *Strieder* Bd. XVI S. 181. Irrthümlich lässt ihn Fabronius
bei Dilich (s. o. S. 230 Anm.) als Greis nach Belgien zurückkehren.

**) Mscr. Hass. fol. 113 Bl. 337 u. 155. [Ständ. Landesbibl.]

***) Zeitschrift des Vereins für hessische Geschichte. Bd. VII
S. 309 ff.

†) Mscr. Hass. fol. 12.

††) a. o. O. S. 311.

†††) a. o. O. S. 27 Anm. 2.

somit diese als Arbeit des Genannten anzusehen sei. Nebelthau wäre schwerlich auf diesen Gedanken gekommen, hätte er die dem eigentlichen Texte vorangeschickten Widmungen näher angesehen.

Die Zueignung des Werkes ist geschrieben und unterzeichnet von Johannes Hartmannus Ambergens palat. Will man aus ihr allein Schlüsse ziehen, — und das konnte man wohl, so lange man wie Nebelthau nur eine Niederschrift der Descriptio kannte, — so muss man in Hartmann *), dem bekannten Chemiker und Leibarzt des Landgrafen Moritz, den Verfasser sehen. Freilich liegt die Sache thatsächlich etwas anders. Die auf der Landesbibliothek befindliche Handschrift ist nur eine Abschrift des Originals, welches ausser dem Texte auch die Federzeichnungen der beschriebenen Ortschaften enthielt, angefertigt von einem Manne, der sich lange in Hessen umgesehen hatte. Auch dies Originalwerk ist zum Glück erhalten; aus der fürstlichen Bibliothek zu Kassel kam es einst ins Wilhelmshöher Schloss, von wo es ins Marburger Staatsarchiv gelangt ist. Diese Handschrift gibt uns den vollständigen Titel des Werkes und mit ihm dessen Hauptverfasser, Wilhelm Dilich **). Dilichs Beziehungen zu Johannes Hartmann sind bekannt; er war es, der seinen einstigen Lehrer veranlasste von Wittenberg nach Kassel zu kommen ***), wo er sich alsbald mit ihm verband zu diesem gemeinsamen Huldigungswerk für Moritz, der 1591 entstandenen Descriptio Hassiae. Von Dilich sind Text

---

*) *Rommel* Bd. VI S. 483 ff. u. *Strieder* Bd. V S. 281 ff.

**) s. *Caesar*, Ueber Wilh. Dilichs Leben und Schriften. I. d. Zeitschrift des Vereins f. hess. Gesch. N. F. Bd. VI S. 318, der irrig die Descriptio in Dilichs spätere Zeit setzt, und besonders *Kochendörffer*, Wilhelm Dilichs hessische Chronik. Im Centralblatt für Bibliothekswesen. Bd. II S. 485 f.

***) *Caesar* a. o. O. S. 313-314.

und Federzeichnungen entworfen, von Hartmann stammen
die Widmungsverse und die zahlreichen poetischen
Einlagen zum Lobe der Städte. Mit der Autorschaft
des Thysius für diese Beschreibung ist es also nichts;
wahrscheinlicher ist die Vermuthung, dass der Sammelband, der jene enthält, aus dem Besitze Dilichs in den
des Thysius überging, und sich so der Zusatz des
Letzteren erklärt*). Die Privatbibliothek des Thysius
ist deshalb wohl entgegen der Annahme Rommels**),
nach der sie geschlossen an den Grafen Ernst von
Schaumburg gekommen wäre, wenigstens zum Theil
in den Besitz des Landgrafen Moritz übergegangen.

Thysius hat die Aufsicht über Bibliothek und
Kunstkammer nach seiner Rückkehr von Marburg und
nach Antritt der Kasseler Professur im Jahre 1620
nicht wieder erhalten, wofür wenigstens der negative
Beweis zu erbringen ist***). Die Ständische Landesbibliothek besitzt handschriftlich eine Uebersicht des Hof-
und Kanzleystaats unter Landgraf Moritz †), die zwar
undatirt ist, aber m. E. aus inneren Gründen nur in
das Jahr 1621/22 fallen kann ††). In diesem Verzeichniss
werden alle Beamten und Bediensteten nach ihren
amtlichen Stellungen und Gehältern, meist unter Bei-
fügung der Namen, aufgeführt. Aus dem Umstande,
dass die Stelle eines Vorstehers von Bibliothek und

---

*) Ich glaube auch sonst in der erwähnten Handschrift (Mscr.
Hass. fol. 12) die Spuren des Thysius zu entdecken.

**) Bd. VI S. 503 u. 808.

***) *Strieder* Bd. XVI S. 181 durfte sich zur Stütze seiner
gegentheiligen Ansicht nicht auf das angeführte Epigramm des
Bilovius berufen.

†) Mscr. Hass. fol. 77.

††) Die zeitliche Festsetzung ergiebt sich daraus, dass Joh.
Hartmann schon als Leibarzt vorkommt, was er erst seit 1621 war
(*Strieder* Bd. V S. 283), und dass Wilhelm Burckhard Sixtinus,
der am 13. Januar 1623 seine Dienste verliess (*Strieder* Bd. XV
S. 26), noch unter den Räthen aufgeführt wird.

Kunstkammer gar nicht vorkommt, dürfte zu schliessen
sein, dass sie unbesetzt, also nicht in den Händen des
Thysius war *).

Greifbare Spuren, die sich bis auf unsere Zeit hin
auf der Bibliothek verfolgen liessen, hat die Wirksamkeit
jener drei ersten Bibliothekare nicht hinterlassen, spätere
Thätigkeit hat ihre bescheidenen Leistungen aufgehoben.
Es ist ein Irrthum, wenn B e r n h a r d i glaubte **), dass
der noch jetzt in Gebrauch befindliche alphabetische
Zettelkatalog der Bibliothek in seinen Anfängen auf
Buch zurückgehe, ich vermag vielmehr, was hier zu
weit führen würde, den sicheren Beweis zu liefern, dass
er nicht früher als zu Anfang des 18. Jahrhunderts,
wahrscheinlich in den 20er Jahren desselben, angelegt ist.

Es scheint, dass die Anstalt in der Zeit des Landgrafen Moritz grössere und wichtigere Erwerbungen
nicht gemacht hat ***), wenn wir absehen von dem, was
des Fürsten Lieblingsbeschäftigung, die Chemie und
Alchemie, schliesslich für die Handschriftensammlung
gebracht hat. Es ist nicht eben wunderbar, wenn
K o p p, ein berufener Fachkundiger, sich mit diesen
Beschäftigungen des Hessischen Landgrafen in seiner
Geschichte der Alchemie †) in nur wenigen Zeilen ab-

---

*) Mscr. Hass. fol. 77 Bl. 22 wird eine Elisabeth Hagen
mit einem Gnadengehalt von 47 fl. und 20 alb. als Bucher-
W[ärterin] geführt. Sie wird zu dem bescheidenen Aemtchen des
Staubwischens und Fegens verwendet worden sein.

**) Vier Briefe die Begründung der . . . Landesbibliothek
betr. I. d. Zeitschrift des Vereins f. hess. Gesch. Bd. VI S. 148.

***) Im Jahre 1596 erwarb Moritz von Balthasar Marold die
Bibliothek von dessen verstorbenem Vater, wofür er ihm ein „Gut
zu Elgershausen, welches 3 Hufen Landes hält und das Grebengut
genannt wird, gegen eine 12 Viertel partim jährlich und die Haltung
eines Freipferdes zu Erblehen" gab. s. *Landaus* Handschr. Nachl.
unter „Kassel." [Ständ. L.-B]

†) Die Alchemie in älterer und neuerer Zeit Th. I S. 126
u. 220. Th. II S. 343. Heidelberg 1886.

findet, harren doch die hierhin einschlägigen, handschriftlich auf der Kasseler Bibliothek erhaltenen Studien Moritzens und seiner Mitarbeiter zumeist noch der Durchsicht und Bearbeitung. Und doch war, wie Joseph Quercetanus, der französische Leibarzt, in seiner Pharmacopoe *) rühmt, die Officin dieses Fürsten damals die trefflichste und bestversehene in Italien, Frankreich und Deutschland. Würdig zur Seite stand dieser Sammlung chemischer Präparate die zugehörige Handschriftenbibliothek, die sich auf 600 Werke belief. Moritz liess kurz vor seinem Tode die sämmtlichen „Codices Mstos Chymicos in sein Schlafzimmer bringen, ordnen und katalogisiren" **). Sie sind indessen nicht sofort nach seinem Tode in die Bibliothek übergeführt worden, sondern sie blieben noch im Laboratorium, bis sie etwa Anfang der 70er Jahre des 17. Jahrhunderts in die Bücherkammern gebracht und dann auf Befehl vom 22. Juli 1675 nach dem vorhandenen Inventar dem zeitigen Bibliothekar überliefert wurden ***).

Während der geschilderten Zeit hat die Bibliothek mehrmals ihren Unterkunftsort gewechselt. Man nimmt seit Dunckers Abhandlung an †), dass bereits unter Wilhelm IV. im Jahre 1585 eine Übersiedelung aus dem Kanzleigebäude im Renthof nach dem Oberstock des damals errichteten Marstalls stattgefunden habe. Ich glaube, dass diese Ansicht, für die ich zweifellose Belege vergebens gesucht habe, Misverständnissen ihren Ursprung verdankt. Einmal konnte die angeblich früher am Marstall eingehauen gewesene Inschrift „Pro Mulis Et Musis" zu dem Glauben verleiten, dass jener Bau von Anfang

---

*) Pharmacopoea dogmaticorum restituta. Ed. 2. S. 509.
**) *Kalckhoffs* Hassia literata. Mscr. Hass. fol. 71 [Ständ. Landesbiblioth.] und *Rommel* Bd. VI S. 426 ff.
***) Verfügung an Dr. Angelocrator. A. L. B.
†) a. o. O. S. 16 f.

an den Maulthieren und zugleich den Kindern der Musen,
den Büchern, eingeräumt gewesen sei. Nun ist aber
jene Inschrift, die zuerst im Jahre 1812 auftaucht,
durchaus apokryph und kaum etwas anders als Über-
tragung eines Witzes, der von Voltaire mit Bezug auf
die Berliner Academie erzählt wird, auf die ähnlichen
Kasseler Verhältnisse *). Zweitens aber konnte aus
dem Umstande, dass die Bibliothek im 17. Jhd. sich nun
einmal im Marstall befand, leicht fälschlich geschlossen
werden, dass sie von jeher dort gewesen sei, wie dies
Schmincke in seiner Beschreibung von Kassel denn
wirklich thut **). Sicher bezeugt ist jedoch nun ***),
dass die Bibliothek 1618 aus dem Schloss in das von
Moritz gestiftete Collegium Adelphicum d. h. in die
Gebäude des ehemaligen Carmeliter- oder Brüderklosters
gebracht wurde, um den Zwecken der Schule dienlich
gemacht zu werden. Diese Bibliothek wird „amplissima"
genannt, es kann also unmöglich, wie Duncker will†),
eine etwa der. früheren Hofschule gehörige, kleinere
Büchersammlung gemeint sein. Ueberhaupt gab es eine
solche nicht, vielmehr hatte man damals, wie ich dem
Berichte eines späteren Bibliothekars entnehme, nur 2
Bibliotheken ††). Die eine war die grosse, die Wilhelm
begründet und Moritz für das Haus Kassel bestätigt
hatte, die andere die vom Letztgenannten erst angelegte sog. Kammer-Bibliothek, die in des Landgrafen
eigenem Gemach getrennt aufgestellt war und nachmals in den Besitz seines Sohnes Hermann überging.
Besass die Hofschule somit keine besondere Bücher-

---

*) *Duncker* a. o. O. S. 18.
**) a. a. O. S. 195.
***) Joh. *Crocius*, De vita et obitu Mauritii... im Mon. Sep. II
S. 21; *Hartwig*, Die Hofschule zu Cassel. S. 86.
†) a. o. O. S. 18 Anm. 2.
††) Memorial des Scholasticus vom 4. Januar 1653. A. L. B.

sammlung, so liegt die Vermuthung nahe, dass Moritz,
wie er im Jahre 1618 dem Adelphicum die grosse
Bibliothek zugänglich machte, so sie früher aus Rücksicht auf die Hofschule aus dem Kanzleigebäude etwa
1595 nach Begründung jener Anstalt *) ins Schloss
hat bringen lassen, von wo sie dann, wie oben erwähnt,
1618 in den Renthof zurückkehrte. Von hier ist sie
vielleicht im Jahre 1633, als das Collegium Adelphicum
in der neugegründeten Kasseler Universität aufging,
vermuthlich jedoch noch später, in den Oberstock des
Marstallgebäudes gelangt. „Nach dieser Translation
der Bücher aus dem Collegio", wie es ausdrücklich
heisst **), hat die Bibliothek „etliche Jahre gantz confuse
uber einem hauffen gelegen", so dass länger als 4 Jahre
nöthig waren, um die Bücher zu „separiren, zu collocirn
und in ihre stellung zu bringen" ***). Auch dieser Umstand spricht, denke ich, dafür, dass die Bibliothek
nicht schon 1585, sondern erst in den 30er oder 40er
Jahren des 17. Jahrhunderts in den Marstall gekommen
ist, denn man darf doch unmöglich glauben, dass vier
Bibliothekare an der Reihe weg es verabsäumt haben
sollten, der Unordnung auf derselben ein Ende zu
machen. Wozu wären sie sonst dagewesen?

Indem ich von 4 Bibliothekaren rede, bleibt der
Name des vierten noch zu nennen. Es ist der bisher
in dieser Stellung unbekannte, aus den Akten der Landesbibliothek nun ausgegrabene Nicolaus Crugius oder
Krug, der, als Rektor der Stadtschule thätig, von Moritz
zugleich an die Hofschule berufen wurde und zu der Zeit,
wo er die Bibliothek unter sich hatte, was sicher von 1633
bis 1644 der Fall war, als Professor der Logik an der

---

*) *Hartwig* a. a. O. S. 7 f.
**) Memorial des Scholasticus ps. d. 19. Mai 1654. A. L. B.
***) Schreiben desselben ps. d. 20. Juni 1655. A. L. B.

Kasseler Universität wirkte *). Damals war die Kunstkammer von der Bibliothek, mit der sie bislang zusammen verwaltet war, getrennt und der Aufsicht eines
Dr. Grau, der Mediciner und Physiker war **), unterstellt, bis erst im Jahre 1644 beide Sammlungen wieder
in einer Hand vereinigt wurden. Uebrigens stellte man
sich der Universität, die 1633 den Antrag auf Benutzung, nicht auf Ueberlassung überhaupt gestellt
hatte, merkwürdig schroff und ablehnend gegenüber;
auch wurde die Zugänglichkeit, die früher offenbar allgemeiner gewesen war, damals sehr dadurch erschwert,
dass Wilhelm V. in einem eigenhändigen Schreiben
seinem Bibliothekar befahl „Keinem kein Buch ohne
Ihrer Fürstlichen Gnaden special befehl aussfolgen zu
lassen" ***).

Wohl mag die Zeit für die Bibliothek ohnedies
jetzt eine ruhige und stille geworden sein, waren doch
die Stürme des dreissigjährigen Krieges mit ihren mächtigen Wehen auch über das Hessenland inzwischen
längst hereingebrochen. Unsrer jungen Anstalt war es
indessen nicht nur beschieden, ihren alten Besitzstand,
was nicht jede ihrer Mitschwestern vermochte, zu
wahren, nein, sie ging auch unter dem schützenden
Schilde ihres siegreichen Landesherrn auf glückliche Eroberungen aus.

Wir werden hierbei auf die Erwerbung der Fuldaer
Handschriften mit ihrem grössten Schatz, dem Hilde-

---

*) Memorial des Scholasticus v. 4. Jan. 53. A. L. B. s. auch
Strieder Bd. 11 S. 463 und *Weber*, Gesch. der städt. Gelehrtenschule zu Cassel. S. 132 ff.

**) Memorial des Scholasticus ps. d. 19. Mai 1654. A. L. B.
und dazu *Strieder* Bd. V S. 75 und *Hartwig* a. a. O. S. 79.

***) Memorial vom 4. Jan. 1653. A. L. B. Die Angabe, dass
der Landgraf nicht habe nachgeben wollen, dass „einem oder andern privato ein Buch auss der Bibliothek geliehen werden sollte",
beweist, dass früher die Ausleihung liberaler gehandhabt worden war.

brandsliede, und auf die Schicksale der hochberühmten, dortigen alten Bibliothek geführt. Ein eigenthümliches Dunkel lagert noch immer über dem plötzlichen Verschwinden dieser Sammlung aus Fulda; nur wenige dürftige Nachrichten lassen Vermuthungen Spielraum, sicheren Aufschluss vermag uns wohl nur noch ein etwaiger überraschender archivalischer Fund zu bringen. Bestimmte Zeugnisse geben uns die Gewähr, dass im Jahre 1618 die Handschriftenssammlung, wenn auch mit kleinen Lücken, noch dastand, gleich sichere Angaben belehren uns, dass sie nach dem dreissigjährigen Kriege spurlos verschwunden war *). Während dieser Zeit wird demnach auch Hessen für die Kasseler Bibliothek seine Beute davongetragen haben **). Es fragt sich nur: wann?

Ehe Gustav Adolf im Februar 1632 nach Franken zog, hatte er dem Landgrafen von Hessen die Abtei Fulda sowie die Stifter Paderborn und Corvey eigenthümlich und erblich übergeben. Bereits Ende Februar waren die landgräflichen Bevollmächtigten in Fulda, um die Vereidigung vorzunehmen. Eine der ersten Handlungen der zugleich einrückenden hessischen Soldaten war die Austreibung der Jesuiten, in deren Kirche bereits am 29. Februar der Kalvinische Hofprediger aus Kassel predigte ***). Man begnügte sich jedoch nicht

---

*) *Ruland*, Die Bibliothek des alten Benedictiner-Stifts zu Fulda. Im Serapeum Jhrg. **XX** S. 292 ff.

**) Dass die Brandschatzung von Fulda durch Philipp 1526 auch die Bibliothek betroffen habe, wie *Kindlinger*, Katalog und Nachrichten von der chemaligen . . Bibliothek in Fulda. S. 15. *Ruland* a. a. O. S. 143, *Gross*, Über den Hildebrandts-Lied-Codex . . . In d. Zeitschrift des Vereins f. hess. Gesch. N. F. Bd. VIII S. 149 und *Duncker* a. o. O. S. 30 annehmen, glaube ich nicht, weil in den Verhandlungen über die Wiedererlangung der damals entführten Sachen ausser von Hausgeräthen, Geschützen u. a. nur von Urkunden die Rede ist.

***) *Rommel* Bd. VIII S. 183 f. und *Rehm* Bd. II S. 348.

mit der Ausweisung, man machte sich nun auch an die Hinterlassenschaften des geflüchteten Ordens. Am 6. März wanderten, wie der gleichzeitig lebende Fuldaer Chronist Gangolf Hartung *) berichtet, nicht nur die „Schöne Neuwe Stuckfass" aus dem Schlosskeller auf des Landgrafen eigens geschickten Wagen nach Kassel, sondern mit ihnen auch viele Sachen „auss dem Jesuwitters Kloster", und unter dem 20. März schreibt derselbe Mann weiter: „ist dockter andRech der audydor, undt sein Bruder, der Cantzler, auss der Stadt fulda gezogen nach Kassell, undt haben im Schloss die sennften mit nach Kassell genohmen, undt die Sennften im Schloss auss der Bibelliteck fohl Bucher gelahten undt auch mit nach Kassell gefuhrt" **). Wir können m. E. bei dieser Bücherentführung nicht an die wenigen Handschriften denken — es mögen deren 20—25 sein ***), — die die Landesbibliothek noch heute aus Fulda besitzt; hätte man sich wohl überhaupt als Herr des Landes mit einer so geringen Zahl von Bänden begnügt, wenn man es in der Hand gehabt hätte, die ganze Handschriftenbibliothek, die nach Hunderten zählte, mitzunehmen; hätte man aus jeder Repositur nur einen oder wenige Codices ausgesucht anstatt die gesammten Schränke auszuräumen? Ganz gewiss nicht. Die alte Benedictiner-Bibliothek muss damals schon aus Fulda fortgewesen sein †), sie konnte aus diesem Grunde nicht mehr ent-

---

*) Eine Fuldaische Chronik aus der ersten Hälfte des 17. Jahrhds von Gangolf *Hartung*. Hg. von *Gegenbaur*. Prog. des Gymn. z. F. 1863. S.. 28 f.

**) a. o. O. S. 29.

***) *Gross* a. a. O. S. 163 ff.

†) *Ruland* a. a. O. S. 312 ff. und *Gross* a. a. O. S. 168. Sicher würde doch Abt Johann Bernhard Schenck zu Schweinsberg im Juli 1631, wo er Archiv und Kirchenschatz flüchtete, auch die Bibliothek gesichert haben, wenn sie noch bestanden hätte. s. *Gross* a. o. O. S. 157.

führt werden; sie kann deshalb unter der von Hartung
erwähnten nicht verstanden werden, wir müssen uns
nach einer anderen umsehen.

Es ist bislang noch unbemerkt geblieben, dass die
Kasseler Bibliothek eine recht bedeutende Anzahl von
meist der katholischen Theologie angehörigen Drucken
besitzt, die sich durch den handschriftlichen Eintrag
„S. Societatis Jesu Fuldae" als ehemalige Angehörige
der 1573 mit dem Einzug des Ordens in Fulda begründeten Jesuitenbibliothek ausweisen. Die Jesuiten
haben bis auf die Jahre 1632/33, wo hessische Besetzung
sie fern hielt, bis zur Auflösung des Collegiums 1773
in der Stadt gesessen. Ich habe dagegen trotz eifrigstem
Nachsuchen bis jetzt — und das ist kein Zufall —
kein Werk im Kasseler Bibliotheksbesitz von denen,
die aus der Jesuitenbibliothek stammen, auffinden
können, welches jünger wäre als die 20er Jahre des
17. Jahrhunderts. Was in Kassel ist, wird also nicht
erst in späterer Zeit hergebracht sein, es muss, um es
kurz zu sagen, aus der Zeit stammen, wo man die
Jesuiten verjagt hatte und ihre Anstalt ausplünderte,
aus dem Jahre 1632 *). Jene Bibliothek des Hartung
ist die Jesuitenbibliothek. Sollten aber damals nicht
auch unsre wenigen Fuldaer Handschriften mit nach
Kassel gekommen sein? Es ist nicht eben unwahrscheinlich. Wir wissen aus gleichzeitigen Berichten,
dass den Jesuiten die Stiftsbibliothek offen stand, und
dass sie deren Handschriften namentlich für ihre Veröffentlichungen fleissig benutzten. Zweifellos sind so
Manuscripte vorübergehend in ihre Behausung gekommen,
die entweder zurückbehalten wurden oder zu einer Zeit,
wo die Handschriftenbibliothek schon entführt war,

---

*) Aus der jüngeren Jesuitenbibliothek kamen 218 Bände
in die neubegründete Landesbibliothek zu Fulda. s. *Zwenger*, Zur
Gesch. der Fuld. Landesbibliothek. Im Hessenland Jhrg. IV S. 322.

nicht mehr zurückgegeben werden konnten *). So können immerhin auch die Fuldaer Handschriften der Landesbibliothek in die Jesuitenbibliothek gewandert und dann s. Z. mit ihr nach Kassel gekommen sein. Dass die Fuldaer Jesuiten alte Handschriften aus der früheren Bibliothek auch noch später hatten, die sie 1632 bei ihrer Austreibung mit sich genommen haben müssten, war dortigen Orts im 18. Jahrhundert offenes Geheimnis. Der letzte Bibliothekar des Ordens Schultheis verschwand bei der Aufhebung 1773 mit ihnen nach Breslau auf Nimmerwiedersehen **). Was von den Fuldaischen Erwerbungen nach Kassel gelangt war, kam vielleicht zum Theil sofort zur dortigen Bibliothek, ein Ueberrest hingegen stand noch im April 1661 im Schloss „bey der Kirchstuben" und wurde erst damals auf Antrag des Bibliotheksinspektors nach dem Marstall gebracht ***).

Wir verlassen hiermit den immerhin nicht ganz sicheren Boden der 30er Jahre, um uns desto bestimmteren Schrittes ins folgende Jahrzehnt zu wenden, zur Thätigkeit des 5. Bibliothekars, Rudolphus Scholasticus oder Schüler †). Als Sohn des ehemaligen Mathematikers an der Hofschule und später an der Ritterschule zu Kassel Johann Scholasticus 1617 zu Marburg geboren, hat Rudolph seine Jugendzeit in Kassel verbracht, wo er in der Freiheiter Gemeinde im Jahre 1630 konfirmirt wurde ††). Seine Studien schlugen eine der Lehrthätigkeit des Vaters ähnliche Richtung

---

*) *Gross* a. a. O. S. 155; *Kindlinger* a. a. O. S. 16 ff.; anders *Ruland* a. a. O. S. 292.

**) *Kindlinger* a. a. O. S. 17.

***) Memorial des Angelocrator ps. d. 6. April 1661. A. L. B.

†) *Hartwig,* Die Hofschule . . . S. 75.

††) *Strieder,* Bd. IX S. 196 u. Mscr. Hass. fol. 113 Bl. 156. [Ständ. Landesbibl.]

ein, wofür die Berechnung der Mondfinsterniss vom
Jahre 1645 spricht, die er am 30. Januar dem Landgrafen Wilhelm überreichte *). Scholasticus war damals bereits 9 Monate im Amte, in das ihn Amalie
Elisabeth am 1. Juli 1644 als Bibliothekar und Mathe-
maticus gesetzt hatte **).

Die wenigen Berichte, die wir von Scholasticus
Hand unter den Akten der Landesbibliothek besitzen,
sind werthvoll, weil sie manche Streiflichter auf die
frühere Bibliotheksgeschichte werfen und fernerhin die
Persönlichkeit des neuen Bibliothekars mit guten
Strichen kennzeichnen. Dieser Mann ist eifrig bedacht
auf das Interesse seiner Sammlungen und macht ver-
ständige Vorschläge zur Hebung derselben. Während
man die Vorbereitungen für die Zurückverlegung der
Hochschule nach Marburg traf, tauchte der Gedanke
auf, die Fürstliche Bibliothek dorthin abzugeben und
nur die für die Universität nicht nöthigen Werke zu-
rückzulassen. Ein Memorial Schülers vom 4. Januar
1653 trat diesem Plane mit aller Entschiedenheit entgegen ***). Die Bibliothek, so führt es aus, ist von
Wilhelm IV. für Kassel gestiftet und in diesem Sinne
von Moritz bestätigt, sie gehört zum Hause Kassel;
komme die Universität einmal davon ab, so gehe auch
die Bibliothek, falls man sie damit verbände, zugleich
verloren. Wolle man einzelne Fächer geschlossen aus
ihr abgeben, so sei folgendes zu beachten. Die juristischen und politischen Werke müssten der Räthe wegen
zurück bleiben, die mathematischen Bücher gehörten zu
den Instrumenten, die botanische, zoologische und
chemische Sammlung aber könne in Kassel nützlicher

---

*) Mscr. Astron. fol. 8. [Ständ. Landesbiblioth.]
**) Schreiben der Wittwe des Scholasticus ps. d. 15. Jan. 1672.
A. L. B.
***) A. L. B.

gebraucht werden als in Marburg. Habe man dagegen
vor, aus sämmtlichen Abtheilungen einzelne Stücke
auszuliefern, so mache man alle Fächer unvollständig.
Entweder — und dieses ist die energische Schluss-
forderung — man giebt alles ab oder nichts. War
Scholasticus so auf Erhaltung des Ueberkommenen
eifrig bedacht, so suchte er auch für die Vermehrung
des Bestandes zu sorgen. Seit 35 Jahren und noch
länger, so führt eine Eingabe vom 19. Mai 1654 aus *),
sei nichts mehr hinzugekauft, und doch werde täglich
neues gedruckt. Man möge die Dubletten, zumal die
medicinischen, vertauschen oder verkaufen, man solle
Beträge für Neuanschaffungen auswerfen und müsse
schliesslich den Buchdruckern hier im Land zu Marburg,
Kassel und Rinteln auferlegen, von jedem bei ihnen
gedruckten Buche einen Abzug frei zu liefern. Wir
stossen mit dieser Forderung, die gewiss mit den
scharfen Bestimmungen, die der Kaiser hinsichtlich der
Pflichtlieferung für den Frankfurter Bücherverkehr
damals erliess **), in Verbindung zu bringen ist, zum
ersten Mal in Hessen auf die Angelegenheit der Frei-
exemplare, deren Beitreibung dank den höflichen
Weigerungen mancher Verpflichteten noch heute nicht
eben zu den annehmlichsten Dienstobliegenheiten des
Bibliotheksbeamten zählt. Uebrigens war der Vorschlag
des Scholasticus, der unberücksichtigt blieb, damals
von grösserer Bedeutung als jetzt, weil zu jener Zeit
in Hessen verhältnismässig mehr gedruckt wurde als
heute. Unter Scholasticus — vielleicht erst durch ihn
— war die Bibliothek nach Fächern aufgestellt. Ob
er oder bereits ein früherer Beamter den Katalog angelegt hatte, der nachweislich ***) am 20. Juni 1670

---

*) A. L. B.
**) *Kapp*, Geschichte des Deutschen Buchhandels. Bd. I
S. 651 ff.
***) Schreiben des Angelocrator. A. L. B.

seinem Nachfolger überliefert wurde, aber leider verloren
ist, war nicht festzustellen.

Scholasticus sollte die Früchte seines Schaffens
nicht lange geniessen. Schon im Mai 1654, nachdem
die Kunstkammer neu hergerichtet war, ging man damit
um, ihm die Verwaltung derselben zu nehmen *); ein
Jahr darauf sollten ihm Bibliothek und Kunstkammer
entzogen werden **). Ein Rechtfertigungs- und Bitt-
gesuch bewirkte noch einen Aufschub der Entlassung,
bis im März 1657 endgiltig der Dr. Michael Angelocrator (Engelhard), ein Mediciner und fürstlicher Leibarzt, den Befehl erhielt, sich von Scholasticus die beiden
Sammlungen überliefern zu lassen ***). Die Abnahme
zog sich mehrere Jahre hin †), denn es stellte sich
heraus, dass sowohl 36 instrumenta ††) als auch eine
grosse Anzahl von Büchern nicht mehr vorhanden
waren. Scholasticus starb am 4. December 1669, ohne
dass die verlorenen Werke beschafft waren; man hielt
sich nun an seine Wittwe Elisabeth Christina, die
wunderbarer Weise alsbald die mathematischen Instrumente und darauf die Bücher bis auf 15 Bände am
20. Juni 1670 ablieferte †††). Die noch fehlenden waren
bis zum 15. Januar 1672, wo die Wittwe in einem
Gesuch um Erlassung des Ersatzes flehte, noch nicht
zurückgekommen *†). Ob der biedere Ehevogt, der

---

*) Memorial des Scholasticus ps. d. 19. Mai 1654. A. L. B.
**) Schreiben des Scholasticus ps. d. 20. Juni 1655. A. L. B.
***) Eingabe der Wittwe ps. d. 15. Januar 1672. A. L. B.
†) Bericht des Angelocrator vom 8. Nov. 1658 und Verfügung
vom 16. Juni 1659. A. L. B.
††) *Duncker*, Die Erwerbung der Pfälzer Hofbibliothek. Im
Centralblatt für Bibliothekswesen. Bd. II S. 214.
†††) Bericht des Angelocrator vom 20. Juni 1670. A. L. B.
Ueber den Todestag des Scholasticus s. des Hans Heinrich Arnold
Hauschronika. S. 148 Mscr. Hass. 4° 11. [Ständ Landesbibliothek.]
*†) Schreiben der Wittwe s. o.

seiner Ehehälfte nach deren Geständnis reichliche
Schulden hinterliess, die Folianten versetzt oder veräussert hatte, und dies der Grund zur Amtsenthebung
gewesen ist? Zwei andere Möglichkeiten bleiben freilich
offen. Die fraglichen Werke konnten einmal bei dem
Umzug in die neuen Räume, bei welchem nach des
Scholasticus Berichte *) die Bibliothek thatsächlich
Diebstähle zu erleiden gehabt hatte, mit verloren gegangen sein, oder sie waren verliehen, und der Benutzer,
der nicht gebucht war, hatte die Rücklieferung vergessen.

Wie schlimm es in Ausleihesachen gerade damals
bestellt war, beweist ein Fall, der kurz aus den Akten
dargestellt werden möge. Der Professor Crocius hatte
bei seiner Uebersiedelung nach Marburg, an dessen
neubegründeter Hochschule er einen Lehrstuhl erhielt,
eine grössere Anzahl meist werthvoller Werke am 24.
Juni 1653 aus der Fürstlichen Bibliothek zu Kassel
geliehen erhalten, um sich „deren bey der hohen Schul
ein Jahr über zu gebrauchen‟ **). Crocius, der nach
Jahresfrist nach Kassel zurückzukehren gedacht hatte,
kam hinterher nicht wieder von Marburg fort, und so
sehen wir ihn auch noch 1659 im Besitz jener Bücher.
Damals bewog die Besorgnis vor baldigem Tode den
Gelehrten, sich am 15. Juni freiwillig zu melden mit
der Anfrage, wohin er die entliehenen Werke abliefern
könne? ***) Entsprechend dem landgräflichen Befehl
wurden die Bücher durch den Dr. med. Chr. Fr. Crocius,
der Universitätsbibliothekar war, aus dem Hause des
Entleihers abgeholt und „nebenst der Universität
Bibliothec absonderlich und wohlverwahrt‟ hinge-

---

*) Schreiben des Scholasticus. s. S. 248 Anmerk. *
**) Weisung an Scholasticus vom 9. Juni 1653 und Schreiben
nebst Entleihschein des Crocius vom 24. d. M. A. L. B.
***) Brief des Crocius vom 15. Juni 1659. A. L. B.

setzt *). Nun ruhte die Angelegenheit und mit ihr die Bände auf der Marburger Universitäts-Bibliothek, bis Angelocrator unterm 6. April 1661 die Rücklieferung wieder in Anregung brachte **). Aber es gingen weitere 4 Jahre ins Land, ehe nach Marburg die Verfügung erging, die dort aufbewahrten Bücher sollten eingepackt und so lange hingestellt werden, bis man Gelegenheit zur Ueberführung nach Kassel hätte ***). Jetzt scheint zum Unglück die Gelegenheit ausgeblieben zu sein, weshalb Angelocrator nochmals am 27. September 1666 in recht bestimmtem Tone die Angelegenheit höheren Ortes in Erinnerung brachte †). Dies half endlich. Bereits am nächsten Tage wurde der Dr. Crocius angewiesen, die „fasse" mit den Büchern dem Kammerrath Walther zu zeigen, während Letzterer den Befehl erhielt, dafür zu sorgen, dass sie „von ampt zu ampt durch einen expres wohlverwahrt und unbeschädigt abgeschickt" und „womöglich in Begleittung jeden ortes Landtknechte bis anhero zur Bibliothek gebracht und Dr. Angelocrator überlieffert" würden ††). Damit wird denn die in dieser Hinsicht recht lehrreiche Entleihungsgeschichte endlich ihren Abschluss gefunden haben.

Angesichts solcher Misstände war es begreiflich, wenn der neue Bibliotheksinspektor Angelocrator, um ähnlichen Vorkommnissen vorzubeugen, in einer Eingabe vom 10. April 1665 u. a. darum bat: „Das Ihro Durchlaucht möchte ein befelch ertheilen, das wer

---

*) Landgräfliches Schreiben an Joh. Crocius vom 28. Juni 1659 und desgl. an Dr. med. Crocius. A. L. B. und *Haas* in den Hess. Beiträgen zur Gelehrsamkeit u. Kunst. Bd. II S. 235.

**) A. L. B.

***) Schreiben der Landgräfin an Dr. Crocius vom 10. April 1665. A. L. B.

†) Memorial des Angelocrator. A. L. A.

††) Verfügungen an Dr. med. Crocius und Walther vom 28. Sept. 1666. A. L. B.

Bücher auss der Fürstl. Bibliothec entlehnen würde,
das er solche innerhalb vier wochen wider gantz undt
unbefleckt wider einliefferen undt nicht jahr undt tag
bey sich behalten müsten"*). Diesem Voschlag wurde
unterm gleichen Tage entsprochen und hinzugefügt,
dass jeder Entleiher eine „schriftliche einschickende
und beylegende ubrkundt" auszustellen habe **), und
sofort nach Ablauf von 4 Wochen bei Nichteinlieferung
Anmahnung erfolgen solle.

Nahm sich so Angelocrator der Bücher draussen
nach Kräften an, so suchte er ihnen auch in ihrem
eigenen Heim den Aufenthalt möglichst angenehm zu
machen. Das „Losament" auf dem Marstall bedurfte
der Wiederherstellung, es regnete hinein, Kalk und Staub
verdarben die Werke ***). Auf dem Gange vor der
Bibliotheksstube, an dem auch die Zugänge zur Rüst-
und Geschirrkammer sich befanden, lagerte getrockneter
Flachs, im Raume nebenan waren Fruchtvorräthe aufge-
speichert. Danach zogen sich die Mäuse, die öfters ihren
Raub bei den Büchern bargen und diese benagten †).
Auch hiergegen schritt der neue Bibliothekar, zumal
ihm der Stallmeister, der erste Mann im Marstallsgebäude,
grosse Schwierigkeiten bereitete und sogar gelegentlich
zum Schabernack Bibliothek und Kunstkammer ver-
riegelte, mit allem Nachdruck ein. Auf seine Vorstel-
lungen hin wurde befohlen den Gang sauber, rein und
unter stetem Verschluss zu halten, während die bisherige
Fruchtkammer den Zwecken der dem Angelocrator
anvertrauten Sammlungen eingeräumt wurde ††).

*) A. L. B.
**) Befehl an Angelocrator v. 10. April 1665. A. L. B.
***) Memorial vom 10. April 1665 A. L. B.
  †) Eingaben vom 6. April 1665 und 10. Sept. 1666 nebst
den zugehörigen Resolutionen. A. L. B.
  ††) s. die vor. Anmerk. und das Schreiben des Angel. v. Nov. 66
nebst Resolution v. 10. Nov. 1666. A. L. B.

Zur Vermehrung dsr Bücherbestände griff man
zunächst zwei Vorschläge des Scholasticus von neuem
auf: die Veräusserung der überflüssigen und unvollstän-
digen Werke und die Heranziehung der Buchdrucker
und Verleger in den Fürstlichen Landen zur Lieferung
von Freiexemplaren *). Ersteres blieb auf sich beruhen,
letzteres wurde einer weiteren Verfügung vorbehalten,
die jedoch ausblieb. Von grösster Wichtigkeit dagegen
war es, dass Angelocrator unter Berufung auf die
Erklärung des verstorbenen Landgrafen Wilhelm VI.,
der zu jeder Frankfurter Messe 50 bis 100 Reichsthaler
für die Bibliothek hatte bewilligen wollen, im Jahre 1665
bei der Landgräfin Mutter es durchsetzte, dass „alle
messen" 50, im Jahre also 100 Thaler, zu Bücher-
anschaffungen ausgeworfen wurden. Dem Inspektor der
Bibliothek wurde befohlen, jedesmal eine „Specification"
der Bücher, die man zur Frankfurter Messe oder sonst
mitbringen lassen wolle, bei Zeiten zu übergeben, worauf
dann „Assignation" und Zahlungsbefehl erfolgen sollte **).
Hatte man hiermit einen ständigen jährlichen Verlag gewonnen, so blieb derselbe jetzt merkwürdiger Weise fast
unangebrochen und war so bereits im Jahre 1672, wo
man ihn in Angriff nahm, auf 600 Thaler angewachsen ***).
Man zog aus dieser übel angebrachten Sparsamkeit den
Schluss der Unbedürftigkeit und setzte deshalb den
jährlichen Zuschuss auf die Hälfte, also auf 50 Thaler
herab. Einzelne Ankäufe hatten freilich immerhin
inzwischen stattgefunden, unter denen ein grösserer die
Erwerbung der Büchersammlung des Hofmalers Engelhardt Schäffler war, die für 12 Thaler gekauft und am
10. December 1666 der Bibliothek einverleibt wurde †).

*) s. die öfters erwähnten Memorialia. A. L. B.
**) Memorial vom 6. April 1665 nebst Resolution vom 10.
April d. J. A. L. B.
***) Verfügung an die Rentkammer vom 1. Februar 1672. A. L. B.
†) Bucherrechnung vom 17. Dec. 1666. A. L. B.

Waren wir in der Lage von der Wirksamkeit des
Angelocrator ein deutliches Bild zu gewinnen, so sind
wir hinsichtlich seines Nachfolgers auf nur äusserst
dürftige Nachrichten beschränkt. Johann Philipp Heppe,
der ehemalige Lehrer der Söhne Wilhelms VI., der nachmals vom Artillerieoffizier zum Obersten und Commandanten von Kassel emporstieg, muss die Geschäfte der
Bibliothek schon im Februar 1673 geführt haben *),
wenngleich die endgiltige Ueberlieferung der genannten
Anstalt sowie der Kunstkammer an ihn erst am 11.
April 1673 dem Leibarzt Angelocrator befohlen wurde **).
Nach kaum einem Jahre sehen wir indessen schon wieder
einen neuen Herrscher in der Bibliothek, den aus Bern
als Erzieher der hessischen Prinzen im Jahre 1670 nach
Kassel berufenen Johann Sebastian Haas, den treuen
Freund Denis Papins.

Seit Heppe, besonders aber seit der Amtsthätigkeit
seines Nachfolgers, herrscht auf der Bibliothek regeres
Leben, jetzt erst nutzte man die Mittel aus, die fürstliche
Gnade der Anstalt bewilligte. Hatte man früher schon
ausser zu Kasseler Buchhändlern wie Johann Schütze
und Johann Ingebrand auch gelegentlich zu auswärtigen
Druckern und Buchführern wie Matthäus Merian und
Jakob Gottfried Seyler in Frankfurt in Beziehungen
gestanden, so finden wir den Letztgenannten seit dem
Jahre 1673 in regelmässigem Geschäftsverkehr mit der
Bibliothek ***). Landgraf Moritz hatte einst der Buch-
binderzunft zu Kassel den alleinigen Papierverkauf
verbrieft, wozu Wilhelm VI. am 29. Mai 1652 das weitere
Vorrecht hinzugefügt hatte, dass die Zunftangehörigen
„allein auch die Kalender und andere gebundene oder

---

*) Bücherrechnung vom 20. Februar 1673. A. L. B.
**) s. *Duncker* im Centralbl. f. Bibliotheksw. Bd. II S. 214
aus Akten des Kasseler Museums.
***) Bücherrechnungen aus dem 17. Jhd. A. L. B.

ungebundene Bücher feil haben sollten *). Dies galt
jedoch nur für die marktlose Zeit im Jahre: an den
sieben offenen Jahrmärkten, wo die Budenreihen auf
dem Markt und den nächstgelegenen Gassen und Plätzen
aufgeschlagen wurden **), war auch den auswärtigen
Buchführern der Handel mit Büchern freigegeben. So
sehen wir denn auch den Frankfurter Seyler zunächst
zur Zeit der Jahrmärkte in Kassel, falls ihn nicht Reisen
nach anderen Orten am Erscheinen behinderten. Jedoch
wurde bereits Anfang 1674 entgegen den Zunftbriefen
dem Genannten von der Landgräfin bewilligt, auch zu
anderen Zeiten im Jahr als zur Messe seine Bücher
feil zu halten ***). Seyler bezahlte für diese Erlaubnis
jährlich zwölf Thaler, gab aber statt dessen auch gelegentlich Druckwerke wie z. B. 1675, wo er der
Bibliothek 25 Karten von Samson anbot, die bereitwillig
statt des Geldes angenommen wurden. Uebrigens flossen
die Mittel für die Anschaffungen ziemlich reichlich,
auch konnte man vermuthlich zunächst noch von den
Ersparnissen der Vorjahre zehren. Allein für Bücher-
ankauf ohne die Kosten des Einbindens wurden im
Jahre 1673 rund 150 Thaler, 1674 etwa 300 und 1675
ungefähr wiederum 150 Thaler verausgabt. Eine besonders kostspielige Erwerbung machte man im Jahre
1674, wo aus London die unter Leitung des Theologen
Brian Walton in den 50er Jahren erschienene grosse
Polyglottenbibel nebst dem zugehörigen Lexicon hepta-
glotton des Castelli bezogen wurde, die allein die Summe

---

*) Sammlung Fürstlich-Hessischer Landesordnungen. Th. III
S. 401. Dies Privileg bestätigte Carl am 12. April 1682.

**) *Schmincke*, Beschreibung der Residenz- und Hauptstadt
Cassel. S. 322 ff. Die Buchdrucker hatten ihre Stände in der Nähe
der Kanzlei s. *Brunner*, Geschichte von Handel und Gewerbe
in Cassel . . . In d. Cassel. Allgem. Zeitung. Jhrg. 1891. Dec.

***) Eine Verordnung vom 18. Februar 1696 [Landesordnungen
Th. III S. 400] machte dies überhaupt für künftig giltig.

von 115 Th. 24 alb. 6 hlr. verschlang. Diese sog. Londoner Polyglotte bildet mit der sehr selten gewordenen Complutenser Polyglotte von 1513—17 und der Antwerpener oder Biblia regia von 1569 eine Zierde der reichhaltigen Kasseler Bibelsammlung und ist wegen ihres hohen wissenschaftlichen Werthes noch heute ein gesuchtes und theueres Werk *). Bei den Neubeschaffungen bediente man sich zuweilen des sachkundigen Beiraths des bekannten Johann Dietrich von Kunowitz, der selbst eine bedeutende Büchersammlung besass, die später, allerdings auf Umwegen, z. Th. in Besitz der Landesbibliothek gekommen ist **).

Eür den Einband wurde meist alsbald nach dem Einkauf der Bücher gehöriger Massen gesorgt. Ausser den Buchbindern Gerhard Henckel und Johann Dieterich Abel, von denen der Letztere z. B. 1672 ein Kleinod der Anstalt, die Lufftsche auf Pergament gedruckte Bibel von 1561 ***), neu band, erscheint als Meistbeschäftigter Johann Georg Striegel, der nachmals am 27. August 1686 67 Jahre alt zu Kassel verstarb †). Uebrigens liess man dem biederen Meister nicht immer die Rechnung unbeanstandet durchgehen, sondern sie wurde zuweilen zunächst vom Bibliothekar um etliche Thaler und Albus „decourtirt", worauf dann der nachprüfende Kassenbeamte gelegentlich der glatteren Rechnung wegen auch noch die übrigen Albus abzog und nur die Thaler stehen liess ††).

---

*) *Real-Encyklopädie* f. protest. Theologie . . hg. v *Herzog*. Bd. XII S. 23 ff. und *Graesse*, Trésor I S. 362 f.

**) *Strieder* Bd. V S. 190 Anmerk.; Schreiben des Heppe. vom 7. Aug. 1673. A. L. B. Die Kataloge der Kunowitzschen Bibliothek besitzt die Landesbibliothek unter Mscr. litt. fol. 11 und 4º 10.

***) Bibl. German. fol. 6.

†) s. Auszüge aus Hans Heinrich *Arnolds* Hauschron. Mscr. Hass. 4º 11 S. 196. [Ständ. Landesbibl.]

††) Bücherrechnungen 17. Jhd. A. L. B.

Sämmtliche Bücher, die neu ankamen, wurden
nach hohem Befehl in den Bibliothekskatalog, von dem
eine zweite Ausfertigung sich auf der Land-Canzlei
befand, eingetragen. Es ist dies der oben bereits erwähnte alte Katalog, der m. W. nicht auf uns gelangt ist.

Es war im September 1677, als der Bibliothekar
Haas, um den unnützen Ballast auf der Bibliothek los
zu werden, in einem Schreiben an den Landgrafen
Carl diesem die Veräusserung der bei der Sammlung
„sich in duplo befindenden oder deroselben sonst unan-
ständigen Bücher" vorschlug mit der Bitte um weitere
Verfügung. Der Fürst genehmigte unterm 6. September
den Antrag, worauf der Verkauf der Dubletten --- es
waren 603 Stück — begann *). Kaum hatte sich die
Kunde hiervon verbreitet, als ein Störenfried, der dem
Kasselschen Hause schon mehr als einmal Schwierigkeiten bereitet hatte, Ernst von Hessen-Rotenburg,
brieflich beim Landgrafen die Ansprüche seiner Linie
auf einen Theil der Dubletten aussprach und zu begründen
suchte **). Wir müssen, um dies Auftreten zu verstehen,
in die 20er Jahre des 17. Jhds. zurückgehen. Als
im Jahre 1627 der erste Abschied zwischen den beiden
genannten Linien aufgerichtet wurde, hatte man rücksichtlich des Zeughauses, der Bibliothek u. a., ohne
sich darüber völlig auseinanderzusetzen, von Roten-
burgischer Seite sich den vierten Theil für den Fall
des Ablebens des Landgrafen Moritz vorbehalten. Als
man dann im Jahre 1646 in einem weiteren Abschied
u. a. die noch schwebenden Punkte erledigte, gab
Rotenburg, damit die Bibliothek, die ohnehin von geringem Werthe sei, der Universität nicht entzogen
würde, zumal es schon nach dem Tode Moritzens dessen

---

*) Orig. Schreiben des Haas und landgr. Verfügung (Entw.)
A. L. B.

**) Orig. Brief. Rheinfelss d. 8./18. Mai 1678. A. L. B.

besondere Kammerbibliothek erhalten hatte, seine Ansprüche auf; dagegen geschah damals von der Kasselischen
Seite aus das Erbieten, „wan etwas von Juristischen
Büchern in duplo vorhanden, das solches der Fürstlichen
Rotenbergischen Herschafft, wan sie es begehrte, ausge-
folgt werden, nichtsdestoweniger aber in dem übrigen
der Fürstlichen Rotenbergischen Herrschaft, und deren
Bedienten sich derselben zu gebrauchen und darzu ein
freyer Access zu dem Ende nicht benommen, sondern
ausdrücklich vorbehalten sein solle *). Auf dies Zugeständ-
nis gestützt, das er in Anlage abschriftlich beifügte,
beanspruchte jetzt Landgraf Ernst für seinen Bevollmächtigten Ries freien Zutritt zur Bibliothek,
Auslieferung der noch vorhandenen juristischen Dubletten
und Schadenersatz für die bereits veräusserten. Es
war wunderbar, dass die Linie jetzt nach dreissig
Jahren mit diesem Anspruch hervortrat. Landgraf
Carl liess sich zweifellos durch den sicheren Ton des
Schreibens einschüchtern und · verlangte alsbald eine
Liste der noch unverkauften sowie der bereits verkauften
Dubletten, ja er ging in seiner Auslegung der Abmachungen
von 1646 so weit, dass er nicht den Bestand der
Bibliothek von damals, sondern den des Jahres 1677
der Auslieferung zu Grunde legen wollte. Hiermit wäre
er der gleichen, aber irrigen Auffassung Ernsts völlig
entgegengekommen.

Der Bibliothekar Haas liess sich inzwischen genügende Zeit zur Abfassung des ihm auferlegten
Verzeichnisses, er hielt es für nothwendiger, zunächst
den Rotenburgischen Gesandten und alsdann seinen

---

*) Für diese Auseinandersetzung s. Abdruck Derer Zwischen
dem Hoch-Fürstl. Regier. Hause Hessen-Cassel Und der Abgetheilten
Fürstl. Rotenburgischen Linie Wegen der Quart errichteten Verträge. Cassel 1762. besonders S. 7 u. 25. Ferner die Eingabe des
Scholasticus vom 4. Januar 1653. A. L. B.

fürstlichen Herrn über die Grundlosigkeit der seitens des Landgrafen Ernst gemachten, vermeintlichen Rechtsansprüche aufzuklären. Diese Eingabe des Haas ist von entscheidendem Einfluss auf den weiteren Verlauf gewesen *). Er erklärte mit vollem Rechte, der Anspruch auf Dubletten könne sich nach dem Abschiede von 1646 sinngemäss nur auf den damaligen Bestand erstrecken, seitdem sei vieles zur Sammlung hinzugekommen: die Bibliotheken Wilhelms V. und VI. seien mit ihr vereinigt worden, die siegreichen hessischen Waffen hätten in Fulda und Paderborn Beute eingeholt, eine Unzahl von Büchern sei durch Kauf hinzugewachsen; daher kämen die jetzt vorhandenen Dubletten, nicht aber aus der Bibliothek, wie sie von Moritz hinterlassen wäre; wären damals Doppelstücke vorhanden gewesen, so würde sicher s. Z. Landgraf Hermann nicht verabsäumt haben, sie einzufordern. Vollständig im Sinne dieser Ausführungen fiel nun das Antwortsschreiben aus, welches am 18. Mai von Kassel nach Rheinfels abging. Carl wies nicht nur das Rotenburgische Ansinnen rundweg ab, nein er führte auch zugleich einen Gegenstoss aus, indem er den Landgrafen Ernst ersuchte, zu veranlassen, dass die Bücher, die sein Bruder Hermann vor vielen Jahren aus der Kasseler Bibliothek entliehen habe, endlich an ihren Platz zurückerstattet würden **). Nunmehr trat der Rotenburger in seiner Erwiderung ***) in so weit den Rückzug an, als er jetzt entgegen den durch seinen Bevollmächtigten Ries ausgesprochenen Forderungen erklärte, dass auch er seine Ansprüche nur auf diejenigen Werke bezogen sehen wolle, die aus

---

*) Entwurf undatirt; zu setzen zwischen 8. u. 18. Mai 1678. A. L. B.

**) Entwurf. A. L. B.

***) Orig.-Schreiben vom $\frac{28.\ \text{Mai}}{9.\ \text{Juni}}$ 1678. A. L. B.

seines Vaters Bibliothek noch doppelt vorhanden wären sowie auf die, die „in wehrendem Krieg auss den Clöstern und anderweitig acquirirt" worden seien; wie er hierin auf Entgegenkommen hoffe, so sei er andererseits zur Aufsuchung der von Hermann entliehenen und bisher nicht zurückgegebenen Bücher in jeder Weise erbötig. Leider lässt sich der jedenfalls nach seiner grundsätzlichen Seite hin wichtige Rechtsstreit nicht weiter verfolgen; wir werden jedoch kaum annehmen dürfen, dass Hessen-Kassel aus seiner einmal eingenommenen Stellung wieder herausgegangen ist. Gewiss aber sehen wir Haas auch in dieser Angelegenheit als tüchtigen und treuen Beamten, wie er sich stets im Dienste seines gnädigsten Herrn und Fürsten bewiesen hat.

Wir sind am Ende, denn wie wir unsre Darstellung im Anfang anlehnen mussten an einen Aufsatz Dunckers über das Gründungsjahr der Kasseler Bibliothek von 1580, so können wir sie auf der anderen Seite stützen durch das Jahr 1686, über deren glänzende Erwerbungen aus der Pfälzer Erbschaft gleichfalls erst Licht verbreitet zu haben ein schönes Verdienst des verewigten Gelehrten ist und bleiben wird *). Ein zweiter Beitrag mag uns demnächst ins 18. Jahrhundert führen.

*) s. o. S. 248 Anm. 5.

VI.

Zur Geschichte der Schmalkalder Kirchenbibliothek.

Eine Berichtigung

von

Dr. Carl Scherer.

◦━◈━◦

Leimbach schreibt in seinem Aufsatz „Die Bibliothek im Lutherstübchen zu Schmalkalden" in der Zeitschrift des Vereins für Hennebergische Geschichte ... zu Schmalkalden. Heft 1 (1875) S. 8: „Es ist von noch jetzt Lebenden behauptet worden, dass diese unsere Bibliothek zu Gunsten der Landesbibliothek zu Cassel im 2. oder 3. Dezennium unseres Jahrhunderts geplündert worden sei" und sucht sodann diese Angabe als irrig zu erweisen einmal mit der Begründung, dass der Bücherraum zu Schmalkalden, der niemals grösser gewesen sei, noch jetzt vollständig und lückenlos besetzt sei, und zweitens aus der Erwägung heraus, dass es, die „Plünderung" vorausgesetzt, räthselhaft erscheinen müsse, warum man dann gerade die werthvollsten Bücher der Lutherbibliothek unberührt zurückgelassen habe. Ich bin in der Lage, diese Beweise zu entkräften und in diesem Falle den alten Leuten zu ihrem Rechte zu verhelfen, denn thatsächlich besitzt die Ständische Landesbibliothek zu Kassel einige wenige Werke, die der Schmalkalder Sammlung entnommen sind, ohne dass freilich hierdurch der Ausdruck „Plünderung" gerechtfertigt würde.

In dem Abdruck des 1752 zu Schmalkalden bei Heinrich Wilhelm Göbel erschienenen Catalogus I Bibliothecae Ecclesiae Smalcaldensis *), den die Kasseler Bibliothek besitzt, findet sich von der Hand Jacob Grimms der Eintrag: a⁰ 1829 sind aus Schmalkalden folgende dieser Bücher nach Kassel zur Kurf. Bibl. gekommen:

fol. 3. deutsche Bibel. Nb. 1483.

    8. Decretum Gratiani. Basil. 1486.

107. 108. Vischers Postill. Schmalk. 1570. 1574. 2 voll.

114. Urbani Regii teutsche Schr. Nbg. 1562.

134. Rhoswitae opera. Norimb. 1501.

4⁰ 20. Graf Boppen loci communes. Ulsen 1587.

Nur 6 Nummern sind es mit 7 Bänden, aber kein Werk ist ohne einen gewissen Werth, während zwei darunter von hervorragender Bedeutung sind.

Die loci communes, eine nach sachlichen Gesichtspunkten geordnete Spruchsammlung, interessiren uns ihres Verfassers wegen, des eifrig lutheranischen Boppos XII., eines der letzten Grafen der Schleusinger Linie **); die Ausgabe des Rhegius ist die erste der deutschen Schriften des hervorragenden Lüneburger Reformators überhaupt ***); die Vischerschen Werke haben für eine hessische Bibliothek ihre besondere Bedeutung als

---

*) Leimbach scheint ihn ebensowenig zu kennen wie den in *Geisthirts* Historia Schmalcaldica enthaltenen Katalog. Handschriftlich auf der Landesbibliothek, jetzt gedruckt in der Zeitschrift des Vereins f. Henneb. Gesch. . . . Suppl. Hft. I S. 45 ff.

**) s. *Schultes*, Diplomat. Gesch. des Gräfl. Hauses Henneberg. Th. II Abth. 6 S. 185—191.

***) Allgemeine Deutsche Biographie. Bd. 28 S. 374—378.

Schmalkalder Drucke, die Basler Ausgabe des Decretums,
eine der 39*), die allein schon das 15. Jhd. brachte,
stammt aus der berühmten Druckerei des zweiten bekannten Baseler Druckers Michael Wenssler**). Ein
prächtiger Druck ist die Nürnberger Bibel von Koberger
aus dem Jahre 1483, die neunte unter den hoch-
deutschen und von diesen wiederum die erste, die einen
gebesserten Text und zu demselben grosse, in unserem
Exemplar grob kolorirte Holzschnitte brachte***). Letztere sind freilich bis auf die acht zur Apokalypse, die in
Nürnberg gefertigt wurden†), nicht neu; sie sind vielmehr von denselben Holzstöcken abgezogen wie die der
älteren niederdeutschen, Kölner Bibel, als deren Zeichner
manche den Israel van Meckenem (Meckenheim?),
andere mit grösster Unwahrscheinlichkeit den Nürnberger Michael Wohlgemuth ansehen wollen††).

Das unter fol. 134 verzeichnete Werk schliesslich
mit dem vollständigen Titel „Opera Hrosvitae Illustris
Vir | Ginis Et Monialis Germanae Gen | Te Saxonica
Ortae Nuper A Conra | Do Celte Inventa" wurde nach
dem handschriftlichen Eintrage, wie so manches andere,
von David Pforrius am 26. October 1687 der Kirchen-
bibliothek geschenkt. Wir haben in ihm den Erstlings-
druck der Werke der Gandersheimer Nonne vor uns,
deren Handschrift Conrad Celtes im Kloster St. Emmeram

---

*) *Hain*, Repertor. bibliograph. Vol. I P. 1 S. 496—504.
**) *Kapp*, Geschichte des deutschen Buchhandels. Bd. I
S. 113 ff.
***) *Walther*, Die Deutsche Bibelübersetzung... Th. I (1889.)
Sp. 106—111 u. 116—117. *Hase*, Die Koberger. S. 116 ff.
†) *Thausing*, Dürer. Bd. I S. 65.
††) *Hase* a. a. O. *Muther*, Die ältesten deutschen Bilder-
Bibeln. S. 6—13; und, Die deutsche Bücherillustration der Gothik
... Bd I S. 51—52. *Graesse*, Trésor. Bd. I S. 376; *Nagler*,
Künstler-Lexicon. Bd. VIII S. 535 ff.

zu Regensburg aufgefunden und 1494 für die Herausgabe, die 1501 zu Nürnberg erfolgte, geliehen erhalten
hatte*). Acht grosse (h. 215 br. 145 - mm) Holzschnitte sind dem Druck zur Zierde beigegeben, sie
wurden einst Dürer **) und werden neuerdings Wohlgemuth und seiner Schule zugewiesen ***).

*) Die Werke der *Hrotswitha*. Hg. von *Barack* S. LV ff.
**) *Graesse*, Trésor. Bd. III S. 381. Dies erhöhte noch besonders den Werth der Ausgabe. Sie sind Dürer entschieden ab-
gesprochen von *Thausing* a. a. O. Bd. I S. 276.
***) *Muther*, Bücherillustration Bd. 1 S. 63.

VII.

Zur hessischen Familiengeschichte.

Von

Aug. Heldmann,
Pfarrer zu Michelbach.

—❊—

1. Das Buchsackische Familienstipendium zu Marburg.

Der Pfarrer Conrad **Buchsack**, welcher seit dem Anfange des 16. Jahrhunderts zu Rosenthal stand und durch eine am Cäcilientage (22. Nov.) 1507 von Schiedsfreunden, Henrich **von Dersch** und Volpert **Schenk** zu Schweinsberg, ausgestellte Urkunde Differenzen mit dem Kloster Haina wegen streitiger Pächte beilegen liess *), hinterliess bei seinem um 1540 erfolgten Tode neben einigen frühzeitig verstorbenen Kindern einen gleichnamigen Sohn Conrad Buchsack, gen. Hess, welcher als Schultheiss zu Marburg am 15. Januar 1566 kinderlos starb, und zwei Töchter, beide Catharina genannt, von welchen die eine an den Marburger Hofgerichtsrath Dr. jur. David **Laucke** (Lucanus) aus Frankenberg, die andere zu Rosenthal verheirathet war. Von der letzteren wissen wir nur, dass sie zwei Töchter, Elisabeth und

---

*) Kloster Hainaisches Copialbuch, Nr. 119.

Margaretha, und mehrere Enkel hatte, deren einer Nicolaus Bössler hiess.

Der Schultheiss Conrad Buchsack bestimmte laut Stiftungs- und Donationsurkunde vom S. Thomastage 21. Dez. 1565 die Zinsen eines Kapitals von 1000 Gulden harter, grober, ganghafter Münze, welches die Universität Marburg mit Genehmigung des Statthalters Burkard von Cramm und des Kanzlers Reinh. Scheffer zur Einlösung der von den Klöstern zu Wirberg, Grünberg und Nordshausen vordem versetzten Fruchtrenten, nämlich 72 Malter Grünberger Masses und 70 Kasseler Viertel, von ihm geliehen hatte *), zu einem Benefizium für zwei Studierende aus seiner Verwandtschaft dergestalt, dass zunächst der obige Nicolaus Bössler bis zur Erlangung einer Anstellung die Zinsen der Stiftung geniessen sollte. Nach ihm sollten dieselben in zwei gleichen Theilen an je zwei Knaben aus des Stifters Freundschaft, welche zum Studium dienlich befunden und ins Pädagogium zu Marburg aufgenommen werden könnten, und zwar jedesmal nur, „bis sie zu Conditionen gebraucht werden" könnten, sofern aber keine Studierende aus seiner Verwandtschaft vorhanden, mit Vorwissen des Rectors und Decans der Universität Marburg an je einen bedürftigen Studierenden aus Marburg und Rosenthal, eventuell an arme Studirende überhaupt, die sich fromm und fleissig erweisen, aber nicht länger, als bis jeder durch seine eigene Geschicklichkeit sich das Brod selbst erwerben könne, von zwei Executoren vertheilt werden. Der Empfang und Genuss des Benefiziums soll jedoch nicht an ein bestimmtes Fakultätsstudium geknüpft, sondern die Fakultät gleichgültig sein. Die Executoren sollen im Falle der Rückzahlung des Kapitals Seiten der Universität Marburg für ander-

*) *Caesar*, Catalogi studiosorum scholae Marpurg. Part. V, p. 11.

weite sichere Anlage desselben Sorge tragen. Als erste
Exekutoren ernannte der Stifter seinen Schwager, den
Hofgerichtsrath Dr. D. Laucke, und seinen Vetter Heinrich Hofmann, gen. Rosenthaler, zu Marburg und liess
die Stiftungsurkunde durch den Universitätsrektor Dr.
jur. Conr. Matthaeus und die Professoren Dr. theol.
Joh. Lonicer und Wiegand Orth, sowie den Dekan
Mag. Peter Nigidius und Mag. Theoph. Lonicer be-
siegeln.

Die Universität war durch den mit diesem Kapital
erlangten Vermögenszuwachs an Früchten im Stande,
das Kapital schon 1572 wieder abzutragen, worauf es
die Stadt Marburg „zu sich genommen mit der Verpflichtung, davon jährlich Stipendia mit 50 fl. Pension
(a fl. = 26 alb., a albus = 12 hlr.) uff Trium Regum
vermog gemelts Curdt Hessen selig Stiftung verrichten
zu lassen." Seitdem ist das Stiftungskapital bei der
Stadt Marburg, welche neben Rosenthal, wie bemerkt,
eine Eventualexspectanz auf das Benefizium für ihre
Söhne hat, verblieben und bei der Stadtkasse unter besonderem Titel neben dem von Elisabeth Schönbach,
gen. Lasphe, 1539 für zwei Marburger Bürgerssöhne
zum Studium der heil. Schrift gestifteten Benefizium
von 400 fl. und dem im Jahre 1720 für einen lutherischen Studenten gestifteten Brunnerschen Benefiz
von 100 fl. verrechnet, eine Aufkündigung aber von der
vorhinnigen Regierung zu Marburg am 25. August 1823
dem Stadtrathe ohne desfalls vorher dazu erwirkte Genehmigung der Regierung untersagt worden. Ungeachtet
die Collatoren bereits 1801 und 1802 beantragt hatten,
dass die Stadtkämmerei die Zinse nach der hessischen
Verordnung vom 18. August 1786 berichtigen solle, und
laut einer von dem Münzrathe Fulda unter dem 18.
März 1800 aufgestellten Evalvation das Stiftungskapital
von 1000 fl. im 10¹/₅ Guldenfuss, wovon die Stadt nur

43 Rthlr. 20 C. alb. Zinsen bezahlte, nunmehr im 20
Guldenfuss 1960 Gulden 47 xr. = 1307 Rthlr. 6 C.
alb. 1 hlr. niederhessischer Währung betrug, so wurde
die Stadtkämmerei doch erst durch Verfügung des
Steuercollegs zu Cassel vom 17. Mai 1819 angewiesen,
die Zinsen nach diesem Fusse mit jährlich 98 fl. 2 xr.
1 hlr. = 65 Rthlr. 10 sgr. 8 hlr. vom Jahre 1819 ab
auszuzahlen, sodass die Stiftung dadurch in dieser Zeit
einen Verlust von mehr als 15 Rthlr. jährlich oder 864
fl. 40 xr. 2 hlr. im Ganzen erlitten hat, welche der
Stadt zu Gute gekommen sind. Als die Stadt Marburg
1856 ein grösseres Anlehen durch Ausgabe von vier-
prozentigen Werthpapieren aufnahm, liess dieselbe ohne
Rücksicht auf die Regierungs-Verfügung von 1823 das Stiftungskapital aufkündigen, verglich sich jedoch schliesslich mit den beiden Collatoren (11. und 17. Febr. 1858)
dahin, dasselbe vom Jahre 1858 ab zu vier Prozent
verzinslich zu behalten, sodass seitdem der Zinsenertrag
auf 156 M. 85 Pfg. zurückgegangen ist, welcher jährlich, am heil. Dreikönigstag fällig, an zwei Studenten
oder Schüler der Oberklassen des Gymnasiums aus den
Nachkommen der Schwester des Stifters, Catharine
Lucanus, verwilligt wird.

Eine Beschränkung auf das ehemalige Kurfürstenthum oder Studierende zu Marburg ist von den Collatoren niemals anerkannt, sondern das Benefiz auch an
die Nachkommen im Grossherzogthum und Studierende
zu Giessen, als Tochteruniversität Marburgs, und weil
zur Zeit der Stiftung Hessen noch ungetheilt gewesen,
verliehen worden. Es ist dieser Grundsatz schon im
vorigen Jahrhundert hinsichtlich der ganz aus Hessen
verzogenen Familien Dornseif und von Preuschen gehandhabt worden.

Hinsichtlich der Collatur trafen im Jahre 1587 die
vom Stifter dazu ernannten Dr. David Laucke und

Heinr. Hofmann d. A. die Bestimmung, dass nach ihrem
Ableben ihnen ihre Söhne, welche dazu tauglich sein
würden, darin folgen sollten, nämlich der spätere kaiser-
liche Hofrath und ungarische Festungsdirektor Joh.
Lucanus und Joh. Hofmann oder Heinr. Hofmanns
Bruder Ludwig, „damit nicht die Freundschaft um das
herrliche Kleinod durch fremder oder ungesipter Leute
Verwaltung und Nachlässigkeit kommen möge." Ludwig
Hofmann wurde nach seines Bruders Tod vor dem
Stadtschreiber am 16. Jan. 1589 als Collator verpflichtet,
und nach Dr. David Lucanus Tod (1590) folgte ihm sein
Enkel Mag. Ludwig Lucan in der Collatur. Eine
Verpflichtung der Collatoren ist später ausser Gebrauch
gekommen. Der überlebende Collator hat in der Regel
den anderen cooptirt, wobei darauf Rücksicht genommen
worden ist, dass jede der beiden berechtigten Linien,
die Lynkerische und Herdenische sowohl in der
Collatur vertreten, wie bei der Verleihung thunlichst
bedacht worden ist. Meistens ging die Collatur auf die
Söhne, wenn diese dazu tauglich waren und in Marburg
oder dessen Nähe wohnten, über. Doch ist es in älterer
Zeit auch zuweilen hinsichtlich der Collatur und der
Bezugsberechtigung zu förmlichen Processstreitigkeiten
zwischen den Competenten vor der Regierung zu Marburg,
so 1688 zwischen dem Dr. jur. Dan. Reysser und Lic.
Simmer zu Marburg gekommen. Auch später noch bevollmächtigten die unter anderen Herrschaften gesessenen
Familien Preuschen und Chelius den Regierungs-Pro-
curator Rabe zu Marburg, ihre Ansprüche gegen einige
Collatoren zu Marburg, welche die Collatur und den Genuss des Beneficiums auf ihre Familien zu beschränken
suchten, geltend zu machen, indem es durch unge-
nügende Aufsicht der Universität dahin gekommen,
dass Simmers Sohn das Beneficium 17 Jahre bezogen
und im Genusse gestorben sei.

Die Verleihung erfolgte in älterer Zeit in der Regel·
für die ganze Studienzeit; in Folge der grossen Aus-
breitung der Nachkommen des Stifters geschieht dieselbe seit 1853 nur noch von Jahr zu Jahr. Es hat
daher auch die von der Stadt Rosenthal in ihrem
Steuerkataster für ihre Kinder gewahrte Eventualexspek-
tanz keine Aussicht auf Verwirklichung. Die beigefügte
Stammtafel, welche die Nachkommen bis zum Ausgange
des 18. Jahrhunderts gibt, aber keinen Anspruch auf
Vollständigkeit macht, gibt nur die Hauptzweige und
Namen der berechtigten Familien. Es gehören dazu
noch die Familien: Justi, Schedtler, Kolbe, Kahler,
Wenderoth, Chelius, Wieber etc. Nobilitirt wurden:

1) Der kaiserliche Hofrath Dr. jur. Nicolaus Christoph
von Lynker (geb. zu Marburg 2. April 1643, † zu
Wien 27. Mai 1726 und begraben im Kloster der
schwarzen Spanier daselbst), ein Sohn des Universitäts-
vogt Aegidius Lynker und Urenkel des Joh. Daniel
Lynker d. J. zu Dagobertshausen, welcher mit Catharina, der letzten des Hallenberger Zweigs der Schenck
zu Schweinsberg, vermählt war. Nicolaus Christoph
von Lynker, welcher 1670 Professor der Jurisprudenz
zu Giessen, 1680 zu Jena und wiederholt von den
sächsischen Herzögen mit Gesandtschaften an den Kaiser-
hof betraut war, wurde durch Diplom Kaiser Leopolds I.
d. d. Wien 7. Oct. 1688 in den Adels- und Ritterstand,
und 7. Aug. 1700 in den Reichsfreiherrnstand erhoben.
Die Nachkommen, welche im Wappen ein silbernes
Lamm in blauem Felde führen, theilen sich in die gräflich-
lützenwiecksche in Böhmen ansässige und in die frei-
herrlichen, schlesische (ältere) und thüringische (jüngere),
Linien, die schlesische Linie in den älteren Dammer-
schen und jüngeren brandenburgischen Zweig*).

---

*) Gothaisches freiherrl. Taschenbuch 1859, S. 469 ff. 1870,
S. 533.

2) Aus der Familie P r e u s c h e n, welche sich von
dem aus Frankenberg stammenden Pfarrer Mag. Henrich
Preusch zu Roddenau, † 1657, und dessen zu Schönstadt gestandenen Sohn, dem Pfarrer Joh. Michael
Preuschen herleitet, durchs 18. Jahrhundert die beiden
milchlingschen Patronatpfarreien Schönstadt und Sterz-
bausen inne hatte und am letztgenannten Orte mit dem am
29. Januar 1832 verstorbenen Bauer Joh. Michael Preuschen im diesseitigen Lande erloschen ist, wurde für
Georg Ernst Ludwig Preuschen, bad. Geh. Rath, später
Kaiserl. Reichs-Kammergerichts-Assessor zu Wetzlar, zuletzt Nassauischen Geh. Rath und Regierungspräsident zu
Dillenburg, und dessen Bruder Ludwig Conrad Preuschen,
Burg-Friedbergischen Kanzleirath, durch Diplom Kaiser
Josephs II. d. d. 8. März 1782 der angeblich alte Adel
ihrer angeblich luxemburger Vorfahren von Preysch
erneuert, 28. Juli 1791 der erstgenannte unter Vermehrung des Wappens und mit dem Prädikate „v o n u n d
z u L i e b e n s t e i n" in den Reichsfreiherrnstand erhoben,
nachdem derselbe (11. Juli 1783) von Nassau mit der
Burg Liebenstein und Herrschaft Osterspey und von
Baden als Graf von Spanheim mit der Burg Osterspey
belehnt worden war. Ihre Nachkommen, welche in
nassauischen Diensten standen, theilen sich in eine
ältere von Georg Ernst Ludwig und jüngere von Lud-
wig Conrad von Preuschen abstammende Linie *). Beide
Nobilitirte waren Urenkel des am 11. Jan. 1683 beim
Brande des Pfarrhauses zu Schönstadt umgekommenen
Pfarrers Mag. Joh. Aegidius Ruppersberg und des obigen
Pfarrers Henrich Preusch zu Röddenau, Enkel des obigen
Pfarrers Joh. Mich. Preuschen und Söhne des Pfarrers
Gerhard Helfrich Preuschen zu Nidda. Zwei andere
Brüder August Gottlieb und Friedrich Wilhelm standen

---

*) Gothaisch. freiherrl. Taschenbuch 1857, S. 558. 1859, S. 594.

in badischen Diensten als Consistorialrath, bezw. Geh.
Rath zu Karlsruhe.

3) Aus der Familie F e n n e r, welche von dem aus
Heidelbach bei Alsfeld gebürtigen und als Kaplan zu
Lobra 1656 gestorbenen Heinrich Fenner, bezw. dessen
als Pfarrer daselbst 1726 gestorbenen Enkel Joh. Ludwig
Fenner abstammt, wurde den Brüdern Aug. Ferdinand
(† als Kreisrath zu Kirchhain) und Friedrich Wilhelm
Fenner, Söhnen des Majors Heinrich Christoph Fenner,
von welchen der erstere Major im 1., der andere Capitän
im 2. Hess. Inf.-Regiment war, d. d. Wien 21. Jan. 1817
und ebenso ihrem Vetter, dem Geh. Rath und Brunnenarzt
Dr. med. Heinrich Christoph Matthaeus Fenner zu Schwal-
bach, einem Sohne des Oberpfarrers Ludwig Heinrich
Fenner zu Marburg, am 17. Febr. 1821 die Erlaubniss
zur Wiederannahme ihres angeblich Tyroler Adels als
F e n n e r v o n F e n n e b e r g ertheilt. Ein Enkel des obigen
Friedrich Wilhelm Fenner und Sohn des k. k. österreichischen Feldmarschall-Lieutenants Franz Philipp
Fenner von Fenneberg aus dessen Ehe mit einer Gräfin
Ferraris war Ferdinand Fenner von F., welcher in Folge
seiner Führerstellung in den 1848er Revolutionsbewe-
gungen in Oesterreich und in der Pfalz 1849 den Adel
verwirkte und zu Newyork im Wahnsinn verstarb, dessen
Töchtern Agnes und Adelgunde jedoch in Folge des allgemeinen Amnestiedekrets vom 20. Juni 1867 durch Ordre
d. d. Laxenburg 21. Juli 1871 der Adel restituiert wurde.
Die in den erwähnten Diplomen enthaltenen Redewen-
dungen von Erneuerung des abgelegten Adels der angeblich luxemburgischen oder tyrolischen Vorfahren sind
nach der in den Diplomen seit dem 17. Jahrhundert
üblichen Redeweise zu beurtheilen. Eine Erneuerung
des Adels liegt höchstens vor bei der Familie Lynker,
welche, wie bemerkt, mit den Schenken zu Schweinsberg schon im 16. Jahrhundert verschwägert war und

im Besitze ritterschaftlicher Güter zu Dagobertshausen bei Marburg, sowie durch Pfandschaft des Huhnischen, seit 1570 Dersischen Rittergutes Treisbach bei Viermünden sich befunden hat. Endlich

4) aus der in der Stammtafel wiederholt vorkommenden Familie Fabricius, welche aus einer Bürgerfamilie Schmidt zu Schlitz abstammt und im 17. Jahrh. zu dem das lutherische Kirchenwesen restaurirenden und leitenden Marburger Superintendenten Dr. theol. Georg Herdenius in naher verwandtschaftlicher Beziehung stand, ist der hessen-darmstädtische Geh. Rath, nachherige Kanzler und kaiserliche Hofpfalzgraf Dr. jur. Philipp Ludwig Fabricius aus Bierstein (geb. 1599, † 14. August 1666) durch Kaiser Ferdinand III. am 19. Nov. 1644 in den Reichsadelstand erhoben. Fabricius, anfangs bei der Regierung zu Marburg, dann zu Giessen, zuletzt zu Darmstadt, hatte zur Verwirklichung der Bestrebungen Landgraf Georgs II. die Wirren des dreissigjährigen Kriegs beizulegen und dem Vaterlande den Frieden wiederzugeben, schon in jungen Jahren wiederholt Gesandtschaften bekleidet; er war namentlich zu den Friedensverhandlungen zu Prag und Pirna und dem Reichsdeputationstag zu Frankfurt (1643) deputirt und eröffnete am 5. Mai 1650 aufs Neue die Universität Giessen. Landgraf Georg II. ehrte seine Verdienste durch Belehnung mit den hessischen Lehen der 27. Okt. 1634 erloschenen Familie v. Schleyer, gen. Schlaegerer zu Schiffelbach, nämlich deren Gut zu Gemünden an der Wohra und der Wüstung Hertingshausen zwischen Rosenthal und Gemünden *) sowie mit mehreren isenburgischen Lehen, über welche dem Landgrafen Georg II. kraft der ihm vom Kaiser eingeräumten Besitznahme der Grafschaften Isenburg und Büdingen die Lehnshoheit damals zustand. Es waren dieses die durch das im Dezember 1636 erfolgte Aus-

*) Lehnbrief d. d. 8. Nov. 1635.

sterben der Familie Schlaun von Linden eröffneten Lehen
zu Grossenlinden *), sowie ein durch den Tod des Joh.
Wilhelm von Lautern und Ehrhard Wilhelm von Sal-
feld eröffnetes isenburgisches Hofgut zu Stammheim **).
Als die deshalbige Kaiserl. Cessionsakte vom 7. Juli 1635
später durch Vertrag vom 24. Nov. 1642 zwischen Darmstadt und den Grafen von Isenburg rückgängig gemacht
wurde, erkannten letztere die vollzogenen Belehnungen
ausdrücklich an. Fabrizius Nachkommen wandten sich
später nach Norden in Mansfeldische, Lüneburgische
und Mecklenburgische Dienste und änderten ihren lati-
nisierten Namen Fabricius in den französierten Fabrice;
ihre hessischen Leben zu Gemünden verkauften sie 1710
an den Major Wolrad von Hornung. Aus ihnen stammt
der königlich sächsische Staats- und Kriegsminister Alfred
von Fabrice, geb. 23. Mai 1818, † 25. März 1891,
welcher wegen seiner Verdienste um Erhaltung der Königl.
sächsischen Armee in den Bedrängnissen des Jahres 1866
und seiner rastlosen Thätigkeit um deren Reorganisation
in der Folgezeit von des Königs von Sachsen Majestät
am 1. Juli 1884 in den erblichen Grafenstand erhoben wurde.

Anlagen zu 1.

Ich Conrad Buchsagk, genandt Heß, Schultheiß
zu Marpurgk, bekenne und thue kund hiermit männig-
lich: Nachdem ich ohnlängst dem Ehrwürdigen und
Hochgelahrten Herrn Rectori, Decano und Professoribus
der löblichen Universität Marburg Tausend Gulden
Landeswehrung, den Gulden zu 26 alb. gerechnet,
um rund auf 50 fl. jährlicher Zinß auf einen jeden
Neuenjahrstag fällig nächst berührter Wehrung, Kraft
darüber aufgerichteten und mir zugestellten versiegelten
Verschreibung ausgethan, und durch beschehene wirk-

---

*) Exspectanzbrief d. d. 6. Nov. 1635.
**) Lehnbriefe d. d. 8. Mai 1636 und 6. Jan. 1638.

liche tradition in ihre Gewahrsam eingeantwortet, dass
ich mit zeitiger guter Vorbetrachtung und zur Beförderung Gottes Ehren, in der allerbesten beständigsten
Form und Gestalt, wie das in Kraft und Macht einer
rechtmässigen beständigen und in Rechten privilegirter
disposition oder Legati ad pias causas zum kräftigsten
aller Gericht und recht, Geistl. und weltlich beschehen
solle und möge, obberührte 1000 fl. wie hernach un-
derschiedlichen folgt, ad pios usus verordnet, ausgemacht
und gegeben habe, thue das auch jezzo hier mit diesem
Brief mit Mund, Hand und allen Worten, auch Gewahr-
samkeiten, wie das am formlichsten Kraft und Macht
haben solle und möge, also und der Gestalt, dass anfänglich Nicolas Bösslern, meiner Schwester Catharina
sel. Tochter, nehmlich Elisabethen Sohn von Rosenthal
obberührte 50 fl. jährliche pension zu Vollführung seiner
angefangenen Studien durch meine unten benante und
angegebene executores von dato dieses und fort von
Jahren zu Jahren und so lange biß er wird eine condition versehen können und länger nicht sollen gereicht
und zum Unterhalt wirklich folgig gemacht werden.
Wie ich denn ferner in und mit Kraft dieses Briefes
ordne und will, da berührter Nicolaus Bössler bei seinen
angefangenen Studiis verbleibt, und somit darin pro-
moviret, dass er wird eine condition versehen können,
dass alsdann die viel angeregte 50 fl. jährliche pension
forter in zwei Theile gesezt und zweyn Knaben aus
meinen nächsten Freunden, sie seyen gleich allhier zu
Marburg, Rosenthal oder sonst zum studio dienlich sich
wohl anlegen, auch so fern kommen sind, dass sie allhier im Paedagogio können aufgenommen werden, und
also einem jeden jährlich 25 fl. sollen gereicht und zu-
gestellet werden: doch mit der Maas und Bescheidenheit, da solche meinem nächsten Freunde zuständige
Knaben so weit ihre Studia bringen und vollführen,

dass sie gleichfalls zu conditionen können gebraucht
und bestellt werden, dass alsdann solche viel berührte
50 fl. pension zween anderen Knaben aus berührten
meinen Freunden in allermas, wie nächst gemeldet,
sollen ausgethan und von Jahren zu Jahren davon
unterhalten werden und sollen hierinnen die ärmsten
Freunde allwege den Vorzug haben.

Im Fall sich aber über kurtz oder lang zutragen
oder begeben würde, dass aus meiner Freundschaft sich
keine Knaben zum Studieren verschicken und begeben,
oder auch dazu tüglich befunden werden möchten, und
aber allhier zu Marburg, deßgleichen zu Rosenthal
arme Kinder, so an beyden Orten gezogen und ge-
bohren, deßgleichen auch fromme und zu Studiis dienlich vorhanden seyn würden; so sollen mit Vorwißen
und Rath eines jederzeit regierenden Rectoris und Decani die zwey Executores meiner Freunde und Verwandten einen armen Knaben aus Rosenthal, welche
alsdann hierinnen in allerwege den Vorzug haben sollen,
25 fl. und einen aus Marburg gleichfalls auch 25 fl. so
lange und länger nicht dann biß ein jeder durch seine
eigene Geschicklichkeit sein Brod selbst erwerben kann,
jährlich zum Unterhalt handreichen und geben, wie
ich denn auch, dass auf den Fall, da keine Knaben
aus Marburg und Rosenthal hierzu tüglich und dienlich
befunden, ferner geordnet und in Kraft dieser meiner
letzten disposition und Verschaffeniß gesetzt haben will,
daß durch berührte meine Freunde und die Herrn Rec-
toren, Decanum und Professores, so zu jederzeit sein
werden, oft angeregte 50 fl. jährlicher Pension zwey
armen Studiosis, so sich frömlich und fleissig erzeigen
und zum Studio wohl anlegen werden, jährlich zur
Unterhaltung gereicht und dargestreckt werden sollen,
doch länger und weiter nicht, denn biß einer oder sie
alle beide eine condition nach Nothdurft versehen, und

ihnen selbst Unterhalt schaffen mögen. Es sollen auch
diese Knaben nicht, wie andere gemeine Stipendiaten
gehalten, sondern einem jeden freigelaßen werden, sich
zu einer Facultät, dazu er Lust hat und dienlich befunden wird, zu begeben und wie andere fromme Studenten, so keine Stipendia haben, zu leben. Und da
sich hinkünftig über kurtz oder lang zutragen oder
begeben würde, dass die löbliche Universität allhier zu
Marburg (welches doch der Almächtige nach seinem
gütlichen Willen verhüten wolt) in Abfall kommen,
oder aber von derselben 1000 fl. vorgestreckten Haupt-
geldes abgeloist und meinen Erben wiederum verlegt
werden solten, so ordne, will, befehle und heisse ich,
dass meine Erben und Nachkommen solche 1000 fl.
wiederum an gewisse Orte alsbald austhun und anlegen, und die gewisse Verordnung und Vorsehung
thun sollen, dass die jährliche Gulten und Renthen, so
jederzeit darüber fällig sein werden, Kraft dieser meiner
Stiftung jährlich ausgegeben und in keinen anderen
Gebrauch, denn wie vorgemeldet und von mir in dieser
meiner Einsezung, Versehung gethan, angewendet und
ausgelegt werden sollen; darauf die itzige und nachkom-
mende Executores jederzeit zu dencken haben, und damit diese meine fundation und Stiftung stet und vest
gehalten, auch zu jederzeit alle dasjenige, so darinnen
verordnet, wirklich und fleissig vollzogen werde, so er-
nenne ich hiermit den Ehrenhaften und Hochgelahrten
Herrn David Laucken, der Rechte Doctoren und Fürstl.
Hofgerichtsrath allhier zu Marburg, meinen freundl.
lieben Schwager, deßgleichen Henrich Rosenthal, meinen
Vetter, zu Executoren, und wen dieselben forters nach
ihrer Gelegenheit heut oder morgen dazu aus der
Freundschafft an ihrer statt ernennen werden, will auch
dabeneben hiermit und in Kraft dieses meines Briefs
alle und jede Obrigkeiten, sie seyen Geistlich oder

Weltlich, unterthänig und fleissig gebeten haben, ob
dieser meiner disposition und Einsezzung fleissig zu
halten und nit zu gestatten, daß derselben im geringsten
widerlich, oder auch einigen Abbruch gehehen möge.
Doch soll mein Testament disposition und donation, so
ich vor dieser Zeit anderer meiner Güter und Nahrung
halber aufgerichtet, stet, fest und kräftig bleiben, .und
dawider auch gegen diese meine fundation und Stiftung
von den instituirten Erben bei Poen ihres geordneten
Antheils nichts vorgenommen oder ins Werk gerichtet
werden. Alles ohne Gefärde und Arglist. Des zu
wahrer Urkund babe ich mich mit eigenen Händen
unterschrieben und mein Insiegel hierunter an wißent-
lich gehenkt, auch zur Bewilligung der vorgedachten
execution und zu mehrerer Bekräftigung und ewiger
Handhabung dieser fundation die Ehrwürdigen, Hoch-
und Wohlgelahrten Herrn Conradum Matthaeum, der
Rechte Doctorem und itziger Zeit der löbl. Universität
Marburg Rectorem, Herrn Joh. Lonicerum und Wigan-
dum Orthium, beide der H. Schrift Doctores, M. Pe-
trum Nigidium, Decanum und M. Theoph. Lonicerum,
alle der Universität allhier zu Marburg Professores, als
von mir hierzu insonderheit erforderte Zeugen, dienstlich und freundlich gebeten, dieser meiner Stiftung und
Insazzung sich mit eigenen Händen zu unterschreiben,
auch vor sich die gantze Universität, und alle ihre
Nachkommen mit der Universität grosen anhangenden
Insiegel zu bekräftigen, welcher Subscription und Siege-
lung wir vorgenannte Rector, Decanus und Professores
vor uns, die Universität und unsere Nachkommen also
hiermit bekennen, auch neben dem allen den Ehrbaren
und Wohlgelahrten Joh. Hartmann als öffentlichen No-
tair requirirt und ersucht, beneben obberührten Herrn
und Zeugen, diese meine fundation gleichfalls zu unterschreiben und sein gewöhnlich Notariatszeichen hier-

neben aufzudrucken. Welches geschehen Marburg nach unseres Herrn und Seligmachers Jesu Christi Geburt als man zählt 1565 in die Thomae Apostoli, den 21. xbris.

Conrad Buchsack, gnt. Hess.

Conrad Matthaeus, Rector.

Johannes Lonicerus D.

Wiegand Orthius Th. D.

Petrus Nigidius, Decan.

Theoph. Lonicerus.

Ego Joh. Hartmannus, auctoritate imperiali publ. Notarius, ad hunc actum requisitus, me in fidem omnium praedictorum subscripsi et Notar. signum apposui, quod hac manu mea propria attestor.

Disposition der beiden ersten Executoren der Buchsackischen Stipendienstiftung, wer nach ihrem Absterben ihnen succediren solle:

Zu wissen und kundt sey Jedermann, so dessen von Nöthen haben, daß nachdem weilandt der Ehrengeachte Curt Buchsack, genannt Heß, gewesen Schultheiß zu Marpurgk, Gott zu Ehren und seiner ganzen Freundschaft zu Gute, Ihme selbst zu löblichen Gedechtnuß ein Beneficium oder Stiftung von Tausendt Gulden Capital oder Haupt Summa lauths Brief und Sigelln aufgericht, dergestalt, daß jherlich Funfzig Gulden Pension davohn erhoben, welche Inhalt gemelter Stiftung an seine Blutsverwanthen vornemblich und in Mangel derselben sonsten nach Außweißung der fundation zum Studiren angewandt werden sollen, und dann zu steifer und Vesthaltung derselben Stiftung Wir Nachbenandte, nemblich ich Davidt Lauck von wegen meiner Hausfrauen, gemeldtes Stifters [Schwestern], und ich Henrich Hofmann, genannt Rosenthaler, als auch Bluthsverwandter und Vetter des Stifters, zu Executoren in solcher Stiftung mit dem Anhang vornemblich benandt

und verordnet worden seyndt, Also daß Wir die Tage
unsers Lebens, wie treuen Executoren zusteht, dieselbe
Stiftung so viel möglich verwalten und handhaben,
auch auf den Fall richtig andere Executores an unserer
statt zu erwehlen Macht haben sollen.

So haben Wir beyde obbemeldte verordnete itzige
Executores Unß dahin freundlichen verglichen und Kraft
dieser Bekahntnuss vereiniget, Wenn der liebe Gott
nach seinem Gottl. Willen unser einen über kurz oder
langk, oder auch beide sampt von dieser Welt zu sich
abfordern würde, daß alsdann an unserer stedte zu
Verwaltung solches Beneficii und Stiftung unsere Söhne,
welche dazu dienlich seyn mochten, hiermit geordnet
seyn sollen, inmassen Wir sie auch hiermit darzu am
krefftigsten solches beschehen macht, verordnet haben
wöllen, und benennen anfenglich dazu Ich David Lauck
meinen ältesten Sohn Johannem Lucanum und Ich Henrich Hofmann meinen Bruder oder meinen Sohn Johannem Hofmann dergestalt, da Unser einer oder Wir
beyde sampt mit Todt abgeben solten, daß alsdann
diese bemelte beyde Johannessen, oder uff den Fall
andere Unser Söhne darzu dienlich seyn wurden, an
Unser stadt tretten und solch Beneficium oder Stiftung
in seinen Wurden, so viel ihnen möglich, erhalten sollen,
im Fall aber dieselben ernandte als Ludwig Hofmann
oder andere beyderseits Freundschafft darzu zwo tüg-
liche Personen sich solcher Verwaltung annehmen und
allesampt dahin bedacht seyn, das solche Verwaltung in
der zubehörigen Freunde Handen bleibe, und die Freundschaft nit umb das herrliche Kleinoth durch Fremder
oder ungesipter Leut Verwaltung, wie es gemeiniglich
in solchen Fällen durch Nachlessigkeit zu beschehen
pflegt, kommen möge.

Vermahnen derhalben und bitten Wir itzige Executoren unser Nachkommen zu dieser Stiftung gehörig

allesampt daß sie dieselbe in ihren Würden und krefftig lassen und erhalten, so lieb ihnen Gott und die Freundschaft ist.

Desen zur Urkundt etc. Actum Marpurgk im Jahr Tausend Fünfhundert achtzig und Sieben.

David Lauck Dr.

Henrich Hoffmann, der Elter.

———

Zu wißen, Nachdem weilandt der Ehrgeachte Curt Buchsack etc. kurtz vor seinem Todt eine Stiftung von 1000 fl. Capital etc. uffgericht etc. und dann zu Executoren und Verwaltern solcher Stiftung den Ernvesten etc. Dr. David Lauck etc. und Henrich Hoffmann, gen. Rosenthaler, Bürger und Löwer zu Marpurg, von ermeltem Stifter benantet, aber nach Schickung Gottes der eine Executor nemblich Henr. Hoffmann des nechst vergangenen Jars Achtzig Acht mit Todt abgegangen und daher an dessen Stadt der Erb. Ludwig Hoffmann, gen. Rosenthaler, gedachtes Henrichs sel. Bruder zum anderen Executor und Verwalter vor anderen als dessen Stifters Verwandten durch gedachten Dr. David Lauck erwehlt ist worden, so hat gedachter Ludwig in Beiseyn Meiner unterschriebenen Notarii und Stadtschreibers zu Marpurg zugesagt und gelobt solche obengemeldte Stifftung treulich helffen Hand zu haben, bis etwa derhalben weiter Verordnung erfolgen mag. Dessen zu Urkunth etc. Actum Marpurg, den 16. Januarii anno 89.

2. Die Faustischen Stiftungen.

Der seit dem Jahre 1804 zu Treisbach im Amte Wetter zuerst als Adjunkt, seit 1807 als Pfarrer gestandene Conrad Daniel Faust, geboren zu Löhlbach den 26. Okt. 1772 als Sohn des Pfarrers Joh. Friedr. Faust, hatte aus seiner Ehe mit Charlotte Dorothea Eigenbrodt, geb. 22. Juli 1784 zu Hof Lauterbach bei Vöhl nur einen Sohn Wilhelm Georg, welcher nach vollendetem theologischen Studium als Pastor extraordinarius 29. Okt. 1838 zu Treisbach starb. Eine gelegentliche Bemerkung des letzteren, dass er, wenn er über Vermögen zu testieren hätte, dasselbe zu Familienstipendien bestimmen würde, wurde seinen Eltern Anlass, in diesem Sinne über ihr Vermögen letztwillig zu verfügen und durch Testament vom 21. Juni 1839 neben mehreren kleineren Legaten für ihre Pathen und Dienstboten und einer Stiftung von 50 Thlrn., deren Zinsen unter Verwaltung der Kirche zu Treisbach zum Ankauf von Schulbüchern für arme Kinder daselbst verwendet werden sollen, zwei weitere Stiftungen zu machen, nämlich 1200 Thlr. zu einem Stipendium für Studierende und 800 Thlr. zu einem Benefizium für Wittwen und unverheirathete arme Töchter aus den Nachkommen der Geschwister der Stifter.

Hinsichtlich beider Stiftungen sollen die Nachkommen des seit dem Jahre 1800 zu Löhlbach, seit 1823 zu Röddenau gestandenen Pfarrers Joh. Wilhelm Faust († 15. Jan. 1836) und dessen Ehefrau Marie Sophie Amalie Antonette, geb. Eigenbrodt († 11. Dez. 1845) vor den Nachkommen aller anderen Geschwister den Vorzug des Genusses haben, ein Religionswechsel und Uebertritt zur katholischen Kirche aber von den Ansprüchen an diese Stiftungen sowohl den Convertiten, wie dessen Nachkommen ausschliessen. Die Zinsen der Stipendienstiftung sollen einem Studierenden ohne Rücksicht auf die Fakultät für je 3 Jahre des Universitätsstudiums, jedoch nicht über dasselbe hinaus, aber auch schon einem Secundaner, der sich durch Fleiss und gutes Betragen auszeichnet, nach Ablauf der 3 Jahre aber einem andern Berechtigten verliehen, in Ermangelung derselben die Zinsen zum Capital geschlagen, und die Zinsen davon wieder, wie bezeichnet, verliehen werden.

Ebenso sollen die Zinsen der anderen Stiftung für
arme hinterlassene und unverheirathete Töchter und
Wittwen, welche einen christlichen und sittlichen Wandel
führen, an eine oder zwei solcher Töchter und Wittwen
von drei zu drei Jahren verliehen werden, der Genuss des Legates aber durch Verheirathung oder sonstige
Besserung der Lage, wenn diese der Unterstützung nicht
mehr bedarf, erlöschen. Auch „sollen die Töchter und
Wittwen vom Stande, weil diese nicht taglöhnern können,
denen vorgehen, die aus niedrigem Stande sind, und so
lange die ersteren da sind, stehen die Letzteren immer
nach." Die Verleihung beider Benifizien soll (§ 3) durch
zwei der Aeltesten, je einen aus der Familie Faust
und Eigenbrodt, unter Aufsicht des Consistoriums zu
Marburg geschehen und dieser Behörde jährlich Rechnung gelegt werden, die Vermächtnisse aber erst nach
dem Ableben beider Stifter ins Leben treten, der überlebende Ehegatte als Universalerbe des erstverstorbenen
im Besitz und Genuss des ganzen Vermögens bleiben (§ 8).

Der Pfarrer Conr. Dan. Faust starb am 25. März
1843. Seine Wittwe überlebte ihn um 28 Jahre und
starb erst am 28. Dez. 1871 zu Wetter; sie wurde
neben ihrem Manne und Sohne zu Treisbach begraben. In dieser langen Zeit hatten sich die Preis-
verhältnisse der Lebensbedürfnisse gegen die frühere
Zeit wesentlich verändert; und die Wittwe, welche „ihr
Herz und Hand gegen Bedürftige nicht verschliessen
konnte", infolge dessen einen Theil des Vermögens verbraucht, so dass dasselbe zur Auszahlnng der Vermächtnisse und Stiftungen nicht ausreichte. Unter Berücksichtigung dieser Vermögensverminderung und weil das
Testament vom Jahre 1839 manche juristische Unvoll-
kommenheiten hatte, namentlich über die Nachlass-
regulirung und Ausführung der Vermächtnisse nichts
enthielt und ein löschungsfähiger Erbe nicht vorhanden

war, so setzte die **Wittwe** auf Grund der ihr über-
tragenen Universalerbschaft durch einen Testaments-
nachtrag vom 5. August 1870 neben einigen gering-
fügigen Zusätzen unter Wiederholung des 1839er
Testaments den Einsender dieses zum Erben ein.

Nach einer vom damaligen Consistorial- und Kreis-
gerichtsdirektor Kraushaar zu Marburg entworfenen
Consistorial- und einer derselben beipflichtenden Gerichts-
verfügung vom 6. bezw. 18. April 1872 erfolgte dann
diese Nachlassregulierung in der Weise, dass der Testa-
menterbe, der die Erbschaft unter der Rechtswohlthat des
Inventars angetreten, auf die falcidische Quart gegen eine
angemessene Vergütung für seine Mühewaltung verzichtete, und aus dem Erlös des Nachlasses zunächst
alle Gerichts-, Begräbniss-Kosten etc. berichtigt und die
Legate an die Dienstboten und für arme Schulkinder
zu Treisbach im stiftungsmässigen Betrage, dagegen die
Legate an Familienglieder und an beide Familienstif-
tungen pro rata ausbezahlt wurden. Aus dem Nachlass
von insgesammt 2291 Thlr. 18 Sgr. 6 Hlr. konnten
nach Erfüllung obiger Verbindlichkeiten (324 Thlr. 19
Sgr. 5 Hlr.) an die Stiftungen etc. $85^{1}/_{2}$ Prozent bezahlt werden, d. h. an die Stipendienstiftung 1026 Thlr.
7 Sgr. 1 Hlr. und an die Töchterstiftung 684 Thlr.
4 Sgr. 11 Hlr., worin die Erbschaftssteuer (60 Thlr.)
enthalten ist. Letztere wurde mit 3 Prozent nicht von
dem obigen wirklich gezahlten, sondern laut einer älteren
preussischen Cabinetsordre vom 18. Juli 1845 von dem
gestifteten ganzen Capitale (1200 und 800 Thlr.), also
auch von den nicht gezahlten $14^{1}/_{2}$ Prozent des Stiftungskapitals angefordert und bezahlt. Da von den
Stiftern keine Bestimmungen über die Collatur getroffen
waren, so bestimmte der Testamentserbe den Pfarrer
und Metropolitan **Reinh. Daniel Faust** zu Grossen-
wieden bei Rinteln von der Faustischen Familie und

den Pfarrer Gustav Eigenbrodt zu Steinbach bei
Giessen von der Eigenbrodtischen Seite zu Collatoren.
Beide Collatoren vereinbarten alsbald ein vom Consistorium genehmigtes Verwaltungsstatut über die Bestellung der Collatoren, Rechnungslegung und Verlei-
hungsmodus der Stipendien, so dass die Stiftungen seit
1872 in Kraft treten konnten. Der erste Benefiziarius
war der stud. phil. Fritz Möller aus Dodenhausen,
welcher im Jahre zuvor nach der Schlacht bei Sedan
zum Leutnant avanciert und das eiserne Kreuz erhalten
hatte, und als Oberlehrer am Kaiserlichen Lyceum zu
Metz 19. August 1889 verstorben ist.

Das Gesammtconsistorium zu Kassel, auf welches
nach Aufhebung des Marburger Consistoriums die Aufsicht über diese Stiftungen übergegangen war, wollte
sich dieser ihm anvertrauten Aufsicht ganz entschlagen,
weil dieselben ein kirchliches Interesse nicht böten und
stellte höheren Orts dahin gehenden Antrag, der jedoch
selbst von dem damaligen Cultusminister Dr. Falk nicht
genehmigt wurde, so dass dasselbe erst 18. Sept. 1875
dem Testamentserben die erbetene Decharge ertheilte.

Berechtigt zu beiden Stiftungen sind die Nachkommen der Geschwister der Stifter. Die Familie Faust,
aus welcher seit 1715 bis in die Neuzeit 15 Glieder in
geistlichen, einige auch in juristischen Aemtern in Hessen
gestanden, verschieden von der von dem Hersfelder Bürgermeister Conrad Faust (†1615) abstammenden Familie *),
stammt von einem Bergmann Alban Faust zu Ellers-
hausen bei Frankenberg († vor 1635), dessen Enkel
Andreas Faust zu Geismar drei Söhne geistlich
studieren liess. Die Nachkommen des Pfarrers Joh.
Faust zu Haina († 1745), Halsdorfer Linie, haben keinen
Antheil an den Stiftungen.

---

*) *Strieder*, Hess. Gel. Gesch., 4, 75.

Die Familie Eigenbrodt, welche sich von einem aus Marienhagen bei Vöhl stammenden Schmiede Johannes Eigenbrodt und dessen nach Sachsenhausen in Waldeck verheiratheten Sohn Jost Heinrich († 1697) und dessen Ehefrau Anna Elisabeth Schenn herleitet und im Laufe weniger Jahrzehnte die höchsten Staatsämter erreichte, ergibt die Buchsackische Stammtafel. Der daselbst genannte älteste Bruder der Stifterin, Staatsrath Carl Christian Eigenbrodt zu Darmstadt, ist der Begründer des 1834 landesherrlich bestätigten historischen Vereins für das Grossherzogthum Hessen und dessen Zeitschrift, des sogenannten „Hessischen Archivs", welches derselbe mit einer diplomatischen Geschichte der Dynasten von Falkenstein eröffnet und mit mehreren anderen Publikationen über die Hessische Vorzeit versehen hat.

3. Die Plittischen Stiftungen zu Wetter.

Im Jahre 1692 verheirathete sich der Bürgerssohn Joh. Jacob Plitt aus Biedenkopf († 1744), wo diese Familie noch in zahlreichen Gliedern blüht, mit Anna Elisabeth Dexbach zu Wetter und wurde hierdurch der Stammvater einer zahlreichen Nachkommenschaft, die zwar im Mannesstamme zu Wetter seit 100 Jahren wieder erloschen ist, aber ausserhalb noch fortblüht und namentlich eine Reihe von namhaften Theologen hervorgebracht hat. Von Joh. Jacob Plitts zwölf Kindern, deren sechs jung starben, war der dritte Sohn Georg Matthaeus, geb. 1. April 1701, nach kurzer pfarramtlicher Adjunktur in seiner Heimath 1736 Pfarrer und Dekan zu Caldern, wo er nach gesegnetem Wirken 17. Juli 1767 starb und in der Kirche begraben wurde, während Johann Conrad Plitt, geb. 1697, vermählt mit Anna Maria May, den Stamm zu Wetter fortsetzte. Auch von seinen 11 Kindern starben 4 frühzeitig. Der älteste Sohn, nach seinem Grossvater benannt, **Johann Jacob Plitt**, geb. 27. Februar 1727, wurde nach vollendeten theologischen und philosophischen Studien zu Marburg (1744) und Halle (1745) und nach erlangter philosophischer Magisterwürde von seiner akademischen Laufbahn abgelenkt und 1748 zum zweiten Pfarrer an der lutherischen Gemeinde zu Kassel, wo er sich (1750) mit Henriette Sophie, des † Pfarrers Friedrich Philipp **Schlosser** Tochter, vermählte, 1755 aber nach siebenjähriger reich gesegneter Amtsthätigkeit zum ordentlichen Professor der Theologie nach Rinteln berufen. Auf seiner Reise nach Rinteln erwarb er am 17. Sept. j. J. bei der theologischen Fakultät zu Göttingen die theologische Doctorwürde, nachdem er allen deshalbigen Anforderungen genügt hatte. Im Jahre 1756 übernahm er neben seinem akademischen Lehramte auch zugleich wieder ein Pfarramt als Diakonus und bald nachher als Pastor primarius zu Rinteln und wurde nach dem 1761 erfolgten Ableben des Dr. Joh. Phil. **Fresenius** 1762 zum Pfarrer, Consistorialrath und Senior des geistlichen lutherischen Ministeriums zu Frankfurt a. M. berufen, in welcher Stellung er auch die Uebungen des dasigen theologischen Candidatenseminars zu leiten hatte und am 6. April 1773 starb. Dr. Joh. Jacob Plitt stand gegenüber dem eindringenden Rationalismus noch fest im alten Glauben der lutherischen Kirche, wie seine zahlreichen theologischen und philosophischen Schriften, welche meist apologetischen Inhalts sind, und seine gedruckten Predigten beweisen. Namhaft und bekannt sind besonders seine Schriften über die Kindertaufe[*]. Plitt ist aber nicht blos wegen seiner theologischen und

---

[*] *Beweis*, dass die Kindertaufe in der II. Schrift befohlen und in der ersten christlichen Kirche üblich gewesen. Hamburg 1751. *Dissertatio* historico-theologica sistens testimonia quorundam ecclesiae Patrum pro baptismo infantum a falsis interpretationibus

pfarramtlichen Wirksamkeit an der lutherischen Gemeinde
zu Kassel und zu Rinteln, sondern auch wegen seiner
„Nachrichten von der oberhessischen Stadt Wetter und
der daraus stammenden Gelehrten." 1769, in denen er
seiner Heimath und seinen Landsleuten ein ehrenvolles
Gedächtnis gesetzt hat, von Bedeutung. Plitt hatte
hierzu zwei Vorarbeiten von Wetterischen Landsleuten
und Amtsbrüdern, welche er überarbeitet und zum Druck
befördert hat. Von dem Pfarrer Joh. Ludwig Mahrt
zu Neustadt an der Hardt, später zu Hersberg in der
Grafschaft Falkenberg, geb. 12 November 1687, rührt
der erste Theil, die eigentliche Wetterische Stadt- und
Amtschronik her, ein Werk, in dem man über die vor-
reformatorische Geschichte Wetters, namentlich über die
Verhältnisse Hessens zum Erzstifte Mainz, sowie über
das dasige „frei weltliche Stift unserer lieben Frauen
vom Himmelreich" und vieles andere vergeblich Aufschluss sucht, das aber wegen der örtlichen Beschreibung, der Pfarr- und Schulverhältnisse, sowie durch
Abdruck älterer auf die Geschichte der Stadt bezüglichen Urkunden aus dem 17. Jahrhundert nicht ganz
unwichtig ist und für die Vorbeschreibung zum Steuerkataster die Hauptquelle abgegeben hat. Von grösserem
und bleibendem Werth ist der zweite Theil, die Wetterische Gelehrtengeschichte, welche von dem zu Treisbach bei Wetter 1730 bis 1756 gestandenen Pfarrer Joh.
Georg Junk verfasst ist, welcher sich auch durch eine
1745 herausgegebene lateinische Lebensbeschreibung des
berühmten Heidelbergischen Philologen Friedrich Sylburg
aus Wetter bekannt gemacht hat.

---

cel. Hovenii vindicata 1760. — Seine Lebensbeschreibung und
Schriften sind in den *Nora acta ecclesiastica* 1768. Tom. 60, S. 539
enthalten und deren Titel in den „*Nachrichten* von der oberhess.
Stadt Wetter", Frankfurt 1769, S. 252.—263 abgedruckt.

Zwei jüngere Brüder des Frankfurter Seniors mit
Namen Joh. Philipp Plitt, geb. 5. Nov. 1729, und
Joh. Herbold Plitt, geb. 7. Nov. 1732, zogen nach
Norden. Joh. Philipp wurde Kaufmann in Hamburg,
Joh. Herbold Pastor zu Neuenkirchen und Hohenlukow
in Meklenburg, wo er sich mit des Superintendenten
Menkel zu Schwerin Tochter vermählte. Weil ihnen
Gott Glück und Segen auf ihren Lebenswegen in der
Fremde beschert hatte, errichteten sie, d. d. Hamburg
12. März und 6. August 1779, zum Dank gegen ihn und
die Lehrer ihrer Jugend zwei Stiftungen von je 500
Gulden für die Lehrer, Schulen und Armen ihrer
Vaterstadt.

A.
Im Namen Gottes.

Wir unterzeichnete Gebrüder, Söhne des weiland
Herrn Johann Conrad Plitts, Bürger und Handels Manns
in Wetter, haben bei vergnügtem Andenken an unsere
Schuljahre in unserer Vaterstadt uns zugleich der mannigfaltigen Wohlthaten erinnert, womit der Herr uns
bei oft wunderbarer Führung in fernen Landen über-
schüttet hat. Innigst gerührt über seinen Segen, haben
wir, da wir wohl nicht mahl den Wunsch haben können,
jemals wieder in unsere Vaterstadt zu kommen, doch
gerne ein Denkmal unserer Liebe zu derselben darinnen
aufrichten wollen. Demzufolge

1.

schenken wir der evangelisch-lutherischen Schule zu
Wetter zu ewigen Zeiten, Gott zu Ehren und der Schule
zum Beßten, Fünfhundert Gulden Frankfurter Währung,
neun Gulden auf einen Louisdor gerechnet: nemlich ich
Johann Philipp Plitt, Kauf- und Handels-Mann in der
Kayserlichen freien Reichsstadt Hamburg, schenke dazu
400 fl. und ich Johann Herbold Plitt, Pastor zu Neuenkirchen im Herzogthum Mecklenburg, schenke dazu 100 fl.

2.

Für diese 500 fl. sollen entweder Grundstücke, als Aecker, Gärten oder Wiesen, auf dem Stadtfelde gekauft und nachher vermiethet werden, oder wenn solches der Stadt Verfaßung etwa nicht gemäß sein sollte, so sollen sie an keinen Particulier, sondern an eine ganze Commune, es mag nun eine Stadt oder ein Dorf sein, zinsbar ausgethan werden. Die Anwendung der Einkünfte oder Zinsen von diesen 500 fl. soll folgendermaßen geschehen.

3.

Am Tage Gregorii, den 12. Mertz, sollen alle Jahr die Einkünfte oder Zinsen von 300 fl. an die drei Herrn Schul-Collegen dergestalt vertheilt werden, dass wenn z. E. das Geld 5 pro Centum Einkünfte bringt, so soll der Herr Rector 6 fl., der Herr Conrector 5 fl. und der Herr Collega tertius 4 fl. davon haben; trägt es aber 6 p. Cent., so bekommt erster 7, der zweite 6, und der dritte 5 fl., und trägt es nur 4 p. Cent., so bekommt erster 5, der zweite 4, und der dritte 3 fl. und nach diesem Verhältnis soll die Vertheilung allemahl geschehen. Wir wünschen von Herzen, dass diese geringe Ergötzlichkeit den Herrn Schulcollegen ein neuer Bewegungsgrund sein möge, mit unermüdeter Treue an den Seelen, welche der Herr Christus so theuer erkauft hat, zu arbeiten und auch bei der kärglichen Belohnung, welche die Welt oft für die saure Schularbeit gibt, immer der göttlichen Verheißung eingedenk zu sein, dass Er die Worte der Tochter Pharaonis, Exod. 2, 9: Nimm hin das Kindlein und säuge mirs, ich will dirs lohnen, an allen redlichen Schulmännern erfüllen wird.

4.

Die Einkünfte von den übrigen zweihundert Gulden sollen zu Bücher für Stadtkinder angewandt, und solche bei den gewöhnlichen Frühjahrs- und Herbst-Examinibus

folgender Gestalt von dem jedesmahligen Herrn Oberpfarrer vertheilet werden. Bei jedem Examine werden
die Einkünfte von 100 fl. genommen. Sind solche 5 fl.,
so sollen für 2½ fl. 2 Bücher, ein lateinisches und ein
deutsches, gekauft werden. Davon soll das erste einem
fleißigen, gottesfürchtigen und gehorsamen Schüler aus
der ersten Classe, und das andere, nemlich das deutsche,
einem fleissigen und frommen Schüler aus der anderen
Classe gegeben werden. Für die anderen 2½·fl. oder
wie viel auch die Hälfte der Einkünfte betragen mag,
sollen geringere Bücher gekauft werden, und solche an
nicht bemittelte Kinder, die sich aber durch Gehorsam,
Frömmigkeit und Lernbegierde auszeichnen, gegeben
werden.

Wir wünschen herzlich, dass diese kleine Ermun-
terung die liebe Jugend zu Wetter erwecken möge,
frühe Gott fürchten zu lernen, und auf diesem Wege
allein, wie wir es zum Preiße Gottes aus Erfahrung bezeugen können, die Glückseligkeit dieses und jenes
Lebens zu finden; wie der heilige Apostel Paulus 1.
Tim. 4, 8 bezeuget: Die Gottseligkeit ist zu allen Dingen
nutz und hat die Verheißung dieses und des zukünftigen
Lebens.

5.

Damit nun aber auch diese unsere Donation ins
Künftige allemahl gewissenhaft unserm Willen gemäß
verwandt werde, so wollen wir, dass der Herr Metropolitan als Scholarcha der Schule mit Zuziehung des
Herrn Rectors und Conrectors bestimmen soll, welchen
Schülern ohne Ansehen der Person diese Bücher sollen
gegeben werden. Und wenn sie dann von dem Herrn
Scholarcha am Schluß des Examinis vertheilt werden,
so soll der vorhergehende § 4 vorher laut von ihm als
ein Extract aus dieser Donations-Acte verlesen werden.

6.

Die Aufbewahrung dieses von uns beiden eigenbändig unterschriebenen und mit unseren gewöhnlichen Pittschaften besiegelten Originals soll in dem Kirchen-Archiv geschehen. Es soll aber auch eine beglaubte Abschrift davon genommen und in dem Stadt-Archiv niedergelegt werden. Und wenn das Capital zuerst verwandt oder so oft nachher eine Veränderung damit vorgenommen wird, soll allemahl die obrigkeitliche Bestätigung da gesucht werden, wo das Jus· patronatus über die Schule hingehört.

Wir erbitten uns für diese Donation das gütige Andenken und Gebet unserer lieben Landes Leute, und wünschen von Herzen, daß die gute Stadt zu ewigen Zeiten grünen und blühen und ihre Einwohner wohl gedeihen mögen.

Urkundlich geschrieben zu Hamburg und Neuenkirchen den 12. Mertz 1779.

Johann Philipp Plitt,	*Johann Herbold Plitt,*
Bürger und Kauf·Mann in Hamburg. mppria.	Pastor zu Neuenkirchen und Hohenluckow. mppria.
(L. S.)	(L. S.)

B.

Im Namen Gottes!

Wir unterschriebene Gebrüder, Söhne des weiland Herrn Johann Conrad Plitt, Bürger und Handelsmann zu Wetter, haben mit Vergnügen vernommen, dass die Donation von 500 fl., welche wir zum Besten der Schule in unserer guten Vaterstadt Wetter im Frühjahre a. c. gemacht haben, zur Freude der Lehrenden und Lernenden gereicht hat. Wir haben uns daher bewogen funden, noch eine andere Donation der Lutherischen Schule und den Armen zu Wetter zu machen. Demzufolge

1.

schenken wir Gott zu Ehren und unserer Vaterstadt
zum Beßten noch einmahl Fünfhundert Gulden Frankfurter Währung, den Louisdor zu 9 fl. gerechnet, zu
ewigen Zeiten an die evangelisch-lutherische Schule und
die Armen zu Wetter, nemlich ich Johann Philipp Plitt,
Kauf- und Handels-Mann zu Hamburg, schenke dazu
vierhundert Gulden, und ich Johann Herbold Plitt, Pastor
zu Neuenkirchen im Herzogthum Mecklenburg, schenke
dazu Einhundert Gulden, und zeiget beiliegende Assignation, wo diese 500 fl. zu erheben sind.

2.

Für diese 500 fl. sollen entweder Grundstücke an
Aeckern, Gärten oder Wiesen auf dem Stadtfelde zu
Wetter angekauft oder auch das Geld mit obrigkeit-
licher Bestätigung an eine Commune, es mag nun eine
Stadt oder ein Dorf sein, nicht aber an einen Privatum,
sicher ausgethan und die Einkünfte davon folgender
Gestalt verwendet werden.

3.

Wir nehmen an, dass diese 500 fl. zu 5 pro Centum bestätigt werden und folglich 25 fl. jährlich ab-
werfen dürften. Davon sollen dann gegeben und im
nächstfolgenden Jahr 1780 der Anfang gemacht werden,
wie folget :

a. Beim Herbst-Examine 1780 und zu ewigen
Zeiten alle Jahr in diesem Termin sollen davon haben:
der Herr Rector Scholae 4 fl., der Herr Conrector 3 fl.
und der Herr Collega tertius 2 fl., zusammen 9 fl.

b. sollen 6 fl. zu Bücher verwendet werden, dergestalt dass für 3 fl. 2 deutsche Bibeln gekauft und
beim Oster-Examine an 2 Knaben, einen aus der lateinischen und den anderen aus der deutschen Classe,
gegeben werden, die sich durch Fleiß, Frömmigkeit und
gute Sitten dieser Wolthat würdig gemacht haben.

Sollten diese 2 Bibeln nicht völlig 3 fl. kosten, so
mögen für das übrige einige kleine Bücher gekauft und
an arme Kinder gegeben werden. Auf eben die Art
soll es mit den anderen 3 fl. beim Herbst-Examine gehalten werden. Die Vertheilung dieser Bücher soll vom
jedesmahligen Herrn Oberpfarrer mit Zuziehung der
Herrn Schulcollegen beim Examine geschehen.

c. sollen 4 fl. zur Disposition des Herrn Rectoris
überlaßen werden, die er zum Beßten der Schule nach
seinem Belieben verwenden mag; entweder Bücher zum
allgemeinen Gebrauch dafür anzuschaffen, oder auch zuweilen zur Verschönerung des Schulgebäudes zu verwenden. Doch muß das letzte nicht auf Reparaturen
gezogen werden, welche eine andere Casse bisher hat
besorgen müßen, sondern auf eigentliche Verschöne-
rungen, z. B. Anmahlen der Classen mit sinn- und lehr-
reichen Sentenzen, Anschaffung eines Ventilators in den
Fenstern zur Erhaltung gesunder Luft in den Classen,
Anschaffung bequemer Stühle und Tische für Lehrende
und Lernende u. s. w. Doch soll niemahlen über die
Hälfte auf dergleichen Dinge verwendet werden, sondern
wenigstens 2 fl. jährlich zu Büchern, Landkarten, Noten-
bücher, auch wohl musikalische Instrumente zu gottes-
dienstlichem Gebrauch, bestimmt bleiben. Wenn dieses
cum grano salis geschieht und die angeschafften Dinge
oeconomisch bewahrt werden, so kann die Schule mit
der Zeit einen Apparatum von nützlichen Dingen erlangen.

d. für die übrigen 6 fl. soll am Sonntag Laetare
gutes Roggenbrod von einem Bäcker gekauft, in die
Kirche getragen und von den lutherischen Herrn Pas-
toribus und Kirchenältesten an alle dürftige Leute gegeben werden, welche sich dazu in der Kirche einfinden,
sie mögen nun unserer lutherischen oder der reformierten
Confession sein.

Sollten diese 500 fl. nun mehr oder weniger, als
25 fl. Einkünfte jährlich tragen, so wird der Ueberschuß
oder Mangel verhältnismäßig von Lit. a. b. c. und d
entweder abgezogen oder zugelegt.

4.

Damit aber nun diese unsere Donation ohne alle
Parteilichkeit zu ewigen Zeiten nach unserer Absicht
verwendet werde, so soll

a) dieses Original in das Kirchen-Archiv gelegt,
eine vidimierte Abschrift aber im Stadt-Archiv verwahrt, und die Einhebung der Zinsen und Wahrneh-
mung des Capitals der lutherischen Geistlichkeit und
Kirchenältesten überlaßen werden.

b) Wird der Herr Oberpfarrer den Interessenten,
welche Lit. a. b. c. d. genannt sind, von Zeit zu Zeit
einen Auszug aus dieser Donations-Acte vorlesen, der
sie eigentlich angebet, und damit ein jeder wiße, daß
ihm kein Unrecht geschehe.

5.

So wie wir nun hoffen, daß diese jetzige und auch
die vorhergehende Donation niemahlen einen Vorwand
geben werde, andere hergebrachte Emolumenta den
Herrn Schulcollegen und Schülern zu schmälern, also
erbitten wir uns zum gesegneten Fortgang aller unserer
Handlungen und Wege das Gebet und die guten Wünsche
unserer lieben Vaterstadt, welche wir der treuen Hut
und Wache unseres guten Gottes übergeben und zu
ewigen Zeiten empfehlen.

Diesem Höchsten und allein gewaltigen Gott, dem
König aller Könige und Herrn aller Herrn, sei Ehre,
Anbetung und ewiges Lob. Amen.

Urkundlich haben wir dies eigenhändig unterschrieben und mit unseren gewöhnlichen Pittschaften

bestärkt. So geschehen zu Hamburg, den 6. Aug. 1779 und zu Neuenkirchen, den 1. Aug. 1779.

Johann Philipp Plitt,
Bürger und Kaufmann zu Hamburg. mppria.
(L. S.)

Johann Herbold Plitt,
Pastor zu Neuenkirchen und Hohenluckow im Herzogtum Mecklenburg. mppria.
(L. S.)

Da sich eine Gelegenheit zur Ausleihung des Stiftungskapitals an eine Commune nicht alsbald darbot, die Ausleihung an einen Privaten aber ausdrücklich untersagt war, so gab der P. Joh. Herbold Plitt am 20. Mai 1780 eine von seinem Bruder Joh. Philipp Plitt am 30. desselben Monats bestätigte authentische Erklärung über die verzinsliche Ausleihung: „Weil wir in dieser Gegend oft gesehen haben, daß Gelder, welche Private angeliehen haben, verloren gehen, so haben wir durch jene Clausel diesem besorglichen Verluste vorbeugen wollen. Wenn aber diese Besorgnis in Hessen vergeblich sein, im Gegentheil der Fundation ein Schade durch die Clausel entstehen sollte, so heben wir solche sehr gerne auf und überlaßen es der Weisheit der Vorgesetzten, welchen Gebrauch sie von den 1000 fl. machen wollen, wenn nur die Zinsen davon jährlich richtig gegeben werden.

Auch beim Ackerkaufen ist es gar meine Meinung nicht gewesen, daß die Herrn Schulcollegen solchen selbst verwalten sollten. Das gereicht auf dem Lande schon der Geistlichkeit zur Hinderung, noch viel mehr in Städten. Daher habe ich hier in meinem Ort schon vor 16 Jahren mit Bewilligung des Durchl. Herzogs den größten Theil meines Pfarrackers zu ewigen Zeiten gegen 75 Dukaten jährlicher Hebung verpachtet und mir nur ein Stück Land, das völlig ausser aller Communion ist, von circa 8000 ☐ Ruthen vorbehalten, um doch 4 Pferde und 8 Kühe bequem halten zu können.

Wenn demnach für die 1000 fl. Güter gekauft werden
sollten, so müßten solche verpachtet und die Miethe
davon zum bestimmten Behuf angewendet werden." ᴊ

Der in der ersten Stiftungsurkunde erwähnte Gre-
goriustag (12. März) war von Alters her für die Schulen
und Schüler zu Wetter ein Festtag. An diesem Tage
wurden die neu angehenden Schüler in die Schule aufgenommen und derselben von den Schülern der Ober-
classe zugeführt, oder richtiger auf den Schultern zugetragen, wobei dann die Kleinen mit Bretzeln behängt
waren und ihnen so ein Geschmack am Ernste des
Schullebens beigebracht wurde, während die übrigen
Schulkinder paarweise vorangingen und folgende lateinischen Verse sangen:

Vos ad se, Pueri, primis invitat ab annis,
    Atque sua Christus voce venire jubet.
Praemiaque ostendit vobis venientibus ampla.
    Sic vos, o pueri, curat amatque Deus.
Vos igitur laeti properate occurrere Christo;
    Prima sit haec Christum noscere cura ducem.
Sed tamen ut Dominum possis agnoscere Christum,
    Ingenuas artes discito parve puer.
Hoc illi gratum officium est, hoc gaudet honore,
    Infantum fieri notior ore cupit.
Quare nobiscum studium ad commune venite,
    Ad Christum monstrat nam schola nostra viam *).

Die Knabenschule zu Wetter verfolgte wesentlich
die Zwecke einer Lateinschule, welche den Schülern im
Lateinischen ungefähr die Vorbildung bis zur Obertertia
eines heutigen Gymnasiums gewährte. Nur hierdurch
war es möglich, dass aus Wetter eine verhältnismässig
grosse Zahl von studierenden Jünglingen zur benachbarten Universität Marburg oder der Gelehrtenschule

---

*) *Joh. Jac. Plitt*, Nachrichten von Wetter, S. 71 ff.

zu Soest ziehen, und so viele Gelehrte aus dieser Stadt
hervorgehen konnten. Seit der Umbildung des Schulwesens in der Neuzeit und dem Vorwiegen der realistischen
Ausbildung musste auch die humanistische Bildung in
der Wetterischen Schule dieser Richtung weichen. Damit erhielten auch die Plittischen Stiftungen theilweise
eine andere Verwendung. Die Austheilung lateinischer
Bücher bei der Herbstprüfung hörte auf und statt dessen
wird in neuerer Zeit jedem Kinde beim Abgang von
der Schule am Confirmationstermine ein Gesangbuch
aus der Stiftung bewilligt. Auch die Verlesung der
Stiftungsurkunden hat später nur noch selten stattgefunden. Dagegen ist die den Lehrern aus der Stiftung
bewilligte „Ergötzlichkeit" in den behufs Ausmessung
der staats- etc. -seitigen Besoldungszuschüsse aufgestellten Besoldungsnoten und Competenzen nicht zur
Anrechnung gebracht, sondern vor die Linie gestellt
worden, weil es eben eine „Ergötzlichkeit" für die Lehrer
für ihre sauere Schularbeit, aber nicht für die Staatskasse und andere Verpflichtete sein sollte.

Auch hinsichtlich der Verwaltung dieser Stiftungen
wollte sich der Uebergang der Schulangelegenheiten von
dem Consistorium auf die Regierung und der Zug der
Neuzeit, die Stiftungen in weltliche Hände zu legen,
geltend machen. Obwohl das Consistorium zu Marburg
sehr geneigt war, zu seiner Erleichterung derartige
Stiftungen für Schul- und Armenzwecke abzugeben, so
trat dasselbe in diesem Falle doch dem deshalbigen
Verlangen der Regierung, „wegen des Missfallens, das
diese Verwaltungsänderung in den Gemüthern der Verwandten und Anhänger der Stifter erregen möchte",
entgegen und für die Beibehaltung der bisherigen Einrichtung, als der Absicht der Stifter entsprechend, nachdrücklich ein, und auch das vorhinnige Ministerium zu
Kassel wies unter dem 29. Februar 1832 die Regierung

wegen ihres Verlangens, die Plittischen Stiftungen in ihre Verwaltung zu nehmen, ab, weil die nach Inhalt der Ministerialverfügungen vom 7. September 1822 und 4. September 1826 der Regierung zukommende Oberaufsicht eine Abänderung der von den Stiftern angeordneten unmittelbaren Aufsicht der lutherischen Geistlichen und Kirchenältesten zu Wetter und deren Verwaltung nicht nothwendig zur Folge haben müsse.

Es mag noch erwähnt werden, dass auch der in der Pfarrkirche S. Maria zu Wetter befindliche schöne Kronleuchter ebenfalls eine Stiftung aus der Plittischen Familie ist, nämlich der jüngsten Schwester obiger drei Brüder Anna Maria Plitt († 15. November 1794), Ehefrau des Postmeisters Joh. Jakob Göbel.

4. Die Schmidtischen Stiftungen zu Ebsdorf.

In dem früheren kurhessischen Staatshandbuch, jetzigen Königl. Preuss. Staatsdienst-Kalender für den Reg.-Bez. Kassel werden die Schmidtischen Stiftungen zu Ebsdorf als unter der Aufsicht des Consistoriums stehend aufgeführt. Es sind dieses zwei ganz verschiedene Stiftungen, verschieden nach ihrem Zweck, wie nach der Zeit und Person ihrer Stifter. Die eine Stiftung, deren Zinsen der Schullehrer zu Ebsdorf bezieht, ist von einem Henrich Schmidt um 1640 errichtet und wird bei der dasigen Kirche verwaltet. Die andere ist eine von dem seit 1756 zu Treisbach, seit 1758 zu Ebsdorf gestandenen Pfarrer Joh. Georg Jacob Schmidt, einem Sohn des 1732 verstorbenen Marburgischen Superintendenten Joh. Dietrich Schmidt, d. d. 17. März 1789, am Tage vor seinem Tode, errichtete Familien-Stipendienstiftung, welche von den Senioren der Familie unter Aufsicht des Consistoriums verwaltet wird. Der Pfarrer Joh. Georg Jacob Schmidt

setzte seine Nichte Barbara Margaretha Elisabeth Uhrhan, Tochter des zu Rauisch-Holzhausen
1735 verstorbenen Pfarrers Joh. Wilh. Uhrhan, welche
ihm den Haushalt geführt und ihn in der Krankheit
gepflegt hatte, zur Universalerbin seines Vermögens ein,
mit der Auflage, jedem der Kinder seiner drei Schwestern
ein Legat von 200 Thlrn. Frankfurter Währung zu
zahlen, ausserdem seine Bibliothek und Manuscripte,
Kleidungsstücke nebst Stock und den zur priesterlichen
Kleidung gehörenden (silbernen) Schuhschnallen zwischen
seinen Pathen, dem Rector Joh. Philipp Jacob
Uhrhan zu Rauschenberg, und dessen Neffen Joh.
Jacob Georg Uhrhan zu verloosen, und endlich
„zum Behufe eines Familienbenefiziums ein Legat von
1000 Rthlrn., welches diejenigen Studierenden, welche
sich dem studio theologico, aus seiner Familie und
seiner Anverwandten Familie, widmeten, auf drei Jahre
gegeben werden solle, dass solche alsdann die Interessen
davon geniessen sollten, an den Pfarrer Christian
Wilhelm Uhrhan zu Wittelsberg als Subsenior abzugeben. Bei des Pfarrers Uhrhan Sohn zu Wittelsberg, der jetzo jura studiere, solle allein eine Ausnahme
gemacht und solchem dieses beneficium zuerst und dann
seinem Bruder auf drei Jahre conferirt werden. Von
dem Pfarrer Uhrhan zu Wittelsberg sollte auch sobald
ein Instrument über dieses beneficium gemacht und von
ihm als Subsenior der Familie die Collatur desselben
besorgt werden. Nach diesen 6 Jahren solle alsdann
dieses beneficium der Professor Engelschall zu Marburg drei Jahre lang geniessen, welchem jedoch frei-
stehe, ob er es behalten oder seinem Vetter George,
des † Oberpfarrers Justi Sohn zu Marburg abtreten
wolle."

Der Erblasser hatte drei Schwestern, von welchen
1) Margarethe Elisabeth an den lutherischen

Pfarrer Theophil Ludwig Marschall zu Waldalges-
heim in der Pfalz vermählt war, deren 7 Töchter schon
1789 theils in Schwaben an mehrere gräflich Degen-
feldische Beamte, Cramer, Christlieb etc., andere
zu Mannheim (Liomin) und Worms (Walther), eine
an einen Hausverwalter des holländischen Gesandten zu
Wien verheirathet und so zerstreut waren, dass der
Erblasser die Zahlung der Legate von genügender Legi-
timation abhängig machte. 2) Catharine Margaretha war mit dem Marburgischen Superintendenten
Mag. Joh. Christoph Engelschall († 1753) und 3)
Anna Catharina mit dem zu Rauisch-Holzhausen
1735 verstorbenen Pfarrer Joh. Wilhelm Uhrhan
vermählt gewesen. Der letztgenannten Kinder waren
die Universalerbin Barbara Margaretha Elisabeth Uhrhan, und deren 4 Brüder, der Pfarrer
Christian Wilh. Uhrhan zu Wittelsberg, dessen zwei
Söhne das Benefizium zunächst und zwar Joh. Jacob
Georg Uhrhan ausnahmsweise als Jurist geniessen sollte,
und Joh. Philipp Jacob Uhrhan, Rector zu Rauschenberg, Theophil Friedrich Uhrhan, Verwalter zu Ros-
berg, und Ludwig Christoph Uhrhan, Verwalter zu Gemünden. Von dem Pfarrer Christian Wilh. Uhrhan
stammen die später zu Kirchvers und Lohra gestandenen
Pfarrer dieses Namens ab, während sich die Nachkommen
der verheiratheten Engelschall in der Familie des späteren
Professors und Marburgischen Superintendenten Dr. Carl
Leonhard Justi fortsetzen.

Das von dem Erblasser in seinem Testament an-
geordnete und durch den Pfarrer Uhrhan zu Wittelsberg aufzurichtende Instrument über das Familienbene-
fizium errichtete dieser d. d. 22. October 1789 wie folgt:

„Der weiland hochehrwürdige und hochgelahrte
Herr Joh. Jacob George Schmidt, gewesener Pfarrer zu
Ebsdorf, hat in seinem den 17. Mertz 1789 gerichtlich

gemachten und durchgängig als rechtsgültig und beständig anerkannten Testament oder letzten Willensmeinung sub numero

Drittens, ein Legatum von Eintausend Rthlr. frankf. W. zu einem Familien Stipendio ausgesetzt, wie solches besagtes und in den Händen der dreyen daran theilnehmenden Stämme seiende Testament ausweiset und bestätiget, und mir dem bisherigen Subseniori der Schmidtischen Familie, nun aber an seine Stelle tretenden Seniori den Auftrag gethan, nach seinem mir darüber bekannt gemachten Willen nicht nur ein Instrument, als eine Norm, Regel und unabänderliches Gesetz, nach welchem dabei nun und zu ewigen Zeiten verfahren werden solle, aufzurichten, sondern auch die Collatur zu besorgen. Es will denn aber, setzet und verordnet oben gedachter Herr Pfarrer Schmidt als Stifter dieses Beneficii:

I. Daß dasselbige denjenigen, die sich jetzt und forthin zu dem allgemeinen Ahnherrn und Stammvater, dem weiland hochwürdigen Herrn Superintendenten und Consistorial-Rath, Herrn Joh. Dietrich Schmidt, als seinem im Leben liebgewesen Vater rechtsbeständig werden legitimiren können, mithin seine Collateral-Erben sind, einzig und allein conferirt werden solle; die Kinder seiner im Leben ihm lieb gewesenen drei Schwestern und deren Descendenz haben sich also allein desselbigen zu erfreuen, nemlich — folgen die Namen der oben genannten drei Schwestern und ihrer Ehemänner —. Alle aber, welche sich nicht zu den Kindern und Anstämmlingen vorgedachter dreier Schmidtischen Töchter legitimiren können, sind davon auf immer und ewig ausgeschloßen.

Und damit ein zeitiger Director und Dispensator hierin ordentlich verfahren könne, so soll ein ordentlicher Stammbaum der resp. Schmidtischen Descendenz

und Familie nach beglaubten Attestatis verfertiget werden
und der zeitige Collator in Händen haben. In welchem
Stammbaum das Alter eines jeden Zweiges, nach Jahr,
Monat und Tag beizusetzen ist. Und ein jeder zu der
Familie gehörige soll schuldig und gehalten sein, am
Ende des Jahres die Veränderungen seines Hauses mit
beigelegten Extracten aus den Kirchen-Protocollen, dem
Curatori franco einzusenden, um den Stammbaum voll-
ständig erhalten zu können, in dessen Entstehung aber
sich selber zuschreiben, wenn ihm und seiner Familie
Schaden daraus erwächst."

Die Kosten des Stammbaums, des Einbandes des
Instruments, sowie eines Rechnungsbuches sollen die
drei Stämme gemeinsam tragen.

„II. Zu einem immerwährenden Schmidtischen
Familien Stipendio hat Herr Stifter desselben, Herr
Pfarrer J. J. G. Schmidt nach dem dritten Abschnitt
seines Testaments Ein Tausend Thaler Frankf. W. den
Thaler zu 45 alb. den alb in 8 ₰ gerechnet, nach dem
Fuß der Louisdor zu 9 fl. gezahlet, auch bei Lebzeiten
schon ausgeliehen und die dahin gehörige documenta
oder Schuldbriefe mir dem nunmehrigen Seniori, Pfr.
Chr. Wilh. Uhrban durch die Universalerbin zugestellt.
Und da Eintausend Gulden davon laut Versicherung nur
zu 4 pro Cent, und 500 fl. zu 5 pro Cent ausgeliehen
sind, so hat er noch verordnet, daß erstere auch auf
5 pro Cent gebracht, auch jedem Studierenden seine
150 Rthlr. als eine dreijährige Interesse von 1000 Rthlr.
voll gewährt werden solle, auch wo möglich dahin bedacht zu sein, daß dieses Capital in einer unzertrennten
Summa auf einen sicheren Fond ausgeliehen und die
Interessen richtig gezogen werden können.

III. Als ohnabänderliche und ewig geltende Gesetze verordnet aber der Stifter dieses Schmidtischen
Familien-Stipendii:

1. daß solches nur denen aus seiner Familie, die sich dem studio theologico widmen, conferirt werden solle mit der im Testament etc. gemachten exception etc. (folgt obige Testamentsbestimmung zu Gunsten des stud. jur. Uhrhan, des Prof. Engelschall u. ev. Georg Justi).

2. Ein jeder, der dasselbe genießen wolle, wenigstens 2 Jahre auf einer hessischen Universität, Marburg oder Rinteln studieren solle.

3. Mit Conferirung desselben solle es also gehalten werden, daß nach dem Stammbaum jederzeit der Aelteste unter denen, die Theologiam studieren wollen, und der seinen cursum academicum entweder schon angefangen hat, aber noch nicht vollendet, oder im Begriff ist, eine Universität zu beziehen, oder auch, wenn er schon absolviret hat, Zeugnisse beibringt, daß er seine Zeit wol angewendet, drei Jahre haben solle. (Eine Ausnahme hinsichtlich der Altersreihe soll nur für etwaige Taufpathen des Stifters stattfinden.)

4. Fände sich der Fall, daß keiner in der Familie vorhanden, der sich dem studio theologico gewidmet, so sollen in der Zeit die eingehenden Interessen zum neuen Capital gemacht und das Beneficium vergrößert werden."

5. Besonders fleißigen und fähigen Familien-Stipendiaten „soll als eine außerordentliche Aufmunterung, zu den schon genoßenen drei Jahren der Collator noch das vierte Jahr zuzusetzen befugt und berechtiget sein."

6. „Es solle auch Keiner, wenn er gleich rechtsbeständig zu der Familie sich legitimiren könnte, der aber nicht Seiner, des Herrn Pfarrer Schmidts, als des Herrn Stifters, und seiner Väter Religion, nemlich der Evangelisch-Lutherischen zugethan ist, daran Antheil haben, sondern eben deswegen, weil er sich zu einer

anderen Religion bekennet, von dem Genuß dieses Beneficii schlechterdings ausgeschloßen sein.

7. Der Collator und Dispensator dieses Familien-Stipendii solle jederzeit einer aus der Familie im Vaterland sein und zwar jedesmal der Aelteste; weswegen dann auch der Herr Stifter den dermaligen P. Chr. Wilh. Uhrhan zu W. etc. im Testament zum Collator ernennt und verordnet hat, und demselbigen die Verfertigung dieses Instruments nach seiner ihm bekannt gemachten „Willens-Meinung" anbefohlen uud anvertrauet hat.

Nach der Bestimmung des Stifters solle sich der Senior am Ende eines jeden Jahres vor dem Subsenior hinsichtlich des Rechnungswesens etc. legitimiren, nach seinem Tode die Papiere etc. dem Subsenior überliefert werden; jeder Collator soll dieses Amt

8. „lebenslänglich führen, es wäre denn, daß derselbe erweißlich betrüglich gehandelt hätte", daher nur ein solcher dazu bestellt werden soll, der 150 Thlr. Caution zu stellen im Stande ist.

IV. Jedem Senior der drei Stämme soll eine von allen 3 Stämmen anerkannte Abschrift dieses Instruments ertheilt werden.

In Folge der Beschränkung auf Theologie Studierende lutherischer Confession aus der Schmidtschen Descendenz und der Zerstreuung der Nachkommen der etc. Marschall in Süddeutschland ist das Benefizium oft unvergeben geblieben und daher der Kapitalstock durch den Zinsenzuwachs namentlich in neuerer Zeit sehr vermehrt worden. Derselbe beträgt dermalen 3921 Mark 58 Pfg. Collator ist der Herr Geh. Rath Prof. Dr. F. Justi.

VIII.

Beitrag zur Geschichte des Postamts Bebra.

Von

Joseph Ruhl,
Postsekretär zu Marburg.

—⚬❊⚬—

Bei der Zusammenstellung dieser Geschichte des Postamts Bebra sind vor allem die im Königlichen
Staatsarchive zu Marburg befindlichen älteren hessischen
Postakten benutzt worden; die Akten des Postamts
Bebra sind zum grössten Theile noch vollständig und
gut erhalten und als solche auch äusserlich bezeichnet.
Für die jüngste, uns am nächsten liegende Zeit sind
einige Akten benutzt worden, welche sich bei der Kaiserlichen Ober-Postdirektion in Kassel befinden und mir
s. Z. auf meinen Wunsch zur Benutzung gütigst überlassen wurden. Die neuesten statistischen Angaben über
das Postamt Bebra verdanke ich dem vorhinnigen Herrn
Postdirektor S c h m i d t. Gerade der Umstand, dass ich
über das Postamt Bebra ein so vollständiges Akten-
material vorfand, hat mich bewogen, eine Geschichte
desselben zusammenzustellen. Wenn diese Darstellung
auch zunächst nur für Bebra selbst von Wichtigkeit ist,
so lässt sie doch zugleich noch manche allgemeine
Grundsätze erkennen, die in der Verwaltung unseres
alten hessischen Postwesens massgebend waren; dieses

letzteren Umstandes wegen ist auch diese Darstellung
öfters etwas ausführlicher gegeben worden. Dieselbe
behandelt die Geschichte des Postamts Bebra von ihrer
Einrichtung 1704 bis zum Jahre 1886; unter den in
diesem Zeitraume von 182 Jahren in Bebra gewesenen
7 Vorstehern gehörten 5 der dort ansässigen Familie
Rehwald an; da man den Posthalter Johann Heinrich
Graf, welcher von 1760—1783 die Posthalterei in
Bebra verwaltete, als Schwiegersohn des im Jahre 1739
verstorbenen ersten Bebraer Posthalters Johann Rehwald auch zu dieser Familie rechnen darf, so sieht
man, dass ausser dem Posthalter Mathias Dietz, von
1739—1760, die übrigen 6 Vorsteher der Postanstalt
Bebra einer und derselben Familie angehörten, ein Verhältnis, welches früher in Hessen vielfach vorge-
kommen ist.

Die Darstellung hat folgenden Inhalt:

I. Johannes Rehwald, Posthalter . . . 1704—1739.
II. Mathias Dietz, „ . . . 1739—1760.
III. Johann Heinrich Graf, „ . . . 1760—1783.
IV. Johann Christoph Rehwald, Posthalter 1783—1793.
V. Johann Heinrich Rehwald, „ 1793—1825.
VI. Johannes Rehwald, Posthalter und
Postmeister . . . . 1825—1850.
VII. Christoph Rehwald, Postverwalter und
Postdirektor . . . . 1850—1886.
VIII. Verlegung der Posthalterei von Bebra
nach Rotenburg . . . . . . (1837—1839).
IX. Der Postbote Johann Martin Wepler
in Bebra . . . . 1715—1751.
X. Privatbesteller der Postverwaltung
Bebra . . . . 1838—1852.
XI. Landbriefbestellung in Bebra . . . 1815—1863.
XII. Einiges über die jetzigen Verhältnisse des Post-
amts Bebra.

I. Johannes Rehwald 1704—1739.

Als im Jahre 1700 der damalige kursächsische
Ober-Postmeister Johann Jacob Köss zu Leipzig
mit Erlaubniss des Landgrafen Carl in Kassel eine
fahrende Post von Leipzig durch Wanfried und
Kassel über Paderborn und Münster nach Holland eingerichtet hatte, wurde alsbald im Anschlusse
an diese Post auch eine neue fahrende Post von Kassel
nach Nürnberg eingerichtet, welche in Kassel die
„Nürnberger Post" genannt wurde. Diese Post
nahm nach Verhandlungen, welche im Jahre 1705
zwischen dem hessischen Postmeister Johann Philipp
Böddicker in Kassel im Auftrage des Landgrafen Carl
und dem Postmeister von Waldsachsen zu Meiningen
im Auftrage des Herzogs Ernst Ludwig zu Sachsen-
Coburg und Meiningen stattgefunden haben, ihren Weg
von Kassel aus über Melsungen, Morschen, Bebra und
Hersfeld nach Vacha, von wo dieselbe ihren Weg über
Salzungen, Meiningen und Coburg nach Nürnberg fortsetzte. Zum Posthalter in Bebra wurde beim Einrichten dieser Post im Jahre 1704 der dortige Gerichtsschultheiss Johannes Rehwald von dem Landgrafen Carl bestellt. Die Nürnberger Post fuhr jede
Woche einmal hin und zurück und der Bebraer Post-
halter Rehwald fuhr dieselbe von Bebra nach Hersfeld,
sowie von Bebra nach Morschen, bezw. Heyda bei
Morschen. Wie aus weiteren Verhandlungen aus den
Jahren 1717 und 1718 zu ersehen, erhielt der Posthalter Rehwald für diese beiden Fahrten jährlich 200
Thlr., der Posthalter in Kassel erhielt 108 Thlr., der
Posthalter Süss in Melsungen 280 Thlr. und der im
Jahre 1715 in Hersfeld angestellte Posthalter Betz 200
Thlr. für das Fahren des Postwagens. — Im Jahre 1717
fanden Verhandlungen statt zwischen dem damaligen
hessischen General-Postamte und dem Land-

20 *

kammerrath von Waldsachsen in Coburg wegen Aenderung dieses Postkurses. Von dem sächsischen Vertreter wurde beantragt, die Post über Eisenach und Wanfried nach Kassel zu führen, während der damalige hessische General-Postmeister von Bar die Post von Hersfeld aus auf dem kürzesten Wege mit Uebergebung der Stationen Bebra, Morschen und Melsungen über Homberg nach Kassel führen wollte. General-Postmeister von Bar brachte seinen Vorschlag zur Ausführung, demgemäss die „Nürnberger Post" zum letzten Male am 31. Dezember 1717 über Melsungen, Morschen, Bebra und Hersfeld nach Vacha und von da weiter nach Nürnberg fuhr: von da ab fuhr dieselbe von Hersfeld über Homberg nach Kassel hin und her. Da aber diese Fahrpost mit ihren Postsendungen aus Holland sehr oft nicht den Anschluss an die von Coburg nach Nürnberg abgehende Reichspost erreichte, fanden im Dezember des Jahres 1718 Verhandlungen zwischen dem hessischen Postkommissarius Renner und dem Postmeister von Waldsachsen statt, denen zufolge die Nürnberger fahrende Post vom 14. Dezember 1718 an von Kassel aus zugleich mit der holländischen Post nach Leipzig über Lichtenau und Eschwege bis Wanfried gemeinsam befördert wurde, von wo ab dann eine besondere Fahrpost über Eisenach, Salzungen, Schmalkalden u. s. w. nach Coburg bezw. Nürnberg ihren Anschluss erhielt. Doch auch diese Einrichtung bewährte sich nicht und auf Grund von neuen Vereinbarungen, welche am 16. März 1723 zwischen dem hessischen Ober-Postmeister Renner und dem sächsischen Kammerrath und Postdirektor von Waldsachsen zu Coburg in Salzungen stattfanden, nahm die fahrende Nürnberger Post vom 5. April 1723 an wieder ihren anfänglichen Weg von Kassel über Melsungen, Morschen, Bebra und Hersfeld nach Vacha u. s. w. bis Nürnberg.

Die Nürnberger fahrende Post hatte also vom Jahre 1718 an bis zum 5. April 1723 die Station Bebra nicht berührt; von diesem Zeitpunkte ab aber nahm dieselbe wieder stets ihren Weg über Bebra bis zur Aufhebung dieser Post, welche mit der Einführung der Eisenbahn von Kassel nach Bebra im Jahre 1849 erfolgte. Als vom Jahre 1718 ab die Fahrpost nach Nürnberg über Homberg, bzw. über Wanfried und Eisenach geleitet worden war, wurde zwischen Kassel und Nürnberg eine „Nürnberger reitende Post" ins Leben gerufen, welche über Melsungen, Bebra und von hier geraden Wegs auf Vacha u. s. w. nach Nürnberg ging. Das hessische General-Postamt machte die Einrichtung dieses neuen reitenden Postkurses den Stationen, also auch der Poststation Bebra, durch „ein besonderes Notifications-Patent" bekannt. Die reitende Post von Kassel nach Nürnberg nahm ihren Anfang Sonnabend, den 1. Januar 1718; diese reitende Post ging wöchentlich 2 Mal.

Als die fahrende Nürnberger Post von 1718 an nicht mehr die Stationen Melsungen, Morschen und Bebra berührte, war jedoch in Betreff der Extraposten und Kouriere bestimmt worden, dass diese nach wie vor über Melsungen und Bebra und von hier aus auf „der reithenden Route" geraden Weges auf Vacha und Salzungen geleitet werden sollten und ebenso umgekehrt.

Ausser diesen Posten bestand nachweisbar vom Jahre 1715 an, wenn nicht noch früher, eine wöchentlich 2malige Botenpost von Bebra nach Hersfeld. Im Jahre 1751 ging dieser Bote in Bebra ein und es musste ein Bote von Rotenburg aus die Briefe nach Hersfeld und wieder zurück befördern. (Vergleiche den besonderen Artikel: IX. Johann Martin Wepler, Postbote zu Bebra 1715—1751.) Der Posthalter Johannes

Rehwald ist im Jahre 1704 als solcher bestellt worden; denn der im Jahre 1760 zum Posthalter in Bebra bestellte Johann Heinrich Graf, Schwiegersohn des 1739 verstorbenen Posthalters Johannes Rehwald, erwähnt gelegentlich im Jahre 1764, dass sich die Post seit 1704 in seinem, dem ehemals Rehwald'schen Hause befunden und dass sein verstorbener Schwiegervater die Poststation Bebra von 1704 bis 1739 verwaltet babe. Hieraus ersieht man, dass die Nürnberger fahrende Post im Jahre 1704 ihren wirklichen Anfang genommen hat.

Was nun die Vergütungen betrifft, die der Posthalter Rehwald für seine Postdienstleistungen erhielt, so erfahren wir diese aus den Verhandlungen, welche Seitens des hessischen Ober-Postamts in Kassel (G. G. Geschwind und Elias Ewald) im Jahre 1739 mit seinem Nachfolger, dem Posthalter Mathias Dietz, geführt worden sind. Darnach erhielt der Posthalter Rehwald vierteljährlich:

1. Für wöchentlich einmalige Fahrt des Postwagens nach Morschen und nach Hersfeld . . . . 31 Thlr. 6 Ggr.

2. Für wöchentlich 2 Postritte nach Vacha und wieder zurück . . . 25 „ —

3. Für den Boten, welcher wöchentlich zweimal das Briefpacket nach Hersfeld und zurück tragen musste . . 5 „ —

4. Ein Drittheil des erhobenen inländischen Portos.

5. Jährlich zwei Livréen für 2 Postillone und alle 2 Jahre 1 Livrée für den Hersfelder Boten.

Die festen Einnahmen des Posthalters Johannes Rehwald betrugen hiernach in der Zeit vor seinem Tode vierteljährlich 61 Thlr. . 6 Ggr., also jährlich 245 Thlr. — Der Posthalter Johannes Rehwald starb im April 1739.

II. Mathias Dietz 1739—1760.

Als der Posthalter Johannes Rehwald im April
1739 gestorben war, meldeten sich zwei Bürger von
Bebra bei der hessischen Regierung zu Cassel als Posthalter und zwar: 1) Heinrich Christoph Graf,
Schwiegersohn des verstorbenen Rehwald und 2) Mathias
Dietz, welcher mit Eleonore Magdalena Amelunx verheirathet war. Gegen den Mitbewerber Mathias Dietz
reichte der genannte Graf beim Landgrafen Wilhelm
ein besonderes Gesuch ein, worin er sagte, dass der
seitherige Gastwirth M. Dietz zu Bebra, der ausserdem
mit seiner dem Trunke sehr ergebenen Schwiegermutter,
der Wittwe Amelunx, in „schlechter Harmonie" lebte,
„sehr leutscheu wäre und zu einem Posthalter, wie
ietziger Zeit erfordert wird, schlecht qualificirt wäre";
das Amelunx'sche Haus liesse sich wohl zum Posthause
einrichten, doch sei der Hofraum um dasselbe nicht
gross genug, so dass die Postwagen nicht gut vorfahren
könnten; das Rehwald'sche Haus passe sich am Besten
zur Post und da diese schon vor vielen Jahren sich in
demselben befunden habe, so möchte ihm der Fürst,
als dem jetzigen Besitzer des Rehwald'schen Hauses,
die Post in Bebra übertragen. Obwohl auch der Amtmann J. A. Wenderoth zu Rotenburg auf Ersuchen des
Ober-Postamts in Kassel die Angaben des H. Chr. Graf
über den M. Dietz bestätigte und noch besonders her-
vorhob, dass Graf als ehemaliger Wachtmeister im
Schreiben und Rechnen wohl erfahren sei, dass er Besitzer des Rehwald'schen Hauses geworden und schon
„seit den letzten Jahren das Postwesen in Bebra ad-
ministriret" habe, so wurde doch die Posthalterei in
Bebra am 8. Mai 1739 dem oben genannten Mathias
Dietz übertragen unter denselben Bedingungen, wie sie
der verstorbene Posthalter Rehwald seither gehabt hatte.
Dietz hinterlegte mit seiner Frau Eleonore Magdalena

Amelunx zu Rotenburg am 25. Mai 1739 als Kaution
von 1000 Thlrn. das überkommene Amelunx'sche Haus
nebst Hofreite, sowie die von seinen eigenen Eltern er-
erbten Grundstücke in der Gemarkung Bebra. Darauf
wurde derselbe am 24. Juni 1739 von Landgraf Wilhelm definitiv zum Posthalter von Bebra bestellt und
es wurden ihm folgende Bezüge vierteljährlich zugesprochen:

„1) Für wöchentlich 1mal den Postwagen
   „nach Morschen, sodann 1mal nach
   „Hersfeld ohne Retour zu fahren . . 31 Thlr. 6 Ggr.

„2) Für wöchentlich 2mal die ordinair
   „reitende Post nach Vacha und zurück
   „zu überführen . . . . 25 „   —

„3) Für den Boten, so wöchentlich 2mal
   „das Brief-Paquet nach Hersfeld und
   „zurück bringt . . . . 5 „   —

„4) Pro expeditione ¹/₃theil von dem erhobenen inlän-
   „dischen Briefporto;

„5) sodann erhielt er noch jährlich 2 Livréen auf 2
   „Postillons und alle 2 Jahre eine dergleichen auf
   „den Hersfelder Boten."

Die festen Bezüge des Posthalters in Bebra waren
also damals vierteljährlich 61 Thlr. 6 Ggr. einschliesslich des Lohnes für den Bebra-Hersfelder Boten.

Am 14. Januar 1752 erhielt Dietz für Anschaffung
bzw. Stellung eines besonderen Reitpferdes für die Nürnberger Reitpost eine jährliche Zulage von 20 Thlrn.

Dietz hatte zur Beförderung der Posten einen Bestand von 10 Pferden zu halten. Er starb am 27. April
1760 und hinterliess neben seiner Wittwe 5 Kinder,
darunter einen Sohn von 22 Jahren, der in den letzten
Jahren schon das Postwesen in Bebra für seinen kranken
Vater besorgt hatte. Die Wittwe bat nach dem Tode
ihres Mannes das Ober-Postamt, ihr und ihrem ältesten

Sohne die Posthalterei übertragen zu wollen. Ferner meldete sich der Gastwirth **Johann Heinrich Graf,** der schon oben genannte Schwiegersohn des im Jahre 1839 verstorbenen Posthalters Johannes Rehwald. Als dritter meldete sich noch als Posthalter zu Bebra **Gg. Christoph Knobel,** Sohn des verstorbenen Dekans Knobel zu Rotenburg und Pfarrers in Oberelnbach. Die Posthalterei Bebra wurde von dem Landgrafen Friedrich durch Bestallungsurkunde vom 10. Juni 1760 vom 1. Juli 1760 ab dem Gastwirth **Johann Heinrich Graf** übertragen.

III. Johann Heinrich Graf. 1760—1783.

Graf musste auch eine Caution von 1000 Thlr. gerichtlich hinterlegen. Seine Bezüge waren folgende für das **Vierteljahr:**

1) für die Beförderung der fahrenden Post wöchentlich einmal nach Morschen und Hersfeld ohne Retour . 31 Thlr. 6 Ggr.
2) für Beförderung der ordinairen reitenden Post wöchentlich zweimal nach Vacha und zurück . . . . 32 „ 12 „
3) für Expedition der Posten den dritten Theil des in Bebra aufkommenden inländischen Brief-Portos excl. der fremden Portoauslagen;
4) jährlich zwei Postillons-Livréen nebst Brustschild, Hut und zwei Cordons;
5) Vergütung für Schreibmaterialien . — „ 8 „
6) Freier Bezug bzw. freie Lieferung von zwei Casseler Zeitungen.

Am 4. Juli 1760 wurde Graf zu Rotenburg von dem Reservat-Commissarius Ullrich als Posthalter von Bebra verpflichtet und vereidigt. Seine dienstliche Thätigkeit begann er mit dem 1. Juli.

Graf musste für die Beförderung der Posten 9
Pferde halten, für welche er im Interesse einer ordent-
lichen Postbeförderung um Befreiung von den öffentlichen
Fuhren bat, die ihm auch gleich den anderen hessischen
Posthaltern gewährt wurde.

Der Posthalter Graf beschwerte sich im Juli 1762
bei dem Ober-Postamt zu Cassel, dass ihm französische
Soldaten bei ihrem Durchzuge durch Bebra Bier, Branntwein und Wein abgefordert und nicht bezahlt hätten;
ebenso hätten sie ihm am 5. Juli 16 Rationen Hafer
abverlangt und ihm einen Revers darüber ausgestellt.
Er habe sich mit diesem an den Magazinverwalter
Rittmeister Chaumont in Rotenburg um Erstattung
der 16 Rationen Hafer gewandt, jedoch ohne Erfolg;
darum bitte er das Ober-Postamt, ihm zur Wiedererlangung des Hafers behülflich zu sein. Wie aus den
verschiedenen Schreiben hervorgeht, hatte der Marschall
Prinz von Soubise, um den Postverkehr in Hessen
aufrecht zu erhalten, schon vorher am 6. Mai 1762
Befehle gegeben, „dass den Postbedienten nichts hin-
weggenommen, besonders aber die Fourage gelassen
werden sollte." Das Ober-Postamt wandte sich daher in
einem französischen Schreiben an den Prinzen von Soubise
und bat denselben, „de vouloir bien maintenir l'ordonnance quelle a donnée pour la police des postes et accorder
une saure garde à cette station de Bebra, comme aussi
d'ordonner que les 16 rations d'avoine soyent restituées
du magasin de Rotenbourg et que les trouppes ne
doivent rien exiger des maitres de poste conformement
à la dte (dite) ordonnance du 6. Mai 1762." (Zu Deutsch:
„Er wolle den gegebenen Befehl zur Wohlfahrt der
Post aufrecht erhalten und der Station Bebra eine
Sicherheitswache gewähren, wie auch anordnen, dass
die 16 Rationen Hafer aus dem Magazin zu Rotenburg
wieder erstattet würden und dass die Truppen den

Postmeistern nichts wegnehmen dürften gemäss der
genannten Ordnung vom 6. Mai 1762.")

Im April 1764 stellte der alte Posthalter Graf bei
dem Ober-Postamt in Cassel den Antrag, „dass sein
jüngster Sohn Georg Anthon Graf Ihme zur Post-
Administration cum spe successionis adjungiret werden
möchte." Das Ober-Postamt legte dieses Gesuch dem
Landgrafen vor und bat um Gewährung dieser Bitte,
„weil der junge Graf von Person ein hübscher Mensch
sei, dessen Bruder als Rittmeister unter den Hessischen
Husaren gestanden, und weil jener sich bissher zu den
Post-Expeditionen fleissig appliciret habe, das jetzige
Post-Hauss in Bebra auch am besten gelegen und in
gutem Rufe sei." Der Landgraf aber bestimmte am 28.
April, dass dem Gesuche des Graf noch nicht zu entsprechen sei, da er erst 4 Jahre Posthalter gewesen;
er möchte seinen Sohn ferner im Postdienste unterweisen
und später sich wieder melden. Der Posthalter Graf
reichte aber schon am 24. Mai desselben Jahres wieder
ein ähnliches Gesuch beim Ober-Postamt ein. Er begründete dieses sein Gesuch, ihm seinen Sohn als Adjunct zu geben, auf folgende Weise:

1) sei es nicht unbekannt, dass die Post seit 1704 sich
   in seinem, dem Rehwald'schen Hause befunden
   habe, und zwar habe sie sein verstorbener Schwiegervater von 1704 bis 1739 versehen; bei Lebzeiten
   seines Schwiegervaters habe er schon das Postwesen in Bebra mitversehen; von 1739 bis 1760
   sei M. Dietz Posthalter gewesen und von 1760 an
   habe er die Posthalterei inne;

2) gab er an, dass er schon alt sei und „durch die
   assistence seines jüngsten Sohnes soulagiret werden
   müsste";

3) führte er an wohl als hauptsächlich durchschlagen-
   den Grund: „Ueber dies, so könnte dieser mein

Sohn anjetzo sein Glück durch eine Heyrath machen, das aber blos darauf beruhet, wenn Er mit einem Allergnädigsten Rescript versehen wäre (als Post-halter-Adjunct)."

Schon am folgenden Tage, den 25. Mai 1864, ge-nehmigte der Landgraf die Ernennung des jungen Graf zum Posthalter-Adjunct und am 26. Mai fertigte der Ober-Postdirector Canngiesser das bezügliche Rescript aus. Im Jahre 1780 hatten der alte Posthalter Graf und sein ihm beigegebener Sohn um Zulage gebeten, da sie immer noch trotz der eingetretenen grossen Theuerung dieselben Bezüge genössen, die ihnen 1760 verwilligt waren. Das Gehalt des Posthalters in Bebra betrug, wie oben schon mitgetheilt, jährlich 255 Thaler vierteljährlich 63 *ß* 18 Ggr. In den Jahren 1772 und 1773 war dem Posthalter in Bebra wegen ganz ungewöhnlicher Theuerung eine aussergewöhnliche Zulage von 15 und 12 Thlr. viertel-jährlich verwilligt worden. Da aber die ungünstigen Theuerungsverhältnisse beständig andauerten, so befür-wortete das Ober-Postamt am 30. November 1780 das Gesuch des Graf und bat den Landgrafen um eine jähr-liche Zulage von 50 Thlr. für den Posthalter von Bebra „zur nötigen bessern Subsistenz vors künftige und zum „Besten des Dienstes überhaupt." Diesem Gesuche wurde aber nicht willfahren.

Der Posthalter Graf kam in seinen Vermögensver-hältnissen nach und nach zurück; dieser Rückgang war, wie das Ober-Postamt selbst am 12. Dezember 1782 in einem Berichte an den Landgrafen F r i e d r i c h ausführte, nicht allein durch die allgemeine Theuerung, sondern auch durch die Verluste, Beschädigungen und D rangsale des 7jährigen Krieges verursacht worden. Da der alte Graf und sein Sohn nicht mehr im Stande waren, die Post in Bebra zu verwalten, so schlug das Ober-Postamt den dortigen wohlhabenden Gerichtsschultheiss J o h a n n

Christoph Rehwald als Posthalter vor, welcher Vorschlag auch vom Landgrafen Friedrich am 20. Dezember 1782 genehmigt wurde. Rehwald übernahm die
Posthalterei Bebra unter denselben Bedingungen, wie
sie sein Vorgänger Graf gehabt hatte. Da Graf seinen
Dienst stets treu und redlich besorgt hatte und ohne
sein Verschulden in so schlechte Vermögensverhältnisse
gekommen war, empfahl das Ober-Postamt den beinahe
80jährigen Greis der Milde des Landgrafen, worauf
Landgraf Friedrich dem alten Posthalter Graf am 20.
Dezember 1782 eine jährliche Pension von 50 Thlr.
vom Jahre 1783 an gewährte. Durch die schlechten
Vermögensverhältnisse des Posthalters Graf war bei seinem
Abschiede 1783 auch noch ein Rezess vorhanden, wegen
dessen Bezahlung das Ober-Postamt mit den Graf'schen
Kindern einen Prozess führte. Im Jahre 1788 betrug
dieser Rückstand noch 253 Thlr. 9 alb. und die Graf'-
schen Erben erboten sich, die Hälfte zahlen zu wollen,
wenn der Landgraf dann die Angelegenheit beruhen
lassen würde. Das Ober-Postamt bat am 7. Juli 1788
den Landgrafen, den Vergleich annehmen zu wollen,
da die Familie Graf ihr sehr beträchtliches Vermögen
durch die Verluste an Postpferden, so wie durch den
Krieg und dessen Verwüstungen und Drangsale verloren
habe. Am 11. Juli 1788 genehmigte der Landgraf den
angebotenen Vergleich, so dass der Prozess endlich durch
die Zahlung von 126 Thlr. 20 alb. 6 hlr. Seitens der
Graf'schen Erben seine Erledigung fand.

IV. Johann Christoph Rehwald. 1783—1793.

Johann Christoph Rehwald, welcher vom Landgrafen
Friedrich am 20. Dezember 1782 als Posthalter an-
genommen war, wurde am 27. Dezember desselben
Jahres durch den Rath und Reservat-Commissarius
Lieutenant Kleinhans zu Rotenburg vereidigt. Er über-

nahm sämmtliche Geschäfte der Station Bebra vom 1. Januar 1783 an. Seine Bezüge waren genau dieselben, welche sein Vorgänger Graf genossen hatte. Zur Bewältigung des Postdienstes auf der Station Bebra musste er auf ausdrückliche Anordnung 2 vollständige Gespanne, tüchtige Pferde und „geschickte wegkundige Knechte und keine Jungens bereit halten". Die Postrechnung musste er vierteljährlich aufstellen und spätestens 8 Tage nach Ablauf des dritten Monats an das Ober-Postamt in Cassel einsenden; ebenso musste er, wie seine Vorgänger, eine Caution von 1000 Tblr. hinterlegen. Er starb gegen Ende des Jahres 1793 und ihm folgte als Posthalter zu Bebra sein Sohn Johann Heinrich Rehwald.

V. Johann Heinrich Rehwald. 1793—1825.

Johann Heinrich Rehwald wurde am 14. Dezember 1793 vom Landgrafen Wilhelm als Posthalter von Bebra angenommen und bestellt; am 30. Dezember 1793 wurde er zu Rotenburg durch den Commissarius C. Martin als Posthalter vereidigt. Seine Leistungen waren dieselben, wie bei seinem Vater; seine Bezüge waren folgende:

1) Für Beförderung der ordinairen fahrenden Post wöchentlich 1 mal nach Morschen und Hersfeld ohne Rückfahrt jährlich 125 Thlr. oder vierteljährlich 31 Thlr. 6 Ggr:

2) Für die Beförderung der ordinairen reitenden Post wöchentlich 2 mal nach Vacha und wieder zurück jährlich 155 Thlr., oder vierteljährlich 38 Thlr. 18 Ggr;

3) Ein Drittheil von der Briefporto-Einnahme ausschliesslich der fremden Briefporto-Auslagen;

4) Vergütung für Schreibmaterialien vierteljährlich 8 Ggr.

5) Freier Bezug von 2 Casseler Zeitungen; und

6) jährlich zwei complete Postillons-Livréen.

In jener Zeit waren die Ueberfälle und Beraubungen der Posten in Deutschland so häufig, dass sogar von Reichswegen allgemeine Verordnungen zur Bekämpfung derselben angeordnet wurden; ebenso waren die Landesfürsten, welche ihre eigenen Posten hatten, genöthigt, für die Sicherheit derselben zu sorgen.

Meistentheils entschloss man sich erst zur Sicherung der Posten, wenn sie beraubt worden waren. So ging es auch mit der reitenden Post von Bebra über den Säulingswald nach Vacha. In der Nacht vom 29. auf den 30. October 1799 war, so berichtet der Posthalter Johann Heinrich Rehwald von Bebra am 31. October nach Cassel, „sein Postknecht auf dem Säulingswalde von zwei Räubern überfallen worden: dieselben hatten ihm das Felleisen abgeschnitten, alles durchsucht und den Postillon geprügelt und abscheulich misshandelt; auch war dreimal nach dem Postillon geschossen worden." Der Reservat-Commissarius Martin in Rotenburg wurde mit der sofortigen Untersuchung des Vorfalles beauftragt, und der Amtmann Gössel in Friedewald musste den Säulingswald durchsuchen lassen. Wegen Gefährdung der Post über den Säulingswald stellte die Ober-Postdirection am 7. Dezember 1799 beim Landgrafen Wilhelm den Antrag, ein Kommando Soldaten von 1 Unteroffizier und 8 Mann nach Friedewald zu legen, um dem Räuberwesen zu steuern, was auch geschah.

Der Posthalter Johann Heinrich Rehwald, wie schon oben gesagt, von Landgraf Wilhelm am 14. Dezember 1793 bestätigt, erlebte und überlebte die traurige Zeit der französischen Fremdherrschaft in Hessen und nach der Vertreibung der Franzosen diente er noch der hessischen Post bis zum Jahre 1825; er hat es auch erlebt, dass das Landgrafenthum Hessen zum Kurfürstenthum erhoben wurde; er hat es ferner miterlebt, dass die Ausführung des Postwesens in Kurhessen vom 1. Juli 1816 an den Fürsten von Thurn und Taxis übertragen wurde, infolgedessen in Frankfurt am Main eine kurfürstlich hessische General-Postdirection und in Cassel eine kurhessische General-Postinspection ins Leben traten, welchen beiden Behörden die Leitung und Ueberwachung des Postdienstes im Gebiete des kurhessischen Staates oblagen. Während der Franzosenherrschaft in Hessen blieb das Postwesen des Nürnberger Kurses unverändert bestehen. Im November 1818 bat der schon bejahrte Posthalter Rehwald die kurfürstlich hessische General-Postdirection in Frankfurt am Main, „dass ihm rücksichtlich seiner Alterschwäche, wie auch seiner langjährigen treu geleisteten Dienstzeit sein Sohn Johannes cum spe succedendi adjungirt werden möchte." Die kurhessische General-Postinspection in Cassel, welcher dieses Gesuch zur weiteren Behandlung von der kurhessischen General-Postdirection in Frankfurt abgegeben worden war, befürwortete das Gesuch des Rehwald in einem besonderen Berichte vom 13. Dezember 1818 an den Kurfürsten, demgemäss dessen Sohn Johannes Rehwald laut kurfürstlicher Entschliessung vom 18. Dezember 1818 als Adjunct mit der Hoffnung der Nachfolge bestellt wurde, jedoch unter der Bedingung, „sofern und so lange die Posthalterei in Bebra beibehalten würde." (Die über die Aufhebung bzw. Verlegung der Posthalterei Bebra gepflogenen Verhandlungen folgen in einem besonderen Artikel VIII.) Die dem Posthalter-Adjunct Johannes Rehwald zugefertigte Ernennungsurkunde ist am 24. Dezember 1818 ausgestellt worden; die Vereidigung und Verpflichtung als Posthalter-Adjunct für den Postdienst in Bebra erfolgte

am 31. Dezember 1818 vor dem Reservat-Commissarius
und Rath Arstenius in Rotenburg an der Fulda. Noch
sechs Jahre lebte der alte Posthalter Johann Heinrich
Rehwald; er starb am 17. Januar 1825.

VI. Johannes Rehwald 1825—1850.

Nach dem Tode seines Vaters bat der seitherige
Posthalter-Adjunct Johannes Rehwald alsbald die kur-
fürstliche General-Postdirection in Frankfurt um
Uebertragung „des durch den Tod seines Vaters erledigten
Postdienstes in Bebra." Alexander Freiherr von
Vrints-Berberich, der damalige kurhessische General-
Postdirector in Frankfurt, berichtete am 21. Januar
1825 an die kurfürstlich hessische General-Postinspection
zu Cassel, dass er gegen die definitive Uebertragung
der Posthalterei Bebra an den bisherigen Posthalter-
Adjunct Johannes Rehwald nichts einzuwenden habe,
zumal derselbe ja die Anwartschaft auf diese Stelle
schon seit dem 18. Dezember 1818 besitze; bevor
jedoch die Stelle in Bebra wieder definitiv besetzt
würde, möchte die General-Postinspection darüber noch
Auskunft geben, wie es sich zur Zeit mit Beibehaltung
oder Aufhebung der Posthalterei Bebra verhalte. Am 29.
Januar wurde in dieser Angelegenheit beschlossen, dass
die Station Bebra vorläufig beibehalten werden sollte;
jedoch sollte in das Bestellungs-Rescript des Johannes
Rehwald wiederum die Clausel: „so lange die
Poststation in Bebra beibehalten wird"
eingeschaltet werden. Hiervon wurde die kurhessische
General-Postdirection in Frankfurt am 7. Februar
benachrichtigt. Am 18. März 1825 stellte die General-
Postdirection in Frankfurt im Auftrag des Erbland-
postmeisters, des Fürsten von Thurn und Taxis, bei der
General-Postinspection zu Cassel den Antrag, „dem
Johannes Rehwald die höchstlandes- und lehnsherrliche

Bestätigung als kurfürstlicher Posthalter zu Bebra ertheilen zu wollen." Auf Antrag der General-Post-inspection vom 5. April wurde der bisherige Posthalter-Adjunct Johannes Rehwald laut kurfürstlicher Ent-schliessung vom 8. Juni am 17. Juni 1825 zum Posthalter in Bebra ernannt „unter dem Vorbehalte der ferneren Beibehaltung der Posthalterei in Bebra."

Im Februar 1831 bat der Posthalter Johannes Rehwald die General-Postdirection in Frankfurt um Gehaltserhöhung bzw. um Gleichstellung seines Dienst-einkommens mit dem des damaligen Postmeisters Scheuch in Morschen, worauf ihm am 25. Februar eine jährliche Zulage von 25 Thlr. gewährt wurde. Am 7. Juli 1833 bat Rehwald die General-Postinspection in Cassel um Verleihung des Titels „Postmeister"; er begründete sein Gesuch damit, dass andere Post-offizianten mit nicht so ausgedehnten Postgeschäften ebenfalls diesen Titel schon besässen; die Stelle in Bebra habe sich seit seinem Dienstantritt im Jahre 1818 ganz verändert und „aus der ehemaligen Unbedeuten-heit sei sie zu einer ansehnlichen Station geworden. Wöchentlich habe er ausser den bedeutenden extra Arbeiten gegenwärtig viermal Fahrpost und 13 Brief- und Bothen-Post-Expeditionen. Mit Cassel, Melsungen, Morschen, Rotenburg, Bischhausen, Sontra, Eschwege, Nentershausen, Hersfeld, Fulda, Vacha, · Schmalkalden, Herrenbreitungen, Salzungen, Friedewald u. s. w. stehe er in unmittelbarem Karten- und Packete-Schluss"; in Betreff seiner Dienstführung betonte er, dass ihm noch nie ein Verweis zu Theil geworden, dass er aber schon mehrmals „Belobungs-schreiben" erhalten habe; ja er habe sogar durch Beschluss des kurfürstlichen Staatsministeriums, Abthei-lung des Innern, am 15. September 1830 als Beweis und Ausdruck besonderer Zufriedenheit mit seiner

Dienstführung die silberne Verdienstmedaille erhalten.
Obwohl die gute Dienstführung des Posthalters Rehwald
allgemein anerkannt wurde, so erfolgte doch Seitens
der General-Postinspection am 19. August 1833 ein ab-
schläglicher Bescheid auf sein Gesuch vom 7. Juli desselben
Jahres. Die General-Postinspection führte in ihrem
Bescheide unter anderem an, dass es um der Conseqenz
willen gegenüber den anderen hessischen Posthaltern
nicht angängig sei, dem Posthalter von Bebra den
Titel „Postmeister" zu ertheilen. Die kurhessische
General-Postinspection hatte dieses Gesuches wegen
auch an die kurhessische Regierung berichten müssen;
der damalige Postrath Günst, welcher bei der General-
Postinspection die Behandlung der Postsachen auszuführen hatte, berichtete bei dieser Gelegenheit an die
kurfürstliche Regierung, dass nach dem Reglement
vom 13. März 1762 auf die Posthalter die Postverwalter folgten, welcher Titel für die Posthalter
und kleineren Postexpediteure schon eine Auszeichnung
sei; die Postverwalter erhielten dann späterhin auf
Nachsuchen den Titel „Postmeister"; gewöhnlich
aber sei dieser Titel nur den Inhabern von bedeutenderen Stationen gegeben worden.

Rehwald begnügte sich aber nicht mit diesem
abschläglichen Bescheide, sondern wandte sich schon
am 31. August mit einem gleichen Gesuche an den
damaligen Kurprinzen und Mitregenten Friedrich
Wilhelm, welcher dasselbe der General-Postinspection
zur Berichterstattung zugehen liess. Der Bericht der
General-Postinspection lautete wiederum dahin, dass der
Posthalter Rehwald in Bebra höchstens Anspruch auf
den Titel Postverwalter habe; da aber Rehwald „als
ein thätiger, pünktlicher und rechtlicher Postoffiziant
bekannt sei", so stelle es die General-Postinspection
dem Kurprinzen anheim, dem Posthalter Johannes

Rehwald den Titel P o s t m e i s t e r als eine persönliche
Begünstigung zu ertheilen. So wurde nun dem Posthalter Rehwald endlich am 10. Januar 1834 von dem
Kurprinzen und Mitregenten Friedrich Wilhelm der
Titel „P o s t m e i s t e r" verliehen. Im Jahre 1841 hatte
der Posthalter Rehwald wiederum um Erhöhung seines
Diensteinkommens gebeten. Die kurfürstliche General-
Postdirection zu Frankfurt willfahrte diesem Gesuche
am 10. September 1841. Das Gesammteinkommen
des Postmeisters Rehwald bestand von da ab 1) aus
einem Fixum (festen Gehalte) von 100 Thlr. jährlich,
2) aus 5 Procent vom Brief- und Päckerei-Porto und
Franko, welche nach den Rechnungen von 1839/40
ungefähr 18 Thlr. 4 Gr. 7 ₰ betrugen, 3) aus den
s. g. Emolumenten (Nebeneinkünften), welche ungefähr
47 Thlr. jährlich betrugen, so dass sich das gesammte
Einkommen jährlich auf ungefähr 165 Thlr. belief.
Aus dem unter 3 genannten Betrage musste der Postmeister Rehwald jedoch die sämmtlichen Amtsausgaben
und Schreibmaterialien bestreiten; das bisher bezogene
Schreibmaterialien-Aversum (Vergütung) kam in Wegfall.
(Ueber den Orts- und Landbestelldienst der Poststation
Bebra siehe die besonderen Abhandlungen X und XI.)
Der Postmeister Johannes Rehwald starb am 6. März
1850; sein Sohn, der damalige Postpracticant Christoph
Rehwald, zeigte den Tod seines Vaters am 8. März der
Kurfürstlichen General-Postinspection zu Cassel an.

VII. Christoph Rehwald, Postverwalter, Postmeister und Postdirector. 1850—1886.

Da Herr Postdirector Rehwald noch im Ruhestand
in Bebra lebt, folgen hier nur die nachstehenden wenigen
Angaben über denselben. Christoph Rehwald, der Sohn
des am 6. März 1850 verstorbenen Bebraer Postmeisters
Johannes Rehwald, ist am 12. Dezember 1843 als Post-

gehülfe eingetreten und an demselben Tage für den Postdienst verpflichtet worden. Am 20. Juni 1848 erfolgte nach vorausgegangener Verpflichtung seine Ernennung zum Postpraktikanten.

Nachdem sein Vater am 6. März 1850 verstorben war, hat er die Postanstalt in Bebra verwaltet bis zum 2. Juni 1851, an welchem Tage er vom Landesherrn zum Postverwalter in Bebra ernannt wurde. Seine Ernennung zum Postmeister erfolgte am 27. Mai 1868, diejenige zum Postdirector am 1. Januar 1872. — Vom 15. September 1848 bis zu der am 1. Juli 1886 eingetretenen Versetzung in den Ruhestand ist Rehwald ununterbrochen bei der Postanstalt in Bebra beschäftigt gewesen. — Beim Uebergange des Thurn und Taxis'schen Postwesens an Preussen wurde das reine Diensteinkommen des Rehwald, welches grösstentheils im Bezuge von Emolumenten bestanden hatte, auf ungefähr 450 Thlr. jährlich festgesetzt. Sein Gehalt als Postdirector richtete sich nach den Bestimmungen des Postetats.

VIII. Verlegung der Posthalterei in Bebra nach Rotenburg.

Als der nachmalige Postmeister Johannes Rehwald in Bebra am 24. Dezember 1818 zum Posthalter-Adjunct seines bejahrten Vaters Johann Heinrich Rehwald ernannt wurde, erfolgte diese Ernennung unter dem ausdrücklichen Vorbehalte, „so fern und so lange die Posthalterei in Bebra beibehalten würde"; ebenso erfolgte die definitive Uebertragung der Posthalterei Bebra an den Posthalter, den späteren Postmeister Johannes Rehwald am 8. Juni 1825 unter demselben Vorbehalte. Man ging also schon im Jahre 1818 mit dem Plane um, die Posthalterei in Bebra aufzuheben und zu verlegen und zwar nach Rotenburg. Dieser

Plan ruhte jedoch bis zum Jahre 1837; am 8. Februar
dieses Jahres regte das kurhessische Ministerium endlich
diese schon so lange Zeit offene Frage bei der General-
Postinspection in Cassel an. Nachdem der Postmeister
Rehwald von der beabsichtigten Aufhebung der Posthalterei in Bebra und Verlegung derselben nach Rotenburg
Kenntnis bekommen hatte, wandte er sich am 4. März
1837 an den kurhessischen Minister von Motz und
bat um Beibehaltung der Bebraer Posthalterei; Rehwald
hob in seinem Gesuche hervor, dass die Station Bebra
an der Nürnberger Landstrasse im Mittelpunkte zwischen
Hersfeld und Rotenburg liege; hier treffe auch die Son-
traer Nebenstrasse mit der Nürnberger Landstrasse
zusammen und Bebra sei wieder der Mittelpunkt zwischen
Hersfeld und Bischhausen; ebenso sei Bebra der
Mittelpunkt eines bedeutenden Holzhandels zwischen
Friedewald, Berka und Morschen; seiner günstigen
Lage wegen erfolge von hier aus am besten die Beförderung aller Sendungen nach dem Richelsdorfer
Bergwerk, nach Nentershausen, Wildeck u. s. w.; durch
die geplante Verlegung der Posthalterei von Bebra nach
Rotenburg werde er in seinem Haushalte sehr geschädigt,
ja vollständig ruinirt; ausserdem werde die Tour so
erheblich verlängert, dass für die Pferde der grösste
Nachtheil erwachsen müsse; zu dem habe er gerade in
den letzten Jahren grosse Ausgaben gemacht zum Ankauf
von guten Postpferden, welche noch nicht alle gedeckt
seien; schliesslich berief sich der Postmeister Rehwald
noch auf seine gewissenhafte und treue Dienstführung.

Am 14. April 1837 erstattete die General-Post-
inspection ihren Bericht über diese Frage an das Mini-
sterium; dieselbe erkannte die von dem Postmeister
Rehwald betonte für den Postdienst und den allgemeinen
Verkehr so günstige Lage Bebras vollkommen an. Bei
Fortsetzung dieser Verhandlungen mit der General-

Postinspection erklärte sich Rehwald endlich bereit,
die Posthalterei von Bebra nach Rotenburg zu verlegen,
in Bebra aber die Postexpedition weiter beizubehalten,
sowie ein Relais einzurichten besonders wegen des neu
eingerichteten Brief-Courier-Kurses von Bebra
über Sontra nach Bischhausen. Auf allerhöchste Genehmigung wurde dann am 24. Mai 1837 verfügt, dass die
Posthalterei von Bebra nach Rotenburg verlegt werden
sollte. Doch war diese Verlegung nicht so leicht
ausgeführt, als sie angeordnet worden war; denn die
Entfernung von Hersfeld nach Rotenburg betrug $2^3/4$
Meilen und war für die Postpferde zu gross und nachtheilig; die Entfernung zwischen Hersfeld und Bebra
betrug nur 2 Meilen. Die Posthalterei Rotenburg sollte
dem Postmeister Rehwald übertragen werden, welcher
sich ferner verpflichten musste, in Bebra ein Pferde-
Relais beizubehalten, sowie die dortige Postexpedition
weiter zu versehen. Vor der Verlegung der Posthalterei von Bebra nach Rotenburg sollte aber erst noch
eine geeignete Zwischenstation zwischen Bebra und
Hersfeld eingerichtet werden, etwa in den Orten Breitenbach oder Blankenhain. Das Kurfürstliche Finanz-
Ministerium forderte hierüber unterm 5. September
eingehenden Bericht von der General-Postdirection.
Diese wandte sich am 14. September an die kurfürstliche
General-Postdirection in Frankfurt und bat um deren
gutachtliche Aeusserung. Der Bericht der General-
Postdirection vom 14. October sagt, „dass allerdings
die Entfernung zwischen Rotenburg und Hersfeld — $2^3/4$
Meilen — für eine Station bei den jetzigen Anforderungen
an den Postdienst zu gross sein würde"; sie stimmte
nicht für Einrichtung einer Zwischenstation in Breitenbach oder Blankenhain; denn wenn man dieses thun
wollte, müsste zwischen Blankenhain und Bischhausen,
wo die Entfernung 5 Meilen betrüge, ebenfalls noch

eine Station eingerichtet werden; die General-Postdirection spricht schliesslich ihre Ansicht dahin aus, die Station Bebra in ihrem dermaligen Stande zu lassen und von einer Verlegung der Posthalterei nach Rotenburg abzusehen. Nachdem die General-Postinspection diesen Bericht der General-Postdirection am 21. November dem kurfürstlichen Ministerium mitgetheilt hatte, wurde am 25. desselben Monats im Ministerrathe diese Angelegenheit wiederum verhandelt. Minister von Motz hat damals unter den Bericht der General-Postdirection eigenhändig folgende Worte geschrieben: „Die General-Postdirection hätte nicht erst ihre Bereitwilligkeit zur Verlegung der Posthalterei von Bebra nach Rotenburg an den Tag legen sollen." Das Resultat des Ministerrathes war der Beschluss vom 29. November, welcher lautete: „Die Verlegung der Posthalterei von Bebra nach Rotenburg ist festzuhalten ohne eine Station zwischen Bebra und Hersfeld." Am 5. Dezember wurde die General-Postinspection von dem Ministerium mit der Ausführung dieser Verlegung beauftragt; die General-Postdirection wurde von diesem Beschlusse am 28. Dezember in Kenntnis gesetzt. Diese traf sofort die nöthigen Einleitungen, um die Verlegung der Posthalterei von Bebra nach Rotenburg vom 1. April 1838 ab ins Leben treten zu lassen. Sie verhandelte zuerst mit dem Postmeister Rehwald, welcher anfänglich sich auch geneigt zeigte, die Posthalterei vom 1. April 1838 ab in Rotenburg zu übernehmen und zu unterhalten. Am 23. Februar 1838 berichtete aber die General-Postdirection an die kurfürstliche General-Postinspection in Cassel, dass Rehwald ihr ganz unerwartet mitgetheilt habe, dass er ohne besondere Entschädigung und Unterstützung aus der Postkasse die Posthalterei in Rotenburg nicht übernehmen und unterhalten könne und dass er es vorziehe, gestützt

auf sein Anstellungs- und Bestätigungsrescript, so wie
auf § 56 der Verfassungsurkunde, seine Posthalterei
ganz in bisheriger Weise fort zu versehen. Trotz
nochmaliger Aufforderung Seitens der General-Postdirection ist Rehwald bei dieser seiner ablehnenden
Erklärung stehen geblieben. Die General-Postdirection
war jedoch nicht der Meinung, dass Rehwald eine
Entschädigung für die Verlegung der Posthalterei nach
Rotenburg zu verlangen habe; im Gegentheil würde
die Anstellung desselben mit der Verlegung der Posthalterei von Bebra nach Rotenburg ihr Ende erreichen,
da er nur unter der Bedingung in Bebra angestellt
worden sei, „so lange die Posthalterei in Bebra beibehalten würde"; wenn er darauf beharre, nicht nach
Rotenburg zu geben, so sei ihm nur auf Widerruf
die Postexpedition in Bebra zu belassen und ihm für
die Extraposten nach Witzenhausen eine Relais-Post-
halterei daselbst zu übertragen, wofern er sich hierzu
noch verstehen würde. Die General-Postdirection ersuchte
schliesslich das Ober-Postamt Cassel, wegen Uebernahme
der Posthalterei in Rotenburg mit dem dortigen Postmeister Gessner zu unterhandeln. Die General-Postinspection theilte die nachträgliche Weigerung des
Postmeisters Rehwald zur Uebernahme der Posthalterei
in Rotenburg am 5. März 1838 dem kurfürstlichen
Ministerium mit und bat um weitere Verhaltungs-
massregeln in dieser Angelegenheit. Unter diesen
Umständen war die Verlegung der Posthalterei nach
Rotenburg vom 1. April an, wie angeordnet worden
war, natürlich unausführbar. Die nun mit dem Postmeister Gessner wegen Uebernahme der Posthalterei
in Rotenburg geführten Verhandlungen waren von dem
besten Erfolg, da Gessner, der als tüchtiger Beamter
bekannt und durch seine günstigen Vermögensverhältnisse im Stande war, die Posthalterei zu errichten und

zu unterhalten, sofort sich zur Uebernahme derselben
bereit erklärt hatte, wie ein Bericht der General-
Postdirection vom 26. März 1838 an die General-Postinspection in Cassel ausweist. Doch als der Postmeister
Rehwald hiervon Kenntniss bekommen hatte, bat er den
nach Rotenburg gesandten Commissar, bei der Post-
halterei-Verlegung doch auch auf ihn Rücksicht nehmen
zu wollen, indem er versprach, auf die verlangte Unterstützung und Entschädigung aus der Postkasse nunmehr
verzichten zu wollen. Die General-Postdirection schlug
aber in Cassel an erster Stelle den Postmeister Gessner
als Posthalter in Rotenburg vor, den Postmeister
Rehwald erst in zweiter Stelle. Die General-Postinspection theilte diesen Sachverhalt dem kurfürstlichen
Ministerium am 10. April mit und machte den Vorschlag,
dem Postmeister Gessner in Rotenburg die dortige
Posthalterei zu übertragen, dagegen dem Postmeister
Rehwald in Bebra neben der Expedition daselbst noch
ein Relais für die Seitenrouten von da über Sontra
nach Bischhausen, sowie nach Vacha zu belassen.
Am 4. Mai 1838 genehmigte die kurfürstliche Regierung
die von der General-Postdirection, sowie von der
General-Postinspection ihr unterbreiteten Vorschläge,
wornach der Postmeister Gessner die Posthalterei in
Rotenburg erhielt; die General-Postinspection· wurde
vom Ministerium beauftragt, die nöthigen Verfügungen
zu treffen und zu erlassen. Postmeister Gessner
versprach die Posthalterei vom 1. Januar 1839 ab ins
Leben treten zu lassen. Die kurhessische Regierung
verlangte von der General-Postinspection, dass sie darauf
halten sollte, dass die Verlegung der Posthalterei von
Bebra nach Rotenburg nunmehr auch wirklich mit
dem 1. Januar 1839 erfolge.

IV. Johann Martin Wepler, Postbote zu Bebra von 1715—1751.

Johann Martin Wepler, gebürtig aus Breitenbach bei Bebra, war im Jahre 1715 von dem Posthalter Johannes Rehwald zu Bebra als Postbote angenommen worden, um den Briefbeutel wöchentlich 2 mal von Bebra nach Hersfeld und wieder zurück zu besorgen. Diesen Postbotendienst hat er ununterbrochen 36 Jahre lang bis Ende April 1751 „treu, fleissig und unverdrossen verrichtet und sich jederzeit so aufgeführt, dass Niemand sich über ihn zu beschweren jemals Ursache gehabt". Vom Mai 1751 an war dieser Postbotendienst so eingerichtet worden, dass ein Postbote von Rotenburg aus über Bebra nach Hersfeld und wieder zurückging, infolge dessen der alte Wepler, wie er sich selbst ausdrückt, „dimittirt" wurde. Er wandte sich desshalb an das Ober-Postamt in Cassel und bat um eine jährliche Unterstützung aus der Postkasse. In diesem Gesuche sagte er unter anderem noch folgendes: „Er habe nun sein Stückchen Brod verloren und durch die vielen Strapazen und die beschwerlichen sauren Gänge, so er über 36 Jahre jedesmal bei Nachtszeit habe verrichten müssen, sei er ein alter abgelebter und schwächlicher 60jähriger Mann geworden und dergestalt von Kräften gekommen, dass er mit anderer schwerer Arbeit sein Stückchen Brod und Lebensunterhalt zu verdienen fast nicht mehr capable sei, mithin als ein alter 60jähriger Mann, welcher 36 Jahre als Postbote treu gedient, einer Gnade wohl würdig wäre."

Wepler musste auch wirklich ein treuer, rechtschaffener Postbote jederzeit gewesen sein, wie drei von ihm beigebrachte Zeugnisse beweisen. Die im Jahre 1751 noch lebende Wittwe des i. J. 1739 verstorbenen Posthalters Johannes Rehwald Elisabetha bescheinigte ihm am 19ten August 1751, „dass Johann

Martin Wepler aus Breitenbach in anno 1715 bey mir, alß ich die Posthalterey zu Bebra gehabt, alß Postbotte angenommen, auch die gantze Zeit über, so lang ich die Post gehabt, seinen Dienst jeder Zeit treu und erlich verrichtet und überhaupt seine hierin (in dem Bittgesuche) angeführte motiven in der wahrheit gegründet, mithin derselbe einer Gnade wohl werth seye."

Die Postmeisterin Wittwe M. C. Fuhrmännin zu Hersfeld bezeugte ihm am 22. Aug. 1751, dass „Weppeler" die ganze Zeit ihres Hierseins den Postbotengang zwischen Bebra und Hersfeld stets exact besorgt habe; „sogar bei dem allerschlimmsten Wetter habe er seine Zeit richtig eingehalten, und habe sich des Nachts zwischen 11 und 12 Uhr ordentlich eingefunden; dabey habe er sich stets treu, ehrlich und redlich verhalten und so gedienet, dass nicht die geringste Klage eingelaufen, vielmehr jedermann, besonders die hiesige Station, wohl mit ihm zufrieden gewesen sei."

Ein ebenso günstiges drittes Zeugnis stellte ihm am 24. August 1751 der Gerichtsschultheis zu Breitenbach P. P. Eckhardt aus.

Das Ober-Postamt befürwortete das Gesuch des alten, ehrlichen und verdienten Wepler am 28. October 1751 und am 14. Januar 1752 verfügte der Ober-Postdirector und Regierungspräsident Calckhoff, dass dem alten Bebraer Postboten Wepler „ad dies vitae" der dritte Theil desjenigen Gehaltes, das er als Postbote zuletzt erhalten, als Pension aus der Postkasse gezahlt werden sollte. Der Commissarius und Postkassirer Ewald wurde beauftragt, diese Summe gegen Quittung jährlich an den Wepler auszuzahlen und im Postetat in Ausgabe nachzuweisen. Wie oben unter 1 und II zu ersehen, zahlte die hessische Postverwaltung jährlich für diesen Boten an die Posthalter zu Bebra 20 Thlr.; ausserdem lieferte sie alle 2 Jahre für denselben eine Postbotenlivrée.

X. Privatbriefbesteller der Postverwaltung Bebra.

Am 4. Juli 1838 wurde der Postmeister Rehwald von dem Ober-Postamt Cassel aufgefordert zu berichten, „durch welches Individuum die ankommenden Briefe etc. für den Ort selbst an die Adressen befördert würden", worauf derselbe am 8. Juli nach Cassel berichtete: „dass die Briefe und Paquete, welche in den Ort selbst gehörten, von den Betheiligten selbst abgeholt würden": aus dem Zusatze des Berichtes, dass diese Sendungen nur für Staatsdiener und Lotterie-Collecteure bestimmt seien, geht hervor, dass der damalige Postverkehr des Ortes Bebra ein sehr geringer gewesen ist; ein Briefträger für Bebra selbst war damals noch kein Bedürfnis. Am 16. Februar 1842 führte aber das Ober-Postamt Cassel Klage über die höchst mangelhafte Briefbestellung bei der Postverwaltung Bebra und forderte den Postmeister Rehwald auf, auf Grund seiner i. J. 1841 stattgefundenen Gehaltserhöhung und der ihm demgemäss obliegenden Verbindlichkeit, für ordnungsmässige Bestellung der Postsachen zu sorgen, „binnen 14 Tagen ein qualifizirtes männliches Individuum zur Briefbestellung anzunehmen und davon unter Vorlage von Zeugnissen über dessen seitherigen sittlichen Lebenswandel Anzeige zu machen, resp. dessen Verpflichtung zu beantragen". Daraufhin nahm Postmeister Rehwald einen gewissen Georg Gleim *) als Briefträger für Bebra an. Am 2. Juni 1843 beantragte Postmeister Rehwald für denselben beim Ober-Postamt Cassel eine jährliche Unterstützung aus der Postkasse, „da die Einnahme, welche dem Briefboten durch die Bestellgebühren würde, zu unbedeutend wäre, als dass ein Mann seine Familie ordentlich davon ernähren könnte"; aus seinem eigenen un-

---

*) Dieser Georg Gleim ist nicht zu verwechseln mit dem im Jahre 1847 angenommenen Landbriefträger Gleim.

bedeutenden Posteinkommen könnte er den Gleim nicht
doch besonders unterstützen. Dieses Gesuch des Postmeisters Rehwald wurde am 10. Juni 1843 von dem
Ober-Postamt Cassel abgewiesen mit dem Bemerken,
dass er nach seiner im Jahre 1841 am 10. September
erfolgten Gehaltserhöhung verpflichtet sei, aus seinen
Mitteln für eine ordnungsmässige Bestellung in Bebra
zu sorgen. Gleim war bis zum 1. April 1849 Briefträger in Bebra und von da an versah er die Stelle
eines Wagenmeisters daselbst und hatte vor allem
das Umladen der Postsachen auf dem Bebraer Bahnhofe
zu besorgen.

Am 14. September 1849 bat Gleim das Ober-Postamt Cassel um definitive Anstellung als Postwagenmeister. Dieses Gesuch des Gleim wurde von dem damaligen Ober-Postmeister, dem Postrath Sezekorn, am
5. Februar 1850 abgelehnt, da nach dem neuesten
Uebereinkommen mit dem Postmeister Rehwald vom 26.
März 1849 dieser lediglich verpflichtet sei, auf seine
Verantwortung hin den Wagenmeisterdienst durch ein
geeignetes, in seinem Privatdienst stehendes Individuum
versehen zu lassen.

Am 21. Januar 1850 bat der Postmeister Rehwald
für den Wagenmeister Gleim um Bewilligung eines
Mantels, der ihn gegen die strenge Kälte schützen könne,
da Gleim täglich von 6 Uhr Morgens bis Abends 9 und
10 Uhr Dienst habe und besonders auf dem Bahnhofe
beim Abwarten der Bahnzüge, sowie beim Umladen der
Postsachen sehr dem Luftzuge und der Kälte ausgesetzt
sei. Der Ober-Postmeister und Ober-Postrath Sezekorn
legte dieses Gesuch am 7. Februar 1850 der kurfürstlichen General-Postdirection in Frankfurt vor und befürwortete dasselbe. Die General-Postdirection aber
lehnte das Gesuch am 11. April 1850 ab, erklärte sich
jedoch bereit, dem Postwagenmeister Gleim statt des

Mantels „eine vollständige Postbotenmontour, also das
eine Jahr Jacke und Mütze, das andere Jahr dagegen
Oberrock und Mütze zu verwilligen". Der Wagenmeister Gleim erhielt anfänglich von dem Postmeister
Rehwald monatlich 5 Thlr; hierzu erhielt er vom J. 1850
ab „eine vollständige Postbotenmontour"; später wurde
sein Gehalt von 5 Thlr. auf monatlich 7 Thlr. erhöht.

Am 2. März 1852 machte Georg Gleim als Briefträger und Bureaudiener zu Bebra ein Gesuch an das
Ober-Postamt Cassel, worin er unter Darlegung seiner
häuslichen und Familienverhältnisse um Gehaltserhöhung,
sowie um Lieferung eines Mantels bat: das letztere begründete er besonders damit, dass er wegen seiner
dienstlichen Verrichtungen am Bebraer Bahnhofe gar
sehr allen unfreundlichen Witterungsverhältnissen ausgesetzt wäre. Der Postverwalter Rehwald befürwortete
dieses Gesuch des Gleim und legte es am 26. März
1852 dem Ober-Postamt Cassel vor. Dieses lehnte jedoch das Gesuch unterm 2. April ab, indem es dem
Postverwalter Rehwald erklärte, dass er nach seinem
Anstellungsdecret verpflichtet sei, alle Amts- und Büreau-
kosten ohne Unterschied aus seinem Diensteinkommen
zu bestreiten, mithin auch das erforderliche Unterbe-
amtenpersonal auf seine Kosten zu halten und zu bezahlen; glaube er, dass sein Einkommen zu gering sei,
so werde ihm anheim gegeben, nach Ablauf eines vollen
Dienstjahres eine genaue Uebersicht über alle seine
Dienstbezüge und alle davon bestrittenen Ausgaben vorzulegen, worauf man dann nach Befinden die Erhöhung
seiner Dienstbezüge in angemessener Weise bei der
Ober-Postdirection in Frankfurt befürworten wolle.

XI. Landbriefbestellung in Bebra. (1815—1836).

Nach dem Aufhören der französischen Fremdherrschaft in Hessen suchte die kurhessische Ober-

Postdirection in Cassel das hessische Postwesen überall
zu heben und zu bessern. Am 25. Juni 1815 forderte
der . damalige kurfürstliche Ober-Postdirector v o n
Starckloff die sämmtlichen kurhessischen Postanstalten
auf, ein Verzeichniss über alle Orte und Dörfer mit
Angabe der Entfernung von den betreffenden Postanstalten aufzustellen und einzureichen, um auf Grund
einer solchen allgemeinen Zusammenstellung die Ver-
sendung der Postsachen auf den hessischen Posten ohne
jegliche Verspätung rasch erfolgen zu lassen. Es lässt
sich nicht verkennen, dass auf diese Weise die Leitung
der Postsendungen geregelt und die Beförderung derselben beschleunigt wurde. In den Bebraer Postacten
finden wir nach der oben erwähnten Aufforderung des
Ober-Postdirectors von Starckloff vom 25. Juni 1815
betreffs der Landbriefstellung erst wieder im Jahre 1838
eine Verfügung des kurfürstlichen Ober-Postamts Cassel,
worin die Poststation Bebra aufgefordert wird, zu berichten, durch welche Personen in Bebra die Postsendungen im Ort selbst, sowie in den zugehörigen
Landorten bestellt würden. Am 30. Juni 1838 berichtete
der Postmeister Rehwald in Betreff der für den dortigen
Landbestellbezirk bestimmten Postsendungen, „dass keine
solche Individuum (!) daselbst angestellt seien, welche
die Briefe bestellen"; er theilte in diesem Bericht
ferner mit, dass die Herrn von Trott zu Solz und das
kurfürstliche Bergamt zu Friedrichshütte ihre Postsachen
durch eigene Boten und zwar die Herrn von Trott
wöchentlich 2 mal und das Bergamt täglich abholen
liessen; die sonstigen Sendungen mussten von den
Empfängern selbst in Bebra abgeholt werden. Aus
den noch vorhandenen Postacten der Postanstalt Bebra
ersehen wir, dass im Jahre 1839 ein gewisser P a u l
S p o h r als.Landbriefträger in Bebra thätig war
und dass von Bebra aus folgende 21 Orte ihre Post-

sachen erhielten: 1. Asmushausen, 2. Breitenbach, 3. Bodenthal, 4. Braunhausen, 5. Blankenhain, 6. Friedrichshütte, 7. Gilfershausen, 8. Hönebach, 9. Imshausen, 10. Iba, 11. Kleinensee, 12. Lispenhausen, 13. Lüdersdorf, 14. Meckbach, 15. Mecklar, 16. Richelsdorfer Gebirg, 17. Richelsdorfer Hütte, 18. Ronshausen, 19. Solz, 20. Weiterode und 21. Wildeck. Doch wurden damals diese 21 Orte nicht sämmtlich von dem Landbriefträger Spohr begangen; derselbe bestellte nur die für die Orte Blankenhain, Lüdersdorf, Meckbach und Mecklar vorliegenden Postsendungen und zwar täglich; dagegen war die Bestellung nach den übrigen Orten noch immer eine Privatbestellung; wie nämlich Postmeister Rehwald unterm 29. Juni 1839 an das Ober-Postamt Cassel berichtet, wurden die für Asmushausen vorliegenden Sendungen täglich durch den Unterförster Gleim bestellt; die für die Orte Bodenthal, Friedrichshütte, Iba, Richelsdorfer Gebirg und Richelsdorfer Hütte vorliegenden Sachen wurden täglich durch den Boten der Richelsdorfer Hütte abgeholt und bestellt; die Sendungen für die Orte: Braunhausen, Gilfershausen, Imshausen und Solz wurden jeden Dienstag und Freitag, zuweilen auch noch öfters von dem Solzer Boten abgeholt und bestellt; die Sendungen für die Orte Hönebach, Kleinensee, Ronshausen, Weiterode und Wildeck wurden durch einen Boten des Herrn von Ziegler in Wildeck abgeholt und bestellt; die Bewohner von Lispenhausen mussten sich ihre Sachen auf der Post in Bebra selbst abholen. Der Wildecker Bote besorgte die Bestellung ohne Erhebung der Bestellgebühren; die übrigen Privatboten erhielten für die Bestellung die tarifmässigen Bestellgelder und zwar: $\frac{1}{2}$ Gr. für einen Brief und 1 Gr. für einen Geldbrief oder ein Packet. — Die Landbriefbestellung war also noch im Jahr 1839 in Bebra mehr eine private, als eine amtlich geregelte. Die kurbessische Postbehörde war aber damals schon sehr bestrebt, auch die Landbriefbestellung nach und nach nur durch hierzu eigens angestellte Personen ausführen zu lassen. Wie aus den Acten ferner zu ersehen, betrugen damals die Bestellgelder für Briefe und Packete bei der Postanstalt Bebra jährlich ungefähr 30—35 Thlr., welche die Briefträger bzw. Boten erhielten.

Im Jahre 1845 fanden Verhandlungen statt, um die am weitesten von Bebra entlegenen Orte anderen näher gelegenen Postanstalten zuzuweisen. Auf Grund dieser Verhandlungen wurde am 17. Februar 1847 vom Ober-Postamt Cassel verfügt, dass die Orte Bodenthal, Richelsdorfer Gebirg und Richelsdorfer Hütte, sowie Wildeck und Solz dem Landbestellbezirke der Postanstalt Nentershausen, das Dorf Lispenhausen demjenigen von Rotenburg und der Ort Kleinensee demjenigen von Friedewald zugetheilt würden. Gleichzeitig wurde der Postmeister Rehwald aufgefordert, für die der Poststation noch verbleibenden Orte eine geregelte Bestellung durch v e r p f l i c h t e t e Briefbesteller derart einzurichten, dass jeder Ort mindestens 2 mal und nach Bedürfniss auch mehremal in der Woche an bestimmten Tagen und zu bestimmten Stunden durch den Briefbesteller begangen würde; ferner musste der Postmeister Rehwald für diese Landbriefbestellung ein Tourenverzeichniss aufstellen und an das Ober-Postamt Cassel einreichen, aus welchem die einzelnen Orte, welche zu einer Tour gehörten und deren Entfernung von einander, sowie Tag und Stunde der Begehung durch den Landbriefträger zu ersehen waren. Postmeister Rehwald suchte von den vorher genannten Orten das Dorf Solz nebst Gunkelrode beizubehalten, doch verfügte das Ober-Postamt Cassel nochmals, dass nach den getroffenen Bestimmungen vom 17. Februar 1847 Solz nebst Gunkelrode zum Landbestellbezirke der Postverwaltung Nentershausen gehören sollte. — Postmeister Rehwald nahm nun zum Landbriefträger einen gewissen G l e i m an, welchem er jährlich 36 Thlr. gab. Während der vorhin geschilderten Unterhandlungen mit dem Ober-Postamt Cassel und auch noch später bat Postmeister Rehwald um Bewilligung einer Unterstützung zur Unterhaltung dieses Briefträgers und zwar um monatlich 2 Thlr., sowie um Abgabe einer „Postboten-Montour". Am 16. April 1847 antwortete das Ober-Postamt Cassel, dass dem Postmeister Rehwald nach seiner Gehaltserhöhung vom 10. September 1841 die Verbindlichkeit obliege, mit seinem Diensteinkommen alle Amtskosten zu bestreiten, wozu auch gehöre, dass er sowohl für den Landbriefträger, sowie auch für eine geordnete Landbriefbestellung sorgen müsse, zumal er ja auch alle Bestellgebühren beziehe; wenn er glaube, dass sein Aversum (Entschädigungssumme) für die Amtskosten und die Höhe der Emolumente (Nebeneinkünfte) unzulänglich seien, so möchte er darüber einen sicheren Nachweis führen und denselben vorlegen, damit höheren Orts eine Erhöhung seiner Entschädigung für Amtskosten beantragt werden könnte. Diesem kam der Postmeister Rehwald baldigst nach und auf Grund seiner nochmaligen Ausführungen beantragte das Ober-Postamt unterm 12. Mai 1847 bei der kurfürstlichen General-Postdirection in Frankfurt für den Postmeister Rehwald eine Erhöhung seines Aversums um jährlich 25 Thlr., sowie um Gewährung einer „Briefboten-Montour" für den Landbriefträger.

Am 30. April 1847 reichte der Postmeister Rehwald das verlangte Tourenverzeichniss für die neu einzurichtende bzw. zu regelnde Landbriefbestellung von Bebra an das Ober-Postamt in Cassel zur Begutachtung und Genehmigung ein und zwar in folgender Ausfertigung und Form:

22 *

Touren-Verzeichniss
für den Landbriefbesteller der Postverwaltung Bebra.

Abgang von Bebra	Ankunft in		Der Bote trifft ein	
			zur Tageszeit	Stunde.
Mittwoch und Sonn- abend Morgens 7 Uhr.	Braunhausen . . .		Morgens	8½
	Vockerode. . . .		„	9
	Imshausen. . . .			9½
	Gilfershausen . .			10
	Friedrichshütte . .		„	10½
	Iba		„	11¼
	Hönebach		Nachmittags	2
	Ronshausen . . .		..	3¾
	Weiterode			4¾
	Bebra		„	5½
Sonntag und Donners- tag Morgens 7 Uhr.	Ulfermühle. . . .		Morgens	7½
	Meckbach		„	8½
	Kneipmühle . . .		„	9½
	Mecklar.		„	11¼
	Blankenhain . . .		Nachmittags	1
	Lüdersdorf . . .		„	3
	Breitenbach . . .			3¾
	Bebra			4½
Täglich Dienstag und Freitag nach Rück- kunft von Breitenbach.	Breitenbach . . .			4—5
	Asmushausen. . .			5½

Bebra, den 30. April 1847.   Der Postmeister:
Rehwald.

Dieses Tourenverzeichniss für die Landbriefbestel-
lung von Bebra legte das Ober-Postamt Cassel am 12.
Mai 1847 der kurfürstlichen General-Postdirection in
Frankfurt zur weiteren Begutachtung und Genehmigung

vor gleichzeitig mit dem schon oben erwähnten Ersuchen des Postmeisters Rehwald, demselben für den Land-briefbesteller ein fixes Gehalt, mindestens aber eine „Montour" zuweisen zu wollen. Das Ober-Postamt Cassel führte auf Grund des Gesuches des Postmeisters Rehwald aus, dass die letzte Regulirung des Gehaltes desselben am 10. September 1841 stattgefunden habe; damals seien seine Nebeneinnahmen auf ungefähr 35 Thlr. jährlich veranschlagt worden; diese könnten aber nicht mehr als hinreichend betrachtet werden, da er hiervon sowohl die Landbriefbestellungskosten bestreiten, sowie den Dienst bei der Bebra wieder berührenden Cassel-Hersfelder Personenpost versehen lassen müsste; diese Kosten könnten sich leicht auf 60 Thlr. jährlich be-laufen. Da Rehwald nur 35 Thlr. hierfür habe, „so müsste er das Fehlende aus seinem übrigen, ohnehin sehr geringen Diensteinkommen von 100 Thlr. Fixum und etwa 20 Thlr. Tantiemen decken." Das Ober-Postamt beantragte daher, dem Rehwald, der seit 1825 im Dienste wäre und sich stets einer treuen Dienst-führung befleissigt hätte, ausser seinen jetzigen Emolu-menten noch ein Aversum von 25 Thlr. sowie eine „Montour" zu gewähren. Hierauf antwortete die kur-fürstliche General-Postdirection am 26. Juni 1847, dass sie mit der beabsichtigten Landbriefbestellung einver-standen sei, dagegen könne sie keinen baaren Zuschuss zu den Kosten der Landbriefbestellung gewähren, da das Gehalt des Postmeisters Rehwald so reichlich bemessen sei, dass er recht gut auch diese Kosten noch aus seinem Einkommen hätte decken können; jedoch erklärte sie sich bereit, dem Landbriefbesteller zu Bebra eine Montour, welche abwechselnd in einem Jahre aus Jacke und Mütze und im anderen aus einem Oberrock bestand, zu liefern. Das kurfürstliche Ober-Postamt Cassel theilte dieses alles dem Postmeister Rehwald am 6. Juli 1847

mit und forderte ihn auf zu berichten, von welchem
Tage ab nun die Landbriefbestellung nach dem vor-
gelegten und genehmigten Plane ihren Anfang nehmen
sollte. Am 13. Juli 1847 erstattete Postmeister Rehwald
den verlangten Bericht nach Cassel, indem er meldete:
„dass die Landbriefbestellung für den Distributions-
bezirk (Bebra) in der begutachteten Weise durch einen
verpflichteten Landbriefträger seit dem 8. d. Mts. in
Ausführung gebracht worden sei." In einem besonderen
Ausschreiben wurde dieses am 29. Juli vom Ober-Postamt
Cassel sämmtlichen kurhessischen Postanstalten zur
Kenntniss gebracht.

Zum Landbestellbezirke Bebra gehörte auch die
Friedrichshütte, woselbst der erste Bergbeamte vom
Richelsdorfer Bergwerke, der Bergrath Fulda, sowie der
Hüttenschreiber Krause und der Kohlenmesser Schu-
chardt wohnten. Das Bergamt holte bekanntlich schon
früher seine Postsachen durch einen besonderen Boten
in Bebra ab. Nachdem nun die regelmässige Landbriefbestellung nach der Friedrichshütte von Bebra aus
eingeführt worden war, bestellte die Postverwaltung
Bebra die für das Bergamt vorliegenden Briefe durch den
Landbriefträger und erhob auch dafür die entsprechenden Bestellgebühren. Das kurfürstliche Bergamt weigerte
sich aber diese Bestellgebühren zu bezahlen und wollte
seine Postsachen nach wie vor durch seinen besonderen
Boten abholen lassen. Die Postverwaltung Bebra bestellte aber die für die Friedrichshütte vorliegenden Postsendungen nach wie vor auf Grund des §. 5 c des kurfürstlichen Generale vom Jahre 1843, worin bestimmt
ist, dass von der Erhebung der Bestellgebühren nur
dann abzusehen sei, „wenn die Adressaten in Ermang-
lung einer regelmässigen Briefbestellung ihre Briefe von
dem Postbüreau abholen oder abholen lassen." Auch

das Ober-Postamt Cassel, welchem diese Angelegenheit
vorgetragen worden war, war der Meinung, dass die
Briefe nach der Friedrichshütte durch den Landbriefträger von Bebra zu bestellen und dass auch die Bestellgebühren zu erheben seien. Dagegen entschied die
General-Postinspection zu Cassel, welcher diese Angelegenheit zur Entscheidung vorgetragen worden war,
am 2. August 1847, dass das Bergamt nach wie vor
seine Correspondenz durch eigene Boten abholen lassen
könnte und nicht gehalten wäre, die Bestellgebühren
zu bezahlen; dieser Entscheidung der General-Postinspection zu Cassel trat auch die kurfürstliche General-
Postdirection zu Frankfurt am 19. November 1847 bei.
Am 29. November 1847 wurde die Postverwaltung Bebra
von dem Ober-Postamt Cassel dementsprechend benachrichtigt und angewiesen, die für die Friedrichshütte
bzw. für das Bergamt vorliegenden Postsendungen nicht
mehr durch den Landbriefträger bestellen zu lassen,
sowie die dem Bergamt angesetzten Bestellgebühren
wieder abzusetzen bzw. zu vergüten.

Wegen freier Bestellung der herrschaftlichen Briefe und Packete durch die Landbriefträger von Bebra und Nentershausen hatte auch die
kurfürstliche Hofdomainen-Kammer Anfangs April 1847
bei der General-Postinspection zu Cassel eine Anfrage
gestellt. Diese wandte sich am 8. April an das Ober-
Postamt Cassel und forderte dasselbe auf, zu berichten,
wie dieses in Bebra und Nentershausen gehandhabt
würde. Auf Grund der von den beiden genannten
Postanstalten eingeforderten Mittheilungen berichtete
das Ober-Postamt am 3. Juni 1847 an die General-
Postinspection, dass die an die in den Bezirken der
Landbriefträger von Bebra und Nentershausen wohnenden
Hofrevierförster bestimmten Sendungen schon immer
unentgeltlich durch die Landbriefbesteller besorgt worden

seien; dafür jedoch, dass die Briefträger die von den Förstern abzusendenden Briefe in ihren Wohnungen abholten und mit zur Post nahmen, erhielten die Briefträger in Bebra und Nentershausen unter Zustimmung der Hofdomainen-Kammer jährlich ein bestimmtes Quantum Holz. Das Ober-Postamt sprach sich schliesslich dahin aus, dass die Briefträger herrschaftliche Briefe und Packete unentgeltlich an ihre Empfänger zu bestellen hätten, dass sie jedoch nicht verpflichtet wären, Briefe und Packete, welche mit der Post versandt werden sollten, zu sammeln und mit zur Post zu bringen, da die Auflieferung der Sendungen zur Post lediglich dem Absender selbst zukomme.

Wie aus dem Tourenverzeichniss für die Landbriefbestellung der Postanstalt Bebra vom 30. April 1847 zu ersehen, fanden auch die Landbestellgänge am Sonntage statt und dauerten von Morgens 7 Uhr bis 4½ Uhr Nachmittags. Im Jahre 1850 wurde in Kurhessen allgemein die Sonntagsbestellung wieder beseitigt. Am 12. Juni ordnete das Ober-Postamt Cassel an, dass die Landbriefbestellung an den Sonntagen in Bebra aufhören und von da ab nur der ganz nahe bei Bebra gelegene Ort Breitenbach am Sonntage noch begangen werden sollte. Die Landbriefbestellung der Postanstalt Bebra wurde demgemäss neu geregelt in der Weise, dass ein Theil der zugehörigen Orte wöchentlich 4mal und ein anderer Theil wöchentlich 2mal begangen wurde.

Jm Jahre 1857 wurden Seitens des Ober-Postamts Cassel auch Verhandlungen mit der Postverwaltung Bebra gepflogen wegen Aufhebung bzw. Beschränkung der Landbriefbestellung an den auf einen Wochentag fallenden Festtagen, nämlich am Neujahrstage, am Karfreitage, am zweiten Oster-, Pfingst- und Weihnachtstage, am Himmelfahrtstage, sowie am jährlichen Busstage.

Das Bestreben der kurhessischen Postbehörde, die
Landbriefbestellung bei ihren Postanstalten stets zu verbessern, erkennen wir auch aus einer Verfügung des
Ober-Postamts Cassel vom 6. Juni 1861 an die Postverwaltung Bebra, durch welche eine weitere Vermehrung
der Landbriefbestellung dort erstrebt werden sollte. In
der angeführten Verfügung wurde die Vermehrung der
Landbriefbestellung auch in Bebra gefordert, „da man
in dieser Beziehung nicht hinter den Postverwaltungen
benachbarter Länder zurückbleiben wolle, welche meistentheils sogar tägliche Bestellung nach allen Landorten
eingeführt hätten". Am 24. Juni 1861 berichtete der
Postverwalter Rehwald nach Cassel, dass seine beiden
Unterbediensteten, der Privatwagenmeister Klein und
der Landbriefträger Gleim so vollständig beschäftigt
seien, dass er denselben keine Mehrarbeit zumuthen
könne; wenn eine Vermehrung der Landbriefbestellung
eintreten solle, müsse er noch einen dritten Unterbeamten annehmen. Die Vermehrung der Landbriefbestellung liesse sich am besten in Bebra so ausführen,
dass diejenigen Orte, welche bis jetzt viermalige Bestellung in der Woche hätten, demnächst 6malige Bestellung und diejenigen, welche jetzt nur 2malige
Bestellung hätten, 4malige Bestellung erhielten. Das
Ober-Postamt erklärte sich am 19. September 1861 mit
diesem Vorschlage des Postverwalters Rehwald einverstanden und forderte ihn auf, die Landbriefbestellung
in Bebra demgemäss einzurichten. Laut Bericht der
Postverwaltung Bebra vom 18. October 1861 an das
Ober-Postamt Cassel fand die Landbriefbestellung vom
1. November 1861 an in folgender Weise und nach
folgenden Orten statt:

1) Eine wöchentliche 4malige Bestellung er-
erhielten folgende Orte: Asmushausen, Blankenhain,
Braunhausen, Hof Fassdorf, Hönebach, Kneipmühle

bei Meckbach, Lüdersdorf, Meckbach, Mecklar, Obermühle bei Weiterode, Rautenhausen, Ronshausen,
Ulfermühle, Untermühle bei Ronshausen, Untermühle
bei Weiterode und Ziebachsmühle bei Ronshausen;

2) eine **wöchentliche 6malige Bestellung** erhielten die Orte: Hof Bodenthal, Bocksrode, Gilfershausen, Gunkelrode, Iba, Imshausen, Solz, Hof Triesch
und Vockerode;

3) eine **tägliche Bestellung** erhielten die Orte:
Breitenbach, Cornberg und Hof Mischels. Cornberg
erhielt seine Postsachen täglich durch den Wagenbegleiter der Bebra-Eschweger Post.

Nachdem im September 1863 zu Raboldshausen
eine neue Poststelle eingerichtet worden war, wurden
die bis dahin zum Landbestellbezirke der Postverwaltung
Rotenburg gehörigen Höfe Dickenrück und Pflanzengraben dem Landbestellbezirke Bebra's zugetheilt. Das
„Landbestelltour-Verzeichniss der Postverwaltung Bebra"
vom 22. September 1863 umfasst folgende Ortschaften,
Höfe und Mühlen und deren Begang fand in folgender
Weise durch 2 Landbriefträger statt:

Montag, I. Landbriefträger: Asmushausen, Braunhausen, Kleine Mühle bei Asmushausen, Rautenhausen,
Bodenthal, Bocksrode, Bruchmühle bei Iba, Gilfershausen, Grundmühle bei Iba, Gunkelrode, Iba, Imshausen, Obermühle bei Gilfershausen, Obermühle bei
Solz, Schneidemühle bei Iba, Solz, Tappgemühle bei
Iba, Vorwerk Triesch, Untermühle und Windmühle
bei Solz, sowie Hof Vockerode;

II. Landbriefträger: Breitenbach, Hof Mischels,
Dickenrück und Pflanzengraben, Hof Fassdorf, Hönebach, Obermühle bei Weiterode, Ronshausen, Ulfermühle, Untermühle bei Ronshausen, Untermühle bei
Weiterode und Ziebachsmühle bei Ronshausen.

Dienstag, I. Landbriefträger: Bodenthal, Bocksrode, Bruchmühle bei Iba, Gilfershausen, Grundmühle
bei Iba, Gunkelrode, Iba, Imshausen, Obermühle bei
Gilfershausen, Obermühle bei Solz, Schneidemühle
bei Iba, Solz, Tappgemühle bei Iba, Vorwerk Triesch,
Untermühle bei Solz, Hof Vockerode und Windmühle
bei Solz;

II. Landbriefträger: Breitenbach, Hof Mischels,
Dickenrück und Pflanzengraben, Blankenhain, Lüdersdorf mit Mühle, Meckbach und Mecklar mit Mühle.

Mittwoch, I. Landbriefträger: Wie Montag.

II. Landbriefträger: Blankenhain, Breitenbach,
Mischels, Dickenrück und Pflanzengraben, Hof Fassdorf, Hönebach, Kneipmühle bei Meckbach, Lüdersdorf mit Mühle, Meckbach, Mecklar mit Mühle,
Obermühle bei Weiterode, Ronshausen, Ulfermühle,
Untermühle bei Ronshausen, Untermühle bei Weiterode und Ziebachsmühle bei Ronshausen.

Donnerstag, I. Landbriefträger: wie Montag.
        II.   „   .. wie Montag.
Freitag,   I. wie Dienstag.
        II. wie Dienstag.
Sonnabend, I.   ..   „ wie Montag.
        II.   „   „ wie Mittwoch.

Sonntag: Breitenbach und Mischels.

Der Ort Cornberg erhielt noch immer seine Postsachen täglich durch den Wagenbegleiter der Bebra-
Eschweger Post.

XII. Einiges über die jetzigen Verhältnisse des Postamts Bebra.

Nachdem der Postdirector Christoph Rehwald am
1. Juli 1886 in den Ruhestand getreten war, wurde der
damalige Ober-Postsecretair Schmidt zu Marburg zum
Postdirector in Bebra ernannt. Das Postamt Bebra,

welches als Station des alten Nürnberger Postkurses
stets von geringer Bedeutung gewesen war, verdankt
seine jetzige Bedeutung hauptsächlich dem Umstande,
dass Bebra ein Knotenpunkt der Bahnen F r a n k f u r t
(Main) – E i s e n a c h , B e b r a — G ö t t i n g e n und der
B e r g i s c h - M ä r k i s c h e n Eisenbahnen geworden ist,
wodurch eine nicht unbedeutende Umleitung und Umarbeitung der Postsendungen daselbst täglich stattzu-
finden hat. Das Postamt, mit dem eine Telegraphen-
betriebsstelle verbunden ist, befindet sich auf dem umfangreichen Bahnhofe. T ä g l i c h k o m m e n a n u n d
g e h e n a b nach dem Stande von 1889 36 P o s t e n
und zwar kommen an und geben ab bei T a g e 1 Land-
post und 25 Eisenbahnposten und bei N a c h t kommen
an und gehen ab 10 Eisenbahnposten. — Wie oben
unter X und XI mitgetheilt, war der Postverkehr zu
Bebra noch im Jahre 1838 so gering, dass der damalige
Posthalter Johann Rehwald die Anstellung von Briefboten nicht für unbedingt nothwendig erachtete. Im
Jahre 1889 war die Zahl der für den Ort Bebra allein
eingehenden Postsachen so gross, dass täglich eine
4malige Bestellung der Briefe, Packete, Geldbriefe und
Postanweisungen daselbst statt fand; Sonntags fand nur
eine Bestellung statt. Die Zahl der im Orts-, Land- und
Eisenbahndienste zu Bebra beschäftigten Unterbeamten
betrug laut Rapport vom 13. Februar 1889 18, die Zahl
der Beamten einschliesslich des Postdirectors 7 Personen.—
Zum Landbestellbezirke des Postamts Bebra gehörten
1889 20 Ortschaften, von welchen 13 Orte eine werktäglich einmalige Bestellung hatten, während 7 Orte
werktäglich eine zweimalige und sonntäglich eine einmalige Bestellung hatten.

Während die Einnahme an Porto und Franko, wie
oben unter VI zu ersehen, bei der Postanstalt Bebra für
das Jahr 1839/40 ungefähr 303 Thlr. betrug, beträgt

dieselbe jetzt jährlich etwa 10000 Mark ohne die sonstigen Einnahmen.

Das Postamt Bebra ist Abrechnungspostanstalt für die Postagenturen: Cornberg (Bz. Cassel), Heinebach (Kr. Melsungen), Hönebach, Mecklar und Solz (Bz. Cassel).

Diese wenigen Angaben mögen genügen, um zu zeigen, dass die einst so unbedeutende Postanstalt in Bebra durch die jetzigen für Bebra so günstigen Verkehrseinrichtungen in ganz kurzer Zeit einen grossen Aufschwung genommen hat, den man noch vor 50 Jahren nicht geahnt hat.

IX.

Der Marburger Aufstand des Jahres 1809.

Von

Dr. Willi Varges.

>—⟨⟩—⊸

In meinem Aufsatz „Die Theilnahme des Kurfürsten Wilhelm I. von Hessen am Oesterreichischen Kriege 1809", der im letzten Bande dieser Zeitschrift erschienen ist, ist gezeigt worden, dass der Aufstand, welcher am 23. Juni 1809 in Marburg stattfand, in engster Beziehung mit den Ereignissen des Oesterreichischen Krieges steht *). Wir haben es hier nicht mit einer kleinen Revolte zu thun, wie sie vielfach im Königreich Westfalen, so im Werrathal, in Karlshafen und wiederholt in der Gegend von Osnabrück, wo die Leute durch das falsche Gerücht von englischen Landungsversuchen erregt wurden, ausgebrochen sind **). Ebenso wenig hat *Lyncker* in seiner „Geschichte der Insurrektionen" recht, wenn er die Behauptung aufstellt, dass hier „ein verspäteter Ausbruch der Gährung des Dörn-

---

*) Vgl. diese Zeitschrift 1891. S. 315—343. Citiert als Aufsatz I.

**) Vgl. *K. Lyncker*. Geschichte der Insurrektionen wider das Westfälische Gouvernement. Kassel 1857. *Goecke und Ilgen*, Das Königreich Westfalen. Düsseldorf 1888.

berg'schen Aufstandes, welche trotz all den niederschlagenden Ereignissen in Hessen nicht ganz erstickt war",
vorliegt *). Der Marburger Aufstand ist eine, wenn auch
kleine Episode in dem Kriege, den Oesterreich 1809 mit
Frankreich führte. Er sollte den geplanten Einfall der
Oesterreichischen Corps unter den Generalen Radivojévics und Am Ende, welch letzteren sich die Kurfürstlich Hessische Legion angeschlossen hatte, in das Königreich Westfalen unterstützen **).

Die Quellen für eine Geschichte des Marburger
Aufstandes fliessen nicht reichhaltig. Die Untersuchungsakten der Führer des Aufstandes sind nicht erhalten ***).
Wir sind auf die Untersuchungsakten einiger Theilnehmer
an dem Aufstande, auf eine Anzahl officieller Berichte,
Briefe und Universitätsakten, die sich im Staatsarchiv zu
Marburg befinden †), und auf mehrere Flugschriften
jener Zeit angewiesen ††). Die Briefe †††), die der eine
Führer des Aufstandes, Professor Sternberg, vor seinem
Tode aus dem Castell an seine Frau schrieb und die
in der Anlage veröffentlicht werden *†), enthalten für die
Geschichte des Aufstandes nur wenig Bedeutendes. Die

---

*) *Lyncker*, a. a. O. S. 173.

**) Vgl. Aufsatz I diese Zeitschrift. 1891. S. 326. 329.

***) Auch im Berliner Staatsarchiv, wohin der Nachlass Jeromes gekommen ist, befinden sich die den Aufstand betreffenden
Kriegsgerichtsakten, wie mir die Direktion gütigst mittheilte, nicht.

†) Es kommen besonders in Betracht die „acta, die wegen
des Aufruhrs am 24. Juni arretirten *Ludwig Koch, Johann Stoll,*
Johann Moog betreffend." In den Akten contra *Koch* befindet sich
ein Auszug aus dem Verhör Sternbergs. Vgl. Beilage II.

††) Die entlarvte hohe und geheime Polizei des zerstörten
Königreiches Westfalen 1814. *v. Wolff*, Kurze Darstellung der
Verwaltung der hohen Polizei im ehemaligen westfälischen Departement der Werra etc. April 1814.

†††) Die Briefe sind im Privat-Besitz. Hoffentlich werden
dieselben später dem Marburger Archiv überwiesen.

*†) Vgl. Beilage IV.

auf die Politik bezüglichen Stellen sind von dem französischen Censor gestrichen.

In meinem vorjährigen Aufsatz ist die Vorgeschichte des ˙Aufstandes kurz berührt worden *). Die Anregung des Aufstandes geht auf den Erzherzog Karl, den Generalissimus der Oesterreichischen Armeen zurück. Es war für ihn von grosser Wichtigkeit, dass das von Truppen fast ganz entblösste Norddeutschland in Aufstand gebracht wurde, und hier im Rücken der Franzosen und Rheinbundstruppen ein Guerillakrieg nach spanischer Art organisiert wurde. Der Kurfürst von Hessen, den der Erzherzog aufforderte, in seinem früheren Lande mit getreuen Leuten, mit denen er ja in Verbindung stand, die nöthigen Vorbereitungen zu treffen, verhielt sich zunächst ablehnend. Er wusste, dass Insurrektionen des Landvolkes ohne Beihülfe regulärer Truppen selten Erfolg haben **). Auch wollte er seine früheren Unterthanen schonen ***). Bezeichnend ist die Stelle in dem Briefe, den er am 3. Juni 1809, nachdem der Dörnberg'sche Aufstand missglückt war, an den Erzherzog Karl schrieb: „Uebrigens kann ich nicht genug bedauern, dass die Insurrektion in Hessen g e g e n m e i n e a u s d r ü c k l i c h e A e u s s e r u n g zu frühe ausgebrochen ist. Insurrektionen ohne militärische Hülfe glücken selten, dass man diese und namentlich ein Kaiserlich Oesterreichisches Corps (des Bellegarde) abwarten sollte, war gleich anfangs Ew. Liebden Idee und auch die meihige †)." — Erst als der Erzherzog dem Kurfürsten nach der Schlacht bei Aspern mittheilte ††), dass

---

*) Diese Zeitschrift. S. 324.

**) ebenda S. 324. A. 1.

***) ebenda S. 333.

†) Akten „Krieg mit Frankreich 1809" im Staatsarchiv zu Marburg Bd. I. S. 122. (Concept) „des Bellegarde" ist im Concept durchgestrichen.

††) ebenda Bd. I. S. 115. Vgl. Aufsatz I. S. 325 und 341 (Beilage II) und Brief vom 31. Mai. Akten etc. I. S. 119.

man den Plan gefasst habe zwei Oesterreichische Corps, von denen jedes durch 4—6000 Mann Landwehr unterstützt würde, nach Deutschland zu werfen, entschloss sich der Kurfürst zu einem energischeren Vorgehen. Am 3. Juni *) erhalten die hessischen Truppen den Befehl sich den Oesterreichern anzuschliessen. Gleichzeitig wird der Plan zu einer Insurrektion in Hessen, die die Westfälischen Truppen im Rücken bedrohen soll, gefasst. Der Zeitpunkt für einen Aufstand war sehr günstig gewählt. Schill hatte durch seinen leichtfertigen, eigenmächtigen Zug die nördlichen Teile des Königreichs Westfalen in grosse Unruhe versetzt **). Seine Katastrophe war allerdings schon am 31. Mai erfolgt, aber sein Auftreten wirkte nach. Von Sachsen her wollte der Herzog von Braunschweig im Verein mit einem Oesterreichischen Corps unter Am Ende, von Franken ein anderes Oesterreichisches Corps unter Radivojevics in das Reich Jeromes eindringen. Den Oberbefehl über beide Corps erhielt später General Kienmayer. Eine glückliche Erhebung Hessens, das theilweise noch von dem Dörnberg'schen Aufstande her in einer gewissen Gährung war, musste auf die allgemeine politische Lage von grosser Einwirkung sein.

Die Verbindungen, die der Kurfürst in Hessen unterhielt ***), zeigten ihm den Ort und die geeigneten Leute, die einen Aufstand organisieren und leiten konnten. Die Wahl des Ortes war nicht leicht gewesen. Schon bei Dörnbergs Unternehmen war es zu Tage getreten, dass sich keineswegs alle Bevölkerungskreise von der Bewegung mit fortreissen liessen. Die Einwohner von Kassel hatten während derselben eine apathische

---

*) Akten etc. I. S. 122.
**) Vgl. *Lyncker* a. a. O. S. 182 ff.
***) Diese Zeitschrift. 1891. S. 324. Vgl. auch ebenda Beilage II. S. 343.

Ruhe bewahrt. Im Werrathal vergegenwärtigte man sich
wohl das Misslingen der Versuche zur Niederwerfung
der Franzosen aus dem Januar 1807 und deren Folgen.
Selbst Fritzlar, das ganz in der Nähe von Homberg
liegt, hatte trotz angestrengter Bemühungen ebenfalls
nicht zum Anschluss gebracht werden können *). An
die Kasseler Gegend war auch deshalb nicht zu denken,
weil Jerome, der mit seinem Heer in Sachsen stand,
leicht zurückkehren und den Aufstand im Keim er-
sticken konnte.

Am geeignetsten erschien Oberhessen und Marburg. Oberhessen hatte sich an dem Unternehmen
Dörnbergs mit Eifer betheiligt; am 22. Mai war in
Marburg nur deshalb alles ruhig geblieben, weil man
versäumt hatte, Nachrichten von dem Ausbruch des
Aufstandes zu geben. Die Gährung und Erbitterung
im Lande war, besonders nach der Schlacht bei Aspern,
gross; die Bauern und althessischen Soldaten, welche
schon an dem Aufstande, welcher 1806 in Marburg
stattfand, theilgenommen und an die Befreiung von der
Fremdherrschaft durch Dörnberg geglaubt hatten, wett-
eiferten in ihrem Hass gegen die Herrschaft Jeromes.
Hierzu kam, dass die Provinz Oberhessen von Truppen
entblösst war **). In Marburg befanden sich zu jener
Zeit ausser einer Veteranen-Compagnie und einer etwa
50 Mann starken Departemental-Compagnie (Präfekturgarde) 150 Mann grossherzoglich Bergische Soldaten.

Als Hauptort des Departements war die Stadt der
Sitz des Commandanten des Werra-Departements, aber
der Posten war damals nicht besetzt. Der bisherige
Inhaber, der französische General Börner, hatte Ende
Februar mit der zweiten westphälischen Armeedivision
den Marsch nach Spanien angetreten, und sein Nach-

---

*) *Goecke* und *Ilgen*, Königreich Westphalen a. a. O. S. 163.
**) *Lyncker* a. a. O. S. 176.

folger, der Oberst von Dalwigk, Chef des Generalstabs des Gouvernements in Cassel, war noch nicht eingetroffen. Das nächste grössere französische Corps, das des Herzogs von Valmy, befand sich bei Hanau. An der Spitze des Departements stand der Präfekt, Baron Friedrich Ludwig von Berlepsch. Er führte zugleich das Commando über die Präfekturgarde, die hauptsächlich den Polizeidienst zu verrichten hatte. General-Prokureur — procureur du roi — war ein Herr von Hanstein. Chef der hohen Polizei war der General-Commissar von Wolff, ein Elsässer, ein Mann, der in der Geschichte des Aufstandes eine bedeutende, aber wenig schöne Rolle spielt. — Auch die feste Lage Marburgs kam bei der Wahl des Brennpunktes für den Aufstand in Betracht. Eine kleine gut organisierte Truppe konnte sich hier eine Zeit lang auch gegen eine Uebermacht halten. Am entscheidendsten war aber der Moment, dass man von Marburg und Oberhessen aus leicht in Verbindung mit dem österreichischen Corps des Generals Radivojevics und mit der fränkischen Legion des Major von Nostitz, die einen Einfall in Franken machen sollten, treten konnte.

Vielleicht ist es Dörnberg gewesen, der auf Marburg und Oberhessen hingewiesen hat. Dörnberg stand bekanntlich vom Mai 1808 bis Februar 1809 in Marburg in Garnison. Er war Oberst und Commandeur des dort liegenden Elite-Bataillons der Jäger (Carabiniers). Nach seinem missglückten Aufstand begab er sich zunächst zum Kurfürsten nach Prag und von da ins Hauptquartier der Oesterreichischen Armee zum Erzherzog Karl, wo er bestens aufgenommen wurde. Nach seinem Eintreffen schrieb der Erzherzog an den Kurfürsten: „Den Obersten Baron von Dörnberg habe ich mit Vergnügen aufgenommen. Seine Kenntnisse der neuen Verhältnisse im Königreich Westphalen kann

sehr dienlich sein"*). Vermöge seiner Kenntnis der
Marburger Verhältnisse ist er es wohl auch gewesen,
der den Kurfürsten auf einen geeigneten Leiter und
Organisator des Aufstandes hingewiesen hat. Es war
hierzu ein Mann nöthig, der vermöge seiner Stellung
ohne in Verdacht zu gerathen in leichte Verbindung
mit den Universitätskreisen, den Professoren und Studenten, der Bürgerschaft und vor allem mit den Bauern
und den alten hessischen Soldaten treten konnte. Man
fand denselben in dem Professor der Medicin, dem Hofrath Johann Friedrich Sternberg.

Im 15. Band von Strieders **) Grundlage zu einer
hessischen Gelehrtengeschichte hat Sternberg eine Selbstbiographie bis zu seiner Berufung nach Marburg gegeben. — Er wurde am 15. April 1772 zu Goslar geboren, wo sein Vater Stadtphysikus war. Da letzterer
früh starb, wuchs der Knabe unter der Obhut seiner
Mutter heran, die treu für ihn sorgte und in jeder
Weise für seine Ausbildung bemüht war. Er besuchte
die Stadtschule und erhielt nebenbei Privatunterricht,
namentlich in den Sprachen. Besonders fesselte ihn
das Studium des Homer und des Horaz. Er liebte die
Künste, vor allem die Musik. 1793 bezog er die Universität Göttingen, um Medicin zu studieren. Er verliess dieselbe 1796 und wurde 1797 Stadt- und Berg-
physikus in der Harzstadt Elbingerode 1800 siedelte
er nach Goslar über, wo er sich bis 1804 aufhielt und
sich mit Charlotte Siemens, der Tochter des Stadt-

---

*) Akten „Krieg mit Frankreich etc." Bd. I, S. 99. Moni-
teur westphalien v. 27. Juni 1809.

**) *Strieder*, Grundlage zu einer Hessischen Gelehrtenge-
schichte. Seit der Reformation. Cassel 1806. Bei einer Lebensgeschichte Sternbergs kommen auch die (auf dem Staatsarchiv zu Marburg aufbewahrten) Universitätsakten in Betracht. Eine Silhouette
Sternbergs befindet sich im Privatbesitz.

direktors Johann Georg Siemens vermählte. Er lebte
in guten Verhältnissen und brauchte daher für seine
ärztliche Behandlung kein Honorar zu nehmen. In der
Zeit seines Goslarer Aufenthalts entstanden aus seiner
Feder eine Anzahl medicinischer Abhandlungen*), deren
Titel er in seiner Selbstbiographie angiebt. Im Jahre
1798 starb seine Mutter, und vier Jahre später seine
einzige in Goslar verheirathete Schwester.

Im October 1804 wurde er als Nachfolger Bal-
dingers als ordentlicher Professor der Pathologie und
Therapie nach Marburg berufen. Er wurde zugleich
zum Director der medicinischen Krankenanstalt und
zum Hofrath ernannt. Er erhielt ein Gehalt von 800
„schweren Thalern". Bei seinem Tode 1809 bezog er
ein Gehalt von 900 Thalern = 3496 francs 50 cent.;
pro Monat 291 francs 37½ cent. oder 75 Thaler**).
— Die medicinische Fakultät der Universität Marburg
war damals recht bescheiden. Es gab in derselben 7
Professoren, die zusammen einen Gehalt von 3500
„schweren Thalern" erhielten. Im Jahre 1808 wurde
für Gehalt der Professoren und für Erhaltung der Institute die gewaltige Summe von 5000 Reichsthalern
verbraucht. Die Zahl der studierenden Mediciner war
sehr gering. Im Jahre 1809 besuchten die Universität
13 Mediciner, 1808 wurde ein studiosus medicinae im-
matrikuliert***). Man vergleiche damit die heutigen Verhältnisse. —

Im Jahre 1809 hatte Sternberg die Aufsicht über
das „Marburger clinicum", ausserdem trug er von 10—12
Uhr ein practicum vor, „das von dem Pathologischen
und Therapeutischen der einzelnen Krankheiten han-

*) Vgl. das Verzeichnis bei *Strieder* a. a. O. Bd. 15 unter
„Sternberg".
**) Personalakten Sternbergs. Universitätsakten a. a. O.
***) Vgl. Universitätsakten a. a. O.

delte" *). Nach seiner Verhaftung übernahm Professor
Conradi „die Führung des clinicums"**).

Sternberg war ein tüchtiger Arzt und guter Dozent. Er wusste sich bald bei seinen Hörern, bei
den übrigen Studenten und bei der Bürgerschaft beliebt
zu machen, kam aber schnell in ein gespanntes Verhältnis zu einigen seiner Kollegen. Schon in Elbingerode war er energisch gegen „den sehr kranken Zustand im Medicinalwesen", wie es in seiner Selbstbiographie heisst ***), aufgetreten und auch in Marburg ging
er gegen jeden alten Schlendrian, der sich namentlich
unter Baldinger eingeschlichen hatte, vor. In den Se-
natssitzungen empfahl er Neuerungen und gerieth dadurch vielfach in Streit mit den pedantischen Kollegen,
die meist Anhänger des hergebrachten Alten waren.
So kam er auch bei den Professoren der übrigen Fakultäten in den Ruf eines revolutionären und unruhigen
Kopfes. Nach der Aufrichtung des Königreiches Westphalen wurde diese Spannung noch durch die politischen
Verhältnisse vergrössert. Während die meisten Professoren sich in die Verhältnisse geschickt hatten und
sich unter der Regierung Jeromes sehr wohl befanden,
fühlte sich Sternberg als deutscher und hessischer
Patriot. Er stand mit den anderen freiheitsliebenden
Männern in Korrespondenz, so mit Friedrich von
Schlegel †), dem Verfasser der glühenden Proklamationen des Erzherzogs Karl von Oesterreich, und suchte
unter Bürgern und Studenten den Gedanken an eine
Befreiung des Vaterlandes vom Joche der Fremden vor-
zubereiten. Die Westphälische Regierung kannte seinen
Einfluss wohl und hätte ihn gerne aus seinem Amte

*) Vgl. die Personalakten St. a. a. O.
**) ebenda.
***) *Strieder*, a. a. O.
†) Vgl. *v. Wolff*, a. a. O. S. 44.

entfernt. Im Juli 1808 fragte der Unterrichtsminister an, ob Sternberg so nothwendig für die Universität sei *). Es wurde ihm geantwortet, er sei unentbehrlich. Man liess ihn daher in seiner Stellung, chikanierte ihn aber in jeder Weise; unter anderem wurde er gemassregelt, weil er ein Buch der Göttinger Universität über die gewöhnliche Ausleihezeit behalten hatte **).

Die Spannung, in der Sternberg mit seinen Kollegen lebte, hat viel dazu beigetragen, die Meinung über ihn in der Geschichte zu trüben. Der Professor der Theologie Dr. Münscher sprach sich über ihn folgendermassen aus: „Dieser unruhige Kopf hatte schon im akademischen Senat viele Händel angefangen und mit den meisten Professoren sich entzweit. Er hatte durch leere Vorspiegelungen und durch Veranstaltung von Lustpartien sich einen Anhang unter den Studenten verschafft. Die Begierde, eine Rolle zu spielen, verführte ihn, sich auch in politische Händel zu mischen" ***). *Lyncker* hat sich diesem harten, ungerechten Urtheil angeschlossen. „Wenn nicht die seit der Jenaschlacht in Norddeutschland sehr verbreitete abenteuerliche Sucht, durch kühne waghalsige Unternehmungen gegen den Landesfeind sich auszuzeichnen, die Haupttriebfeder der Chefs gewesen ist, so möchte es schwer fallen, irgend ein Motiv zu finden, welches mit Rücksicht auf Zeit und Umfang des Aufstandes, vor dem Richterstuhle der gesunden Vernunft bestehen könnte" †). Auch *Goecke*

---

*) Universitätsakten a. a. O.

**) Personalakten St. a. a. O.

***) *Lyncker*, a. a. O. S. 174. Lynckers Buch wurde nach seinem Tode herausgegeben. Man merkt namentlich in den letzteren Theilen, dass dem Werk die letzte Politur fehlt. Vgl. *Lyncker* S. 179. — u. unten S. 366. Anm. 1.

†) ebenda.

††) *Goecke* und *Ilgen*, a. a. O. S. 163.

nennt Sternberg „einen unruhigen und nach Auszeichnung trachtenden Mann"††).

Die harten Urtheile Münschers, Lynckers und Goeckes
sind nicht berechtigt. Münscher war gegen Sternberg
eingenommen, und weder Lyncker, noch Goecke haben
den Zusammenhang erkannt, den der Marburger Aufstand mit den Ereignissen des Jahres 1809 hat. Weder
Abenteuersucht, noch Ehrgeiz haben Sternberg ange-
trieben, die Organisation und Leitung des Aufstandes
zu übernehmen, sondern die Liebe zum allgemeinen
deutschen und besonderen hessischen Vaterland und der
Hass gegen die fremden Unterdrücker. Er handelte
nicht aus eigenem Antriebe, sondern auf Befehl des
Kurfürsten von Hessen, seines alten Herrn. Ihn trifft
weder die Schuld, einen nutzlosen Aufstand provoziert
zu haben, noch die Schuld des Misslingens, wie wir
unten sehen werden*). Die Insurrektion Hessens war
nötlig, sie spielt eine Rolle im Kriegsplan der Oesterreicher. Um diesen Plan auszuführen, wurde Sternberg
ein Opfer für das Vaterland**).

Ob Sternberg auch am Dörnberg'schen Aufstand
betheiligt war, wissen wir nicht, doch ist es mehr als
wahrscheinlich. Dörnberg hielt sich ja ein Jahr lang
in Marburg auf und wird sicher mit dem bekannten
Professor in Verkehr gestanden haben. Die Einverständnisse wurden sehr geheim gehalten. — Der Kurfürst hatte die Ideen, die Erzherzog Karl in seinem
Brief vom 24. Mai angiebt***), zu seinen eigenen gemacht. Er wies Sternberg an, die Missvergnügten und
vor allem die gedienten Soldaten zu sammeln. Er

---

*) Vgl. auch *Lyncker* S. 179. u. unten S. 366. A. 1.

**) Vgl. die Beilage III. Verhör Sternbergs vom 11. Juli
1809 S. 391 und Beil. IV. Brief I. „Ich bin nicht Anstifter." S. 395.

***) Vgl. Jahrg. 1892. Beilage II, S. 343. (Brief des Erz-
herzogs Carl.)

schickte seinem früheren Professor Anweisungen und
Proklamationen *) und erklärte, er werde sofort beim
Ausbruch des Aufstandes im Lande erscheinen und sich
an die Spitze des Volksheeres stellen **). Ob er es
wirklich beabsichtigt hat, sich in das feindliche Land
zu begeben, ist nicht mehr zu entscheiden. Jedenfalls
hat die Kunde von dem Kommen des Kurfürsten, wie
Erzherzog Karl richtig annahm ***), in der Entstehungs-
geschichte des Aufstandes eine grosse Rolle gespielt.
Das Volk hing in blinder, hessischer Treue an dem
Fürsten, den man für einen Märtyrer hielt.

Sternberg ging klug ans Werk. Sein Beruf als
Arzt ermöglichte es ihm, ohne Verdacht zu erregen,
mit Leuten jeden Berufs in Verbindung zu treten†). Er
gewann so Bürger, unter denen sich bekannte Marburger Namen, wie Klingelhöfer, Cramerding, Josbächer, Häuser, Matthaei, Justi finden, einige frühere
hessische Officiere, so den Lieutenant Hesse (oder
Hess) und vereinzelt auch einige Professoren, wie
den Mineralogen Ullmann, für seinen Plan. Vor allem
kam es ihm darauf an, die alten hessischen Sol-

---

*) Untersuchungsakten wider Johannes Moog, 1. September
1810. „Sternberg habe ihm Papiere, angeblich von dem ehemaligen Kurfürsten von Hessen unterschrieben, gezeigt.“

**) ebenda 7. Sept. 1810. „Es sollten Briefe vom Kurfürsten
da sein, derselbe werde an den Platz kommen. ... Dies habe ihm
Sternberg gesagt und ihm die Briefe gezeigt.“

***) Brief des Erzherzogs: „Die Völker können nur dann er-
munternde Hoffnungen fassen, wenn die Fürsten zeigen, dass sie
selbst von Hoffnung beseelt sind. Die Völker scheinen überall
brav und zu Opfern bereit, — vieles ist zu hoffen, wenn in dieser
Krisis die Fürsten selbst sich an die Spitze stellen, um die zer-
trümmerten Fürstenstühle wieder aufzurichten, welches nur durch
kühnen Muth und schnelle Entschlüsse erreichbar ist.“ —

†) Vgl. das Verzeichnis der nachweisbaren Theilnehmer.
Beilage I, S. 388.

daten, die theilweise schon am Aufstand von 1806
theilgenommen hatten, zu gewinnen und zu bearbeiten*). Bei seinem Unternehmen leisteten ihm besonders zwei alte Soldaten, der Tagelöhner Moog aus
dem Dorfe Sterzhausen und der Gärtner Sternbergs
Vormschlag besondere Dienste. Sie suchten die alten
Soldaten auf und führten sie dem Professor zu. Geld
und Branntwein, Versprechungen und auch Drohungen
wurden nicht gespart, um die Leute zu gewinnen**).
Besonders wirkten die Briefe des Kurfürsten, der, wie
es scheint, nicht sehr schonungsvoll mit seinen früheren
Unterthanen umsprang. „Jeder hessische Soldat müsse
sich einfinden, wer ausbleibe, verliere den Kopf." „Wer
nicht dabei gewesen, würde als Feind betrachtet"***),
— das waren Worte, die die alten Soldaten und auch
die Bauern aufschreckten. Aus den alten Soldaten
sollte ein fester Kern für das Volksheer gebildet werden.
„Waren die Soldaten zusammen, so sollten sie aus sich
ihre Anführer erhalten, und zwar sollte Moog den Rest
der alten Hessischen Garden und Vormschlag den Rest
des ehemaligen Regiments ›Kurfürst‹ kommandieren†).

Die alten Soldaten wühlten unter dem Land-
volk. In allen Orten Oberhessens bildeten sich wie
im Jahre 1806 kleine Banden, die nur auf ein Zeichen
von Marburg warteten, um loszubrechen. Die besseren
Stände verhielten sich dem Unternehmen gegenüber
ablehnend. Von den höheren Beamten des Departe-

---

*) Es wird also derselbe Plan wie beim Marburger Aufstand
von 1806 verfolgt. Vgl. die Aussage Kochs über 1806. „Ja da
hätten alle Dörfer in dieser Gegend theilgenommen, weil die Ordre
von Kassel gekommen wäre, dass alle alten Soldaten sich stellen
sollten." — Untersuchungsakten a. a. O.

**) Vgl. Untersuchungsakten.

***) ebenda.

†) Verhör Sternbergs. Beilage III, S. 392. Vgl. auch Beilage I, N. 12. 16, S. 389.

ments, die fast alle Deutsche waren, betheiligte sich
Niemand. Auch die Studenten scheinen sich nicht
betheiligt zu haben, obwohl sie gerade durch unnöthige
Verordnungen, wie das berühmte Edict des Herrn von
Wolff über das Barttragen, gereizt waren. „Es lässt
sich eben nicht leugnen, dass ein grosser Teil gerade
der gebildeten Deutschen, durchdrungen von der Un-
möglichkeit des Fortbestehens der alten Zustände, sich
durch die Neuordnung der Dinge angezogen fühlte und
an sie Hoffnung auf dauernden Bestand knüpfte. Wohl
ist der Mangel an Nationalgefühl, der dabei zum Vor-
schein kommt, zu beklagen, aber wir dürfen doch auch
nicht vergessen, dass unsere Landsleute von damals in
einer ganz anderen Entwickelung gestanden haben als
wir, ihre weit glücklicheren Nachfahren. Im Kaufmanns-
und Handwerkerstande bewirkten rein praktische Rücksichten, dass man sich mit dem neuen Gouvernement
aussöhnen zu können meinte. Sah man sich auch fast
überall in den Erwartungen, die man anfänglich auf
Grund der glückverheissenden französischen Manifeste
hegen zu dürfen berechtigt schien, sehr bald stark getäuscht, man erkannte doch in mancher Beziehung eine
Besserung und hoffte immer noch auf die Zukunft.“
So schildert Goecke treffend die Stimmung der besseren
Kreise *). — Der Marburger Aufstand ist im wesentlichen eine Erhebung des niederen Volkes, vor allem der
Landbevölkerung, der Bauern und der alten hessischen
Soldaten, die sich aus dem Bauernstande rekrutierten.

Alles ging gut von Statten; Pulver und Blei waren
in Menge vorhanden. Man goss Kugeln und suchte die
alten hessischen Uniformen hervor, „damit der Kurfürst,
wenn er käme, gleich die Seinen erkenne“ **). Die
Führer der Verschwörung versammelten sich entweder

*) *Goecke* a. a. O. S. 163. Vgl. unten, S. 373. 374.
**) Verhör Moogs. Untersuchungsakten a. a. O.

in Sternbergs Haus am Renthof in Marburg oder in
einem einsamen Gehöft vor der Stadt, dem Görtzhäuser
Hof. Es war später ein Anklagepunkt gegen Sternberg,
„er habe mit seinen Consorten in seinem Garten öftere
Konferenzen, wobei man Papiere und Landkarten
brauchte, gehabt."*) Die Führung des Volksheeres
hatte Sternberg, der wohl wusste, dass er nichts vom
Kriegswesen verstand, dem Obersten Emmerich übergeben, „weil dieser die Soldaten, wenigstens die alten,
aus Amerika kenne und auch von diesen gekannt sei."**)

Sowie man genauere Nachrichten vom Herannahen
der oesterreichischen und hessischen Truppen und betreffende Ordres vom Kurfürsten hatte, wollte man losschlagen und Marburg überrumpeln. Die westphälischen
Behörden hatten noch keinen Verdacht geschöpft.
Sternberg hatte so klug operiert, dass nicht einmal alle
Betheiligten wussten, dass er der Leiter war. Er hatte
die Zündschnur klug im Verborgenen gelegt; auf einen
Wink von ihm platzte die Mine, und ganz Oberhessen
stand im Aufstande.

Aber dieser Wink wurde von Sternberg nicht gegeben. Auch über diesem Unternehmen waltete, wie
über den übrigen Aufstandsversuchen dieser Zeit, kein
glücklicher Stern. Gerade als der Leiter am nöthigsten
war, wurde derselbe durch eine böse Krankheit, den
Typhus, auf das Krankenlager geworfen. An Sternbergs
Stelle trat jener Mann, dem die militairische Führung
des Aufstandes übertragen war, der Oberst Andreas
Emmerich.

Andreas Emmerich**) wurde im Jahre 1737 zu
Kilianstätten bei Hanau als Sohn des Hessisch-Hanaui-

---

*) r. *Wolff*, Kurze Darstellung der Verwaltung der hohen
Polizei etc. 1814. S. 44.

**) Verhör Sternbergs. Beilage III, S. 391.

***) Eine ausführliche Lebensgeschichte Emmerichs existiert

schen Försters geboren. Er widmete sich zuerst dem
Waidwerk. 1756 ging er nach England und trat als
Jäger in die Dienste des Herzogs von Cumberland.
Als dieser 1757 das Kommando der verbündeten Armeen
bekam, kehrte Emmerich mit ihm nach Deutschland zurück. Er trat jetzt als Freiwilliger in das neu errichtete
Jägercorps des Grafen von Schulenburg ein und zeichnete
sich bald als kühner Parteigänger aus. Zum Lohne
für seine Dienste wurde er Lieutenant. Nach dem
Kriege ernannte Friedrich der Grosse ihn zum Forst-
meister, Kriegs- und Domainenrath. Er legte diese
Stellen aber bald wieder nieder und ging nach England,
um bei der Schatzkammer seine aus dem letzten Kriege
herrührenden Forderungen einzutreiben. Er hatte hiermit keinen Erfolg, erhielt aber die Stelle eines Deputy
Surveyor General in den königlichen Forsten. Bei
Ausbruch des Amerikanischen Krieges errichtete er als
Oberstlieutenant und Commandeur ein Corps leichter
Truppen. Auch in dem fremden Erdtheil zeichnete er
sich aus. Nach dem Kriege kehrte er nach Deutschland
zurück. Mit der Eintreibung der Forderungen, die er
aus dem Amerikanischen Kriege an den Englischen
Schatz zu stellen hatte, hatte er ebenso wenig Erfolg,
wie mit den früheren Ansprüchen. Eine englische
Pension bezog er nicht, wie Lyncker annimmt. So
versank er immer mehr in Dürftigkeit. Er lebte zuerst in Köln, dann unstät bald hier, bald dort. Zuletzt
hielt er sich in Marburg auf. Hier trat er in Verbindung mit Dörnberg. Bei dem Unternehmen desselben war er zum Führer des Aufstandes in Oberhessen

nicht. Es würde dazu auch an Material fehlen. Er selbst kündete
1794 eine Selbstbiographie in 5 Bänden an. Dieselbe ist aber
nicht erschienen. Vgl. zum Folgenden *G. Landau*, Emmerich.
Hessisches Jahrbuch 1854. S. 148 ff.

bestimmt*). Er hat sich dann ohne Zaudern Sternberg zur Verfügung gestellt. Wesentlich er hat dazu
beigetragen, die alten Soldaten zu gewinnen, denn er
kannte die älteren von Amerika her. Sein Name war
geachtet und gefürchtet. Auch verschmähte er es keineswegs die Kneipen des niederen Volkes, das den martia-
lischen Erzählungen des alten Officiers gern lauschte,
aufzusuchen.

Emmerich war seiner Aufgabe nicht gewachsen.
Ihm ist die Schuld zuzuschreiben, dass der Aufstand
unter den ungünstigen Verhältnissen, die zum Misslingen
führen mussten, nicht unterblieb. Wäre Sternberg nicht
erkrankt, so hätte der Aufstand wahrscheinlich nie
stattgefunden **). Aus den Briefen, die Sternberg vor
seinem Tode schrieb ***), scheint hervorzugehen, dass
Emmerich gegen das ausdrückliche Gebot Sternbergs
losgeschlagen hat. Sternberg fällt über ihn ein sehr
hartes Urteil. Er schreibt: „Jetzt erst erkenne ich,
welch ein Mensch der Emmerich ist: ein Prahler, ein
Lügner, ein Unverständiger, ein Mann, dem weder Ehrenwort noch Handschlag heilig sind. Ich kann nichts
mehr als — ihn verachten? am wenigsten doch als einen
Erbärmlichen bemitleiden, und seine Handlungsweise
verachten. Ein Poltron ist er, ein Aventurier. Vielleicht ist es hart, dass ich von einem Manne, der noch
einmal so alt ist, als ich, so spreche, aber ich habe
auch wohl Ursache dazu." †) Aehnlich urtheilt Landau:

---

*) Vgl. *Lyncker* a. a. O. Lyncker stützt sich auf eine
Aeusserung **Martins**, des bekannten Theilnehmers am Dörnberg-
schen Aufstand.

**) Vgl. *Lynckers* Bemerkung a. a. O. S. 179. „Ein Augenzeuge erzählt jedoch, dass Sternberg an dem unzeitigen Ausbruch
des Aufstandes nicht Schuld gewesen."

***) Vgl. Beilage IV, S. 393 ff.

†) Vgl. Beilage IV, 2. S. 397. Vgl. auch die Stelle in
Brief 3: „Meineid und Verrätherei stürzen mich ins Grab." Vgl.

„Emmerich gehörte zu jenen waghalsigen Menschen,
die zu allem bereit sind, nur um ihren Thatendurst zu
befriedigen, und bei denen es nur davon abhängt, in
welche Bahn das Schicksal sie wirft, um sie zum Helden-
thume zu führen oder sie zum Schrecken der Menschheit
zu machen." *) —

Die Urtheile sind wohl etwas zu hart. Emmerich
hat nicht bloss aus Abenteuersucht **); sondern nach
bestem Wissen und in bester Absicht gehandelt, aber
er war seiner Aufgabe nicht gewachsen. Er war ein
tapferer Haudegen und Daraufgänger der alten Schule.
Er wäre geeignet gewesen, die Bauern und Soldaten
gegen eine Batterie zu führen, denn Muth hat er oft bewiesen ***), aber er war nicht fähig eine Erhebung klug
zu leiten. Er war kein Politiker und Diplomat, sondern
nur Soldat. Vielleicht ist aus diesem Grunde die
Leitung des Aufstandes Sternberg und nicht Emmerich
übertragen. Sternberg und Emmerich ergänzten sich.
Ersterer war der Kopf, letzterer die Faust. Sowie der
Kopf fehlte, machte die Faust Thorheiten. .

Sobald der alte Oberst an der Spitze steht, zeigt
sich eine Planlosigkeit und Unvorsichtigkeit, die grenzen-
los ist. Die Correspondenz mit den auswärtigen Leitern
— auch Briefe von Schill wurden gefunden †) — wurde
so offenherzig betrieben, dass es allgemein, nicht bloss
seinem Hauswirth, dem Bäcker Justi, auffiel. Wie unvorsichtig er war, geht daraus hervor, dass er es versäumte bei Ausbruch des Aufstandes seine compromit-
tierenden Briefschaften zu verbrennen. Als er nach

---

auch den Ausdruck: „Emmerichs unbesonnenes Beginnen" in
Brief 2.

*) *Landau* a. a. O. S. 149.
**) Vgl. *Goecke* a. a. O. S. 193. dagegen *Lyncker* a. a. O. S. 173.
***) Vgl. *Landau* a. a. O. S. 150 ff.
†) Vgl. Moniteur westphalien

Kassel abgeführt wurde, äusserte er zu dem Mitgefange-
nen Günther *). „Wenn man seine Briefe fände, würde
er unausbleiblich erschossen." **) — Auch sonst versäumte er die einfachsten Vorsichtsmassregeln. Er hielt
in den Schenken Marburgs und der umliegenden Orte,
besonders in Ockershausen, aufregende Reden. So
wusste bald Jedermann, dass ein neuer Aufstand auszubrechen drohe***). Sternberg konnte nicht warnend auftreten, denn er war dem Tode nahe. Auch dem französischen Präfecten Baron von Berlepsch kamen die Gerüchte zu Ohren. Er liess Emmerich vor sich kommen,
aber der alte Mann machte einen so unbedeutenden
Eindruck, dass er frei gelassen wurde. Doch erhielt
der Generalkommissar der hohen 'Polizei v. Wolff, der
sich auf einer Dienstreise in Vacha befand, am 21. Juni
Befehl, nach Marburg zurückzukehren, da man einen
Aufstand befürchtete †).

Der Vorgang, dass Emmerich zum Präfecten beschieden wurde, hat den Aufstand zur Unzeit hervorgerufen. Emmerich glaubte sich verrathen, er wollte
daher der Westphälischen Regierung zuvorkommen. In
Erinnerung an all die kühnen Thaten, die er früher
vollbracht, hielt er es für möglich auch mit einer kleinen
Schaar Leute Marburg in Besitz zu nehmen. In der
Citadelle, dem Schloss, wollte er sich dann so lange
halten, bis nach der Verabredung die Verstärkungen
aus den anderen Orten und die Hessischen und Oesterreichischen Truppen eingetroffen wären. Die Gerüchte
hatten die Annäherung dieser Truppen gewaltig über-

---

*) Verhör des Günther, erschossen am 19. Juli 1809. Unter-
suchungsakten a. a. O. Vgl. Beil. I u. II, S. 389. 390.

**) Verhör Günthers vom 3. Juli 1809. Untersuchungsakten
a. a. O.

***) Vgl. Untersuchungsakten a. a. O.

†) v. Wolff a. a. O.

trieben. Hierzu kam noch, dass die ängstlich in Westphalen geheim gehaltene Nachricht von der Niederlage
Napoleons bei Aspern die Hoffnung auf bessere Zeiten
rege gemacht hatte.

Emmerich glaubte, der günstige Moment für den
Aufstand sei gekommen und so schlug er los. Auf
Sternberg hat er wahrscheinlich nicht mehr gehört,
weil er annahm, dass dieser todtkrank sei und so kein
Urtheil über die zeitige Lage habe, die er, Emmerich,
für sehr günstig hielt. Er gab Befehl, dass sich die
Verschworenen aus den Orten Ockershausen, Kaldern,
Sterzhausen am 23. Juni in Ockershausen versammeln
sollten. Mit dieser kleinen Schaar wollte er den Hand-
streich wagen.

Schon am 22. Juni erfolgten in Sterzhausen bei
Marburg Tumulte. Auf einer Holzversammlung erschien
der oben erwähnte Moog mit einer Proklamation des
Kurfürsten und forderte die Bauern zum Aufstand auf.
Die Mahnungen des Maires fruchteten nichts, am
nächsten Tage folgten die Bauern dem Aufwiegler nach
Ockershausen.

Am Abend des 24. Juni versammelten sich die
Verschworenen an dem angegebenen Orte. Emmerich
und Vormschlag hielten zündende Reden und suchten
die Zögernden durch Drohungen fortzureissen. Nach
der Aussage des Daniel Muth bedrohten sie diejenigen
mit dem Tode und mit Verbrennung des Hauses, die
nicht mitgehen würden *).

In der Nacht gegen 1 Uhr rückte die kleine Schaar,
nach einer Nachricht waren es 45, nach dem officiellen

---

*) Verhör des Daniel Muth, erschossen am 19. Juli 1809.
In den Untersuchungsakten der übrigen Angeklagten finden sich
dagegen Aussagen, dass Niemand durch Drohungen zur Theilnahme am Aufstand gezwungen sei.

24

Bericht *) 150 Mann **) — gegen Marburg vor. Der grösste Theil derselben rückte durch den „rothen Graben" zu dem verschlossenen Barfüsser Thor vor und machte hier Halt. Auf dem Marsche nach diesem Thore traten ihnen einige Gensdarmen entgegen. Sie trieben dieselben zurück und nahmen dem Gensdarm Wellhausen sein Pferd ab. Ein Theil der Verschworenen drang am Grüner Thor durch ein offenes Seitenpförtchen in die Stadt ein, eilte durch die Strasse „Am Grün" zum Barfüsser Thor, überrumpelte die Thorwache und öffnete die Thore. Die Aufständischen drangen ein, entwaffneten die Soldaten und rüsteten sich mit den abgenommenen Flinten und Säbeln aus. Emmerich rückte nun bis zum Markt vor und bereitete der dortigen Wache dasselbe Schicksal. Dann zog er durch die Stadt bis zum Ritter ***). Hier stellte sich ihm die Präfecturgarde in den Weg, wurde aber zurückgetrieben.

Es entstand ein gewaltiger Tumult. Die Bauern schossen und lärmten. Die Bürger stürmten mit den Glocken, um der Umgegend das Zeichen zum Losschlagen zu geben. Berittene Bauernburschen galoppierten durch die Stadt und riefen: „Lichter heraus, die kurhessische Kavallerie vor".

Die westphälischen Beamten und Offiziere wurden, obwohl sie wussten, dass ein Aufstand auszubrechen drohe, völlig überrascht. Nur der Präfect verlor den Kopf nicht. Er schickte sofort einen Kourier nach Hanau, wo der Herzog von Valmy mit einem grösseren Corps stand, und bat um Hülfe. Unter den übrigen Beamten und Offizieren herrschte eine grosse Panik. Wolff gibt davon in seiner Flugschrift eine ergötzliche Schilderung †).

*) Vgl. S. 371.
**) Nach dem Moniteur Westphalien waren es 500.
***) Bekanntes Gasthaus in Marburg.
†) v. *Wolff* a. a. O. S. 40.

„Mancher, sagt er, fühlte schon das Eisen in seinen Eingeweiden." Die meisten suchten ihr Heil in der Flucht, andere versteckten sich. So verkroch sich der Gendarmerie-Kapitain Dudon; ein Bergischer Offizier fand hinter den Mörsern des Hofapotheker Hesse sich nicht sicher genug und kroch ins Stroh"; „ein angesehener Beamte flüchtete sich unter das Bett seiner Magd". Die kleine Garnison, etwa 110 Mann grossherzoglich Bergischer Truppen, verliess die Stadt durch das Elisabether Thor und stellte sich vor demselben auf, um die Strasse nach Kassel zu decken. Der Plan war gelungen, Emmerich war, wenn auch nur auf sehr kurze Zeit, Herr der Stadt. Der Zufall entriss ihm den Sieg, den er freilich wohl schwerlich lange behauptet hätte. von Wolff *) erzählt den Vorgang etwa folgendermassen: „Der Kommandeur der Westphälischen Truppen, Major von Dalwigk, welcher etwa mit 200 Mann — Bergische Truppen, Präfecturgarde, Gensdarmen, Veteranen — vor dem Elisabether Thor stand, schickte seinen Bedienten in die Stadt, um aus seiner Wohnung etwas Leinwand und Geld holen zu lassen. Der Diener wurde unterwegs von Bauern befragt, wer er wäre. Er verlor die Geistesgegenwart nicht, machte glauben, er sei auch einer der Aufrührer, worauf der andere klagte, dass alle Verbündeten ausblieben, und dass sie etwa, 45 Mann stark, zu schwach wären, was auszurichten." Der Diener kehrte sofort zu seinem Herrn zurück und meldete ihm das Gehörte. Dieser rückte nun mit seiner Truppe in die Stadt ein und drang unter Trommelschlag bis zum Markt vor. Hier stellten sich ihm die Aufständischen entgegen, aber durch einige Salven wurden sie auseinander getrieben. Einzelne fielen, den Meisten gelang die Flucht, Emmerich und sieben seiner Anhänger wurden gefangen. „Dem Spass war ein Ende

---

*) v. *Wolff* a. a. O. S. 41.

gemacht", sagt Wolff in seiner frivolen Weise. Die
Ruhe wurde schnell wieder hergestellt.

Am folgenden Tage, dem 25. Juni, wurde der
Vorfall durch den substitut du procureur général an
den Justizminister Siméon gemeldet *). Es begannen
sofort die Verhöre durch den Untersuchungsrichter (juge
d'instruction) des peinlichen Gerichtshofes (Tribunal cor-
rectionel) — weil einzelne Gefangene schwer verwundet
waren, und man fürchtete, dass sie sterben würden,
bevor die Commission militaire die Untersuchung übernehmen könnte. Am 26. Juni Abends 10 Uhr rückte
der General Boyer, Chef des Generalstabes der Obser-
vationsarmee, mit 1500 Mann französischer Infanterie,
einer starken Abtheilung Dragoner und einer Batterie
leichter Artillerie in Marburg ein **).

Jetzt konnte die Untersuchung durch den General-
Commissar v. Wolff in Scene gesetzt werden. In der
Stadt herrschte die Stille des Todes. Tag und Nacht
zogen die Patrouillen durch die Strassen. Am 28. Juni
kam die Antwort vom Justizminister aus Kassel ***). Es
wurde zunächst Bericht vom Präfecten und vom Procureur du roi von Hanstein eingefordert. Dann wurde

---

*) Wir theilen den Bericht, der auch durch sein schönes
Französisch auffällt, theilweise mit: *Vers les un heures après minuit
une foule des paysans des environs, à peu près 150, s'ést portée
vers les portes de la ville, a desarmé la garde à la porte de Frankfort et en occupant l'eglise, ils sonnèrent pendant quelques minutes
les tocsin. La plupart des bourgois restoit tranquille, quoique quelques-
uns font suspects d'avoir pris part à ces troubles. Selon tout ap-
parence le sieur Emmerich, ancien colonel demeurant ici il y a
quelques mois est l'auteur de cette insurrection. . . . . Le dit Emmerich a été fait prisonnier comme plusieurs autres, qui la plupart ont été blessés à la mort etc.*
Brief vom 25. Juni 1809. — *A son Excellence Monsieur le
ministre de justice* — im Staatsarchiv zu Marburg.

**) Moniteur Westphalien vom 27. Juni 1809.

***) Brief vom 28. Juni 1809. Staatsarchiv zu Marburg.

befohlen die verdächtigen Bürger zu verhören und Emmerich mit den anderen Gefangenen nach Kassel zu schicken *). Der Befehl wurde sofort ausgeführt. Die Gefangenen — mit Emmerich acht an der Zahl — wurden unter starker Bedeckung nach der Hauptstadt gebracht und am 1. Juli in das Castell eingeliefert.

In Cassel beginnt jetzt die kriegsgerichtliche Untersuchung. Man hatte den Briefwechsel Emmerichs und darin die schwerwiegendsten Schuldbeweise gefunden. Nach dem Moniteur fand man auch einen an Schill adressierten Brief, in dem er diesem mittheilt, „dass Dörnberg bald zu der unter seinem Befehl stehenden Räuberbande stossen würde." Emmerich benahm sich vor dem Kriegsgericht standhaft und muthvoll. Als er nach seinen Genossen gefragt wurde, antwortete er unwillig: Ich heisse Emmerich, und verweigere jede Aussage **). — Nicht so verschwiegen waren die anderen Gefangenen, es wurden Geständnisse gemacht, die eine Anzahl Marburger Bürger und Bauern der Umgegend, besonders aber Sternberg hart belasteten. So sagte der mit Sternberg zusammen erschossene Günther aus: Sowie er gehört, sei ein gewisser Namens von Sternberg, wohnhaft in Marburg, mit in dieser Sache begriffen. Der Muth (ebenfalls erschossen am 19. Juli) und Haberkorn müssen auch darüber mehreres wissen, denn sie hätten ihn mehrmals erwähnt ***)". Nach *Wolff* †) sollen gegen Sternberg auch eine Anzahl Denunciationen eingereicht sein.

Am 2. Juli traf aus Cassel der Befehl an den General-Commissar von Wolff in Marburg ein, Sternberg zu verhaften. Wolff erzählt in seiner Flugschrift ††), er

---

*) Moniteur Westphalien vom 27. Juni 1809.
**) So *Lyncker*, a. a. O.
***) Aussage Günthers.
†) *v. Wolff* a. a. O. S. 44. — ††) ebenda S. 43.

habe die Krankheit Sternbergs als Vorwand benutzt, um
Aufschub für die Ausführung der Verhaftung zu erlangen
und dann zwei Herrn im Breidensteinischen Garten den
eben erhaltenen Befehl mitgetheilt in der Erwartung, sie
würden Sternberg warnen und ihm zur Flucht verhelfen.
„Ich will zur Ehre dieser Menschen annehmen, fährt er
dann fort, dass sie nicht dachten, die Sache würde solchen
Ausgang nehmen, als sie nahm, sonst wäre ihre Schaden-
freude satanisch gewesen; kurz sie warnten Sternberg
nicht, und leider erfuhr ich, dass einer jener beiden
sein geschworener und grösster Feind war. Noch in
Händen habende Papiere geben hiervon sichere Kunde".
— Ob die Aussage des Herrn v Wolff, der als ein
ziemlich dunkler Ehrenmann erscheint, wahr ist, kann
nicht mehr entschieden werden. Es ist kaum glaublich,
dass er sich „des einmal erkiesenen Staatsopfers wegen",
wie er sagt, in dienstliche Unannehmlichkeiten gestürzt
hätte, zumal er Sternberg nach seiner Behauptung gar
nicht kannte. Sollte die Warnung aber wahr sein, so zeigt
sie uns, wie ablehnend sich die besseren Stände dem
Aufstand gegenüber verhielten. Man gab den Schuldigen Preis, um Stadt und Universität zu retten. Sternberg hätte die Warnung freilich auch nicht ausnutzen
können, denn er lag immer noch schwer krank zu Bett.

Am 6. Juli traf eine ausserordentliche Unter-
suchungskommission unter dem Vorsitz des Hauptmanns im 3. Linienregiment *de Longe de Beauvesel,
Commandant en chef du Recrutement dans la Ie Division militaire et Rapporteur du Sr. Tribunal spécial
militaire permanent, séant à Cassel* in Marburg ein.
Ihr gehörte auch ein Abgeordneter des Justizministers
Siméon an, ein Herr Detroy[*]. Die Sitzungsräume der

---

[*] *Lyncker,* a. a. O. S. 178 schreibt Detroit. Sternberg in
seinen Briefen Detroy. Vgl. Beilage IV. 1. S. 394.

Untersuchungs-Commission befanden sich im Schwarzen Adler. Jetzt wurde die Verhaftung Sternbergs ausgeführt. Sein Haus wurde durchsucht und alle seine Sachen versiegelt*). Er selbst wurde aber nicht in die Gefängnisse des Schlosses gebracht, sondern Wolff wies ihm in seinem Hause — dem jetzigen Hause des Dr. Hüter auf der Reitgasse — eine Wohnung an, obwohl dies die Missbilligung vieler Einwohner Marburgs fand.

Ob dies nur durch Menschenfreundlichkeit, um den kranken Mann zu schonen, veranlasst war, ist sehr fraglich. Wolff scheint vielmehr die Absicht gehabt zu haben, sich Sternbergs Vertrauen erwerben und so denselben zu einem Geständnis zu veranlassen. Sternberg hatte Zeit gefunden alle verdächtigen Papiere zu vernichten. Es wurde freilich der Commission von einem Denuncianten die Adresse von Friedrich Schlegel in Wien, die man bei Sternberg gefunden, was allerdings sehr verdächtig erschien, überliefert, aber hierauf, wie auf die unbestimmten Aeusserungen der Gefangenen hin, konnte man ihn nicht zum Tode verurtheilen. Man wollte das Geständnis seiner Theilnahme an der Insurrektion. Sein Tod war so gut wie beschlossen, da man von seiner Schuld überzeugt war. Auch sollte wohl an einem hochgestellten Mann ein Exempel statuirt werden, um so den überaus gefährlichen Insurrektionen ein Ende zu machen. Wie stark die Erbitterung gegen Sternberg war, zeigt sich auch darin, dass seine persönlichen Gegner noch einmal den Versuch machten, den Gefangenen in ein gewöhnliches Schlossgefängnis zu bringen, aber „ein Consilium medicum", das aus den Professoren Michaelis, Ullmann dem jüngeren und dem Stadt- und Landphysikus Hofrath Schumacher bestand, sprach sich gegen den Transport des Kranken aus.

*) Brief des Hauptmanns de Louge de Beauveset an die Wittwe Sternbergs.

Da Sternberg noch sehr schwach und leidend war, hielt man es nicht für schwer, denselben zum Geständnis zu bringen. Man erklärte demselben, dass alles verrathen sei, und dass namentlich Emmerich weitgehende Geständnisse gemacht habe*).

Als Sternberg trotzdem leugnete, griff Wolff zu einem diabolischen Mittel das Geständnis zu erlangen. „Fünf Tage lang, erzählt er**), beharrte Sternberg darauf, er sei unschuldig, da erwischte ich von ungefähr die Akten, — an anderer Stelle***) sagt er, man habe ihm den Einblick in die Akten seiner Theilnahme für den Angeklagten wegen nicht gestattet, — die mir sehr viel Licht gaben. Dies stellte ich ihm den 6. Tag Morgens gleich nach seinem Erwachen vor, — ich bestürmte ihn zu bekennen, und sich so wenigstens den Weg der Gnade nicht zu versperren." Als der Hofrath wankend wurde, wendete der edle Commissar eine Art geistiger Folter an, um zum Ziel zu kommen. Er hatte die Gemahlin des Hofraths aufgesucht und derselben vorgestellt, dass Alles entdeckt, und dass ihr Mann verloren sei. Nur ein offenes Geständnis und die Appellation an die Gnade des Königs könne ihn retten, hatte er zugefügt. In ihrer Herzensangst bat die Frau, die keine Ahnung von den Plänen ihres Mannes und den Folgen ihres Vorgebens hatte, den Commissar um Zulassung zu ihrem Manne; sie wolle denselben bewegen, dass er gestehe und sich der Gnade des Königs empfehle. Wolff bestellte darauf die Frau auf denselben Morgen, an dem er den Ansturm auf Sternberg machte, — es war der 11. Juli, — um 4 Uhr in sein Haus. Er erklärte, er wolle ihr den

---

*) Hierauf gehen wohl die Anklagen Sternbergs in Brief 2 Beil. IV zurück. S. 397. Vgl. oben S. 366.

**) *Wolff* a. a. O. S. 47.

***) ebenda S. 46.

Zutritt zu ihrem Manne, den die Commission ihr ver-
wehrt hatte, gütigst gewähren. Als Sternberg nun bei
den Enthüllungen Wolffs schwankend wurde, holte
dieser die im Nebenzimmer harrende Frau herein. Es
spielte sich nun eine ergreifende Scene ab. Die Frau
beschwört ihren kranken Mann offen zu bekennen, nur so
könne er sich retten. Endlich wurde Sternberg mürbe,
„er ward ohnmächtig, begehrte Wasser, trank und rief
dann in schmerzlich-sichtbarer Verzweiflung aus: O
Mann! wie hab ich Sie zu meinem Unglück verkannt!
— ja ich bin schuldig, aber nicht wie man glaubt, —
ich werfe mich in Ihre Arme!" *). — Er forderte Papier und Feder und setzte sein Bekenntnis in einer
Form, die ihn so wenig wie möglich compromittirte **),
selbst auf.

Wolffs Plan war gelungen. Ueber seine Infamie
ein Wort zu verlieren, ist überflüssig. Er giebt zwar
an ***), er habe sofort ein Begnadigungsgesuch an den
König nach Sachsen und an die Minister durch Staf-
fette gesandt, aber diese Angabe des Ehrenmanns ist
zu bezweifeln.

Sternberg hat das Spiel, das mit ihm getrieben
wurde, nicht durchschaut. Bis zu seinem Tode hielt
er Wolff für seinen Freund und Wohlthäter. Am Rande
seines letzten Briefes steht: „Dank dem G[eneral]-C[om-
missair] v. Wolff" †). Seine Frau hat erst spät durchschaut, dass sie als Werkzeug benutzt wurde, um ihren
Mann zu vernichten. Nach dem Tode ihres Mannes
verehrte sie Wolff einen werthvollen Flügel ††).

———

*) *Wolff* a. a O. S. 47 schreibt s i e, i h r e klein; gemeint
ist v. Wolff.

**) Vgl. unten Beilage III. S. 391.

***) *Wolff* a. a. O. S. 48.

†) Beilage IV, Brief 4.

††) Wolff erklärte freilich, er habe denselben von der Hofräthin St. gekauft.

Durch das Geständnis war das Schicksal des Hof-
rathes entschieden. Man hatte jetzt keinen Grund
mehr denselben in Marburg zurückzuhalten. Am 12.
Juli wurde er mit den anderen Angeklagten, es
waren fünf Wagen voll, nach Kassel abgeschickt. Sternberg fuhr in seinem eigenen Wagen. Bei seiner
Abreise geschah dem Armen noch eine öffentliche
Beschimpfung. Die Kunde von seinem Geständnis hatte
sich in Marburg verbreitet, und man fürchtete, Sternberg habe viele compromittirt. Als er abfuhr, rief
man ihm aus der Menge: Judas, Judas! — zu *).
Am 14. Juli wurde er in das Kastell eingeliefert **);
er sollte dasselbe nur zu seinem Todesgange verlassen.
Er wurde im Kastell gut behandelt. Der Commandant,
Major von Krupp, ein leutseliger, menschenfreundlicher
Herr, der Hauptmann de Longe de Beauveset, der oben-
erwähnte Herr Detroy, die Officiere des Kriegsgerichts,
die Wärter, Freunde in Cassel selbst wie die Hofräthin
Ullmann, suchten dem Mann, der im Geheimen schon
zum Tode verurtheilt war, seine Lage so leicht wie
möglich zu machen ***).

Die kriegsgerichtliche Untersuchung hatte einen
schnellen Fortgang. Sternberg und die anderen Gefangenen wurden täglich zweimal verhört. Der Hofrath
legte sich nicht aufs Leugnen. „Ich habe nichts verschwiegen, verschweige nichts und werde nichts verschweigen. Was sollte ich für Gründe dafür haben. Anfangs glaubte ich verhindern zu können, dass nicht Emmerichs unbesonnenes Beginnen eine Menge Menschen
ins Unglück stürtzte. Dieser Grund fällt jetzt ganz weg",
schreibt er an seine Frau†). Er glaubte nicht zum

---

*) Vgl. von *Wolffs* Darstellung a. a. O. S. 49. „Er spielt
sich auch hier wieder als Freund Sternbergs auf."

**) Vgl. Beil. II. S. 390.

***) Vgl. die Briefe Sternbergs. Beilage IV. 1—2.

†) Vgl. Beil. IV. Brief 2.

Tode verurtheilt zu werden, sondern hoffte mit Festungs-
haft — wahrscheinlich in Mainz — davon zu kommen.
Diese Hoffnung täuschte ihn.

Am 16. Juli wurde Andreas Emmerich und
zwei ehemalige kurhessische Soldaten, Wendel Günther
aus Sterzhausen, 33 Jahr alt, früherer Husar (seit 1792)
und Daniel Muth aus Ockershausen, am 17. Juli
Sternberg standrechtlich zum Tode verurtheilt.

Am 18. Juli am frühen Morgen wurde Emmerich
auf dem Forst bei Kassel erschossen. Der alte Soldat
sah dem Tode kühn ins Auge. Wie die Schill'schen
Officiere verschmähte er die Binde. Die brennende
Tabakspfeife in der Hand erwartete er die tödtliche
Kugel. Er starb mit dem Rufe: „Es lebe der Kurfürst" *).

Sternberg wurde durch die Verkündigung des
Todesurtheils, obwohl er dasselbe nicht erwartet hatte,
nicht erschüttert. Er traf seine letzten Anordnungen
mit Ruhe und schrieb an seine Frau. Auf die Gnade
des Königs rechnete er nicht mehr. Der Pfarrer Götz
bereitete ihn zum Tode vor.

An seinem Todestage muss ihm noch etwas
Schreckliches passirt sein. „Und wenn mir jetzt der
König Gnade geben wollte — nein, diese Beschimpfung
ist zu gross", schreibt er eine Stunde vor seinem
Tode **). Worin diese Beschimpfung bestanden, ist
nicht mehr zu erkunden.

Am 19. Juli Nachmittags 5 Uhr trat er zusammen
mit Günther und Muth den Todesweg nach dem Forst
an. Um 6 Uhr wurde das Urtheil vollstreckt.

Ueber das Ende Sternbergs liegt ein Bericht des
Majors von Krupp vor ***), „Die fünfte Stunde,

*) Vgl. *Landau* a. a. O. S. 148. *Lyncker* a. a. O. S. 180.
**) Vgl. Beilage IV, Brief 4.
***) Brief des Major von Krupp an den General-Commissar
von Wolff. Vgl. Beilage V.

heisst es darin, Mittags den 19. dieses war es, in welchem er mit noch zwei des Aufruhrs Angeklagten und Ueberwiesenen, durch ein militairisches Commando zum Executions-Platz geführt wurde. Die Zeit vom Mittag bis dahin um 5 Uhr dauerte Ihm so lange, dass Er oft nach den Fenstern eilte, um zu sehen, ob das für ihn bestimmte Commando noch nicht komme. Mit ausserordentlicher Standhaftigkeit betrat er den Executions-Platz! ...... trat einige Schritte zurück, verband sich selbst die Augen und empfing so das ihm zuerkannte Blei." Er war schlecht getroffen und lag wimmernd am Boden. Die Kugel eines mitleidigen Jägers machte seinem Leben ein Ende*). Die Opfer wurden auf dem Executionsplatz begraben; eine einsame Eiche, die Sternberg-Eiche, bezeichnet ihr Grab**).

Sternbergs Frau glaubte sicher, dass der König Jerome Gnade üben werde. Sie wollte sich nach Kassel begeben, um den König persönlich um dieselbe anzuflehen, aber in Jesberg***) musste sie umkehren, weil sie die Geburt eines Kindes erwartete. Sie würde, auch wenn sie die Reise ausgeführt hätte, ihren Mann nicht mehr am Leben getroffen haben. Er war am selben Tage, wo sie aufbrach, erschossen. Am Tage nach dem Tode ihres Mannes gab sie einem Knaben das Leben. Sie hat erst spät erfahren, dass ihr Mann erschossen ist. Ursprünglich glaubte sie, er sei in Folge seiner Krankheit gestorben†).

---

*) Vgl. *Lyncker* a. a. O. S. 180.

**) Vgl. ebenda S. 198. Das Denkmal, dessen Grundstein 1863 gelegt wurde, ist nicht vollendet. Auch in Marburg findet sich keine Gedenktafel.

***) Jesberg, zwei Meilen südlich von Fritzlar. Wolff schreibt Jesbach, es könnte demnach auch der Ort Josbach gemeint sein; wahrscheinlicher ist aber, dass der Flecken Jesberg gemeint ist.

†) Vergl. Vorbemerkung zu Beilage IV.

Die Rädelsführer waren bestraft; man hatte gezeigt, dass man allen Aufstandsversuchen energisch entgegentreten würde. Jetzt liess die Regierung Milde walten. Der Justizminister Siméon war gegen jede unnöthige Strenge und bewog den König, „nachdem das Exempel gegeben war", Gnade walten zu lassen. So wurden am 5. August 1809 Friedrich Hohl, Johann Muth, Daniel Haberkorn, Christian Matthaei, Friedrich Keppler und Ludwig Klos, die vom Tribunal special militaire zum Tode verurtheilt waren, begnadigt und in Freiheit gesetzt, nachdem sie die Kosten des Verfahrens getragen*). Von dem Geld, das Klos bezahlen musste, erhielten der maréchal de logis 50 francs und die Agenten der Polizei 50 francs Belohnung**).

Der Professor der Mineralogie Ullmann erhielt nach fünfwöchentlicher Haft seine Freiheit wieder***). Die am ʻAufstand betheiligten Bürger Josbächer, Cramerding und der Chirurg Klingelhoefer waren „in das Darmstädtische" geflüchtet. Die Flucht erfolgte, als man dieselben ins Gefängnis bringen wollte†). Am 28. August theilte der Justizminister mit, dass der König, nachdem das Exempel statuirt sei, gegen alle Flüchtlinge eine stillschweigende Amnestie erlassen habe; sie könnten zurückkehren, sollten aber polizeilich überwacht werden††). Ausgenommen von dieser Amnestie sollten die Rädelsführer Moog, Koch

---

*) Brief des Justizministers vom 5. August 1809. Staatsarchiv zu Marburg.

**) Verfügung des Hauptmanns de Longe de Beauveset. ebenda.

***) Lyncker a. a. O.

†) Bericht an den Justizminister vom 22. August 1809. Staatsarchiv zu Marburg.

††) Brief des Justizministers vom 28. Aug. 1810. Staatsarchiv zu Marburg.

und **Scholl** als unverbesserlich werden, denn *ces 3
individus ont pris reiterativement part aux trois re-
voltes successives, à celle 1806, sur Cassel et Marburg;
ces trois hommes sont incorrigibles*).*

Auf die Amnestie hin kehrten fast alle Flüchtlinge in ihre Heimath zurück. Obwohl es sich im Lauf
der weiteren Untersuchung zeigte, dass noch mancher
derselben arg compromittiert war, wie **Vormschlag**,
der Gärtner Sternbergs, der Wirth **Heuser** zu Ockershausen, die Ackersleute **Schneider** aus Oberwalgern,
Heuser und **Rhein** aus Cyriaxweimar, — so hielt
die Regierung Wort und begnügte sich damit, dieselben zu überwachen**).

Im März 1810 wurden die Flüchtlinge Koch und
Stoll ergriffen und in Marburg eingeliefert. Sie sollten
aber nur auf einen ausdrücklichen Befehl des Ministers
vor die Geschworenen gestellt werden***). Im August
wurde auch Moog ergriffen und dem Gerichtshof überwiesen. Es konnte nun das Verfahren gegen sie vor
dem peinlichen Gerichtshof zu Marburg eingeleitet
werden. Die öffentlichen Verhandlungen fanden im
October statt. Uebrigens hatte man Mühe, die nöthigen
Geschworenen zusammenzubringen †). Am 29. October
1810 wurden die Angeklagten auf Grund der Gesetze vom
14. Februar 1795 und vom 9. April 1809 — betreffend
Hochverrath und persönliche Sicherheit des Landesherrn — zum Tode verurtheilt, aber der Gnade des
Königs empfohlen, weil *ils sont séduits par le profes-
seur Sternberg, qui n'a épargné ni promesses ni me-*

---

*) Brief des Justizministers vom 12. März 1810 an den
General-Procureur v. **Hanstein**. Staatsarchiv zu Marburg. Begleitschreiben des Amnestie-Erlasses; ebenda.

**) Brief des Ministers vom 28. März 1810. Marburger
Archiv.

***) Brief des Ministers vom 3. April 1810. ebenda.

†) Bericht an den Minister vom 28. August 1810. ebenda.

naces ni argent pour les égarer*). — Am selben Tag
erhielt der Superintendent Justi die Weisung, die
Verurtheilten von einem Prediger besuchen und zum
Tode vorbereiten zu lassen**). Man rechnete also auf
die Vollstreckung des Urtheils. Aber der König liess
auch jetzt Gnade walten. Unter dem 3. Dezember
1810 wurde mitgetheilt, dass die Verurtheilten begnadigt seien. Die Todesstrafe wurde in Gefängnis
(Eisenstrafe, peine des fers) umgewandelt. Moog erhielt 20 Jahre, die übrigen je 10 Jahre Gefängnis
(Festung)***). Die Verurtheilten wurden nach Magdeburg gebracht, um dort ihre Strafe abzubüssen. Die
Freiheitskriege brachten auch ihnen die Freiheit.

Man muss anerkennen, dass die Westphälische
Regierung bei der Bestrafung des Aufstandes viel Milde
hat walten lassen. Es ist dies wohl vor allem dem
Justizminister Siméon†) zuzuschreiben, der gleich nach
Unterdrückung des Aufstandes die Kommission anwies,
jede unnöthige Strenge zu vermeiden. Er traf aber
damit auch die Absicht des jungen Königs, der ebenfalls kein Freund von Grausamkeiten war.

Der Aufstand hat wie das Dörnberg'sche Unternehmen keinen glücklichen Ausgang gehabt. Er war

---

*) Bericht an den Justizminister vom 29. Oct. 1810. ebenda.

**) Brief des Gerichtshofs an Superintendent Justi vom 29.
Oct. 1810. Staatsarchiv zu Marburg.

***) Brief des Justizministers vom 3. Dez. 1810. ebenda.

†) „Siméon, früher Professor der Rechte in Aix, hatte sich
in den stürmischen Zeiten der Revolution und des Consulats
mehrfach bemerkbar gemacht, weshalb Napoleon ihn nach seiner
Kaiserkrönung zum Grafen erhoben und in den Staatsrath berufen
hatte. Er ist als ein Mann von hoher sittlicher Bildung und
glänzendem Verstande bekannt und hat durch die Justizverfassung,
welche das Königreich während der sechsjährigen Dauer seines
Ministeriums erhielt, die beredtesten Proben seiner Befähigung
gegeben. *Lyncker,* „König Jerome und seine Minister". Hess.
Jahrb. 1854, S. 66.

wie dieses Vorhaben an der Theilnahmlosigkeit der
Bevölkerung gescheitert. Nur in Folge dieser Apathie
hatten die Versuche zur Befreiung des Landes von der
Knechtschaft Napoleons im Wesentlichen so rasch im
Keime erstickt werden können. Jerome hatte nur
zu recht mit seiner Behauptung: „Der Deutsche ist
kein Verräther." Sein gerader Sinn machte es ihm
schwer, die Schleichpfade des Verschwörers zu wandeln.
Dazu kamen Schwerfälligkeit und Nüchternheit in seinen
Anschauungen, ja auch ein gewisser Grad von Indolenz,
namentlich unter der städtischen Bevölkerung, die
ihn nicht sofort begeistert in den Aufruf seiner Be-
freier mit einstimmen liessen. Sein Billigkeitsgefühl
erkannte und würdigte auch an dem neuen Regiment
manches Gute [*]. Emmerich hatte gehofft, dass sich
ihm sofort ganz Marburg anschliessen würde, aber wie
Kassel bei Dörnbergs Unternehmen, so verhielt sich
jetzt Marburg ruhig. Nicht einmal die Studenten, die
doch sonst für ein leichtlebiges Völklein gelten, schlossen
sich ihm an. Die Städte sahen mit sehr wenigen Ausnahmen die Erhebung ruhig mit an, ohne die Waffen
zu ergreifen. Aber auch die Landbevölkerung, auf die
man sicher rechnete, versagte im entscheidenden Augenblick. Die Leute wollten erst einen Erfolg sehen, und
als dieser ausblieb, hielten sie sich ruhig zu Hause.
Hessen war kein Tirol.

Es ist nicht zu bedauern und zu beklagen, dass der
Marburger Aufstand zu früh ausgebrochen ist. Hätte
Emmerich auch noch einige Zeit gewartet, hätte er auch
alle seine Streitkräfte zusammen gezogen, er würde doch
kein glückliches Resultat gehabt haben. Im besten Falle
hätte er sich der Stadt Marburg und Oberhessens auf
kurze Zeit bemächtigt. Gegen die überlegenen Streitkräfte aber, über die die Westphälische Regierung ver-

---

[*] *Goecke u. Ilgen* a. a. O. S. 196.

fügte, konnte er sich auf keinen Fall halten, denn
das, was einzig seinem Unternehmen Bestand und
Erfolge gegeben hätte, der Einfall der Oesterreicher und
Kurhessen in das Königreich Westphalen, unterblieb in
Folge der Ereignisse auf dem grossen Kriegsschau-
platze. Ein Abwarten Emmerichs hätte nur viel mehr
Leute ins Unglück gestürzt und auf den Sandhaufen
gebracht. — Vielmehr zu tadeln und zu bedauern
ist, dass der Aufstand überhaupt ausgebrochen ist.
Hierfür trifft Emmerich die Schuld allein. Wäre Sternberg nicht krank geworden und hätte er die Ober-
leitung behalten, so wäre der Aufstand unterblieben.
Sternberg hätte bei seiner Vorsicht nur losgeschlagen,
wenn er des Erfolges ganz sicher gewesen wäre, wenn
eben die Oesterreicher in das Land eingefallen wären.
Wie der Kurfürst sah auch er ein, dass Insurrektionen
ohne militairische Beihülfe selten Erfolg haben. —
Auf die Ereignisse des grossen Kriegsschauplatzes
hatte der Aufstand wenig Einfluss. Jerome, der mit
seinen Truppen in Sachsen stand, scheint sich nicht
sonderlich beunruhigt zu haben, da er sofort über die
Einzelheiten desselben unterrichtet war. Er gab daraufhin nach Kassel die nöthigen Weisungen zur Unterdrückung des Aufstandes und zur Bestrafung der Theilnehmer an demselben*). Lyncker**) nimmt an, dass
Jerome in Folge der Nachricht von dem Aufstande
unruhig geworden sei, was sich in der Unsicherheit der
Bewegungen seiner Armee gezeigt habe, und sich bald,
zur Verwunderung von Freund und Feind, mit seinen
Garden in Eilmärschen nach Cassel zurück begeben habe.
Diese Annahme ist nicht richtig. Der Aufstand fand am
23. Juni statt, aber erst am 19. Juli***) kehrte Jerome

---

*) *Goecke u. Ilgen* a. a. O. S. 195.
**) *Lyncker* a. a. O. S. 180.
***) Es war der Todestag Sternbergs.

mit seinen Garden nach Kassel zurück, „nachdem ihm
am 17. Juli Juli 10 Uhr Abends durch den Lieutenant
Septeuil, Adjutant des Marschalls Berthier in Ober-
Frauendorf die Nachricht und die Artikel eines eben beschlossenen Waffenstillstandes der kriegsführenden Mächte
überbracht war"*). Er wusste, dass auf den Waffenstillstand der Friede folgen würde und kehrte deshalb in seine
Residenz zurück. Vielleicht stützt sich Lyncker auf
eine Bemerkung, die sich in dem Tagebuch des Generals von Wachholtz findet**). Als dieser nämlich
den missglückten Ueberfall von Schleiz erzählt, durch
den Jerome von den Oesterreichern, Braunschweigern
und Hessen ***) aufgehoben werden sollte, bemerkt er,
„man könne sich nicht erklären, weshalb der König
von Westfalen Schleiz verlassen hätte." Wachholtz
nimmt als Grund des Abzuges die Landung der Eng-
länder bei Vlissingen an. Lyncker hat wohl den Marburger Aufstand als Ursache des Rückzuges angenommen †).

---

*) *Schneidewind*, Der Krieg Oesterreichs gegen Frankreich,
dessen Alliirte und den Rheinbund im Jahre 1809. 1842. Bd. II.
S. 192. 194. — Europas Palingenesie. Oesterreichs Kriegsgeschichte
im Jahre 1809. Leipzig u. Altenburg 1810. Bd. II. S. 236 ff.

**) Aus dem Tagebuch des Generals von Wachholtz.
Braunschweig 1843. S. 293 und Anm.

***) Vgl. meinen ersten Aufs. Jahrg. 1891 dieser Zeitschr.
S. 330 u. Anm.

†) Wachholtz giebt an der angeführten Stelle a. a. O.
S. 293 Anm. die Schilderung, die sich über den Feldzug Jeromes
in *Le royaume de Westphalie, Jérôme Buonaparte, sa cour, ses
favorits et ses ministres. Par un temoin oculaire Paris 1820*
S. 116 findet. Die Schilderung ist übertrieben, sie lautet: *Tout le
monde donnait des ordres, et personne n'en recevait: c'était une
vraie pétaudière. Les commissaires des guerres pillaient; les soldats étaient en maraude; les généraux jouaient et houspillaient les
filles; on ne savait dans tout cela, qui commandait. Le roi s'était
fait suivre par une partie de sa cour; c'était un encombrement de*

Auf österreichischer und kurhessischer Seite war der Aufstand von grösserer Bedeutung *). Am 16. Juli erhielt der Feldmarschalllieutenant von Kienmayer sehr übertriebene Nachrichten von dem Aufstande. In Hessen sollte eine grosse Revolution ausgebrochen sein, und in Kassel und Marburg viele Franzosen umgebracht sein. Es sei schleunigste Hülfe nöthig. Kienmayer theilte diese Meldungen sofort dem Commandeur der Hessischen Legion, dem Oberstlieutenant von Müller mit. Dieser fasste sofort den Plan abzumarschiren und in Hessen einzufallen. Es wäre so das umgekehrte Verhältnis von dem eingetreten, was ursprünglich beabsichtigt war. Die Insurrektion sollte stattfinden, wenn die Hessen und Oesterreicher im Lande wären. Jetzt rief der Aufstand den Plan des Einmarsches hervor. Kienmayer wollte sich zunächst gegen Junot wenden und nach Besiegung desselben auch in Westphalen einfallen. Müller wollte schon abmarschiren, als die Nachricht von dem Waffenstillstand von Znaim kam Die Expedition war so vorläufig vereitelt. Müller hoffte, dass der Waffenstillstand nicht zum Frieden führen werde. In diesem Falle wollte er, vereint mit dem Herzog von Braunschweig in Westphalen einfallen. Aber ohne einen Befehl des Kurfürsten mochte er nicht vorgehen. Er war ein vorsichtiger und verständiger Officier, der nicht eine abenteuerliche und eigenmächtige Politik treiben wollte. Er wusste, dass er mit seiner kleinen Schaar nicht viel gegen die Truppenmassen, die die Feinde während des Waffenstillstandes zusammengezogen hatten, ausrichten konnte,

------

chevaux, de voitures, de valets et de gens inutiles, a faire peur: je ne sais même, s'il n'y avait pas quelques comédiens au quartier général, pour jouer les proverbes au camp.

*) Vgl. meinen ersten Aufsatz Jahrg. 1891. S. 331. 334 und die Rapporte v. Müllers in den Kriegsacten.

aber einem Befehl seines Kriegsherrn hätte er Folge
geleistet. Ein Befehl des Kurfürsten traf nicht ein und
so unterblieb die Expedition nach Hessen.

Das Complott des Rittmeisters von Utten-
hofen*), der mit einem Theil der Truppen und der
Artillerie in Feindesland einrücken wollte, hat mit dem
Marburger Aufstand nichts zu thun. Die Verschwörer
gaben zwar vor dem Kriegsgericht an, sie wollten Hessen
insurgiren, aber sie hatten vielmehr den Plan nach
Bremen vorzudringen und in Englische Dienste zu
treten**). Auch die Desertion des Lieutenants von
Natzmer hängt mit dem Aufstand nicht zusammen***).

Zum Schluss soll noch eine Unrichtigkeit Lynckers
berichtigt werden†). Derselbe sagt: „Selbst der Kurfürst von Hessen, welchem sicherlich übertriebene Kunde
von einem Aufstand in Oberhessen zugekommen war,
erwachte auf einmal voll Hoffnung zu neuer Thatkraft.
Er eilte nach Eger, um sich an die Spitze seiner 900
Mann starken böhmischen Armee zu stellen und seinen
für ihn aufgestandenen getreuen Unterthanen die Hand
zu reichen.“ — Der Kurfürst hat diesen Plan nicht
gehabt. Er begab sich erst Ende Juli, also nach Abschluss des Waffenstillstandes nach Eger, um seine
Truppen zu besichtigen. Nach der Revue kehrte er
nach Prag zurück. An einen Kampf hat er nicht ge-
dacht††).

---

*) Mein Aufs. Jahrg. 1891 S. 332.

**) ebenda S. 333.

***) ebenda S. 333. A. 5.

†) *Lyncker* a. a. O. S. 180.

††) Brief des Kurfürsten an Erzherzog Karl vom 1. Aug.
1809. Kriegsakten Bd. I. S. 145. Staatsarchiv zu Marburg. „Ich
bin von einer Tour zurückgekommen, die ich unternommen habe,
um meine Truppen zu sehen.“

Beilage I.

*Verzeichnis der nachweisbaren Theilnehmer am Auf-
stand zu Marburg.*

1. Johann Heinrich Sternberg aus Marburg,
   Hofrath, Professor der Medicin; geb. 15. April 1772
   zu Goslar, erschossen am 19. Juli 1809 zu Kassel.

2. Professor der Mineralogie Ullmann aus Marburg.

3. Andreas Emmerich, Englischer Obrist a. D.
   aus Marburg, geb. 1737 zu Kilianstätten bei Hanau,
   erschossen am 17. Juli 1809 zu Kassel.

4. Lieutenant Hess (Hesse) aus Marburg, Bruder
   des Verwalters der fürstlichen Kalkbrennerei (wohnhaft am Grün).

5. Bürger Josbächer aus Marburg, amnestirt.

6. Bürger Cramerdinger aus Marburg, amnestirt.

7. Chirurg Klingelhöfer aus Marburg, amnestirt.

8. Christian Matthaei aus Marburg, vom Tribunal spécial militaire zum Tode verurtheilt, begnadigt.

9. Friedrich Keppler aus Marburg, ebenfalls zum
   Tode verurtheilt, begnadigt.

10. Daniel Muth aus Ockershausen, Landmann, ehe-
    maliger hessischer Soldat; erschossen am 19. Juli
    zu Kassel.

11. Johann Muth aus Ockershausen, vom Tribunal
    spécial militaire zum Tode verurtheilt, begnadigt.

12. Siegfried Vormschlag aus Ockershausen, 28
    Jahre alt, diente 8 Jahr beim Regiment »Kurfürst«
    zu Marburg, Gärtner Sternbergs, amnestirt.

13. Wirth Heuser aus Ockershausen, amnestirt.

14. Daniel Haberkorn aus Ockershausen (?), am-
    nestirt.

15. Wendel Günther aus Sterzhausen, Landmann, 33 Jahr alt, von 1792—1806 hessischer Husar, erschossen am 19. Juli zu Kassel.

16. Johannes Moog aus Sterzhausen, 56 Jahre alt; ehemaliger hessischer Soldat. 29. Oct. 1810 zum Tode verurtheilt, zu 20 Jahr Festung begnadigt.

17. Ludwig Koch aus Caldern, 32 Jahre alt; diente 12 Jahr 8 Monat bei der Garde-du-corps. 29. Oct. 1810 zum Tode verurtheilt, zu 10 Jahr Festung begnadigt.

18. Johannes Stoll aus Wenkbach, 43 Jahr alt; diente 27 Jahr bei der hessischen Garde in Kassel, 29. Oct. 1810 zum Tode verurtheilt, zu 10 Jahr Festung begnadigt.

19. — Schneider aus Oberwalgern, Landmann, ehemaliger Soldat, amnestirt.

20. Johann Heuser aus Ciriaxweimar, Landmann, amnestirt.

21. Heinrich Rhein aus Ciriaxweimar, Landmann, amnestirt.

22. Andreas Löwenstein aus Wetter, Kaufmann, amnestirt.

23. Ludwig Klos aus (?), vom Tribunal spécial zum Tode verurtheilt, begnadigt.

24. Friedrich Hohl aus (?), vom Tribunal spécial zum Tode verurtheilt, begnadigt.

25. — Günther aus (?), amnestirt.

26. — Kimmel aus (?), ehemaliger Soldat, amnestirt.

Beilage II*).

XI. Hess. Geh. Acten 16tes Coheft **) Nr. 27.

Namentliches Verzeichnis

derer Militair- und Civilpersonen, welche wegen Insurrektion durch ein Kriegsgericht zum Tode verurtheilt und erschossen worden sind.

Tag des Eintritts im Kastel.		Vor- und Zuname.	Wo zu Haus.	Tag der Vollziehung des Urtheils.
1809		Zweite Insurrektion.		
29. April	1.	Wachtmeister im 1. Cuirassier-Reg. Christoph Honemann.	Elbe-Departement	den 3. März 1809.
30. April	2.	Friedrich v. Hasseroth	Allendorf	den 13. May 1809.
		Dritte Insurrektion.		
1. Juli	1.	Andreas Emmerich ehmal. Engl. Obrist	Im Hanauischen	den 17. July 1809.
	2.	Wendel Kinder ***) Ackersmann	Sterzhausen	
	3.	Joh. Heinr. Sternberg Professor	Marburg	den 19. July 1809.
14. Juli	4.	Daniel Muth Ackersmann	Ockershausen	

*) Einzelblatt im Staatsarchiv zu Marburg. Unten auf dem Blatt steht mit Bleistift: Die Haupt- und speziellen Verzeichnisse finden sich in der Bibliothek zu Wilhelmshöhe unter der Rubrik Histoire do Hesse in einem besond. Foliobaud.

**) nicht lesbar.

***) Wendel Günther.

Beilage III.
Verhör Sternbergs am 11. Juli 1809.

Dasselbe ist erhalten in den Untersuchungsakten
des L. Koch. Der Kommissar v. Wolff giebt in
seiner Flugschrift S. 50 den Inhalt des Selbstbekennt-
nisses Sternbergs an, das mit einem Theil des Verhörs
Aehnlichkeit hat. Zur Vergleichung werden beide Aussagen neben einander mitgetheilt.

Verhör. III. Frage.	Darstellung v. Wolffs a. a. O. S. 50.
Was Comparent seiner Seits für einen Plan habe befolgen wollen.	Sternbergs selbst geschriebenes Geständniss war:

Antwort.

Nachdem Comparent von der Erbitterung der Bürger auffallende Proben gehabt und von seinem Gärtner Vormschlag Nachrichten erhalten habe, dass die Bauern ebenso gestimmt seien, da er besonders gehört habe, dass diese Erbitterung besonders gegen einzelne Personen gerichtet gewesen, da sei bei ihm der Entschluss gefasst worden, dahin zu wirken, dass die bevorstehenden Grausamkeiten vermieden würden, und einen nicht zu vermeidenden Aufstand zur Ordnung und einem bestimmten zu leiten.

er habe durch die Besorgung des Clinicums mit vielen Handwerkern Umgang gehabt, von diesen das allgemein — durch die übertriebenen Steuern und das Nichtbezahlen für geschehene Lieferungen — verursachte Elend erfahren; er hätte also, wenn er einige tausend Menschen gesammelt, mit diesen mit Cassel ziehen, und den König vermögen wollen, seine Finanzpläne zu ändern. —

Hierzu haben ihm die
Subordination gewohnten
Menschen die brauchbarsten
erschienen und deshalb
habe er sein erstes Augenmerk auf die alten Soldaten
gerichtet.

Zum Anführer dieser
Soldaten habe ihm Emme-
rich am tauglichsten er-
schienen, weil dieser die
Soldaten aus Amerika kenne,
wenigstens die Alten, auch
er von diesen gekannt sei
und weil Comparent ihn
für einen guten Menschen
gehalten habe. Waren die
Soldaten zusammen, so
sollten sie aus sich ihre
Anführer erhalten, und zwar
sollte Moog aus Sterz-
hausen den Rest der alten
Hessischen Garden und
Vormschlag den Rest
des ehemaligen Regiments
Kurfürst kommandieren.

Beilage IV.

Briefe Sternbergs an seine Frau*).

Sternbergs Frau, Charlotte, war die Tochter des
Kriegsraths und Stadtdirectors Georg Heinrich Siemens

---

*) Die Briefe sind im Privatbesitz. Sie waren dem Ver-
fasser von der Enkelin Sternbergs, Frau Helene Grevé, geb.
Sternberg, welche vor kurzem gestorben ist, gütigst zur Publikation zur Verfügung gestellt.

zu Goslar. Dieselbe hat erst sehr spät oder gar nicht erfahren, dass ihr Mann erschossen ist. Man liess sie in dem Glauben, dass derselbe an den Folgen seiner Krankheit gestorben sei. Sie hat daher die nachfolgenden Briefe nie erhalten. Dieselbe fanden sich im Nachlass ihres Bruders vor und wurden dem Sohne Sternbergs*), der Privatdozent und Rechtsanwalt in Marburg war, ausgeliefert.

Eingeleitet werden die Briefe durch ein Schreiben des Hauptmanns de Longe de Beauveset**).

Cassel den 26. Juli 1809.

Hochzuverehrende Frau Hofräthin!

Indem ich die Ehre habe, Ihnen einliegend drei Briefe Ihres verstorbenen Gatten zu übersenden, benachrichtige ich Ihnen zugleich, dass der Coffre in Verwahrung bei dem Herrn Major Krupp steht, und zu jeder Zeit verabfolgt werden kann. Genehmigen Sie Frau Hofräthin die Versicherung meiner Hochachtung.

de Longe de Beauveset,
Rapporteur vom Militairischen Permanenten
Special Tribunal.

Brief 1.

Kastel, am Tage meiner Ankunft
1809, Nachmittags ***).

Mein theuerstes, inniggeliebtestes Weib!

Kränker am Körper, als ich von dir scheiden musste, bin ich zwar nicht hier angekommen, aber — ich fühle

---

*) geboren am 20. Juli 1809, also am Tage nach dem Todestage seines Vaters. Vgl. oben S. 380. Er ist der Verfasser einer Rechtsgeschichte. Das Geschlecht der Sternbergs ist seit kurzer Zeit erloschen.

**) Vgl. Brief 1. Anm. 6.

***) Am 14. Juli 1809. — Vgl. Beilage II. S. 391.

die Lükke neben mir, nur allzusehr!! Doch nein, ich
will dir nichts davon sagen: Du weisst, was ich dir
sagen möchte, und ich bessere dir und mir nichts damit,
wenn ichs ausspreche. Gott wird geben, dass wir uns
bald wiedersehen; und dann soll alles vergessen seyn,
— Alles Ungemach! Du kommst mir dann mit einem
gesunden Kinde entgegen, das unseren Träumen gleicht,
und n i e werden wir wieder getrennt. O meine beste
Lotte!!!

Mein Kopf ist mir, wie du denken kannst, sehr
wüst, und schon, was gestern geschah, ist mir wie vor
einem Jahre geschehen. Aber mein gefährlichster Theil,
meine Brust, leidet doch nicht. Uebrigens bin ich nur
noch m a t t.

Der Major v o n K r u p p *), Commandant, ist ein
alter leutseliger und menschenfreundlicher Mann. Er
hat mir sogleich von der alten Räthin U l l m a n n **)
ein sehr gutes Bettzeug besorgt; und diese hat mir
sagen lassen, wenn ich etwas bedürfe, so möchte ich
es nur fordern lassen. Mein Zimmer ist gut, hoch und
trokken, und hell. Auch mein Wärter ist, wie es scheint,
recht gut. Das Essen hab ich heut Mittag auch recht
gut aus einem Speisequartier gehabt. Also von dieser
Seite habe ich in meiner Lage nichts weiter zu wünschen.

Herr Detroy ***) ist schon heute Morgen bei mir
gewesen und hat mir etwas Schreibmaterialien gebracht.
Ich bin dabei noch alles aufzusetzen, was ich mich nur
irgend erinnere, und mit Wahrheit sagen kann. Auch

---

*) Major von Krupp, Commandant des Kastel in Kassel.
**) Räthin U l l m a n n, Mutter (?) des Professors der Minera-
logie U. in Marburg.
***) D e t r o y (*Lyncker* schreibt Detroit), Beamter des Justiz-
ministerium, war Mitglied der von Kassel nach Marburg gesendeten
ausserordentlichen Untersuchungscommission.

habe ich an Se. Excellenz den Herrn Kriegsminister *) noch einmal geschrieben, und ihn um seine Fürsprache gebeten.

Späterhin hat mich Herr Hauptmann de Longe **) besucht. Er hat mir mit seinem biederen Ernste noch einmal versichert, dass er alles mögliche für mich thun werde: und das thut er auch gewiss, denn er hat ja selbst Frau und Kind! Ich besinne mich hin, und ich besinne mich her, was mir wohl noch zu sagen übrig ist, das ich aufzuschreiben hätte, und ich glaube, das viele Besinnen auf einen Punkt in seinen Details macht mir eben den Kopf erst noch recht wüst. In einigen Tagen erwartet man den König ***), und dann kann die Entscheidung gleich da seyn. Ich sehne mich danach mit festem Vertrauen auf das Mitgefühl meiner Richter. Denn ich bin ja kein böser Mensch und nicht Anstifter. Werde ich dann nach Mainz gebracht, so sehe ich Dich doch einige Stunden in Marburg: und wenn Dein Wochenbett vorüber ist, kommst Du zu mir nach Mainz. Nicht wahr?

O, leb wohl meine Lotte!

Ewig dein

Sternberg.

(Gesehen und gelesen de Longe de Beauveset.) An die Frau Hofräthin Sternberg in Marburg.

Abgeschickt von Cassel de Longe de Beauveset.

---

*) Baron Eblé, französischer Divisionsgeneral und General der Artillerie, vorher Commandant von Magdeburg.

**) de Longe de Beauveset, Hauptmann im 3. Linien-regiment war *le Commandant en Chef du Recrutement dans la Ie Division Militaire et Rapporteur du Sr. Tribunal spécial militaire permanent, séant à Cassel.* Er war der Vorsitzende der in A. 4. erwähnten Kommission.

***) Jérome traf am 19. Juli in Kassel ein.

Brief 2.

Cassel am . . July *).

Bestes, theuerstes Weib!

Früher konnte ich Dir nicht schreiben, so gern ich es auch gethan hätte: vor einem Vorwurf dieserhalb bin ich bei Dir ganz sicher, Du wirst dich nach Nachricht von mir sehnen, und ich schreibe Dir gern alles, was ich Dir schreiben kann. O dass ich es Dir mündlich sagen könnte, meine Lotte. Was gäbe ich nicht darum! Aber dann würden wir eine Zeit lang die Vergangenheit über die Gegenwart vergessen!

Ich weiss, Du bist für jetzt am meisten über meine Gesundheit besorgt, und wünschst gewiss zuerst zu wissen, ob meine jetzige Lage nichts mit sich führe, was mir besonders schaden könne. Meine liebe Lotte, gewiss nicht. Mache Dir darüber keine unnöthige Sorge. Ich habe erstlich ein gutes, hohes, trockenes Zimmer, das zugleich hell ist. Ich habe ferner ein Bett, das so gut ist, als ich es nur wünschen kann. Mein Essen bekomme ich recht gut: Mittags nehme ich nur Fleischbrühe und Gemüse; und Abends etwas Salat und Braten. Oft habe ich es in diesen Tagen meiner seligen Mutter im Stillen Dank gewusst, dass ich so wenige Bedürfnisse kennen lernte, und in Allem, was Aeusseres ist, so leicht zufrieden zu stellen bin! Der Major v. Krupp, Kommandant, ist ein sehr leutseliger, menschenfreundlicher Mann: und die Aufwärter scheinen recht gutmüthige Menschen zu seyn, nicht so hart und rauh, wie man sonst wohl dergleichen Menschen zu erwarten hat. In einer Lage wie diese sind auch Kleinigkeiten gross, und es thut dem Herzen wohl, nicht auf Härten zu stossen. Uebrigens habe ich so wohlfeil noch nie gelebt. Mein Befinden ist erträglich: freilich

---

*) Genaueres Datum ist nicht angegeben.

noch immer sehr matt, und mit dem Appetit und Schlaf will es noch nicht fort, mein Kopf ist wüst, aber ich hoffe, das wird sich auch schon geben, wenn der Sturm erst vorüber seyn wird.

Täglich bin ich zweimal im Verhör. Die beiden Herren, welche in Marburg waren, begegnen mich so human, dass ich ihnen von Herzen gut bin: Auch nicht Ein hartes Wort haben sie mir gesagt. Ein Dritter, ein Offizier vom Kriegsminister, ist ebenso: er hat eine sehr interessante Physiognomie, und darin einen grossen Empfehlungsbrief für das Zutrauen; auch er behandelt mich ebenso. — Ich habe nichts verschwiegen, verschweige nichts, und werde nichts verschwiegen. Was sollte ich auch für Gründe dafür haben? Anfangs glaubte ich verhindern zu können, dass nicht Emmerichs unbesonnenes Beginnen eine Menge Menschen ins Unglück stürzte. Dieser Grund fällt jetzt ganz weg, und ich würde selbst gegen Dich unverantwortlich handeln, wenn ich mir nicht durch reine Wahrheit eine bessere Zukunft sichern wollte. Jetzt erst erkenne ich, welch ein Mensch der Emmerich ist: ein Prahler, ein Lügner, ein Unverständiger, ein Mann, dem weder Ehrenwort, noch Handschlag heilig sind. Ich kann nichts mehr als ihn — verachten? nun wenigstens doch als einen Erbärmlichen bemitleiden, und seine Handlungsweise verachten. Ein Poltron ist er, und ein Aventürier. Vielleicht ist es hart, dass ich von einem Manne, der noch einmal so alt ist als ich, so spreche: aber ich habe wohl auch Ursache dazu

Ich bin jetzt ganz ruhig über mein Urtheil. Zu warmes Blut ist mein Vergehen, nicht ein böses Wollen. Vielmehr habe ich das Gute gewollt. Ich bin aufrichtig gewesen, und bin es noch. Und mit diesem Bewusstsein, und bei menschlich fühlenden Richtern darf ich ja wohl ruhig seyn. Sey du es auch, wegen der Zukunft, mein bestes Weib! Denk zurück, wie sich in meinem Schicksale immer Glück aus Unglück entwickelte: und was mir so oft begegnete, kann mir auch diesmal begegnen. Nur das eine schmerzt mich tief, sehr tief, dass Du mit mir leiden musst!!

Meine Gedanken sind nun mit Dir und meinen Kindern*) beschäftigt, so oft ich nun nicht mit meiner Lage zu thun habe. Ich sehne mich nach Nachricht von Dir. Vielleicht hast Du die Schmerzensstunde schon glücklich überstanden? Gott gebe es, und kurz und gut! Oft sehe ich in Gedanken schon das Kind an Deiner Brust, das unseren beiden seltsam übereinstimmenden Träumen gleicht, sehe Riekchen und Lottchen**) und Deine treuen Freundinnen mit der zärtlichsten Sorgfalt um Dich beschäftigt. Aber lange darf ich mich solchen Gedanken nicht überlassen! —

Lass mir doch recht bald Nachricht geben, wie Dir ist! Du weisst ja, was sie mir seyn wird.

Leb wohl, meine Lotte! Grüsse die Kinder, und alle, die uns gut sind von

Deinem treuen
Stbg.

Brief 3.

Theuerstes Weib!

Diess ist schon mein dritter Brief an Dich, und Du hast meinen ersten noch nicht! Ich habe Nachricht von dem Inhalt Deines Briefes (o, den innigsten Dank dafür!) aber ihn selbst habe ich nicht gesehen. Du sprichst mir Trost ein? Leider muss ich es Dir.

---

*) Es sind Lottchen und Riekchen Pflegekinder Sternbergs, die eine ein Kind seiner verstorbenen Schwester, die andere eine Schwester seiner Frau.

**) Pflegekinder Sternbergs.

Mache Dich auf alles gefasst . . . . *). Es
ist alles umsonst. In 36 Stunden bin ich nicht mehr.
Ich habe männlich stets gehandelt, ich gedenke auch
männlich zu sterben. Nur der Gedanke an Dich und
die Kinder**), ist mir fürchterlich, fürchterlich. Vergebt
mir! Ich riss Euch ins Unglück, weil ich die Menschen
nicht für das hielt, was sie sind. Lebt wohl! Segen
über Euch! Lebt wohl! Grüsst Carl***), die Geschwister,
die Freunde noch einmal und wem ich etwas belei-
digendes gethan habe, den bittet für mich, dass er
mirs nun vergesse; ich dagegen scheide ohne allen
Groll. Theuerstes Weib, was hast Du mit mir nicht
schon ertragen! O Dank für Deine Liebe, Deine gren-
zenlose Liebe zu mir! Gott lohne sie Dir. Wir werden
uns wiederfinden, wieder lieben: vielleicht wo es besser
ist. Kinder werdet und bleibt gut: ich hätte Euch
gern gross und glücklich gesehen, aber es hat nicht so
seyn sollen, Meineid und Verrätherei stürzen mich ins
Grab. Seid tugendhaft, treu und fest von Wort: dann
könnt ihr einst dem Tod ruhig ins Gesicht sehen, und
wie es Euch auch ergehen mag, ihr werdet nie un-
glücklich seyn.

Noch einige Einrichtungen habe ich Dir zu empfehlen, da das ganze Vermögen Dein ist, und man das
Deinige Dir nicht nehmen wird.

Vor allen Dingen werden sie Dir den Wittwen-
gehalt der Professorenwittwen nicht versagen können.

Der Wagen, worin ich hergekommen, und der
noch Dir und Deinen Geschwistern gemeinschaftlich zu-
gehört, steht hier auf der Post.

*) Zwei Zeilen sind von dem Censor, Hauptmann de Longe
de Beauveset gestrichen.

**) Vgl. Brief 2. A. 2.

***) Schwager Sternbergs.

Von meiner Bibliothek ist manches verliehen. In dem untersten Fache links auf meinem Schreibtische liegt ein gelbes Büchelchen, darin ist das meiste Verliebene aufgezeichnet. Ausserdem haben nur Studenten noch etwas. Der Student Schmidt in Wetter hat noch vom Hovens Handbuch 2 Bände, — dagegen ist auch einiges nicht mein Eigenthum. Auf der Kammer in dem Präpositorium an der Bibliothekstube im 3. und 4. Fach stehen Bücher, die Ullmann gehören. Auf meinem Arbeitstische liegen die „Sammlungen für Wundärzte", die gehören dem guten Claus. Auf meiner Kommode liegt Wedelii de Pathologia und Lower de corde, die gehören zur Universitätsbibliothek. Auch liegt da Westra vom Spiessglanze, das gehört dem ältesten Ullmann. Ausserdem habe ich von Wielands Werken noch an den Präfecturrath Hille und Dr. Grau mehre Bände geliehen.

Ist das Unglückskind unter Deinem Herzen ein Knabe, so magst Du ihm nach Belieben die Bibliothek erhalten, ist es ein Mädchen, so verkaufe sie. Aber übereile Dich nicht damit, sondern verzieh, bis es Frieden ist, und sorge, dass der Katalog gut verbreitet ist. Sende ihn an Hofrath Horn in Berlin, Professor Kühn und Rosenmüller in Leipzig, Professor Seiler in Wittenberg, Professor Gontt (?)*) und Hildebrandt in Erlangen, Hofrath Ackermann in Heidelberg, Dr. Beyerle in Mannheim, Dr. Renard in Mainz, Hofrath Schäfer in Regensburg, Hofrath Günly in Göttingen, Dr. Mühry in Hannover, Professor Pfaff in Kiel, Professor von Siebold in Würzburg, Professor Kramer (?)*) in Helmstedt, Professor Goyer und Spangenberg in Braunschweig u. s. w. — Am liebsten ist mirs, wenn er systematisch

---

*) nicht lesbar.

gedruckt wird, etwa in der Ordnung, wie in dem von
mir schon angefangenen Verzeichnisse. Die Ordnung
folgt so: erst das kleine Repositorium über der Stuben-
thüre, dann das grössere daneben, dann das gerade
gegenüber, dann das über der Kammerthür, dann das
grosse daneben, dann das an der hinteren Wand, dann
das neben dem Kleiderschranke. Die Foliobände werden
an ihrem Orte eingeschaltet. Du kannst gleich nume-
rieren lassen.

Meine Hefte kann Niemand brauchen, denn sie
sind nur meine Concepte gewesen, und ich möchte
nicht gern, dass sie in fremde Hände kämen. — Barthn
bitte um Verzeihung, dass ich nun mein Werk nicht
beenden kann: es schmerzt mich bitterlich. Schicke
ihm aus dem gelben pergamentenem Umschlag die
bereits ausgearbeiteten Krankengeschichten (Morrom
kennt sie) und aus der Schieblade meines Schreibtisches
links die Abhandlung über Gallensteine. Dies mag er
zusammendrucken unter dem Titel: Nachlese aus den
Papieren des unglücklichen Hofrath Sternberg.

Die ungebundenen Hefte der Jenaer Literatur-
zeitung schicke an die Expedition zurück, und bitte
sie dieselben wieder anzunehmen.

Meine Musikalien betreffend, so habe ich noch
mehreres von Ullmann, was er sich aussuchen mag.
Was ich noch von anderen habe, und unaufgeschnitten,
und unbeschmutzt, sende zurück. Die Suite von ausgeschriebenen Arien lass in den Zeitungen ausbieten,
so auch die Partituren. Wo bei den ausgeschriebenen
Arien die Singstimmen fehlen, lass sie von Zeiss dazu-
schreiben. Findet sich nicht zu dem Ganzen ein Käufer,
so lass einen Katalog drucken und vertheilen. Mehreres
liegt bei Arnoldis, Heins, und Möllers. Meine
Variazionen suche in einer guten Buchhandlung anzu-
bringen, so auch meinen Monolog, den du durch den

Professor Bucher wieder erhalten wirst. Meine Flöte lass dem Professor Ullmann, meine Geige verkaufe. Meine neuen Klarinetten, (nebst den beiden Schnäbeln, die auf der Bibliothek auf dem Tische liegen,) wird Meyer in Goslar Dir am besten anbringen können. Eine Klarinette hat Peter noch, sie ist etwa 4 Rthlr. werth. Die B-Klarinette mit A-Stück, welche Karl Dir senden wird, wird Peter für 5—6 Rthlr. gern behalten. Peter hat auch noch ein Bassethorn; beide können für 5 Rthlr. verkauft werden. Die Oboen gehören Zeiss. Den Flügel behalte doch zum Andenken. Meine Bratsche verkaufe auch. Von Schmitz ist noch eine Violine ohne Bogen da; von Gillen eine mit Bogen, die bei der Hein oder Möller liegt. Das Papier wird Krieger behalten oder Boyerhäster.

Lass meine Zuhörer zusammen kommen, und ihnen durch Ullmann für ihren Fleiss und ihre Liebe danken, besonders Claus und Kronemeyer. — Wachtern und Bauern lass ein Lebewohl sagen. Und allen meinen Freunden. — Besonders danke Arnoldis, Heins, Möllers, grüsse Schmitz, Pistors, Schindlers, Gillens, Schlarbaums, ganz vor allen Dingen aber den guten Ullmann und Usener für ihre treue Liebe zu mir. — Von Usener habe ich noch einen Band von Eichhorns Geschichte, er liegt in meiner Bibliothek.

Vermuthlich wirst Du bald nach Goslar ziehen. Was der Nachfolger unserer Wohnung im Garten behalten will, zu meinen Anlagen gehörig, das lass ihm um billigen Preis, damit er sich, wer es auch sein möge, zuweilen meiner im Guten erinnere.

Wo werden die Kinder bleiben? Lottchen nimmt vielleicht Koch in Hamburg. Oder die Familie erzieht sie nach Deines seligen Vaters Willen. Für Riekchen

26 *

sorgen vielleicht mehrere zusammen, Schlüter und Grumbrechts etc. Sag ihnen, ich empfehle sie ihnen.

O Lotte! Dich nicht noch einmal sehen, die Kinder nicht noch · einmal, dies ist mir schrecklich, schrecklich peinigend. Ich hätte ja gerne Tagelöhnerarbeit gethan, wenn ich nur bei dir geblieben wäre! Aber es sollte nicht seyn. . . . .*)

Die Fakultätsakten und das Fakultätssiegel (es liegt in meiner mittelsten Schreibtischschublade) wird Busch zusammennehmen und abholen.

Unseren Mägden danke nochmals für ihre treue Anhänglichkeit, welche sie mir in den letzten Tagen meines Aufenthaltes in Marburg so sehr bewiesen haben.

Schuldig bin ich auch noch an die Musiker für 3 Konzerte, jedem à 8 ggr. für das Konzert, und an Rein für einige Buch Papier à 30 xr.

Die Notenpulte gehören Zeiss bis auf den braunen und noch zwei andere. Schmolz hat noch Musikalien, die zu den Andreeschen gehören, nämlich 4 oder 6 (ganz neuer) Violinkonzerte.   .

Meine Briefschaften und Papiere, die nicht Familiensachen betreffen, kannst Du alle verbrennen: sie können für Niemand weiter Werth haben, oder von Nutzen seyn, selbst meine medizinischen Manuscripte nicht ausgenommen, da sie noch nicht korrigiert sind, und der Korrektur erst noch bedürften.

Zur Standhaftigkeit will ich Dich nicht ermahnen. Weiber, wie Du, werden selten geboren. Du hast Kraft in Dir, und ohne mich je zu vergessen, wirst Du doch auch von dem harten Schlage nicht ganz niedergebeugt werden. Du bist ein herrliches Weib, eines günstigeren Loses würdig! Gott gebe Dir glücklichere Zeiten.

---

*) Drei Zeilen sind von der Censur gestrichen.

Ich will sehen, ob ich Dir nicht noch etwas von meinen Haaren schicken kann. Du hasts doch gern, und kannst es neben Jennys und Philipps *) Haaren legen. Wohl Euch, ihr ruhenden Kinder!

Am 18. J.

Leb wohl, bestes Weib, in ein paar Stunden bin ich nicht mehr. Auch der König ist angekommen **), aber — keine Gnade. Leb wohl! Küsse die Kinder!

Ewig dein

Slbg.

Brief 4. ***)

Kassel 1 Stunde vor meinem Tode. †)

Hier bestes Weib! noch eine Haarlokke! Noch ein Lebewohl dazu Dir und den Kindern! Gott sey mit Euch! Er verzeihe allen, die Unrecht thun! Sieh, ich bin voll Fassung! Eltern, Geschwister, Kinder!

---

*) Kinder Sternbergs, die im frühen Kindesalter gestorben sind.

**) Jerome traf am 19. Juli in Kassel ein; daraus folgt, dass der Schluss des Briefes am (Morgen des) 19. Juli geschrieben ist. (Vgl. Beilage V.)

***) *Wolff* kannte diesen Brief; vielleicht ist der Brief durch *Wolff* an seine Adresse gelangt. Er theilt denselben in seiner Schrift aber nicht genau mit. Die Fassung bei *Wolff* lautet: a. a. O. S. 50.

Kassel am 19. Juli 1809.

Liebe Lotte!

In einer Viertelstunde ist mein Ende da, ich sterbe getröstet, überzeugt, dass ich nichts Böses wollte, noch gethan — ja, ich bin so gefasst, dass es mich schmerzen würde, wenn der König mir jetzt noch Gnade wiederfahren liess. Fasse auch Du dich und sey gewiss, dass ich auch noch jenseits bin

Dein *Sternberg.*

Dank noch einmal dem Generalkommissair von Wolff.

†) 19. Juli 1809 4—5 Uhr Nachmittags.

Bald werd ich bei Euch seyn! Bald in einer besseren Welt! . . .*)

Nie bin ich böse gewesen. Menschenwohl war mein höchstes Ziel! Pfarrer Götz ist bei mir gewesen: die Unterhandlung mit ihm war mir erbebend, denn seine Ideen sind die meinigen. O hätt ich Euch nicht, Weib und Kinder, wie gerne schied ich aus einer Welt, die mir nur Jammerthal war. Die Freuden gingen meinen Leiden voraus, um diese desto fühlbarer zu machen. Genug ich habe ausgekämpft. Nie war mein Herz böse. O, an Dir und an den Kindern, wie innig es daran hängt, das fühle ich jetzt. Aber ich will Mann seyn, wie ich immer gewesen bin. Und wenn mir der König Gnade geben wollte — nein diese Beschimpfung ist zu gross. Gott sorge für Euch und sey Euer Vater! Lebt wohl.

Ewig Dein Sternberg.

Dank dem <i>G. K. v. Wolff.</i> **)

— — — — ·

Beilage V.

Bericht des Commandanten des Kastels, Major von Krupp über Sternbergs Ende.

Castel zu Kassel den 23. Juli 1809.

Herr General-Commissair!

Ich beehre mich, Sie zu benachrichtigen, dass zwey Briefe von Ihnen mit Einlagen an den Herrn Hofrath und Professor richtig eingelaufen sind. Die erstere, nehmlich der Brief von dessen Frau Gemahlin, wurde

---

*) Von der Censur gestrichen.
**) Steht am Rande des Briefes. Vgl. <i>v. Wolff</i> a. a. O. S. 50.

mit Genehmigung der Untersuchungs-Commission Ihm eingehändigt; und zwar am nehmlichen Tag, an welchem er durch den Ausspruch des Kriegsgerichts zum Tod verurtheilt ward. Die Fünfte Stunde Mittags den 19. Dieses war es, in welcher er mit noch zwei des Aufruhrs Angeklagten und Ueberwiesenen durch ein militairisches Kommando zum Executions-Platze geführt wurde. Die Zeit vom Mittag bis dahin um 5 Uhr dauerte ihm so lange, dass Er oft nach dem Fenster eilte, um zu sehen, ob das für Ihn bestimmte Commando noch nicht komme.

Mit ausserordentlicher Standhaftigkeit betrat er den Executions-Platz; überreichte hier den obgedachten Brief seyner Frau mit einigen Zeilen von ihm selbst begleitet des Inhalts: „dass Se. Majestaet der König die zurücklassenmüssenden Seinigen mit einer Pension begnadigen möchte", dem commandirenden Offizier, mit Bitte ihn Sr Majestaet selbst oder durch einen anderen einhändigen zu lassen; er trat einige Schritte zurück, verband sich selbst die Augen, und empfing so das ihm zuerkannte Bley. Morgens schon nahm er schriftlich Abschied von seiner Frau, liess sich eine Haar-Locke abschneiden, und bath, diese als letztes Andenken von ihm aufzubewahren. Die Untersuchungs-Commission nahm jenes Vermächtniss, weil sie Bedenken trug, ohne Vorwissen Sr Excellenz des Kriegs-Ministers es fortschicken zu dürfen, mit unter der Versicherung nach erfolgter höherer Genehmigung es der Behörde sogleich zu übermachen. Die zurückgelassenen Kleidungsstücke, Uhr, ein Louisdor und einige ggr. an Geld etc. finden sich in seinem verschlossenen Coffre, wozu ich dem Capitaine Rapporteur de Longe den Schlüssel übergab, nebst einem Bette den Pfühl und Kissen, unter meinem Gewahrsam, und ich erwarte nur die Nachricht, wann und wohin ich diese zur weiteren Besorgung absenden soll. Die

zweite Einlage habe ich anliegend die Ehre zu remit-
tiren, und Sie meiner vorzüglichsten Hochachtung zu
versicheren.

Der Commandant des Castels:

(gez.) *Krupp*.

Dem Herrn *von Wolff*.

General-Commissair der Ober-Polizei
im Werra-Departement

zu

Marburg.

X.

Beiträge zur Geschichte des Landgrafen Hermann II. von Hessen.

Von

Friedrich Küch.

❦

Vorwort.

Die im Folgenden gegebenen Beiträge beziehen sich auf einige für die Geschichte Hermanns des ·Gelehrten, wie für die des Landes Hessen gleich wichtige Begebenheiten. Die kriegerischen Verwickelungen, welche der ·Eintritt des ursprünglich zum Geistlichen bestimmten Neffen Heinrichs II. in die Regierung zur Folge hatte, sind zu verschiedenen Zeiten der Gegenstand eingehender Spezialuntersuchungen gewesen. Wenn hier noch einmal auf diese wegen der Kargheit und Unsicherheit der chronikalischen Nachrichten und der Nüchternheit der urkundlichen Zeugnisse sehr lückenhaft und häufig in schlechter Beglaubigung uns ·übermittelten Begebenheiten zurückgekommen wird, so geschieht es, um auf eine in den bisherigen Darstellungen unberücksichtigt gelassene Quellenkategorie hinzuweisen, die mehr als jede andere geeignet ist, die Chronisten auf ihre Glaubwürdigkeit zu prüfen und sie zu ergänzen. Es sind dies die Rechnungen der land-

gräflichen Beamten (Amtleute, Schultheissen, Rentmeister).

Zum Zwecke der Rechnungsablage führten diese
Verwalter der landesherrlichen Einkünfte über Einnahmen
und Ausgaben genau Buch, und am Schlusse des Jahres
oder am Ende der Amtsführung wurden die Tag für
Tag gemachten Aufzeichnungen in ein Heft oder einen
Rotulus zusammengeschrieben. In ruhigen Zeiten sind
diese Rechnungen ihrem Inhalte nach ziemlich dürftig
und bieten meist nur wirthschaftsgeschichtliches Interesse, in kriegerisch bewegten Jahren dagegen schwellen
sie durch die grosse Zahl der ausserordentlichen Ausgaben an und gewinnen dadurch eine erhöhte Bedeutung, dass im einzelnen Falle mit grösserer oder geringerer Ausführlichkeit der Anlass für die gemachte
Ausgabe oder Einnahme angegeben wird. So kommt
es, dass sie neben einer Fülle gleichgültiger oder nur
lokale Bedeutung habender Notizen häufig Nachrichten
über wichtige politische Ereignisse bringen, von denen
unsere chronikalischen und urkundlichen Quellen schweigen, und der Werth dieser Notizen ist um so grösser,
als die einzelnen Posten oft auch mit genauer Tagesangabe eingetragen sind.

Die hier herangezogenen Rechnungen, die sämmtlich im Staatsarchiv zu Marburg aufbewahrt werden,
dürfen auch noch deswegen eine besondere Bedeutung
beanspruchen, weil sie zu den ältesten landgräflich-
hessischen Einnahme- und Ausgaberegistern gehören,
die sich überhaupt erhalten haben. Sie sind als Beilagen den einzelnen Abtheilungen beigefügt, aber
nur im Auszug, da die Wiedergabe der ganzen Rechnungen einen unverhältnissmässig grossen Raum erfordert hätte. Immerhin glaubte ich mich bei der
Auswahl der abzudruckenden Partieen nicht auf das beschränken zu sollen, was in der Darstellung selbst ver-

wendet worden ist; ich habe vielmehr auch eine Reihe von sonstigen Notizen aufgenommen, die entweder in den Zusammenhang gehörten oder mir wichtig erschienen; so Nachrichten über den jeweiligen Aufenthalt der Landgrafen, über Ankunft und Abreise bemerkenswerther Persönlichkeiten, über Botensendungen u. A. m. Die einzelnen wörtlich wiedergegebenen Posten sind des leichteren Citirens wegen numerirt. Bei der Behandlung des Textes sind im Allgemeinen die in den „Deutschen Reichtagsakten" zur Anwendung gekommenen Grundsätze massgebend gewesen. Die in den Originalen ausschliesslich verwandten römischen Ziffern sind durch arabische ersetzt worden.

I. Der Sternerkrieg*).

Der Sternerkrieg hat in dieser Zeitschrift bereits durch *Landau***) eine eingehende Behandlung gefunden, die besonders durch die Heranziehung eines reichen Urkundenmateriales von Werth ist. Unter den von ihm abgedruckten Beilagen zeichnet sich vor Allem der Briefwechsel zwischen Landgraf Hermann und dem Grafen Gottfried IX. von Ziegenhain***) durch den sich auch mit den kriegerischen Ereignissen beschäftigenden Inhalt aus. Leider hat aber Landau diese Schriftstücke, welche ohne Jahresdatum sind und nur zum Theil den Tag der Ausfertigung enthalten, in ein falsches Jahr gesetzt und dadurch die chronologische Folge der Be-

---

*) Das Nachstehende bildet den Inhalt eines am 2. März 1892 in der Monatssitzung des Zweigvereins Marburg gehaltenen Vortrags.

**) Die Rittergesellschaften in Hessen während des 14. und 15. Jahrh. 1840 Suppl. I S. 24—90. Vgl. *Colombel*, der Sternerbund u. Ruprecht d. Streitbare von Nassau. Nass. Annalen Bd. 8 S. 293 ff.

***) S. 108—114.

gebenheiten und ihren ursächlichen Zusammenhang in
arge Verwirrung gebracht. Dies soll im Folgenden berichtigt werden.

Ehe auf diese Dinge näher eingegangen wird,
dürfte eine kurze Uebersicht der in Betracht kommenden
chronikalischen Quellen geboten sein, da dieselben von
Landau ohne genügende Kritik benutzt worden sind.

Eine gleichzeitige hessische Chronik aus dieser
Zeit besitzen wir bekanntlich nicht *), dafür treten aber
einige gleichzeitige Chronisten benachbarter Gebiete
ein: die Limburger Chronik des Johann Elhen von
Wolfhagen **), zwei anonyme inhaltlich nahe verwandte
thüringische Chronisten ***) und die Mainzer Bischofschronik †). Alle stimmen im Wesentlichen überein, sie
behandeln aber den Krieg ziemlich kurz und beschränken sich auf die Hauptsachen. Dazu kommt
eine Anzahl späterer Autoren: der thüringische Chronist Johann Rothe ††), der die eben genannten thüringischen Chroniken benutzt, sie aber mit einer ganzen
Reihe detaillirter Nachrichten ergänzt, die nicht selten
Erzeugnisse seiner Phantasie sind; dann ein Hersfelder,
der gegen Ende des 15. Jahrhunderts eine thüringisch-
hessische Chronik geschrieben hat †††). Auch er be-

---

*) Mit Ausnahme der kurzen Aufzeichnungen eines Kasse-
laners aus den Jahren 1385—1388 in der „Hessischen Zeitrechnung", wieder abgedruckt von *Friedensburg* in dieser Zeitschrift
N. F. 11 S. 310 f.

**) Ausg. von *Wyss* in Monum. Germaniae hist., Deutsche
Chroniken IV 1 S. 62 f.

***) Anonymus Erphesfordensis bei *Pistorius - Struve* rer.
Germ. script. ed. 3 Bd. I S. 1351 ff. und Historia de landgraviis
Thuringiae bei *Eccardus* Histor. geneal. princ. Saxoniae sup. S. 460.
Hierher gehört auch das Chronicon Thuringicum bei *Schöttgen* u.
Kreyssig, Diplomataria et scriptt. S. 103.

†) *Hegel*, Chroniken der deutschen Städte 18 S. 188.

††) *v. Liliencron*, Thüring. Geschichtsquellen Bd. 3 S. 620 ff.

†††) *Senckenberg*, Selecta juris et historiarum Bd. 3 S. 365 ff.

nutzt die anonymen thüringischen Chronisten, fügt aber
eine Anzahl anscheinend auf mündlicher Tradition be-
ruhender Nachrichten, meist von lokal hersfeldischem
Charakter, hinzu. Die Reihenfolge der Ereignisse behandelt er sehr willkürlich. Der Frankenberger Chronist
Wigand Gerstenberg hat den Vorzug, dass er in seinen
beiden Werken*) die von ihm benutzten Quellen in der
Regel angibt; für den Sternerkrieg sind es die Limburger Chronik, eine thüringische Chronik und die ver-
lorene Hessenchronik, der einige glaubwürdige Nachrichten zu entstammen scheinen. Auch er fügt einige
aus mündlicher Ueberlieferung hervorgegangene, auf
Frankenberg bezügliche Mittheilungen, hinzu. Schliesslich sind noch zu erwähnen: der Hersfelder Chronist
Nohen**), Wigand Lauze***), die Hessische Reim-
chronik†) und die Kasseler Congeries††). Alle diese
sind Compilationen aus den uns grösstentheils bekannten älteren Quellen. Nur Lauze hat daneben urkundliches Material benutzt; was er aus eigenem Wissen
hinzufügt, ist in der Regel falsch.

Was nun die Vorgeschichte des Sternerbundes
betrifft, so kann im Allgemeinen auf die Ausführungen
Landaus verwiesen werden†††). Als der einzige Sohn
L. Heinrichs II., Otto, gestorben war, waren vom

---

*) Thüringisch-hessische Chronik bei *Schmincke* Monim.
Hass. tom. II S. 490 ff., die sog. Riedeselschen Excerpte, die nur
einen Theil desselben Werkes bilden, bei *Kuchenbecker*, Anal. Hass.
Coll. III S. 24 ff. und die Frankenberger Chronik bei *Kuchenbecker* Anal. Coll. V S. 204 ff.

**) *Senckenberg*, Selecta juris et hist. Bd. 5 S. 438 ff.

***) Handschriftlich auf der Landesbibliothek zu Kassel fol.
252 ff.

†) *Kuchenbecker*, Anal. Hass. Coll. VI S. 280 ff.

††) *Nebelthau* in Zeitschr. f. bess. Gesch. u. Ldskde. Bd. 7
S. 309 ff.

†††) a. a. O. S. 24 f.

Mannesstamm des hessischen Fürstenhauses nur noch
am Leben der Bruder Heinrichs II., Hermann, der un-
verheirathet und hochbetagt war, und Hermann, beider
Neffe. Der ältere Hermann hatte sich bereits am 24.
August 1366 mit seinem Neffen in Betreff der even-
tuellen Erbfolge geeinigt und der Rückkehr des jüngeren
Hermann, der Domherr in Magdeburg war, in den weltlichen Stand lag nichts im Wege *). Ueber den Zeitpunkt, wann dieser von seinem Oheim zur Mitregierung berufen wurde, wissen wir nichts Bestimmtes.
Landau schliesst aus der angeblich bereits am 15. März
1367 vollzogenen Verlobung Hermanns mit Johanna
von Nassau, dass wegen der kurzen Zeit, die zwischen
dem Todestag Ottos (9. oder 10. Dec. 1366) und diesem
Termin gelegen habe, die Berufung sofort erfolgt sein
müsse und bekämpft aus demselben Grunde die Erzählung
der späteren Chronisten, wonach Heinrich II. ursprünglich
seinen Enkel Otto, den Sohn seiner Tochter Elisabeth
und des Herzogs Ernst von Braunschweig, für die
Nachfolge bestimmt habe, deren dieser aber durch eine
voreilige Aeusserung verlustig gegangen sei **). Die
Angabe des Verlobungstages ist aber falsch. Die Urkunden, auf welche sich Landau stützt ***), sind datirt:
1367 Montag nach Reminiscere, aber nach dem Trierer
Styl; dies würde, da der Trierer Jahresanfang bekanntlich der 25. März ist, dem 6. März 1368 nach unserer
Bezeichnung entsprechen. Die betreffenden Urkunden
enthalten die Wittumsverschreibung für Johanna von
Nassau und den Befehl an die Burgmannen und Bürger
Giessens, ihr zu huldigen. Sodann handelt es sich hier

---

*) *Landau* a. a. O. S. 26 A. 1.

**) Der Ansicht *Landaus* tritt auch *Friedensburg* bei, Zeit-
schrift N. F. Bd. 11 S. 10 Anm.

***) *Wenck*, Hess. Landesgesch. Urk. 2 S. 431 u. 432 und
Kuchenbecker, Anal. hass. coll. II S. 273.

nicht um die Verlobung, sondern die Vermählung Hermanns mit der damals noch nicht dreizehnjährigen Johanna war bereits vollzogen *), wahrscheinlich an demselben Tage. Als Tag der Verlobung ist vielmehr der 17. November 1367 anzusehen, an welchem die Eheberedung aufgesetzt wurde **). Die ersten mir bekannten Fälle, wodurch Hermanns Auftreten als Nachfolger in Hessen urkundlich bezeugt wird, sind zwei Urfehdebriefe vom 6. Mai 1367, die die Gebrüder Ludeger, Adam und Johann Grebe und die Gebrüder Johann und Jordan von Reen dem L. Hermann, dem Jüngeren und dem Lande zu Hessen ausstellen ***).

Trotzdem hierdurch der Zeitraum zu dem „Zwischenakt für Herzog Otto" vergrössert wird, lassen es doch die übrigen von Landau †) geäusserten Bedenken als höchst unwahrscheinlich erscheinen, dass L. Heinrich bei Lebzeiten eines männlichen Sprossen seines Hauses dem Sohne seiner Tochter bindende Versprechungen in Betreff der Nachfolge gemacht habe. Es sind zudem nur die späteren Chronisten, welche dies überliefern und ihre Erzählungen tragen das Gepräge des Sagenhaften an der Stirn. Wie die Sage entstanden ist, ist übrigens leicht ersichtlich. Sie geht zurück auf die anonymen Thüringer Chronisten, welche berichten, dass Hermann bei seinem Oheim nicht besonders beliebt gewesen sei und dass die Sterner die Absicht gehabt hätten, den ersteren aus seinem Erbe zu vertreiben ††).

---

*) Johanna wird ausdrücklich als Hermanns eheliche Frau bezeichnet.

**) *Wenck* a. a. O. S. 432—434.

***) Orig.-Urkk. im Staatsarchiv Marburg, Abt. Fehde- und Sühnebriefe.

†) a. a. O. S. 31.

††) S. o. S. 412 Anm. 3 (Landgravius), qui non habuit haeredem, nisi filium fratris non multum dilectum, quem exhaereditare nitebantur.

Rothe hat dies nach seiner Art ausgeschmückt und sagt, Otto sei seinem Grossvater lieber gewesen als Hermann und hätte das Land gern an sich gebracht, was aber nicht angegangen sei. Dies hat sich schliesslich in die von den späteren Chronisten wiedergegebene Erzählung ausgestaltet.

Viel grössere Wahrscheinlichkeit hat die Annahme Rommels [*]), dass Heinrich seinem Enkel Hoffnung auf die Erbschaft hessischer Gebietstheile, etwa Besitzungen an der Werra, gemacht habe. Hierfür spricht nicht nur der am 3. August 1371 abgeschlossene ziegenhainisch-braunschweigische Ehevertrag [**]), wonach Otto seinem Schwager Gottfried als Brautschatz tausend Mark von dem nach Heinrichs II. Tode zu erwartenden Anfall von dem Lande zu Hessen verschreibt, sondern auch das uns von dem Hersfelder Anonymus [***]) erhaltene Bruchstück eines Volksliedes, dessen Ursprung nicht weit hinter diesen Ereignissen liegen kann. Die Weigerung Hermanns, sich auf die Abtretung eines Theils seiner Erbschaft einzulassen, wird dann den Bund gegen ihn in's Leben gerufen haben, der es sich schliesslich zum Ziel setzte, ihn ganz aus seinem Erbtheil zu verdrängen.

Dass Otto von Braunschweig der Urheber und das eigentliche Haupt des Bundes war, wird von den zuverlässigsten Chronisten übereinstimmend berichtet. Die Mainzer Bischofschronik nennt ihn den capitaneus der Sterner, die beiden anonymen thüringischen Chronisten sagen: „quorum capitaneus principalis erat Otto dux Brunswigensis et adhuc tres alii" und dementsprechend die Limburger Chronik: „mit namen was der (gesellschaft) ein anheber herzoge Otte von Brunswig . . . .,

---

[*]) Geschichte von Hessen Bd. 2, Anm. 62, S. 125.
[**]) *Landau* a. a. O. S. 106, fälschlich unterm 2. August.
[***]) *Senckenberg*, Selecta Bd. 3, S. 376.

der grebe von Zigenhan, grebe Johan von Nassauwe
herre zu Dillenberg, der grebe von Catzenelnbogen, her
Johan von Budingen unde anders die herren" etc. Erst
Gerstenberg, dem Landau folgt, nennt als den Hauptmann des Bundes den Grafen Gottfried von Ziegenhain.
Die Zahl der Theilnehmer wird übereinstimmend auf
2000 Ritter und Knechte mit 350 Schlössern angegeben.

Was nun den Verlauf des Krieges selbst betrifft,
so mag zunächst der hauptsächlichste Irrthum Landaus
berichtigt werden.

Unsere zuverlässigste Quelle, die Limburger Chronik,
meldet zum Jahre 1372, dass Landgraf Heinrich Feind
des Herrn (Friedrich) von Liesberg, eines Mitgliedes
des Sternerbundes, geworden sei und deshalb seinen
Neffen Hermann mit mehr als 1000 Rittern und Knechten
vor den Herzberg geschickt habe. Der habe zur Belagerung dieser Burg ein Haus aufgeschlagen, sei aber
durch die Sterner, die mehr als 1500 Mann stark herangezogen seien, abgetrieben worden, worauf die Sterner
das Land bis Fritzlar verwüstet hätten. Dort hätten
sie sich nach acht Tagen aufgelöst. L. Hermann habe
dann den „täglichen Krieg" gegen die Sterner mit
grossem Erfolge „bei Jahr und Tag" fortgesetzt. Aehnlich lauten auch die Berichte der anonymen Thüringer
Chronisten. Man sieht, die gleichzeitigen Chronisten
betrachten die Unternehmung gegen den Herzberg und
den Entsatz durch das Sternerheer als das Hauptereignis
des Krieges, soweit er wenigstens in Hessen geführt
wurde. Die genannten Quellen geben übereinstimmend
das Jahr 1372 als die Zeit des Zuges an. Landau dagegen setzt das Ereignis in das Jahr 1371 und beruft
sich dabei auf den von ihm abgedruckten Briefwechsel,
hauptsächlich ein undatirtes Schreiben des Grafen Gottfried von Ziegenhain an die Stadt Marburg*), indem er

---

*) A. a. O. S. 112.

folgendermassen argumentirt*): „Der Graf spricht hier mit klaren Worten von der Belagerung des Herzbergs und dem Entsatze durch die Sterner, indem er sich wegen der auf dem Heereszug vorgefallenen Verwüstungen rechtfertigt. Den Vorwurf dieser Verwüstung enthält schon der landgräfliche Brief vom 30. November 1371. Da nun in dem Schreiben des Landgrafen vom 2. September und der Antwort darauf noch nicht davon die Rede ist, so muss die Belagerung etc. in den Oktober oder Anfang November 1371 fallen." Nun hat aber das Schreiben an Kassel**) gar nicht das Datum des 30. November 1371, sondern enthält nur das Tagesdatum: Sonntag vor Nicolai; dies kann aber ebensogut der 5. December 1372 sein. Die ganze Beweisführung Landaus schwebt demnach in der Luft. Dass aber der Kampf um den Herzberg in der That dem Jahre 1372 gehört, wie unsere zuverlässigen Chronisten berichten, dafür liefern die Aufzeichnungen des Marburger Rentmeisters Heinrich von Eckerichsberg den sicheren Beweis***). Dass die Belagerung auch nicht „in den Oktober oder Anfang November" fällt, wird später zu zeigen sein.

Landau war nun, da die Fehdeerklärungen und andere urkundliche Zeugnisse deutlich für das Jahr 1372 als erstes Jahr des Krieges sprechen, genöthigt, die Belagerung des Herzbergs und den Zug der Sterner nach Fritzlar als „Feindseligkeiten vor dem Beginn der Fehde" †) aufzufassen. In Folge dessen stehen die Begebenheiten, die er zum Jahre 1372 schildert, ohne rechten Zusammenhang da, während sie mehr oder weniger mit dem Zug nach dem Herzberg in Verbindung stehen. Ohne auf die dadurch hervorgerufenen weiteren

---

*) S. 41, Anm. 2. — **) S. 110.
***) Beilage Nr. 91. — †) A. a. O. S. 39.

Irrthümer Landaus näher einzugehen, mögen deshalb im Folgenden die Ereignisse des Jahres 1372 in kurzen Zügen geschildert werden.

Ueber den Zeitpunkt der Entstehung des Bundes wissen wir nichts Bestimmtes. Nicht unwahrscheinlich ist die Vermuthung Landaus, dass schon am 5. Oktober 1369, als Friedrich von Liesberg, einer der bedeutendsten Theilnehmer des Bundes und der Besitzer des Herzherges, bei Herzog Otto in Münden war, die Vorbereitungen dazu getroffen wurden. Jedenfalls dauerten die freundlichen Beziehungen Heinrichs II. und Ottos auch nach Hermanns Verlobung und Eintritt in die Mitregierung fort, ein Grund mehr zu der Annahme, dass Ottos Absichten nicht von Anfang an auf die Nachfolge Heinrichs II. in Hessen gerichtet waren. Auch in dem Ehevertrag vom 3. August 1371 verpflichtete sich Otto u. A., ohne seinen Schwager Gottfried von Ziegenhain kein Abkommen mit Hessen (in Betreff der auf ihn fallenden hessischen Erbschaft) zu treffen und noch am 5. Oktober dieses Jahres sehen wir L. Hermann als Ottos Gast einem Turnier in Göttingen beiwohnen *). Erst nach dieser Zeit kann also der Bund mit seiner gegen Hessen gerichteten Tendenz hervorgetreten sein, wahrscheinlich zu Anfang des Jahres 1372, denn am 16. Februar erliessen die Landgrafen ein Ausschreiben an die oberhessische Ritterschaft, sich nicht am Sternerbunde zu betheiligen **).

Hermann muss überhaupt sehr rührig gewesen sein, seine Streitkräfte gegen die Sterner zu sammeln

---

*) *C. G. Schmidt*, Götting. Urkundenbuch Bd. 1 S. 291.

**) *Landau*, a. a. O. S. 115 aus Lauzes Chronik. Unter den Orten, an welche das Ausschreiben gerichtet ist, hat L. durch Ueberschlagung einer Zeile ausgelassen: „Hoemberg auf der Ohme, Nordecken, Gruenberg" (hinter „Schweinsperg" einzuschalten).

und auch ausserhalb Hessens Ritter und Knechte an-
zuwerben *), denn als er gegen den Herzberg zog,
gebot er über eine für die damalige Zeit recht stattliche
Macht. Auch war er eifrig bemüht, sich durch Bündnisse zu kräftigen **) und die Aemter und Burgen mit
geeigneten und energischen Männern zu besetzen ***).
Nach allen diesen Vorbereitungen kann Hermanns Lage
beim Beginn des Krieges nicht so trostlos gewesen sein,
wie die späte chronikalische Ueberlieferung sie hinstellt,
und man wird die dramatische Scene auf dem Markte
zu Marburg, wo Hermann die Bürger mit Thränen in
den Augen um Hülfe gebeten haben soll, da er seine
Anhänger mit einem Hellerbrode speisen könne †), in
das Reich der Fabel verweisen müssen; die Erzählung
ist wohl nur die sagenhafte Umgestaltung der oben
erwähnten Abmahnung vor dem Sternerbund.

Den Ausbruch des Krieges kann man mit ziemlicher Wahrscheinlichkeit in den Anfang Mai setzen;
damals sandten die Anhänger des Landgrafen dem Grafen
Gottfried von Ziegenhain ihre Fehdebriefe ††). Zu

---

*) Meist thüringische und eichsfeldische. Von einigen haben
sich die Quittungen über erfolgte Besoldung erhalten; so quittiren
am 4. Jan. 1373 die Wäppner Herman und Curt von Hastenbeck,
Eckebrecht von Virnkin und Johan von Stedere den Ll. Heinrich
und Hermann über Sold und Gleviengeld für sich und die Wäppner,
die sie in ihre Dienste gebracht haben, am 13. Jan. quittiren Dietrich Schuwe und Curt von Ossen, am 28. April Reinhard Radgebe,
Fritz von Teytelebin und Albrecht Hofmeister, am 21. Mai die
Brüder Curt und Jan von Elkisleybin, Heinrich von Husin, Curd
Wendelrod, Hans von Frymar u. A., am 16. Mai 1374 Curt von
Natza über Schuld und Schaden, „den ich vordinet unde gnummen
hatte in erme dinste du sii kregin mid den Sternern". Orig.-Urkk.
im Staatsarch. Marburg, Abt. Quittungen.

**) Vgl. *Landau* a. a. O. S. 50.

***) Ders. S. 47.

†) *Kuchenbecker*, Anal. Coll. III S. 27 f.

††) Vgl. *Landau* a. a. O. S. 48.

gleicher Zeit muss auch der Kampf gegen den Bischof Heinrich von Paderborn entbrannt sein, der von den Brüdern Werner und Heinrich von Gudenburg, den Inhabern der Aemter Wolfhagen und Freienhagen, mit Erfolg geführt wurde *). Ihnen gelang es am 17. Juli **) den Bischof mit einer grossen Zahl seiner Anhänger gefangen zu nehmen. Von dem Krieg gegen Ziegenhain wissen wir wenig. Den Hauptschlag versuchte Hermann durch die Eroberung der Burg Herzberg zu führen.

Dass das Unternehmen nicht, wie Landau will, in den October oder November fällt, sondern bereits im Juli oder August ausgeführt sein muss, dafür sprechen folgende Gründe. Aus der im Anhang abgedruckten Amtsrechnung geht hervor, dass der Zug vor den 29. September fallen muss. In dem Briefe L. Hermanns an die Stadt Cassel vom 5. December 1372 ***) macht dieser dem Grafen Gottfried unter Anderem den Vorwurf, dass er „Kirche und Kirchobe gebrant und geschint" und seine Klöster gebrandschatzt hätte. Gottfried erwidert †), dergleichen sei ohne sein Verschulden geschehen, als L. Hermann vor dem Herzberg gelegen hätte und die Sterner ihm nachgezogen seien, um ihn zu suchen. Nun berichtet Gerstenberg ††) — die bestimmte Tagesangabe lässt eine gute Quelle vermuthen —, dass die

---

*) Schon kurz vorher hatten sie mit Glück gegen westphälische Gegner gekämpft. Am 24. März d. J. rechnen sie mit den Landgrafen ab „uzgenomen .... sulchen schaden, den sie nomen uf dem walde, also sie die von der Brackinburg unde die von Hedemynne niderworfin". Cop. im Staatsarch. Marburg, Gen. Rep. Wolfhagen.

**) Die Angabe des Tages stammt von Lauze, aus unbekannter Quelle, das Faktum berichtet auch die Mainzer Bischofschronik.

***) *Landau* a. a. O. S. 111.

†) Ebenda S. 112.

††) *Schmincke*, Mon. Hass. Bd. 2 S. 492.

Sterner am 14. und 15. August das Kloster Cappel beraubt hätten. Man darf wohl annehmen, dass L. Hermann diese That meinte, als er dem Grafen den erwähnten Vorwurf machte, und wird danach die Belagerung der Burg Herzberg kurz vor diese Zeit setzen dürfen. Landau bezieht sich noch auf den Brief des L. Hermann an „seinen lieben Neffen", den Grafen Gottfried *), der Mittwoch nach Aegidii datirt ist, und worin er sich entschuldigt, dass seine Mannen den Grafen geschädigt hätten. Aber dieser Brief, der offenbar an den jüngeren Gottfried gerichtet ist, — der Vater starb am 8. October 1372 — ist jedenfalls erst am 2. September 1373 abgefasst, zu einer Zeit, wo die Landgrafen mit den Sternern in Unterhandlung standen **).

Erwähnt werden muss noch die von den beiden anonymen Thüringer Chronisten gebrachte und von Rothe erweiterte Nachricht, dass auch Markgraf Balthasar von Meissen-Thüringen an der Belagerung Theil genommen habe. Dieser Bericht, welcher von Landau ***) angezweifelt wird, gewinnt aber dadurch an Glaubwürdigkeit, dass in dieser Zeit, am 12. August 1372, Graf Hermann von Beichlingen, Graf Heinrich von

---

*) *Landau* a. a. O. S. 109, 1.

**) Man kann die Zeit der Ankunft des L. Hermann in Marburg aus den Angaben des Marburger Rentmeisters berechnen. Wenn dieser seit der Rückkehr des Landgrafen vom Herzberg bis Michaelis 18 Malter Korn und 86$\frac{1}{2}$ M. Hafer, und von Michaelis bis Pauli Bekehrung, also in 118 Tagen, 60$\frac{1}{2}$ Malter Korn und 180 M. Hafer verausgabte, so kommt man auf eine Durchschnittssumme von 46 Tagen, die zwischen der Ankunft des Landgrafen und dem 29. September liegen, diese würde also etwa am 14. Aug. erfolgt sein. Die Berechnung kann natürlich auf Genauigkeit keinen Anspruch machen, da der Verbrauch an Getreide nicht immer derselbe war.

***) A. a. O. S. 42.

Schwarzburg u. A. wegen des Markgrafen Balthasar
dem Grafen Gottfried die Fehde erklärten *).

Den Abzug des L. Hermann vom Herzberg und
die Verfolgung durch die Sterner hat der anonyme
Hersfelder Chronist **) mit einer ganz sagenhaften Erzählung durchflochten, die ihm auch getreulich nach-
erzählt worden ist. Der Landgraf und sein Heer hätten
beim Herannahen der Sterner kaum Zeit zum Aufbruch
gehabt, seien eilig nach Hersfeld geflohen und von den
Bürgern, trotzdem sich Abt Berthold selbst als Sterner
zu erkennen gegeben habe, mit knapper Noth in Sicherheit gebracht worden. Aus dem eben angezogenen
Briefe des Grafen Gottfried von Ziegenhain geht aber
hervor, dass die Sterner dem Landgrafen gar nicht so
dicht auf den Fersen waren ***), und ferner kann man
aus der Stelle der beigegebenen Marburger Amtsrechnung †): „do min juncher der lantgrefe uz dem here
quam und daz große folk tzů Marpurg quam von dem
Hirtzberge", folgern, dass L. Hermanns Abzug nicht
nach Hersfeld, sondern in der entgegengesetzten Richtung, nach Marburg, stattgefunden hat ††). Unterdessen
zog das Sternerheer sengend und brennend nach Fritzlar †††), wo es sich nach einiger Zeit auflöste.

---

*) Ebenda S. 50.

**) *Senckenberg*, Selecta Bd. 3 S. 385 zum Jahr 1376.

***) „Do zogen yme unsir herrin, wir und unsir gesellin nach
und suchtin in an den stedin, do unsir herrin, uns und unsir gesellin duchte."

†) Nr. 91.

††) Der Herzberg liegt etwa 4 Stunden östlich von Alsfeld
und für L. Hermann war diese landgräfliche Stadt leichter zu erreichen, als das weiter gelegene Hersfeld.

†††) Nach *Laute* a. a. O. wurde bei dieser Gelegenheit die
nicht lange vorher erbaute Freiheit von Homberg i. H. niedergebrannt.

Während die Unternehmung L. Hermanns gegen den Herzberg an der Uebermacht der Gegner scheiterte, gelang dagegen die Eroberung einer anderen feindlichen Burg, des Schönsteins, welche ebenfalls in dieser Zeit erfolgt sein muss. Der Schönstein war eine Ziegenhainische Feste westlich von Jesberg und im Pfandbesitz der von Gilsa. In einer Urkunde vom 9. Mai 1376 *) erwähnt Johann von Gilsa eine Verschreibung des Grafen von Ziegenhain und sagt: „daz wir den brieff virloren, do die lantgrebin daz hus Schonstein gewonnen." Auf dies Ereigniss ist es jedenfalls zurückzuführen, dass am 26. September 1372 Henne von Gilsa dem Grafen von Ziegenhain einen erzwungenen Fehdebrief sandte **); die Eroberung der Burg muss also vorher erfolgt sein. Im Juni 1373 war sie, wie aus der Marburger Amtsrechnung hervorgeht ***), bereits im Besitze des Landgrafen. Auch Borken, Romrod und Falkenstein scheint L. Hermann damals in seine Gewalt gebracht zu haben †).

Das Operationscentrum aller dieser Unternehmungen wird Marburg gewesen sein, wohin L. Hermann den grössten Theil seines Heeres geführt hatte ††). Nach der Limburger Chronik hatte er mehr als 600 Gleven Ritter und Knechte im Sold, mit welchen er den Kampf gegen die Sterner im kleinen Krieg fortsetzte. Auf der Marburg wurde im Herbst und Winter fleissig daran gearbeitet, die Keller für die Aufnahme der Gefangenen

---

*) *Landau* a. a. O. S. 153.

**) Ebenda S. 49.

***) Beil. Nr. 52 u. 53 zum 25. Juni; L. Hermann verproviantirte damals den Schönstein.

†) Vgl. den oft erwähnten Briefwechsel und die Erörterungen *Landaus* a. a. O. S. 43 Anm. 1 u. 2 und S. 44 Anm. 1.

††) Die ausserordentlichen. Ausgaben an Korn und Hafer in der Marburger Amtsrechnung dauern noch bis zum 25. Jan. 1373.

in Stand zu setzen *) und die Burg vertheidigungsfähig
zu machen **).

Von der Theilnahme Ottos von Braunschweig an
diesen Kämpfen im hessischen Gebiet wissen wir nichts.
Nach Rothes Bericht wurde der Krieg gegen ihn gemeinsam durch hessische und meissnische Truppen geführt, welche (im J. 1373) seine Stadt Dransfeld einnahmen und ausraubten.

Während des Winters ruhte in Oberhessen der
Streit mit den Waffen, er wurde aber zwischen L. Hermann und Graf Gottfried um so eifriger mit der Feder
fortgesetzt. Der Ziegenhainer schrieb an hessische
Städte und den alten Landgrafen und machte dem L.
Hermann die bittersten Vorwürfe wegen aller möglichen
Uebelthaten. Der Landgraf blieb nichts schuldig, er
sandte seine Entgegnungen an die Städte, die sie wieder
an den Grafen beförderten ***). Landau hat aus einer
Aeusserung des Landgrafen in einem dieser Briefe †)
einen voreiligen Schluss auf dessen Charakter gezogen,
der auch für spätere Beurtheiler massgebend gewesen
ist und deshalb hier berichtigt werden mag. Graf
Gottfried hatte ihm den Vorwurf gemacht, dass er einen

---

*) S. Beil. Nr. 4, 5, 9—12.

**) Beil. Nr. 13—15. Besonders interessant ist die aus Nr. 18
und 19 hervorgehende Thatsache, dass bei der Armirung der Burg
bereits Feuerwaffen eine Rolle gespielt haben. Nach *Winkelmann*
(Chronik S. 343) soll L. Hermann 1380 „die damalen neu erfundenen
Büchsen" bei der Belagerung von Hatzfeld zuerst angewandt haben.
Ich glaube auch, dass in dem Brief des Grafen Gottfried v. Z.
(*Landau* a. a. O. S. 109), in welchem sich dieser beschwert, dass
L. Hermann „ubir unsen bodin rante, der unse bussin trug, und
brach yme dy aff", nicht von „Gerichtsbußen", wie Landau (S. 39)
annimmt, die Rede ist, sondern ebenfalls von einer Feuerwaffe.

***) *Landau* a. a. O. Die Reihenfolge und Datirung der Schriftstücke ist nach dem Vorstehenden zu berichtigen.

†) *Landau* S. 114; vgl. auch Nr. 5 S. 113.

gräflichen Diener, Wigand von Dietershausen, der doch
nicht sein Feind wäre, gefangen genommen habe, worauf
L. Hermann erwidert: „Oich als her schrybit ume Wi-
gande von Dytirshusen, wissit, daz wir des grebin, sines
landes und lude fyent sin und wollin, daz wir er vele
hettin". Landau fasst diese Aeusserung so auf, als
hätte sich der Landgraf in frevelhaftem Uebermuth
möglichst viele Feinde gewünscht, während er nur sagen
will, da er des Grafen und seiner Leute Feind sei,
könne er sich nur wünschen, möglichst viele von ihnen
zu Gefangenen zu haben. L. Hermann war eine rück-
sichtslose und energische, beinahe starrköpfige Natur,
aber derartige Prahlereien lagen ihm fern.

Dieser Briefwechsel scheint den Anlass zu den
ersten mündlichen Unterhandlungen mit den Sternern
gegeben zu haben. Ende Januar 1373 fand in Fritzlar, vielleicht unter Mainzischer Vermittelung, eine Zusammenkunft statt, die von landgräflicher Seite mit
dem Deutschordenskomthur zu Marburg*) und dem
landgräflichen Kanzler Peter beschickt wurde**). Ueber
die dort gepflogenen Verhandlungen ist uns nichts bekannt, sie müssen aber jedenfalls erfolglos gewesen
sein, denn im Frühjahr brach die Fehde aufs neue aus,
die diesmal hauptsächlich in den solmsischen und
nassauischen Gegenden wüthete***). Aber auch Oberhessen wurde wieder durch den Krieg heimgesucht; und
u. A. hatte Marburg einen ernstlichen Angriff der
Gegner auszuhalten. Wenigstens entnehmen wir den

---

*) Johann vom Hein (nach Deutschordensurkk. im Staats-
archiv Marburg).

**) Beil. Nr. 23. Unsere Rechnung ist die einzige Quelle,
die die Kunde von diesen und den späteren Verhandlungen erhalten hat.

***) Ueber diese Kämpfe vergl. *Landau*, Rittergesellschaften
S. 56 ff. und *Colombel* a. a. O.

Aufzeichnungen des Marburger Rentmeisters, dass bei
einem feindlichen Angriff das Thorhaus an der Burg
niedergebrannt wurde*). Den Kampf gegen den Ziegenhainer führte L. Hermann bis zum Sommer fort, wie
aus den Lebensmittelsendungen desselben Rentmeisters
nach Kirchhain zur Verproviantirung des Schönsteins
hervorgeht**).

Im Juli wurden die Verhandlungen mit den Sternern wieder aufgenommen. Gegen Ende dieses Monats
fand eine Zusammenkunft in Bürgeln östlich bei Marburg statt***), der am 19. September eine zweite folgte†).
Zwischen diese beiden Tage fällt eine abermalige Belagerung der Burg Herzberg, die Kraft Rode, der Amtmann zu Marburg, leitete††).

Mit dem Ende des Jahres 1373 war die Kraft
des Sternerbundes gebrochen. Zwar hatte das landgräfliche Gebiet viel unter dem Kriege zu dulden ge-
habt†††), und die Landgrafen hatten eine Schuldenlast
auf sich geladen, die für die innere Entwickelung des
Landes von verhängnisvollen Folgen war, aber es war
doch der Thatkraft L. Hermanns gelungen, sich das
Erbtheil seines Oheims ungeschmälert zu erhalten. Man
muss auch das Geschick bewundern, mit dem er durch

---

*) Beil. Nr. 48. Diese Reparatur wurde etwa Mitte März
gemacht. Vgl. Nr. 29.

**) Beil. Nr. 52 u. 53 mit dem Datum des 25. Juni. Vgl.
oben S. 424.

***) Beil. Nr. 59. Da der nächste Posten unterm 25. Juli
notirt ist, wird dieser erste Bürgeler Tag ungefähr in dieselbe Zeit
oder nicht lange vorher fallen.

†) Beil. Nr. 90.

††) Beil. Nr. 65. — Um dieselbe Zeit wurde auch an der
Befestigung der Marburg fleissig gearbeitet, wie aus Nr. 57, 58,
63, 67—73 hervorgeht.

†††) Man vgl. z. B. was Gerstenberg von den Drangsalen
erzählt, die seine Vaterstadt Frankenberg durch die Westphalen
zu erleiden hatte. *Kuchenbecker*, Anal. Coll. V S. 205.

eine Reihe von Bündnissen *) die auswärtigen Mitglieder des Sternerbundes im Schach zu halten verstand, während er selbst im eigenen Lande die Gegner einzeln niederwarf. Auf diese Weise brachte er es zu Stande, dass, wie die Thüringer Chronisten sagen, der Bund bereits im dritten Jahre seines Bestehens zerfiel, und seine Mitglieder sich schämten, fernerhin die Sterne zu tragen.

Am 6. December 1373 wurde L. Hermann der Preis des Kampfes zu Theil, als er aus den Händen Karls IV. die Landgrafschaft Hessen zu Reichslehen empfing und zugleich die kaiserliche Genehmigung zu der am 9. Juli 1373 geschlossenen Erbverbrüderung mit Thüringen-Sachsen einholte. Im Verlauf des Jahres 1374 schloss eine ganze Reihe von Mitgliedern des Sternerbundes einzeln ihren Frieden mit dem Landgrafen, das deutlichste Zeichen, dass der Bund zerfallen war; am 4. Februar Friedrich von Lisberg, Anfang März die von Eisenbach, im Juni die von Hatzfeld. In einer Urkunde vom 2. Juni 1374 bezeichnet Hans von Reckerod, der ehemalige Amtmann in Rotenburg und Friedewald, den Krieg als bereits im März erloschen **). Freilich dauerte es noch fast ein Jahr, ehe auch das Haupt des Bundes, Herzog Otto von Braunschweig, sich unter dem Druck der gegen ihn geschlossenen Bündnisse zum Frieden fügte ***), wenn auch nur zum Schein; denn er wartete nur auf eine günstige Gelegenheit, um sich den Gegnern des verhassten Rivalen auf's neue in die Arme zu werfen.

---

*) Das Nähere über diese Verträge bei *Landau* a. a. O. S. 52 ff.

**) Orig.-Urk. im Staatsarchiv Marburg, Abt. Quittungen.

***) Uebor das Ende des Krieges vgl. *Landau* a. a. O. S. 62 ff.

Beilage.

Auszug aus dem Einnahme- und Ausgaberegister des landgräflichen Rentmeisters Heinrich von Eckerichsberg *) zu Marburg 1372—1373.

Diß ist min usgebin in dem andern jare m̅ccclxxii.

1. Tzum erstin uff unser frowen abint nativitatis **) loste ich uz der herberge in Thiderich Schutzen hus den von Brandinfels, hern Heinrich von Stochusin und hern Kolmetz vor 9 lib. h. 5 s. und 3 h. ***). *1372 Sept.*

2. Item ich gab Theynharte mins herren boden 4 gross. tzů tzerne und daz fudir wynes uf den wegin tzů fullene, daz tzů Grunenberg geladin wart.

3. Item von dem obene uf der burg tzů machene, eynen nůwen hals und eynnen nůwen herd darin, 4 gross.

4. Item meystir Heinrich dem steynmetzin von eyme nůwen obinloche und von eyme steyne dar vor tzů bowene und von eynir treppin und von tzwen wengirn †) in dem kelre, dar dy gefangen under der großin stobin inne sitzen, 10 gross.

5. Item von dem nůwen bergfride by der kůchene und von dem schribhůz uswendig tzů bewerfene

---

*) *In dem Register selbst wird der Name des Rentmeisters nicht genannt, dagegen wird in einer Urkunde von 1372 Mai 24 her Heinrich von Eckerichesberge als rentmeister zů Alsfelt und zů Margbůrg erwähnt. Staatsarchiv Marburg, Abt. Quittungen. In einer Urk. von 1374 Apr. 8 kommt* Heinrich vom Etchesberge *als rentemeystir tzů Marpurg vor. Ebenda.*

**) *Die Tagesbezeichnung ist nachträglich übergeschrieben.*

***) *Die vorkommenden Bezeichnungen der Geldsorten sind:* lib. h = *Pfund Heller,* s, sol. h = *Schilling,* h, hll. = *Heller,* gross. = *Groschen.*

†) *Ueber die Bedeutung des Wortes vgl.* Schiller u. Lübben, *Mittelniederd. Wörterbuch Bd. 5, S. 670.*

und in dem großin kelre eyn stûcke eynir mûren widder tzû machene und lochere hinder der almûsinkamern tzû stoppene, da daz waßir in der gefangen kelre ging, 6 gross.

6. Item ich koyfte eyn vas wynes umme Johanne von Martorf, daz myme herren tzû Cassel ward, daz behilt funftehalbe ame unde koste 51 lib. h., daz halbe vor 17 h.

Ausgaben für den Ankauf eines weiteren Fasses Wein und für den Transport nach Cassel.

Sept.
5—18. 7. Item in der fronefastin vor Michahelis den portenern, tornhudern, wechtern, wingertir und dem armborstir 14 lib. h. und 5 s. h.

Ausgaben für Kelterarbeiten, Ablöhnung von Handwerkern und Knechten und Anschaffung von Geräthen.

Dec.
5—18. 8. Item in der fronefastin in dem advente*) den portenern, thornhudern, wechtern, wingertir und dem armborstir 13 lib. h. und 5 s. h.

Verschiedene Ausgaben, hauptsächlich für Handwerkerarbeiten auf der Burg.

9. Item Hennen steynmetzen von fûnftehalbin tagen tzû erbeydin in den tzwen kelrin und der kûchen, da dy gefangen in gesast wordin, funftehalbin gross.

10. Item den tzymerluden von tzwen tûrin darvor tzû machen und anders des in den kelrin not was, da dy gefangen sitzen, 1½ lib. h. und 2 s. h.

11. Item umme gehenke und gesmyde tzû denselben tûren 6 gross.

12. Item umme tzwey sloz mit tzwen kethin an dy selbin tûre 8 gross.

13. Item den tzymerludin von der tzogebrucken daz holtz tzû walde tzû howene und sie tzû machene, 8 lib. h.

---

*) aduuento *Orig.*

14. Item vir knechtin, dy ien hulfen dy brucken abe brechen und dy tzogebrucken dar henken, hebin unde tragen, 1 lib. h.

15. Item dem smyde vor ysinwerg und vor gesmyde, daz tzû der brûcken quam, und vor sin arbeyd 6 lib. h. und 4 h.

16. Item von eyme nûwen slagen vor dem hein tzû machen, 1½ lib. und 2 s. h.

17. Item um butirn 4½ gross.

18. Item von eynir ryndeshut und vir kalbizfellin tzû gerwen tzû den tzûbrochen bußin 6 gross.

19. Item dem korsner dy bûßin und dy pulwe tzû newen und tzû bußen, 4 s. h.

20. Item umme gugeler tzû den pulwen 32 h.

21. Item den segern 3 lib. h., dy dyl tzû snydene tzûr tzogebrucken und tzû eynir nûwen portin vor dy burg.

22. Item dem sloßir von eyme nûwen schanke*) in dem kleynen kellir tzû beslahin und um gehenke unde sloz dar an, und von dren andern sloßin an dy bûtelige **) und an dy kamern undir der cappellen, 11 gross.

23. Item uf den mantag vor conversionem Pauli reyd ich tzû Alsfelt mit dem kumtur tzû Marpurg und mit hern Petir, mins junghern schribir, do sie vorbaz ryden gein Cassel, um den tag mit den Sternern tzû Fritzlar tzû leystin, unde gald vor sie in Edelinde Stebins hûz 1½ lib. h. *1373 Jan. 24*

24. Item ich bleyb lengir dar dorch des tzolliz und ander gescheffede willen und vortzerte 6 gross.

---

*) = *Schrank.*
**) = *Wohnung des Büttels?*

Ausgaben für Bierbrauen, Dachdeckerarbeiten auf der Burg und Arbeitslöhne.

ebr. 26. 25. Item uf den sûnabind vor Esto michi reyd ich tzû Alsfelt von geheyße mins junghern des lantgreven, da uf tzû bebin dy rente, daz ich da myde betzalte junghern Heinrich von Nassowe und junghern Jobanne von Solmes ir bûrglehen, darum sie do phenden woldin, den mir enward da nicht, und vortzerte 6 gross.

26. Item ich gab demselben junghern Heinrich von Nassowe 5 marg tzû burglene von geheiße mins junghern, daz sind 9 lib. h.

27. Item junghern Johanne von Solmes 12 marg, daz ist 21½ lib. h. . . . . *), auch tzû burglene.

Löhne für Knechte und Mägde.

ärz 16. 28. Item uf dy mittewochen vor Oculi sand ich myme herren dem lantgreven eynen salmen, den koyft ich vor 5 lib. h. und 2 gross.

Arbeitslöhne u. A. m.

März 29. Item in der fronefastin nach dem Eschedage den
9—12. portenern, tornhudern, wechtern, wingertir und dem armborstir 13 lib. h. und 5 s. h.

30. Item meystir Heinrich dem steynmetzen und sime gesellin 8 lib. h. den bûrnen vullen tzû machen in dem hobe.

31. Item demselbin steynmetzen 3 lib. h., steyne tzû brechin tzû demselbin burnen.

32. Item tzwen knechtin, dy den burnen osetin **) unde fegetin, 4 gross. ane 4 h.

---

*) *Loch im Papier.*
**) osen = *ausschöpfen.*

*Andere Ausgaben zu demselben Zwecke und Löhne für
Büttner und Schröler.*

33. Item meystir Heinrich dem tzymerman von dren
    tagen dy blöcher in dem walde tzů howene, dar
    man dy dyl uz sneyt tzůr hruckin und tzů dem
    bůrgtore, 6 s. h.
34. Item demselbin von dren tagen dy benke in der
    kůchene tzů behowene und widder tzů machene
    und anders da inne tzů machene, des nöt waz,
    und von eyme schanke in dem kleynen kelre tzů
    machene, 6 s. h.
35. Item demselbin von 5 tagen dy dyl tzů richtene
    und dy tzogebrucken umme damyde tzů bewedene
    und eyne nůwe bone uf dem torne tzů machin, 10 s. h.
36. Item demselbin von vir tagin, dy winden ubir dem
    bůrnen in dem hobe by tzů ruckene und sie anders
    tzů setzene, daz man den burnen geosin mochte
    und dy winden do tzů legene und von spanbettin *)
    uf der bůrg tzů machene, 8 s. h.
37. Item demselbin von 5 tagin ein nůwe tö und eyner
    nůwe portin in den heingartin tzů machen und
    von ander erbeyd in dem hofe 10 s. h.
38. Item demselbin von tzwen nůwen gatern uf dem
    sale an dy poteligen tzů machin, 7 s. h.
39. Item Syffride dem smyde 5 gross. vor 9 nůwe spad-
    ysin in den heingartin.
40. Item demselben 32 h. vor 4 klamern, dy vir steyne
    oben uf dem burnen tzůsamene tzů klamerne.
41. Item dren knechtin, dy dy erdin widder um den
    bůrnen furten und trugen, 5 s. h.
42. Item tzwen steynmetzen, dy den burnen mit eyme
    steinwege umme gredetin, 28 s. h.
43. Item eyme knechte, der ien half, 8 s. h.

---

*) = *Bettstellen.*

44. Item eynen gross. um eyn ysern band unden an daz tor in dem hofe.

45. Item 4 gross. um gehenke, nehele und gesmyde an daz tor unde portin in dem heingartin.

46. Item 2 s. h. um gehenke an dy tzwene gadern uf dem sale an der potelige.

Ausgaben für Bierbrauen u. A.

47. Item Wentzeln dem smyde 2¹/₂ lib. h., 6 s. h. und 2 h. um tzẘ nůwe ysirn schufeln umme dry nůwe kerste unde von 27 kerstin tzů irlegene in dem wingarten.

48. Item von eyme stucke der můren by dem obirstin tore in dem wingartin, do dy viende daz torhůz abbranten, gab ich tzwen steynmetzin 18 gross. vor rechtiz . . . .*) tzů machen.

49. Item Ruprecht Wisgerwir 38 lib. h., dy gefilen von der bede zu Lare.

Ausgaben für ausgeführtes Bier und Hafer.

Juni 8—11. 50. Item in der fronefastin tzů phinkestin den torn-hudern, den dorwertern, den wechtern, dem win-gertir und dem armborstir 13 lib. h. und 5 s. h.

51. Item 26 guldin, daz sind 23 lib. h. und 8 s. h., vor tzwey důch, mins herren und junghern dyner mit tzů kleydin.

Juni 25. 52. Item uf den sunabent nach sente Johannis tage des toyfirs sant ich mime junghern dem lantgrebin 12 stocfische tzům Kirchein, dy kostin 2 lib. h., do man den Schonenstein spisete.

53. Item 3 lib. h. um brot, daz ouch dar quam tzum Schonensteine.

54. Item eyme, der gertin hiew tzů dem tzůn an den wingartin uf der burg by der smittin und tzů dem

*) Loch im Papier.

heingartin unde wellin unde dornir dartzû, 11 gross.
ane 4 h.

55. Item tzwen knechtin, dy den tzûn machtin und
welleten und eynen nûwen weg machtin in den
heingartin, 28 s. h.

56. Item eyme knechte, der yn half, 6 s. h.

57. Item tzwen steynmetzin den swynstal under dem
bachûz tzû gredene und dy mûren by der smittin
tzû hochene und tzû borstene und eyn swellen in
mins herren stalle uf der burg undir tzû mûrne,
21 s. h.

58. Item eyme knechte, der ien half, 6 sol. h.

59. Item des abindiz, do der burggrebe her Johan von
Beldirsheim und dy andern quamen von dem erstin
tage, den man tzû Birgeln mit den Sternern geley-
stit hatte, gab ich 8 s. h. um eyn virteyl gudiz
wines.

60. Item um sente Jacobiz tag gab Heinrich den karten- *Juli 25*
knechten *) in dem hohe ein phund heller vor sinen
halbin lon.

Ausgaben für Lohn und Wein.

61. Item ich reyd gein Alsfelt von geheyße mins junghern, dy vorwerg tzû vorpachtin und den tzol tzû
bestellene und hern Stebin, dem pherrer, sin gelt
tzû betzalne, unde waz da tzŵ nacht und vortzerte 6 gross. ·

Verschiedene kleinere Ausgaben.

62. Item die mure in dem hofe by dem mitte . . . . **),
da von gab ich 5 gross widder y. . . . **).

63. Item dy wand in dem brûhuse hin . . . . **) unde
brante; dy lies ich abbrechen . . . **), so lies ich

---

*) So, wohl karrenknechte.
**) Löcher im Papier, es fehlen jedesmal etwa 4—5 Worte.

eyne muren machen dar by von .... biz an dy
mûren, dy umme den hop get; davon gap ich
6 gross.

64. Item Emerich mins herren knecht der mich w ...
...*), daz Krone tzû Ludi .... **) gestorbin
were und wolde sich unde ....*) hain von mins
heren wegen, waz sie gesassin bette, des enwoldin
yme dy voyde tzû Alsfelt nicht gehengen vnd reyd
darumme dar uf sente Johannis tag, als he ent-
hoybtit ward, und vortzerte 6 gross. und mir enward da nicht.

pag. 29.

Ausgaben für Handwerkerarbeiten.

65. Item demselbin ***) von zweyn tagin von vier blochern
in dem walde zcû hauwen zcû den tylen, die her
Craft Rode vor den Hirtzberg lech, 4 sol. hll.

66. Item Cûnen, sime gesellen, 2 gross.

67. Item demselbin meistir Heinriche von zwein tagin
daz holtz in dem walde zcû hauwen zcû eyne
nûwen tore uff dem steinwege vor der ußern portin
geyn der stad uff der burg, 4 sol. hll.

68. Item Conen, syme gesellen, 2 gross.

69. Item demselbin meistir Heinrich von 15 tagin, daz-
selbe tor unde eyne portin zcû machen, $1\frac{1}{2}$ lib. hll.

70. Item Conen, syme gesellen, 15 gross.

71. Item von dem selbin tore zcû deckene, dy bredir
tzû howen und tzû nûwen, 10 s. h.

72. Item dem smede umbe gesmyde darzcû 1 lib. h.

73. Item umb zwey sloz dar ane 16 gross.

74. Item demselben sloßer 8 s. h. vor nûwe sloßele und
sloz widder tzû machen uf der burg und in dem hofe
und von krappen tzun kanelin uf der burg 4 sol. hll.

---

*) Fehlt etwa 1 Wort.
**) Loch im Papier, Ludirbach?
***) sc. Meister Heinrich, dem Zimmermann.

Ausgaben für Botenlohn:

75. Item eynem bodin zcû Honberg zcû Heinrich von Nese, du Wigand von Erfirshusen die swin genommen hatte, 20 hll.

76. Item eynem boden zcû Kongisberg 30 hll., daz he die swin ließe holen zcu Marpurg.

77. Item eynem bodin zcû Cassel zcû myme jûnchern unde vorbaz geyn Grebinstein durch der mesteswine willen 5 gross.

78. Item uff sante Stephans tag eynem boden zcû Wettir 10 hll. nach Johann schriber unde sime gesellen, du man die habirn setzin solde.   *1372 Dec.*

79. Item eyme boden zcu Damme nach Gumpracht von Stedebach durch dezselbin willen ouch 10 hll. ·

80. Item uff unser frauwen tag purificationis eynem bodin zcû Cassel zcû myme junchern, unde muste man yn vorbaz suchen mit bryben hern Stebins unde Petirs, 6 gross.   *1373 Febr. 2.*

81. Item eynem zcû Heinriche von Nese durch der habirn willen zcû Wettir 30 hll.

82. Item eynem bodin geyn Wettir zcur eptißen unde zcu den von Fleckebol umbe er 8 marg, die sie myme herren geben, 1 sol. hll.

83. Item eynem boden, der myme herren den salmen zcû Cassel brachte, 2 gross.

84. Item eynem boden zcû Alsfelt zcû Petro, dem schriber, mit der antwort, die her Johan der cappelan von hern Johan Setzepande brachte von der brybe wegin von abe .... unde von der leistunge wegin zu Frankefurt 2 gross.

85. Item eynem boden zcu Wettir tzu Johan schriber 1 sol. hll., du dy wegin uff dem burgwalde uff gerumet waren.

86. Item eynem bodin zcû Cassel durch der dryßeg
punde heller willen, die hern Crafte von Hatzfelt
zcû Wettir werdin sollen, wart gevangin uff dem
wege, daz he nyt vollen gink, 2 gross.

87. Item eynem bodin zcû Alsfelt umbe daz gedingecze
von Engilnrade, daz der marschalg daz behilde
myme jûnchern unde andirs nymande gebe, 2 gross.

88. Item eynem bodin zcû Grûnenberg durch Johan
Smedis gudis willen, alse myn herre mir geschrebin
hatte, 30 hll.

89. Item eynem bodin zcû Ameneburg durch dez gudis
willen zcû Rosdorf, daz Hille Frantzen gekomert
hatte, 10 hll.

90. Item eynem bodin zcû Blankenstein mit junchern
Wigandes brybe von Erfirshusen umbe den tag, der
Sept. 19. uff den mantag nach Lamperti zcu Birgiln soldin (!),
1 sol. hll.

Es folgt das Geld-Einnahmeregister, welches mit den
1372 *Worten beginnt:* Diit ist daz innemen. Tzum erstin uf
Aug. 24. sente Bartholomeus tag 2½ lib. und 4 s. h. von der
voydige tzû Ebistorf, *und den Rest der vorderen Seite*
des Rotulus einnimmt. Das Folgende steht auf der
Rückseite.

Diit ist daz uzgeben der fruchte.

91. Tzum ersten do min jûncher*) der lantgrefe uz
dem here quam und daz große folk tzû Marpurg
quam von dem Hirtzperge, dar nach**) gab ich
1372 Thiderich Steyndeckir an biz uf sente Michels tag
Sept. 29. 17 malder kornis und 1 malder kornis, daz quam
vor schonebroyt, daz uf dem hûz do geßin ward.

92. Item ich gab yme ouch 86½ malder havern tzû
fuderne.

_____

*) Jûnher, *Orig.*
**) *Ueber der Linie.*

93. Item von den tzwen fronefastin vor sente Michehelis *Sept.* *15—18.* und dy andir vor Wynachtin gab den tzwen porte- *Dec.* nern 2 malder kornis. *15—18.*

Weitere Löhnungen an Korn.

94. So hain ich Thiderich Steyndeckir gegebin von sente *1372* Michels tage biz uf sente Paulus tag, als he be- *Sept.29 b.* *1373* kard ward, 60½ malder kornis unde hundert maldir *Jan. 25* unde 80 maldir havern tzü fuderne.

Verschiedene Ausgaben an Korn und Hafer.

Es folgt das Frucht-Einnahmeregister und schliesslich das Register der Ausgaben für den Weingarten.

———————

Papierrotulus im Staatsarch. Marburg. Abt. Rechnungen.

XI.

Die Porzellansammlung des Schlosses Wilhelmsthal bei Kassel.

Von

Dr. Chr. Scherer.

Ungefähr zwei Stunden von Cassel entfernt und mit der Bahn von Station Mönchehof aus bequem zu erreichen liegt halbversteckt in Mitten eines prachtvollen, sorgfältig gepflegten Parkes das kleine Schloss Wilhelmsthal. Unter Landgraf Wilhelm VIII. durch den Architekten C a r l D u r y in den 50er Jahren des vorigen Jahrhunderts erbaut, hat dasselbe, wie fast alle Schlösser dieser Zeit, im Grundriss und Aufbau wenig Bemerkenswerthes *); erst wenn man das Innere betritt und die Reihe der zumeist noch beinahe unversehrt erhaltenen und nur zum Theil durch spätere Zuthaten veränderten Gemächer des Erdgeschosses und ersten Stockes durchwandert, staunt man über den Reichthum und die Fülle zierlicher Ornamente, die über dieselben ausgegossen sind.

Zwar kann sich Schloss Wilhelmsthal an Grossartigkeit der inneren Ausstattung nicht mit jenen überreich verzierten Schlössern zu Würzburg, Bruchsal, Brühl, Schleissheim und manchen anderen, in jener prunk-

---

*) Vgl. *C. Gurlitt*, Geschichte des Barockstyles und des Rococo in Deutschland S. 439 f.

liebenden Zeit entstandenen messen, allein es wird doch
stets zu den reizvollsten Schöpfungen des Rococostyls
auf deutschem Boden zählen, den es in einer zwar
glänzenden, aber doch maassvollen Gestalt verkörpert.
Die mit prächtigen, buntfarbigen Holzschnitzereien ge-
schmückten Wände und Thüren, die herrlichen, hier
und da leicht vergoldeten Stuckverzierungen der in den
zartesten Tönen gehaltenen Decken, die feingemusterten
Seidentapeten und endlich auch die zahlreichen Gemälde,
die in die Wände eingelassen von J. W. Tischbein's
Meisterhand geschaffen sind: Alles dies wirkt zusammen
zu einem glänzenden, aber vornehm und anheimelnd
gehaltenen Ganzen.

Allein nicht dieser Wand- und Deckenschmuck *),
der noch immer einer würdigen Veröffentlichung harrt,
wie sie anderen ähnlichen Rococoschlössern schon längst
zu Theil geworden ist, soll uns im Folgenden beschäftigen, vielmehr möchten wir die Aufmerksamkeit der
Leser auf einen Zweig der Kunstindustrie lenken, der,
wie in allen Schlössern und Palästen dieser Zeit, so
auch hier in Wilhelmsthal eine reiche Verwendung gefunden hat und einen wesentlichen Bestandtheil der
gesammten inneren Ausstattung bildet. Es sind die Porzellane, ostasiatische wie deutsche, die in den Ecken
der Gemächer sowie auf reichverzierten Wandtischchen,
Kaminen und Konsolen aufgestellt, mit ihren zum Theil
phantastischen Formen und leuchtenden Farben sich so
wunderbar in diese heitere und anmuthige Umgebung
einfügen.

Zwar ist schon hier und da gelegentlich auf den
Werth dieser Sammlung hingewiesen und wohl auch

*) Derselbe wurde unter Leitung des Bildhauers J. A. Nahl
(1710—1781) ausgeführt. Vgl. *Knackfuss*, Deutsche Kunstgeschichte
II, S. 274 ff. Hier wird auch Schloss W. und seine Ausschmückung
eingehend gewürdigt.

dieses oder jenes Stück besprochen worden *), allein eine
eingehende Würdigung hat dieselbe bisher noch nicht
erfahren. Und doch enthält sie so viele Stücke
ersten Ranges, die das Auge des Kenners wie des
Laien in gleichem Maasse erfreuen und wohl verdienen,
auch weiteren Kreisen bekannt zu werden.

Ueber die Geschichte der Wilhelmsthaler Porzellansammlung ist, so viel wir wissen, keine sichere
Nachricht vorhanden; nur das eine steht fest, dass sie
in ihrem jetzigen Bestande verschiedenen Zeiten angehört
und nach und nach hier zusammengetragen ist. Den
Grundstock wird vermuthlich Wilhelm VIII., der Erbauer des Schlosses, gelegt haben, der während seines
langjährigen Aufenthaltes in Holland im Dienste der
Generalstaaten genug Gelegenheit hatte, ostasiatisches
Porzellan, dessen grossartige Einfuhr nach Europa in
erster Linie durch den holländischen Handel vermittelt
wurde, für seine Schlösser anzukaufen. Zu diesem
Grundstock kamen später — wie es heisst, im Jahre
1827 — eine Anzahl anderer Stücke, so z. B. sämmtliche Berliner Figuren und einige sechseckige Vasen
von noch nicht sicher aufgeklärter Herkunft, welche
bis dahin der von Landgraf Friedrich II. in der „Schil-
derey-Galerie" auf der Oberneustadt zu Kassel errichteten „Porcellaine-Galerie" angehört hatten; endlich
fanden in der Mitte der 80er Jahre drei grosse Bis-
kuitgruppen, die ursprünglich im Schlosse zu Wabern
aufgestellt gewesen waren **), in Wilhelmsthal ein
neues Heim. Wie und wann alle übrigen Stücke, besonders die vielen figürlichen Porzellane der Meissener

---

*) So z. B. bei Zais, Die Kurmainzische Porzellan-Manufaktur
zu Höchst S. 89 und in der Besprechung dieses Buches von A.
Pabst im Kunstgewerbeblatt IV. (1888) S. 41.

**) Mündliche Mittheilung des Herrn Kastellan Steindecker
in Wilhelmsthal.

und Fuldaer Manufactur, dorthin gelangten, lässt sich
bei dem Fehlen jedes aktenmässigen Ausweises nicht
mehr genau feststellen. Doch ist anzunehmen, dass sie
schon frühe dort untergebracht wurden, da sie sämmtlich der in das vorige Jahrhundert fallenden Blüthezeit jener Fabriken angehören und bereits in dem
ältesten vorhandenen Mobiliar-Inventar des Schlosses
aus dem Anfange dieses Jahrhunderts Erwähnung finden.

Ohne uns auf weitere Vermuthungen über die Geschichte der Sammlung einzulassen, gehen wir nunmehr
auf deren nähere Betrachtung über.

Unter den ostasiatischen Porzellanen der Wilhelmsthaler Sammlung, um mit diesen als den ältesten zu beginnen, nimmt ihrer Zahl nach eine Gruppe japanischer
Erzeugnisse die erste Stelle ein. Es sind mehrere, der
Provinz Imari entstammende Gefässe, die in den wirkungsvollen Farben blau (unter Glasur), eisenroth und
gold bemalt seit dem 17. Jahrhundert in grossen Massen
durch die Holländer nach Europa gebracht wurden[*]).
Weitbauchige Deckelvasen, zum Theil von beträchtlicher
Höhe, ferner sog. Stangenvasen, jene nach oben stark
ausladenden Gefässe von cylindrischer Form, von denen
einige als besonderen Schmuck in je zwei länglich
ovalen Feldern plastisch gebildete Blumen tragen, und
kleine gedeckelte Näpfchen bilden die Haupttypen dieser
Gruppe, welcher fernerhin zwei schlanke, 0,600 hohe
Vasen angehören, bei denen der vorherrschend schwarz
gehaltene Grund durch ausgesparte, regellos hingestreute
und mit bunten Landschaften und Blumen bemalte

---

[*]) Eine bedeutende Zahl dieser Gefässe, die übrigens in
Japan vorzugsweise für die Ausfuhr hergestellt wurden und daher
heute von ihrer Werthschätzung erheblich eingebüsst haben, besitzt
die Porzellansammlung im Dresdener Johanneum; andere schöne
Exemplare befinden sich u. A. in der Rothschild'schen Vasen-
sammlung zu Frankfurt a. M. und im Königl. Museum zu Kassel.

Felder von der mannigfachsten Form belebt ist. Es
ist dies ein ungemein reicher und eigenartiger Dekor,
der nicht allzu häufig anzutreffen ist.

Dieser auserwählten Gruppe von Erzeugnissen alt-
japanischen Porzellans reiht sich eine andere, nicht
minder werthvolle an, als deren Heimath China anzusehen ist. So zunächst vier Stangenvasen, die in der
Mitte von einem flachen, gürtelartigen Wulst umgeben
und zum Theil mit buntfarbigen, figürlichen Darstellungen,
Scenen aus dem häuslichen Leben der Chinesen, zum
Theil mit Vögeln und Blumen geschmückt sind; sodann
vier andere, paarweise zusammengehörige Vasen, bei
welchen auf königsblauen Grund von grosser Schönheit
und Tiefe Blumen im zartesten Goldton aufgemalt
sind, ferner zwei prachtvolle becherförmige Gefässe und
vier schon durch ihre kolossale Grösse als Ausfuhr-
artikel erkennbare Vasen von jenem nur in blau unter
Glasur gemalten sog. Nankingporzellan, schliesslich
zwei weitbauchige, 0,620 hohe Vasen der sog. famille
verte, deren hutförmige Deckel mit dem phantastischen
Hunde des Foh, dem Sinnbild des Friedens und häuslichen Glückes, bekrönt sind. Der Körper dieser beiden
Vasen zeigt auf dunkelgrünem, fast schwarzem Grunde
sorgfältig und flott gezeichnete grüne Ranken mit buntfarbigen, asternähnlichen Blumen dazwischen und in
zwei weissen Aussparungen lebendig gezeichnetes Ge-
flügel und Blumen in bunten, leuchtenden Farben.

Ein besonderes Interesse beanspruchen aber zwei
kleine sechseckige Deckelvasen, von denen die eine
mit Blumen und Frauengestalten, die andere an ihren
sechs unteren Seitenflächen mit vielfarbigen Vögeln
und Blumen bemalt ist, während die an den mit
mäanderartigem Muster in ziegelroth verzierten Hals
anstossenden oberen Flächen grüne Ranken in rothem
Felde und an den Ecken abwechselnd einen in aus-

gespartem Raume gemalten hahnähnlichen Vogel mit
ausgebreiteten Schwingen und eine asternartige Blume
als Schmuck tragen. Diese letztere Vase ist nun offenbar
das Vorbild für die vier in Wilhelmsthal befindlichen
0,720 hohen Fayence-Vasen gewesen, welche in Form
und Dekor merkwürdig mit jener übereinstimmen *).
Freilich unterscheiden sich dieselben hinsichtlich der
Ausführung wieder wesentlich von ihrem Vorbild. Denn
während dieses und sein oben erwähntes Gegenstück
sich durch grosse Sorgfalt und Leichtigkeit der Malerei
auszeichnen, sind jene vier Fayence-Vasen an ihrem
ungleichmässigen, dünnen Farbenauftrag sowie an dem
geringen Geschick und der Aengstlichkeit, mit welcher
besonders die Ranken gezeichnet sind, sofort als schwache
Nachahmungen zu erkennen. Indem wir uns vorbehalten,
bei anderer Gelegenheit auf sie zurückzukommen, bemerken wir hier nur, dass man dieselben, gestützt auf
die Thatsache, dass sie bis jetzt nur in Schloss Wilhelmsthal und in der Porzellansammlung des Kasseler
Museums nachzuweisen sind, für Erzeugnisse einer
Fayencefabrik hält, die in der zweiten Hälfte des vorigen
Jahrhunderts in Kassel gegründet worden war **). Wie
weit diese Vermuthung richtig ist, muss eine eingehendere Untersuchung lehren.

Wenn wir hiermit unseren Rundgang durch die
Sammlung der ostasiatischen Porzellane des Schlosses
beendigen und uns nunmehr den übrigen, aus deutschen

*) Es mag hier erwähnt werden, dass diese Gattung chine-
sischer Vasen auch von der Meissener Manufaktur in ihrer Früh-
zeit nachgebildet worden ist. In den Porzellansammlungen zu
Dresden und Kassel sind solche Meissener Nachbildungen von
derselben Form und demselben Dekor vorhanden.

**) Mündliche Mittheilung des Herrn Museums-Custos Pro-
fessor L e n z in Kassel. Ueber die Fayence-Fabriken von Kassel
vgl. *A. v. Drach*, Faience- und Porzellan-Fabriken in Alt-Kassel,
Hessenland 1891 Nr. 9 ff.

Fabriken hervorgegangenen Erzeugnissen zuwenden, so müssen nach Zahl und Kunstwerth diejenigen der Meissener Manufaktur an erster Stelle genannt werden.

Unter ihnen fesselt zunächst ein Satz von fünf Vasen unsere Aufmerksamkeit, die durch ihr Alter und die Vollendung ihres malerischen Schmuckes in gleicher Weise ausgezeichnet erscheinen. Es sind eine 0,560 hohe weitbauchige Deckelvase, zwei ähnliche kleinere und zwei 0,400 hohe Stangenvasen mit gürtelartigen Wulsten. Sämmtliche Stücke sind an der Vorderseite mit dem hessischen Hauswappen in bunten Farben geschmückt und mit von Figuren belebten Landschaften im zartesten Purpurcamayen bemalt, die von zierlichen, zum Theil schwarz conturirten Goldornamenten von feinster Zeichnung umschlossen werden. Dazu kommt auf der Rückseite der drei zuerst genannten Vasen, deren Körper hier und da mit den gerade für ältere Erzeugnisse Meissens charakteristischen Streublümchen und Insekten bedeckt ist, ein grellbunter Blumenstrauss mit Vögeln dazwischen in den leuchtendsten, sattesten Farben, die zu der verhältnissmässig sich vornehm zurückhaltenden übrigen Malerei einen eigenartigen Gegensatz bilden. Es ist, als ob hier zwei Farbensysteme und Dekorationsweisen, die ursprünglich nichts miteinander gemein haben, zum Kampf um den Vorrang zusammengestossen wären: dort die alte, noch ganz von den Vorbildern Ostasiens beherrschte farbensatte Palette, hier die bereits vom nahenden Rococo berührte feine und zarte Malweise *). Dieser koloristische Gegensatz in Verbindung mit den noch vollständig nach chinesisch-japanischen Mustern geschaffenen, schweren Formen würde an sich schon deutlich genug für eine frühe

---

*) Die Dresdener Porzellansammlung besitzt mehrere ganz ähnlich verzierte Gefässe, bei denen sich gleichfalls diese beiden Malweisen finden.

Entstehung der Gefässe sprechen, auch wenn die eine
der beiden Stangenvasen nicht mit dem aus A und R gebildeten Monogramm bezeichnet wäre, das sich bekanntlich nur an älteren, d. h. der zweiten Periode der Meissener
Manufaktur (1720—1740) angehörigen Stücken findet *).
Mit diesem Ansatz stimmt auch die auf einer Randbemerkung im „Mobiliarinventar" von 1823 beruhende Ueberlieferung vortrefflich überein, nach welcher diese Vasen
von König August dem Starken an Landgraf Carl geschenkt worden seien; zweifelhaft bleibt jedoch, ob
wirklich dieser ganze Satz oder nicht vielmehr nur jene
eine mit dem Monogramm versehene Vase dieses Geschenk gebildet habe, welchem dann später, vielleicht
als ein weiteres Geschenk oder auch in Folge einer
Nachbestellung seitens des Landgrafen, die übrigen vier
Stücke, die merkwürdigerweise die Churschwerter als
Marke tragen, hinzugefügt worden wären. Allein wie dem
auch sei, das eine steht fest, dass wir hier hervorragende
Erzeugnisse aus der älteren Periode Meissens (etwa um
1730) vor uns haben, wenn auch die Bemerkung im
Mobiliarinventar des Schlosses, dieselben stammten als
die ersten Stücke der Dresdener Fabrik aus den Jahren
1707 oder 1710, zwar gut gemeint ist, aber keiner
weiteren Widerlegung bedarf.

Ungefähr derselben Zeit der Meissener Manufaktur
gehört ein zweites, nicht minder werthvolles Stück an,
ein vollständiges, für sechs Personen bestimmtes Service
nebst allem Zubehör von zum Theil noch ziemlich
schweren, an Metallstyl erinnernden Formen. Die sämmtlichen Theile desselben sind mit vielfarbigen, fein gemalten Chinoiserien nach französischem Geschmack
verziert, die von zierlichen und reich ornamentirten
Rahmen in Gold, mit farbigen Blumen durchflochten,

---

*) Vgl. W. v. Seidlitz, Die Spitzner'sche Sammlung Alt-
Meissener Porzellane. Kunst-Chronik. N. F. II. (1891) S. 356 ff.

umgeben sind. Ein Stück dieses Services trägt neben den Churschwertern die Marke K. P. M. *) und weist dadurch in Verbindung mit den Formen und der Dekoration auf die Entstehung desselben etwa in den 20er oder Anfang der 30er Jahre des 18. Jahrhunderts hin. Wenn wir sodann noch eine kleine, leider nicht unversehrt erhaltene Vase nennen, deren eigenartige Dekoration, ein Belag mit plastisch gebildeten Schneeballenblüthen, auf die mit den weissen Blüthen der Mumepflaume belegten Gefässe altchinesischer Herkunft zurückgeht, so haben wir. hiermit die Reihe der deutschen Gefässporzellane der Sammlung erschöpft und können uns nunmehr den zahlreichen Gruppen und Figuren zuwenden, jenen reizenden Werken der Kleinplastik des 18. Jahrhunderts, in welchen uns das Rococo von seiner liebenswürdigsten Seite entgegentritt.

Voransteht auch hier wieder Meissen, das ja im vorigen Jahrhundert, besonders unter J. J. Kändlers Leitung (um 1736), auf diesem Gebiete die grössten Triumphe gefeiert hat und hierin von keiner der anderen Fabriken erreicht worden ist. Leider müssen wir uns bei der grossen Menge altmeissener figürlicher Porzellane, welche die Gemächer des Schlosses enthalten, darauf beschränken, nur die vorzüglichsten und interessantesten Stücke hervorzuheben und können denen, welche sich als Forscher oder Liebhaber mit diesen Gegenständen beschäftigen wollen, einen Besuch des Schlosses Wilhelmsthal nicht dringend genug anempfehlen.

Einer der kleinsten Räume, der vermuthlich einst als Ankleidekabinet diente und trotz oder vielmehr gerade wegen der Schlichtheit seiner Farbenstimmung einen überaus vornehmen Eindruck macht, birgt eine

---

*) Königliche Porzellan-Manufactur.

ganze Reihe altmeissener Gruppen und Figuren, deren
Aufstellung im engsten, man könnte sagen, im orga-
nischen Zusammenhang mit der gesammten Dekoration
dieses Raumes steht und sich mit derselben zu einem
wirkungsvollen Ganzen vereinigt. Da stehen zunächst
auf dem Simse des Kamins jene berühmten Figuren
der fünf Sinne, eine der reizendsten Schöpfungen
der Meissener Manufactur, für deren einstige Beliebtheit
schon der Umstand spricht, dass sie in drei verschiedenen Entwürfen bekannt sind. Ausser den fünf
sitzenden kleinen Damen im Zeitkostüm, welche u. A.
die Dresdener Sammlung besitzt, und jenen Frauen-
figürchen in buntgeblümter, antikisirender Tracht, von
denen eine jede neben ihren Attributen noch ein
Thier zur Seite hat, welchem der betreffende Sinn in
ganz besonderem Maasse innewohnt, begegnen wir hier
in Wilhelmsthal noch einer Erweiterung dieses zweiten
Entwurfes durch Hinzufügung von kleinen Knaben,
welche in humorvoller Weise einen jeden Sinn durch
ihr lustiges Gebahren verkörpern, und durch die Einfügung der einzelnen Sinnesorgane in das zierliche
Muschelwerk der Rococopostamente. Man könnte vielleicht an dieser starken Häufung von allerlei Attributen Anstoss nehmen und dem Modelleur zum Vorwurf machen, dass er nicht Phantasie genug besessen,
um auch ohne dieselben dem Gedanken, den er verkörpern wollte, Ausdruck zu verleihen, allein die naive
Freude, mit welcher er Alles darstellt, und der frische,
humorvolle Zug, den er in viele Einzelheiten hinein-
gelegt, versöhnen vollkommen mit dieser Schwäche,
und wohl Niemand wird sich dem wunderbaren Reize
entziehen können, den die Anmuth dieser meisterhaft
modellirten Formen und der zarte Schmelz dieser duftigen Farben ausüben.

Wenden wir uns sodann den übrigen Statuetten dieses entzückenden Raumes zu, die auf je zwei über einander befindlichen Porzellankonsolen stehen, welche zu beiden Seiten des über dem Camine hängenden Spiegels angebracht und miteinander durch das holzgeschnitzte, farbige Rankenwerk der Wandfüllungen verbunden sind. Die links auf der unteren Console stehende Gruppe stellt den Raub der Proserpina durch Pluto dar, eine jener heftig bewegten und völlig malerisch aufgefassten sog. Raptusdarstellungen, welche von Giovanni da Bologna, Bernini und Girardon in die monumentale Plastik der Zeit eingeführt die Lieblingsgruppen der damaligen Gartensculptur bildeten und von da auch in das Porzellan übergingen. Auf seinen Schultern trägt der muskulöse Gott mit Zackenkrone und lose umgeworfenem Lendentuch die sich heftig sträubende Schöne, deren Körper nur mit einem leichten flatternden Gewande bekleidet ist, in hastiger Eile von dannen. Im Gegensatz zu dieser heftig bewegten, hoch pathetischen Gruppe, in welcher männliche Kraft mit weiblicher Ohnmacht ringt, doch ohne dass Manier und Uebertreibung so stark darin zum Ausdruck kämen, wie in fast allen ähnlichen Werken jener obengenannten Bildhauer, zeigt uns die reizende Statuette auf der über ihr befindlichen Console ein Bild heiterster Ruhe. Eine junge zarte Mädchengestalt hat sich zum Bade entkleidet und ist im Begriff, das Wasser vorsichtig mit der Spitze des Fusses berührend, das letzte Gewandstück fallen zu lassen, um den Körper der erfrischenden Fluth anzuvertrauen. Dieses köstliche, vom Zauber keuscher Sinnlichkeit umflossene Werkchen, nicht minder fein in der Modellirung wie zart in seinen Farben, ist jedoch keine Originalschöpfung Meissens, sondern die getreue Copie eines in den Sammlungen des Louvre befindlichen Marmorbildwerks

von der Hand des bekannten französischen Rococobild-
hauers E. M. Falkonet, der auch als Modelleur für die
Porzellanmanufactur von Sèvres eine umfangreiche und
fruchtbringende Thätigkeit entfaltet hat. Auf ein für
Sèvres angefertigtes Modell dieses Künstlers geht also
offenbar unsere Meissener Figur zurück*). Ihr Gegenstück auf der oberen Console der rechten Seite bildet
die Statuette eines in behaglicher Ruhe an einen Baum-
stamm gelehnten jugendlichen Apollo, die freie, im
Geiste des Rococo umgeschaffene Copie einer jener
zahlreichen antiken Statuen des Gottes, denen wir so
oft in Gärten und Museen begegnen. Während sich
in diesem farbenfrohen Figürchen männliche Jugend-
frische mit Schönheit paart, zeigt uns sein Genosse auf
der darunter befindlichen vierten Console ein Bild
greisenhafter Gebrochenheit. Es ist die bekannte Per-
sonifikation des Winters, eine Einzelfigur aus der
Gruppe der vier Jahreszeiten, welche nicht minder
volksthümlich gewesen waren wie die Sinne, die Erd-
theile oder die Elemente. In einen Pelz gehüllt steht
die weissbärtige Gestalt fröstelnd neben einem Kohlen-
becken, ihr zur Seite zur weiteren Ausmalung des durch
sie verkörperten Begriffes dienend, ein nackter Knabe
mit Holzhacken beschäftigt**). Leider ist nur diese
eine Figur aus jener berühmten Gruppe in Wilhelmsthal vorhanden und vergebens sehen wir uns nach

---

*) Ein anderes für Sèvres angefertigtes Modell dieser Meisters,
einen sitzenden Cupido, der in Fürstenberg nachgebildet worden
ist, habe ich an anderer Stelle nachgewiesen, vgl. Kunstgewerbeblatt, N. F. III. S. 31 f. Uebrigens hat auch die Berliner Manufactur die Badende von Falkonet nachgebildet.

**) Der Vollständigkeit wegen seien hier noch die in diesem
Cabinet auf einem Tischchen stehende Figur eines Apostels genannt, vermuthlich Meissener Fabrikat und an L. Mattielli's Statuen an der Hofkirche zu Dresden erinnernd, sowie die zwei
höchst naturwahr und lebendig dargestellten Pudelhunde.

ihren Gefährten um, jenem traubenverzehrenden Bacchus, der den Herbst verkörpert, und jenen beiden reizenden weiblichen Gestalten, von denen die eine an einer Blume riechend den Frühling, die andere mit Sichel und Aehren den Sommer versinnbildlicht. Gewiss waren auch sie ursprünglich hier vorhanden und werden wohl mit vielem anderen, was heute noch dort vermisst wird, unter Jéromes zügelloser Herrschaft ihren Untergang gefunden haben. Zum guten Glück besitzt das Schlösschen noch manches andere kostbare Stück Altmeissens, so dass uns jener Verlust nicht allzu schmerzlich zu berühren braucht.

So befinden sich u. A. im ersten Stockwerk zwei grosse Uhren aus Goldbronze, die eine von Collier fils, die andere von Etienne le Noir in Paris gefertigt. Jene stellt einen Triumphwagen dar, der von zwei weissen Rossen in Sèvresporzellan (?) gezogen wird und einen Knaben, der den Frühling darstellt, zum Lenker hat. Dieser, sowie alle anderen Insassen des Wagens: ein in die Posaune stossender Genius, eine sitzende minervenartige Gestalt mit Helm und Scepter, die von einer Siegesgöttin bekränzt wird, ferner Knaben als Jahreszeiten, ein Adler auf der Spitze der Uhr und schliesslich auch die zierlichen Blümchen und Guirlanden, die das ganze Bronzegestell als Schmuck umgehen, sind sämmtlich Erzeugnisse aus der besten Zeit der Meissener Fabrik und von feinster, sorgfältigster Ausführung. Dasselbe gilt von den verschiedenartigen Gruppen und Einzelfiguren, mit welchem das zu laubenartigen Verschlingungen sich rankende Gezweig der anderen Uhr besetzt ist. In buntem Durcheinander, als hätte sie der Zufall oder ein lustiger Maskenscherz zusammengeführt, sehen wir hier die Gruppe eines Edelmannes mit seiner Dame, einen sitzenden Lautenspieler, ein Negerpaar, einen Harlequin, der mit einer Katze

spielt und einen Knaben mit Blumen, der auf einem
Postamente sitzend den Frühling verkörpert.

Eine ähnliche Verwendung als Schmuck von Geräthen haben zwei als Gegenstücke gedachte Gruppen
gefunden, von welchen die eine den unter einem Baume
mit seiner Lyra sitzenden Apollo darstellt und neben
ihm den getödteten Pythondrachen, die, andere eine
ebenfalls unter einem Baume sitzende weibliche Gestalt,
wahrscheinlich die Muse des Gesanges, die, unterstützt
von einem nackten Knaben, ihre Melodien aus einem
Notenblatt in die Lüfte schmettert. Eine jede dieser
beiden Gruppen dient zur Ausschmückung eines Tafel-
leuchters aus Goldbronze in Gestalt einer blätterreichen
Laube, aus deren Aesten die fünf Leuchterdillen her-
vorwachsen.

Es unterliegt keinem Zweifel, dass auch unter
den übrigen kleineren Altmeissener Figuren noch manches
Stück sich befindet, welches einst ähnlich wie die soeben genannten verwendet worden war; bei einigen
weist schon die Beschaffenheit der Unterfläche ihrer
Postamente*) deutlich auf diese ursprüngliche Bestimmung hin. Wohl die schönste unter den Statuetten
dieser Art ist jenes weibliche Miniaturfigürchen, das in
luftigem Gewande mit untergeschlagenen Beinen da-
sitzend die Finger über die Saiten der Laute dahin-
gleiten lässt.

Andere Figuren wiederum sind sicher von vornherein für keine dekorativen Zwecke bestimmt gewesen,
vielmehr als durchaus selbständige Kunstwerke anzusehen; doch müssen diese, wie die meisten Porzellanfiguren des 18. Jahrhunderts, nicht sowohl für sich
allein, als vielmehr zumeist mit einem Gegenstück ge-
paart oder zu Gruppen und Reihen vereint gedacht

---

*) Dieselben zeigen noch deutliche Spuren von Leim, mit
welchem sie auf den Grund befestigt waren.

werden*). Dahin gehört z. B. eine Folge von fein
ausgeführten Figuren, welche, zum grössten Theile der
Punkt- und Sternperiode Meissens (1763—1780) ange-
hörig, Typen des Marktes veranschaulichen, wie eine
Geflügel- und Früchtehändlerin, ein Eierhändler u. s. w.;
ferner müssen hier genannt werden ein Gärtner und
eine Gärtnerin und schliesslich als Stücke von ganz
besonderer Feinheit und liebenswürdigem Reiz: ein
junger Cavalier in blauer, mit feinen Goldspitzen be-
setzter Jacke und hellblauer Kniehose, der mit dem
Dreispitz unter dem Arm, wie es die Sitte erheischt,
in der Rechten einen Kranz, auf der Linken einen
Vogel hält und seine Genossin, eine junge Dame in
fein gemustertem Kleide und spitzenbesetztem Mieder,
die einen Vogelbauer trägt.

Während diese und andere Stücke, unter denen
noch die als »Annette et Lubin« bezeichnete Gruppe
dreier Figuren zu nennen wäre, welche offenbar irgend
eine Rührscene aus einer der zeitgenössischen Hand-
werksopern darstellt, die üblichen geringen Maasse
nicht oder doch kaum überschreiten, zeichnen sich
einige von ihnen, mit welchen wir zugleich die Betrachtung der Meissener Plastik beschliessen wollen,
durch besondere Grösse vor allen übrigen aus. Es
sind vier paarweis verbundene Statuetten: ein Chi-
nesenpaar und ein in arkadischer Nacktheit dargestelltes
Schäferpaar, jene 0,350, diese gar 0,360 hoch, die
ersteren mehr durch ihren höchst lebendigen Ausdruck,
die letzteren mehr durch ihre körperliche Anmuth und
die Schönheit ihrer Formen fesselnd, beide Paare aber
gleich sorgfältig und liebevoll bis in's Kleinste und
Einzelste ausgeführt.

*) Neuerdings hat *J. Brinkmann* wieder auf den engeren
Zusammenhang der Porzellanfiguren des 18. Jahrhunderts hinge-
wiesen, vergl. Bericht des Museums für Kunst und Gewerbe in
Hamburg 1890 S. 10.

Ohne mit den hier genannten Werken die Zahl
der in Schloss Wilhelmsthal überhaupt vorhandenen
Erzeugnisse der Porzellanplastik Altmeissens erschöpft
zu haben *), verlassen wir doch dieselben, um auch den
übrigen ähnlichen Werken der anderen deutschen Fabriken eine kurze Betrachtung zu gönnen. Unter ihnen
müssen an erster Stelle diejenigen der ehemaligen
bischöflichen Manufactur zu Fulda genannt werden,
welche hier so ausgezeichnet vertreten sind, wie man
sie anderswo kaum kennen lernen kann. Die Fuldaer
Porzellanmanufactur **) hat trotz der Kürze ihres Bestehens — sie wurde 1763 durch den Bischof Amandus
gegründet, aber schon 1780 von dessen Nachfolger
wieder aufgelöst — Leistungen aufzuweisen, welche
einen Vergleich mit denjenigen anderer Fabriken nicht
zu scheuen brauchen; ja wir tragen sogar kein Bedenken, das aus 16 kleinen Musikanten bestehende
Orchester und die vier Tänzerpaare, die Schloss
Wilhelmsthal besitzt, dem Besten und Zierlichsten beizu-
zählen, was überhaupt auf dem Gebiete der Porzellanplastik hervorgebracht worden ist. Ueber diese Werkchen, welche wie es scheint, einst zum Ausputz einer
Tafel oder eines Tafelaufsatzes dienten ***), ist der
ganze Zauber jener köstlichen Anmuth und Grazie ausgegossen, wie sie nur der heiteren, lebensfrohen Kunst
des Rococo eigen war. Es ist nicht nur die überaus
feine und zarte Modellirung nebst der duftigen und
diskreten Farbengebung, welche wir an diesen Figürchen

---

*) Zu erwähnen wären noch mehrere knieende Chinesen-
figuren mit Schalen in den Händen, offenbar aus der frühesten
Zeit Meissens, und das Figürchen einer älteren Dame in häuslicher
Tracht, die an einem Tischchen sitzend, auf welchem ein Spinnrad
steht, Spindel und Buch in den Händen hält.

**) Vgl. F. Jännicke, Grundriss der Keramik S. 786.

***) Vgl. Zais a. a. O. S. 89.

bewundern, sondern vor Allem auch die höchst iudi-
viduelle Behandlung jedes einzelnen, die sich ebenso
sehr in der Mannigfaltigkeit der Stellungen, wie im
Ausdruck der Köpfe kundgibt. Da bemerkt man nichts
von jenem stereotypen, spitzigen Lächeln oder jenem
sinnlichen Zug, den man so oft an den Köpfen der
Gross- und Kleinplastik jener Zeit beobachten kann;
hier ist vielmehr Alles schlicht, einfach und wahr
wiedergegeben, wie es dem Modelleur die Natur bot.
Auch der Maler hat sich nur aufs äusserste beschränkt
und in dieser sonst so ungewöhnlichen Zurückhaltung
eine vollendete Meisterschaft bewiesen. Die vorherrschend weisse Farbe der Gewänder ist nur hier und da
durch zarte Goldränder oder Goldmusterungen in Verbindung mit farbigen Bändern und Schleifchen belebt,
die an Feinheit der Behandlung nur noch durch die
von den Tänzern und Tänzerinnen gehaltenen Blumen-
kränze und Guirlanden übertroffen werden, welche in
ihrer minutiösen Ausführung unsere laute Bewunderung
hervorrufen.

Mit diesen reizenden Figürchen kann sich denn
auch keins der übrigen plastischen Erzeugnisse Fuldas
messen. Am nächsten kommt ihnen noch jene zur
grossen Gattung der sog. Pastoralen gehörige Gruppe,
die einen jungen Schäfer darstellt, der seiner unter
einem Baume eingeschlafenen Geliebten ein Körbchen
mit einem unter Blumen versteckten Briefe überbringt.
Sie gehört, was Formen- und Farbengebung anbetrifft,
gewiss zu dem Besten in ihrer Art, wenn auch die
Composition selbst auf besondere Originalität keinen
Anspruch erheben kann. Dasselbe gilt von den beiden,
dem gleichen Gebiet entnommenen Gruppen, die als
Gegenstücke gedacht ebenfalls Schäferpaare darstellen,
in ihrem harten Colorit aber wenig erfreulich wirken,
während in vier anderen zusammengehörigen Gruppen

zweimal derselbe Vorwurf mit geringen Veränderungen behandelt worden ist: hier drei Kinder bei der Obsternte, dort ein Kinderpärchen in vornehmer Tracht mit einem als Pierrot gekleideten Knaben unter einem Baum. So anmuthig und natürlich hier die Figuren wiedergegeben sind, so ungeschickt und geradezu hässlich sind die Bäume gebildet, an denen man die Unzulänglichkeit des Materials und die Grenzen seiner Leistungsfähigkeit nur allzu deutlich erkennt.

Nennen wir ferner noch die Figuren eines Gärtners und einer Gärtnerin, die in ihren weissen, goldgeränderten Costümen an jene obengenannten Musikanten erinnern, mit denen sie jedoch an Frische der Erfindung und Feinheit der Detailbehandlung in keiner Weise wetteifern können, so haben wir hiermit die sämmtlichen Stücke der Fuldaer Manufaktur aufgezählt und gehen nunmehr zu denjenigen von Berlin und Höchst, den beiden einzigen Fabriken, die ausser den genannten noch in Wilhelmsthal vertreten sind, über.

Von Höchst, um mit dieser letzteren zu beginnen, besitzt die Sammlung nur ein einziges, aber vortreffliches Stück, das den alten Ruf der Manufaktur auf dem Felde der Porzellanplastik im vollsten Maasse rechtfertigt. Es ist eine grosse Schäfergruppe*) in der Art der Pastoralen François Boucher's. Vom Wandern müde ist ein Schäferknabe am Fusse eines von einer Urne bekrönten Postaments in tiefen Schlaf gesunken, nachdem er zuvor Tasche und Hirtenstab abgelegt hat. Da naht sich die Geliebte, ein junges Schäfermädchen, und setzt dem von seinem treuen Hund bewachten, in süssen Träumen gewiegten Schläfer einen Blumenkranz auf's Haupt. Dies der Gegenstand, den

---

*) Es ist vermuthlich dieselbe Gruppe, die in dem bei *Zais* a. a. O. S. 151 abgedruckten Waarenverzeichniss unter Nr. 29 angeführt wird.

Modelleur und Maler zu einer anmuthsvollen Komposition gestaltet haben, die einen Vergleich mit ähnlichen Meissener Gruppen wohl auszuhalten vermag.

In einen völlig anderen Gedankenkreis, in das Gebiet der Mythologie und Allegorie, führen uns drei Prachtgruppen der altberliner Manufaktur, die, wie schon oben erwähnt wurde, ursprünglich in der Porzellangallerie des Landgrafen Friedrich II. aufgestellt waren. Die Stärke und Schönheit verkörpern die etwa 0,330 hohen, sitzenden Figuren eines Herkules und einer Venus, beide berührt vom Geiste der Antike, wie sie die Plastik des 18. Jahrhunderts verstand und wiedergab. So erinnert zwar der mit Keule und Löwenfell dasitzende Heros mit dem mächtigen Körper in manchen Einzelheiten, so vor Allem in der sorgfältigen Durchbildung der Muskulatur, an das antike Vorbild des Herakles Farnese, mehr aber noch an andere, ähnliche Werke von Pigalle und Puget; die auf ihrem Taubenwagen sitzende, kranzhaltende Venus ist nun vollends ganz im Geiste eines Coustou und Allegrain geschaffen und hat mit ihren griechischen Schwestern nur wenig noch gemein; trotzdem sind beide Figuren in ihrem zarten, durch den Glanz und die Reinheit der Glasur noch gehobenen Fleischton sowie in der frischen, naturwahren Wiedergabe der Körperformen und der wundervollen Leuchtkraft der Farben von entzückender Wirkung. Dasselbe Lob gebührt im vollsten Maasse der fast monumental aufgefassten Gruppe des Mars und der Geschichte, in welcher eine gewisse, schon das Nahen eines neuen Styles verkündende Strenge im Aufbau der Komposition durch den Reiz der Farben und die Schönheit der Umrisse gemildert und ausgeglichen wird.

Schon völlig auf dem Boden der von Antonio Canova mit Eifer erstrebten, von Thorwaldsen aber erst erreichten Antike stehen dann jene drei figurenreichen

Gruppenbildwerke in Biskuit, die aus dem Schlosse zu Wabern nach Wilhelmsthal versetzt worden sind. Mit ihnen wollen wir unsere Betrachtung beschliessen. Alle drei führen uns in streng pyramidalem Aufbau allegorische Gestalten vor, wie deren so viele die Kunst des 18. Jahrhunderts hervorgebracht hat. Die eine dieser Gruppen zeigt uns Apollo mit der Lyra im Arm auf rundem Postament, um welches herum vier weibliche Figuren stehen, welche die Künste personifiziren. Es sind die Architektur, Bildhauerei, Malerei und Musik, eine jede mit den sie bezeichnenden Attributen ausgestattet. Die zweite stellt die Welttheile vor: auf hohem Felsen Europa in einer an Athena erinnernden Erscheinung und unten um den Felsen stehend die Gestalten eines Negers (Afrika), einer Türkin (Asien) und einer Indianerin (Amerika). Die dritte endlich verkörpert in vier Figuren die Elemente; hier bildet die Gestalt der Luft, die in der erhobenen Rechten einen Vogel hält, die Spitze und den Mittelpunkt der Gruppe, um welchen die Figuren der Erde, des Wassers und des Feuers mit ihren zugehörigen Beizeichen gruppirt sind.

Ist der materielle Zusammenhang unter den einzelnen Figuren dieser drei Gruppen auch nur ein loser und rein äusserlicher, entbehren dieselben auch jeder tieferen Charakteristik und jeder nur einigermassen bewegten Handlung, so muss doch jede für sich, was den Adel der Zeichnung, die Feinheit der Ausführung und die Schärfe der Modellirung anbetrifft, als ein kleines Meisterwerk bezeichnet werden. Eine gewisse Vornehmheit des Styles in Verbindung mit dem an den Marmor erinnernden Material verleiht diesen Figürchen trotz ihrer Kleinheit einen echt monumentalen Charakter, der sich ebensosehr von einer allzustrengen Nachahmung klassischer Vorbilder wie von einer naheliegenden theatralischen Gespreiztheit oder affektirten Grossartigkeit fern

zu halten verstanden hat. Leider sind sämmtliche drei
Stücke unbezeichnet, sodass sich weder über ihre Herkunft noch über ihren Schöpfer — unzweifelhaft sind
alle drei von derselben Hand modellirt — Sicheres
sagen lässt*). Dass der Letztere zu den bedeutenderen
Modelleuren seiner Zeit gezählt werden muss und die
drei Gruppen nur einer von denjenigen Fabriken zugeschrieben werden können, die auf diesem Gebiete
wirklich Hervorragendes geleistet haben, kann keinem
Zweifel unterliegen. Vielleicht, dass in nicht allzuferner
Zeit das Dunkel, welches noch über diesen Gruppen
schwebt, gelichtet und der Name ihrer Herkunft wie
ihres Schöpfers entdeckt werden wird.

Wir sind hiermit am Ziele unserer Wanderung
durch die Sammlung der Wilhelmsthaler Porzellane angelangt und blicken zurück auf eine reiche Fülle
schöner Werke, die in diesem einsamen Schlösschen
ein nur Wenigen bekanntes Dasein führen. Wer nicht
aus blosser Neugierde getrieben das Innere desselben
betritt, sondern von wirklichem Interesse geleitet ist,
wird wohl in erster Linie dem reichen Wand- und
Deckenschmuck, den Tischbein'schen Gemälden und
kostbaren Möbeln seine Aufmerksamkeit schenken und
nur vorübergehend auch den Gefässen nnd Figuren in
Porzellan eine flüchtige Betrachtung gönnen. Gerade
diese Besucher möchten wir durch den vorstehenden
Aufsatz auf den hohen Werth auch dieser Gegenstände
hingewiesen haben; daneben aber wollten wir Demjenigen, der sich ernster mit denselben befassen will,
den Inhalt dieser Sammlung nutzbar machen, welche
Keiner umgehen kann, der die Kleinkunst des 18. Jahrhunderts zum Gegenstand seiner Forschungen gemacht hat.

---

*) Dasselbe gilt von der vorzüglich modellirten, weiss gla-
sirten Gärtnergruppe, die ebenfalls ohne Marke ist.

Zeitschrift

des

Vereins für hessische Geschichte und Landeskunde.

Neue Folge.   Achtzehnter Band.

(Der ganzen Folge XXVIII. Band.)

Kassel.

Im Commissionsverlage von A. Freyschmidt,

Hof-Buchhandlung.

1893.

Druck von L. Döll in Kassel.

Inhalt.

· I.

Die älteste selbstständige Realschule in der Provinz Hessen-Nassau.

Von

Dr. Karl A. F. Knabe.

Erster Abschnitt.

Das Unterrichtswesen während der französischen Fremdherrschaft.

Die Anfänge des Realschulwesens in Kassel führen uns in den Anfang dieses Jahrhunderts zurück, in die Zeit, in welcher mit rücksichtsloser Energie die Landkarte Europas verändert wurde, in der so viele altangestammte Herrschersitze umgestossen und neue Throne errichtet wurden in Reichen, die aus einer Anzahl Theilen von ehemaligen Staaten zusammengesetzt worden waren. Wenn wir nun auch diese Zeiten als die trüben dunklen Jahre der Fremdherrschaft betrachten, so müssen wir doch anerkennen, dass in ihnen manche gute Keime *) gepflanzt wurden, die dann später sich reich entfalteten und gute Früchte getragen haben.

*) Siehe z. B. *v. Specht,* Das Königreich Westphalen und seine Armee im Jahre 1813. Kassel 1846.

Was besonders das Schulwesen anlangt, so sehen wir,
dass in der Napoleon'schen Zeit an mehreren Orten
Deutschlands ›höhere Bürgerschulen‹, also Anstalten,
welche ihren Zöglingen auf eine andere als die bisher
einzig in Gymnasien vermittelte Weise eine höhere
Bildung einzuflössen berufen waren, ins Leben traten,
so in Königsberg i. Pr., in Danzig, in Frankfurt a. O.
Auch in Halle a. S., das damals dem Königreich Westphalen angehörte, wurde infolge anderweiter Veränderung im Schulwesen eine Realschule in den Francke-
schen Stiftungen eingerichtet. Alle diese Veranstal-
tungen gingen überwiegend aus der Mitte des Bürger-
standes hervor ohne wesentliche Mitwirkung der Regierung. Dagegen wurden in Bayern durch die 1808
erlassene neue Schulordnung neben den Gymnasien
Realschulen angeordnet, die freilich nicht eben ge-
dieben *). Auch die Regierung des Königreichs Westphalen, die sich am 28. August bezw. 15. Dezember
des Jahres 1807 mit der Hauptstadt Kassel konstituirt
hatte, suchte unter anderen das Unterrichtswesen zu
ordnen und neu zu regeln. Zum Minister-Staatssekretär
(d. h. zum Ministerpräsidenten) dieses neuen Königreiches wurde der berühmte Schweizer Geschichtsschreiber Johann Müller, der in einer früheren Stellung beim Kurfürsten-Erzbischof von Mainz unter dem
Namen Müller von Sylvelden in den Reichsritterstand
erhoben worden war, ernannt. Müller war noch im
Oktober 1807 in Berlin und wäre gern dort geblieben
und auch gehalten worden, wenn es bei den damaligen
Verhältnissen in Preussen irgend möglich gewesen
wäre. Da kam ihm wie eine Erlösung ein Ruf an die
Universität Tübingen, wo er hoffte, seine Studien in
vollem Umfange wieder aufnehmen zu können. Auf

---

*) *Kramer*, Encyclopädie des gesammten Erziehungs- und
Unterrichts-Wesens.

der Reise dahin überraschte ihn am 5. November Abends
11 Uhr in Frankfurt ein französischer Courier mit der
Einladung, sofort nach Fontainebleau zu kommen *).
Am 12. kam er dort an und erhielt am 17. das Dekret
als königlich westphälischer Minister-Staatssekretär.
Müller, der für alle bedeutenden Naturen (ganz besonders
für Caesar und Friedrich den Grossen) eine lebhafte Verehrung empfand, war auch nach einer Unterredung mit
Napoleon, am 20. November 1806, von Bewunderung
gegen ihn ergriffen worden. Aber eine solche Stellung
hatte er nie gesucht und gewünscht und sie nach
manchem Sträuben nur angenommen, weil ihm nach
3 oder 4 Jahren, wenn das neue Königreich in Ordnung sei, auf eine ruhige schöne Stelle Hoffnung gemacht wurde, in welcher er hoffen konnte, die neuen
Erfahrungen zu seinen Studien verwenden zu können.
Am 19. Dezember traf er, der schon in Paris seine
Amtsgeschäfte angefangen hatte, in Kassel ein; er
wurde als einziger Deutscher im Ministerium ungemein
mit Anfragen, Bitten, Beschwerden u. dergl. überhäuft
und hierdurch von neuem in seinem Entschlusse befestigt,
seine Entlassung zu nehmen, die er auch schon — da
seine Gesundheit zu leiden anfing — am 28. einreichte.
Von einer Entlassung wollte jedoch der König nichts
wissen, und so wurde für Müller nach seinem eigenen
Plane die Stelle eines Generaldirektors der Studien mit
30000 Livr. Gehalt geschaffen **). In dieser Stellung
aber konnte er sich auch keine Musse zur Fortsetzung
seiner Studien verschaffen, nur von 8 Uhr Abends
an nahm er sich später die Zeit etwas zu lesen. Zuweilen wollte er auch das Lesen aufgeben, um Tag
und Nacht nur im Berufe zu arbeiten, das ertrug aber

---

*) Johann von Müllers sämmtl. Werke herausgeg. von *Joh.*
Gg. Müller, 33. Theil, S. 170 ff.
**) *Goecke-Ilgen*, Das Königreich Westphalen S. 53.

seine Gesundheit nicht. Dazu kam jedoch noch bald mancherlei „üble Stimmung des Gemüths, Missmuth, Verlegenheit, mancherlei beängstigende Besorgnisse und häufiger Kummer", so dass er einst schreibt: „Ich gehe wie Sisyphus meinen Stein rollen, . . . dabei, zur Erfrischung den Kelch trinken, den fremde Unwissenheit, Immoralität und Eigendünkel mir etwa heute zubringen mag." Freilich war auch sein Wirkungskreis ein recht schwieriger und bedeutender, gehörten doch zum Königreiche 5 Universitäten, über 30 Lyceen und an 3000 Schulen, und waren ihre Einrichtungen z. Th. den französischen gänzlich ungleich und daher den Beamten völlig unverständlich. Besonders wegen der Universitäten hatte Müller viele Sorgen, da die selbstständige Gerichtsbarkeit derselben und das besonders in Göttingen und auch in Marburg häufiger stattfindende freie und ungebundene Auftreten der Studenten nicht nur Unzufriedenheit, sondern auch Besorgnisse vor revolutionärem Treiben erregte. Auch war ja selbstverständlich für die Finanzkraft des Königreichs und für das Bildungsbedürfniss die Anzahl von 5 Universitäten unbedingt zu gross, und so ging Müllers ganze Sorge und Mühe dahin, so viele, wie irgend möglich, von ihnen zu erhalten. Begreiflich ist es daher, dass er manchmal über die Sorge um das Wohl seiner fünf Töchter*) sehr klagt; diese waren die Georgia Augusta, die noch ganz hübsch blüht, die Philippina in ihrem Marburger Felsenneste, ein frommes anständiges Mädchen, die kleine Ernestina in Rinteln ganz demüthig, die Helmstädter Julia mit einem gewissen alten Stolze auf die Conringe, die Calixte, Meibome und Mosheime, endlich die arme Friederike von Halle, vom Schlage getroffen und fast hoffnungslos seit dem 14. Oktober

*) *Joh. von Müllers* s. Werke. 40. Theil, S. 42.

1806. Aber seine Bemühungen wurden oft so ver-
dächtigt, dass er selbst in einem Schreiben vom 9. Februar 1809 an den Minister des Inneren, Siméon,
schreibt: » *Les ordres de V. E. dans quelque rédaction
qu'ils me parviennent, me seront toujours respectables:
dès que je m'appercevrai que le rédacteur a renoncé à
ces deux principes: 1) que dans la règle j'ai toujours
tort et qu'il ne faut jamais être tout à fait de mon
avis; 2) qu'il convient de me faire dire des choses ab-
surdes, afin de pouvoir prendre un ton de docteur.*«
Zunächst war die Universität zu Göttingen bedroht,
aber es gelang, diese zu erhalten, auf der Reise durch
sein Land sicherte dies der König Jérôme im Mai 1808
in Göttingen zu. Im März 1809 war auch das Weiter-
bestehen der Universität zu Halle gesichert, dagegen
der Untergang von Rinteln beschlossen, im April wurde
auch Marburg, dessen sich im Staatsrathe der frühere
Präfekt zu Marburg, L u d w i g v o n B e r l e p s c h, mit
grossem Eifer annahm *), gerettet; auch hatte Müller
noch Hoffnungen wegen Helmstädt. So waren zunächst die wichtigsten Hochschulen erhalten, die besonders aus dem Grunde noch gefährdet gewesen
waren, weil sowohl Göttingen, als auch Halle seine
eigenen Fonds verloren hatte. So hatte Göttingen (im
März 1808**) einen Zuschuss von 32000, Halle von
11000 Thlrn. (ohne die dringenden Verbesserungen)
nöthig, während auch die Francke'schen Stiftungen daselbst ein Deficit von 14441 Thlrn. aufwiesen. Aus
der Aufhebung der Universität Helmstädt hoffte man
40000, aus derjenigen von Marburg 40 bis 50000, aus
der von Rinteln 15 bis 20000 Thlr. zu erzielen, die
zur Erhaltung von Halle und Göttingen nothwendig
waren. Eine Kalenderpacht, an welche Müller gedacht

---

*) *Heppe*, Kirchengeschichte beider Hessen. II. S. 364.
**) *Joh. v. Müllers* s. W. 28. Theil, S. 309.

hatte, würde doch nur kaum 10000 Thlr. einbringen und somit, wie auch andere Mittel, nicht genug Geld zur Erhaltung der Hochschulen einbringen. Denn nach seiner Berechnung brauchte er für die Universitäten überhaupt 418000 Francs, während die Francke'schen Stiftungen zu Halle über 68000, die Lyceen oder Gymnasien etwas über 100000 und die Landschulen doch wohl auch bei 70 bis 80000 Frcs. erforderten. Dazu kam, dass der Verlust der Dotation von Göttingen und vieler anderer höchst unrecht als Domänen genommener Klostergüter, die zur Hälfte Napoleon, zur Hälfte Jérôme zufielen, Alles ungemein erschwerte.

Ferner kamen jetzt alle Einkünfte nicht mehr zu ihrem bestimmten Zwecke, sondern Alles in das Danaiden-Fass, den Trésor public, woraus (wenn er nicht etwa suspendirt wird) jedem sein Gehalt alle 3 Monate gezahlt werden sollte.

Es war besonders eine leidige Sache, dass durchaus alles durch Präfecte, Unterpräfecte und Maires gehen sollte, auch das ganze Schulwesen möchte man ihnen lassen, hiergegen kämpfte natürlich Müller an. Um nun erst einmal eine genaue Uebersicht zu erhalten, erliess er im Mai 1808 in alle Departements Schreiben, um die Namen der Schulen, Lehrer, die Zahl der Schüler, die Lehrbücher, die Fonds, die Ernennungsweise u. s. w. zu erfahren. Dann sollten für jedes Departement diese Ermittelungen einzeln bearbeitet, alle Schulen desselben in ihren verschiedenen Gradationen einem Schulrathe aus Geistlichen und Weltlichen im Hauptorte, alle diese einem Oberschulrathe in der Hauptstadt des Königreichs untergeordnet werden; alsdann wird für anständigen Gehalt aus den vorhandenen Fonds oder durch Bettelei bei bemittelten Gemeinden quovis modo zu sorgen und werden gute Lehrbücher vorzuschreiben sein.

Alle Bemühungen zur Erhaltung der Universität Helmstädt waren vergeblich *), auch der Plan Göttingen als Universität und die anderen Hochschulen als Akademien zu erhalten, zerschlug sich. Unendlich viele Mühen und Arbeiten, grossen Aerger und Kummer hatte Müller in seinem Amte, in dem er so viel Nützliches geleistet hat, als es nur irgend anging. Auch bedeutende Ausgaben und Kosten hatte er von seinem neuen Amte, die Reise nach Paris und der Aufenthalt daselbst, die Amts- und Ordenskleider und dergleichen hatten ihn dermassen in Schulden gestürzt, dass er nach seiner eignen Angabe **) erst mit dem März 1809 in den Bezug seines vollen Gehaltes eintrat, von dem er bis dahin $^2/_5$ zurückgelegt hatte. Ganz besonders — nicht nur Zeit — sondern auch Geld raubend war ihm die ungeheure Brieflast, meist amtlichen Charakters, wofür er nicht postfrei war, so dass er unterm 25. März 1809 in den Zeitungen sich öffentlich entschuldigte. Da sollte ihn ein noch schwererer Kummer treffen: am 11. Mai war er zuletzt am Hofe. Als er in seiner letzten Staatsraths-Sitzung über den Zweig seiner Verwaltung bekümmert die letzten Vorschläge that, fuhr ihn nach der Aussage glaubhafter Männer der König mit den Worten an: *Je n'ai besoin que de soldats et d'ignorants, et Vous, Mr., Vous n'êtes ni l'un ni l'autre* ***).

Am 18. Mai zog sich Müller durch eine Erkältung eine rosenartige Entzündung des Gesichtes zu, am 20. wurde der Arzt Dr. Richard Harnier, am 26. noch der

---

*) Geschichte der ehemaligen Hochschule Julia Carolina zu Helmstädt S. 68.
**) 33. Theil, S. 232.
***) *Koch*, Geschichte d. akad. Pädagogiums in Marburg. Pr. 1868, ähnlich findet sich der Ausspruch in *v. Specht*, Das Königreich Westphal u.

Hofrath Richter aus Göttingen zugezogen, aber am
Montag, 29. Mai Morgens 4³/₄ Uhr, entschlief er sanft.
Am 31. Mai wurde sein Leichnam auf dem Kirchhofe
der reformirten französischen Kirche zu Kassel mit
grossem Gepränge *) bestattet, wobei der Minister der
Justiz und des Innern Siméon eine ergreifende Rede
hielt, von der Reinhard an Goethe schrieb: Er hat wie
ein Deutscher zu Deutschen gesprochen. »Die Gelehrsamkeit verliert in Müller einen ihrer treuesten Günst-
linge, die schönen Wissenschaften einen Mann, der ihnen
neuen Glanz mittheilte, der König einen treuen Diener,
wir einen Freund und Kollegen, aber sein Andenken
und seine Werke werden ihn uns wiedergeben . . . er
stirbt nicht ganz.«

Sein Amt übernahm der bisherige Staatsrath **),
frühere Professor an der Universität zu Göttingen,
Dr. juris Justus Christoph (seit 10. Januar 1810 westphälischer) Freiherr von Leist. Dieser war am
24. März 1770 zu Rethem an der Aller geboren und
hatte sich durch eine Anzahl juristischer und staats-
wissenschaftlicher Werke bekannt gemacht, so namentlich durch sein »Programm über das neurömische Recht
Göttingen 1792« und durch sein in mehreren Auflagen
erschienenes »Lehrbuch des deutschen Staatsrechts.
Nebst einem Abdrucke des Lüneviller Friedens, des
Friedens von Campo Formio u. s. w. Göttingen 1803.«
Im ersten westphälischen Reichstage hielt er am 10.
August 1808 eine Rede über den Entwurf der neuen
Kriminalprocessordnung und in der zweiten Versammlung
der Reichsstände über den Entwurf der Processordnung
am 14. Februar 1810, welche beide im westphälischen
Moniteur der betreffenden Jahre abgedruckt sind. In

---

*) Morgenblatt für gebildete Stände. 1809. Nr. 144.
**) *Hassel* und *Murhard*, das Königreich Westphalen. August
1812. S. 52.

seinem neuen Amte benutzte er Müllers Vorarbeiten,
und so erschien denn am 10. Dezember 1809 das
Königliche Dekret*), demgemäss die Universitäten zu
Helmstädt und Rinteln, wie auch das Institut zu Kloster-
bergen bei Magdeburg und das Seminar zu Riddags-
hausen bei Braunschweig vom 1. Mai 1810 an aufgehoben wurden, während zu gleicher Zeit das Carolinum
zu Braunschweig endgiltig in eine Militärschule umgewandelt wurde. Die Einkünfte dieser aufgehobenen
Anstalten sollten zur Unterhaltung der 3 verbliebenen
Universitäten zu Göttingen, Halle und Marburg verwandt
werden. Schon am 5. November 1808 war das Anna-
Sophianeum **) zu Schöningen geschlossen worden, dagegen war von Leist eine Erweiterung des Helmstädter
Pädagogiums zu einem Lyceum in Aussicht gestellt
worden, und auch die zur Gründung einer Schulbibliothek
nöthigen Werke aus der Universitätsbücherei waren daselbst verblieben; aber zu dieser Erweiterung ist es
erst im Jahre 1817 gekommen.

Das Seminar zu Riddaghausen führte auch den
Namen eines Collegii Candidatorum. Ferner wurde die
Bibliothek zu Wolfenbüttel, wie das Museum zu Braunschweig geplündert. Dem Pädagogium zu Kloster-
bergen ***), das aus einer Klosterschule des von Otto I.
im Jahre 937 gestifteten Moritzklosters hervorgegangen
war, hatte sein vermeintlicher Reichthum u. a. den
Untergang bereitet, der am 30. März 1810 feierlich
begangen wurde. Ende 1813 wurden sogar die alten
Klostergebäude abgebrochen, um bei einer etwaigen

---

*) Gesetz-Bulletin des Königreichs Westphalen 2. Theil vom
Jahre 1812. Nr. 9 S. 106 ff. und Moniteur du royaume de Westfalen. 1810. Nr. 1.

**) *Knoch*, Geschichte des Schulwesens, bes. d. latein. Stadt-
schule zu Helmstädt. Progr. 1862.

***) *Holstein*, Geschichte der ehemaligen Schule zu Kloster-
Berge. Leipzig 1886.

Belagerung Magdeburgs dem Feinde keinen Schutz zu
gewähren. Die Einkünfte kamen im Betrag von 15000
Thalern im Jahre 1816 der Universität Halle zu Gute.
Diese entging indessen ebenfalls ihrer Auflösung nicht.
Durch Dekret König Jérômes vom 15. Juli 1813 wurde
sie wegen ihres Betragens »bei den in der Nachbar-
schaft der Stadt vorgefallenen Ereignissen und des mit
einem wissenschaftlichen Vereine so wenig verträglichen
Geistes aufgehoben.« Aber dieser Erlass *) kam nicht
zur Ausführung, denn bald war es mit der westphälischen Herrlichkeit vorbei. Aus den Gütern der eingegangenen Anstalten sowie aus denjenigen der Universität Marburg und der Klosterschule zu Ilefeld wurde
nun ein besonderer Studienfonds gebildet, der unabhängig
von dem Staatsschatze unter der obersten Aufsicht des
Generaldirektors des öffentlichen Unterrichts bestand.
Aus demselben wurden die Bedürfnisse der drei westphälischen Universitäten bestritten, insofern sie nicht
Gehalte und Besoldungen betrafen; denn diese, sowie
Bauten und dergl. wurden dem Staatsschatze überwiesen. Hin und wieder wurden indessen aus diesem
Fonds auch Mittel zu anderen Unterrichts- und, wenn
man manchen Angaben trauen kann, zu ganz verschiedenartigen Zwecken verwendet.

Unterdessen hatte auch die Reform des Schulwesens begonnen. In Gemässheit eines Schreibens
des Ministers Siméon und einer Praefectur-Verfügung
(gez. von Reimann) forderte auf Veranlassung Müllers
am 7. Dezember 1808 der Maire von Kassel, Freiherr
von Canstein, sämmtliche Prediger der Stadt auf,
Verzeichnisse von allen hier befindlichen höheren und
niederen Schulen, sowie aller männlichen und weib-

---

*) Schon 1806 war dieselbe Hochschule durch Napoleon
vorübergehend aufgelöst worden.

lichen Erziehungsanstalten und Pensionen mit genauen
Angaben über Besuch, Mittel und dergl. einzusenden *).

Bevor die Antwort endlich einlief, war im Jahre
1809 für eine israelitische und im Jahre 1810 für eine
katholische Schule in der Hauptstadt Sorge getragen.

Im Jahre 1810 waren an öffentlichen Schulen **)
in Kassel ermittelt worden:

1) Das *Lyceum Fridericianum* verbunden mit
einer Anstalt zur Bildung der Landschullehrer. Dasselbe
war in 7 Klassen eingetheilt, wozu noch der Singechor
und das Institut der Partimschüler kam. Die letzteren
waren Kinder armer Eltern, welche in der 7. Klasse unentgeltlich Unterricht erhielten, jährlich eine vollständige
Kleidung, auch bei ihrem Abgange eine Beisteuer zur
Erlernung eines Handwerks bekamen und dafür täglich
vor den Häusern der Stadtbewohner sangen, wofür sie
von wohlthätigen Menschen Gaben einsammelten. Die
Anstalt zählte 220 Schüler (darunter 36 Partimschüler)
und 30 Seminaristen. Die vier oberen Klassen bildeten
die eigentliche Gelehrtenschule, die untern »wurden von
künftigen Bürgern in eingeschränkterem Sinne dieses
Worts besucht.« Die Schüler des Lyceums wurden von
den ersten Elementarkenntnissen an bis zu dem Punkte,
dass sie mit Nutzen eine Universität beziehen können,
gebildet. Die Einnahmen desselben bestanden aus 3380
bis 3400 Thalern nebst 65 Vierteln 7 Metzen Korn,
23 Vierteln Gerste, 17 Vierteln 7 Metzen Hafer und 1
Viertel Weizen, die sich aus Grund- und Kapitalzinsen,
aus Beiträgen der Königlichen, der städtischen Kämmerei-
und milder Stiftungen-Kasse, ferner aus einkommenden
Schulgeldern und dem Erlöse für verkaufte Früchte
zusammensetzten.

---

*) Akten des städtischen Archivs. M. 100.
**) Bericht des Rektors Caesar vom 15. Februar 1808 in den
Akten der Lycealdirektion. Vergl. auch: *Hassel* und *Murhard*
a. a. O. Jan. 1812. S. 100.

Die Aufsicht führte der Rector Caesar, der damals 600 Thaler Gehalt bezog, ausser ihm wirkten an der Anstalt der Conrector J. G. Hosbach mit 450, Collaborator Gustav Matthias mit 400, Pfarrer Ernst Ph. Cnyrim mit 360, Cantor Nicolaus Wiegand, dem die Aufsicht über das Seminar übertragen war, mit 420, Cantor C. Bechtel mit 300 Thalern Gehalt, endlich noch am Seminar der nachmalige Musikdirektor Dr. Grosheim und der Cantor Herstell.

2) Die *Freischulen* mit 6 Klassen, 3 für Knaben mit 176 Schülern und den Lehrern Heinrich Paul, Jakob Schiebler, Gottlieb Krafft, und 3 für Mädchen mit 140 Schülerinnen und den Lehrern Heinrich Claus, Joh. Burhenne und Christ. Bergmann; jeder Lehrer erhielt 140 Thaler Gehalt. Es befanden sich 4 Lehrzimmer in den Hallen, 2 Lehrzimmer in dem Hause des orphelins, und ihr Etat betrug 3263 fr. 40 c. aus dem Staatsschatz.

3) Die *Garnisonschule* in 2 Klassen, deren Lehrer Wagner und Hornhard (später Junghans) 180 bezw. 78 Thaler Einkommen und freien Brand mit Steinkohlen bezogen und 178 Kinder unterrichteten.

4) Die *katholische Schule*, die im Juni 1810 eingerichtet und in einer Stube im Hinterhause des Lyceums untergebracht war; ihre 70 Schüler wurden von Distelmann gegen 400 Francs Einkommen unterwiesen.

5) In der *Unterneustädter Schule* fanden 40 Kinder (Knaben und Mädchen) durch den Cantor G. Eckel und

6) in der *israelitischen Konsistorialschule* (15. August 1809 eingeweiht) 96 Schüler durch 8 Lehrer nur in Religion und Hebräisch Unterricht.

Ausser diesen öffentlichen Lehranstalten gab es aber noch eine grosse Anzahl von *Privatschulen* und zwar 17 mit ungefähr 550 Knaben und 10 mit gegen 200 Mädchen, darunter schon 10 französische; die be-

deutendsten Anstalten waren die von Candidat Daniel
Phister, Johannes Kehr, Cantor J. Jaq. Vinson,
Kirchenvogt Dubry, Augustine Auberg.

Unter dem 7. November 1810 schrieb die Präfektur des Fulda-Departements an den Maire von Kassel,
dass der Generaldirektor d. ö. U. die Absicht habe,
die vorhandenen öffentlichen Schulen mit Ausnahme
der katholischen und israelitischen aufzulösen und neu
zu gründen:

a) ein Lyceum oder eine gelehrte Schule zur Vorbereitung für die Universität,

b) eine Bürgerschule für Knaben zum Theil zur Vorbereitung für das Lyceum, zum Theil zur Erwerbung
derjenigen Kenntnisse, die für jeden Stand und für
gebildete Menschen nothwendig und nützlich sind,

c) eine Mädchenschule.

Die Mehrkosten wird man suchen aus dem öffentlichen Schatz und aus dem Studienfonds zu ergänzen,
während der Stadt unbedingt die Sorge für die Beschaffung des Lokals für diese neuen Institute übertragen wird, und zwar soll die Stadt die Räumlichkeiten für die Bürger-Knaben- und Mädchen-Schule anschaffen und einrichten, während man durch die Offerte
des Finanzministers wegen Ankaufs des Lycealgebäudes
in den Stand gesetzt sein würde, für das Lyceum einen
Neubau zu bewirken und dasselbe während der zweijährigen Bauperiode in dem französischen Hospitale
unterzubringen. Für die Bürgerschulen kommen in
Vorschlag folgende Gebäude:

1) die sogenannte Kanone d. i. das Oberneustädter
deutsche Kirchenhaus, in der Frankfurter Strasse Nr. 31
gelegen. Hiervon musste Abstand genommen werden,
da in demselben 11 Familien mit über 1000 Thaler
Miethzins wohnten, welche hätten entschädigt werden
müssen,

2) das von Herrn von Ofterhausen bewohnte Haus neben der Mairie, gegen dessen Benutzung jedoch der König Einsprache erhob,

3) das lutherische Waisenhaus bei anscheinender Zulässigkeit einer Verbindung desselben mit dem reformirten,

4) die Hallen auf dem Königsplatze und die darin befindlichen Freischulen,

5) der Stadtbau u. s. w.

Ende des Jahres 1811 wurde vom Generaldirektor d. ö. U. noch nach einem Lokale für die Bürgerschule und zu Wohnungen für den neuen Direktor und 2 Collaboratoren gesucht, ferner aber auch noch nach einem Fonds, um den vermuthlich entstehenden Fehlbetrag von 6568 Frcs. zu decken. Da wegen der grossen Finanznoth des Königreichs Westphalen der Minister des Inneren diese Summe nicht übernehmen konnte, so wurde die Stadt, welche schon zur Erhaltung des Schulwesens einen Betrag von 2000 Frcs. übernommen hatte, zur Tragung dieser Summe mit Erfolg aufgefordert.

Endlich wurde man am 16. Januar 1812 dahin einig, die zweite Halle auf dem Königsplatze zur Knaben-Bürgerschule — von derjenigen für Mädchen ist keine Rede mehr — zu verwenden. Der untere Stock sollte zu Schulzimmern, der obere zu Lehrerwohnungen eingerichtet werden. Da nun am 1. Oktober 1812 die neue Schule schon eröffnet werden sollte, so musste schnell das Gebäude geräumt werden. Zwei Klassen der Freischule, welche dort untergebracht waren, mussten in andere Räume verlegt werden, auch einem Lehrer dieser Schule eine andere Wohnung angewiesen werden; dagegen machten die Verhandlungen wegen der Entschädigung der darin wohnenden Miethsleute grosse Schwierigkeiten. Zwar die Wittwe Christel

war mit der zugesagten Abfindung zufrieden und
fand bald ein anderes Unterkommen, aber mit dem
Schenkwirth Lepper, der im Rez de Chaussee, und
dem Cafetier Hager, welcher in der Bel-Étage wohnte,
liess sich eine gütliche Einigung nicht erzielen, da
beide wegen der günstigen Lage ihrer Geschäftsräume
zu hohe Forderungen stellten. Es wurde deshalb die
Bestimmung des Code Napoléon angewandt, der von
der zwangsweisen Räumung von Wohnungen im öffentlichen Interesse handelte.

Es wurden 3 Sachverständige, je 1 von den Parteien und 1 von der Präfektur gewählt, welche die
Lokalitäten abschätzten, und am 7. April 1812 wurde
den beiden Wohnungsinhabern aufgegeben, ihre Wohnungen binnen 8 Tagen zu räumen und ihnen die aus
den Abschätzungen hervorgegangenen Entschädigungen
angegeben. Sofort wurde auch mit den nöthigen Vorbereitungen zum Umbau und Einrichten begonnen und
nach einem Kostenanschlag des Distrikts-Baumeisters
D. Engelhard jun. am 11. Mai die ministerielle Genehmigung des Baues ertheilt.

Am 28. Juni 1812 wurde zu Augustowo in Polen
ein Königliches Dekret von Hieronymus Napoleon unterzeichnet, durch welches das Lyceum in ein zu den akademischen Studien vorbereitendes Gymnasium umgewandelt und neben demselben eine höhere Bürgerschule eingerichtet werden sollte. Der erste Titel.
dieses Dekrets handelt in 5 Artikeln von den Bestimmungen, die für das Lyceum getroffen sind, dann heisst
es weiter:

Zweiter Titel.
Organisation der Bürgerschule.

Art. 6. In unserer guten Stadt Kassel soll eine
Bürgerschule errichtet werden, worin die Unterrichtsgegenstände folgende sind: die Moral und Religion, die

deutsche und französische Sprache, die Schön- und
Rechtschreibekunst, die Rechenkunst und die Anfangs-
gründe der Mathematik, die Naturgeschichte und die
Anfangsgründe der Technologie. Mit dieser Lehr-
anstalt soll eine Klasse verbunden werden, welche für den
Elementarunterricht in der lateinischen und griechischen
Sprache bestimmt ist, damit diejenigen, welche mit der
Zeit das Lyceum zu besuchen gedenken, zu ihrer Auf-
nahme in dasselbe hinreichend vorbereitet werden können.

Art. 7. Das Personal der gedachten Schule soll
bestehen:

aus einem Direktor, dessen Geschäfte zugleich von
dem Direktor des Lyceums besorgt werden;
drei Lehrern, wovon einer mit dem Elementar-
unterrichte in der Mathematik beauftragt ist;
einem Lehrer der französischen Sprache;
einem Schreib- und Rechenmeister und
einem Gehülfen.

Die Anzahl der Lehrer kann nach dem Verhältnisse der Zöglinge, welche die Schule besuchen, vermehrt werden.

Art. 8. Bei der Bürgerschule sollen Lehrer der
Zeichnenkunst, welche unter den Professoren der Maler-
akademie auszuwählen sind, angesetzt werden.

Art. 9. Die eine von den auf dem Königsplatze
gelegenen Hallen soll zum Gebrauche der Bürgerschule
gewidmet werden.

Dritter Titel.
Gemeinschaftliche Vorschriften.

Art. 10. Die Ordnung der in dem Lyceum und
der Bürgerschule zu haltenden Lehrvorträge und
Stunden soll nach einem Plane bestimmt werden,
welchen der Generaldirektor des öffentlichen Unterrichtes mit Genehmigung des Ministers des Inneren zu
entwerfen hat.

Art. 11. Jedes Jahr soll eine öffentliche Prüfung in Gegenwart einer Jury vorgenommen werden, welche aus dem Generaldirektor des öffentlichen Unterrichts, dem Präfekten des Departements, dem Maire von Kassel und zwei anderen, durch ihre Talente und Kenntnisse ausgezeichneten, und von dem Minister des Innern zu ernennenden Männern bestehen soll. Die Prüfung soll theils die gute Aufführung, theils die Fortschritte der Zöglinge des Lyceums und der Bürgerschule in den verschiedenen Zweigen des Unterrichtes, welchen sie erhalten, zum Gegenstande haben.

Art. 12. Der Direktor des Lyceums und der Bürgerschule hat monatlich dem Generaldirektor des öffentlichen Unterrichtes über den Zustand dieser Lehranstalten, über die Aufführung und die Fortschritte der Zöglinge Bericht abzustatten.

Art. 13. Die durch das Lyceum und die Bürgerschule veranlasst werdenden Kosten sollen bestritten werden:

1) aus den eigenen Einkünften des alten Lyceums zu Kassel;

2) aus den in dem Budget der Stadt Kassel bewilligten Summen;

3) aus dem Schulgelde, welches jeder Zögling jährlich zu entrichten verpflichtet ist und das in die gemeinschaftliche Kasse des Lyceums und der Bürgerschule fliessen soll.

Die Grösse des jährlichen Schulgeldes soll durch ein von dem Generaldirektor des öffentlichen Unterrichts abzufassendes und vom Minister des Innern zu genehmigendes Reglement festgesetzt werden.

Art. 14. Die Verwaltung der für die Unterhaltung des Lyceums und der Bürgerschule ausgesetzten Einkünfte soll einem Rechnungsführer anvertraut werden, der eine dem zwölften Theile seiner Einnahme gleichkommende Sicherheit in Gelde oder in Grundstücken, welche seiner freien Disposition unterworfen und frei von allen Lasten, Vorzugsrechten und Hypotheken sind, zu bestellen hat.

Art. 15. Von dem Tage der Eröffnung des Lyceums und der Bürgerschule an gerechnet sollen die zu Kassel bestehenden und für den Unterricht der Knaben bestimmten Schulen aufgehoben sein, insofern dieselben nicht auf den Antrag des Generaldirektors des öffentlichen Unterrichts eine besondere Bestätigung von Unserm Minister des Innern erhalten. Ausgenommen sollen indess von der obgedachten Aufhebung folgende Elementarschulen sein: 1) die sieben sogenannten Freischulen; 2) die zum Unterrichte in der katholischen Religion bestimmte Schule; 3) die dem Unterrichte in der jüdischen Religion gewidmete Schule.

Art. 16. Unser Minister des Innern ist mit der Vollziehung des gegenwärtigen Dekrets, welches in das Gesetzbülletin eingerückt werden soll, beauftragt.

Gegeben im Unserm Hauptquartiere zu Augustowo, am 28ten Junius 1812, im sechsten Jahre Unserer Regierung.

Hieronymus Napoleon.

Auf Befehl des Königs.

In Abwesenheit des Ministers Staats-Secretair, der Justiz-Minister, S i m é o n.

Eine ähnliche Einrichtung sollte für jede Departementsstadt getroffen werden, ferner sollten die höheren Bildungsschulen gleichmässig unter den Distriktsstädten vertheilt, der Volksunterricht im ganzen Königreich einförmiger gestaltet und nach den Regeln der verbesserten Methodik neuerer Zeit eingerichtet, auch eine

schärfere Bestimmung der Grenzen des Lehrer- und
Prediger-Standes getroffen werden *).

Durch Königliches Dekret **) vom 25. Juli 1812
wurde der Professor und Direktor der reformirten
Schule zu Lübeck Suabedissen zum Direktor des
Lyceums und der neu zu errichtenden Bürgerschule
(école secondaire) zu Kassel berufen. »Herr Caesar,
bisheriger Rektor, und Herr Hossbach, bisheriger Konrektor des Lyceums zu Kassel, sind zu denselben Stellen
bei dem neuen Lyceum ernannt.«

David Theodor Gustav Suabedissen ***), ge-
boren 14. April 1773 zu Melsungen als Sohn des dor-
tigen Justizamtmanns, besuchte zunächst die dortige
Stadtschule, ferner den Unterricht des Metropolitans
Hartwig und bezog Ostern 1789 die Universität zu
Marburg als Stipendiat, um Theologie zu studiren.
Im Herbste 1793 bestand er zu Marburg und Kassel
die Prüfungen zum Predigtamte, wurde alsdann Hauslehrer in Allendorf a. d. Werra, zu Ostern 1795 zweiter
Major der Stipendiaten in Marburg. Im Anfang des
Jahres 1800 wurde er als Professor der Philosophie an
die hohe Landesschule nach Hanau berufen, verblieb
daselbst aber nur bis zum Jahre 1803, wo er eine
Privatschule zu Homburg vor der Höhe gründete, die
er Ostern 1804 nach Hanau verlegte. Vom Frühjahr
1805 an war er erster Lehrer an der Erziehungsanstalt
der reformirten Gemeinde zu Lübeck, bis er in der Mitte
des Jahres 1812 dem Rufe nach Kassel folgte.

Vom Generaldirektor Leist wurde er im folgenden
Jahre mit einer Revision des Gymnasiums zu Hersfeld

---

*) Neue Fackeln. Ein Journal in zwanglosen Heften.
Deutschland 1813. II. Bd. S. 231.

**) Westphälischer Moniteur vom 28. Juli 1812. Dieser war
die officielle Zeitung des Königreichs und wurde auf der linken
Spalte französisch, auf der rechten deutsch gedruckt.

***) *Strieder-Justi*, hessisches Gelehrten-Lexikon.

betraut, welches neu gestaltet und erweitert werden
sollte *). Im Jahre 1813 wurde er von der Universität
Marburg zum Dr. phil. ernannt.

Unter dem 3. September 1812 erschien ein ›Allgemeiner Lehrplan für das Lyceum und die Bürgerschule in Kassel‹ mit der Unterschrift: ›Der Staatsrath, Generaldirektor des öffentlichen Unterrichts: Baron
von Leist. Genehmigt: Der Minister des Innern: Graf
von Wolffradt‹, Kassel, in der Königlichen Buchdruckerei **). Nach demselben gehen beide Lehranstalten
von einer gemeinschaftlichen Elementarklasse aus, in
welcher in 6 wöchentlichen Stunden einige Fertigkeit im
Lesen, in 4 Stunden die Elemente des Schreibens, in 4
Stunden Geistesübungen, in 4 Stunden Rede- und Gedächtniss-Uebungen, in 2 Stunden Vorübungen des Zeichnens
unterrichtet und 2 fernere Stunden zu Erzählungen
verwandt werden sollen. Darauf folgen zwei höhere
Abtheilungen, die eine zur Vorbereitung für das Lyceum,
die andere für die Bürgerschule. Beiden gemeinschaftlich soll sein der Unterricht im Schreiben (4 St.), in
Geistesübungen (3 St.), in arithmetischen und geometrischen Vorübungen (4 St.), in der Grundlegung des
geographischen und historischen Unterrichts (3 St.),
in Religionsgeschichte und in moralischen Erzählungen
(2 St.), in der deutschen Sprache und in Gedächtnissübungen (3 St.), in der französischen Sprache (4 St.),
endlich in der Naturgeschichte und im Zeichnen (je
2 St.). Hierzu kommt in der ersten Abtheilung für die
lateinische und griechische Sprache täglich eine Stunde
hinzu. Auf diesem (bis auf den Unterricht in den
alten Sprachen) gemeinschaftlichen Unterbau ist nun
das Lyceum in 3 und die Bürgerschule in 2 Klassen

---

*) *Heppe*, a. a. O. S. 364.
**) In den Akten des städt. Archivs und in der Bibliothek
des K. Friedrichs-G. zu Kassel.

errichtet. Diese letzteren sollen auf das Schreiben je 4, auf das Rechnen 6, auf das Zeichnen 2, auf die Religions- und Sittenlehre 2, auf die französische Sprache 6, auf die deutsche Sprache 4 bezw. 3 Stunden verwenden; dazu kommen noch in der unteren Klasse auf Geometrie 3, auf allgemeine Geschichte 4 und auf Geographie und Naturgeschichte, die jährlich mit einander abwechseln, 3 Stunden; in der oberen Klasse dagegen auf Mechanik und Technologie 3, auf Geographie und Geschichte 4 und auf physikalische und chemische Belehrungen 4 Stunden Unterricht. Ausserdem ist die Erlernung der englischen Sprache den Schülern angelegentlich zu empfehlen und jährlich im Lektions-Verzeichnisse ein guter Lehrer derselben namhaft zu machen, und so finden wir denn z. B. auf dem Lektions-Verzeichnisse von Michaelis 1813 bis 14 die Bemerkung: ›Zum Unterrichte in der englischen Sprache erbieten sich Herr Collaborator Matthias und Herr Fischer‹. Auch war geplant, italienischen Unterricht den Schülern zu bieten, doch ist es dazu nicht gekommen. Die einzelnen Klassen, deren es demnach für die Bürgerschüler vier auf einander folgende gab, waren auf einen mehrjährigen Besuch berechnet, dazu sollten in den unteren Klassen in den verschiedenen Jahren Wiederholungen des Lehrstoffs, in den oberen dagegen ein Wechsel der Unterrichtsgegenstände (z. B. Geographie und Naturgeschichte) oder auch in den Lehrmitteln (besonders bei den Sprachen ein Wechsel in den Schriftstellern) vorgenommen werden. Hierbei sollte auch — vornehmlich in Geschichte und Mathematik — die Thätigkeit der Schüler, welche den Kursus bereits einmal durchgemacht hatten, selbst zum Lehren in Anspruch genommen und ihr Interesse auf diese Art von Neuem belebt werden. Die Unterrichtsstunden sollten täglich in der Elementarklasse von 9 bis 11 Uhr Vormittags und von 2 bis 4 Uhr Nachmittags, in der höheren Abtheilung von 8 bis 11 Uhr Vormittags und von 2 bis 4 Uhr Nachmittags, in beiden Klassen der Bürgerschule aber von 8 bis 11 und von 1 bis 4 Uhr fallen; am Sonnabend war der Nachmittag immer schulfrei, dagegen in der Bürgerschule Vormittags von 8 bis 12 Uhr Unterricht. Zu Schulferien wurden bestimmt 14 Tage in der zweiten Hälfte des Juli, 8 Tage nach der Prüfungswoche im Herbste, die Woche der beiden Festtage zu Weihnachten und zu Ostern und die Hälfte der Pfingstwoche, ·im ganzen 5½ Woche. Man fürchtete also damals noch nicht die Ueberbürdung der Schüler, die besonders jetzt durch die neuen Lehrpläne 1892 vermieden werden soll, denn wenn auch in der untersten Klasse nur 22 Stunden angesetzt waren, so finden wir doch schon in der vorletzten 27 und in den beiden obersten sogar 34 Stunden wöchentlich; auch die Ferien waren in sehr geringem Maasse festgesetzt, die Hälfte der heutigen.

So waren die inneren Vorbereitungen für die neue Schule völlig getroffen, und auch die äusseren gingen mit schnellen Schritten ihrer Vollendung entgegen, sodass am Donnerstag 1. Oktober 1812 die neuen Schulanstalten mit grosser Feierlichkeit in dem Saale des Lyceums eröffnet werden konnten. Hierzu hatte der Direktor Suabedissen »Allgemeine Gedanken von dem Unterricht und der Disciplin in Bürgerschulen und Lyceen.« Kassel, in der Königlichen Buchdruckerei 1812 als Einladungsschrift abgefasst. Hierin stellt er zunächst den Unterricht als einen Theil der Erziehung und die Humanität — aber nicht die Divinität — als deren Zweck fest; d. h. die Erziehung strebt danach, dass in ihrem Zöglinge nicht bloss jede Kraft seines zeitlichen Daseins entwickelt, sondern auch das Ewige in ihm zu der Macht erhoben werde, seine ganze Natur beseelend und veredelnd zu durchdringen. Das allgemeine Ziel der Erziehung, dass der Mensch gebildet werde, ist der Hauptzweck sowohl in der Bürgerschule wie im Lyceum. Aber die Schule darf und soll in der Wahl und Behandlungsweise ihrer Lehrmittel auch auf die wahrscheinliche bürgerliche Bestimmung ihrer Zöglinge Rücksicht nehmen. Darum wollen beide Lehranstalten auch diejenigen Kenntnisse mittheilen, welche überhaupt oder in der jetzigen Zeit im bürgerlichen Leben nützlich sind; die Bürgerschule will ausserdem zu den Gewerben vorbereiten, das Lyceum zu solchen Aemtern, welche wissenschaftliche Bildung voraussetzen. Aber beide wollen dies nur im Allgemeinen thun, und darum gehört z. B. die Waarenkunde ebensowenig unter die Lehrgegenstände der Bürgerschule, als die Kritik und Exegese des neuen Testaments in das Lyceum aufzunehmen ist.

In Bezug auf die Methode lässt Suabedissen eine wohlthuende Freiheit: »Wo der Geist des guten Unterrichts lebt, kann die Form nie schlecht sein«; nur ist natürlich nöthig zunächst die Erkenntniss des Gegenstandes, ferner der innigste Wunsch und das ernstlichste Bestreben, dass der Unterricht zur Bildung der Schüler wirksam sein möge. Drittens muss der Lehrer das Innere seiner Schüler völlig kennen, und endlich muss er die Seele der Schüler für den Gegenstand des Unterrichts gewinnen. Es wäre zweckwidrig, irgend eine besondere Lehrweise, brächte sie auch Wunder hervor, allgemein in einer Schule einzuführen. Sie würde bei dem Lehrer, dem sie nicht natürlich wäre, aus einer lebendigen Methode zu einer steinernen Manier werden und so mehr schaden als nützen.

Der Hauptunterschied des Unterrichts in beiden Lehranstalten besteht darin, dass die Behandlung der Lehrgegenstände in dem Lyceum mehr wissenschaftlich,

in der Bürgerschule mehr praktisch sein soll; dazu
kommt, dass der Unterricht im Lyceum in einigen
Fächern weiter gehen und umfassender sein muss als
in der Bürgerschule. Was die Disciplin anlangt, so
verlangt Suabedissen mit Recht, dass sie immer mehr
negativ als positiv sei, d. h. dass sie immer mehr darauf sehe, die Straffälle zu verhüten, als, wo es nöthig
ist, zu strafen, denn ihr letzter Zweck ist nicht zu
strafen, sondern zu erziehen. Ein am 19. September
erlassenes Disciplinar-Reglement enthielt die allgemeinen
Verfügungen, die zur Einführung und Erhaltung der
Ordnung, der Sitte und des Fleisses nothwendig sind;
dasselbe war so abgefasst, dass es den Lehrer in der
Ausübung und Aufrechterhaltung der Disciplin wirksam
unterstützte, ohne ihn zu beschränken. „Eine Haupt-
bedingung aber, ohne welche die rastlosesten Bemühungen der besten Lehrer vergeblich sind, ist die Mitwirkung der Eltern. Sie, denen das Hauptgeschäft der
Erziehung im engeren Sinne überlassen bleibt, müssen
nicht bloss Forderungen an die Schule machen, sondern
auch dem, was die Schule zur Erreichung ihres Zwecks
anordnet, nicht nur nicht entgegen sein, vielmehr sie
darin unterstützen."

Bei dieser Einweihungsfeier hielt in Gegenwart
des Präfekten des Fulda-Departements, des Maire der
Stadt Kassel, der Mitglieder des Municipalraths und
anderer angesehenen Personen, denen der Gegenstand
wichtig schien, der Staatsrath und Generaldirektor
des öffentlichen Unterrichts Baron von L e i s t eine
Rede *), worin die Nothwendigkeit gezeigt wurde, den
Unterricht der Jugend von der Oberflächlichkeit und
der Vielwisserei zum Ernste und zur Gründlichkeit
zurückzuführen. Die genaue Bekanntschaft mit der

---

*) Westphälischer Moniteur Nr. 244 vom 11. Oktober 1812.

Sprache und dem Geiste der griechischen und römischen
Klassiker, die Mathematik, die Geschichte, die französische Sprache und die Fertigkeit der klaren und
bündigen Gedankendarstellung werden für das Lyceum
und, mit Ausschluss der ersten, auch für die Bürgerschule als die Hauptgegenstände des Unterrichts hervorgehoben, worauf vorzüglich zu sehen, den Lehrern
nachdrücklich zur Pflicht gemacht wurde. Darauf sprach
der Direktor der neuen Lehranstalten Suabedissen
gute Wünsche für ihr Gedeihen aus, deren Erfüllung
er als bedingt durch die Pflichterfüllung und Einstim-
mung der Lehrer, durch die Hilfe der Eltern und durch
die Willigkeit der Schüler darstellte.

In den nächsten Tagen fand die Aufnahmeprüfung
der angemeldeten Schüler und ihre Einweisung in die
einzelnen Klassen statt, und am 15. Oktober begann
der Unterricht in allen Klassen. Unterdessen waren
die baulichen Einrichtungen fertig geworden, wenn auch
am 6. Oktober noch der Direktor an den Baron von Leist
die Bitte um Beschleunigung der Herstellung von Bänken,
Pulten, Tischen, Tafeln und Stühlen für die Lehrzimmer
der Bürgerschule richten musste. Zu diesen inneren
Einrichtungen wurden gemäss einer ministeriellen Verfügung die Bänke und das sonstige Bretterwerk der
vormaligen Garnisonkirche benutzt. Am 19. Oktober 1812
berichtet der Ingenieur Engelhard, dass der Bau des
Gebäudes der Bürgerschule bis auf den äusseren Abputz
gänzlich vollendet sei, allerdings war in den Wohnungen
der Lehrer noch mancherlei zu thun, wie aus einer
Beschwerde des 1. Lehrers an der Bürgerschule, Dr.
Schmieder, vom Dezember hervorgeht. Die gesammte
Bau-Einrichtung des zweiten Hallengebäudes zu der
Bürgerschule hat einen Kostenaufwand von 10262 Frcs
44 cent. verursacht. Grosse Mühe machte nun die
Aufbringung der Kosten für den Unterhalt dieser

neuen Schulen. Die Stadt hatte dazu schon 6834
Francs jährlichen Zuschuss übernommen, aber mit
allen andern zu Gebote stehenden Fonds verblieb doch
noch ein jährlicher Fehlbetrag von 7393 Frcs 99 cent.
und so entschloss sich denn die Stadt, jährlich 10000
Frcs dafür auszuwerfen. Das Schulgeld war am Lyceum
zu 64, an der Bürgerschule zu 36, in der Elementarklasse zu 28 Frcs angesetzt; hierzu kam noch für den
Unterricht im Zeichnen 10, 8 und 6 Frcs und Inskrip-
tionsgebühren am Lyceum 6, an der Bürgerschule 4 Frcs.
Ein Collaborator bekam einen Gehalt von 1500 Frcs.

Die Kosten für die Baueinrichtung des zweiten
Hallengebäudes auf dem Napoleonsplatze wurden auf
den Staatsschatz übernommen, obwohl ursprünglich bestimmt war, dass die Stadt für die Gebäude der Knaben-
und Mädchen-Bürgerschulen sorgen sollte.

Beide Schulen entwickelten sich gut, schon nach
8 Tagen erwies sich die Theilung der Elementarschule,
welche die Schüler für das Lyceum vorbereitete, in 2
Klassen als nothwendig, die beide in das Lyceumsgebäude verlegt wurden, und auch die andere Abtheilung
der Elementarschule wurde im Anfange des Monats Dezember geteilt, nachdem in Dr. Simon ein neuer
Lehrer angestellt worden war. Diese Klassen wurden von
Anfang an so getrennt, dass sie nicht Parallel-, sondern
Stufen-Klassen waren. Somit finden wir am Ende des
ersten Schuljahres zu Michaelis 1813 folgende Klassen vor:
die *Vorbereitungsklasse* mit 48 Schülern

Elementarschule der Bür-gerschule.	*Elementarschule des Lyceums*
Erste Klasse mit 42 Schülern	Erste Klasse mit 39 Schülern
Zweite „ „ 56 „ „	Zweite „ „ 46 „ „
Bürgerschule	*Lyceum*
Erste Klasse mit 25 „ „	Erste Klasse mit 7 „ „
Zweite „ „ 27 „ „	Zweite „ „ 10 „ „
	Dritte „ „ 33 „ „

also zusammen 10 Klassen mit 333 Schülern, in der
Bürgerschule 150 Schüler. In der Einladung*) zu den
öffentlichen Prüfungen vom 30. Sept. bis 9. Oct. 1813
spricht Suabedissen den Schülern der oberen Lyceums-
Klassen volles Lob aus, während bei manchen Schülern
der Elementarschulen und der untern Klassen des Lyceums und der Bürgerschule grössere Pünktlichkeit im
Schulbesuche und grösserer häuslicher Fleiss zu wünschen
blieb. Neben einer Warnung vor unnöthigen und schädlichen Privatstunden musste S. schon damals, namentlich in Bezug auf die Bürgerschule, die Bitte aussprechen,
dass die Schüler alle Lehrgegenstände besuchen und so
lange in der Anstalt gelassen werden möchten, bis der
Zweck derselben an ihnen erreicht sei. Zu einer ge-
naueren Einsicht sei das Verzeichniss der Lehrstunden
in der Bürgerschule und den damit verbundenen Elementarschulen von Michaelis 1813 bis 1814 mitgetheilt:

*I) Klasse, worin die Schüler auf den Unterricht,
welcher in den Elementarschulen des Lyceums und der
Bürgerschule ertheilt wird, vorbereitet werden.*

dn.	Montag	Dienstag	Mittwoch	Donnerstag	Freitag	Sonnaber
—10	Schreiben (Dörr)	wie am Montag			wie am Montag	
—11	Lesen (Dörr)	wie am Mon- tag	Zeichnen (Zusch)	Lesen (Dörr)	wie am Donnerstag.	
—3	Rede- und Gedächtniss- übungen (Hagemann)		Lesen (Dörr)	wie am Mittwoch		
—4	Erzählungen (Hagemann)	Geistesübung. (Vatke)	wie am Dienstag	wie am Montg.	Zeichnen (Zusch)	

Es ist also hier gegen den allgemeinen Lehrplan
das Lesen bedeutend verstärkt.

*) In den Akten des städt. Archivs. Man vergleiche über
die neuen Einrichtungen namentlich des Lyceums: *Weber*, Geschichte der städtischen Gelehrtenschule zu Cassel. S. 354 bis 383.
Das Malsburg'sche Haus in der Ludwigsstrasse hat dem Staate
übrigens 109880½ Frcs, seine Einrichtung zur Schule 15500 Frcs ge-
kostet, während das Finanzministerium 1000 Frcs jährl. Miethe bezahlte.

Elementarschule der Bürgerschule, aus 2 Klassen bestehend:

dn.	Montag	Dienstag	Mittwoch	Donnerstag	Freitag	Sonnaben
–9	I. Schreiben (Dörr)	wie am Montag	Religionslehr. (Hagemann)	wie am Montag		wie am Mittwoch
	II. Anfangsgründe d. Arithmet. u. Geom. (Simon)		Schreiben (Dörr)	wie am Montag		wie am Mittwoch
–10	I. Arithmetik (Bergmann)	Naturgesch. (Hagemann)	Zeichnen (Zusch)	wie am Montag		wie am Mittwoch
	II.Frz.Sprach. (Hammer)	Gesch.u.Geog. (Simon)	Geistesübung. (Simon)	wie am Dienstag		wie am Mittwoch
–11	I. Geistesübungen und deutsche Sprache (Hagemann)					Zeichnen (Zusch)
	II. Zeichnen (Zusch)	Deutsche Sprache (Simon)	wie am Montag	wie am Dienstag		
–3	I. Geogr. u. Geschichte (Simon)		Deutsche Sprache (Hagemann.)	wie am Montag	Anfangsgründe der Geomtr. (Bergmann)	
	II. Schreiben (Dörr) . .		Französische Sprache (Hammer)			
–4	I. Französische Sprache nach Sanguin und Gedicke (Hammer)					
	II. Geistesüb. (Simon)	Biblische Geschichte (Hagemann)		Naturgeschichte (Simon)		

Bürgerschule aus 2 Klassen bestehend:

dn.	Montag	Dienstag	Mittwoch	Donnerstag	Freitag	Sonnaben
–9	I.) Geograph. u. Gaspari. II.) (Schmieder)	Religionslehr. (Hagemann) Allg. Gesch. (Schmieder)	wie am Montag	wie am Dienstag	wie am Montag	Erklärung de im bürgerl. Le gebr. griech. latein. Ausdrücke (Schmieder)
–10	I.Dtsche.Spr. (Schmieder)	Frnz. Sprache (Hammer)	. . . . wie am Dienstag			
	II. Religionsl. (Hagemann)	Dtsch.Sprach. (Suabedissen)	Naturgesch. (Schmieder)	wie am Dienstag	wie am Montag	wie am Dienstag
–11	I. Rechnen (Bergmann)	wie am Montag		wie am Montag		Vaterl. Gesc (Schmiede
	II. Französische Sprache nach Mozin und Télémaque (Hammer)					
–2	I. Frnz. Spr. (Hammer)	Schreiben (Dörr)	wie am Dienstag		Zeichnen (Zusch)	
	II. Zeichnen (Zusch)				Schreiben (Dörr)	
–3	I. Angewandte Mathematik u. Gewerbkde. (Schmieder)				Zeichnen (Zusch)	
	II. Zeichnen (Zusch)	Geometrie nach Kries (Bergmann)			Naturgesch. (Schmieder)	
–4	I Naturlehre . . . . . (Schmieder)			Dtsche.Sprache (Schmieder)		
	II. Rechnen . . . . (Dörr)					

In der Elementarschule finden wir in der 1. Klasse
1 Stde. Französisch, in der 2. 1 Stde. Deutsch mehr,
in der Bürgerschule selbst schon wesentliche Abweichungen vom allgemeinen Lehrplan.

Das Vorbild zu der neu gegründeten höheren Bürgerschule gab die Realschule in Halle, welche durch ein
königliches Dekret vom 18. Juli 1808 angeordnet und
unter dem bisherigen Subrektor Buhle am 24. Oktober
feierlich eröffnet worden war*).

Im Frühjahr 1812 hatte der Generaldirektor d. ö.
U. Baron von Leist diese Realschule in Augenschein
genommen, an welcher damals Dr. Schmieder Adjunkt
war, der auch im Jahre 1809 eine Schrift über die Einrichtung höherer Bürgerschulen hatte erscheinen lassen.
Hierbei äusserte Leist zum Kanzler der Universität
Niemeyer, in der Hauptstadt fehle das noch, was in
der Schule den Bürgerstand heben könne und berief
Schmieder nach Kassel, um dort eine ähnliche Anstalt
einzurichten. Aber diese wurde zur Vermeidung einer
Verwechslung des „Real" mit „Royal" nicht Realschule, sondern Bürgerschule (franz. école secondaire)
genannt. Bei der 1812 bewirkten grossen Ausdehnung
des bisherigen Lyceums in zwei vollständig getrennte
Anstalten, war es natürlich, dass die bisherigen Mittel
bei weitem nicht ausreichten. Mit den Einkünften des
Lyceums und dem Zuschusse der Stadt**) konnte man

---

*) *Eckstein*, Beiträge zur Geschichte der Halle'schen
Schulen.

**) Auszug aus dem Budget der Stadt Kassel für das Jahr
1812. Pag. 39. Ausgabe: X. Schulanstalten. Besoldung der Lehrer:

a. dem Kastenschreiber Büchling zur Auszahlung
    an die verschiedenen Lehrer des Lycei als jähr-
    lichen Zuschuss zu deren Gehalten mit . . 150 Thlr. 10⅔ ggr.
b. den Freischulen 18 Klafter Holz à 8 Thlr. . 144 „ — „
c. dem Kastenschreiber Büchling zum Frühjahrs-
    und Herbst-Examen des Lycei . . . . 43 „ — „

nicht auskommen. Man rechnete vielmehr sehr auf das Schulgeld und schloss deshalb zugleich sämmtliche Privatschulen. Der Inhaber der besuchtesten von diesen, Pfarrer P h i s t e r *), wurde als zweiter Hauptlehrer bei der Bürgerschule angestellt, aus besonderen Gründen jedoch bald entlassen mit der Erlaubniss, seine Privatschule wieder zu eröffnen. Dieselbe, die später G r i m m und danach S a l l m a n n übernahm, sollte der Bürgerschule nachmals recht gefährlich werden.

Der Direktor S u a b e d i s s e n erhielt nebst freier Wohnung wie die übrigen Lehrer einen Gehalt von

d. dem Kantor Bechtel (Rechnungsführer vom
   1. Okt. 1812 an) an Miethzinsen . . . . 6 Thlr. — ggr.

                                  343 Thlr. 10$\frac{1}{2}$ ggr.
                      oder 1334 fr. 30 cent.

Im Jahre 1813 kommt hierzu noch pag. 38
   e. an Zuschuss zum neuen Lyceo . . . . 8665 „ 70 „

                   Summa 10000 fr. — .

von welcher Summe die Stadt am 30. Dez. 1815 noch einen Rückstand von 270 Thlr. 25 gg. 8 h. an die Lyceumskasse schuldete.

An Ausgaben hatte die Bürgerschule im Jahre 1813:

A. Besoldungen:

1) Lehrer Schmieder . . . . 2100 Frcs.
2)   „   Hagemann . . . . 1950 „
3)   „   Hauptmann Bergmann . . . 1550 „
4)   „   Simon . . . . 1900 „
Lehrer der franz. Sprache Bauermeister, vom
    August an Hammer, ... 1500 „
Schreib- und Rechenlehrer Dörr . . . . 1200 „
Gehilfe desselben Weiss . . . . . . 600 „
Zeichenlehrer Zusch . . . . 1500 „
Für Bücher, Karten und Zeichnungen . . 200 „
Heizung . . . . 650 „
Unterhaltung des Gebäudes . . . . . 150 „
Brandversicherungs-Beitrag . . . . . 12 „ 30 cent.
Concierge. . . . . 186 „ 48 „

          Summa 13498 Frcs. 78 cent.

  *) In dieser Schreibung findet sich der Name in den Akten.

3300 Fr. Er hatte 13 Stunden Unterricht zu geben
und die Leitung des Ganzen zu führen. Ueber den
Zustand des Lyceums und der Bürgerschule, über das
Betragen und die Leistungen der Schüler hatte er jeden
Monat an den Generaldirektor d. ö. U. Bericht zu erstatten, auch diesem die Lectionsverzeichnisse zur Bestätigung vorzulegen. Der Direktor sowie der Rektor
und der Konrektor des Lyceums waren durch K. Dekret
ernannt, die übrigen Lehrer vom Minister; sie wurden
vom Generaldirektor vereidigt und ertheilten als Fach-
lehrer den Unterricht, der ihren Kenntnissen und Neigungen am meisten entsprach. Für die Schüler war die
Einrichtung getroffen, dass sie in verschiedenen Fächern
nach ihren Kenntnissen verschiedenen Klassen angehören
konnten.

Bei aller Güte des allgemeinen Lehrplans, bei der
hervorragenden Tüchtigkeit des Direktors und der Mehrzahl der Lehrer wurde zwar Gutes geleistet, wenn auch
freilich das allzusehr ausgeprägte Fachlehrersystem und
die geringe Rücksichtnahme auf eine harmonische Ausbildung der Zöglinge die Erfolge beeinträchtigen mussten.
Entschieden wäre eine vollständige Trennung auch in
der Leitung der beiden so verschiedenartigen Schulen im
Allgemeinen vorzuziehen gewesen*).

Der Generaldirektor stand unter dem Ministerium
des Innern, das von Anfang an mit demjenigen der
Justiz zusammen Siméon verwaltete, »der ohne Widerspruch die hauptsächlichste Stütze der Verwaltung war,
ein Mann, der in Staatsgeschäften gross geworden, von
tiefen Kenntnissen besonders in der französischen Ge-
setzgebung war, von einer vollkommenen Gerechtigkeit
und Präzision in seinen Ansichten, von grossem Entschlusse und Festigkeit des Charakters.« Am 1. Januar

---

*) *Zinserling*, Westphälische Denkwürdigkeiten, 1814, ist auf
S. 172 ff. sehr schlecht auf den Baron Leist zu sprechen.

1809 wurde der (nachmalige) Graf Gustav Anton von
Wolfradt zum Minister des Innern ernannt. Er war
am 1. September 1761 auf der Insel Rügen geboren
und in Braunschweig Advokat und Minister gewesen.
In beiden Sitzungen der westphälischen Reichsstände
trat er als Redner der Regierung auf. Nach dem Sturze
des Königreichs hoffte er wieder in Braunschweig angenommen zu werden, zog sich aber nach Zerschlagung
dieser Hoffnung als Privatmann nach Rügen zurück.

Schon die einfache Aufzählung der Unterrichts-
fächer mit ihrer Stundenzahl beweist, dass die neue
Anstalt weit über den Zweck einer einfachen Bürgerschule hinausging, noch mehr wird dies deutlich, wenn
wir die Ziele einiger Lehrfächer in's Auge fassen. Im
Rechnen wurde die oberste Klasse der Bürgerschule
in Progressionen und ihren Anwendungen, Potenzen,
Quadrat- und Kubikwurzeln und in Gleichungen 1. und
2. Grades unterrichtet, der geometrische Unterricht
erstreckte sich schon in der zweiten Klasse auf die
ebene und körperliche Geometrie und in der 1. auf ihre
Anwendung in der Mechanik und Technologie, soweit
sie aus der Elementar-Geometrie zu verstehen sind.
Ferner finden wir physische und chemische Belehrungen
über die wichtigsten Naturerscheinungen und das Allgemeine und Wichtigste vom Sonnensysteme und von
der Zeiteintheilung als Lehrgegenstand der 1. Klasse.
In der französischen Sprache, der nach obigem Stunden-
plane in 4 Klassen, also 8 Jahrgängen, 4, 4, 5 und 6
Stunden gewidmet waren, wird in II die Lecture von
Fénélon: les Aventures de Télémaque, in I Histoire
de Charles XII., la Bruyère, Molière, Racine und
Uebungen im Auswendiglernen und Sprechen betrieben,
im Deutschen Uebungen in Briefen und Aufsätzen.

Hieraus erhellt, dass die sogenannte Bürgerschule
gewissermassen ihrer Zeit vorausgeeilt war, indem sie

schon damals ungefähr die Ziele der späteren Realschulen verfolgte, ohne in den Fehler der früheren Anstalten dieses Namens zu verfallen. Sie war nämlich
von Anfang an allgemeine Bildungsstätte und wurde
niemals zur Fachschule, was z. B. auch die als älteste
Realschule Deutschlands nach den Versuchen in Halle
anerkannte von Julius Hecker 1747 errichtete Königliche Realschule zu Berlin vielleicht bis 1822 war, wo
sie von August Spilleke eine feste Organisation erhielt.

Bisher galt nach der Encyklopädie *) des gesammten
Erziehungs- und Unterrichtswesens von K. A. Schmid
die Realschule von Hanau als die älteste in Kurhessen.
Dort bestand nämlich bis zum Jahre 1813 ein refor-
mirtes (hohe Landeschule) und ein lutherisches Gymnasium. Am 18. Januar 1813 wurde durch ein Reskript
des grossherzoglich-frankfurtischen General-Kuratoriums
des öffentlichen Unterrichts bestimmt, dass künftig in der
Stadt Hanau ausser einer verhältnissmässigen Anzahl
von Volksschulen nach der Verschiedenheit der kirchlichen Gemeinden eine Realschule **) unter der Leitung
des bisherigen Pfarrers an der lutherischen Kirche, Professors Heinemann, und ein Gymnasium unter dem
Direktorate des von Weimar berufenen Oberschulraths,
späteren Geheimen Ober-Regierungsraths im Kultus-
ministerium zu Berlin, Dr. Johann Schulze (an dem
im ersten Jahre Friedrich Rückert als vierter Professor
wirkte) bestehen sollte. Die Realanstalt, welche am
1. Februar 1813 eröffnet worden ist, wurde auf drei
Klassen festgesetzt, »auf welche eine besondere Realklasse für diejenigen Knaben folgt, welche sich zu einem
höheren Geschäfte des bürgerlichen Lebens, dem Handel,
dem Fabrikwesen u. s. w. bilden wollen«; der Kurs

*) Unter dem Titel: „Kurhessen" von *Bezzenberger*.. 1862.
2. Auflage 1880.

**) *Fliedner*, Kurze Geschichte der Anstalt. Pr. Hanau 1854.

jeder Klasse sollte wenigstens zwei Jahre dauern. Diese
›Bürger- und Realschule‹ wurde aus den Einkünften
des aufgelösten Gymnasiums, aus dem Schulgelde und
einem Zuschusse aus dem Departements-Schulfonds
unterhalten und stand mit dem Gymnasium unter der
Aufsicht der Ober-Schul- und Studien-Inspektion des
Departements. An fremdsprachlichem Unterrichte wurde
zunächst auch nur der französische aufgenommen, und
von eigentlicher Mathematik scheint erst im Jahre 1820
die Geometrie eingeführt worden zu sein. Auf höherem
Boden stand jedoch die am 1. Oktober 1812 in Kassel
gegründete Bürgerschule, sodass diese die älteste
selbstständige Realschule Kurhessens ist.

Aber nicht nur als älteste Realschule Kurhessens,
sondern der gesammten Provinz Hessen-Nassau kann
unsere Anstalt bezeichnet werden. Denn auch in Frankfurt a. M. trat während der Fremdherrschaft eine Bürger-
und Realschule der katholischen Gemeinde (jetzt Selekten-
schule) in's Leben und zwar am 1. Nov. 1812, worüber
der am 29. Okt. 1812 von dem Staatsrathe und General-
curator des öffentlichen Unterrichts Pauli veröffentlichte Lehrplan genaue Auskunft giebt *). Ihre Einrichtung war ähnlich derjenigen, die in Kassel im Jahre
1814 getroffen wurde. Sie war in 3 zweijährige Bürger-
schulklassen eingetheilt, auf welche die Realklasse mit
einem Kursus von ebenfalls zweijähriger Dauer folgte.
In dieser wurde ein eingehender deutscher Unterricht
(im ersten Jahre 8, in der 2. Abtheilung 7 Stunden)
gegeben, ferner in Geschichte (2), Geographie (2), Naturgeschichte (2), Naturlehre (2); Anthropologie (0,1), Arithmetik (3), Geometrie (1,0), Mechanik (0,1), Schönschreiben (4) unterwiesen und der Unterricht in der französischen Sprache, der in der Bürgerschule nicht be-

---

*) Die Bekanntschaft mit demselben u. m. a. verdanke ich
der Güte des Königl. Gymnasialdirektors Herrn *Dr. Vogt* in Kassel.

trieben wurde, mit 6 Stunden wöchentlich aufgenommen.
Die Nachmittage des Dienstag und des Donnerstag
waren schulfrei, Ferien waren 14 Tage im Anfange des
Mai und der Monat Oktober. — Ueberhaupt zeigte die
Regierung des Fürst-Primas Dalberg, nachmaligen Gross-
herzogs Karl von Frankfurt auf dem Gebiete des Schulwesens grosse Rührigkeit*).

Durch eine höchste Verordnung im grossherzoglich-
frankfurtischen Regierungsblatte vom 1. Februar 1812
(Band I, S. 629 bis 644) wurde nämlich verfügt, dass
in dem Hauptorte eines jeden Departements ein »keiner
der verschiedenen Glaubensgemeinden besonders zustän-
diges Gymnasium« und ferner in den Städten Frankfurt, Aschaffenburg und Fulda Lyceen errichtet
werden sollten als Uebergangsanstalten von den Gymnasien zu den einzelnen Berufswissenschaften, welche mit
dem Kirchen- und Staatsdienste in unmittelbarer Verbindung stehen. Durch diesen Organisationsplan wurde
auch die als Muster-Schule am 18. April 1803 in
Frankfurt mit 7 Knaben und 2 Mädchen eröffnete
neue Bürgerschule**) mit dem Schuljahre 1813/14 zu
einer höheren Bürger- oder Realschule erhoben,
während sie früher hauptsächlich die Unterweisung von
Kindern im zartesten Alter nach der Pestalozzi'schen
Methode zum Ziele hatte. Ganz ähnlich entwickelte
sich auch die Realschule der israelitischen
Gemeinde dortselbst, welche im Jahre 1804 als Phil-
anthropin für arme jüdische Kinder gegründet worden war.

---

*) Dass die Napoleon'sche Zeit eine höhere Bildung über-
haupt schätzte, geht auch aus dem Dekret vom 17. Dezember 1811
hervor, durch das in Düsseldorf, der Hauptstadt des Grossherzogthums Berg, eine Universität mit 5 Fakultäten und einer Dotation
von 11400 Francs errichtet werden sollte.

**) *Eiselen*, Festschrift der Musterschule in Frankfurt a. M.
zum 11. Oktober 1880.

3 *

Schon vorher hatte Dalberg durch besondere
Patente vom 22. September 1809 die Verhältnisse der
Unterschulen und der Oberschule in Wetzlar geordnet,
indem er die ersteren in 4 nach der Konfession ge-
sonderte Schulen zerlegte und statt der Oberschule ein
in vier Klassen eingetheiltes Gymnasium errichtete. Auf
welche Abwege man aber damals in pädagogischer Hinsicht gerieth, beweisen einige Nummern des Wetzla-
rischen gemeinnützigen Wochenblattes *), in denen
amtlich die durch Prämien und durch öffentliches Lob
für Fleiss und gute Aufführung belohnten Schüler und
Schülerinnen in sämmtlichen Schulen Wetzlars aufgeführt werden.

Natürlich hat es auch in unserer Provinz nicht
an Vorläufern der Realschule gefehlt; so ist das am
2. November 1709 in Kassel errichtete *Collegium
illustre Carolinum* mit sehr realistischem Stoffe gefärbt
gewesen, und in Hersfeld entstand um die nämliche
Zeit unter dem gelehrten Rektor Dr. Konrad Mel eine
Einrichtung, die man wohl als die erste Realschule
dortselbst bezeichnet hat**). Auch andere Gelehrten-
schulen des Landes, besonders das Lyceum in Kassel,
berücksichtigten Schüler, die nicht studiren sollten.
Ferner hatte hundert Jahre später das Collegium der
Pädagogiarchen in Marburg den Versuch gemacht,
seiner Schule wieder aufzuhelfen ***). Wie dieses geschehen, stellte eine Einladungsschrift des Pädagogiums
›über die Verbindung der Gymnasien mit Realschulen‹
1809 dar, wozu alle Lehrer mitgewirkt hatten. Und

*) Jahrgang 1810. Nro. 38, 39. 40.
**) Geschichtliche Nachrichten über die Realschulen, be-
sonders in Hessen, findet man z. B. von *Dr. Ritz* im Programm
der Realschule zu Hersfeld vom Jahre 1865 und von *Eichler* im
Pr. Eschwege 1872; in Preussen in der Festschrift der Realschule
I. O. zu Düsseldorf 1863 von Dr. *Heinen.*
***) *Koch,* a. a. O. S. 34.

in der That scheint dieser Schritt dem Publikum wie
der Behörde neues Vertrauen zu der Anstalt verschafft
zu haben, denn die Schülerzahl stieg von 30 auf 70,
und die Generaldirektion der Studien gewährte ihr Zuschüsse, die ihr auch später verblieben.

Im vormaligen Herzogthum N a s s a u entsprangen
die Realschulen einem landesherrlichen Edikte vom
24. März 1817, das mit Aufhebung aller anderen bisherigen höheren Schulen vier Pädagogien zu D i l l e n -
b u r g, H a d a m a r, I d s t e i n und W i e s b a d e n und
ein Landes-Gymnasium zu W e i l b u r g errichtete.

Ausser diesen Staatsschulen sollten zugleich noch
»Realschulen« für die männliche Jugend, um in denselben die für Handwerker, Künstler und zur Betreibung
eines landwirthschaftlichen oder andern Gewerbes nöthige erweiterte Bildung zu erwerben, als Kommunalan-
stalten geschaffen werden und zwar zunächst in D i e z,
E l t v i l l e, H a c h e n b u r g, H e r b o r n, H ö c h s t, L i m -
b u r g, M o n t a b a u r, S c h w a l b a c h, U s i n g e n, W e i l -
b u r g und W i e s b a d e n, in denen von einem ordentlichen Lehrer und, wenn nöthig, einem oder auch mehreren
Gehülfen in zwei Lehrkursen in 30 wöchentlichen Lehrstunden Deutsch, Naturgeschichte, Erdbeschreibung mit
Geschichte, Zeichnen, Schönschreiben, Mathematik, Technologie und einfache Buchhaltung unterrichtet wurde.
Das Realgymnasium zu Wiesbaden wurde durch ein
Gesetz vom 22. Juni 1844 gegründet, während eine Realschule daselbst am 1. Mai 1840 in's Leben getreten war *).

Es dürfte auffallend erscheinen, dass auf den vorliegenden Blättern die Geldsummen theils in Thalern
= 32 Albus (je = 16 Heller), theils in Francs angegeben
sind, und in der That war wohl in dem Königreiche
Westphalen nichts in grösserer Unordnung als das

---

*) *Bellinger*, Zur Geschichte des realistischen Schulwesens
in dem vormaligen Herzogthum Nassau. Pr. R. G. Wiesbaden 1869.

Münzwesen. Zwar hatte die westphälische Konstitution vom 15. November 1807, die vom Kaiser Napoleon zu Fontainebleau ausgegeben worden war, im Artikel 17 bestimmt: „Das Münzsystem und das System der Maasse und Gewichte, welche dermalen in Frankreich bestehen, sollen im ganzen Königreiche eingeführt werden" und ferner im Art. 18: „Die Münzen sollen mit dem Wappen Westphalens (in dem nach Napoleons Ausspruche sich zu viele Thiere befanden) und mit dem Bildnisse des Königs geschlagen werden." Aber beide Bestimmungen sind nicht eingehalten worden.

Unter Jérômes Regierung wurden nämlich sowohl französische als auch deutsche Münzen geprägt, und diese letzteren unterschieden sich wieder nach den verschiedenen Provinzialwährungen von Alt-Westphalen, von Hannover, Braunschweig und Hessen, während die französischen in allen öffentlichen Verhältnissen und Kassen in Rechnung gesetzt wurden, weshalb sie auch bei längerer Dauer des Königreichs alle übrigen nach und nach verdrängt haben würden. Die Münzen sind zum grössten Theile zu Kassel geschlagen, ausserdem gab es noch Münzstätten zu Clausthal und Braunschweig *).

Es sei hier gleich bemerkt, dass nach einem Gesetze vom 3. Mai 1834 der Thaler nicht mehr in 32 Albus, sondern in 24 gute Groschen eingetheilt wurde.

Zweiter Abschnitt.
Die Bürgerschule in Kassel von 1814 bis 1836.

Am 21. November 1813 kehrte der Kurfürst unter grosser Begeisterung in sein Land zurück. Alsbald

---

*) *Hoffmeister*, Historisch-kritische Beschreibung aller bis jetzt bekannt gewordenen hessischen Münzen, Medaillen und Marken. II. Band, S. 215 ff.

liess er bekanntlich in der Verwaltung wie im Heerwesen Alles wieder auf den Fuss von 1806 bringen.

Am 22. Januar 1814 erging eine höchste Resolution an die Direktion des Lyceums, die »ihre vorhinnigen Funktionen wieder antreten und für die Zusammenbringung der Akten sorgen« musste, auf Grund genauer Untersuchung des jetzigen Zustandes der Schulanstalt über die Erhaltung und Einrichtung des Lycei Bericht zu erstatten. Mitglieder dieser Direktion wurden wiederum General-Superintendent Rommel, Bürgermeister Regierungsrath Wetzell, dem im Juli 1814 Bürgermeister Stern folgte, Ober-Hofrath und Museumsdirektor Völkel, Ober-Kammerrath, dann Vizepräsident von Meyer, Regierungsrath Dr. Pfeiffer und Konsistorialrath Schnackenberg. Die Vorschläge dieser Behörde gipfelten darin, beide Anstalten im Wesentlichen in ihrer Einrichtung bestehen zu lassen, aber 1) einige Lehrgegenstände zu streichen (z. B. Zeichnen nach Wiederherstellung der Akademie) oder zu beschränken (in der Bürgerschule: Französisch und Mathematik); 2) Verminderung der Klassenzahl des Lyceums und der Bürgerschule um je eine und der wöchentlichen Stundenzahl; 3) Entlassung einiger Lehrer und Gehaltsverminderung der neuen Lehrer; 4) Erhöhung des Schulgeldes; 5) Jährlicher Zuschuss von 1600 Thalern und fernere Ueberlassung der Hälfte der Hallen an die Bürgerschule (die andere Hälfte verbleibt den Freischulen); 6) Wiedereinsetzung des Rektors Caesar auf sein Gesuch vom 1. Februar 1814 in seine vorigen Funktionen und Anstellung des bisherigen Direktors der ganzen Lehranstalt Suabedissen zur »Specialaufsicht der Bürgerschule«. Mit Recht wurde die Erhaltung der Bürgerschule für die Stadt als nothwendig erklärt: »Es ist sehr zu wünschen, dass das Gute, welches die neue Einrichtung hat, beibehalten wird, aber an eine Verschmelzung beider Anstalten darf nicht gedacht werden. Freilich ist nicht abzusehen, wie die dermalige Einrichtung des Lyceums und der Bürgerschule, wenn nicht ausserordentliche Fonds angewiesen werden, bestehen können, und deshalb macht sich die Begründung derselben auf einen besseren Fuss unumgänglich nöthig, wenn nicht beide zu Grunde gehen sollen.‹ Mit Recht wurde auch darauf hingewiesen, dass doch die sehr bedeutenden Kosten der Einrichtung der Bürgerschule einmal bestritten wären.

Diesen Vorschlägen wurde im Allgemeinen zugestimmt, und das Lyceum in der Einrichtung wieder hergestellt, welche es von 1779 bis 1812 gehabt hatte, auch das Seminarium mit der Partimschule, das inzwischen als besondere selbstständige Anstalt von dem Pfarrer, früheren Konrektor am Lyceum, Hosbach, geleitet worden war, wiederum mit demselben verbunden. Der Rektor Caesar bekam abermals die Specialaufsicht über das Lyceum unter der wiederhergestellten Direktion, während der bisherige Direktor Snabedissen wegen seiner vom k. westphälischen Generaldirektor, wie von der kurfürstlichen Direktion des Lyceums anerkannten Verdienste dem Lyceum als Lehrer — nun unter dem Rektor — mit dem Titel Professor erhalten blieb und zugleich die alleinige Aufsicht über die abgesonderte Bürgerschule bekam, die ebenfalls nach den Vorschlägen der ihr auch übergeordneten Direktion allerdings in veränderter Einrichtung bestehen blieb.

Im Lyceum, das eigene Mittel besass, waren die Wintermonate ohne besondere Störung vorübergegangen, in der Bürgerschule dagegen war es den Lehrern schlimm ergangen, weil diese Anstalt ausser dem Schulgelde nur auf Zuschüsse aus der Staats- und Stadtkasse angewiesen war, die jedoch mit dem Sturze der Fremdherrschaft eingestellt wurden. Die Kurfürstliche Regierung nahm von der Bürgerschule gar keine Notiz; vom November an erhielten die Lehrer keinen Gehalt mehr, da das Schulgeld vom Rechnungsführer zur Berichtigung von Rückständen verwendet wurde. Da erbat sich endlich Ende Februar der erste Lehrer der Bürgerschule, Dr. S c h m i e d e r, eine Audienz beim Kurfürsten, welcher während seines Exils in Prag die Realschule kennen gelernt hatte. Einige Tage darauf, nämlich am 4. März 1814, liess der Kurfürst aus der Ober-Rentkammer 800 Thaler zur Auszahlung der rückständigen Besoldungen, zunächst als Vorschuss, anweisen, der aber später ganz erlassen wurde. Mehrere Wochen später bestätigte er die Bürgerschule, stellte sie unter die Direktion des Lyceums, wies ihr (oder vielmehr, wie sich später ergab, beiden Schulen) am 22. April 1814 jährlich 1600 Thaler Unterstützung zur Deckung der Ausgaben zu, überliess der Bürgerschule das Gebäude und liess die daran nöthig gewordenen Reparaturen aus der Ober-Rentkammer bezahlen*).

Am 27. April 1814 erschien eine Bekanntmachung der Direktion des Lyceums und der Bürgerschule betreffend den Wiederanfang des Unterrichts, worin die Stelle vorkommt: »Kassel darf sich neben seinem Lyceum ferner des Besitzes einer Lehranstalt — der h ö h e r e n Bürgerschule — erfreuen, dessen nur wenige Hauptstädte Deutschlands sich rühmen können«, und am 2. Mai wurden beide Anstalten wieder eröffnet. In dankbarer Freude über die Erhaltung der Realanstalt wandten die Bewohner Kassels derselben ihre Theilnahme zu, sodass sie sich schnell zu reicher Blüthe entfaltete.

Im Herbste 1815 legte S u a b e d i s s e n die Leitung der Bürgerschule nieder, da er, nachdem ihm

---

*) Akten der Stadt-Schul-Kommission vom Jahre 1836. — Bericht *Schmieders*.

schon seit Beginn des Jahres der Unterricht an die
Kinder des Kurprinzen übertragen war, durch allerhöchstes Reskript vom 29. September 1815 zum Instruktor des Prinzen Friedrich Wilhelm, Enkels des
regierenden Kurfürsten, späteren Kurprinzen-Mitregenten
und nachmaligen (dritten) Kurfürsten ernannt worden
war und mit diesem zur Universität Leipzig ging, wo
sie fünf Jahre lang verblieben. Im Frühjahr 1822 wurde
er, der unterdessen Rufe an die Universitäten zu Heidelberg und Bonn abgelehnt hatte, ordentlicher
Professor der Philosophie zu Marburg als Tenne-
manns Nachfolger und ist dort im Frühjahr 1835
gestorben. »Mit Suabedissen ging eine der ersten
Zierden der Universität unter, ein vorurtheilsloser scharfer
Denker, und, wie alle sagen, schied ein vortrefflicher
Mensch. Seine Saat wird nicht verloren gehen« *).

Zum Führer der Specialaufsicht über die Bürgerschule wurde vom Direktorium am 9. November 1815
der erste Lehrer derselben, Dr. Schmieder, vorgeschlagen, da er in jeder Hinsicht der geschickteste
dazu sei. Für ihn wurde zugleich der Charakter eines
Rektors oder Inspektors beantragt, da er diese Auszeichnung nicht nur wegen der Vorzüge verdiente, die
er als Lehrer an einem solchen Institute in sich ver-
einigte, sondern auch dadurch zugleich für seine
nützliche Wirksamkeit und mithin für das Institut
selbst gewonnen werden würde. Unter dem 17. Nov.
1815 wurde Schmieder vom Kurfürsten mit der Specialaufsicht der Bürgerschule**) unter dem Prädikate Schul-

---

*) Schomburg an seinen Sohn. Siehe: Karl Schomburgs
Nachlass herausgeg. von *K. Bernhardi.*

**) Akten des kurfürstl. Ministeriums des Innern (auf dem k.
Provinzial-Schulkollegium). Hierdurch berichtigt sich die Angabe
im Kurhessischen Staats- und Adress-Kalender, in dem noch im
Jahre 1816 steht: Die Specialaufsicht bei der Bürgerschule führt
der Professor Suabedissen.

inspektor betraut und ihm am 15. Dezember eine Instruktion in 29 Paragraphen ertheilt.

Bei der Wiedereröffnung der Bürgerschule im Frühjahre 1814 war dieselbe um eine Klasse verringert worden, und so konnten bei dem Lehrpersonale einige Entlassungen eintreten, die den Hauptmann B e r g m a n n und den Lehrer der französischen Sprache Joh. Ludwig H a m m e r betrafen. Der letztere hatte keine entsprechende Vorbildung gehabt und reklamirte lebhaft gegen seine Verabschiedung, die ihm ja seine ganze Existenz raubte — aber vergebens; er suchte dann anderweitig sein Leben zu fristen.

In dem ersten Jahresbericht, der »Nachricht von der Verfassung der Bürgerschule zu Kassel«, den der Inspektor Dr. S c h m i e d e r als Einladungsschrift zur öffentlichen Prüfung am 4. und 5. April 1816[*]) herausgab, gibt er uns höchst dankenswerthe Kunde von der Entwicklung und Einrichtung der Anstalt: »Als unsere Bürgerschule zu Michaelis 1812 eröffnet worden war, begann sie bald im Innern sich glücklich auszubilden, wiewohl die äusseren Umstände ihrer Erhaltung nicht günstig schienen. Durch eine gewisse Fügung wurden die Mitarbeiter in einem zweifelhaften Zeitraume beisammen gehalten, bis eine bessere Zeit ward und mit ihr der sprossende Fruchtbaum festere Wurzel schlug. Bald nach der Zurückkunft unsers allergnädigsten Kurfürsten ward von verehrten Freunden des Guten über diese Anstalt berichtet, welches den Erfolg hatte, dass sie durch die allerhöchste Gnade Sr. königlichen Hoheit bestätigt und vermöge eines sicheren Fonds für immer befestigt wurde. Wachsendes Vertrauen führte ihr seit der letzten Herbstprüfung

---

[*]) In der Bibliothek des Vereins für hessische Geschichte und Landeskunde zu Kassel.

(1815) 48 neue Schüler zu, sodass im ganzen 180
Schüler sich auf die vier Klassen vertheilten. ' Die
Bürgerschule umfasst drei zwar verschiedene, aber innig
in einander greifende Unterrichtsanstalten, nämlich die
Vorbereitungsschule, die eigentliche Bürgerschule und
die Realschule.«

In der Vorbereitungsschule, welche die Kinder im
sechsten Lebensjahre aufnahm, waren die Gegenstände
der Unterweisung und die ihnen gewidmete Stundenzahl
ungefähr dieselben wie im Jahre 1813, nur fiel der
Unterricht auch am Nachmittage des Mittwochs aus.

In der Bürgerschule, die wie die frühere Elementarschule in zwei Klassen eingetheilt war, wurde in 26
Stunden wöchentlich Unterricht in der Religion, deutschen
Sprache, Geographie, Geschichte, Naturbeschreibung,
·Grössenlehre, Rechen-, Schreib- und Singekunst von
8 Uhr Morgens an gegeben. Sie hatte die Bestimmung,
dem Knaben diejenigen Kenntnisse und Fertigkeiten beizubringen, welche er künftig bei seinem bürgerlichen Geschäfte nicht entbehren konnte. Da der Bürgerstand jetzt
überall mehr geachtet wurde, so wurde von ihm mit
Recht auch mehr gefordert wie ehemals. Die Einrichtung beider Klassen war derartig, dass in ihnen zwar
dem Namen nach gleiche Lektionen, aber in verschiedener Ausdehnung bestanden : Die dritte Klasse (unterste
der Bürgerschule) nimmt die Schüler aus der Vorbereitungsklasse auf und giebt ihnen eben dieselben Kenntnisse »in der Nuss«, d. h. kurz und übersichtlich, welche
nachher in der zweiten Klasse ausführlicher entwickelt
werden. »In Ansehung der Fertigkeiten beabsichtigen
wir in der dritten Klasse Richtigkeit, in der zweiten
sichere Fertigkeit.« Die Einrichtung war also nicht gerade glücklich gewählt, da ein fortschreitender, bestimmt
abgegrenzter Lehrstoff unbedingt angemessener ist.
Ausserdem wurde noch Privatunterricht von der Schule

aus ertheilt im Rechnen, Zeichnen, Schönschreiben,
ferner auch in der französischen und sogar in der
lateinischen Sprache. Da der französische Unterricht
beinahe öffentlich, d. h. von den meisten Schülern besucht war, so war ein ständiger Sprachlehrer angestellt.
Jede Klasse der Bürgerschule hatte wöchentlich zwei
französische Stunden, in denen die Schüler der dritten
Klasse im Lesen geübt wurden, die Wortbiegungen
erlernten und nach und nach einen Vorrath französischer
Wörter sammelten, während in der zweiten Klasse die
leichteren Erzählungen in der Grammaire von Sanguin
übersetzt, die Regeln der Sprache in Beispielen gezeigt,
Redensarten ausgezogen, auch wohl einzelne Stücke
memorirt wurden. Auch in der lateinischen Sprache
wurde in zwei Abtheilungen — aber nur an eine geringe
Anzahl von Schülern — und zwar nach Gedicke's
Lesebuche mit Wörterbuch und Grammatik in vier
wöchentlichen Stunden privatim in der Schule unterrichtet. —

Nach der Konfirmation, unter Umständen auch
früher, konnten nun die Schüler in die Realschule oder
höhere Bürgerschule eintreten, deren Lehrgegenstände:
Religion (3 St. w.), deutscher Stil (4), Geographie (2),
Geschichte (2), Naturlehre (2), Mathematik (2), Technologie (2), Französisch (2), Lateinisch (2), Rechnen (3),
Schönschreiben (2) und Zeichnen in einer Ausdehnung
behandelt wurden, dass der gesammte Lehrgang nur in
drei Jahren völlig beendet werden konnte. Von dieser
Schulgattung sagt Schmieder, dass sie früher weder
der Sache, noch sogar dem Namen und der Idee nach
vorhanden war, sondern erst neuerlich durch die fort-
schreitende Kultur erzeugt und für die Hauptstädte
Deutschlands unentbehrlich gemacht sei, da sie dem
gebildeten Mittelstande — und zwar im gewerblichen
wie im Beamtenleben — gewidmet sei. Da es damals

natürlich nur wenige für eine höhere Bürgerschule ganz
geeignete Schulbücher gab, so wurde während des
Vortrags die Disposition in jeder Stunde an einer Tafel
angeschrieben und von den Schülern in ihr Systemheft,
wie man heute sagen würde, eingetragen, wonach sie
zu Hause ihre Wiederholungs-Aufsätze arbeiteten. In
der Erdkunde wurde hauptsächlich Handels- und mathematische Geographie betrieben, Karten wurden während
des Unterrichts mit Kreide vorgezeichnet, von den
Schülern nachgezeichnet und zu Hause in's Reine gearbeitet. Der Geschichte, in welcher die vaterländische
besonders betont wurde, folgte ein Vortrag der Mythologie. Auch hier finden wir Vorläufer der Jetztzeit in
der Einrichtung, dass die Namen und Jahreszahlen an
einer Tafel zur beständigen Ansicht und Rückweisung
angeschrieben standen, so lange der Lehrgang währte.
Die Naturbeschreibung macht der Naturlehre Platz,
nämlich der Physik, physikalischen Geographie und der
physischen Anthropologie, welche das Gemeinnützige
aus der Physiologie und Pathologie enthält und zu
Gesundheitsregeln führt. In der Mathematik wird die
Planimetrie beendet, und hierbei werden einige schöne
Nachmittage freigegeben, um Längen- und Höhen-
messungen auf dem Felde vorzunehmen; dann wird
Stereometrie und die Mechanik in ihren Anfangsgründen
getrieben, in der Technologie werden auch die nöthigen
chemischen Kenntnisse gehörigen Orts beigebracht. Im
Rechnen wurde besonders dahin gewirkt, dass die jungen
Leute den Ansatz selbst finden, wozu aus der reinen
Arithmetik die Lehre von den Proportionen behandelt
wurde. Der Zeichenunterricht war mit demjenigen der
Mittelklassen gemeinsam, da man die höheren Uebungen
darin der Akademie der Künste überlassen konnte.
Auch in dem französischen Unterrichte erkennt man mit
Freude die Fühlung mit dem praktischen Leben, indem

nach der eingehenden Wiederholung und beständigen
Anwendung der grammatischen Regeln nach dem Lesebuche mit den Uebersetzungen in's Deutsche französische
Ausarbeitungen abwechseln und zuweilen auch »eine
Stunde französisch gesprochen« wird. Eine ganz eigen-
thümliche und bemerkenswerthe Stellung nimmt im
Lehrplane die lateinische Sprache als allgemein verbind-
liches Fach ein, das eine Fortsetzung der Stunde in
der Bürgerschule in erweitertem Maasse darstellt.
»Unsere Schüler sollen und wollen nicht römische und
griechische Schriftsteller lesen, wünschen aber wohl
die vielen Ausdrücke zu verstehen, welche unsere Sprache
aus der römischen und griechischen entlehnt. Diese
werden ihnen daher nach dem Alphabet vorgeschrieben,
abgeleitet und erläutert. Der Nutzen davon ist vielfach.
Theils vermeiden sie dann leichter fehlerhafte Schreib-
arten, dergleichen man in Tagesblättern häufig findet
und darum leicht für richtig halten könnte. Ferner
kommen sie nicht leicht in den Fall, sich durch falsche
Anwendung solcher Ausdrücke lächerlich zu machen.
Die Reinheit der Muttersprache gewinnt durch diese
Lektion, wenn der Lehrer, wie er soll, auf die Entbehr-
lichkeit der allermeisten Barbarismen aufmerksam macht,
für welche wir eben so kurze und wohllautende deutsche
Ausdrücke setzen können. Endlich ist diese Lektion
ein vortreffliches Ergänzungsmittel für den ganzen
Schulunterricht, indem sie nebenbei die Begriffe scheiden
und berichtigen lehrt, auch sehr viele Gegenstände zur
Sprache bringt, die ausserdem in keiner Lektion vorkommen können und doch zur vollständigen Unterweisung gehören. Die künftigen Apotheker, Chirurgen,
Forstleute und andere, welche mehr Latein brauchen,
finden in einer für die Realschüler ausschliesslich bestimmten Privatstunde Gelegenheit zu weiteren Fortschritten.«

Aus dieser Uebersicht der Lehrgegenstände ergiebt sich, dass die Schule in der kurfürstlichen Zeit zwar in den Leistungen, namentlich im Französischen, gegen früher etwas zurückgegangen ist, dass sie aber noch vollständig den Namen einer Realschule verdient, den ihre oberste Abtheilung ja auch trägt.

Auch sehen wir in derselben, wenn wir auch ihre Einrichtung im Ganzen nicht billigen können, eine gesunde Methodik verfolgt. Die Anschauung wurde eifrig gepflegt und das Nachzeichnen in verschiedenen Unterrichtsgegenständen, auch hier und da Unterweisungen im Freien, betrieben; in der Naturbeschreibung wurde jeder durchgenommene Gegenstand in der Natur oder in guten Abbildungen, welche kopirt wurden, vorgezeigt. Auch die Betreibung der französischen Sprache war dem Zwecke der Realschule entsprechend durchaus nicht beschränkt auf starre Einübung der grammatischen Formen, sondern führte die Schüler auch in das Sprechen und lebendige Bewusstsein der Sprache ein. Dass in damaliger Zeit auch schon einer richtigen Aussprache der Laute eine grosse Bedeutung beigelegt wurde, entnehmen wir dem Lehrplane der am 1. November 1812 in Frankfurt errichteten Realschule. In ihrer untersten Klasse sollte der Unterricht im Lesen beginnen mit der Bekanntmachung mit den Lauten der Sprache und Uebung der Sprachorgane, was als besonders wichtig betont wurde »wegen der gewöhnlich mitgebrachten fehlerhaften Aussprache und der Erleichterung der Rechtschreibekunst.« Auch wurden hier zum Unterrichte in der Grössenlehre schon Körper aus Pappe von den Schülern angefertigt.

Die Realschule zu Kassel wollte künftigen Kaufleuten, Fabrikanten, eigentlichen Künstlern, Apothekern und Chirurgen, Forstleuten, Jägern, Berg- und Hüttenleuten, Oekonomen, Kassenführern, Post-, Zoll- und Polizeibeamten und Schreibern in den Gerichtsstellen zu ihrer Ausbildung dienen, auch Malern, Bildhauern und Baumeistern vor und neben dem Lehrgange der Akademie, dazu auch einigen Seminaristen. In den Abendstunden hat der Inspektor noch Vorträge gehalten über technische Chemie für Fabrikanten, Handelskunde für Kaufleute, Oekonomie für Landwirthe, Forstwissenschaft für künftige Forstleute, auch über Bergbau- und Hüttenkunde, alles Lehrgegenstände, die vom Plane der Realschule ausgeschlossen bleiben mussten.

Das Schulgeld betrug für die I. (Real-) Klasse 9 Thlr., für die II. 8 Thlr., III. 7 Thlr. und für die IV. (Vorbereitungs-) Klasse 6 Thlr. jährlich, das im dritten Monat jedes Vierteljahrs in der Schule eingefordert wurde; für die Theilnahme am französischen Unterricht war dazu noch 1 Thlr. jährlich zu bezahlen. Die Lehrersöhne waren schulgeldfrei; das Erlassquantum für diese und andere Freischüler betrug zusammen $^1/_{18}$ der ganzen Einnahme. Die Gehälter der Lehrer wurden gegen die westphälische Zeit etwas verringert. Es erhielt: Professor Suabedissen 630 Thlr., Dr. Schmieder 500 Thlr. (vom Herbst 1815 an als Inspektor 630 Thlr.), Pfr. Hagemann 400 (später 430), Rechenlehrer Dörr 300 (360), der Lehrer der französischen Sprache Hodiesne 150 Thlr., der Schreiblehrer Weiss 125 (155), der Gesanglehrer Grosheim 75 (100) Thlr.

Jede Schulversäumniss der Zöglinge musste möglichst bald durch eine schriftliche Bescheinigung des Vaters entschuldigt werden; wegen etwaiger Befreiungen von einzelnen Fächern, um deren möglichste Vermeidung ausdrücklich und wiederholt gebeten wurde, musste vom Vater eine schriftliche Aeusserung vorliegen.

Ganz ausführlich war das System der Beurtheilung der Schüler geordnet, von der Schmieder in dem

Jahresberichte von 1818 »ausführlichere Nachricht über die Censur der Bürgerschule zu Kassel« giebt. Jeder Lehrer führte in jeder Klasse eine Namenliste, in welcher er während der Lehrstunden Tadel- oder Lobzeichen einträgt. Diese Zeichen wurden je nach der Individualität des Schülers vermehrt. Am Ende jeder Woche wurden vermittelst des wöchentlichen Censurbuches die Urtheile der einzelnen Lehrer von den Hauptlehrern der Klasse eingefordert. In dasselbe wurden diejenigen Schüler eingetragen, welche eine gewisse Anzahl von Lob- oder Tadelzeichen erhalten hatten; beim Tadel wurde Betragen, Fleiss und Ordnung unterschieden. Der Hauptlehrer zog aus allen das Ergebniss und verwendete zu Anfang der neuen Woche eine halbe Stunde dazu, den Schülern die Censur ausführlich vorzutragen, auch wurde eine wöchentliche Versetzung vorgenommen, wobei weniger das Lob als der Tadel berücksichtigt wurde. Die oberste Klasse ist in drei Ordnungen getheilt, sodass in der ersten kein getadelter Schüler sich befinden darf; wer von den Realschülern sich in einer Woche von drei Lehrern Tadel zugezogen hat, wird mit Carcerstrafe belegt. Am Anfang jedes Monats fand durch den Schul-Inspektor in allen Klassen eine Revision der Censur statt. Ein Schüler, dessen Censur viel Tadel und gar kein Lob enthält, wird von allen seinen Mitschülern dadurch abgesondert, dass man ihn mitten im Lehrzimmer niederknieen und dann nachsitzen lässt, eine etwas barbarische Einrichtung, über die sich erklärlicher Weise ein späterer Lehrer beschwerte. Die besten Zeugnisse werden monatlich schriftlich den Schülern ausgefertigt, die schlechten dagegen durch den Pedellen an den Vater gesandt, der sie unterschrieben zurückzuschicken hat; in ganz schlimmen Fällen wird sogar eine tägliche Censur dem Vater zur Unterschrift zugestellt. Bei jeder öffentlichen Prüfung, die damals

zu Michaelis und Ostern, in sehr ausgedehntem Maasse
abgehalten wurde, bekam jeder Schüler seine schriftliche
Censur und bei der Entlassung ein schriftliches Zeugniss
über Betragen, Fleiss und Fortschritte. Später stellte
Schm. drei Arten von Entlassungszeugnissen aus: 1) Zeugniss der Reife; 2) Fleiss- und Sittenzeugnisse; 3) einfache Sittenzeugnisse, während schlechte Schüler keins
erhielten. Die mit Zeugniss 1 oder 2 Abgegangenen
wurden sofort vom Besuche der Handwerksschule befreit.

Dass diese gar zu weitgehende Beurtheilung der
Schüler manche Schattenseiten hatte und besonders
leicht dazu führte, einen ungesunden Ehrgeiz zu erzeugen, darf trotz der Tüchtigkeit der sonstigen Einrichtungen nicht verschwiegen werden, und so wird uns
das Urtheil eines Mitglieds der Direktion, das selbst
einen Sohn in „der sogenannten Realklasse" hatte,
vom Jahre 1818 ganz zutreffend erscheinen *): ›Ich
danke im Stillen der Gottheit, dass sie uns dies Institut, welches vor 5 Jahren beinahe wieder eingegangen war, segensvoll erhalten hat. In der ganzen
Schule lebt ein Geist des Fleisses, der Zucht und Ordnung unter den Augen der Lehrer, der Achtung und
Zuneigung besonders gegen den ersten derselben, wie
man ihn jeder Schule wünschen muss; und in dieser
Hinsicht sind die Verdienste des Inspektors Schmieder
nicht zu verkennen.‹ Aber er findet zu tadeln ›das
in der Schule auf den höchsten und künstlichsten Grad
gesteigerte Censurwesen, wonach Lob und Tadel in er-
regende Formen gegossen und arithmetisch berechnet
als einziger Hebel alles Fleisses angewendet wird, der
kräftigste Impuls für die Schüler geworden ist‹, —
›durch das, besonders bei den öffentlichen Prüfungen,
verschwenderisch ertheilte Lob werden die Knaben ein-

---

*) Akten der Direktion: Kons. Rath S. am 23. Nov. 1818.

gebildet und anmassend.‹ Aber noch andere Ausstellungen werden gemacht: ›In der ersten Klasse fehlt es
an dem sittlich religiösen Sinne und überhaupt an
moralisch religiöser Tendenz, es fehlt fast an allen
Lehrbüchern, und die Lehrmethode ist der des akademischen Docenten ähnlich, sodass jeder fleissige Schüler
täglich zu Hause 8 bis 10 Bogen ausarbeiten muss;
es fehlt endlich die Anleitung zum schriftlichen Ge-
dankenausdrucke und an der Weckung des Gefühls für
das Schöne und Edle. Es wird keine kräftige Stelle
aus irgend einem guten Schriftsteller, kein seelerhe-
bendes Lied gelernt.‹

Diese Tadel mögen wohl z. Th. einseitig und
theilweise etwas übertrieben gewesen sein, dass aber
auf die religiöse Erziehung und Durchbildung der
Schüler zu wenig Werth gelegt wurde, geht auch aus
einer Aeusserung Schomburgs[*]), der doch sicher nicht
zu den Freunden der in den 30er Jahren sich so
breit machenden Mystiker, über die Schmieder später
viel klagte, gerechnet werden kann. Dass aber sonst
der Leiter der Schule ein praktisch tüchtiger Schulmann von ausgebreiteten Kenntnissen und vortrefflicher
Lehrgabe war, das wird nicht nur von der obigen Kritik, sondern auch besonders von anderen Zeitgenossen[**])
bezeugt, und das entnehmen wir mit Freude aus den
für damalige Verhältnisse vorzüglichen Einrichtungen
und dem darauf beruhenden anfänglichen Gedeihen der
Anstalt.

Denn diese blühte nach ihrer Neubegründung
frisch auf und entwickelte sich zu immer grösserer
Entfaltnng. Das Publikum schenkte ihr immer mehr

---

[*]) a. a. O. S. 189.

[**]) *Hoffmeister* in Neue Nekrologe der Deutschen. 1850, S.
168. *Schomburg*, Darstellung der städtischen Verwaltung zu Kassel
1822 bis 1829. S. 89.

Vertrauen, und die Schülerzahl wuchs von Halbjahr zu Halbjahr, so dass sie Ostern 1819 fast 400 betrug. Die Realklasse (das Lieblingskind Schmieders) allein hatte Ostern 1819 mit 55 Schülern den Punkt erreicht, auf welchem sie nach Massgabe der Bewohnerzahl von Kassel stehen bleiben kann; sie bedarf daher keiner Ausdehnung in mehrere Klassen*), was Schmieder später jedoch sehr lebhaft wünschte. Ihrer Natur nach soll und darf sie nicht alle Schüler aufnehmen, welche durch die Klassen der Bürgerschule gegangen sind, sondern nur eine Auswahl von jungen Leuten; denn sie ist ungefähr das, was man in lateinischen Schulen die Selecta nennt. In ihr soll aber nicht etwa irgend ein Fach erschöpft, und z. B. ein eigentlicher Mathematiker, Naturforscher oder Statistiker gebildet werden, vielmehr wird in einem Zeitraume von drei Jahren das Gemeinnützigste aus den praktischen Wissenschaften vorgetragen, um den jungen Leuten eine grössere Empfänglichkeit, eine schärfere Beobachtungskraft und ein lebhafteres Interesse für Wissenschaft und Kunst zu ertheilen, durch welche sie Anstelligkeit zu schwierigeren Geschäften erlangen.

Und wie richtig der damalige Leiter der Anstalt die so gut erklärte Aufgabe einer Realschule auszuführen beabsichtigte, das haben wir aus den oben mitgetheilten Uebersichten des Lehrstoffs ersehen, und das entnehmen wir ferner auch daraus, dass er schon im Jahre 1816 den reiferen Zöglingen der Realschule, insbesondere denjenigen, welche sich der Handlung widmen wollten, Gelegenheit zum Unterrichte im Englischen gab, dadurch dass er den Sprachlehrer Fischer veranlasste, im Gebäude der Bürgerschule vier Stunden wöchentlich fortlaufenden Unterricht im Englischen zu

---

*) Programm der Bürgerschule zu Kassel von 1819.

ertheilen. Wie hoch stand demnach diese Bürgerschule damals über allen den Realschulen, die in dem
Jahr 1838 und später in Hessen gegründet wurden!

Naturgemäss musste auch bald die Anzahl der
Klassen vermehrt werden, da schon von Neujahr 1817
an keine Aufnahme neuer Schüler mehr stattfinden konnte.
Ostern 1817 wurde „vom Gewinne einer seit Jahren
musterhaft geregelten Oekonomie" die Einrichtung einer
fünften Klasse möglich gemacht, deren Lehrstunden
man unter die schon angestellten Lehrer vertheilte.
Schon Johannis 1817 war auch diese Klasse überfüllt;
da jedoch im Gebäude der Bürgerschule kein Raum zu
einer neuen Klasse mehr vorhanden war und auch die
Lehrer eine noch grössere Zahl von Lehrstunden nicht
übernehmen konnten, so genehmigte der kurfürstliche
Oberschulrath die Errichtung eines Nebeninstituts, welches
als sechste Klasse mit der Bürgerschule in Verbindung
stand und ebenfalls dem Schulinspektor Schmieder
unterstellt wurde. Im November 1817 war auch dieses
Institut mit 60 Schülern vollständig, füllte sich aber
bis Ostern 1818 so an, dass nach Michaelis 1818 eine
zweite Hilfsklasse der Vorbereitungsschule unter dem
Namen der siebenten Klasse der Bürgerschule eingerichtet wurde. Jetzt wurden diese beiden Klassen
auch unter die Oberaufsicht der kurfürstlichen Direktion
der Bürgerschule gestellt, sie blieben jedoch, ökono-
misch betrachtet, Privatinstitute, da sie sich selbst erhielten, ohne von der Kasse der Bürgerschule den mindesten Zuschuss zu beziehen. Zu Ostern 1823 wurden
sie mit der Schule verbunden, weshalb dem Inspektor
125 Thlr. Gehalt zugelegt wurden *). Diese Klassen entwickelten sich recht bald zu Stufen, sodass der Kursus
der 5., 6., 7. Klasse je einjährig für die Schüler des 6.,

---

*) Beschluss des Ministeriums des Innern vom 29. März 1823.

7., 8. Lebensjahres bestimmt war, und somit eine heutige
Vorschule entstand, die ebenso wie für die Bürgerschule,
auch für das Lyceum vorbereitete. In dieser äusseren
Verfassung finden wir unsere Schule noch bei der
Herbstprüfung 1826. Der Realschule oder 1. Klasse
folgte die eigentliche Bürgerschule mit der 2., 3. und
4. Klasse und dieser die Vorbereitungsschule mit der 5.,
6., 7. Klasse. Der französische Unterricht begann schon
in der 4. Klasse, also wie heute in den Realschulen
mit dem zurückgelegten 9. Lebensjahre, und durch eine
höhere Verordnung vom 29. Nov. 1818 war bestimmt
worden, dass von Ostern 1819 an kein Schüler der
Bürgerschule sich vom französischen Unterrichte ausschliessen dürfe.

Diese Einrichtung erklärt jedoch der Inspektor
Schmieder für eine wichtige Ursache der von nun an
fortdauernden Abnahme[*] der Schülerzahl, und in der
That wurde die Frequenz im Sommer 1819 um fast
50 Zöglinge geringer. Schmieder war der Ansicht,
dass sie auf persönliche Gründe hin von der Direktion
empfohlen worden sei. Zugleich wurde nun der Lehrer
der französischen Sprache in seinem Gehalte auf 150
Thlr. von der Bürgerschule fixirt und eine geringe Erhöhung des Schulgeldes vorgenommen, sodass es in
der I. Klasse 10, in der II. 9 und in den übrigen 8
Thlr. jährlich betrug. Nach Ostern 1819, wo sich der
Inspektor noch einmal ausführlich über die damalige
Verfassung der Bürgerschule aussprach, sind keine Programme, sondern nur Ordnungen der öffentlichen Prüfungen im Drucke erschienen[**].

---

[*] Siehe das Verzeichniss der Schülerzahl am Ende dieses
Abschnitts, S. 71.

[**] sodass wir für die folgende Zeit fast nur auf Akten und
zwar besonders der Kurf. St. Sch. K. angewiesen sind, von denen
die vom Jahre 1836 hervorragend wichtig sind.

Im Jahre 1820 übernahm Cornelius Grimm das
Phister'sche Privatinstitut, das nun besonders auch dadurch dem Besuche der Bürgerschule schadete, dass
Grimm später Hauslehrer der Ortlep- (Gräfin Reichen-
bach-)schen Kinder wurde. Auch hatte die Gründung
von Handwerksschulen, die Michaelis 1816 durch
Schmieder eingerichtet waren, und deren erste Abtheilung er selbst leitete, während auch andere Bürger-
schullehrer an derselben Unterricht ertheilten *), in
ihrem weiteren Verlaufe der Bürgerschule Abbruch
gethan.

Seit 1821 wurde zu dem Lehrplane der Elementarschule (5. Klasse), anfänglich nur für Freiwillige,
später für alle Schüler, der Unterricht in der lateinischen
Sprache hinzugefügt, um eine bessere Vorbereitung für
das Lyceum zu ermöglichen. Dies war auf Antrag
Schmieders von der Lyceal-Direktion am 22. Dez. 1820
gestattet worden, obwohl ein Mitglied dieser Behörde
sehr dagegen war, weil Schmieder ja in seiner Schrift
über die höhere Bürgerschule und in seinem Programm
vom Jahre 1816 gründlich gezeigt hatte, dass die lateinische Sprache nicht in die Bürgerschule gehöre, und weil
ausserdem auch im Lyceum noch eine Elementarklasse
angelegt werden sollte. Bald wurde der Latein-Unter-
richt auf drei Klassen ausgedehnt, bis er dann 1824
auf Veranlassung der Stadt-Schul-Kommission durch
alle Klassen durchgeführt und in dieser Weise bis 1837
beibehalten wurde.

Auch eine wichtige äussere Veränderung trat
um diese Zeit für die Bürgerschule ein. Durch allerhöchstes Reskript vom 10. Juni 1817 war verfügt
worden »dass sämmtliche Lehr-, Schul- und Erziehungs-

---

*) Nachricht von der Entstehung und Einrichtung der Hand-
werksschule zu Kassel (Herbst) 1817.

anstalten der Residenz mit Ausnahme des Lyceums, der
Bürgerschule, der Waisenhaus- und Garnison-Schulen,
welche unter ihren bisherigen Inspektoren blieben, der
Aufsicht einer besonderen, dem Oberschulrath*) unter-
geordneten Schulkommission unterworfen und zu Mitgliedern derselben drei Prediger des reformirten, einer
des lutherischen geistlichen Ministeriums und ein Lehrer
der Bürgerschule bestimmt werden sollten.« Zugleich
erfolgte auch die Ernennung der Mitglieder, darunter
S c h m i e d e r, welche ihre Instruktion am 1. September
vom Oberschulrathe empfingen. Zufolge allerhöchster
Entschliessung wurde jedoch (laut Beschluss des Ministeriums des Innern vom 17. September 1823) statt
der bisherigen Spezial-Schul-Kommission vom 1. Oktober
1823 an eine der Provinzial - Regierung untergebene
Stadt - Schul - Kommission aus: a. dem Metropolitan
A s b r a n d, b. dem Bürgermeister der Residenzstadt
S c h o m b u r g und c. dem Schul-Inspektor Professor **)
Dr. S c h m i e d e r hierselbst gebildet und derselben die
Aufsicht und Leitung aller hiesigen niederen Volksschulen, einschliesslich der Bürgerschule, jedoch mit
Ausschluss der Garnisonsschulen, übertragen. Diese Aenderung hing mit der Krafft-Eggena'schen Organisation,
die am 29. Juni 1821 bald nach dem Regierungsantritte
des Kurfürsten Wilhelm II., verordnet wurde, zusammen,
derzufolge die Bürgerschule zu den Volksschulen gerechnet wurde. Bei dieser Trennung unserer Anstalt vom
Lyceum erhielt die erstere die Hälfte des vorhandenen
Kassenbestandes mit 919 Thlrn. 13 Albus 3 Heller und
von dem 1814 verwilligten Staatszuschusse von 1600

---

*) Hinsichtlich seiner Stellung ist zu vergleichen das Kurf.
Regulativ vom 17. Februar 1818 und die dort angezogene höchste
Entschliessung vom 23. August 1805 in den Landes-Ordnungen.

**) Ernennung zum ausserordentlichen Professor durch den
Kurfürsten am 17. September 1823.

Thlrn. einen jährlichen Zuschuss von 1050 Thlrn. *)
zugewiesen, welcher heute noch an die Realschule in
der Hedwigsstrasse gezahlt wird. So stand nun die
Bürgerschule von Michaelis 1823 an ganz auf eigenen
— freilich sehr schwachen — Füssen; sie bestand
aus 7 Klassen und im Ganzen 10 Lehrern. Es dürfte
interessiren, die Rechnung des Jahres 1824 durch-
zusehen:

Einnahme:

1) Beitrag aus der Kurf. Finanz- kammer-Kasse	1050 Thlr.	—	Alb.
2) Schulgelder	2254 »	28	»
3) Aus dem Stift St. Martini von einem Legate	15 »	—	»
4) Aus der Handwerkschul-Kasse. Entschädigung für Heizung, Be- leuchtung, Kreide, Tinte . .	26 »	—	»
Summa	3345 Thlr.	28 Alb.	

Ausgabe:

1) Besoldungen	3109 Thlr.	7 Alb.	1 Hlr.
2) Brennmaterial	95 »	2 »	— »
3) Tinte, Oel, Kreide . .	22 »	13 »	4 »
4) Prämienbücher, Druck- kosten . . , . . .	25 »	5 »	4 »
5) Administrations-Unkosten	6 »	— »	— »
6) Ausfall an Schulgeld . .	1 »	4 »	— »
7) Auf besondere Verfügung	9 »	— »	— »
8) An Separationskosten .	23 »	2 »	— »
9) Insgemein	52 »	14 »	10 »
Summa	3343 Thlr.	16 Alb.	7 Hlr.
Einnahme	3345 »	28 »	— »
Es blieb also übrig	2 Thlr.	11 Alb.	5 Hlr.

---

*) durch Verfügung des Staatsministeriums vom 17. März 1824.

Besoldungen:

1) Inspektor Prof. Schmieder	630 Thlr.	— Alb.	—	Hlr.
2) Dems. für die Aufsicht über die 6. und 7. Klasse	125 »	— »	—	»
3) 2r Lehrer, Pfr. Holzapfel	450 »	— »	—	»
4) 3r » » Sallmann	350 »	— »	—	»
5) 4r » Dörr . . .	360 »	— »	—	»
6) 5r » Wiegand d. ä. für den Unterricht in der lateinischen Sprache .	75 »	— »	—	»
7) 6r Lehrer Heydenreich .	280 »	— »	—	»
8) 7r » Wiegand d. j.	220 »	— »	—	»
9) Franz. Sprachl. Hodiesne	150 »	— »	—	»
10) Gesanglehrer Grosheim .	100 »	— »	—	»
11) Schreiblehrer Weiss . .	210 »	— »	—	»
12) Pedell Adler	72 »	— »	—	»
13) Rechnungsfhr. 2 bzw. 3%	72 »	7 »	1	»
14) Dems. für Sekretariat .	15 »	— »	—	»

Summa 3109 Thlr. 7 Alb. 1 Hlr.

Aber schon im folgenden Jahre zeigte sich ein
Fehlbetrag, und es entstand nun eine trübe Zeit für
die Schule, in der sich fast alle Verhandlungen um
Beschaffung der nöthigen Gelder drehten. Fast alle
Reorganisationsentwürfe, an denen die folgende Zeit so
reich ist, entstammten dieser traurigen Finanzlage; denn
bald war das kleine Kapital aufgezehrt. Im Jahre 1825
blieben in der Kasse noch 739 Thlr. 15 Alb. 3 Hlr.
Davon mussten für das Jahr 1826 entnommen werden
381 Thlr. 23 Alb. 10 Hlr, worin eine Ausgabe für
physikalische Instrumente im Betrage von 186 Thlr.
22 Alb. 6 Hlr. enthalten war, und im Februar 1827
zeigte der Rechnungsführer an, dass er kein Geld mehr
habe. Auf Schomburg's Veranlassung war auch 1825
für das Lyceum eine grössere Summe für naturwissen-
schaftliche Lehrmittel verwandt worden.

Hierzu trat ferner noch ein Ausfall an Schulgeld,
wozu verschiedene Ursachen beitrugen, wie die Gründung
von besonderen Judenschulen wegen der Verfolgungen
in Frankfurt a. M. 1819 und an anderen Orten und
dann wiederum die ehemalige Phister'sche Schule. Dem
bisherigen Lehrer an der Bürgerschule, Pfr. Sallmann,
wurde ›die Direktion des Grimm'schen Instituts aller-
gnädigst übertragen‹ um Neujahr 1827. Weil der zum
Oberschulrathe erhobene Grimm sich ausschliesslich
dem Unterrichte der gräflichen Kinder zu widmen hatte,
so gab er die Leitung seiner Anstalt ab. Durch den
plötzlichen Abgang Sallmann's entstand jedoch im
Unterrichtsbetriebe der Bürgerschule eine Stockung,
viele Schüler folgten ihm auch, besonders da der ›aus
dem Kabinet‹ angestellte Nachfolger nach Schmieder's
Ansicht für die Bürgerschule nicht recht passte.

Auf einen ausführlichen Bericht vom 28. August 1826
an die Regierung über die Verhältnisse der Anstalt mit
der Bitte um Unterstützung war am 24. September die
Nachricht angelangt, dass der Schulrath Sundheim
von der Regierung beauftragt sei, sich der Visitation
der Bürgerschule zu unterziehen. Dies geschah auch,
indessen scheint nichts Wichtiges darauf erfolgt zu
sein. In dem Berichte der Stadt-Schul-Kommission an
die Regierung wurde der Zweck und das Ziel der Anstalt noch in folgender Weise dargestellt: Sie zerfällt
in die niedere und höhere Bürgerschule. Erstere bildet
die Knaben theilweise so weit, als zur Erlernung der
städtischen Gewerbe nöthig ist, theils bereitet sie die
besseren Köpfe zur höheren Bürgerschule vor. Diese
bezweckt im Allgemeinen die kunstwissenschaftliche
Ausbildung derjenigen jungen Leute, welche in der
Folge als Baumeister, Fabrikanten, Oekonomen, Kaufleute, Berg- und Forstbeamte Führer und Rathgeber
des Gewerbestandes werden sollen.

Die Unterrichtsgegenstände in der Elementarschule sind Lesen, Schreiben, Rechnen, deutsche Sprachlehre, Latein, Verstandesübungen, Deklamiren und Singen; in der niederen Bürgerschule (2., 3., 4. Kl.) tritt dazu die französische Sprache, Religion, Natur- und Erdbeschreibung, Geschichte, Grössenlehre (Lehre von den krummen Linien, Flächenfiguren und Körpern) und Zeichnen. In der Realklasse finden wir Anwendung der Rechenkunst auf besondere Fälle des Geschäftslebens, wöchentliche deutsche Aufsätze und daneben tägliche Stilübungen in Ausarbeitung angehörter Vorträge, lateinische, französische Sprache, Religion, Physik, physikalische Geographie und Naturlehre des Menschen, Handels- und mathematische Geographie, Weltgeschichte und Geschichte von Kurhessen und zum Beschlusse Mythologie, ferner praktische Mathematik und zwar Messkunst (Longi-, Plani- und Stereometrie) und Mechanik (gebräuchlichste Maschinen), Technologie, d. h. Abhandlung der 100 wichtigsten chemischen und mechanischen Künste mit etwas Waarenkunde, dann Zeichnen und zwar freies Handzeichnen und Zeichnen von Landkarten und Maschinen und endlich Gesang.

Man sieht, dass es ein überaus reichhaltiger Stoff war, der in einem dreijährigen Lehrgang erledigt werden musste, und man wird auch jetzt der Schule den Namen einer Realanstalt nicht absprechen können. Freilich erscheint in dem ausgeprägten Reallehrplan die Stellung des Lateinischen sicherlich überflüssig. Damals hatte das Ministerium übrigens die Absicht, die Realklasse von der Bürgerschule abzutrennen und als Staatsanstalt auszudehnen, aber es sah davon ab, weil die Stadt-Schul-Kommission dann für den Bestand der niederen Bürgerschule fürchten zu müssen glaubte.

Um nun mehr Geld zur Unterhaltung der Schule aufzubringen, begründete S c h m i e d e r am 1. April 1826

ausführlich einen Plan, nach dem jeder Inhaber einer
Privatschule je nach der Ausdehnung derselben einen
bestimmten Beitrag in die Kasse der Stadt-Schul-Kommission bezahlen sollte, worüber in der Kommission ausführlich berathen wurde. Ferner wurde beantragt, den
Bürgerschullehrern Zulagen zu geben, da dieselben zur
westphälischen Zeit mit Hoffnung auf Verbesserung
angestellt waren, und die Lehrer des Lyceums bedeutende
Zulagen vor zwei Jahren erhalten hatten, wofür die
Privatstunden, die zu vielfachen Klagen Veranlassung
gaben, wegfallen sollten; auch sollte die Grundlage zu
einer Wittwenkasse gelegt werden, zu welcher alle
Lehrer monatliche Beiträge zahlen müssten; endlich
würde man aus den Zahlungen der Privatlehrer genügende
Mittel gewinnen, um eine gewisse Summe für die Beschaffung physikalischer Instrumente festzusetzen und
auch die vermehrten Geschäfte des Kassenpersonals zu
vergüten. Die Einnahmen von den Privat-Töchterschulen
dürften für sich zu berechnen sein, um eine besondere
Kasse für die demnächst endlich zu errichtende öffentliche Töchter-Bürgerschule zu bilden. Diese Beiträge
aber würden sich nach der Ansicht der Stadt-Schul-
Kommission durch eine Ausdehnung des Ausschreibens[*]
des Staatsministeriums vom 31. December 1825 rechtfertigen lassen, in welchem bestimmt wird, dass zur
Erhaltung der öffentlichen Land- oder Dorfschulen und
zur Sicherstellung der Besoldung der Landschullehrer
die Eltern in der Kommune vom 7. Jahre des Kindes
an, wenn es auch die Schule n i c h t besucht, sondern
bei anderen Unterricht empfängt, das herkömmliche
Schulgeld in monatlichen Raten an den Ortserheber
zahlen müssen. Auch bestimmte dasselbe Gesetz, dass
das Schulgeld für gänzlich unvermögende Kinder aus

---

[*] Sammlung von Gesetzen u. s. w. für Kurhessen. Februar
1825. Nr. VII. S. 42.

der Gemeindekasse bestritten werden soll, wenn dies ohne eine besondere Umlage auf die Gemeindeglieder thunlich ist, wovon Schmieder später der Stadt gegenüber Gebrauch machte *). Indessen ging das Ministerium auf diese Anträge nicht ein.

Um nun dem im Jahre 1827 dringend gewordenen Nothstande abzuhelfen, versuchte die St.-Sch.-K. die dritte Lehrerstelle, die unterdessen durch den plötzlichen Abgang Sallmanns frei geworden war, und damit eine Klasse einzuziehen. Als jedoch durch eine Ankündigung im Wochenblatte vom 14. Febr. 1829 diese Hoffnung sich als illusorisch herausstellte, baten am 12. April 1827 Bürgermeister und Rath, die Ernennung des überflüssigen Lehrers rückgängig zu machen. Die St.-Sch.-K. jedoch beantragte, entweder der Bürgerschule als jährlichen Zuschuss den Gehalt des dritten Lehrers auszumitteln oder zu bewirken, dass er mit seinem Gehalte auf einen anderen Fonds angewiesen werde; freilich sei dann noch immer nicht an Erhöhung der Gehälter oder Gratifikationen für die Lehrer zu denken. Auf alle Eingaben verfügte indessen das Ministerium am 3. Mai, dass das diesjährige Deficit durch die hiesige Stadtkasse zu decken sei. Da der Magistrat der Uebernahme eines Fehlbetrags beharrlich widersprach, weil die Schule eine staatliche Gründung war und die Stadt keinerlei Rechte an dieselbe hatte, wurde endlich verfügt, dass die Stadtkasse vorläufig 300 Thlr. zahlen sollte (7. Juli). In ähnlicher Weise wiederholten sich fast Jahr für Jahr die Anträge behufs Deckung des Fehlbetrags bis zum Jahre 1836.

Vor 1827 hatte die Stadtkasse nur geringe Beiträge für das Schulwesen zu leisten gehabt, nämlich

---

*) Der Stadtrath beschloss auch am 7. August 1829, unter Verwahrung jeder Konsequenz, das Schulgeld für bedürftige Schüler bis zu 175 Thaler jährlich zu übernehmen.

einen unbedeutenden Zuschuss an das Lyceum, dann in letzter Zeit auch einen zur Partimschule und ferner zur Erhaltung der von dem verstorbenen Kurfürsten gestifteten sechs Freischulen. Auch für das Jahr 1828 verfügte die Regierung, dass der angetragene Zuschuss aus der Staatskasse nicht zu erwirken wäre, vielmehr die Stadtkasse den Fehlbetrag einstweilen zu decken habe, er betrug 400 Thaler. Unterdessen hatte sich der Besuch der Schule auf der absteigenden Linie weiter vorwärts bewegt; die Gewerbthätigkeit hatte abgenommen, durch den neuen Organismus von 1823 war die Beamtenzahl vergrössert, darum wurden die Söhne mehr zum Studium bestimmt und das Lyceum mehr bevorzugt, ausserdem war die Partimschule, die bisher 24 Zöglinge zählte, auf Antrag des Schulraths Sundheim in eine Seminarfreischule ausgedehnt worden, deren Schülerzahl in wenigen Jahren auf 150 stieg, und endlich wurde der Bürgerschule durch zahlreiche Konzessionen zu Privatschulen erheblicher Abbruch gethan. So konnte im Herbst 1829, als der dritte Lehrer versetzt worden war, eine Klasse eingezogen werden, was zur Folge hatte, dass in den Jahren 1829 und 1830 ein Zuschuss nicht nöthig war. Im Jahre 1831 musste die Stadt, besonders wegen einiger bewilligten Gratifikationen wieder 262$^{1}/_{2}$, 1832 dagegen nur 112 Thlr. beisteuern. Bald aber schwoll die Ausgabe der Stadt bedeutend an, da die Ereignisse des Jahres 1830 nicht ohne Nachtheil auf die Schule geblieben waren, auch der Abgang der Kurfürstlichen Hofhaltung 1831 seine Schatten darauf warf, weil ferner der Stadtrath nicht umhin konnte, mehreren Lehrern Zulagen zu bewilligen. Somit stieg der der Stadtkasse aufgetragene Zuschuss im Jahre 1833 auf 245, 1834 auf 550 und 1835 auf 600 Thaler, bis es im Jahre 1836 dem Bürger-Ausschusse zu arg wurde, sodass er eine

Untersuchung dadurch veranlasste, dass er aus dem Wachsen des Fehlbetrags auf eine Verminderung des Vertrauens der Eltern zu der Bürgerschule schliessen zu müssen glaubte.

Nach einem Ministerialbeschlusse vom 9. November 1832 sollte schon die Regierung, da die Verbesserung des Lyceums und die Einrichtung der höheren Gewerbeschule, die in Kassel am 3. Dezember d. J. eröffnet wurde, zur Verbesserung auch der Bürgerschule und zur Herstellung eines angemessenen Verhältnisses der letzteren zu jener aufforderte, die vorhandenen Freischulen dem Bedürfnisse nicht genügend abhalfen, auch der gänzliche Mangel einer öffentlichen Mädchenschule nicht ferner bestehen bleiben konnte, das gesammte Volksschulwesen in der Residenz einer umfassenden Prüfung unterwerfen und einen Plan zu dessen vollständiger, in einander greifender Einrichtung bearbeiten, womit die Regierung den Schulreferenten, Schulrath Sundheim beauftragte.

Vielleicht werde die Stadt — so schreibt am 10. Dezember 1832 der einstweilige Vorstand des Ministeriums des Innern Hassenpflug, — deren Schulwesen einer Vervollständiguug und Verbesserung sehr bedürfe, an die Errichtung eines neuen Schulgebäudes zu denken haben und dazu einen geeigneten Platz schwer zu beschaffen im Stande sein, sodass die Ueberlassung des Hallengebäudes mit dem Baugrunde zu einem, mit Rücksicht auf die Last des Staates, das Lokal für die Bürgerschule zu stellen, zu bestimmenden Kaufpreise ihr sehr erwünscht sein würde. Das Hallengebäude war nämlich im Laufe der Zeit recht baufällig geworden, sodass zu Anfang 1833 die Ober-Baudirektion wegen miethweiser Beschaffung eines Lokales für die Bürgerschule an die Regierung schrieb, und Schmieder im März und im Dezember desselben Jahres auf eine baldige Lokalveränderung hoffte; aber noch einige Jahre musste man mit den alten Räumen auskommen.

Die vorgesetzte Behörde der Bürgerschule war seit Herbst 1823 die Kurfürstliche Stadt-Schul-Kommission, in deren Besetzung eine Veränderung nothwendig geworden war, da der Metropolitan Asbrand im November 1830 gestorben war. An seine Stelle wurde der lutherische Prediger Lang berufen, der für die ihm übertragene Spezial-Inspektion über die sechs Freischulen der Residenz von der Stadt von 1834 an 50 Thlr. bewilligt erhielt.

Die Stadt-Schul-Kommission stand unter der Provinzial-Regierung. Von 1826 bis 1831 führte der zum Professor der Pädagogik ernannte Schulrath und spätere Oberschulrath Kornelius Grimm, zunächst unter den unmittelbaren allerhöchsten Befehlen Sr. Königl. Hoheit des Kurfürsten, dann seit 1829 unmittelbar unter den höchsten Behörden, eine spezielle Aufsicht über alle Schulanstalten *). Als dieser jedoch am 10. März 1831 dem Kurfürsten auf die Schlösser bei Hanau gefolgt war, und in der Folge der Kurprinz zum Mitregenten und einstweiligen Alleinherrscher ernannt worden war, trat die Regierung wieder in ihre Rechte. Die oberste Schulbehörde bildete, wie seit langer Zeit, das Ministerium des Innern, die Anstellung der Lehrer erfolgte meist auf den Vorschlag dieser Behörden durch den Kurfürsten, die Vereidigung durch die Regierung.

In den Ferien der Schule wurde 1829 von der Stadt-Schul-Kommission eine Veränderung festgesetzt; früher gab es 3 Wochen zu Ostern, 1 Woche zu Pfingsten, 2 zu Brunnenferien, 3 zu Michaelis und 2 zu Weihnachten — mit den im Sommer freigegebenen Nach-

---

*) Kurhessischer Staats- und Adress-Kalender. Von Grimm's Thätigkeit habe ich in den Akten wenig gefunden.

mittagen beinahe ein Vierteljahr (ungefähr in der jetzigen Ausdehnung); nun aber wurden sie auf S c h m i e d e r's Antrag auf die Hälfte herabgesetzt, auch in der Weise, dass die Brunnenferien in freie Nachmittage verwandelt wurden.

Zur Aneiferung wurden den besten Schülern Prämien verliehen, die anfänglich in guten Büchern, vom Jahre 1832 aber in sogenannten Brabeonen bestanden. Diese Medaillen *) hatten auf dem Averse einen Lorbeerkranz mit einer Schleife, in dem sich die Worte: DIE BÜRGER- | SCHULE | ZU | CASSEL befanden, während ihr Revers auf einer Tischplatte eine Erdkugel, ein Tintefass, einen Ferntubus, Massstab, mehrere Bücher, Noten und Landkarten zeigte; auf einem aufgeschlagenen Buche standen die Buchstaben BS (Biblia Sacra), am Tischrande der Name des Verfertigers des Stempels G. KAUPERT, und die Umschrift lautete: FÜR BEWIESENEN FLEISS. Aehnliche Medaillen wurden 1834 auch für die unter demselben Inspektor stehende Handwerksschule zu Kassel geprägt. Ueberhaupt war S c h m i e d e r ein bedeutender Numismatiker, von dem auch die Erfindung der Medaille **) zur 300jährigen Jubelfeier der Marburger Universität im Jahre 1827 und die Angabe der Aversumschrift herrührte, während der Verfasser der Reversumschrift der Rektor des Lyceums in Kassel, Professor Dr. C a e s a r, war.

Behufs bequemer Uebersicht über den damaligen Zustand unserer Anstalt und ihre Entwicklung ist dem Schlusse dieses Abschnittes der Stundenplan im Sommer-Halbjahre 1836 und ein Verzeichniss der Schülerzahl in den einzelnen Klassen von Ostern 1815 an bis Michaelis 1836 (einschl.) beigefügt.

---

*) *Hoffmeister,* a. a. O. S. 203. — **) Ebenda, S. 147.

Als im Jahre 1831 die Verfassung in Hessen zu Stande gekommen war, nahm sich der Landtag auch besonders des Unterrichtswesens an.

Eine reiche Thätigkeit entfaltete sich auf diesem Gebiete in den 30er Jahren in Kurhessen. So wurden der Universität in Marburg 12000 Thaler *) als jährlicher Zuschuss überwiesen und ihre Verhältnisse geregelt, die Handwerksschulen verbessert, 15000 Thaler jährlich zur Erhöhung der Volksschullehrer-Gehalte verwendet und in Kassel eine höhere Gewerbeschule gegründet. Ferner wurden durch eine besondere Schulkommission (Konsistorialrath und Direktor W i s s aus Rinteln, Schulrath S u n d h e i m, Seminar-Inspektor V o g t zu Kassel und Gymnasiallehrer V i l m a r) die Verhältnisse der Gymnasien untersucht und neu geregelt.

Im Jahre 1831 hatte die Lycealdirektion um einen Zuschuss gebeten, wurde aber abgewiesen, da der Staat beabsichtigte, das Lyceum in eine Staatsanstalt zu verwandeln. Hiermit war jedoch die Stadt nicht einverstanden, und so brach endlich das Ministerium die langwierigen Verhandlungen ab, gründete **) am 11. Mai 1835 in Kassel ein neues staatliches Gymnasium und schraubte das Lyceum auf eine lateinische Stadtschule mit den drei unteren Klassen Sexta, Quinta, Quarta zurück ***). Hierüber entstand ein unerquicklicher Streit zwischen Staat und Stadt. Das Gebäude des Lyceums hatte der Kurfürst schon im Jahre 1814 für sich erwerben und dafür der Stadt das damals zur Schule dienende (von Malsburg'sche) Gebäude und ein Kapital von 3000 Thalern geben wollen, worauf indessen die Stadt nicht einging. Die im Lyceums-Gebäude damals nöthigen Reparaturen, angeschlagen zu 1116 Thlr. 23

*) Landtagsabschied vom 31. Oktober 1833. §. 5, 5.

**) auf höchsten Beschluss vom 29. Oktober 1834.

***) Nachricht davon vom Ministerium an Stadtrath und Lycealdirektion vom 3. Dezember 1834.

Alb. 9 Hlr., sollten von der Stadt bezahlt werden, was
jedoch nicht geschehen ist.

Endlich wurde im September 1835 auch das S c h u l -
l e h r e r - S e m i n a r von Kassel mit bedeutenden Kosten
nach Homberg verlegt. Dies Seminar war durch Ministerialbeschluss vom 25. März 1822 in ökonomischer Hinsicht
am 1. Oktober vom Lyceum wieder getrennt und demselben neben seinem unzweifelhaften Eigenthume an
Gebäuden, Geräthschaften, Büchern überwiesen worden:
1) sein bereits abgesondertes Kapital von 1145 Thaler
8 gGr.; 2) aus der Lyceumskasse ein jährlicher Beitrag von 800 Thalern, monatlich zahlbar; 3) der an
seinen Hof grenzende, seither mit dem Lyceum gemeinschaftliche Garten bis zu einer von der Mauer am
Garten des Nachbarhauses in gerader Linie nach dem
Garten des geheimen Kanzleigebäudes fortzusetzenden
Mauer. Gegen 2) und 3) wandte sich die Direktion des
Lyceums und der Bürgermeister und Rath der Stadt.
Diesen versicherte am 30. September 1822 das Ministerium, dass dadurch die Gerechtsame, welche der
Stadt zustehen, auf keine Weise beeinträchtigt seien.
Inspektor des Seminars war der spätere Schulrath
V o g t und von 1833 an B a u m a n n. Auf die Bitte
der Stadtbehörde um Aushändigung der Schlüssel zum
Seminargebäude kam der ministerielle Bescheid vom
31. Okt. 1835, es solle bis zu anderweiter Verfügung
und lediglich als einstweilige freiwillige Unterstützung
für das städtische Schulwesen dahier gestattet werden,
dass die Partimschule in dem bisherigen Seminargebäude
die für sie erforderlichen Unterrichtszimmer eingeräumt
erhielt. Die Ueberweisung dieser Zimmer an die Stadt-
Schul-K. geschah durch den Ober-Baumeister E n g e l -
h a r d im Auftrage des Ministers im Beisein der Stadträthe
Pfarrer J ä g e r und Weissbindermeister M ü l l e r am
20. November d. J.

Lek[tionsplan]

Klasse	Montag	Dienstag	Mittwoch	Donnerstag	Freitag	Sonnabend
1	Religion *Collmann*	Geogr. *Schnieder*	Mathem. *Schnieder*	Gesch. *Schnieder*	Technol. *Schnieder*	Religion *Collmann*
2	Französ. *Hodiesne*	Rechnen *Dörr*	Religion *Collmann*	Rechnen *Dörr*	Rechnen *Dörr*	Geometr. *Schnieder*
3	Rechnen *Dörr*	Latein *Wiegand I*	Rechnen *Dörr*	Rechnen *Dörr*	Rechnen *Dörr*	Deutsch *Dörr*
4	Latein *Wiegand I*	Latein *Wiegand I*	Latein *Wiegand I*	Latein *Wiegand I*	Latein *Wiegand I*	Latein *Wiegand*

Abth. I

Klasse	Montag	Dienstag	Mittwoch	Donnerstag	Freitag	Sonnabend
1	Geogr. *Schnieder*	Latein *Schnieder*	Naturl. *Schnieder*	Technol. *Schnieder*	Gesch. *Schnieder*	Naturl. *Schnieder*
2	Gesch. *Collmann*	Latein *Wiegand I*	Rechnen *Dörr*	Latein *Wiegand I*	Rechnen *Dörr*	Rechnen *Dörr*
3	Schreiben *Weiss*	Latein *Wiegand I*	Latein *Weiss*	Religion *Collmann*	Religion *Collmann*	Französ. *Hodiesne*
4	Rechnen *Dörr*	Schreiben *Weiss*	Religion *Collmann*	Schreiben *Weiss*	Schreiben *Weiss*	Schreiben *Weiss*
5	Lesen *Heydenreich*	Lesen *Heydenreich*	Lesen *Heyden.*	Lesen *Heydenreich*	Lesen *Heydenreich*	Singen *Heydenreich*
6	Lesen *Wiegand II*	Lesen *Wiegand II*	Lesen *Wiegand II*	Lesen *Wiegand II*	Lesen *Wiegand II*	Singen *Wiegand*

Abth. II

Klasse	Montag	Dienstag	Mittwoch	Donnerstag	Freitag	Sonnabend
1	Mathem. *Schnieder*	Schreiben *Schnieder*	Schreiben *Weiss*	Deutsch *Schnieder*	Latein *Schnieder*	Schreiben *Weiss*
2	Geogr. *Collmann*	Naturg. *Schnieder*	Naturg. *Schnieder*	Schreiben *Weiss*	Schreiben *Weiss*	Naturg. *Schnieder*
3	Gesch. *Heydenreich*	Religion *Collmann*	Religion *Collmann*	Geogr. *Collmann*	Geogr. *Collmann*	Singen *Grosheim*
4	Lesen *Dörr*	Französ. *Hodiesne*	Französ. *Heydenr.*	Singen *Grosheim*	Singen *Grosheim*	Französ. *Hodiesne*
5	Schreiben *Weiss*	Relig. *Wiegand II*	Rechn. *Heydenreich*	Rechn. *Heydenreich*	Rechn. *Heydenreich*	Rechn. *Heydenreich*
6	Rechnen *Wiegand II*	Schreiben *Weiss*	Rechn. *Wiegand II*	Deutsch *Wiegand II*	Rechn. *Wiegand*	Rechn. *Wiegand*

Abth. III / Abth. I — **Abth. II Zeichnen** — **Abth. III**

Klasse	Montag	Dienstag	Mittwoch	Donnerstag	Freitag	Sonnabend
1	Singen *Grosheim*	Französ. *Hodiesne*	Deutsch *Schmieder*	Rechnen *Dörr*	Rechnen *Dörr*	Religion *Collmann*
2	Deutsch *Collmann*	Gesch. *Collmann*	Schreiben *Weiss*	Französ. *Hodiesne*	Singen *Grosheim*	Französ. *Hodiesne*
3	Naturg. *Heydenreich*	Lesen *Dörr*	Latein *Wiegand I*	Gesch. *Wiegand II*	Latein *Wiegand I*	Geometr. *Dörr*
4	Lesen *Dörr*	Deutsch *Wiegand II*	Lesen *Dörr*	Schreiben *Weiss*	Deutsch *Wiegand II*	Geogr. *Wiegand II*
5	Bibl. G. *Wiegand II*	Latein *Heydenreich*	Rechn. *Heydenreich*	Denkübgn.*Heydenr.*	Schreiben *Weiss*	Dtsch. *Heydenreich*
6	Schreiben *Weiss*	Schreiben *Weiss*	Deutsch *Wiegand II*	Rechn. *Heydenreich*	Rechn. *Heydenreich*	Schreiben *Weiss*

Frequenz der Bürgerschule*).

Klasse	1815 O	1815 M	1816 O	1816 M	1817 O	1817 M	1818 O	1818 M	1819 O	1819 M	1820 O	1820 M	1821 O	1821 M	1822 O	1822 M	1823 O	1823 M	1824 O	1824 M	1825 O	1825 M
I	33	33	31	36	51	45	62	56	56	26	38	36	39	38	36	32	44	47	16	29	35	25
II	30	30	44	61	61	62	61	59	58	43	38	40	43	44	46	45	42	40	40	34	37	33
III	38	38	50	58	63	62	58	57	60	58	54	53	54	51	53	46	42	46	43	40	37	40
IV	46	46	56	68	68	63	64	57	59	59	61	54	54	51	47	48	46	47	49	46	45	42
V	.	.	.	.	.	68	71	73	67	61	35	52	45	49	49	50	50	45	48	46	49	48
VI	.	.	.	.	.	.	.	70	63	60	59	60	55	59	59	58	58	52	50	50	49	48
VII	.	.	.	.	.	.	.	.	33	41	29	46	42	40	44	45	46	56	52	40	40	45
Sa.	147	147	181	223	243	300	316	372	396	348	332	341	339	332	334	324	328	333	298	285	292	281

Klasse	1826 O	1826 M	1827 O	1827 M	1828 O	1828 M	1829 O	1829 M	1830 O	1830 M	1831 O	1831 M	1832 O	1832 M	1833 O	1833 M	1834 O	1834 M	1835 O	1835 M	1836 O	1836 M
I	30	22	40	28	41	36	42	32	33	30	28	29	31	28	39	36	42	35	36	33	38	34
II	35	30	39	39	34	29	33	44	33	29	42	41	43	38	32	40	37	36	35	34	35	36
III	42	38	41	37	36	31	31	34	34	37	34	43	37	38	44	36	39	36	35	33	31	37
IV	45	44	41	45	36	32	31	45	36	39	42	44	42	40	38	36	37	35	37	33	36	37
V	43	43	51	48	45	41	36	40	42	45	49	40	49	36	35	36	37	35	34	31	34	33
VI	47	46	38	37	36	34	31	34	35	37	38	42	38	32	27	32	25	23	26	28	24	35
VII	35	39	26	26	24	39	.	.	.	.	.	.	.	.	.	.	.	.	.	.	.	.
Sa.	277	262	270	260	252	242	240	229	213	217	233	239	240	212	215	216	217	200	203	192	198	202

*) O bedeutet Ostern, M Michaelis.

Dritter Abschnitt,

Gründung von Realklassen in Kassel und in Kurhessen überhaupt.

Die Bürgerschule hatte nun schon fast 24 Jahre bestanden, aber ihre Wirksamkeit war nicht mehr dieselbe, durch die sie anfänglich so viel Segen in Kassel gestiftet hatte. Sie war mit ihren Lehrern und ihrem Gebäude alt geworden; von Jahr zu Jahr hatte sich ihr Besuch gemindert, und damit war jährlich der Fehlbetrag, dessen Deckung der Stadtkasse aufgetragen wurde, von 1827 an so gewachsen, dass er im Jahre 1836 fast 700 Thaler betrug. Freilich ist dabei zu berücksichtigen, dass unterdessen 225 Thaler jährliche Zulagen an die Lehrer von der Stadt bewilligt, und dass seit 1831 jährlich im Durchschnitt 250 Thaler Schulgeld an arme Bürgersöhne erlassen waren. Soviel ist jedoch sicher, dass die Anstalt in ihren Leistungen wesentlich zurückgegangen war; und dass dem so sein musste, zeigt ein Blick auf den Stundenplan, der ohne Frage zu vielerlei enthielt: Schon die Elementarklasse hatte statt der ursprünglichen 4 nach und nach 9 Lehrgegenstände aufgenommen; in der IV. Klasse herrschte das seltsame Missverhältniss, dass 6 lateinischen nur 2 deutsche Stunden gegenüber standen. Es kann uns deshalb nicht Wunder nehmen, dass allgemeine Unzufriedenheit sich zeigte. »Das wissen wir, dass unsere Bürgerschule nichts taugt«, schreibt daher ein Kasseler Blatt*) bei Besprechung der Ausgaben der Stadt für den öffentlichen Unterricht in der Höhe von 2040 Thlr. 9 gGr. 12 Hlr.

---

*) Beobachter oder Kasseler Blätter für Geist und Herz vom 8. Juli 1836.

Schon hatte die Stadt-Schul-Kommission und auch die Regierung die Ueberzeugung gewonnen, dass das städtische Schulwesen zu Kassel bis auf den Tod erkrankt war. Fragen wir uns, wie dies möglich war, da doch die Bürgerschule im Anfange so segensreich gewirkt hat, so müssen wir doch wohl auch dem Schul-Inspektor S c h m i e d e r einige Schuld daran beimessen. Er war sicher ein ausserordentlich kenntnissreicher und ein tüchtiger Schulmann, aber er hatte von dem Wesen der Realschule seine vorgefasste Meinung und trug den gegebenen Verhältnissen zu wenig Rechnung. Er dachte sich nämlich die Realschule als eine Art kleiner populärer Akademie und richtete danach seine Lehrweise ein, indem er Vorträge hielt und diese von den Schülern ausarbeiten liess, obwohl doch sicher Knaben von 13 bis 16 Jahren für diese Unterrichtsart noch nicht reif sind. Nur hierdurch ist es zu erklären, dass die Schüler seiner Realklasse sich für die höhere Gewerbeschule nicht genügend vorbereitet erwiesen. Die Hauptschuld lag jedoch sicher in den ungünstigen Zeitumständen, die wir kennen gelernt haben, wie ja das Lyceum damals ebenfalls einen Schülerbestand von kaum 200 aufwies.

Ausser dieser Bürgerschule bestanden 1836 in Kassel nur noch die verschiedenen Freischulen und das neu gegründete staatliche Gymnasium an öffentlichen Unterrichts-Anstalten. Denn das Lyceum kam in der 1835 vorgeschriebenen Form als Progymnasium bis Quarta nicht zu Stande, obwohl das Ministerium Personal-Veränderungen in der Lyceal-Direktion vorgenommen und am 4. Mai 1836 sogar einen vorläufigen Lehr- und Stundenplan vorgeschrieben hatte, nach welchem in der oberen Klasse 31, in der mittleren 29 und in der unteren 28 Stunden in der Woche ertheilt werden sollten. Darum musste sich auch das Gymnasium auf die unteren Klassen ausdehnen, wozu es einzelner Zimmer des Lyceumsgebäudes bedurfte.

Hiernach war also ein Eingreifen in diese Angelegenheiten durchaus angebracht. Ueberhaupt ist in der ersten Aera Hassenpflug viel für das Schulwesen geleistet worden, besonders auch auf Betreiben des Landtages; so wurden im ganzen Lande Realschulen bezw. -Klassen mit staatlicher Unterstützung eingerichtet. Allerdings ging man bei diesen Reformen manchmal rücksichtslos vor, sodass die Stadt sich öfter zum Beschreiten des Rechtswegs veranlasst sah.

Von mehreren Seiten wurde nun im Jahre 1836 der Versuch einer Verbesserung des Kasseler Schulwesens in Angriff genommen. Zunächst hatte der Bürger-Ausschuss, als er um die Bewilligung eines Zuschusses aus der Stadtkasse von 744 Thlr. 10 gGr. für die Bürgerschule angegangen wurde, in seiner Sitzung vom 29. März von der Verminderung der Einnahme an Schulgeld auf ein vermindertes Zutrauen geschlossen, welches die Eltern jener Anstalt schenkten. Auch erschiene es dem Recht und der Billigkeit entsprechend, dass den Behörden, welche für Schaffung der Mittel zu sorgen haben, auch zustehe, dahin zu wirken, dass die Anstalt den Grad von Vollkommenheit erreiche, der geeignet sei, das Zutrauen der Eltern mehr zu gewinnen und zu fesseln. Dies veranlasste die Stadt-Schul-Kommission zu eingehender Untersuchung der Sachlage und den Inspektor der Bürgerschule zu einem ausführlichen Berichte über die Entwicklung der Schule. Letzterer kommt zu der Ueberzeugung, dass auch der Lehrplan geändert und zwar dem ursprünglichen genähert werden müsse, er schlägt vor, an allgemein verbindlichem Unterrichte aufzunehmen:

in der Elementarschule:		in der Bürgerschule:		in der Realklasse:	
Lesen in jeder Klasse wenigstens	12 St.	Religion . . .	2 St.	Religion . . .	3 St.
Schreiben . .	6 „	Deutsch . . .	4 „	Deutsch . . .	4 „
Rechnen . .	6 „	Geographie . .	4 „	Geographie . .	2 „
Denkübungen	4 „	Geschichte . .	2 „	Geschichte . .	2 „
		Naturbeschrbg.	2 „	Naturlehre . .	2 „
		räuml. Grössenl.	2 „	Mathematik .	4 „
		Rechnen. . .	6 „	Gewerbekunde	2 „
		Schönschreiben	4 „	Rechnen. . .	4 „
				Schönschreiben	3 „

also in allen Klassen 26 Stunden und zwar an allen Wochentagen von 8 bis 11 Uhr Vormittags und (mit Ausnahme des Mittwoch und Sonnabend) von 2 bis 4 Uhr Nachmittags. Andere Lehrgegenstände, welche nicht allen gleich nothwendig sind, werden als ausserordentliche Lektionen in den Stunden 11 bis 12, 1 bis 2 und 4 bis 5 gegeben, nämlich Latein, Französisch, Englisch, Zeichnen und Singen. Als ein grosses Bedürfniss stellt er ferner noch hin die Einrichtung einer täglichen Nacharbeitsstunde unter Aufsicht eines Lehrers. Ferner beantragt er:

I. die Regierung zu bitten, beim Ministerium sich zu verwenden, dass die Realschule abgetrennt, in das Lyceumsgebäude und dessen Fonds gesetzt und unter der Benennung ›Lyceum‹ mit Erweiterung des Lehrplanes auf drei Klassen ausgedehnt wird,

II. die Staatsregierung zu bitten, der Bürgerschule statt des jetzigen (baufälligen) Gebäudes das leerstehende Seminargebäude zu überlassen. Durch den Rintelnschen Fonds, das Schulgeld und einen jährlichen Zuschuss der Stadtkasse würde die Subsistenz der niederen Bürgerschule mit der Elementarschule hinreichend gesichert sein. Vielleicht könnte die Partimschule, mit welcher der Stadtrath neuerdings eine Ausgabe von 600 bis 800 Thlrn. übernommen habe, gegen Versicherung eines billigen Zuschusses mit der niederen Bürgerschule vereinigt werden. Dagegen würde die zwangs-

weise Einführung von Entlassungsprüfungen den Besuch
der Schule noch mehr schädigen, da die Kaufleute und
Gewerbetreibenden darauf nichts geben und die Privatschulen keine Prüfung einzuführen haben würden.

Nach Abschluss der Untersuchung der Verhältnisse
der Bürgerschule theilte die Stadt-Schul-Kommission
dem Stadtrathe und Bürger-Ausschusse das Ergebniss
mit: Die Ursache der geringen Frequenz der Bürgerschule ist nicht in einem verminderten Vertrauen zu
suchen, sondern theils in der aus dem Mangel anderer
ähnlichen öffentlichen Lehranstalten hervorgehenden
Nothwendigkeit, drei verschiedene Schulen — nämlich
eine Elementar-, eine Bürger- und eine Realschule —
in einer einzigen vereinigen zu müssen, theils in äusseren,
zufälligen, der Anstalt nicht zum Vorwurfe gereichenden
Umständen, theils endlich in der grossen Zahl nach
und nach dahier entstandener Privatschulen zu suchen.
Die bedeutenden Zuschüsse der Stadt sind eine Folge
der von dem früheren Stadtrathe einzelnen Lehrern der
Bürgerschule bewilligten Gehaltszulagen sowie der vermehrten Zahl ihrer Freischüler. Hierzu bemerkte sie
noch, dass sicheren Anzeichen zufolge die Regierung
auf eine neue Organisation der Stadtschulen der Residenz
ernstlich bedacht sei, und dass sie selbst unter Umständen ebenfalls gesonnen wäre, den Anstoss dazu zu
geben. Auch verlautete, dass die Regierung die Gründung eines Realgymnasiums als Staatsanstalt beabsichtigte.

Unterdessen hatte die Stadt unter den früheren
Vorbehalten einstweilen 644 Thlr. für die Bürgerschul-
kasse bewilligt.

Wirklich hatte auch die Regierung in Verfolg des
Ministerialbeschlusses vom 9. November 1832 die Verbesserung des Kasseler Schulwesens nicht aus den Augen
gelassen und verlangte am 16. Januar 1836 zur Fest-

stellung des Bedürfnisses von der Stadt-Schul-Kommission,
zu welcher ausser den bisherigen drei Mitgliedern (Konsistorialrath Lang, Professor Dr. Schmieder, Oberbürgermeister Schomburg) nach einem Ministerialbeschluss vom
11. März 1836 durch höchste Entschliessung noch der
Pfarrer Jäger und der Bibliothekar Dr. Bernhardi,
und zwar beide auf so lange, als sie Mitglieder des
Stadtrathes, bezw. des Bürger-Ausschusses, waren, ferner
der Dekan Münscher, der Hofprediger Asbrand und
der katholische Pfarrer und Land-Dechant Schreiner
als Mitglieder bestellt wurden:

1) die ungefähre Anzahl der hier vorhandenen
schulpflichtigen Kinder (vom zurückgelegten 6. bis zum
14. Lebensjahre) zu ermitteln,

2) festzustellen, wieviel hiesige Kinder im schulpflichtigen Alter hiesige öffentliche Schulen besuchen,
namentlich

  a. die 6 Klassen der Bürgerschule,
  b. » 6 » » Unterneustädter Freischulen (4
        für Knaben, 2 für Mädchen),
  c. » 3 » » Oberneustädter Knaben-Frei-
        schule (Partimschule),
  d. die 2 Klassen der Garnisons-Freischule (1 für Kna-
        ben und 1 für Mädchen),
  e. » 2 » » katholischen Schule (gemischte
        Schulklassen),
  f. » 3 » » israelitisch. Schule (3 f. Knaben),
  g. » 3 » » reformirten Waisenhauses (ge-
        mischte Klassen),
  h. das von Frankenberg'sche lutherische Waisenhaus,
  i. die höhere Gewerbeschule (namentlich deren un-
        terste Klasse),
  k. das Gymnasium (namentlich die Klassen VI bis III).

Der Privatschulen-Inspektion, welche im Jahre 1830
aus dem Archidiakonus Staubesand, Pfarrer Wilcke,

Lehrer am Lyceum Dr. B r a u n s, an dessen Stelle später
der Pfarrer Z ü l c h trat, und dem Lehrer an der Bürgerschule Dr. H o l z a p f e l, den nach seinem Tode sein
Nachfolger im Hauptamte, Pfarrer C o l l m a n n, ersetzte,
gebildet worden war, wurde zugleich aufgegeben, zu
berichten: 1) wie viele Kinder in sämmtlichen hiesigen
Privatschulen Unterricht erhielten, und 2) wie viel in
den einzelnen Klassen dieser Schulen an Schulgeld ent-
richtet wurde. Uebrigens wurde diese Behörde durch
Regierungsbeschluss vom 16. April 1838 wieder aufgelöst, indem sie ihre Akten an die Stadt-Schul-Kommission abzugeben hatte.

Auf Grund des eingegangenen Materials, das einen
Bestand von ungefähr 3500 schulpflichtigen Kindern
ergab, von denen 1378 in öffentlichen, ungefähr 1900 in
legitimirten Privat- und Winkelschulen, bezw. von Haus-
lehrern unterrichtet wurden, während ungefähr 222 Kinder
keinen oder doch keinen regelmässigen Unterricht genossen, hielt die Regierung für nöthig: 1) Freischulen,
14 Klassen (je 7 für Knaben und Mädchen), die mit
Ausschluss der Garnisonsschule in 2 Schulen zu formen
sind; 2) 3 Bürgerschulen, jede mit 4 Knaben- und 4
Mädchenklassen, und 3) 2 höhere Bürgerschulen, je eine
für Knaben und Mädchen, letztere mit 3 ein- und 3
zweijährigen Klassen, jene dagegen mit einer 3jährigen
Elementarklasse, dann fünf einjährigen und einer Realklasse, die sowohl für das Leben als auch für die
höhere Gewerbeschule vorbereiten sollte.

Diese Einrichtungen würden der Stadt einen Kosten-
zuschuss von mindestens 4500 Thalern ohne Berechnung der Frei- und Privatschüler und Anrechnung even-
tueller Parallelklassen, Pensionirung von Lehrern, sowie
ferner eine allmähliche Beschaffung der sieben nöthigen
Schulhäuser auferlegen.

Auf den Einwand des Stadtraths, dass ihm die
Aufstellung der Rechnung zu ungenau scheine, dass
man ferner vorher die Rechtsverhältnisse der Gemeinde-
Behörden zu den Schulen, insbesondere hinsichtlich der
Besetzung der Lehrerstellen, der Pensionirungen und die
Mitwirkung bei der Leitung und Aufsicht festgesetzt
und endlich auch den Streit wegen des Lyceums beigelegt zu sehen wünsche, ging das Ministerium nicht
ein, verfügte vielmehr im weiteren Verlaufe des Streits
Geldstrafe gegen den Oberbürgermeister, bis dasselbe
dann am 9. November 1839, nachdem die Stadt eine
Klage bei Gericht angestrengt hatte, die Regierungs-
beschlüsse zurückziehen liess.

Unterdessen hatte die Stadtschulkommission es
sich angelegen sein lassen, einen Plan auszuarbeiten,
der leichter verwirklicht werden konnte. Diesem lag
ein Entwurf Dr. Bernhardi's zu Grunde, der eine
höhere und eine mittlere Bürgerschule schaffen wollte.
Diese Einrichtung, die nach der angestellten Berechnung der Stadtkasse einen Zuschuss von 1768 Thalern
verursachte, wurde Ende 1837 eingereicht, vom Ministerium am 21. Dezember 1837 im Allgemeinen gut-
geheissen und von der Regierung nach einigen Abänderungen am 31. Januar 1838 genehmigt; auch der
Stadtrath und der Bürgerausschuss gaben dazu ihre
Zustimmung. Aber der Verwirklichung stellten sich
noch erhebliche Schwierigkeiten in den Weg.

Ferner beantragte dieselbe Behörde, die unterdessen
nach Ausscheiden des Dekans Münscher um Pfarrer
Wilcke und Collmann vermehrt worden war, am
7. Juni 1838 die Anstellung eines Schulmanns als
Schulinspektor aller hiesigen Frei- und Privatschulen,
worauf indessen das Ministerium sich nur unter der
Bedingung einlassen wollte, dass die Besoldung des

städtischen Schulinspektors aus städtischen Fonds bestritten würde.

So sehen wir sowohl in der St.-Sch.-K. wie in der Regierung eine rege Thätigkeit entfaltet, die freilich zur Zeit noch keine sichtbaren Ergebnisse aufzuweisen hatte. Während dieser Verhandlungen hatte das Ministerium des Innern praktisch eingegriffen und zwar auf einen Bericht der Direktion der höheren Gewerbeschule vom 30. Januar 1836 hin. Diese Behörde beantragte in demselben*) nämlich die Einrichtung einer vierten Klasse des Instituts, da nur wenige Schüler so vorbereitet in die Anstalt kamen, wie es erforderlich war, um vom Unterrichte in den technischen Wissenschaften, welchen die beiden oberen Klassen gewähren, den gehörigen Nutzen zu ziehen und der Anstalt die Erfüllung ihres Zwecks möglich zu machen. Zu dieser Vorbereitung war zwar gleich von Anfang an eine dritte Klasse bestimmt worden, aber die Mehrzahl der Schüler trat in diese Klasse so unwissend ein, dass es in den meisten Fällen nicht möglich war, sie in einem Jahre auf die nöthige Bildungsstufe zu führen. Als Lokal wurde vorgeschlagen das Haus des Schreinermeisters Miram (die ehemalige Post), in dem sich freilich auch das Stadtgericht befand.

Alsdann würde sich auch die Erweiterung der oberen Klasse durch Hinzufügung von Unterricht in kommerziellen Kenntnissen, welcher immer mehr Bedürfniss geworden war, ermöglichen lassen. Am 11. Februar erfolgte jedoch ein ablehnender Beschluss des Ministeriums, der am 17. März weiter dahin ausgeführt wurde, dass die Regierung beauftragt wurde, benehmlich mit der Direktion der höheren Gewerbeschule baldthunlichst zu berichten, ob nicht bei dem grossen An-

---

*) Akten des Ministeriums des Innern Rep. VI. Kl. 37 Nr. 8.

drange von Schülern dahier, welche eine Ausbildung
für den Gewerbestand suchen, aber sich wegen unvoll-
kommener Kenntnisse zur Aufnahme in die höhere Gewerbeschule noch nicht eignen, bei der Unthunlichkeit
mit der Bürgerschule dahier in deren jetzigen Verfassung eine Realklasse zu verbinden, dem Bedürfnisse der
Ertheilung eines für die Aufnahme in die höhere Gewerbeschule vorbereitenden Unterrichts für Kassel in
der Weise sofort, wenigstens einstweilen und noth-
dürftig abzuhelfen stehe, dass

1) eine oder nach Bedürfniss zwei Realklassen als
Lokal-Schul-Anstalt dahier errichtet,

2) der Unterricht von zwei oder nach Bedürfniss
drei, auf Widerruf anzunehmenden Lehrern, — wobei
auf eine Heranziehung der dermalen unbeschäftigten
Lehrer des hiesigen Lyceums, Rauschenbusch und
Lobe, gegen mässige Vergütung aufmerksam gemacht
wird — ertheilt, nach Befinden auch die Lehrer der
höheren Gewerbeschule zu einzelnen Unterrichtsstunden
herangezogen werden,

3) zum Lokale ein Theil des Seminar-Gebäudes
dahier benutzt werde, für welches nur das nöthigste
Mobiliar anzuschaffen sein werde,

4) die erforderlichen Apparate und sonstigen Lehrmittel von der höheren Gewerbeschule und der Bürgerschule entlehnt,

5) der Lehrplan im Einverständnisse mit der Direktion der höheren Gewerbeschule festgestellt,

6) die Anstalt der Stadtschulkommission dahier
mit der Einschränkung untergeben werde, dass sie bei
allen neuen Anordnungen im Einverständnisse mit der
Direktion der höheren Gewerbeschule zu verfahren habe,

7) die Kosten der, mit möglichster Ersparniss
einzurichtenden, ersten Ausstattung aus der Staatskasse,

8) die Kosten der Unterhaltung der Anstalt zunächst aus dem von den Schülern zu entrichtenden Schulgelde und, soweit dieses nicht ausreichen sollte, durch einen aus der Staatskasse zu bewilligenden Zuschuss gedeckt werden.

Am 11. Juni erstattete darauf die Regierung einen ausführlichen Bericht mit positiven Vorschlägen und der Schlussbemerkung, dass die Organisation des hiesigen städtischen Schulwesens in der Instruktion begriffen sei.

Die Regierung beauftragte mit der Ausführung aller Anordnungen den Schulrath Vogt, der auch mit grosser Umsicht und Schnelligkeit die betreffenden Angelegenheiten ausführte. Unterdessen hatte auf ministerielle Weisung am 2. Juli 1836 die kurf. Regierung der Provinz Niederhessen (v. Hanstein) dem Oberbürgermeister der Residenz bekannt gemacht, dass es in der Absicht des Ministeriums des Innern liegt, eine, nach Bedürfniss zwei Realklassen als Lokal-Schulanstalt dahier zu errichten, welche nach Reorganisation der Bürgerschule mit dieser, als Theil derselben, zu verbinden sein werden; bis diese Reorganisation aber erfolgt, und da solche nicht alsbald ins Werk gesetzt werden kann, und das unabweisbare Bedürfniss der Sorge für den Realunterricht dahier vorliegt, vorläufig für sich bestehend eingerichtet werden muss.

Es werden in dieser Anstalt nur solche Knaben, welche konfirmirt oder — in Absicht auf diejenigen mosaischen Glaubens — das 14. Lebensjahr zurückgelegt haben, aufzunehmen sein, wenn sie, was durch vorgängige Prüfung zu ermitteln ist, zur Benutzung des Unterrichts, der in der Realklasse ertheilt werden soll, reif, namentlich im Stande sind, mit Fertigkeit zu lesen, fliessend zu schreiben (auch Vorgesprochenes nachzuschreiben), in den 4 Grundrechnungsarten (auch

mit benannten Zahlen) mit ziemlicher Fertigkeit zu
rechnen, einen Satz wortrichtig zu analysiren, fertig
zu dekliniren und zu konjugiren, sich über sinnliche
in ihrem Kreise liegende Dinge, besonders in Absicht
auf ihr Wesen und ihre Bestimmung, auf ihre Merk-
male, auf Ursache und Wirkung, Wirkung und Gegen-
wirkung und Kette von Wirkungen mit Klarheit mündlich und schriftlich auszusprechen und solche kleine
Aufsätze ohne grobe Verstösse gegen die Orthographie
niederzuschreiben. Bei der ersten Aufnahme wird
wahrscheinlich ein noch geringerer Massstab angenommen werden müssen, während künftighin die Forderungen bedeutend zu steigern sein werden.

Der Unterrichtskursus wird ein einjähriger sein,
nach dessen Ablauf die Kompetenten-Prüfung zur
höheren Gewerbeschule entscheiden muss, ob die Klasse
in ihrer Gesammtheit in diese Anstalt übergehen kann,
oder ob einzelne ausgewiesen werden müssen, um entweder ihre weitere Vorbereitung auf andere Weise zu
suchen oder den Plan zum Eintritte in die Gewerbeschule ganz aufzugeben.

Es wird in folgenden Fächern Unterricht zu ertheilen sein:

1) in der deutschen Sprache (die Wortarten und
   ihre Flexion, Syntax des einfachen und zu-
   sammengesetzten Satzes, Uebung in schriftl.
   Gedankenausdruck u. s. w.) wöchentlich . . 8 Std.

2) in der französischen Sprache (bis zum unregelmässigen Zeitwort) wöchentl. . . . . . 4 »

3) in der Arithmetik (bis einschliesslich zur
   Lehre von der Ausziehung der Wurzeln, der
   Proportionen und Progressionen) wöchentl. . 6 »

4) in der geometrischen Formenlehre (als Vorbereitung für einen mehr in die Breite und
   Tiefe gehenden Unterricht) wöchentl. . . . . 4 »

6*

5) im freien Handzeichnen . . . . . wöchentl. 6 Std.
6) im Schönschreiben . . . . . .   ›   3 ›
7) in der allgemeinen Geographie .   ›   2 ›
8) in der allgemeinen Geschichte (besonders als
     Mittel zur sittlichen und religiösen Einwir-
     kung auf die Schüler bei sonst vorherrschen-
     der realer Richtung) wöchentl. . . . . . . 3 ›

Es wären hiernach 36 Unterrichtsstunden zu vertheilen; mit Rücksicht auf den Umstand, dass viele
von diesen Stunden geistige Anstrengung nicht erfordern, keineswegs eine zu grosse Anzahl.

Die Anstalt wird unter die Aufsicht der Stadt-
Schul-Kommission gestellt werden.

Zur Beförderung der disciplinaren Haltung derselben erscheint es wünschenswerth, dass der Unterricht in wenige Hände gelegt und der Hauptunterricht
einem Manne, welcher den gemeinschaftlichen Mittelpunkt der Klasse zu bilden hätte, anvertraut werde.

Bevor ein solcher ermittelt sein wird, liegt es in
der Absicht der Regierung, dass, jedoch nur provisorisch, der Unterricht in der Arithmetik dem Lehrer
Allenberg, der Unterricht in der geometrischen
Formenlehre, im freien Handzeichnen und im Schönschreiben dem Lehrer Pfläging (beide an der höheren
Gewerbeschule arbeitend), der Unterricht in der deutschen Sprache, der Geschichte und Geographie dem
Pfarrer Beinhauer als Klassenlehrer und der Unterricht im Französischen dem Pfarrer Knöpfel übertragen werde, wofür Pfarrer Collmann eintrat.

Die Anstalt soll aus der Einnahme an Schulgeld
und — nach Bedürfniss — auch durch Verwilligung
eines Zuschusses aus der Staatskasse unterhalten werden;
die Kosten der ersten Einrichtung jedoch, namentlich
die Kosten des nach einer Anlage auf 200 Thaler ver-

anschlagten Mobiliars, sind von der Stadt für diese
Lokal-Schulanstalt zu übernehmen.

Der Oberbürgermeister erwiderte am 9. Juli, dass
er Anstand nehmen müsste, die erwähnteu Kosten auf
die Stadtkasse, die durch kein Gesetz zu deren Bestreitung verpflichtet sei, anzuweisen oder deren Uebernahme dem Stadtrathe und dem Bürgerausschusse zu-
zumuthen. Denn es seien bei der Stadtschulkommission
Verhandlungen eingeleitet, die eine Revision des Planes
und der jetzigen Verhältnisse der bestehenden Bürgerschule mit sich führen würden, und es sei deshalb
noch zweifelhaft, ob und in welcher Art die Errichtung
von Realklassen im Interesse der Stadt liege. Hierauf
eröffnete die Regierung am 24. September einen Beschluss des Ministeriums vom 12. August, dass, um
die Befriedigung des erkannten Bedürfnisses für einen
Realunterricht, der zur Aufnahme in die höhere Gewerbeschule vorbereitet, nicht unter dem Widerspruche
der städtischen Behörde gegen die Uebernahme des-
halbiger Kosten leiden zu lassen und noch längere Zeit
hinauszuschieben, einstweilen e i n e und nach Bedürfniss
z w e i Klassen für Realunterricht hier eröffnet werden
sollen. Zu den Kosten der ersten Einrichtung wurde
ein Verlag aus dem Fonds für Zuschüsse zu den Realschulen verwilligt, sie beliefen sich auf 245 Thlr. 19 gGr.
und wurden am 29. Mai 1837 vom Ministerium zur
Zahlung angewiesen; zu den Kosten der laufenden
Unterhaltung sollte ein Zuschuss alsdann eintreten,
wenn die Kasse ein Defizit ergeben würde. Alles dies
war jedoch nur verfügt vorbehaltlich demnächstiger
Entscheidung über die Art der Verbindung der Realklasse mit den städtischen Schulen und vorbehaltlich
der Verbindlichkeit der Stadt zur Bestreitung der
Kosten der Einrichtung und Unterhaltung bezw. der
Ersatzleistung der ersteren sowie vorbehaltlich jeder-
zeitiger Zurückziehung dieser Anordnungen.

Da die baulichen Einrichtungen nicht früher beendigt werden konnten, wurde die auf die höhere Gewerbeschule vorbereitende Realklasse am 17. Oktober
1836 im Seminargebäude mit angemessener Feierlichkeit
eröffnet; der Kursus wurde hier wie bei der Gewerbeschule von Michaelis zu Michaelis festgesetzt. Ihr
Stundenplan war der folgende:

(Siehe nebenstehende Tabelle.)

Mit dem Ergebnisse dieser Realklasse waren die
vorgesetzten Behörden durchaus zufrieden, sodass das
Ministerium den Lehrern am 16. November 1837, auch
am 2. Februar 1839 erhebliche Gratifikationen ertheilte:
nur wurde für das zweite Jahr der Unterricht in der
französischen Sprache auf Kosten desjenigen im Schönschreiben um eine Stunde vermehrt, dagegen der Antrag des Klassenvorstandes, dem Religionsunterricht
ebenfalls eine Stelle anzuweisen, vorläufig nicht genehmigt, weil die Summe von 36 wöchentlichen Schul-
stunden schon sehr gross war. Den Schreibunterricht
übernahm 1837 der Partimschullehrer Zinn.

Mit 50 Schülern hatte die Realklasse begonnen,
von denen im Laufe des Kursus 18 wieder abgingen
und am Ende desselben 24 in die höhere Gewerbeschule
aufgenommen wurden. Ein Bedürfniss zu einer zweiten
Klasse war aber auch zu Anfang 1838 bei 47 Schülern
nicht vorhanden. An Ferien wurden am 6. Juni d. J.
festgesetzt: zu Ostern 14 Tage und zu Michaelis nach
der am letzten Wochentage im August abzuhaltenden
Prüfung 4 Wochen.

Offenbar auf derselben Veranlassung beruhte auch
das Ausschreiben des Kurfürstlichen Ministeriums des
Innern zu Kassel vom 7. November 1836 *), durch welches

---

*) Dieses und nicht das Reskript vom 14. Dezember 1837,
wie man nach *Wiese* (das höhere Schulwesen, II. S. 441) annehmen

Stundenplan der Realklasse im Jahre 1836/37.

Stdn.	Montag.	Dienstag.	Mittwoch.	Donnerstag.	Freitag.	Sonnabend.
8—9	Deutsche Sprache. *Beinhauer.*	Zahlenrechnung. *Allenberg.*	Deutsche Sprache. *Beinhauer.*	Deutsche Sprache. *Beinhauer.*	Zahlenrechnung. *Allenberg.*	Deutsche Sprache. *Beinhauer.*
9—10	Buchstabenrechng. *Allenberg.*	Geom.Formenlehre. *Pflüging.*	Geographie. *Beinhauer.*	Französ. Sprache. *Collmann.*	Freies Hand-zeichnen. *Pflüging.*	Geographie. *Beinhauer.*
10—11	Schönschreiben. *Pflüging.*	Geom.Formenlehre. *Pflüging.*	Kopfrechnen. *Allenberg.*	Buchstabenrechng. *Allenberg.*	Freies Hand-zeichnen. *Pflüging.*	Repetition. *Allenberg.*
1—2	Französ. Sprache. *Collmann.*	Französ. Sprache. *Collmann.*	Geschichte. *Beinhauer.*	Schönschreiben. *Pflüging.*	Geschichte. *Beinhauer.*	Schönschreiben. *Pflüging.*
2—3	Freies Hand-zeichnen. *Pflüging.*	Deutsche Sprache. *Beinhauer.*	Freies Hand-zeichnen. *Pflüging.*	Geom.Formenlehre. *Pflüging.*	Französ. Sprache. *Collmann.*	Repetitorium. *Beinhauer.*
3—4	Freies Hand-zeichnen. *Pflüging.*	Geschichte. *Beinhauer.*	Freies Hand-zeichnen. *Pflüging.*	Geom.Formenlehre. *Pflüging.*	Deutsche Sprache. *Beinhauer.*	Repetitorium. *Beinhauer.*

die Schulvorstände, denen die Bürgermeister als Mitglieder angehörten, in den Städten Marburg, Fulda,
Eschwege, Hersfeld und Schmalkalden aufgefordert wurden, geeignete Schritte zur Errichtung
solcher Schulen zu thun, welche theils zum Besuche
der höheren Gewerbeschule zu Kassel unmittelbar vorbereiten, theils denjenigen Schülern, welche sich dem
Gewerbestande widmen wollten, eine dem jetzigen Zustande und den Fortschritten der Gewerbe entsprechende
Ausbildung gehen sollten. Diese Schulen würden den
Gipfel der städtischen Schulen bilden, in der Regel nur
solche Knaben aufnehmen, welche den Unterricht in
der Knabenschule vollendet hätten und konfirmirt seien.
Auch wurde — den Landtagsbewilligungen gemäss —
ein Staatszuschuss zu den Kosten dieser Realschulen
von der Regierung in Aussicht gestellt.

Ueberall wurde diese Verfügung mit grosser Freude
begrüsst, und in der That beeilte man sich, dieselbe
auszuführen. So trat zunächst in Fulda*) am 1. Juni
1838 eine Realklasse mit 22 Schülern in's Leben,
welcher im folgenden Jahre eine zweite Klasse folgte,
und auch in Marburg**) wurde am 8. Oktober d. J.
eine auf zwei Klassen berechnete Realschule mit 9
Schülern gegründet, die im Herbst 1839 vollständig
wurde. Hersfeld***) bekam durch Regierungsbeschluss
vom 28. Februar 1838 mit Ostern des Jahres 1838
eine Realschule, die ebenfalls bald zweiklassig, am

---

könnte, war der Ausgangspunkt der kurhessischen Realklassen;
das letztere erfolgte auf einen Bericht über den Lehrplan und
spricht sich selbst schon über die Unterrichtsgegenstände aus.

   *) *Wagner*, Die Realschule in Fulda u. s. w. Pr. Fulda. 1873.

   **) *Hempfing*, Rückblick auf das 25jährige Bestehen u. s. w.
Pr. Marburg. 1892

   ***) *Ritz*, Ueber Entstehung und Aufgabe der Realschulen.
Pr. Hersfeld. 1865.

26. Juni 1852 jedoch schon wieder aufgehoben, am 1. Mai
1864 indessen neu eröffnet wurde. In Eschwege*)
währten dagegen die Verhandlungen länger, weil dort
keine höhere Schule bestand und man mit der Neu-
einrichtnng auch denjenigen Bürgern dienen wollte,
welche ihre Söhne für einen gelehrten Beruf oder für
den Beamtenstand bestimmten, und so kam es hier am
26. Oktober 1840 zu der Eröffnung einer Realschule
mit Progymnasium (1 und 2 Klassen). In Rinteln,
das seit 1. November 1817 ein Gymnasium zum Ersatz
für die verloren gegangene Universität besass, suchte
man in demselben Jahre dem Bedürfnisse nach einer
praktischen bürgerlichen Ausbildung dadurch zu genügen,
dass man zwei Realklassen dem Gymnasium, der Quarta
und Tertia entsprechend, angliederte, was im Jahre 1868
wieder aufgehoben wurde, während Schmalkalden
erst am 5. Januar 1846 sich dem Beispiele Eschweges
anschloss. Bald darauf, nämlich im April 1849, entstand
in Rotenburg zunächst zwar ein 2 klassiges Progymnasium, das aber später in eine Realschule überging. Erst viel später wurde in Bockenheim am
18. Juni 1855 eine höhere Bürger- und Töchter-Schule,
in Hofgeismar 1856 eine Realklasse, die sich
später zu einem Realprogymnasium ausdehnte, und am
17. Januar 1866 endlich auch in Karlshafen **)
eine Realschule in 2 Klassen in's Leben gerufen, die
jedoch als nicht lebensfähig durch Regierungsbeschluss
vom 27. Oktober 1881 wieder aufgelöst wurde.

Alle diese Anstalten wurden zu den Volksschulen
gerechnet, aber man verhinderte nicht, dass sich einzelne durch Vermehrung ihrer Klassen und Lehrkräfte

---

*) *Stendell*, Geschichte der Friedrich-Wilhelms-Schule. Festschrift. Eschwege 1890; siehe auch *Eichler* a. a. O.

**) Akten der reformirten Kirche daselbst.

weiter ausdehnten*). Die übrigen waren mit den Elementarschulen ihres Orts verbunden und sollten durch einen über den Bereich derselben hinausgehenden Unterricht, lediglich den künftigen Beruf des Handwerkers, Kaufmanns und des Industriellen berücksichtigen. Daher gab es für dieselben auch keinen allgemein gültigen Lehrplan, vielmehr wechselten die Unterrichtsgegenstände nach den örtlich und zeitlich verschieden hervortretenden Bedürfnissen. Nur eine allgemeine Richtung war denselben durch das Ministerial-Reskript vom 14. Dezember 1837 vorgezeichnet, in welchem als Lehrstoff Mathematik und Rechnen, die deutsche und französische Sprache, Zeichnen, ferner Berücksichtigung der Geographie und Anleitung zur Buchhaltung angegeben war.

Welche Bedeutung diese Anstalten bald gewannen, dürfte aus´ einem Reglement vom 30. November 1840 erhellen, in welchem bestimmte Vorschriften über ein besonderes R e a l l e h r e r - E x a m e n gestellt wurden. Die Vorbereitung zu demselben geschah nach dem Besuche des vollständigen Kursus eines Gymnasiums oder der höheren Gewerbeschule zu Kassel, wofür auch gute Seminarzeugnisse angenommen wurden, durch mindestens einjährige Benutzung von Vorlesungen auf der Universität Marburg. Die Prüfung erstreckte sich auf Mathematik, Physik, Chemie, Naturgeschichte, Geographie, deutsche, französische und englische Sprache, woraus sich der Prüfling zwei Haupt- und zwei Nebenfächer zu wählen hatte, und wurde vor einer besonderen aus Lehrern der höheren Gewerbeschule, des Gymnasiums und der Realschule gebildeten Kommission zu Kassel abgelegt.

In K a s s e l waren unterdessen die Verhandlungen wegen der Gründung einer höheren Bürgerschule zum Abschlusse gediehen, aber die Ausführung liess sich

---

*) Vergleiche *Wiese* a. a. O. S. 60, 441 u. 611.

besonders wegen des noch schwebenden Lycealstreites nicht bewerkstelligen. Da jedoch das Bedürfniss nach einer zweiten Realklasse, in welcher die Schüler der Bürgerschule zum unmittelbaren Uebergang in das Gewerbeleben geschickt gemacht würden, immer dringender wurde, so beschloss das Ministerium am 28. September 1838 nach vorherigem Einvernehmen mit der Regierung, dass die Realklasse mit Anfang des Winterhalbjahres 1838/39 mit der Bürgerschule als oberste Klasse derselben vereinigt und in diese auch die Aufnahme solcher Knaben zugelassen werden sollte, die unmittelbar in's gewerbliche Leben — und nicht in die Gewerbeschule — übertreten wollten. Da die Stadt-Schul-Kommission eine organische Aenderung der Bürgerschule vorerst durchführen wollte, zog sich die Angelegenheit hin, bis das Ministerium endlich am 12. Januar 1839 verfügte, dass die beschlossene Vereinigung am 1. Februar 1839 in der Weise zu geschehen habe, dass die bisherige alleinstehende Realklasse unter der Bezeichnung Ia ihre ursprüngliche Bestimmung behielt, während die 1. Klasse der Bürgerschule als Ib ihr parallel an die Seite trat für die Schüler, welche in das Erwerbsleben übergeben wollten, und dass beide Realklassen an die Spitze der Bürgerschule treten sollten.

Dieser Befehl ist auch ausgeführt worden und zwar so, dass die Klasse Ia aus dem Seminar auszog und ihre Aufnahme im Prüfungssaale des Lyceums fand. Von den bisherigen Lehrern der einzelnen Realklasse wurden Pfarrer Beinhauer und Pfläging mit an die Bürgerschule übernommen. Als Lehrer der Mathematik wurde einstweilen der Baueleve Reusse gegen 300 Thlr. Vergütung mit 12 wöchentlichen Lehrstunden beauftragt. Unterdessen war der grossen Baufälligkeit des bisherigen Gebäudes wegen die Bürgerschule von Michaelis 1838 ab in das leerstehende Lyceumsgebäude gegen einen Miethspreis von 100 Thlrn. verlegt worden.

Was den Lehrplan anbelangt, so hatte schon das
Ministerium in seiner oben erwähnten Verfügung die
Ausscheidung des Unterrichts in der lateinischen Sprache
aus der Bürgerschule angeordnet. Der formelle Nutzen
eines nicht weiter geführten lateinischen Unterrichts —
so heisst es — die Behauptung, dass durch die erzielte
Kenntniss dem Schüler die Einsicht in das klassische
Alterthum aufgeschlossen werde, der Werth eines solchen
Unterrichts für die deutsche Sprache, endlich der materielle Gewinn desselben sind so gering anzuschlagen,
dass es nicht gerechtfertigt werden könnte, den eigentlichen Centralfächern hierdurch einen Theil der für sie
nothwendig zu verwendenden Zeit und Kraft zu entziehen.

Die Real- oder Fortbildungs-Klasse I b sollte in
18 wöchentlichen Stunden hauptsächlich das Französische,
das in II anfing, fortsetzen, in die kaufmännische Rechenkunst, die Kenntniss der Buchhaltung, die Handels-
geographie einführen, im deutschen Aufsatz fortüben,
die Hallen der klassischen Litteratur der Deutschen
öffnen und auch die weitere Begründung des religiösen
Glaubens und Lebens nicht vernachlässigen, während
das Ziel der Vorbereitungsklasse I a sich nach den jeweiligen Anordnungen der höheren Gewerbeschule richten
musste, sodass z. B. die Unterweisung in der Arithmetik
bis zum Ausziehen der Quadratwurzeln, den Proportionen
und den Progressionen, im Französischen aber bis zu
den unregelmässigen Zeitwörtern reichte.

Durch einen Regierungs-Beschluss vom 31. Januar
1838 war eine tägliche Straf-Arbeitsstunde unter Aufsicht eines Lehrers angeordnet worden. Am 4. Mai
1839 wies das Ministerium einen Zuschuss von 600 Thlrn.
zur Bürgerschule an rücksichtlich der damit verbundenen Realklasse.

Aber diese Verfassung der Schulen hatte nur einen
kurzen Bestand. Schmieder, welchem jetzt wieder

die Leitung des ganzen Schulkörpers übertragen war, fühlte sich bald durch die St.-Sch.-K. in seinen Befugnissen beschränkt, und diese durch ihn, sodass es zu Beschwerden kam. Auch eine neue Dienstanweisung für den Inspektor der Bürgerschule, eine solche für die monatlich zu einer Konferenz sich versammelnden Hauptlehrer, eine Dienstvorschrift für die Stadt-Schul-Kommission schien keine genügende Abhülfe zu verbürgen. Freilich war ja auch die Einrichtung der Beaufsichtigung keine glückliche. Der Inspektor war Mitglied der neunköpfigen Stadtschulkommission und als solches ihr beigeordnet, als Schulleiter ihr jedoch untergeordnet, und zwar in jeder Hinsicht, sodass wir den Wunsch Schmieders, über die innere Einrichtung seiner Schule allein nach den ertheilten Vorschriften zu befinden, ganz begreiflich finden möchten.

So bat denn Schmieder am 2. Mai 1839, wie schon mehrmals*), um Entlassung aus seinem Amte, um — wie er sich gegen Schulrath Vogt geäussert hatte — eine Privat-Realschule zu gründen. Darauf wollte jedoch die Behörde nicht eingehen, vielmehr empfahl die Regierung, »diesen talentvollen, kenntnissreichen, lehrhaftigen, pflichtgetreuen und um die hiesige Realbildung verdienten Mann, welcher durch den Nebel eines lange genährten Irrthums die klare Anschauung der Lebensverhältnisse verloren hat, der fürsorglichen Berücksichtigung Kurfürstlichen Ministeriums des Innern, da es im Bereiche der Möglichkeit liegen wird, ihm eine seiner Individualität angemessene Stellung anzuweisen.« Durch seine Erklärung vom 10. September 1839 nahm er seine Bitte zurück, wenn die beiden

---

*) Im November 1836, am 13. April 1838 um Anstellung an der höheren Gewerbeschule, was auch schon durch höchsten Beschluss vom 16. Mai genehmigt war, und am 7. April 1839, ihn in Rotenburg eine Realschule einrichten zu lassen.

Klassen I a und I b der Bürgerschule von dieser getrennt
und als Realschule ihm als Inspektor und Hauptlehrer
untergeben würden — allerdings unter der nicht abzu-
ändernden Aufsicht der Stadt-Schul-Kommission.

Am 25. September 1839 erfolgte der betreffende
höchste Beschluss, der zugleich den Pfarrer Collmann
einstweilen mit den Geschäften des Inspektors der Bürgerschule beauftragte. Beide Schulen sollten räumlich und
auch in Bezug auf die Kasse (was indessen erst später
geschah) völlig getrennt werden und nach dem neuen
Plane mit dem Winterhalbjahre den Unterricht beginnen.
Die Vorbereitungen wurden mit grösster Beschleunigung
betrieben.

Die Realschule wurde am Montag, 4. November 1839, in dem ersten Stock des vormaligen
Lyceumsgebäudes unter Leitung Schmieders mit
dem Zeichenlehrer Pfläging und dem französischen
Lehrer Hodiesne zunächst in einer Klasse eröffnet,
die Bürgerschule am 28. Oktober im Erdgeschoss
desselben Hauses in 5 Klassen mit den übrigen Lehrern.
Reusse wurde am 1. Dezember wieder entlassen, und
der Zeichenlehrer Stolz trat nicht mehr in Thätigkeit,
sondern wurde im Januar 1840 durch Appel ersetzt.
Der Unterrichtsplan war der folgende und wurde von
Michaelis 1840 an*) in der durch die eingeklammerten
Zahlen angedeuteten Weise verbessert:

Klasse:	I.	II.	III.	IV.	V.	Se.
Religion	4	4	3	3	2	16
Deutsche Sprache u. Uebg. im Lesen	5	5 (6)	7 (6)	8	10	35
Französ. Sprache	3	2	2	—	—	7
Geschichte	2	2	0 (2)	—	—	4 (6)
Geographie	2	2	2	0 (2)	—	6 (8)
	16	15 (16)	14 (15)	11 (13)	12	68 (72)

*) C. L. Collmann: Kurze Nachricht über die gegenwärtige
Einrichtung der Bürgerschule zu Kassel. 1840.

Klasse:	I.	II.	III.	IV.	V.	Se.
Transport	16	15 (16)	14 (15)	11 (13)	12	68 (72)
Naturbeschreib.	2	2	2	0 (2)	—	6 (8)
Naturlehre . .	2	—	—	—	—	2
Denk- u.Sprech-Uebungen .	—	—	—	3 (0)	3 (0)	6 (0)
Geometrie und Formenlehre .	2	1 (2)	1 (2)	—	—	4 (6)
Kopf- u. Tafel-rechnen . .	4	5 (4)	5	4 (5)	4 (6)	22 (24)
Schönschreiben	2	3 (2)	4 (2)	6 (4)	5 (6)	20 (16)
Zeichnen . .	2	2	2	2	—	8
Gesang . . .	2	2	2	2	2	10
Summa	32	30	30	28	26	146

Durch einen Regierungsbeschluss vom 2. September 1840 wurde die Bürgerschule ausdrücklich als Vorbereitungsanstalt für die Realschule hingestellt, aber während jene frisch aufblühte, konnte letztere nur ein kümmerliches Dasein fristen; ja es wurde sogar gestattet, dass einzelne Schüler über das 14. Lebensjahr hinaus am Unterrichte in der Bürgerschule theilnehmen durften. Da nun die Konfirmation erst nach Ostern stattfand, wurde am 1. März 1841 die Verlegung des Schuljahrsanfangs auf Pfingsten genehmigt und zwar in der Weise, dass das erste Halbjahr bis Weihnachten sich erstreckte. Gesetze für die Schüler sollten indessen erst nach endgiltiger Regelung der Bürgerschule eingeführt werden.

Bald wurden Lehrmittel für Zeichnen, Geographie und Naturgeschichte*) angeschafft, zwischen den einzelnen Unterrichtsstunden kurze Pausen eingeführt, auch wurde am 30. April 1841 die Anlegung einer Bibliothek für Lehrer und Schüler genehmigt. In der Bürgerschul-

*) Der Verein für Naturkunde hatte der Anstalt eine Sammlung ausgestopfter Vögel geschenkt.

rechnung für das Jahr 1840 interessirt uns ein Posten von 10 Thlrn., der an den Gärtner H ö r d e m a n n für Lieferung von Pflanzen behufs Unterricht in der Botanik gezahlt wurde. Auch unterwies schon von Ostern 1841 an S c h w a a b in körperlichen Uebungen und C o l l e t im Schwimmen. An Schulgeld war zu bezahlen 10, 9, 8, 8, 8 Thaler, in der Realschule 16 Thaler und in der später gegründeten Vorklasse der Bürgerschule 6 Thlr.

Am 6. Januar 1840 kam der Vergleich *) wegen des Lyceums zu Stande, wonach die Gebäude des Lyceums und des Seminars dem 1835 gegründeten Staats-Gymnasium überlassen werden mussten, und so zog nach Fertigstellung des an Stelle des abgebrochenen Seminargebäudes errichteten neuen Hauses für das neue Lyceum im Oktober 1842 die Bürgerschule in das leergewordene ehemalige Marstallgebäude (Hölkesche Fabrik) in der Friedrichstrasse, während schon früher für die Realschule und deren Inspektor der erste Stock im Hause des Bierbrauereibesitzers Christian Krauss in der oberen Karlsstrasse für 350 Thlr. gemiethet und von ihr am 25. April 1840 bezogen worden war.

Nach einem höchsten Beschlusse vom 22. April 1840 wirkte an der Realschule von Ostern an noch der bisherige Collaborator am Lyceum R a u s c h e n b u s c h mit Beibehaltung des bisherigen Gehaltes, der nun aus der Realschulkasse zu tragen war. In diese floss ein jährlicher Zuschuss des Staates von 600 Thalern; das Lokal jedoch und andere Bedürfnisse hatte die Stadtkasse zu übernehmen sich bereit erklärt, nachdem das Ministerium gedroht hatte, im Falle der Weigerung die Realschule wieder völlig eingehen zu lassen. Der Stadtrath hatte sich von Anfang an zur Uebernahme

---

*) Hauptsächlich durch die Bemühungen Schomburg's, Bernhardi's und des Gymnasial-Direktors Dr. Weber.

von Beiträgen willig gezeigt, wenn vorher das Verhältniss der Ortsschulen zu den Ortsbehörden klargelegt, und wenn namentlich der letzteren eine stetige Vertretung in der Stadtschulkommission zugesichert würde, worauf jedoch der Staat nicht einging.

Die Realschule hatte im Sommer 1840 insgesammt 33 Schüler; ihre Einrichtung sollte so sein, wie sie noch in Verbindung mit der Bürgerschule war, nämlich dass sie in zwei Klassen neben einander die Schüler nach ihrem verschiedenen Ziele unterrichten sollte, zum Uebergang auf die Gewerbeschule und ins öffentliche Leben. Schmieder hatte jedoch zwei Stufenklassen daraus gemacht, einestheils weil die Knaben noch nicht wussten, wozu sie sich entscheiden würden, dann aber auch, weil der Realunterricht, wie seit 1809 anerkannt sei, nur in drei Klassen durchgeführt, wenn unumgänglich nöthig, in zwei Klassen zusammengedrängt, aber niemals in einer Klasse erledigt werden könnte. Auch hatte Schmieder der Vorschrift' entgegen noch nicht konfirmirte Schüler zur Realschule zugelassen, was das Ministerium sehr missbilligte und rügte.

Nachdem vom 1. Nov. 1840 an der zweite Pfarrer an der lutherischen Kirche C. F. Meyer mit der Ertheilung von 8 Lehrstunden in Religion und Deutsch an der Realschule beauftragt war, gestaltete sich der Stundenplan der Realschule folgendermassen: (s. S. 98).

Mit Hinzufügung der noch fehlenden 2 Stunden Terminologie (Schmieder) und 4 Stunden Physik, Mechanik und Algebra (Rauschenbusch), die im Sommer von 7—8 Uhr fielen, war der Schmieder'sche Lehrplan vollständig. Am 20. Juli 1841 wurde er jedoch nach Verfügung des Ministeriums verändert (s. S. 99).

In ähnlicher Verfassung blieb derselbe im Wesentlichen bis zur Auflösung der Realschule, die zuletzt nur

Stundenplan der Realschule 1840/41.

Stdn.	Montag	Dienstag	Mittwoch	Donnerstag	Freita	Sonna
8—9 I	Geschichte *Schmieder.*	Arithmetik *Rauschenbusch.*	Freies Handzeichnen *Pflüging.*	Geschichte *Schmieder.*	Arithmetik *Rauschenbusch.*	Geometrie *Rauschenbusch.*
8—9 II	Perspektive *Pflüging.*	Handelsgeographie *Schmieder.*	Naturgeschichte *Schmieder.*	Algebra *Rauschenbusch.*	Handelsgeographie Naturgeschichte *Schmieder.*	Perspektive Naturgeschichte *Schmieder.* Pflüging.
9—10 I	Deutsch *Meyer.*	Franzöz. Gespräche *Hodiesne.*	Freies Handzeichnen *Pflüging.*	Deutsch *Meyer.* *Rauschenbusch.*	Geometrie *Rauschenbusch.*	Franzöz. Gespräc *Hodiesne.*
9—10 II	Französische Briefe *Hodiesne.*	Deutscher Stil *Meyer.*	Französische Briefe *Hodiesne.*	Aufnahmezeichnen Französische Briefe *Hodiesne.*	Perspektive *Pflüging.*	
10—11 I	Geographie *Schmieder.*	Religion *Meyer.*	Französisch.Aufsätze *Hodiesne*	Geographie *Schmieder.*	Risszeichnen *Pflüging.*	Physik *Rauschenbusch*
10—11 II	Deutscher Stil *Meyer.*	Gewerbegeschichte *Schmieder.*	Planzeichnen *Pflüging.*	Aufnahmezeichnen *Pflüging.*	Gewerbegeschichte *Schmieder.*	Französ. Gespräc *Hodiesne.*
2—3 I	Freies Hand- zeichnen *Pflüging.*	Physik *Rauschenbusch.*	—	Religion *Meyer.*	Naturgeschichte *Schmieder.*	—
2—3 II	Religion *Meyer.*	Religion *Meyer.*		Arithmetik *Rauschenbusch.*	Mechanik *Rauschenbusch.*	
3—4 I	Freies Hand- zeichnen *Pflüging.*	Naturgeschichte *Schmieder.*	—	Terminologie *Schmieder.*	Französ. Gespräche *Hodiesne.*	—
3—4 II	Terminologie *Schmieder.*	Arithmetik *Rauschenbusch.*		Geometrie *Rauschenbusch.*	Geometrie *Rauschenbusch.*	

Stundenplan der Realschule vom 20. Juli 1841 an.

A. Realklasse, B. Klasse zur Vorbereitung auf die höhere Gewerbeschule.

Klasse		Montag	Dienstag	Mittwoch	Donnerstag	Freitag	Sonnabe
7—8	A.	Naturlehre Schm.	Arithmetik Rschb.	Arithmetik Rschb.	Arithmetik Rschb.	Arithmetik Rschb.	Arithmetik
	B.	—	—	—	—	—	—
8—9	A.	Geschichte Schm.	Geographie Schm.	Zeichnen Pflüging.	Geschichte Schm.	Arithmetik Rschb.	Geographie
	B.	Zeichnen Pflüging.	Arithmetik Rschb.	Geschichte Schm.	Arithmetik Rschb.	Geographie Schm.	Geometrie
9—10	A.	Deutsch Meyer.	Französisch Hod.	Zeichnen Pflüging.	Religion Meyer.	Geometrie Rschb.	Französisch
	B.	Französisch Hod.	Religion Meyer.	Französisch Hod.	Zeichnen Pflüging.	Französisch Hod.	Zeichnen P
10—11	A.	Terminologie Schm.	Religion Meyer.	Französisch Hod.	Terminologie Schm.	Zeichnen Pflüging.	Geometrie
	B.	Religion Meyer.	Geometrie Rschb.	Zeichnen Pflüging.	Zeichnen Pflüging.	Geographie Schm.	Französisch
2—3	A.	Zeichnen Pflüging.	Geometrie Rschb.	—	Deutsch Meyer.	Naturlehre Schm.	—
	B.	Deutsch Meyer.	Deutsch Meyer.	—	Geometrie Rschb.	Geometrie Rschb.	
3—4	A.	Zeichnen Pflüging.	Naturgesch. Schm.	—	Naturgesch. Schm.	Französisch Hod.	—
	B.	Geographie Schm.	Algebra Rauschenb.		Algebra Rauschenb.	Arithmetik Rschb.	

noch 10 Schüler zählte und deshalb vom September 1842 an nur noch eine Klasse besass.

Am 15. September 1840 war bei der öffentlichen Prüfung der Realschule der Minister zugegen gewesen.

In der Bürgerschule dagegen nahm die Schülerzahl von 146 im Oktober 1839 bei Abtrennung der Realschule bis zum Oktober 1841 auf 192 zu, wozu noch 33 Schüler in einer Ostern 1841 neu gegründeten Vorklasse unter dem provisorischen Lehrer K ö s t e r traten.

So waren die beiden Schulen neu gestaltet, die Bürgerschule sollte eine Vorbereitungsanstalt für die Realschule sein; aber die Einrichtung war nur eine vorläufige, und ging bald gänzlich unter, um neuem, frischem Leben Platz zu machen. Die Hauptschwierigkeit war nun auch beseitigt. Im Sommer 1839 war die Rechtssache wegen des Lyceums zwischen der Regierung und dem Stadtrathe zu Gunsten der ersteren entschieden worden. Da jedoch auch jetzt das Lyceum in der vorgeschriebenen Form nicht zu Stande kommen wollte, erweiterte sich das Gymnasium in den unteren Klassen und verdrängte die Realschule aus dem Lyceumsgebäude.

Nun gelang es auch den erneuten Bemühungen den schon erwähnten Vergleich herbeizuführen. In demselben war im § 9 die Verpflichtung zum Neubau eines Schulhauses wieder aufgenommen, welche die Stadt durch einen Vertrag vom 26. Juli 1836, die Erweiterung des Marktes und der Fischgasse betreffend, übernommen hatte. Durch diese Uebereinkunft waren nämlich die sogenannten Hallengebäude in den Besitz der Stadt übergegangen mit der Bedingung, dieselben abzubrechen und ein anderes Schulhaus aufzuführen.

Die Stadt bekam nunmehr folgende Beiträge für ihr Schulwesen:

Thlr. gGr. Hlr.

A. für die Realschule Zuschuss aus der
Staatskasse . . . . 600 — —

B. für die Bürgerschule desgl. . . 1050 — —

  Zuschuss aus der Kasse des St. Mar-
    tinsstifts: die Hälfte der Zinsen eines
    Legats von 600 Thaler 11 19 8

  aus der Handwerkschulklasse zur Be-
    soldung des Pedellen . . . . . 16 — —

  desgl. zur Befeuerung der Lehrzimmer 10 — —

  desgl. Entschädigung für Tinte,
    Kreide etc. . . . . 5 — —

C. für die Partimschule: Kapitalzinsen 28 6 —

D. für ihr Schulwesen aus dem Ly-
  ceums-Vergleiche:*)

  Grundzins 12 4 8

  Kapitalzinsen 654 13 8

  Legatenzinsen 331 17 3

  Ahnaberger Klostergefälle . . . . 162 12 —

  aus dem Stadtkirchenkasten . . . 243 18 —

  aus der Stadtkasse 150 9 12

  aus dem Stipendiatenkasten . . . 155 10 8

  Examengelder aus der Stadtkasse . 43 — —

  Früchte (nach dem Normalpreise ver-
    anschlagt) 353 6 6

  Legatenzinsen aus dem St. Martins-
    Stifte (siehe unter B.) 11 19 8

Summa 3839 16 13

ferner die seit 1838 angelegten Kapitalien und den
baaren Ueberschuss der Jahresrechnung von 1839.

Hierauf hatte sie jedoch zu zahlen übernommen
von früheren Jahren her 782 Thlr. und die Gehälter
der am Lyceum von 1835 her angestellten Lehrer, des

*) *Weber*, Geschichte der städt. Gelehrtenschule zu Kassel.
Dies wichtige Buch konnte hin und wieder benutzt werden.

Rechnungsführers und des Pedellen, sowie die Gehälter der Kantoren der grossen, Brüder- und Unterneustädter Kirche mit 104 Thlrn. 9 gGr. und den jährlichen Beitrag zur Partimschule mit 217 Thlrn. Dagegen erhielt die Stadt das Präsentationsrecht zu sechs Lehrerstellen bei der Bürger- und bezw. der noch zu gründenden Mädchenschule.

Die Gesammtkosten der Realschule erreichten im Jahre 1840 die Höhe von 2406 Thlrn., während diejenigen der Bürgerschule 3155 Thlr. 11 gGr. 8 Hlr. und die der Partimschule 849 Thlr. 6 gGr. betrugen, denen eine Einnahme von 1788 Thlrn. Schulgeld gegenüber stand. Der städtische Zuschuss belief sich demnach auf ungefähr 2300 Thaler.

Im September 1841 war vom Stadtrath bekannt gemacht worden, dass dem neu anzustellenden Rektor der Bürgerschule auch die bisherige Realschule untergeben werden würde, und am 14. Oktober war an Schmieder, Rauschenbusch und Hodiesne von der Stadt-Schul-Kommission im Auftrage der Regierung die Anfrage gerichtet worden, ob sie geneigt seien, um ihre Pensionirung einzukommen. Diese natürlich waren dazu nicht bereit, aber beide Vorgänge veranlassten den Realschulinspektor zu dem leicht begreiflichen Antrage auf Schliessung der Realschule. Selbstverständlich wurde derselbe vom Ministerium abgelehnt, wie auch ein gleicher Antrag, den am 12. September 1842 die Stadt-Schul-Kommission und die Regierung selbst stellten, da nur noch 11 Schüler in einer Klasse vereinigt vorhanden waren.

Am 1. April 1842 hatte der neu ernannte Leiter der Bürgerschule, der Rektor Dr. Heinrich G r ä f e, seinen Dienst angetreten, in welchen er am Montage, den 2. Mai früh 9 Uhr feierlich eingewiesen wurde. Am 20. April wurde er schon von der Regierung aufgefordert, über den vorhandenen Plan zur Neugestaltung der städtischen Schulen sein Gutachten abzugeben. Bald war auch dies geschehen und hiermit der Untergang des Alten besiegelt.

Nach einer Regierungs-Verfügung vom 18. Februar 1843 beschloss die bisherige Realschule ihr kurzes — aber nicht gerade junges — Leben am Ende März, und auch die Bürgerschule musste sich einer Auflösung unterziehen. Bald aber trat ein neues, frisches und lebenskräftiges Schulwesen an ihre Stelle.

Die Kassengeschäfte dieser Schulen — wie auch des Lyceums hierselbst — führte, nachdem ihnen vom 5. Septembar 1812 bis Ende des Jahres 1813 der Kantor Bechtel vorgestanden hatte, fast während der ganzen Zeit der frühere Kastenschreiber und spätere Stiftsrentmeister Johann Wilhelm Büchling, der sein grosses Interesse für das hiesige Schulwesen auch dadurch bekundete, dass er dem Gymnasialdirektor Weber und dem Stadtrathe am 10. Juni 1841 ein selbstverfasstes Manuskript, die hiesige Stadtschule von ihrem ersten Ursprunge. 1599 bis zu ihrer Vernichtung betreffend, überreichte. Ihm folgte in diesem Nebenamte sein Sohn, bis er als Konsistorialsekretär dasselbe abgeben musste. Die Kasse behielt am 1. April 1843 einen Bestand von 38 Thlr. 5 Sgr. 11 Hlr., welcher an die Nachfolgerin abgeführt wurde.

Von den **Lehrern** dieser Unterrichtsanstalten Kassels seien noch einige Lebensnachrichten beigefügt — wenigstens insoweit, als sie sich auf ihre Wirksamkeit an denselben beziehen.

Es wirkten an der Bürgerschule:
Appel, Otto Friedrich Ludwig, als Zeichenlehrer seit
    Januar 1840,
Bezzenberger, Heinrich Ernst, seit 27. März 1841

als Vertreter für Beinhauer und seit 14. April 1841 als beauftragter Lehrer,

Gräfe, Dr. Heinrich, seit 1. April 1842 als Rektor und erster Lehrer,

Schwaab, Wilhelm, der im Sommer 1834 am Lyceum, seit 1838 am Gymnasium und seit 23. April 1841 an der Bürgerschule mit Ertheilung des Turnunterrichts beauftragt war,

Wiegand, Johannes, der von 1819 bis 1843 an der Bürgerschule besonders für die lateinische Sprache und den Gesang wirkte,

Wiegand, Johann Georg, welcher M. 1818 an der 2. Klasse des Nebeninstituts beauftragt wurde und mit dieser O. 1823 als 7. Lehrer an die B. überging,

Zinn, Johannes, Partimschullehrer, an der Realklasse 1837 im Schreiben *).

Allenberg, G. N., Lehrer an der höheren Gewerbeschule, unterrichtete vom 17. Oktober 1836 bis 1. Februar 1839 in der Realklasse hier die Mathematik.

Bauermeister, Christian Ludwig, geb. zu Nordheim bei Göttingen, hatte Jura studirt, wurde aber wegen seiner gründlichen Kenntnisse und guten Aussprache des Französischen durch Dekret vom 26. November 1812 als Collaborator mit 1500 Frcs. Gehalt an der Bürgerschule angestellt, ertheilte auch als Hülfslehrer am Lyceum 4 Stunden wöchentlich Unterricht in den Elementen der lateinischen Sprache und seit 1. August 1813 auch in der französischen. Er starb schon am 27. September 1813 am Nervenfieber im Alter von 22$^1/_2$ Jahren.

Bechtel, Kantor am Seminar und Lehrer an der Partimschule, hat in den 20er Jahren auch die Bürger-

-----

*) Vergl. über diese: *Ackermann*, Statistische Rückschau auf 100 Semester. Pr. Kassel 1893.

schüler im Gesange unterrichtet und ist vor 1828 gestorben.

Beinhauer, Pfarrer, bekam 17. Oktober 1836 die Leitung der Realklasse und ging mit ihr 1. Februar 1839 an die Bürgerschule über, von wo er am 27. März 1841 versetzt wurde.

Bergmann, Kapitän oder Hauptmann, war 1812 für die mathematischen Lehrfächer an der Bürgerschule angestellt, wurde aber bei der Reorganisation Ostern 1814 wieder entlassen.

Brauer, Eduard, lebte hier als Maler und wurde seit Herbst 1815 kürzere Zeit zunächst in 2, seit M. 1816 in 3 Abtheilungen der Bürgerschule als Zeichenlehrer beschäftigt.

Collet, Jean, gab Unterricht im Schwimmen an der B. gegen 25 Thlr. nach Verfügung vom 11. Mai 1841.

Collmann, Karl Lorenz, Pfarrer, geb. 10. März 1788 zu Sontra, Schüler des Hersfelder Gymnasiums 1799 bis 1805, studirte zu Marburg Theologie, versah darauf von 1809 bis 1814 das Rektorat an der Stadtschule zu Melsungen, unternahm grosse Reisen und leitete von 1819 an ein Privat-Institut in Kassel. Durch Direktorialbeschluss vom 18. April 1829 wurde er als Lehrer am Lyceum mit einem Gehalte von 300 Thlrn. provisorisch angestellt; er wurde am 1. Juni 1835 als 2ter Lehrer an die Bürgerschule berufen, zunächst mit 450, vom 1. Januar 1838 an mit 600 Thlrn. Gehalt, mit deren Leitung er von M. 1839 bis O. 1842 beauftragt war. Am 1. Mai 1843 wurde er Inspektor der neu errichteten Mittelschule, späteren Bürgerschule I, und trat O. 1857 in den Ruhestand. Er gab eine Anzahl Schulbücher heraus, darunter Wiegands Schulgeographie. 3. Aufl. Kassel 1841; ferner Programm der Bürgerschule vom Jahre 1840; Pr. zur Eröffnung der beiden Mittelschulen. 1843; Progr. der Bürgerschulen, 1846; ein Wort zur Erinnerung an den hundertsten Geburtstag Pestalozzis. 2. Aufl. Kassel 1846.

Dörr, Christian Gustav, geb. zu Breslau am 25. Dezember 1777, ertheilte nach Beschluss des Generaldirektors vom 25. Juli seit M. 1812 an beiden neuen Schulen, bald nur an der Bürgerschule, Unterricht im .Schreiben, Lesen und später besonders im Rechnen, seit Michaelis 1816 auch an der Handwerksschule; er wurde 1825 vierter und 1830 dritter (einschl. des Inspektors) ordentlicher Lehrer gegen einen Gehalt von 360 Thlrn. und freie Wohnung; er blieb an der Bürgerschule bis zu ihrer Auflösung und wurde dann an die spätere Bürgerschule I versetzt, wo er 1845 gestorben ist.

Fischer, Carl,˙ hat im Jahre 1816 englischen Unterricht in 4 wöchentlichen Stunden ertheilt und lebte hier als Sprachlehrer.

Grosheim, Dr. Georg Christoph, Musikdirektor, hat von 1815 an neben den Seminaristen auch die Bürgerschüler im Gesange unterrichtet, bis er am 1. Juni 1839 in den Ruhestand versetzt wurde. Er hat zahlreiche musikalische Schriften und Kompositionen verfasst. Vgl. *Hassel* und *Murhard*, Westfalen unter Hieronymus Napoleon. 1812. II. S. 46.

Hagemann, Adolph Friedrich, Pfarrer, Nachfolger Phisters, war von M. 1815 an erster Lehrer. Zunächst unterrichtete er auch am Lyceum und von M. 1816 an auch in der I. Abtheilung der neu gegründeten Handwerksschule. Im Jahre 1823 scheint er zu der Phister'schen Privatschule übergegangen und bald darauf gestorben zu sein.

Hammer, Johann Ludwig, Nachfolger Bauermeisters, lehrte vom August 1813 bis Ende März 1814 an dem Lyceum und an der Bürgerschule Französisch; er war vorher Reisecommis und wurde nach seiner durch die

Reorganisation bedingten Entlassung Miethskutscher
und zuletzt Gastwirth.

Heydenreich, Elias, wurde mit dem Unterrichte des
als 6. Klasse O. 1817 errichteten Nebeninstituts betraut, alsdann nach Anschluss dieser Klasse seit M.
1823 als Hülfslehrer, seit 1825 als sechster und seit
1830 als fünfter ordentlicher Lehrer an der Bürgerschule angestellt und unterrichtete seit 1824 im Lesen
und von 1835 an in der Erdbeschreibung in der
Handwerksschule. Er ging 1843 an die Bürgerschule II
über, erhielt am 6. Mai 1868 den Kronenorden IV. Kl.
und ist im folgenden Jahre gestorben.

Hodiesne, Franz Roger, geb. zu Rouen am 15. März
1790, ertheilte seit Ostern 1814 an dem Lyceum
und an der Bürgerschule französischen Unterricht,
wurde 1819 in seinem Einkommen fixirt und hat
nach der Trennung der Realschule im Jahre 1839 an
beiden Anstalten weiter unterrichtet bis zu ihrer Auflösung im März 1843, von wo an er nur noch beim
Kadetten-Korps französische Stunden gab. Er hat
„Zeitwörtertabellen zur Bildung der Tempora“, „Kurze
Darstellung der französischen Litteratur“. Kassel
und Marburg 1830 und „Grundregeln der französischen Sprache“ Kassel 1834 verfasst.

Holzapfel, Dr. Joh. Chr. Ludwig, Pfarrer, wurde O.
1816 als Hülfslehrer mit 125 Thlrn. Gehalt an der
Bürgerschule angestellt, rückte 1817 zum dritten,
1823 zum zweiten ordentlichen Lehrer mit 450 Thlr.
Gehalt auf. Seit 1823 unterrichtete er auch in der
Handwerksschule gegen 72 Thlr. Entschädigung, auch
war er Hülfsprediger an der lutherischen Kirche, wofür
er 70 Thlr. Einnahme bezog. Nachdem ihm auf seine
Bitte der Stadtrath zu Ende des Jahres 1833 eine
Zulage von 150 Thlrn. bewilligt hatte, verstarb er
schon im August 1834. Er hat 2 Lehrbücher der
christlichen Religion verfasst.

Köster, Partimschullehrer, wurde von der Regierung
am 28. April 1841 zum Lehrer der Vorklasse der B.
ernannt und ging O. 43 an die Bürgerschule I. über.

Ludwig, Pfarrer, vertrat in der Zeit vom 27. März
bis 14. April 1841 mit Bezzenberger zus. Beinhauer.

Meyer, C. F., zweiter Pfarrer an der lutherischen Kirche
zu Kassel, war mit einigen (8) Stunden Unterricht in
Religion und Deutsch vom 1. November 1840 bis
Ende März 1843 an der Realschule durch Regierungsbeschluss vom 29. August 1840 beauftragt und gehörte dann der Stadtschulkommission an.

Molter, Dr. Gustav, Pfarrer, trat im Jahre 1827 einstweilen an Sallmann's Stelle und wurde 1830 nach
Hersfeld versetzt.

Pfläging übernahm den Zeichenunterricht an der
Bürgerschule, dann an der höheren Gewerbeschule,
vom 17. Oktober 1836 an auch an der Realklasse,
dann wieder an der vereinigten Bürgerschule und
endlich auch 1839 an der Realschule.

Phister, Pfarrer, hatte die besuchteste Privatschule
hierselbst, war vom 1. Oktober 1812 an nur kurze
Zeit an der Bürgerschule thätig und wurde dann entlassen mit der Erlaubniss, seine Privatschule wieder
zu eröffnen.

Rauschenbusch, Ernst Friedrich Albrecht, geb. 29.
Juni 1787 zu Bückeburg, studirte zu Rinteln und
Marburg Mathematik und Bauwissenschaft, wurde
1806 Bau-Kondukteur und erhielt am 9. Juni 1817
Anstellung als Mathematiker am Lyceum gegen einen
Gehalt von 300 Thlrn., der im Jahre 1833 auf 700
Thlr. gestiegen war. Mit Auflösung des Lyceums
blieb er ohne Beschäftigung im Bezuge seines Gehaltes
und wurde durch Allerhöchstes Reskript vom 22. April
1840 bis 31. März 1843 Lehrer an der Realschule,
worauf er wieder mit vollem Gehalte privatisirte.

Daneben war er auch an der Handwerksschule thätig
und war Mitglied der Prüfungskommission für Land-
messer. Er hat mehrere mathematische Abhandlungen
geschrieben; siehe die Programme des Lyceums von
1829, 1833 und 1835.

Reusse, Baueleve, hat vom 1. Februar bis 1. Dezember
1839 an der Realschule mathematischen Unterricht
ertheilt, war später Baumeister in Schmalkalden und
ist als Bauinspektor a. D. in Kassel gestorben.

Sallmann, Friedrich Ludwig, Pfarrer, wirkte seit 1823
an der Bürgerschule, seit 1825 als dritter ordentlicher
Lehrer bis Ende 1826, wo er die Direktion des Grimm-
schen (vormals Phister'schen) Instituts übernahm.

Schmieder, Dr. Karl Christoph, geb. 5. Dezember
1778 zu Eisleben, hat von O. 1799 bis dahin 1800 als
Dozent der Mineralogie an der Universität Halle gelehrt,
übernahm dann die Leitung einer chemischen Fabrik
in Eckertsberga, hielt sich von O. 1802 in Dresden
und vom Juni desselben Jahres in Freiburg ohne
weitere Bestimmung auf, wurde 4. Oktober 1804
Septimus an einer Lateinschule in Halle, dann Adjunkt an der dortigen Realschule und wurde zum
Professor an der Universität ernannt. Am 15. September 1812 reiste er nach Kassel, wohin er berufen
war, um eine Bürgerschule einzurichten; er wurde
an dieser erster Lehrer und am 17. November 1815
Inspektor. Er ertheilte dem Kurprinzen und den
Prinzessinnen des Kurhauses Unterricht und erhielt
17. September 1823 den Titel Professor. Auch hatte
er seit der Gründung der Handwerksschule M. 1816
die Leitung der I. Abtheilung derselben. Am 25.
September 1839 wurde er Inspektor der in 2 Klassen
abgezweigten Realschule, die Ende März 1843 aufgelöst wurde. Schmieder privatisirte nun in Kassel,
wo er seinen vollen Gehalt weiter bezog; er stiftete

und ordnete eine Sammlung von Münzen aus der
griechischen und römischen Zeit für das hiesige Gymnasium (s. die Programme des Lyceum Fridericianum
von 1841, 1850 und 1851) und beschäftigte sich
mit chemischen Versuchen. Nach dreitägigem Krankenlager erlag er am 23. Oktober 1850 einem Anfalle
der Cholera, nachdem er am 19. Oktober seinen letzten
Willen aufgesetzt hatte.

Er hat ausserordentlich viele (ich zähle 28) Schriften
verfasst aus den verschiedensten Gebieten der Natur-
wissenschaften, aus der Münzkunde u. s. w., ja auch
Erzählungen und Novellen. Die für uns wichtigsten
sind: »Versuch einer praktischen Elementargeometrie«,
Halle 1800; »Ueber die Einrichtung höherer Bürgerschulen«, Halle 1809; »Das Gemeinnützige der Chemie«,
Freiburg 1804 u. 1805; »Programme der Bürgerschule
zu Kassel«, 1816, 17, 18, 19; »Auszug aus der
deutschen Sprachlehre für Bürgerschulen«, Kassel und
Marburg, 2. Auflage, 1833; »Frau Holle u. s. w.« 1819;
»Mythologie der Griechen und Römer u. s. w.«, Kassel
und Marburg, 3. Auflage, 1830; »Grundriss der Ge-
werbnaturlehre oder technische Physik u. s. w.«, Kassel
1829. Siehe: Neue Nekrologe der Deutschen vom
Jahre 1850 (Dr. Jacob Hoffmeister).

Simon, Joh. Christoph, Dr., geb. 1779 zu Veckenstädt
bei Blankenburg, vorgebildet auf der Schule zu Wernigerode, studirte zu Halle und Helmstedt und ertheilte
dann in Braunschweig und Oldenburg Privatunterricht.
Durch Beschluss des Ministers vom 26. November 1812
war er als Lehrer an der Bürgerschule und dem Lyceum
gegen einen Gehalt von 1900 Frcs. thätig, wozu er am
11. Sept. 1813 auch eine freie Dienstwohnung erhielt.
Im Anfang des Jahres 1816 trat er ganz an das Lyceum
über mit seinem damaligen Gehalte von 450 Thlrn.
und 40 Thlrn. Miethsentschädigung, nahm aber seiner

schwächlichen Gesundheit wegen Ende März 1820 eine Predigerstelle zu Hohenrode an, wo er am 2. Februar 1831 starb.

Stolz, Friedrich, war Inspektor am Museum und übernahm auch Zeichenunterricht an der Bürgerschule; am 26. Oktober 1839 brach er ein Bein und starb im November desselben Jahres.

Suabedissen, Dr. David Theodor Gustav, geboren 14. April 1773 zu Melsungen, studirte von 1789 an zu Marburg Theologie. Nach bestandener Prüfung 1793 war er Privatlehrer, seit 1800 Professor an der hohen Landesschule zu Hanau, gründete 1803 eine Privatschule und wurde 1805 erster Lehrer an einer Erziehungsanstalt zu Lübeck. Am 25. Juli 1812 wurde er als Direktor des Lyceums und der Bürgerschule nach Kassel berufen, führte seit Ostern 1814 durch Extract Geh. Raths-Prot. vom 22. April 1814 die Specialaufsicht über die Bürgerschule. Am 29. September 1815 zum Instruktor des Prinzen Friedrich Wilhelm von Hessen ernannt, bezog er mit diesem bis 1820 die Hochschule zu Leipzig. Seit Frühjahr 1822 Professor der Philosophie in Marburg, kränkelte er seit 1828 und starb am 14. Mai 1835 dortselbst. Genaueres siehe Strieder-Justi und Neuer Nekrolog der Deutschen. XIII. Von seinen Werken pädagogischen Inhalts seien hier erwähnt: Artikel in Münschers Magazin für Kirchen- und Schulwesen (über die h. Landesschule zu Hanau); Aufsätze, pädagog. Inhalts. Leipzig 1804; Briefe über den Unterschied in der Erziehung der Knaben und der Mädchen. Lübeck 1808; Allgemeiner Lehrplan usw. Kassel 1812; Allgemeine Gedanken usw. Kassel 1812; Progr. Kassel 1813.

Vatke, Georg, Kandidat, geb. um das Jahr 1792 in der Gegend von Helmstedt, vorher Lehrer an dem Privat-Institute des Pfarrers Ramus hierselbst, unterrichtete von Oktober 1813 bis Ende März 1814 in der Vorbereitungsklasse und der Elementarklasse des Lyceums. Später kam er als Hauslehrer zu Sal. Heine in Hamburg (Oheim Heinrich Heine's) und lebte dann dort als Privatgelehrter.

Weiss, Wilhelm Ludwig, geb. zu Kassel den 5. März 1788, war nach Beschluss des Generaldirektors vom 15. September 1812 seit 1. Oktober 1812 zunächst am Lyceum, dann auch an der Bürgerschule und seit M. 1816 an der Handwerksschule Schreiblehrer; er rückte 1834 zum vierten ordentlichen Lehrer auf und ertheilte auch als solcher in allen 6 Klassen Schreibunterricht. Von der Bürgerschule bezog er 210 Thlr. und freie Wohnung. Seit 1840 wirkte er nur an der Bürgerschule und seit O. 1843 nur noch in der Handwerksschule.

Zusch, Justus Heinrich, besorgte in Folge eines Reskriptes des Generaldirektors d. ö. U. vom 8. September 1812 bis O. 1814 den Zeichenunterricht, zugleich auch am Lyceum. Er war im Jahre 1828 Professor an der Akademie.

Zu Seite 33 ist zu vergleichen: *A. Duncker*, Fr. Rückert als Professor am Gymnasium in Hanau und sein Direktor Joh. Schulze. 2. Auflage. Wiesbaden 1880.

Bemerkung zu Seite 68: Der daselbst erwähnten von dem Ministerium am 29. Dezember 1831 errichteten oberen Unterrichts-Kommission gehörten ausser den dort genannten Mitgliedern noch der Professor Dr. Jordan, welchem durch Beschluss vom 1. Februar 1832 der Vorsitz übertragen wurde, und der Reg.-Sekretär Müller an. (Akten d. Min. d. Innern. Rep. VI, Kl. 20 Nr. 2. Weder *Weber*, noch *Münscher*, Pr. Marburg 1868, noch *Riess*, Pr. Rinteln 1868, erwähnen diese Beiden.)

II.

Untersuchungen über den Chronisten Johannes Nuhn von Hersfeld.

Von

Julius Pistor.

━━◦◦❈◦━━

I.

Es ist eine Thatsache, die kaum bestritten werden
kann, daß die hessische Geschichtschreibung im
späteren Mittelalter, soweit bei den mannigfachen Verlusten, die sie erlitten, und bei dem empfindlichen
Mangel an originaler Ueberlieferung ein Urteil überhaupt möglich ist, hinsichtlich der Mannigfaltigkeit der
Darstellungsweise sowohl wie des Inhalts und der Form-
vollendung ihrer Erzeugnisse hinter den Leistungen
anderer, namentlich oberdeutscher Länder auf dem Gebiete territorialer und lokaler Historiographie erheblich
zurücksteht: die Reimchronik fehlt ganz, auch die
Biographie ist so gut wie gar nicht vertreten, und nur
die Zeitgeschichte scheint gepflegt worden zu sein; erst
gegen das Ende jener Periode machte sich das Bedürfnis geltend, auch die gesamte Vergangenheit des
Landes oder eines einzelnen Gemeinwesens ins Auge
zu fassen; was sodann den inhaltlichen und formalen

Wert der Arbeiten betrifft, so läßt sich von keiner
einzigen sagen, daß sie Anspruch auf eine über das
Mittelmäßige hinausgehende Bedeutung habe. Hervorragende Persönlichkeiten, an denen biographische Darstellungen hätten anknüpfen können, fehlten während
jener Zeiten in Hessen zwar ebensowenig wie denkwürdige kriegerische und politische Ereignisse, die ja
in den meisten Fällen den Anlaß zur Abfassung ge-
schichtlicher Aufzeichnungen zu geben pflegten; aber
gerade die fortwährenden Kämpfe der Dynastie mit
kriegerischen Nachbarn — in erster Linie mit Kurmainz
— und mit eigenwilligen Vasallen, wozu in vereinzelten
Fällen noch schwere Konflikte mit unbotmäßigen
Städten kamen, scheinen vorzugsweise einer gedeih-
lichen Entfaltung der Geschichtschreibung hindernd in
den Weg getreten zu sein.

In diesen ewigen Unruhen, die ebensosehr die
gesamte geistige wie die materielle Kultur des Landes
in ihrer Entwicklung stark zurückbleiben ließen, ist
wohl auch der hauptsächlichste Grund dafür zu suchen,
daß die Landesfürsten der Pflege der Künste und
Wissenschaften, insbesondere der Poesie und der Geschichtschreibung, im allgemeinen nicht die gebührende
Aufmerksamkeit zuwandten. Einige Herrscher scheinen
indes von Haus aus nicht jeder Teilnahme für diese
Dinge entbehrt zu haben. Freilich sind die Spuren,
die hierauf hindeuten, nur dürftig und noch dazu teilweise recht unsicher. So spricht manches dafür, daß
J o h a n n e s   R i e d e s e l, der älteste hessische Chronist,
Landgraf O t t o nahe stand[1]), und gleichfalls will es
scheinen, als ob der unbekannte Verfasser der „Hessenchronik" Beziehungen zum Fürstenhause, insbesondere

---

[1]) Vgl. meine Abhandlung: Der Chronist Wigand Gerstenberg. Nebst Untersuchungen über ältere hessische Geschichtsquellen in der Zeitschr. f. hess. Gesch. N. F. XVII, 65.

zu Hermann gehabt hätte [1]). Es ist in der That nicht
zu verwundern, wenn dieser Landgraf selbst in den
stürmischen Zeiten seiner Regierung sich nicht ganz
der Einwirkung geistiger Interessen verschloß: hatte
er doch in Paris und später in Prag mit Eifer gelehrten
Studien obgelegen und die Magisterwürde erworben [2]).
Auch die Freude an der Dichtkunst scheint ihm ebensowenig wie seinem Oheim Heinrich II. gefehlt zu
haben: jedenfalls gelten die Worte, mit denen Peter
Suchenwirt die Freigebigkeit eines hessischen Landgrafen preist, keinem anderen als Hermann, der wohl in
Prag die Bekanntschaft des österreichischen Dichters
gemacht haben mochte [3]); und es ist gewiß nicht zufällig,
dass Heinrich im Jahre 1334 eine Abschrift von W o l f -
ram v. E s c h e n b a c h s W i l l e h a l m v o n O r a n s e anfertigen liess [4]). Dies sind freilich auf lange Zeit hin die
einzigen Zeugen, die für eine Berücksichtigung geistiger Interessen am landgräflichen Hofe sprechen. Die
kriegerischen Händel, die Sorge um die Hebung der
darniederliegenden Landeskultur, deren sich besonders
Heinrich II. angenommen zu haben scheint [5]), die Ordnung städtischer und kirchlicher Verhältnisse ließen in

---

[1]) Das. S. 86.

[2]) *Rommel*, Geschichte v. Hessen II, 168 f.

[3]) Das. IV. Anm. S. 476. — Eingehender, als es in der Absicht des Verfassers liegt, wird von anderer Seite über die Beziehungen des hessischen Fürstenhauses zur Litteratur gehandelt
werden.

[4]) Sie befindet sich in der Kasseler Landesbibliothek (Mss.
Poetae fol. nr. 1) und enthält am Schlusse unter anderm obige
Zeitangabe.

[5]) Vgl. u. a. die Mitteilung Gerstenbergs bei *Schmincke*, Monim.
Hass. II, 462: „Der . . . . lantgrave Hinrich beßerte gar wole sin
lant, want wo er gute wustenunge hatte, da ließ er ußrumen und
dorffere buwen" — und hierzu die Bemerkung der Limburger Chron.
(Monum. Germ. Deutsche Chroniken IV, 1) S 26,3.

Verbindung mit der beharrlich verfolgten auf Erweiterung
des Besitzes und Erlangung größerer Selbständigkeit
gerichteten Politik der Dynastie jene Bestrebungen nicht
recht aufkommen.

Ähnliche Verhältnisse haben zwar auch in anderen
Territorien geherrscht, aber in Hessen traten noch weitere
ungünstige Umstände hinzu. Was hier von den Landesfürsten unterlassen wurde, vermochte von anderer Seite
kaum wieder gut gemacht zu werden. Es fehlte vor
allem ein Bischofsitz, der sich zum Mittelpunkt des
gesamten geistigen Lebens im Lande hätte heraus-
bilden können. Die Klöster, namentlich Fulda und
Hersfeld, denen einst in litterarischer Beziehung eine so
glänzende Rolle zugefallen war, befanden sich längst in
starkem und unaufhaltsamem Rückgang: mit den materiellen Verlusten, die diese Stiftungen im Laufe der
Zeiten erlitten hatten, war die Abnahme der geistigen
Interessen Hand in Hand gegangen. Dazu kam, daß
Fulda nach dem Aufhören seiner Beziehungen zur
obersten Gewalt im Reiche zu keiner territorialen Dynastie in ein näheres Verhältnis getreten war, während
die Annäherung, die schon gegen das Ende des 14.
Jahrhunderts zwischen Stadt und Stift Hersfeld und
dem hessischen Landgrafenhause stattgefunden hatte
und die schließlich in dem 1432 zwischem dem Abte
Albert und Ludwig dem Friedsamen abgeschlossenen
Erbschutzvertrag ihren stärksten Ausdruck erhielt, zunächst nur politische Folgen haben sollte[1]). So kam

---

[1]) Die Hersfelder Chronik, der Gerstenberg einige dürftige
Nachrichten entlehnt hat (vgl. *Pistor* S. 105 ff.), kann, nach den
letzteren zu schließen, kaum hier in Betracht gezogen werden: es
sind Notizen, die, mittelbar oder unmittelbar auf Lambert v. Hersfeld zurückgehend, das 11. Jahrhundert betreffen und sich nicht
mit der Geschichte dieses Klosters, sondern mit der des Reiches
beschäftigen.

es, daß da, wo man einst den Gang der kriegerischen
und politischen Ereignisse des weiten Reiches zu über-
schauen vermochte und sich berufen fühlte, das Gedächtnis derselben der Nachwelt zu erhalten, der Blick
immer beschränkter wurde und der Interessenkreis sich
kaum weiter als auf das Klostergebiet und die nächste
Umgebung erstreckte [1]).

Nicht günstiger liegen die Verhältnisse, wenn man
die städtische Geschichtschreibung ins Auge faßt. · Es
ist hier der Ort nicht, zu untersuchen, aus welchen
Gründen sich in Hessen kein größeres Gemeinwesen
zu bilden vermochte: genug, daß es dort an Städten
fehlte, die durch Volkszahl, Wohlstand und ausgedehnte
Beziehungen zu benachbarten Territorien eine höhere
politische Bedeutung erlangt hätten; und nur da, wo
diese Bedingungen vorhanden sind, kann sich eine
städtische Geschichtschreibung von einigem Belang ent-
wickeln. Während anderwärts das zu hoher Blüte gelangte Zunftwesen nicht selten in starken Gegensatz zu
den Geschlechtern oder selbst zum Grundherrn trat und
sich erbitterte und folgenreiche Kämpfe entspannen, die
vielfach den Anlaß zur Aufzeichnung dieser die gesamte Bürgerschaft lebhaft bewegenden Ereignisse
gaben, hören wir nach dieser Seite hin von den hessischen Städten wenig. An Zwistigkeiten zwischen den
einzelnen Zünften hat es, wie wir aus Urkunden wissen,

---

[1]) Da die fuldische Geschichtschreibung sich, soweit ersichtlich, ganz unabhängig von der hessischen entwickelt hat, so
ist sie hier unberücksichtigt geblieben. Nähere Aufschlüsse über
dieselbe verdanken wir den Untersuchungen von *Harttung* in den
Forsch. z. deutschen Gesch. XIX, 399 ff., womit *Rübsams* Ausführungen in der Zeitschr. für hess. Gesch. N. F. IX, 115 ff. zu
vergleichen sind. Letzterer hat außerdem das. XIV, 196 ff. ein
größeres Stück aus der Chronik des Apollo v. Vilbel († 1586)
herausgegeben.

zwar ebensowenig gefehlt wie an Konflikten mit den
Ratsfamilien, aber diese Wirren waren im ganzen doch
recht belanglos. Nur einmal, gegen das Ende des 14.
Jahrhunderts, spielen die niederhessischen Städte, an
ihrer Spitze Kassel, eine hervorragende politische Rolle,
als es sich unter anderem darum handelte, die Ein-
griffe des Landesherrn in ihre Rechte abzuwehren. Mit
dem Aufhören dieser Unruhen traten auch die Städte
wieder in den Hintergrund.

Fehlten somit die wesentlichsten Vorbedingungen
für eine kräftige und gleichmäßige Ausbildung der Geschichtschreibung, so muß andererseits doch zugestanden
werden, daß der historische Sinn während der genannten
Zeit in Hessen nie völlig erloschen ist, mag er auch in
inhaltlich dürftigen und nach der formalen Seite ungenügenden Erzeugnissen zum Ausdruck gekommen sein.

Wenden wir uns zunächst den Zeiten zu, in denen
ein großer Teil des hessischen Gebietes mit Thüringen
vereinigt war, während der Rest von zahlreichen Dynasten behauptet wurde, von denen jedoch keiner eine
hervorragende Rolle spielte. Man würde sich nicht darüber wundern, wenn eine kräftig entwickelte territoriale
Geschichtschreibung unter ähnlichen Umständen, wie
sie in dieser Periode für Hessen maßgebend waren,
plötzlich verstummte: umsoweniger kann es auffallen,
daß hier, wo nach dieser Richtung hin noch gar keine
Anfänge zu verzeichnen waren, sich nicht das geringste
Leben regte. Auch die übrigen Gebiete der historischen
Darstellung erwiesen sich als unfruchtbar. Nicht einmal
die hohe Gestalt der heiligen Elisabeth vermochte in
Hessen, wo sie doch die letzten Lebensjahre verbrachte
und ihre Ruhestätte fand, einen würdigen Biographen
zu finden, eine Versäumnis, für die uns der Umstand
nicht entschädigen kann, daß mehr als ein halbes Jahrhundert später ein unbekannter, vermutlich hessischer

Dichter es unternahm, das Leben der frommen Landgräfin zu besingen. Der historische Wert dieser Arbeit
ist wenigstens sehr gering, da sie nichts anderes als
eine poetische Behandlung der von Dietrich von Apolda
verfaßten Lebensbeschreibung der Heiligen ist [1]). Die
einzigen, freilich sehr unsicheren auf die Anfänge einer
städtischen Geschichtschreibung in dieser Zeit hinwei-
senden Spuren finden wir in Frankenberg; die dürftigen
Nachrichten wurden später von Wigand Gerstenberg in seine Stadtchronik hinübergenommen [2]).

Regsamer wird es auf dem Gebiete der Geschichtschreibung nicht lange nach dem Zeitpunkte, wo Hessen
nach seiner Lostrennung von Thüringen in der Person
Heinrichs I. einen eignen Herrscher erhielt. Wenden
wir uns zunächst Oberhessen zu. Hier scheint zwischen
diesen beiden Momenten kein ursächlicher Zusammenhang zu bestehen: es handelt sich nicht etwa um eine
Darstellung der Landesgeschichte, und ebensowenig tritt
auch Heinrich irgendwie in den Vordergrund; die spärlichen Nachrichten aus oberhessischen Klöstern, namentlich aus der Cisterzienserniederlassung Haina, von denen
wir durch Gerstenbergs Vermittlung wissen, sind lediglich lokaler Natur. In Haina ist wohl auch die Legende
des heil. Kurd v. Hirlesheim entstanden, die indes nur
geringen geschichtlichen Wert gehabt haben muß [3]).

---

[1]) Herausgeg. von *M. Rieger* in den Publikationen des litterarischen Vereins zu Stuttgart XC, wo S. 53 von den Quellen der
Dichtung die Rede ist.

[2]) *Pistor* a. a. O. S. 92 ff.

[3]) Das. S. 107 ff. Die allem Anschein nach auf den Grafen
Heinrich (II.) v. Reichenbach, den Stifter von Haina, zurückgehenden
Aufzeichnungen, die (abgedruckt in der Zeitschr. f. bess. Gesch. III.
43 ff.) mit den verheißungsvollen Worten beginnen: Ego H. quondam comes dictus, nunc humilis frater in Hegenehe [seit etwa 1225],
que vidi, audivi, ordinavi et statui presentibus ena[rro], futuris le-
gendum relinquo — können hier nicht in Betracht kommen, da sie

Erwähnt mag noch werden, daß man in der letzten
Hälfte des 13. Jahrhunderts in Ziegenhain anfing, kurze
Nachrichten über Familienereignisse des Grafenhauses
niederzuschreiben, die später bis in das 15. Jahrhundert
hinein in gleicher Weise fortgesetzt wurden [1]).

Einen wesentlich verschiedenen Charakter scheinen
die derselben Periode angehörenden geschichtlichen
Überlieferungen Niederhessens zu haben. Sie sind
freilich ebensowenig wie die Reste oberhessischer Historiographie in ihrer originalen Gestalt, sondern durchgängig in anscheinend recht trüben Ableitungen bei dem
sogen. Senckenbergischen Anonymus und Johannes
Nuhn (Nohen) von Hersfeld [2]) erhalten. Was diese
bieten, ist zwar nur dürftig, häufig unrichtig und fabel-
haft, indes kommen doch hier und da Nachrichten vor,
die in ihrem Kerne offenbar auf zeitgenössische Berichte
zurückgehen; besonders bemerkenswert aber erscheinen
sie dadurch, daß hier die Geschichte Heinrichs I. und
des Landes ganz in den Vordergrund tritt und zwar
so, daß letztere nicht erst von dem Anonymus oder
Nuhn an diesen Platz gestellt zu sein scheinen, sondern
denselben offenbar bereits in deren Vorlagen einnahmen.

Eine etwas reichere Entfaltung zeigt die Geschichtschreibung des 14. Jahrhunderts. An der Spitze steht die
Chronik des Johannes Riedesel, vermutlich eines
Zeitgenossen Heinrichs I. und Ottos. Auch sie ist uns
nur durch Gerstenberg erhalten und behandelt, nach den

---

nur eine Zusammenstellung hainaischer Gütererwerbungen enthalten.
In diesem Register wird auch Kurd v. H. (meist als cellerarius
von Haina) S. 66, 67. 68. 69 u. 71 (2 mal) erwähnt und ebenso in
einer das. S. 90 mitgeteilten Hersfelder Urkunde v. J. 1240.

[1]) Das. S. 118 ff.

[2]) Abgedruckt bei *Senckenberg*, Selecta jur. et hist. III, 303 ff.
bezw. V, 387 ff. Über das Verhältnis beider zu einander wird
weiter unten ausführlich gehandelt werden.

Stücken zu urteilen, die dieser Geschichtschreiber
daraus mitteilt, anknüpfend an die letzten Zeiten der
thüringischen Herrschaft über Hessen, die Regierung
der genannten Landgrafen. Die letzte Nachricht scheint
eine Begebenheit aus dem Jahre 1330 zu betreffen.
Mit völliger Sicherheit ist hier zu erkennen, daß Heinrich
und Otto im Mittelpunkte der Darstellung stehen, die
keinerlei lokalen Charakter an sich trägt, vielmehr bestimmt auf einen Verfasser hinweist, der vermöge seiner
Stellung in der Lage war, sich über die meisten Ereignisse, die Land und Fürstenhaus betrafen, ziemlich
eingehend zu unterrichten [1]).

Nicht so häufig wie von Riedesels Arbeit hat
Gerstenberg von der sog. Hessenchronik Gebrauch gemacht. Diese scheint sich in der Hauptsache zeitlich
an erstere angeschlossen zu haben, bringt dabei aber
auch einzelne Nachrichten aus der Regierungszeit des
ersten Landgrafen. Neben der Berücksichtigung der
genealogischen Verhältnisse der Dynastie finden wir in
der Hessenchronik wichtige und offenbar gleichzeitige
Mitteilungen über Heinrich II. und namentlich über
dessen Neffen Hermann den Gelehrten [2]).

Daneben hat es aber noch andere Quellen für die
Geschichte des Landes und seines Fürstenhauses im
14. Jahrhundert gegeben, die Gerstenberg nicht kannte:
sie sind in den bereits erwähnten Darstellungen des
Anonymus und Nuhns, die beide keinerlei Mitteilungen
über ihre Gewährsmänner machen, zur Verwendung gekommen. Was diese über die Zeiten Heinrichs und
Hermanns berichten, geht teilweise wohl auf gute, alte
Quellen zurück, deren Überlieferung aber sich im Laufe

---

[1]) *H. B. Wenck*, Hess. Landesgeschichte I. Von den Quellen
d. hess. Gesch. § 5 u. *Pistor* a. a. O. S. 59 ff.
[2]) *Wenck* § 7, *Pistor* S. 85 ff.

der Zeiten nicht rein erhalten hat, vielmehr durch spätere Zusätze und Umarbeitungen getrübt worden ist.

Deutlichere Anzeichen weisen auf eine ziemlich lebhafte historiographische Thätigkeit in einigen hessischen Städten hin, wo sich damals, besonders in der zweiten Hälfte des genannten Jahrhunderts, manches ereignete, was der Aufzeichnung wert war. Über den schwarzen Tod, die Geißler und Judenverfolgungen, über die Kämpfe mit den Sternern und dem benachbarten Raubadel finden wir Notizen in Gerstenbergs Frankenberger Chronik, die offenbar auf gleichzeitige Quellen zurückgehen und vielleicht Bestandteile der alten Stadtchronik waren, die nach dem Zeugnisse des genannten Geschichtschreibers im Jahre 1476 bei dem großen Brande von Frankenberg vernichtet wurde. Bemerkenswert sind namentlich gewisse mit allen Einzelheiten ausgestattete' Berichte über schwere Bedrängnisse der Bevölkerung, die die Vermutung nahe legen, sie möchten Reste offizieller Aufzeichnungen sein [1]).

Einen ganz ähnlichen Charakter zeigen Hersfelder Nachrichten, deren Ursprung auf das letzte Viertel des 14. und den Beginn des 15. Jahrhunderts hinweist. Sie haben sich gleichfalls nicht in originaler Fassung, sondern in späterer Überarbeitung bei dem mehrfach erwähnten Anonymus erhalten und geben ein anschauliches Bild besonders von den Leiden, die infolge der Sternerfehde über die Stadt kamen, von einzelnen Gewaltthaten, die an den Bürgern verübt wurden u. s. w. Die ganze Darstellungsweise verrät, daß der Verfasser mit seinen Sympathieen durchaus auf der Seite der Stadt steht, die damals in heftigem Streite mit dem Stifte lebte; vielleicht war er sogar vom Rate mit der Ab-

---

[1]) *Pistor* S. 92 ff., bes. S. 101.

fassung eines Berichtes über die erwähnten Vorgänge beauftragt worden [1]).

Auch in Kassel wurde man durch die unruhigen Zeiten des ausgehenden 14. Jahrhunderts, insbesondere die Kämpfe Hermanns mit Mainz, Braunschweig und Thüringen, wobei die Hauptstadt des Landes in starke Mitleidenschaft gezogen wurde, veranlaßt, der Zeitgeschichte einige Aufmerksamkeit entgegenzubringen. Hier schrieb Dietrich Schwarz, Kanonikus am Martinsstift, ganz kurz die Hauptereignisse auf. Ein anderer Bericht über eine Begebenheit aus derselben Zeit wurde in Kassel zunächst mündlich fortgepflanzt und erst, wie es scheint, im Beginn des 16. Jahrhunderts von Nickel Nußpicker schriftlich fixiert, aus dessen Aufzeichnungen ihn Kirchhoff in seinen Wendunmut herübernahm. Dürftige Reste ähnlicher Nachrichten aus der angegebenen Zeit sind uns außerdem aus Homberg erhalten; wir verdanken sie Wigand Lauze, der um die Mitte des 16. Jahrhunderts eine hessische Chronik schrieb [2]).

Ein nicht minder wertvolles Zeugnis für das historische Interesse, das damals in Hessen lebendig

---

[1]) Das Nähere wird weiter unten in anderem Zusammenhang mitgeteilt werden.

[2]) *Pistor* a. a. O. S. 101 f. Anm. 159. Vielleicht stammen auch die ganz kurzen Bemerkungen, die Lauze in dem handschriftlichen ersten Bande seines Werkes z. J. 1372 S. 254 über die Einäscherung der Homberger Freiheit · durch die Sterner und S. 255 über einen großen Brand in Wolfhagen macht, lokalen Quellen. — Beiläufig mag hier erwähnt werden, dass das von *Landau*, Ritterburgen II, 284 erwähnte Chronicon de dominis de Dalewig, das i. J. 1342 auf Veranlassung des korveyschen Abtes *Dietrich von Dalwigk* von *David Nettelberg* verfaßt sein soll und das *Falcke* im 23. Kap. des zweiten Teiles seiner geplanten Geschichte von Korvey herausgeben wollte (vgl. seinen Entwurf einer Historiae Corbeiensis diplomaticae S. 121), wohl nie vorhanden gewesen ist. Vgl. u. a. *P. Wigand*, Die corveyschen Geschichtsquellen S. 13.

war, sind die Volkslieder, die sich mit Eberhard v.
Buchenau, der »alten Gans«, und den Sternern beschäftigten; erst ein Jahrhundert später wurden sie, aber
nur als Bruchstücke, niedergeschrieben [1]).

Der Fortschritt, dessen sich die hessische Historiographie erfreute, scheint freilich nicht von langer Dauer
gewesen zu sein. Wenigstens beklagt Gerstenberg [2]) den
Mangel an Aufzeichnungen über die Regierung Ludwigs
des Friedsamen (1413—1458) und seiner Nachfolger,
und seine Mitteilungen, die er nach eigenem Geständnis »zusammengelesen« hat, sind in der That recht
dürftig. Aus diesem Grunde verzichtet er auch wohl
auf Namhaftmachung seiner Quellen und beruft sich nur
einige Male auf Notizen des Tilemann Hollauch,
Kanzlers des soeben genannten Landgrafen, die um die
Mitte des 15. Jahrhunderts entstanden sein mögen [3]).
Zugleich weist er aber auch auf diejenigen hin, »die dy
geschichte gesehin han, der nach vile in dußem lande
am lebin synt uude etzliche auch bie den fursten gewest
sint« [4]): sie sollen die Geschichte ihrer Zeit schreiben.
In demselben Sinne äußert er sich an einer anderen
Stelle, wo von einer Reise Ludwigs nach Aachen und
einem in dieser Stadt entstandenen »Auflaufe« die Rede
ist: »Wie das zuging, das bevele ich dengenen, die
midde gewest sint« [5]). Es muß also damals Persönlichkeiten gegeben haben, denen geschichtliches Interesse
nicht mangelte und denen Gerstenberg die Fähigkeit

---

[1]) Sie sind erhalten in der anonymen Chronik bei *Senckenberg* III, 374 („ . . . davon sang man ein lied, das ist nicht mehr
in unseren gedancken, doch habe ich das von dem lied behalten"),
375, 376. Vergl. auch *v. Liliencron*, Die histor. Volkslieder der
Deutschen I, 90 und *Friedensburg* in d. Zeitschr. f. hess. Gesch.
N. F. XI, 124 f., wo jedoch die Congeries als Quelle nicht zu erwähnen war.

[2]) Bei *Schmincke*, Monim. Hass. II, 522 f.

[3]) *Wenck*, § 7 und *Pistor*, a. a. O. S. 91.

[4]) *Schmincke*, a. a. O. S. 523. — [5]) Das. S. 543.

zutraute, ihre Erlebnisse in geeigneter Weise niederzuschreiben. Es ist sogar möglich, daß Aufzeichnungen
der erwähnten Art schon damals vorhanden und dem
Chronisten nur nicht bekannt waren. Wenigstens finden
sich in Lauzes bereits genanntem Werke z. J. 1429
(S. 263 ff.) ausführliche Mitteilungen über die Begebenheiten in Aachen, die dieser als Auszüge aus einer
Arbeit des Johannes Nuhn, eines Zeitgenossen Gerstenbergs, bezeichnet [1]). Nuhn wird also hier die ausführlichen schriftlichen, vielleicht auch mündlichen Mitteilungen eines Augenzeugen in seiner Darstellung verwertet haben. Zudem liegt es auf der Hand, daß der
Frankenberger Chronist nicht von allen Aufzeichnungen,
die damals hier und da im Lande von wenig hervorragenden Personen etwa gemacht wurden, Kenntnis haben
konnte; so sind ihm z. B. gewisse Notizen entgangen,
die um die Mitte des 15. Jahrhunderts in Niederhessen
entstanden [2]). In durchaus kunstloser Form, bald in
fehlerhafter lateinischer, bald in deutscher Sprache ab-
gefaßt, handeln sie bunt durcheinander besonders eingehend von allerlei Witterungserscheinungen und deren
Einfluß auf die heimische Landwirtschaft, von sonstigen
Naturereignissen und wichtigen Vorgängen in Deutschland, Frankreich, England, Italien u. s. w., von denen
der Verfasser Kunde erhielt; nur ausnahmsweise wird
auch einmal auf geschichtliche Begebenheiten Bezug
genommen, die Hessen angehen [3]).

---

[1]) Von dieser Stelle wird weiter unten eingehend gehandelt
werden.

[2]) Abgedruckt bei *Mone*, Anzeiger für Kunde des deutschen
Mittelalters III, Sp. 282 ff.

[3]) Nicht unerwähnt sollen auch die kleinen Annalen des
deutschen Hauses in Marburg bleiben (zuletzt abgedruckt von Wyss
im Hess. Urkundenbuch I. Abt. I. Bd. S. 486 f.), die von 1190
bis 1290 reichen. Nach einer kurzen Einleitung über die Stiftung

Besonders günstig für die Entwicklung der geistigen
und materiellen Kultur scheinen sich die Verhältnisse
des Landes in der zweiten Hälfte des 15. Jahrhunderts
gestaltet zu haben. Mit der beträchtlichen Vergröße-
rung des Gebietes durch die Grafschaften Ziegenhain
und Nidda (1450), wozu (1479) noch Katzenelnbogen
kam, war auch die politische Bedeutung des Landes und
das Ansehen der Dynastie nach außen erheblich gewachsen; ebenso zeigt sich die landesherrliche Gewalt
dem Adel und den Städten gegenüber in stetem Zunehmen begriffen. Zwar fehlte es auch jetzt nicht an
äußeren Unternehmungen, die die Steuerkraft der Bevölkerung stark in Anspruch nehmen mochten, aber
sie waren doch nicht mehr mit einem so starken
Niedergang des allgemeinen Wohlstandes, mit einer so
großen und anhaltenden Beunruhigung des gesamten
Landes verbunden, wie dies hundert Jahre zuvor der
Fall gewesen war; ebensowenig vermochten die Zwistigkeiten innerhalb des Fürstenhauses die überall auf-
strebende Kultur niederzuhalten [1]). Dazu kamen die

---

des Ordens und seine Verdienste um die Kirche folgen einige ganz
kurz gehaltene Notizen über den Tod des Konrad v. Marburg, der
heil. Elisabeth, des Landgrafen Konrad u. s. w. Ob dieselben im
15. Jahrhundert, auf welches die Schriftzüge hinweisen, verfaßt oder
nur abgeschrieben wurden, wird sich kaum ermitteln lassen; jedenfalls zeigen sie, daß sich damals in Marburg das Bedürfnis geltend
machte, sich über jene Dinge kurz zu orientieren.

[1]) Über den Wohlstand, der sich um die Wende des 15.
Jahrhunderts in Hessen zu verbreiten anfing, äußert sich *Kirchhoff* in seinem Wendunmut (Ausg. von Oesterley) Bd. 1, S. 281,
nachdem er dargethan, daß „die souhld der unfruchtbarkeit [*des
hessischen Landes*] nit an im, sondern an den menschen, die es
ungebauwet haben ligen lassen, gewesen sey“, ausführlich und
fährt fort: „ . . . dann ich nit nur etliche mal von meinem vatter
seligen, der es darzů hoch beteuret, ghört, das kein dorff diser
zeit im land zů Hessen sey, welchs sich nit inwendig viertzig jaren
schier über die helffte gemehret hab, ja etliche sein in kurtzem

segensreichen Wirkungen einer weisen Verwaltung, die
sich in zahlreichen Landesordnungen, in Sicherung der
Strassen, in Hebung des Verkehrs äußerte; besonders
war es Wilhelm der Mittlere, der sich nach dieser
Richtung hin hohe Verdienste erwarb[1]).

Kein Wunder, daß auch die geistige Kultur sich
hob. Was zunächst den landgräflichen Hof betrifft, so berichtet der als Dichter und Sänger geschätzte Johann
v. Soest, daß er auf die Empfehlung des Landgrafen
Hermann, damaligen Verwesers des Erzstiftes Köln, in
Kassel von Ludwig II. eine Anstellung erhalten habe
(1469)[2]). Ferner zeichnete sich Wilhelm der Mittlere,

gar von grundt auff, da vor nichts denn stauden und dörner waren
neu gebauwen."

[1]) Treffend charakterisiert *Lauxe* a. a. O. S. 295 (z. J. 1500)
die auf die Landesverwaltung bezügliche Thätigkeit des genannten
Fürsten mit folgenden Worten: „Es geschahen in diesen gezeiten
. . . hin und wider in landen allerlei zugriffe, rauberei und plackerei
gegen kauffleuthen und anderen und worden die leuthe auff den
strossen beraubet, geplundert und erwurget. Dadurch ward landgrave Wilhelm verursacht sein lender und strossen zu freien und
zu sichern, das die jederman unbefart brauchen und wandern
mochte. Thet hierauff ein gemein außschreiben und schickte das
allen seestedten und kauffleuten zu mit vermeldung, das ein jeder
seine furstenthumbe und graveschafften noch seiner nodturfft und
gelegenheyt mit sicherm durchzog brauchen und durchwandern
mochte, und wo einem menschen doruber ein gulde oder pfennig
werts schade bogegenete, wolte er den duppel und dreifeltig erlegen. Hielt auch uber solcher ordenung so strenge und veste,
das bei seiner regierung ein jeder on schaden und fhar wol gelt,
wie man zu sagen pfleget, auff einem stecken hette dorffen uber
feld tragen und offentlich furen, wandte auch allen fleiß an, das
wo solliche strassenreuber antroffen, die noch außweisung der rechte
und solcher seiner landordenung nach gestrafft worden."

[3]) Ueber Johann v. S. vgl. *Friedr. Pfaff* in d. Allgem. kon-
servat. Monatsschrift 46. Jahrg. (1887) S. 147—156 u. 247—255,
bes. S. 151 f. Johann äußert sich nicht weiter über die künstlerischen Neigungen, die damals am Hofe herrschen mochten, er
sagt nur, der Landgraf sei „den hubschen frewlin nyt gehaß" ge-

Ludwigs Sohn, nach dem ausdrücklichen Zeugnisse Nuhns, der in nahen Beziehungen zu ihm gestanden zu haben scheint, schon in der Jugend durch gelehrte Bildung vor seinen Standesgenossen aus [1]) und scheint auch ein Freund der Dichtkunst gewesen zu sein [2]).

Als ein günstiges Zeichen muß es angesehen werden, wenn jetzt auch der hessische Adel, dessen Beteiligung am geistigen Leben während des Mittelalters äußerst schwach gewesen zu sein scheint, selbstthätig hervortritt. Nach der Rückkehr von einer Pilgerreise nach Palästina, auf der er (i. J. 1491) mit anderen Edelleuten Wilhelm den Älteren von Hessen begleitet hatte, verfaßte nämlich Dietrich v. Schachten, noch ganz erfüllt von der Wunderwelt des Morgenlandes, in einfacher Sprache eine anmutige und anschauliche Schilderung der an Abenteuern und Gefahren reichen Fahrt [3]). Zwölf Jahre später machte Georg v. Boyneburg im Gefolge eines hennebergischen Grafen denselben Weg und beschrieb die Reise in Versen, die aber verloren zu sein scheinen [4]).

wesen". Pfaff vermutet, wie es scheint, richtig, es möchte Ludwigs Gemahlin Mechthilde die Gönnerin des Sängers gewesen sein.

[1]) *Senckenberg* a. a. O. V, 467.

[2]) Wenn nach *Rommels* ansprechender Vermutung (Gesch. v. Hessen IV, Anm. S. 483) zu den Geschenken, die Wilhelm von seinem Oheim Eberhard erhielt (vgl. Nuhn bei Senckenberg a. a. O. S. 468 f.), das jetzt in der Kasseler Landesbibliothek (Mss. Poetae fol. nr. 2) aufbewahrte Gedicht des Rudolf v. Ems über Wilhelm v. Orlens gehörte, so muß der junge Landgraf wohl Sinn für Poesie gezeigt haben. Über den Inhalt desselben vgl. *Gödeke,* Grundriß zur Gesch. d. deutschen Dichtung I², 123 ff.

[3]) Vgl. *O. Lorenz,* Deutschlands Geschichtsquellen II⁴, 95 und die Allgem. deutsche Biographie XXX, 486. Die Reisebeschreibung ist abgedruckt bei *Röhricht* u. *Meisner,* Deutsche Pilgerreisen nach dem heiligen Lande S. 162—245.

[4]) Vgl. *Spangenberg,* Henneberg. Chronik (Straßburg 1599) S. 162 und *Röhricht,* Deutsche Pilgerreisen S. 219.

Ebenso weisen einige Spuren darauf hin, daß in
den Klöstern sich wieder historischer Sinn zu regen
begann[1]). Erhalten ist uns eine die Gründung der Be-
nediktinerniederlassung Breitenau behandelnde Dichtung.
Hier hatte sich — ob durch schriftliche oder mündliche
Tradition, ist nicht zu erweisen — die Erinnerung an
die durch Werner v. Grüningen i. J. 1113 erfolgte
Stiftung erhalten. Die mit sagenhaften Bestandteilen
stark durchsetzte Überlieferung gestaltete im Beginne
des 16. Jahrhunderts ein Unbekannter, der wohl Mönch
in Breitenau war, zu einem »neuen« Gedicht um »von
dem uffkommen deß closters Breidennaw«. Der historische Wert ist gering, aber immerhin verdient das
Reimwerk einige Beachtung, schon deshalb, weil es,
soviel bekannt, der einzige Versuch ist, die Gründung
einer geistlichen Niederlassung in poetischem Gewande
darzustellen[2]).

---

[1]) An dieser Stelle würde die von *Kuchenbecker*, Analecta
Hassiaca II. Praef. p. 9 erwähnte Geschichte des Kaufunger Klosters
zu nennen sein, die Paulus Rappe von Nether um das Jahr 1462
verfaßt haben soll, wenn die hierauf bezügliche Nachricht nicht
von *Paullini* herrührte. Daß dessen Angaben als höchst verdächtig
gelten müssen, hat u. a. *Wigand* in dem oben S. 123 angeführten
Werke gezeigt.

[2]) Das „in dem thon Peregrino oder in dem thon Ein
kindtelein so loebelich“ zu singende Lied findet sich in einem
Miscellanband der Kasseler Landesbibliothek (Mss. Hass. fol. nr. 12
S. 203—206 a). Es besteht aus 16 Strophen, von denen die ersten
15 je 10 Zeilen zählen, wogegen die letzte 8 zeilig ist. Dem Liede
folgt in der Handschrift ein von dem nämlichen Schreiber herrüh-
render Prosaabschnitt (S. 206 a—208), der unabhängig von der Dichtung die Gründungsgeschichte erzählt und mit *Lauze* a. a. O.
S. 198 a ff. wörtlich übereinstimmt. Da in der 15. Strophe von der
Reformation des Klosters durch den Abt Johannes Meyer um 1502
(„Fünffzehen hundert schreib man du — Und zwei jahr villichte
darzu“) die Rede ist, so fällt die Abfassung in die Zeit zwischen
dem genannten Termin und 1527, in welchem Jahre das Kloster

Von einem Aufschwung der städtischen Historiographie im letzten Viertel des 15. Jahrhunderts kann freilich keine Rede sein: dazu waren die Verhältnisse zu klein und die Städte traten zu wenig selbständig hervor, auch existierten die Umstände, die hundert Jahre früher hier und da Anlaß zu Aufzeichnungen gegeben hatten, längst nicht mehr. So beschränkte man sich in Kassel seit etwa 1460 darauf, ganz kurze Notizen über die Ereignisse, die dort und hier und da im Lande vorfielen, namentlich über die kriegerischen Unternehmungen Ludwigs II. und Heinrichs III., zu machen. Sie sind in der sogen. hessischen Congeries enthalten, einer Kompilation, die allem Anschein nach im letzten Viertel des 16. Jahrhunderts entstanden ist [1]). Dagegen macht

aufgehoben wurde. Über die Herkunft des Liedes bemerkt der Schreiber (S. 203), es stamme aus Breitenau; er habe dasselbe „in alter mönchischer schrifft" bei Johannes Theobald, Pfarrer in Guxhagen, dessen Vater Prior in Breitenau gewesen, gesehen und i. J. 1581 wörtlich kopiert.

[1]) Zuletzt herausgegeben von *Nebelthau* in der Zeitschrift f. hess. Geschichte VII, 309—384. Die Nachrichten für das 14. und die erste Hälfte des 15. Jahrhunderts stammen teils aus Gerstenberg und dem Anonymus bei Senckenberg a. a. O., teils gehen sie auf Inschriften, städtische Urkunden und Rechnungen zurück. Vgl. z. B. die Notizen z. J. 1339 (S. 323) mit der bei *Kuchenbecker*, Analecta Hass. IV, 281 f. abgedruckten Urkunde und z. J. 1346 (S. 323 f.) mit der Urkunde bei *Kuchenbecker* IV, 282; ferner sind die Mitteilungen z. J. 1440 (S. 338) über den zu Gunsten der St. Martinskirche erteilten Ablaß u. s. w. offenbar den bei *Kuchenbecker* V, 76—81 veröffentlichten Urkunden (nr. XXX u. XXXI) entnommen. Ganz gering ist die Zahl der sich auf Kasseler chronikalische Aufzeichnungen stützenden Nachrichten. So gehen, wie *Friedensburg* in d. Zeitschr. f. hess. Gesch. N. F. XI, 119 gezeigt hat, die Bemerkungen z. J. 1383 u. 1384 (S. 330) und z. J. 1400 (S. 334) auf Dietrich Schwarz zurück, ebenso der erste Absatz z. J. 1386 (S. 331 f.), wogegen die sich hieran anschließende Anekdote von der Erbeutung der Schnabelschuhe durch die Kasseler Bürger aus Nickel Nußpickers Notizen stammt (vgl.

sich, wenn auch nur vereinzelt, ein wesentlicher Fortschritt geltend. Die Zeit war gekommen, wo man das
Bedürfnis fühlte, die ganze städtische Vergangenheit zu
ergründen und im Zusammenhang darzustellen. Ein
solcher Versuch wurde um die Wende des 15. Jahrhunderts in der Stadt Frankenberg gemacht, die vor
den übrigen oberhessischen Orten sich längst durch den
Eifer auszeichnete, mit dem dort wissenschaftliche Studien
gepflegt wurden. Der Verfasser der Chronik ist der
Priester Wigand Gerstenberg[1]). Über seinen Lebensgang sind wir nur mangelhaft unterrichtet. Im Jahre
1457 zu Frankenberg geboren, bezog er im Frühling
1473 die Erfurter Hochschule, wo er theologischen
Studien oblag. Um die Mitte der achtziger Jahre weilte
er wieder in seiner Vaterstadt. Später finden wir ihn
auf dem Reichstage zu Worms (1495), dem er als
Kapellan Wilhelms des Jüngeren beiwohnte. In der
Umgebung dieses Fürsten, der in Marburg Hof hielt,
tritt Gerstenberg zum letzten Male 1497 auf. Vermutlich begab er sich nach dem frühen Tode Wilhelms
(1500) nach Frankenberg zurück, wo er im Jahre 1522
starb. —

Kirchhoffs Wendunmut ed. *Österley* II, 329). — Beiläufig mag bemerkt werden, daß auch die von 1369 bis 1599 reichenden Homberger Jahrbücher (abgedr. im 2. Stück d. „Marburgischen Beyträge
zur Gelehrsamkeit" S. 246—257) wohl nichts anderes sind als
Notizen aus städtischen Archivalien. Ferner findet sich in *Johann
Bangs* „Neuer Chronik" (Mühlhausen 1600) eine Reihe von Nachrichten über Eschwege (z. J. 1354, 1423, 1433, 1443, 1450, 1452,
1454, 1460, 1461, 1480, 1484), die aus ähnlichen Quellen (z. T. Inschriften an öffentlichen Gebäuden u. s. w.) geflossen sein müssen.

') Für die folgenden Ausführungen verweise ich der Kürze
halber auf meine mehrfach citierte Abhandlung über Gerstenberg.
Zu S. 20 Anm. 18) das. sei nachträglich bemerkt, daß der Familienname des Chronisten wohl mit einer in der Nähe von Ziegenhain
gelegenen Örtlichkeit, dem Gerstenberg, in Verbindung zu bringen
ist. Vgl. *Landau* in d. Zeitschr. f. hess. Gesch. II, 8 ff. (Note 9).

Da eine große Feuersbrunst, welche fast die ganze
Stadt einäscherte (1476), neben zahlreichen Urkunden
auch die alte Stadtchronik vernichtet hatte, faßte Gerstenberg den Entschluß, seinen Mitbürgern diesen Verlust nach Möglichkeit zu ersetzen. Die spärlichen Reste
urkundlicher und chronikalischer Aufzeichnungen, die
sich erhalten hatten, und wohl auch die Ergebnisse von
Erkundigungen, die er bei älteren Bewohnern eingezogen, waren das hauptsächlichste Material, aus dem er
seine Arbeit aufbaute. Kann diese auch nicht als eine
gelungene bezeichnet werden, da sie kein anschauliches
und zutreffendes Bild von der Geschichte der Stadt
bietet, so liegt die Schuld im ganzen wohl weniger an
dem Verfasser als daran, daß ihm die Quellen allzu-
spärlich zuflossen. Doch sollen auch die Mängel, die dem
Chronisten selbst anhaften, nicht verschwiegen werden.
Dazu gehört zunächst ein nur wenig ausgebildetes kritisches Vermögen, das er der Überlieferung gegenüber
besonders da zeigt, wo es sich um die älteste Geschichte
von Frankenberg handelt. Weiterhin ist er nicht imstande, das Quellenmaterial nach seinem Werte und
Inhalt gehörig zu sichten, sodaß einerseits zwischen
echter und unechter Überlieferung nicht geschieden,
andernteils vieles aus den Vorlagen herübergenommen
wird, was in den Rahmen seiner Arbeit nicht paßt:
eine ganze Anzahl von Nachrichten tischt er auf, die
mit der Vergangenheit seiner Vaterstadt in gar keiner
Beziehung stehen. Und , wenn auch die lückenhafte
Überlieferung es ihm nicht gestattete, in zusammen-
hängender und in sich abgeschlossener Darstellung ein
vollständiges Bild von der älteren Vergangenheit zu
entwerfen, so stand doch nichts im Wege, mindestens
für die zweite Hälfte des 15. Jahrhunderts das städtische
Leben in allen seinen Erscheinungen eingehend zu
schildern. Nur einmal gelingt es ihm, seiner Gewohn-

heit, die Begebenheiten trocken und farblos zu erzählen, untreu zu werden: wir meinen die anschauliche Schilderung des Brandes und der auf dies Ereignis folgenden Not der obdachlosen Bevölkerung. Man merkt es der Erzählung an, daß Gerstenberg nicht nur Augenzeuge jener Vorgänge gewesen sein muß, sondern daß ihm auch das schwere Unglück seiner Vaterstadt sehr zu Herzen ging.

Gerstenberg ist außerdem der Verfasser einer umfangreichen thüringisch-hessischen Chronik, die er seiner eignen Mitteilung zufolge i. J. 1493 begann, während der Abschluß der Arbeit nicht vor 1515 erfolgte. Zwischen beiden Werken besteht in vielen Punkten eine nahe Verwandtschaft. Wie er seine Geschichte von Frankenberg ausdrücklich der Bürgerschaft zueignet und letztere auf die alten Zeiten hinweist, wo die Stadt durch die Opferwilligkeit und den Gemeinsinn der Bewohner angesehen und mächtig gewesen, so widmet er diese Arbeit dem Landgrafenhause, indem er auch hier den ethischen und politischen Wert der Geschichte betont: die jetzigen und die zukünftigen Fürsten und Fürstinnen von Hessen sollen an den Tugenden wie an den Fehlern der Vorfahren lernen, was sie Gott, der Welt und ihrem Lande schuldig sind. Hatte Gerstenberg es sich ferner vorgenommen, in der Chronik von Frankenberg die gesamte städtische Geschichte zu behandeln und rückt er dabei deren Alter um mehr als ein halbes Jahrtausend zu weit in die Vergangenheit hinauf, so verfährt er in seiner thüringisch-hessischen Geschichte ganz nach den nämlichen Gesichtspunkten: den Anfängen derselben spürt er bis in die Zeiten Alexanders d. Gr. nach, den er zum ersten Herrscher des Landes macht. Überhaupt sind hier dieselben Mängel wie in seiner Frankenberger Chronik zu rügen, er verhält sich sogar der Darstellung der Zeitgeschichte gegenüber noch mehr ablehnend, als er dies in der kleineren Arbeit thut. Für sein Jahrhundert will er nur die wichtigsten Ereignisse dem etwaigen Fortsetzer seiner Chronik gewissermaßen als Leitfaden kurz aufzeichnen: möglich, daß Gerstenberg sich die Fähigkeit nicht zutraute, in der Hauptsache unabhängig von schriftlichen Quellen die Zeitgeschichte zu schreiben, möglich aber auch, daß ihm Rücksichtnahme auf das Fürstenhaus ein näheres Eingehen auf die Ereignisse der nächsten Vergangenheit verwehrte.

So zahlreich auch die Mängel der Gerstenbergschen Geschichtschreibung sein mögen, im ganzen genommen ist ein entschiedener Fortschritt gegen die Leistungen der früheren Zeit nicht zu verkennen. Schon das allein fällt hierbei stark in die Wagschale, daß — ein Umstand, der regelmäßig erst dann einzutreten pflegt, wenn die Historiographie sich bis zu einem gewissen Grade entwickelt hat — man daran ging, auch die entferntere Vergangenheit zu ergründen und im Zusammenhang darzustellen. Weiterhin ist es von erheblicher Bedeutung, daß die Geschichtschreibung jetzt anfängt, in engere Beziehungen zur Landesherrschaft zu treten, wodurch sie im ganzen genommen weit mehr gefördert als beeinträchtigt wird.

Die hier berührten Momente kommen in gleichem Maße bei den historischen Arbeiten des Johannes Nuhn von Hersfeld, eines Zeitgenossen des Frankenberger Chronisten, in Betracht, so sehr auch beide in ihrem Charakter, ihrer Anschauungsweise und ihren Fähigkeiten voneinander verschieden sind.

II.

Johannes Nuhn (Nohen) [1]) wurde, wie er selbst mitteilt, am 25. Januar 1442, vermutlich in Hersfeld, geboren [2]). Noch nicht zwanzig Jahre alt bezog er die Hochschule zu Erfurt (1461), um Theologie zu studieren [3]). Wie lange er dort verweilte und wohin er sich dann zunächst wandte, darüber fehlt jede Nachricht. Später finden wir ihn in hennebergischen Diensten, in denen er einige Zeit, vielleicht bis 1475, verblieb. In diesem Jahre starb nämlich sein Herr, Graf Heinrich, der Kanonikus zu Köln und Archidiakonus zu Würz-

---

[1]) Über den Familiennamen des Chronisten, der vielleicht mit dem Ortsnamen Nohen a. d. Nahe in der Nähe von Birkenfeld (oder mit Nohn in der Eifel?) in Verbindung zu bringen ist, vgl. meine Arbeit über Gerstenberg S. 9 Anm. 11). Die Form Nuhn ist besonders mit Rücksicht darauf gewählt, daß der Chronist in der Erfurter Matrikel als Nun verzeichnet steht und der Familienname Nuhn noch heute häufig in der Umgegend von Hersfeld vorkommt. Der Chronist wird sich wohl beider Namensformen bedient haben, was für jene Zeiten durchaus nichts Auffallendes hat. — Ein Heinchen Nuhn wird 1598 als Hersfelder Bierschätzer erwähnt bei *L. Demme*, Nachrichten und Urkunden zur Chronik von Hersfeld I, 346.

[2]) Zeitschr. f. hess. Gesch. V, 1. Über seinen Geburtsort giebt er selbst keine genügende Auskunft: bei *Senckenberg*, Selecta V, 388 setzt er zu seinem Namen hinzu „aus Herßfeldt". Da er aber auch in der Erfurter Matrikel (vgl. auch *Stölzel* in der Zeitschrift für hessische Geschichte N. F. V. Supplement S. 22) als Hersfelder bezeichnet wird und er ferner bei *Spangenberg*, Henneberg. Chron. S. 8 und *Lauze* a. a. O. S. 30a, 258 u. s. w. mit dem Zusatz „von Hersfeld" erscheint, so liegt die Annahme am nächsten, daß er aus diesem Orte stammt. Möglich ist ja immerhin, daß er in irgend einem Dorfe bei Hersfeld zur Welt kam, da Gelehrte, Dichter u. s. w. in jenen Zeiten sich häufig nicht nach ihrem Heimatsdorfe, sondern nach einer in der Nähe liegenden Stadt benannten.

[3]) Akten d. Universität Erfurt I, 287 (Geschichtsquellen der Provinz Sachsen VIII. Bd.).

burg war und in Kaltennordheim seinen Sitz hatte. [1])
Ob Nuhn nunmehr nach Hessen zurückging oder sonst
eine Stellung fand, wissen wir nicht. Wir begegnen
ihm zuerst wieder i. J. 1483. Als nach dem Tode des
Landgrafen Heinrich III. Wilhelm der Ältere von Rotenburg aus, wo seine Mutter Mechthilde Hof hielt, nach
Kassel zog und sich huldigen ließ, war der Chronist
dort zugegen. Vermutlich befand er sich in der Umgebung Wilhelms. [2]) Im folgenden Jahre treffen wir
ihn unter den Begleitern Wilhelms des Mittleren.
Diesen hatte nämlich Mechthilde 1479 nach Stuttgart zu ihrem Bruder Eberhard im Barte gebracht,
um ihn dort erziehen zu lassen. [3]) Der Graf nahm
1484 seinen Neffen mit nach Innsbruck zu den Festlichkeiten, die daselbst zur Feier der Vermählung des
Erzherzogs Sigismund mit Katharina, einer geborenen
Herzogin von Sachsen, veranstaltet wurden. [4]) Nuhn
scheint die Reise dorthin mitgemacht zu haben,
wenigstens sagt er selbst, er sei Zeuge der besonderen
Aufmerksamkeit gewesen, mit der der junge Fürst in
Ulm und Innsbruck behandelt wurde. [5])

Daß es kein Zufall sein kann, wenn Nuhn innerhalb eines kleinen Zeitraumes in der Umgebung der
beiden jungen Landgrafen an zwei weit voneinander
entfernten Orten erscheint, liegt auf der Hand. Zieht
man ferner in Betracht, daß er schon früher in fürst-

---

[1]) *Spangenberg* a. a. O. S. 9. Näheres über den Grafen
das. S. 211 ff.

[2]) Vgl. seine Angaben bei *Senckenberg*, Selecta V, 462 f.

[3]) Das. S. 463 f.

[4]) Im Texte steht (a. a. O. S. 465) die falsche Jahreszahl
1482, die gewiß nicht von Nuhn selbst herrührt. Vgl. *v. Stälin,*
Wirtemberg. Gesch. III, 636 f.

[5]) Das. S. 466 f., wo sich auch Einzelheiten über die Reise
finden.

lichen Diensten gestanden hatte, so ist es sehr wahrscheinlich, daß er an Mechthildens Hof damals eine ähnliche Stellung innehatte wie in Kaltennordheim: im Auftrage der Landgräfin hat er dann jedenfalls deren Söhne begleitet[1]). Ohne Zweifel hatte Nuhn nahe Beziehungen zum Fürstenhause und insbesondere zu Wilhelm dem Mittleren: dafür spricht nicht nur die warme Zuneigung, die er für letzteren überall an den Tag legt und die allem Anschein nach nur auf längeren persönlichen Verkehr zurückgeführt werden kann[2]), sondern auch seine genaue Kenntnis der damals recht unerfreulichen Verhältnisse der landgräflichen Familie. Es hat sogar den Anschein, als ob bei Abfassung der Chronik der Einfluß hochgestellter Personen sich geltend gemacht habe[3]).

Noch unsicherer sind die Vermutungen über andere Umstände aus Nuhns Leben. Nach dem Zeug-

---

[1]) Vielleicht befand er sich auch im Gefolge der Landgräfin, die im Herbste 1484 ihren Sohn aus Schwaben holte und zu dessen Oheim Hermann nach Köln brachte. Die Schilderung der Einzelheiten a. a. O. S. 467 ff. macht wenigstens den Eindruck, als ob der Chronist Augenzeuge gewesen sein müsse. Die dort (S. 469) sich findenden Worte: „Der das scheiden sahe bezeiget die wahrheit und sein zeugnuß ist war" — würden sich dann auf den Verfasser selbst beziehen. Ferner will es scheinen, als ob er bei der Vermählung Wilhelms des Mittleren mit Anna von Mecklenburg zugegen gewesen wäre. Vgl. S. 478.

[2]) Vgl. S. 464 ff., 481 (Kap. 65 a. E.), 486 (wo Wilhelm der „löwenmütige Landgraf" genannt wird), 488 unten u. s. w.

[3]) Nuhn äußert sich a. a. O. S. 475 über den Inhalt einer Urkunde, in der Wilhelm I. zu Gunsten seines Bruders auf seinen Landestheil verzichtete, in einer Weise, die zwar nicht ganz unzweideutig ist, aber auf jeden Fall hier in Betracht kommt. Vgl. das. S. 485, wo es heißt: „. . . aber die rechte ursach, wo der unwille her erwuchs, wird verdruckt und verschwiegen, so eygent mir nit, ob ich etwas darvon wüste oder erfahren hatte, nicht zu melden."

nisse *Spangenbergs* (a. a. O. S. 8) ist er· der Verfasser
einer »Historie« der Markgrafen von Meißen, und es
liegt nichts näher als die Annahme, daß der Chronist
einige Zeit in diesem Lande verweilt haben müsse, zumal da er die Grabschrift des 1486 verstorbenen und
in Meißen bestatteten »tugendhaften« Herzogs Ernst
von Sachsen ihrem ganzen Wortlaute nach mitteilt. [1]
Auch über seinen Aufenthalt in Hersfeld, der wohl außer
Zweifel steht, macht Nuhn keinerlei direkte Angaben.
Gerade letztere Stadt erwähnt er, wie weiter unten
gezeigt werden wird, sehr häufig. und berichtet so eingehend mit Erwähnung aller Einzelheiten über Ereignisse
aus der älteren und neueren Geschichte des Ortes, daß
sich fast unabweisbar der Gedanke an einen längeren
Aufenthalt Nuhns in Hersfeld aufdrängt [2]). Dort wird
er wohl auch in Beziehungen zu dem ganz in der
Nähe ansässigen wallensteinischen Adelsgeschlecht getreten sein, dessen Geschichte der fleißige Chronist
gleichfalls aufgezeichnet hat [3]). Man geht ferner
kaum fehl, wenn man annimmt, daß letzterer dem

---

[1]) Bei *Senckenberg* V, 458 ff. Vgl. auch, was er S. 457
über Ernst und seinen Bruder sagt. — Daß Nuhn in Mainz gewesen ist, geht wohl aus seiner Bemerkung (das. S. 456) hervor.
„. . . . als man sie *[die dortige Martinsburg]* noch vor augen
siehet".

[2]) Hier sei kurz auf die Stelle bei *Senckenberg* V, 505 hingewiesen: Als Wilhelm der Ältere 1511 in den Fasten sich von
Spangenberg an den kaiserlichen Hof begab, verbrachte er die
erste Nacht in Hersfeld; von den weiteren Reisestationen erfährt
man nichts. Fernerhin berichtet der Chronist (S. 485 f.) über die
auf den Tag zu Hersfeld (1498) bezüglichen Äußerlichkeiten, über
den Einzug der Fürsten, die Zahl der Reisigen u. s. w., sogar
über den Weg, den Wilhelm der Mittlere durch die Stadt nahm,
in einer Weise, die seine damalige Anwesenheit in der Stadt fast
zur Gewißheit macht.

[3]) *Spangenberg* a. a. O. Von dieser Arbeit wird weiter
unten in anderem Zusammenhang die Rede sein.

weltgeistlichen Stande angehörte: dafür spricht nicht
sowohl der biblische Ton, den er hier und da in seinen
Werken anschlägt, als besonders die Art und Weise,
wie er sich über diejenigen äußert, die geistlichen Besitz in weltliche Hände brachten oder zu bringen
suchten [1]). Daß er einem Orden nicht angehört haben
kann, unterliegt keinem Zweifel [2]). Wo und wann
Nuhn seine Tage beschloß, ist mit Sicherheit nicht zu
sagen, und nur soviel steht fest, daß er 1523 noch am
Leben war [3]).

Nicht minder lückenhaft sind die Nachrichten
über seine ausgebreitete litterarische Thätigkeit. Die
beste Auskunft giebt uns noch *Spangenberg* in seiner
hennebergischen Chronik S. 8 f., wo es heißt: »Es hatt
sich einer mit Namen Johan Nohen von Herschfeld
vieler Herrn vnd Junckern Geschlechter Historien zum
theil Reimweyse, zum theil sonsten zubeschreiben
vnderstanden: als der Marggrafen zu Meissen, der
Junckern von Wallenstein vnd anderer mehr . . . Nun
hat Er jhme auch vorgenommen, zwei Büchlein von
den Hennebergischen Grafen zuschreiben. Das Erste
von jhrer Ankunfft vnd Stammenbavm, ein Capittel
vmb das ander, prose vnnd Reimweise: Das Ander von

---

[1]) Die Belegstellen hierfür werden später mitgeteilt.

[2]) Vgl. seine derben Auseinandersetzungen S. 502 f., die
mit den Worten beginnen: „Selten oder gar lützel ist einem
münchen zu glauben, dann was ein münch gedencken darf, das
thut er auch, und wie er schalckheit getreibet, da man ein andern
um brennet, radbrächt, viertheilt, erträuckt und bienge, das irret
einen münch nicht; er zeucht sein kappen in sein augen und fallet
weinend vor seinen obersten nieder, dann bleibet er ein münch
als er vor gewesen ist" u. s. w.

[3]) In der von *Landau* in d. Zeitschr. f. bess. Gesch. V, 1 ff.
auszugsweise herausgegebenen Chronik wird S. 12 f. über Philipps
und seiner Verbündeten Zug gegen Franz v. Sickingen Bericht
erstattet.

acht Hennebergischen Herren, so Geistlich gewesen,
welchs Er das Hennebergisch A. b. c. nennet, ist gar
Reimweise inn XXIV. Capittel abgetheilet, deren jedes
von einem besondern Buchstaben anfehet« [1]).

Wenden wir uns zunächst den Arbeiten des
Chronisten über hessische Geschichte zu. Leider ist
die Überlieferung hier eine recht unsichere. Am zuverlässigsten zeigt sich letztere in der von *Landau* in
der Zeitschr. f. hess. Gesch. V, 1—13 nach dem ver-
mutlichen Autograph Nuhns unvollständig herausgegebenen Chronik. Landau hat sich auf Mitteilung
derjenigen Teile beschränkt, die ihm der Veröffentlichung wert schienen. Diese umfassen nur die Zeit
von 1442 (dem Geburtsjahre Nuhns) bis 1523, sind
aber offenbar gleichfalls nicht vollständig wiedergegeben.
Unsere Kenntnis von dieser Arbeit ist demnach nur
eine beschränkte, was um so mehr zu bedauern ist, als
das Verhältnis derselben zu einer anderen unter Nuhns
Namen veröffentlichten, aber auf unsicherer Überlieferung
beruhenden Chronik (bei *Senckenberg* V, 387 ff.), die
anscheinend denselben Gegenstand behandelt, nicht
genau genug bestimmt werden kann [2]).

. Der Inhalt des in Rede stehenden Bruchstückes
beschäftigt sich mit der Zeitgeschichte. Im Mittelpunkte der Darstellung stehen zunächst die Landgrafen
Wilhelm I., II. und III.; namentlich ist es Wilhelm der
Mittlere, dem der Chronist — soweit die dürftigen Auszüge dies erkennen lassen — besondere Aufmerksamkeit
schenkt. In den späteren Partieen tritt die Person Philipps

---

[1]) Auf diese Stelle hat zuerst *A. Wyss* in d. Deutschen
Litteraturzeitung 1887 Sp. 1339 aufmerksam gemacht.

[2]) Leider hat sich *Landau* über die nähere Beschaffenheit und
den Aufbewahrungsort der Handschrift nur sehr allgemein geäußert,
sodaß es den Bemühungen des Verfassers nicht gelungen ist,
letzterer habhaft zu werden.

des Großmütigen durchaus in den Vordergrund. Mit leb-
hafter Teilnahme für den jungen Fürsten spricht der
Chronist von den zahlreichen Mißhelligkeiten, denen
dieser von Seiten seiner Widersacher ausgesetzt war:
die Kölnischen zerstörten ihm ein Pfahlwerk; »darczu
halff vast der unecht Wilhelm von Hessen der elter, alß
man saget eyn unreyn vogel der ist, der in sin eygen
nest schist« [1]. Wigand v. Lüder raubte ihm einige
Pferde, ohne die Fehde vorher angesagt zu haben:
dafür ließ ihm Philipp den Kopf abschlagen, wozu der
Chronist die höhnische Bemerkung macht: »Der fursten
swert snytt vere.« Weiterhin unternahm Graf Wilhelm
von Henneberg einen Angriff auf Vacha, und Herzog
Erich von Braunschweig stand in dringendem Verdachte,
einen Anschlag auf Immenhausen und Grebenstein
vorzuhaben. »So wart der furst in sinen kinttagen
an veir orter angegriffen«, setzt Nuhn hinzu [2]. An
einer anderen Stelle zählt er sogar siebzehn Adelige auf,
die feindlich gegen den elfjährigen Landgrafen auf-
traten [3]. Mit sichtlichem Behagen berichtet er dagegen
von dem mutigen Benehmen Philipps gegenüber einigen
wetterauischen Grafen, von denen das Gerücht ging,
sie führten Feindseliges gegen ihn im Schilde: »Stotz-
lich tratten sy vor ime uber sunder ere erzeygen, uner-
schragken trat der furst wy jung her wass czu ine und
sprach: hat ir den bunt schern beschlassen, vorgesset
sin nicht, wilß got, so wil ichs gedengken« [4]. Ebenso
läßt er es sich nicht entgehen, bei Erwähnung
des Reichstages zu Worms auf die Aufmerksamkeit
hinzuweisen, mit der Karl V. den Landgrafen behandelte [5].

---

[1] S. 6. — [2] S. 9. — [3] S. 11. — [4] S. 7.
[5] S. 10. Vgl. das. auch die Anekdote von Philipps Aufenthalt in der Herberge zu Eisenach.

Daneben werden auch andere Begebenheiten erzählt, die sich in Hessen und den umliegenden Gebieten
zutrugen. Von keiner Stadt spricht er dabei so häufig
wie von Hersfeld, und zwar sind es meist die Verhältnisse des Stiftes, die in Betracht kommen [1]).

Das Bruchstück, das mit der Eroberung der Ebern-
burg schließt, macht übrigens eher den Eindruck eines
ersten, flüchtigen Entwurfes als einer sorgfältig ausgearbeiteten Darstellung. Muß es schon auffallen, daß der
Verfasser mehr als einmal die zeitliche Folge der Begebenheiten plötzlich unterbricht und sich nachträglich über
frühere Ereignisse ausläßt [2]), merkwürdiger ist es, daß
er sich einige Male stark in chronologischen Dingen
widerspricht: Wilhelm den Älteren läßt er z. B. sich
noch 1516 an einem gegen Philipp gerichteten Anschlage
beteiligen [3]), während er kurz vorher den Tod desselben
z. J. 1514 gemeldet hat [4]); hierher gehören auch die
beiden Stellen über Wigand von Lüder, wo z. J. 1507 [5])
und 1517 [6]) so ziemlich dasselbe erzählt wird, und die
Bemerkungen bezüglich der Übergabe der Abtei Hersfeld an Hartmann v. Kirchberg, den Abt von Fulda,
z. J. 1513 [7]) und 1510 [8]). Ebenso befremdend wirken
die zahlreichen Wiederholungen: die Mitteilung z. J.

---

[1]) S. 1 (z. J. 1489), 2 (z. J. 1493, 1498, 1507), 3 (z. J. 1513),
3 u. 5 (z. J. 1514), 4 f. (z. J. 1510), 6 (z. J. 1517).

[2]) Vgl. seine Bemerkungen S. 3: „Hy werden die zeiffern
verlassen und geschrieben in historien forme und masse in nuwer
zeyt ergangen", S. 4: „Is wil sich nummer nach der ersten inge-
schigken, dy hystorien werden nu gelongt, darumb muss man eyn
ander forme an fahen morglich zuvorstehen und zeum ersten" und
das. nach einer Wiederholung bereits erwähnter Vorgänge: „Nu
wydder zeu rechter masse zeu komen" u. s. w. Auch daun hält
er den chronologischen Faden nicht durchaus fest, denn vom Jahre
1513 kommt er wieder auf 1509 und 1510.

[3]) S. 6 oben. — [4]) S. 3. — [5]) S. 3. — [6]) S. 6. — [7]) S. 3.
[8]) S. 4.

1497 [1]) kehrt zweimal in etwas ausführlicherer Gestalt
wieder [2]); gleichfalls ist die Nachricht z. J. 1498 (S. 4)
bis auf einige kleine Zusätze dieselbe wie die S. 2 den
nämlichen Gegenstand betreffende; ferner wird die Eroberung der Grafschaft Hoya i. J. 1512 zweimal fast
mit denselben Worten erzählt [3]); auch den Bericht über
die Einnahme des Schlosses Hatzfeld und die Zerstörung
des Schwertzelschen Sitzes in Willingshausen durch
die Bürger von Treysa [4]) wiederholt der Chronist [5]).

Es kann keinem Zweifel unterliegen, daß diese
Unregelmäßigkeiten in dem hohen Alter des Verfassers
ihren Grund haben; dann mag die Arbeit aber auch
mannigfach unterbrochen worden sein. Trotz dieser
Mängel, zu denen noch der Umstand kommt, daß der
innere Zusammenhang der Dinge durchweg übersehen
wird, ist das Bruchstück doch als das Werk eines im
ganzen wohl unterrichteten Zeitgenossen, der auf eine
genaue chronologische Bestimmung der einzelnen Ereignisse großes Gewicht legt, nicht ohne Wert.

Über die hier benutzten Quellen ist nicht viel zu
sagen, da Nuhn keinerlei darauf bezügliche Mitteilungen
macht. Indes sprechen namentlich seine genauen Zeit-
und Zahlenangaben entschieden dafür, daß er nicht etwa
bloß die im Lande umlaufenden Gerüchte aufzeichnete,
sondern bessere, wohl schriftliche Quellen hatte, die
ihm auf Grund seiner Beziehungen zum Kasseler Hofe
zur Verfügung gestellt sein mögen. In der That stimmt
das von dem Chronisten S. 12 mitgeteilte Verzeichnis
der auf der Burg Landstuhl (i. J. 1523) gemachten
Gefangenen, wenige Ausnahmen abgerechnet, sogar in
der Reihenfolge der namentlich aufgeführten Adeligen

[1]) S. 2. — [2]) S. 3 f. u. 4 (wo sie der Herausgeber nicht noch
einmal wiederholt hat). — [3]) S. 3, womit die Bemerkung *Landaus*
S. 4 zu vergleichen ist.
    [4]) S. 9, z. J. 1518. — [5]) S. 11.

mit einer aus dem Weimarer Archiv stammenden Zusammenstellung [1]) überein.

Sehr nahe verwandt mit dem von *Landau* herausgegebenen Bruchstück ist die Chronik des Johannes Nuhn bei *Senckenberg* V, 387—518. Die Handschrift, die dem Abdruck zu Grunde gelegt worden ist, war betitelt: Hessische Chronic von C. Julio Caesare Sieben und viertzig Jahr vor Christi Geburt an bis auf das Jahr Christi 1520. Colligirt und beschrieben durch Johann Nohen von Hirschfeldt [2]). — Daß in beiden Werken anscheinend derselbe Stoff behandelt wird, darauf ist oben S. 140 bereits hingewiesen worden.

Der Verfasser geht bis auf Cäsar zurück, den er Germanien bis zur Elbe erobern und eine Anzahl Burgen zur Sicherung des neuen Besitzes im Lande anlegen läßt. Dann wendet er sich in der Hauptsache der fränkischen Geschichte zu, wobei wieder die Karolinger besondere Berücksichtigung finden. Dieses Geschlecht verfolgt er dann bis zu dessen Aussterben. Im allgemeinen wird die eigentliche hessische Geschichte nur selten berührt, und das wenige, was er vorbringt, trägt wie seine gesamte die ältere deutsche Geschichte behandelnde Darstellung ziemlich stark den Charakter der Sage an sich. Von den Karolingern wendet er sich zu Ludwig dem Bärtigen und dessen Nachkommen, die nach der bekannten thüringischen Überlieferung kurz besprochen werden. Ähnlich, nur etwas eingehender, aber immer noch in skizzenhafter Weise charakterisiert er die hessischen Landgrafen bis auf Ludwig II., wobei er gelegentlich einen Seitenblick auf benachbarte Gebiete (Braunschweig, Sachsen, Mainz u. s. w.) wirft.

---

[1]) Wiedergegeben von *H. Ullmann,* Franz von Sickingen S. 384 f. Anm. 3).

[2]) Über die Herkunft derselben äußert sich *Senckenberg* kurz in der Praefatio p. 21.

Hier etwa schließt der der hessischen Vorgeschichte
gewidmete Teil ab. Ausführlich behandelt Nuhn sodann die Regierung Wilhelms des Älteren, des Mittleren
und des Jüngeren. Dann wird die Zeit der sogen.
Regentschaft dargestellt. Den Schluß bilden einige
Notizen, die meist Hersfelder Verhältnisse betreffen. Sie
gehen bis 1522 und sind später nachträglich vom Verfasser hinzugefügt, denn der Hauptsache nach ist die
Chronik in der zwischen 1511 und 1515 liegenden Zeit
vollendet; die Aufzeichnungen wurden also nicht allzu-
lange nach den gegen den Schluß hin erzählten Begebenheiten gemacht [1].

Das für die Darstellung der älteren Zeit heran-
gezogene Quellenmaterial scheint durchweg von nur geringem Werte zu sein, und es verlohnt sich wohl kaum,
demselben über das Maß dessen hinaus nachzugehen,
was er selbst gelegentlich in den ersten Kapiteln darüber
mitteilt. Er beruft sich auf das Supplementum [2], auf
eine Braunschweiger [3] und eine Helmarshäuser Chronik [4],

[1] S. 506 wird erzählt, daß die Abgesandten Wilhelms des
Älteren um Martini 1511 von den Regenten festgenommen und
„Jahr und Tag" gefangen gehalten worden seien; nach S. 476 blieb
Wilhelm der Ältere bis 1511 in Spangenberg; S. 474 f. bezeichnet
Nuhn den genannten Fürsten, der 1515 starb, als noch lebend. Vgl.
auch die Andeutungen S. 502 („wie das ein ausgang nimmet, ist noch
verborgen"), S. 504 („das ander ist man ihm [*Wilhelm dem Älteren*]
noch zu thun pflichtig"), S. 505 („ob die sylbern boiden ihn seiner
gerechtigkeit verhindert, wird offt von disputirt"), S. 506 („der
fürsten botten zu überwältigen bleibet unvergessen, glaub ich"),
S. 507 („wird das vergessen und nit gedacht zu seiner zeit, stehet
in dem willen gottes").

[2] S. 396 f. — [3] S. 392. Welche Quelle er hier im Auge
hat, vermochte ich nicht ansfindig zu machen: jedenfalls ist es
nicht die von *Weiland* in den Monum. Germ. Deutsche Chroniken II,
461 ff. herausgegebene Braunschweiger Chronik. Dagegen kann
S. 409, wo das nämliche Citat erscheint, die (freilich sehr allgemein gehaltene) Mitteilung über Karl d. Gr. aus letzterer stammen.

[4] S. 402. Diese sonst nicht bekannte Arbeit scheint in gewissem

auf Turpinus [1]), Gottfried von Viterbo [2]), die Lombardica Historia [3]). Weiterhin wird als Quelle genannt Hugo Schaplers Historie [4]), eine ›schöne Historie in Reimen‹ über Herzog Wilhelm zu Orlens [5]) und eine, wie es scheint, nicht weiter bekannte Historia conceptionis Mariae [6]). Am häufigsten verweist er auf eine Thüringer Chronik [7]), wahrscheinlich dieselbe, die auch von Gerstenberg benutzt wurde, und wohl aus ihr teilt er den bekannten Denkvers auf die Ermordung des Pfalzgrafen Friedrich mit [8]). Einmal nimmt er Bezug anf eine von ihm verfaßte Reimchronik, die sich mit Karl Martells Sohn Karlmann beschäftigt zu haben scheint [9]). Von antiken Schriftstellern wird Plato [10]) und Valerius Maximus [11]) genannt.

Über die Quellen, aus denen seine Darstellung der älteren hessischen Geschichte geflossen, schweigt er ganz, und dies ist im allgemeinen auch da der Fall, wo er die Zeitgeschichte behandelt. Nur hier und da deutet er an, daß ihm urkundliches Material bekannt war [12]) oder daß einzelne Nachrichten auf einem Ge-

---

Zusammenhang mit der im Anfange des 12. Jahrhunderts in Helmarshausen entstandenen Translatio S. Modoaldi (Mon Germ. SS. XII, 284 ff.) zu stehen. Erwähnt mag hier werden, daß auch *Joh. Letzner* in seinem „Stambuch des alten adelichen Geschlechts der . . . . . Junckern v. d. Malßpurgk" (1587) C 2 b (am Rande) die „Helmarßheusische Chronik" citiert, wo er von Otto, dem angeblichen Ahnherrn des genannten Adelsgeschlechtes und Zeitgenossen Karls d. Gr., eine sagenhafte Geschichte erzählt. Das. D 1 b werden ferner die „Fracmenta des Hilmarßheusischen Memorienbuchs" angeführt.

[1]) S. 410. — [2]) S. 413. — [3]) S. 409.

[4]) S. 414. Vgl. über dieselbe *Goedeke*, Grundriß I², 356 f.

[5]) S. 416. Von dieser Dichtung war oben S. 128 Anm. 2 bereits die Rede.

[6]) Das. — [7]) S. 422, 423, 424, 426, 429. — [8]) S. 423. — [9]) S. 406. — [10]) S. 388. — [11]) S. 494. — [12]) S. 475, 483, 504.

rüchte beruhen und Irrtümer nicht ganz ausgeschlossen seien [1]).

Inhaltlich berührt sich namentlich die letzte Partie der Chronik (S. 510—518) mit dem von *Landau* herausgegebenen Bruchstück. Sie schließt sich zeitlich an das Vorhergehende an und reicht bis z. J. 1522, ist aber, obwohl nicht selten die beiderseitigen Nachrichten eine nahezu wörtliche Übereinstimmung zeigen, keineswegs eine Ableitung aus dem genannten Fragmente. Den mannigfachen chronologischen Abweichungen soll hierbei keine besondere Bedeutung beigemessen werden, da Nachlässigkeit des Abschreibers im Spiele sein kann [2]), mehr ins Gewicht fällt einmal der Umstand, daß in der Chronik bei *Senckenberg* sich einige Nachrichten finden, die sich in dem von *Landau* herausgegebenen Stücke nicht nachweisen lassen [3]). Zweitens sind die Berichte über die nämlichen Ereignisse bald in der einen, bald in der anderen Chronik ausführlicher und genauer [4]).

---

[1]) S. 504 („als das gemein gericht erklinget"), S. 446 („glaub ich"), S. 474 („als ich glaube"), S. 495 („als ich vermerck").

[2]) Vgl. z. B. S. 511 f. (z. J. 1509) mit Nuhn ed. *Landau* S. 2 (z. J. 1507), S. 514 über die Erwählung des Abtes Ludwig von Hanstein (z. J. 1515) mit Nuhn ed. *Landau* S. 5 (z. J. 1514), das. über den starken Schneefall (z. J. 1515) mit Nuhn ed. *Landau* S. 5 (z. J. 1514), S. 516 oben (z. J. 1516) mit Nuhn ed. *Landau* S. 6 (z. J. 1517).

[3]) So die Mitteilungen, die S. 510 f. (z. J. 1513) von den Kölner Unruhen, S. 512 f. (z. J. 1515) von dem Tag zu Schmalkalden, S. 514 f. (z. J. 1515) dem Angriff auf den Hersfelder Abt Ludwig, S. 515 (z. J. 1516) von der Hinrichtung des bayrischen Landhofmeisters Steffen handeln. Vgl. ferner die Bemerkungen S. 516 f. (z. J. 1516) über die Vertreibung des Fuldaer und den Tod des Hersfelder Abtes, S. 516 f. (z. J. 1516) über die Erwählung des Kraft Miles. Umgekehrt kommen, wie hier nicht weiter ausgeführt zu werden braucht, bei *Landau* zahlreiche Nachrichten vor, die man bei *Senckenberg* vergeblich sucht.

[4]) Die Mitteilung S. 511 f. über den Streit zwischen dem Abte Volbert von Riedesel mit der Stadt Hersfeld kehrt in ganz

Eine recht nahe Verwandtschaft zwischen diesen Arbeiten Nuhns läßt sich somit nicht verkennen, zu befriedigenden Ergebnissen wird man indes wohl erst kommen können, wenn es gelingt, die von *Landau* benutzte und seitdem verschollene Handschrift wieder aufzufinden. —

Die von *Senckenberg* veröffentlichte Chronik zeigt aber auch zahlreiche Anklänge an die anonyme Arbeit, die unter dem Titel ›Chronica und altes herkommen der landtgraven zu Döringen (al. und Hessen) und marggraven zu Meißen, auch der herrn zu Hennenberg und fürsten zu Anhalt etc.‹ sich gleichfalls bei *Senckenberg* (a. a. O. III, 303—514) gedruckt findet; und zwar besteht diese Ähnlichkeit nicht nur hinsichtlich vielfacher Übereinstimmung des Inhaltes, sie erstreckt sich auch auf die ganze Anschauungs- und selbst auf die Ausdrucksweise der Verfasser.

Den Grundstock der anonymen Chronik bildet die hessische Geschichte bis z. J. 1479. Auffallend ist, daß ein Teil der hierher gehörigen Nachrichten in derselben oder ähnlicher Fassung bei Nuhn (ed. *Senckenberg*) wiederkehrt, ein Umstand, der nicht zufällig sein kann. Man vergleiche z. B. Anonym. Buch I, Kap. 19 mit Nuhn Kap. 1; Anonym. B. II, Kap. 24, 26, 29—31, 34, 36—38, 40, 41 mit Nuhn Kap. 36 und 37, wo die Geschichte von Otto dem Schützen stark verkürzt wiedergegeben ist; Anonym. B. II, Kap. 116 mit Nuhn Kap. 52 u. s. w. [1]).

kurzer Fassung bei *Landau* S. 2 wieder; S. 513 wird die Niederlage der Erfurter durch die Herren von Stein mit den weiteren Ereignissen eingehender und genauer erzählt als bei *Landau* S. 6; S. 517 findet sich die Wiedervermählung der Witwe Wilhelms II. zeitlich bestimmter angegeben („im herbst um Nativitatis Mariae") als bei *Landau* S. 9.

[1]) Was die letztgenannten Parallelstellen anlangt, so ist außerdem zu beachten, daß Nuhn (S. 456) sagt, der Erzbischof

Fast überall ist hier der Bericht des Anonymus eingehender als der Nuhns. Zahlreich sind außerdem die Stellen, wo einzelne Sätze des Anonymus bei letzterem wiederkehren.

Auf der anderen Seite fehlt es nicht an sachlichen Verschiedenheiten besonders hinsichtlich der chronologischen und genealogischen Angaben. Nur einiges mag hier Erwähnung finden. Dem Anonymus S. 335 zufolge hatte Heinrich I. mit seiner Gemahlin Adelheid vier Söhne und sieben Töchter, während nach Nuhn S. 430 nur Otto und Ludwig Söhne der Adelheid waren, die beiden jüngeren aber von der zweiten Gattin Heinrichs, Mechthilde, die der Anonymus gar nicht kennt, abstammten; auch vermählte sich letzterem zufolge Heinrichs Tochter Gertrud mit einem Burggrafen von Nürnberg, während Nuhn die Gemahlin dieses Agnes nennt. Wie der Anonymus S. 340 angiebt, hatte Otto, der Sohn Heinrichs I., keine Tochter, Nuhn führt dagegen S. 431 eine solche an (Sophie), die sich mit dem Herzog Rudolf von Braunschweig vermählt haben soll. Heinrich II. hatte, wie der Anonymus S. 343 berichtet, nur eine Tochter, Elisabeth, die sich mit dem Herzog Otto von Braunschweig verheiratete; dagegen macht Nuhn S. 432 vier Töchter namhaft, unter denen eine Elisabeth gar nicht vorkommt. Nach dem Anonymus S. 368 war die erste Gemahlin Hermanns des Gelehrten eine Schwester des Landgrafen Balthasar von Thüringen, während Nuhn S. 439 sie zu einer nassauischen Gräfin macht.

Diether habe nach dem Brande der Martiusburg letztere wieder aus Stein aufgebaut, „als man sie noch vor augen siehet", und in Übereinstimmung hiermit der Anonymus (S. 439): „da bauete er sie da steinern und ließ die gemach alle welben, wie man vor augen siehet".

Auch sonst sind Differenzen vorhanden, namentlich
solche chronologischer Art, die indes wie die zahlreichen
Verschiedenheiten in der Wiedergabe der Eigennamen
zum guten Teile auf Lese- und Schreibfehler zurückgehen mögen. Stärker ins Gewicht fällt schon, wenn
der Anonymus S. 340 von Otto, dem Sohne Heinrichs I.,
behauptet: »So finde ich auch nicht nahmhafftige geschichte von ihme oder daß er etwas handels getrieben
hab, dann daß er ein landtgraf zu Hessen gewest ist
und in frieden sein lebenlang regieret babe«, während
Otto nach Nuhns Mitteilung S. 431 die Abtei Fulda
befehdete; wenn ferner bei dem Abkommen, das die
Söhne Ottos untereinander trafen, dem Anonymus S. 341
zufolge es sich um Grebenstein, Immenhausen, Nordeck
und Allendorf a. d. Lumde handelte, wogegen Nuhn
S. 432 Nordeck, Wolfhagen und Grebenstein nennt.

Andererseits nehmen wieder die Verfasser in ihrer
ganzen Anschauungsweise, in der Art, wie Personen
und Ereignisse beurteilt werden, einen nahe verwandten
Standpunkt ein. Nicht nur daß in beiden Chroniken
bisweilen auf den Inhalt der heiligen Schrift Bezug genommen oder hier und da ein biblischer Ton angeschlagen wird [1]), daß die Verfasser die an Kirche und
Kirchengut sich vergreifenden Fürsten und Herren von
der Vergeltung ereilt werden lassen [2]) und daß sie, was
bei dem Charakter ihrer Arbeiten selbstverständlich ist,
sich stets als gute Hessen zeigen und insbesondere dem
landgräflichen Hause die lebhaftesten Sympathieen entgegenbringen: auch in anderen Punkten, hinsichtlich

---

[1]) Nuhn S. 387 f., 427, 456, 477, 492. 499 f., Anonymus
S. 362, 397.

[2]) Nuhn S. 405 (Karl Martell), 437 (Otto der Schütz), 450
(Friedrich von Braunschweig), 482 (Heinz von Ehringshausen);
Anonymus S. 474 f. (Ludwig II.), 509 f. (Heinrich III., Hermann
Löffler und der „alte Kogell").

deren man eine Übereinstimmung nicht so ohne weiteres
glaubt voraussetzen zu dürfen, werden sie nicht selten
von denselben Ansichten und Gefühlen geleitet. So
haben sie von den Frauen keine allzuhohe Meinung [1]),
und ebenso verraten beide eine gewisse Abneigung
gegen den sächsischen Stamm [2]), wie ihnen auf der
anderen Seite das Wohl des Stiftes und der Stadt Hersfeld
sehr am Herzen liegt [3]). Belangreicher ist vielleicht noch,
daß sie in ihrem Urteil über hervorragende Personen
durchaus übereinstimmen: Hans von Dörnberg gilt ihnen
z. B. als ein unedler Charakter und verschlagener Diener
seines Herrn Heinrichs III., dessen Interesse er rücksichtslos verfocht, ohne jedoch seinen eigenen Vorteil
aus den Augen zu lassen [4]). Nicht viel milder beurteilen

---

[1]) Nuhn S. 509 f.: „O was wunders hat je und je ars mu-
lieris geschafft, das ist der frauen list, kunst und nachthut"; Nuhn
ed. *Landau* S. 9: „Du thet sy wibischer sytt nach wollust natur-
licher begere, name ir zur ehe . . .“; Anonymus S. 476 f.: „Aber
wie klug sie war, so thet sie doch wie ein weib und ließ ihr das
helmlein durch den mund ziehen".

[2]) Nuhn S. 438: „Nun thät er wie die Sachsen viel schwätzen";
Anonymus S. 330: „Und triebe, als die Sachsen gewohnt sind, viel
muthwillens mit ihnen" und S. 398: „Diewcil ward er fast angegriffen von den hetzrüdden aus Sachsen und Westpalen".

[3]) Nuhn S. 440: „Darnach hulfen sie dem apt von Herßfeld,
Berthold von Volckershausen, der wolte die von Herßfeld gewinnen
und verrathen; im jahr wie obgemelt auf S. Vitalis nacht solte
der einfall geschehen, gott behüte". Vgl. auch S. 511 f., wo Nuhn
bei dem Berichte über die zwischen dem Stifte und der Stadt ausgebrochenen Streitigkeiten gleichfalls für letztere Partei nimmt
(S. 512: „Aber die von Herßfeld bestunden mit ehren und ufrichtig").
Dieselbe Vorliebe für Hersfeld zeigt der Anonymus: vgl. seine Darstellung der Sternerfehde S. 380 ff., ferner S. 504: „Also kam
Friedenwalt an das landt zu Hessen, dadurch dem stiffte abgezogen
worden viele wüstenungen, gründe, holtz, felde und waldt, die da
ganz hirßfeldisch waren; also kam das stift um sein lehenschafft
und eigentum".

[4]) Nuhn S. 460 f., 472 f., 479 f., 489 („Aber das ist ihm

sie den genannten Landgrafen: sie machen ihm den
Vorwurf, er habe sich zum Schaden des Landes um
die Regierung zu wenig gekümmert, letztere vielmehr
seinem ränkesüchtigen Hofmeister überlassen; außerdem
fällt nach ihrer Darstellung auf sein Verhalten als
Vormund seiner minderjährigen Neffen ein starker
Schatten [1]).

zu lob nachzusagen, daß er . . . seinem herrn nit unnütz schaffte
und vergaß seiner dabey auch selbst nicht"); Anonymus S. 443 („Das
machet Hans von Dornbergk, der nahm geld darum und hetzet die
zwey landtgrafen zusamen, daß sie auch viel tageleistens halben
feinde worden und verderbten ihr eigen land und leuthe"). 459 f.,
475 f.

[1]) Nuhn S. 455: „. . . . landgraf Henrich, der den stifft, als
sie bedauchte und mochte auch sein, beschwerte"; S. 482: „Ihme
ward von dem obgenanten landgrafen und seinem hofmeister uber-
last mannigfaltig zugefügt, dem stifft das seine zu nehmen"; S. 460 f.
spricht er von der Schädigung des Landes und insbesondere der
geistlichen Anstalten zu Fulda, Hersfeld u. s. w. und fährt dann
fort, letztere seien benachteiligt worden „nit durch herrn landgrafen
Henrichen, sondern man gab die schuld seinem hofmeister Hansen
von Dornberg, und mochte auch die gantze wahrheit seyn, aber
der herr verhengete es und ließ es geschehen bis zu der zeit, da
man schrieb Christi geburt 1483. uf den tag der heil. drey könig,
da starb der landgraf Henrich und hatte seines bruders kindern in
der vormundtschafft nit wohl oder treulich vorgestanden"; S. 480:
„. . . . dann der herr den nahmen allein hatte und er [*Hans von
Dörnberg*] das regiment". Vgl. Anonymus S. 459: „. . . so ware
der herr nicht arbeitlicher regierung geneigt und liebte die jagdt
mehr dan anlauffen des volgs und irret sich gar wenig, wie land
und leuthe verrichtet wurden"; S. 503: „Da gefiel ihm die gantze
graffschafft Catzenelnbogen und groß guth von goldt und silber,
alle bodden und kasten voller frucht, alle keller voller weins, und
dessen erhub er sich hoch, nichtsdestoweniger ward seines bruders
kinder land hochbeschwert, aber durch wen, ist manichfaltig genant." Vgl. ferner S. 503—510 die ausführliche Erzählung von
der nicht ganz rechtmäßigen Erwerbung von Friedewald durch
Heinrich und S. 477 die Bemerkung. daß letzterer seinen Pflichten
als Vormund nicht nachkam.

Auch in stilistischer Beziehung läßt sich eine gewisse Verwandtschaft nachweisen. Ihre Sprache ist durchaus derb und volkstümlich, reich an Sprichwörtern und sprichwörtlichen Redensarten, die zuweilen beiden gemeinsam sind [1]); ebenso kehren einzelne Ausdrücke und Wendungen, deren sich Nuhn zu bedienen pflegt, bei dem Anonymus wieder [2]).

Bezeichnend ist weiterhin der Umstand, daß beide eingehenden Bericht über solche Ereignisse erstatten,

[1]) Nuhn S. 496: „und thát als diejenige, die gern tantzen, denen mag man leicht pfeiffen" und Anonym. S. 488: „... daß ihme leichtlich zum dantz zu pfeiffen wär"; Nuhn S. 482: „und raubet darüber eine senffmühl" und Anonym. S. 399: „aber er raubet ein senffmüllen" (in ähnlicher Form das. S. 408 und 452); Nuhn S. 487: „ein schwerd behielt ·das ander in der scheiden" und Anonym. S. 463: „also behielt ein schwerd das ander in der scheiden".

[2]) Vgl. Nuhn S. 457: „wie das kommen ist, sagen der leut kinder, da laß ichs auch bey: schweigen erwirbt selten ungunst" und S. 485: „Aber die rechte ursach, wo der unwille her erwuchs, wird verdruckt und verschwiegen, so eygent mir nit, ob ich etwas darvon wüste oder erfahren hatte, nicht zu melden" mit Anonym. S. 474: „Ich geschweig fürter, wie es mit dem herrn gieng"; ferner Nuhn S. 478: „Und hielt auch grossen hof zu der heimfarth ... davon viel zu sagen ist nicht noth ... Die epicuri, luderer, fresser und säuffer seind davon zu hören geneigt: denselben zum verdruß will ich sein geschweigen und fort dem handel nachdencken" mit Anonym. S. 361: „Wie der hoff mit essen und trincken gehalten sey worden, ist nicht nothwendig zu schreiben" und weiter unten: „Und was ihm vor ein bottenbrod worden, mag ein jeder nachdencken, zuvoran welcher der fürsten geschenck liebet", ferner mit S. 362: „Was für freude da gehalten worden, ist nicht nachzufragen". Über einzelne kurze Wendungen vgl. Nuhn S. 504: „... als das gemein gericht erklinget" mit Anonym. S. 475: „Doch so war ein gemein gerichte" und S. 512: „... wie damals das gerichte ging"; ferner Nuhn S. 469: „als ich glaub" mit Anonym. S. 395: „als ich glaub", S. 365: „glaub ich", S. 368: „als ich halte". — Diese stilistische Verwandtschaft allein beweist, wie sich von selbst versteht, nichts, sie gewinnt aber im Zusammenhang mit den übrigen in Betracht kommenden Momenten sehr an Bedeutung.

die sich in oder bei Hersfeld abspielten oder in irgend einer Beziehung zu dieser Stadt standen [1]).

Äußerst mannigfaltig ist der Inhalt der anonymen Arbeit: den Grundstock bildet, wie oben S. 148 erwähnt, gewissermaßen die hessische Geschichte. Daneben finden sich dann zahlreiche Partieen, die ohne Rücksicht auf den Zusammenhang und meistens sogar ohne jede äußere Vermittelung an irgend einer Stelle untergebracht werden. Es sind Episoden aus der hennebergischen Geschichte (I. Buch Kap. 27; II. B. Kap. 94, 95, 121, 140), aus der wallensteinischen (II. B. Kap. 82, 83 (86), 107, 120, 126—129), aus der hansteinischen (II. B. Kap. 107, 131, 155—160), der hersfeldischen (II. B. Kap. 60—70, 80, 80a, 81, 90, 91, 121, 136—138, 170—174); ganz kurz wird einige Male die meißnische Geschichte gestreift (I. B. Kap. 25; II. B. Kap. 19, 21, 62), ebenso die anhaltische (I. B. Kap. 25; II. B. Kap. 5, 19).

Über seine Quellen schweigt der Anonymus fast gänzlich; wo er einmal Andeutungen macht, sind diese bis auf einen Fall [2]) gänzlich unbestimmt [3]); hin und wieder hat er wohl urkundliches Material gekannt [4]).

Ein Blick auf den bunt zusammengewürfelten Inhalt dieser Arbeit zeigt, daß letztere kein einheitliches Ganze darstellt: sie ist vielmehr eine ungeschickte Kompilation aus verschiedenen Werken, die ihrem

---

[1]) Nuhn S. 473 (vgl. Nuhn ed. *Landau* S. 1), 485 ff., 511 f. (vgl. Nuhn ed. L. S. 5 u. 2), 512 (vgl. Nuhn ed. L. S. 3 u. 4), 514 (vgl. Nuhn ed. L. S. 5), 516 f. Die zahlreichen Stellen des Anonym. werden sogleich im Texte Erwähnung finden.

[2]) S. 407. — [3]) S. 328, 340, 365, 368, 395, 403, 419, 430, 475, 481.

[4]) S. 371, 386 (vgl. *Landau* in d. Zeitschr. f. hess. Gesch. I. Suppl. S. 56 oben und die dort citierte Urkunde), 389, 424, 454, 486, 492.

ganzen Charakter nach den nämlichen Verfasser zu
haben scheinen. Und dies ist, wie unten dargethan
werden wird, kein anderer als Johannes Nuhn [1]).

Was den Kompilator betrifft, so scheint manches
dafür zu sprechen, daß wir ihn in der Person des
Jos. Imhoff zu suchen haben, der auch ein ansehn-
liches Stück des anonymen Werkes (B. II. Kap. 6—148)
fast wörtlich in seine hessische Chronik [2]) herübergenommen hat. Auffallend ist nämlich, daß sich in einer
Münchener Handschrift (Cod. germ. nr. 993) zusammen
mit der (von *Müller* a. a. O.) veröffentlichten hessischen
Chronik Imhoffs auch der Text des Anonymus neben
anderen, offenbar auch von Imhoff herrührenden
Chroniken findet, die alle von derselben Hand geschrieben sind, und daß ein Teil dieser letzteren Arbeiten
in Verbindung mit dem Anonymus in einigen Handschriften der Kasseler Landesbibliothek, Mss Hass. 4⁰.
nr. 21, 123 (wo — freilich von späterer Hand — auf
dem Titel Imhoff sogar ausdrücklich als Verfasser der
anonymen Chronik bezeichnet wird) und 158, wiederkehrt.
Auch das sogleich zu erwähnende Wiesbadener Exemplar
des Anonymus (s. S. 156 Anm. 2) enthält noch eine
Chronik, die sich in der Münchener und den genannten
Kasseler Handschriften findet. Ebenso ist in einem dem
Herrn Professor *Ferd. Justi* in Marburg gehörenden

---

[1]) Damit stimmen auch einzelne Zeitangaben überein:
S. 444 heißt es, daß der 1479 aus dem Leben geschiedene Graf
Wilhelm v. Henneberg „letzlichen" verstorben sei; S. 423 ist von
dem Reichstage zu Worms v. J. 1495 die Rede; S. 418 wird
Philipp I., Maximilians Sohn, der 1506 starb, als lebend bezeichnet.
Anderes ist vielleicht auf Rechnung des Kompilators zu setzen:
wenn z. B. S. 435 von einem Herzog Ulrich von Württemberg
gesprochen wird, wo doch nur Graf Ulrich (VIII.) gemeint sein
kann, da Württemberg erst 1495 zum Herzogtum erhoben wurde.

[2]) Herausgeg. v. *Herm. Müller* in der Zeitschr. f. preuß.
Gesch. u. Landeskunde XVIII, 389—470.

handschriftlichen Bande die anonyme Arbeit u. a. mit
Imhoffs hessischer Chronik vereinigt[1]). Offenbar weist
diese mehrfach wiederkehrende Verbindung des Anonymus mit Imhoffs Chronik bezw. mit gewissen andern
Arbeiten, die allem Anschein nach gleichfalls von Imhoff verfaßt worden sind, darauf hin, daß letzterer auch
der Kompilator der anonymen Chronik ist[2]).

Zahlreiche Stellen des Anonymus finden wir
übrigens auch im zweiten Teile von *Spangenbergs*
Adelspiegel. Was letzterer hier aus der hessischen
Geschichte mitteilt, scheint auf den ersten Blick aus
jener Quelle geflossen zu sein. Dies ist indes nicht der

---

[1]) Nach gütiger Mitteilung des Herrn Prof. *Edw. Schröder*
dortselbst. Vgl. auch *Müller* a. a. O. S. 398.

[2]) Diese Annahme würde in Rücksicht auf die Lebenszeit
Imhoffs hinfällig werden, wenn sich eine der ersten Hälfte des
16. Jahrhunderts angehörende Handschrift des Anonymus nachweisen ließe. Die Mitteilung *Ayrmanns* in seiner Einleitung zur
hess. Historie S. 11 Note ***), daß er eine solche besitze, die noch
vor 1540 angefertigt sei, ist unrichtig. Das in Rede stehende
Exemplar ist jetzt Eigentum der Landesbibliothek in Wiesbaden
(nr. 75.). Die Notiz, auf die sich Ayrmann hierbei stützt, befindet
sich auf einem an der Innenseite des vorderen Deckels einge-
klebten Zettel und lautet: Ex bibliotheca Johannis Sprengeri,
Dicasterii Marpurgensis Secretarii. Ao. 1540. — Allein die
Schriftzüge der Chronik sind, wie der Augenschein lehrt und wie
mir auch Herr Prof. *F. Otto* in Wiesbaden gütigst bestätigt, jünger
als die jener Bemerkung und gehören der Wende des 16. Jahrhunderts an. Der genannte Sprenger ist wohl identisch mit einem
scriba iudicii curialis Joannes Sprenger, der 1527 in Marburg
studierte (Catalog. studios. Scholae Marpurg. I, 2). Der auffallende
Umstand, daß die Eigentumsbezeichnung älter ist als der Inhalt
des Bandes, erklärt sich vielleicht so, daß der Deckel eines aus
Sprengers Bibliothek stammenden Buches später zum Einbinden
der Chronik verwandt wurde und jene Notiz stehen blieb; der
Band kann aber auch, wie Herr Prof. *Otto* vermutet, von *Sprenger*
aus irgend einem Grunde zu den beabsichtigten Eintragungen nicht
benutzt worden sein: er kam dann in andere Hände, und auf die
noch leeren Blätter wurde die Chronik geschrieben.

Fall mit einer Notiz S. 123, wo es heißt: »[*Die
v. Reckerode*] sind auch Anno 1376 . dabey gewesen, als
die Sterner bey Herschfeld erlegt worden, und dieselben
mit klopffen helffen und den raub, den die umb Rotenberg geholet, wider abgejagt« [1]). Ebensowenig läßt
sich eine andere kurze Bemerkung, die S. 108a steht:
»[*Simon v. Wallenstein*] hat darnach auch nicht ge-
rubet, sondern mit rhaten und thaten geholffen und so
lange gearbeitet, biß das diese beyde Landgraven
(Gebrüder) gentzlich und zu grunde wider mit einander
vertragen worden« in der anonymen Kompilation nachweisen. Beide Nachrichten stammen wie alle Mitteilungen aus der hessischen Fürsten- und Adelsgeschichte
mit Ausnahme der wenigen Notizen, die er Letzner[2]),
Kirchhoff[3]) und dem waldeckischen Chronisten
Konrad Scipio (Klüppel)[4]) entlehnt hat, ohne Zweifel
aus den Arbeiten des Johannes Nuhn, den er auch in
dem Autorenverzeichnis anführt. Es wäre auffallend,
wenn der Verfasser des Adelspiegels sämtliche hier in
Betracht kommenden Stellen der anonymen Arbeit
entlehnt und bei zweien unbedeutende Zusätze, die sich
ganz eng an das Vorhergehende anschließen, anderswoher genommen haben sollte. Ein solches Verfahren
widerstreitet durchaus der Art und Weise, wie *Spangenberg* seinen Stoff aus den Quellen herbeischafft: ihm
kommt es ebensowenig wie etwa *Kirchhoff* oder *Me-*

---

[1]) Vgl. über diesen Vorgang *Spangenberg* a. a. O. S. 468a f.
und den Anonym. B. II. Kap. 57 (S. 378 f.).

[2]) A. a. O. S. 172 wird dessen malsburgische Chronik erwähnt. — [3]) Das. S. 338.

[4]) Vgl. das. S. 223a (Bernhard v. d. Malsburg). Auch die
Ausführungen S. 104a ff. über Ludwig v. Boyneburg u. s. w.
stammen wohl aus Scipios waldeckischer Chronik, von der nur das
wenig wichtige erste Buch in *Varnhagens* Sammlungen zu der
waldeckischen Geschichte älterer und neuerer Zeiten I, 1—88
herausgegeben ist. Vgl. *Varnhagen*, Grundlage d. waldeck. Landes-
und Regentengesch. 2. Bd. S. 105 ff.

lander darauf an, über ein Ereignis vom Standpunkte
des Historikers aus möglichst eingehend und mit Benutzung alles erreichbaren Materials zu berichten; er
sucht vielmehr seine lehrhaften Ausführungen durch
Einfügung passender Anekdoten zu veranschaulichen
und zu beleben und nimmt letztere gewöhnlich in der
Form und dem Umfange, wie er sie in der Vorlage
findet, ohne weiteres in sein Werk hinüber. Noch
entscheidender ist ein anderes Moment. Wenn *Spangenberg* einmal eine Episode aus Nuhns wallensteinischer
Chronik mit ausdrücklicher Quellenangabe mitteilt[1])
und an einem anderen Orte (S. 108 a) gleichfalls von einem
Wallensteiner handelt, ohne seine Vorlage zu nennen,
so ist mit Sicherheit anzunehmen, daß auch hier Nuhn
der Gewährsmann ist. Ebenso weist die zuerst angeführte Stelle (S. 123), die sich gleichfalls bei dem Anonymus nicht findet, darauf hin, daß sie unmittelbar auf den
genannten Chronisten zurückgeht. Dazu spricht nichts
für die Benutzung eines anderen hessischen Geschichtschreibers — es könnte überhaupt nur Gerstenberg in
Betracht kommen — durch *Spangenberg*, dem wir ja
auch ziemlich eingehende Mitteilungen über Nuhns litterarische Thätigkeit verdanken.

Daß der Verfasser des Adelspiegels S. 362 a einmal eine ›geschriebene hessische Chronica‹, S. 416
›etliche hessische Annales‹ und eine ›herschfeldische
Chronica‹, S. 469 ›hessische und herschfeldische Chroniken‹ citiert, wo wir Nuhns Namen zu finden erwarteten, ist bei *Spangenberg*, dem es hier wie überall
nicht auf die genaue Bezeichnung der Quellen, sondern
auf die Thatsachen ankommt, nicht auffallend, umsoweniger, da ja Nuhn auch der Verfasser einer hessischen,
und, wie später dargethan werden wird, einer Hersfelder
Chronik ist. Aus diesen Arbeiten sind die betr. Stücke,

---

[1]) A. a. O. S. 72.

die sich auch in der anonymen Kompilation finden[1]),
in letztere herübergenommen worden. In ähnlicher
Weise zeigt *Spangenberg* sich ungenau, wenn er in seiner
hennebergischen Chronik S. 224 mit Bezug auf den
Grafen Johann, der seit 1472 Abt von Fulda war, seine
Quelle ein »altes verzeichniß von dieses Fürsten leben«
nennt, wo doch nur die hennebergische Chronik Nuhns
gemeint sein kann: Nuhn war ein Zeitgenosse des genannten Abtes, und seine in Rede stehende Arbeit behandelte noch das Leben Heinrichs XII. (1422—1475[2]). —

So trümmerhaft auch Nuhns Werke auf uns gekommen sind und so wenig genau die Nachrichten über
seine historiographische Thätigkeit erscheinen, eine
nähere Betrachtung des zu Gebote stehenden Materials
ergiebt doch mancherlei neue Resultate.

Am einfachsten liegt die Sache bei seinen Arbeiten
zur hennebergischen Geschichte. Wie oben S. 139
erwähnt, schrieb der Chronist ein Werk über der
Henneberger »Ankunfft und Stammenbavm«, also eine
bis in die ältesten Zeiten zurückgehende Geschichte
des Grafenhauses, wobei er die Wunderlichkeit beging,
die einzelnen Kapitel abwechselnd in prosaischer und
poetischer Form abzufassen. Außerdem dichtete er ein
von ihm als »Hennebergisches ABC« bezeichnetes Reimwerk über acht Angehörige des Geschlechtes, die sich
dem geistlichen Stande gewidmet hatten. Dasselbe um-
faßte 24 Kapitel, von denen jedes mit »einem besonderen Buchstaben« — also wohl in der Reihenfolge

---

[1]) Zu *Spangenberg* S. 362 a vgl. Anonym. B. II. Kap. 88 u.
89; zu S. 416 B. II. Kap. 133, 120, 125; zu S. 469 B. II. Kap. 44.

[2]) Vgl. den von dem Hersfelder Chronisten verfaßten hennebergischen Stammbaum in *Spangenbergs* henneberg. Chron. S. 10
und das. S. 219, wo Nuhn als Gewährsmann für die Eroberung
des Ursperges genannt wird. — Die Erzählung von der Wahl
Johanns findet sich, aber nicht ganz vollständig, auch bei dem
Anonymus S. 469 f.

des Alphabetes — anfing. Beide Werke verdanken ihre
Entstehung dem Umstande, daß Nuhn in hennebergischen
Diensten stand, und namentlich ist wohl das an zweiter
Stelle genannte besonders für Heinrich XII. verfaßt
worden. Wir besitzen sie nicht in originaler Fassung,
sondern allem Anschein nach in den dürftigen Auszügen
des Anonymus und Spangenbergs, wobei unentschieden
gelassen werden muß, ob überhaupt das hennebergische
ABC von ihnen verwertet wurde. Den Angaben Spangenbergs zufolge benutzte Nuhn Aufzeichnungen aus dem
Kloster Vessera, die auch ersterer noch gekannt hat [1]),
in der Weise, daß er von Poppo I., dem angeblichen
Stammvater des Geschlechtes, und dessen Gemahlin
Hildegard bis auf Berthold, den ersten gefürsteten Grafen,
sich nur mit geringen Änderungen eng an seine Vorlage anschließt, dann aber seinen eigenen Weg geht
und den Stammbaum bis auf Wilhelm VI., der 1474
starb [2]), fortführt. *Spangenberg*, der ihm zahlreiche,
z. T. recht leichtfertige Irrtümer nachweist, fällt ein
strenges Urteil über den Chronisten und sein ›confus‹
Werk, aus dem nichts Zuverlässiges zu entnehmen sei.
Insbesondere wirft er ihm vor, daß er in seiner Eigenschaft als Diener eines hennebergischen Grafen, der
dazu noch dem geistlichen Stande angehörte, durch
Nachforschung sich nicht um eine bessere Kenntnis der
genealogischen Verhältnisse der Dynastie besonders für
die nächste Vergangenheit bemüht habe; überhaupt sei
dem ›guten Manne‹, trotzdem er zahlreiche ähnliche

---

[1]) *Spangenberg* macht a. a. O. S. 2—6 Mitteilungen über
dieselben. — Eine zweite, um d. J. 1519 in Vessera entstandene
genealogische Arbeit über die Grafen von Henneberg, die *Spangenberg* S. 7 f. bespricht, ist wohl identisch mit dem bei *Reinhard*,
Beyträge zu der Historie Frankenlandes 1. Teil S. 103—130 und in
der Sammlung vermischter Nachrichten zur Sächs. Gesch. XII,
243—280 abgedruckten Chronicon Hennebergense.

[2]) *Spangenberg* a. a. O. S. 243.

Werke verfaßt, »notwendige erfahrung inn Historien«
abgegangen [1]).

Daß Spangenberg doch hin und wieder, besonders
für die Zeit, die Nuhn in hennebergischen Diensten verbrachte, letzteren benutzt hat, ist sehr wahrscheinlich [2]),
obschon er ihn nur einmal als Gewährsmann anführt [3]).

Ganz abgesehen von der Geringschätzigkeit, mit
der Spangenberg von Nuhns Leistungen spricht, zeigt
schon des letzteren Spielerei mit der Form, daß wir es
hier mit einem ernsthaften, von der Wichtigkeit seiner
Aufgabe durchdrungenen Historiker nicht zu thun haben.
Der Verlust seiner Arbeiten wird für die hennebergische
Geschichtsforschung kaum zu bedauern sein; trotzdem
vermissen wir dieselben nur ungern, weil sie zur Charakteristik des Mannes und seiner Anschauungsweise
ohne Zweifel weiteres Material liefern würden.

Einigermaßen sind wir auch über Nuhns wallensteinische Chronik unterrichtet. Dieselbe befand sich
noch im vorigen Jahrhundert im kurhessischen Haus-
und Staatsarchiv in Kassel und wurde von dem Marburger Professor *Lennep* in den siebziger Jahren benutzt. Einen dürftigen Auszug aus derselben kannte
später *Landau*, der vergebens nach einem vollständigen
Exemplar suchte [4]). Heute scheinen beide Werke verschollen zu sein: weder in der Kasseler Landesbibliothek
noch im Marburger Staatsarchiv waren sie aufzufinden.

Nuhn verfaßte die Schrift i. J. 1523 [5]), vermutlich
in Hersfeld und wohl auf Veranlassung eines Angehörigen
des in der Nähe angesessenen Edelgeschlechtes. Die

---

[1]) Das. S. 8—10.

[2]) Vgl. Anonymus S. 416 f. mit Spangenberg S. 221 f.,
Anonymus S. 416 und 469 f. mit Spangenberg S. 223, Anonymus
S. 453 f. mit Spangenberg S. 225 u. 226. Die Nachrichten bei
Spangenberg sind in der Regel etwas ausführlicher als die des
Anonymus. — [3]) S. 219.

[4]) Vgl. dessen Hess. Ritterburgen II, 425 f. Note 12). — [5]) Das.

gewiß nicht sehr umfangreiche Chronik scheint nicht
viel früher als mit der Mitte des 14. Jahrhunderts begonnen und die Ereignisse bis mindestens z. J. 1521
enthalten zu haben [1]). Außer von Spangenberg, der im
zweiten Teile seines Adelspiegels sich, wie erwähnt,
einmal (S. 72) ausdrücklich auf Nuhns ›wallensteinische
Historie‹ beruft und sie auch sonst benutzt hat, sind
große Stücke wahrscheinlich auch von dem Anonymus
seiner Kompilation einverleibt worden [2]). Vielleicht hat
auch Lauze Gebrauch von dieser Familiengeschichte
gemacht. Er berichtet S. 262a (z. J. 1416) ziemlich
eingehend von einer großen Fehde zwischen Simon (II.)
von Wallenstein und der Stadt Hersfeld, eine Nachricht,
die auch der von *Landau* benutzte Auszug aus Nuhns
Arbeit enthielt [3]); doch können diese Notizen auch in
Nuhns Hersfelder Chronik enthalten gewesen sein, und
sichere Zeichen weisen, wie später dargethan werden
wird, darauf hin, daß diese Lauze bekannt war.

Der größte Teil der Arbeit scheint sich, nach den
Resten zu urteilen, mit der Geschichte des Geschlechtes
während des 15. und des beginnenden 16. Jahrhunderts

[1]) Vgl. *Landau* a. a. O., wo es mit Bezugnahme auf *Albert*
(IV.) v. W., der um 1350 lebte, heißt: „Von jetzt an benutzte ich
einen Auszug aus einer Chronik der v. Wallenstein" u. s. w. und
das. S. 427 Note 30). Hier wird das Todesjahr Konrads (II.) v. W.
(1521) erwähnt und dabei auf Nuhn verwiesen.

[2]) S. o. S. 154. Alle hierher gehörigen Stellen des Adel-
spiegels finden sich mit Ausnahme der dort S. 72 mitgeteilten Anekdote
meist nahezu wörtlich und in der gleichen Vollständigkeit bei dem
Anonymus wieder. Ausführlicher als die Nachrichten des letzteren
(S. 442 f. u. 449) sind dagegen die offenbar aus der nämlichen
Quelle stammenden Mitteilungen in Spangenbergs henneb. Chronik
S. 225. Auf der anderen Seite hat der Anonymus einen Abschnitt
(B. II. Kap. 107), den Spangenberg aus dem Grunde in seine er-
wähnten Arbeiten nicht aufgenommen haben wird, weil er dort
den Inhalt desselben nicht verwenden konnte.

[3]) *Landau* a. a. O. S. 426 Note 16).

befaßt zu haben, für welchen Zeitraum der Chronist vielfach aus der mündlichen Überlieferung schöpfen konnte; auch Aufzeichnungen zog er zu Rate [1]. —

Über Nuhns Arbeiten zur hessischen Landesgeschichte giebt der mehrfach erwähnte Lauze, wenn auch nicht vollständig ausreichende, so doch immerhin willkommene Auskunft. Er hat den Hersfelder Chronisten häufig, namentlich für das letzte Viertel des 15. Jahrhunderts benutzt, in der Regel aber, ohne ihn anzuführen, wie er überhaupt heimische Gewährsmänner nur selten namhaft macht. Im ganzen beruft er sich an 8 Stellen auf Nuhn Betrachten wir zunächst diese Stücke und setzen der Übersichtlichkeit wegen die einander entsprechenden Stellen aus den Chroniken Lauzes, Nuhns und des Anonymus nebeneinander.

Lauze S. 290a (z. J. 1500) [2].

Es zeiget aber Johan Nhun in seinen zusamengebrochten hendeln und geschichten, so sich bei seinem leben im land zu Hessen zugetragen und verlaufen haben, under anderm an, das nochdem die gemeine stat Herßfeldt etliche jär zuvor die landgraven zu Hessen alle drei zugleich fur ire erbschutzherren angenommen, als under welcher voreltern

Nuhn bei Senckenberg V, 472 f.

Indeß nahm sein bruder der elter landgraf Wilhelm zusamt landgraf Henrichs sohn, der auch Wilhelm hieß, von sein und seines bruders wegen Herßfeld in vorspruch, den die von

---

[1] Vgl. Anonymus S. 407, wo er den wallensteinischen Knecht Heinz Flecke nennt und hinzusetzt: „von dem hab ichs gehört, über das das ichs beschrieben gefunden".

[2] Bezüglich der Wiedergabe des Textes sei bemerkt, daß nur geringfügige Veränderungen vorgenommen wurden.

schutz sie biß in drittehalb hundert jår zuvor schoen auch gewesen, hab doran gedochter von Dornberg von wegen seins landsfursten an der Loyne ein sonderlich mißfallens getragen und gemeint, sie solten inen an seinem herren allein haben benugen lossen, derwegen er auch hernach genanter stadt viel zu verdrieß gethan und ir etliche uber den halß geschickt, die ir abgesagte feinde worden, sonderlich Cuntzen von Eringßhausen. Ob ime nu dasselbige angezogene ungnad erweckt habe oder er andere sachen zuvor seinem herren zum vorschueb, aber landgrave Wilhelmen zu nachteil verhandelt, lesset er alles aussen.

Herßfeldt von ihren ältern her wol bey 200 jahren gehabt hatten und in der fürsten von Hessen schirm gewest waren. Das verdroß Hansen von Dornberg, daß die von Herßfeld sich nit begnügen liessen an seinem herrn, landgraf Henrichs sohn, und schob ihm zu und verschaffte, daß Heintz von Eringshaußen vor Herßfeld rante, schlug an die kühe und war darnach feind u. s. w.

Daß Nuhns Erzählung, wie sie sich bei *Senckenberg* findet, Lauzes Quelle ist, unterliegt trotz der Differenz hinsichtlich der Dauer des zwischen Hessen und Hersfeld bestehenden Schutzverhältnisses keinem Zweifel: die kleine Abweichung beruht wohl auf dem Versehen eines Abschreibers.

Dasselbe gilt von folgenden Stellen. Nahe verwandt mit Nuhns Bericht ist der des Anonymus, den wir gleichfalls hersetzen.

L a u z e S. 268 (z. J. N u h n a. a. O. S. 491. Anonymus bei Senckenberg III, 429.
1460).

Dem pfalzgraven war gedienet Ludewig landgrave zu Hessen mit

Er dienet hertzog Friederichen mit 1300 reissigen pferden, blau

Da schrieb genanter pfaltzgraf Friderich seinem schwager land-

dreizehenhundert pfer-
den alle in einer farbe
nemlich blau und weiß
gekleidet, wie Johan
Nhuen von Herß-
feldt solches an-
zeyget. — — — [1]
Das. S. 270 (z. J. 1462).

Und das der land-
grave ime in dieser
handelung so treulich
beigestanden, ließ er
in einen stein hauwen
diese gutthat zu ewiger
gedechtnis mit nach-
volgenden worten: Die
Hessen betten die
Pfaltz gar seer erwei-
tern helfen. Aber Jo-
han Nhun von Herß-
feldt, da er dieser
sachen und zu-
trachten auch ge-
denkt, sagt, undank-
barkeyt sei ein bose
wundenpflaster, damit
anzuzeigen, das die
nachkommenden pfalz-
graven dieser gutthat
bald vergessen haben.

und weiß gekleydet vnd
schlugen den bischoff
von Mentz vor Pfederß-
heim Dietbern von
Eysenberg.

Das solte nimmer-
mehr vergessen werden
und ward darumb zu
Heidelberg in ein stein
gehawen: Die Hessen
han die Pfaltz ge-
weitert.

Aber undanck ist ein
schnöd laster und
ein stinckend wunden-
pflaster.

graf Ludwigen um hülff
. . . und der freund-
schafft nach kam der
fürst von Hessen seinem
schwager zu hülffe mit
1300 reisigen pferden,
alle in blau und weis,
gleich getheilet ge-
kleidet und kamen mit
denen feinden den
Mentzischen zu treffen;
wiewol die wiederpart
denen Pfaltzgraefischen
zu starck war, dennoch
so hieben die Hessen
darauf als die unver-
tzagten und brachten
die Mentzischen zur
flucht und schlugen
sie biß gein Peters-
heim hinein mit vielen
todten, verwunten und
gefangenen, die dem
bischoff zu verlust
abgiengen. Sein mar-
schalck Gottfried von
Buchenau bleib tod und
sonsten viel ritter und
knechte.

Nicht ganz so einfach gestaltet sich das Verhältnis
Lauzes zu Nuhn in nachstehenden Stücken:

Lauze S. 289 a (z. J.
1498).

Dorauf ward bald
hernach ein tag ge-
halten zu Herßfeldt.

Nuhn a. a. O. S. 484 f.

Anno domini 1498.
zu den zeiten . . . da
understund sich mit

Nuhn ed. Landau
S. 3 f.

Anno domini
MCCCCXCVII herwe-
get hirtzog Erich von

---

[1] Der nun folgende Bericht über das Treffen bei Pfedders-
heim hat mit dem des Anonymus kaum etwas gemein.

Was die ursachen seien gewesen, weiß man nicht gruntlich, denn Johan Nhun, der solche dinge verzeichnet hat, lesset sich vernemen, da er die ursachen schoen alle wol wuste, wolte ime doch nicht geziemen, die alle jederman an tag zu geben. Doch zeiget er derselbigen eine an und spricht, es sei landgrave Wilhelmen den Mitler angelangt, herzog Erich von Braunschweig solte etliche auf inen bestalt haben, und das sollichs nicht aller dinge erdicht sey gewesen, so seien etliche, so er dorzu zugericht, ergriffen und in gefengnus kommen, welche in iren aussagen und vorgichten bekant, Johan von Hagen solte sie vermocht und inen auch den lohn versprochen haben. Landgraff Wilhelm kam mit dreihundert pferden alda eingeritten und hat bei ime Heinrichen den Eltern herzogen zu Braunschweig etc. und marggrave Friederichen von Brandenburg. Bei herzog bedencken das land unverderbt zu pleiben der hochgeborn churfürst hertzog Friderich von Sachsen mit seinem bruder hertzog Hanßen und bestimpten einen tag zwischen den partheyen gen Herßfeldt. Zu dem tage kamen sie alle mit namen hertzog Heinrich von Braunschweig mit seinem bruder hertzog Erichen, den die sache am meisten belanget, und das was der ursach eins theils, daß hertzog Erich einen ungeachten ausgefertigt hatte, den landgrafen zu mordbrennen, als derselbig da er gefangen war mit urkund bekandte, in was maaß und wer ihm die anmuthung gethan und den lohn versprochen hette von des hertzogen wegen, und meldet einen Johann von Hagen genannt, das was ein unwillen offentlich genandt, aber die rechte ursach, wo der unwille her erwuchs, wird verdruckt und verschwiegen, so eygent mir nit, ob ich etwas darvon wüste oder erfahren hatte, nicht zu melden. Brunswig und macht eyn unwillen und uffrore wydder lantgraven Wilhelm den Mitteler du so genant von Hessen in mutwiln, dar von was ein offen gerucht das der Brunswiger sult dem fursten von Hessen mortbornnet dorch Hans von Hagen zu geschegt haben, dar dorch wart eyn grosser unwille vnd fehede rawen vnd bornn. Lantgraue Wilhelm der Junger an der Lone thet sich in hulff hirtzogen Erich dorch zcu schobe Hansen von Doringberges zcu beschedigen ir eygen lant . . . Im jare MCCCCXCVIII zcu mittsomer du haben dy fursten von Saessen und Missen hirtzog Friderich chorefurst und sin bruder eyn tag gegn Hersfelt berampt in vorsuchen den unwillen zcu schlichten, aber unfruchtbare.

Erichen hielten land-
grave Wilhelm der
Junger und des pfalz-
graven gesandten. Die
liessen sich bedraw-
licher wort boren, aber
landgrave Wilhelm ließ
sich sollicher leute
hoch pochen und drau-
wen gar nichts an-
fechten. Es undernam
sich herzog Friederich
zu Sachssen etc. chur-
furst diese sachen gut-
lich zu vertragen, als
er aber bei keinem
theil volge konte er-
langen und ime die
gute entstund, ließ er
nach. Derhalben zog
landgrave Wilhelm der
Mitler zu felde und
lagerte sich auf die
Rote Strosse, thet et-
liche buchsenschosse
in die stat Gemunden.
Dornach ward diese
sache von etlichen im
lande aufgenommen
und in anstand brocht,
derhalben zog er wider
noch Cassel.

Daß die Hauptsache der Darstellung *Lauzes* aus
dem Berichte Nuhns bei *Senckenberg* geflossen ist,
leuchtet ein; anderes hat er aus dem folgenden
(69.) Kap. das. S. 485 ff. entnommen. Doch verlautet
bier weder etwas von der Anwesenheit des Markgrafen
von Brandenburg und der pfälzischen Gesandten in
Hersfeld noch von dem, was Lauze am Schlusse mit-

teilt. Indes ist dies nicht von entscheidender Bedeutung, da letzterer nicht ausdrücklich sagt, daß er den ganzen Inhalt seiner Erzählung Nuhn entnommen habe. Was die Darstellung Nuhns bei *Landau* anlangt, so spricht nichts dafür, daß Lauze sie benutzt babe.

Bedeutender sind schon die Differenzen in folgenden Stellen:

Lauze S. 30a (z. J. 49 v. Chr.).	Nuhn a. a. O. S. 391.
Johannes Nhuen von Herßfeld setzet, er habe nicht allein das Sachssenerland mit Westpholen und den graveschafften Witgenstein, Lipp, Rietberg, Spigelberg, Tecklenburg, Eberstein, Nassaw, Bewren, Distlochen und anderen sieglich erobert, sondern auch das ganze Hessenland und dorin volgents ein besondere veste von zusammengetragenen steinhaufen und uberschrenkten beumen aufgerichtet und dorauf etliche und siebenzig romische ritter zu einer besåtzung gelegt, davon das schloß Boyneburg oder Bomelberg seiuen ursprunglichen namen uberkommen, wie dan solches die stedte Northausen und Moelhausen, so auch zur selben zeit sollen aufkommen sein, fur ein gewisse warheit halten und mir hievon der ehrnveste Sig-	Darnach reysete er in Westphalen und machte ihm unterthan die gantze herrschafft, alle graffen und freyherrn mit namen die hertzogen von Engern und Westphalen, die graffen Schauenburg, Spiegelberg, Ripperg, Dieffolt, Dickelborg, Hastamar, Eberstein, Hohenberg, Benten, Bueren, Dienstlachen und Lotharsen, darzu viel ander herrn und edeln . . . Darnach zog er in das land zu Hessen und bauet allda ein bäumen haus und nennet das Beumenburg und lies darauf 72 rittermässige, deren geschlecht eins theils noch im land sein, ob diese land wolten umbfallen, so solten sie sie bezwingen und bei dem reich behalten.

mund von Boyneburg,
derzeit stathhalter
zu Cassel, ein tafel
gezeiget, auf welcher
dieses nach der lenge
also verzeichnet ge-
wesen.

Daß Nuhn zwölf Grafschaften aufzählt, während
Lauze nur neun nennt, kommt nicht in Betracht, da
letzterer durch den Zusatz »und andere« andeutet, daß
er auf die namentliche Aufführung aller verzichte; aber
Lauze hat drei Grafschaften (Wittgenstein, Lippe,
Nassau), die sich bei Nuhn gar nicht finden. An das
Versehen eines Abschreibers zu denken, liegt ebenso
fern wie die Annahme, der Chronist möchte aufgrund
der Angaben auf der »Tafel« des Siegmund v. Boyne-
burg sich Änderungen erlaubt haben. Ferner zeigt ein
Vergleich mit dem Anonym. 307, daß letzterer als
Quelle für Lauze nicht in Betracht gezogen werden kann.

Auch in nachstehenden Stücken weist der Bericht
Lauzes eine starke Abweichung von dem Nubns und
des Anonymus auf, die unmöglich auf Rechnung
mangelhafter Textüberlieferung gesetzt werden kann.

Lauze S. 258 (z. J. 1392).

JohanNhuenvon
Herßfeldt zeiget
an, etliche burger zu
Cassel haben under-
standen, die stat herzog
Otten von Braun-
schweig zuuberlifern,
aber ein edelman Henn
von Bischoffenrode hab
dieses ir furnemen ver-
merkt und das der land-
grevin Margarethen in
abwesen landgrave Her-

Nuhn a. a. O. S. 440.

Aber der bürger zu
Cassel etliche und son-
derlich die gilsemen-
ner mit ihrem anbang
wolten die stadt Cassel
übergeben dem land-
graf von Düringen
Balser genant, das
ward verwehret durch
einen genant herrn von
Bischofsrod und die
verräther wurden ent-
hauptet.

Anonymus a. a. O. S. 395 f.

In denselben zeiten
war ein edelmann, der
war ein Hesse und war
in ungnaden seines
herrn landtgraf Her-
mann, und als ich
glaub, so war es einer
von Velseberg und war
an dem Doringer hoiff,
der hatte gehört von
der geschicht, daß et-
liche burger zu Cassel
waren, welche den

mans zu erkennen gegeben, welches sie furbaß an iren herren gelangen und die stadt allenthalben bewachen und verwaren lossen, dornach diejenigen, so von solcher handelung wegen verargwonet und suspect gewesen, gefenglich lossen einziehen.

marggraven wolten einlaßen haben, vielleicht darum, daß sie ihm der erbeinigung nach mehr dan hertzog Otten geneigt waren

—— —— —— ——

Und das hatte der edle Heß vernommen, und wie gram ihm sein herr war, so rannte er doch dag und nacht als der getreue und warnete seinen herrn und stund sein abentheur. Der landtgraf glaubet ihm und fand die zeichen wahr und gerecht und ließ die, so daran schuldig waren, fangen und zu Cassel auf dem marckt ihnen die köpff abschlagen.

Schon der Umstand allein, daß Nuhn bei *Senckenberg* sowohl wie der Anonymus mit keinem Worte der Landgräfin Erwähnung thun, während sie nach Lauzes Darstellung ganz im Vordergrunde steht, genügt, um die Annahme der Benutzung einer dieser beiden Quellen durch Lauze auszuschließen.

Zu dem gleichen Ergebnis führt ein Vergleich der Berichte über die Reise Ludwigs I. nach Aachen und die dort gepflogenen Verhandlungen.

Lauze S. 263 ff. (z. J. 1429).

Drohen ist angezeiget, das nochdem Johanna die tochter Johannis des namens des

Nuhn a. a. O. S. 443 f.

Zu bören von dem frommen fürsten ein seltzam geschicht, wie gehört ist, daß der uhr-

Anonymus a. a. O. S. 417 ff.

In dieser zeit starb auch das hertzogthum Prabandt gantz erblos und waren nicht rech-

dritten herzogen in Braband anno 1406 abgangen, hab derselbigen schwestertochter nemlich Margarethen von Flandern ehegemahel mit namen Philips der Khune herzog zu Burgundien sich zu Braband und Lemburch gethan und die beide herzogthumb volgends bald seinem soen Anthonio ubergeben. Als der nu gestorben, anno 1415, hat sein eltester soen Johannes benente herzogthumbe bekommen und die eilf jår innegehabt, und als er dornach verstorben, hat die sein bruder Philippus auch drei jår besessen. Nochdem aber derselbige nu in diesem jår tods halben verscheiden, hot sich von nauwem zu Braband und Lemburch gethan Philippus herzog zu Burgundien, der ein soen gewesen Johannis, und furgegeben, es were zwischen seinem vatter und vorgemeltem Anthonio gebrudern ein solcher pact gemacht, das welche zeit Anthonius und seine nachkomen one manliche

sprung von Hessen aus dem hertzogthum von Braband erwachsen ist. Da nun herr Anthonius der letzte verschieden was, da ward ihm verbottschafft und vertröstet zu kommen und sein anerstorben erbe zu empfahen. Er rüstete sich mit 400 pferden und kam bis gben Aach. Da kamen die rathsherrn zu ihm in seine herberge und sagten zu ihm, sie hetten einen wohlansichtigen mann auf ihrem rathhause, der hette ihnen gesagt, er were darum da, um die statt zu verrathen. Das vermeint [sic] er und gieng mit ihnen ufs rathhaus, fand den ebentheuer, gegen den er sich entschuldiget. Der sagt: were es nit war, daß der landgraf die stad wolte verrathen, so wollte er rassend werden. Antwort der fürst:

ter oder neber erben dartzu dann landtgraf Ludwig der Fromme. Dem ward aus Praband pottschafft von der ritterschafft und landvolck, daß er komme und gebe ihnen einen herrn us Hessen in Prabant, wie sie in Hessen gethan hatten. Der fürst verachtet das nicht, sondern reit mit 400 pferden aus, in hoffnung Prabandt zu überkommen. Aber da er kam und nicht in seinem panier das rechte Prabandische wappen, den guldenen löwen, führt, da ward er des lands verhindert und hatte den zug umsonst gethan und ward dem hertzog von Burgundi Philippo dartzu geholffen. Der nieh kein recht daran gewan, der nahme es ein, als es noch der printz hertzog Philips von Oestereich, des Römischen königs Maximiliani sohn innen hat.

Uff der wiederkehr kame der fürst landtgraf Ludwig gehn Oche in die stad und herbergte eine nacht darinnen. Nun was ein grave, als ich glaub,

erben versturben, alsdan solten genante herzogthumbe an gemelten seinen bruder oder desselben erben und geschlecht herzogen in Burgund wider gefallen.

Dawider hat sich nu gelegt Ludewig landgrave zu Hessen der Friedfertige hernochmols genant, dorzu inen etliche burger zu Aache allermeist angereizt und verursacht haben, es auch mit hin und widerschreiben so ferre gebrocht, das ein gutlicher tag ghen Aache angesetzt und bestimpt ist, welchen der landgrave personlich mit sechshundert pferden ersucht, dorunther viel graven und herren gewesen. Der von Burgund hat seine gesandten auch da gehabt. Und hat der landgrave lossen anzeygen, was für erbgerechtigkeyt rechtlicher und begrunter anforderung er zu Braband und Lemburch hette. Dawider der von Burgund durch seine anwelde lossen furwenden, ob es wohl neher sein mochte, das des landgraven voreltern geborne herzogen zu

einer von Hengstberg, der war dem landtgrafen feind und gehas, vielleicht der niederlag halber des von Nassau, wie oben gehört, da der von Hengstberg auch mit gewest war in hülffe des von Nassau und hatte schaden von den Hessen entfangen und zu rache gab er denen von Och vor, der landtgrave were darum ausgezogen, die von Och zu beschedigen und die stad einzunehmen.

Die von Oche gaben dem graven schwachen glauben, doch von des graven mannigfaltigen anredens bethedigten sie den fürsten darumb. Er antwortet ihnen und sprach in verwundern: Lieben freund, ich glaub nicht, daß es euer ernst seye, und haltet mich nicht für den mann, daß ich mit solchen stücklein solte umgehen, die unfuglich weren. Darzu sie antworteten: Sie glaubten ihme keiner unthaten zu, doch so were ein wolgeborner grave uf dem rathaus, der es von ihme saget, und wolte er für ihme bekannt seyn, da möchte

Braband gewest, so musten doch ungezweivelt lange hiebevor vertrege, teylung und verzihung zwischen den, so ins Hessenland komen, und den andern des vorigen geschlechts, so in Braband blieben, aufgericht und geschehen sein. Zudem were auch nibe viel erhört, das sich die landgraven zu Hessen herzogen in Braband geschrieben; doraus stunde offentlich abzunemen, das sie sich des titels und erbgerechtigkeyt an Brabant verlangst musten begeben haben. Hieruber obschoen die landgraven etwas gerechtigkeyt an Braband gehabt, wolte sich geburt haben, das sie dieselbige zu der zeit gesucht hetten, da Braband one mansleibserben außgestorben und verlediget were; welches alles nicht geschehen, sondern hetten Johannam, des letsten von Braband hinderlossene tochter geruhlich zu benentem herzogthumb kommen, auch darbei biß in ir absterben bleiben lossen, dergleichen noch derselbigen todt auch irer

Das helffe mir die heilig frau S. Elisabeth, welcher under dir und mir unrecht habe, daß er rasend werde. Das geschahe: der falsche lügener ward von stund an wütend und rassete sich zu tode. Da thäten die von Aach ihm grosse ehr, aber seine reisse gieng derhalben binder sich.

er sich verantwortten. Der landtgraf wolte die verdacht nicht uff ihme behalten, gieng mit ihnen und fand den graffen, welcher diese ding offentlichen uff ihne gesagt hatte und in seiner ghenwerdigkeit noch redete. Der lantgraf sagt unter andern worten: Du grafe, du sagst die gewalt uff mich. Ich habe der gedancken nie gehabt, und so warlich du mir unrecht thuest, so helffe mir die heilige frau S. Elisabeth, unser welcher unrecht habe, daß er tobent, wütend und rasend werde hie angesicht dieser frommen leuthe.

Alsbald zu der stette ward der graf thorecht und rasete sich zu tode. Das mirackel nahmen die von Ache zu hertzen und loheten des fürsten unschuld und erbotten ihm viel ehren mit geschencken und andern. Also sind die Hessen durch verseumbnis, has und ungunst um Braband eben wie um Döringen kommen.

schwester tochterman, von dem es an iren soen und
von dem weiter an seine beide sone komen; zu welcher
ordentlicher erbschaft alle vorige landgraven stillge-
schwigen und nibe derhalben angesucht, das sie doch
schwerlich wurden underlossen haben, da sie etwas
fug oder rechtliche anspruche dorzu gehabt, mit endt-
lichem begeren, landgrave Ludewig wolte inen an
seinem echtlichen angestorbenen erbfall ferner nicht
beintragen, sondern bei solchem rugelichen besitz
bleiben lossen und ime nicht selbs zu ungluck und
schaden ursach geben.

Antwort des landgraven: Sovil erstlich den verzig
oder teylung belangte, der keins konte nimmermehr mit
glaublicher urkhund dorgethan noch bewissen werden,
den keiner uf erden so toll und toricht sein wurde, der
sich eins solchen grossen und erblichen anfals und
sonderlich des widerfals verzihen wurde. Darbeneben
konte aber mehr dan genugsam beibrocht werden, das
sich der vorgelebten landgraven zu Hessen, so von
der herzogen zu Braband stam herkomen und geboren,
viel des titels Braband in iren obern und underschriften
gebraucht, inen auch von andern were zugelegt; das
sich aber etliche des ein zeit lang nicht gebraucht,
thete ime an seiner rechtlichen und wolbefugten anforderung gar keinen abbruch, seintemal meniglich
wol bewust were, das es biß anher bei den Teutschen
fursten sonderlich also im brauch gewesen, das sie
sich allein der lender titel gebraucht, so sie innegehabt
und regieret, und nicht derer, so andere besessen, ob
sie wol an denselbigen auch rechtliche erbschaft und
des anfals zu gewarten gehabt, welches inen auch im
rechten heut oder morgen gar keinen nachteil gebrocht, etwas abgeschnitten noch benommen. Uber das
alles konte man keinen rueligen besitz anziehen,
sondern seine voreltern hetten jederzeit geburlicher einrede genug gethan und thuen lossen, aber vor andern
ehrhaften ursachen und gescheften, doch allermeist
der herzogen von Burgund grosse maacht und gewalt
zu irem rechten nibe konnen kommen.

Nochdem nu dergleichen red und widerred viel
geschehen, doraus jederman wol konte verstehen,
welcher theil zu Braband der rechte erbe were, haben

inen zuletst die Oberlendischen graven und herren gefallen lossen, das beide theile diese sachen antweder
an unpartheische commissarien, welche jeder theil etliche
aus seinen verwanten dargeben und benennen, mechtig-
lich dorin zu erkennen, stellen solt, oder aber das sie
compromittirten, an ordentlichem rechten und fur ge-
burlichem richter, nemlich dem obern lehenherren
keyserlicher maiestet selbs diesen handel furzunemen.
Aber dieser furschlege keiner wolte den Niderlendern
annemlich noch gelegen sein, verfugten aber dazwischen,
das dem råth zu Aach undersagt ward, der von
Burgund wurde gemeine stadt Aache von wegen dieser
tageleystung nicht unberedt lossen, den man liesse sich
dunken, etliche burger in Aache betten diß spiel ange-
richt und ime den landgraven uber den halß gefhuret.
Hierauf ward an landgraven gesonnen, er wolte irer
verschonen und an andere orter seine tagleistung ver-
rucken, den inen were des von Burgund gemut und
will unverborgen, als die hin und wider allerlei schein-
ursach suchten, die stadt Aache zu bekriegen und die
irem gewalt zu underwerfen. Derhalben machte sich
landgrave Ludewig des morgens von stund an auf und
zog wider ungeendter sachen noch dem land zu
Hessen: wolte viel lieber selbs schaden am gut nemen,
den das er nicht alleine die von Aache in schaden,
sondern auch viel andere, da er sein recht mit krieg
und woffen understunde zu suchen, umb leib und
leben bringen solte.

Aber Johan Nhun von Herßfeldt, der
diese sache verzeichnet binder ime gelossen, zeiget die weitlauftiger an: ich hab
aber umb kurz willen allein diesen auß-
zug doraus anher gesatzt.

Es ist selbstverständlich, daß der sehr eingehende
Bericht Lauzes weder aus dem Anonymus noch aus
Nuhn bei *Senckenberg* geschöpft sein kann.

Dieser Fall liegt auch bei folgender Mitteilung des
erwähnten Chronisten S. 252a vor:

Anno etc. 1368.

Erlegte Cunrad Spiegel ritter bei der Aldenburg unferre bei der stadt Felßperg viel burger von Herßfeldt, denn er war des abts Bertholts von Felckerßhausen offener und abgesagter feind. Der Herßfeldische chronographus Johan Nhuen sagt selbs von dreihundert, so todt sollen sein blieben. Und dieses ist geschehen uf donerstag nach invocavit in der fasten.

Von dem, was Lauze bier erzählt, schweigt Nuhn bei Senckenberg und der Anonymus vollständig.

Ziehen wir den Schluß aus obigen Zusammenstellungen, so ergiebt sich folgendes. Nuhn hat mindestens zwei Werke über hessische Geschichte verfaßt: das eine behandelt die Ereignisse, die sich während seines Aufenthaltes in Hessen [1]) dort zutrugen; in dem andern wird die frühere hessische (und bis zur Trennung beider Länder wohl auch die thüringische) Geschichte dargestellt. Das an erster Stelle genannte ist dieselbe Arbeit, die Senckenberg a. a. O. unter Nuhns Namen veröffentlicht hat. Ganz richtig ist darauf aufmerksam gemacht worden [2]), daß dieselbe in zwei Teile zerfällt, deren erster in großen Zügen die hessische Geschichte von den frühesten Zeiten bis z. J. 1479 enthält, während der zweite im Anschluß hieran sich mit der Zeitgeschichte befaßt. Daß der erste Abschnitt von Nuhn herrührt, geht aus der Vorrede hervor. Dort heißt es S. 388: ›Und durch zugeneygter gunst des fürstenthumbs zu Hessen und Düringen wöll mir gott die gnade gönnen, als ich hoffend binn zu seiner gnaden, so will ich Johannes Noben von Herßfeldt mit schreiben eröffnen weitläufftigen anfang der zweyen fürstenthum Hessen

---

[1]) So ist wohl die oben S. 163 mitgetheilte Augabe Lauzes zu verstehen, die der Vorrede Nuhns entnommen zu sein scheint.

[2]) *Senckenberg* III, Praeloqu. p. 54 u. *Wenck* a. a. O. § 10.

und Düringen, und daß uffs kürtzte ich mög begreiffen
und vollenden‹ [1]). Es scheint auch nicht, als ob derselbe von einem späteren Bearbeiter gekürzt worden
sei: von einem solchen können unmöglich die an zahlreichen Stellen (S. 393, 406, 409, 422, 423, 426, 429,
434, 444) sich findenden Bemerkungen hinzugesetzt sein,
daß alles nicht streng zur Sache Gehörige beiseite gelassen werde.

Nur der zweite Abschnitt ist von Lauze hier und
da benutzt worden. Alles, was er aus früheren Perioden
unter Berufung auf Nuhn mitteilt, hat zwar bald mehr,
bald weniger Verwandtes mit dem ersten Teile der in
Rede stehenden Arbeit des letzteren bezw. mit dem
Anonymus, stammt aber aus einem andern Werke des
Hersfelder Chronisten, vielleicht demjenigen, das *Landau*
teilweise herausgegeben hat. Nicht ausgeschlossen ist
aber auch die Möglichkeit, daß diejenigen Partieen des
anonymen Werkes, die die hessische Geschichte behandeln und an die sich der zweite Teil von Nuhns
Chronik bei *Senckenberg* zeitlich genau anschließt[2]), in
originaler Gestalt Lauze als Vorlage gedient haben.
Der Kompilator müßte dann, was sehr wahrscheinlich
ist, vielfach gekürzt und ganze Stellen ausgelassen,
vielleicht auch allerlei sachliche Änderungen vorgenommen haben, wie er ja thatsächlich in dem Bestreben, den ganz verschiedenartigen, der hessischen,
hersfeldischen, hennebergischen u. s. w. Geschichte
angehörigen Stoff seiner Mosaikarbeit einzuverleiben,
zahlreiche Stücke an unrechter Stelle unterbringt und
den ursprünglich vorhandenen Zusammenhang nicht
selten ganz zerreißt. —

[1]) Vgl. ferner S. 406, wo er auf ein von ihm verfaßtes Reimwerk hinweist.
[2]) Vgl. u. a. *Wenck* a. a. O.

Daß die zuletzt mitgeteilte Nachricht sich in Nuhns hessischer Chronik nicht findet, hat darin seinen Grund, daß sie aus der genannten Hersfelder Chronik stammt. Diese Stelle ist deshalb von besonderer Wichtigkeit, weil sie den Beweis liefert, daß Nuhn eine Geschichte der erwähnten Stadt geschrieben hat. Nur hier, wo es sich um eine Mitteilung aus der Hersfelder Lokalgeschichte handelt, wird er nämlich von Lauze als hersfeldischer »Chronographus«, d. h. als Verfasser einer Chronik von Hersfeld bezeichnet, während sein Name sonst allein mit dem Zusatz »von Hersfeld« vorkommt[1]).

In der anonymen Chronik findet sich die Nachricht über die Niederlage der Hersfelder nicht: der Kompilator wird sie aus irgend einem Grunde fortgelassen haben. Doch hat dieser ohne Zweifel die wichtigsten Partieen der Nuhnschen Arbeit in sein Werk herübergenommen. Die aus der Hersfelder Chronik stammenden Stücke scheinen etwa ein Jahrhundert zu umfassen: sie beginnen mit der Sternerfehde und schließen mit der Erwerbung von Friedewald durch Heinrich III. ab. Ob der letztere Zeitpunkt richtig bestimmt ist, läßt sich mit völliger Sicherheit nicht sagen, da sich hier hersfeldische und hessische Geschichte eng berühren. Indes paßt die sehr ausführliche Darstellung einer an sich nicht besonders wichtigen Begebenheit wohl eher in eine hersfeldische als in eine hessische Chronik.

---

[1]) Ebenso spricht Lauze S. 250 (z. J. 1353) von dem „fuldischen Chronographus", nachdem er S. 239 (z. J. 1274) die „fuldische Chronica", offenbar das Werk des ersteren, erwähnt hat. Auch *Spangenberg* kennt, wie oben S. 158 bereits hervorgehoben, eine hersfeldische Chronik, die er zugleich mit einer hessischen bezüglich gewisser Ereignisse als Quelle bezeichnet. — Über die von Nuhn berichtete Niederlage der Hersfelder in der Nähe der Altenburg vgl. *Landau*, Ritterburgen II, 198 Note 1).

Über die Quellen dieser Abschnitte verlautet
nichts, doch giebt eine nähere Betrachtung des Inhaltes
immerhin einigen Aufschluß. Die Ereignisse etwa von
der Mitte des 15. Jahrhunderts an mögen größtenteils
aufgrund mündlicher Berichte aufgezeichnet sein, dagegen haben für die früheren Partieen schriftliche,
wohl gleichzeitig mit den Begebenheiten verfaßte
Notizen vorgelegen, die allem Anschein nach ein
offizielles Gepräge tragen. Dafür spricht nicht nur die
Ausführlichkeit der Darstellung und die Genauigkeit
in den einzelnen örtlichen und zeitlichen Angaben,
sondern auch die Namhaftmachung zahlreicher Personen,
die in Betracht kommen: S. 378 werden die Sterner
von den Hessen bei der Nikolaikirche vor Hersfeld
niedergeworfen, S. 380 ff. spricht sich der Verfasser
eingehend über die Gründe aus, die den Abt zum
Feinde der Stadt machten, S. 383 ff. wird der Gegenstand der Verhandlungen zwischen dem Landgrafen
Hermann und den Hersfeldern ausführlich erörtert und
S. 385 ff. erhalten wir einen genauen Bericht über die
Vorkommnisse, die insbesondere Hersfeld angehen,
wobei sogar (S. 389) der Fehdebrief des Simon
v. Haune seinem Wortlaute nach mitgeteilt wird.
Ferner finden sich S. 389 die Namen der in der Stadt
ergriffenen Verräter und S. 390 die ihrer Verbündeten
aufgezählt. Eingehend sind auch S. 399 ff. die An-
gaben über Fritz Stupheler: es werden nicht nur etwa
zwanzig Spießgesellen und die beiden mißhandelten
Knaben genannt, auch die Örtlichkeit und das genaue
Datum erfährt man. Hierher gehört weiterhin die
Stelle S. 401 f., wo von der Anwesenheit des Kaisers
Ruprecht in Hersfeld die Rede ist u. s. w.

An Beispielen für offizielle Berichterstattung über
ähnliche Vorgänge fehlt es in anderen deutschen
Städten nicht. In Köln, Nürnberg, Braunschweig,

12 *

Dortmund und anderwärts wurden wohl meist auf Anordnung des Rates, wichtige kriegerische Ereignisse, an
denen die Stadt beteiligt war, Festlichkeiten, wie sie
etwa bei dem Besuch des Kaisers oder eines be-
freundeten Fürsten veranstaltet wurden, aufgezeichnet[1]).
Dies wird auch in Hersfeld der Fall gewesen sein. In
dem dortigen Stifte darf man übrigens den Ursprung
dieser Notizen nicht suchen: sie tragen durchaus den
Stempel städtischer Geschichtschreibung, die in der
Darstellung des zwischen Stift und Stadt bestehenden
Gegensatzes ihren deutlichsten Ausdruck findet.

Schwerlich wird sich entscheiden lassen, ob Nuhn
diese Aufzeichnungen in ursprünglicher oder bereits
überarbeiteter Gestalt vorfand. Jedenfalls haben
diese Mitteilungen ganz abgesehen von ihrem rein
sachlichen Werte als zeitgenössische Nachrichten über
wichtige Vorgänge in der Stadt, über die Beziehungen
der letzeren zur Abtei, zu dem umwohnenden Adel und
dem Landgrafen Hermann, schon darum Anspruch auf
volle Beachtung, als sie den Beweis liefern, daß in der
Zeit, in welcher die städtische Historiographie in
Hessen einen gewissen Aufschwung nahm, Hersfeld
nicht zurückblieb[2]). —

Da der Hersfelder Chronist nach *Spangenbergs* Angabe auch eine meißnische Chronik geschrieben hat,
so ist es nicht unwahrscheinlich, daß die auf Meißen
bezüglichen Kapitel des Anonymus (I. B. Kap. 25;
II. B. Kap. 19, 21, 62) aus dieser Arbeit herrühren.

---

[1]) Vgl. u. a. Die Chroniken der deutsch. Städte XX p.
XVII u. XVIII.

[2]) Nicht unerheblich wird der Wert dieser und anderer
Nachrichten des Anonymus freilich dadurch beeinträchtigt, daß
der ungeschickte Kompilator Zusammengehöriges vielfach ausein-
andergerissen und einzelne Stücke dann an falschen Stellen untergebracht hat u. s. w.

Vielleicht sind ebenso die Partieen, welche über Anhalt handeln (I. B. Kap. 25; II. B. Kap. 5, 19), einer anhaltischen Chronik Nuhns entnommen. —

Fast ganz außerhalb des Zusammenhanges mit den übrigen Bestandteilen der anonymen Arbeit stehen weiterhin gewisse Stücke, die sich mit Hans und besonders eingehend mit Werner v. Hanstein beschäftigen (II. B. Kap. 107, 131, 155—160). Der Verfasser muß gut unterrichtet gewesen sein. Darauf deutet nicht nur die Erwähnung zahlreicher Einzelheiten, sondern auch der Umstand hin, daß er selbst einmal von der Benutzung urkundlichen Materials spricht [1]. Möglicherweise ist Nuhn auch der Verfasser einer hansteinischen Familiengeschichte. Die Hypothese gewinnt etwas an Wahrscheinlichkeit, wenn man in Betracht zieht, daß Ludwig v. Hanstein 1514—1516 Verweser der Abtei und darauf kurze Zeit Abt von Hersfeld war. Ihm zu Ehren mag dann das Werk geschrieben sein [2]. —

Gänzlich verschollen ist schließlich die Reimchronik Nuhns, auf die dieser einmal hinweist [3]. Sie behandelte, nach den Andeutungen des letzteren zu schließen, die Geschichte von Karl Martells Sohn Karlmann, dessen Verhältnis zu Bonifatius, die Gründung

---

[1] S. 454: Es gab auch guthe zurichtunge zu der vehde das herr Werner von Haenstein, ritter, der in großer gnade landtgraf Ludwigs war, der fande eine ursache wieder Hansen von Dornbergk: ob sie der werto war, hab ich in keinem briefe gelesen.

[2] Eine Notiz über Hans v. Hanstein und seine Beziehungen zu Hans v. Dörnberg, die einige Verwandtschaft mit der Darstellung des Anonymus (S. 430 f.) hat, findet sich in *Spangenbergs* Adelspiegel II, 433a. Die gemeinsame Quelle wäre dann auch hier Nuhn.

[3] *Senckenberg* V, 406.

von Fulda, Karlmanns Eintritt in das Kloster Monte
Cassino u. s. w. [1]). —

So dürftig auch die Überreste sind, die von der
ausgedehnten historiographischen Thätigkeit des Hersfelder Chronisten sich erhalten haben, und so sehr auch
dieses Wenige einer gesicherten Überlieferung entbehrt,
es genügt, um eine Vorstellung von seiner Bildung,
seiner Denkweise und vor allem von seiner Befähigung
zum Geschichtschreiber zu gewinnen.

Die großartige Umgestaltung, die der Humanismus
auf fast allen Gebieten der Wissenschaft und nicht
zum wenigsten auf dem der Geschichtschreibung her-
beiführte, ist an Nuhn ebenso wie an seinem Zeitgenossen Gerstenberg spurlos vorübergegangen; beide
stehen dieser neuen Richtung durchaus fern. Mag
ersterer sich auch einmal auf Plato berufen und an
einer anderen Stelle auf Valerius Maximus verweisen:
die Welt des Altertums, die damals zu neuem Leben
erstand, ist ihm fremd geblieben, und geradezu komisch
wirkt das Bild, das er von der römischen Geschichte
entwirft. Nicht viel gründlicher hat er sich auf dem
Gebiete der deutschen Vorzeit umgesehen. Wollen wir
ihm auch keinen Vorwurf machen, wenn er sich gleich
manchem Kundigeren von dem falschen Turpinus hat
irre führen lassen, schlimmer ist, daß es ihm überhaupt
nicht darum zu thun war, durch das Studium guter
Quellenschriften sich einen Einblick in die Geschichte
und die staatlichen Zustände jener Zeiten zu verschaffen [2]). Diesem Mangel begegnen wir auf Schritt

---

[1]) Irrtümlich spricht *Senckenberg* V, Praeloqu. S. 53 f. und
nach ihm *Wenck* a. a. O. S. XV. von einer hessischen Reimchronik, die Nuhn verfaßt haben soll.

[2]) So giebt er, um nur ein Beispiel anzuführen, bei
Senckenberg V, 402 den Ausdruck Maior domus mit „das große
Haus" wieder.

und Tritt. Dazu kommt, daß er keinerlei kritische
Befähigung zeigt. In Bezug auf letztere steht er noch
tief unter dem Frankenberger Chronisten, der wenigstens
hier und da den Versuch macht, aus den abweichenden
Angaben der Quellen das Richtige herauszusuchen oder,
wo ihm dies unmöglich erscheint, seinen Lesern
wenigstens die Entscheidung in zweifelhaften Fällen
anheimstellt. Von einer solchen Gewissenhaftigkeit
findet sich bei Johannes Nuhn keine Spur; er nimmt
sich in der Regel nicht einmal die Mühe, Mitteilungen
über seine Vorlagen zu machen, und nur ganz vereinzelt giebt er unzureichende Auskunft.

Aus diesem Grunde sind wir meist auch nicht in
der Lage, einen genügenden Einblick in die Art und
Weise seines Arbeitens zu gewinnen. Doch läßt sich
unschwer erkennen, daß er reichliches Material herbei-
geschafft, es aber unterlassen hat, dasselbe zu sichten
und mit einiger Vorsicht zu verwenden. Die Folgen
dieser Behandlung des Stoffes zeigen sich in dem
Übergehen oder nur gelegentlichen Erwähnen wichtiger
Vorgänge und andererseits in der mehr als behaglichen
Breite, mit der untergeordnete Ereignisse besprochen
werden, mag er nun selbst der Urheber oder nur der
Nachschreiber sein [1]). Selbst um genügende Aufhellung

---

[1]) Vgl. z. B. die ausführliche Erzählung von der Erwerbung
von Friedewald durch Heinrich den Reichen (*Senckenberg* III.
503 ff.) und den Abenteuern Ottos des Schützen in Kleve (das.
S. 343 ff.). Bemerkenswert ist die auf letztere bezügliche Ausführung Lauzes S. 248a f., wobei dieser wohl Nuhn im Auge hat:
Das aber etliche diese warhaftige historien mit weitern zusetzen
schmucken, achte ich nicht von noten, sondern wer da weiß, das
ire die warheyt an einfaltiger erzelung der sachen benugen lesset,
der wird noch solchen und dergleichen schmuckreden nicht hoch
fragen. Dieweil auch diese tugend, sich dermassen zu nidrigen
und in knechtsgestalt brauchen zu lossen, under den hohen leuthen
dieser zeit gantz selzam worden, mochten diese geschicht villicht
etliche fur ein gedicht halten; aber gewiß und whar ists, das sich

zeitlich ihm nicht allzufern liegender Ereignisse hat er sich, wie ihm schon *Spangenberg* vorwirft, nicht bemüht, eine Nachlässigkeit, aus der zahlreiche Irrtümer erwuchsen.

Bedeutend höher steht Nuhn als Darsteller der Zeitgeschichte. Nicht als ob er sich hier zu einem völlig vorurteilsfreien Standpunkt erhoben hätte; es wird aber wenigstens der Versuch gemacht, die Ereignisse in einen gewissen, wenn auch meist nur rein äußerlichen Zusammenhang zu bringen. Dazu war er in der Lage, über manche Vorkommnisse zuverlässig zu berichten, von denen andere keine oder doch nur unsichere Kenntnis haben konnten. Der Chronist hatte sich in der Welt umgesehen, hatte das Leben an Fürstenhöfen kennen gelernt und war wohl auch mit mancher Persönlichkeit, die in den Händeln der Zeit eine hervorragende Rolle spielte, zusammengetroffen, er hatte sogar einige Male selbst in bescheidenem Maße thätigen Anteil an letzteren genommen. Seinem Unternehmen förderlich erwies sich insbesondere das nahe Verhältnis, in dem er zum landgräflichen Hofe stand, wenngleich andererseits die Gefahr nicht fern lag, sich von diesen Beziehungen beeinflussen zu lassen. In der That ist er an dieser Klippe nicht ganz unversehrt vorbeigekommen. Doch darf sein Mangel an Objektivität gewiß nicht allzusehr betont werden : es wird sich wohl kaum ein Fall nachweisen lassen, wo

---

diese dinge wie erzalt zugetragen und verlaufen haben. — Daß Nuhn die Geschichte von Otto d. Schützen erfunden habe, in die einige Züge der Lohengrinsage verwoben zu sein scheinen, läßt sich nicht beweisen, wenngleich sie sich bei ihm zuerst findet. Vielleicht liegt seiner Darstellung ein Roman zugrunde, wie denn gerade das 15. Jahrhundert reich an diesen Prosadichtungen ist. Daß der Chronist kein Bedenken trug, letztere als historische Quellen zu benutzen, zeigt sein Hinweis (s. o. S. 34) auf Hug Schaplers Geschichte.

Nuhn über die Begebenheiten wieder bessres Wissen berichtet hätte.

Was die formale Seite seiner Darstellung betrifft, so versteht er es, den behandelten Gegenstand anschaulich zu machen und Interesse für die Sache zu erwecken. Man sieht auf den ersten Blick, daß er mit keinerlei Schwierigkeiten des Ausdrucks zu kämpfen hat, daß ihm die Gedanken, mit denen er sich beschäftigt, ungezwungen in die Feder fließen. Was dann auf den ersten Wurf nicht völlig gelingt, läßt er unbekümmert um etwaige Härten und Unklarheiten stehen: es kommt ihm eben auf Feinheit und Glätte des Stiles nicht an. Seine Sprache ist überhaupt derb und ungeziert, reich an Sprichwörtern und volkstümlichen Redensarten, und gerade diese Naturwüchsigkeit ist es, die ihr im Gegensatze zu der trockenen und farblosen Ausdrucksweise Gerstenbergs einen nicht geringen Reiz verleiht.

Werfen wir zum Schlusse noch einen Blick auf die Stellung, die Johannes Nuhn in der Geschichte der hessischen Historiographie einnimmt. Trotz aller Mängel, die ihm anhaften, bezeichnen seine Leistungen ebenso wie die seines eben genannten Zeitgenossen den Höhepunkt, den die Geschichtschreibung an der Schwelle der Neuzeit erreichte, und sind schon aus dem Grunde von hoher Bedeutung, als sie den Beweis liefern, daß jene sich damals nicht in Städte- und Lokalgeschichten zersplitterte, sondern die Kraft in sich fühlte, nicht nur die das ganze Land angehenden Ereignisse der Gegenwart zur Darstellung zu bringen, sondern auch die gesamte Vergangenheit desselben zu ergründen. Nicht geringer ist die Bedeutung der beiden Chronisten vom rein sachlichen Standpunkte aus anzuschlagen, denn in ihren Werken ist so ziemlich alles Material von einigem Werte zusammengeflossen, das die hessische Chronistik bis dahin hervorgebracht hatte. Gerstenbergs thüringisch-hessische Chronik und die aus Nuhns Arbeiten entstandene Kompilation sind daher die hauptsächlichsten Quellen für alle späteren Darsteller der älteren hessischen Geschichte und für die ganze Auffassung der letzteren auf lange Zeit hin allein maßgebend gewesen.

III.

Schreiben von Anna geb. Herzogin zu Mecklenburg an ihren Schwiegervater Philipp Grafen zu Solms aus dem Jahre 1520.[1]

Mitgeteilt von

Dr. August Roeschen.

◦—◦◦◦—◦

Wolgebarner fruntliger liber Swir!

We yr mir entbotten habet der Akt halben uber de Klinnot, wo ych de haben wolt, vorseget yr eich, se worden mir auch warden so wol als L. P. Nu dorft ych

---

[1] Anna geb. Herzogin zu Mecklenburg, Witwe Wilhelms II., Landgrafen von Hessen, Mutter Philipps des Grossmüthigen, die bekanntlich in den Kämpfen während der Minderjährigkeit ihres Sohnes eine hervorragende Rolle spielte (Vgl. bes. *G. Frhr. Schenk zu Schweinsberg*, Das letzte Testament Landgraf Wilhelm II. von Hessen, Gotha 1876.), vermählte sich 1519 mit Otto Grafen zu Solms. Derselbe verstarb jedoch schon am 14. Mai 1522 vor seinem Vater Philipp. Anna überlebte ihren Gemahl nur um 3 Jahre; in ihrem Testamente bestimmte sie, dass sie im Franziskaner-Kloster zu Marburg (sie war dem katholischen Glauben treu geblieben) begraben würde; ihr Herz jedoch sollte im St. Elisabeth-Münster „bei ihrem herzlieben Herrn und Gemahl" ruhen. Sie ist die Stammmutter aller hessischen Häuser und aller jetzt lebenden Grafen zu Solms. Ihr Sohn Friedrich Magnus erhielt in der Teilung von 1548

er seir wol, und yst mein Begeir an eich, das yr se
mir wolt usbringen, wo yr es dar for wolt halten, das
de Sage nicht vordragen worde word, auber de Sage
sunst vordragen, so sparde ych wol den Kosten. Ych
stell es zu eijere guot Bedunken. Auch las ych eich
wissen, das meins Sonns Kamerschriber yst bi mir gewesen und mir gesaget, das er wol weist, um das mir
der Munnig[1]) hat anbracht; und mein Sonn hatz auch
mit einngereit, und yst gans meins Sonns Meinning, das
er geirn allenen bi mir were. Mich dunkt auber, er
kans vor den Reden[2]) nicht zu Wege bringen, und
sunderlig vor Balsser und vor Drakstorf. Und mein
Sonn hat wider den Kamerschriber gesaget, wan er
nor 3 Kleinnot heit, so ych habe, als mit namen das
Halsbant, die anderen 2 kuont er mir nicht genemen,
so wolt er de Sagen lassen gerycht sein. Nu aucht
ych. Das einne yst der demanten Gurge[3]), das ander
das grosse Span, das de Roze heist[4]). Das schrib ych
eich darumb das yr eich wist dar nach zu richten, wo

Laubach nebst Rödelheim, Assenheim und der Hälfte des Amtes
Peterweil. — Der hier veröffentlichte Brief, den ich im Sommer
1892 im fürstlichen Archive zu Lich (I. Abth. Pers. Sachen.
Phil. I. Sohn Otto, Conv. 20) fand, ist ganz von der Hand Annas
von Mecklenburg, in festen Zügen geschrieben. Er bezieht sich
auf die Auseinandersetzung wegen der Erbschaft ihres ersten
Gemahles und bietet in mancherlei Hinsicht Interesse. Leider ist
das Schriftstück stark vergilbt und beschädigt (fol., pap.). Bei der
Wiedergabe des Textes habe ich u nur vokalisch, v nur konsonan-
tisch verwandt, die Anfangsbuchstaben nach heutigem Gebrauch
gross oder klein gesetzt, die Interpunktion (die im Original völlig
fehlt) ergänzt, im Uebrigen die Schreibung des Originals unverändert gelassen. —
[1]) Mönch. — [2]) Räten.
[3]) Ein diamantenbesetztes Bildnis (Statuette) des St. Georg.
[4]) Kleinod (Spange) in Form einer Rose. Bei *Luther*, Ps. 60, 1:
„Ein gülden Kleinot Davids, vor zu singen, von einem gülden
Rosenspahn zu leren", wobei die Randbemerkung (nach Bindseils

es sych wolt zu einem Vordrage schiken, das yr wost, mit den anderen dar hinder zu hallten. Auch schik ych eich hirmit 2 Kopigen, de einne, was mir der Munnig schribet, de ander mein Antwart daruf, das yr aller Handelung ein Gewissen habet. Auch yst der hessysche Marschalk bi mir zu Frankfort und auch zu Rodelem [1]) bi mir gewesen, und der sege auch geirn, das mein Sonn und ych bi einander weren; und er heltz gans dar fuor, wan wir bi einander weren, de Sage solt vordragen warden. Hirmit duon ych eich Got befellen, der heilf uns mit Frouden zu samen. Dat. Rodelem am . . . . anno XV^{C}XX.

A[nna] g[e]b[orene] H[erzogin] z[u] Mec[klenburg] [2]).

—

und Niemeyers Abdruck): Das ist, Ein gehenge oder köstlich Kleinot in einer Rosen gestalt. Dann Ps. 80, 1: „Die Spanrose", wobei die Randbemerkung: Ein Kleinod wie eine Rose. Und heisst hie das Königreich Israel. *Erasmus Alberus*, Diction. v. 1540, hat: Lilium, rosenspahn. (*Weigand*, D. W. II, 489; *Grimm*, D. W., VIII. Bd., 7. L., S. 1219).

[1]) Rödelheim.

[2]) Auf der Aussenseite des Briefes befindet sich die Adresse: Meinem fruntligen liben s(wir) . . . . . . Philip . . . (gr)av Sol(ms) H(errn) z(u) M(ünzenberg). . . — Wir fügen hier noch bei, dass Graf Philipp, der Schwiegervater Anna's von Mecklenburg, in gutem Ansehen bei Kaiser und Reich stand; 1521 zog er mit Karl V. gegen Frankreich. Auch zu Friedrich dem Weisen, Kurfürsten von Sachsen, hatte er nähere Beziehungen. Philipp von Hessen begleitete er im Bauernkriege; im Alter von 76 Jahren zog er noch nach Frankreich zu Karl V., als dieser vor Landrecies lag. Er starb 1544 zu Frankfurt und wurde zu Lich beigesetzt. — Eine Lebensbeschreibung von diesem Grafen, etwas panegyrisch gehalten, aber im Ganzen zuverlässig (herausgeg. von Konsistorialrath Schneider zu Michelstadt), wurde 1574 von M. Lucas Goyerberg, Prediger zu Laubach, verfasst.

IV.

Die Annalen und die Matrikel der Universität Kassel

herausgegeben

von

Dr. Wilh. Falckenheiner,
Kustos an der K. Universitäts-Bibliothek zu Göttingen.

>—:⚜:—<

Die Gründung der Universität **Kassel** im Jahre 1633 durch Landgraf **Wilhelm V.** war veranlasst durch die Sorge des Landesherrn für den Bestand des reformirten Bekenntnisses in seinen niederhessischen Gebietstheilen. Die frühere Landes-Universität Marburg war in Folge des Hessen-Marburgischen Erbfolgestreites schon unter Landgraf **Moriz** 1625 in den Besitz Ludwigs V. von Darmstadt übergegangen und von diesem, zugleich mit der Wiederherstellung des lutherischen Kultus in Oberhessen, in eine Lehranstalt des strengsten Lutherthums umgewandelt worden [1]). Als nach der am

---

[1]) Vgl. *Heuser*, Beiträge zur Geschichte der Universitäts-Bibliothek Giessen im 6. Beiheft zum Centralblatt für Bibliotheks-wesen. Leipzig 1891, S. 3 f. Literaturnachweise ebenda, sowie bei *Walther*, Lit. Handbuch. Darmstadt 1841, S. 96 ff. — *Fr. Rehm*, Handbuch der Geschichte beider Hessen. Marburg 1846. Bd. II, S. 137 ff. — *Rommel*, Geschichte von Hessen. Bd. VI, S. 121 ff.

17. März 1627 erfolgten Abdankung des Landgrafen Moriz, Wilhelm V. zur Regierung kam, war eine der ersten Sorgen des thatkräftigen Fürsten, eine neue Pflanzstätte für die von seinem Vater begründete reformirte Kirche zu schaffen. Zufolge des am 24. September 1627 mit Ludwigs V. Nachfolger Georg II. von Darmstadt abgeschlossenen sogen. Hauptaccordes[1] wurden die Einkünfte der Universität Marburg getheilt[2] und Wilhelm V., nach formeller Verzichtleistung auf Marburg, das Recht zugesprochen, eine neue Universität in Niederhessen zu gründen[3].

Der Plan der neu zu errichtenden Universität wurde nun mit grossem Eifer betrieben, wobei der Vicekanzler Helfrich D e i n h a r d hervorragenden Antheil hatte. Schon im Februar 1628 liess der Landgraf die Professoren M o l t h e r und C o m b a c h nach Kassel berufen, um in Gemeinschaft mit C r o c i u s, H a r t m a n n i, dem Rektor der Stadtschule C r u g i u s, und S e y l e r ein Gutachten über die Neugründung auszuarbeiten. Eine andere Kommission wurde eingesetzt, um über Beschaffung und Regelung der Einkünfte u. a. zu berathen[4].

Im Juli des folgenden Jahres wurde in den Räumen der einst von Landgraf Moriz errichteten und später eingegangenen Ritterschule (Collegium Adelphicum Mauritianum[5]) mit Vorlesungen in allen Fakultäten begonnen, und trotz der beständigen Kriegesschrecken fand am 2. Januar 1633 die feierliche Eröffnung statt.

---

[1] Ausgaben s. *Häberlin*, Reichsgeschichte, fortgesetzt von *Senckenberg*, Th. 25 § 274 Anm. y. S. 585.

[2] *Rehm*, a. a. O., Bd. II, S. 176 ff., wo die Hauptbedingungen des Vergleichs abgedruckt sind. — *Justi*, Grundzüge einer Geschichte der Universität zu Marburg. Marburg 1827, S. 75 f.

[3] Vgl. auch *Piderit*, Geschichte der . . Stadt Kassel, herausgegeben von *Hoffmeister*. Kassel 1882, S. 147 ff.

[4] Annalen zum Jahre 1833.

[5] Vgl. *Neuber* im Hessenland, Jahrg. IV, 1890, S. 279.

Ueber die Gründung und die Ereignisse der ersten
Jahre berichten die handschriftlich in einem Codex des
Marburger Staatsarchivs (Sign. 1. Nr. 5 A) erhaltenen
Annalen, welche zugleich mit der Matrikel zum ersten
Male veröffentlicht werden[1]). Dem Texte der Ausgabe
sind nur gelegentlich Erläuterungen hinzugefügt worden,
da es zunächst die Aufgabe war, das Quellenmaterial
der Forschung allgemein zugänglich zu machen.

Von den Aufzeichnungen, welche die Rektoren am
Schlusse ihres Amtsjahres eigenhändig in einen besonderen Band eingetragen haben, sind leider nur wenige
Jahre erhalten. Ueber die Vorgeschichte und die Begebenheiten der Jahre 1633—1635 berichtet sehr ausführlich der damalige Prorector Johannes Combach
welcher den ersten Rektor Crocius[2]), der wegen Tödtung
des Cornets Hund in Anklagezustand versetzt worden
war, am 26. März 1633 im Amte ablöste.

Die Ereignisse der Jahre 1635—1637 hat der in
seine früheren Würden wieder eingesetzte Crocius dargestellt, mit einem längeren Excurs in eigener Sache
und der Publikation von Aktenstücken über seinen
Prozess. Die Annalen des Jahres 1638 (Rektor Erich
Graff) fehlen. Das folgende Jahr 1639 ist das letzte,
in welchem der damalige Rektor Nolthen seine Aufzeichnungen über die Begebenheiten des Universitäts-
lebens der Nachwelt überliefert hat.

Seit dem Schreckensjahre 1640, in welchem Crocius
»propter ingentia patriae pericula et horribiles belli

---

[1]) Die Anregung dazu verdanke ich den Herren Professor
Dr. Varrentrapp in Strassburg und Archivrath Dr. Könnecke
in Marburg.

[2]) *Claus*, Joh. Crocius, ein biographischer Versuch. Marburg.
Diss. 1857; — *Strieder*, Grundlagen zu einer bess. Gelehrten- etc.
Geschichte, II, S. 397 f.; — *Fr. Münscher* im Hessenland, Jahrg.
1889, S. 96—99.

tumultus« nur 9 Studenten inscribiert hat, sind keine Annalen weiter geführt. Man kann wohl annehmen, dass die folgenden Rektoren Concepte hinterlassen haben [1]), die während der Stürme des dreissigjährigen Krieges wahrscheinlich zu Grunde gegangen sind. Diesbezügliche Anfragen und Nachforschungen in der Landes-Bibliothek zu Kassel, der Universitätsbibliothek zu Giessen und dem Staatsarchive zu Marburg waren erfolglos.

Der die Annalen enthaltende einfache und schmucklose Folioband (Holzdeckel in gepresstem Schweinsleder mit Schliessen) besteht aus 188 Blättern. Fol. 1—6 und 8 sind leer. Fol. 7 und 9—18 enthalten: »Leges et statuta academiae Cassellanae«, eine fast wörtliche Wiederholung der Gesetze und Statuten Philipps des Grossmütigen vom 31. August 1529 (vgl. Urkunden-Sammlung über die Verfassung und Verwaltung der Universität Marburg unter Philipp dem Grossmütigen, herausgeg. von Br. Hildebrand. Marburg, 1848, S. 19 ff.) mit geringen, unwichtigen Abänderungen. Datirt: (Fol. 18) Cassellis pridie Kal. Jan. Anno p. Chr. n. millesimo sexcentesimo tertio. Guilielmus Landgravius Hassiae. Das beigedrückte Siegel ist abgefallen. Fol. 19—24 sind leer. Fol. 25—27: »Copia Herrn Landgraff Wilhelms F. G. Dotation der Academi zu Cassel, undt der Communitet daselbsten auss den Fritz-

---

[1]) Man vergleiche die Ausführungen des Marburger Rektors Sinolt zum Jahre 1634 über die Rektoratsbücher (Catalogus stud. Marp. ab 1629—1636 Fasc. 15 ed. *Falckenheiner*. Marburg. Rektorats-Programm 1888, S. 54): „Cum ab aliquot annis neque notabilia quae contigerant, neque nomina studiosorum his (Annalibus seu libris Rectoralibus) inscripta essent, Ill. Princeps diversis vicibus sub poena praecepit, ut complerentur, cui Professores, qui munus Rectoratus gesserant, humilime obediverunt" etc. Ferner a. a. O. pars IV, S. 177 sagt *Feurborn:* „Haec ex Autographo . . . Mentzeri . . . . sub meo Rectoratu . . . . inscribenda curavi."

larischen Stiftsgefällen.« Dat. Cassél, 14. Febr. 1634.
Das folgende Blatt 28 ist leer. Fol. 29 und 30 enthalten eine Empfehlung der Academie zu Cassel, welche
beginnt: »Christianus Dei gratia Hassiae landgravius,
comes . . Academiae Cassellanae Rector: Omnibus omnium Academiarum et Gymnasiorum per Europam Re-
ctoribus ac Professoribus εὐπράττειν.« Dat. Cassel, Cal.
Martii Anno 1634. Fol. 31 und 32: »Scriptum quo
publici victus seu communitatis, ut vocant, Academiae
Cassellanae commoditates explicantur.« Dat. Cassel, Cal.
Martii 1634. Dann folgt ein Ausschreiben des Landgrafen Wilhelm V., die Einrichtung der Communität
betreffend. Dat. Cassel, 1. März 1634, auf Fol. 33 und
34; Fol. 35—38 enthalten die »Communitet-Ordnung
der hohen Schul zu Cassel.« Dat. Cassel, 20. April
1634. Fol. 39—43 sind leer. Fol. 44 endlich beginnen
die »Annalen« auf den Blättern 44—80 und 89—95.
Fol. 81—88 sowie 96—188 sind leer.

Die in einem zweiten Bande aufgezeichnete Matrikel der Jahre 1633—1652 ist vollständig erhalten[1]).

Es ist begreiflich, dass eine während der Wirren
des 30jährigen Krieges neugegründete Universität, deren
Studenten sich grösstentheils aus den verhältnissmässig
kleinen niederhessischen Gebietstheilen rekrutirte, sich
keiner grossen Frequenz erfreuen konnte. Dazu kam
noch, dass das ganze Land von der Pest heimgesucht
wurde. Im Jahre 1636 klagt Combach: »quia pestis
civitatem occupaverat, et lectiones cessabant, nulli novitii ex eo tempore hoc anno accesserunt ad Academiam.«
Im folgenden Jahre dauerte die Pest noch fort, man
sah sogar von der Wahl eines Rektors ab. 1637 begründet Crocius die geringe Zahl der Immatrikulirten

---

[1]) Eine kurze Inhaltsangabe giebt C. L. Th. Henke: Die Eröffnung der Universität Marburg im Jahre 1653. Marburg 1862,
S. 37, Anm. 12.

(9) damit, dass »propter hiem pestiferam aliosque morbos contagiosos« (in den Annalen werden oft Todesfälle an »febris petechialis« verzeichnet) in urbe grassantes, ut et atroces motus bellicos« etc., nur wenige Studirende angekommen seien. 1640 und 1641 werden allein die Kriegsgefahren für die geringe Frequenz verantwortlich gemacht. Von da an erhöhen sich die Ziffern bis zur Aufhebung der Universität.

Immerhin ist die Zahl der Immatrikulirten, wenigstens in den ersten Jahren, keine geringe, wenn man z. B. Marburg zum Vergleich heranzieht. Dort wurden 1633 immatrikulirt: 92, in Cassel 66; 1634: 78, in Cassel 96; 1636: 33, in Cassel 39. Leider ist die Marburger Matrikel des entsprechenden Zeitraumes nur für diese Jahre erhalten, sodass der Vergleich sich nicht weiter ausführen lässt. In Cassel wurden in den folgenden Jahren immatrikulirt: 1635: 18; 1637: 22; 1638: 28; 1639: 13; 1640: 9; 1641: 8; 1642: 21; 1643: 12; 1644, 1645 und 1646 je 30; 1647: 43; 1648: 36; 1650: 26; 1651: 44; endlich 1652: 37. Im Durchschnitt jährlich: 36. Der Herkunft nach sind aus Hessen: 501 Studirende [1]); aus anderen deutschen Ländern: 94; aus dem Ausland: 8; davon je 2 aus Sedan und Genf, 3 aus Schaffhausen, 1 aus Zürich.

Die Eintragungen in den die Matrikel enthaltenden Band sind theils von der Hand eines Schreibers (Fol. 2, 3, 7 bis »Septembris«, 10—12, 13*, 17 von Anno bis Schluss) theils eigenhändig von den jeweiligen Rektoren besorgt.

Der Band ist Eigentum des Marburger Universitäts-Archivs (Sign.: II Nr. 7 A) und ähnlich dem der Annalen gebunden; er fasst 229 Blätter. Fol. 1 ist

---

[1]) Bei *Strieder* a. a. O. lässt sich eine ziemliche Anzahl derselben nachweisen.

13*

leer, Fol. 2—20 enthalten die Matrikel. Die übrigen Blätter haben durch die 1653 vollzogene Vereinigung der Casseler Universität mit der zu Marburg keine Verwendung mehr gefunden.

Das der Matrikel beigefügte Personenregister ist in der Weise angeordnet worden, dass die Namen ein und derselben Familie, auch wenn die Schreibweise in den verschiedenen Jahren, oft sogar an derselben Stelle verschieden ist, unter der gebräuchlichsten Namensform zusammengestellt worden sind. Die Buchstaben C und K, F und V sind vereinigt; Y ist durchweg unter Z eingeordnet. Die neben der Jahreszahl befindliche Ziffer ist die laufende Nummer der in jedem Rektoratsjahre immatrikulirten Studirenden.

Die Ortsnamen sind in der heutigen Schreibweise aufgeführt mit Hinzufügung der zu den einzelnen Orten gehörenden Familiennamen in alphabetischer Reihenfolge. Dabei bleibt es der Einzelforschung überlassen, die Zugehörigkeit von Familiennamen zu häufiger vorkommenden gleichlautenden Ortsnamen festzustellen.

Rectoren und Prorectoren der Universität Cassel.

1633. Joh. Crocius, Prof. theol.
Joh. Combach, Prof. theol.

1634. Christian, Landgraf von Hessen.
Combach, Prorector.

1635. Ernst, Landgraf von Hessen.
Joh. Matthaeus, Prof. jur., Prorector, vom 22. October ab: Combach.

1636. Dieselben bis 14. Februar. Dann John Pet. Dauber, Prof. Orat. poet. et hist., Rector.

1637. Georg Cruciger, Prof. theol.
Crocius.

1638. Erich Graff, Prof. jur.

1639. Aug. Nolthen, Prof. phil.
1640. Crocius.
1641. Joh. Kleinschmidt, Prof. jur.
1642. Dauber.
1643. Crocius.
1644. Kleinschmidt.
1645. Nolthen.
1646. Combach.
1647. 1648. Gregor Stannarius, Prof. pbys.
1649. Interregnum.
1650. Erich Graff.
1651. 1652. Joh. Werner Geise, Prof. mor. philos.

— ———

Annales
Academiae Cassellanae

quorum initium fecit Joh. Combachius S. S. Theologiae Licentiatus, eiusdemque et philosophiae Professor ordinarius, Academiae ProRector. Anno a nato Christo MDCXXXIII.[1])

Quum superiori seculo heros fortissimus inclytae memoriae Philippus Hessorum Princeps animadverteret, quot quantisque erroribus pontificiorum religio obnoxia esset, de suis Ecclesiis ab iis repurgandis serio cogitare coepit; idque ut felicius perageret, anno a nato Christo MDXXVII de Academia Marpurgensi erigenda cum suis consilia communicavit[2]), eidemque

[1]) Fol. 44 findet sich dieselbe Überschrift mit der Variante: „Annalium A. C. Liber quorum" u. s. w.

[2]) Bereits in der Homberger Kirchenordnung vom 20. Okt. 1526 ist die Gründung der Universität Marburg geplant. Urkundensammlung ed. Hildebrand S. 1 ff.

paulo post institutae non solum de amplissimis reditibus, sed et de privilegiis a Caesare Carolo V. anno
MDXLI¹) collatis clementer prospexit, ut esset pietatis
et ὀϱϑοδοξίας seminarium ad Ecclesiam et veram
religionem rectius propagandam, et bonarum artium et
disciplinarum officina, ad Rempub[licam] administrandam,
bonosque mores in hominum societate conservandos.
Ea sub tutela et administratione Illustrissimorum
Hassiae principum laudatissimae recordationis Dn.
Guilielmi Sapientis, Dn. Ludovici senioris, et literatissimi
Fol. 45ᵃ] Principis Dn. Mauritii, e tenuio | ribus principiis ita
paulatim succrevit, ut inter celeberrimas Germaniae
Academias habita fuerit. Inprimis v[ero] cum post
obitum principis Ludovici senioris ad Mauritium
principem solum eius tutela deveniret, in eam curam
maxime incubuit, ut quibus posset modis ornaret et
non solum viros Clarissimos evocaret, ad majorem ejus
celebritatem et studiosae iuventutis commoditatem et
utilitatem: sed et quotannis 1500 florenos e Salinis
Hassiacis de suo penderet, ut quod Academiae subtraxe-
rant Giessenses²), compensaret, et suis professoribus
legitimo tempore stipendia numerarentur, ne quis inde
lectionum negligendarum praetextus nasceretur.

Sed quum in flore jam essent omnia, Martis vis,
quae in vicinia aliquandiu commorabatur, Hassiam
quoque invadit: et non solum gravissimis exactionibus
eam exhaurit, sed et legitimo Domino suo privat sub
iuris et sententiae Caesareae praetextu. Nec vero intra
ditionem et urbem tantum sese continebat: sed et
pulcherrimum illud et laudatissimum corpus Academicum
a se invicem quasi distrahit et convellit: absque ulla

---

¹) Vom 16. Juli 1541 ist die Urkunde datirt. Urkunden-
sammlung ed. Hildebrand S. 37 no. VIII.

²) Vergl. *Rehm*, a. a. O. Bd. II S. 181.

noxa dimissis professoribus, ut et praeceptoribus paedagogicis iis qui a tempore administrationis Mauritianae in eorum fuerunt numerum cooptati. Fuerunt professores ex horum numero:

Johannes Crocius D. Theol.

Casparus Sturmius D. Theol.

Georgius Cruciger D. Theol.

Antonius Matthaeus Juris D.

Johannes Moltherus Med. D.

Catharinus Dulcis exoticarum linguarum Professor.

| Joh. Combachius.   [Fol. 4(

Gregorius Schönfeldius iunior, Juris D. Orator.

Christianus Sturmius Matheseos Professor.

Johannes Pincier Med. D. Physicae Professor, eadem Septimana, in quam baec mutatio incidit mortuus, dimissione antevertit, ex hac Academia in caelestem translatur, vir optimus multiplicis scientiae.

Facta est a[utem] ea mutatio 17. d. Martii anno 1624. Ac Professores eo quidem tempore secessere in suas quisque partes, ubi facilius sese sperabant victuros. Sed ex eo Doct. Antonius Matthaeus Groningam Frisiae vocatur, in ea Academia magna cum laude Juris prudentiam profitetur, iam septuagenarius. Doct. Joh. Moltherus Medicinae praxim Marpurgi etiamnunc exercet felicissime. Reliqui omnes vel mortui, vel hoc vivunt loco in Academia, et suam quisque professionem sibi demandatam tuetur.

Quum v[ero] latius hoc malum de die in diem serperet, et magnus ille princeps Mauritius, in quem unum omnis fere tempestas sese videbatur effundere, tam subditorum quam proceritatis studio et bono, tandem Imperii gubernacula deponeret, et Filio natu maximo Guilielmo, principi nostro Illustrissimo, qui nunc rerum potitur felicissime, — faxit Deus, ut tempore longissimo —, sceptra traderet, (facta ea abdicatio

17. d. Martii anno 1627) et vero Ilustriss. ejus Cels. gravi iudicio animadverteret, mature occurrendum gravioribus periculis imminentibus: gravissimis de caussis et de aliis ad Reipub.[licae] constitutionem

Fol. 46*] pertinentibus, | et simul de iis, quae concernebant Academiam Marpurgensem, 24. d. Septemb. anno 1627 cum Georgio Hessorum principe Darmstadii transactionem iniit: ad ejusdemque praescriptum, redituum Academicorum pars altera Ill. ipsius Cels. cessit, quam converteret in usus Academiae novae pro Cels. ipsius voluntate et arbitrio erigendae. Nec v[ero] eam rem diu differebat. Anni namque proximi sequentis mense Februario Cassellas evocato D. Johanni Molthero Medico, et Johanni Combachio, qui post dimissionem Marpurgensem Felsbergae Ecclesiasten agebat, clementer mandavit, ut una cum D. Johanne Crocio, D. Johanne Hartmanni, Dn. Nicolao Crugio [1]), scholae civicae Rectore, et Dn. Cratone Seylero de loco et modo scholae et Academiae novae instituendae consultarent et deliberarent. Nominati etiam Commissarii, qui rationibus redituum Academicorum examinandis praeessent, et de aliis ad scholam erigendam necessariis cogitarent: ut opus Ecclesiae et Reipub.[licae] conservandae tantopere necessarium absque mora perficeretur. Ac factum, Deo gratia sua rem clementer dirigente, et Illustrissimo Principe pro paterno erga rem literariam affectu iubente, lectionum publicarum initium Anno MDCXXIX mense Julio.

Professores erant primi:

Johannes Crocius S. S. Theol. D.

Georgius Cruciger S. S. Theol. D.

---

[1]) Vorgl. *Scherer:* Die Kasseler Bibliothek im ersten Jahrhundert ihres Bestehens in: Zeitschrift d. Ver. f. hess. Oesch. Bd. XXVII N. F. XVII S. 240.

Joh. Combachius Theol. Licent.

Johaunes Matthaeus Juris D.

Johannes Hartmanni Med. D. aulicus medicus.

Dn. Crato Seylerus.

Hi operas ita dividebant, ut tres primi Theologiam [Fol. 47] docerent, jurisprudentiam D. Matthaeus: sed D. Cruciger, Combachius, et D. Matthaeus philosophiam simul tradendam susciperent, Logicam nempe, physicam et disciplinas practicas. Dn. Cratoni Rhetoricae professio demandata fuit: sed quia a longo jam tempore erat valetudinarius, non poterat fungi officio, et brevi diem suum obiit mense octobri. Fuit in ejus locum substitutus anno sequenti circa festum Trinitatis: Wolfgangus Loriseca Marpurgensis.

Functus is est satis dextre suo munere: sed non diu potuit spem de se concitatam tueri: nam et is anno 1632 mense Martio defunctus est. Ante eum ex hac vita discessit anni superioris mense Decembri Johannes Hartmanni, vir celebris, et longiore vita, si Deo visum fuisset, dignissimus. Lorisecae successit in oratoriae pariter et poëseos ac historiarum professione mense Decembri anno 1632:

Joh. Petrus Dauberus p. L. Caes.

Anno MDCXXXIII ineunte IV. Non. Januarii a meridie Illustrissimus Princeps Guilielmus, una cum fratribus Principibus Hermanno, Mauritio, Friderico, Christiano, Ernesto, Comitibus duobus, Ebersteinio uno, et Hanoviensi altero, et ditionis universae Magnatibus et proceribus ad Collegium descendit: et praemissa per Oratorem virum Clarissimum et Consultissimum Johannem Antrechtum J. C. Consiliarium et in rebus bellicis Commissarium luculenta oratione, qua testabatur princeps suam erga literatos et | literarum studia [Fol. 47*] gratiam et clementiam, in solenni consessu publice banc scholam Academiae titulo et honore dignatus est,

omnibus reditibus, qui ex Academia Marpurgensi ad
ipsius Celsit. redierunt dotavit, et amplissimis privilegiis
in eum collatis cohonestavit, ac primum Academiae
Rectorem nominavit virum Reverendum et Clarissimum
Johannem Crocium S. S. Theologiae Doctorem et Pro-
fessorem, et sceptra, sigilla, Claves, Matriculam, Legum
ac Constitutionum librum, et simul hunc ipsum, in
quem Annales Academiae referrentur, eidem in manus
tradi clementer curavit.

Non vero possum hic silentio praeterire insigne
studium et benevolentiam erga Academiam Amplissimi
viri Dn. Helfrici Deinhardi J. C. Consiliarii et Vice
Cancellarii Principis. Is enim ex quo agitari coepere
res Academiae, semper de eo fuit sollicitus, ut opus et
mature admodum promoveretur, et pro loci ac temporis
conditione in optimum statum deduceretur. Nam quum
Marpurgi in dividundis reditibus consilia tractarentur,
non tantum interfuit, sed et maturo satis consilio rebus
prospexit, ne ex reditibus inferioris Hassiae, qui semper
apud Professores habiti sunt fecundiores, nobis quid-
quam decederet. Idem apud principem sedulo instabat,
ut de schola constituenda deliberationes, quas suis
[Fol. 48] consiliis dirigebat, haberentur: non prius | quiescendum
sibi putabat, quin ad hunc tandem finem exoptatum
res deduceretur. Nec ex eo destitit procurare, quicquid
in commodum et emolumentum Academiae cedere
animadvertebat in hunc usque diem: ut propterea
posteros etiam meminisse velim, plurimum sese huic
viro debere.

Spes v[ero] erat, fore, ut sub hoc Rectoratu et
magistratu D. Crocii res Academiae florere inciperent:
nihil n[am] plane intermittebat novus Rector, quod ad
Academiam ornandam et confirmandam facere videbatur. Sed dum in eo jam est, et huc curas omnes
dirigit, accidit insperatum quid viro optimo, et de re

literaria optime merito, ut nihil est in vita humana
firmum et stabile. Hinc factum, ut interveniente
voluntate et mandato principis Illustrissimi a Consiliariis
Pro Rectoratus demandaretur Johanni Combachio S. S.
Theologiae et philosophiae professori [1]). Quem tametsi
invitus suscepit: fuerunt tamen rationes satis graves,
ob quas in Illustriss. eius Celsit. clementi de se iudicio
humilime acquiescendum sibi putavit. Is adhibitis in
consilium Dnn. professoribus de Academia in certum
statum redigende plurimum laboravit. Utraque n[am]
mutatio tum imperii, eiusdemque administrationis, tum
Academiae, inprimis v[ero] subditorum, a quibus
Academiae reditus dependebant, egestas et penuria, in
quam crebris et frequentibus hostis exactionibus erant
coniecti, magnam confusionem pepererunt, tum | in [Fol. 48
rebus aliis, tum v[ero] maxime in re oeconomica: ut
propterea non absque magna difficultate, et non nisi
temporis progressu, ac quod metuendum, non absque
gravi redituum iactura, omnia componi et in ordinem
suum revocari possint. Factum itaque ejus confusionis
in ordinem reducendae initium: caetera tempus emen-
dabit. Spes n[am] est, pacem, quam optamus omnes,
reddituram Academiae felicitatem pristinam, quam ante
senserunt novae Academiae professores magna ex parte,
quum eandem stationem Marpurgi obtinerent: vi bellica
ad tempus ablatum et interceptum.

Est enim, divina gratia clementer ita disponente,
alia nunc rerum facies atque erat eo tempore, quando
Marpurgo discedebamus. Illo (!) certe et h o s t i s tenebat
et occupabat omnia, ac de die in diem crescebat ejus
vis et potentia et late grassabatur rapinis, latrociniis,
incendiis, et extrema quaeque intentabat, nisi sub ponti-
ficium iugum rediremus. Nec mali videbatur futurus

---

[1]) Am Rande: „anui huius d. 26. ·Martii".

finis, nisi *θεὸς ἀπὸ μηχανῆς* in subsidium venisset nobis, et vim illam humano iudicio invictam sua dextra vicisset et disiecisset. Adeo tenuia erant et pene nulla tanti tamque terribilis hostis vincendi et superandi media ac principia. Sed divinitus factum, ut, quum hostis nihil jam aequum imperaret, ac divina pariter et humana absque ullo honesti respectu insuper haberet, et ante

Fol. 49.] omnia a vera religione defectionem et *ἀποστασίαν* | urgebat: Evangelicorum Electorum et principum, aliorumque ordinum et statuum animi divino quodam zelo accenderentur, ac Conventum Lipsiae instituerent mense Februario anno 1631[1]), ut de re in meliorem statum convertenda consultarent ac debilitarent. Defensionis, adversus vim iniustam, ac inprimis ad religionem puriorem tuendam, suscipiendae opus magno molimine et consensu fuit eo loci agitatum: et majori quidem fervore verbis, quam postea, ab initio saltem, probavit eventus. Postquam enim domum quisque digressus, lentius res agi coepit. Unus Hassiae princeps Guilielmus Consilio promptus simul est ac acer in armis. Is namque id imprimis sibi agendum putabat, ut cum Invictissimo et gloriosissimae memoriae Suecorum Rege, Gustavo Adolpho, qui jam arma sua in Germaniam transtulerat, consilia communicaret, et cum tanto heroë ab insignibus victoriis tam celebri foedus prius jungeret: inde vero in eo totus erat, ut militem conscriberet. Hic maturato opus esse judicabat hostis satis callidus, in Hassiae fines digreditur, ut terrorem incuteret Principi, extrema quaeque minatus, nisi coepto desisteret: subditos etiam sollicitat, ut a Principe deficiant, nisi extrema quaeque experiri vellent. Solus erat jam Princeps, ab omnibus

---

[1]) Vgl. *Brunner:* Zur Geschichte des dreissigjährigen Krieges, insbesondere des Jahres 1631 in: Zeitschrift d. Ver. f. hess. Gesch. Bd. XXV N. F. XV S. 138 ff.; *Bergius, Joh.,* Relation der Privatconferenz zu Leipzig. Berlin 1636.

pene derelictus, a quibus subsidium et opem expectabat.
Sed Deus rerum nostrarum misertus Principi de suorum
salute sollicito non deest: is adversus Pappenheimium
evocat Suecum: qui si non milite ast robore·et forti-
tudine animi superior hostem caedit. Huic victo ut
subveniret, qui in finibus | nostris erat Tilly Generalis, [Fol. 49
a nobis discedit, hoste metuque jam ad tempus liberis.

Inde vero cum in Saxoniam impetum faceret hostis,
ad foedus accedunt Saxo et Brandeburgicus Electores:
et gravis ea pugna prope Lipsiam committitur 7. d.
Septemb. anno 1631, nostris insignem et memorabilem
victoriam reportantibus. Fractae hinc magna ex parte
et imminutae hostis vires et insolentia. Suecorum rege
longe lateque occupante ea loca, quae jam ante hostis
detinuerat, et nostro etiam principe magnam Fuldae et
Westphaliae partem in suam potestatem redigente: nondum tamen plane abolitae. Collegit enim denuo nume-
rosum satis militem hostis, ut nostris sese opponeret.
Verum Suecorum Rex, vocato in auxilii partem nostro
principe, qui non absque gravi rerum suarum jactura
Westphaliam occupatam deserebat, ut ne Regi deesset,
conjunctis cum hoc operis nobiles illos fluvios Moenum
ac Rhenum sui juris fecit: post hostem persequutus,
Tilly Generalis copias ad Lechum dissipavit: in qua
pugna is quoque, postquam variis modis Germaniam
afflixit, debitas tandem poenas luit, et e lethali vulnere
eo loci accepto paulo post occubuit, mense Aprili anno
1632. Hinc quum prope Noribergam castra sua figeret
Rex, nostrum quoque Principem eo evocavit, non absque
insigni Hessorum ob res praeclare gestas laude et gloria:
ut propterea magna fuerit inter Regem et Principem
nostrum animorum conjunctio ad ipsum usque glorio-
sissimum Regis | de Ecclesia et universa Germania prae- [Fol. 5
clare meriti obitum: qui fortiter hosti sese opponendo,
et praeclaram ac nobilem ab eo victoriam, quam morte

sua obsignavit, reportando, fidelem animam, summo
Ecclesiae et bonorum omnium moerore et luctu, creatori
suo cui toto vitae tempore devote inserviit, reddidit.
Habita fuit ea pugna prope Lützam anno Christi 1632
d. 9. mens. Novemb. Hic jam rem conclamatam esse
sperabant hostes, tantae molis rerum capite jacente. Sed
singulari Dei munere et gratia, ac consiliis Illustris eiusdemque generosissimi Baronis Axelii Ochsenstirnii Coronae
Suecorum Legati generalis, qui omnium secretorum Regis
conscius erat, Evangelicorum Principum et statuum fuit
instauratum foedus, et non minoribus conatibus atque
antehac adversus hostem feliciter gesta sunt omnia.

Imprimis vero noster Guilielmus Hassorum Princeps, Ecclesiae defensor fortissimus, beros magnanimus,
postquam res Academiae suae firmaverat, sub initium
anni 1633 Westphaliam ingressus, rem omnem egit
felicissime, occupatis, praeter omnium etiam spem et
opinionem, locis munitissimis in ditione et Episcopatu
Monasteriensi et Paderbornensi, ac Comitatu Marcae:
ut brevi tempore ea perfecerit, quae longum tempus, et
majores etiam vires atque tunc ad manus habebat,
postulare videbantur: isque in re pene incredibili recte
uti possit Caesaris trito illo: Veni, vidi, vici. Res enim
tanta celeritate acta, ut quum 15. d. Martii | eius
anni in laudatissimae memoriae Principis Mauritii senioris
obitum ego Combachius, qui in ejus laudem et memoriam ad posteritatem apud Academiam baec scribo,
orationem haberem publice, rebus jam magna ex parte
confectis ad testandam suam erga novam Academiam
gratiam et clementiam orationi interesset ipse. Suscepta post baec obsidio Hamelensis a duce Luneburgensi.
Noster princeps et hic ad bonum publicum iuvandum
et promovendum copias suas conjungebat. Quumque
hostis speraret, viribus suis undiquaque contractis, solu-
turum se non hanc solum obsidionem, sed et in banc

ol. 50*]

ipsam nostram Hassiam militem traducturum: Deo duce res a nostris partibus cecidit felicissime. Nostrae enim copiae, paucis in obsidione relictis, obviam iverunt hosti, pugnarunt felicissime, et hostem, qui jam certam victoriam sibi pollicebatur, ut res quoque preciosissimas, gynecaeum etiam ipsum secum adduxerit, et ut tum fama ferebat, multi hostem comitarentur spectatores futuri nostrarum calamitatum, non in fugam tantum conjecerunt, sed et omnem eam vim dissiparunt, ac in nihilum pene redegerunt. Enituit hic inprimis Hassorum virtus, Melandro, qui Illustrissimi nostri vices gerebat, pro summa qua pollet animi fortitudine et prudentia omnia ita ordinante et disponente, ut tam optatum eventum res nostrae sortitae fuerint, et tam ampla victoria maximo omnium applausu et gratulatione | [Fol. 51] penes nos steterit. Acta sunt haec 28. d. Junii anno 1633. Ac ex eo tempore tametsi hinc inde aliquoties hostis aliquid tentaverit, et terrorem incolis, qui in confiniis habitant, iniecerit, nihil tamen memoratu dignum potuit efficere. Princeps v[ero] longius progressus, ditionis et imperii sui fines et terminos late extendit ac propagavit. Loca praecipua, quae hoc anno occupavit, sunt: Tremonia, Dorsten, Cosfeldt, Buchold, Borcken, Beckum, Paderborna, Hamela (nam et in ea civitate occupanda maximam partem contulit noster Princeps), Höxaria cum tota Abbatia Corbeiensi, Rhenen, Ahauss, Gösken [1]), Merla, Sulkot [2]), praeterea Lipstadium, Susatum, Lünen, Unna, et quotquot aliae Neutrales hactenus haberi voluerunt, amplissime certe civitates in comitatu Marcae in Principis nostri partes ac fidem nunc concesserunt. Faxit Deus opt. Max. ut fruatur ea felicitate ac prosperitate quam diutissime, omniaque ei ex animi voto et sententia cedant [3]).

---

[1]) Geseke. — [2]) Salzkotten.

[3]) Der Marburger Rektor *Steuber* sagt zum Jahre 1633 ein-

Caeterum — sunt bona mixta malis et tristia laetis. Anno namque superiori 1632 d. 15. Martii a meridie circa horam primam princeps toto terrarum orbe celebris Mauritius Hassiae Landgravius Literatorum Maecenas et patronus munificentissimus, ipse literatissimus, ex hac vita pie decessit: Splendidissime in majorum suorum mausoleum illatus 3. d. Maii anni ejusdem. Quod fuerit non subditorum tantum de eo judicium, sed et exterorum, testantur tum orationes panegyricae in ejus laudem a Dn. Superintendente Paulo Steinio pro Fol. 51ᵛ] suggestu, et D. D. Professoribus Doct. Johanne Crocio | Combachio, et P. L. C. Johanne Petro Daubero poëseos et orat. professore, prosa et ligato sermone habitae: tum Carmina a Clarissimis Viris per universam Europam ex Anglia, Gallia, Germania ex omnibus prope Academiis celebrioribus decantata, quae brevi lucem videbunt: ut omnibus constare hinc possit raro admodum et inaudito pene exemplo in huius principis laudes conspirasse universum pene terrarum orhem.

Parentem Illustrissimum Anno proxime insequenti 1633 subsequuntur principes liberi Mauritius et Elisabetha: quorum haec vifae diem extremum clausit III. Idus Februarii: et sexto ab hinc die ad eadem consessurus gaudia Mauritius XIV. Calend. Martii, Princeps magnae indolis et expectationis: cuius vitam descripsit eleganti carmine ejus quondam praeceptor Collega noster Joh. Petrus Dauberus, et publice recitavit in eius laudem et memoriam, quod typis etiam mandari curavit. Inferebantur horum corpora in locum sepulturae majorum suorum Hassiae principum III. Iduum Aprilis.

Atque haec sunt, quae in praesenti memoratu digna in Annales Academiae nostrae referenda duximus.

---

fach: „Qui anni hujus historias novisse discupit, relationes publicas consulat, in iis satis funestas, ex civili Germaniae bello oxortas, deprehendet, sed manum de tabula."

Precamur v.[ero] Deum Opt. Max. ut is Ecclesiam Patriam, Principem, sua gratia clementer tueri, nostraeque Academiae nascenti felicia incrementa dare et concedere velit, ad ipsius divini nominis laudem et gloriam, nostram et multorum salutem. Ipsi Regi seculorum, immortali, invisibili, soli Deo honor et gloria in secula seculorum. Amen. Signatum Cassellis 31. d. Decemb. anno a nato Christo 1633.

Joh. Combachius.

Anno a nato Christo [Fol. 52 MDCXXXIV.

Calendis Januarii.

Illustrissimus et Celsissimus Princeps ac Dominus, Dn. Christianus Hassiae Landgravius, Comes in Catzenelnbogen, Dietz, Ziegenhain et Nidda, Consentientibus Dnn. Professorum votis et suffragiis electus est Academiae hujus Rector Magnificentissimus. Pro Rector vero designatus est iterum omnium et singulorum consensu, Johannes Combachius S. S. Theologiae Licentiatus, ejusdemque et philosophiae Professor ordinarius.

Quum n.[am] novella esset adhuc Academia, et Professores animadverterent, nec cives sub his initiis agnoscere amplitudinem rei Academicae: nec esse eam adhuc adeo notam exteris, de authoritate aliqua concilianda, et in exterorum notitiam ea deducenda cogitabant. Eratque ob id anno superiori jam decretum, Illustrissimi et potentissimi Principis ac Domini, Dn. Wilhelmi H. L. Ecclesiae defensoris fortissimi, herois magnanimi, Domini et fundatoris nostri clementissimi ac benignissimi praeclarum institutum in erigenda hac Academia, publico quodam scripto ad Academias Europae

misso, exteris significare, ut innotesceret omnibus e
Marpurgensis Academiae mutatione natam ortamque
esse banc Academiam, in qua ὀϱϑοδοξία sedem denuo
figeret, omniumque artium atque Facultatum disciplinae
pari diligentia et studio docerentur et propagarentur.

Judicabant v[ero] professores authoritatis et splen-
Fol. 52ᵃ] doris plurimum sub | his initiis accessurum Academiae
tum hoc loco, tum apud exteros, si sub Principe
tanquam capite et Rectore viveret, et quidem eo, qui
ob praeclaras animi ingeniique dotes, et literarum
amorem singularem omnium in se oculos in ea aetate
jam converterat, ac sub ejusdem nomine scriptum illud
publici juris fieret. Hanc ob caussam tum ad
authoritatem hic et apud exteros Academiae conciliandam, tum ob praeclaram exspectationem, quam de se
Princeps in omnium animis concitaverat, ejus Celsit.
submisse adierunt Professores, et ut Rectoratum in se
recipere clementer velit, rogarunt: quorum petitioni
annuit Princeps, ac die proxime subsequenti e Pro-
Rectoris Combachii manu accepit non tantum sceptra
aliaque Academiae insignia, sed et luculenta oratione,
quam summopere approbavit panegyris et corona Illustris
et nobilis universa, praeclarum erga Academiam studium,
gratiam et affectiones est testatus [1]).

Pro-Rectoratus vero prorogatus est Combachio, ut
moderaretur consilia Rectoris Magnificentissimi, et
cogitaret, conjunctis cum Dnn. professoribus consiliis,
de redigendis in ordinem et componendis rebus Academiae, prout coeperat anno superiori: erant enim
temporum iniuria satis confusa omnia.

---

[1]) Der damals erst 12 Jahre alte Prinz hielt, wie sein
Bruder Landgraf Ernst selbst erzählt, eine so lange lateinische
Rede, dass er zum grossen Verdrusse Combachs und seines Lehrers
Matthaeus beinahe stecken geblieben wäre. S. *Rommel*, Gesch.
v. Hessen Bd. VIII S. 249 Anm. 331.

Auspicia anni hujus laeta satis fuerunt et ad votum pene et voluntatem fluebant Academiae, omnibus quasi conspirantibus in ejus salutem et incrementum. Nam sub anni initium statim sensit | paternum plane [Fol. 5? et singularem erga se Illustrissimi principis Wilhelmi fundatoris gratiam et clementiam: in qua confirmanda plurimum nobis profuerunt magni quidem viri, qui multum poterant apud principem; et rebus suis tum deesse noluerunt professores, cum eas praeclare agendi occasionem ultro sese offerre animadverterent. Illustrissimus enim Princeps re adversus hostem, a quo Ecclesiae et patriae extrema quaeque imminebant, felicissime gesta, nihil prius sibi faciendum putabat, quam ut ad suam erga Deum, a quo uno tot splendidas tamque insignes victorias caelitus sibi datas et concessas probe agnoscebat, gratitudinem debitam et pietatem testaretur, quicquid e bonis Ecclesiasticis ad ipsius Illustriss. Celsit. manum devenerat, in pios usus, ad quos destinata erant olim conferre denuo clementer voluit. Cessit hinc aliqua pars pastoribus et ministris Ecclesiae, quorum reditus erant tenuiores, ut non possent se suamque familiam commode alere, et scholarum praeceptoribus ac aedituis: horum enim usibus consecravit Illustriss. ejus Cels. septingentos quadrantes malterorum (vierteln vulgata lingua apud nos appellantur) partim, ex eo dicti, quod pars altera siligine, altera avena constet, e reditibus Canonicorum Friedslariensium, exhibitis sub Illustrissimi manu et sigillo literis ejusdem exempli utrique superintendenti Hassiae inferioris, quibus donatio ea confirmabatur.

Sed major pars eorum redituum assignata est Academiae, ut et incrementa acciperet facilius, et splendorem aliquem acquireret: quod absque sumptibus et impensis fieri haud facile poterat, necessariis tum ad professorum, quorum | nomen sit celebre, numerum [Fol. 53* augendum: tum ad studiosos, quorum sumptus sunt aliquanto tenuiores, alendos, quibus et ipsis subveniendum erat ad studia facilius feliciusque tractanda.

Ad Professorum annuos reditus liberalitate et munificentia Principis, praeter eos, qui ex Academiae Marpurgensis proventibus eorum stipendiis aliisque sumptibus assignati erant, hinc accesserunt in singulos annos 1500 modii (vierteln dicti) partim, et 960 floreni: quo nobili augmento donare dotareque voluit Princeps Academiam, ut et certius ad praescriptum tempus numerarentur Professoribus stipendia, et augeretur numerus virorum in omnibus artibus et Facultatibus clarorum. In eo enim erat Princeps, ut undiquaque convocaret et colligeret in unum corpus viros prae aliis celebres et magni nominis ac famae, et inter florentissimas orbis Academias posset referri et recenseri aliquando haec nostra. —

In studiosorum vero commodum Princeps deputavit frumenti modios (quos vierteln apud nos dici superius indicavi) mille partim, ut loquuntur: quadringentos insuper et quinquaginta ejusdem mensurae in hordeo, et viginti in tritico: ut ex his conjunctis cum iis, quae jam ante ad stipendiarios sustentandos quotannis a civitatibus et pensionariis ejus fisci numerantur, et quae ex dispensationibus proveniunt principe suum jus sponte cedente Academiae ad banc piam caussam fovendam, Convictus publicus, seu Communitas [1]), ut vulgo appellari solet, constitueretur, et exiguo pretio vivere apud nos et satis liberaliter Fol. 54] haberi possent studiosi. | Praeterea ut nobilium aliorumque de Republica bene meritorum virorum liberos ad studia tractanda et excolenda magis excitaret,

---

[1]) Vgl. die in der Einleitung erwähnten Aktenstücke, die später veröffentlicht werden sollen.

et clementer testaretur princeps se libenter fovere liberalia
ingenia, et bene velle etiam posteris eorum, qui pro
salute publica laborant et vigilant, simulque in spem
patriae et Ecclesiae educaret e magnorum virorum semine
procreatos, qui majorum vestigiis inhaererent et insiste-
rent: viginti quatuor stipendia et beneficia, quorum decem
cederent nobilium, quatuordecim Consiliariorum, Professorum, pastorum, Officialium, aliorumque bonorum
virorum liberis ex inferiori Hassia oriundis, e reditibus
Canonicorum Ecclesiae cathedralis Borslariensis [1]), et
proventibus Friedslariensibus et Felsbergensibus aedis
Teutonicae his usihus assignavit: ut inde quotannis
perciperent 90 florenos, qui eos in studiis progressus
fecerunt, ut publicas lectiones cum fructu audire possent:
70 floreni iis numerarentur, qui ad primam classem
paedagogii ascenderant: secundae vero classis discipulo
60: tertiario 50, persolverentur. Nec enim capaces
esse voluit bujus beneficii, nisi qui hucusque studia sua
produxissent. Quae omnia fusius cognosci possunt e
literis, quibus dotatio et fundatio omnium suprascri-
ptorum beneficiorum Principis comprehenditur: quarum
copiam libro Legum inseri curavimus.

Ad banc rem in actum deducendam, operam suam
egregie probaverunt Academiae viri omni laude [et [Fol. 54*]
memoria dignissimi, quos Illustriss. ejus Cels. huic negotio expediendo dedit Commissarios, Magnificus et
nobilissimus vir Dn. Johannes Bernhardus a Dalwigk Proprinceps, et Amplissimus Dn. ViceCancellarius
Helfricus Deinhardi, cujus viri in se collata sub his
initiis beneficia non potest satis praedicare Academia:
totus enim erat in ornanda, iuvanda et promovenda, ac
in optimo statu, quoad fieri poterat collocanda ea: ut
propterea tanti viri de Academia tantopere meriti bene-

---

[1]) Burschla bei Eschwege.

ficia commendata esse velimus Academiae, ne in obliuionem veniant unquam, et studeat ea de posteris ejus quibus poterit modis bene mereri. Horum ope et consilio res et coepta et finita feliciter. Adhibuerunt ii in consilium Reverendum et Clarissimum virum Paulum Steinium Superintendentem, Academiae felicitatis studiosissimum, et Pro Rectorem Combachium: factumque horum opera, ut ante nundinas vernales hujus anni essent expedita omnia.

Et jam typis mandabantur scripta publica¹): quorum altero sub Rectoris Magnificentissimi Dn. Christiani Illustrissimi Hassiae Principis nomine omnibus Europae Academiis et Gymnasiis significabatur praeclarum Illustrissimi nostri principis fundatoris Wilhelmi propositum et institutum in erigenda hac Academia Cassellana: altero lingua tum Latina tum vernacula edito sub prorectoris et professorum nomine Contiones et commoditates proponebantur: ut omnes intelligerent, quid ab hac Academia expectandum, et quibus conditionibus ac rationibus in ea vivendum. Missa ea scripta in Angliam ad Academiam Oxoniensem et Cantabrigiensem: in Galliam [Fol. 55] ad Genevensem et Sedanensem: in Belgi- | um ad Leydensem, Groninganam, Franequeranam, Amsterodamensem: in Helvetiam ad Basileensem, Tigurinam, Bernensem, Lausannensem: per Germaniam ad Heidelbergensem, Francofurtanam ad Oderam, Herbornensem, Bremensem, et ad alia loca diversa hinc inde: additis ad singulas Academias et Gymnasia a ProRectore, et ad doctos viros, qui in iis sunt celebres privatis Dnn. Professorum et Superintendentis Steinii literis²). Publice etiam affixum

---

¹) S. Einleitung.

²) Ein Erfolg war dadurch für die Frequenz der Universität bei den Schrecken des 30jährigen Krieges nicht zu erwarten. Im Ganzen kamen nur 8 Ausländer Studirens halber nach Cassel.

scriptum concernens Communitatis beneficium sub sigillo Academiae per omnes Hassiae civitates.

Quod vero fuerit aliarum Academiarum de hoc laudabili Illustriss. ejus Celsit. instituto judicium, testantur celeberrimarum Academiarum, Basileensis, Genevensis et Lausannensis ad nos redditae literae, quibus ex animo gratulantur (verbis utor publico nomine ad Academiam nostram scriptis) Ecclesiae et Provinciae nostrae, cui inter tot afflictae Germaniae ruinas, talem excitaverit Deus Josiam, qui fusis fugatisque hostibus, paceque postliminio revocata, ante omnia de Templo Dei repurgando, h. e. de Ecclesiis scholisque restituendis tam serio coeperit cogitare: Deumque orant, ut eximium hoc suum organum spiritu Fortitudinis et sapientiae magis magisque instruat. Inprimis vero elegans scriptum est publico Genevensis nomine ipsissima Clarissimi viri Friderici Spanheimii Rectoris manu exaratum, et magni illius viri Jo. Deodati aliorumque Professorum eximiorum subscriptione subsignatum: quod propterea dignum esse iudicabam, ut in depositione Rectoratus publice e cathedra recitarem, et effunderem coram tam nobili coetu gaudium et laetitiam, quam concesseram ex amicissima conjunctione nostrae Academiae cum ea, in qua vixerunt sanctissimae animae, Calvinus, Beza, Fayus, aliique gravissimi viri ὀρθοδοξίας | nostrae asser- [Fol. 55*] tores et propugnatores constantissimi, et sunt etiamnunc in ea viri incomparabiles, qui nemini cedunt vel eruditione, vel vitae sanctimonia vel zelo religionis: adeoque satisfacerem in tam gravi consessu meo desiderio, quo publice boni studio afficior: dignumque visum, quod in haec publica acta referretur. Ita vero habent literae:

»Reverendis, Consultissimis, Clarissimis Doctissimisque viris, Inclytae Academiae Cassellanae ProRectori Magnifico et Professoribus meritissimis, Dominis et fratribus plurimum honorandis Cassellas.

Reverendi, Consultissimi, Clarissimi, Doctissimique viri, Domini et fratres plurimum honorandi.

Quas ad nos Cassellis dedistis literas, cum gaudio accepimus, indices vestrae erga nos benevolentiae, et status vestri Academici. Gratulamur sane vobis, imo nobis, et toti Ecclesiae orthodoxae, Academiae Marpurgensis florentissimae quondam tabulas Superiorum annorum tempestate disiectas, Illustrissimi et potentissimi principis vestri auspiciis in Urbe vestra collectas fuisse et restitutas, adeoque seminarium nobile denuo apud vos electum propagandae simul ac vindicandae veritati, hinc hostium violentia, isthinc hominum quorundam parum studiosorum pacis Christianae iniquitate laboranti. Faxit Deus beneficium hoc insigne vobis simul et Germaniae vestrae solidum sit et constans, et Herois vestri nunquam satis laudandi zelus Illustrissimae Domui Hassiacae, Academiae vestrae, et Orthodoxis omnibus felix ac salutaris esse pergat. Quod quidem a Deo precibus et votis publicis simul ac privatis efflagitamus, nec dubitamus quin ille qui bonum apud vos coepit opus illi incrementum uberrimum | pro sua bonitate sit largiturus, quo Academiae vestrae nascentis incunabula, pietate, eruditione et prudentia vestra roborata simul et promota, priscae Academiae Marpurgensis gloriam, famam, et utilitatem Ecclesiis orthodoxis cum foenore reddant, imo vicinorum vestrorum, a quibus ὀρθοδοξία sedibus suis ejecta, luminibus obstruant. Munificentia caeteroquin Illustrissimi Herois vestri in reditibus amplissimis Academiae vestrae assignandis, et in studiosorum penuria sublevanda, ut pro dignitate satis commendari nequit, sic multos vobis hospites et domesticos et exteros conciliabit, qui tanti Herois beneficio cum immortali ipsius gloria et ingenti studiorum suorum commodo fruentur. Et quia nostra quoque· iuventus a vobis in partem hujus beneficii vocatur, authores sane erimus pro occa-

Fol. 56]

sione nostratibus exteras Academias invisuris, ut invitationi tam benevolae, imo et tam liberali respondeant, et ad pietatis simul ac bonarum literarum culturam uberiorem apud vos capessendam se accingant. In eam enim spem erigimus, fore ut nostrates vobis sint commendatissimi, nec publica tantum Principis vestri liberalitate fruantur, sed et sub Inspectione vestra ad virtutem omnem adolescant. Caeterum siquidem rem vestram Academicam ulla in re juvare possimus, paratissimos nos quavis occasione comperietis. Deum interim ardentibus votis rogamus, ut potentissimi principis vestri zelo, fortitudini, sancto instituto et armis benedicat, ejus brachium roboret ex alto, Celsissimum Academiae Rectorem Principem CHRJSTJANVM florentissimum, vosque omnes et singulos omni bonorum genere prolixo cumulare pergat.

        Dab. Genevae XXII. Augusti MDXXXIV (sic!)

        Vestrarum Dignitatum studiosissimi

Rector et professores Academiae Genevensis et illorum nomine

    Fridericus Spanheimius Acad. p. t. Rector

    Jo. Deodatus, S. S. Theologiae professor.

    Theodorus Tronchinus S. S. Theologiae professor.

    Caspar Laurentius professor senex.« | [Fol. 56

Convictus publici seu Communitatis initium factum Dominica Misericord. Domini, quae incidebat in 20. d. Aprilis anni currentis, praesente Amplissimo Domino ViceCancellario, Doct. Helfrico Deinhardi, qui Illustrissimi principis nomine opus tam nobile aperiebat et q. dedicabat, ProRectore ac professoribus omnibus, et aliis quibusdam viris honoratis: atque non longo tempore post augebatur studiosorum numerus de die in diem, inprimis quum in omnium ore jam esset liberaliter haberi et bene tractari qui ad Communitatis hujus usum admittebantur.

Et quia Recessus redituum Sunglicensium [1]), Frieds-
lariensium et Hombergensium Academiae tum temporum
iniuria, tum incuria et negligentia Collectoris eorum
Oswaldii Saurii in satis grandem summam excreverant,
Saurio praetexente, haerere eos adhuc apud pensionarios
et debitores: Commissio decreta est denuo, et demandata ProRectori Combachio et Secretario Johanni Mullero,
qui mense Februario hujus anni (prout jam ante fece-
rant mense Novembri anni 1631) omnes et singulos
debitores citarunt, ut rem tam difficilem explicarent:
deprehensumque magna quidem ex parte debita nondum
persolvisse pensionarios aliosque debitores: sed tamen
et penes Saurium non exiguam ejus partem haerere,
ita ut ad 10000 florenorum, summa ad calculum revo-
cata, exceptis iis, quae nondum persolverant debitores
alii, Saurium debere fuerit deprehensum. Quod quum
animadver[ter]et Saurius, ut detineret Academiam, alia
quaesivit effugia, nullius quidem momenti, si res ipsa
spectetur, sed quae tamen laborem pepererunt Academiae
non exiguum, quibus tergiversando id effecit, ut fructibus
perceptis frui hactenus non potuerit.

Ac ne quid deesset, quod ad cursum Academiae
promovendum faceret, auctus est etiam numerus pro-
Fol. 57] fessorum: et Juris quidem professio | demandata est:
Dn. Erico Gravio J. U. D. Marpurgensi:
practicae vero philosophiae:
Dn. Augustino Nolthenio:
quorum hic quidem prid. Calend. Maij: ille vero XII.
Calend. Junii, suam orationem inauguralem habuit.

Calendis Julii leges Academiae pro more et consue-
tudine praelectae publice, Illustrissimo principe Christiano,
Rectore Magnificentissimo, elegantem Orationem de legum
necessitate et utilitate praemittente: ProRectore Combachio sub finem legum jam promulgatarum adhorta-

---

[1]) Singlis.

tionem de observantia et obedientia legibus debita ad
studiosos subjungente.

Hoc etiam anno Decimarum, Canonicorum Frieds-
lariensium antehac, nunc Academiae usibus deputatarum,
primum elocandarum cura commissa est ProRectori
Combachio, et Superintendenti Dn. Paulo Steinio:
verum cum ob morbi ingravescentis vim is domum
revocaretur, Dn. Fridericus Becmannus Consiliarius Principis in ejus locum substitutus est, isque una cum Combachio huic negotio prima vice nunc peragendo praefuit.

Et hactenus quidem omnia prospere cesserunt
Academiae: sed cursum hunc felicem turbavit infelix
pugna Nordlingensis: in qua maxima rerum nostrarum
jactura in exercitu, quem Evangelicorum nomine ducebat
Illustrissimus Princeps Bernhardus, dux Saxoniae
Vimariensis, Imperator belli alius laudatissimus: non
tantum cecidere plurimi, sed et major pars militiae
dissipata. Hinc superiores facti Caesareani gravissima
damna nostris intulerunt, et non aliis tantum locis,
sed et in vicinia Hersfeldiae nostros incautos invaserunt,
et magna | pars provinciae nostrae praedae et rapinis [Fol. 57*]
fuit exposita[1]), ut nec exteri tuto possent ad nos
accedere, nec suos commode apud nos alere incolae: quod
non leve damnum attulit sub his initiis Academiae.

Magnum dolorem insuper peperit Academiae mors
immatura Reverendi et Clarissimi viri Dn. Pauli Steinii
Ecclesiastae primarii, Superintendentis et Decani hujus
loci, viri, qui studebat modis omnibus bene consulere
et prodesse Academiae, et id inprimis agebat, ut
crescerent reditus Communitatis et augeretur numerus

---

[1] *Sinolt* sagt zum Jahre 1634 (Cat. stud. Marb. fasc. 15
S. 58): „Tanta saevitia . . . . . tanta effrenis militum licentia
fuit, quanta nec apud Ethnicos vel Barbaros unquam tolerata
legitur, solutum fidei humanae vinculum, fides exulare jussa
fuit" etc. — S. auch *Göckeler*, Ein Marburger Dramatiker. Marburg
1892, S. 5.

mensarum: in quos usus, si quae sese offerebant
media, de iis sedulo cogitabat, ac saepe ea de re
mecum agebat. Vir fuit magnae eruditionis et judicii
singularis, ut propterea saepius coram aliis solitus sim
eum appellare virum Magni judicii: quod testatus non
in aliis tantum negotiis, quando magna cum laude
tuebatur Professionem Theologicam in Collegio Adelphico, et Episcopatum sibi demandatum magna prudentia gerebat: sed et in synodo Dordrechtana[1]), cui
interfuit, et scriptis publicis: inprimis vero scripto illo
insigni, quod absolvit et perfecit non longe ante vitae
finem, quod inscribitur: Wechßelschrifften zwischen Ln.
Wilhelmen vndt Ln. Georgen ll. zu Heßen[2]); longiori
profecto vita, si deo ita visum, fuisset dignissimus.
Discessit ex hac vita III. Non. Novemb. placida morte,
viribus omnibus exhaustus diuturniori morbo, quo lecto
affixus detinebatur multo tempore: sepultus admodum
honorifice proxime subsequenti Dominica V. Id. eiusdem
[Fol. 58] mensis. |

Successit in ejus locum vir Reverendus et
Clarissimus Dn. Theophilus Neubergerus Ecclesiastes
aulicus ab eloquio, facundia et eruditione praeclare
instructus. Electionis instituendae gratia Synodus
omnium pastorum hujus districtus convocata est ab
Illustrissimo principe Wilhelmo prid. Id. Decemb., cujus

---

[1]) Die Berichte über die Synode, welche die hessischen
Deputirten an Landgraf Moritz sandten, sind abgedruckt von
Heppe in *Niedners* Zeitschrift für hist. Theol. 1853 S. 226 ff.
Vgl. auch *Schweizer*, Protest. Centraldogmen Bd. II. *Vilmar*,
Oesch. d. Confessionsstandes der evang. Kirche in Hessen. 2. Aufl.
Frankfurt a. M. 1868 S. 223 ff.

[2]) 1632 erschienen in Cassel: „Wechselschrifften, Uff das
i. J. 1629 wegen der Geistlichen Güter ausgelassene kayserliche
Edict ergangen, zwischen Wilhelmen und Georgen, Philipsen und
Friederichen L. z. H." Vgl. *Hartmann*, Hist. Hass. II S. 407, der
übrigens aus den Annalen längere Stellen in seinen Text aufgenommen hat.

nomine praesidium demandatum est Clarissimo et Consultissimo viro Dn. Jacobo Jungmanno J. V. D., Consiliario et Camerae praesidi, qui Illustriss. ejus Celsit. nomine Synodum aperuit, et ProRectori Combachio, ac D. Georgio Crucigero, Theol. Professori et Ephoro. Concionem habuit Reverendus et Clariss. vir Dn. Bernhardus Matthaeus Cassellanae Neustadianae Ecclesiae eo tempore, nunc Adelphicae pastor, ex Act. cap. 1. de electione Matthiae Apostoli. Inde latinum sermonem principis mandato ad Synodum pastorum habuit Pro-Rector Combachius, universa corona Ecclesiae adstante, quo, praemissis pie defuncti Superintendentis Dn. Pauli Steinii laudibus, ut de Superintendente eligendo cogitarent, pastores hortatus est, cujus vita sit moresque probati, quique par sit tanto officio et muneri regendo et gubernando, non vero affectu vel favore et amicitia in votis et suffragiis conferendis ducantur. Proxime insequenti Dominica III. Adventus Ordinationem Illustriss. Principis jussu et mandato peregit ProRector Combachius, praemissa lingua vernacula Concione ad populum de Consecratione Aaronis, quae describitur Levit. 8. v. 1. ad 13: atque Episcopatus et Superintendentis cura coram universa Ecclesia demandata est designato ad hoc munus Dn. Theophilo Neubergero: adstandibus in opere perficiendo ac manum simul imponentibus Reverendis et Clarissimis viris Dn. Thoma Wetzelio Ecclesiaste et De- | cano jam designato ad [Fol. 58* 5. Mart. et Dn. Bernhardo Matthaeo. Et haec fere praecipua sunt, quae ad hunc annum in annales referenda duximus. Rogamus Deum Opt. Max. ut in tanta rerum omnium difficultate clementer misereatur Ecclesiae, tueatur et defendat patriam, et patrem patriae principem Illustrissimum Wilhelmum fundatorem Academiae, et Academiam ipsam, et conservet in ea coetus docentium et discentium, colligatque sibi apud nos porro et foveat Ecclesiam, in qua ορϑοδοξία ad posteros propagetur.

Ipsi Regi seculorum, immortali, invisibili, Soli Deo, honor et gloria in secula seculorum. Amen.

Signat. Cassellis XXXI. d. Decemb. anno a nato Christo MDCXXXIV.

Joh. Combachius
subscripsit.

[Fol. 59]

ANNO A NATO CHRISTO MDCXXXV.

Calendis Januarii.

Illustrissimus et Celsissimus Princeps ac Dominus, Dn. Ernestus [1]) Hassiae Landgravius, Comes in Catzenelnbogen, Dietz, Ziegenhain et Nidda, unanimi Professorum consensu electus est Academiae Rektor Magnificentissimus.

ProRector vero designatus est:

Clarissimus et Consultissimus Vir Dn. Johannes Matthaeus I. V. D., Pandectarum Professor ordinarius et Syndicus Academiae.

Actus inaugurationis die proxime subsequenti peractus est magna solennitate, praesente Illustrissimo ac potentissimo Principe ac Domino, Dn. Wilhelmo Hassiae Landgravio ac Domino, patrono et fundatore Academiae clementissimo et munificentissimo, Ecclesiae defensore fortissimo, beroë magnanimo: cujus latus claudebat Illustris ac generosissimus Comes ac Dominus

---

[1]) Landgraf Ernst, damals 12 Jahre alt, trat in Rheinfels 1652 zur katholischen Kirche über. Vgl. *Rommel*, Hess. Gesch. IX S. 69 ff.; *Strieder* III S. 416; *Rommel*, Leibnitz u. Ldgr. Ernst v. Hessen. Frkft. 1847 I S. 53 ff.; *Heppe*, Kirchengesch. beider Hessen. Marburg 1876 II S. 165 f.

Dn. . . . [1]). Comes Solmensis Laubacensis. Intererant quoque Proprinceps uterque, Proceres aulici, Consiliarii, aliique omnium Ordd.[inum] hujus civita- | tis viri [Fol. 59] spectatissimi magno satis numero, praeter Professores et studiosos. Cathedram exornabant pulcherrimo spectaculo Principes juniores Dn. Christianus et Dn. Ernestus, quorum ille deponebat Rectoratum, hic capiebat Magistratum: adstante iis a latere Pro-Rectore Combachio. Initium actus faciebat oratione gravi, summopere eam approbante auditorio universo, Illustrissimus Princeps Christianus . . . Erant in eum omnium oculi conjecti, quod et tum personam suam graviter repraesentaret, et jam ante magnam sui ex-spectationem in omnium animis concitasset, tum ob praeclaras corporis et animi ingeniique dotes, tum quod doctorum virorum praesentia et conversatione plurimum delectaretur, jamque in Oratoria, Mathematicis, Logicis, aliisque disciplinis practicis publice privatimque prae-clara specimina edidisset. Oratione finita caetera de more peragenda Cels. ejus commisit ProRectori Joh. Combachio. Sceptra, claves, matriculam, aliaque insignia Rectori Magnificentissimo Principi Illustrissimo Ernesto is tradebat et Academiae et Caetus Scholastici curam et gubernationem commendabat: Princeps vero Rector et clementer sese agnoscere hoc de se Academiae judicium testabatur publice, eique omnem gratiam et favorem offerebat, et pio voto faustum et felicem ineuntis anni ingressum | et progressum precabatur [Fol. 60] omnibus. Est enim hic quoque praeclarae ac heroicae indolis princeps, et summo favore ac gratia prosequitur literatos, eaque jam aetate ingeniose multa quaerit, proponit, urget: genuina magni illius Principis patris

---

[1]) Der Name fehlt im Text. Wahrscheinlich war Graf Philipp Reinhard von Solms, welcher sich damals am Hofe zu Kassel aufhielt, bei der Feierlichkeit zugegen.

Mauritii soboles, et aemulus et imitator studiorum ac virtutum fratris Domini Christiani Principis.

Annum alius pene totum tristem experta est patria et Academia, bello et peste nos insectantibus, ac subsequuta morte ProRectoris. Nam' postquam superiori anno satis infeliciter ceciderat nostris pugna Nordlingensis, animum hinc coeperunt erigere Caesareani, atque occupata Hersfeldia vicinas partes primum invaserunt: crevit cum successu animus, et direptionibus omnique militum insolentiae genere gravissime magnam Hassiae partem afflixerunt: duce. et antesignano primum sub hyemem Corps [1]) Barone: quem paulo post per aestatem sequebatur Böningkhausen. Hic quum extrema jam videretur minitari Hassiae, Illustrissimus Princeps Wilhelmus de Fol. 60ᵃ] hoste vi et armis expellendo consilia cepit, | tandemque coacto numeroso exercitu felici eventu hostilem vim et impetum hinc propulsavit aliasque sedes quaerere coëgit: magna incolarum laetitia, qui insperatam tranquillitatem nacti, messem tuto ac quiete peragere potuerunt: in hoc enim tempus usque duravit malum illud.

Induciae circa hoc tempus factae, indictumque armistitium: ac de pacis articulis inter Caesarem et Saxonem Electorem Pragae conclusis acceptandis res magnis conatibus agitata. In deliberationem adducta res ea non tantum a politicis: sed etiam Theologis mandatum aliquoties est, ut, sententias suas exponerent de tanto tamque gravi negotio: inprimis de rebus spectantibus religiouem orthodoxam et conscientiam: qui libere quid sentirent aperuerunt. Comitia quoque praelatorum, nobilium et civitatum 21. d. Septemb. in hac urbe eam ob caussam potissimum instituta. Inter praelatos suum etiam locum habuit Academia, ejusque nomine

---

[1]) Marko Freiherr von Korpes, Oberst der Kroaten, stand unter dem Oberbefehle Piccolominis, und hatte mit den Obersten Isolani und Breda die Gegend von Fulda und Hersfeld besetzt.

interfuerunt Combachius, et Professor Eloquentiae Dn. Joh. Petrus Dauberus, ad id negotium deputati ac quibus conditionibus in transactionem eam Pragensem tuto ac honeste consentiri possit quaesitum. Religionis purioris conservandae ratio Illustrissimo Principi Wilhelmo curae potissimum fuit: | parato alias quascunque aequas [Fol. 61] conditiones inire et admittere, dummodo salva esset religio et illaesa conscientia.

Pestis semina quaedam per aestatem sparsa erant per civitatem, sed hoc ipso mense Septembri de die in diem incrementa cepit: ut propterea, Principis indulto suspensis ad tempus lectionibus, dissipata fuerit Academia: quia non poterat locus reperiri satis tutus, in quem transferretur Academia, Professores et studiosi alii quidem manebant alii in tutiora loca se conferebant, quoad poterant. Pestis vero absumpsit e studiosis:

Dn. Joh. Valentinum Neubergerum, Dn. Superintendentis filium, iuvenem optimae spei et expectationis, mense Septembri. Et:

Dn. Wolffgangum Bipontinum Medicinae studiosum: qui e peregrinatione per Gallias et Angliam superiori anno ad nos venerat: quumque in procinctu jam esset, ut rediret ad suos, peste correptus obiit 3. d. Novembr. Academiae ProRector Dn. Joh. Matthaeus J. U. D. Pandectarum Professor et Syndicus Academiae, vir optimus, tabe lenta consumptus hinc decessit 22. d. Octobris. In ejus locum substituitur Joh. Combachius, qui superioribus duobus annis eundem Magistratum gesserat: in decimum quartum usque diem Februarii anni proxime subsequentis 1636 prorogato Magistratu: | [Fol. 61*] nam et pestis aliqua semina haerebant ad hoc usque tempus: et quia extra ordinem instituenda erat Novi Rectoris electio, bunc potissimum diem, Illustrissimi principis fundatoris Wilhelmi Natalem, Academiae celebrem et solennem hoc actu esse voluerunt Professores, ut pro vita et incolumitate ejus Cels. publica vota precesque conciperentur. Ac quum Rectoratum Magnificentissimi Dn. Rectoris Illustrissimi Principis Ernesti nomine deponeret ProRector Combachius, voluit simul ultimum honorem exhibere defuncto Pro-Rectori D. Matthaeo, ejus vitam et obitum pro instituti ratione paucis referendo et recensendo. Velim autem hanc consuetudinem et morem parentandi viris praeclaris, et professoribus ante alios, usitatum Marpurgi antehac, et in aliis Academiis, in hanc quoque nostram Academiam inferri, ne virorum de re literaria et Academia bene meritorum memoria silentio obruatur.

Dn. Gregorius Stannarius hoc anno in numerum Professorum relatus est, eique demandata professio physica. Inauguralem orationem habuit 3. Id. Febr. anno 1635.

Haec fere sunt, quae digna judicavimus, ut his [Fol. 62] annalibus ad hunc annum insererentur. | Deus Opt. Max. tempore hoc duro admodum et difficili clementer respiciat suam Ecclesiam eamque tueatur ab omni malo, ac liberet a persequutionibus, sub quibus ingemiscit: et patriam dulcissimam ab hostium furore defendat, ac patrem patriae principem nostrum et nutritium Academiae protegat alis suis, et Angelos suos custodes et adjungat in omnibus viis ejus: et sub ejus Celsit. conservet et augeat Academiam nostram officinam honestatis et pietatis, ut ex ea prodeant multi, qui cum fructu inserviant Ecclesiae et Reipublicae.

Ipsi Regi seculorum, immortali, invisibili, soli Deo, honor et gloria in secula seculorum. Amen.

Signatum Cassellis Idib. Febr. anno
a nato Christo MDCXXXVI.

Joh. Combachius

sbsrpst.

| Supra in anni primi historia notatum est, primo [Fol. 62*
Academiae Rectori, Doctori Johanni Crocio aliquid insperatum accidisse, unde Licentiato Johanni Combachio
Pro-Rectoratus fuerit demandatus. Quid acciderit, non
expressum est, sed nec annis sequentibus expressum,
quem exitum casus ille sit sortitus. Jam quidem de
casu insperato, ejusque exitu plerisque satis constat hoc
tempore, operae tamen pretium fore judicatum est, si in
posterorum gratiam hic exponatur [1]). XXII. d. Febr.
Anno MDCXXXIII. aedes Doctoris Crocii, dum dispu-
tatione duodecima de justificatione [2]), quae postea lucem
vidit, relegenda occupatur, effringuntur nocturno tempore, et ingreditur effractor armatus, quem ille com-
prehensurus cum candela et malleo, quo in sigillis academicis figendis utebatur, arrepto, e museo descendit,
praetereuntem vigilem inclamat, queritur, furem noctur-
num in aedes irrupisse, et ad eum egressus rogat, ob-
servare ne gravetur valvam, quam homo effregisset.
Vix comprehendendi effractoris causa pedem retulerat,
cum clamaret vigil, hominem sibi praevalere, qua voce
excitatus Crocius foras properat, cum candela in ipso
limine exstingueretur, assa voce aliam petit, et cum
effractor comprehendi nollet, sed resisteret, id defendendi
sui gratia adversus illum agit, quod divino et humano
jure sibi permissum esse intelligebat, nec vel membrum
ullum truncare, vel lethale vulnus infligere, animo
proponit suo. Effractor cum malleum eripere conatus
esset frustra, tandem amisso gladio recedit cum atroci-
bus minis. Post aliquot dies foemina quaedam, cujus
filius eadem nocte militem ad duellum provocaverat, et
quis esset, interrogatus, diabolum se esse, responderat,
ac postridie Calend. Martii diem obierat suum | homi- [Fol. 63
cidii in filio commissi Crocium accusat, et petit, ut hoc

---

[1]) Vgl. *Claus* a. a. O. S. 50, Anm. 2. — *Münscher* im Hessenland, Jg. 1889, S. 96 ff. — [2]) Gedruckt Cassel 1634, (*Strieder* II, 406).

nomine in carcerem statim conjiciatur et sistatur judicio. De accusato domi suae custodiendo et instituendo judicio, mandatum, absente Principe, obtinet, ad quod suspensionis decretum paulo post accedit. Custoditur igitur domi suae D. Crocius, donec Illustrissimus Princeps domum redux factus, externis Ictis in consilium adhibitis, arrestum relaxaret mense Martio. Suspensio autem usque ad litis decisionem manet, et judicium coram delectis scabinis in civilium judiciorum loco in Curia instituitur. Primum terminum actrix hoc argumento circumducit, quod nec in foro, nec sub campanae signo judicium haberetur, atque sub hoc praetextu tres menses integros, et quod excurrit, tergiversatur. Mense Julio ad agendum quidem comparet, sed tum in ipso limine in puncto cautionis, cum in progressu in productione testium et totius causae deductione eam varias circuitiones, ambages tam varias captat, tamque multiplicem moram nectit, ut jam tum satis ipsa intelligere videretur, non alia ulla ratione, quam causae prolongatione, aegre se facere posse accusato. Qui omnibus modis id operam dabat, et multis precibus urgebat, ut processus maturaretur. Neque tamen ante 28. d. Novembr. Anno 1634 conclusum est. Eo usque enim variis studiose conquisitis subterfugiis conclusionem declinavit actrix. Causa conclusa, Illustrissimus Princeps a. D. Crocio eo nomine humiliter interpellatus a scabinis sententiam postulat, intra octiduum ferendam; ferunt, mittuntque ejus celsitudini intra tempus constitutum. Ad illius promulgationem fluunt septimanae viginti novem integrae. Quo tempore causa diligentissime accuratissimeque discussa, et multorum collegiorum audita sunt judicia. Justae sententiae editionem saepe ingeminatis precibus urgebat accusatus et cum misso Groningensium ICtorum responso 15. d. Junii Anno 1635 per Secretarium apud principem Illustrissimum multis rationibus instaret, ab ejus Celsitudine eodem die decretum impetrat, absque ulla longiore mora pronunciari debere. Pronunciatur igitur postridie et accusatus a falso intentato crimine pure et simpliciter absolvitur. | [Fol. 63

Ita Deus innocentiae patrocinatur, cujus se habere rationem antea quoque non obscure ostenderat. Non nemo multis audientibus, palam jactaverat, se si non alibi posset, in propriis aedibus D. Crocium glande velle trajicere. Alius eum variis improbe confictis mendaciis proterere traducebat, et omnino gladio volebat percussum. Alius cum grassatorum nocturnorum manipulo in publica via atrocissimis injuriis innocentem lacessebat, domum adoriebatur et fores conabatur effringere. Hi omnes Dei vindictam senserunt. Primus glande trajicitur medius inter duos equitans, salvo toto comitatu. Alter domi suae gladio confoditur, lite nondum decisa. Tertius octavo die a perpetrato facinore, in pago, quo malae conscientiae stimulo actus et metu poenae aufugerat, fulmine feritur.

Caeterum postquam D. Crocius a falso intentato crimine pure absolutus esset, etsi per sententiam omni honori, officio et dignitati se restitui, proinde nulla declaratione opus esse, probe intelligeret, eam tamen et quidem imprimis, quo ad ministerium ecclesiae, ex hac causa petere voluit, quod inimici sparsissent, et ex eorum ore nonnulli Munda, ducatus Brunsvicensis oppido, in consulis aedibus propalam jactassent, ipsum 5000 imperialibus mulctatum, non pure absolutum esse, quod inde futurum esset manifestum, quod ad suggestum ecclesiasticum non admissuri eum sint deinceps Cassellani. Illustrissimus Princeps, lecto libello supplice, edit decretum XXX. d. Julii in haec verba: Weil durch die in Peinlichen sachen Sabinen Officialin anclägerin an einem wieder D. Johannem Crocium ander theils ergangene absolutiori urtheil die von unser Regierung gegen Hrn.

D⁻ Crocium hiebevor decretirte suspensio ihre endschafft erreichet und aufgehebt, Als ist unser g. befehl, deßgemelte unsere Regierung Ihn D⁻ Crocium vor sich erfordern, und Ihm seine hiebevor anvertrauete profession wieder anzu= tretten und zu versehen anbefehlen, auch darneben andeuten, daß wir wohl gern sehen möchten, daß er auch die Cantzel wieder besteigen, und darbey in Sein voriges Ambt wieder=

Fol. 64] umb tretten möchte, weil | aber deswegen res nicht mehr integra, sondern in einen andern standt gerahten, in dem des Superintendenten sel. verlebigte stelle, sowohl bei der superintendentz als der freyheiter kirche in andere wege be= stellet, so müßte solche wiederbestellung bis zu anderer sich zutragender gelegenheit anstand haben. Sign. Cassel den 30. Julii Anno 1637.

Declarationem, quoad professionem, sibi proposi- tam accipit D. Crocius, tanquam luculentum agnitae confirmataeque innocentiae testimonium; cum vero re- stitutioni muneris ecclesiastici non principem Illustrissi- mum, sed alium obstare, facile intelligeret, isque ea de re privatim compellatus, nollet sua sponte cedere, speciem facti ad sex juridicas facultates mittit, earumque judicia explorat. Responsa in perpetuam rei memoriam sub- jicere sic visum est, ut species facti cum additis docu- mentis bona fide praemittatur.

FACTI SPECIES.

Es ist Anno 1633 durch Sabinen Moritz Officials Hausfrauw zue Cassell ihres abgeleibten Sohns halber ein Peinlicher process gegen mich Johannem Crocium der H. schrifft Doctorn vndt primari Theologiae Professori daselbst angestelt vndt getrieben, auch erörtert worden, das den 16. Junii ein pur absolutori urtheil ergangen, deswegen dann vndt zue beforderung deßelben zuvor auch drey re- sponsa von vnterschiblichen fürnehmen Rechtsgelehrten, vndt

einer Juriſten facultät eingeholett, Wie dieſelb ab beygelegtem
abtruck lit. A mit mehreren zu vernehmen.

Demnach ſich aber zugetragen, das ſ. Regierung da=
ſelbſt mich, der ich neben meiner profeſſion auch, laut
beylag lit. B zum Predigambt des orts in der freyheiter
kirchen beſtellt geweſen, derſelben meiner beider Aembter,
bis die ſache ausgeführet, suspendiret, vndt dem superintendenten befohlen, vnterdeſen, das Predigambt mit einer
gnugſam qualificirten Perſohn zu verſehen, wie lit. C aus=
weiſet. Deme aber zuwiber, immittelß vnd unter wehren=
dem process nach abſterben des vorigen superintendenten,
nicht allein ein Decanus vndt Pfarherr zur freyheiter kirch
beſtelt, ſondern auch einen, der in einer andern Kirchen
Pfarherr iſt vnbt bleibt, mit ſelbigem Decano Sontags vndt
Mittwochens alſo umbzuwechſelln, aufgetragen worden, das,
wann derſelbe auf der freyheit prebiget, | alsbenn der De- [Fol. 64ᵃ
canus in beſen Kirch das Ambtt verrichten ſoll, welcher
wechſell gleichwohl des Sontags noch nie würklich geſchehen,
mittwochs auch ſchon vber 20 wochen ſo fern verpliben,
das der eine auf der freyheit nicht ſelbſt geprebigt, vndt
Ich nuhn nach ergangener Vrtheil davon ausgeſchloßen
ſein ſoll. Dieweil aber diſ letzte den Obrigen von furſt:
Vngnäbig beliebten puncten zuwiber, cum accusatus pendente accusatione non privandus sit juribus vel digni-
tatibus suis, Panormit. in c. omnipotens n. 3. d. accusat.
sed retinet interim pristinam dignitatem text. in 1
libertus 17 §. in quaest. 22 ff. ad munic. ohne das bie
eingangs mentionirte absolutori vrtheill bie suspension
gäntzlich vfhebt. Absolutio enim a crimine abolet radi-
citus omnem maculam, Caesar de Grassis deciſ. 110
n. 3 sic ut absolutus a crimine amplius vexari non
debeat Fr. Marc. 2. quaest. 637. n. 2. Das auch rechts=
wegen ſolcher suspension halber feiner ferneren ober ſonder=
bahren absolution von nöhten, Franc. Marc. 1. quaest 727,
n. 3. allegans gloss. in clem. 1. de decu. super verbo

donec et Fr. de Zaher. Card. Flo. Cons. 132. idemque
videri in sententia interdicti, secundum gloss. in non
est de sponsa, sic ut suspensus ad tempus, nemlich hier
bis die ſache ausgeführt, possit post lapsum temporis
sine alia absolutione officium suum exercere, Panormi-
tanus in c. ex tuarum tenore n. 3 extra de sortilegis.
Adeo ut absolutus a condemnatione privationis etiam
in contumaciam lata, recuperet suum beneficium, Achill.
de Grassis decis. 132. Et ad tempus exulare jussus
decurio, impletoque tempore regressus, pristinam dignitatem recipiat, 1) ad tempus 2) C. de his qui in exil.
dat. lib. 10. Wieviel mehr dann da eine ſolche contumacia,
oder 'einig ander delictum nicht vorhanden, ſo gar, das
auch einem ſolchen suspenso die fructus beneficii interim

[Fol. 65] percepti zue restituiren, suspensus enim injuste | seu
nulliter debet recuperare fructus beneficii sui, a quo
fuit suspensus, gloss. in c. super 2. q. s. Abbas in c.
pastoralis de apell. in f. Fr. Marc. 2. quaest. 88 n. 5.
Felin. in c. apostolicae de except. n. 12. vers. suspensus, geſtalt dann die verba suspensionis lit. C. auch anders
nicht als nuhr interims weiſe ſtehen, das nemlich Ich bis
zue ausführung der ſachen zue suspendiren, vndt vnter
des mit einem andern qualificirten das ambt zu beſtellen
vndt zu verſehen, vndt alſo derſelben effectus ſich weiter
nicht erſtrecken kann, daher auch vndt weil die suspensio
durch die vrtheil uffgehäbt, vndt Ihr endſchafft erreicht,
Ihr f: Gn. mihr die professionem Theologicam wider
befehlen laßenn, dadurch aber, vndt wann das bei der freiheiter kirche mihr anbefohlene Predigtambt zuruck pleiben,
vndt Ich deſſelben gäntzlich entſetzt ſein ſoll, der absolutori
vrtheil nicht allein nicht gnug geſchehe, ſondern dieſelbe
dardurch gelähmet, vndt noch immer etwas haeriren würde,
als wehre den droben angezogenen rechten zugegen noch
eine macula verhanden, vndt würde meine existimation
dardurch merklich graviret, ja ich bey vndt neben ſolcher

pur absolutori vrtheil noch hart gestrafft, in deme die
temporalis suspensio in eine total vndt gäntzliche remotion
des mihr angetragenen vndt verwalteten Predigamts resol-
virt würde, so mihr zu einem ewigen, doch vnverdienten
schimpf gerahten müst, zu dem, was vorgangen, gar nicht
zu einem scandalo oder ergernüß der Gemein des orts
gedeutet werden mag, sintemahl dieselbe gleich bey anfang
des processus an Ihre F: Gn. vntertthenig suppliciret,
das ich besen vngehindert beym Predigambt, gelaßen werden
möchte. So ist darauß die frag, ob nicht den rechten vndt
obiger .lit. B. beschehener bestallung, auch ergangener absolutori vrtheil nach, mihr zugleich vndt mit solcher a falso
intentato crimine erhaltener absolution, auch plenarius
effectus restitutionis erschienen, vndt ich so wohl zur praedicatur als zur profession ohne allen abbruch oder hinder=
nüß wider zue verstatten, auch darbei kein scandalum zu
vermühten oder anzusehen, sintemahl sonst, vndt wann
daselbe durch die absolution nicht gefallen sein solt, nicht
gesagt werden möchte | Wie droben angezogen, absolutionem [Fol. 65ᵃ
tollere omnem maculam, vndt ein solch scandalum eben
so wohl bey der professione Theologica als der praedicatur
hette im weg stehen müßen, die Pfarkinder auch, wenn sie
das geirret hett, bey anfang des processes umb continuation des Ampts nicht würden supplicirt haben, vndt dann
mein leben vndt wandell, Gott lob, also beschaffen, das
daselbe bey allen bekanten gantz ohntadelhafft, vndt J. f. g.
ieberzeit mein Gnadiger Furst vndt Herr gewesen, vndt
noch, vndt wann solche **aggravatio** honoris bleiben solte,
kein ehrlicher Mann sicher sein köte, sondern durch böser
leute ohnwahrhaffte anklage von seinen würden vndt Ämb=
tern gar leichtlich abgebracht, vndt hinderseßt werden möchte,
darzu mans aber in rebus publicis bene constitutis nicht
kommen zuelaßen. Die Zeit auch, in der dieser process
gewehret, das ministerium solcher gestalt nicht arctirt [so!],
das daßelbe nohtwendig mit einem andern permanenter bestelt

werden müßen, sondern nach anleitung der beylagen lit. B
vndt C mit stillschweigender vndt durante processu für-
genommener praejudicial remotion meiner wohl verschonet
werden können vndt sollen, wie dann ohne das ein Decanus
auf der Freyheit in 14 tagen in allem nuhr brej Predigten
vndt eine Vermahnung zu thuen, vndt haben vf des verstorbenen superintendenten sel. ihme lit. C angegebenen
befehl nach, beschehene beställung zwen Diaconi das Ambt
pendente processu, vndt so lang derselbe werden würde,
versehen sollen, auch würcklich bis vfs newe Jahr dieses
1635 Jahrs versehen vndt das Ihre davon gehabt.

Wirdt demnach dienstlich gebeten, die Herrn wollen
Ihre rechtliche Meinung, was ich desen oberzehlte facto
nach der plenari restitution halber befugt, oder nicht, eroffnen vndt beglaubt mittheilen, daselbe bin ich neben williger
entrichtung der gebühr in der Zeit zu bedienen geflißen
vndt bereitwillig

der Herrn

dienstwilliger

JOANNES CROCJUS D.

[Fol. 66]

Beylage A.

Embdische Rechtsbelehrung.

Nachdem vns unterschribenen die gerichtliche Acta
in Peinlichen Sachen, Sabinen Heügelin Moritz Officials
ehelichen Hausfrauen Anklagerin contra Herrn Johannem
Crocium Theologiae Doctorem beklagten, sampt einen
rechtlichen bedencken jungsthin zugeschickt, mit begehren dieselbige mit fleiß zu leßen, zu examiniren, vndt daruber
vnsere rechtliche meinung, unter unserm nahmen vndt Siegell
heraußer zugeben vndt zue offenbahren, So haben wir
solches begehren nicht wollen abschlagen, vndt haben darauff
dieselbe obgedachte acta, als die Clage, additionales, defensionales, responsiones, attestationes testium, wie auch
protocollum, vndt darüber noch das beygefugte Rechtliche

bedenfen in 104 paginis verſaßt, mit allem fleiß geleſen, rationes dubitandi ac decidendi examiniret vnbt alles in reiffliche deliberation genommen, vnbt uberlegt, barnach vnſer judicium super causae meritis in ſchrifften verſaßet, als folgt:

Nemblichen, bas allem vorbringen nach zurecht zu erfennen, bas die Clägerin ihre anflage nicht erwieſen, ſonbern bas ber angeflagte bargegen ſeine innocentiam in bieſer ſachen genugſam bargethan, vnbt probiret, vnbt berohalben berſelbige von angeſtelter Peinlicher anflage billich zuc absolviren, vnbt loszuſprechen, alsbann wir benſelbigen hiermit absolviren vnbt loſſprechen, vnbt bie anflägerin, bie bey bieſem process angewendte Gerichtsfoſten bem herrn angeflagten salva moderatione judicis, zuc restituiren ſchulbig, salvo meliori judicio cujusque.

Zuc vrfunbt ber wahrheit haben wir bieſe vnſere rechtliche erflärung vnbt meinung mit vnſern henben, nah= men, zunahmen, subscription, auch vnterſetzung vnſer ge= wöhnlichen, gebräuchlichen Pittſchafften befrefftiget. So geſchehen zue Embden, ben 6. Januarii 1635.

Bernhardus Schwalbe   Johannes Althusius D.
JUD Consul Reip.   et Reip. Embdanae
Embdanae   Advocatus et Synd.

Wilhelmus Christophorus
D. et Reip. Embdanae
Secretar.

II.

Extract aus einer Bremiſchen Rechtlichen Information.

Wir enbtsbenente in ber löblichen Stabt Bremen geſeßene Rechtsgelehrte befennen vnbt bezeugen hiermit offentlich, bas wir | bie vor bem Fürſtlichen, Lanbgrafflichen [Fol. 66 gericht zue Caßell, in Peinlichen ſachen Frau Sabinen Heu= gelin Officialn Hausfrawen wegen ihres abgeleibten Sohns,

anclagerin eins, entgegen vnbt wiber herrn Doctorem Johannem Crocium angeklagten, anbertheils ergangen, vns,
mit freunbtlichem gesuch, vnser Rechtlich bebencken nach
wohlerwogenen sachen barüber zueroffnen, zugeschickte acta
als benantlich (1) bas im verlebten anno 1633 vom 4. Julii
bis zum 28. Novembris 1634 gehaltenes protocollum
continuum (2) bie barin angezogene articulirte Clage (3)
beren additionales (4) bargegen gesetzte defensionales et
peremtoriales, vnbt (5) aufgenommene attestationes, wie
auch (6) baraus abgefaßte facti speciem, barbey angeheffte
deductionem vnbt subnectirte decisionem, wiewohl ohne
subscription besen auctoris, wie nicht weniger (7) ein
baruber eingeholtes responsum ober rechtlich bebencken
breyer vornehmer Rechtsgelahrten der Stabt Embben, mit
gebührenden sonberbahren fleiß burchlesen, vns barüber be-
sonnen, vnbt nachgehenbts collegialiter gleichsam mit ein-
anber berebet, angeregte acta vnbt barin befinbliche umb-
stänbe collatis ubique rationibus nottürfftig erwogen, vnbt
einmüßtig bahin geschlagen, bas wir gleichwol gemelte
Herrn Embdensibus hauptsächlich nicht sehen, bas ancla-
genbe Mutter, ihre erhobene anclage, zumahln mit benen
zwar in etwas vnnöthig ingeführten ihren nicht weniger
verkleinerlichen, als hochbeschwerlichen qualitatibus bes
bösen mörbtlichen Vorsatzes zu entleibung (wie ihr solches
Rechtswegen bahero gebühret, weiln sie sich clagenbt barzu
adstringiret) nicht erwiesen, vnbt sonberlich auch nicht in
individuo bas ber Herr angeclagter ihren verstorbenen
Sohn irgenbt geschlagen vnbt verwunbet hette, ober auch
zu schlagen vnbt zu verwunben willens gewesen sei, zuge-
schweigen animo occidendi besonbers bas hergegen ber
Herr angeclagter defendendo so viel ausgeführet, bas er
billich von angestelter anklage umb so vielmehr sey zu ab-
[Fol. 67] solviren, aber alles salvo rectius sentientium judicio. |
Desen zu wahren Vrkunbt haben wir bis vnser vn-
vergriffilich bebenck mit eigenen henben vnterschrieben, vnbt

mit vnsern pitschafft ausgedrückt befestiget. So geschehen
vnbt gegeben in Bremen am 20. Monats Aprilis dieses
1635 Jahrs.

Eberhard Dozen D. B.   Dietericus Lange D.
     m. prop.   Reip. Brem. Synd.
Johan Wachman D.
Reip. Brem. Vice-Synd.

III.

Rechtsbelehrung der löblichen Juristen Facultät bey der Universitet Gruningen vnbt Omlandt.

Unsere freundtliche dienste zuvor, Ehrwürdiger, vnbt
hochgelahrter insonders gunstiger Herr vnbt gutter freundt.
Als ihr vns die in Peinlichen sachen Frawen Sabinen
Officialin, Anklägerin an einem, entgegen vnbt wider euch
angeflagten am andern theil, am hohen Peinlichen hals=
gericht zue Caßell ergangene acta vnbt Gerichtshandlung,
Todtschlag darinnen angezogen belangendt, zugeschickt, vnbt
euch vnsere rechtliche meinung darüber zu eroffnen vnbt
mitzutheilen begert habt, so haben wir demnach dieselbe
mit fleiß verlesen vnbt erwogen, berichten darauf vor recht,
das anclägerin, was Jhr zu beweisen obgelegen vnbt sie
sich angemaßt, wie recht, nicht erwiesen, vnbt Jhr von des=
wegen von angestelter anclage zu absolviren vnbt zuerle=
bigen, Anklägerin aber euch die aufgewendete gerichtskosten,
vnbt erlittene Schäden rechtlicher meßigung nach zuerstatten,
schulbig zuerklären, vnbt zu verdammen sey, von rechtswegen.

Zue vrkundt haben wir der Universitet Jnsigell auf=
getruckt, welches geschehen ist zue Gröningen am 4. Maii
Anno 1635.

Decanus vnbt professores der Jüristen Facultät in der
Universitet zu Grüningen vnbt Omblandt. | [Fol. 67ᵃ]

Dem Ehrwürdigen vnbt hochgelahrten Hrn Johanni
Crocio, der heiligen schrifft Doctorn, vnbt in der löblichen

hohen Schuell zue Caßell professorn, vnsern sonders
günstigen Herrn vndt guten freundt. . .

IV.
Endt-Urtheill.

In peinlichen Sachen Sabinen Hügelin, Moritz
Officialn Hausfrawen peinlicher Anklägerin an einem, entgegen vndt wider D. Johannem Crocium peinlich beklagten
andertheils, todtschlag in actis angezogen belangend, seindt
die am 11. Junii vndt 8. Augusti des nechstverfloßenen
1634 Jahr beiderseits einbrachte documenta vndt beylagen
ex officio vor betaudt angenommen, vndt darauf mit vor-
gehaptem Rhat der Rechtsgelehrten ihr der Anklägerin Ihr
suchen der tortur halber hiermit abgeschlagen, sondern die
sache allenthalben vor beschloßen angenommen, vndt auf
alles schrifftlich- vndt Mundtliches vorbringen zu recht
erkant, das P. beklagter von angestelter peinlicher anklage
zu absolviren vndt zuerledigen sei, alsdann zu dieser sachen
verordtnete Richter vndt Schöpfen ihn P. Beklagten davon
mit diesem rechtspruch absolviren vndt erledigen, die Gerichtskosten aus hierzu bewegenden vrsachen gegen einander
compensirend vndt vergleichend.

Publicirt zue Caßell auf dem Rahthaus in offener
Rahtstuben, am 16. Julii, anno 1635.

Beylage B.
Bestellungs Puncte.

Uff den D. Crocio der praedicatur halber in der
Freyheiter Kirchen gethanen Vortrag hatt er sich nach zu
vor eingeführten vielen motiven, warumb ihm solche praedicatur allzubeschwerlich falle, vndt er sich darumb zu entschuldigen hette, entlich dahin erkläret, wofern das anbringen
[Fol. 68] dahin gemeinet. |

1. Das er zu keinen weitern Predigten, als welche der
Superintendens bisher in der Freyheiter-Kirchen or-

dinarie verrichtet, adstringiret sein solte, vndt solches
so lange der Superintendens nicht selbst wider pre=
digen könte.

2. Wann aber der Superintendens, wie zu hoffen, zu
seiner gesundheit so weit wider gelangen solte, das er
Predigten verrichten könte, das dann die labores
zwischen ihnen beyden vmbgehen solten.

3. Wofern aber der Superintendens nach Gottes willen
etwa versterben solte, das dann zur Freyheiter Kirchen
ein ander Prediger oder Decanus an dessen statt
bestelt würde, welcher mit vndt neben ihm die Pre=
digten, so in der Zeit ein decanus in der Freyheiter
Kirchen gehabt, verrichtete.

4. Das er mit den Vermahnungspredigten, weill er des
Sonnabents den publicis vndt privatis Collegiis
abwarten müße, allerdings, wie zu Marpurk, ver=
schonet sein solte.

5. Das er, wie zu Marpurk auch gewesen, den Convo-
cationibus Ministerii beyzuwohnen, vndt dabey zu=
erscheinen, nicht schuldig sein solt, weil er dadurch in
seinen lectionibus vndt disputationibus sehr verhin=
dert würde.

6. Vndt entlich, das er bey der Freyheiter gemein ge=
laßen, vndt an andere örter zu predigen nicht gezogen
werden möge.

Wann es, wie ob erwehnt, diese meinung hette, vff
solchen fall wolle er im nahmen Gottes dem beruff folgen,
vndt obwohl an diesem ohrt alles noch so thewer, als zue
Marpurck, so wolle er sich doch mit dem salario, was er
zue Marpurck, sowohl der profession als Predigtambts
gehabt, contentiren laßen.

Wann nuhn mit dem Superintendenten aus dieser
erklärung geredt, hatt derselbe sich bedünken laßen, das in
allen puncten ihm gratificirt werden könte. Nur weil er
zu Marpurck 16 Klaffter Holz gehabt, so ihm ohn allen

Koften vors Haus geführet werden müßen, so wüſte er
derhalben keinen Rhat, wann nicht vnſer gn. f. vndt H.
ihnen damit verſehen ließe. Stehet derhalben alles zu
J. f. g. gnedigen erklärung.

Signatum Caßell, den 23. Octobris, Anno 1632.

Helfrich Deinhardt. D.

Fol. 68*] | Ob Ich zwar allerhand vrſachen halber lieber ſehen
mögen [1]), das ſich D. Crocius zu dem fürſchlag, den Ich
gethan, hette verſehen mögen, iedoch vndt ehe durch ferner
scrupuliren das nöhtige werck in ferner ſtecken gerahte,
als bin Ich geſchloßener maßen zufrieden, vndt ſoll des
holtzes halben anſtalt gemacht werden, doch hette es der
Vice-Cantzlar noch einmahl zu tentiren, vndt dann auf
einen oder andern weg zu ſchließen.

Signatum Caßell, den 26. Octobris Anno 1632.

Wilhelm.

Extract aus der Beſtallung.

Nachdem der Durchleuchtige vndt Hochgeborne Furſt
vndt Herr, Herr Wilhelm Landgraff zue Heßen, Graff zue
Catzenelnbogen, Dietz, Ziegenhain vndt Nidda etc. Johannem
Crocium der H. Schrifft Doctorem eine praedicatur in
der Freyheiter Kirchen alhier zu ubernehmen, gnedig be-
handlen laßen, Er auch mit hintanſetzung aller vrſachen,
die ihn davon hetten abhalten mögen, Gott zu ehren, S.
f.g. zu vnterthenigem gehorſamb, vndt der gemeine zu ver-
hoffter erbawung auf gewiße maaß vndt conditiones,
welche alle ſambt vndt ſonders von S. f.g. vor hochgedacht,
beliebet, genehm gehalten, vndt in einem abſonderlichen
brieff, der ihme in originali zugeſtelt iſt, vnter Ihrer
eigener Handt bekräftigt worden, die auf= vndt angetragene

----

[1]) Am Rande: Consilium hoc erat, ut D. Crocius in aulica
et Cathedrali Ecclesia per vicos doceret.

praedicatur ubernommen, vndt dahero es nuhmehr daran
hafftet, das ihme der verordnete Jährliche solbt angewiesen
werde, als ist s. f. g. ernste Verordtnung vndt befehl.

Zu vrkundt haben wir s. f. g. Stathalter, Cantzlar
vndt Rähte deroselben Canzlei großes Insigell auf sonder-
bahren entpfangenen befehl hierauff getrückt.

So geschehen zu Caßell den 6. Novembris Anno 1632.

Beylage C.

Unseren freundtlichen Dienst zuvor, Ehrwürdiger vndt
hochgelahrter besonders guter freundt, Was vor wenig
tagen sich vor ein leibiger fall | mit Weilandt Christian [Fol. ̊
Hundes gewesenen Rittmeisters alhier nachgelaßenem Sohn
auch Christian genandt zugetragen vndt begeben, das ist
euch leider mehr dann gut bekant. Wann nuhn sich nicht
thun laßen will, das der von Hundts Mutter dieses fals
halben beschuldigte D. Crocius ehe vndt zuvor die sache
ausgeführet, die Cantzell vndt Catheder besteige, Als ist
vnser befehl hiermit, das Ihr Ihm D. Crocio solches andeutet, vndt sonstet die Verordtnung thuet, damit vnter
desen das Predigambt mit einer gnugsamen qualificirten
Persohn versehen werde. Das versehen wir vns, vndt
seindt euch freundtlich zu bienen geneigt. Datum Caßell
den 5. Martii, anno 1633.

Dem Ehrwürdigen vndt Hoch-   Fürstliche Heßische
gelahrten vnserm besondern guten   Regierung daselbst.
freundt, Paulo Steinio Super-
intendenten zue Caßell.

I.

Responsum Facultatis Juridicae Marpurgensis.

Als vns Decano vndt andern Doctoren der Juristen
Facultät in der Universitet zu Marpurck vorgesetzte facti
species sambt denen darin mit lit. A. B vndt C bezeich-
neten copiis zugestelt vndt wir über angehengte frage vnsere

rechtliche meinung zu eroffnen erfuchtt vndt gebeten worden,
So haben wir demnach solche mit gehortem fleiß verlesen,
vndt collegialiter erwogen, vndt berichten darauff vor recht,
das pendente processu das Predigambt zur Freyheiter
Kirchen zue Caßell dem herrn Consulenten zu praejudiz
vndt nachtheil ohne seine bewilligung mit einem andern
ordentlich nit bestellet werden können, vndt das demnach
nuhmehr Herr Consulent pure vndt allerdings durch vrtheil
absolviret worden, er auch zu besagten, ihm vertrauten
angenommenen, vndt zuvor verwalteten Predigamt zur
Freyheiter Kirchen, so wohl als zur profession wider zu=
zulaßen vndt zu verstatten sey von Rechtswegen, Deßen
zur Vrkundt haben wir vnser facultät Insigell hierunter
trucken laßen.

So geschehen den 12. Septembris, anno 1635.

Decanus vndt andere Doctores der Juristen
Facultät in der Universitet zue Marpurck.

II.

Responsum facultatis Juridicae Erfurtensis.

Vnser freündtlich dienst zuvor. Ehrwürdiger vndt
Hochgelahrter, insonders günstiger guter freundt. Als ihr
vns eine speciem facti mit etlichen Beylagen, so mit A.
B. C. bezeichnet, zuschicket, mit bitte, vnser rechtliches
bedencken über die darin begriffene frage zu eroffnen. Dem=
nach so sprechen wir nach fleisiger erwegung des angeführten
facti, vndt derer dabey befindlichen beylagen, so viel daraus
die hauptsache mit zu vernehmen gewesen, vor Recht: All=
dieweil die suspensio von dem Predigambt, so von Fürst:
Regierung am 5. Martii angeordtnet, nur interims weise
vndt so weit angesehen, bis die sache zwischen euch vndt
der Anclagerin würde ausgeführet vndt erörtert. Dieweill
dann derselbige process solcher gestalt ein eventum erreichet,
das Ihr von dieser Anklage absolviret, auch solchem Vr=
theil zuefolge Ihr wegen der profession in integrum

albereit restituirt worden, als ist auch dieses Rechtens, das Ihr propter eandem causam vndt in ansehung der außführung ewer vnschulbt zu dem ad tempus suspendirten officio des Prebigambts hinwider mußet restituiret werden, von Rechts wegen.

Vrfundtlich desen haben wir dieses mit vnser Facultät Insigell bestätiget. Actnm Erffurt den 25. Septembris, anno 1635.

Dem Ehrwürdigen vndt Hoch-lahrten Herrn Johanni Crocio Theologiae Doctori vnserm insonders gunstigen guten freundt.

Decanus, Senior vndt andere Doctores der Juristen Facultät in der Universitet zu Erfurt.

III.
Responsum Facultatis Juridicae Jenensis.

Vnser freundtlich dienst zuvor. Ehrwürdiger, Hoch-gelahrter, günstiger guter freundt. Als Ihr vns ein Facti speciem zugestelt vndt darüber vnsere Rechtsberichtung ge-beten, welche facti species von worten zue worten lautet, wie folgt: Es ist in Anno 1633 durch Sabinen Moriz Officials Hausfraw zue Caßell . . . Demnach sprechen wir nach fleisiger verlesung, derer | vns sub lit. A. B. vndt C [Fol. 70] zugeschickten beylagen vndt erwegung derer von euch in ewer Frage angezogenen vmbstände vor Recht, wofern es ewrem obigen bericht nach allenthalben bewandt, vndt sonderlich, das Ihr innhalt des vrtheils sub lit A. num. 4. von angestalter Peinlicher anflage gentzlich absolviret vndt entlediget worden, So seit Ihr durch diese absolutori sen-tentia eben in ben standt widerumb gesetzet, barinnen Ihr gewesen seit, ehe vndt zuvor der fall, deswegen Ihr peinlich bellagt worden, sich begeben hat, derentwegen werdet Ihr aus diesen vndt andern von Euch angezogenen Rechts-gründen, vndt fundamenten nicht weniger zu der prae-dicatur, als albereit verstatteter profession, weil ratione praetensi scandali zwischen jener vndt dieser function fein

16*

Vnterſcheidt zuemachen, plenarie nicht vnbillich wider re-
ſtituiret vnbt verſtattet, Von Rechttswegen. Vhrkündt⸗
lichen mit vnſerm Inſiegell beſiegelt.

Dem Ehrwürdigen vnbt Hoch⸗
gelahrten Hrn Johanni Crocio,
ber H. ſchrifft Doctorn, vnbt
in ber löblichen Hohen ſchuell
profeſſor ʒue Caßell, vnſerm
günſtigen guten fründte.

Ordinarius, Dechant,
senior vnbt anbere Doc-
tores ber Juriſten Fa-
cultät vff ber Univerſitet
ʒu Jehna.

Iſt einkommen am 8. Octobris, anno 1635.

IV.

Responsum Facultatis Juridicae Groningensis.

Vnſere freünbtliche Dienſte ʒuvor. Ehrwürdiger vnbt
Hochgelahrter, ſonbers günſtiger Herr vnbt wehrter freunbt.
So Ihr vns eine ausführliche speciem facti, ʒuſambt
einer gebruckten, vnbt ʒwen geſchriebenen beylagen mit ben
lit. A. B. vnbt C beʒeichnet, ʒugeſchickt, vnbt euch vnſere
rechtliche meinung baruber ʒueroffnen vnbt mitʒutheilen
gebetten habt, So haben wir bemnach bieſelbe mit fleiß
verleſen vnbt erwogen, berichten barauff vor Recht, bas
[Fol. 70*] Ihr vermöge bes für euch ausgeſprochenen | absolutori
vrtheil in alle ewre vormahls gehabte bienſte vnbt würden
gantʒlich ʒu restituiren ſeit, vnbt euch barann ber gegen
euch geführte criminalproceſs nicht hinberlich ſein mag,
siquidem per sententiam absolutoriam omnia jura recu-
perantur. Dona. a Fiena [ſo!] in enchir. conclus. ex
regul. verbo Absolutio. Sonſten würbe Absolutio kein
absolutio, ober je nicht volkommen vnbt ſtraff ohne ſünben
ſein, welches ohngereimbt vnbt ber Vernunfft ʒu wider iſt.
So hettet Ihr auch gemeiner beſchriebenen Rechten nach,
ewer Dienſten bey wehrendem process nicht ſollen privirt
ober entſeʒet werben per tit. in l. un. C. de reis post L.
libertus 17 § in quaestionibus 1. ad municip. in quibus
expresse distinguitur inter honores veteres et novos

Illi retinentur, ad hos aspirare, durante processu non licet. Von Rechtswegen. Zu Vhrkundt haben wir der Academien Insigell aufgetruckt, welches geschehen ist zue Groningen am 4. Octobris Anno 1635.

Dem Ehrwürdigen vnd Hoch=
gelahrten Hrn Johanni Crocio
der H. schrifft Doctori vndt
professori primario in der lob=
lichen Schuell Caßell, vnserm
sonders gunstigen Herrn vndt
wehrten freundt.

Decanus vndt ander Doc-
torn der Juristen Facul-
tät in der Academia
Gröningen vndt
Omblandt.

V.

Responsum Facultatis Juridicae Francofurtanae ad Oderam.

Vnsern freündtlichen gruß vndt dienst zuvor, Ehr=
würdiger, wohl=Ehrvester vndt Hochgelahrter, großgünstiger
Herr vndt gutter freundt. Auff des Herrn vns zugeschickten
bericht (welcher demselben vnter vnserer der Juristen Facultät
Insigell hierbey zuruck kompt) so wohl denen darinnen
angezogenen, vndt mit A. B. C. signirten beylagen, dar=
über der Herr ihme vnser rechtliches informat zuertheilen
vns ersuchet, sprechen nach fleisiger verleß vndt erwegung
deßen allen, wir Decanus, Ordinarius | vndt andere Doctores [Fol. 71]
der Juristen Facultät in der Churf. Brandeburgischen
Universitet zu Franckfort an der Oder zu einer belehrung
sur recht, vndt zue erkennen sein, das der Herr, nachdeme
er von denen wider ihn angestrengten anclagen, inhalt der
beylagen, sub A. num. 4. pure et simpliciter absolvirt,
in allen seinen Ambtern vndt dignitäten, vndt also auch
in das Pfarrambt, so er vor der geschehenen accusation
gehabt vndt verwaltet, plenissime zue restituiren, vndt
zu deßelben gebrauchs vndt hebung also fort zu verstatten
sey. Es stehet ihm auch bevor sich darneben des remedii
capit. § 1 canonici 2 de offic. ordinar. in 6 zu gebrauchen,

Von Rechtswegen. Geben zu Franckfurt an der Oder d. 16. Octobris im Jahr Christi 1635.

Dem Ehrwürdigen, wohl=Ehrn= vesten vndt hochgelahrten Herrn Johanni Crocio, der H. schrifft Doctorn vndt professorn zu Caßell, vnserm großgunstigen Herrn vndt guten freundt.

Das dieses Vrtheil dem rechten vns überschickten bericht vndt beilagen ge= meß sei, bezeugen wir Decanus, ordinarius vndt andere Doctores der Ju= risten Facultät in der Churf. Brandeb. Univer- sitet zue Frankfort an der Oder mit vnser facultet hierauf gedrucktem In= sigell.

VI.
Responsum Juridicae Facultatis Helmstadianae.

Vnser freündtliche dienste zuvor. Ehrwürdiger, Ehrn= vester vndt hochgelahrter günstiger guter freundt. Als Jhr vns ewern bericht neben eßlichen eingeholten Rechtsbeleh= rungen vndt einer Endturtheil, den Extract aus ewer be= stallung, vndt Copey der erfanten Suspension alles mit lit. A. B. vndt C bezeichnet, zugefertiget, vndt über die daraus formirte frage euch vnsern Rechtspruch zuertheilen gebeten.

Demnach haben wir solches alles mit gebührendem fleiß verlesen vndt umbständlich erwogen. Erkennen vndt

Fol. 71°] sprechen darauff für recht, das Jhr vermöge | der am 16. Junii jüngsthin zue Caßell uf dem Rahthause in offener Rahtstuben publicirter Endurtheill, in welcher Jhr von der von Sabinen Heugelin Moritz Officialn Hausfrawen wider euch angestelten Peinlichen anflage absolvirt vndt entlediget, vndt also pro innocente vndt vnschuldig erfant, das keine macula oder scandalum Euch im wege stehen kann, daburch auch die bis zur ausführung der Sachen beschehene suspensio vfgehoben, vndt ihre endtschafft erreichet, nicht allein zu der euch anbefohlenen profession wie schon geschehen, sondern auch zu der in der Freyheiter kirchen euch auf vndt angetragenen praedicatur, hinwider zu verstatten seidt, von rechtswegen. Zu vrkundt haben wir vnser Facultät Insigell hierauff drücken laßen. So geschehen zue Helmstadt den 21. Octobris, anno 1635.

Dem Ehrwurdigen, Ehrnvesten vndt hochgelahrten Hrn Johanni Crocio, der heiligen schrifft Doctori vndt primario Theologiae professori zue., Caßell vnserm gunstigen vndt guten freunde.

Ordinarius, Decanus vndt andere Doctores der Juristen Facultät bey der Furstlichen Julius universitet.

Responsa a sex juridicis facultatibus magno consensu edita [1]), ad Illustrissimum principem Sabaeburgi commorantem mittit Doctor Crocius mense Decembri. Ille legit, remittit, et quod tum pacis negotio, quod cum Coloniensibus, Monasteriensibus et Paderbornensibus deputatis tractabatur, occupatus esset, responsum differt in sequentis anni mensem Januarium. Novembris die duodecimo per Secretarium suum Hofgeismariam, quo D. Crocius propter pestem cum familia secesserat, missum, praevia gratiae et benevolentiae plena salutatione declarat, quemadmodum non invideat puram absolutionem ab intentato crimine, et jam pridem ex ea causa ipsum professioni per decretum restituerit, ita eodem decreto significasse, quod eum suggestui, quem ante hunc casum tenuisset, restitutum omnino cuperet, cum vero jam alii et locus ille et stipendium sit assignatum, nec verbum suum principale super eo revocare [2]) possit, se non videre, quomodo ista in re, tanquam non amplius inte | gra, D. Crocio gratificari [Fol. 72

---

[1]) Von diesen Aktenstücken gab Crocius 2 jetzt seltene Drucke heraus: „Etliche Rechtsbelehrungen“ etc. O. O. 1635 in 4⁰, und „Facti species“ etc. O. O. 1636 in 4⁰. Vgl. *Strieder* II S. 400 Anm. ***

[2]) „non“ ist durchstrichen.

possit. Interim licere ipsi in ecclesia Cassellana publice
docere in quocunque suggestu et quoties velit. Praeterea cum dotes, quibus a Deo sit ornatus, semper in
pretio habuerit, cumque lubenter audierit, se petere,
ut in aula cum Neubergero per vices deinceps doceat.
Quam provinciam si suscipere velit, quamvis existimet,
ipsum stipendii ampli, quippe quo propter singularem
Dei benedictionem non admodum indigeat, se tamen
id esse assignaturum de suo, cui possit acquiescere.
Ad haec cum in hunc novum annum Rector academiae
nondum sit creatus, se illi magistratum, quem primus
gessisset, rediturum esse, ut tanto plenior sit restitutio.
D. Crocius agnoscit summum erga se Illustrissimi
principis favorem, pro eo gratias agit humiliter, et
innocentiae piae agnitae argumentum interpretatur,
quod de eo potestate docendi significatum erat. Benedictionem divinam non negat, quin potius multo
ampliorem sibi concessam profitetur, quam vel ipse
mereatur, vel inimici vellent. De stipendio addit, etsi
continuis multorum annorum exactionibus gravibus
tristem in modum prae multis aliis sit pressus, et
exhaustus, atque etiamnunc magis ac magis exhauriatur,
se tamen palam facturum esse omnibus, quod non tam
stipendii quam juris tuendi rationem babeat. Neque
se obstare, quominus alter ille, quod semel usurpare
coepit, deinceps retineat; Sibi enim restitutione, quae
juris sit manifesti, satisfieri, et quantum ad stipendium
attinet, alia ratione absque cujusquam damno consuli
posse. Caeterum provinciam cum Neubergero novo
superintendente per vices in aula docendi, deprecatur,
itemque Rectoratum Academicum, quem sicut optet,
Casselis nunquam sibi delatum, aut a se susceptum
esse, ita ostendit, malle magnum rerum dispendium
facere, quam iterum suscipere. Petit autem, ut Illustrissimus causam amplius expendat, et ipsum restituat

suggestui, cui restituendum esse tot juridicae facultates
ex jure responderint unanimiter. Quod si fiat, spondet
se daturum esse operam, ut ejus Celsitudo intelligat,
nihil ipsi esse prius, quam ut officia et industriam ei
deinceps summa fide approbare pergat. Sed Illustrissimus conditionibus Hofgeismariae oblatis inhaerebat, quas
cum D. Crocius certis de causis non acciperet, vir Clarissimus Dominus Johannes Petrus Dauberus XIV. d. Febr.
Anno MDCXXXVI. Academiae Rector creatur.

Jam quidem aemuli jactaverant, D. Crocium ad
publicum in Academia docendi munus reverti nolle[1]),
et bonis viris pene persuaserant, eum jam | aliis suam [Fol. 72*]
addixisse operam: Verum et jam ante satis demon-
straverat, se nec Illustrissimo Principi, nec Academiae
operam suam deinceps denegaturum esse, et postea
omnibus palam confirmavit. Nam non solum mense
Februario An. MDCXXXV de pace Pirnensi interrogatus,
lite adhuc pendente, suam sententiam dixerat, sed etiam
post absolutionem, cum de Pragensi pace diversae con-
sultationes instituerentur, adeo se non subduxit accersitus,
ut tum mense Septembri, convocatorum professorum
collatione praevia, concilium Academiae nomine con-
ceperit, tum mense Octobri, singulari Illustrissimi mandato, a Dominis consiliariis Hofgeismaria evocatus ad
deliberationem venerit, et cum a Serenissimo Rege Hun-
gariae, moderno Imperatore, principi nostro in puncto
religionis, eadem conditio cum Electore Brandeburgico
et principibus Anhaldinis esset oblata, ex superiorum
voluntate apud Brandeburgicos et Anhaltinos per literas
exploraverit, an et quomodo illic religioni puriori cautum.
Postquam vero pestis in urbe desaevisset, et coetus

---

[1] Landgraf Moriz hatte schon 1624 einmal Crocius seines
Amtes entsetzt und ihn als: „einen steifsinnigen Kopf, einen unruhigen Pfaffen" bezeichnet. *Claus* a. a. O. S. 49 u. S. 48 Anm. 1.

scholasticus, qui dissipatus fuerat, esset mediocriter instauratus, ad cathedram academicam XXII. d. Februarii rediit, et de restitutionis plenariae jure nonnulla praefatus, perrexit in Anti-Becano, ubi ante biennium desierat, cumque [1]) qua controversias omnibus Evangelicis cum Papistis communes tangit, paulo post absolvit.

Caeterum hoc anno trigesimo sexto et pax tractata est varie et bellum varie gestum. Induciae superiori anno pactae durabant usque ad Majum, et pacificatio Sabaeburgensis in aulam erat missa, ut ab Imperatore rata haberetur. Ille Episcopo Herbipolitano committebat negocium, qui suae Majestatis nomine de pacis conditionibus ageret cum Illustrissimo Principe. Hinc ergo mittuntur Legati [2]), ne ulla pacis recuperandae negligeretur occasio. Rerum momentis diu multumque expensis, tandem utrinque consentitur in formulam, cujus a Caesare confirmandae spem nostris injicit Episcopus. Unde omnium animi, quos aureae pacis desiderium jam pridem tenebat, in eventum sunt intenti. At ille non respondebat expectationi. Interim gravi obsidione a Ligistis premebatur Hanovia, cujus deditio causae communi plurimum no | citura multis videbatur. Quod igitur urbs obsessa principis auxilium mature implorasset, et is opis pro virili ferendae spem fecisset non obscuram, at induciae obstare viderentur, et si obsessis subsidio iretur, omnem spem pacis decollaturam esse, prudentes indicarent, Illustrissimum in pacis tractatione rationem haberi Hanoviae, ejusque obsidionem tolli petierat satis mature. Sin autem non obscure innuerat, se teneri fidem verbis adjungere ac succurrere civitati sibi et suis conjunctae multis nominibus. Non quod pacem nollet, sed quod fidem urbi sociae datam, honore salvo, violare non posset.

Fol. 73] (margin, left of "mum no | citura")

---

[1]) „paullo post" sind durchstrichen.
[2]) „quae" durchstrichen.

Jam quidem Herbipolitanus se in aula Caesaris adhuc laborare significabat, et mittebat, qui de dubiis amplius hic agererent [ʃo!], quod Illustrissimus facile concedebat; cum vero Hanovia in extremo periculo versaretur, et ex adversa parte solum tempus trahi videretur, Illustrissimus suo consilio nixus expeditionem Hanoviensem decernit, et Westphaliae praesidiis Legato suo heroi fortissimo Dn. Petro Holtzapfel, dicto Melandro commissis, copias suas cum Leslaeo suecico Campi magistro conjungit, atque iter ingreditur. Multi mirabantur, nec deerant, qui improbarent, et rei bellicae peritissimi de successu desperabant, hostes vero ridebant, denique nonnulli vicini sperabant, profectionem illam fore supremam ac omnino iter ad mortem. Considerabant enim unam et viginti munitiones, quibus cincta erat Hanovia, bonum peditem illis impositum, equitatum firmum, qui adventandi principi se facile opponeret, ac Gallasium in agro Wormatiensi sedentem, qui obsessores sua propinquitate firmaturos credebatur. Et sane si omnes circumstantias excutias, expeditio erat periculosissima. Ne enim aliud nunc dicam, octies mille equites erant in Westphalia parati, qui poterant euntem principem persequi a tergo, nisi eos falsus tenuisset rumor, qui spargebatur de auxiliaribus copiis, quas dominus Melander expectaret e Belgio [1]). At dum illi Melandrum observant, princeps opinione multorum celerius pergit, equitatum post levem pugnam in fugam conjicit, munitionibus compluribus expugnatis, viam ferro aperit et commeatum urbi importat XIII. d. Junii, spectante hoste, qui adhuc munitionem primariam tenebat, qua demum pulsus est a meridie, quamvis non sine Hassorum damno. In | reditu Amoeneburgum in potestatem est redactum [Fol. 73ᵃ

---

[1]) Am Rande: „Haec ex Melandri ore sunt relata: Alii negant, tantum equitatum hosti paratum fuisse in Westphalia.ᶜ

et magnum officium Hassiae superiori ab illustrissimo
Guilielmo nostro praestitum. Cum enim Leslaeus durius
eum tractare decrevisset, intercessit et tum incendium,
tum alia magna mala avertit auctoritate sua. Bergenses
praesidiarii toto belli tempore quotidianis excursionibus
magna damna dederant Hassiae. Inde majoris securi-
tatis causa optabant plurimi, arcem illam in potestatem
redigi. Princeps ergo obsidet et ad deditionem intra
paucos dies faciendam sine dubio compulisset, nisi
Herbipolitani, qui eo tempore hic adhuc morabantur,
intercessissent. Affirmabant enim, expeditionem Hano-
vicam paci non obfuturam, modo princeps ab obsidione
Bergensi discederet, et a Suecis deinceps sejungeret.
Discedit castris in Westphaliam promotis et a Leslaeo
separatur eo fine, ut pacis negocium tanto facilius
procederet.

Etsi vero Herbipolitani offensum artificiose dissi-
mularent, mox tamen ejus signa apparuerunt non ob-
scura, nec dubium, quin eodem anno in novum erupissent
consilia, nisi praelium ad Witstock commissum moram
aliquam attulisset. Illud incidit in diem XXIV. d. Septembris, quo Bannierius, postquam aliquamdiu ancipiti
marte pugnatum esset, ab Electore Saxoniae et Hatzfeldio memorabilem, quamvis non plane incruentam,
victoriam, Leslaei ut ferunt imprimis industria et opera
reportavit. Jussus erat Götzius Hatzfeldio se conjungere,
quod si in tempore fecisset, omnium judicio vim vix
sustinuissent Sueci: Verum dum ille arce Hombergensi
in Hassia et Paderborna expugnanda nimis diu occupatur, Hassis quidem ingens damnum infert, dum non
solum omnia passim diripit, sed et imprimis agrum
Hombergensem et Borcanum penitus vastat; at suis,
quos maximo cum Caesaris commodo egregie fulcire
poterat, deest tempore valde necessario. Cum enim
Paderborna occupata Visurgim cum exercitu transiisset,

de Caesareanorum clade nuncium affertur, nec ille vel Hatzfeldianas reliquias suis copiis erigere potest, nec hostis impetum sustinere. Ideo pedem refert et Hassiam iterum invadit, qua tamen, Bannierio cum suis eam ingredien | te excedere cogitur. Unde in Westphaliam [Fol. 74] progressus in Hassiaca praesidia vi versa, Susatum, Werlam, Tremoniam, Lunam et Hammonam, deditione a defensoribus praeter opinionem facta, facile recipit.

Anno Christi MDCXXXVII Calend. Januar. vir Reverendus et clarissimus, Dominus GEORGIVS CRV-CIGER, S. S. Theologiae Doctor et hebraeae linguae Professor per majora Dominorum professorum vota deligitur Academiae Rector, quem magistratum gessit usque ad octavum diem Julii, quo febri petechiali exstinctus ad Dominum in coelestam academiam migravit, vir vera pietate excellens, trium linguarum egregie peritus, deque bonis literis et Hassia orthodoxa optime meritus. Ab anno enim sexcentesimo quinto usque ad decimum nonum logicam et metaphysicam magna diligentia professus Marpurgi, summum magistratum gessit anno decimo octavo, qui ei, ad Synodum Dordracenam misso, quod diutius ibi subsistendum esset, prorogatus est in annum decimum nonum. Ex Belgio reduci facto professionem hebraeae linguae et Ephoratum demandabat optimus ille Princeps, Germaniae ocellus, MAURJTJUS, beatissimae recordationis Hassiae Landgravius: Utroque munere functus est usque ad mutationem Academiae factam mense Martio Anno MDCXXIV. Paulo post ex consilio D. Crocii vocabatur ad Consistorium Ecclesiasticum in hac urbe laudatissimi Principis auctoritate instauratum eodem anno. Tandem postquam ob temporum difficultatem spe melioris conditionis hinc profectus, per aliquot annos Hanoviae cum familia habitasset, in nova nostra schola locus ab Illustrissimo GUJLJELMO datus est huc reverso anno MDCXXIX, quem tum summa fide, tum innocuae vitae exemplo usque ad extremum spiritum exornavit, et inde familiae decus, quod a parentibus acceperat, illustrius in suos propagavit. Filius enim erat pientissimi theologi Doctoris CASPARJS CRUCJGERJ ob orthodoxiam Saxonia post varias afflictationes pulsi a GUJLJELMO sapiente recepti, nepos Doctoris CASPARJS CRVCJGERJ, quem MARTINO LUTHERO in opere Domini conficiendo adjunctum fuisse, res ipsa demonstravit.

Fol. 74*] | Exequiis honestissime peractis, de alio Rectore creando susceptum est consilium et quidem hoc onus D. Crocii humeris imponere placebat Dominis professoribus universis: Ac ille multis se excusabat, et aperte testabatur, quarta stipendii annui parte se carere malle, quam onus suscipere. Cum tamen Dn. professores a sententia sua recedere nollent, tandem suscepit plane invitus.

Cum Illustrissimo Principi obitus Rectoris significandus esset, ex omnium Professorum voto ac sententia scriptum est, ipsius Celsitudo deliberaret ac decerneret, cum Academiae fiscus temporum injuria tam sit exhaustus, ut docentibus stipendium numerari nequeat, an Domini Doctoris Crucigeri professio ad tempus vacare, at Ephoratus alicui e professoribus absque peculiari stipendio administrandus commendari debeat, donec vires fisci instaurentur. Illustrissimus, Academiae consilio approbato, Ephoratum Reverendo ac clarissimo viro, Domino JOHANNJ COMBACHJO, S. S. theologiae Licentiato, ejusdemque et philosophiae professori ad tempus, donec vires fiscus recuperet, supra dicta ratione administrandum clementer demandat, literis ad Academiam datis Lierae [1]) in Frisia Orientali tertio die Septembris.

---

1) Leer in Ostfriesland.

Illis allatis, primum per Rectorem Dn. Licentiato Combachio Illustrissimi voluntas significata, deinde in pleno consessu Ephoratus commendatus est, quem amore ac studio boni publici tandem suscepit, quod ut in Dei gloriam, Academiae incrementum et studiosae juventutis utilitatem cedat, omnium piorum votum est.

Etsi vero Illustrissimus tum Ephorum, tum alios professores collegio excedere[1]) jussisset, cum tamen Marpurgi ab initio Academiae, in eodem cum stipendiariis collegio semper habitaverit Ephorus, nec aliter vel disciplina servari, vel exercitia ordinaria institui continuarive possint commode, praeterea causa mandati nunc cesset, Rector et professores, non dubitarunt, quin Dn. Combachio habitatio, quam petebat, assignari possit citra principis offensam et mandati violationem; atque ea de causa eam ipsi assignarunt.

XXIV. die Augusti clarissimus et consultissimus Dominus Johannes Kleinschmidt J. V. D. qui paulo ante jussu Principis in professorum numerum cooptatus erat, juramentum professorium praestitit.

Administratio Rectoratus fuit satis tranquilla. Postquam enim sub Domini Doctoris | Crucigeri Re- [Fol. 75 ctoratu Johannes Echzelius Roteburgensis relegatus et ad multorum intercessionem paulo post restitutus esset, tum ipse, tum[2]) reliqui adolescentes modestius atque ita se gesserunt, ut nulla querela alicujus momenti ad Rectorem delata fuerit.

Caeterum totus hic annus Academiae, civitati, et toti Hassiae tristis fuit multis nominibus. Tres enim plagae, quibus peccata populi sui Deus punire solebat, nobis graves fuerunt. Belli furor horribilem in modum grassatus est, dum hostes non tantum continuis ex-

---

[1]) Am Rande: „ante aliquot annos".
[2]) „alii" durchstrichen.

cursionibus omnia reddiderunt infesta, et omnium ordinum hominibus captivis abductis, diripuerunt omnia, sed etiam promiscuis stupris virginum et conjugum pudorem violarunt absque aetatis et conditionis discrimine, ac ferro et igne passim saevierunt exemplis inauditis[1]), imprimis verno tempore, cum in districtum Werranum se effudissent. Omnium vero maxime, postquam princeps exercitum, quem Kingianis auxiliaribus copiis auctum ad Werram deductum, illis oppositurus videbatur, reduxisset[2]). Ex eo enim se tanto furore ad incendia vertebant, ac si intra paucos dies Hassiam nostram totam igne essent perdituri. Numerant civitates octodecim, inter quas sunt illae celebriores Eschwegia, Allendorphium, Grebensteina, Homberga, item quadraginta septem domus nobilium, et pagos trecentos flammis exustos. Ex vastatione illa, fames gravis exorta est, qua multi perierunt. Praeterea febres tum pestilentiales tum aliae tam diris exemplis sunt grassatae, ut in agro vix quarta hominum, pars superesse credatur. In urbe quoque febris petechialis et pestis plerasque familias infecit, non paucis sublatis e medio.

Funera, ad quae deducenda Academiam publico programmate Rector invitavit a lugentibus rogatus, sunt haec.

1. Gertrud, M. Martini Dexbachii senatoris quondam Marpurgensis filia, reverendi ac clarissimi viri, Dn. Johannis Combachii theologiae et Logicae professoris uxor d. 20. Jun. pie defuncta et sepulta 22 die ejusdem mensis.
2. Susanna, viri clarissimi Domini Johannis Hartmanni, Doctoris Medici, Illustrissimi Archiatri et Academiae Professoris p. m. vidua sepulta. 22. d. Julii.

---

[1]) Vgl. *Hanser*, Deutschland nach dem dreissigjährigen Kriege. Leipzig 1862.

[2]) Vgl. *Rommel*, Gesch. v. Hessen, Bd. VIII S. 455 ff.

3. Gertrud virgo pudicissima, optimi illius PAULJ STENJJ judiciosissimi theo | logi, oratoris facun- [Fol. 75*] dissimi, episcopi prudentis, aequi ac moderati filia omni virtutum genere cumulatissima. 23. d. Julii.

4. Barbara, Domini Magistri Casparis Josephi Allendorphensis pastoris et superintendentis uxor 26. die Julii.

5. Philippus Bucherus, iuris studiosus, dn. Antonii Bucheri filius, optimae spei juvenis 2. d. Augusti.

6. Johannes Engelhardus Stenius, magni illius PAVLJ STENJJ, paulo ante nominati, filius natu minimus, adolescens excitati ingenii, de quo magna spes erat, in illo nobis patrem aliquando redditum iri. Sepultus 4. d. Augusti.

7. Christina, Experientissimi ac Clarissimi Viri Domini Doctoris Ludovici Combachii, Principis Archiatri filia, virgo virtute et forma praestantissima. Sep. 8. d. Augusti.

8. Dominus Fridericus Becmannus, Dicasterii Assessor, aetate florente exstinctus peste. Humatus 12. d. Augusti.

9. Veronica Elisabetha, viri ornatissimi Dn. Johannis Leuchteri in abbatia Fuldensi antehac praefecti conjux, matrona et natalium splendore et pietate clarissima. 14. d. Augusti.

10. Vir consultissimus Dominus Hermannus Thalmüllerus, quondam Illustrissimi Otthonis Landgravii informator, post Mauritii et Gulielmi consiliarius, vir antiquae fidei, integritatis et candoris. 20. d. Augusti.

11. Wilhelmus Neubergerus, bonae indolis et spei puer, Superintendentis Cassellani et aulici concionatoris suaviloqui, Domini Theophili Neubergeri filius. 26. d. Augusti.

12. Johannes Wilhelmus Becmannus Juris Studiosus, Johannis Becmanni, Consulis filius, Friderici Dida-

mari, Consulis ex filia nepos, D. Justi Didamari
Hassiae Consiliarii et Comitis Palatini Càesarei
pronepos, in quo et Johannis Becmanni et Friderici
Didamari posteritas exspiravit, memorabili sane exemplo. Citra dubitationem enim et pater et avus
fuit vir bonus, avus quoque tam innocuae vitae
homo, ut nunquam ullum offenderit. Et tamen tota
familia intra triennium penitus est exstincta. Sepultus Becmannus Cal. Sept.

13. Amalia Christina primum Dn. Bartholomaei Wigandi
J. U. D. post Domini Johannis Gudeni, Secretarii
uxor 23. d. Augusti.

14. Margaretha Josephi Salveldii Zuingenbergensis quon-
[Fol. 76] dam cellarii filia, Domino | Philippo Matthaeo J. U.
D. Academiae Marpurgensis professori et bis Rectori,
Dn. Conradi Matthaei, oratoris et Jurisconsulti, ejusdem Academiae professoris, ac in ea Rectoratu quin-
quies, pro-Rectoratu semel functi filio olim nupta
et in casto toro novem liberorum mater facta, at
viro 18. Jun. anno 1603 viduata vitam vidua pia
dignam egit, liberos et in iis tres filios in usum
ecclesiae et reipublicàe optime educavit; quorum
natu maximus Dn. Reinhardus Matthaeus, vir vera
pietate praestantissimus, Geismarianae ecclesiae in
classe Gudensbergensi praeest; secundus Dn. M.
Bernhardus Matthaeus doctrina et vitae exemplo
ecclesiam Adelphicam pascit; tertius Dn. Philippus
Theodosius, juris peritus, non ita pridem juniorum
principum Dn. Christiani et Dn. Ernesti informator,
nunc Falckenbergensi praefectura fungitur. Sancta
haec matrona altera Hassiae Hanna, cum in suorum
amplexibus spiritum Deo reddidisset, sepulta est
9. die Septembr.

15. Zacharias Liberon Eschwegiensis, theologiae studiosus, pius, modestus et diligens juvenis, qui non

exiguam de se spem excitaverat, et D. Crocio scribendo suam industriam in familiam receptus approbaverat, cum lento morbo confectus, diem obiisset, sepultus est 18. d. Sept.

16. Christina, Domini Hermanni Wolfii, olim Magni illius MAURJTJJ, Archiatri et consiliarii, vidua sepulta 20. d. Sept. Multos liberos stante matrimonio, marito pepererat, e quibus duos filios exhibuit reipublicae, unum Jurisconsultum, virum amplissimum, Dn. Hermannum Wolfium, antehac Hassiacum consiliarium, nunc Legatum Suecicum, alterum praestantem Medicum, Dominum Johannem Wolfium. Sex filias peperit, quas omnes virtute praestantissimas elocavit commode. Sex generos florentes vidit, duos Jurisconsultos, Dn. Helfricum Deinhardum ViceCancellarium, Dn. Joh. Müllerum secretarium primarium; duos felices Medicos, Dn. Cornelium Taurerum et Dn. Ludovicum Combachium; Duos oeconomos prudentes et opulentos, Clotzium, quaestorem quondam Hombergensem et Pflugerum. Nepotes, Pronepotes, neptes et proneptes numeravit octoginta septem. Nihil tale, opinor, aetate nostra vidit Hassia. Ideo rarum divinae benedictionis coronamentum, quo virtutem eximiam ornare voluit Deus, annotare placuit. Erat n. matrona sancta quoddam miserorum asylum. Aegris erat medica. Muliebris sexus imprimis autem eius experiebatur. Praegnantes et puerperae ad eam tanquam communem matrem, confugiebant. Promptitudinis, fidei ac industriae testis urbs et aula tota.

17. Elisabetha, Domini M. Thomae Wetzelii ecclesiae cathedralis pastoris et Decani, eruditi et optimi viri, uxor, Domini Johannis Kleinii J. U. D. filia, Magni illius Jurisconsulti Dn. Regneri Sixtini neptis, bonestissima et omni virtutum laude conspicua, cum

meliorem sui partem Deo reddidisset, terrae data
est. 3. d. Octbr. |

18. Georgius Wilhelmus Deinhardus, scriba Dicasterii,
Domini Deinhardi ViceCancellarii ex fratre nepos.
14. d. Octobr.

19. Elisabetha Juliana, Dn. Gregorii Schönfeldii J. U. D.
et primum in Academia Marpurgensi Oratoriae professoris, post Consistorii Ecclesiastici Cassellis in-
staurati Syndici filia unica, Domini Gregorii Schönfeldii Senioris, S. theologiae doctoris, postquam
propter veram doctrinam cum aliis theologis ortho-
doxis Saxonia pulsus esset, primum aulici concionatoris, post Superintendentis Cassellani tandem
Marpurgensis professoris, Ecclesiastae et Consistorii
Ecclesiastici Assessoris primarii, oratoris longe fa-
cundissimi, qui multos bonos concionatores Hassiae
dedit, ex unico filio neptis, virgo castissima, cum
qua viri de Hassia praeclare meriti, praeceptoris et
Antecessoris nostri prosapia exstincta est, honestis
exequiis affecta est. 19. d. octobr.

20. Anna Sibylla, Domini Gregorii Stannarii, physicae
Professoris uxor, suavidici illius aulae illustrissimae
oratoris ac superintendentis gravissimi, Domini Theophili Neubergeri, filia natu maxima, paterna et propria virtute ornatissima, 22. d. Octobr.

21. Dominus Henricus Rübenkönig, juris utriusque Licentiatus, causarum patronus felix, ex consulatu
hujus civitatis aliquoties summa cum laude gesto
clarus et bonis omnibus charus, cum conjuge Sibylla
Lindloide, faemina pientissima, quae vix diem integrum illi supervixerat, eodem conditus est tumulo
2. d. Nov.

22. Andreas Ulrici, Domini Henrici Ulrici, diaconi Nea-
politani, viri docti, pii et modesti, filius, optimae
spei adolescens, artium studiosus assiduus, cum

vitam innocenter traductam in filii Dei invocatione clausisset, effertur 22. d. Novembr.

23. Caspar Stenius, Domini Pauli Stenii, viri nunquam sine honore nobis nominandi, filius natu major, qui ex prole satis numerosa solus hucusque fuerat superstes, tumulatur 27. d. Novembris. Cum hoc juvene probo et modesto, exspiravit stirps optimi illius viri de Hassia praeclarissime meriti, qui ante triennium suos praecesserat, magno sui desiderio relicto nobis et omnibus bonis, qui intelligunt ac satis expendunt, quantum referat, ecclesiae praeesse hominem sincere pium, veracem, candidum, minime φίλαυλον, αὐϑάδη, avarum, sed φιλάγαϑον, et moderatum. Concurrebant enim in illo viro virtutes episcopo dignae.

Atque haec fuerunt privata funera, quae privatae familiae luxerunt; accessit publicum, quod tota Hassia orthodoxa acerbe luxit. Illustrissimus prin | ceps GUJ- [Fol. 77] LJELMVS V. pater patriae, Allendorphio reversus, cum exercitu moverat in Westphaliam, et postquam aliquamdiu ibi consedisset, Vechtam occupaverat. Cum vero locus deligendus esset, ubi cum suis commode tutoque sederet, donec pacificationis negocium, cuius reassumendi mentio injecta fuerat, honestis ac aequis conditionibus perficeretur, et de Frisia orientali a Ligistis occupanda non obscurus rumor spargeretur, minime committendum esse ducebat, ut praeveniretur, eo quod praesidiis Westphalicis maximum damnum inde posset inferri. Praevenit igitur Ligistas. Verum Frisiam orientalem vix ingressus erat, cum gravi morbo tentaretur, quo decessit Lierae Frisonum XXI. d. Septembris. Multae virtutes in illo concurrebant. Erat religionis purioris acer defensor, benignus literarum patronus, libertatis Germaniae strenuus vindex. Erat justus, patiens, prudens, fortis, clemens, constans. Tum in bello, tum in pacis tra-

ctandae negocio primam illi religionis purioris fuisse
curam acta perspicue docent. Inter arma non neglexisse
literas, testis Academia in medio armorum strepitu
condita et ad mortem usque conservata. Libertatem
privatis commodis praeferebat. Justitiam in regimine
multis speciminibus comprobavit. Quam multa et gravia
tulerit, priusquam arma caperet, omnibus notum. Cum
Illustrissimo parente volente, adiret imperium, Ligistae
integrum fere quadriennium in Hassia nostra conse-
derant, diripuerant, expilaverant, exhauserant omnia.
Nihil tamen movebat, sed precibus instabat, et tributi
per militem a subditis exacti summa, quae viginti milli-
ones excedebat, designatione Caesari oblata, petebat
liberationem, aut saltem mediocrem mitigationem. Cum
nihil proficeret, ferebat patienter, donec statibus Evangelicis ab Electore Saxone Lipsiam evocatis de religione
et libertate defendenda publica consultatio institueretur.
Id quod magnum prudentiae argumentum semper duxi.
Tota illius militia illustre fortitudinis speculum fuit.
Inde exercitus, si quid majoris momenti faciendum esset,
illo praesente ac duce rem aggredi amabat, illum ab-
sentem requirebat, in castra venienti applaudebat laetus.
Duces vel hoc uno nomine gaudebant, quod in summis
difficultatibus consilium aptum ex tempore inveniret.
[Fol. 77*] Clementiae trophaea passim exstant. |

Quamvis hostes barbarica crudelitate ac incendiis
in Hassia grassarentur, et non deessent, qui talionem
omnium commodissimam furoris reprimendi rationem
judicarent, adduci tamen non poterat, ut par pari
referret. Tam praeclara constantiae documenta nobis
reliquit, ut constantis titulo posteritati non immerito
commendetur. Nec ullis blandimentis nec ullis minis,
nec damnis, periculisve ullis a religionis sincerioris
tuendae, a fidei federatis servandae, a publicae libertatis
retinendae studio dimoveri potuit. Cum ex Du. Gun-

derodio suo ad Saxonem legato reduce domum facto, se speciali recessu a pace Pragensi exclusum esse cognosceret, nonnihil quidem commovebatur, mox tamen se ipsum recolligens dicebat: Innocenti quidem mihi hoc accidit et arma contra voluntatem meam gerenti; quicquid tamen Deo placet, idem mihi quoque placere debet. Et paulo post: Crediderim, si pace fuissem comprehensus, me fortasse cum multis, quod rectum non est, approbasse, nunc persuasissimum habeo, me Deo charum esse, quippe qui me excludi permisit, ne peccarem. Saepe detestabatur pacis iustae, aequae et universalis impedimenta, inter quae principum privata commoda primum agmen ducere, non sine justo dolore pronunciabat. Non semel ex eo vox illa audita est, Utinam mea mihi salva essent! Ex omnibus occupatis terris ne culmum quidem peterem mihique vindicarem. Tertio die ante mortem, cum se solum in conclavi esse putaret, finitis precibus, Deo votum ponebat, si vita ipsi concederetur, se quieturum non esse, priusquam subditis pacem reddidisset.

Funesto casus tristissimi nuncio in urbem allato, conciliarii clausis urbis portis, omnes ordines in Illustrissimi Junioris principis GUJLJELMJ VI. a patre designati successoris fidem adigebant Rector et professores in dicasterio homagium praestiterunt; illuc enim Rector a Consiliariis monitus professores evocaverat. Princeps pie defunctus testamentum ante aliquot annos condiderat, cum id XXI. d. Octobris aperiendum esset, consiliarii petebant a Rectore, ut ipse et professores | [Fol. 78] venirent. Venerunt stato tempore, et tum illis, tum quibusdam e nobilitate praesentibus, Testamentum apertum et praelectum est, postquam testium sigilla essent agnita. In eo tutelam filii et administrationem reipublicae Illustrissimae AEMiliae Elisabethae conjugi, nunc viduae, sic commendat, ut quinque viros et quidem duos e nobilibus, tres e literatis consiliariis ei cum auctoritate adjungat, sine quibus nihil agat, nec ullum mandatum edat, quod non saltem ab uno illorum sit subscriptum. Si qui decedant, alios ejusdem ordinis mox surrogari debent ex superstitum voto et sententia. Praeterea statuit, sedecim consiliarios terrestres, et quidem e nobilitate sex, e civitatibus totidem deligi debere, quibus quatuor doctores, aut alii literati ex officialibus adjungantur, quibuscum Illustrissima Tutrix et regentes de gravioribus patriae negociis, quoties usus postulat, communicent. Executores testamenti constituit Sereniss. Philippum Ludovicum comitem Palatinum et Henricum Auraicum, Belgii gubernatorem. Imprimis laude dignum est, quod religionis purioris defendendae, ad posteros propagandae et Academiae conservandae amplificandaeque curam Dn. Tutrici, Regentibus et caeteris consiliariis tam studiose mandavit, ut hos ad religionis orthodoxae, quae Dei beneficio apud nos publice servat, conservationem jurejurando obstringi velit.

Illustrissimi nostri Guilielmi mortem consiliarii Cassellani Illustr. Georgio Darmbstatino significabant. Hac ille occasione usus tum ad eos, tum ad omnes fere Hassiae inferioris status Caesaream quandam declaratoriam valde duram mense Aprili adversus principem nostrum editam, quam hactenus apud se presserat, cum severo mandato de parendo mittebat, statusque ad diem XXV. octobris Alsfeldiam evocabat. Consiliarii respondent illi pro re nata, at status hortantur, ut in junioris principis Guilielmi fide constanter perseverent, neque compareant Alsfeldiae. Illustr. Georgius Darmb- statinus sic instat, ut literis ad consiliarios datis | amicae tractationis mentionem inferat, quam cum Consiliarii minime negligendum esse, censerent, mittunt Marpurgum, qui conditiones audiant, de iis agant sine praejudicio et referant. Illic per suos varias conditiones

Fol. 78*]

easque satis duras proposuit, de quibus sermones a
deputatis ultro citroque sunt habiti. Interim comitiorum
Alsfeldianorum consilium non omittit, sed 29. et 30. d.
Octobr. datis literis graviter exprobrat ordinibus, quod
non obtemperaverint, et iterum evocat curiles in locum
ad diem XXVI. Novembr. Contra consiliarii nostri
principis literis XV. d. Nov. datis ordines laudant, quod
Alsfeldiam non sint profecti, confirmant in fide ac ob-
sequio et monent graviter, ne deinceps compareant ullisve
persuasionibus cedant.

Deputatis Marpurgo reversis, ex omnibus ordinibus
in hanc urbem aliquam multi evocantur, quibus consiliarii XXI. d. Novembr. prolixe referunt, quid post
Illustrissimi nostri Principis obitum, Illustrissimi pupilli
bono, ad diversos Principes scripserint, egerintque, imprimis vero quomodo cum Illustrissimo Georgio landgravio per deputatos contulerint sententias absque prae-
judicio, quid ille per suos in publicis et privatis propo-
suerit, quidque ipsi vicissim reposuerint, quibus omnibus
praelectis rogata est ordinum sententia, quae post aliquot
dierum deliberationem scripto oblata est. Huic gravi
et longae consultationi, Academiae nomine, Rector D.
Crocius et D. Gravius interfuerunt.

Ex his ipsis comitiis ad Caesaream maiestatem
Ordines mittunt libellum supplicem, quo pro juniore
Principe et confirmanda administratione testamento con-
stituta, humilime intercedunt; Electori Saxoni, cuius
monitoriales in favorem Illmi Georgii Darmbstadini,
inter Ordines in forma patente sparsae fuerant, itemque
Duci Luneburgensi Dn. Georgio, qui ad parendum Cae-
sareo | mandato hortatus erat, respondent. Praeterea [Fol. 79]
literis ad Brandeburgicum, Moguntinum, et Coloniensem
Electores, itemque ad Neoburgico-Palatinum, et prae-
sulem Herbipolitanum, aliosque Principes scribunt, ac
junioris Principis causam illis diligentissime commendant,

nihilque eorum omittunt, quae ad conservandum Principis statum et patriae salutem factura videbantur. Mittitur quoque, qui Illustrissimae viduae de omnibus referat, et ab ea mandatum afferat, de continuanda Marpurgensi tractatione.

Vix solutus erat ordinum conventus, cum Marpurgo afferretur extensio Caesarea, qua exceptiones ab hac parte allatae declarantur irritae et iubentur omnes Darmbstatinum agnoscere Administratorem. Durante adhuc proximo conventu, Caesareus Generalis Götzius cum numerosis copiis Hassiam nostram invadebat, idque si verum est, quod multi affirmabant, ex literis interceptis constare, a malevolis evocatus et persuasus, hoc perturbato rerum statu non solum alias urbes sed et Metropolin in potestatem nullo negocio redigi posse. Jam quidem magna damna subditis intulit, non tamen ausus est urbem nostram tentare. Sub finem Decembris iterum convocantur Ordines, Projecta, quae vocant, tum Marpurgensia, tum Cassellana de publicis et privatis proponuntur ac de rerum summa deliberatio instituitur, cui Rector et Gravius intersunt. In hoc conventu ad Caesaream Majestatem et principes iterum scribunt ordines, causamque Illustrissimorum pupillorum et patriae fideliter agunt. Deputantur quoque tum qui Marpurgensem tractationem continuent, donec Illustrissimae mandatum afferatur, tum qui Groningam profecti de omnibus Illustrissimae plenissime referant et persuadeant, ut ad redimendam pacem faciat, concedatque, quicquid bona conscientia fieri et concedi possit. Ad Marpurgensem tractatum deputantur e consiliariis Guilielmi, D. Johannes Antrechtus, cui ab Illustrissima Juliana vidua Laurentius Stückerodius adjungebatur, ex equestri ordine Franciscus Elgerus a Dalwig, Generalis Major, Philippus a Scholley, Christianus a Malspurg, | e civitatibus Christophorus Ungefug, Consul Cassellanus; At ad expedi-

Fol. 79ᵛ] a Scholley, Christianus a Malspurg, | e civitatibus Christophorus Ungefug, Consul Cassellanus; At ad expedi-

tionem Groningensem e consiliariis Otto a Malspurg,
Generalis commissarius, e praeclaris D. Johannes Crocius,
e nobilitate Justus Trotta, et Reinhardus a Boineburg,
e civitatibus, Henricus Wagehals, Hombergensis consul,
deliguntur. Jam quidem D. Crocius diu multumque se
excusabat, cum tamen et consiliarii et ordines magno
consensu instarent, cumque variis rationibus urgerent,
tandem persuaderi sibi patiebatur, ut iter longum diffi-
cile ac periculosum amore publici boni cum caeteris
ingrederetur.

Denique cum tam in superiori quam hoc postremo
conventu, spem de publicis commode satis transigendi
non exiguam affulgere, modo de privatis inter duas
Illustrissimas familias conveniret, in his autem prae-
cipuam esse difficultatem ordines ex actis intelligerent,
quod Illustrissimus Georgius landgravius evictionem
superioris Hassiae adversus Illustrissimi Mauritii ex
secundo matrimonio filiorum actionem, quam moliri
velle, ex scripto confederatis Francofurti anno MDCXXXIV
oblato non obscure pateat, a Guilielmea Linea peteret,
non quidem suadebant Illustrissimis pupillis, ut tantum
onus in se susciperent, censebant tamen, cum Illustrissima Juliana vidua agendum esse, an filiorum suorum
nomine omni jure et praetensioni, pacis promovendae
causa, renunciare velit. Missi igitur sunt, qui alias
rationes eam in rem proponerent. Illustrissima Juliana
Illustrissimum filium Dn. Hermannum substituit, qui deputatos audivit, verba omnium nomine faciente Rectore
D. Crocio. Postridie revocatis in aulam suam Deputatis,
declarabat per consiliarios animum pacis reparandae
cupidum, nec a transactione alienum modo conditiones
aeque proponerentur. Cum vero nec deputati ullam
offerendi potestatem haberent, nec illi vellent exprimere,
discessum est et de re tota post deliberatum amplius,
tandemque post mutuos sermones in alio congressu

conditiones consignatae, de quibus ad Illustrissimam Tutricem ac regentem referatur. Atque haec sunt,
[Fol. 80] quae hoc loco referre placuit. Deus ecclesiam et religi | onem orthodoxam clementer servet ac ad posteros, si qui futuri sunt, propaget, Guilielmeae lineae et toti familiae Hasso-Cassellanae Illustrissimae benedicat ex alto, consilia hostium et malevolorum molitiones potenter evertat, et pacem justam aequamque patriae reddat in diebus nostris, si quidem nobis salutare est; sin, patientiam largiatur, ut omnes molestias et calamitates forti animo feramus, servemus fidem et absoluto curriculo in veram patriam transferamur illic aeterne quiete ac gaudio fruituri.

Cassellis extremo decemb. Anno Christi servatoris MDCXXXVII.

Johannes Crocius D.

[Fol. 81—88 leer.]

[Fol. 80] ## Anno Salutis per J. C. Recuperatae
MDCXXXIX.

Calendis Januarii.

Communibus Dominorum professorum vocibus et votis in Rectorem electus est Augustinus Nolthenius Immenhusanus Hassus philosophiae moralis professor ordinarius.

Qui licet ob multas difficultates, praecipue vero administrando rei oeconomicae, quae injuria temporum, et nonnullorum ministrorum Acad. cum ignavia, tum protervia adaugebantur quotidie (unde Novellae Academiae nostrae .cum confusione damnum accrescebat immensum) terque quaterque hoc munus arduum laboris, invidiae, odii et taedii plenissimum maximis excusationum momentis deprecaretur, sed frustra statuentibus aliud legibus; nolens volens tamen illud subiit tandem, diutius senatus Academici sententia refragari piaculum judicans.

Hujus anni auspicium, aleam Martis incertam, et belli eventum dubium esse, ad oculum docuit. Suecos enim, quos superioribus annis Caesarianos [1]) ex omnibus fere mundi plagis, cum ingenti multarum provinciarum calamitate, coactos cassibus quidem suis includere, et uno quasi ictu ad Caligulae votum ad unum omnes ferire conatos; Ast contra omnium spem et exspectationem, Johannis Banneri Castrorum praefecti Generalis (qui non minus esse exercitum suum conservare exiguum a multorum furore, quam ingentem et ferocientem vincere hostem, ejusque vires praelium detractando potius quam aperto marte decernendo conterendas esse cogitabat), admiranda militari prudentia, industria et vigilantia, feda inferioris Saxoniae facie relicta, ex dictorum faucibus et manibus ereptos, per saxa, per montes et mille discrimina, quamvis non absque multorum suorum amissione, suadente id belli ratione, velocissimo progressu, impedimentis et sarcinis minus necessariis aut combustis aut abjectis ad mare Balthicum usque salvos et incolumes reductos fuisse, audiveramus; eosdem hoc anno resumtis ex praesidiis et ex Suecia missis au | xiliis [Fol. 89ᵃ et viribus, recuperatis multis et nonnullis cum Gartza [fo!] ad hosti et incolis terrorem incutiendum, ut in reddendis reliquis [2]) essent faciliores, solo aequatis locis, qui fugerant, ante, ut cum Demosthene loquar, ut denuo pugnarent leonum rugientium et ferocientium instar hostem, de victoria ante victoriam triumphantem iterum fugasse, suis hyberniis tanquam latronum et furum antris, cum praeda miselli populi lachrymis et imprecationibus

---

[1]) Corr. aus „Caesarianis“.
[2]) „locis“ durchstrichen.

onustum hyeme fugae tempore difficillimo ejecisse, de
loco in locum, de angulo in angulum per Pomeranorum,
Megapolitanorum, Brunsuicensium, Lunebergensium et
Saxonum terras continuis velitationibus et caedibus
ursisse, et cum nulli hi pedem figere, nec apud hospites
ob tyrannidem exercitatam tutus esse posset, sine mora
et quiete data, per vias strage facta undique totum
pavidum talionis animadvertentem paenam [ʃo!] in Bohe-
miam ad Pragae maenia usque repulisse, vidimus laetanti
animo, ibi incendium, unde eruptum erat, sopitum iri,
magna cum auiditate sperantes. Verum nondum omnium
malorum finem fuisse, series temporis docebit.

Cum autem Bannero Suecorum Duci et in Saxonia
Pirna hujus novae calamitatis sede expugnata et in
cineres redacta, et in Bohemia omnia ex voto ita suc-
cedere, Gallatium moenibus Pragensibus cum peste et
fame jam conflictantem inclusum, at ex castris Bran-
disianis ad multa milliaria damnosas quotidie fieri ex-
cursiones videret, sibique metueret Imperator ne Moravi,
Silesii, Bohemi et alii, in quorum animis adhuc mala
a domo Austriaca ab initio hujus belli illata haerebant
firmiter, in quorum auribus minarum, comminationum
et de expellendis et de supprimendis evangelicis edicto-
rum tenor tinnibat fortiter, ad Suecorum instigationem,
liberationis a juge papali spe moti, Ungaros ob idem
fere vacillare videntes, a se plane deficerent, et cum
iisdem totam formidolosissimi belli molem in terras suas
haereditarias devolverent; agitatus hac summa solicitu-
Fol. 90] dine omnia belli momenta captat, | Viennam novis pro-
pugnaculis munit, ab Vrbano VIII. p. Romano His-
paniarum Rege et Bavaro aere, milite et consilio non
parum adjutus novum hinc inde ex omnium gentium
colluvie cogit et conglobat exercitum celeritate, qua
fieri potest, maxima. Insuper Comitem Hatzfeldum
Castrorum praefectum ex Westphalia, Piccolhominum

ex juliacensi agro et locis vicinis in subsidium advolare
jubet. Et ne ob multitudinem capitum, ut antehac
factum saepius, res militaris quid damni pateretur amplius, adque majorem summa rei conciliandam authoritatem, Archiducem Leopoldum Guilhelmum fratrem ocyus
pragam exercitui universo Generalissimum sistendum
ablegat, et ne quid ageretur inconsultius, Consilium
Belli formatum, cujus director esset Teutonici ordinis
Magister, vir senex, scientia, prudentia et experientia
militari magnus, non sine rationum pondere ei adjunxit.
Atque sic regnum illud quod aliquantulum respiraverat,
tanquam malorum diluuio inundatur, ab utraque parte
ferro, flamma et incredibili militis insolentia misere
devastatur denuo.

Caeterum, quoniam in hello ingenia heroica tam
aliorum trophaeis, quam propriis suis victoriis ad majora
conanda moventur ut plurimum, Bernhardus Dux Vina-
riensis mente et manu strenuus cernens lmperatoris vires
partim distractas, partim a se ducibus tum caesis tum
captis dispersas, utque gloriosissima ter, quaterve iterata
et in nucleum et medullam hostis obtenta victoria recte
uteretur hostem persequendo, neque occasionem, cujus
in bello magnum momentum est, negligeret ullam;
Rheinfelda supra Basiliam et infra Brisaga Rheni prae-
sidiis, Imperii clavibus, totius Alsatiae atque clericorum
capistris nuper feliciter captis, commeatu et milite sat
munitis; In Burgundiam suorum ante malorum fontem,
hostis nidum et asylum (ne illic locorum dissipatorum
reliquiae convolarent, seque meliori fortunae Duce Lotha-
ringiae authore parare inciperent iterum) bigis et qua-
drigis contendit et victricibus suis armis, munitissimis
aliquot etiam viriliter protectis locis occupatis, ad San-
ctum Claudium, ut cum papicolis loquar, progreditur
usque. Quo transitu firmissimo non sine magno damno
aper'to, tanquam alter Caesar per montem Jurae, [Fol. 90

jubente sic Galliarum Rege per Sabaudiam in Italiam
victriosum suum militem traducere potuisset facile; nisi
consiliis forsan ad majora tentanda praevalidioribus
revocatus seu fatis potius inde fuisset retractus inevi-
tabilibus. Postquam n. S. Claudii metropolis istius
terrae expugnatione multorum animos ad obsequium
flexisset, praesidiumque fortioribus locis imposuisset,
reliquum exercitum ad diversionem absque dubio alibi
faciendam festinato Colmariam reduxit. Sed hic mors
praecox et immatura, statuente sic aliud Jehova, festi-
nantem et in media victoriarum via currentem pedem
sistere jussit et conatibus ejus ulterioribus finem im-
posuit. Correptus enim peste, qua exercitus tunc temporis affligebatur maxime, non sine magno maerore et
confederatorum et militum suorum Neuburgi XVII juli
1 bora VII. matutina obiit diem suum, cum exegisset
trigesimum quintum annum, princeps, cui hoc seculo
in bello gerendo vix parem Germania dederat. Exuviae
ejus XIX. cum lugubri pompa Brisagam deductae, et
finita oratione funebri, in Sacello Basilicae istius loci
repositae fuere. Hujus obitum et abitum praematurum
prae aliis Galliarum Rex, quod alias insuetum illic, cum
tota sua aula lugubri ornatu condecorauit.

   Ne vero tam egregie formatus totque victoriïs
- clarus exercitus a morte ejus sine duce relictus factioni-
bus et seductionibus rei militaris malis exitiosissimis
subortis diffaueret subito, et bonae causae triumphus
cum ejus obitu intercideret prorsus, testamento solenni
prudenter constituit, ut quatuor hi viri, videlicet Baro
ab Erlach Generalis major, Oehemius, Comes Nassovicus
et Rosa chiliarchi prae aliis prudentia et authoritate
pollentes, exercitus universi cura suscepta, statim a
discessu ejus ex vivis consilium formarent bellicum, a
Fol. 91] quo, donec | a Gallorum et Suecorum Coronis Gene-
ralissimus nominaretur alius, duceretur et regeretur idem;

Utque majore cum fervore, constantia et fide rem hanc arduam sibi commissam aggrederentur et ad finem perducerent, in summae clementiae signum et singularis magnificentiae testimonium cum aulae ministris, hos quatuor prae reliquis splendidis honoravit donis. Hi 4 Dicti publici boni amore ducti, sacramenti et officii memores, forti et alacri animo rei gerendae habenas arripiunt, et difficultatibus nonnullis statim a puncto mortis Imperatoris, ut fieri solet, exortis feliciter compositis, atque ex suo numero Brisagae cum firmissimo ex Gallis et Suecis praesidiario misto milite, Generali Majore ab Erlach relicto Rectore, cum reliquo exercitu a tali mutatione aequo insolentiore facto, per aliquot menses hinc inde volitant, commodam reficiendi et restaurandi eum quaerentes sedem, tandem ad Rhenum declinant et Bingo loco opportuno occupato, praeter omnium opinionem, miris modis flumen transmeant. Quibus Darmstadinus cum Weteravis hybernia, quae paulo ante Hassiacis imprudenter malorum consiliis seductus denegaverat, cum magno suorum subditorum damno concedere cogitur. Qui ditionem suam aere, frumento, pecore et populo exhauriunt fere totam [1]).

Circa hoc tempus appulit Galliarum Regis nomine Viduo exercitui sistendus Legatus Dux Longeuillus, quem Vinarienses non sine summa difficultate non tam personae authoritate, quam pecuniae spe moti, longe post tandem admittunt. Imperium n. Gallorum prout leve et inconstans est, ita Germanis semper ridiculum et taediosum visum fuit.

Et postquam Christophorus a Konigsmarch Generalis excubiarum praefectus Bellonam cum aliis Suecorum conatibus hac tempestate maxime favere animadverteret, nec sibi, data occasione, feriandum putavit, Quocirca

---

[1]) Vgl. *Lammert*, Gesch. d. Seuchen, d. Hungers- u. Kriegsnoth z. Z. d. 30jähr. Krieges. Wiesbaden 1890.

Darmstadino ante Vinariensium adventum ingente aeris copia emuncto, recta Franconiam petit, eique ut firmaret [Fol. 91*] et formaret subito militem in | sumptus bellicos XXX millia thalerorum menstrua imperat, post versa in Eisfeldianos agros facie Eppium tribunum Caesarianum cum suis equitibus fudit, Duderstadio praesidium imponit, arcem Gleichensteinensem post dies aliquot obfessessam [fo!] et mascule propugnatam in Suecorum potestatem redigit, Grisheimum Apostatam totius Eisfeldiae gubernatorem multarum turbarum et ex iis malorum conterminis ad Werrham locis illatorum authorem, hominem versutum capit, Mindamque mittit, ac sic reliqua loca victas praebent manus. Sub haec Georgius Dux Luneburgicus edicto Caesaris de restituendo Coloniensi episcopatu Hildesiensi grauiter offensus spe subsidii futuri in euentum a Bannero ipsi facta non parum erectus ac Hassorum fide ac constantia multum confidens consilia nova agitat, confestim militem conscribit, Hildesiam munit, ex dioecesanis octavum armat virum, mavultque omnem jacere aleam et aperto marte cum edicti executore de summa Rei certare gloriose, quam sponte cedere ignominiose.

Dum ita in Germania ancipite pugnatur marte: Gallus qui terras occupare facile novit, sed easdem diu conservare nondum didicit, a multis annis, belli quoque aleam hoc tempore experitur adversam. Nam cuncta fere loca in Italia et Sabaudia qua facilitate capit, et illa paulo post amittit eadem. Fonterabiae obsidionem princeps Condaeus, Didenhoviae Feckierus utrique ab Hispanis caesi cum dedecore et damno maximo solvere cogunt. Unicam autem Hesdinam[1] tum a civibus tum a praesidiariis viriliter defensam Rex ipse, Cujus in ejusmodi Casibus praesentia multum potest, octavo insultu feliciter expugnat.

[1] Hesdin im Dep. Pas-de-Calais.

Inter Anglos et Scotos hoc anno gliscere incipiunt tumultus eo, quod Britanniae Rex contra pacta Caeremonias in ecclesia Scotica inusitatas vi introducere conatur; propterea etiam Scoti ad arma prosiliunt per Sceptrum et Coronam Scotiae jurant, se libertatem suam ad extremum vitae halitum omnibus modis esse vindicaturos.

Belgae, quibus ab antiquo versipellis Hispani natura perspectissima, cum suo exercitu circumvolitant animis et oculis ad | hostem conversis observantes, quid [Fol. 92 tam admirabili terra marique belli aparatu sit mali moliturus. Tandem vero cum Classem navalem non multo ea, qua anno 1588 totam Angliam tremere faciebat inferiorem, cum Duce Oquendo thalassiarcho emissam prope Doveram Angliae portum haerentem deprehenderint probe scientes, in hac totius belli momentum situm esse; ea propter ex omnibus portibus naves derepente cogunt et Martino Herpero Trompio Hollando rei classicae et navalis istius summam gerenti in subsidium mittunt, qui eam, sine data mora, animose aggreditur, et diu quidem cum ea ancipite marte confligit; tandem tamen singulari aeterni Jehovae nostrae calamitatis inserentis gratia, secundo adjutus vento eam caedit, dissipat et reliquias paucissimas laceras tantae victoriae nuncias in Hispaniam reportare cogit. Ac sic cum hac classe consilia cruenta multis extrema pericula minitantia, justo Dei judicio, in spumam et fumum abeant.

Fuerunt iterum Francofurti comitia habita, sed praeter comitia nihil Instituuntur ejusmodi moderno tempore multa, spe facunda sed fructu sterilia, in quibus quidem prima quaestio de pace aurea restauranda; sed Conclusio ultima de hello nefando continuando.

Haec altius repetere et prolixius studio enarrare voluit, ut ex dictis innotesceret, quare Hostis Hassorum separationem toties quaesiverit, inducias cum eis saepius redintegraverit, tractatus pacis modo Herbipolitano modo Moguntino Archipraesule adhibito, protrahendo semper continuaverit, et nonnunquam, fortuna vacillante, tam bona verba tam ampla promissa dederit. Hispano certe summum periclitanti, cum quo ipsi hoc bellum commune, vel digitum porrigere voluit, vel ipse undique afflictus hostium numerum augere noluit, arbitratus tempori serviendum et vindictae opportunius exspectandum. Haec fuit Causa, quare hic cum superiore annus, Marte alibi crudelissime saeviente, divino inprimis munere felix faustusque fuerit, ut haud modicum, durantibus induciis, ii respirare potuerint, qui Invasione Goetziana et barbarica Croatarum saevitia toti exhausti et expilati fuere. Rediit n. cultus agris, sacris honos, securitas ruri habitandi, certa cuilibet rerum suarum possessio; aeris Constitutio sat benigna, quare et febris petechialis et pestis, quae fere in continuum degeneraverant morbum, cum aliis contagiosis fere ubique hic locorum plane cessarunt. Fol. 92*] Abstulit tamen nonnullos acerba mors ex hac mise | riarum valle, quorum nonnullorum nomina, qua parentes vel amici eorum pro more ad deducenda funera Academiam per Rectorem publico programmate invitaverant, adjunguntur breviter, at quidem:

1. Johannes Hermannus Bernhardi Benderi capitanei sub viridi legione Hassiaca militantis patris et Dorotheae Elisabethae Canisianae matris Canis illius quondam magni viri domus Hassiacae Cancellarii meritissimi ex filio neptis filius sepultus fuit 25. januarii.

Strenuus et praenobilis Christianus a Malsburg ex antiqua tempore Caroli Magni in Germaniam introducta familia (quae patriae nostrae multos doctrina et virtute claros dedit viros, ut Exercituum Ducum vicarios, proprincipes, praesides, chiliarchos, Legatos Commissarios, Consiliarios et alios tum pacis tum belli tempore de patria optime meritos) oriundus vir ob pietatem, morum gravitatem, doctrinam, prudentiam, fidelitatem et constantiam omnibus virtuosis charus, postquam varias Fortunae vicissitudinis et in corpore et in facultatibus sustinuisset XIV. jan. clausit diem suum et XXX ejusdem in Adelphico tumulo traditus.

Christina Cunradi Scharffii ciuis Marpurgensis et Advocati quondam filia, Reverendi et clarissimi viri Domini Georgii Crucigeri Theologiae D. linguae hebraeae professoris et Stipendiariorum Ephori uxor vita excessit IX et XI. Septembris terrae reddita est.

VI. Februarii Eheu quondam nostri Illustrissimi et potentissimi principis ac Domini Domini Guilhelmi V. Hassiae Landgravii et Libertatis et Orthodoxae religionis ad mortem usque propugnatoris fortissimi, patriae patris vigilantissimi et Academiae nostrae fundatoris et patroni munificentissimi aeterna memoria dignissimi Exuuiae per biennium fere in exteris terris temporis Injuria detentae, ad Campanae grandioris pulsum ad portam molariam a proceribus aulae, Consiliariis, Academiae professoribus, verbi Dei ministris, | Cameralibus, Consulibus, studiosis, [Fol. 93 ciuibus et praesidiariis militibus a Mylandro Ducis optimae memoriae defuncti vicario equitatu stipato non exiguo adductae, omnibus suo ordine et more honorifice exceptae, et inde in aulam solenni Comitatu et lugubri vestitu, non sine communi maerore deductae, ibique ad sepulturae diem usque repositae fuere.

Hoc etiam mense, quoniam inter studiosos et mercatorum famulos (quibus ob diversum vitae genus literae et letterati tanquam ingeniis minime ingenuis plerunque sordere videntur), ob subselliorum communionem, quae confusionis mater esse solet, in templo Adelphico sub exercitiis sacris tumultus, contentiones, rixae, et alia scurrilitatis genera, pasquilli aculeati in studiosos conficti, partim cum ignominiosis picturis ad

subsellia et parietes descripti, partim in plateis hinc
inde conjecti fuere inventi, nonnunquam tam intra quam
extra urbis maenia a contumeliosis verbis ad verbera
et vulnera, maximo cum multorum scandalo, professoribus insciis perventum fuit; Ad deliberationem igitur
nonnullorum professorum nomine Academiae missorum
cum Ecclesiae ministris habitam (ne cum ejusmodi scan-
dalis majora subsequerentur mala) conclusum tandem,
ut certus studiosis locus assignaretur, qui etiam paulo
post interstitio ligneo et foricula, ut jam videre est,
sumptibus senatus, ne quid de ejus jure decederet, a
reliquis subselliis communibus fuit separatus; utque ab
eo dicti levioris conditionis homines abstinerent in
posterum, a Concione ex suggestu publice promulgatum.
Quo facto, fomes hujus mali sopitus est.

Feb. XX. Ne labor uni vel alteri tantum accre-
sceret, ne etiam reliqui sui muneris immemores sine
mollis ocii amore, sine disputandi artis imperitia, aut
alia quavis ratione hisce publicis exercitiis studio sub-
ducere se velle judicarentur; ob idque tam apud hono-
ratos viros, quam studiosos male audirentur professores;
Fol. 93*] publico statuto sancitum fuit | ut in posterum omnes
et singuli Facultatum Professores, quantum fieri posset,
juste observato ordine, alienis vicibus publicas haberent
disputationes suas, et quidem ita, ut singulis hebdoma-
dibus ad minimum una disputatio et mensibus singulis
a humanarum studiosis artium ex cathedra publica una
haberetur solennis oratio. Insuper cum hujusmodi
exercitia in studiosae juventutis gratiam potissimum in-
stituant, et tempus ordinarium disputandi per se sat
sit angustum, saepeque collationes professorum in talibus
congressibus, experientia teste, et scandalosae et peri-
culosae sint; ad nonnullarum Academiarum Consuetu-
dinem, et hoc additum, ne a praeside professorum
ullus ad disputandum invitaretur aut invitatus opponeret.

Circa hoc tempus AErarium etiam Academicum,
tum quod in Academia Marpurgensi ejusmodi cum magno
commodo fuerit institutum antehac, tum quod anno 1634
in hanc novellam scholam ad dicta [ʃo!] laudabilem
morem communibus suffragiis Dominorum tunc prae-
sentium professorum simile fuerit introductum, quod ob
vicissitudinem rerum per aliquot annos quieverat, horum
temporum difficultate summa jubente, ex votis senat.
Acad. denuo [1]) fuit erectum; inque eum finem area
empta, in Archivo Acad. reposita et tribus seris fuit
munita, Cujus clavem unam Rector, alteram Syndicus,
tertiam semper haberet oeconomus, in qua omnis
pecunia in trium borum praesentia reponeretur summa
ejus in certum librum referretur, eaque a singulis sub- ;
scriberetur, ut ita non modo de Rei oeconom. Academ.
ministrorum, quorum nullus hoc tempore, prout alias
solitum est, nec satisderat [ʃo!], nec juramentum prae-
stiterat, diligentia et dexteritate constare posset magis,
verum etiam ut singulis semestribus, quantum haec
perdita tempora permitterent, cuique sine personarum
respectu, ha | bita tamen proportione Salarii geometrica, [Fol. 94]
suum juste solveretur stipendium.

XIII. Martii Conclusum, ut Catalogus lectionum
et exercitionum privatorum ab omnibus et singulis professoribus per illud temporis spatium habendorum, singulis semestribus ante nundinas Francofurtenses, aestivo
vero Dominica Laetare Brumalis 1. Dominica ab Aegidio
(ut sit studiosa juventus de ratione studiorum suorum
incipiendorum, tractandorum et continuandorum sat
mature moneretur) ad templi Adelphici tabulam publice
affigeretur.

XIV. Aprilis cum Communitas (ut pro more huius
loci loquar) ex Cella sua vinaria aut parum aut nihil
fere haberet Commodi, ejusque facultates ob temporum

---

[1]) Am Rande.

injurias admodum extenuatae essent, ac ne laudabile hoc opus institutum pessum iret plane, Academiae proceres ex Consensu Illust. C. S. Consiliariorum, hujus urbis senatui ad triennium illud pro ducentis florenis elocauere, ita ut illorum 100 a festo paschatis, reliqui 100 die Johanni Sacro sine mora solverentur.

. Quoniam Johannes Kuhnius Academiae procurator incerta quadam litis causa, quam vidua Beckeri pharmacopolae defuncti, ob arrestum ab Academia suppellectilibus non nullis Johannis Solbachii redituum Singlicensium Collectoris (eo quod nec ipse vivus, nec jam mortui haeredes rationes Acad. reddidissent) juste impositum intempestive movebat, in Dicasterio eorum judice Academiae nomine, nulla excusationis valida ratione allegata, nec ipse comparere, nec alium, prout moris est, licet terque quaterque per ministrum Academiae a Rectore officii moneret, substituere voluit, quia etiam Academ[iae] negotia alias tractabat lentius, ex decreto sen. Acad. ab suo fuit dimotus officio, ejusque in locum Henricus Schreckerus procurator substitutus.

Cum Dicasterii quoque scribae in describendis [Fol. 94*] mandatis et | in negotiis Academiae sententiis latis difficiliores et tardiores se praeberent semper, ex consensu Dominorum professorum de ea re cum Amplissimo viro Domino Helfrico Denhardo Vice-Cancellario Rector contulit. Qui breviter, gravamine hoc sat exposito intellecto, se optime scire respondit. Academiam ex antiqua consuetudine prout etiam Acad. professores allegarent, nihil solvisse hactenus nec, ut quicque solvat in posterum, se mandaturum esse. Veruntamen cum scribarum numerus modo sit exiguus et labor magnus, an honorarium aliquod ad tempus et quidem semel pro semper assignare velint professores se libero illorum judicio relicturum.

Calendis julii Leges Academiae (more consueto) ab Academiae ministro lectae; praefationis loco oratio de causis malorum, quae scholas et Academias moderno tempore affligere et devastare solent, a Rectore fuit habita.

Caeterum postquam XXX. julii Reverendus˙ et clarissimus Vir Dominus Johannes Combachius S.·S. Theologiae Licentiatus, ejusdemque ut etiam philosophiae professor celeberrimus, ac stipendiariorum Ephorus · dignissimus in obitum Illustrissimi et potentissimi principis Guilhelmi VI.[1] Constantis Hassiae Landgrauii aeterna memoria consecrandi panegyricam (id quod pridie ante publico programmate ad templum Adelphicum R. significaverat) vitam, mores, facta et gesta in auditorio majori elegantissime describentem habuisset orationem; VIII. Augusti post Bremam ad quandam Scholasticam provinciam ad tempus tamen, ut dictum, ab Illustrissima dimissus subeundam discessit.

Cum hoc mense Justus Colerus Gudensbergensis philosophiae studiosus ciuem quendam dictae civitatis jugulasset gladio, et fuga esset elapsus; Atque hinc Consiliarii principis Ill. Burckhardo Vigelio tunc temporis prae | tori, ut in facti spem inquireret, injunxissent; [Fol. 95] misit ergo praetor ad Rectorem Johannem Hoffmannum Actuarium, eum rogans ut ad interrogatoria pro se exhibita nonnullos in eis nominatos studiosos ad justitiam promovendam examinare, eorumque responsa in literis clausis descripta, quoque sigillo munita remittere, ne gravari vellet. Id quod etiam sequente die in praesentia Domini Syndici factum.

Et haec pro nunc his annalibus adjungere placuit. Da[2] Deus Clementissime ut in hac Academia virtutum officina et bonarum literarum domicilio, omnes ingenii vires intendamus, ut studiosa juventus omni scientiarum

---

[1] So! statt Wilhelm V.
[2] corr. aus „det".

et virtutum genere excolatur; Da[1]) Jehova, ut sepositis omni torpore, stupore et languore, nobiscum[2]) docentibus juventus conspirationeque facta contendere instituat, plus ne nos laboris et operae ad docendum, an illa studii et alacritatis ad discendum conferat. Faxis[3]) aeterne[4]), ut illustrissimus noster princeps crescat corpore, scientia, in pietate cum prudentia. Conserva[5]) Rex Regum, Domine[6]) Dominantium Illustrissimum principem, patriae matrem, Virtute et pietate plenam, daque[7]) ei cum suis Consiliariis et patriae proceribus, ut omnibus nervis et remis eo contendant ut tandem aliquando auream illam pacem, firmam, et solidam, ni hac nostra patria, etiam diebus nostris, si salutare est, restitutam videamus et cum justitia exosculemur, ut sic tua gloria utrique pure et plenis buccis celebretur, Ecclesia tua, cum schola et omni politia florere incipiat recte. Da haec optime pater per et propter illum, qui pro nobis Salvator nasci voluit, per vulnera, quae pro nobis pertulit, per sanguinem, quem pro nobis profudit, per mortem, quam pro nobis in crucis ara sustinuit. Cui sit tecum aeterne pater, cum Spiritu Sancto, Laus, honor, gloria in omnia secula. Cassellis Extremo Decemb. Anno Salutis recuperatae M.D.CXXXIX.

Augustinus Nolthenius.

[Fol. 96—188 sind leer.]

—

1) corr. aus „det".
2) „quasi" durchstrichen.
3) Corr. aus „faxit".
4) Corr. aus „aeternus".
5) Corr. aus „Conservet".
6) Corr. aus „Dominus".
7) Corr. aus „detque".

Academiae Cassellanae

ab

Illustrissimo Potentissimoque Principe ac Domino,
Domino GUJLJELMO, quinto Hassiae Landgravio,
comite Cattimeliboci, Decii, Ziegenhainae et
Niddae etc.

Optimo Patre patriae, Musarum patrono benignissimo,

Anno

A NATO CHRJSTO MDCXXXIII.

II. Die Januarii

FUNDATAE

M A T R J C U L A,

Jussu Principis,

In solenni inaugurationis actu

Per Oratorem

Exhibita,

Communi Professorum nomine

Ab Oratoris

manu eam

suscipiente

Johanne Crocio D. declarato

primo Rectore.

[Fol. 2] Quod Deo gloriosum, Hassiacae atque adeo universae ecclesiae Dei ac reipublicae christianae sit salutare,

ANNO a NATO CHRJSTO
MDCXXXIII.

Sub primo Academiae magistratu, quem Johannes Crocius, s. s. theologiae doctor, ejusdemque professor primarius gessit, illi, quorum nomina infra scripta sequuntur, postquam ad accuratam sanctarum legum observationem data dextra fidem suam adstrinxissent, ius civitatis academiae sunt consecuti, dato eis publico testimonio sub minore Academiae sigillo.

1. Martinus Hutterus, Eschwegiensis Hassus 28. d. Januarii.
   Jacobus Stöckenius, Grebensteinensis Hassus 3. d. Febr.
   Casparo-Conradus Cruciger, Marpurgensis Hassus 4. d.Febr.
   Georgius Gross, Eschwegiensis Hassus 4. d. Febr.
5. Zacharias Liberon, Wichmanshusanus Hassus 4. d. Febr.
   Philippus Bucherus Cassellanus 6. d. Februarii.
   Johannes Heinius Gudensbergensis Hassus, 6. d. Febr.
   Johannes Molitor Treisanus Hassus 8. d. Febr.
   Johannes Geisselius Treisensis Hassus 8. d. Febr.
10. Georgius Rudolphus Sontagius Cassellanus Hassus, 8. d. Febr.
   Johannes Bernhardus Matthaeus Gladenbacensis Hassus 9. d. Febr.
   Antonius Matthaeus Gladenbacensis Hassus 9. d. Febr.
   Balthasar Keilius, Cassellanus Hassus. 9. d. Febr.
[Fol. 2*] Henricus Mercator Caldensis Hassus. 9. d. Febr.
15. Simon Waltherus Pezelius, Dethmoldiensis Westphalus 9. d. Febr.
   Philippus Baddenhausen, Grebensteinensis Hassus 9. d. Febr.
   Johannes Caesar, Borcanus Hassus 9. d. Febr.
   Georgius Ludovicus Beerreuterus Amerthalensis Palatinus 9. d. Febr.
   Nicolaus Monachus Treisensis Hassus 9. d. Febr.

20. Otto Vietor Breunensis Hassus 9. d. Febr.
Henricus Buchius Felsbergensis Hassus 9. d. Febr.
Hermannus Combachius, Marpurgensis Hassus 9. d. Febr.
Johannes Gregorius Langius, Kirchhaynensis Hassus eod.
Bartholomaeus Thomas Cassellanus Hassus eod.
25. Conradus Geisselius Gensungensis Hassus eod.
Conradus Sustmannus Caldensis Hassus 10. d. Febr.
Georgius Henricus Lünckerus Breidenbacensis Hassus
10. Febr.
Eberhardus Hermannus Wasmundus, Wetteranus Hassus
eod.
Henricus Schuttius, Dornheimensis Wedderavus eod.
30. Johannes Monachus Treisensis Hassus 11. d. Febr.
Wolfgangus ab Haxthausen, Westphalus 11. Febr.
Georgius Starckius Zierenbergensis Hassus eod.
Henricus Gevekotz Mindanus Westphalus.
Casparus Steinius Cassellanus Hassus, 13. Febr.
35. Johannes Rodingus Sontranus Hassus 14. Febr.
Johannes Henricus Molitor Dexbacensis Hassus 14. Febr.
Christianus Lappius Waldcappellensis Hassus, 18. Febr.
Johannes Albertus Senger Cassellanus Hassus 19. Febr.

Anno eodem
MDCXXXIII
[Fol. 3]

PRORECTORE ACADE-
miae Cassellanae
Joh. Combachio S. S. Theologiae Licentiato,
eiusdemque et philosophiae professore ordinario

In album et numerum studiosorum relati sunt:

1. Franciscus Gondelacus Helsensis 6. d. Mai.
Georgius Bernhardus Spangenbergensis eod. d.
Georgius Guolphardus Vachensis 7. d. Mai.
Johannes Doenchius Borcanus 10. d. Mai.
5. Martinus Wendelius Carthusianus 12. d. Mai.

Nicolaus Schantz Ziegenhainensis 15. d. Mai.

Henricus Ficinus Germerodensis 18. d. Mai.

Tobias Georgius Laubingerus Eschwecensis 24. d. Mai.

Theodosius Heuckeradt Eschwecensis 24. d. Mai.

10. Reichardus Neuhusius Eschwecensis 24. d. Mai.

Conradus Riccius Niedensteinensis 30. d. Mai.

Johannes Kleinschmit Cassellanus 3. Julii.

Johannes Heuckerodius Eschwecensis 28. d. Mai.

[Fol. 3*] Johannes-Hermannus Königse Allendorffensis 8. d. Julii.

15. Vitus Nadus Sontranus eod. d.

Johannes Wetzelius Hoffgeismariensis 12. d. Aug.

Hermannus Eicholtz Hildesiensis 13. d. Aug.

Franciscus Haxthausen Grebensteinensis 13. d. Aug.

Justus Gerstenbergerus Catto-Witzenhusanus. 7. Octob.

20. Henricus-Hermannus Erpbroickhausen Cassellanus 8. Oct.

Johannes Henricus Faber Cassellanus eod.

Hieronymus Jungman Cassellanus 13. d. Oct.

Thomas Grimmoldus Ketwigensis eod.

Simon Fiber Lemgoviensis 14. d. Oct.

25. Johannes Sartorius al. Schröder Melricensis 17. d. Oct.

Arnoldus Sartorius al. Schröder Melricensis eod.

Conradus Winter Fridslariensis 22. d. Oct.

Johannes Persius Gudensbergensis 5. d. Nov.

Signat. Cassellis 31. d. Decembris anno a nato
Christo 1633.

Joh. Combachius.

[Fol. 4]   # Anno a nato Christo
MDCXXXIV

Illustrissimo et Celsissimo Principe ac Domino, Dn.
CHRJSTJANO, Hassiae Landgravio, Comite in Catzenelnbogen, Dietz, Ziegenhain, et Nidda etc.

Academiae RECTORE Magnificentissimo:

Pro Rectore
Jehanne Combachio S. S. Theologiae et philosophiae professore ordinario.

In Matriculam relati sunt, et recepti in album studiosorum:

Johannes Bernhardus a Döringenbergk 26. d. Febr.

Georgius Sebastianus Keudelius eod.

Adolphus Fabricius Rotenbergensis 10. d. Mart.

Georgius Levinus Kuner Ingelheimensis 17. Apr.

5. Johannes Christophorus Echzelius Rotenbergensis 22. Apr.

Henricus Geisselius Treisensis

Erasmus Braun Marpurgensis

Johannes Fridericus ab Uffeln

Andreas Ulrich Cassellanus

10. Adolphus Monachus Treisensis

Justus Murhardus Eschwecensis

Johannes Engelhardus Steinius Cassellanus

Casparus Meyer Witzenhusanus.

Johannes Henricus Berghöverus Gudensbergensis. 24. Apr.

15. Justus Bölenius Saxenhuso-Waldecus 25. Apr.

Henricus Klebius Husanus. 26. Apr.

Henricus Eulalius Ziegenhainensis 1. Mai.   [Fol. 4*]

Johannes Henricus Saalfeldt Rotenbergensis

Johannes Eucharius Saalfeldt Ziegenhainensis

20. Johannes Philippus Sixtinus Cassellanus.

Johannes Westermannus Geismariensis 2. Mai.

Johannes Eberhardus Leurelius Bellersheimensis 5. Mai. ·

Wolfgangus Henricus Snabelius Budingensis

Fridericus Andreas Colmannus Nesselrodensis

25. Wigandus Gretzsch Treisensis 8. Mai.

Bernhardus Nolten Warburgensis 9. Mai.

Christophorus Flemmingius Eschwecensis 10. Mai.

Henricus Jungkmann Englisiensis

Georgius Mullerus Grebensteinensis 12. Mai.

30. Philippus Ritterus Vicenhusanus 14. Mai.

Philippus Bertholdus Sprengerus Hadamariensis 15. Mai.
Hermannus Georgius Goclenius Marpurgensis 19. Mai.
Helvicus a Weittershausen
Georgius Schwertzell
35. Luderus Cöperus Bremensis 20. Mai.
Johannes Bernhardus Claus
Caspar von Berlepſch
Johans Caspar von Döringenbergt
Carll Milchling von Schöenſtabt 22. Mai.
40. Georgius von Scholley
Philippus Gualtherus Schreckenfuchs Oppenheimensis
    31. Mai.
Georgius Wernerus Neuvirdt Eschwecensis 4. Juni.
Urban von Boeneburgt 5. Juni.
Hermannus Mohr Corbacensis Waldecus 7. Juni.
45. Johannes Laurentius Lucanus Witzenhusanus
[Fol. 5] Johan Tilmann Erppbroickhaussen Lemgovia-Westpha-
    lus 14. Juni.
Thomas Mutius Treisensis
Johannes Lymbergerus Hersfeldensis
Conradus Göbelius Hersfeldensis
50. Johannes Bartholdus Lymbergerus Hersfeldensis
Johannes Casparus Hallovil Bipontinus
Johannes Hartmannus Seltzer Disipodenbergensis
Johannes Wolffgangus Hoffmann Bipontinus 16. Juni.
Johannes Gallatinus Genevensis 20. Juni.
55. Hermannus Oer Marpurgensis 22. Juni.
Melchior Willius Allendorffensis ad Lundam 30. Juni.
Georgius Heer Cassellanus 3. Juli.
Henricus Burchardus a Dalwigk
Johann Herboldus a Dalwigk
60. Casparus Fridericus a Dalwigk
Frantz Otto a Dalwig
Philippus a Dalwig
Cunradus Sebastianus Reinhardus Bernburgo-Anhaltinus
Georgius Arcularius Hombergensis 15. Aug.

65. M. Hildebrandus Kühn 5. Sept.
Jacobus a Portu Genevensis 1. Oct.
Berenhardus Capell. Detmolda-Lippiacus.
Casparus Kohll Blomberg-Lipp.
Henricus Crollius Marpurgensis 4. Oct.
70. Cyriacus Spätterus Eschwecensis
Reinhardus Göbelius Eschwecensis
Johannes Wernerus Marpurgensis 6. Oct.
Hermannus Wilhelmus Obenolius Detmoldiensis Lippiacus
Henricus Wilhelmus Colerus Marpurgensis
75. Christophorus Springmeier Cassellanus 9. Oct.
Gerhardus Vielmeder Cassellanus 9. Oct.
Henricus Prediger Allendorffensis 10. Oct.   [Fol. 5*]
Hartungus Rudiger Wald-Cappellensis
Johannes Henricus Antrecht Cassellanus 11. Oct.
80. Johannes Steinfelt Elsungensis
Joh. Hartman Crajus Marpurgensis 13. Oct.
Hildebrandus Geyssius Hanovico-Dorheimensis 14. Oct.
Fridericus Matthaeus Marpurgensis 17. Oct.
Johannes Carolus Dornheck Rauschenbergensis 28. Oct.
85. Henricus Emmericus Pfefferus Eschwecensis 3. Nov.
Christianus Angelocrator Francobergensis 5. Nov.
Philippus Thulemeierus Westphalus 24. Nov.
Henricus Thulemeierus Westphalus
Petrus Döllius Rotenbergensis 4. Dec.
90. Nicolaus Wasserhun Rotenbergensis
Franciscus Schott Grebensteinensis 29. Nov.
Johannes Henricus Coquus Liechtenavianus 8. Dec.
Christianus Lothius Herbornensis 11. Dec.
Nicolaus Straccius Neukirchensis 13. Dec.
95. Johannes Joachimus Huttenrodius Hirsfeldensis 15. Dec.
Sebastian Cuno Magdeburgensis J. U. studiosus 29. Dec.
Signatum Cassellis 31. d. Decembris anno a nato
Christo 1634.

Joh. Combachius.

ANNO CHRJSTJ
MDCXXXV.

Illustrissimo et Celsissimo Principe ac Domino, Dn.
ERNESTO Hassiae Landgravio, Comite in Catzenelnbogen, Dietz, Ziegenhain et Nidda etc.
RECTORE ACADEMJAE CAS=sellanae Magnificentissimo:
prorectore **Johanne Matthaeo** J. U. D. et pandectarum
professore ordinario.

In numerum et album studiosorum recepti et
relati sunt:

1. Stephanus Biermann Diesteddanus Westphalus 26. Jan.
   Hermannus Hackenbergk Tremonia Gwestphalus 26. Febr.
   Balthasar Gleimius Esuicensis Hassus 9. Apr.
   Franciscus Baumius Eschvicensis Hassus eod.
5. Sebastianus Fridericus Zobel Cassellanus Hassus 16. Apr.
   Johannes Hermannus Langius Spangenbergensis Hassus
   Johannes Hermannus Rübenkönigk Wildungensis Waldecus
   Johannes Valentinus Neubergerus Palatinus eod.
   Johannes Beza Hirsfeldianus 22. Apr.
10. Rutgerus Ermarth Bendorpensis Sainanus 28. Apr.

Franciscus Schott Corbacensis Waldecus 29. Apr.
   Joannes Schnabelius Eschwecensis 4. Mai.
   Rudolphus Scholasticus Marpurgensis 11. Mai.
15. Johannes Wolfius Hersfeldensis 29. Mai.
   Sigismundus Laubingerus Eschwecensis 23. Juni.
   Johannes Henricus Mehno Wetzflariensis 3. Aug.
   Abraham Bargeron Sedanensis Gallus 1. Sept.
   Johannes Venator Freusburgensis 22. Sept.

Clarissimus et Consultissimus vir Dn. Joh. Matthaeus J. U. D. pandectarum Professor, prorector Academiae diem suum obiit, Deo eum hinc ad se evocante,
nocte ea, quae 22. d. Oct. bujus anni insequuta: et
Prorectoratus demandatus est Johanni Combachio S. S.
Theologiae et philosophiae professori ordinario. Sed

quia pestis civitatem occupaverat, et lectiones cessabant, nulli novitii ex eo tempore hoc anno accesserunt ad Academiam.

Signatum 31. d. Octoh. anno a nato Christ. 1636.

Joh. Combachius.

Anno a nato Christo
MDCXXXVI.

[Fol. 7]

Calendis Januarii Prorector Joh. Combachius convocabat ad novi Rectoris electionem Professores. Sed quia pestis nondum cessaverat, et alia quaedam causa gravis accedebat, visum fuit differre Electionem Rectoris in tempus commodius: et ita penes Illustrissimum Principem Ernestum etc. permansit Rectoratus: Pro Rectoratum v. sustinuit Joh. Combachius in diem usque 14. Februarii hujus anni, natalem Illustrissimi Principis ac Domini, Dn. Wilhelmi Hassiae Landgravii etc. patroni ac fundatoris nostrae Academiae munificentissimi, cuius aetatem proroget Deus in multos annos, eumque omnibus corporis atque animi bonis ac dotibus large donet et exornet.

Relatus vero est in matriculam:

Johannes Angelus Hoingensis Wetteravus 25. d. mensis Januarii hujus anni.

Signatum Cassellis Dominic. Septuages. quae incidit in d. 14. Febr. anno a nato Christo 1636.

Joh. Combachius.

RECTORE
[Fol. 7*]
ACADEMJAE CASSELLANAE
JOHANNE PETRO DAVBERO P. Caes.
Oratoriae Poetices et Historiarum Professore ord.
ANNO MDCXXXVI
in Catalogum et numerum studiosorum relati sunt sequentes.

1. Johannes Volcmarus Witzenhusanus 10. Martii
Conradus Muffardus Immenhusanus 11. Martii
Johannes Sprengerus Alsencianus Palatinus 30. Mart.
Johannes Contherus Alsencianus Palatinus 30. —
5. Ernestus Reinhardus ab Hachborn Hassus 2. Apr.
Franciscus Wetzelius Cassellanus 2. —
Hieronymus Galle Cassellanus Hassus 4. —
Georgius Dolaeus Geismariensis Hassus 5. —
Christophorus Majus Borcanus Hassus 5. —
10. Theodorus Aschenbornerus Nabeburgo-Palatinus 5. —
Hermannus Wilnerus Cassellanus Hassus 12. —
Philippus Lucanus Cassellanus Hassus 14. —
Johannes-Henricus Habluzelius Meisenheimensis Bipon-
tinus 20. —
David König Alzeanus Palatinus 20. —
15. Adamus-Henricus Wagnerus Rensensis Rhenanus 26. —
Johannes-Wolfgangus Brunccius Alsencianus 29. —
Nicolaus-Henricus Pistorius Zigenhainensis Hassus 30. —
Johannes Hermannus Nordeccius SantGoarinus 9. Mai.
Nicolaus Lorchius Bipontinus 29. —
20. Henricus Raidus Hirsfeldensis 13. Junii
Henricus-Baltasar Raidus Hirsfeldensis 13. Junii.
Johannes Rimius Allendorffensis 13. —
Cyriacus Vrsinus Allendorffensis Hassus 18. —
Philippus-Antonius Winter 5. Juli.
25. Georgius Rhodius Eschwegiensis Hassus 7. Juli.
Johannes Hermannus Phreud Marpurgensis 11. —
Fridericus Sprengerus Alsentianus Palatinus 20. —
Maximilianus Happelius Kirchaenensis Hassus 2. Aug.
Christophorus Adolphi Eberschitzensis Hassus 19. —
30. Christophorus-Ernestus Oberheimerus Bipontinus 27. —
Burghardus von Berlepsch nobilis Hassus 1. Sept.
M. Christophorus Esther Schweinsbergensis 1. —
[Fol. 8] Hartmannus a Claur nobilis Hassus 17. Oct.
Johannes-Daniel Dauber Hassus 19. —

35. Johannes Geifsius Wetteravus 22. —
Conradus Grosius Eschwecensis Hassus 8. Nov.
Joh. Simon Opsopoeus Heidelbergensis 7. Dec.
Hieronymus Buchius Felsbergensis 31. —
     Signatum Cassellis XXXI. Dec. Anno MDCXXXVI.
        Joh. Pet. Dauberus.

RECTORE   ˙[Fol. 8*]

Universitatis Cassellanae

GEORGJO CRUCJGERO S. Theologiae Doctore, et

Professore ordinario, nec non stipendiariorum Ephoro,

Anno

instauratae salutis MDCXXXVII

Civitate Academiae atque Universitatis Cassellanae
donati sunt, cum prius ad Legum observantiam stipulata manu fidem suam sancte adstrinxissent, sequentes:

1. Martinus Kuhn Marpurgensis 16. Febr.
Hermannus Sartorius Melricensis 9. Mart.
Rudolphus Cruciger Marpurgensis } 21. Mart.
Johannes Cruciger Marpurgensis }
5. Johannes Helfricus Deinhardus Marpurgensis 25. Mart.
Johannes Martinus Kleinschmied Cassellanus 2. Apr.
Johannes Gulielmus Matthaeus Gladenbacensis 3. Apr.
Petrus Rieschius Cassellanus } 4. Apr.
Johannes Hermannus Antrechtus Marpurgensis }
10. Henricus Jungman Cassellanus 5. Apr.
Johannes Rungius Sylvo-Capellanus 24. Apr.   ·
Godofredus Volusius Hanovicus 26. Apr.
Johannes Wetzelius Geismariensis 27. Mai.

EODEM   [Fol. 9]

Salutis per Christum reparatae anno **MDCXXXVII**

RECTORE

JOHANNE GROCJO, S. S. THEOLOGJAE DOCTORE

ET PROFESSORE PRJMARJO,

Propter luem pestiferam aliosque morbos contagiosos in urbe grassantes, ut et atroces motus bellicos,
quibus universa orthodoxa Hassia horribiliter concutie-
batur, pauci studiorum gratia accesserunt. Sequentes
tamen nomen professi, postquam legibus, data dextra,
se adstrinxissent, in studiosorum numerum sunt cooptati.

1. Philippus Matthaeus Marpurgensis
Mauritius Julius Zobelius, Cassellanus } 30. Sept.
Balthasar Gerlachius Eschwegiensis 6. Oct.
Johannes Dryander Cassellanus 9. Oct.
5. Johannes Christophorus Gudenus Hombergensis }
Henricus Göbekenius Wolfhagensis } 15. Oct.
Ludovicus Bernhardus Wolfhagensis
Johannes Wetzelius Grebensteinensis Hassus 23. Oct.
Johannes Laurentius Gosmannus Spangenbergensis 6. Dec.

[Fol. 9ᵃ]
ANNO CHRJSTJ
MDCXXXVIII
RECTORE
UNJVERSJTATJS CASSELLANAE
ERJCO GRAFFJO J. U. D. et PANDECTARUM PRO-
FESSORE ORDJNARJO
officii sui moniti in album seu matriculam Academiae
relati sunt

1. Joan. Nicolaus Wasserhuhn Cassellanus 27. Jan.
Georgius Pichelinus Zirenbergensis Hassus
Johannes Georgius Gravius Allendorffensis Hassus 11. Apr.
Wilhelmus Brandis Zirenbergensis Hassus
5. Johannes Wilhelmus Kramerus Gudensbergensis Hassus
11. Apr.
Damianus Hansteinius Loelbachensis Hassus 11. Apr.
Johannes Christophorus Lucanus Cassellanus Hassus
12. Apr.
Nicolaus Zobell Cassellanus Hassus }
Johannes Adam Bauneman Cassellanus Hassus } 12. Apr.

10. Justus Colerus Burgianus Hassus 23. Apr.
Henrich Lucanus Neocuriensis Hassus 1. Mai.
Philippus Wetzelius Grebensteinensis Hassus 1. Mai.
Henricus Wagenerus Elbensis Hassus 4. Mai.
Casparus Dehnus Rotfelserus Hirsfeldensis 7. Mai.
15. Caleb Winckelman Hombergensis Hassus 12. Mai.
Johannes Georgius Gleumius Hirsfeldensis 23. Mai.
Johannes Schaubius Hetzenrodensis 23. Mai.   [Fol. 10
Albertus de Busch Osnabrugensis 9. Juni.
Fridericus von Amelungks 18. Juni.
20. Mauritius Harttman Rommershausensis (!) 28. Junii.
Jacobus Henrici Abderodensis 2. Oct.
Johannes Henrich Stubenrauch Cassellanus ⎫
Johannes Georgius Mullerus Cassellanus   ⎬ 5. Oct.
Christophorus Worth Marpurgensis   ⎭
25. Cunradus Henricus Murhardus Spangenbergensis 12. Oct.
Henricus Schneiderus Geismariensis Hassus 13. Oct.
Joannes Gwalterus Biermannus Hanoviensis 1. Dec.
Matthias Widekindus Wolffsangerhusanus 28. Dec.

Anno aeternae salutis per J. C.   [Fol. 10*]
nobis partae etc.
MDCXXXIX
Rectore
Augustino Nolthenio Philosophiae moralis professore
ordinario.

Postquam moniti sui officii, legibus praelectis,
obedientiam debitam se exhibituros, stipulata manu
promiserunt, in ordinem studiosorum recepti sunt subsequentes:

1. Henricus Peifferus Grebensteinensis Hassus 21. Jan.
Philippus Lucanus Ziegenhainensis Hassus 25. Apr.
Philippus Wilhelmus Kochius 27. Mai.
Johannes Werneri Hombergensis Hassus 27. Juli.
5. Justus Christophorus Thaurerus Cassellanus Cal. Aug.

Sebastianus Curtzius Cassellanus 12. Aug.

Johannes Christophorus Riese Cassellanus Hassus 4. Oct.

Elias Schmerfeldius Sylvano-Capellanus Hassus 4. Oct.

Paulus Gudenus Cassellanus Hassus 4. Oct.

10. Adamus Nösselius Vicenhausanus 4. Oct.

Wilhelmus Gundelachus Wolffershausanus 8. Oct.

Casparus Henricus Gravius Aldendorffensis 22. Oct.

Vrbanus Klinckhamerus Niedermesseranus 9. Dec.

Fol. 11]

Anno
A virginis partu
supra **millesimum sexcentesimo quadragesimo**
Rectore
Johanne Crocio, S. S. theologiae doctore ac
professore primario,

propter ingentia Patriae pericula et horribiles belli tumultus pauci studiorum causa in Academiam venerunt; sequentes tamen iure ac privilegiis Academicis sunt donati.

1. Henricus Oldenburgius Bremensis Saxo 1. Febr.

Joh. Michaël Sültzbachius Hersfeldensis

Joh. Christophorus Schirlingius Neocuriensis } 9. Apr.

Johannes Petrus Crugius Roppershofensis

5. Johannes Daniel Crugius Roppershofensis } 12. [[o!] Sept.

Johannes Endemannus Gotsbeuriensis Hassus 10. Sept.

Johannes Christophorus Josephus Allendorphensis 11. Sept.

Johannes Georgius Winoldus Rabelshusensis 11. Sept.

Philippus Thomas Crollius Goarinus 25. Sept.

Fol. 11*]

ANNO
AErae Christianae
M . DCXLI
RECTORE
Johanne Kleinschmidt J. U. Doct. et institutionum
justinian. Professore ordinario

Ob continuam patriae calamitatem, pauci, qui hoc

anno militiae scholasticae nomina dederunt, in numerum studiosorum rite relati sunt subsequentes:

1. Johannes Davides Zollius Catto-Cassellanus 12. Mai.
Casparus Wöllerus Cassellanus Hassus 7. Juli.
Ernestus Neubergerus Gustroviensis Megapolitanus 11. Sept.
Paulus Biermannus Cassellanus Hassus
5. Henricus Schwietringius Cassellanus Hassus } 14. Sept.
Conradus Lucanus Cassellanus Hassus
Georgius Heinricus Hartmanni Seimershausensis 30. Sept.
Johannes Reinhardus Rötgerus Geismariensis 27. Nov.

ANNO MDCXLII [Fol. 12]

Illustrissimo Principe
Domino Wilhelmo VI. Hassiae Landgravio Academiae
Cassellanae Rectore Magnificentissimo,
Prorectore vero
Johanne Petro Daubero Eloq. Prof.
In numerum studiosorum relati sunt

1. Johannes Ekhardus Geissius Borcanus Hassus 28. Febr.
Georgius Ficinus Witzenhusanus Hassus 12. Apr.
Paulus Wilnerus Cassellanus Hassus 14. Apr.
Johannes-Henricus Kleinschmit Eschwecensis Hassus 22. Apr.
5. Joh. Gerhardus Schwalbius Cassellanus Hassus 23. Apr.
Henricus Baltasar Keill Cassellanus Hassus eod.
Franciscus David Sartorius Cassellanus Hassus eod.
Fridericus Langius Cappellensis Hassus 28. Apr.
Theodorus-Benjamin Stuckkenrad, Marpurgensis Hassus 2. Mai.
10. Martinus Morgenthal Allendorffensis Hassus 5. Mai.
Johannes Maroldus Melsungensis Hassus 9. Mai.
Johannes-Eitelius ab Dieden Nobilis Hassus 15. Juni.
Joh. Baltasar Wenderath Hombergensis Hassus 15. Juli.
Joh. Philippus Brechtius Smalcaldensis Hassus 9. Sept.
15. Joh. Geisselius Treisanus Hassus 9. Sept.

Joh. Daniel Avelius Zigaaesis [ſo!] Hassus 9. Sept.
Franciscus Wetzelius Hirschfeldensis Hassus 9. Sept.
Joh.-Philippus Libhardus Cassellanus 8. Oct.
Mathias Kümmelius Hassus 10. Oct.
20. Wilhelmus-Mauritius a Port nobilis Westfalus 8. Nov.
Didericus-Christophorus Hupfeld Allendorffensis 19. Nov.

[Fol. 12*]
Anno
Aerae christianae usitatae
MDXLIII [sic!]
Rectore
Academiae Cassellanae **Johanne Crocio,** S. S. theologiae
Doctore et Professore primario,
Jus civitatis Academiae consecuti sunt sequentes,

1. Bernhardus Gerstingius Grebensteinensis
Christophorus Fernarius Geismariensis
Johannes Crocius Bremensis
Zacharias Streso Cotthono-Anhaltius
5. Johannes Georgius Crocius Cassellanus
Hermannus Buchius Cassellanus
Johannes Christophorus Leunemann Cassell.
Adamus Muller Cassellanus
Johannes Bornmannus Allendorphensis
10. Gerhardus Gieblerus Vdenhusanus
Johannes Melchior Goarinus
Bernhardus Schenckelius Geismariensis.

[Fol. 13]
RECTORE
Academiae Cassellanae
Johanne Kleinschmidt J. U. Doct.
et Professore ordinario
Anno Christi MDCXLIV.
in ordinem studiosorum relati sunt:

1. Henricus Trinckhaus Bovendensis Saxo 9. Jan.
Johan Antrecht Cassellanus 14. Jan.

Henricus Ludovicus Canisius Cassellanus ⎫
Johannes Valentinus Wolfius Hombergensis ⎬ 14. Jan.
5. Petrus Stockmannus Cassellanus 7. Febr.
Johannes Krugius Rotenbergensis Hassus ⎫
Johannes Gunste Gudenspergensis
Johannes Raschius Zirenbergensis
Nicolaus Wetzelius Cassellanus
10. Johannes Jacobus Hillebrandt Cassellanus ⎬ 13. Mai.
Henricus Heuserus Cassellanus
Lucas Majus Cassellanus
Conradus Zeülchius Sontranus
Arnoldus Rieschius Cassellanus
15. Bertholdus Sperlingius Witzenhusanus ⎭
Philippus Henricus Draubius Cassellanus ⎫
Christophorus Wetzelius Grebensteinensis ⎬ 30. Mai.
Johannes Wendenus Cassellanus ⎭
Simon Philippus Phaenius Ludenhusa Lippiacus 19. Jun.
20. Hermannus Vthoff Blomberga Lippiacus 5. Jul.
Paulus Spangenbergius Ruckerodensis ⎫ [Fol. 13*]
Casparus Heidius Cassellanus
Cornelius Blassius Cassellanus
Henricus Dilcherus Hombergensis ⎬ 19. Sept.
25. Johannes Mumbergerus Cassellanus
Justus David Cellarius Cassellanus ⎭
Johannes Schmaltzius Albanus 21. Oct.
Reinhardus Schreiber Eschvicensis 6. Nov.
Hieronymus Stephani Lippiacus 8. Nov.
30. Andreas Trebsdorfius Gottesbeurensis 7. Dec.

Anno salutis MDCXLV
RECTORE
Academiae Guilhelmianae
Augustino Nolthenio philosophiae moralis professore
ordinario
In hanc studiosorum matriculam recepti sunt sequentes.

1. Georgius Andreas Winoldus Rapelshusanus Hassus 21.Jan.
   Johannes Henricus Stöckenius Grebensteinensis 24. Mart.
   Johannes Helffricus Dexbachius Cassellanus Hassus.
   Jonas Schwalb Cassellanus Hassus 24. Mart.
5. Johannes Schoppachius Treisensis Hassus.
   Johannes Philippus Cleinschmid Cassellanus Hassus 18.Apr.
   Johannes Cunradus Geilfues Dattenhusanus Hassus 21.Apr.
   Georgius Christophorus Hartmannus Jethstettensis Hassus
       7. Juni.
   Henricus Barchfeldius Hirschfeldensis Hassus 14. Juni [1]).
[Fol. 14] 10. Andreas Ambrosius Melsungensis Hassus 19. Juni.
   Balthasar Singer Eschwecensis Hassus 20. Juni.
   Johannes Georgius Perschrat Spangenbergensis Hassus
       26. Juni.
   Johannes Jacobus Leffler Palatinus Altzianus 5. Juli.
   Johannes Harrios Bremensis Saxo 17. Juli.
15. Hermannus Blumius Detmoldiensis Westphalus 23. Aug.
   Joh. Justus Ellenbergerus Cassellanus Hassus 8. Oct.
   Aegidius Ruperspergerus Marpurgensis Hass. 9. Oct.
   Henricus Slichtingius Mego-Almerodanus Hassus
   Theophilus Volandus Cassellanus Hassus
20. Guilhelmus Burckhardus Claccius Cass. Hassus } 15. Oct.
   Georgius Fullingius Tuuergensis Hassus
   Joh. Philippus Heppius Cassellanus Hassus
   Joh. Henricus Wittekindus Wolffersangeranus H.
   Johannes Valentinus Vloth Felsburgensis Hassus 21. Oct.
25. Burkhardus Eydelius Wolffius a Gudenbergk 24. Oct.
   Samuel Bourdon Catto-Cassellanus
   Franciscus Eckemannus Grebensteinensis Hass. } 30. Oct.
   Joh. Georgius Lindenerus Huxariensis
   Joh. Jacobus Vietor Marpurgensis Hassus
30. Joh. Knierimius Eschwecensis Hassus 6. Decemb.

----

   [1]) Bei 1—9 ist das Datum in der Hds. vor den Namen nachträglich eingetragen.

Anno a nato Christo MDCXLVI [Fol. 14*]
Rectore
Academiae Cassellanae
Johanne Combachio Theologiae Licentiato eiusdemque
et philosophiae Professore ordinario
Relati sunt in Matriculam Academiae

1. Johannes Nasemannus Kirchainensis 25. Febr.
Franciscus Humannus Lippiacus 28. Febr.
Johannes Georgius Schimmelpfengius Vachensis 22. Apr.
Johannes Georgius Betza Hersfeldensis eod.
5. Johannes Küttarius Hersfeudensis [fo!] eod.
Valentinus Riemenschneider Cassellanus 23. Apr.
Johannes Philippus Zeilnerus Palatinus eod.
Johannes Franciscus Wagenerus Gudensbergensis eod.
Elias Schleicherus Cassellanus eod.
10. Johannes Guilielmus a Capella eod.
Henricus Wetzelius Hofgeismariensis eod.
Tobias Peyerus Scaphusa Helvetius eod.
Johannes Henricus Lebrius Berlebergensis 8. Mai.
Johannes Adamus Calckofius Hombergensis 9. Mai.
15. Henricus Flurhusius Geismariensis 12. Mai.
Henricus Duckius [1]) Neukirchensis eod.
Otto Reinhardus Kunemannus Catto-Vacensis eod.
Leonhardus Sibertus Eschershusanus 30. Mai.
Gerhardus Schoppius Bremensis 2. Juni.
20. Christianus Fridericus Crocius Bremensis 19. Juni.
Constantinus Weyssius Hersfeldensis 30. Juni.
Mauritius Luningius Cassellanus 11. Sept.
Christianus Albertus Libenaviensis eod. [Fol. 15]
Johannes Jacobus Saurius Bessensis
25. Johannes Thomas Hill Cassellanus
Johannes Vietor Wolffhagensis
Wilhelmus Combachius Cassellanus
Johannes Conradus Piscator Hersfeldensis

---

[1]) Durkius?

Johannes Henricus Hoffmeisterus Eschwecensis
Hermannus Philippus Keutelius[?] Gudensbergensis 16. Dec.

RECTORE
Academiae Cassellanae
GREGORJO STANNARJO
Physices Professore ordinario
Anno Christi MDCXLVII

Jus civitatis Academiae consecuti sunt sequentes.

1. Nicolaus Liebetrau Lupnicensis Thuringus
Reinhardus Jungman Cassellanus Hassus
Joannes Krause Cassellanus Hassus } 26. Mart.
Wilhelmus Diede a Furstenstein

5. Joban Bernhardus Stuckerad Vicenhusanus Hassus
Johan Thomas Crugius Cassellanus Hassus
Wernerus Mullerus Milsungensis Hassus
Adamus Grosius Cassellanus Hassus } 3. Apr.
David Buch Cassellanus

10. Johan Jacob Gluger Wizenhusanus
Johan Herman Arnold Cassellanus
Christianus Sperberus Allendorphensis 5. Mai.
Philippus Melchior Diede zum Fürstenstein 7. Mai.
Henricus Fiandus Grebensteinensis
15. Casparus Gottfridus Piscator Cassellanus } 8. Mai.
Christophorus Buschmannus Cassellanus
Joachimus Wienandus Grebensteinensis 8. Mai.
Joan. Gotfried Brauneck Ilbersheimensis Palatinus 15. Mai.
Joannes Niesius Vicenhusanus Hassus 1. Sept.
20. Weinmarus Lucanus Cassellanus 7. Sept.
Joannes Casparus Josephus Vizenhusanus
Cornelius Krafft Vizenhusanus
Wernerus Caesar Cassellanus } 10. Sept.
Fridericus Wagenerus Catto-Essensis
25. Joannes Brandavius Sylva-Cappellensis
Joannes Majus Cassellanus 10. Sept.

Christophorus Reinhardus Seminarius Allendorphensis 29. Sept.

Johannes Rudolphus Cassellanus
Johannes Henricus Deichmann Grebensteinensis } 4. Oct.

30. Nicolaus Grimmel Cassellanus 14. Oct.

Rudolphus Kangiesser Geismariensis
Johannes Moggenius Schachtensis } 24. Oct.

Diedericus Zuvall Grebensteinensis Hassus 7. Nov.

Petrus Dehaussi Cassellanus Hassus 7. Dec.

35. Conradus Winterus Gudensbergensis 9. Dec.

Werner. Dole Vizenhusanus 9. Dec.

Christophorus Hackebornius Helmershusanus 14. Dec.

Franciscus Langhans Grebensteinensis 28. Dec.

Echardus Seidelman Felsbergensis 28. Dec.

40. Ernestus Guilielmus Wayssius Hersfeldensis 28. Dec.

Cunradus Widderhold Ziegenheinensis.

Joannes Georgius Klinckerfusius Allendorphensis.

Joannes Melchior Wiskeman Witzenhusanus.

RECTORE [Fol. 16*]
ACADEMJAE CASSELLANAE
GREGORJO STANNARJO
physices Professore ordinario
Anno Christi MDCXLVIII

Relati sunt in Matriculam Academiae

1. Nicolaus Fulner Cassellanus
Johannes Helfricus Cuhno Cassellanus } 30. Apr.
David Pforrius Wolffhagensis

Georgius Hein Geismariensis Hassus
5. Conradus Hein Geismariensis Hassus } 26. Juni.
Ludovicus Geller Dabelshausanus

Justus Adamus Gravius
Joannes Didericus Gravius } Allendorphenses } 4. Juli.
Henricus Glökener Geismariensis

10. Nicolaus Berthold Cassellanus 12. Sept.

Franciscus Baddenhausen Grebensteinensis
Casparus Eberhard Cassellanus } 14. Oct.
Johan Henricus Wirzius Tigurinus 29. Oct.
Cunradus Neuberus Hombergensis Hassus 1. Nov.
15. Philippus Martinus Leffeler Palatinus 4. Nov.
Johannes Crollius Eschwezensis Hassus 9. Nov.
Johan Helmericus Pauli Rotenburgensis 28. Nov.
Philippus Scheuer Dillenbergensis 29. Nov.
Casparus Geilfusius Cassellanus 1. Dec.
20. Ditmarus Magirus Güdensbergensis 3. Dec.
Ludovicus Stannarius Dörnbergensis
Johann Casparus Neuhaussen Cassellanus
Georgius Brambeerus Vachensis
Thomas Hirsfeld Treisanus
25. Johan Engelhard Jordan Cassellanus
Jacobus Vogelius Cassellanus
Justus Gualtherus Bornman Sontranus
Christfried Misler Wörliziensis Anhaltinus } 31. Dec.
Joan Andreas Sartorius
30. Johan. Jacob Stuckerad Rotenbergensis
[Fol. 17] Henricus Majus Cassellanus
Daniel Caesar Cassellanus [1])
Joachimus Henckenius Grebensteinensis
Joannes Conradus Bremerus Wichtanus
35. Joannes Klopperus Cassellanus
Joannes Nolthenius Immenhusanus.

Anno MDCXLIX.

Quoniam hoc anno Dni Professores de novo Rectore eligendo inter se disaeparunt itaque Rectoratus interregnum quoddam fuit.

Studiosi v(ero) qui ad Academiam nostram accesserunt a priori Dno Rectore in annum praecedentem inscripti sunt.

[1]) Am 21. April 1651 in Giessen als stud. phil. immatriculirt. Vgl. Die Giessener Matrikel. Hsgbn von *Klewitz* u. *Ebel* in den „Mittheilungen d. Oberhess. Geschichtsvereins in Giessen". N. F. Bd. II, 1890 S. 13.

Anno MDCL
Rectore
, Academiae Cassellanae

Erico Graffio U. J. D. et Professore ordinario in matriculam et studiosorum numerum qui in Academia
Cassellana commorantur relati et recepti sunt.

1. Nicolaus Marstallerus Melsungensis 2. Febr.
   Wernerus Gualterus Elffershusensis 28. Mart.
   Conradus Wiskemannus Witzenhusanus
   Johannes Henricus Christmannus Lehnensis
5. Johannes Philippus Stöckenius Cassellanus
   Johannes Henricus Ludolphus Honensis } 30. Mart.
   Arnoldus Petri Grebensteinensis
   Henricus Jhringius Eschwicensis
   Melchior Krause Witzenhusanus
10. Johannes David Hipstet Cassellanus } 30. Mart.
    Petrus Schlichtingius Mego Almerodensis
    Johannes Jacobus Nodingius 27. Apr.
    Franciscus Rupertus Gelanus Bipontinus 29. Apr.
    Wolffgangus Brochardus [sic!] a Calenberg 1. Mai.
15. Burghardus Heiseus Germenrodensis 16. Mai.
    Aegidius Henningius Herborna Nassovicus 17. Juni.
    Philibertus Lilius Hildesiensis 2. Juli.
    Johannes Michael Wicker Elbensis Hassus 7. Sept.
    Johannes Christophorus Kuchenbecker Catto Wolffagien-
       sis 7. Sept.
20. Johannes Conradus Stannarius Catto Wicenhusanus 7.Sept.
    Gedeon Holstein Allendorffensis Hassus 7. Sept.
    Johannes Henricus Braunius Wasenbergensis Hassus
       7. Sept.
    Johannes Wilhelmus Heppius Cassellanus Hassus 7. Sept.
    Casparus Wulffingius Elberfeldo-Montanus 22. Sept.
25. Georgius Kerstingius Grebensteinensis Hassus 30. Oct.
    Hermannus Mullerus Cassellanus 9. Nov.
    Johannes Rederus Rengeshusanus [sic!] Hassus 25. Nov.

Anno a nato Christo
MDCLJ

RECTORE

Joanne Guernero Geisio, practicae Philosophiae Professore ordinario.

In matriculam et numerum studiosorum praevia seria admonitione de obsequiosa Legum Academicarum observantia adoptati fuerunt sequentes studiosi

1. Joannes Keilius Cassellanus 12. die mens. Febr.

Decimo quinto die mensis Martii e paedagogeo exempti et ad publicas lectiones Academicas transmissi receptique fuerunt seqq. studiosi

Christiauus Kochius Montanus
Conradus Knoppelius Guxhagensis
Henricus Kidgansius Treisensis
5. Valentinus Kaulerus Cassellanus
Jo. Petrus Kuhnius Waberanus
David Fridericus Stubenrauch Cassellanus
Jo. Heinricus Kleimius Cassellanus
Jo. Adamus Schröderus Neocuriensis
10. Jo. Linzius Cassellanus
Nicolaus Frommingius Cassellanus
Jo. Kröschelius Allendorfensis
Philippus Eisermannus Cassellanus
Joannes Sperlingius Wizenhusanus 5. Apr.
(14*) Justus Fuhrhansius Cassellanus 12. apr. [durchstrichen]
15. Balthasar Pfisterus Scaphusanus Helvetius 15. Apr.
Brutus Wilhelmus Otto Schaffus. Helvetius
Joannes Schlaunius Dreisensis Hassus 19. apr.
[Fol. 19] Casparus Avenarius Foncksensis Frisius 25. apr.
Gerhardus Arnoldus Rumpius Teclaeburgens. Westphalus 9. juni.
20. Daniel Libot Sedanensis 10. juni.
Bartholdus Nödingius Simmenshusanus 11. juni.

Christophorus Ambrosius Milsungensis 27. juni.
David Eberhardus Krackrugge Susatensis 28. Juli.
Conradus Reuterus Melsungensis 3. Sept.
25. Joannes Wiskemannus Eschwecensis eod.
Hermannus Philippus Krugius Cassellanus 4. Sept
Justus Mullerus SylVaCapellensis [sic!] eod.
Joannes Hermannus Ellenbergerus Hombergensis eod.
Hermannus Vultejus Marpurgensis eod.
30. Joannes Christophorus Laelius Cassellanus eod.
Henricus Grimmius Ödelsheimensis eod.
Joannes Kohlschönius Essensis eod.
Reinhardus Henricus Schenckius Goaranus 29. Sept.
Hermannus Gravius Rotenbergensis 3. Oct.
35. Joannes Eichlerus Vicehusanus 2. Oct.
Theodorus Holtzhause Bremensis 4. Oct.
Nicolaus Sutorius Obersulensis 22. Oct.
Joannes Hosius Leimbacensis 22. Oct.
Joannes Georgianus Treisensis 22. Oct.
40. Guilhelmus deß Wehrtß Clivo-Teutopolitanus 23. Oct.
Joannes Pfefferus Treisensis 24. Oct.
Wilhelmus Bernhardus Eulius Rhedensis Westphalus
15. Nov.
Joannes Guernerus Langius Wanfridensis 21. Nov.
Theophilus Seibertus Cassellanus 19. Dec.

Sign. Cassell. XXXI. d. m. Dec.
Anno MDCLI
Jo. Guernerus Geisius.

Anno Christi Salvatoris nostri MDCLII   [Fol. 19*]
Rectore
Joanne Guernero Geisio, moralis Philosophiae
Professore ordinario
In album Academicum
recepti sunt seqq. studiosi.

1. Joannes Martinus Weplerus Obernaulensis 1. Mart.
Albertus Hauseman Herdikensis Westphalus 19. Mart.

Joannes Flick Cassellanus 16. apr.

Augustinus Laurentius Cassellanus eod.

5. Gallus Wirth Cassellanus eod.

Adamus Mauritius Caulerus Cassellanus eod.

Mauritius Musculus Cassellanus eod.

Petrus Vogtius Cassellanus eod.

Martinus Gotschalck Wolfhagiensis 29. apr.

10. Joannes Heinricus Seilerus Cassellanus eod.

Conradus Krause Wolfhagensis eod.

Justus Albertus Lichtenaviensis eod.

Joannes Guilhelmus Hütterod Eschwecensis 3. Mai.

Joannes Beyerus Geissanus 11. Mai.

15. Joannes Ludovicus Neoxynus Eschwecensis 12. Mai.

Joannes Christianus Langius Mershusanus [ſo!] 13. Mai.

Balthasarus Scherrerus Essenheimensis eod.

Ludovicus Elgershausen Duisbergensis eod.

Elias Schimmelpfennig Vachensis 17. Mai.

20. Joannes Schirlingius Oberaulensis 20. Mai.

Fol. 20] Joannes Jacobus Geysweidius Sigenensis Naſsov. 20. Mai.

Otto Reinoldus Westufelensis 24. Mai.

Joannes Adamus Pistorius Nider-Grentzenbacensis eod.

Otto Henricus Stöckerus Bracensis Lippiacus 16. Mai.

25. Henricus Wisenbachius Herbornensis Nassovicus 20. Juli.

Joannes Landman Eschwecensis Hassus eod.

Conradus Heisingius Guanfredensis 21. Juli.

Joannes Henricus Heisius Grebensteinensis 12. Aug.

Joannes Guilhelmus Pfefferus Dreisensis Haſs. 18. Sept.

30. Joannes Justus a Winckestern Cassellanus 24. Oct.

Joannes Röser Cassellanus eod.

Joannes Henricus Knabenschuch Zigenhainensis eod.

Joannes Christophorus Greifius Cassellanus 25. Oct.

Conradus Henricus Faber Herosfeldensis 30. Oct.

35. Joannes Baunemannus Cassellanus 1. Nov.

Conradus Hofmannus Sontranus Hassus 12. Nov.

Joannes Ecquardus Hugo Elkmanshusanus 17. Nov.

Register zur Matrikel. [1)]

Personennamen.

A.

Adolphi, Christoph, Eberschitz 1636,

Albertus, Christian, Libenav. 1646,

— Justus, Lichtenau

Ambrosius, Andr., Melsungen 1645,

—

Amelungks, Frid. von, 1638,

Angelocrator, Christian, Francoberg. 1634,

Angelus, Joh., Hoingen. Wetterav.

Antrecht, Joh., Cassel 1644,

— Joh. Henr., Cassel 1634,

— -us, Joh. Herm., Marburg 1637,

Arcularius, Georg, Homberg 1634,

Arnold, Joh. Herm., Cassel 1647,

Aschenbornerus, Theod., Nabeburgo-Palat.

Avelius, Joh. Dan., Zigaeensis 1642,

Avenarius, Casp., Foncksensis Fris.

B.

Baddenhausen, Francisc., Grebenstein

— Phil., ebd.

Barchfeldius, Henr., Hirschfeld 1645,

Bargeron, Abr., Sedan. Gallus 1635,

Baumius, Francisc., Eschvicens. 1635,

Baunemannus, Joh., Cassel 1652,

Bauneman, Joh. Adam, ebd. 1638,

Beerreuterus, Georg Ludw. Amerthal. Pal.

Beyerus, Joh., Geissa 1652,

Berghöverus, Joh. Henr., Gudensberg 1634,

Berlepsch, Burgh. von, 1636,

— Casp. von, 1634,

Bernhardus, Georg, Spangenberg

— Lud., Wolfhagen

Berthold, Nic., Cassel 1648,

Betza s. Beza.

Beyerus s. Beier.

Beza, Joh., Hirsfeld 1635,

Betza, Joh. Georg, Hersfeld 1646,

Biermannus, Joh. Gwalter, Hanov.

— Paulus, Cassel

Bierman, Steph., Diesteddan. Westph. 1635,

Blassius, Corn., Cassel 1644,

Blumius, Hermannus, Detmold 1645,

Bölenius, Just., Saxenhuso-Wald. 1634,

Boeneburgk, Urb. von, 1634,

[1)] Vgl. Schluss der Einleitung, woselbst Z.] v. o. J. statt Z zu setzen ist. — Desgl. ist in den Annalen zu lesen: fol. Z. v. u. ei st. et; f. Z. v. o. tam st. cam; f. Z. v. o. sonat st. servat; f. Z. v. u. negligendam st. negligendum; f. Z. v. o. jugo st. juge.

Bornmannus, Joh., Allendorf 1643, 1.

Bornman, Just. Gualth., Sontra 1648, 27.

Bourdon, Sam., Cassel 1645, 26.

Brambeerus, Grg., Vach 1648,23.

Brandis, Wilh., Zirenberg 1638,4.

Braun, Erasm., Marburg 1634, 7.

— -ius, Joh. Henr., Wasenberg 1650, 22.

Brandavius, Joh., Sylva-Cappellens. 1647, 25.

Brauneck, Joh. Gotfr., Ilbersheim Pal. 1647, 18.

Brechtius, Joh. Phil., Schmalkalden 1642, 14.

Bremerus, Joh. Conr., Wichte 1648, 34.

Brunccius, Joh. Wolfg., Alsencianus 1636, 16.

Buch, David, Cassel 1647, 9.

— -ius, Henr., Felsberg 1633, 21.

— Herm., Cassel 1643, 6.

— Hieron., Felsberg 1636, 38.

Bucherus, Phil., Cassel 1633, 6.

Buchius s. Buch.

Busch, Alb. de, Osnabrugens. 1638, 18.

Buschmannus, Christoph, Cassel 1647, 16.

C. u. K.

Kackrugge, Dav. Eherh., Susat. 1651, 23.

Caesar, Dan., Cassel 1648, 32.

— Joh., Borken Hass. 1633, 17.

— Werner, Cassel, 1647, 23.

Calckofius, Joh. Adam, Homberg 1646, 14.

Calenberg, Wolfg. Brochard a, 1650, 14.

Kangiesser, Rudolph., Geismar 1647, 31.

Canisius, Henr. Lud., Cassel 1644, 3.

Capella, Joh. Guil. a, 1646, 10.

Capell, Bernh., Detmold Lippe 1634, 67.

Caulerus, Adam Maur., Cassel 1652, 6.

Kaulerus, Val., Cassel 1651, 5.

Keilius, Balth., Cassel 1633, 13.

Keill, Henr. Balth., Cassel 1642, 6.

Keilius, Joh., Cassel 1651, 1.

Cellarius, Just. Dav., Cassel 1644, 26.

Gerstingius, Bernh., Grebenstein 1643, 1.

Kerstingius, Georg, ebd. 1650, 25.

Keudelius, Georg Seb., 1634, 2.

Keutelius, Herm. Phil., Gudensberg 1646, 30.

Christianus Hassiae lantgrav. Rector 1634.

Christmannus, Joh. Henr., Lehnensis 1650, 4.

Kidgansius, Henr., Treisa 1651,4.

Claccius, Guil. Burckh., Cassel 1645, 20.

Claur, Hartm. a nob. Hassus 1636, 33.

Claus, Joh. Bernh., 1634, 36.

Klebius, Henr., Husanus 1634,16.

Kleimius, Joh. Heinr., Cassel 1651, 8.

Kleinschmidt, Joh., Rector 1641. 1644.

— schmit, Joh. Henr., Eschwege 1642, 4.

— schmied, Joh. Mart., Cassel 1637, 6.

Cleinschmid, Joh. Phil., Cassel 1645, 6.

Klinckerfusius, Joh. Georg, Allendorph 1647, 42.

Klinckhamerus, Urban, Nidermesseranus 1639, 13.

Klopperus, Joh., Cassel 1648, 35.

Knabenschuch, Joh. Henr., Zigenhain 1652, 32.

Knierimius, Joh., Eschwecens. 1645, 30.

Knoppelius, Conr., Guxhagen 1651, 2.

Kochius, Christn., Montanus 1651, 2.

Coquus, Joh. Herm., Lichtenau 1634, 92.

Opsopoeus, Joh. Sim., Heidelberg 1636, 37.

Kochius, Phil. Wilh., 1639, 3.

König, Dav., Alzeanus Pal. 1636, 14.

Königse, Joh. Herm., Allendorf 1633, 14.

Cöperus, Luderus, Bremen 1634, 35.

Kohll, Casp., Blomberg, Lippe 1634, 68.

Kohlschönius, Joh., Essen 1651, 32.

Colerus, Henr. Wilh., Marburg 1634, 74.

— Just., Burgianus Hafs. 1638, 10.

Colmannus, Frid. Andr., Nesselrode 1634, 24.

Combachius, Herm., Marburg 1633, 22.

— Joh., Rector 1633, 1646; Prorector 1634, 1635, 1636.

— Wilh., Cassel 1646, 27.

Contherus, Joh., Alsencianus Pal. 1636, 4.

Coquus s. Koch.

Krafft, Corn., Vizenhusanus 1647, 22.

Crajus, Joh. Hartm., Marburg 1634, 81.

Kramerus, Joh. Wilh., Gudensberg 1638, 5.

Krause, Conr., Wolfhagen 1652, 11.

— Joh., Cassel 1647, 3.

— Melch., Witzenhus. 1650, 9.

Crocius, Christn. Frid., Bremen 1646, 20.

— Joh., Rector 1633, 1637, 1640, 1643.

— Joh., Bremen 1643, 3.

— Joh. Georg, Cassel 1643, 5.

Kröschelius, Joh., Allendorph. 1651, 12.

Crollius, Henr., Marburg 1634, 69.

— Joh., Eschwezensis 1648, 16.

— Phil. Thom., Goarinus 1640, 9.

Cruciger, Casp. Conr., Marburg 1633, 3.

— Georg, Rector 1637.

— Joh. } Marburg 1637.
— Rud. }

Krugius, Herm. Phil., Cassel 1651, 26.

— Joh., Rotenberg 1644, 6.

Crugius, Joh. Dan., Roppershof 1640, 4.

— Joh. Petr. Roppershof 1640, 5.

— Joh. Thom., Cassel 1647, 6.

Kuchenbecker, Joh. Christph., Wolfhagen 1650, 19.

Kühn, M. Hildebrand 1634, 65.

Kümmelius, Mathias, Hafs. 1642, 19.

Küttarius, Joh., Hersfeudensis [fo!] 1646, 5.

Kuhn, Mart., Marburg 1637, 1.

— ius, Joh. Petr., Wabern 1651, 5.

Cuhno s. Cuno.

Kunemannus, Otto Reinhard, Vach 1646, 17.

Kuner, Georg Levin, Ingelheim 1634, 4.

Cuno, Seb., Magdeburg 1634, 96.

Cuhno, Joh. Helfr., Cassel 1648, 2.

Curtzius, Seb., Cassel 1639, 6.

D.

Dalwigk, Casp. Frid. a, 1634, 60.

— Frz. Otto a, 1634, 61.

— Henr. Burchard a, 1634, 58.

— Joh. Herbold a, 1634, 59.

— Phil. a, 1634, 62.

Dauber, Joh. Dan., Haſs. 1636, 34.

— us, Joh. Petr., Rector 1636; Prorector 1642.

Dehaussi, Petr., Cassel 1647, 34.

Dehnus-Rotfelserus, Casp., Hirsfeld 1638, 14.

Deichman, Joh. Henr., Grebenstein 1647, 29.

Deinhard, Joh. Helfr., Marburg 1637, 5.

Des Wehrts s. Wehrts.

Dexbachius, Joh. Helfr., Cassel 1645, 3.

Dieden, Joh. Eitel ab, nob. 1642, 12.

Diede zum Furstenstein, Phil. Melch., 1647, 13.

— a Furstenstein, Wlh. 1647, 4.

Dilcherus, Henr., Homberg .1644, 24.

Döllius, Petr., Rotenberg 1634, 89.

Doenchius, Joh., Borken 1633, 4.

Döringenbergk, Joh. Bernhard a, 1634, 1.

— Joh. Casp. von, 1634, 38.

Dolaeus, Georg, Geismar Haſs. 1636, 8.

Dole, Wern., Vizenhus. 1647, 36.

Dornheck, Joh. Car., Rauschenberg 1634, 84.

Draubius, Phil. Henr., Cassel 1644, 16.

Dryander, Joh., Cassel 1637, 4.

Duckius, Henr., Neukirchen 1646, 16.

E.

Eberhard, Casp., Cassel 1648, 12.

Echzelius, Joh. Christoph, Rotenberg 1634, 5.

Eckemannus, Franc., Grebenstein 1645, 27.

Eicholtz, Herm., Hildesien. 1633, 17.

Eichlerus, Joh., Vicehusanus 1651, 35.

Eicholtz s. Eichholtz.

Eisermannus, Phil., Cassel 1651, 13.

Elgershausen, Lud., Duisburg 1652, 18.

Ellenbergerus, Joh. Herm., Homberg 1651, 28.

— Joh. Just., Cassel 1645, 16.

Endemannus, Joh., Gotsbeuren 1640, 6.

Ermarth, Rutger, Bendorp Sain. 1635, 10.

Ernst, lantgr. Rector 1635. 1636.

Erpbroickhausen, Henr. Herm. Cassel 1633, 20.

Erpbroickhausen, Joh. Tilm.,
Lemgo 1634, 46.
Esther, Christph., Schweinsberg
1636, 32.
Eulalius, Henr., Ziegenhain
1634, 17.
Eulius, Wilh. Bernh., Rhedensis
Westph. 1651, 42.

F. u. V.

Faber, Conr. Henr., Herosfeld
1652, 34.
— Joh. Henr., Cassel 1633, 21.
Fabricius, Adolph, Rotenberg
1634, 3.
Phaenius, Sim. Phil., Luden-
husa-Lipp. 1644, 19.
Venator, Joh., Freusburg 1635,
18.
Fernarius, Christoph., Geismar
1643, 2.
Fiandus, Henr., Grebenstein
1647, 14.
Fiber, Sim., Lemgo 1633, 24.
Ficinus, Georg, Witzenhausen
1642, 2.
— Henr., Germerode 1633, 7.
Vielmeder, Gerhard, Cassel
1634, 76.
Vietor, Joh., Wolfhagen 1646,
26.
— Joh. Jac., Marpurg 1645,29.
— Otto, Breunensis Hafs.
1633, 20.
Flemmingius, Christph., Esch-
wege 1634, 27.
Flick, Joh., Cassel 1652, 3.
Vloth, Joh. Val., Felsburg
1645, 24.
Flurhusius, Henr., Geismar
1646, 15.
Vogelius, Jac., Cassel 1648, 26.

Vogtius, Petr., Cassel 1652, 8.
Volandus, Theoph., Cassel 1645,
19.
Volcmarus, Joh., Witzenhusan.
1636, 1.
Volusius, Godofr., Hanov. 1637,
12.
Phreud, Joh. Herm., Marpurg
1636, 26.
Frommingius, Nic., Cassel 1651,
11.
Fürstenstein s. Diede.
Fuhrhansius, Just., Cassel 1651,
14*.
Fullingius, Georg, Tuuergensis
Hass. 1645, 21.
Fulner, Nic., Cassel 1648, 1.
Vultejus, Herm., Marpurg 1651,
29.

G.

Gallatinus, Joh., Genev. 1634,54.
Galle, Hieron., Cassel 1636, 7.
Geilfusius, Casp., Cassel 1648,19.
— fues, Joh. Conr., Datten-
hus. Hafs. 1645, 7.
Geyssius, Hildebr., Hanovico-
Dorheim 1634, 82.
Geisius, Joh., Wetter 1636, 35.
Geissius, Joh. Ekhard, Borcan.
Hafs. 1642, 1.
Geisius, Joh. Wern., Rector
1651. 1652.
Geisselius, Conr., Gensungen
1633, 25.
— Henr., Treisa 1634, 6.
— Joh., Treisa 1633, 9.
— » » 1642, 15.
Geissius s. Geisius.
Geysweidius, Joh. Jac., Sigen
1652, 21.

Gelanus, Franc. Rupert, Bipont. 1650, 13.

Geller, Lud., Dabelshausen 1648, 6.

Georgianus, Joh., Treisa 1651, 39.

Gerlachius, Balth., Eschwege 1637, 3.

Gerstenbergerus, Just., Witzenhausen 1633, 19.

Gerstingius s. Kersting.

Gevekotz, Henr., Mindan. Westphal. 1633, 33.

Gieblerus, Gerh., Udenhusan. 1643, 10.

Gleimius, Balth., Esuicens. 1635, 3.

Gleumius, Joh. Georg, Hirsfeld 1638, 16.

Glöckener, Henr., Geismar 1648, 9.

Gluger, Joh. Jac., Wizenhus. 1647, 10.

Goclenius, Herm. Georg, Marburg, 1634, 32.

Göbekenius, Henr., Wolfhagen 1637, 6.

Göbelius, Conr., Hersfeld 1634, 49.

— Reinhard, Eschwege 1634, 71.

Gondelacus, Franc., Helsens. 1633, 1. s. a. Gundelach.

Gosmannus, Joh. Laur., Spangenberg 1637, 9.

Gotschalck, Mart., Wolfhagen 1652,\9.

Graffius, Erich, Rector 1638. 1650.

Gravius, Casp. Henr., Aldendorf 1639, 12.

— Herm., Rotenberg 1651, 34.

Gravius, Joh. Dideric., Allendorph 1648, 7.

— Just. Adam, Allendorph 1648, 8.

— Joh. Georg, Allendorf 1638, 3.

Greifius, Joh. Christph. Cassel 1652, 33.

Grimmel, Nic., Cassel 1647, 30.

Grimmius, Henr., Ödelsheim 1651, 31.

Grimmoldus, Thom., Ketwig 1633, 23.

Grosius, Adam, Cassel 1647, 8.

— Conr., Eschwege 1636, 36.

Gross, Georg, Eschwege 1636, 4.

Gudenbergk s. Wolff.

Gualterus s. Walter.

Gudenus, Joh. Christph., Homberg 1637, 5.

— Paul, Cassel 1639, 9.

Gundelachus, Wilh., Wolffershausen 1639, 11.

Gunste, Joh., Gudensperg 1644, 7.

Guolphard s. Wolfhard.

H.

Habluzelius, Joh. Heinr., Meisenheim Bip. 1636, 13.

Hackenbergk, Herm., Tremonia Westph. 1635, 2.

Hackebornius, Christph., Helmershausen 1647, 37.

Hallovil, Joh. Caspar, Bipont. 1634, 51.

Hausteinius, Damian, Loelbach 1638, 6.

Happelius, Maximil., Kirchaenens. Hafs. 1636, 28.

Harrios, Joh., Bremen 1645, 14.

Hartmanni, Georg Heinr., Seimershausen 1641, 7.

Hartmannus, Georg Christph., Jethstedt, 1645, 8.

Harttman, Maur., Rommershausen 1638, 20.

Hauseman, Alb., Herdikensis Westph. 1652, 2.

Haxthausen, Franc., Grebenstein 1633, 18.

— Wolfg. ab, Westph. 1633, 31.

Heer, Georg, Cassel 1634, 57.

Heidius, Casp., Cassel 1644, 22.

Hein, Conr.,) Geismar 1648, 4. 5.
— Georg,)

— ius, Johann., Gudensberg 1633, 7.

Heiseus, Burghard, Germenrode 1650, 15.

Heisius, Joh. Henr., Grebenstein 1652, 28.

Heisingius, Conr., Guanfred. 1652, 27.

Heisius s. Heiseus.

Henningius, Aegid., Herborn 1650, 16.

Henckenius, Joach., Grebenstein 1648, 33.

Henrici, Jac., Abderode 1638, 21.

Heppius, Joh. Phil., Cassel 1645, 22.

— Joh. Wilh., Cassel 1650, 23.

Heuckerodius, Joh.,) Eschwege
— radt, Theodos.,) 1633, 13. 9.

Heuserus, Henr., Cassel 1644, 11.

Hill, Joh. Thom., Cassel 1646, 25.

Hillebrandt, Joh. Jac., Cassel 1644, 10.

Hipstet, Joh. Dav., Cassel 1650, 10.

Hirsfeld, Thom., Treisa 1648, 24.

Hofmannus, Conr., Sontra 1652, 36.

Hoffmann, Joh. Wolfg., Bipont. 1634, 53.

Hoffmeisterus, Joh. Henr., Eschwege 1646, 29.

Hofmann s. Hoffmann.

Holstein, Gedeon, Allendorf 1650, 21.

Holtzhause, Theod., Bremen 1651, 36.

Hosius, Joh., Leimbacens. 1651, 38.

Hütterod, Joh. Guil., Eschwecens. 1652, 13.

s. a. Huttenrod.

Hugo, Joh. Ecquard., Elkmanshus. 1652, 37.

Humannus, Franc., Lipp. 1646, 2.

Hupfeld, Did. Christph., Allendorf 1642. 21.

Huttenrodius, Joh. Joach., Hirsfeld 1634, 95.

Hutterus, Mart., Eschwege 1633, 1.

J.

Ihringius, Henr., Eschwicensis 1650, 8.

Jordan, Joh. Engelh., Cassel 1648, 25.

Josephus, Joh. Casp., Vizenhus. 1647, 21.

— Joh. Christph., Allendorf 1640, 7.

Jungkman, Henr., Englis 1634, 28.

Jungman, Henr., Cassel 1637, 10.

— Hieron., Cassel 1633, 22.

— Reinhard, Cassel 1647, 2.

K. s. C.

L.

Laelius, Joh. Christph., Cassel 1651, 30.

Landman, Johann., Eschwege 1652, 26.

Lange s. Langius.
Langhans, Franc., Grebenstein 1647, 38.
Langius, Frid., Cappel Haſs. 1642, 8.
— Joh. Christian, Merxhus. 1652, 16.
— Joh. Greg., Kirchhain Haſs. 1633, 23.
— Joh. Herm., Spangenberg 1635, 6.
— Joh. Guern., Wanfried 1651, 43.
Lappius, Christian, Waldcappel 1633, 37.
Laubingerus, Sigm., Eschwege 1635, 15.
— Tob. Georg, Eschwege 1633, 8.
Laurentius, Augustin., Cassel 1652, 4.
Leffler, Joh. Jac., Altzianus 1645, 13.
Leffeler, Phil. Mart., Palat. 1648, 15.
Lehrius, Joh. Henr., Berleberg 1646, 13.
Leunemann, Joh. Christph., Cassel 1643, 7.
Leurelius, Joh. Eberhard, Bellersheim 1634, 22.
Liberon, Zach., Wichmanshusan. 1633, 5.
Libhardus, Joh., Phil., Cassel 1642, 18.
Libot, Dan., Sedan. 1651, 20.
Liebetrau, Nic., Lupnicens.Thur. 1647, 1.
Lilius, Philibert, Hildesiens. 1650, 17.
Lymbergerus, Joh. Barthold, Hersfeld 1634, 50.

Lymbergerus, Joh., Hersfeld 1634, 48.
Lindenerus, Joh. Georg, Huxaria 1645, 28.
Linzius, Joh., Cassel 1651, 10.
Lorchius, Nic., Bip. 1636, 19.
Lothius, Christian., Herborn 1634, 93.
Lucanus, Conr., Cassel 1641, 6.
— Henr., Neocuriens. Haſs. 1638. 11.
— Joh.Christph,Cassel1638,7.
— Joh. Laurent., Witzenhausen 1634, 45.
— Phil., Cassel 1636, 12.
— Phil., Ziegenhain 1639, 2.
— Weimarus, Cassel 1647, 20.
Ludolphus, Joh.Henr., Honensis. 1650, 6.
Lünckerus, Georg Henr., Breidenbach Haſs. 1633, 27.
Luningius,Maur.,Cassel1646,22.

M.

Magirus, Ditmar, Gudensberg 1648, 20.
May, Majus, Christph, Borcanus Haſs. 1636, 9.
— Henr., Cassel 1648, 31.
— Joh., Cassel 1647, 26.
— Lucas, Cassel 1644, 12.
Maroldus, Joh., Melsungen 1642, 11.
Marstallerus, Nic., Melsungen 1650, 1.
Matthaeus, Ant., Gladenbach 1633, 12.
— Frid., Marburg 1634, 83.
— Joh., Prorector 1635.
— Joh. Bernhard, Gladenbach 1633, 11.
— Joh. Gul., Gladenb. 1637, 7.

Matthaeus, Ph., Marburg 1637,1.
Mehno, Joh. Henr., Wetzflar 1635, 16.
Meyer, Casp., Witzenhus. 1634, 13.
Melchior,Joh.,Goarinus 1643,11.
Mercator, Henr., Caldensis Hafs. 1633, 14.
Meyer s. Meier.
Milchling s. Schönstadt.
Misler, Christfried, Wörliziens. Anhalt. 1648, 28.
Mönch s. Monachus.
Moggenius, Joh., Schachten 1647, 32.
Mohr, Herm., Corbach 1634, 44.
Molitor, Joh., Treisa 1633, 8.
— Joh. Henr., Dexbach Hafs. 1633, 36.
Monachus,Adph.,Treisa 1634,10.
— Joh., Treisa⎱
— Nic., ⎰ 1633, 30. 19.
Morgenthal, Mart., Allendorf 1642, 10.
Müller, s. Mullerus.
Muffardus, Conr., Immenhus. 1636, 2.
Muller, Adam, Cassel 1643, 8.
— us, Georg, Grebenstein 1634, 29.
— Herm., Cassel 1650, 26.
— Joh. Georg, Cassel 1638,23.
— Just., Sylva - Capellens. 1651, 27.
— Werner, Milsungen 1647, 7.
Mumbergerus, Joh., Cassel 1644, 25.
Murhardus, Cunr. Henr., Spangenberg 1638, 25.
— Justus, Eschwege 1634, 11.
Musculus, Maur., Cassel. 1652,7.

Mutius, Thom., Treisa 1634, 47.

N.

Nadus, Vitus, Sontra 1633, 15.
Nasemannus, Joh., Kirchain 1646, 1.
Neoxynus, Joh. Lud., Eschwege 1652, 15.
Neuberus, Cunr., Homberg 1648, 14.
Neubergerus, Ernst, Gustrov Megap. 1641, 3.
— Joh. Val., Palat. 1635, 8.
Neuberus s. Neuber.
Neuhausen, Joh. Casp., Cassel 1648, 22.
Neuhusius, Reichard, Eschwege 1633, 10.
Neuvirdt, Georg Wern., Eschwege 1634, 42.
Niesius, Joh., Vicenhus. 1647,19.
Nodingius, Joh. Jac., 1650, 12.
Nödingius, Barthold, Simmenshus. 1651, 21.
Nösselius, Adam, Vicenhus. 1639, 10.
Nolten,Bernh.,Warburg 1634,26.
Nolthenius, Augustin. Rector 1645.
— Joh., Immenhusan. 1648,36.
Nordeccius, Joh. Herm., St. Goarin. 1636, 18.

O.

Obenolius, Herm. Wilh., Detmold Lipp. 1634, 73.
Oberheimerus, Christoph Ernst, Bipont. 1636, 30.
Oer, Herm., Marburg 1634, 55.
Oldenburgius, Henr., Bremen 1640, 1.
Opsopoeus s. Koch.

Otto, Brutus Wilh., Schaffus.
Helv. 1651, 16.

P.

Pauli, Joh. Helmeric., Roten-
burg 1648.
Peyerus,Tob.,Scaphusa 1646,12.
Peifferus s. Pfeiffer.
Perschrat, Joh. Georg, Span-
genberg 1645, 12.
Persius, Joh., Gudensberg
1633, 28.
Petri, Arn., Grebenstein 1650, 7.
Pezelius, Sim. Walther, Detmold
Westph. 1633, 15.
Pfefferus, Henr. Emmericus,
Eschwege 1634, 85.
— Joh., Treisa 1651, 41.
— Joh.Guil.,Dreisens. 1652,29.
Peifferus, Henr., Grebenstein
1639, 1.
Pfisterus, Balth., Scaphusa Helv.
1651.
Pforrius, Dav., Wolffhagen
1648, 3.
Phaenius s. Faenius.
Phreud s. Freud.
Pichelinus, Georg, Zierenberg
1638, 2.
Piscator, Casp. Gottfr., Cassel
1647, 15.
— Joh.Conr.,Hersfeld 1646,28.
Pistorius, Joh. Adam, Nider-
Grentzenbaccens. 1652, 23.
— Nic. Henr., Zigenhain
1636, 17.
Port, Wilh. Maurit. a, nob.
Westph. 1642, 20.
Portu, Jac. a, Genevensis
1634, 66.
Prediger, Henr., Allendorf 1634,
77.

R.

Raidus, Henr., Hirsfeld 1636, 20.
— Henr. Balt., Hirsfeld 1636,
21.
Raschius, Joh.,Zirenberg 1644,8.
Rederus, Joh., Rengeshusanus
1650, 27.
Reinhardus, Conr. Seb., Bern-
burg Anh. 1634, 63.
— Ern. ab Hachborn Hafs.
1636, 5.
Reinoldus, Otto, Westufeln
1652, 22.
Reuterus, Conr., Melsungen
1651, 24.
Rhodius, Georg, Eschwege
1636, 25.
Riccinus Conr., Niedenstein
1633, 11.
Rimius, Joh., Allendorf 1636,22.
Riemenschneider, Val., Cassel
1646, 6.
Rieschius, Arn., Cassel 1644,14.
— Petr., Cassel 1637, 8.
Riese, Joh. Christoph, Cassel
1639, 7.
Rimius s. Riemius.
Ritterus, Ph., Vicenhus. 1634,30.
Rodingus, Joh.,Sontra 1633, 35.
Röser, Joh., Cassel 1652, 31.
Rötgerus, Joh. Reinhard, Geis-
mar 1641, 8.
Rudiger, Hartung, Waldcappel
1634, 78.
Rudolphus, Joh., Cassel 1647,28.
Rübenkönigk, Joh. Herm., Wil-
dungen Wald. 1635, 7.
Rumpius, Gerh. Arn., Teclae-
burg. Westph. 1651, 19.
Rungius, Joh., Sylvo-Capellanus
1637, 11.

Seltzer, Joh. Hartmann, Disipodenberg 1634, 52.

Seminarius, Christoph Reinhard, Allendorph. 1647, 27.

Senger, Joh. Albert, Cassel 1633, 38.

Sibertus, Leonhard, Eschershus. 1646, 18.

Singer, Balth., Eschw. 1645, 11.

Sixtinus, Joh. Phil., Cassel 1634, 20.

Sontagius, Georg Rud., Cassel 1633, 10.

Spätterus, Cyr., Echwege 1634, 70.

Spangenbergius, Paul, Ruckerodensis 1644, 21.

Sperberus, Christian, Allendorf 1647, 12.

Sperlingius, Berthold, Witzenhusan. 1644, 15.

— Joh.,Witzenhusan.1651,14.

Sprengerus, Frid., Alsentianus Palat. 1636, 27.

— Joh., Alsencianus Palat. 1636, 3.

— Phil. Berthold, Hadamar 1634, 31.

Springmeier, Christph., Cassel 1634, 75.

Stannarius, Greg., Rector 1647. 1648.

— Joh. Conr., Wicenhusan. 1650, 20.

— Lud., Dörnberg, 1648, 21.

Starckius, Georg, Zierenberg 1633, 32.

Steinius, Casp., Cassel 1633, 34.

— Joh. Engelhard, Cassel 1634, 12.

Steinfelt,Joh.,Elsungen 1634,80.

Steinius s. Stein.

Stephani, Hier., Lippe 1644,29.

Stockmannus, Petr., Cassel 1644, 5.

Stöckenius, Jac., Grebenstein 1633, 2.

— Joh. Henr., Grebenstein 1645, 2.

— Joh. Phil., Cassel 1650, 5.

Stöckerus, Otto Henr., Bracensis Lipp. 1652, 24.

Straccius, Nic., Neukirchen 1634, 94.

Streso, Zach., Cotthono-Anhalt 1643, 4.

Stubenrauch, Dav. Frid., Cassel 1651, 7.

— Joh. Henr., Cassel 1638, 22.

Stuckerad, Joh. Bernh., Vicenhusanus 1647, 5.

— J. Jac., Rotenberg 1648,30.

Sültzbachius, Joh. Michael, Hersfeld 1640, 2.

Sustmannus, Conr., Caldensis Hass. 1633, 26.

Sutorius, Nic., Obersulensis 1651, 37.

T.

Thaurerus, Just. Christph, Cassel 1639, 5.

Thomas, Barth., Cassel 1633,24.

Thulemeierus, Henr., Westph. 1634, 88.

— Phil., Westph., 1634, 87.

Trebsdorfius, Andr., Gottesbeuren 1644, 30.

Trinckhaus, Henr., Bovenden. Saxo 1644, 1.

U.

Uffeln, Joh. Frid. ab, 1634, 8.

Ulrich, Andr., Cassel 1634, 9.

Ursinus, Cyriac., Allendorf Hafs. 1636, 23.
Uthoff, Herm., Blomberga Lipp. 1644, 20.

W.

Wagnerus, Adam Henr., Rensens. Rhen. 1636, 15.
Wagenerus, Frid., Catto-Essensis 1647, 24.
— Henr., Elbensis Hass. 1638, 13.
— Joh. Franc., Gudensberg 1646, 8.
Wayssius s. Weyss.
Gualterus, Werner, Elffershusan. 1650, 2.
Wasmundus, Eherh. Herm., Wetter 1633, 28.
Wasserhuhn, Joh. Nic., Cassel 1638, 1.
— hun, Nic., Rotenberg 1634, 90.
Wehrts, Guil. des, Clivo-Tentopolitanus 1651, 40.
Weyssius, Constantin, Hersfeld 1646, 21.
Wayssius, Ern. Guil., Hersfeld 1647, 40.
Weittershausen, Helvicus a, 1634, 33.
Wendelius, Mart., Carthusianus 1633, 5.
Wendenus, Joh., Cassel 1644, 18.
Wenderath, Joh. Balth., Homberg 1642.
Weplerus, Joh. Martin, Obernaulensis 1652, 1.
Werneri, Joh., Homberg 1639, 4.
— rus, Joh., Marburg 1634, 72.
Westermannus, Joh., Geismar 1634, 21.

Wetzelius, Christph., Grebenstein 1644, 17.
— Franc., Cassel 1636, 6.
— Franc., Hirschfeld 1642, 17.
— Henr., Hofgeismar 1646, 11.
— Joh., Hofgeismar 1633, 16.
— Joh., Geismar 1637, 13.
— Joh., Grebenstein 1637, 8.
— Nic., Cassel 1644, 9.
— Phil., Grebenstein 1638, 12.
Wicker, Joh. Michael, Elbensis Hafs. 1650, 18.
Widderhold, Cunr., Ziegenhain 1647, 41.
Widekind s. Wittekind.
Wienandus, Joach., Grebenstein 1647, 17.
Wilhelm, V., lantgr. 1633. 1636.
— VI., lantgr., Rector 1642.
Willius, Melch., Allendorf ad Lundam 1634, 56.
Wilnerus, Herm., Cassel 1636, 11
— Paul, Cassel, 1642, 3.
Winckelman, Caleb, Homberg 1638, 15.
Winckesten, Joh. Just. a, Cassel 1652, 30.
Winoldus, Georg Andr., Rapelshusan. Hafs. 1645, 1.
— Joh. Georg, Rabelshus. 1640, 8.
Winter, Conr., Fridslar 1633, 27.
— us, Conr., Gudensberg 1647, 35.
Winter, Phil. Ant., 1636, 24.
Wirth, Gallus, Cassel 1652, 5.
Wirzius, Joh. Henr., Tigurinus 1648, 13.
Wisenbachius, Henr., Herborn 1652, 25.
Wiskemannus, Conr., Witzenhusan. 1650, 3.

Wiskemannus, Joh., Eschwege 1651, 25.

Wiskeman, Joh. Melch., Witzen-husan. 1647, 43.

Wittekindus, Joh. Henr., Wolf-fersanger 1645, 23.

Widekindus, Matthias, Wolffs-angerhusanus 1638, 28.

Wöllerus, Casp., Cassel 1641, 2.

Wolffius a Gudenbergk, Burkh. Eydel 1645, 25.

Wolfius, Joh., Hersfeld 1635, 14.

— Joh. Val., Homberg 1644, 4.

Guolphardus, Georg, Vach 1633, 3.

Worth, Christoph, Marburg 1638, 24.

Wulffingius, Casp., Elberfeldo Montanus 1650, 24.

Z.

Zeilnerus, Joh. Phil., Palat. 1646, 7.

Zeülchius s. Zülchius.

Zobelius, Maur. Jul., Cassel 1637, 2.

Zobell, Nic., Cassel 1638, 8.

Zobel, Seb. Frid., Cassel 1635, 5.

Zollius, Joh. Dav., Cassel 1641, 1.

Zeülchius, Conr., Sontra 1644, 13.

Zuvall, Diedericus, Grebenstein 1647, 33.

II. Ortsnamen.

Abterode (Abd-): Henrici.

Allendorf (Alden-, -dorph): Bornmann. Klinckerfus. Kö-nigse. Kröschel. Gravius. Holstein. Hupfeld. Joseph. Morgenthal. Prediger. Ri-mius. Seminarius. Sperber. Ursinus.

Allendorf a. d. Lumbde: Willius.

Alsenz(Pfalz)(Alsenc(t)ianus): Brunccius. Contherus. Spren-ger.

Alzey (Altzi- Alzea—): König. Leffler.

Ammerthal: Beerreuter.

Bellersheim: Leurelius.

Bendorf: Ermarth.

Berg: Koch.

Berleburg (-berg): Lehr.

Bernburg(Anhalt): Reinhard.

Besse: Saurius.

Blomberg (Lippe): Kohl. Uthoff.

Borken (Hessen): Caesar. Doenchius. Geissius. Majus.

Bovenden: Trinckhaus.

Brake (Lippe): Stöcker.

Breidenbach (Hessen): Lüncker.

Bremen: Cöper. Crocius. Har-rios. Holtzhause. Oldenbur-gius. Schoppius.

Breuna (Hessen): Vietor.

Büdingen: Snabel.

Burg: Coler.

Calden (Hessen): Mercator. Sustmann.

Cappel (Hessen): Langius.

Carthaus: Wendelius.

Cassel: Antrecht. Arnold. Baunemann. Berthold. Bier-mann. Blassius. Bourdon. Buch. Bucher. Buschmann.

Caesar. Canisius. Kaulerus.
Keil. Cellarius. Claccius.
Kleim. Kleinschmidt. Klop-
per. Combach. Krause. Cro-
cius. Krug. Cubno. Curtz.
Dehaussi. Dexbach. Draub.
Dryander. Eberhard. Eiser-
mann.Ellenberger. Erpbroick-
hausen. Faber. Vielmeder.
Flick. Vogel. Vogt. Voland.
Fromming. Fuhrhans. Fulner.
Galle. Geilfus. Greif. Grim-
mel. Grosius. Gudenus. Heer.
Heidius. Heppe. Heuser. Hill.
Hillebrandt. Hipstet. Jordan.
Jungman. Laelius. Lauren-
tius. Leunemann. Libbard.
Linz. Lucanus. Luning. Majus.
Muller. Mumberger. Muscu-
lus. Neuhausen. Piscator.
Riemenschneider. Rieschius.
Riese. Röser. Rudolph. Ru-
persperger. Sartorius. Schlei-
cher. Schwalb. Schwietring.
Seibert. Seiler. Senger. Six-
tinus. Sontag. Springmeier.
Stein. Stockmann. Stöckenius.
Stubenrauch. Thaurer. Tho-
mas. Ulrich. Wasserhuhn.
Wendenus. Wetzel. Wilner.
Winckesten. Wirth. Wöller.
Zobel. Zollius.

Corbach: Mohr. Schott.

Cöthen (Cotthono-Anhalt):
Streso.

Dagobertshausen[1]: Geller.

Dattenhausen (Hessen): (?)
Geilfues.

Detmold (Lippe): Blum. Capell. Obenolius. Pezelius.

Dexbach (Hessen): Molitor.

Diestedde(-stedt)(Westfalen):
Biermann.

Dillenburg (-berg): Scheuer.

Dissibodenberg (Disi-):
Seltzer.

Dörnberg: Stannarius.

Dorheim: Geyssius.

Dornheim: Schuttius.

Dortmund (Tremonia):
Hackenberg.

Duisburg (-berg. Clivo-
Teutopolis): Elgershausen.
Wehrts, des.

Eberschütz: Adolphi.

Elben (Hessen): Wagener.
Wicker.

Elberfeld: Wulffing.

Elfershausen: Gualter.

Elkmanshausen (?): Hugo.

Elsungen: Steinfelt.

Englis: Jungkman.

Eschershausen: Sibert.

Eschwege: Baum. Klein-
schmidt. Knierim. Croll. Flem-
ming. Gerlachius. Gleim. Göbel. Grosius. Gross. Heucke-
rod. Hoffmeister. Hütterod.
Hutter. Ihring. Landman.
Laubinger. Murhard. Neoxynus. Neuhusius. Neuvirdt.
Pfeffer. Rhodius. Schnabel.
Schreiber. Singer. Spätter.
Wiskemann.

Essen: Kohlschön.

Essen (Hessen): Wagener.

Essenheim: Scherrer.

---

[1] In der Volkssprache „Dabelshausen" genannt. Vgl. *Rommel*, Hess. Geschichte Bd. 9 S. 341 Anm. X.

Felsberg (-burg):Buch. Vloth.
Seidelmann.

Foncksensis.(Fris.)(?): Avenarius.

Frankenberg: Angelocrator.

Freusburg(Rheinpr.):Venator.

Fritzlar (Fridslar): Winter.

Geisa: Beyer.

Geismar (Hass.): Kangiesser.
Dolaeus. Fernarius. Flurhus.
Glöckener. Hein. Rötger.
Schenckel.Schneider. Westermann. Wetzel.

Genf (Geneva): Gallatinus a
Portu.

Gensungen: Geissel.

Germerode (-menrode): Ficinus. Heise.

Gladenbach: Matthaeus.

Gottsbüren (-beuren): Endemann. Trebsdorf.

Grebenstein: Baddenhausen.
Kersting. Deichmann. Eckemann. Fiandus. Haxthausen.
Heise. Hencken. Langhans.
Muller. Petri. Pfeiffer. Schott.
Stöckenius. Wetzel. Wienand.
Zuvall.

Grossalmerode (Mega-Almeroda): Slichting.

Gudensberg: Berghöver.
Keutel. Kramer. Gunste.
Hein. Magirus. Persius. Wagener. Winter.

Güstrow: Neuberger.

Guxhagen: Knoppel.

Herdecke(Herdiken): Hausemann.

Hersfeld (Hirsch-): Barchfeld. Beza. Dehn-Rotfelser.
Faber. Gleum. Göbel. Hut-

tenrod. Lymberger: Piscator.
Raid. Sültzbach. Wayssius.
Weyssius. Wetzel. Wolf.

Hetzerode(Hetzen-): Schaub.

Hildesheim: Eicholtz. Lilius.

Höxter (Huxaria): Lindener.

Hofgeismar: Wetzel. s. a.
Geismar.

Hoingen(Wetterau): Angelus.

Homberg: Arcularius. Calckhof. Dilcher. Ellenberger.
Gudenus. Neuber. Wenderath. Werneri. Winckelman.
Wolf.

Hone: Ludolph.

Jestedt (Jethstett): Hartmann.

Ilbersheim(Pfalz):Brauneck.

Immenhausen: Muffard.
Nolthenius.

Ingelbeim: Kuner.

Kettwig (Ket-): Grimmold.

Kirchhain (Kirchaen): Happel. Langius. Nasemann.

Lehna: (?) Christmann.

Leimbach: Hosius.

Lemgo: Erppbroickhausen.
Fiber.

Lichtenau: Albertus. Coquus.

Liebenau: Albertus.

Lippe: Humann. Stephani.

Loehlbach (Loel-): Hanstein.

Ludenhausen (Lippe): Phaenius.

Lupnitz (Lubniz. Lupnic.
Thur.): Liebetrau.

Magdeburg: Cuno.

Marburg: Antrecht. Braun.
Coler. Combach. Crajus. Croll.
Cruciger. Kuhn. Deinhard.
Vietor. Phreud. Vultejus.
Goclenius. Matthaeus. Oer.

Scholasticus. Stuckkenrad. Werner. Worth.

Meisenheim: Habluzel.

Melsungen (Mils-): Ambrosius. Marold. Marstaller. Muller. Reuter.

Merxhausen: Langius.

Minden (Westph.): Gevekotz.

Möllrich (Melric.): Sartorius al. Schröder.

Nabburg (Nabe-) (Pfalz): Aschenborner.

Nesselröden (-rode): Colmann.

Neuhof (Neocuria): Lucanus. Schröder.

Neukirchen: Duckius. Straccius.

Niedenstein: Riccius.

Nieder-Grentzebach: Pistorius.

Niedermeiser: Klinckhamer.

Oberaula (Obern-): Schirling. Wepler.

Obersuhl: Sutorius.

Oedelsheim: Grimmius.

Oppenheim: Schreckensuchs.

Osnabrück: Busch.

Pfalz: Leffeler. Neuberger. Zeilner.

Raboldshausen (Rappolds- Rappels- Rabels-): Winold.

Rauschenberg: Dornheck.

Rengershausen (Rengesh-): Reder.

Rhede(-en) (Westph.): Eulius.

Rhense (Rense): Wagner.

Rommershausen: Harttman.

Ropfershof(Roppers-): Crug.

Rodenberg (Roten-), Rotenburg?: Krug. Döllius. Echzel.

Fabricius. Gravius. Saalfeldt. Stückerad. Wasserhun.

Rotenburg: Pauli.

Rückerode (Ruck-): Spangenberg.

Sachsenhausen: Bölenius.

St. Alban: Schmaltz.

St. Goar: Croll. Melchior. Nordeck. Schenck.

Schachten: Moggenius.

Schaffhausen: Otto. Peyer. Pfister.

Schmalkalden: Brechtius.

Schweinsberg: Esther.

Sedan: Bargeron. Libot.

Siegen (Sigen): Geysweid.

Simmershausen (Seimers-): Hartmanni. Nöding.

Soest: Kackrugge.

Sontra: Bornman. Hofmann. Nadus. Roding. Zeülch.

Spangenberg: Bernhard. Gosmann. Lange. Murhard. Perschrat.

Tecklenburg (Teclae-) Westphalen: Rumpius.

Treisa (Dreisa): Kidgans. Geissel. Georgianus. Gretzsch. Hirsfeld. Molitor. Monachus. Mutius. Pfeffer. Schlaunius. Schoppach.

Udenhausen: Giebler.

Vacha (Vach): Brambeer. Kunemann. Schimmelpfennig. Guolphard.

Wabern: Kuhn.

Waldcappel (Sylvano-C.): Brandau. Lappius. Muller. Rudiger. Rungius. Schmerfeld.

Wanfried (Guan-): Heising. Langius.

Warburg: Nolten.

Wasenberg: Braun.
Westuffeln: Reinold.
Wetter: Geisius. Wasmund.
Wetzlar (-flar): Mehno.
Wichmannshausen: Liberon.
Wichte: Bremer.
Wildungen: Rübenkönigk.
Witzenhausen: Krafft.
Krause. Dole. Eichler. Ficinus. Volcmar. Gerstenberger.
Gluger. Josephus. Lucanus.
Meyer. Niesius. Nössel. Ritter.
Sperling. Stannarius. Stuckerad. Wiskemann.
Wolfershausen: Gundelach.
Wolfhagen: Bernhard. Krause.

Kuchenbecker. Vietor. Göbeken. Gotschalck. Pforrius.
Wolfsanger (Wolffers-):
Wittekind.
Wörlitz (Worliz. Anhalt):
Misler.
Ziegenhain: Avelius. Knabenschuch. Eulalius. Lucanus.
Pistorius. Saalfeldt. Schantz.
Widderhold.
Zierenberg: Brandis. Pichelinus. Raschius. Starckius.
Zürich (Tigurinus): Wirz.
Zweibrücken (Bipont.): Gelanus. Hallovil. Hoffmann.
Lorch. Oberheimer.
Zwergen (Tuuergen Hafs.):
Fulling.

V.

Der Antheil der Hessen an der Schlacht bei Lützen 1632.

Von

Dr. Hermann Diemar
in Köln.

❦

Im Militär-Wochenblatt 1883 Sp. 11 f. (›Zum 16. November 1632‹) wird ausgeführt, das Hessische Füsilier-Regiment Nr. 80 leite seinen unmittelbaren Ursprung von einem Truppentheile her, der einst ruhmvoll in der Lützener Schlacht mitgefochten habe, dem 1631 errichteten sogenannten 'Weissen Regiment' des Oberstleutnants Johann Geiso. Dieses sei seit den Nürnberger Tagen von 1632 zusammen mit dem Regiment v. Günterode bei Gustav Adolf zurückgeblieben; auf dem Marsch des Königs nach Sachsen habe sich mit beiden noch das 'Grüne Leibregiment' vereinigt; von da ab hätten diese drei Fussregimenter eine vom Grafen v. Eberstein befehligte Brigade gebildet, die bei Lützen mit dem schwedischen Regiment des Grafen Thurn vereinigt gekämpft hätte; von hessischen Reitern wären drei Regimenter bei Lützen dabei gewesen, unter dem Oberst Franz Elgar v. Dalwigk; Graf Eberstein und die beiden Reiter-Obersten v. Dalwigk wären verwundet worden, alle Regimenter hätten schweren Schaden gelitten.

Diese Angaben zeigen, was man bisher über den Antheil der Hessen an der Schlacht bei Lützen zu wissen glaubte. Aber die Quellen, aus denen man dabei schöpfte, waren sehr unzuverlässig, das gilt von den Mittheilungen im 8. Bande von *Rommel's* Hessischer Geschichte ebenso, wie von den Zusammenstellungen *Gschwind's*, Grundlage zur Militär-Geschichte des Landgräflich Hessischen Corps, und *v. Sodenslern's*, Anfänge des stehenden Heeres in der Landgrafschaft Hessen-Cassel. Zu besserer Kenntniss gelangt man, wenn man die jetzt im Marburger Staatsarchiv vereinigten einschlägigen hessischen Akten[1]) vollständiger und sorgfältiger benutzt, als es Rommel gethan hat, und so ausgerüstet die verstreuten und (besonders wegen der Namenentstellungen) manchmal nicht sogleich nutzbaren Nachrichten sammelt, welche sich in den zahlreich veröffentlichten amtlichen Listen des schwedisch-protestantischen Heeres[2]) und in den Battaglien Gustav Adolfs in Deutschland[3]) befinden. Aus diesen Quellen ergibt sich, dass am 3. September 1632 bei Nürnberg und am 16. November bei Lützen gleichmässig folgende sechs Hessen-Casseler Regimenter in König Gustav Adolfs Heere gewesen sind und mitgefochten haben: 1) Fussregiment Graf Caspar v. E b e r s t e i n, grünes Leibregiment, 2) Fussregiment Garde bezw. Tilo Albrecht v. U s l a r, blaues Regiment, 3) Reiterregiment Franz Elgar v. D a l w i g k, 4) Reiterregiment Curt v. D a l-

---

[1]) Dreissigjähriger Krieg, Bd. I 1632—33 (Wilhelmshöher Kabinetsarchiv), Kriegssachen 1632—33, Kriegsakten 1632—34.

[2]) DelaGardiska Archivet Bd. XI, hg. v. Wieselgreen 1839; Arkiv till upplysning om svenska krigshistoria, Bd. I hg. v. Klinckowström 1854, Band III hg. v. Mankell 1860; Uppgifter rörande svenska krigsmagtens styrka, hg. v. Mankell 1865.

[3]) 'Aus seinen eigenhändigen Concepten deliniert von *Johann Peter Kirstein* 1675', nachgebildet Arkiv till upplysning I Plan I u. II.

wigk[1]), 5) Reiterregiment Friedrich v. Rostein, 6)
Reiterregiment Garde bezw. Tilo Albrecht v. Uslar.

Gehen wir, um das nachzuweisen, aus von der
'Battaglia vor Nürnberg mit der Conjunction des Herrn
Reichskanzlers' vom 1. September 1632. Sie enthält
von Hessen-Casseler Truppen eine Brigade zu Fuss und
die Regimenter zu Ross F. E. v. Dalwigk = 2 Schwadronen[2]), C. v. Dalwigk = 1 Schwadron, Rostein =
2 Schwadronen, Landgraf Wilhelm = ¹/₂ Schwadron.
Das daneben genannte Reiterregiment Landgraf Johann
gehörte dem sogenannten Landgrafen zu Braubach,
einem Sohn Ludwigs V. von Hessen-Darmstadt, der
später in kaiserlichen Dienst übertrat; zur Zeit der Schlacht
bei Lützen stand dies Regiment in Schwaben unter
General Baner. Während ihres Nürnberger Aufenthaltes hatten die hessischen Truppen starke Verluste,
besonders am 3. September bei Burgstall, wo sie vor
den Wällen des feindlichen Lagers von Zirndorf die
Ehre des Vorkampfes mit ihrem Blute dankten. Damals
fiel Gaspard Machin, Oberstleutnant vom Leibregiment zu Fuss[3]), sowie Georg Albrecht v. Crailsheim
und Christoph Moritz v. d. Malsburg, beide Rittmeister
im Regiment Rostein; die Obersten dieser beiden Re-

---

[1]) Curt v. Dalwigk-Schauenburg war ein jüngerer Bruder
von Franz Elgar, ein dritter Bruder Otto Bernhard, an Alter
zwischen beiden, war Oberst eines Fussregiments. Dessen Oberstleutnant war (Ende 1632) Werner Scharkopff.

[2]) Schwadron ist die Gefechtseinheit; starke Regimenter
konnten mehrere Schwadronen bilden, mehrere schwache Regimenter
zu einer Schwadron vereinigt werden. Die heutige Schwadron
heisst Compagnie.

[3]) Die 12 Compagnien dieses Regimentes standen am 13. März
1632 unter Oberstl. Johann v. Uffeln, Major Machin, Cap. Harstall,
Quadt, Stange, Vernugk, Horn, Capitänl. Wangenheim, Cap. Graf
v. Hanau, Dalwigk, Baumbach, Breull (Marb. Staatsarchiv).

gimenter aber, Graf Caspar v. Eberstein und Friedrich
von Rostein, wurden verwundet [1]).

Freilich haben die hessischen Regimenter in der
'Lista på marchering för Nürnberg' vom 18. September [2])
noch durchaus mittlere Stärke, das Regiment Eberstein
ist sogar das drittstärkste des ganzen Heeres, aber die
Zahlen dieser Liste entsprechen offenbar nicht dem damaligen thatsächlichen Zustand der kampffähigen Truppentheile; den wahren Thatbestand der hessischen wie aller
anderen Regimenter zeigen erst die für die Theilung
des Heeres zwischen dem König und den Herzögen
Wilhelm und Bernhard von Sachsen-Weimar, welche
kurz vor dem 26. September erfolgte, neu und streng
aufgestellten beiden Verzeichnisse, von denen die 'Upp-
gift på styrkan af den — krigshären i Sachsen under
Hertigarnes af Weimar befäl' [3]) die Hessen enthält.
Für diese ist das Verhältniss der früheren und der späteren Liste folgendes: a) 1 Brigade und 2 Schwadronen [4]),
nämlich Reg. Landgraf oder Uslar 192 Pikeniere, 300
Musketiere, 170 Officiere (einschliesslich Unterofficiere) =
662 Mann; Reg. Graf v. Eberstein 480 Pikenire, 276
Musketiere, 432 commandirte Musketiere [5]), 192 Officire

---

[1]) Vgl. *Murr*, Beyträge zur Geschichte des 30jähr. Krieges
S. 63; *Freih. v. Soden*, Gustav Adolf und sein Heer in Süddeutschland Bd. I S. 385 (wo Holstein statt Rostein steht). — Während
der Nürnberger Zeit starb noch Capitän Bernhard Heinrich v. Dal-
wigk-Lichtenfels; s. *Soden* S. 391; vgl. über Verluste des Leibregiments daselbst S. 520.

[2]) Arkiv III S. 109 Nr. 934, Uppgifter S. 152 Nr. 184.

[3]) Arkiv I S. 658 Nr. 473, Uppgifter S. 153 Nr. 186.

[4]) Ebenso in der 'Battaglia zum Aufzug von Nürnberg' vom
18. September.

[5]) Die für den jeweiligen bestimmten Zweck aus verschiedenen Regimentern ausgesuchten commandirten Musketiere hatten
in der Battaglia, in kleine Abtheilungen geordnet, ihren Platz
zwischen den Reiterschwadronen.

= 1380 Mann; Schwadr. Landgräfliche Garde und Rostein und Schwadr. Curt und Franz v. Dalwigk, beide
zusammen 700 Mann Iststärke ('effective') bei 1700
Mann Sollstärke ('angifne'); dagegen: b) 1 Brigade und
1 Schwadron, nämlich 8 Comp. Uslar und 12 Comp.
Graf v. Eberstein, zusammen 222 Pikeniere, 318 Musketiere, 236 Officiere = 776 Mann; Schwadron Rostein
- Curt v. Dalwigk - Franz v. Dalwigk 315 Mann.

Am 25. September (Windsheim) trug der König
dem Landgrafen auf, seine unter Herzog Bernhard
stehenden Truppen abholen zu lassen und zum Schutz
des eigenen Landes zu verwenden [1]). Dementsprechend
sandte der Landgraf am 11. October (Cassel) den Oberstleutnant Johann Geiso zu Herzog Bernhard mit der
Weisung, die hessischen Regimenter, zumal sie in ihrem
jetzigen Zustand draussen doch nicht viel nützen könnten,
abzufordern, auf jeden Fall aber wenigstens das grüne
Leibregiment sogleich zurückzuführen. Doch als Geiso
am 20. October von Schweinfurt aus Bericht erstattete [2]),
hatten sich die Verhältnisse schon wieder völlig verändert. Geiso vermuthete mit Recht, dass man die
hessischen Regimenter jetzt nicht mehr fortlassen würde,
nachdem der König sich entschlossen hatte, mit möglichst starker Macht das Hauptheer des Feindes in Kur-
sachsen anzugreifen. In der That hatte Gustav Adolf
am 15. October (Neuburg) bereits dem Landgrafen die
entgegengesetzte Weisung ertheilt, seinerseits mit dem
Rest seiner Truppen aufzubrechen und sich mit dem
königlichen Heere zu vereinigen [3]). Am 26. October

---

[1]) Vgl. *Rommel* VIII S. 206.

[2]) Sein Brief ist unten abgedruckt (Nr. 1).

[3]) Das Schreiben ist gedruckt Arkiv I S. 677 Nr. 482 (woselbst irrthümlich „Nürnberg"), ein gleichlautendes an Herzog Wilhelm v. Weimar bei *Droysen*, Schriftstücke von Gustav Adolf
S. 187.

(Nürnberg) und am 3. November (Arnstadt) wiederholte
der König die Forderung der Truppensendung, das letzte-
mal mit dem Versprechen, falls einer von des Landgrafen Hauptplätzen gefährdet werde, wolle er Hülfe
leisten, wenn nöthig in eigener Person [1]). Wiederum
wie im Sommer selbst sein Land zu verlassen, war nun
allerdings Landgraf Wilhelm nicht gewillt. In einem
ausführlichen Schreiben an den Grafen v. Eberstein
vom 11. November (Melsungen) erklärte er: 'Wir vor
unsere persohn möchten wünschen, dass wir in der
persohn bey der armée sein und einer oder der andern
occasion beywohnen, auch die notturft vor unsere regimenter bey der Königlichen Würden selbst solicitiren
könten, weiln wir aber doch bey deroselben keine gewisse station oder rang haben können, gestalt uns dan
in dem Nürnbergischen lager bald difser bald jener, und
denen wir doch vor difsem zue commandiren gehabt [2]),
zue commandiren sich angemafset, über das auch wihr
mit unserm und unserer armen leuthe grossem schaden
befunden, wie in unser absenz und abwesenheit alles
so gahr confuse bergangen, der feind sich auch am
Weserstromb ufs neue widder sterket, und also unser
praesenz disser örther zum höchsten von nöthen ist, so
haben wir nicht unbillig bedenkens, noch zur zeit uns
in eigener persohn zue der königlichen armée zu verfügen'. Dagegen auf die Truppensendung ging der
Landgraf bereitwillig ein. Am 27. October (Cassel)
schrieb er seinem Oberst Mercier, da der König entschlossen sei, sein Heer zu 'collogieren', dem Feind
auf'n Hals zu gehen und gleichsam auf einmal dem

---

[1]) Siehe *Rommel* VIII S. 207 f.

[2]) Die hessischen Obersten Otto v. d. Malsburg und Johann
v. Uffeln betiteln den Landgrafen in den Aufschriften ihrer Briefe
vom 21. November bezw. 3. December als königlich schwedischen
(bestellten bezw. wohlverordneten) General.

Fasse den Boden auszustofsen, wolle er all sein Volk, was er dessen zu nothwendiger Besetzung seiner Festungen nicht vonnöten haben werde, auch dahin schicken.

So sind denn noch verschiedene hessische Truppentheile nach dem Hauptheere in Marsch gesetzt worden. Betreffende Befehle ergingen: 1) 6. November (Cassel) an Oberst Jacques Mercier genannt Klein Jacob für sein eigenes Reiterregiment und das des Oberstleutnants Georg v. Seekirchen[1]); 2) 9. November (Cassel) an Oberstleutnant Johann Geiso für sein Fussregiment, das in Cassel stehende weisse Regiment[2]); 3) 10. November (Melsungen) an Capitän Vernugk's Fähnrich Martin v. Steinwigk für 'alle zue Münden und Göttingen, wie auch zue Wolfesanger und sonsten sich befindende und zue unserm grünen Leibregiment gehörige Knechte'; 4) 10. November (Melsungen) an Capitän Burgkhart v. Baumbach vom Leibregiment ('sich wiederumb, weil er ahn seiner schwachheit cedirt, zu der compagni zu verfügen'; 5) 13. November (Melsungen) an Major E. L. Geiso für 'alle reuter, so zue unsern regimentern gehören, sie seyen beritten oder nicht', auch diejenigen, 'so zu der beyder Rittmeister Barlebens [v. Bardeleben] und Bredens compagnien gehörig'; 6) 14. November (Spangenberg) an Oberstleutnant Georg v. Seekirchen für 'seine unterhabende compagnie dragoner, seyen beritten oder nicht'. Den letzten dieser

---

[1]) Diese beiden Regimenter hatte der Landgraf dem Generalleutnant v. Baudissin überlassen gehabt, welcher, damals gerade im Begriff, aus der Wetterau in das Stift Köln vorzubrechen, sie nur widerstrebend und nach längeren Verhandlungen wieder herausgab, trotzdem sie nach Aussage des Landgrafen, 'ohne das nit also stark gewesen, durch stätige erforderte ausgestandene travaillen zimblich strapeziret und sehr abkommen' waren.

[2]) Der Major desselben hiess Krug, die schwächsten Compagnien waren die der Capitäne Wasserhuen und Schwartz.

Befehle hatte der Landgraf schon am 13. November
erlassen, jedoch hinzugefügt: 'Dieweil aber besorglichen
wer, [falls] dise compagnie also alleine zu der königlichen armée kommen solte, [dafs] dieselbe undergestofsen
werden, und wir also umb die compagnie kommen
möchten, so wolten wir dieselbe, wenn [sie] uns der
Obristleutnant gegen ein billich recompens überlafsen
wolte, lieber heraufser in unsern diensten behalten';
Nachschrift: 'Ime fall er sie mir überlafsen will, können
sie interimsweise ihr quartier Corbach wieder beziehen'.
Doch Seekirchen ging in seiner Antwort vom 14. November (Cassel[1]) hierauf nicht ein, deshalb wurde am
14. der Marschbefehl wiederholt und der Landgraf schrieb:
'Wir wollen aber sehen, wan die compagnie einmal zur
königlichen armée kommen würdet, wen es dan am
ersten gereuen möchte, dafs ihr uns dieselbe begehrter
mafsen nicht überlassen'.

Man ersieht aus den Daten, dass alle diese Truppentheile das Hauptheer nicht mehr früh genug hätten
erreichen können, um an der Schlacht bei Lützen theil-
zunehmen; sie erhielten aber überhaupt sehr bald wieder
andere Befehle. Denn am Tage vor seinem Tode liess
der König durch Herzog Bernhard dem Landgrafen
schreiben, er möge diejenigen Truppen, die er noch
hereinwärts schicke, wieder gegen Cassel zurückziehen,
zum Schutz dieser Festung gegen einen befürchteten
Handstreich des Gronsfeldischen Heeres. Der Brief
Herzog Bernhards[2]) wurde am folgenden Morgen in

---

[1]) In ihr erwähnt er, dass Rittmeister Hörda (oder Herda)
noch in Corbach sei.

[2]) Auf einem einliegenden Zettel berichtete ein Johannes
Hoffmann: 'Der feind ist gestern umb Weifsenfels aufgebrochen,
hat zu Rüppach [Rippach] randevous gehalten, marchiret gegen
Leipzig, wo aber weiter hinaus, weifs man nicht; J. Wrd. werden
ihm heute folgen".

Erfurt dem Herzog Wilhelm eingereicht, der den Auftrag kraft 'tragender Charge' (er war schwedischer Generallieutenant) wiederholte, und ebenfalls noch am 16. November in Spangenberg dem Landgrafen. Demgemäss berief dieser in den nächsten Tagen den Oberst Mercier mit den beiden Reiterregimentern und der Dragonercompagnie und den Oberstlieutenant Geiso mit dem Fussregiment zurück, letzteren traf der Befehl am 20. November zu Walschleben bei Erfurt, als er eben einen Bericht über das, was er von den Lützener Ereignissen vernommen hatte [1]), abschicken wollte. Seine Leute lagen in den Dörfern bei Erfurt. Ob er auf dem Rückmarsch von dort auch die Ergänzungsmannschaften wieder mitgenommen hat, entzieht sich unserer Kenntniss, der Major Geiso befand sich am 12. December bei den beiden Dalwigks im Hauptheer.

Kehren wir zu dessen hessischen Truppentheilen zurück. In einer 'Lista på krigsfolket i södra och venstra Tyskland' von Mitte October [2]) sind für sie einfach die Summen der oben zuletzt besprochenen Liste wiederholt; ein Verzeichniss der schwedischen Truppen, das ich in die ersten Tage November nach Arnstadt setze ('Lista på folket' [3]), enthält die hessischen Regimenter überhaupt nicht. Dafür besitzen wir aber aus dem Anfang November einen Bericht von Hans Heinrich v. Günterode, Oberstleutnant des grünen Leibregimentes, an den Landgrafen [4]) aus Rottersleben,

---

[1]) Unten abgedruckt (Nr. 4), vgl. meine Dissertation „Untersuchungen über die Schlacht bei Lützen' S. 40.

[2]) Uppgifter S. 154 Nr. 187; 'i början af oct.' alten Stils.

[3]) Arkiv III S. 119 Nr. 944, Uppgifter S. 158 Nr. 190; nach *Mankell's* Meinung 'i medlot af oct.' alten Stils.

[4]) Unten abgedruckt (Nr. 2); vgl. *Rommel* VIII S. 208, wo der Verfasser irrthümlich General-Kriegscommissair genannt und der (nicht ausgefüllte) Tag der Abfassung mit dem der Einlieferung verwechselt wird.

worunter vielleicht Rudtsleben an der Gera, nördlich
von Arnstadt, zu verstehen ist. Der Bericht zeigt, wie
schlecht es damals um die hessischen Regimenter des
königlichen Heeres im Allgemeinen bestellt war. Freilich treten diese gerade in dem nächstfolgenden schwedischen Heeresverzeichniss ('Ordonnance auf nachfolgende
Regimenter' [1]), das etwa zum 7. November nach Erfurt
zu gehören scheint, wieder etwas stärker auf, die Fussregimenter mit je 400, die Reiter zusammen mit 500
Mann, und wenn auch diese allzu runden Zahlen allein
wenig beweisen würden, ist doch zu beachten, dass das
Fussregiment Uslar hier zuerst zu 12 Compagnien, wie
das Regiment Eberstein, angegeben wird, während es
zuvor nur 8 hatte. Die letzte für uns in Betracht
kommende Liste, welche kurz vor dem 16. November
in Naumburg entstanden sein muss, ist in unserer Vorlage überschrieben 'Armeen i Lützigske Battaglia' [2]).
In ihrem durch sehr genaue Angaben ausgezeichneten
ersten Theil, auf den sich jene Ueberschrift bezieht,
erscheinen die Hessen folgendermassen: 1) 12 Comp.
Graf v. Eberstein 216 Musketiere, 144 Pikeniere, 142
Officiere = 502 Mann; dazu 24 Kranke; 2) 12 Comp.
Uslar 144 Musketiere, 36 Pikeniere, 142 Officiere =
322 Mann; dazu 30 Kranke; 3) Franz v. Dalwigk 50
Reiter, statt 75; 4) Curt v. Dalwigk 100 Reiter, statt
150; 5) T. Albrecht Uslar [3]) 50 Reiter, statt 75; 6) Rostein 180 Reiter, statt 270. Die Zahl der Compagnien

---

[1]) Uppgifter S. 163 Nr. 195; Forschungen zur Deutschen
Geschichte Bd. V S. 96 (hg. v. G. Droysen).

[2]) DelaGardiska Archivet XI S. 18, Arkiv III S. 122
Nr. 945, Uppgifter S. 164 Nr. 196; nach DelaGard. Arch. abgedruckt (von G. Droysen) Forschungen z. D. G. V S. 96.

[3]) Dieser Name muss in der Vorlage in zwei Reihen geschrieben stehen, in allen vier Ausgaben ist er komischer Weise
gespalten in 'T. Albrecht' und 'Ysler', von denen der erstere
natürlich keine Leute hat.

ist für die hessischen Reiter nicht angegeben, nach einer noch zu erwähnenden Mittheilung des Inventarium Sueciae hätte am Ende des Jahres F. v. Dalwigk 8, C. v. Dalwigk 5 und Rostein 8 Compagnien gehabt.

In welcher Weise sind diese Regimenter an der Schlacht betheiligt gewesen? Die vorhandenen Schreiben der hessischen Officiere an den Landgrafen ergeben hierüber nicht viel. Die ausführlichen Schlachtberichte, welche Günterode und Rostein erstattet haben[1]), sind uns leider nicht erhalten, und der Bericht des Grafen v. Eberstein vom 18. November (Weissenfels[2])) spricht weniger von der Thätigkeit der hessischen Truppen, als von den Verlusten und dem Zustand des Leibregiments. In den späteren Schreiben klagen die Officiere besonders darüber, dass sie und ihre Regimenter sich in einer schiefen Lage befänden, da weder von schwedischer noch von hessischer Seite für sie gesorgt werde, so Rostein am 26. November (Grimma[3]), F. E. v. Dalwigk am 4. December (Reichenbrand bei Chemnitz[4]), die beiden Dalwigks und Major E. L. Geiso (vgl. oben S. 335) zusammen am 12. December ('Schmöhlen', wohl = Schmölen bei Wurzen), Eberstein am 15. December (Leipzig). Die Hauptquelle für unsere Kenntniss der Aufstellung des schwedischen Heeres, die 'Battaglia von Lützen geschehen den 6. [16.] Novembris', zeigt den Platz, den die hessischen Reiter in der Schlachtordnung einnahmen, und sie lässt auch den des hessischen Fussvolks mit ziemlicher Sicherheit erkennen, ohne dieses

---

[1]) Siehe meine Dissertation S. 28 u. 46.

[2]) Unten abgedruckt (Nr. 3); vgl. meine Dissert. S. 27.

[3]) Der Brief ist unten abgedruckt (Nr. 5); vgl. meine Dissert. S. 46. Ueberbringer war 'Rittmeister Didens [Diede] Cornet'.

[4]) Der Brief, am 14. December (Cassel) beantwortet, ist uns nicht erhalten; Ueberbringer waren die mit mündlichem Bericht beauftragten Rittmeister v. Gilsa und v. Calenberg.

22

jedoch, da sie in ihren Bezeichnungen sehr kurz ist, ausdrücklich zu nennen. Diesem Mangel wird abgeholfen durch'das Verzeichniss der Truppenkörper im Appendix zum Andern Theil 'Inventarii Sueciae' (1632) und die Erläuterung des Schlachtplanes im 3. Theil (S. 165 ff.) des 'Swedish Intelligencer' (1633).

Unsere Regimenter standen im zweiten Treffen, welches ebenso wie das erste in der Mitte 4 Fussbrigaden, auf jedem Flügel 6 Reiterschwadronen hatte, die hessischen Reiter [1]) bildeten alle zusammen nur eine Schwadron, die zweitinnerste des rechten Flügels, die beiden Fussregimenter [2]) bildeten, soweit sie nicht etwa commandirte Musketiere abgegeben haben, einen Bestandtheil der Brigade des Grafen v. Thurn, zu der noch dessen Regiment sowie das des Grafen v. Isenburg und wohl auch das des Grafen v. Erbach gehörten. Ueber die Thätigkeit der hessischen Regimenter in der Schlacht ist wenig bekannt. Wie Eberstein am 18. November schreibt, erhielten die Reiter, ganz besonders auch die beiden Dalwigks, hohes Lob wegen ihres Wohlverhaltens. Den Befehl über die Schwadron hatte, wie wir dem Swedish Intelligencer entnehmen können, Franz Elgar v. Dalwigk ('Col. Dalwick'). Die Nachschrift zu Ebersteins Brief gibt für das grüne Leibregiment eine Verlustliste, man zählte damals 100 Todte und Verwundete, Capitän Quadt [3]), Capitän Stange's [3]) Leutnant und Capitän Landgraf Fritzens [4]) Fähnrich waren schwer verwundet. Ein leider undatirtes 'Ver-

---

[1]) Der Swedish Intelligencer nennt die 'schwachen' Regimenter der Obersten Rostein und Dalwigk.

[2]) Der Swedish Intelligencer nennt das 'schwache' Regiment des Grafen v. Eberstein und 'some Hassians'.

[3]) Siehe oben S. 329 Anm. 3.

[4]) Friedrich von Hessen, Sohn des Landgrafen Hermann zu Rotenburg, Enkel des Landgrafen Moritz.

zeichniss aller — bei Lützen — beschädigten — zu
Fuss, — wo sie ihren Unterhalt haben sollen'[1]), nennt
von Ebersteins Regiment nur 23, nach Mühlhausen zu
legende, Personen: 1 Leutnant, 2 gemeine Officiere
(Unterofficiere) und 20 Soldaten; das Uslar'sche Regiment fehlt ganz (ebenso das Erbach'sche), die Regimenter
Isenburg und Thurn erscheinen mit nur 15 und 10 Ver-
wundeten, worunter der Isenburgische Oberstleutnant
und Thurn's Major. Wie wir anderwärts erfahren, ist
auch Graf Hans Jacob v. Thurn selbst verwundet worden.
Dass er seine Brigade während der Schlacht befehligt
hat, sagt der Swedish Intelligencer ausdrücklich. Eberstein dagegen führte nach derselben Quelle die fünf
Trupps commandirter Musketiere im rechten Reiterflügel
des ersten Treffens, dieselben, die er nach einem anderen Bericht am 15. November bei Rippach unter sich
hatte, während an der Spitze seines Regiments wohl
der Oberstleutnant v. Günterode gestanden hat[2]). Tilo
Albrecht v. Uslar, der als hessischer Generalmajor am
27. Juni 1632 bei Volkmarsen eine grosse Schlappe
erlitten hatte, ist allem Anschein nach während der
ganzen hier behandelten Zeit nicht im schwedischen
Hauptheer gewesen, dagegen fiel bei Lützen der schwe-
dische Oberst Georg v. Uslar[3]) an der Spitze seines
Reiterregiments.

Einem hessischen Geschlecht gehörte der Rittmeister Bodo v. Bodenhausen an, welcher im Auftrag Herzog Bernhards von Weimar am 17. November

---

[1]) Arkiv III S. 126 Nr. 946. 'Und sind über vorige speci-
ficirte in die 400 Officiere und Soldaten, so in Weissenfels liegen.
Die Reuter-Verzeichnisse aber sind noch nicht alle einkommen'
(S. 128).

[2]) Siehe meine Dissert. S. 27 u. 28.

[3]) Der Swed. Intell. nennt ihn 'Col. Isler, Sergeant-Major-
General', vielleicht in Verwechslung mit Tilo Albrecht.

von Weissenfels nach Dresden abreiste und dort am
21. November unter anderem auch über die Schlacht
bei Lützen berichtete [1]). Dass er an dieser persönlich
theilgenommen, ergibt sich aus einer flugschriftlichen
Mittheilung, die offenbar auf ihn bezogen werden muss.
In dem 'Wahrhaftigen Bericht der überaus grossen und
herrlichen Victorie' [2]) findet sich der Auszug eines
Schreibens aus Wittenberg vom 20. November, worin
es heisst: 'Ein Bodenhausen, so heym treffen gewesen,
der berichtet, dass er etwa 4 schritt vom Wallensteiner
gewesen, weren 8 schüsse nach ihm [Wallenstein] gethan, hette sich ganz übern sattel geleget gehabt; ob er
nun was davon bekommen, weiss man nicht, hat sich
hernach mit einem türkischen klepper davon gemacht'.
Ein anderes Glied eines hessischen Geschlechtes aber
stand bei Lützen an hervorragender Stelle auf der katholischen Seite: der Abt von Fulda, Johann Bernhard
Schenk zu Schweinsberg. Er war durch die
Evangelischen aus seinem Stift vertrieben worden und
erhoffte durch den Sieg der Friedländischen Waffen seine
Heimkehr [3]). In einem Briefe vom 25. October [4]) hatte
er sich von Wallenstein die Erlaubniss erbeten, sich bei
ihm aufhalten zu dürfen, nachdem er sich schon durch
den Bischof von Wien und den Grafen v. Aldringen an
ihn gewandt hatte. Er erklärte damals, allem was der
Herzog ihm 'forthin erschaffen und gebieten' werde,
fleissig und gehorsamlich nachleben zu wollen; er be-

---

[1]) Siehe meine Dissert. S. 59.

[2]) Ich benutze das Stockholmer Exemplar, verzeichnet in
'Kongl. Bibliotekets samling af samtida berättelser om Sveriges krig',
Stockholm 1888—91, S. 52.

[3]) Siehe *Rommel* VIII S. 133 f.

[4]) Gedruckt Oesterreichische militärische Zeitschrift, 2. Aufl.
der Jahrg. 1811 u. 1812, Wien 1820, Bd. II S. 506, und *Förster*,
Albrechts v. Wallenstein Briefe Bd. II S. 287. Der Abfassungsort
'Neuwmarckt' ist wohl Neumark bei Reichenbach in Sachsen.

gehre nicht mehr als seiner Liebden schlechtesten Sol-
daten oder Diener einer accomodiret zu sein. Seine
Bitte wurde gewährt, und so konnte er bei Lützen für
die Sache der katholischen Partei eine eifrige Thätigkeit
entfalten, über die besonders der Bericht des Giulio
Deodati von 1632 Nov. 29.[1]) Mittheilungen macht.
Nachdem er vor Beginn der Schlacht dem Heere den
Segen ertheilt hatte, eilte er anfeuernd von einem
Truppentheil zum andern. Der Landgraf Maximilian
Adam von Leuchtenberg erwähnt in einem Briefe an
Wallenstein vom 26. November (Prag[2]), dass ihn der
Abt damals ersucht hat, mit ihm zu dem Pappenheim-
schen Volk zu reiten. Dabei gerieth der Abt an die
Spitze einer feindlichen Schwadron, die er irrthümlich
für eine der katholischen Partei gehalten hatte. An
seiner geistlichen Kleidung erkannt, wurde er durch
einen Pistolenschuss getödtet, der Leichnam wurde
nachher von den Katholischen davongebracht[3]).

Nachdem Landgraf Wilhelm erfahren hatte, dass
die Entscheidung gefallen[4]), der Feldzug also in der
Hauptsache aus war, betrieb er alsbald die endliche
Rückkehr seiner Regimenter. Am 23. November (Hers-

---

[1]) Siehe meine Dissert. S. 61.

[2]) Gedruckt Oesterr. milit. Zeitschr. a. a. O. S. 501, *Förster*
a. a. O. S. 312.

[3]) 'Havendo avanti la battaglia benedetto l'essercito, scorrendo
per il campo andò alla testa d'un squadrone di cavalleria, pensando
furse de nostri, ma sendo del nimico conosciutolo così al habito,
con una pistoletta l'uccisero, che fù poi il suo corpo ritirato', Forschungen z. d. G. IV S. 565.

[4]) Schon am 21. November (Hersfeld) schrieb er an den
Statthalter zu Cassel: 'Demnach die — herliche victoria f e r n e r s
c o n t i n u i r e t, als haben wir euch die uns deswegen zuekommene
w e i t e r e b e r i c h t s c h r e i b e n hiermit in genaden communiciren
wöllen, damit ihr euch beneben uns darüber zu erfreuen und dem
lieben Gott vor seine augenscheinliche göttliche hülf und rettung
herrlichen zu danken ubrsach haben möget'.

feld) trug er dem Oberstleutnant Johann Geiso auf,
seine Leute nach Rotenburg, Eschwege und Witzenhausen in die Quartiere marschiren zu lassen, selbst
aber zu ihm nach Eisenach zu kommen, da er ihn verschicken wolle; am 27. (Friedewald) gab er demselben
ausführliche schriftliche Anweisung, dafür zu sorgen,
dass ihm die hessischen Regimenter, wofern möglich,
abgefolgt würden, doch ausgenommen die beiden Uslar-
schen, welche er nicht suche, und entsprechend schickte
er am 28. (Friedewald) Marschbefehle an Eberstein,
Rostein und die Dalwigks[1]). Die Sache zog sich jedoch
noch hin, da Herzog Bernhard von Weimar sich bemühte, bis zur völligen Beendigung des Feldzuges das
Heer Gustav Adolfs möglichst beisammen zu behalten.
Inzwischen besann sich der Landgraf eines anderen
wegen der Uslar'schen Regimenter, der endgültige Befehl
vom 20. December (Cassel) zum Rückmarsch unter
Ebersteins und des älteren Dalwigk Führung erging für
alle Regimenter an 1) Graf v. Eberstein, 2) Franz Elgar
v. Dalwigk, 3) Friedrich v. Rostein, 4) Curt v. Dalwigk,
5) 'des Uslar'schen Regiments zu Pferde Commandanten,
Rittmeister Birckenfeld'[2]), 6) Oberstleutnant Oestering
'oder wehr ahn seine statt [das Uslarische Regiment zu
Fuss] commendiret'.

Man sieht also, dass das Inventarium Sueciae gut
unterrichtet ist, indem es (a. a. O. S. 40) die alten

---

[1]) Curt wird hier als Oberstleutnant bezeichnet, am 20. December dagegen als Oberst.

[2]) Eine Angabe in der Leichenpredigt des 1676 verstorbenen
Feldmarschalls Ernst Albrecht v. Eberstein (*Freih. v. Eberstein*, Urkundliche Nachträge zur Gesch. der Frh. v. E. Bd. III S. 156;
vgl. desselben Beschreibung der Kriegsthaten Ernst Albrechts v. E.
S. 5), dass dieser, 1632 in Landgraf Wilhelms Leibregiment [zu
Ross] Major geworden, bei Lützen, Zwickau und Leipzig dabei-
gewesen sei, lässt sich hiermit nicht wohl vereinigen.

hessischen Regimenter, die von Zwickau nach Hessen zurückmarschirt seien, bezeichnet als 'Rossteins 8 Comp. zu Pferd, Franz v. Dalwig 8 Comp., Conrad v. Dalwig 5 Comp., des Usslers übrige Trouppen, alle zu Pferd, und die zwei das grüne und blaue Regiment zu Fuss'.

Beilagen.

Nr. 1. *Oberstleutnant Johann Geiso an Landgraf Wilhelm V. v. Hessen, 1632 Oct. 20 Schweinfurt, einger. Oct. 24 Cassel.*

Ausfert. m. Sieg., Marburg. Staatsarch., 30 j. K. 1623—32 Bl. 125.

Durchleuchtiger hochgeborner Fürst, gnediger her. Den 5. [15.] bujus bin ich zue Schweinfurt angelangt und E. F. G. befel[1]) bei Herzog Bernhards F. G. underthenig abgelegt. Es haben S. F. G. alsobalt sich dahin resolviret, wie gern dieselbige E. F. G. ihre truoppen folgen lafsen wolten, so könte doch solches nicht ohne fernere confirmation I. K. M. geschehen; [haben] defswegen sobalt ein curier naher der K. M. abgefertigt, deren order stündlich erwartet wirt, und sobalt mihr solche zuegestellet, wil ich mich eilen, E. F. G. in allem underthenige nachrichtung zu hinderbringen. Ich befahre mich aber, weil I. K. M. mit dero haubtarme[e] uff Sachsen marchiren, dafs zue E. F. G. contantament ich wenig aufsrichten werde.

Die Wallensteinische und Bairische arme[e] haben sich in und umb Coburg ufgehalten, die bürger defsorts hinder dem königlichen Commendanten her mit dem feind accordiret [Oct. 8] und vor die plünderung

---

[1]) Siehe oben S. 331.

ein stück gelt erlegt. Der feind hat zwar das haufs
auch angegriffen, aber seine angefangene transementa
mit verlust 500 soldaten quittiret [Oct. 15], wie solches
der Commendant, Obrist Dubartel [1]), Herzog Bernharden
berichtet. Nuhmer haben sich beide arme[en] getheilet,
und gehet Wallenstein uff den boif [2]) zwischen faut-
land [3]) und Meifsen, der Bairfürst aber in Bairen. Ob
nun I. K. M. ihre intention und marche endern werden,
stehet zue vernehmen. Sonst seind E. F. G. regimenter
über die masen schwach, wie auch ingemein alle übrigen;
und helt der König darfür, wollte mit den officirern das
beste thun.

Herzog Bernhard wirt morgen von hir ufbrechen
und sich Sachsen nähern. Was weiter vorgehet, hoffe
E. F. G. mit ehestem selbst underthenig zue berichten,
dieselbige [ich] hiemit dem almechtigen zue langlewiger
regirung und allem fürstlichen zuestand, dero mich aber
zue beharlichen fürstlichen gnaden underthenig befele.
Datum Schweinfurt den 10. [20.] octobris 1632.

E. F. G. verpflichtter undertheniger diener J. Geifso.

P. S. Das fürstliche haufs in Coburg ist vom feind
geblündert, und ansenliche heute darin gefunden [4]).

---

[1]) Georg Christoph v. Taupadell.
[2]) Hof.
[3]) Voigtland.
[4]) Vgl. 'Relatio, wie es mit Eroberung und Ausplünderung
Coburgs hergegangen', Arkiv I S. 796 Nr. 549, sowie den Bericht
des Silvio Piccolomini von 1632 Dec. 2 (s. meine Dissert. S. 57),
worin es heisst: 'Choburg — si messe a sacho, — dove si trovò
una bellissima armeria di moschetti come di corazze, — e certe
era una delle belle armerie che si potesse vedere'.

Nr. 2. *Oberstleutnant Hans Heinrich v. Günterode an Landgraf Wilhelm V. v. Hessen, 1632 [Nov. 2—5] Rudtsleben (?¹), einger. Nov. 7 Cassel.*

Ausfert. m. Sp. d. Sieg., Marb. Staatsarch., 30j. K. 1623—32 Bl. 143.

Durchleuchtieger hochgeborner Fürst, E. F. G. seind meine underthanige pflichtschuldiege gehorsame dinste eusersten vermögen nach iederzeit zuvor. Gnediger Fürst und herr.

Seithero des Obristen-Leutenant Giesen²) abreisen ist albie nichts schrieftwürdieges vorgefallen, als dafs die jenige armee, welche bifs anhero unterm commendo Herzog Bernhards F. G. in Frankenlande gelegen, aufgebrochen und über den Thüringer wald gezogen; [sie] befindet sich anitzo bey Arnstedt, umb uff des Königs armee zue warten und alsdan dem feinde, welcher voritzo den einkommenden advisen nach umb Leipzig sich befinden soll, nachzuegehen. I. K. M. vor ihre person kamen bey Frauenwalde zue uns und liegen anitzt zue Arnstet³), Herzog Bernhards F. G. aber seind in Erfurdt.

Als I. M. die regimenter besahen und befanden, dafs die hessischen gleich andern zimlich schwach, waren sie gar übel zuefrieden und wolten die schuld theils uff die officirer legen, welche die soldaten gerne in Hessen laufen liessen, damit sie balde hernach kommen möchten, theils gaben sie auch die schuld, als ob solch abelaufen conniventibus oculis geschehen, und gleich [als] würden die aufsgerissene und in Hessen ankom-

¹) S. oben S. 335 f. — ²) Johann Geiso.

³) Gustav Adolf war Oct. 30 in Schweinfurt (Arkiv II S. 605), 31 in Kissingen und Königshofen, Nov. 1 in Schleusingen (*Söltl*, Der Religionskrieg in Deutschland Bd. III S. 319), dann also in Frauenwald, Nov. 2 in Ilmenau (Rikskansleren A. Oxenstiernas skrifter och brefvexling Abt. II Bd. I S. 856) und Arnstadt (Arkiv II S. 635), Nov. 7 in Erfurt (Oxenstiernas brefv. a. a. O. S. 869)

mende soldaten gerne gesehen und gutwillig aufgenommen. Durch wen solche suspicion evociret worden,
wolte ich wohl erraten, E. F. G. werden es auch zue
seiner zeit erfaren können.

Damit aber I. M. aufs dem argwohn kemen, habe
ich sogleich bey allen compagnien [1]) eine rolla eingeben
lassen, wie stark iedwedere gewesen, wie sie sich anitzo
befinden, was vor kranke an iedwedern ort zue rücke
geblieben, und wie viel gestorben: da befinden sich der
wenig, welche gesund und frisch hinweggelaufen. Dieweil aber auch derselben eine zimliche anzall, so wolte
ich meinen geringen verstande nach unterthänig davor
halten (damit E. F. G. sich von aller suspicion frey
machten, wie ich dan gewifslich weifs, dafs dieselbe in
diesem fall ganz unschuldig sein), es webere nicht übel
gethan, wan E. F. G. einen abgelaufenen Corporal oder
bhar Gefreite in banden und eysen bey das regiment
anhero bringen liessen, umb selbige zue justificiren.
Dadurch würde auch den noch anwesenden, welche nach
den fleischtöpfen verlangen tragen, ein exempil gegeben.
Es ist von meiner eigenen compagnie in der itzigen
marche, da man doch gott lob keinen mangel gehabt,
ein Corporal Jobst Schotte von Wolfhagen hinweggelaufen und [hat] 10 gesunder knechte mit sich genommen, welche alle zue Wolfhagen zue hause: der
wehere reif genung, wan man ihm ertappen köndte.

Wie es sonsten allenthalben mit dem regiment
eine beschaffenheit hat, wirdt sonder zweifel der herr
Obrister, her Graff zue Eberstein, welcher gott lob ver-
gangene woche wiederumb frisch und gesund bey uns
angelanget [2]), weitleuftiger berichten. Und ob zwar gutte
quartir zum hochsten von nöten, weil die soldaten und

---

[1]) Des grünen Leibregiments zu Fuss, s. oben S. 335.
[2]) Siehe oben S. 330.

officirer gar herunter kommen, so wil sichs doch anitzo
meinen wenigen verstande nach darumb zue sollicitiren
nicht wohl fügen, weil man gegen dem feind marchiret,
I. M. auch aufstrücklich vor dem regiment sich vernemen liessen, sie wolten, wan diese occasion vorüber,
und der dinst gethan, E. F. G. kein regiment aufhalten,
wie sie es auch nicht thun köndten. Im übriegen wolte
E. F. G. ich ganz unterthänig und treulich rathen, uff
alle mögliche wege zue trachten, wie obgesetzete suspicion cum efectu zue purgiren, weil gar viel beweg-
liche wort dessentwegen mituntergelaufen. Mit Capitain
Ködel[1]) verhelt sichs anders, als ich unlängst berichtet,
gestalt er dan wieder zue Schweinfurt ankommen und
sonder zweifel mit der königlichen armée dem regiment
nachfolgen wird.

Ich verbleibe E. F. G. untertheniger gehorsamer
und pflichtschuldiger H. H. v. Günterod, Obrist-Leutenant.

Datum Rottersleben den   octobris[2]) anno 1632.

Nr. 3. *Oberst Graf Caspar v. Eberstein an Landgraf
Wilhelm V. v. Hessen, 1632 Nov. 18 Weissenfels,
einger. Nov. 24 Kreuzburg.*

Gerichtet nach Cassel. Ausfert. m. Sieg. u. eingel. Zett. Marburg.
Staatsarch., Kriegsakten 1632—34 (I 2, II).

Durchleuchtig hochgeborner Fürst, gnädiger herr.
E. F. G. seind meine untertheniige gehorsahme dinste
in treuen allezeit bereit. Gnädiger herr.

E. F. G. habe ich in eyle unterthenich zu vernehmen geben sollen den schmerzlichen und kläglichen
abgang I. M., welche, als wihr den 6. [16.] novembris
bey Lycen mit dem feinde eine feltschlacht gehalten,
durch unterschidliche schüsse und wunden todt auf
der walstatt geblieben. Dieser traurige fall hat nicht

---

[1]) Keudell.
[2]) Alten Stils; vgl. oben S. 335 Anm. 4.

allein einem so herlich erhaltenen sieg gleichsahmb seinen
glanz benommen, besondern auch verursacht, daſs der
feind nach erhaltener schlacht nicht weiter verfolget
worden, wiewoll wihr des feindes stück und munition
eroberet und ehr seine bagage verlaſsen müſsen. Eine
so herliche victoria und bluttige, denkwürdige schlacht
hat mit des tapfersten Königes ˙edlem blutt müſsen ver-
sieglet und noch mehr renommiret werden. Auf unser
seiten ist es nicht lehr abgangen, dan alle Obersten zu
fuſs, ausgenommen mich und noch einen, seint verwundet, und einer [ist] todt blieben [1]). Der anderen
officirer ist so ein merklicher abgang, wie auch der
soldaten, daſs es fast eine bluttige victoria zu nennen.
E. F. G. mihr untergebenes Leibregiement hat auch
zimlichen schaden erlitten, daſs es nuhmero fast dünne
und geringe worden, wie E. F. G. der abgeschickete
Leutenant mit mehrem mündlich berichten wird. E. F. G.
habe ich fürlengst solches berichtet und, wie es mit
completirunge des regimentes dieſselbe halten wollen,
erkündiget, aber biſs dabero keine antwordt empfangen;
bitte demnach, E. F. G. mihr ferner ordre ertheilen
wollen, wie ich mich folgend zu verhalten, und wie sie
dem regiment wieder geholfen sehen. Die andere Obersten
haben von I. M. ihre aſsignirte quartier auf neun extra-
ordinari lehnungen für ein complet regiment empfangen,
davon sie recruit machen sollen, wihr ganz nichts; E.
F. G. werden uns mittel zum unterhalt und recruit
verschaffen, sonsten wird alles vollend in disrut gehen.

---

[1]) Ob. v. Gersdorff, der nach dem Swedish Intelligencer auf
dem linken Flügel des ersten Treffen dieselbe Stellung hatte, wie
Eberstein auf dem rechten, s. oben S. 339. Von den Obersten zu
Fuss starben infolge ihrer Verwundungen noch Georg v. Wildenstein
und Graf Nils Brahe till Visingsborg; davon kamen Hans Georg
aus dem Winckel, Graf Hans Jacob v. Thurn und der kursächsische
Ob. v. Bose. Mit dem zweiten unverwundeten Ob. zu Fuss ist
wohl Joachim Mitzlaff gemeint.

Wier liegen alhie zwee tage stille, ein wenich in odre wieder zu kommen; sollen, wie man saget, mit Saxen uns conjungiren. Der feind hat sich umb Leipzig geleget; theils melden, ehr habe sich bifs an die Weeser reteriret. Welches E. F. G. in eyle ich untertenich melden wollen, dero ferner befehl erwartend, und verbleibe

E. F. G. untertheniger knecht und gehorsahmer diener Casper Eb.

Datum Weifsenfels den 8. [18.] novembris anno 1632.

[Zettel:] Post datum. Von E. F. G. regiment zue fufs werden bifs dato einhundert gebliebene und gequezschete soldaten vermisset. Von officirer sind geblieben [1]) Capitain Quadt, ist mit einer kugel durch den kopf geschossen, [und] Stangens Lieutenant, [dem] ein schenkel entzwei geschossen; [sie] leben zwar noch. Her Landgraff Fritzen Fendrich, durch einen arm und den leib geschossen, lebt auch noch. Wie viel uff beiden seiten geblieben, weifs man noch eigentlich nicht. E. F. G. reuterei, insonderheit die beide Dalwig werden hoch recommendirt ihres wohlverhaltens halber. Gott stehe uns ferner bei.

Ut in litteris.

Nr. 4. *Obersleutnant Johann Geiso an Landgraf Wilhelm V. v. Hessen, 1632 Nov. 20 Walschleben, einger. Nov. 23 Hersfeld.*

Gerichtet nach Friedewald. 'Cito, cito'. Ausfert. m. Sieg. u. eingel. Zett., Marburg. Staatsarch., Kriegsakten 1632—34 (I 2, II).

Durchleuchtiger hochgeborner Fürst, gnediger her. E. F. G. soll ich nachmals underthenig nicht verhalten, dafs den 6. [16.] difses monatts zwischen Weifsenfels und Littz ein haubtdreffen furgangen und sehr hart

---

[1]) Siehe oben S. 329 Anm. 3 u. S. 338.

wiedergehalten, aber endlich Gott das glück gehen, daſs
der feind mit groſser disorder aufs dem felte geschlagen
worden und mit dem überrest bei und in Leibsig sich
gesezt, munition und stück alleſs im stich gelaſsen. Die
sächsische arme[e] ist einen tag zue langsam kommen;
welche sich numehr mit der königlichen arme[e] con-
jungiret und auf Leibsig gangen, [so]daſs man hofft
(weil Herzog Bernhard schreibt, der feind sei in einen
backoffen gegroffen), Gott werde weiter fortun geben,
sonderlich weil des feinds übrige invanterie zimblich
hin und wieder zerstreuet, und ihnen an munition man-
geln möchte. E. F. G. kan ich aber bei dieſser guten
zeitung auch underthenig nicht vorenthalten, daſs I. K. M.
im anfang stracks im ersten dreffen durch einen schuſs
und mit zwei kugeln thöttlich verwundt worden, darüber dieselbige zwei stunde hernach thotts verpflichen.

Weil dan diſser unverhoffter fall E. F. G. nott-
wendig zue wissen gebüret und deroselben ohne zweifel
zumb höhesten und heftig zue gemüt gehen wirtt, also
habe E. F. G. mit diſsem meinem botten diſse underthenige nachrichtung geben sollen, und wollen dieselbige sich versichern, waſs in diſsem bericht beruhet, daſs
ich solchen aufs Herzog Wilhelms F. G. mund habe.
Die Königin hat noch zur zeit nicht mehr wissenschaft
von diſsem königlichen betrübten hinfall, als daſs I. M.
nuhr etwaſs verwund wehren, aber dieselbige gehelt
sich über die masen betrübt, daſs auch ihren vornembsten
leuthen nicht wohl darbei ist[1]). Waſs Papenheim anlangt, weiſs Herzog Wilhelm nicht anderst, [als] daſs
derselbige thott, wie auch nicht weniger von Wallenstein gerett wirtt. Weitere particularia seind noch nicht
bekant, als daſs vornehme officirer blieben seind, deren
nahmen noch nicht specificiret. Sonsten logire ich über

[1]) Vgl. meine Dissert. S. 39.

Erfurt in selbiger stadt dörfer, und will mich Herzog
Wilhelm noch ein zeit bei sich behalten. E. F. G. habe
ich allefs underthenig anfüegen sollen und thue dieselbige mit dero ganzem fürstlichen hause dem allmechtigen
Gott befelen. Datum Walzleben den 10. [20.] novembris
1632.

E. F. G. untertheniger verpflichtter diener Johan
Geifso.

Herzog Wilhelm befinden sich noch übel auf.

[Zettel:] P. S. Gnediger Fürst und her. Wie ich
den botten abgefertigt, kombet E. F. G. order[1]) mihr
zue, wie auch ein schreiben an Herzog Wilhelm F. G.
Wil also gemeltes schreiben selbst einlifern und der
order schuldigen gehorsamb leisten, habe auch zu dem
ende nuhmer difsen underofficirer abgefertigt, bei E. F. G.
weiter order abzueholen und [sich] damit uff Cassel
bescheiden [zu lassen].

Nr. 5. *Oberst Friedrich v. Rostein an Landgraf Wil-*
helm V. v. Hessen, 1632 Nov. 26 Grimma, einger.
Dec. 18 Cassel.

Ausfort. m. Siog., Marburg. Staatsarch., 30j. K. 1623—32 Bl. 157.

Durchleichtiger hochgebohrner Fürst, gnaedigster
herr. E. F. G. underthänig zu schreiben hab ich nicht
wollen underlafsen. Unsern zustand und des Königs
tod, in wafs gestalt es geschechen etc., werden E. F. G.
aus meinen vorigen schreiben von 8. [18.] novembris,
so ich E. F. G. geschriben, ausführlich vernommen
haben; [dieses] anbelanget mein regiment, welches durch
das langwierige strapeziern fast ganz ruinirt [ist] und
auch folgents ruinirt wirdt, woferne E. F. G. sich nicht
unser mit ernst annehmen und uns die mittel verschaffen
auf rehkruit, gleich der König den andern Ohristen

---

[1]) Siehe oben S. 335. Unser Brief trägt den Kanzleivermerk:
'Obrist-L. Geifso schreibt wegen seiner rückmarche von Erfurt'.

anweiſsungen gethan; dann die hessischen truppen in
keiner liste der quartiere des Königs gestanden. Es ist
mir wie auch den Dalwiegen der zeit von I. M. hoch-
löblichster getächtnuſse zue antwort gegeben worden,
es weren E. F. G. so viel quartier angewieſsen, dorvon
solten wir uns contentiren laſsen.

Wann dan ich nicht solte andern gleich gehalten
werden und nicht weiſs, an wehn ich mich und das
regiment [sich] halten sollen, so hette ich meinen dienst
in der verlohrnen zeit übel angewendet. E. F. G. mit
vielen lamentationibus zu inportuniern achte ich unnöttig,
dann derselben woll gnedigst wiſsent, daſs [ich], die
ganze zeit ich das regiment gehabt, in dero dienste
nichts empfangen, besondern nicht allein meine gesundheit verlohren, [nein] auch alles verzehrt, waſs ich in
vorrath gehabt. Ich mag woll das sprichwort gebrauchen:
'ich bin zu pferde gekommen und gehe zu fueſs wieder
darvon'. Ich lebe der unterthänigen hoffnung, E. F. G.
als ein patron der armen soldaten sie werden auf mittel
gedenkchen, daſs ich müge [so] gehalten werden mit
dem regiment, [daſs] gegen gleiche dienste ich auch
gleichen lohn müge empfangen, oder, wo die mittel
nicht bey derselben wehren, es dahin helfen dirigiren,
daſs ich gleichwoll entlichen möchte wieſsen, an wehme
ich mich halten solle. Denn auf solche weise fehlt es
mir beschwärlich und unmüeglich, lenger also zu thienen.

E. F. G. hab ich auch unterthänigst berichten
wollen, nachdeme ich nach empfangenen schusses sehr
wegen lähmung des schenkchels incommodirt[1]), daſs
ich mit[2]) verlaubung J. F. G. Herzog Bernhardts, welche
anietzo die armée commandiern, biſs auf den früeling

---

[1]) Es handelt sich um die am 3. September erhaltene Ver-
wundung, siehe oben S. 330 und meine Dissert. S. 46 Anm. 2.

[2]) Vorlage: mich mit.

mich nach haufs zu begeben [gedenke], meine gesundheit aldahr besser in ruhe abzuwarten; verhoffe, es wirdt E. F. G. wegen dieser beschaffenheit meiner person nicht mifsfallen. Will also, geliebts Gott, in zukünftigen maio gutt zeit wider bey dem regiment sein.

Thue E. F. G. mich unterthänigst neben dem regiment zu beharrlichen gnaden und göttlicher protection threulichen bevehlen. Datum Grimm in Meisen 16. [26.] novembris etc. 1632.

E. F. G. gehorsamer knecht Friedrich v. Rostien.

[Aussen:] Obrister Rostein. — Ritmeister Didens Cornet.

VI.

Das Hessische Bühnenspiel vom Bauernkriege. [1])

Von

Dr. Hermann Diemar

in Köln.

—⊙—⧉—⊙—

Die Hessische Landesbibliothek zu Cassel bewahrt eine kleine Handschrift (Man. theatr. 8" 2) von 28 Blättern, welche auf der 3. bis 53. Seite — eng beschrieben — eine abwechselnd lateinische und deutsche dramatische Dichtung von 1322 Versen enthält, ohne Titel und ohne unmittelbare Angaben über den Verfasser oder über Zeit und Ort der Herkunft. Die lateinischen und die deutschen Abschnitte sind in der Schriftart unterschieden (einzelne griechische Worte sind mit griechischen Buchstaben geschrieben). Die Zierlichkeit und Kleinheit der Schriftzüge, die geringe Zahl der Veränderungen, die trotzdem vorhandene Correctheit lassen die Handschrift als Werk eines Abschreibers er-

---

[1]) Der Dank für die Anregung zu diesem Aufsatze gebührt Herrn Professor Edward Schröder in Marburg, der das Spiel nächstens in einer Sammlung hessischer Dramen des 16. und 17. Jahrhunderts veröffentlichen wird.

kennen, mag es nun der Verfasser selbst oder ein anderer gewesen sein. Nur einmal ist ihm ein grösseres Versehen begegnet [1]): er übersprang den 5. Auftritt des 1. Aufzugs, merkte es aber alsbald und liess nach den ersten 6 Versen des folgenden Auftritts (am Ende von Blatt 6), ohne diese auszustreichen, den übersprungenen Auftritt folgen (Blatt 7), um dann (Blatt 8) mit dem 7. Verse des anderen fortzufahren. Zur Richtigstellung der Reihenfolge fügte er ein 'Interferatur Ac. 1 Sc. 5' am Schluss des 4. Auftritts hinzu [2]). Dies ganze Verfahren zeigt besonders deutlich, dass wir es mit einer Reinschrift zu thun haben, es steht in schroffem Gegensatz zu dem Umstande, dass gegenwärtig die beiden Schlussauftritte des 3. und des 4. Aufzugs durch starke und zahlreiche Kreuz- und Querstriche getilgt sind, was sich demnach schon äusserlich als Folge eines späteren Eingriffs darstellt, der uns bei der Betrachtung des Inhaltes zunächst nicht kümmern kann. Beachtung verdient dieser Eingriff dagegen als Zeugniss für ein Stück Geschichte unseres Spieles, denn die Streichungen scheinen die Absicht seiner Aufführung anzudeuten. Eine derartige Absicht aber wäre dann vielleicht im Zusammenhang mit der Thatsache zu betrachten, die uns die letzte Seite unserer Handschrift zwischen den Zeilen verräth: die Handschrift muss einst im Besitz des Landgrafen Moritz des Gelehrten von Hessen-Cassel

---

[1]) Von kleineren Versehen bemerke ich folgendo: Vers 249 steht 'Han': statt 'C.', 261 fehlt 'Ju:', 273 und 277 steht viermal 'Jo:' statt 'Ju:', 364 steht 'Eh ich dich dier' statt 'Eh ich dier', zwischen 395 und 396 fehlt am Ende der Ueberschrift 'Pallas', 541 steht „Jo:' statt 'Grat:', 629 wieder 'Jo:' statt 'Ju:', 886 'Ich soll ich' statt 'Ich soll dich'. — Vers 286 ist 'quidem' abgekürzt in 'qdm'.

[2]) Eine Bemerkung nach dem 3. Auftritt 'Huc referatur παρεργον de studiosis v. pag. post:' ist als irrthümlich wieder ausgestrichen.

(er lebte 1572—1632 und regierte 1592—1627) gewesen
sein, denn seine unverkennbare Hand [1]) hat auf der
letzten Seite einige lateinische Distichen eingetragen.
Dieselben sind offenbar von eigener Erfindung des
Fürsten, da sie einen von ihm ertheilten Auftrag enthalten [2]). Sie lauten:

Guolfius in logicis quaerat, Goclenius autem
 Inquirat linguae dogmata quanta gerant.
In numeris quaerens Hartmannus, versibus illos
 Exercens, quaerat dogmata grata simul
In sacris literis; inquirant hec simul omnes:
 Explorent mores gestaque Pieridum.
Rhetoricos flores Goclenius expetat; artem
 An teneant Phoebi, Guolfius i p s e roget.
Sic referent meritae merito sua praemia laudis
 Guolfius, Hartmannus, Gocleniusque m e u s.

In den hier genannten drei Männern glaube ich
die Marburger Professoren Johannes Wolff, Johannes
Hartmann (auch Hartmanni) und Rudolf Goclenius
(eigentlich Göckel) zu erkennen [3]). Sie erhalten vom
Landgrafen den Auftrag, mehrere Personen in philo-
sophisch-theologischen Vorkenntnissen zu prüfen; es
handelt sich, wie alle Umstände zeigen, um einen ausser-
gewöhnlichen Fall. Versuchen wir ihn zu bestimmen.
1602—1606 besuchte die Marburger Hochschule in sehr

---

[1]) Von ihren eigenartigen Schriftzügen finden sich viele
umfangreiche Proben u. a. in Man. Hass. fol. 57 der Casseler
Landesbibliothek.

[2]) Die Verse sind flüchtig hingeworfen und deshalb schwer
lesbar, ihre Interpunktion habe ich zum besseren Verständniss
verändert.

[3]) Vgl. *Strieder*, Grundlage zu einer hessischen Gelehrten-
und Schriftsteller-Geschichte IV S. 428, V S. 281, XVII S. 278;
Rommel, Geschichte von Hessen V S. 219, VI S. 481. — Goclenius
gab 1604 ein merkwürdiges Gutachten über dramatische Schul-
aufführungen ab, s. *Holstein*, Die Reformation im Spiegelbilde der
dramatischen Litteratur des 16. Jahrhunderts S. 44.

jungen Jahren der — gleich seinem Vater — reich-
begabte älteste Sohn des Landgrafen Moritz, Prinz Otto
von Hessen (er lebte 1594—1617). Vor seinem Abgang
von dort ordnete sein Vater eine Reifeprüfung an, abzuhalten durch den Statthalter Rudolf Wilhelm Rau zu
Holzhausen, den Kanzler Sigefrid Klotz, den Rector
Johannes Wolff und die Professoren Gregor Schönfeld, Hermann Vultejus, Christian Andreae und
Rudolf Goclenius. Das von den 5 letzten ausgestellte
Zeugniss für den Prinzen und seine 'Mitschüler und
Kammergenossen' ist uns überliefert [1]). Von einer 1603
vorgenommenen Zwischenprüfung durch den Rector Johannes Hartmann und die Professoren Rudolf Goclenius und Theodor Vietor kennen wir ebenfalls
das Zeugniss [2]), dagegen war über die der Immatricula-
tion von 1602 (Juli 22 a. St.) vorausgehende Prüfung
bisher nichts bekannt als die Worte der Matrikel
(*Caesar* III S. 145), Otto sei mit seinen Genossen immatrikulirt worden 'praemissa depositione in arce — Marpurgensi a beanismo [Schulfuchsenthum [3]] absolutus'. Mit
diesem Vorgang nun bringe ich die Verse unserer Handschrift in Verbindung. Wie 1606 war auch 1602 Johannes Wolff Rector (*Caesar* III S. 145), diese seine
Würde erklärt das 'Guolfius ipse' des Landgrafen, und
ihr kann man es zuschreiben, dass Wolff, seinem Fache
nach Mediciner, an der Prüfung theilnahm. Hartmann
aber, damals Professor der Mathematik, war 1602 Decan

---

[1]) Siehe *Rommel* VI S. 376 (wo 'Andreas Christiani', vgl.
Strieder II S. 171 Anm.) bis 378; *Caesar*, Catalogus studiosorum
Marpurgensis IV S. 19.

[2]) Abschriftlich in Man. Hass. 4° 103 der Casseler Landesbibl.
S. 104; *Rommels* Mittheilung VI S. 324 ist durch das Komma
hinter 'Goclenius' entstellt.

[3]) Ueber die 'beani' vgl. z. B. *Zarncke*, Die deutschen Universitäten im Mittelalter S. 227.

der philosophischen Facultät (*Caesar* III S. 153 f.). Goclenius endlich, der Hessische Aristoteles, damals Professor der Logik, war die Seele der Facultät und der
besondere Freund Moritzens, der ihn deshalb als 'Goclenius meus' bezeichnet. Uebrigens gehörten auch die
beiden anderen zum vertrauteren Kreise des Landgrafen.
— In das Jahr 1602 also setze ich die Distichen unserer
Handschrift.

Unser Stück zeigt in seinen lateinischen Theilen
die Herkunft der Renaissance-Comödie von der antiken.
Als Vorbild nahm damals Terenz den ersten Platz ein,
wie anderer Orten (s. *Holstein* a. a. O. S. 31 ff.) so auch
in Hessen. *Otto Melander* [1]) erzählt, dass Peter Nigidius (Neige) der ältere als Rector des Marburger Pädagogiums durch seine Schüler den Eunuch des Terenz
habe aufführen lassen [2]). Und dieselbe Comödie nahm
Landgraf Moritz zum Muster eines seiner eigenen Stücke:
nach Johann Combachs Bericht (*Rommel* VI S. 400
Anm. 118) war des Landgrafen Anglia verfasst 'ad Terentianae Andriae imitationem', die Cassandra aber geradezu 'Terentianae Eunuchi aemula'. Und eben diese
so besonders beliebte alte Comödie ist es denn auch,
an die der Dichter unseres Stückes sich besonders anlehnt, die er merkwürdig stark benutzt. — Der latei-

---

[1]) Deutsch 'Schwarzmann', nicht 'Holzapfel', wie bei *Goedeke*,
Grundriss zur Geschichte der deutschen Dichtung II¹ S. 129 steht.
Siehe *Strieder* a. a. O. VIII S. 403.

[2]) Nr. 500 der Jocoseria Melanders, zuerst 1600 erschienen,
hier und im folgenden in der Ausgabe von 1626 benutzt. Vgl.
Rommel III Anmerkungen S. 333, auch III S. 388. — Der Zeitpunkt dieses Ereignisses ist nicht klar. Melander nennt als betheiligt zugleich mit dem Rector Peter Nigidius den Professor
der Beredtsamkeit Reinhard Hadamarius, d. i. Lorichius aus Hadamar; nach *Strieder* (s. X S. 76 ff., VIII S. 96 ff.) war Nigidius
1532—1539 Lehrer am Pädagogium, 1549—1561 Pädagogiarch,
Lorichius 1535 bis 1548 Professor der Beredsamkeit.

nische Wortschatz zeigt im übrigen ziemlich gleichmässige Benutzung sowohl des Plautus wie des Terenz [1]);
nichtantike Wörter finden sich nur ganz vereinzelt. Ein
Zeichen von Gewandtheit im Handhaben des Lateinischen
dürfte es sein, dass die Comödie an den Stellen, wo sie
(wie wir sehen werden) die Commentarien des Sleidan
inhaltlich benutzt, fast gar keine wörtlichen Anklänge
an ihre Quelle zeigt. In den lateinischen Versen führt
unser Stück, wie die meisten zeitgenössischen, den freien
Senar der römischen Comödie durch, während er in
den alten Stücken mit anderen Versmassen abwechselte
(vgl. unten zum 5. Auftritt des 1. Aufzugs).

Die deutschen Verse sind in den beliebten Acht-
silber gefasst, der sehr sorgfältig und streng durchgeführt ist (Vers 912 ist 'thue' einsilbig); sie sind paarweise durch den Reim verbunden [2]). Die Sprache der
deutschen Theile des Stückes ist lebendig, gewandt und
humorvoll [3]). Ueber Sprachform, Wortschatz und Redeweise sei einiges Bemerkenswerthe gleich hier zusammengestellt:

364 'Eh ich dier diesen stock auf leg', vgl. Wend. V Nr. 213
Z. 6 v. u. 'Uns auffgelegt als ein staupbesen', fehlt DWB
unter 'auflegen'.

529 f. 'drumb muſs man aufschläg dier gebn', fehlt DWB unter
'Aufschlag'.

[1]) Auch die damalige Prosa vom Charakter der Jocoseria
Melanders schöpfte reichlich aus diesen beiden. In den hessischen
Schulen sollten sie nach der Schulordnung Moritzens von 1618 mit
vertheilten Rollen gelesen werden.

[2]) Vers 181—183 und 586—588 reimen zu dritt, 623—626
und 655—658 zu viert.

[3]) Für das deutsch-sprachliche verweise ich ausser auf das
Grimm'sche Wörterbuch (DWB) besonders auf den in der Bibliothek
des Litterarischen Vereins Band 95—99 neu herausgegebenen Wendunmuth (Wend.) und andere Werke des Hans Wilhelm Kirchhof,
da dieser von den bekanntern Schriftstellern der Reformationszeit
unserem Stücke zeitlich und örtlich am nächsten steht.

336 'Er sichtt so zornig wie ein **beer**', hier ist wohl nicht vom
Bären die Rede, sondern vom Bere, der noch jetzt in Hessen
diesen Namen hat, während Eber dort ganz ungebräuchlich
ist, s. DWB I Sp. 1123. 1368. 1485; *Vilmar*, Idiotikon von
Kurhessen S. 31.

545 '**braucht euch-weidelich**' 1123 f. ich '**braucht mich** vbr
dem basen kopff tapfer'; sich brauchen = sich anstrengen,
DWB II Sp. 319 f. (Waldis, Alberus u. a.), vgl. Wend. I Nr. 94
S. 120 Z. 5 v. u. 'ick hebbe mick gebrucket unde — och kein
finster heil gelaten', II Nr. 191 Z. 7 'wie sie vom adel und
in — kriegen sich gebraucht', III Nr. 77 Z. 14 v. u. 'dannen
her die schiffleut — sich mannlich stelleten und brauchten'.

1296 '**Deuttlichen**', Adverb, nicht im DWB; 1278 '**newlichen**'
Adverb, DWB VII 674 (Moscherosch, Schupp); vgl. Kirchhof,
Christliche Heurath A 4 r Z. 1 v. u. 'uhrsprünglichen', Wend.
III Nr. 204 S. 472 Z. 6 v. u. 'ehelichen'.

55 'In der **eckn**', dagegen 1242 'in jenn eckn gekrochn', also
'ecke' männlich (fehlt DWB); 550 '**Guten getranck gebn**',
also 'getranck' männlich.

532 'Mein **Falckneuglein**' (Venus zu Gratianus); DWB III
Sp. 1270 nur die Redensart 'Falkenäuglein schiessen lassen'
(Scheit).

237 f 'ihr habtt **ohn all gefehr** Gotts wordt von mir ietzt ein-
genomn', vgl. DWB IV 1, 1 Sp. 2070 (Waldis u. a.), Wend. I
Nr. 218 S. 269 Z. 16 'Vor dem abend aber kam ohn alles gefehr ein frembder'.

1281 ff 'mich zwingn — zu bezaln, daß ich — nicht **gestendig bin**'
[wozu ich nicht willfährig bin], vgl. Wend. VII Nr. 92 Z. 9
'Diß alles gestanden [bewilligten] ihm die bawren und gabens
nach'.

41 '**Bey glauben**' = wahrhaftig, als Betheuerung.

862 'waß **geuckt** da hervor', vgl. nd. kieken.

1030 'Du **heulpook**' (von Anna); DWB IV 2 Sp. 1290 nur Heul-
hure und Heulplärrer.

913 '**heutt zu tag**' = heute am Tage (nicht: heutzutage), ebenso
Wend. III Nr. 119 Z. 5 'Meinstu, daß ich heut zu tag —
erst anfahe?', fehlt DWB unter 'heute'.

633 '**hindernüß**', ebenso Wend. VII Nr. 10 S. 240 Z. 26,
Grimmelshausen in DWB IV 2 Sp. 1410.

390. 591. 1300 '**hienein**', 313. 575. 600 '**hnein**', 1257 '**hien-
auß**', 1301 '**hnauß**'; im DWB von diesen Formen nur
'hnein' (IV 2 Sp. 1414), aus Waldis.

659 'zu läger schlagen'; läger = Krankenlager, unsere Redensart fehlt im DWB.

568 f 'O gutter man —, lieber laſs mich trincken', 636 'Ey lieber kom mitt mir'; lieber = quaeso, sodes: DWB VI 911 (Kirchhof, Schupp u. a.); Melander, Jocoseria S. 629 'Herr Magister —, lieber wann wolt ihr kommen?'

175 'am meinsten'; meinst = meist bei Kirchhof regelmässig, nicht nur in der Militaris Disciplina, von welcher Schrift im DWB (VI Sp. 1948) das Durchführen dieser Form besonders erwähnt wird; noch jetzt in Oberhessen und Grafschaft Ziegenhain, s. *Vilmar*, Idiotikon S. 266.

905 'Pelmen' (= prügeln?) fehlt im DWB.

515 'Pfuy ihn an', s. DWB VII Sp. 1808 f und *Vilmar*, Idiotikon S. 300.

527 'plagn', dagegen 909 'pflagn', 171 'pflagdt', 57 'er pflagtt mich vbll', 205 f 'daſs du die — so vbell pflagst', 1135 f 'so vbell — gepflagett' (vgl. Kirchhof, Militaris Disciplina S. 165 Z. 9 'ubel gnug geplaget'): DWB. VII 1879 fehlt diese Form pflagen ('pflogen' daselbst nur aus *Schmidt*, Gottesfreunde im 14. Jahrhundert).

230 'Du platz' (von Anna), 530 'du lose platz' (von Venus); Wend. I Nr. 375 ist überschrieben 'Von zweien zanckenden weibern' und beginnt 'Als zwo böse, zanckhafftige platzen sich — in ein — scheltkrieg begaben', DWB VII Sp. 1921 wird aus dieser Stelle des Wendunmuth die Einzahl 'Platze' gebildet, neben den dialektischen Formen 'Platz' (Westerwald), 'Blatz' (Wetterau), 'Blatsch' (Ried bei Darmstadt). Vgl. auch *Vilmar*, Idiotikon S. 41: die Beschuldigte in einem Marburger Hexenprocess von 1596 hat den Beinamen 'Platz Else', weil sie 'schwatzhafftig und blatzhafftig' gewesen.

340 'du ploch' (von Anna), 515 f 'den ploch, den groben Esl', dagegen 580 ff 'du fauler stock, meinthalben magst du wie ein plock bleiben liegen', vgl. Wend. I Nr. 218 Z. 4 'truncus, daſs ein stock, bloch heisst', DWB II Sp. 136 f und VII Sp. 1935 (bloch, block, ploch, plock); — 600 'hiſs du ins ploch hnein speist', fehlt im DWB.

669 'Ein posch anfahn'; 'posch' nicht im DWB, 'pasch' DWB VII Sp. 1481 nur vom Würfelspiel, dagegen Wend. VII Nr. 123 S. 330 Z. 2 'Es war des tags, damit er sich zu diesem pasch sparet, mit im — noch in der fasten'.

50 'Botz sieben', 342 'Botz Turck', 901 'Potz Turck' (beides nicht im DWB), 895 'potz hundertt' (DWB VII Sp. 2040), 931 'Potz Bock' (DWB II Sp. 279 aus Gilhausen).

1133 'Schelmerey' von der 'kranckheitt' (1135); bei *Weigand*, Deutsches Wörterbuch II S. 563, nur als 'durchtriebene Dieberei' (Maaler).

1264 'Du sihst' (vgl. 164 f 'die sachn gerihten vnfs', 1024 'Ich zih darvon'), dagegen 860. 1262 'Du sichst', 536 'Er sichtt', 55. 513. 571. 582. 603. 862 'sich', 1251 f 'Ich — sach', 536 ff 'ich — ersach', vgl. Wend. I Nr. 24 Z. 2 v. u. 'sicht', 46 S. 55 Z. 7 v. u. und Melander, Jocoseria S. 762 'sich'. Letzteres noch in Hessen und der Wetterau, vgl. *Weigand*, Wörterbuch II S. 680.

1131 'ein hauffen trumn', trumme = trommel auch im Wendunmuth.

56 'Der vnflatt' als Scheltwort: *Weigand*, Wörterbuch II S. 967; *Vilmar*, Idiotikon S. 423; häufig im Wendunmuth. — 484 'der wust' als Scheltwort, vgl. Wend. I Nr. 198 S. 242 Z. 4 v. u. 'ein schalcksnarr, Paulus Wust genannt'.

103 f 'Ich kann mich nicht gnugsam verlachn vber dem streich', fehlt im DWB unter 'verlachen'.

1124 'kein wehtag' = leiblicher Schmerz, nd. weihdag: Wend. I Nr. 115 S. 147 Z. 7 'wehtag an eim aug', II Nr. 112 S. 161 Z. 10 'wehetag der füfse'.

1291 'werhalben' = weshalb, ebenso Wend. I Nr. 190 S. 230 Z. 14 v. u.

488. 629 'Wormitt', vgl. Wend. II Nr. 136 S. 185 Z. 5 u. 9 'darmit' und *Weigand*, Wörterbuch II S. 1138 'wornach'.

593 ff 'wen du ein mafs — auf einen zuck herausser zwackst', dagegen 933 'du möchst mir mehr zwagn'. Vgl. Wend.: a) mit Wenfall I Nr. 64 Z. 5 'dafs sie — desto herterer — gezwackt würden', I 2 Nr. 35 S. 485 Z. 15 'den — zwackten, rissen und bissen die — hund', II Nr. 81 S. 130 Z. 13 'Diese hunde — zwackten, bifsen und rifsen ihn', III Nr. 174 S. 146 Z. 4 'Gewifs wird eine scharpffe laugen zwagen solchen gottlosen mann'; b) mit Wemfall II Nr. 34 Z. 6 v. u. 'er solte ihm — mit derselben laugen — gezwaget haben', Militaris Disciplina S. 180 Z. 2 v. u. 'die — sich vor der laugen furchten und nicht verlangen tragen, ihnen also zwagen zu lassen'.

Von den 1322 Versen unseres Stückes sind 666 lateinisch, 656 deutsch; von jenen fallen 17 auf den der Handlung vorausgehenden Prolog. Die Handlung selbst gliedert sich in 5 Aufzüge von 6, 3, 5, 6, 5 Auftritten. Der Schlussauftritt eines jeden Aufzugs heisst Parergon [1]), Nebenspiel. Diese Schlussauftritte haben einmal das gemeinsam, dass sie mit der Haupthandlung in nur loser Verbindung stehen; dies ist jedoch auch bei einigen anderen Auftritten der Fall. Das besondere, für den Bau des Stückes merkwürdige der Nebenspiele besteht in der paarweisen Verbindung der vier ersten. Das erste wie das zweite Paar enthält je eine fast selbstständige kleine Comödie, das fünfte Parergon dagegen fügt sich zwar an das zweite jener Paare an, aber es löst daneben noch die Aufgabe, die ganze Comödie gefällig abzuschliessen. Jenes zweite Paar nun ist, wie schon erwähnt, in unserer Handschrift nachträglich ausgestrichen worden; man sieht, dass diese Kürzung der Haupthandlung ziemlich unbeschadet eintreten konnte, nicht aber ohne das Ebenmass des Stückes zu zerstören.

Im 1. Aufzug hat der 1. Auftritt 23 lateinische Verse, der 2. 20 deutsche, der 3. 102 lateinische, der 4. 77 deutsche, der 5. 51 lateinische, der letzte 30 deutsche.

Im 2. Aufzug folgt auf einen deutschen Auftritt von 34 Versen (der einzige Fall, dass zwei deutsche Auftritte zusammentreffen) und einen lateinischen von 31 Versen sogleich das äusserst umfangreiche Nebenspiel, der einzige Auftritt des Stückes, innerhalb dessen die Sprache wechselt. Hier geschieht dies sogar mehreremal, sodass wir eigentlich vier verschiedene Auftritte zu unterscheiden haben: einen 2. deutschen von 12 Versen, einen zweiten lateinischen von 42, einen 3. deutschen von 221 und einen 3. lateinischen von 17; auch der letzte deutsche allein ist also noch aussergewöhnlich lang.

---

[1]) Der erste hat die wohl auf ihre Gesammtheit zu beziehende Ueberschrift Parerga.

Der 3. Aufzug enthält 4 lateinische Auftritte von
45, 21, 21, 71 Versen hintereinander, nur der Schlussauftritt von 96 Versen ist deutsch.

Der 4. Aufzug beginnt mit 3 lateinischen Auftritten
von 28, 28, 18 Versen; dann folgt ein deutscher, 24
Verse, wieder ein lateinischer, 66 Verse, endlich der
deutsche Schlussauftritt, 46 Verse.

Im 5. Aufzug sind nochmals wie im 3. die Auftritte 1—4 lateinisch und nur der letzte deutsch, jene
haben 26, 11, 10, 38 Verse, dieser 86.

Die 18 redenden Personen des Stückes sind folgende:

Praetor (Saxonicus): I 1 u. 3, IV 1 u. 3, V 3; spricht nur lateinisch.
Hanso (Bauer): I 2—4, II 1, III 1 u. 3, IV 4—5.
Cuntz (Bauer): I 2—4, II 2, III 3 u. 5, IV 4—5.
Anna (Hanso's Weib): I 4, II 1, IV 4; spricht nur deutsch.
Greta (Anna's Nachbarin): I 4, IV 4; desgleichen.
Muntzerus (Pfarrer): I 4, II 2, III 3, IV 2 u. 5, V 2 u. 4.
Chremes (Bauer aus Hessenland): I 5, III 1 u. 5, IV 6, V 6.
Justus (Studiosus): I 5—6, II 3b—3c, III 4, V 4.
Gratianus (Studiosus): I 6, II 3b—3c; nur im Parergon des 1. u.
2. Auftritts.
Jonas (Studiosus): I 6, II 3b—3c; desgleichen.
Molossus (Studiosus): I 6, II 3b—3c; desgleichen.
Pallas: I 6, II 3d, III 4.
Venus: II 3a u. 3c—3d; nur im Parergon des 1. u. 2. Auftritts.
Bacchus: II 3c; desgleichen, spricht nur deutsch.
Pigritia: II 3c; desgleichen, desgleichen.
Landgravius (Hassiae): III 2, IV 1 u. 3, V 1 u. 4—5.
Ficinus: III 2 u. 4, IV 1; spricht nur lateinisch.
Pheifferus: IV 2; desgleichen.

Betrachten wir nunmehr den Inhalt des Spieles.

Prologus, lateinisch, Vers 1—17.

· Der Prolog ist wie bei Terenz ein Vorwort des
Dichters. Die Zuhörerschaft, sagt dieser, verlange drin-
gend und unablässig nach 'der gelehrten, berühmten
Latinischen Comödie'; man sei dem Verlangen zu ent-

sprechen bereit und werde sich bemühen, den Beifall
aller billig Denkenden zu gewinnen, — Worte, welche
deutlich an den Anfang von Terenzens Prolog zum
Eunuch erinnern [1]). Gleich mit dem ersten Wort bezeichnet unser Dichter seine Darsteller als 'Studiosi'.
Er warnt dann weiter die Zuhörer: 'lasse sich nicht
merken, wer sich getroffen fühlt; wir liefern selbst den
Stoff für das Stück, welches die Darsteller spielen' [2]).
Oder wie es in Kirchhofs Wendunmuth heisst: 'vor-
gestellet werden solche Personen, dardurch — ein ieg-
licher — wie in einem spiegel sich zu ersehen erinnert'
(V Nr. 225). 'Denn', fährt der Dichter fort, 'ich sehe
sie hier sitzen, die Becherfreunde, die verliebten Leute,
die schlauen Parmenonen, gefräfsigen Gnathonen, thörichten Thrasonen, sie haben es sich selbst zuzuschreiben,
sollten sie sich ärgern'. Hier haben wir abermals einen
deutlichen Hinweis auf den Eunuch des Terenz, denn
diesem Stück gehören Parmeno der listige Sclave, Thraso
der prahlerische Aufschneider [3]), Gnatho der Schmarotzer
an. Schliesslich bittet der Dichter um Ruhe und
Schweigen und um geneigtes Gehör, zunächst für den
Praetor; und er lässt dabei, wie oben den Anfang, so
hier den Schluss des Prologs zum Eunuch anklingen [4]).

---

[1]) 'Id credidere negoti solum sibi dari: | Bonis placere possent
ut quam plurimis' 4 f. — 'Si quisquamst, qui placere se studeat
bonis | Quam plurimis' Eun. prol. 1 f.

[2]) Wenn ich die Worte richtig verstehe 'res agetur nobis,
fabula | Istis' 8 f.

[3]) Vgl. Wend. V Nr. 64 Z. 1 'Thrasones und ruhmreifsige
Schreyhälse', IV Nr. 108 Z. 1 'ein grofser Thraso' usw.

[4]) 'Ut praetor noster quid sibi velit, ocyus | Cognoscatis
quiete et per silentium' 16 f. — 'cum silentio animum attendite, |
Ut pernoscatis, quid sibi Eunuchus velit' Eun. prol. 44 f.

Actus I.

Scena 1., lateinisch, Vers 18—40.

Praetor.

Der angekündigte Praetor beginnt mit lebhaften
Klagen über das Hofleben, über die mehr als Cyclopische
Tyrannei der Höflinge, die gottlose und pestbringende
Wirthschaft der scheusslichen Sycophanten [1]), welche
ihm seine Tage sauer machen, während er doch einem
so lobwürdigen und gerechten Fürsten dient, dessen
Herrschaft gewiss nicht zu schwer lastet. Es ist fast,
als ob wir Kirchhofs Behauptung (Wend. I Nr. 61 Z. 2)
lesen, dass man keinen Herrn 'so gottsfürchtig, gerecht,
gütig und ehrbar' finde: 'eins theils diener seyn gott-
lofs, lesterer, der unbillichkeit geneigt, unbarmhertzige
und alles wolstandts verkebrer uud verdreher'. — Ein
beliebter Vorwurf jener Zeit. Kirchhof gab (1563) eine
'Beschreibung des Hoflebens an bösen Sitten' (Wend.
I Nr. 61), er fügte ihr des Petrus Fabricius 'Alphabe-
ticum aulicum' (1560) an. Hartmann Schopper nannte
seine Uebersetzung des Reinke de Vos (1566) 'Speculum
vitae aulicae' [2]). Petreus Herdesianus schrieb ein Buch
'Aulica vita et opposita huic vita privata' (1577 [3]). —
Das Herankommen zweier Bauern bringt den Praetor
auf andere Gedanken. Er glaubt die 'ruchlosen Wind-
beutel' zu erkennen, die seinem Herrn die Steuer ver-
weigern, und will ihnen, da sie ihm so in den Wurf
kommen, verdientermassen zu Leibe rücken. Doch zuvor
möchte er die 'schuftige Prügelsaat' etwas belauschen.

---

[1]) Vgl. 152 'pessime sycophanta, blandis admodum verbis
rogas', Wend. II Nr. 60 Z. 6 'dieses sycophanten (Z. 10 spötter)
mordbifs, und dafs er ihn darmit verhönet'.

[2]) Siehe *Scherer*, Geschichte der deutschen Litteratur [2] S. 260
u. 784.

[3]) Siehe *Oesterley*, Ausgabe des Wend. V S. 35, wo auch
auf das Alciatus Emblemata (1561) und Luthers Tischreden (1566)
verwiesen wird.

Scena 2., deutsch, Vers 41—60.

Hanso. Cuntz.

Die so wenig schmeichelhaft angekündigten Burschen
sind Hanso [1] und Cuntz, vorbildliche Vertreter des Volkes,
der namenlosen Masse. Denn der deutsche Hans und
Kunz ist 'über die Bedeutung eines blossen Namens
weit hinausgewachsen' (DWB V Sp. 2746). 'Jeglicher,
er sey edel oder unedel, grofs oder klein Hans' ist
stehende Formel (öfters in Kirchhofs Militaris Disciplina),
'Heintz und Cuntz' (Wend. VI Nr. 141 Z. 1 v. u.) sind
jedermann. 'Lobt sie denn Cuntz nicht, thut es Hentz'
(VII Nr. 28 Z. 2 v. u.). Und wie wir von einem 'Bauern,
heifst Cuntz Eberzan' (I Nr. 163 Z. 4 v. u.) hören, so
sind 'Hans Seumag' (I Nr. 106 Z. 4 v. u.), 'Hans Ungewandert' (I Nr. 169 S. 202 Z. 10 v. u., III Nr. 145 Z. 11
v. u.), 'Knorren Cüntzgen' (I Nr. 109 S. 138 Z. 9 v. u.)
echte Bauern. Es ist bedenklich, dem 'Seuw Cuntzen
gar zu vil nachzulassen' (I Nr. 169 S. 202 Z. 6 v. u.) oder
so schonend zu verfahren, 'wie Cuntzen sau thut in den
bonen' (VII Nr. 61 Z. 8 v. u.). 'Der tolle Cuntz' endlich
steht für 'die auffrührischen bauren' (IV Nr. 74 Z. 2),
wie denn unsere Comödie den Cuntz als den rücksichts-
loseren der beiden Vertreter des aufsässigen und aufständischen Bauernthums zeichnet. — Hanso und Cuntz
sind bei ihrem Auftreten in lebhaftem Gespräch begriffen, dessen Gegenstand der Zuhörer vorläufig nicht
erfährt. Cuntz hat dem Hanso etwas mitgetheilt, was
diesen lebhaft ergreift; er stützt seine Behauptungen
auf die Autorität ihres Pfaffen. Zu diesem will er den
— hierzu auch gleich bereiten [2] — Hanso hinführen,

[1] Nur 1018 Hanfs, seine Frau nennt ihn (341. 349. 351)
Henn (Hen), vgl. Melander, Jocoseria S. 655 Henno, Henno iunior,
Junghenn.

[2] 'Ioh, der dein gast, bin woll zuladen wie lang hew' 52 f;
vgl. 'besser als lang heu zu laden' Grimmelshausen in DWB IV 2
Sp. 1276.

als er den in der Ecke stehenden Praetor gewahr wird.
Beide Bauern sind einig in ihrer Abneigung gegen diesen
'Unflat', diesen 'Schelm' und 'losen Gauch'. Vor ihm
unbemerkt zu bleiben, gehen sie geschwind bei Seite.
'Scena 3., lateinisch, Vers 61—162.

Praetor. Hanso. Cuntz.

Aber wir wissen, dass der Praetor die beiden
schon gesehen hatte. Einen Augenblick überlegt er
noch, was es wohl gewesen sein mag, wovon die 'an-
getrunkenen' Bauern 'in den Bart gebrummt' haben —
man sieht: er weiss es ebensowenig, wie die Zuhörer
—, dann ruft er sie zurück. — Sogleich beginnen sie
ihr Spiel mit ihm zu treiben, indem sie zunächst (zu
einander, nicht zu ihm sprechend) sich stellen, als miss-
verständen sie seine Worte und hielten ihn für nicht
recht gescheit. Dann wundert sich Cuntz über des
Menschen Kühnheit, freie Männer so anzuschreien [1]), und
Hanso meint, d e m müsse man auftragen, was man gut
besorgt haben wolle. In einer neuen Aufforderung,
stehen zu bleiben, — denn fortwährend sind die beiden
auf dem Sprunge, zu verschwinden — nennt der Praetor
sie 'dreckige Schweine': Cuntz schliesst aus derartigen
'herrischen' Worten, jener müsse wohl eine gewichtige
Person sein. Noch eine drohende Aufforderung des
Praetors, und Cuntz geht plötzlich zu einem anderen
Verfahren über: er erkennt jetzt den Praetor, bittet ihn
um Entschuldigung und belegt ihn mit den schmeichel-
haftesten Titeln ('gestrenger Ritter — gelehrter Doctor —
gnädiger Herr'), die er dann freilich, da jener sie miss-
trauisch ablehnt, sogleich wieder mit dem eines dummen
und faulen Esels vertauscht [2]). Während die beiden

---

[1]) Satis quidem pro imperio 73f erinnert an 'satis pro imperio' in Terenzens Phormio I 4, 18.

[2]) Wend. I Nr. 275 S. 251 Z. 3 'so man einen auff das
höhnest describirn und darstellen will, nennet man denselbigen
einen esel'.

Burschen heimlich den Wunsch aussprechen, den Praetor
gehängt zu sehen, kommt dieser zur Sache. Er fordert
für seinen Herrn, dessen Unterthanen sie seien, die
schuldigen Abgaben [1]). Hanso braucht den alten Kunst-
griff des Missverstehens weiter, Cuntz schützt Hart-
hörigkeit vor und begreift sehr langsam, warum es sich
handelt. Dann aber bittet er, Geduld mit ihnen zu
haben: Weizen, Spelt, Korn, Pflaumen und Aepfel, die
Hülsenfrüchte, alle Gaben der Ceres und des Bacchus
seien dies Jahr dahin.

> *Pr.* Ut Rhetoricam
> Callet. [2]) nil impetrabis. *C.* Obsecro dies
> Non admodum multos. *Pr.* Heu quoties terminum
> Transgressus es? quoties verba dedisti mihi?
> Quoties mihi illusisti? *C.* Non fiet amplius.
> *Pr.* Non meos soleo sic pascere verbis. *C.* Spondeo
> Promitto.

Da der Praetor von Cuntzens Eiden, von der Bürgschaft seines Begleiters, von der Verpfändung seines
Sohnes nichts hören will [3]), erklärt sich Cuntz schliesslich
zum Geben bereit, er fragt nur, was denn der Praetor
da nehmen wolle, wo nichts zu holen sei. Jetzt mischt
sich auch Hanso, der diese Frage seines Genossen (mit
Worten, die dem Eunuch entlehnt sind [4]) sehr geistreich
findet, wieder ins Gespräch; der Praetor droht mit
Gefängniss, Cuntz erklärt, sich um seine Drohungen
nicht im geringsten zu kümmern. Der Praetor, auf-
gebracht, will sie züchtigen, sie greifen ihn thätlich

---

[1]) Vers 105 'census', 112 u. 144 'decumas', vgl. Wend.
V Nr. 157 Z. 4 v. u. 'den bauren alleine wächst alles durch Gottes-
segen, — allein so geben sie den fürsten ihre decem und zinfs'.

[2]) Wend. I Nr. 283 Z. 4 v. u. 'Vil mehr eins armen schlechte
red, die aufs eim treuwen hertzen gebt, gilt, denns reichen rethorica,
der nur blosse wort folgen nah'.

[3]) 'Ne γρῦ quidem iuramenta curo' 118 f: vgl. Melander, Jocoseria S. 7 'ne γρῦ quidem — transtulimus'.

[4]) Vers 127 'quis tantum, qui in te est, habet salem', wie Eunuch
III 1, 10 f Gnatho zum Thraso sagt 'qui habet salem, quod in te est'.

an, — er bittet um Schonung und verspricht, ihnen
den Zehnten zu schenken. Das Blatt hat sich mit
einemmal völlig gewendet, Cuntz verhöhnt den Praetor
jetzt mit dessen eigenen Worten:

Ut Rhetoricam
Callet. nihil impetrabis. *Pr.* Hanc iniuriam
Non ulciscar. *C.* Hui quoties nos vexasti impie?
Quoties verba dedisti? quoties miris modis
Illusisti? hem vapula. *Pr.* Non fiet amplius.
C. Non soleo meos verbis sic pascere. vapula.
Pr. Spondeo, promitto.

Endlich lassen sie von ihm ab, versprechen ihm
für das nächstemal eine noch bessere Tracht und machen
sich aus dem Staube. Der arme Praetor weiss nicht
wohin: die Bauern haben ihn geschlagen, die Höflinge
werden ihn verhöhnen. Er beschliesst, zum Fürsten zu
gehen und dem sein Leid zu klagen.

Scena 4., deutsch, Vers 163—249.
Hanso. Cuntz. Greta. Anna. Muntzerus.

Hanso und Cuntz kommen, noch lachend über
ihren Streich. Sie nehmen ihr erstes Gespräch wieder
auf, und Hanso zeigt sich bedenklich. 'Eſs ist ein
gmeine — sag: Fürsten händt die reichen weidt'[1]). Es
handelt sich also um ein Unternehmen gegen die Obrigkeit. Vor allem will Hanso erst seine schon im 2. Auftritt aufgeworfene Frage, wie die Bibel sich zu ihrem
Vorhaben verhalte, beantwortet wissen. Cuntz, der am
Gelingen des Unternehmens nicht zweifelt, sobald nur
die Unterthanen sich die 'unmenschliche Schinderei' der
Fürsten nicht mehr gefallen lassen, verweist den Hanso
wieder auf die Lehren des Pfaffen. Hier kommen zwei
für die Bühneneinrichtung sehr merkwürdige Verse:

---

[1]) 'Quis nescit longas regibus esse manus?' Melander, Jocoseria S. 149. 'Königen. sagt man, gab die Natur vor andern Ge-
bornen eines längeren Arms weithinaus fassende Kraft' Goethe.
Vgl. auch DWB IV 2 Sp. 329.

Ha. Ich will dier folgn, geh nuhr geschwindt.
C. Sih wier schon in der kirchen sindt.

Ich denke, die beiden schreiten dabei einfach von
der einen zur anderen Seite der Bühne, und diese stellt
zur Hälfte die Strasse, zur Hälfte die Kirche vor.
Greta und Anna erscheinen. — Auch hier wieder
zwei besonders geläufige Namen. 'Ein — armer mann
bett — zwei döchterlin —, deren das kleinst Margretlin
und das gröſst Annelin hieſs', so beginnt ein Märchen
bei Montanus (1557 [1]). 'Anna' war durch die Streitfrage
über die Empfängniss Mariae sehr modern geworden,
weit beliebter war doch noch 'Greta'. 'Es muſs ein
ander nam sein, Elsa oder Gretta, — es soll Gretta
heiſsen', sagt ein Pfarrer bei der Taufe, als ein ungewöhnlicher Name vorgeschlagen wird (Wend. II Nr. 103
S. 153 Z. 14). Von den Geistlichen, denen 'das freie
leben gefällt', heisst es: 'liebt ihn [beliebt ihnen] nicht
Elſs, nemen sie Grethen' (Wend. III Nr. 182 Z. 5 v. u.).
Im besonderen ist auch Greta wieder ein rechter Bauern-
name (DWB IV 2 Sp. 457). — Mit kurzem Gruss (wobei
wir erfahren, dass sie Nachbarinnen sind) eilen Greta
und Anna, auf der Bühne offenbar in gleicher Weise,
wie Hanso und Cuntz, der Kirche zu. Hier haben wir
uns inzwischen die Gemeinde versammelt zu denken.
Vor ihr tritt soeben der 'Pfarrherr' auf. — In dem Pfarrer
Thomas Münzer [2]) begegnen wir zum erstenmal einer
geschichtlichen Persönlichkeit. Wir können infolge dessen
auch den Ort der Handlung bestimmen: er ist in diesem
Auftritt jedenfalls die Stadt Mühlhausen, die Hauptstätte
von Münzers Wirksamkeit [3]). Der Ausdruck 'unser

---

[1]) Siehe *Goedeke*, Schwänke des 16. Jahrhunderts S. 12.

[2]) 'Muntzerus' in den Ueberschriften, 'Pastor' 767. 'der pfarrherr' und 'der pfaff' im deutschen Text.

[3]) Siehe Sleidanus. De statu religionis et reipublicae Carolo
quinto caesare; ed. Boehmius et am Ende I S. 267 Z. 13.

24 *

Pfarrer' im Munde der B a u e r n bezeichnet diese wohl
nur als Münzers Anhänger, nicht als seine Pfarrkinder:
dagegen spricht schon der Umstand, dass im 2. Auftritt
dem Hanso die Lehren Münzers ganz neu waren.

Dieser beginnt seine Predigt mit dem Hinweis
darauf, dass Esaias, der Prophet Gottes, rund heraus
befohlen habe, alles ungesunde und wider Gottes Wort
verstossende 'mit sattem vndt scharpffem bericht'[1]) alsbald zu strafen, und dass Gott diejenigen in den Ab-
grund der Hölle zu stürzen drohe, welche nicht nach
seinem Wort 'einfeltig vndt schlecht die menschen
lehrten'. Danach will Münzer, von Gott in seinen Stand
berufen, handeln und sich bemühen, die Wahrheit besser
herfür zu bringen. Er springt nach dieser Einleitung
sofort auf den Kernpunkt seiner Lehre: im Namen der
'armen leudt' wendet er sich an und gegen 'König,
Furst vndt Obrigkeitt'[2]), die Gott die Ehre stehlen[3]).
Wer ihnen denn Macht und Befehl gegeben habe, 'mit
dienst, zinfs, zoll undt allerley beschwerung' ihre Mit-
menschen so übel zu plagen und zu schinden[4]), die
doch vom Gesetz frei, ledig und los gemacht seien. Es
ist offenbar dieselbe Lehre, von der es bei Sleidan
(S. 267 f) heisst: 'humanitati — esse consentaneum docebat, ut et dignitate sint omnes aequales, et conditione
liberi, et promiscue bonis omnibus utantur'. Münzer
beruft sich auf die Evangelisten und vor allen auf
Paulus und weist die gehässigen Einwendungen der für

---

[1]) Vgl. Kirchhof, Christliche Heurath D Z. 2 'satten trost',
Militaris Disciplina S. 93 Z. 9 'aufs gutem, satten, reyffen raht'.

[2]) Vgl. Sleidan S. 267 Z. 4 ('principes ac magistratus'),
Wend. V Nr. 24 Z. 7 v. u., V Nr. 61 Z. 5.

[3]) Vers 211 'Gott hast du diese Ehr gestoln'; vgl. Wend. I 2
Nr. 1 S. 442 Z. 1 'Christo dem herren stilet er seine ehr'.

[4]) Seine Worte Vers 206 erinnern sehr an die des Cuntz
Vers 171—173; die Absicht des Dichters ist vielleicht, den Cuntz
als Münzers Nachbeter zu kennzeichnen.

'ihre Schwärmerei und falsche Lehre' besorgten Gegner
zurück, des Luther und seines grossen Anhanges. Dieser
Angriff auf Luther ist wieder ein für Münzer besonders
bezeichnender Zug, bei Sleidan steht er an der Spitze:
'coepit docere primum non solum adversus pontificem
Romanum, sed ipsum quoque Lutherum: utriusque doctrinam esse vitiosam et impuram' (S. 265 Z. 13). —
Dabei kommt es nun zu einem komischen Zwischenfall.
Münzer wendet sich an seine Zuhörer, seine 'lieben
kindt' [1]), mit der lebhaften rednerischen Frage: 'Wer
seindts, so vnfs gehessig sindt? Wer seindts? wer
seindts'? Da erhebt Anna ihre Stimme: 'M e i n l i e b e r
h e r, es seindt zwen Metzgers gselln, sehr fer von Duderstadt'. Eine derartige Einrede in die Predigt aus der
Mitte der bäuerischen Zuhörerschaft heraus findet sich
häufig. 'Da war auch ein speivogel an der predigt, der
mocht nit mer schweigen, sprach: L i e b e r h e r r ...'
(Frey, Gartengesellschaft [2]). 'Do nun d a s f r a g e n k e i n
a u f f h ö r e n wolt haben, — stund ein beuwrlein auff
und sagte: Ach ...' (Wend. I 2 Nr. 44 S. 494 Z. 6).
'Ein bauwer, so an der predigt stunde und difs höret,
sagte überlaut: E y, l i e b e r h e r r ...' (Wend. I 2 Nr. 69
Z. 4 v. u.). 'Ein bäurlein, so auch an der predigt war, —
antwort mit heller stimme: L i e b e r h e r r pfarrherr ...'
(Wend. IV Nr. 220 Z. 11 v. u.). Noch erhöht wird die
Komik unserer Stelle durch die Worte 'sehr fer. von
Duderstadt'. Kirchhof erzählt einmal (Wend. I Nr. 154),
wie sein Vater in Erfurt mit einem 'ungewanderten
Düringer' aus Gotha zusammengetroffen, der auf die
Frage, wo sein Sohn jetzt sei, geantwortet habe: 'Fern
genug, he efs im überland zu Herfsfeld'; 'welches in,

---

[1]) Gleich im Anfang begrüsst er sie 'mein lieben kindt';
Wend. I 2 Nr. 69 Z. 8 redet der Prediger seine Hörer 'lieben
kindlein' an.

[2]) Siehe *Goedeke*, Schwänke des 16. Jahrhunderts S. 178 Z. 15.

wie er selbst sagt, weyt dunckt seyn, so doch Herfsfeld
noch im land zu Hessen und nur sieben meil über
Cassel gelegen'. Noch viel näher aber, als Hersfeld zu
Gotha, liegt Duderstadt[1] zu Mühlhausen. — Münzer
fährt die unberufene Sprecherin an: 'Du platz, ich frag
dich nicht, hör weitter wafs ich sag', nimmt dann sogleich den Faden wieder auf und schliesst mit der Er-
mahnung, dem Worte Gottes, wie er es gepredigt, nach-
zukommen.

'Efs wirdt dich warlich duncken new' hatte von
Münzers Lehre Cuntz dem Hanso gesagt (Vers 54), in
Veranschaulichung des Sleidan'schen Wortes: 'novum
quoddam doctrinae genus proposuit' (S. 265 Z. 9). Das
zeigt sich jetzt bestätigt: Hanso sieht sein Bedenken
beseitigt, denn 'aus Gottes wort' (darauf kam es
ihm an!) hat ihm Münzer, den er deshalb für einen
hochgelehrten Mann erklärt, hell und meisterlich die
willkommene Lehre offenbart. Darum ist er jetzt auch
gleich bereit, 'zur sachn zu greifen', Mit den Worten
'Schweig, komb her, lafs mich nuhr machn' zieht Cuntz
den Gewonnenen fort.

Scena 5., lateinisch, Vers 250—300.

Justus. Chremes.

Wir verlassen die Haupthandlung, die sich hier
schon ernster anzulassen beginnt, in einem echt comö-
dienhaften Auftritt. Justus, voller Freude, etwas längst
erwünschtes erlangt zu haben[2]), weiss nicht, wohin der
Weg ihn führt. Da erblickt er ein tölpelhaftes Gespenst,
den (wohl von der anderen Seite kommenden) taumeln-
den Chremes, der im Selbstgespräch die Thatsache erörtert, dass ihn der Wein besiegt habe. Dieweil er
fröhlich 'seinen Genius gelabt', schien er so schön

---

[1]) Die im Wend. vorausgehende Geschichte (I Nr. 153) spielt
in 'Thuderstatt'.

[2]) Vers 251 f 'tempore olim longo expetito fungor munere'.

nüchtern; seit er aufgestanden, ist er 'schier weder der zungen, hend oder füfs mechtig'[1]. — Hier begegnen wir der Erscheinung, dass der Dichter nicht nur die Worte aus dem 'Eunuch' entnimmt, sondern mit ihnen auch die Person, der sie Terenz in den Mund gelegt hatte. Bei diesem beginnt nämlich Chremes, ein junger Gutsbesitzer vom Lande, einen Auftritt (IV 5) mit der Betrachtung:

Attat data hercle verba mihi sunt: vicit vinum quod bibi.
Ac dum adcubabam, quam videbar mihi pulchre esse sobrius!
Postquam surrexi, neque pes neque mens satis suom officium facit,

und unser Chremes, der sich später als Bauern bezeichnet, äussert sich ebenso, nur sechsfüssig statt achtfüssig:

At at, data hercle verba mihi sunt, quod bibi
Vicit vinum. quam pulchre videbar sobrius
Dum accubabam. postquam autem surrexi neque
Pes, neque manus, neque lingua suum officium facit.

Auch das nun folgende Zwiegespräch benutzt den 'Eunuch' besonders stark. Justus ruft, in der Hoffnung, den Weg zu erfahren, den Chremes zurück, der sich bei seinem Anblick weggemacht hatte, um nicht trunken betroffen zu werden.

Chr. Ich warte nicht. *Ju.* Hierher! *Chr.* Ich gehe.
Ju. Komm raus, du Schuft. Was zauderst du?
Fortläufer, tritt hervor, übel beratner[2].
Chr. Was zum Teufel willst du von mir?
Ju. Seht, wie der Henkersknecht das Maul verzerrt![3]

---

[1] So steht Wond. I 2 Nr. 98 S. 550 Z. 2 v. u.

[2] 'Exi foras sceleste. at enim restitas? | fugitive prodi, male consiliate' 263 f. — 'Exi foras sceleste: at enim restitas, | fugitive? prodi, male conciliate', zum Unglück erkaufter (Sklave). Eun. IV 4, 1 f.

[3] 'Vide os ut sibi distorsit carnifex' 265. — 'Illud vide. os ut sibi distorsit carnufex' Eun. IV 4, 3.

Chr. Wenn du was willst, so trag's in Kürze vor,
Ich habe nicht die Zeit, hier lang' zu warten.
Ju. Sag an, was hast du dich mit Wein so schwer geladen?
Chr. Ich, was, ich hätte mich zu schwer mit Wein geladen?
Ju. Reizender Kerl! Hör', bist du auch ganz wohl?
Chr. Ob wohl du bist, ob nicht, was kümmerts mich;
So nüchtern kam noch nie von Tisch ich, wie grad' heut'.

Zum Beweise seiner Nüchternheit soll Chremes
zehn Fuss abmessen, immer einen vor den anderen
gesetzt: er macht statt dessen, wenn ich recht verstehe,
erst Schritte, dann springt er mit gleichen Füssen u. s. w.
Justus kommt endlich auf sein Anliegen, er fragt nach
dem Ka nz le r. Chremes kennt ihn, will aber nicht
sagen, wo er ist; dann weiss er wieder nicht, wie er
heisst, wohl aber, wo er sich befindet. Er beschreibt
den Weg: an einer Halle am Fleischmarkt vorbei, geradeaus bergauf, dann bergab; bei einer Ka pe l l e durch
eine Nebengasse zum Spital. Justus wirft ein, das
sei ja eine Sackgasse. Chremes gesteht eifrig seinen
Irrthum und beginnt eine neue Beschreibung. Zur Halle
zurück, dann links geradeaus bergauf, bei der Kreuzung
wieder geradeaus zu einem Teich, dort in der Nähe
sei es. Justus macht sich auf den Weg. 'Geh nur',
meint der zurückbleibende Chremes, 'dich will ich ab-
hetzen, wie du es verdienst'. Er will zum Becher zurückkehren und den Tag gemächlich verbringen. — Seine
letzten Worte zeigen, dass der Wegbeschreibung nicht
zu trauen ist. Man könnte an Cassel denken, wo vielleicht alle späteren Auftritte des Chremes spielen, einer
wenigstens (IV 6) bestimmt, und zwar vor dem dortigen
Landgrafenschloss. Dieses war nicht weit entfernt von
der alten Elisabethka p e l l e und vom Elisabethspital,
bei welchem noch heute eine Sackgasse läuft. Das
Spital liegt an der Ecke der Obersten Gasse, in der
der Vicekanzler Nusspicker nahe beim Druselteich
wohnte. Ein anderer Teich, auf dem heutigen Martins-

platze, war nicht weit von dem in der Markgasse gelegenen Hause des Kanzlers Feige, der in unserem Stück
mitspielt [1]).

Parergon (= Scena 6.), deutsch, Vers 301—330.

Justus. Jonas. Gratianus. Molossus. Pallas.

Vor dem 'Musaeum' der Pallas erscheinen die —
vom Schreiber unserer Handschrift gelegentlich (s. oben
S. 365) als Studiosi bestimmten — jungen Gesellen [2])
Justus, Jonas, Gratianus, Molossus. Justus führt das
Wort und erklärt der auf sein Klopfen heraus-
tretenden Pallas, sie seien von ihren Eltern hergesandt
worden, sich so instruiren zu lassen, dass sie dereinst
Eltern und Vaterland zieren möchten. Vonseiten der
ersteren verspricht er 'reichen soltt, sofs zu gtrewer
handt zu stellen werden'. Pallas lädt sie ein, sogleich
mit in das Musaeum zu gehen, wo ihre Progressus ex-
plorirt, und sie dann locirt werden sollen, — eine
Aussicht, welche auf die 'jungen Knaben' eine sehr verschiedene Wirkung ausübt. Einer nach dem anderen
äussert seine Gefühle, wodurch dann ein jeder dem Hörer
zu erkennen gibt, welche Abart des studirenden Jüng-
lings er darstellt. Justus ist ein Musterschüler, er ist
sofort 'mit lust, freudt und grosser begihr' zu folgen
bereit. Indem er aber dies als Wortführer auch im
Namen der anderen aussprechen zu dürfen glaubt, befindet er sich arg im Irrthum [3]). Denn dem Jonas wäre

---

[1]) Vgl. *Nebelthau*, Die ältesten und älteren Gebäude Kassels
S. 37.

[2]) Die Bezeichnung 'junger gesell' (495. 508. 628. 668) und
'gesell' (459. 569) wechselt mit 'junger knab' (305. 503. 582) und
'knab' (514. 542. 627), 'jungling' (460. 519. 642), 'junger knecht'
(548).

[3]) 'Du streichest dich' sagt Jonas Vers 317, vgl. Wend. I
Nr. 252 Z. 1 'Mancherley art ist bei uns Teutschen, verdeckt und
höflich das liegen [lügen] zu nennen, als — sich streichen . . .'

es lieber, beim Trunk zu sein, Gratianus würde es vor-
ziehen, 'schöne leute zu sehen'[1]), Molossus aber ist den
Büchern so feind, dass er sie gar nicht sehen mag, was
er selbst seiner Faulheit zuschreibt. Sie nennen den
Justus einen Lügner und Schelmen, entschliessen sich
aber doch, ihm zu folgen. Der Vorgang ist wohl so
gedacht, dass jeder einzeln abtritt: Pallas — Justus —
Jonas — Gratianus — zum Schluss der faule Molossus,
der sein Selbstgespräch mit den ergebenen Worten beschliesst: 'Weilſs aber nicht kan anderſs sein, muſs ich
mitt furcht mich wagn hienein'. — So beginnt im Nebenspiel des ersten Aufzugs, das zu dem bedeutend weiter
ausgesponnenen des zweiten Aufzugs eine Art Vorspiel
bildet, die Behandlung eines in der neulateinischen
Bühnendichtung sehr beliebten Stoffes: mit der Comödie
vom Verlorenen Sohn war die Schilderung des Studenten-
lebens aufgekommen, wie denn z. B. Christoph Stymmel
in seinen Studentes (geschrieben 1545, zuerst gedruckt
1549) drei Jugendfreunde — Philomathes, Acolastus,
Acrates — zeichnete, von denen der eine den Büchern,
der zweite den Weibern, der letzte dem Spiele sich
ergeben hat[2]).

Actus II.
Scena 1., deutsch, Vers 331—364.
Anna. Hanso.

Der Dichter stellt beim neuen Aufzug Anna und
Hanso als Gatten vor und gibt ein Bild aus ihrem Ehe-
leben. Anna ist bekümmert über ihren Mann, der seit
Kurzem ihr nichts als Herzeleid zufügt, während sie
doch gar nicht weiss, dass etwas zwischen ihnen vor-

---

[1]) Vgl. Wend. II Nr. 147 Z. 2 v. u. 'mit schönen leuten
zechen und fröhlich sein'.

[2]) Siehe *Holstein* a. a. O. S. 64; *v. Liliencron* in der Deutschen
Rundschau Band 65 S. 253; *Goedeke*, Grundriss zur Geschichte der
deutschen Dichtung II[2] S. 138.

gefallen wäre, was ihn dazu hätte veranlassen können.
Sie sieht ihn zornig wie einen Eher (s. oben S. 360
Z. 1) herkommen, will ihn aber freundlich ansprechen.
'Ich wilſs bey meinem eyde rechn' ruft Hanso ihr zu,
wie ihm oben (Vers 49) Cuntz erklärt hatte 'Bey meinem
eydt ich habſs verstandn', Versicherungen, bei denen
man an Kirchhofs Wort denken mag: 'Wer — den
bauwren glaubt auff iren eyd, — der wirt — bschissen'
(Wend. I 2 Nr. 78). Vergeblich ist alles Bitten der
Anna, ihr doch nur den Grund seines Zürnens zu offenbaren:

> Hab ich ettwaſs gethan, so mir
> Nicht bett gezimptt, So will ich dier
> Verheiſsen dasselb zu endern
> Gar nach deinem willen, wofern
> Du mir nuhr solches zeigest ahn.

Vergeblich ihr Flehen und Versichern, ihre schmeichelnden Anreden. Hanso hegt keinen ehrlichen Zorn,
sonst würde er wohl zu Thätlichkeiten greifen, aber er
hat nichts als kalte Abweisung, beleidigende Worte,
Schimpf und Drohung: 'Will dich mitt fusn messen'. —
'Du bose hautt[1]), den weibern soll man ihre scheiden
treschen woll, wen se daſs schwerdt im munde fuhrn'[2]).
— 'Bist nicht werth daſs dich soll beruhrn der erdtboden, pack dich hinweg, eh ich dier diesen stock
aufleg'. So bringt er sie zum Schweigen. — Ich glaube,

---

[1]) Dies Schmähwort gehört der Hausfrau: Wend. I Nr. 371
Z. 2 'mit einer bösen haut beladen', VII Nr. 162 S. 355 Z. 11 v. u.
'mit dergleichen bösen haut beladen', IV Nr. 186 S. 175 Z. 15 v. u.
'mit einer solchen — hundshaut — behengt', III Nr. 246 S. 539
Z. 7 v. u. 'diese schnöde, untreu haut'; vgl. DWB IV 2 Sp. 708.

[2]) Vgl. Wend. I Nr. 362 Z. 4 v. u. 'Wenns schwert im maul
die weiber füren, ist ein alt recht, daſs sich gebüren dem mann
will und auff d'scheiden klopff, ach sonst wer er ein armer tropff'.
DWB II Sp. 1403 findet sich 'dreschen' nur alleinstehend in der
Bedeutung concumbere cum aliqua.

wir dürfen nicht annehmen, dass dies fein gezeichnete
kleine Sittenbild für den Gang der Handlung nichts
bedeute. Hanso zeigt, wie ihn der Umgang mit Cuntz
schädlich beeinflusst hat. Er ist wohl schon jetzt entschlossen, Weib und Kinder zu verlassen, was er nachher
im 4. Aufzug (4. Auftritt) ausführt.

Scena 2., lateinisch, Vers 365—395.

Cuntz. Muntzerus.

Cuntz und Münzer setzen ein 'drinnen' begonnenes
Gespräch über ihre nothwendige, heilige, gute Sache
fort. Münzer empfiehlt grösste Vorsicht. Freilich: nicht
den unreinen Ketzern, sondern seinen Heiligen ist der
Herr geneigt, ihnen will er seinen Willen offenbaren.
Aber doch darf man unbedachtsam nichts beginnen.
Denn die ungeheuere Fürstenmacht, listige Anschläge
und starke Schaaren können den Lauf des Evangeliums
wohl hemmen. Cuntz ist viel entschlossener. Aufhalten
können die Gegner, aufheben nicht. Mag ihre Macht
gross sein: auch die eigene ist nicht gering. Klüger
als bei der Partei der Menschen müssen die Pläne doch
bei dem Häuflein derer sein, die von Gottes Weisheit
belehrt werden, und alle Vereinigung vermag nichts
gegen Seelenstärke. Doch sogleich merken wir wieder,
was in Cuntz die eigentlich treibende Kraft ist: der
Hass gegen die Fürsten. Kein besseres Opfer kann
Gott dargebracht werden, als das Blut eines Tyrannen.
— Münzer wird mit fortgerissen durch solche Ent-
schlossenheit. Er belobt und bestärkt jetzt den Cuntz.
Dieser eilt fort, seine Genossen aufzurufen, von Münzers
Glückwünschen begleitet.

Parergon (= Scena 3.), deutsch und lateinisch
Vers 396—687.

Venus. Bacchus. Pigritia. Justus. Jonas. Gratianus.
Molossus. Pallas.

gefallen wäre, was ihn dazu hätte veranlassen können. Sie sieht ihn zornig wie einen Eher (s. oben S. 360 Z. 1) herkommen, will ihn aber freundlich ansprechen. 'Ich wilfs bey meinem eyde rechn' ruft Hanso ihr zu, wie ihm oben (Vers 49) Cuntz erklärt hatte 'Bey meinem eydt ich habfs verstandn', Versicherungen, bei denen man an Kirchhofs Wort denken mag: 'Wer — den bauwren glaubt auff iren eyd, — der wirt — bschissen' (Wend. 12 Nr. 78). Vergeblich ist alles Bitten der Anna, ihr doch nur den Grund seines Zürnens zu offenbaren:

> Hab ich ettwafs gethan, so mir
> Nicht bett gezimptt, So will ich dier
> Verheissen dassolb zu endern
> Gar nach deinem willen, wofern
> Du mir nuhr solches zeigest ahn.

Vergeblich ihr Flehen und Versichern, ihre schmeichelnden Anreden. Hanso hegt keinen ehrlichen Zorn, sonst würde er wohl zu Thätlichkeiten greifen, aber er hat nichts als kalte Abweisung, beleidigende Worte, Schimpf und Drohung: 'Will dich mitt fusn messen'. — 'Du bose hautt[1]), den weibern soll man ihre scheiden treschen woll, wen se dafs schwerdt im munde fuhrn'[2]). — 'Bist nicht werth dafs dich soll beruhrn der erdtboden, pack dich hinweg, eh ich dier diesen stock aufleg'. So bringt er sie zum Schweigen. — Ich glaube,

---

[1]) Dies Schmähwort gehört der Hausfrau: Wend. I Nr. 371 Z. 2 'mit einer bösen haut beladen', VII Nr. 162 S. 355 Z. 11 v. u. 'mit dergleichen bösen baut beladen', IV Nr. 186 S. 175 Z. 15 v. u. 'mit einer solchen — hundshaut — behengt', III Nr. 246 S. 539 Z. 7 v. u. 'diese schnöde, untreu baut'; vgl. DWB IV 2 Sp. 708.

[2]) Vgl. Wend. I Nr. 362 Z. 4 v. u. 'Wenns schwert im maul die weiber füren, ist ein alt recht, dafs sich gebüren dem mann will und auff d'scheiden klopft, ach sonst wer er ein armer tropff'. DWB II Sp. 1403 findet sich 'dreschen' nur alleinstehend in der Bedeutung concumbere cum aliqua.

dant vitia'. Dass dasselbe ebenso wahr wie bekannt
sei, merke er an sich selbst. Denn wenn er nicht
täglich im edelen Becherkampf sich übe, verfalle er in
Stumpfsinn und völlige Erschlaffung. Gratianus beruft
sich auf den Satz des Philosophen von Stagira, ein
Zustand werde durch wiederholte Handlungen erworben
und gehe ohne sie wieder verloren. Auch er hat die
Richtigkeit seines Satzes am eigenen Leibe erfahren.
Gleichsam in Fesseln geschlagen, in der Schule der
Pallas nämlich, versäume er alle Leibesübung. Gezwungen
einen minder schädlichen Fehler vermeidend falle er in
den entgegengesetzten. Der Venus Anblick locke die
Menschen, alle Mühsal auf sich zu nehmen, des Tages
Hitze wie die Kälte der Nacht zu ertragen und in edelem
Wettkampfe Körper und Geist vor trägem Nichtsthun
zu bewahren. Aber Molossus stellt beiden den Satz
entgegen: 'vina, venus nocent'[1]). Wer Geist und Körper
mit Arbeit ergötzen und die Unthätigkeit verbannen
will, der rufe nicht Venus, nicht Bacchus noch Ceres
herbei, sondern halte sich in emsigem Eifer zu Hause.
Justus geräth in Verlegenheit. Er, der fleissige, sieht
sich genöthigt, ganz ähnlich zu urtheilen, wie der faule
Molossus, aber er wirft diesem vor, unter dem Scheine
einsamer Studien nur seiner Trägheit fröhnen zu wollen.
Auch den beiden anderen muss er darin Recht geben,
dass Müssiggang aller Laster Anfang sei. 'Nicht arbeiten
und nur seyn faul, dem fliegt kein braten taub ins
maul'[2]). Wahre Arbeit aber sei: seinen Studien unaus-
gesetzt obzuliegen. Er ahnt hier am Schluss den Fehler
des ganzen Wortkampfes, der darin besteht, dass ein

---

[1]) 'Nec Veneris nec tu vini teneraris amore, uno namque
modo vina Venusque nocent' Vergil; vgl. Melander, Jocoseria
S. 248.

[2]) 'Nec tibi per ventos assa columba venit', die Uebersetzung
aus Wend. VII Nr. 17 Z. 6 v. u.

jeder die Begriffe labor und otium so auffasst, wie sie
ihm passen, infolge wovon die Parteien trotz der grössten
Verschiedenheit ihrer Ansichten und Neigungen sämmtlich die aufgeworfene Frage bejahen. Wenn der Dichter
die Absicht hatte, das Bild einer fruchtlosen Erörterung
zu zeichnen, bei der ein jeder auf seinem Standpunkt
verharrt, so ist ihm das vortrefflich gelungen.

c) Vers 450—670, deutsch.

Venus findet es nun an der Zeit, die jungen Gesellen anzureden. Es scheint, dass die drei göttlichen
Wesen den vorigen Auftritt belauscht haben. Jetzt
treten sie (wohl zusammen) herzu. Die Jagd beginnen
sie einer nach dem anderen, den Vortritt und infolge
dessen die grösste Auswahl hat Venus. Sie und Justus
wechseln die ersten Worte im Namen der beiden Gruppen.

> *Ve.* Gluck zu, wafs macht ihr hie?
> *Ju.* Nichts sonders, schön jungfraw, wier seindt
> Spatzirn gewest. *Ve.* Wie dafs, mein freundt,
> Ihr nicht zu vnfs kommen? *Ju.* Sag ahn,
> Warumb solten wier zu euch gahn?
> *Ve.* Dafs ihr an vnser schönen gestaltt
> Euch verlustirttett manigfaltt.

Damit beginnt der Einzelangriff. Während Gratianus sofort für Venus gewonnen ist und in bei Seite
geführtem Selbstgespräch das folgende mit der Aussprache seiner Gefühle begleitet, bittet Venus vergebens
den Justus um seine Gunst. Sie weist ihn hin auf ihre
Reize, ihr klares Angesicht, ihr Brüstlein schön, aber
Justus bleibt völlig kalt; er lässt sich nicht fangen, er
fragt nichts nach Gäucherei, er wille die Jungfrau für
schon längst ihrer Ehre verlustig erklären, wenn sie
sich nicht packt. Aergerlich wendet sie sich von ihm
ab und mit den Worten 'Abr du mein liebstes lieb folg
mir, dier ich mir gar ergib' zu Jonas. Der ist der
Weltfreude nicht wie Justus grundsätzlich abgeneigt

und lässt sich auf Unterhandlungen ein. 'Wormitt, jungfraw, meindt ihr mir frewdt zu machn?' Venus, diplomatisch, betont wiederholt ihre Ehrbarkeit, will ihm mit Scherzen sein Leid vertreiben und ihn lehren, 'bei schönn jungfrawn fein züchtiglich zu balten', mit welchen zu verkehren doch das begehrenswertheste Leben sei. Doch Jonas erwidert, ihren Unterricht brauche er nicht, er wisse ein etwaiges Verlangen 'nach frawen list' zu seiner Zeit schon zu befriedigen, gegenwärtig fühle er kein Bedürfniss hierzu. Sie selbst halte er für falsch, damit solle sie sich auch ihren Misserfolg (über den sie sich verwundert hatte) erklären. Er bricht die Unterhandlung mit den barschen Worten ab: 'Kurtz — wen ihr nicht mitt mir kondt in die wett saufn, von mir ablohntt'. Venus sieht ein, dass hier Malz und Hopfen verloren, und wendet sich Molossus zu, merkt aber sehr bald zu ihrem Aerger, dass dieser 'schöne Knabe', der für Gestalt, Gesicht und rothe Wänglein keinen Sinn hat[1]) und ihr zumuthet, ihn zu tragen, wenn sie ihn mithaben wolle, zur Wollust zu träge ist[2]). Nun kommt sie endlich an den rechten, bei Gratianus fällt ihre Bitte 'Ach du mein schatz, mein Falckneuglein, nimb dich mein ahn' auf günstigen Boden.

> *Grat.* Dafs ist mein wunsch, so wollt ichs bahn.
> O liebstes lieb, O jungfraw zartt,
> Mein tag ich nih freundtlicher wardt,
> Alfs da ich Ewr klar eugelein,
> Wie dan des gantzen angsichts schein
> Ersach. Ach höchster trost!

Venus hat somit ihr Wild erjagt und fordert nun

---

[1]) 'Ho, gestallt warlich die gibtt kein brodt ins haufs' 521 f; vgl. Wend. I Nr. 193 S. 236 Z. 12 'für — singen werd ich nit viel — ins baufs schaffen'.

[2]) Dafs dich der hencker musse plagn' wünscht sie Vers 527, 'Defs musse dich der Hencker pflagn' wünscht Cuntz Vers 909.

ihre Gespielen auf, desgleichen zu thun. Bacchus, obwohl übel zu Fusse, versucht sein Heil, — wiederum
zunächst bei Justus, der aber natürlich keinen Durst
hat und die ihm angebotene Flasche mit 'Reinfall' zurück-
weist [1]). Jonas begleitet den Vorgang mit den Worten:

Es ist ja zwar [wahrlich] auff dieser erdt
Ein wunderding, was der natur
Zu wieder ist, komptt einm mehr fuhr
Alſs so da gfellt, ich woldt die fein
Jungfraw nicht bahn, diesr schlecht den wein,
So mir gefellt, gar auſs.

Schon glaubt Bacchus, bei Molossus Erfolg zu
haben, da dieser ihm versichert: 'O gutter man mich
durst so sehr, daſs ich fur durst vergangen wer, wen
du nicht kommen'. Dass er aber trotzdem nicht einmal
sein Maul selber aufthun will und das Verlangen stellt,
es ihm aufzusperren und hineinzugiessen, das ist dem
Bacchus doch zu arg. 'So faull, du loser Physicunck,
musn mein schulr nicht sein'. Sie wechseln einige
Grobheiten, dann kommt Bacchus zu Jonas, der die
Durstfrage bejaht und dem Gebot des Gottes getreulich
nachzusetzen verspricht. Bacchus sagt 'du bist meins
mans' und beginnt sogleich die Belehrung über das
Zutrinken, über das Trinken von Ganzen, besonders
aber über die nöthige Beharrlichkeit:

Du must mitt ernst darwiodr saufn,
Biſs dier die augen vberlauffn,
Auch nicht ehr aufhören, du seist
So voll, biſs du ins ploch hnein speist.

Jonas hat die herrliche Lehre alsbald gefasst und
gibt ein Probestück, das zur Zufriedenheit des Meisters
ausfällt. In dessen Schule zu leben, gefällt ihm besser,
als der Pallas seine Lection anzusagen. Er will deshalb mit fort und seine Scharteken wegwerfen [2]), seine

---

[1]) Bacchus wünscht Vers 557 f 'daſs dich die gicht angeh',
genau wie Chremes Vers 901 f; vgl. DWB I Sp. 340.
[2]) Scharteke wird vom ital. scartare = wegwerfen abgeleitet.

Bücher im Arrest stecken lassen; 'dan es ist dafs glafs
leichtr zu hebn, alfs ohn vnterlafs die bucher schleppen'.
Bacchus jedoch als erfahrener Mann räth ihm, die Bücher
zu behalten, um sie im Nothfall 'bei dem armen man
vorm zapffen' versetzen zu können. Jonas versichert
nochmals: 'Ich will kein fleifs zu lernen sparn'.

Nun ist noch Pigritia übrig. Auch sie wendet
sich zuerst an Justus. Er überanstrenge sich mit seinem
Studiren und solle sich doch einmal eine Erholung
gönnen. Komme er mit ihr, wolle sie ihn wohl pflegen.
Doch Justus ist nicht müde und bedarf höchstens eines
Trunkes Covent [Dünnbier[1]]; er weiss aber, dass Pigritia, dass die blosse Faulheit alleine gar nicht einmal
imstande ist, die nothwendigen leiblichen Bedürfnisse
zu befriedigen; wie denn thatsächlich Pigritia den Molossus, zu dem sie sich jetzt wendet, nicht aus eigenen
Mitteln versorgt. Dieser klagt zuerst über Hunger, da
er ein Weissbrot, das er selbst 'in seinem Sack' trägt,
vor Faulheit nicht 'langen' kann. Sie steckt es ihm zu
mit dem guten Rath: 'Nimbfs maul fein voll, so darfst
[brauchst] du nicht so oft beifsen'[2]). Dann klagt er
über Durst: 'holl mir dort ztrincken her', ich verstehe:
aus dem 'grofsen Fafs' des Bacchus, nach welchem er
schon oben (Vers 569) verlangt hatte. Pigritia erfüllt
auch diesen Wunsch, giesst ihm ins Maul und nimmt
ihn dann mit sich. Eine komische Gottheit, diese Pigritia! Venus liebt doch vor Allem selbst, und Bacchus
vergisst sich selbst beim Trinken nicht, die 'Faulheit'

---

[1]) Wend. III Nr. 9 S. 250 steht 'ein trunck oovent' Z. 4 im
Gegensatz zu 'ein gülden kopff mit malvasier' Z 7, und Z. 9 heisst
es 'habt ihr so gut covent, wie wird dann das bier so gut sein';
vgl. auch Wend. I Widm. S. 6 Z. 4.

[2]) Vgl. Wend. II Nr. 193 Z. 12 'langt dieser ungewandert
aus seinem sack hervor ein grofs stück brot — und steckt das
maul so voll, dafs er schier nit reden mochte'.

aber muss für ihre Freunde arbeiten. — Die drei Gespielen beschliessen, mit dem erjagten Wild einen 'Posch'
anzufangen, da es doch Nacht geworden sei. Von Justus
ist weiter nicht die Rede, doch versteht sich, dass er
der Pallas treu bleibt, wie das denn auch der folgende
Aufzug zeigen wird.

d) Vers 671—687, lateinisch.

Pallas ist von Schrecken und Furcht erfüllt über
ein die Musen bedrohendes Wunderzeichen, das sie sich
nicht erklären kann: das heilige Wasser der Castalischen
Quelle ist stehen geblieben. Da erblickt sie mit Entsetzen unsere lustige Gesellschaft, nach ihren Begriffen
eine Heerde Säue. Sie befiehlt ihnen mit harten Worten,
zu entweichen. Die Personen scheint sie wegen der
Dunkelheit (vgl. Vers 669) nicht zu erkennen. Auch
sie wird trotz ihres Schildes (s. Vers 681) von der entrüstet auffahrenden Venus wohl nicht erkannt. Nach
kurzem Wortwechsel ruft diese ihrer Gesellschaft zu,
sie solle die Waffen ergreifen und die Bestie ver-
scheuchen, was dann, wie es scheint, geschieht. — So
schliesst der zweite Aufzug.

Mit ihm geht in der Hauptsache unsere 'Comödie
vom Studentenleben' zu Ende [1]), die auf einen 'Streit
Veneris und Palladis' hinausläuft, in welchem (das bezeichnet das Komische unseres Zwischenspiels) wenigstens
vorläufig Pallas unterliegt. Anders z. B. in dem 'kleinen

---

[1]) In beachtenswerther Absichtlichkeit sind die deutschen
Schülerauftritte unseres Stückes reichlich mit fremden Worten und
Formen verbrämt: affirmirn 303, instruirn 307, explorirn 313, lociru
314, vexiren 325, spatzirn 453, spatzieren 633, studiern 631, physicunck 577, lection 607, scartekn 609, arest 611, covent 640, musaeum 302, remedium 587, progressus (Mehrzahl) 314, Palladis 301,
Palladi 607. — In den anderen deutschen Auftritten dagegen bemerke ich von Fremdwörtern einzig (beidemal von Cuntz gebraucht)
vexiren 172, vexirn 946 (sehr häufig im Wendunmuth).

Spiel' des Jacob Funkelin (1551[1]), das wie unser Parergon in ein grösseres Stück ('Von dem rychen Mann
und armen Lazaro') eingeschoben ist. Die dortige Venus
hat mit der unseren manche Aehnlichkeit, so das An-
preisen ihrer eigenen Person gegenüber den 'jungen
Gesellen': 'Do secht ir ouch min schöne gstalt, die
bäcklin rot, den schönen mund, min graden lib, der
stolz und gsund' (Vers 139 ff). Der 'tüfel Astarot' hat
etwas von Pigritia, etwas von Bacchus: 'Wer etwas
wöll, der zeigs mir an; ich kanns im gen, er mufs es
han' (Vers 196 f). 'Seh, stofs die amplen in din mund
und lär si us, das ist dir gsund' (Vers 533 f). 'Seh,
trinken ein mal und sufs vol us, du fügst nun gar wol
in min hus' (Vers 547 f). Der hierbei angeredete
Epicurus erinnert wieder zugleich an Molossus und Jonas.
'Ich wer schier aller erst entschlafen. Wie kumts, das
ich so vil mufs ginen?' (Vers 512 f). 'Secht, das wir
haben wins gnug, läre gleser sind nit min fug' (Vers
527 f). — Auch ein grosses Gedicht Kirchhofs von 1549
ist hier zu nennen, das älteste uns bekannte Werk von
ihm [2] (abgedruckt Wend. VII Nr. 10): 'Beschreibung des

---

[1]) Siehe *Tittmann*, Schauspiele aus dem 16. Jahrhundert I
S. 163 ff; das Spiel geht mittelbar zurück auf ein Stück des Wiener
Humanisten Chelidonius, vgl. *Educ. Schröder*, Jac. Schöpper (Mar-
burger Programm 1889) S. 15 f.

[2]) Neuerdings hat *Wyss* in seiner sorgfältigen Lebensbeschreibung dieses Dichters, Centralblatt für Bibliothekswesen IX S. 57 ff,
die bestimmte Behauptung aufgestellt (S. 70), dies Gedicht sei nicht
von Kirchhof. Ich müsste dem nach meiner Kenntniss Kirchhofs
entschieden widersprechen, auch wenn der einzige angeführte Grund
'Formen wie Schmetzle (S. 242), Hertzle (S. 243) und Wörter wie
Bruch für Hose' deuteten 'auf süddeutschen Ursprung' stichhaltiger
wäre. Aber der Dichter verwerthet auch später oftmals gelegentlich
eine der vielen deutschen Mundarten, die er in seinem Wander-
leben kennen gelernt und mit Antheil beobachtet hat, und die drei
verschiedenen Wörter 'Bruch' (fractio, palus, femorale) sind alle
gemeindeutsch, s. DWB II S. 410 f. Dass man sie auch in Hessen

er die Augen ausreissen und alles mögliche anthun
möchte. Er weiss nicht, was er anfangen soll. Hanso
kommt dazu und fragt, was ihm denn die Galle errege.
Chremes beklagt seinen elenden Zustand. Hanso sagt,
ihm gehe es im Gegentheil besser als je; er bittet den
Chremes, sich ihm zu offenbaren. Beruhigt darüber,
dass auch kein Späher sie belausche, beginnt Chremes,
Hanso werde wohl selbst die Tyrannei der Quaestoren
erfahren haben, er fasst es als Spott, dass jener das
nicht bestätigt. Hanso (der den Chremes hier mit
Namen nennt, ihn also schon kennt) fordert ihn auf,
sein Unglück zu erzählen. Als nun Chremes anfängt,
er habe am Morgen seinen Zins zum fürstlichen Quaestor
getragen, fällt Hanso ihm sogleich ins Wort: sicher
beklage er sich über des Fürsten Ungerechtigkeit.
Man merkt die Absicht! Chremes aber weist das von
sich, er hat es nur mit dem Quaestor vor. Dem hat
er vier Sack Frucht als Zins bringen wollen, einen
fünften dachte er zu verkaufen. Der Quaestor empfängt
ihn sehr freundlich, kaum aber ist die dritte Metze
herausgemessen, so kratzt sich Chremes, wie er uns
erzählt, hinter den Ohren und ringt die Hände; denn
der Schelm misst mit einer zu grossen Metze. — Das
ist nichts neues, wirft Hanso ein. — Ja dem unersätt-
lichen Gierhals genügen nicht einmal die fünf Sack,
unter Drohungen fordert der Wucherer für das angeblich
fehlende eine hohe Geldbusse. — Doch Chremes unterbricht sich, er sieht ein paar vornehme Herren kommen
und tritt deshalb mit Hanso ab. — Es scheint fast, als
werde ihn dieser noch für seine Sache gewinnen.

Scena 2., lateinisch, Vers 733—753.
Landyravius. Ficinus.
Zwei neue geschichtliche Persönlichkeiten! Was
der 'hochlöbliche Fürst', Landgraf Philippus Magnanimus

image
not
available

'mein lieber Ficinus, möchte · ich erst noch auf einige
Worte sprechen'. In dem also Angeredeten erkennen
wir den Kanzler der Landgrafschaft Hessen, Johannes
Feige († 1543), den hochbegabten und gelehrten Rathgeber und treuen Mitarbeiter Philipps. 'Gnädiger Fürst',
antwortet er, 'jedem Befehl und Gebot von dir werde
ich in Gehorsam entsprechen'. Darauf der Landgraf:
'Nicht Befehl oder Gebot gebe ich dir, denn gelehrte
Männer, weiſs ich wohl, stehen dafür zu hoch im Werth
und verdienen gröſsere Ehre'. Es ist genau die Gesinnung, welche Kirchhof dem Landgrafen nachrühmt:
'Gelehrte menner bett er werth und sie auff alle weg
geehrt' (Christl. Heurath D Z. 19, Wend. IV Nr. 79
S. 80 Z. 7). Und wie Philipp einmal zu Kirchhof selbst
gesagt hat, ein Herr müsse für seine Diener sorgen,
'deren er nicht kan entrathen, und ohn welche er kein
herr oder ja ein schlechter herr were' (Wend. III Nr. 187
Z. 8), so erklärt er hier dem Ficinus: 'Mit dir und deines-
gleichen steht und fällt meine Herrschaft. Das wäre
ein Fürst dieses Namens nicht würdig, der nicht die
Musen aufs höchste verehrte' [1]. Ficinus aber, der auch
Kanzler der Marburger Hochschule war, stand ebenfalls
in dem Ruhme, immer ein wahrer Freund der Musen
gewesen zu sein [2]. Er stimmt deshalb hier dem Landgrafen darin bei, dass ein Fürstenhof des Schmuckes
gelehrter Männer bedürfe. Er ist danach der geeignete
Mann für den Auftrag, den er jetzt empfängt; er soll
nämlich die Pallas aufsuchen und sie im Namen des
Landgrafen dringend bitten, dessen Hof doch durch

darin. — Einen geschichtlichen Bezug der ersten Worte des Landgrafen habe ich nicht ermitteln können.

[1] 'Ein Feldherr ohne Heer scheint mir ein Fürst, der die
Talente nicht um sich versammelt' Goethe (Alphons im Tasso).

[2] 'Verus musarum semper amicus eras' sang Eobanus Hessus;
s. *Rommel*, Gesch. v. Hessen III Anmerkungen S. 242.

image
not
available

Scena 4., lateinisch, Vers 775—845.

Ficinus. Pallas. Justus.

Ficinus preisst die herrliche Weisheit, die tiefen Gedanken und göttlichen Gespräche seines Herrn. Immer von neuem muss er erstaunen, denn alles weiss der Landgraf wohl zu ordnen. Wenn im Eunuch der Schmeichler dem Prahlhans mit erheuchelter Bewunderung ins Gesicht gesagt hatte: 'numquam accedo, quin abs te abeam doctior' (IV 7, 21), so gesteht hier der treue Diener aus wirklicher Ueberzeugung sich selbst: 'Quotiescunque nostrum accedo principem, — nunquam, quin doctior redeam, adeo' (770 u. 780 f). Ficinus findet sich vor dem Atrium der Pallas angelangt und klopft an die Thür. Pallas (vielleicht noch erregt durch ihr nächtliches Abentheuer) fragt, wessen Angriff die Musen störe und die Nymphen der Castaliden belästige. Doch merkt sie bald, dass es 'ein Guter' ist, der nach ihr verlangt. 'Den Guten stehen unsere Pforten immer offen'. Sie gibt ihm gern das erbetene Gehör, er entledigt sich seines Auftrages. Hocherfreut bittet sie ihn, einzutreten und aus der Zahl der Ihren zu wählen. Er will die 'eruditi viri' lieber draussen sprechen. Pallas zieht sich zurück, um sie zu holen. — Wie hebt sich des Ficinus Brust vor Wonne, wie frohlockt sein Herz in süsser Freude! Wenn er mit seiner Schaar von 'Guten' vor den Fürsten tritt, wie wird diesen der Anblick bewegen. — Aus solchen Gedanken reisst ihn der Klageruf der Pallas, die über ein Unglück jammert und nicht wagt, herauszukommen, da sie ihn belogen habe. Er beruhigt sie allmählich, und sie macht ihm das Geständniss, dass diejenigen nicht mehr da seien, die sie ihm zu bringen versprochen habe.

Fic. Ist denn gar nichts mehr übrig?

Pal. Einen einzigen Schatz nur fand ich noch vor.

Fic. So führe den doch, bitt ich dich, heraus.

Pal. Es fehlt ihm freilich noch der letzte Schliff.

Fic. Darauf kommt es mir ja nicht an.

Pal. (zu Justus): Nun siehe zu, dass du bestehst!

Ju. Ich wills versuchen.

Wir sehen jetzt, wer die vermissten sind: der Venus und ihrer Gespielen Jagdbeute, Gratianus, Jonas und Molossus. Bisher hatte also Pallas ihr Entweichen noch nicht bemerkt gehabt. — Der .treugebliebene Justus wird nun dem Ficinus vorgestellt, als freilich nicht der Minerva des Phidias, aber doch vielleicht einem Stück aus der Werkstatt jenes grossen Meisters vergleichbar. Ficinus gibt ihm eine Prüfungsaufgabe. Gestützt darauf, dass David sich in Sünden empfangen nennt, und dass gleiches des öfteren in der heiligen Schrift ausgesprochen wird, lehrt Flacius Illyricus, die ganze Substanz des Menschen sei Sünde. Gesetzt, mit ihm habest du zu thun: wie würdest du seine völlig schwärmerische Lehre widerlegen? Und wie steht es damit, dass auch Luther dieselbe Ansicht gehegt haben soll?

Eine Stelle von grösster Bedeutung für die Frage der Entstehungszeit unserer Comödie. Denn der Streit über die von **Matthias Flacius** († 1575) zuerst 1560 (in Weimar) ausgesprochene Lehre, dass die Erbsünde die Substanz des Menschen selbst sei, wurde ein öffentlicher erst 1567 durch Herausgabe der Abhandlung 'de peccati originalis — appellationibus et essentia' [1]). In eben diesem Jahre, dem Todesjahre des Landgrafen Philipp, war Flacius vorübergehend am Hofe des Landgrafen Wilhelm des Weisen von Hessen-Cassel, der damals die Ansicht gewann, Flacius besitze zwar 'multum eruditionis', aber 'parum dilectionis' [2]). Fernerhin ist

---

[1]) Siehe *Preger*, Matthias Flacius Illyricus und seine Zeit II S. 310 ff. Die Abhandlung erschien in des Flacius grossem Werke Clavis Scripturae, II S. 479—498.

[2]) *Landau* in der Zeitschrift des Vereins für hessische Geschichte V S. 90.

zu beachten, dass die Flacianische Lehre vom Dichter durch den Mund des hessischen Kanzlers (der geschichtliche Feige war ja freilich schon lange todt) von vorn herein als eine völlig schwärmerische bezeichnet wird, über die Justus nicht frei entscheiden, sondern die er nur widerlegen soll. Zurückgewiesen aber ward sie in Hessen erst 1572, auf der Gesammtsynode zu Cassel (Rommel V S. 201). So tritt also hier als sichere Anfangsgrenze 1567, als wahrscheinliche 1572 zu der durch den Eintrag des Landgrafen Moritz in unsere Handschrift (s. oben S. 355—356) bestimmten Endgrenze der Abfassungszeit, 1602. Denn eine nähere sichere Endgrenze erhalten wir hier nicht. Das ist ja offenbar, dass der hier berührte theologische Gegenstand für den Dichter ein besonders moderner war, aber der Streit um die Flacianische Lehre dauerte über den Tod ihres Urhebers hinaus, wobei wir besonders zu berücksichtigen haben, dass dessen gewichtigster Vertheidiger und Fortsetzer Cyriacus Spangenberg († 1604) gewesen ist[1]), der in vielfachen Beziehungen zu Hessen gestanden, zweimal dort Schutz und Aufnahme gefunden hat (etwa 1578 zu Schlitz, etwa 1590 zu Vacha), das zweitemal durch den Landgrafen Wilhelm selbst.

Justus löst seine Aufgabe, wobei er beachtenswerther Weise nicht von Flacius, sondern von einer Mehrzahl redet[2]). 'Mit glänzenden, hohen und ellenlangen Worten zieren jene ihre Meinung, aber sie richten nichts aus, denn sie verstümmeln die Stellen der heiligen Schrift und zwängen sie in einen gottlosen Sinn. Denn es ist doch klar und deutlich, dass Gott die ersten

---

[1]) Siehe *Preger* a. a O. II S. 390—395.

[2]) Auch ohne das würden wohl die Worte 'Si tibi res sit cum Flacio' Vers 820 und 'Illyricus docet' 822 nicht einmal beweisen, dass Flacius als l e b e n d g e d a c h t wäre. Vgl. 'Quid? quod et Lutherus hanc habet sententiam?' 827.

Menschen gut geschaffen und ihre Substanz nach dem Sündenfall nicht gänzlich verwandelt hat. Gottes Creatur blieb also gut, und der Teufel konnte wohl ebensowenig sie völlig umwandeln, wie er einen neuen Menschen schaffen konnte. Die Berufung auf Luther [vgl. Preger S. 318] kann jenen wahrlich nichts helfen, denn dieser grosse Mann sah in derartigen Irrlehren nichts als 'einen verruchten Lernäischen Sumpf des Bösen[1]), vor dem man fliehen müsse, wie vor ekelhaftem Unrath'. Mit dieser gesinnungstüchtigen Antwort muss Ficinus, nach der Form seiner Frage zu urtheilen, sehr zufrieden sein. Das ist auch so: er lobt die Pallas ihres guten Unterrichts wegen und will dafür sorgen, dass ihre Mühe nicht vergebens gewesen sei. 'Daran thust du Recht', entgegnet Pallas.

Parergon (= Scena 5.), deutsch, Vers 846—941.
Cuntz. Chremes.
Den Cuntz, den wir zuletzt mit Münzer mitten im Schwarm der Aufständischen gesehen haben, treffen wir jetzt bei einer sehr persönlichen Unternehmung. Im Begriff sich wegzuschleichen, wird er von Chremes aufgehalten und gefragt, was er verborgen trage. Er leugnet, trotzt, macht Ausflüchte, sucht zu entwischen, alles umsonst. Chremes setzt ihm so lange zu, bis er gesteht, er trage einen Hasen. Fortgesetzte Drohungen, besonders mit der Anzeige beim Burggrafen, bewegen ihn nach abermaligem Trotzen und Leugnen schliesslich zu der Erklärung, er habe den Hasen in der Küche vom Nagel genommen. 'Ich dacht, ich woldt auch einmall

---

[1]) Flacius hatte in seiner Abhandlung die Erbsünde als 'originalis pestis aut lerna malorum' bezeichnet (s. Preger S. 311 Anm.): Justus überträgt letzteren Ausdruck auf des Flacius Lehre von der Erbsünde, und zwar sagt er von Luther 'peius nihil fugiendum illum censebat malorum hac impia lernä', obgleich doch der ganze Streit erst lange nach Luthers Tod entstand.

hasnfleisch esn'. Er lädt den eifernden Chremes [1]
erst zu Gaste, dann will er ihm die Hälfte abtreten,
aber jener verlangt den ganzen Hasen. Da sich hiergegen noch einmal all sein Trotz regt, so beginnt
Chremes ihn dermassen zu prügeln, dass er um sein
Leben fleht und den Hasen herausgibt. Er bittet nun,
ihm doch wenigstens ein Stück davon zu lassen. Chremes reicht ihm als Antheil ein Ohr und gibt vor, auch
jetzt noch ihn verklagen zu wollen. Cuntz bietet ihm
ein Mass Bier, wenn er schweige, Chremes verlangt
zwei Viertel Wein. Cuntz versteht zwar durch schleunige
Baarzahlung diese Forderung etwas herabzudrücken —
er weiss 'Geld macht den kauff' [2] —, er gibt dem anderen den Preis erst für ein, dann noch einmal für zwei
Mass Wein, aber nicht einmal mittrinken darf er, und
so bleibt ihm denn nichts übrig, als ganz betrübt von
dannen zu ziehen. Jetzt verspottet ihn Chremes noch
obendrein: ob ihm der Hase auch nicht zu schwer zu
tragen sein werde; übrigens müsse er fürwahr ein nasses
Hirn haben [3], zu glauben, Chremes würde so kühn gewesen sein und ihn verklagt haben. Cuntz erkennt mit
Wehmuth die Wahrheit des 'alten Sprichworts', dass,
wer den Schaden hat, für den Spott nicht zu sorgen
brauche.

Ein Auftritt von grossem dramatischen Leben und
echter Komik. Inhaltlich erinnert er an eine Erzählung im Wendunmuth (I Nr. 210) von einem Casseler
Bürger, der ebenfalls einen Hasen unrechtmässig erworben (nämlich gefangen), ihn wie Cuntz unter seinen
Mantel gefasst und wie jener gedacht hatte: 'Jetzt

---

[1] 'Dafs dich, dafs mufs dich der hagl erschlagn' (vgl. DWB
IV 2 Sp. 143), du dieb' 881 f.

[2] Vers 920; vgl. Wend. I Nr. 193 Z. 17 v. u. 'Drumb beutel
auff! gelt macht den kauff'.

[3] Vgl. DWB IV 2 Sp. 1557; Wend. II Nr. 151 S. 201 Z. 2.

Menschen gut geschaffen und ihre Substanz nach dem
Sündenfall nicht gänzlich verwandelt hat. Gottes Creatur
blieb also gut, und der Teufel konnte wohl ebensowenig
sie völlig umwandeln, wie er einen neuen Menschen
schaffen konnte. Die Berufung auf Luther [vgl. Preger
S. 318] kann jenen wahrlich nichts helfen, denn dieser
grosse Mann sah in derartigen Irrlehren nichts als 'einen
verruchten Lernäischen Sumpf des Bösen[1]), vor dem
man fliehen müsse, wie vor ekelhaftem Unrath'. Mit
dieser gesinnungstüchtigen Antwort muss Ficinus, nach
der Form seiner Frage zu urtheilen, sehr zufrieden sein.
Das ist auch so: er lobt die Pallas ihres guten Unterrichts wegen und will dafür sorgen, dass ihre Mühe
nicht vergebens gewesen sei. 'Daran thust du Recht',
entgegnet Pallas.

Parergon (= Scena 5.), deutsch, Vers 846—941.
Cuntz. Chremes.

Den Cuntz, den wir zuletzt mit Münzer mitten im
Schwarm der Aufständischen gesehen haben, treffen wir
jetzt bei einer sehr persönlichen Unternehmung. Im Begriff
sich wegzuschleichen, wird er von Chremes aufgehalten
und gefragt, was er verborgen trage. Er leugnet, trotzt,
macht Ausflüchte, sucht zu entwischen, alles umsonst.
Chremes setzt ihm so lange zu, bis er gesteht, er trage
einen Hasen. Fortgesetzte Drohungen, besonders mit
der Anzeige beim Burggrafen, bewegen ihn nach abermaligem Trotzen und Leugnen schliesslich zu der Erklärung, er habe den Hasen in der Küche vom Nagel
genommen. 'Ich dacht, ich woldt auch einmall

---

[1]) Flacius hatte in seiner Abhandlung die Erbsünde als
'originalis pestis aut lerna malorum' bezeichnet (s. Preger
S. 311 Anm.): Justus überträgt letzteren Ausdruck auf des Flacius
Lehre von der Erbsünde, und zwar sagt er von Luther 'peius
nihil fugiendum illum censebat malorum hac impia lernä', obgleich doch der ganze Streit erst lange nach Luthers Tod entstand.

Mensch; er hat einen Auftrag, wie er ihn erwünschter
sich nicht denken kann. Die Gelegenheit, ihn anzu-
bringen, bietet sich sogleich: er sieht den Landgrafen
kommen. — Dieser ist im Gespräch begriffen, offenbar
mit Ficinus und über dessen Verrichtung bei Pallas.
Ein sehr erwünschter Dienst sei ihm geleistet, den er
nie vergessen werde. Jetzt erblickt der Landgraf den
Praetor und fragt ihn aus, wobei der (freilich an sich
natürliche) Umstand erwähnt wird, dass der Auftritt in
Hessen spielt [1]). Der Praetor beantwortet die einzelnen
Fragen. Er ist zum Landgrafen hergesandt vom Kurfürsten von Sachsen, mit Briefen über die gegen diesen
gerichtete Verschwörung der Bauern. — Hier liegt nun
scheinbar ein Abweichen von den geschichtlichen Thatsachen vor. Denn nicht der damalige Kurfürst, sondern
Herzog Georg von Sachsen, Landgraf Philipps Schwiegervater, hat 1525 diesen und andere Fürsten um Hilfe
und Beistand zum Vorgehen gegen die Bauern ersucht,
was zuerst in einer Flugschrift aus jenem Jahre, 'Ein
gloubwirdig und warhafftig underricht' [2]), öffentlich erzählt wird. Aber ein späterer Auftritt unseres Stückes
(V 3) zeigt, dass Herzog Georg hier wohl auch gemeint
ist, dem dann nur aus dichterischer Freiheit die Würde
beigelegt wäre, die seine Nachfolger zur Zeit der Abfassung des Spieles besassen. Beachtenswerth ist es
übrigens, dass an dieser Stelle der Dichter nicht auf
Sleidan fusst, der jene Hülfeforderung überhaupt unerwähnt lässt. — Der Landgraf ist entrüstet über den
Aufruhr der Bauern und fragt zunächst den Ficinus um
seinen Rath. Dieser meint, ein schnell wirkendes Uebel
verlange ein schnell wirkendes Mittel, auf einen groben

[1]) 'Quid tibi rei nostris est in finibus?' fragt der Landgraf
956 f.

[2]) Neugedruckt in den Materialien zur neueren Geschichte
(herausgegeben von *Gustav Droysen*) Nr. 3, Beilage S. 12.

Klotz gehöre ein grober Keil. Der Landgraf gibt ihm recht und lädt dann den Praetor zur Tafel, was diesem eben so gelegen kommt, wie eine ähnliche Aufforderung im Eunuch dem Sanga, Thraso's Koch [1]). — Der Hauptinhalt des Auftritts erinnert an Kirchhofs Schilderung des Landgrafen Philipp [2]):

> Daheim den wetterwendischen
> Legt er die bremsen an die nafs
> Allein nit, sondern thet auch das:
> Wo frembd empörung und unwilln
> Entstand, dafs er es möchte stilln.
> Derhalb auch ander nation
> Aller wirden und stands person'
> Bey ihm suchten und funden rhat
> Es wer mit worten oder that.

Scena 2., lateinisch, Vers 970—997.

Muntzerus. Pheifferus.

Münzer ist ganz niedergeschlagen über eine grosse Niederlage von übeler Vorbedeutung, die die seinigen erlitten haben. Wir hören von derselben bei Sleidan (S. 269 Z. 12): Graf Albrecht von Mansfeld hatte schnell einige Reiterei gesammelt, die Bauern angegriffen und an zweihundert niedergemacht; die übrigen hatten sich nach Frankenhausen geflüchtet und erwarteten dort weiteren Zuzug. — Münzer ist in unserem Auftritt nicht zwischen den Bauern, sondern allein mit Pfeifer [3]), seinem Helfershelfer von Mühlhausen, wo vielleicht auch dieser Auftritt noch spielt. Pfeifer, die vierte und letzte geschichtliche Person unseres Spieles, machte sich durch seine Gewaltthaten in Hessen sehr bekannt. So nennt z. B. ein Anhang zu Gerstenbergs Frankenberger Chronik

---

[1]) Vers 969 'iam dudum in patinis fuit animus': Eunuch IV 7, 46 'Jam dudum animus est in patinis'.

[2]) Christliche Heurath C 4 Ende, etwas abweichend Wend. IV Nr. 79 S. 79 Z. 7.

[3]) 'Pheifferus', Vers 1246 'Pheiffer'; bei Sleidan 'Phiferus'.

(Druck von 1619 Sp. 76) den 'Pfeiffer' noch vor dem 'Müntzer' als 'capitain' des Bauernaufruhrs. Und im letzten Auftritt unseres Stückes fragt der Landgraf den Chremes, sowie er hört, dass dieser ein Hesse ist, alsbald nach Pfeifer (Vers 1245 f). Dieser Pfeifer, ein ausgelaufener Mönch und Volksredner, war nach Sleidan (S. 268 Z. 15) der Genosse aller Pläne Münzers und ein äusserst dreister Mensch. Von diesen beiden Stücken aber hat der Dichter manches auf Cuntz übertragen, und so erklärt es sich wohl, dass Pfeifer nur in diesem einzigen Auftritt erscheint, wo es sich, wie wir gleich hören werden, um einen geschichtlich überlieferten besonderen Zug handelt. — Pfeifer sucht den am Gelingen fast verzweifelnden Münzer wieder aufzurichten. Das Unglück sei nur durch Sorglosigkeit und Mangel an Selbstvertrauen veranlasst gewesen. Gott könne grösseres thun, als die Menschen zu denken vermöchten. Münzer in seiner Aengstlichkeit sehe Schwierigkeiten, wo keine seien [1]. 'Gottes Hülfe ist unsere Macht, unser Trost seine Offenbarung'. Münzer fürchtet den Unwillen der eigenen Partei, Pfeifer aber ist gewiss, dass die Erscheinung, welche ihm selbst Festigkeit und Vertrauen gegeben, auch jenen trösten werde. Ihm sei im Traum gewesen, als sehe er eine Unzahl von Mäusen, alle von seiner Hand erschlagen: nichts anderes bedeute dies Gesicht, als dass der barmherzige und allmächtige Gott ihnen Segen und Sieg verkündige. — Auch bei Sleidan (S. 268 Z. 17) ist die Erzählung dieses Traumes verbunden mit der Betonung des Gegensatzes zwischen Pfeifer und Münzer: 'Phiferus ('insigni praeditus audacia'), qui somniis nocturnisque spectris plurimum tribuebat, — iactabat, per quietem se vidisse — maximam vim co-

---

[1] 'Nodum in scirpo quaeris' 981 entspricht Terenzens Andria V 4, 38; in des Plautus Menaechmi II 1, 22 ist der Sinn der Redensart ein anderer.

nach seinem Tode geweiht worden waren. Noch 1590 konnte ihr Gegenstand auf Theilnahme rechnen; an der Spitze der damals erschienenen Sammlung auserwählter Marburger Hochschulreden [1]) stehen zwei auf den Landgrafen Philipp. Die eine von ihnen hatte zum Verfasser den seinerzeit in Hessen berühmten Schulmann Justus Vultejus († 1575), dessen Vorname an den Pallasjünger unseres Spieles erinnert.

Scena 4., deutsch, Vers 1016—1040.
Anna. Hanso. Cuntz. Greta.

Was sich im zweiten Aufzug (1. Auftritt) vorbereitet hat, vollzieht sich hier: Hanso ist im Begriff, sein Weib zu verlassen, um in den Krieg zu ziehen. Cuntz, der Verführer, steht dabei und ruft sein 'her zu mir': 'Hanß wildt du mitt fortt so kom nuhn her'. Der Gegensatz des groben Hanso und seines zärtlichen Weibes, der den früheren Auftritt durchzog, wird mit zwei Strichen noch einmal vor Augen gestellt:

> *An.* Ach lieber man bedenk dein kindt!
> *Ha.* Waß kindt? dieselbigen die sindt
> Besßr bei dier. — — — *An.* Ach lieber man
> Bleib bei mir! *Ha.* Magst die trüse han! [2])
> Ich zih darvon.

Anna, die den Trost ihrer ganz anders gearteten Nachbarin Greta — 'woln sie kein gutte sach habn [3]), so last sie sein' — kurz abgewiesen, bleibt jammernd zurück:

> Ach Gott, ach Gott,
> Nuhn woldt ich wunschen daß ich todt
> Wehr, wie soll ich mein liebe kindt
> Ernehrn? wie soll ichs haußgesindt

---

[1]) Panegyrici Academiae Marpurgensis (herausgegeben vom Marburger Drucker Egenolph).

[2]) Vgl. DWB II Sp. 1459 (Gilhausen, Alberus, Kirchhof, Beinr. Jul. v. Braunschweig); Wend. I 2 Nr. 94 Z. 6 v. u. 'Ey, so geb Gott dem balg die drüß und beulen'.

[3]) Vgl. Vers 525 'Du wirst haben sehr gutte sach'.

Versorgn? Ach Gott wie tobtt mein hertz
Nach meinem man, Ach Gott der schmertz
Ist grofs.

Diese Treue der Anna tritt nun in noch hellere
Beleuchtung durch das Benehmen der Greta (soll diese
vielleicht Cuntzens Hausfrau sein?), welche mit leichtfertigen Worten den Auftritt beschliesst:

Du heulpock pack dich hin,
Du soltst den bawren aufs dem sin
Den krieg schwatzen, ich hab schwerlich
Mein dulpell beredt, dafs er sich
Mitt furcht zum krieg gewagtt, woltt Gott,
Dafs er im kriege wurdt zu todt
Geschlagn, ich weifs ein schönen knecht
Im dorf, der wirdt mir vben recht.
Drumb will ich frölich rumher springn
Undt ietzt ein schones liedtlein singn.

Das schöne Liedlein wurde wohl bei der Aufführung nach diesen Worten wirklich gesungen, haben wir
doch auch oben schon (II 3 a) eine Stelle gefunden, die
auf eine Gesangeinlage zu deuten schien. Im damaligen
Bühnenspiel waren Zwischengesänge durchaus nichts
aussergewöhnliches [1]), auffallend würde es nur sein, wenn
unser Stück deren nicht mehr als die zwei im Text
angedeuteten enthalten hätte.

Scena 5., lateinisch, Vers 1040—1105.
Muntzerus. Hanso. Cuntz.

Bei Sleidan lesen wir, wie die aufständischen
Bauern sich auf einem Berge unweit Frankenhausen
festsetzen (S. 269 Text Z. 6 v. u.), wie dort Münzer
vor sie hintritt (270 Z. 3) und ihnen eine grosse Rede

---

[1]) In der oben S. 358 angezogenen Erzählung Melanders von
einer Marburger Aufführung des Eunuch durch Petrus Nigidius
heisst es: 'Cum vero pro antiquo Comoediarum more, finito aliquo
actu, Symphonia esset cantandum, quoddam de Cuculo carmen,
quod recens iam tum editum summam plerisque voluptatem videbatur pariturum, decantandum curavit' usw.

hält (270 Z. 6 bis 273 Z. 12), infolge deren der ent-
schlossenere Theil die Oberhand gewinnt (273 Z. 12 bis 27).
Diese Rede ist von unserem Dichter sehr ausgiebig benutzt worden, und es ist belehrend über das Verhältniss
des Stückes zu seiner Vorlage, wie über das dramatische
Geschick des Dichters, die Benutzung und Verarbeitung
der Quelle im Einzelnen zu verfolgen.

Die Lage ist bei uns dieselbe wie bei Sleidan:
am Schluss des Auftritts (Vers 1104) ergeht die Aufforderung 'Vicinum hoc invadamus oppidum', was nur
auf Frankenhausen bezogen werden kann.   Münzer
spricht zu den versammelten Bauern, die er mit den
Bezeichnungen des Edelmannes als die 'edlen und ge-
,strengen' anredet[1]). 'Tapfer', so mahnt er, 'schüttelt
das Joch ab, zeigt euch als Männer! Gott widersteht
den stolzen Sterblichen, den Ungerechten legt er Zügel
an (Vers 1041—1045). — Seid tapfer! Gott gefällt es,
wenn ihr den unnützen Schwarm zusammenhaut, denn
er will die Gottlosen unterdrücken und den Armen
helfen (Sleidan S. 274 Z. 4, 270 Z. 11 v. u.). — Ungerechten Krieg führen die Cyclopen gegen das Volk
Gottes (V. 1043 f), gegen uns, die wir die Erkenntniss
Gottes aufrecht erhalten und ausbreiten wollen (Sl. 270
Z. 8 v. u.). Aber Ausgang und Sieg können nicht
zweifelhaft sein (Sl. 270 Z. 7 v. u.); denn wenn Gott
für uns streitet, wer kann da wider uns (V. 1045 f)?
Lasst euch nicht schrecken durch die Zahl der Feinde
(V. 1048 f), sie ist nur ein leerer Schatten und Schein
von Gefahr (Sl. 272 Z. 5 v. u.). Denn gerade darin
zeigt und zeigte sich immer des Herren Macht am
deutlichsten, dass sie dem kleinen Volk der Seinigen
Kraft erweckte gegen die Menge der Widersacher
(V. 1049 ff, Sl. 272 Z. 16). So gab er einst dem Gedeon

---

[1]) 'Sic vos ô strenuos, sic vos generosos decet' 1040.

und seinem Häuflein Sieg, so dem Jonathan, den nur
ein einziger begleitete, so dem David gegen den furchtbaren Riesen (V. 1051—1057, Sl. 272 Z. 19 [1]). Auf
das Bestimmteste kann ich euch versichern, dass Gott
uns beistehen wird (Sl. 272 Z. 12): er ist mir selbst
erschienen und hat uns Sieg versprochen (V. 1060 ff,
Sl. 272 Z. 13). Blickt auf und seht dort jenen Regenbogen, durch welchen Gott uns seiner Gunst versichert
(V. 1072 ff, 1080 f, Sl. 273 Z. 1 [2]). — Hier scheidet
sich nun von dem pragmatischen Geschichtsschreiber
der dramatische Dichter, der bedacht sein muss, die
Wechselrede nicht allzu lange zu unterbrechen. Bei
Sleidan weist Münzer selbst auf die Thatsache hin, dass
die Bauern einen ebensolchen Regenbogen in ihrer
Fahne führen; sein Abbild am Himmel sei ein deutliches Zeichen, dass Gott ihnen Sieg, den Tyrannen
Tod und Verderben verkünde (273 Z. 4). Dieser Hinweis ergibt sich dann, nachdem Münzer geendet hat,
als der wirksamste Punkt seiner Rede: 'imprimis ex-
citabat eos ille — arcus, idque certissimum victoriae
signum esse iudicabant' (273 Z. 20). Sleidan spricht
dabei besonders von einigen ruchlos verwegenen, verzweifelten Menschen, die durch die Rede in ihren bösen
Absichten noch bestärkt worden seien. Für diese hatte
nun der Dichter seine beiden vorbildlichen Gestalten

[1]) Der Dichter: 'Dedit | olim Gedeoni militibus circum-
dato | paucissimis ingentem Deus victoriam. | Jonathae, unico
comitato puero, egregiam | contra patris bostes dedit Deus vic-
toriam. | Davidi contra beluam immanissimam | semper cele-
brandam dedit Deus victoriam'. — Sleidan: 'Notum est vobis,
quid Gedeon cum paucis quibusdam, quid Jonathas uno
tantum servulo comitatus, quid David, cum solus ipse contra
vasti corporis monstrum Goliath, sua mole et aspectu solo terribilem,
pugnaret, perfecerit'.

[2]) Der Dichter: 'Dei erga nos est maximum | favoris argu-
mentum'. — Sleidan: 'Signum ac testimonium illius erga nos per-
petuae benevolentiae'.

Hanso und Cuntz, er lässt sie also hier das Wort ergreifen, und auf Münzers Frage, was wohl jener viel-
farbige Bogen bedeute, erklärt Hanso sofort: er sei ein
Vorzeichen ihres Sieges; Cuntz stimmt dem wegen der
Aehnlichkeit mit dem Bilde ihrer Fahne bei; alle sind
davon überzeugt.

Cuntz kommt jetzt auf den Brief oder, wie er
hier sagt, die Denkschrift zurück, wovon oben (III 3)
die Rede gewesen war. Bloss um der Schwachen willen,
um nichts ausser Acht zu lassen, müsse man einen
Versuch damit machen. Hanso freilich ist schon so
weit gekommen, dass er für der Fürsten Macht und
Gunst nicht eine taube Nuss mehr gibt. Münzer aber
tritt dem Cuntz bei; er hat den Brief aufgesetzt und
schickt sich mit allseitiger Zustimmung an, ihn vor-
zulesen. Von diesem Briefe fand der Dichter bei Sleidan
nichts, wohl aber war die Sache sonst bekannt. Die
älteste öffentliche Nachricht darüber enthält wieder der
schon oben bei dem Hülfegesuch an den Landgrafen
(IV 1) erwähnte 'gloubwirdig und warhafftig underricht',
eine Quelle, welche jedoch dem Dichter sicher nicht
unmittelbar vorgelegen hat. Dort ist der Brief sehr
kurz und allgemein gehalten[1]: 'Wir bekennen Jesum
Christum. Wir sind nicht hie, yemant was tzu thon,
Joannis am andern, Sonder von wegen Göttlicher ge-
rechtikeit, tzu erhalten. Wir sind ouch nit hie von
wegen blutvergiessung. Wolt ir das ouch thon, so
wöllen wir euch nichtzit[2] thon. Darnach hab sich ein
yeder tzu halten'. Dem entspricht auch der Anfang
unseres Briefes (V. 1082—1086): 'Wir Bauern und
Knechte Gottes wünschen den Fürsten alles Heil und

---

[1] Siehe Materialien zur neueren Geschichte Nr. 3. Beilage
S. 13.

[2] So (= nichts) ist statt 'nicht zit' zu lesen.

dessen beste Quelle, die Erkenntniss Christi [1]). Uns allen
gilt der Friede als das edelste Gut. Wenn er auch
euch gefällt, so erklärt euch einverstanden mit folgenden
Punkten [2]). Diesen Worten fügt nun aber der Dichter
bestimmte Forderungen an, und diese nimmt er wieder
aus Sleidans Werk, freilich von einer ganz anderen
Stelle. Es sind zunächst die drei ersten der '12 Artikel
der Schwäbischen Bauerschaft'. Die erste Forderung
lautet: reines Wort Gottes und freie Wahl der Prediger
(V. 1087 f, Sl. 285 Z. 4); die zweite: Aufhebung der
Zehnten an die Fürsten (V. 1089 f), was bei Sleidan
(285 Z. 7) näher erläutert wird [3]); die dritte: Aufhebung
der Dienstbarkeit, da sie der christlichen Freiheit zuwider sei (V. 1101 f, Sl. 285 Z. 11). Während aber die
12 Artikel dann weiter einzelne bestimmte Punkte namhaft machen und über den persönlichen Besitz sich
noch zurückhaltend äussern (Sl. 286 f), auch versichern,
dass man nicht hartnäckig sein würde, sollte man hie
und da irren (Sl. 285 Z. 1), stellt der Brief unseres
Spieles nur noch die allgemeine und ganz masslose
Forderung: 'omnia quoque sint nobis communia'
(V. 1090 f), worauf er drohend schliesst: 'Das, ihr
Fürsten, ist die Bedingung des Friedens; nehmt sie an,
wenn ihr klug seid. Weist ihr sie zurück, so werden
wir unsere Kräfte erproben und Gott den ganzen Handel
anheimstellen' (V. 1093—1096). Das war eben der Unterschied: die Schwaben traten anfangs ziemlich bescheiden
auf [4]), während 'aus Thomas Münzers Werkstatt' die-

---

[1]) V. 1083 f: 'salutem et Christi saluberrimam — notitiam'.

[2]) V. 1086: 'Quae si arridet vobis, in his acquiescite'.

[3]) 'Nolle se posthae ullas dare decumas praeterquam fru-
menti, et has ipsas oportere distribui partim in ecclesiae ministros,
arbitrio bonorum virorum. partim in homines egenos, partim in
usus publicos'.

[4]) Siehe Sleidan S. 284 Text Z. 3 v. u.

jenigen herfür kamen, welche wollten, 'es sollen alle-
ding iedermann gemein seyn'[1]). — Cuntz, dem der
Brief natürlich sehr gefällt, warnt jetzt vor den schlauen
Anschlägen des Landgrafen von Hessen, welcher, wie
sie wüssten, gegen sie herbeigerufen sei und die wildesten
Drohungen ausgestossen habe. Man beschliesst auf
Münzers Rath, Frankenhausen zu besetzen. Denn, meint
dieser, 'quod cavere potes, stultum est admittere' (V. 1102),
wie es im Eunuch heisst 'quod cavere possis, stultum
admitterest' (IV 6, 23).

Parergon (= Scena 6.), deutsch, Vers 1106—1151.
Chremes.

Dieser ganze Auftritt wird ausgefüllt durch die
Klagen des Chremes über die übelen Folgen, welche ihm
die im Nebenspiel des vorigen Aufzugs ausgeführte Be-
schlagnahme des gestohlenen Hasen gebracht hat. Die
Qual in seinem Leibe ist so gross, dass er wünscht, er
wäre todt oder hätte dem Schelm seinen Hasen gelassen.
Er hatte sich 'ein wolleben zu habn furgesetzt', den
Hasen sauber und sorgfältig zubereiten, mit Lauch und
grünem Kohl ihn kochen und an vier Stunden sieden
lassen, sich dann Abends darüber her gemacht und nicht
schlecht dazu getrunken[2]). Wieder geht es ihm, wie
oben im ersten Aufzug (5. Auftritt): so lange er sitzt,
ist alles gut; aber sowie er aufsteht, beginnt es ihn
zu stechen, zu reissen, eiskalt zu überlaufen[3]) und in
seinem Bauch zu brummen, als wäre ein Haufen Trom-
meln drin, — was uns freilich recht begreiflich vor-

---

[1]) So steht Wend. I 2 Nr. 117 Z. 1 u. 8.

[2]) Vers 1122 'tranck darzu einn gutten kropf'; vgl. DWB V
Sp. 2395 f sowie Wend. II Nr. 84 Z. 13 'da er ein guten kropff
gelesen' und III Nr. 9 S. 280 Z. 8 'Der bawr thet einen guten
taubenzug in den malvasier'.

[3]) Vers 1128 ff 'baldt lief mirs vber den leib so kaldt alß
ein eiß'.

dessen beste Quelle, die Erkenntniss Christi [1]). Uns allen
gilt der Friede als das edelste Gut. Wenn er auch
euch gefällt, so erklärt euch einverstanden mit folgenden
Punkten [2]). Diesen Worten fügt nun aber der Dichter
bestimmte Forderungen an, und diese nimmt er wieder
aus Sleidans Werk, freilich von einer ganz anderen
Stelle. Es sind zunächst die drei ersten der '12 Artikel
der Schwäbischen Bauerschaft'. Die erste Forderung
lautet: reines Wort Gottes und freie Wahl der Prediger
(V. 1087 f, Sl. 285 Z. 4); die zweite: Aufhebung der
Zehnten an die Fürsten (V. 1089 f), was bei Sleidan
(285 Z. 7) näher erläutert wird [3]); die dritte: Aufhebung
der Dienstbarkeit, da sie der christlichen Freiheit zuwider sei (V. 1101 f, Sl. 285 Z. 11). Während aber die
12 Artikel dann weiter einzelne bestimmte Punkte namhaft machen und über den persönlichen Besitz sich
noch zurückhaltend äussern (Sl. 286 f), auch versichern,
dass man nicht hartnäckig sein würde, sollte man hie
und da irren (Sl. 285 Z. 1), stellt der Brief unseres
Spieles nur noch die allgemeine und ganz masslose
Forderung: 'omnia quoque sint nobis communia'
(V. 1090 f), worauf er drohend schliesst: 'Das, ihr
Fürsten, ist die Bedingung des Friedens; nehmt sie an,
wenn ihr klug seid. Weist ihr sie zurück, so werden
wir unsere Kräfte erproben und Gott den ganzen Handel
anheimstellen' (V. 1093—1096). Das war eben der Unterschied: die Schwaben traten anfangs ziemlich bescheiden
auf [4]), während 'aus Thomas Münzers Werkstatt' die-

---

[1]) V. 1083 f: 'salutem et Christi saluberrimam — notitiam'.

[2]) V. 1086: 'Quae si arridet vobis, in his acquiescite'.

[3]) 'Nolle se posthac ullas dare decumas praeterquam fru-
menti, et has ipsas oportere distribui partim in ecclesiae ministros,
arbitrio bonorum virorum, partim in homines egenos, partim in
usus publicos'.

[4]) Siehe Sleidan S. 284 Text Z. 3 v. u.

umbsonst widerfahren liefse'. Der 'rültz' sagt dabei zu
seinem Weihe: 'se wel de was gen, das solt de frefsen' [1]).
In beiden Fällen ist die Hülfespenderin aber offenbar
keine andere, als Frau Sabine von Württemberg († 1581),
des Landgrafen Wilhelm des Weisen von Hessen Gemahlin, die Stifterin der Casseler Hofapotheke [2]). Kirchhof, dem selbst von ihr 'viel miltigkeit zu seim und der
seinen gesundheit — widerfahren' [3]), hat ihr ein dichte-
risches Denkmal gesetzt in dem 'Epicedion von leben
und sterben der fürstin Sabinen' (1581), worin er sagt
(D 2 [4]):

> Mit unsaglichem schweren kosten
> Vnd grosser sum, so sie ausspieldt,
> Im schlofs zu Cassel auffenthielt
> Ein apotek, sag ich fürwar,
> Nit wenger zierlich denn nutzbar.

Man habe immer viele arme Leute am Thore hülfe-
suchend stehen sehen. 'Manch arm kindlein nams auff
ihrn schos — zwar [wahrlich] von der fürstin wars ein
gros! — dessen gebrech ihr war vermeldt'. Ein ander-
mal nennt Kirchhof die Landgräfin 'eine mutter aller
armen, krancken und nothleidenden menschen, ja des
gantzen lands' (Wend. III Nr. 21 Z. 3). Seit wann die
1566 vermählte 'fromme, hochlöbliche Frau' ihre men-
schenfreundliche Thätigkeit ausübte [5]), habe ich nicht
feststellen können, vielleicht begann sie ganz allmählich.
Jedenfalls werden die oben S. 396 gewonnenen Anfangs-
grenzen für die Abfassungszeit unseres Stückes (1567
als sichere, 1572 als wahrscheinliche) hier auf das beste

[1]) Vgl. auch Melander Jocoseria Nr. 571.

[2]) Vgl. *Rommel*, Geschichte von Hessen V S. 817 f.

[3]) So berichtet er in der Widmung des gleich genannten
Epicedion.

[4]) Vgl. Christliche Heurath E 1 v und E 2, wo die hier mitgetheilten Stellen. zum Theil verändert, wiederholt sind.

[5]) Kirchhof gibt (Wend. II Nr. 148) für eine ihrer Kuren
die Zeitbestimmung April 1578.

bestätigt. Zugleich erfahren wir den Schauplatz unseres Auftritts. 'Jener Saal' (Vers 1143), vor dem derselbe spielt, befindet sich im (oder vielleicht auch: ist das) Landgrafenschloss zu Cassel.

Actus V.

Scena 1., lateinisch, Vers 1152—1177.

Landgravius.

Der Landgraf ist jetzt 'mit seinem jungen lewenhertzen den wütenden bauren — vnter augen getretten' [1]), er hält vor versammeltem Heere eine Rede, über deren geschichtliches Urbild wir im Wendunmuth (IV Nr. 74 Z. 6) folgendes lesen: 'Bey Franckenhaufsen — thet er — an sein kriegsvolck in gegenwertigkeit der zweyer fürsten [Georg von Sachsen und Heinrich von Braunschweig] eine schöne oration von der ursach dieses seines vornemens, die ich allhie, weil sie Sleidanus — von wort zu wort vermeldet, unterlafse; wer wil, lese daselbst'. Folgen wir dieser Einladung, so finden wir, dass nur der zweite Theil der Rede unseres Stückes der von Sleidan gegebenen Rede (S. 274 Z. 1 bis 275 Z. 13) entspricht. Den Inhalt des ersten Theiles dagegen drückt sehr gut ein Wort aus, welches wir eben dort im Wendunmuth (IV Nr. 73 Z. 3) lesen: Philipp habe in seinen Feldzügen allweg gesagt, 'es liege nicht an viel volck haben und grofser, köstlicher kriegsrüstung, sondern an einer guten sache'. Denn nach kurzem Hinweis darauf, dass der bisherige Verlauf ihres Unternehmens ein glücklicher gewesen, betont in unserem Spiel der Landgraf alsbald den zweiten Punkt jenes Satzes. Sie seien sämmtlich aufs beste bewaffnet; aber was bedeute die Ausrüstung mit allen möglichen Wehren ohne festen, beständigen und kecken Muth (V. 1154—1159). Und auch an 'viel Volk haben' liegt es nicht.

---

[1]) So sagt Kirchhof, Christliche Heurath C 2 Z. 1.

Nicht durch die Menge der Krieger erwirbt man den
Sieg (V. 1159—1161): vielmehr durch geistige Mittel:
Einigkeit, Benutzung der Vortheile von Ort und Zeit,
kluge Anschläge, Ausdauer und Festigkeit. Der Landgraf wiederholt noch einmal: besser ein tapferer Mann
ohne Waffen, als der bestgerüstete Krieger ohne Muth
(V. 1161—1166). Muth und Selbstvertrauen aber gibt
die 'gute Sache'. 'Ist des kriegs ursach anfangs gut,
bringt es allzeit des keckern muth' (Wend. IV Nr. 79
S. 78 Z. 7). Und die Ursache des jetzigen Krieges ist
die gerechteste, die es geben kann (V. 1167). Damit
kommen wir zur Rede Sleidans, denn sie besteht in
dem Beweis des Satzes: 'iustissimam esse belli causam'
(Sl. 275 Z. 9). 'Jene wollen', sagt der Landgraf, 'ihre
ordentliche Obrigkeit mit bewaffneter Hand verjagen
(V. 1178 f), aber dazu steht ihnen unter allen Umständen
keine Befugniss zu (Sl. 274 Z. 1 [1]). Der Aufruhr ist
unbedingt verboten (Sl. 274 Z. 8) und deshalb der Krieg,
der zur Unterdrückung desselben unternommen wird,
ein gerechter (V. 1169 f). Jenen Menschen hat die Ra-
serei die Waffen in die Hand gedrückt, uns der Herr,
der die Ordnungen der Natur bei ihrem Recht erhält
(V. 1171 f [2]), und dessen klares, geschriebenes Wort und
Offenbarung für die Sache der Obrigkeit in diesem
Kampfe spricht (V. 1172—1174 [3]). Deshalb', damit
schliesst der Landgraf, 'folgt meinem Beispiel und ihr
werdet euch grossen Ruhm und Lohn erwerben'.

---

[1] 'Etiamsi vera essent omnia, de quibus incusentur, tamen
non licere plebeis in magistratum arma sumere: multis hoc posse
scripturae testimoniis doceri'.

[2] 'Furor illis arma, nobis iustitia, Deus, natura ministrat';
vgl. Sleidan S. 275 Z. 4 'dubitari non posse quin contumeliam hanc
sit ulturus Deus'.

[3] 'Nos oracula non ficta, sed scripta; non occulta, sed Dei
beneficio patefacta ad hoc bellum movent'; vgl. Sleidan S. 275 Z. 11
'qui magistratui gladium attribuerit, — ut iniustam vim omnem et
latrocinia depellant'.

bestätigt. Zugleich erfahren wir den Schauplatz unseres Auftritts. 'Jener Saal' (Vers 1143), vor dem derselbe spielt, befindet sich im (oder vielleicht auch: ist das) Landgrafenschloss zu Cassel.

Actus V.

Scena 1., lateinisch, Vers 1152—1177.

Landgravius.

Der Landgraf ist jetzt 'mit seinem jungen lewenhertzen den wütenden bauren — vnter augen getretten' [1]), er hält vor versammeltem Heere eine Rede, über deren geschichtliches Urbild wir im Wendunmuth (IV Nr. 74 Z. 6) folgendes lesen: 'Bey Franckenhaufsen — thet er — an sein kriegsvolck in gegenwertigkeit der zweyer fürsten [Georg von Sachsen und Heinrich von Braunschweig] eine schöne oration von der ursach dieses seines vornemens, die ich allhie, weil sie Sleidanus — von wort zu wort vermeldet, unterlafse; wer wil, lese daselbst'. Folgen wir dieser Einladung, so finden wir, dass nur der zweite Theil der Rede unseres Stückes der von Sleidan gegebenen Rede (S. 274 Z. 1 bis 275 Z. 13) entspricht. Den Inhalt des ersten Theiles dagegen drückt sehr gut ein Wort aus, welches wir eben dort im Wendunmuth (IV Nr. 73 Z. 3) lesen: Philipp habe in seinen Feldzügen allweg gesagt, 'es liege nicht an viel volck haben und grofser, köstlicher kriegsrüstung, sondern an einer guten sache'. Denn nach kurzem Hinweis darauf, dass der bisherige Verlauf ihres Unternehmens ein glücklicher gewesen, betont in unserem Spiel der Landgraf alsbald den zweiten Punkt jenes Satzes. Sie seien sämmtlich aufs beste bewaffnet; aber was bedeute die Ausrüstung mit allen möglichen Wehren ohne festen, beständigen und kecken Muth (V. 1154—1159). Und auch an 'viel Volk haben' liegt es nicht.

---

[1]) So sagt Kirchhof, Christliche Heurath C 2 Z. 1.

Dichter glauben, unser Praetor. Frohlockend erzählt
er, wieviel Gutes er dem Münzer verdanke: zuerst seine
Sendung zum Landgrafen, die ihm die Gunst dieses
Fürsten erworben habe, und nun das Glück, den ge-
flohenen und versteckten Aufrührer 'in einem Bett' zu
entdecken. Dass er 'seinen Fürsten' den Münzer
gefesselt überliefert habe, müsse ihm grossen Dank ein-
tragen. Das ist die Stelle, die den Praetor bestimmter
als Diener des Herzogs Georg erkennen lässt (vgl. oben
S. 400). Denn bei Sleidan, dessen Benutzung hier auf
der Hand liegt, heisst es von Münzer: 'captus — ad
Georgium Saxoniae principem atque Lantgravium addu-
citur' (276 Z. 16).

Merkwürdig ist es nun, auch in diesem Auftritt,
welcher inhaltlich sich so eng an Sleidan anschliesst,
zu beobachten, wie sehr dem Dichter für die Form
seiner lateinischen Abschnitte der Eunuch des Terenz
vor Augen schwebt. Ganze Verse sind hier noch einmal
jenem berühmten Muster entlehnt. Denn wie in diesem
Chremes mit den Worten auftrat:

Profecto quanto magis magisque cogito,
Nimirum, dabit haec Thais mihi magnum malum: — —
Jam tum quom primum iussit me ad se arcessier.
Roget quis: quid tibi cum illa?

(III 3, 1 f und 3 f), so spricht in unserem Stück der
Praetor:

Profecto quanto magis magisque cogito,
Nimirum, dabit Muntzerus mihi magnum bonum.
Jam tum cum primum iussit me ad se accersier
Princeps, favebat mihi.

(V. 1189—1192). — Der Praetor beschliesst, zurück-
zutreten, um den weiteren Verlauf zu beobachten. Es
sind seine letzten Worte in unserem Stück. — Als eine
geschichtliche Persönlichkeit haben wir ihn wohl schwerlich zu denken. Vielleicht aber darf doch erinnert
werden, dass es auch geschichtlich einen rechtsgelehrten

image
not
available

nichtiger Menschen [1]); und Paulus, Gottes auserwähltes
Werkzeug: seid unterthan euerer ordentlichen Obrigkeit.—
Bei Sleidan (S. 276 Text Z. 13 v. u.) wird der den beiden
Fürsten vorgeführte Münzer von diesen sogleich befragt,
warum er so viele arme Menschen betrogen habe. Auch
hier behauptet er, dass er nichts gegen seine Pflicht
gethan habe, und dass die Obrigkeiten, die die Lehre
des Evangeliums nicht gestatteten, auf solche Weise
gezüchtigt werden müssten. Hierauf habe, fährt Sleidan
fort, der Landgraf entgegnet und durch Zeugnisse der
Schrift bewiesen, dass die Obrigkeit in Ehren zu halten
sei, und dass Gott allen Aufruhr verbiete. — Der Unterschied zwischen dem Spiel und seiner Vorlage ist hier
nur der, dass die letztere die Rede des Landgrafen diesmal nicht wörtlich gibt. Dafür hatte sie ihn aber seine
Sätze bereits in der Rede vor der Schlacht bestimmter
aussprechen und ausführlicher beweisen lassen.

Die Streitfrage, um die es sich handelte, betraf
im Grunde die Lehren vom leidenden Gehorsam und
vom Rechte des Widerstandes. Wie die Erörterung des
Verhältnisses dieser Lehren die ganze Reformations-
geschichte durchzogen, und die jeweilige Bestimmung
jenes Verhältnisses auf den Gang der Ereignisse den
grössten Einfluss gehabt hat [2]), so geschieht dasselbe in
verjüngtem Massstabe auch in unserem Bühnenspiel.
Und wie dort, so versucht man auch hier die Lösung
der Streitfrage vorwiegend von geistlichen Gesichtspunkten aus. Das Recht des Widerstandes ist es, was
gleich im ersten Aufzug (2. Auftritt) von Hanso und
Cuntz erörtert wird, wobei dann Hanso alsbald die Frage
aufwirft: 'Meinst, dass es in der Bibell sey?' Und

[1]) Münzer nämlich 'hoc etiam docebat, patefacere Denm per
somnia voluntatem suam', Sleidan S. 266 Text Z. 7 v. u.
[2]) Siehe *Ranke*, Deutsche Geschichte im Zeitalter der Reformation III [4] S. 129—131.

image
not
available

Bühne Brauchbare verlöre, allmählich zugenommen hat.
Der Grund liegt darin, dass unser Spiel bis hierher sich
immer mehr zu einem Geschichtsdrama entwickelt.
Nichts könnte nun verkehrter sein, als (wie es in unserer
Handschrift, vielleicht für die Aufführung, geschehen ist)
die beiden komischen Nachspiele des 3. und 4. Aufzuges
zu streichen. Denn dadurch würde die Heiterkeit der
Comödie, die der Dichter vorübergehend aufzugeben
durch seinen Stoff gezwungen war, gänzlich verloren
gehen, und eine unerlaubte Verschiedenheit im Gepräge
der früheren und späteren Theile entstehen. Aeusserlich
würde dieselbe noch besonders durch das Aufhören der
Abwechslung in der Sprache störend hervortreten: die
deutsche Sprache würde vom 3. Aufzug an auf einen
einzigen Auftritt (IV 4) beschränkt sein. Von diesen
Gesichtspunkten aus erscheint namentlich das Nachspiel
des 4. Aufzuges als durchaus an seinem Platze. Inhaltlich aber leitet es zugleich über zu dem hübschen
Schlussauftritt des ganzen Stückes.

Parergon (= Scena 5.), deutsch, Vers 1237—1322.

Chremes. Landgravius.

Chremes ist wiederhergestellt. Er scheint Geschmack gefunden zu haben am persönlichen Verkehr
mit den Grossen. Denn nachdem die Fürstin ihm,
wie wir annehmen dürfen, geholfen, hat er jetzt die
Absicht, dem Fürsten einen Bittbrief zu überreichen.
'Woltt warlich, dafs ihn der furst bett glesn, vndt ich
ein gutten bscheidt bekomn'. Er sieht Jemanden nahen,
versteckt sich, wird aber aus seiner Ecke wieder hervorgerufen. Der Dichter benutzt einen Zug der antiken
Comödie, indem er öfters seine Bauern den vergeblichen
Versuch machen lässt, sich abzudrücken. Sie werden
dann zurückgehalten, so Cuntz III 5, oder zurückgerufen,
wie Hanso und Cuntz I 3, Chremes I 5 und hier.

> *Lan.* — komb her
> Zu mir, sag ahn, wer bist? *Ch.* Juncker,
> Ich bin ein bawr aufs Hessenlandt.
> *Lan.* Hör, ist dier auch Pheiffer bekandt?

Auf geschickte Weise entledigt sich hier der Dichter noch schnell der Pflicht, auch über Pfeifers Schicksal den Zuhörer kurz zu unterrichten. Er lässt ihn, wohl der Stimmung des Auftritts zu Liebe, nicht hingerichtet (Sleidan S. 277 Z. 9), sondern von ungefähr erschlagen sein: Chremes 'ging vndt schlief vndt sach, dafs einer zu ihm lief vndt schlug ihn mitt einm grosen spiefs auf seinen kopf'; ob er ihn getroffen, weiss Chremes nicht, — eine öfter vorkommende Art komischer Zeugenaussage. Auf Befragen erklärt Chremes weiter, er habe sehen wollen, 'ob vielleicht h i e r a u f s der Furst woltt kommen', er befindet sich also an einem Ort, wo dies Herauskommen zu erwarten war, vielleicht am Thor des Landgrafenschlosses zu Cassel, vor welchem wir ihn das vorigemal getroffen haben. Da er in dem 'Junker' den Landgrafen nicht vermuthet, beantwortet er dessen Frage, was er vom Fürsten wolle, ablehnend, erkundigt sich aber, wo er jenen wohl finde.

> *Lan.* Er ist nicht weidt.
> *Ch.* Wo ist er? *Lan.* Du siehst ihn bereitt.
> *Ch.* Ich kan ja [wirklich] noch kein Fürstn ersehn.
> *Lan.* Du sihst ihn ietzt hie für dier stehn.
> *Ch.* Seidt ihrs? dafs ist mir eben recht.
> *Lan.* Wollan, wafs woltst mir, sag fein schlecht
> Heraufs. *Ch.* Ich woldt vbr mein nachbawrn
> Klagen.

Aergerlich erwidert der Landgraf: 'Ihr seid all grose lawrn[1]), must ihr iemmer im zancke lign?'; aber er fordert ihn doch auf, die Sache vorzutragen. Denn:

---

[1]) Das Scheltwort Lauer (= Schelm), Vers 322. 558. 1109. 1268 (hier) eignet dem reimverwandten Bauern ganz besonders, s. DWB VI Sp. 302.

> So müd war nie der fromme herr,
> Er hört die armen ohn beschwer,
> Oder ir supplication,
> Das man dem recht hülff, wolt er hon [1]).

Freilich, das grosse Geschmier des Bäuerleins zu lesen,
hat er nicht die Weile; Chremes muss den Handel erzählen. Seines Nachbarn Sau ist in seinen Garten ge-
krochen und hat Alles verwüstet; er hat sie todt geschlagen und soll sie nun bezahlen, wozu er aber ganz
und gar keine Lust hat.

> *Lan.* Bäwrlein, mich dunckt in meinem sin
> Du seiest doll, hast du die saw
> Zu todt geschlagn, wollan so schaw
> Dafs du sie ihm bezalst. *Ch.* Nein her,
> Mir nicht [2]), bedenckett es besser, — — —
> Ich merk woll ihr verstehtt mich nicht.

Er macht dem Landgrafen nun den Vorgang sehr
packend klar:

> Sehtt, als wan diefs mein haufs,
> Undt dan mein gartten so heraufs
> Ging, vndt ihr werdt dafs garstig schwein,
> Ihr kröchtt mir zur lucken hienein,
> Verwust mir alfs, hiefs euch hnaufs gehn,
> Ihr bliebtt mir nichts dest' wenigr stehn
> Im garttn, ich nemb ein kleinen steckn,
> Wollt euch nuhr ein wenig erschreckn,
> Vndt schlug euch auf den rusl, vndt ihr
> Legttett euch geschwindt nieder hier
> Vndt stürbett dran, wafs köndt ich dan
> Darzu.

Es gelingt ihm wirklich, den Landgrafen zu überzeugen:
'Warlich mein bäwerlein, wie mich beduncktt, so soltt
woll dein sach richtig sein'. Er will 'dem Gauch' befehlen, den Chremes mit seiner Forderung in Frieden

---

[1]) Kirchhof, Christliche Heurath D Z. 7 und Wend. IV Nr. 79
S. 79 Z. 16 v. u.

[2]) 'Mir nicht' = 'das begegne mir nicht', s. DWB VI Sp. 2247,
Wend. I Nr. 83 S. 107 Z. 5, Nr. 323 S. 365 Z. 10, II Nr. 131
S. 180 Z. 6 v. u., Nr. 201 S. 251 Z. 11 u. 3 v. u.

zu lassen. Dieser aber, wie er sieht, dass es ihm so nach Wunsch geht, rückt gleich noch mit einer Bitte heraus: 'wollet mir doch einn altn verschlisnen thaler schenckn, dafs ich ewr mocht darbei gedenckn'. Auch das wird, wie es scheint, gewährt.

> *Lan.* Zeuch hin, will dein gnädigr Her sein.
> *Ch.* Vndt ich ewr Gnädigs bawerlein.

So klingt mit der Darstellung schönsten Einvernehmens zwischen Fürst und Bauer unser Spiel harmonisch aus, nachdem durch einen letzten, bedeutsamen Zug das vom Dichter mit sichtlicher Liebe gezeichnete Bild des hochgemuthen Landgrafen seine Vollendung erhalten hat. Man wusste von Erlebnissen und Gesprächen Philipps mit seinen Bauern viel zu berichten. Im Wendunmuth kann man zwei Arten solcher Geschichten unterscheiden: entweder der Bauer kennt den Fürsten nicht (III Nr. 12—13) oder er kennt ihn (III Nr. 14—17). In unserem Auftritt ist beides vereinigt, und wir sehen, dass das Erkennen den Chremes nicht im geringsten aus der Fassung bringt: in dieser Hinsicht erinnert unser Fall am meisten an Kirchhofs Erzählung (Wend. IV Nr. 81) von dem Zusammentreffen eines hartköpfigen hessischen Bauern mit dem Erben der Leutseligkeit Philipps, seinem Sohn und Nachfolger Wilhelm dem Weisen, in dessen Regierungszeit (1567 —1592) unser Spiel entstanden-zu sein scheint.

Wir haben im einzelnen gesehen, wie mannigfach dieses Spiel mit der Litteratur seiner Zeit, der wiedererweckten wie der neugeschaffenen, sich berührt in unmittelbarer Entlehnung, mittelbarer Beziehung, näherem oder fernerem Anklang. Und doch ist das Ganze nach Inhalt und Gestalt in überaus merkwürdigem Grade ausgezeichnet durch Selbstständigkeit und Ursprünglichkeit; eigenartig ist seine Doppelgestalt: es ist ein

Drama vom Bauernkriege und zugleich eine Comödie
vom Bauernleben; eigenartig ist von diesen beiden Gestalten jede einzelne.

Denn einmal ist unser Stück das erste, in welchem
man auf die nachher so beliebten Bauernauftritte stösst.
Kirchhof sagt einmal (Wend. I Nr. 64 Z. 13 v. u.):
'Wenn die bauren hetten einen pfarrherren der sie
in der kirchen nicht straffet, einen schultheifsen
der sie nicht büsset, einen rentschreiber der sie
nit warnet, und ein landsknecht der sie nit pfen-
det, mit denen weren sie überaufs wol zufrieden'. In
allen diesen Beziehungen führt unser Stück die Bauern
vor. Zuerst sehen wir sie im Streit mit dem Praetor
— dem Schultheissen, der sie büssen will, weil sie
ihren Verpflichtungen nicht nachgekommen (I 1—3);
sodann klagen sie über den Quaestor — den Rentschreiber, der sie angeblich übernimmt und noch obendrein bedroht (III 1). Dagegen sind sie überaus wohl
zufrieden mit ihrem Pfarrherren, der in der Kirche nicht
sie straft, sondern die Obrigkeit; der ihre vermeintlichen Rechte mit Eifer vertheidigt (I 4 usw.). Seine
Lehren aber trüben ihr Verhältniss nicht nur zu den
übrigen Gewalten der Gemeinde, sie reizen auch zur
Erhebung gegen die Staatsgewalt, gegen den Fürsten
(III 3 usw.). Jetzt aber wird der Bauer vom Landsknecht (miles) nicht mehr im Frieden gepfändet, sondern im offenen Kriege erschlagen (V 1 usw.). Wo dagegen nicht ein solcher ungewöhnlicher Pfarrherr den
Bauern aus seinen Schranken reisst, da bleibt ihm jenseit
all der kleinen Streitigkeiten, die mit ihm an der Scholle
haften, das Vertrauen zu seinem Fürsten (III 1, IV 6,
V 5). Dieses bewahrt sich der Hesse Chremes im Gegensatz zu dem Thüringer tollen Cuntzen, 'den die auff-
rürische art druckt' (Wend. I Nr. 93 Z. 5). Der Ausgang des Stückes zeigt, dass der erstere besser dabei

zu lassen. Dieser aber, wie er sieht, dass es ihm so nach Wunsch geht, rückt gleich noch mit einer Bitte heraus: 'wollet mir doch einn altn verschlisnen thaler schenckn, dafs ich ewr mocht darbei gedenckn'. Auch das wird, wie es scheint, gewährt.

Lan. Zeuch hin, will dein gnädigr Her sein.
Ch. Vndt ich ewr Gnädigs bawerlein.

So klingt mit der Darstellung schönsten Einvernehmens zwischen Fürst und Bauer unser Spiel harmonisch aus, nachdem durch einen letzten, bedeutsamen Zug das vom Dichter mit sichtlicher Liebe gezeichnete Bild des hochgemuthen Landgrafen seine Vollendung erhalten hat. Man wusste von Erlebnissen und Gesprächen Philipps mit seinen Bauern viel zu berichten. Im Wendunmuth kann man zwei Arten solcher Geschichten unterscheiden: entweder der Bauer kennt den Fürsten nicht (III Nr. 12—13) oder er kennt ihn (III Nr. 14—17). In unserem Auftritt ist beides vereinigt, und wir sehen, dass das Erkennen den Chremes nicht im geringsten aus der Fassung bringt: in dieser Hinsicht erinnert unser Fall am meisten an Kirchhofs Erzählung (Wend. IV Nr. 81) von dem Zusammentreffen eines hartköpfigen hessischen Bauern mit dem Erben der Leutseligkeit Philipps, seinem Sohn und Nachfolger Wilhelm dem Weisen, in dessen Regierungszeit (1567 —1592) unser Spiel entstanden-zu sein scheint.

Wir haben im einzelnen gesehen, wie mannigfach dieses Spiel mit der Litteratur seiner Zeit, der wiedererweckten wie der neugeschaffenen, sich berührt in unmittelbarer Entlehnung, mittelbarer Beziehung, näherem oder fernerem Anklang. Und doch ist das Ganze nach Inhalt und Gestalt in überaus merkwürdigem Grade ausgezeichnet durch Selbstständigkeit und Ursprünglichkeit; eigenartig ist seine Doppelgestalt: es ist ein

bunten Reihe von Bildern, deren Ungleichartigkeit zu
verwischen es sich durchaus keine Mühe gibt. Es verstärkt dieselbe sogar noch erheblich durch die Abwechslung in der Sprache, denn diese bedingt eine neue
Ungleichartigkeit, die der Form. Das Fehlen irgend
welcher strafferen Einheit erscheint in unserem Stück
so absichtlich und keck, dass man sich kaum getraut,
es ihm zum Vorwurf zu machen.

Unser Stück ist in der neueren Litteratur nicht
gänzlich unbeachtet geblieben: *Lynker* spricht von
ihm in seiner Geschichte des Theaters und der Musik
in Kassel (S. 229—235); aber dies Buch scheint bei
den Fachmännern wenig Beachtung gefunden zu haben,
wenn auch *Scherer's* Litteraturgeschichte es erwähnt
(S. 749). *Holstein, Herford, Minor*[1]) kennen unser
Spiel nicht, welches sie schon bei der ihnen gemeinsamen grundsätzlichen Scheidung von lateinischem und
deutschem Drama in Verlegenheit gebracht haben würde.
Uebrigens sind *Lynker's* Mittheilungen über unser Spiel
so flüchtig und fehlervoll, dass sie durchaus kein rich-
tiges Bild von ihm hätten gehen können. Aber das
Spiel verdient es wohl, bekannt zu werden; es kann
einen Platz beanspruchen in der Geschichte der Bühnendichtung der Reformationszeit, in der Geschichte dieses
unfruchtbaren Blüthenzweiges der deutschen Litteratur.

Auffallen muss es, dass gerade die Handschrift
unseres Spieles, wie wir im Eingang dieses Aufsatzes
gesehen haben, vom Landgrafen Moritz von Hessen im
Jahre 1602 zu einem Eintrag über eine Prüfung seines
Sohnes Otto durch Marburger Professoren benutzt worden

---

[1]) Siehe *Herford's* Studies in the literary relation of England
and Germany in the 16. century, *Minor's* Einleitung in das Drama
des 16. Jahrhunderts in *Niemeyer's* Neudrucken Nr. 79/80.

image
not
available

durch Cassel vortragen zu können, und zwar sollten sie
die Reden lateinisch und deutsch lernen und für
beide Sprachen gefasst sein. Moritz selbst sollte den
Alexander spielen, den Hannibal der Graf v. Solms, den
Scipio Walrabe (v. Boyneburg?), den Caesar der ältere
v. Baumbach, den Constantin womöglich der jüngere
v. Baumbach, den Carl vielleicht der Hugenott Clervant
(Clerevantius). Falls einige 'nit ingenii genug hetten',
sollte Moritz 'etliche aus der Schule und aus der Universität Marburg fordern lassen', damit die Zahl voll
sei (*Rommel* V S. 722 f). Die Dichtung, von der hier
die Rede ist, ist in deutscher Form zum grossen Theil
noch erhalten, und zwar im 5. Buch von Kirchhof's
Wehdunmuth [1]). Denn dort hat als Nr. 146—153 ein
grösseres Reimwerk Aufnahme gefunden, in welchem
Alexander Magnus, Hannibal Carthaginiensis, Scipio
Africanus, Julius Caesar, Constantinus Magnus, Carolus
Magnus, Scanderbeg und Mahumetes 'um das Primat
streiten', indem sie einer nach dem andern 'ihre res-
gestas erzählen'. Kirchhof ist es gewesen, der 1584 'auf
gnediges befehlen landgraven Moritzen zu Hessen'
diese 'Thaten der acht Grofsen Helden' aus der lateinischen Prosa einer 'schönen Comödie' in deutsche
Verse gebracht hat (Wend. V Nr. 146 Z. 1). Uebrigens
war vielleicht dasselbe Stück die 'Comödie von den
Alten Potentaten', zu welcher 1597 Landgraf Moritz
'die Waffen, Harnische und Kleidung, was deren bei
uns vorhanden', versandte (*Rommel* VI S. 402 Anm. 121),
und zwar, wie ich glaube, an seinen Oheim, den Landgrafen Ludwig zu Marburg, und zur dortigen Aufführung durch Graf Hans Ernst v. Solms 'mit seiner Gesellschaft' (siehe *Rommel* VI S. 401 Anm. 120). Moritz

---

[1]) Dieser Zusammenhang ist bisher nicht bemerkt worden,
auch nicht von *Wyss* a. a. O. S. 73 f.

bittet dabei: 'E. L. wollen die Comödianten also memo-
rieren lassen, damit wir, auf den Fall wir zu E. L.
kommen, unsere Augen auch hiernächst daran belustigen' (*Rommel* VI S. 402 Anm. 121). Und noch
eine dritte Aufführung desselben Stückes könnte zu
verstehen sein, wenn wir lesen, dass im Sommer 1603
zu Schmalkalden vor Moritz und seinem Hofe eine
'Comödie von den Helden des Alterthums' gespielt
wurde.

VII.

Beiträge zur älteren Geschichte Hauedas von 1360—1577.

Von

Gustav Frhr. Rabe von Pappenheim
zu Marburg.

Ungedruckte Quellen:

Akten und Urkunden des Stammer Archivs.
Urkunden aus dem Stammer Copialbuch von 1571.
Inventarium der von Pappenheim zur Liebenau.
Samettbriefe, so in ihrem Samptkasten zuo finden. Actum anno 1573.
Stammer Prozessakten 1534—1577.
Akten des Marburger Staatsarchivs, Liebenau und Paderborn, darunter Copialbuch der Stadt Liebenau.

H aueda, der Name des unweit der westfälischen Grenze am rechten Ufer der Diemel liegenden gleichnamigen Dorfes, wird in seiner ursprünglichen Bedeutung von Verhau,. Gehau oder Uschlag abgeleitet *). Die erste Anlage des Ortes fällt daher wohl in eine Zeit, wo urkundliche Nachrichten über denselben nicht mehr vorhanden sind. Die Schreibart dieses Namens

---

*) *W. Arnold*, Ans. u. Wander. deutscher Stämme S. 136 u. 305.

bittet dabei: 'E. L. wollen die Comödianten also memo-
rieren lassen, damit wir, auf den Fall wir zu E. L.
kommen, unsere Augen auch hiernächst daran belustigen' (*Rommel* VI S. 402 Anm. 121). Und noch
eine dritte Aufführung desselben Stückes könnte zu
verstehen sein, wenn wir lesen, dass im Sommer 1603
zu Schmalkalden vor Moritz und seinem Hofe eine
'Comödie von den Helden des Alterthums' gespielt
wurde.

beim und seinem Bruder dem Knappen Herbold v. P. zur Liebenau mitsameder Hand, 2 Hufen Landes im Felde zu Haueda, die die Verkäufer von der ehrsamen Frauen Aebtissin von Bödicken zu Lehen trugen, — für 32 Mark schw. Warb. Pfennige. Sie siegelten mit den Siegeln ihres Herren, des edelen Herren Curdt von Schöneberg und mit dem des Vollbrechts von Rösebeke, welche diesen Kauf getedingt hatten *).

Im Jahr 1412 — 3 Jahr nach der Umwandlung des Klosters Bödicken in ein Mannskloster — schliessen Burchard der ältere von Pappenheim und seine Söhne einen Vertrag mit dem Herren Joa. Woelen, Prior to Swolle, — zur Zeit der oberste Prälat des Stifts Bödicken, wonach sie sich verpflichten: dem Kloster 1 Mark Geldes, 3 Malter Korn und 7 Malter Korn aus ihren Höfen in Haueda in ein Haus in Warburg, jährlich an jedem Michaelistage zu liefern. Der eine von diesen Höfen gehörte zur Zeit dem Bürger Johann Knokel aus Geismar und wurde von Hermann Füllings bewirthschaftet, welcher die 3 Malter Korns zu liefern hatte. Die anderen Höfe, aus welchen 7 Malter Korns zu liefern waren, bebauten die Meier Henke Isenake und Hermann Heppe. — 1596 übertrugen der Prior Heinrich, der Subprior Johannes, der Prokurator Conrad und der ganze Convent des Klosters Bödicken gegen Bezahlung einer Summe Geldes dem Bürger zu Dringenberg Antonius Riesen und seiner Hausfrau Catharina 2 Malter Korns Rente aus dem Hof, welchen Abraham Schürf als Meier bebaute. Das Kloster hatte diesen Hof, ehemals gegen einen ebensogrossen, — den von Pappenheim's gehörigen, — eingetauscht.

Nach dem Tode des Rentschreibers in Dringenberg — des Antonius Riesen — wurde seiner Wittwe dieser

---

*) Copialbuch der von Pappenheim Bl. 209 p. 1 f.

Verkauf der 2 Malter Kornrente, von Raban Osterholz und Raban Wippermann von Lippspringe, im Namen des Convents zu Bödicken nachmals bestätigt. Die urkundlichen Nachrichten über den Besitz des Klosters hören hiermit auf*) und wahrscheinlich hat das Kloster seine Güter in Haueda nach und nach veräussert.

Das freie weltliche Stift Herse besass ebenfalls Besitz- und Lehensherrlichkeit über das Amt Haueda.

Schon im Anfang des 14. Jahrhunderts erwarben die Pappenheim's zu Liebenau in Haueda viele Güter. Liebenau befand sich schon im Jahr 1300 im Besitz des Ritters Werner von Westerburg und des Ritters Conrad, genannt Sailcherus**), und seines Bruders, des Knappen Conrad***). Der Mitbesitz von Liebenau ging dann wahrscheinlich sehr bald darauf an den Ritter Herbold von Pappenheim von der Cugelnburg bei Volkmarsen über, da derselbe schon vor 1309 in Liebenau ansässig gewesen sein muss.

1309 in vigilia ascensionis (Aug. 21.) leiht Herbold von Pappenheim zu der Liebenau dem Werner von Howede 10 Mark schw. Pfennige Warburger Währung auf das ihm vom letzteren verpfändete Gut in Howede, wobei die schon früher von Werner von Howede, dem Herbold von Pappenheim gegebenen Verschreibungen ihre Kraft behalten sollten. Herbold von Pappenheim erwarb überhaupt schon viele Ländereien in Haueda, worüber sich noch viele unedirte Urkunden vorfinden. Seine Söhne, der Probst von Bustorf (bei Paderborn), Burchard von Pappenheim und sein Bruder, der Knappe Herbold v. P., beides Söhne des Ritters Herbold von Pappenheim († 1347), sowie ihre Erben, erwarben nach und

---

*) Marburger St. Archivakten, Politische Abth. Paderborn.

**) Der Name Sailcherus kommt sonst nirgends vor; vielleicht soll es Scultetus heissen.

***) Copialbuch der Stadt Liebenau; Marb. Staatsarchiv.

nach fast alle Ländereien in Haueda, nebst dem Zehnten daselbst und dem Patronat über das Pfarrlehen. Die Kirche zu Haueda war wahrscheinlich von jeher von einem eigenen Geistlichen versehen worden, und der unweit von Haueda gelegene Ort Grimmelsheim gehörte zum Kirchspiel Haueda. Die Oberlehensherren von Grimmelsheim waren die edlen Herren von Schöneberg.

1331 ipso die Priscae Virginis (18. Jan.). Der edle Conrad von Schöneberg senior bezeugt, dass der Knappe Ludolph von Drybergh mit seinem Consens und dem seiner Gattin Alborgis und seiner Erben, dem Ritter Herbold von Pappenheim den halben Theil des Zehnten zu Grimelssen für 10 Mark reinen Silbers — auf Wiederkauf in 7 Jahren — verkauft habe*).

1367 in die Sanctae Luciae Virginis (13. Dez.). Herbold von Pappenheim versetzte den halben Zehnten in Grimelsen an den Bürger Herbold Leynemann für 10 Mark Silbers, wovon 1 M. S. = 10 Mark schwerer Warburger Pfennige war**).

1411. Post diem Exaltationis S. Crucis (Sept. 14.). Burchard, der Edelherr von Schonenberg und Heinrich sein Sohn — der Edelherr — belehnen mit Hand und Mund den Burchard von Pappenheim, ihren Oheim mit Grimelssen, dem Zehnten daselbst und seinen Zubehörungen, wie die von Martesshausen, denen Gott Genade, diese Lehen von ihnen gehabt haben***).

In dem alten Güterregister des Stammer Archivs vom J. 1573†) wird das Pfarrlehen in Haueda zuerst im J. 1362 erwähnt. Ferner finden sich darin noch: a. 1325 Recognition eines Kaufs über den 4ten Theil und den 16ten Theil des Zehnten zu Haueda. 1335

---

*) C.-B. aller v. P. Bl. 112 p. 2.
**) C.-B. d. v. P. Blatt 27 p. 1; *Falckenh.* Schr. S. 73.
***) C.-B. d. v. P. Bl. 366 p. 2.
†) Stammer Archiv.

wurde zwischen Johann von Pappenheim und Berthold von Geismar ein Rezess über den 4ten und 6ten Theil des Zehnten zu Haueda abgeschlossen. 1395 kam der ganze Zehnte zu Haueda durch Kauf in den Besitz der Pappenheim-Liebenau und 1399 Purificationis S. Mariae Virginis (Februar 3.) belehnen Burchard, der Edelherr von Schonenberg und Heinrich sein Sohn, den Burchard von Pappenheim — ihren Oheim — erblich mit dem Zehnten zu Haueda, als ein Mannlehen *). Das Gericht und die Dienste zu Haueda wurden 1392 Dominica die ante festum Dionisij et sociorum ejus (Oct. 6.) von Johann von Spiegel zum Desenberg durch Verzichtleistung an Burchard von Pappenheim übertragen **). — Laut folgender Urkunden erwarben die von Pappenheim-Liebenau die Höfe und Güter nebst der Mühle und dem Patronat über die Kirche auf folgende Weise:

1326. Feria sexta proxima post Octavam Epiphaniae ejusdem (Jan. 20.). Sophie, die Wittwe des verstorbenen Conrad Scultetus und ihre Söhne, die Knappen Conrad, Heinrich und Gerhard, verkaufen dem Ritter Herbold von Pappenheim und seiner Gattin Ermgard (von der Asseburg) und ihren Erben — mit anderen Gütern — 2 Hufen im Felde zu Howede mit allen ihren Zubehörungen, für 100 Mark schwerer Pfennige Warburger Währung. Die Verkäufer versprechen in Gegenwart des Edelherrn Conrad von Schonenberg, mit Consens des Conrad gen. Scultetus, des Bruders des verst. Conrad gen. Scultetus, Verzicht auf alle ihre Rechte an diese Güter zu leisten. Als Zeugen werden genannt: Ghyso von Roderkessen, Mönch in Hasungen, Heinrich Schynebein, Richter in Liebenau und Hermann Rucae ***).

1337. Proxima feria quarta post Octavam Epiphaniae Domini (Jan. 22.). Der Knappe Johann genannt

---

*) C.-B. d. v. P. Bl. 366 p. 1. — **) Ebenda Bl. 184 p. 2. — ***) Ebenda Bl. 38 p. 2.

Howede verkauft mit der Zustimmung seiner Hausfrau
Friderun und seines Sohnes Werner, seinen Haupt- oder
grossen Hof — auf Wiederkauf — für 32 Mark Warburger Pfennige an Hermann Russen in Warburg. Die
Brüder Albert, Johann und Heinrich von Schartenberg
gaben als Lehnsherren ihre Zustimmung zu dem Verkauf *).

1338. Proxima feria secunda post invocavit (2.
März). Johann von Howede verkauft mit der Zustimmung seines Bruders Werner, seiner Hausfrau Hampa,
seines Sohnes Johannes, seiner Töchter Lucia und Hampa
und aller seiner Erben, seine halbe Hufe im Felde zu
Howede mit dem Achtwort (Holzgerechtsame) und mit
einem halben Haus im Dorfe Haueda, für 11 Mark
schwerer Pfennige Warb. Währ. an Herren Pfarrer
Dietrich zu Liebenau und den Knappen Werner von
Westerburg. Zur Gewähr und Bestätigung dieses Ver-
kaufes verlangt Johann von Haueda, dass Ritter Herbold von Pappenheim mit seinem Siegel siegelt **).

1342. Am Tag S. Martins des h. Confessors (Nov.
11.) verkaufen der Ritter Rave von Driburg und sein
Sohn, der Knappe Berthold, alle ihre Güter im Felde
zu Haueda, welche sie von ihrer Grossmutter und Mutter
geerbt haben — auf Wiederkauf in 8 Jahren —, an
den Ritter Herbold von Pappenheim. Elisabeth, die
Mutter Bertolds von Driburg und die Hausfrau des genannten Ritters Rave von Driburg und auch die Schwester
derselben, die Wittwe Hampa von Stockhausen, geben
ihren Consens zu diesem Verkauf und versichern dem
Ritter Hermann von Calenberg, durch eine Handtastunge,
den Vertrag getreu zu halten. Heinrich und Ludolf

---

*) C.-B. d. v. P. Bl. 68 p. 1 f; *Falckenh.* Schr. S. 125.
**) Ebenda Bl. 22 p. 1; *Falckenh.* Schr. S. 58.

von Driburg verbürgten sich als Zeugen bei diesem
Vertrage für ihre gleichnamigen Blutsverwandten*).

1344. Feria quarta ante Lätare (März 10.). Hampa,
die Wittwe Hermanns von Stockhausen, verspricht dem
Ritter Herbold von Pappenheim allen Schaden aus ihren
Gütern zu ersetzen, wenn letzterer dieselben übernehmen
würde. Auch im Namen ihrer Schwester Elisabeth
schloss sie diesen Vertrag ab und siegelte mit dem
Siegel des Hermann von Calenberg**).

1348. In vigilia Apostoli Jacobi (Juli 24.). Der
Knappe Johannes von Howede verkauft mit der Erlaubniss seines Blutsverwandten, Werner von Howede und
seiner Erben, eine jährliche Rente von einer Mark aus
seinem Gut im Feld und Dorf zu Howede, für 10 Mark
schw. Pfennige Warb. Währung, an den Probst in Bustorf.
Burchard von Pappenheim und seinen Bruder den Knappen
Herbold v. P. zu Liebenau. Das Gut wurde damals
von den Brüdern Hartmann und Werner Rasoris in
Liebenau bebaut. Auf die Bitte des Verkäufers hatte
auch Johannes von Howede junior sein Siegel an den
Brief gehängt***).

1349. Feria sexta ante quasimodogeniti (April 17.).
Die Brüder Johann, Hillebrandt und Bertold von Hoppeke
nebst ihren Schwestern Gisela und Gertrud, verkaufen
dem Probst von Bustorf Burchard von Pappenheim
und seinem Bruder, dem Knappen Herbold, 1¹/₂ Hufen
von ihrem Erbgut zu Haueda für 20 Mark†) schwerer
Pfennige Warb. Währung. Als Zeugen werden genannt:
Stephan von Haldessen und Dietrich von Twiste, Ritter,
und Hermann von Hiddessen, Knecht. Ausserdem waren
bei dem Handel: Herr Dietrich Pfarrer zu Liebenau,

---

*) C.-B. d. v. P. Bl. 204 p. 1 f; *Falckenh.* Schr. S. 245.
**) Ebenda Bl. 21 p. 2; *Falckenh.* Schr. S. 63.
***) Ebenda Bl. 15.
†) Ebenda Bl. 206 p. 1 f; *Falckenh.* Schr. 247.

Herr Johann Kirchherr zu Hombressen, Degenhardt
Gellermann und Werner Mannegoldt und andere *).

1349. In octava Beati Laurentii Martyris (Aug. 17.).
Hampa, die Wittwe des Knappen Hermann von Stock-
hausen, Johannes und Ludolph ihre Söhne, verkaufen
den dritten Theil von 11 Hufen Landes im Hauedaer
Feld und all' ihr Gut mit der Mühle an den Probst zu
Bustorf, Burchard von Pappenheim und seinen Bruder
den Knappen Herbold, für 24 Mark reinen Silbers, wie
es gang und gäbe in Warburg ist. Im Falle sie das
Gut wieder verkaufen würden, soll der Kauf aus eigenen
Mitteln und auf ihre Kosten bewerkstelligt werden.
Dieser Verkauf soll ausserdem für ihre Verwandten
Gültigkeit haben, nämlich für Johann von Stockhausen
ihren Onkel und ihren Vetter Detmar von Stockhausen,
den Sohn des verstorbenen Ritters Johann von Stockhausen aus Münden **).

1351. Die dominica qua cantatur universis (Mai 10.).
Die Brüder Dietrich und Stephan von Haldessen erklären,
dass ihr Vetter Heinrich von Haldessen mit ihrer Bewilligung ¹/₃ des Gutes zu Haueda, welches ihnen vom
Ritter Bertold von Howede zugefallen ist, an den Probst
zu Bustorf Burchard von Pappenheim und seinen Bruder,
den Knappen Herbold, für 2 Mark Silbers Warb. Währ.
verkauft hat. Dietrich und Stephan von Haldessen
siegeln für Heinrich von Haldessen, weil dieser kein
Siegel hat ***).

1351. In octava Beati Martini Episcopi (18. Nov.).
Die Brüder Grope und Johannes genannt von Godenborg verkaufen mit Erlaubniss ihrer Vettern Ludolf und
Otto von Godenborg eine halbe Hufe Landes im Ho-
weder-Feld mit einem freien Platz oder Dreschboden

---

*) C.-B. d. v. P. Bl. 206 p. 1 f; *Falckenh.* Schr. S. 247.
**) Ebenda p. 20; *Falckenh.* Schr. S. 61.
***) Ebenda S. 207 p. 1 f.

im Dorfe Haueda, welchen ehemals Bernhard von Eckers-
hausen besessen hatte, für 6 Mark schwerer Pfennige *).

1353. Des nächsten Sonnabends nach Bonifacius
(Juni 8.). Hampa und Lucia, die Töchter des verstor-
benen Johann von Haueda verkaufen dem Probst in
Bustorf Burchard von Pappenheim und seinem Bruder
Herbold 2 Hufen in der Mark zu Haueda, wovon eine
Rottstede ausgenommen wurde, für 30 Mark schwerer
Warburger Pfennige. Der Edelherr Junker Curdt von
Schonenberg hängte sein Siegel daran **).

1354. Ipso die vinculi S. Petri Apost. (Aug. 1.).
Die Brüder Johann und Werner von Martesshausen verkaufen 3 Hufen Landes und eine Rottstede in Howede
an ihren Junker, den Knappen Herbold von Pappenheim
in Liebenau, für 13 Mark schwerer Warb. Pfennige ***).

1355. In vigilia Thomae Apostoli (Dez. 20). Ludolf
Marschalk, Knecht, bekennt: dem Knappen Herbold von
Pappenheim-Liebenau 7 Mark schwerer Pfennige W. W.
und 2 Schillinge, die er an Curd Jude bezahlt hat,
schuldig zu sein und entsagt — wenn seine Mutter
sterben würde — der Wiederlösung des Gutes zu Ho-
weda, welches denen von Pappenheim zum Pfande stand,
— er müsste denn denen von Pappenheim die ganze
Schuld in einer Summe bezahlen †).

1363. An des heil. Kreuzestag, als es erhoben
ward (Sept. 14.). Die Brüder Johann Ludolf und Curdt
von Bussen verkaufen dem strengen Mann Herbold von
Pappenheim zu der Liebenau, Mettiken seiner Hausfrau,
Herbold und Burchard seinen Söhnen, 3 Hufen Landes im
Felde zu Haueda für 44 Mark schwerer Warburger Pfennige.
Für Curdt Bussen siegelt sein Oheim Frenke Linnen ††).

---

*) C.-B. d. v. P. p. 19; *Falckenh.* Schr. 61.
**) Ebenda Bl. 208 p. 1 f; *Falckenh.* Schr. 249.
***) Ebenda Bl. 210 p. 1 f. — †) Ebenda Bl. 183 p. 2.
††) Ebenda; *Falckenh.* Schr. 251.

1374. In Octava Apostolorum Petri et Pauli
(Juli 6.). Dietrich und Stephan von Haldessen verkaufen
ihrem lieben Neffen, dem Herbold von Pappenheim zu
Liebenau und Mettiken seiner ehelichen Hausfrau, Herbold und Burchard ihren Söhnen und allen ihren Erben,
eine Hufe Landes auf dem Felde zu Haugede mit aller
Schlacht-Nutz- und Zubehörung im Felde und Wasser,
in Wiesen und Weide. Ausserdem zwei Malter Korns in
dem grossen Hof, ein Malter Heuern, Geismarsches
Masses vor 10 lödige Mark Warb. Währunge*).

1403 versichern Gerhardt von Spiegel und Dietrich
von Niehausen, des verstorbenen Enngehardts Sohn,
dass der Knappe Burchardt von Pappenheim ihnen einen
Brief Bernd Marschalks — uppe Guit tho Howede —,
den ihnen Hans Müntzer zu Warburg hatte geantwortet,
abgelöst habe. Gerdt Spiegel siegelte mit seinem Siegel
und Dietrich von Niehausen mit dem seines Schwagers
Hermann Juden**).

1418. Feria tertia post dominicam Judica (März 15.).
Henrich von der Malsburg, Werners Sohn und seine
Vettern, Johann und Hermann von der Malsburg, ver-
kaufen dem Ritter Burchardt von Pappenheim den 4 ten
Theil ihrer Güter zu Haueda***).

Die Schutzvogtei über das freie, weltliche Stift
Herse stand den Edelherren von Schöneberg zu, nach
dem Erlöschen dieses Dynastengeschlechts (a. 1429) kam
dieselbe an die Landgrafen zu Hessen.

1471. Sontag Blasii (3. Febr.) belieh Landgraf
Ludwig II. zu Hessen den Friedrich und Burchardt von
Pappenheim mit dem Zehnten zu Haueda, einem Hof
mit 3 Hufen und dem Kirchlein daselbst†).

---

*) C.-B. d. v. P. Bl. 217 p. 1 f; *Falckenh.* Schr. 253.
**) Ebenda Bl. 197 p. 1 f.
***) Neues C.-B. d. v. P. III B. S. 106.
†) Marburger Staatsarchiv. Lehen, Paderbörner Akten.

benau an der Ausübung ihrer Berechtigungen über ihre
Schaftriften zu Haueda gehindert. Bald nachdem der
Prozess hierüber bei dem Hof-Canzlei-Gericht in Cassel
eingeleitet worden war, wurde ein Termin angesetzt,
welcher dann im Jahr 1536 am 26. November stattfand.
Unter dem Vorsitz einer fürstlichen Kommission wurden
am genannten Tage, um 11 Uhr, — in Anwesenheit der
Parteien — die Verhandlungen in dem Prozess eröffnet.
Bei dem Beginn der Verhandlungen wiesen die Herren
von Spiegel einen auf Pergament geschriebenen alten
Hauptbrief vor, in welchem von einer Mühle die Rede
war. Im Schilde des grossen an dem Hauptbrief hängenden Siegels bemerkte man 7 Kegel oder Runen. Das
Wappen war jedoch nicht bekannt, weshalb der Hauptbrief, als nicht rechtskräftig, von den fürstlichen Kom-
missaren zurückgewiesen wurde. Fünf aus Haueda bestellte Zeugen wurden dann vereidigt. Die Zeugen
waren: 1) Roitiger Scheffer; derselbe war 60 Jahr alt,
hatte über 100 Gulden Vermögen und stand im Dienste
der Herren von Spiegel. Für dieselben musste er in
der Ernte 1 Tagwerk Frucht einführen, 1 Tag düngen
und, wie jeder Eingesessene zu Haueda, jährlich ein
Fuder Holz einführen. — 2) Thies Bolten; derselbe war
55 Jahre alt, hatte 100 Gulden Vermögen und stand
nicht im Dienste der genannten Parteien. — 3) Curdt
Bolten; derselbe war über 60 Jahr alt und hatte 100
Gulden im Vermögen. Ehemals war er 30 Jahr Vogt
bei den Spiegels gewesen, wesshalb er sich denselben
aber nicht mehr verpflichtet hielt und die volle Wahrheit auszusagen versprach. — 4) Henn Bolten, welcher
mit Weib und Kindern zu den Eingesessenen Haueda's
gehörte. Sein Bruder war Thies Bolten und sein Vetter
Curdt Bolten. Dem Rentmeister zu Grebenstein — Jost
Speden — hatte er bekannt, dass er den Pappenheim's
durch einen Eid verpflichtet sei, da er für dieselben den

jährlichen Kornzins einzufordern habe. Jost Speden versicherte ihm jedoch, dass ihm dies nicht hinderlich sein könne, die volle Wahrheit auszusagen. Sein Vermögen betrug 20 Gulden. — 5) Der Ackermann Heinrich Plante, welcher 40 Gulden im Vermögen hatte und 70 Jahr alt war.

Ueber die Gerechtsamen und Besitzverhältnisse, wie sie den erschienenen verschiedenen Parteien zuständen, sagten die Zeugen Folgendes aus:

Die Gerichtsbarkeit oder Oberherrlichkeit zu Haueda stände zur einen Hälfte dem Landgrafen und zur anderen Hälfte den Spiegels zu. Der Zehnte zu Haueda, sowie auch alle Abgaben — ausser 4—5 Maltern — gehörten den Pappenheims-Liebenau. Der Zehnte bestände in Scheffelgulden vom Lande. Zur niederen Jagd auf Hasen seien die von Pappenheim ebenfalls berechtigt, während ihnen die hohe Jagd nicht zuständе. Sämmtliche Schaftriften in Haueda seien von jeher im Besitze der von Pappenheim gewesen und die Nutzung der Beitriften wäre ihnen vor 4—5 Jahren nur durch ein widerrechtliches Verbot von denen von Spiegel und den Amtsknechten von Schartenberg entzogen worden. Heinrich Plant führte noch zum Beweise, dass die v. P. immer alle Schaftriften in Haueda besessen hätten, folgendes an: Mehr als dreitausend Schafe gehörten in der Mark Haueda den Hrn. v. P. und zu einer Schaftrift wurden nicht mehr wie 400 Schafe als zugehörig gerechnet. Es sei daher ganz unzweifelhaft, dass die durch das Verbot den von Pappenheim entzogenen Beitriften von jeher zur Hauedaer Mark gehört hätten. Die Pappenheim'schen Schäfer Roitiger und sein Sohn Heine hüteten jetzt mehr als 400 Schafe auf einer Trift, während sie früher noch auf einer Trift gehütet hätten, die ihnen jetzt — durch das schon genannte Verbot — entzogen worden wäre. Auch der P. Schäfer Donge

Weimers sei ebenfalls durch das Verbot verhindert worden, auf der Trift seine Schafe zu hüten, die er immer in Benutzung gehabt habe, und er müsse nun auch auf der Trift seines Schwiegervaters, des Roitigers hüten.

Die Höfe in Haueda, von welchen die von Pappenheim Zins zu fordern berechtigt seien, benannte der 4te Zeuge — Henn Bolten — folgendermassen:

1. Den Bukhof, den Thies Bolten von den v. P. gepachtet habe.
2. Den Thieshof, den Henn Bolten in Pacht hat.
3. Den Osthof — Pächter: der Sohn des Plant.
4. Ein Kotthof — Pächter: Hermann Nolte.
5. 1 Kotthof hinter dem Thor — Pächter: Johann Nolte.
6. 1 Bauhof gepachtet von den Schwizersch.
7. 1 Bauhof — Pächterin: Thies Boltens Tochter.
8. 1 Bauhof — Pächter: Hermann Bolte.
9. 1 Kotthof — Miether: Ischwerdt Plant.
10. 2 Kotthöfe — Pächter: Gerwin.
11. Der Fischerhof — Pächter: Hans Bolten.
12. 1 Kotthof — Pächter: Truifen.
13. 3 Kotthöfe — Pächter: der Leinweber.
14. Ein grosser Hof — Pächterin: Frau Lynike, von dem die jährl. Pacht 5 Malter Gülde beträgt.
15. 1 Kotthof — Pächter: Jacob Thyten.
16. 1 Kotthof — Pächter: des gnädigen Fürsten Knecht, der ein neues Haus darauf gebaut hat.
17. 1 Haus auf einem Kotthofe — bei dem Rodenkirchhofe — Pächter ist Thonig Winner.
18. 1 Kotthof — Pächter: Curt Bolten.
19. 1 Kotthof a. d. Diemel — Pächter: Thile Kramme.
20. 1 Kotthof bei den Mühlgraben — Pächter: Adam Bolten.

Wie »Henn Bolten« noch weiter berichtet, gehörten zu den Gerechtsamen und Einnahmen, welche

jährlichen Kornzins einzufordern habe. Jost Speden versicherte ihm jedoch, dass ihm dies nicht hinderlich sein könne, die volle Wahrheit auszusagen. Sein Vermögen betrug 20 Gulden. — 5) Der Ackermann Heinrich Plante, welcher 40 Gulden im Vermögen hatte und 70 Jahr alt war.

Ueber die Gerechtsamen und Besitzverhältnisse, wie sie den erschienenen verschiedenen Parteien zuständen, sagten die Zeugen Folgendes aus:

Die Gerichtsbarkeit oder Oberherrlichkeit zu Haueda stände zur einen Hälfte dem Landgrafen und zur anderen Hälfte den Spiegels zu. Der Zehnte zu Haueda, sowie auch alle Abgaben — ausser 4—5 Maltern — gehörten den Pappenheims-Liebenau. Der Zehnte bestände in Scheffelgulden vom Lande. Zur niederen Jagd auf Hasen seien die von Pappenheim ebenfalls berechtigt, während ihnen die hohe Jagd nicht zuständе. Sämmtliche Schaftriften in Haueda seien von jeher im Besitze der von Pappenheim gewesen und die Nutzung der Beitriften wäre ihnen vor 4—5 Jahren nur durch ein widerrechtliches Verbot von denen von Spiegel und den Amtsknechten von Schartenberg entzogen worden. Heinrich Plant führte noch zum Beweise, dass die v. P. immer alle Schaftriften in Haueda besessen hätten, folgendes an: Mehr als dreitausend Schafe gehörten in der Mark Haueda den Hrn. v. P. und zu einer Schaftrift wurden nicht mehr wie 400 Schafe als zugehörig gerechnet. Es sei daher ganz unzweifelhaft, dass die durch das Verbot den von Pappenheim entzogenen Beitriften von jeher zur Hauedaer Mark gehört hätten. Die Pappenheim'schen Schäfer Roitiger und sein Sohn Heine hüteten jetzt mehr als 400 Schafe auf einer Trift, während sie früher noch auf einer Trift gehütet hätten, die ihnen jetzt — durch das schon genannte Verbot — entzogen worden wäre. Auch der P. Schäfer Donge

für die Wiese von dem Pappenheim'schen Müller zu Haueda bezahlt worden.

Ueber den Neuaufbau der Mühle berichteten die Zeugen folgendes:

Die Spiegels hätten auf die wüste Mühlenstätte Ansprüche erhoben, welche ihnen aber von den Bewohnern Haueda's verweigert worden wären. Die Mühle habe den Bewohnern Haueda's sehr gefehlt, wesshalb dieselben erst einen Neubau der Mühle verlangten, ehe sie sich mit den Spiegels in weitere Verhandlungen über ihre Ansprüche auf die Mühlenstätte einliessen. Die Spiegels wollten aber einen Neuaufbau der Mühle nicht gestatten und suchten die Bewohner Hauedas daran zu verhindern.

Der Umbau der Mühle geschah indessen doch, nachdem die von Pappenheim sich der Hauedaer Einwohner angenommen hatten. Der Neubau der Mühle sei vor 15 Jahren vollendet worden, ohne dass es den Herren von Spiegel gelungen wäre, die Bewohner Haueda's daran zu hindern, wie die Zeugen ferner aussagten. Das Holz dazu war aus dem Walde geholt worden — auf dem sogenannten Grauen. Zum Bau der Mühle hatte der Schäfer Roitiger dem Müller 12 Gulden Hauptgeld geliehen und bezog deshalb jährlich 1 Mark Zins aus der Mühle. Die von Pappenheim bezogen von dem Müller als jährlichen Zins aus der Mühle: 4 Malter Korns, 2 Gänse, 2 gemästete Schweine und 3 Mark an Geld. In den Prozessverhandlungen war von den Amtsknechten zum Schartenberg und den Herren von Spiegel das ganze Hauedaer Holz als ihr Eigenthum beansprucht worden. Ferner beschwerten sich dieselben darüber, dass die Pappenheims unrechtmässiger Weise sich den Rottzehnten angeeignet hätten. Das Hauedaer Holz umfasste damals nach Aussage der Zeugen einen Flächenraum von sechs bis sieben

hundert Morgen Landes und war grösser, als die Hauedaer Feldmark. Ferner hatten nach Angabe der Zeugen
die Herren von der Malsburg Holzgerechtsamen im
Hauedaer Holz. Es gehörte ihnen daselbst der 3te oder
4te Baum; etwa 40 Acker hätten sie in demselben
schon roden lassen und verlangten daselbst nun Gülde.
— Ein amtlicher Bericht der damaligen Aebtissin von
Herse — vom Jahre 1538 April 3. — befindet sich bei
den Prozessakten *) und lautet folgendermassen:

'Wir von Gottes Genade, Margaretha, Aebtissin des
freien weltlichen Stifts Herse, Dechantin zu Gandersee,
geborne Gräfin von Columna und Bokenem, bekennen
öffentlich in diesem Briefe, das vor uns kommen ist
der ehrbare Junker von Pappenheim und sich beklagt
hat, dass ihm Eintrag geschehen ist in der Mühle,
welche sie von Uns und unseren Vorfahren zu Lehn
getragen haben bis auf diesen Tag, und uns alle Jahr
davon gegeben haben 3 Warburgische Mark, und dies
Geld Uns länger als 300 Jahr bezahlt worden ist und
waß vor Titel sein vor Zeiten an der Mollen- und
Kotenstede aus unser alten wahrhaften Lehnregister
vom Datum Anno M^0 c tertio (1300).

Als Johann von Haueda starb, da unterwand sich
des Amtes Haueda Bernd Marschall, Berthold von Dry-
borgh und Herr Johann von Stockhusen; die haben es
Herren Borcharde von Pappenheim verkauft: den Hof,
Kotenstede Mollen zu Howede — davon gieht er: 3
Mark schwerer Pfennige zu Warburg. — Dieserhalb ist
Uns freundlicher Begehr, dass ihr den Pappenheim
ohne Ansprache lassen werdet. A. 1538 nach Christi
Geburt — Mittwoch nach Lätare.

Margaretha Aebtissin ingeborne Gräfin
Columna u. Bokenem.

---

*) Prozessakten des Stammer Archivs.

Ein Rechtsspruch*) der hessischen Regierung
wurde in diesem Prozess erst am 10. Mai 1552 veröffentlicht. In demselben wurden den von Pappenheim-
Liebenau:

1. die Erhebung der Zehnten im Dorfe und Gemarkung von Haueda gestattet;
2. die Benutzung aller Triften und Nebentriften in
   der Hauedaer Mark zugestanden;
3. ihre Besitzrechte an der Hauedaer Mühle und die
   Einnahmen aus derselben nicht angefochten;
4. ihnen die Zinsen von den ihnen zugehörigen
   Höfen und Kotstedden in Haueda zu erheben erlaubt;
5. die Rottzehnten und Heuern, welche die von
   Pappenheim bisher aus dem Hauedaer Holz bezogen hatten, bis auf weitere Entscheidung unter
   Sequester gestellt.

Die Herren von Spiegel wurden in die Kosten
des Prozesses und zur Bezahlung eines angemessenen
Schadenersatzes an die von Pappenheim, — wegen
Störung und Hinderung derselben in ihren Besitzrechten
und Gerechtsamen — verurtheilt.

Erst im Jahre 1570 März 18**), wurde durch
einen Rechtspruch des Landgrafen Wilhelm des Weisen
die Sequestration der Pappenheim'schen Rottzehnten
und Rottheuren aufgehoben und darüber folgendermassen weitere Verfügung getroffen:

1. Den Pappenheims und ihren Erben sollen die
Rottzehnten und Rottheuern zur Liebenau — in aller-
massen sie dieselben vor der beschehenen Sequestration
in Gebrauch gehabt — nun hinfürter genädiglich bleiben,
die inmittelst der Sequestration erhobenen und bei dem
Rath in Cassel deponirten Gelder aus dem Erlös verabfolgt werden.

---

*) Prozessakten im Stammer Archiv. — **) C.-B. d. v. P. Bl. 219.

2. Die Rottzehnten und Rott- oder Scheffel-Heuern zu Haueda bleiben denen von Pappenheim von allen bis zur Zeit gerodeten Grundstücken auch ferner, dieselben müssen sie jedoch mit dem Feldzehnt daselbst zu Mannlehen nehmen.

3. Weil diese Hauedaer Gefälle bisher aber, während des Sequesters, von den Beamten zum Zierenberg erhoben und hinterlegt oder rückständig geblieben sind, so soll dies alles dem Landgrafen bleiben.

4. Ebenso bleibt alles, was von der geschehenen Sequestration und künftig in beiden Feldmarken — Liebenau und Haueda — gerodt werden möchte, dem Landgrafen, sowohl an Zehnten wie auch an Heuer.

5. Es bleibt vorbehalten, dass die von Pappenheim, — da über kurz oder lang ausfindig würde, — dass sie diese Stücke von wegen der Pfandschaft Liebenau inne hätten, gegen Erlegung des Pfandschillings hiervon, wie auch von der Liebenau abgetreten und seiner fürstlichen Genaden die Rottzehnten und Rott-heuern einzuräumen schuldig seien.

Ein weiterer Rechtspruch des Landgrafen Wilhelm des Weisen vom J. 1577 lautete folgendermassen: *)

Das ganze Holz soll abgemessen werden, damit man wisse, wieviel Morgen das ganze Gehölz inne hat. Darnach soll dasselbe ganze Gehölze von zwei gleichen Theilen von einander geschlagen werden, von ein Theil den Pappenheim allein, und das andere Theil denen von der Liebenau und Haueda zusammen folgen. Und sollen die von Pappenheim, den beiden sogenannten Communen, von ihrem halben Theil noch 50 Acker abmessen, welche die von Liebenau und Haueda, sammt erwähnten ihrem halben Theil unter sich ferner theilen sollen, was dann jedem Parth zu Theil gefällt, das soll mit Graben und Markstein vermalsteinet werden

---

*) Marburg. Staatsarchiv, Liebenauer Akten, M. St. V 383.

und soll ein jeder Parth auf sein Theil Waldes: die
Beholzung zum Bau und Befeurung, auch zum Hauen
und Hegen, auch zur Mast allein haben, aber die Hude
im Laub und Graß uff dem ganzen Haueder Holz
soll den ermelten dreien Partheien durchaus insgemein
eine Kuppelweide sein. Da Gott Eichel oder Buch-
mast bescheeret, alsdann soll jeder Theil der Kuppel-
hude auf des andern Theil sich enthalten, bislang die
Mast von demselbigen — dessen Theil sie ist — auf-
geseyet werden. Es soll auch jedem Theil gestattet
sein, in sein Antheil seines Holzes Hauung in Gehege
zu legen und soll solches dem Oberförster angemeldet,
werden, es den anderen anzuzeigen und zu befehren
sich der Hauung und Hegung eine Zeitlang, bis es
wiederumb in die Höhe des Viehes aus dem Munde
wachset, zu enthalten. Der Jahre und der Zeit aber
solches Hegens und Zuschlagens sollen die Partheien
sich nachbarlich vergleichen, oder sich derselben durch
den Oberförster vergleichen lassen, und sollen solche
Gehege alle drei Partheien mit dem Viehe verschonen.
Sollt aber einer dem anderen Schaden zufügen, so soll
Pfändung eintreten, der Schade besichtigt werden vom
Gericht zu Schartenberg, und der Schaden zurückerstattet werden. 25. Juli 1579 ist dies vom Landgraf
genehmigt.

Die Herren von Spiegel, welche gar keine Holz-
berechtigungen in dem Hauedaer Holz besessen hatten,
werden in den Rechtssprüchen über das Hauedaer Holz
gar nicht mehr erwähnt. Die Herren von der Malsburg
waren schon in den Jahren 1555 und 1556 von ihrer
Pfandschaft auf die eine Hälfte der Stadt Liebenau ab-
gefunden worden und hatten desshalb keine Holzberech-
tigung mehr im Hauedaer Holz. Auch den von Pappenheim war ihre Pfandschaft schon im Jahr 1551 auf ihre
Hälfte der Stadt Liebenau gekündigt worden, und es

sollte dieselbe mit 5000 Gulden ausgelöst werden. Doch unterblieb dies und die von Pappenheim behielten ihren Antheil an dem Hauedaer Holz. Nach Ausmessung des Hauedaer Holzes in a. 1577 (Juni 1.) bestand sein Flächeninhalt aus 482 Morgen und 25½ Ruthen Land. Die Oberförster Bernard Keudel, Jost Diedemar und Hans Mulner waren mit der Vermessung des Hauedaer Holzes, welches aus Hochholz, Gesträuch und Hegeholz bestand und zudem noch der Brand, der Kegelgrund, die Lied oder Leiten, der schriffer Hagen und noch andere Oerter gehörten, beauftragt gewesen.

Ueber die ehemalige Kirche zu Haueda ist Folgendes zu bemerken:

Schon im Anfang des 16. Jahrhunderts wird in einer Urkunde, welche von Friedrich, Johann, Herboldt und Georg von Pappenheim ausgestellt wurde, Johann Kommel als ihr Kaplan bezeichnet. Das Pfarramt zu Haueda hatte derselbe damals schon als Vikar verwaltet. In der Reformationszeit, als die am 21. October 1526 beschlossene hessische Kirchenordnung in Haueda eingeführt werden sollte, musste Johann Kommel jedenfalls noch Studien absolviren, um das Pfarramt daselbst zu verwalten. Als Vikar hatte derselbe von den verstorbenen Herboldt, Friedrich, Johann und Georg von Pappenheim schon zur Ausübung seiner Studien folgende Ländereien erhalten:

1) Zwei Hufen Landes in Ostheim, welche an Andreas Drüken vermeiert waren, welche jährlich 2 Malter Partim und 1 Malter Gerste Geismarsches Maas an Pacht gaben.

2) Item zwei Hufen Landes im Felde zu Riksen vor Grebenstein, welche der Bürger Curt Otto in Grebenstein als Meier bebaute. Die jährliche Pacht betrug 3 Malter Partim Geismarsches Maas.

3) Vierzehn Scheffel Partim aus dem Pappenheim'schen Meierhof in Lamerden, welchen Georg Kommel in Pacht hatte.

Im Jahr 1565 am Tage Conversionis Pauli musste der nunmehrige Pfarrer in Haueda Johann Rommel über die obigen Leben wie auch sonstigen Belehnungen mit Gütern, die zu dem Pfarramt gehörten, zwei Reverse ausstellen und sich darin auch verpflichten: der Gemeinde und den Pfarrkindern zu Haueda mit Lehre und Leben, auch Reichung des hochwürdigen Sakraments nach des löblichen Fürstenthums Kirchenordnung u. s. f. als ein frommer und getreuer Pastor verwalten zu wollen. Zu den Pfarrlehen zu Haueda gehörten noch folgende Ländereien aus den freien Erbgütern der Patrone:

1) 5 Malter Warburgisch Maas aus dem Meierhof von . . . Hufe Landes . . ., welche damals Curt Fehling zu Haueda bebaute.

2) Zehnthalb Mark Geldes von zwei Wiesen daselbst, so zum Garten gemacht. (Von dieser Zehnthalben Mark musste der Pfarrer zu Haueda der Aebtissin des Stiftes Herse jährlich eine Mark Geldes herausbezahlen.)

3) Sechs Albus Jorg Scheffers auch daselbst aus seinem Hause zusammt 4 Hennen und vier Stiegen Eier *).

1581 Dienstag nach Ostern (März 26.) fand in Gegenwart des Superintendenten Bartholomäus Meier im Niederfürstenthum Hessen, des Pfarrers Ludwig von Bredenbach, des Rentschreibers Ludwig Streben von Zierenberg, des Pfarrers Bartholomäus Melperr zu Haueda und der Kastenmeister in Haueda Adam Bolten und Thies Schweizer der Verkauf eines 4 Morgen grossen Wiesenplatzes an den Herrn Engelhard von Spiegel zum

---

*) C.-B. d. v. P. Bl. 529 p. 2 ff. u. Bl. 528 p. 1 ff; *Falckenh.* Schr. S. 407 u. 408.

40 Mark Silbers, welche die Stadt Mengeringhausen im Jahr 1373 dem Grafen Heinrich von Waldeck geliehen hatte, mussten im Jahr 1630 mit 320 Goldgulden eingelöst werden.

Im Jahr 1630 galt 1 Mark lödigen Silbers vom Jahr 1347 8 Goldgulden.

10 Mark lödigen Silbers vom Jahr 1378 kosteten im Jahr 1630 8 Goldgulden.

1630 kosteten 300 Mark lödigen Silbers vom Jahr 1380 800 Goldgulden.

1630 wurden 55 Mark lödigen Silbers vom Jahr 1403 mit 385 Goldgulden bezahlt.

1688 mussten 15 Mark Warburger Pfennige, welche im Jahr 1405 geborgt waren, mit $25^2/_7$ Goldgulden eingelöst werden.

Im Jahr 1674 galten 116 Mark schwerer Warburger Pfennige = 46 Mark lödigen Silbers nach Warburger Währung.

Im Jahr 1676 galt eine Mark zu Warburg 20 Mariengroschen und 4 Pfennige oder 12 Schillinge nach hessischer Münze.

1 Warburger Schilling galt 10 hessische Albus.

1 Schilling zu Warburg hatte 12 Warburger Pfennige. Der Warburger Pfennig galt $1^1/_2$ Heller nach Kasseler Münze.

7 Pfennig Warburger Währung waren gleich einem Mariengroschen oder $10^1/_2$ Heller nach Kass. Währung.

1 Mark lödiges Silber Warb. Münze waren = 1 Reichsthaler und 13 Albus Kass. Währung.

1 Mark oder Pfund schwerer Pfennige Warb. Münze waren nach heutigem Geld ungefähr 2 Mark 25 Pfg.

1 schw. Warb. Pfennig = $3^1/_2$ Pfg. nach heutigem Geld.

Der 15. Band der Zeitschrift des Vereins für Hessische Geschichte und Landeskunde (Neue Folge 1890) bringt als »Anhang« zu einer Arbeit über das Damenstift Wallenstein in Homberg unter der Ueberschrift: »Einiges über Martin« einen Aufsatz von Arthur Kleinschmidt, welcher den Charakter Sigmund Peter Martin's, des bekannten Theilnehmers an der hessischen Insurrektion, in einer ausserordentlich ungünstigen Beleuchtung erscheinen lässt. Ein ebenso ungünstiges Urtheil über Martin's Charakter liegt der in dem Buche: »Goecke u. Ilgen, Das Königreich Westfalen« (Düsseldorf, L. Voss u. Cie. 1888) gegebenen Darstellung der hessischen Insurrektion zu Grunde. Endlich tritt diese ungünstige Beurtheilung S. P. Martin's auch in dem kürzlich erschienenen grösseren Werke Kleinschmidt's (Geschichte des Königreichs Westfalen. Gotha, J. Perthes, 1893) zu Tage [1]. ·Beide, sowohl Kleinschmidt wie Goecke-Ilgen, sind offenbar beeinflusst durch die gleichfalls höchst ungünstige Beurtheilung, welche Lynker in seinem bekannten Buche (Geschichte der Insurrektionen wider das westfälische Gouvernement. Kassel, O. Bertram, 1857) Martin widerfahren lässt. Leider ist damals, als Lynker's Buch erschienen war, keine Widerlegung der von ihm gegen Martin erhobenen Vorwürfe versucht

---

[1] Dieses Werk ist erst erschienen, als mein nachfolgender Aufsatz bereits fertig geschrieben war. Neuen Stoff zu der vorliegenden Frage bringt das Buch nicht. Kleinschmidt's Buch erscheint mir übrigens als ein sehr verdienstliches Werk: es ist die erste wirkliche Geschichte des Königreichs Westfalen; es beruht auf höchst umfassenden und gründlichen archivalischen Studien; das Urtheil des Verfassers ist ein massvolles; offenbar ist er bestrebt, einem jeden Gerechtigkeit widerfahren zu lassen. Um so schmerzlicher ist es mir, dass er meinem Grossvater eine so ungünstige Beurtheilung angedeihen lässt.

VIII.

Zur Ehrenrettung Sigmund Peter Martins.

Ein Beitrag
zur Geschichte des Dörnberg'schen Aufstandes.

Von

Seminardirektor Martin
in Eisleben.

›—⋖✕⋗—‹

Quellen: Ausser den gleich im Anfang der nachstehenden Arbeit genannten Büchern und Artikeln sind vor Allem die Schriften Sigmund Peter Martins selbst benützt worden, nämlich 1) Historische Nachrichten über die hessische Insurrektion (S. 229—252 des 19. Heftes der bei Baumgärtner in Leipzig erschienenen Sammlung von Anekdoten und Charakterzügen aus den Kriegen 1805—1809); 2) Kurze Erzählung der Begebenheiten meines Lebens (S. 23—58 der von S. P. Martin herausgegebenen, 1813 in der Krieger'schen Buchhandlung in Kassel und Marburg erschienenen Zeitschrift Teutschland); 3) Ueber das Dienen Teutscher im Westfälischen Kriegsdienste (Teutschland S. 59—82); 4) Einigung. Concordia res parvae crescunt (Teutschland S. 83—93). Ferner habe ich verschiedene, im Besitze meiner Familie befindliche handschriftliche Quellen benützt; diese werden da, wo sie zur Verwendung kommen, genauer bezeichnet werden. — Auch an dieser Stelle weise ich hin auf den Aufsatz H. Martins „Zur Abwehr" in Nr. 1513 der „Hess. Blätter" v. J. 1889 (gegen Lynker und Göcke-llgen).

testirt und den Beweis erbringt, dass diese Beurtheilung
eine ungerechte ist, wie er denn auch einige Angaben
der Verfasser als thatsächlich falsch nachweist. Ich
weiss nicht, ob dieser Artikel den Verfassern des Goecke-
Ilgen'schen [1]) Buches bekannt geworden ist; jedenfalls
ist, soviel ich wenigstens weiss, nie etwas auf denselben
erwidert worden; falls die Verfasser diesen Abwehrartikel
bisher nicht gekannt haben, so nehmen sie vielleicht
in Folge dieser Zeilen Veranlassung, ihr Urtheil über
Martin noch einmal zu prüfen und werden dann, wie
ich hoffe, zu der Erkenntniss kommen, dass sie un-
gerechterweise das Andenken eines Mannes zu verun-
glimpfen beigetragen haben, der, von reinster Vaterlandsliebe getrieben, Alles — Amt, Familienglück, Vermögen
— geopfert hat, um an seinem Theile dazu zu helfen,
dass der französischen Fremdherrschaft in Deutschland
ein Ende gemacht werde. Auch Kleinschmidt scheint
diesen Artikel »Zur Abwehr« übersehen zu haben, obwohl derselbe, freilich in etwas abgekürzter Gestalt,
auch in der Zeitschrift »Hessenland« zum Abdruck gekommen ist.

Ehe ich dazu übergehe, die gegen S. P. Martin
erhobenen Vorwürfe auf ihre Berechtigung zu prüfen,
muss ich es aussprechen, dass Lyncker denn doch nicht
die so ganz unbedingte Glaubwürdigkeit verdient, welche
Goecke-Ilgen ihm beilegt. Goecke-Ilgen sagt (S. 155),
Lynker habe in seiner Geschichte der Insurrektionen
den Aufstand Dörnberg's »aus genauer Kenntniss der
lokalen Quellen und lebendiger mündlicher Ueberlieferung« geschildert. Ich will nicht bestreiten, dass er
auch aus »lebendiger mündlicher Ueberlieferung« geschöpft habe; wohl aber behaupte ich, dass die Ueber-

---

[1]) Der eine derselben, Goecke, ist schon vor Vollendung des
Buches gestorben, so dass hier eigentlich nur von dem einen der
beiden Verfasser die Rede sein kann.

standes und über ihres Gatten bezw. Bruders Bethei-
ligung an demselben erlangen könnte? Hätte er dies
nicht gerade darum für seine Pflicht halten sollen, weil
er nach seinen bisherigen Forschungen zu einem ungünstigen Urtheil über Martin gekommen war? Denn
von vorn herein wird Lynker doch wohl geneigt gewesen
sein, die Theilnehmer und Führer des hessischen Aufstandes in günstigem Lichte zu betrachten. Oder
ist etwa für Lynker schon der Umstand, dass Martin
es gewagt hat, Dörnberg für das Misslingen des Aufstandes verantwortlich zu machen, entscheidend dafür,
dass er Alles, was Martin gesagt und gethan hat, im
allerungünstigsten Lichte ansieht und es für seine Aufgabe hält, Martin möglichst tief zu stellen, damit Dörnberg in möglichst günstiger Beleuchtung dastehe? Fast
scheint es so; denn Lynker ist für Dörnberg offenbar
sehr eingenommen; er macht aus ihm eine Art von
Nationalheros; und wenn er einen solchen für seine
historische Darstellung brauchte, so eignete sich dazu
der vornehme, ritterliche Offizier, der Spross eines der
ältesten und angesehensten hessischen Adelsgeschlechter,
der Mann, der sich in den Freiheitskriegen später noch
Kriegsruhm und Rang erworben hat, in ganz vorzüg-
licher Weise; und es ist erklärlich, dass ihm da jeder,
der diesen seinen Helden anzutasten gewagt hatte, un-
sympathisch war. Der schlichte bürgerliche Friedens-
richter, der sich keiner jener glänzenden Eigenschaften
erfreute, die Dörnberg auszeichneten, der weder eine
glanzvolle äussere Erscheinung, noch Adel und Vermögen, weder kriegerischen Ruhm, noch Titel und Orden
besass, der weder bedeutenden Einfluss auf die militä-
rischen Kreise hatte, noch grossen Ansehens an König
Jérômes Hofe sich rühmen konnte: der musste ja für
einen Darsteller, dessen Blick an der Oberfläche der
Erscheinungen haften blieb, jenem gegenüber sehr zurück-

treten. Aber gerade der letzterwähnte Punkt — der
Umstand, dass Dörnberg bei Jérôme in hohem Ansehen
stand und sein unbedingtes Vertrauen genoss — gerade
dieser Punkt ist die wunde Stelle an seiner sonst so
sympathischen Erscheinung. Er war Offizier im westfälischen Heere, hatte Jérôme den Treueid geleistet,
erfreute sich seines unbedingten Vertrauens und hatte
zahlreiche Gnadenbeweise von ihm empfangen: und
trotzdem war Dörnberg das Haupt und die Seele der
gegen Jérômes Herrschaft gerichteten Verschwörung!
Mag man aber diese Doppelzüngigkeit Dörnberg's, den
groben Vertrauens- und Treubruch, den er Jérôme gegenüber begangen hat, noch so entschieden missbilligen,
so wird man dennoch sich verpflichtet finden, dies Verhalten Dörnberg's unter einen milderen Gesichtspunkt
zu stellen und die furchtbare Noth der Zeit und den
aus ihr für edlere Naturen sich so leicht ergebenden
Gewissenskonflikt als Erklärung und Entschuldigung
gelten zu lassen.

Eine so aufgeregte Zeit, wie jene war, die verrückt
eben denn doch Manchem seinen sittlichen Standpunkt,
ohne dass wir deshalb gleich berechtigt wären, ihn
sittlich zu verurtheilen. Gerade jene heikele Stellung
Dörnberg's aber als Haupt der Verschwörung und zugleich als Mann des königlichen Vertrauens musste bei
einem ideal und sittlich gerichteten Menschen, wie
Dörnberg war, schwere Seelenkämpfe hervorrufen; es
war kaum anders möglich, als dass daraus ein Schwanken
in seinen Entschlüssen, eine gewisse Unentschlossenheit
und ein — scheinbarer — Wankelmuth erwuchs, der
denn auch für das Gelingen der Insurrektion verhängnissvoll ward. Nicht so, als ob etwa eine Möglichkeit
des Gelingens vorhanden gewesen wäre, wenn Dörnberg
nicht jene Stellung an Jérômes Hofe gehabt hätte; der
Aufstand wäre zweifellos doch gescheitert, so gut, wie

alle die anderen Erhebungen des Jahres 1809; die Zeit
war noch nicht reif für eine allgemeine Erhebung des
Volkes gegen Napoleon. Auf eine solche aber rechneten
Schill und Katt so gut, wie der Herzog von Braunschweig und Dörnberg; auf eine solche hatte natürlich
auch Martin gerechnet. Gescheitert also wäre der Dörnberg'sche Aufstand wohl zweifellos, aber er wäre doch
wohl nicht in so schmählicher Weise gescheitert, wenn
Dörnberg nicht an dieser Zwiespältigkeit seiner Stellung
und damit auch seiner Gefühle und Entschliessungen
gekrankt hätte, wenn er vielmehr ganz und mit voller
Seele, ohne durch irgend welche sittliche Bedenken
behindert zu sein, die Leitung des Aufstandes in die
Hand hätte nehmen können. Hier liegt der tragische
Konflikt des Trauerspieles, welches man die hessische
Insurrektion nennt und dessen Held eben Dörnberg ist;
und wenn einmal ein hessischer Dichter sich der Aufgabe unterziehen sollte, diese Epoche der vaterländischen
Geschichte dramatisch zu gestalten, so wird er selbstverständlich Dörnberg's sympathische Persönlichkeit in
den Mittelpunkt der Darstellung rücken, aber er wird
nicht umhin können, auch an diesem Helden ein Moment
der tragischen Schuld nachzuweisen [1]).

Etwas anderes als Unentschlossenheit ist es auch
nicht, was Martin in seinen »Historischen Nachrichten
über die hess. Insurrektion« (19. Heft der bei Baumgärtner in Leipzig erschienenen Sammlung von Anekdoten
und Charakterzügen aus den Kriegen 1805—1809 S. 229

---

[1]) Vergl. hierzu, was *Steffens* in „Was ich erlebte" (VI, 189),
offenbar auf Grund persönlicher Mittheilungen Dörnberg's, hierüber
sagt: „Der Oberst v. Dörnberg wurde von jenem inneren Kampfe
ergriffen, der, so rein der gefasste Entschluss auch sein mochte,
bei einem so durchaus redlichen und wahrhaften Manne nie ganz
zu unterdrücken war, der aber hier durch besondere Verhältnisse
erschwert wurde. Er hielt indessen den grossen Entschluss, zur
Befreiung seines Vaterlandes thätig zu sein, fest."

bis 252) Dörnberg vorwirft. Es ist, wie mir scheint, in
diesen »Nachrichten« nichts enthalten (abgesehen von
einer noch unten zu erörternden Stelle), was Lynker's
Behauptung (S. 125, Anm.), »Martin habe es bei keiner
Gelegenheit unterlassen, das Füllhorn seiner Schmähungen über Dörnberg auszuschütten« oder die im
Kasseler Sonntagsblatt vom 18. Oktober 1857 (Nr. 29)
enthaltene Bezeichnung der »Historischen Nachrichten«
als eines »Dörnberg infamirenden Aufsatzes« zu erklären vermöchte. Martin spricht allerdings in starken
Worten seine Ueberzeugung aus, dass Dörnberg doch
nicht der rechte Mann gewesen sei, um das Unternehmen
zu leiten; dass er durch sein Schwanken, seine Unsicherheit, seine Unentschlossenheit den kläglichen Ausgang
der Insurrektion wesentlich verschuldet, dass er sich
»bei der Ausführung eines mit ziemlicher Ueberlegung
angelegten Unternehmens unbegreiflich benommen«
habe (Hist. Nachr. S. 251; Lynker a. a. O); allein das
Alles ist doch nichts, wodurch Dörnberg's Charakter
angegriffen würde. Ich kann in den »Hist. Nachr.«
nur eine einzige Stelle finden, durch welche wirklich
Dörnberg's sittlicher Charakter angetastet wird. S. 237
sagt Martin: »Es war augenscheinlich, dass Dörnberg
sich des abgeschmackten Gerüchtes von der eiligen
Ankunft einer so übergrossen Zahl von französischen
Truppen nur bedient hatte, um einen Vorwand zu finden,
den in der ersten Hitze gefassten aber bald wieder be-
reueten Entschluss zurückzunehmen« (es handelt sich
hier um den Plan, schon am 15. Februar loszuschlagen;
Dörnberg hatte am 14. Februar einen Courier an Martin
gesandt mit dem Befehle, dass die Insurrektion sofort ausbrechen solle; wenige Stunden später langte ein zweiter
Courier bei Martin an, durch den Dörnberg Gegen-
befehl ertheilte; 50000 Franzosen würden auf Wagen
von Mainz herbeitransportirt, um Hessen zu besetzen.

Es sei unter diesen Umständen unmöglich, sich einen günstigen Erfolg zu versprechen; man müsse das ganze Unternehmen aufschieben und alle schon gethane Schritte redressiren.‹ S. Histor. Nachr. S. 235 u. 236. Lynker S. 99 u. 100). Martin hielt also die Nachricht von den anrückenden 50000 Franzosen für eine Finte Dörnberg's; wäre es so gewesen, so würde allerdings ein Schatten auf Dörnberg's Charakter fallen; indessen dürfte diese eine Aeusserung denn doch wohl nicht ausreichen, um von Martin zu sagen, wie Lynker thut (S. 125, Anm.), dass er ›keine Gelegenheit unterlassen habe, um das Füllhorn seiner Schmähungen über Dörnberg auszuschütten‹, oder (S. 133, Anm.) Martin als einen von Gift und Galle übersprudelnden Menschen (!) zu bezeichnen. Martin hat sicherlich mit jener Aeusserung Dörnberg Unrecht zugefügt, aber bei der furchtbaren Erregung, der tiefen Niedergeschlagenheit, in der er sich zur Zeit, da er jenen Aufsatz schrieb (1. Octbr. 1809), befand, ist ein solcher Irrthum denn doch am Ende verzeihlich. Zudem lag wohl eine gewisse Berechtigung für Martin's Auffassung vor: die Nachricht von den anrückenden 2 Divisionen (50000 Mann) Franzosen scheint thatsächlich eine falsche gewesen zu sein. Dörnberg wird eben selbst durch falsche Nachrichten getäuscht worden sein.

Zu alle dem kommt, dass Martin später, als die Gemüther sich in etwas beruhigt hatten, alle in seinen hist. Nachrichten enthaltenen Aeusserungen über D., durch welche dessen Benehmen zur Zeit der hessischen Insurrektion in ein nachtheiliges Licht gestellt wurde, zurückgenommen hat; er hat öffentlich anerkannt, dass er mit der Veröffentlichung solcher Aeusserungen gefehlt und sich übereilt habe; er sagt in dieser Erklärung (Kasseler Wochenblatt vom 6. Nov. 1813) ausdrücklich, dass Dörnberg zu den Männern gehöre, auf die unser

Vaterland stolz sein könne; er verdiene, den wahrhaft Grossen derselben, den Schill und Hofer, den Stein und York, zugezählt zu werden.

Ebenso sagt er in einem um dieselbe Zeit geschriebenen Aufsatze: »Kurze Erzählung der Begebenheiten meines Lebens« (Teutschland. Cassel u. Marburg, Krieger'sche Buchhandlung. S. 47): »Ich erkläre hier nochmals, wie ich dieses in einem öffentlichen Blatte schon ausdrücklich gethan habe, dass alle in jenem Aufsatze (also den Hist. Nachr.) zum Nachtheil des Generals von Dörnberg gethanen Aeusserungen nur auf Missverständnissen beruhen, dass ich solche sämmtlich zurücknehme, und dass Dörnberg in jeder Beziehung einer der edelsten und gehaltvollsten Teutschen Männer ist.« In einer Anmerkung hierzu heisst es dann noch: »Die vorgedachte Erklärung kann wohl, wie das jeder gesunde Menschenverstand einsehen wird, keine andere Absicht haben, als das gegen diesen wackeren Mann begangene Unrecht gut zu machen. Wenn aber einige Menschen als Grund, weshalb ich jenen Widerruf öffentlich bekannt gemacht habe, voraussetzen, ich fürchte Dörnbergs Rache, oder ich wolle mich durch ihn heben, so kann eine solche Aeusserung nur unser Mitleid erregen. Man muss sehr tief stehen, um für möglich zu halten, ein Dörnberg werde den Einfluss, den die öffentlichen Verhältnisse ihm geben, für Privatangelegenheiten missbrauchen«.

Lynker, der doch sonst Martin nicht schwarz genug machen kann, ist doch noch gerecht genug, diesen Schritt Martins als einen solchen zu bezeichnen, der ihn wohl demüthigte, aber doch ehrte; Goecke-Ilgen scheint ihm seltsamerweise auch hieraus einen Vorwurf machen zu wollen, indem er ausdrücklich betont, dass Martin »nach dem Einzuge der Bundestruppen am 1. Novbr. 1813« seine verdächtigenden und herab-

würdigenden Angaben gegen den »nunmehrigen General«
Dörnberg widerrufen habe; auch hierdurch soll »die
gänzliche Charakterlosigkeit eines solchen Menschen
gekennzeichnet sein«. Ja, verlangen denn die Herren,
dass Martin jene Erklärung erlassen hätte, so lange das
Königreich Westfalen und Jérômes Herrschaft bestand?
Was meinen sie denn wohl, was die hohe Polizei mit
einem Manne angefangen hätte, der, vor nicht gar
langer Zeit nur mit knappster Noth dem Tode durch
des Henkers Hand entgangen, mit einer öffentlichen
Erklärung zu Gunsten Dörnbergs hervorgetreten wäre?
Nein, dass Martin jene Dörnberg rechtfertigenden Erklärungen erliess, so lange die Franzosen im Lande
waren, das war ganz undenkbar; sobald er es aber mit
einiger Sicherheit thun konnte, hat er es gethan: am
späten Abend des 28. Oktober 1813 waren die ersten
Russen in Kassel eingerückt, und am 6. November 1813
stand jene Erklärung im Kasseler Wochenblatt; dieselbe früher zu bringen, war in der That unmöglich.
Die Annahme, dass Martin diese Erklärung erlassen
habe, nicht, um ein begangenes Unrecht wieder gut zu
machen, sondern aus irgend welchen selbstischen
Gründen, sei es aus Furcht vor D.'s Rache, sei es in
der Hoffnung, durch ihn irgend etwas zu erreichen, ist
nichts anderes als eine böswillige Insinuation und als
eine solche auch von S. P. Martin selbst mit scharfen
Worten zurückgewiesen (Beilage zu Nr. 11 der Casselschen Polizei- und Commerzienzeitung von 1814. Vergl.
auch den oben erwähnten Artikel H. Martins »Zur
Abwehr« in den Hess. Blättern Nr. 1513).

Um das Verhältniss Martins zu Dörnberg zu verstehen, muss man sich nur die Sachlage recht ver-
gegenwärtigen: ein Unternehmen, bei dem beide ihre
ganze Existenz auf's Spiel gesetzt, von dessen Gelingen
sie Grosses für das Vaterland erwartet, dem sie alle

Der Vorwurf, dass Martin in gehässiger Weise den
Charakter Dörnbergs angegriffen habe, ist nicht der
einzige, der von Lynker gegen ihn erhoben wird; ich
habe die Besprechung dieses Vorwurfes vorangestellt,
weil ich glaube, hier den Schlüssel für die Art, wie
Lynker und, auf ihm fussend, auch Goecke-Ilgen und
Kleinschmidt ihn beurtheilen, zu finden.

Ehe ich dazu übergehe, die anderen gegen Martin
erhobenen Vorwürfe zu untersuchen, muss ich zunächst
einige unrichtige Angaben Lynkers berichtigen, die
zwar für die vorliegende Frage eben nicht von Belang
sind, die jedoch zeigen, dass Lynker nicht die so ganz
unbedingte Autorität gebührt, welche Goecke-Ilgen ihm
zuschreibt (s. o.). Zwar das verdient kaum der Erwähnung, dass Lynker (S. 195) von dem 71jährigen Vater
Martins spricht, während dieser (geb. d. 15. Okt. 1744)
an dem Tage, von welchem a. a. O. die Rede ist
(23. Juli 1810), noch nicht 66 Jahre alt war; auch der
Umstand ist von keinem grossen Gewichte, dass Lynker
(S. 88) behauptet, Martin sei bei dem Ausbruche der
Insurrektion bereits »Vater mehrerer Kinder« gewesen,
während in Wahrheit sein erstes Kind, ein Mädchen,
erst 1810 geboren worden ist. Von grösserer Bedeutung aber ist es, dass Lynker dem Vater S. P. Martins,
dem Metropolitan Martin in Homberg, eine hervorragende Rolle in dem Aufstande zuschreibt. Er sagt
(S. 118 f.): »Der Metropolitan Martin hatte versucht,
in einer begeisternden Rede die Rechtmässigkeit des
Aufstandes darzulegen«. Das ist absolut falsch; woher
Lynker diese Nachricht hat, weiss ich nicht; jedenfalls
zeigt sich hier, dass seine Quellen nicht unbedingt
glaubwürdig gewesen sind. Der Metropolitan Martin
hat schlechterdings keinen Antheil an dem Aufstande
genommen; er hat seinem Sohne stets abgerathen, sich
auf solche Dinge einzulassen, und hat sich selbst auf

das strengste gehütet, irgend etwas zu sagen oder zu
thun, was ihm als ein Akt der Feindschaft gegen die
bestehende Regierung gedeutet werden konnte. In
seiner, handschriftlich im Besitze meiner Familie befindlichen, Lebensbeschreibung sagt der Metropolitan
Martin: »Dass ein Aufstand gegen die westfälische Regierung ausbrechen würde, dass mein Sohn, allen meinen
Abmahnungen und Warnungen zuwider, darin verwickelt
war und eine Hauptrolle spielen· sollte, war mir nicht
fremd. Aber ausser Stande, den Strom, der die Dämme
zerriss, aufzuhalten, war nicht in meinen Kräften[1]);
und gegen mein Kind ein Angeber zu werden, wider-
stritt allen Gefühlen der Natur. Darum verhielt ich
mich leidend, und musste geschehen lassen, was ich
nicht hindern konnte, wenn ich gleich den unglücklichen
Erfolg voraussah. Endlich, am 22. des April, brach der
Aufstand aus. Da ich gänzlich keinen Antheil an dem
Geschehenen genommen, mich ruhig zu Hause gehalten
und überdies den Maire gegen Insulten geschützt hatte,
so war ich meiner Person wegen sorgenlos.« Auch
andere Stellen dieser Lebensbeschreibung zeigen, dass
der Metropolitan Martin, wenn auch im Herzen deutsch
gesinnt, doch sich sorgfältig vor jeder Antheilnahme an
den Plänen der Insurgenten und deren Ausführung gehütet hat. Wenn er später (29. April) gefänglich eingezogen, mit seiner 15jährigen Tochter Franziska ins
Gefängniss nach Kassel und dort von Verhör zu Verhör
geschleppt, endlich aber ohne Urtheil und Recht nach
Mainz abgeführt worden ist, wo er bis zum 28. September[2]) als Gefangener festgehalten wurde, so ist das
nichts anderes als ein Gewaltakt der napoleonischen

---

[1]) So steht in der Handschrift; es muss da aber etwas fehlen.
[2]) Lynkers (S. 193) Angabe, dass Martin seine Freiheit erst
im November wieder erlangt habe, ist falsch und nach dem oben
Gesagten zu berichtigen.

Politik. Man wollte in ihm seinen Sohn strafen und scheute sich nicht, einen völlig Unschuldigen 5 Monate lang im Gefängnisse schmachten zu lassen — eine treffliche Illustration der Milde, welche nach Lynkers Auffassung (S. 197) Jérôme bei der Bestrafung der Theilnehmer an der Insurrektion habe walten lassen, womit ich jedoch nicht etwa gesagt haben will, dass Jérôme nicht eine gewisse Gutmütigkeit und Weichheit besessen habe.

Von grösserer Bedeutung für das richtige Verständniss des Verhältnisses zwischen Dörnberg und Martin ist die Richtigstellung einer weiteren falschen Anschauung Lynkers. Lynker behauptet, Martin sei der Repräsentant einer spezifisch hessischen Partei innerhalb des Schoosses der Verschworenen gewesen, im Gegensatze zu dem deutschgesinnten Dörnberg (s. Lynker S. 98), wo Lynker mit seiner gewohnten Bissigkeit gegen Martin sich so ausdrückt: »Martin warf sich zum Repräsentanten dieser Partei auf«, während doch ganz zweifellos feststeht, auch nach Lynkers eigener Darstellung, dass Martin wirklich und thatsächlich der Führer der aus bäuerlichen und bürgerlichen Kreisen gebildeten Gruppe der Verschworenen war. Vergl. auch Lynker S. 91, wo gleichfalls der spezifisch hessische Charakter der von Martin ausgehenden Agitation betont wird. Lynker sagt (S. 97): »Es gab eine deutsche und eine hessische Partei: Alle Besonnenen waren mit Dörnberg seither der Ansicht gewesen, dass Hessen allein dem Geschicke, welches auf Deutschland lastete, sich nicht entziehen könne. Was geschehen sollte, musste im Einverständniss und gemeinschaftlich mit den Nachbarländern geschehen«. Dieser ganze Gegensatz zwischen einer deutschen und einer hessischen Partei ist von Lynker willkürlich konstruirt; es ist keine Spur von Berechtigung für die

Annahme vorhanden, dass eine Partei der Aufständischen
wirklich der Meinung gewesen sei, Hessen könne sich
für sich allein der französischen Herrschaft entziehen.
Bei den Bauern, welche Martins Rufe folgten, krystalli-
sirte natürlich das politische Verständniss und das politische Bestreben, soweit von einem solchen überhaupt
die Rede sein kann, in dem Wunsche, die Franzosen
los zu werden und ihren angestammten Landesherrn
wieder zu haben. Aber einen solchen sehr ehrenwerthen,
aber doch kurzsichtigen Standpunkt bei einem Manne
anzunehmen, der, wie Martin, seit Jahren mit einer
ganzen Anzahl von Männern, welche im geheimen auf
die Befreiung Deutschlands hinarbeiteten, in Verkehr
stand; der als Ziel des Bundes, welcher sich zwischen
diesen Männern gebildet hatte, das angiebt: »sobald der
passende Zeitpunkt gekommen sei, die Teutsche Nation
zu den Waffen zu rufen, die zersplitterten Kräfte derselben zu einer Einheit zu verbinden, den fremden
Despotismus zu vertreiben und dann eine gesetzmässige
und unabhängige Verfassung zu gründen« (Teutschland,
S. 39); der in seinen histor. Nachrichten (z. B. S. 231 f.)
immer nur von »Teutschgesinnten«, von »National-
freiheit der Teutschen« spricht: das ist denn doch
ein starkes Stück und ist nur aus dem fast fanatischen
Vorurtheil Lynkers gegen Martin zu erklären. Geradezu
komisch wirkt Lynkers Behauptung von Martins eng-
herzigem und kurzsichtigem, spezifisch hessischen
Standpunkte, wenn wir bei Martin lesen: »Alles in
diesem Plane, alles in dieser ganzen Ansicht war rein
Teutsch; nichts war sächsisch oder hessisch, nichts
braunschweigisch oder hamburgisch« (Teutschland, S. 44);
oder in einem anderen Aufsatze (Concordia res parvae
crescunt: Teutschland, S. 91): »Einig lasst uns sein,
nicht blos einig, sondern Eins und Teutsch in Gesinnung
und Constitution; nicht mehr Brandenburger und Wal-

decker, Hamburger und Hessen, Mühlhäuser und Solmser;
sondern Teutsche, Teutsche, nichts als Teutsche!« Von
den späteren politischen Bestrebungen Martins, welche
auf ein unter preussischer Spitze geeintes und konsti-
tutionell regiertes Deutschland gerichtet waren, werde
ich später zu reden haben; ich nehme zu Lynkers Ehre
an, dass er von dieser späteren politischen Thätigkeit
Martins nichts gewusst hat. — Dass auch die ganze
Lynkersche Darstellung von dem Hergange der Begnadigung Martins (S. 195) vielfache Unrichtigkeiten
enthält, wird die spätere Darlegung zeigen. Und wenn
Lynker (S. 195) sagt, Martins Gefängnissstrafe sei nur
»von kurzer Dauer« gewesen, so hat er da einen Ausdruck gewählt, der geeignet ist, eine irrige Anschauung
hervorzurufen. Martins Gefangenschaft hat vom 8. März
1810 bis zum November 1811 gedauert. —

Die übrigen Vorwürfe nun, welche gegen Martin
erhoben werden, sind folgende:

1) Lynker sagt (S. 88), Martins Patriotismus sei
»nicht makellos« gewesen; das heisst doch wohl, Martin
habe bei dem, was er gethan, nicht des Vaterlandes
Wohl, sondern seinen eigenen Nutzen im Auge gehabt.
Lynker bezeichnet ihn dann weiter als »mit einer
starken Dosis Ehrgeiz und mit der Sucht, eine Rolle
zu spielen, behaftet«. Goecke-Ilgen verschärft diesen
Vorwurf noch und redet von dem »ehrgeizigen Streber-
thum« Martins. Nun ist Ehrgeiz ja an und für sich
doch wohl nichts, wodurch ein Makel auf einen Menschen
geworfen würde; eine »starke Dosis Ehrgeiz« besitzt
gar mancher, an dessen reiner und wahrer Vaterlandsliebe kein Mensch zweifelt; und was die von Lynker
behauptete »Sucht, eine Rolle zu spielen« betrifft, so
wird das wohl nichts wesentlich anderes gewesen sein,
als die grosse, von allen, auch von Lynker, anerkannte
ausserordentliche Rührigkeit Martins. Wenn es sich

Annahme vorhanden, dass eine Partei der Aufständischen
wirklich der Meinung gewesen sei, Hessen könne sich
für sich allein der französischen Herrschaft entziehen.
Bei den Bauern, welche Martins Rufe folgten, krystalli-
sirte natürlich das politische Verständniss und das politische Bestreben, soweit von einem solchen überhaupt
die Rede sein kann, in dem Wunsche, die Franzosen
los zu werden und ihren angestammten Landesherrn
wieder zu haben. Aber einen solchen sehr ehrenwerthen,
aber doch kurzsichtigen Standpunkt bei einem Manne
anzunehmen, der, wie Martin, seit Jahren mit einer
ganzen Anzahl von Männern, welche im geheimen auf
die Befreiung Deutschlands hinarbeiteten, in Verkehr
stand; der als Ziel des Bundes, welcher sich zwischen
diesen Männern gebildet hatte, das angiebt: »sobald der
passende Zeitpunkt gekommen sei, die Teutsche Nation
zu den Waffen zu rufen, die zersplitterten Kräfte derselben zu einer Einheit zu verbinden, den fremden
Despotismus zu vertreiben und dann eine gesetzmässige
und unabhängige Verfassung zu gründen« (Teutschland,
S. 39); der in seinen histor. Nachrichten (z. B. S. 231 f.)
immer nur von »Teutschgesinnten«, von »National-
freiheit der Teutschen« spricht: das ist denn doch
ein starkes Stück und ist nur aus dem fast fanatischen
Vorurtheil Lynkers gegen Martin zu erklären. Geradezu
komisch wirkt Lynkers Behauptung von Martins eng-
herzigem und kurzsichtigem, spezifisch hessischen
Standpunkte, wenn wir bei Martin lesen: »Alles in
diesem Plane, alles in dieser ganzen Ansicht war rein
Teutsch; nichts war sächsisch oder hessisch, nichts
braunschweigisch oder hamburgisch« (Teutschland, S. 44);
oder in einem anderen Aufsatze (Concordia res parvae
crescunt: Teutschland, S. 91): »Einig lasst uns sein,
nicht blos einig, sondern Eins und Teutsch in Gesinnung
und Constitution; nicht mehr Brandenburger und Wal-

grüsste Dörnberg als General‹, und was dann Kleinschmidt (S. 273 der Zeitschr. d. h. Gesch.-V. u. S. 238
der Gesch. d. Königr. W.) mit den Worten: ›Martin,
der sich gern Oberst tituliren hörte‹ und S. 275 der
Zeitschr. mit den Worten: ›Martin lief als Oberst in
Uniform umher‹ wiedergiebt. Wenn ein ›sich gern
Oberst tituliren hören‹ bewiesen wäre, so würde darin
ja allerdings eine kleinliche Eitelkeit liegen; dies ist
indessen durchaus nicht bewiesen, sondern ist nur eine
mindestens gesagt unfreundliche Wendung Kleinschmidts [1]). Aus Dörnbergs Memorial geht aber nur

---

[1]) Ich bitte um Entschuldigung, dass ich auf diese Bagatelle
überhaupt eingehe. Diese Beschuldigung ist eigentlich so abge-
schmackt, dass man kein Wort darüber verlieren sollte; aber
Lynker, Goecke-Ilgen und Kleinschmidt legen offenbar viel Gewicht
auf diesen Punkt, und so war es wohl erforderlich, darzulegen, wie
die Sache sich verhält. Der Berichterstatter über Kleinschmidt's Werk
in Nr. 95 des Kasseler Tageblatts (1893) giebt die betr. Stelle aus
Kleinschmidt sogar mit den Worten wieder: „Der sich gern d e r
Oberst nennen hörte“, setzt also das Wörtchen „der“ zu, wodurch
die Sache den Anschein bekommt, als ob Martin sich die oberste
Führerschaft angemasst hätte. Ich will hierbei durchaus nicht
etwa annehmen, dass der Berichterstatter das „der“ a b s i c h t l i c h
zugesetzt hätte; das wäre ja eine F ä l s c h u n g; aber man sieht
hieran recht deutlich, wie der hier besprochene Vorwurf gegen
Martin nach und nach immer schwerer wird. Dörnberg sagt nur:
„Martin liess sich Oberst nennen“; das kann entweder heissen: er
hatte b e f o h l e n, ihn Oberst zu nennen; oder: er l i e s s e s z u,
dass man ihn Oberst anredete; in welcher Bedeutung Dörnberg das
„liess“ hier gebraucht hat, wissen wir nicht; nach Lage der Sache
ist die zweite Bedeutung (lassen = zulassen) wohl als die wahrscheinlichere anzunehmen. Kleinschmidt setzt „gern“ hinzu und
erweckt dadurch den Anschein, als ob Martin viel an diesem Titel
gelegen gewesen wäre; und der Berichterstatter des Tageblattes
setzt nun seinerseits wieder das „der“ vor Oberst. Nächstens
wird nun wohl mit Berufung auf das Kasseler Tageblatt als Ge-
schichtsquelle irgendwo zu lesen sein, Martin habe versucht, Dörnberg aus seiner Stellung als Haupt der Verschwörung zu verdrängen! Andeutungen, die dahin gehen, als ob Martin nur un-

hervor (»Martin hatte eine Uniform angezogen, liess
sich Oberst nennen und begrüsste mich als General;
ich verwies ihm dies und sagte, das würde sich alles
finden«), dass er an dem Tage, da die Schaaren der
Aufständischen sich in Homberg sammelten, eine Uniform — wahrscheinlich seine frühere Uniform als Re-
gimentsauditeur — angelegt hatte und sich bei dieser
Gelegenheit als Oberst anreden liess, sowie weiter, dass
Dörnberg hiermit nicht einverstanden war. Genügt dies
aber wirklich, um eine »ans Lächerliche streifende Eitelkeit« zu beweisen? Sollte nicht ein wohlwollender,
oder auch nur ein billig denkender Beurtheiler sich
diesen Schritt, der ja vielleicht als ein verfehlter zu
bezeichnen ist, so erklären, dass Martin dies gethan
habe, in der ganz richtigen Erkenntniss, dass wenigstens
eine Art von militärischer Autorität nothwendig
sei, um in die Schaaren der zusammenströmenden
Bauern etwas Ordnung zu bringen? Es waren dies ja
zum grossen Theile alte, gediente Soldaten; dass diese
einem simpeln Civilisten nicht so ohne weiteres ge-
horchen würden, war vorauszusehen; sie verlangten
irgend eine militärische Autorität; und da mag Martin
wohl gedacht haben, es sei nöthig, sich, bis eine solche
wirklich zur Stelle sei, den Bauern gegenüber als solche
zu gerieren.

Möglicherweise aber gründet sich der Lynker'sche
Vorwurf der Eitelkeit auf den Umstand, dass Martin in
seinen »Histor. Nachr.« allerdings häufig seine eigenen
Ansichten und Gedanken darlegt, und dass er natürlich
diese für die richtigen hält; das lag aber in der Natur
der Sache. Martin selbst hat dem Vorwurfe schon die
Spitze abgebrochen, indem er am Schlusse der »Histor.

gern sich Dörnberg untergeordnet und eigentlich selbst für sich
die Oberanführerschaft beansprucht habe, macht ja allerdings schon
Lynker; irgend welche Beweise dafür bringt Lynker nicht.

Nachr.« (S. 252) sagt: »Es war unvermeidlich, ich musste in diesem Aufsatze mehr von mir selbst reden, als die Bescheidenheit in anderen Fällen erlaubt. Allein der Antheil, den ich an den erzählten Begebenheiten nahm, und der Umstand, dass eine ausführlichere Erwähnung dessen, was mich betraf, auf das Ganze mehreres Licht warf, wird mich rechtfertigen.« Bei einem Manne, dem er wohlwollend gegenüber gestanden hätte, würde Lynker wahrscheinlich nicht auf lächerliche Eitelkeit etc., sondern höchstens auf ein starkes Selbstgefühl erkannt haben. Dass aber ein gewisses Selbstgefühl und die feste Ueberzeugung von der Richtigkeit der eigenen Ansicht eine nothwendige Vorbedingung für ein erfolgreiches Wirken ist, das dürfte denn doch wohl als eine allgemein anerkannte Wahrheit bezeichnet werden.

3) Der Vorwurf, dass Martin ein sehr kurzsichtiger Politiker gewesen sei, ein Mann, der von der gesammten politischen Lage Deutschlands, von den gleichzeitigen anderen Erhebungsversuchen keine Ahnung gehabt, der nur daran gedacht habe, Hessen von der westfälischen Herrschaft zu befreien, ist zum Theil bereits oben, wo von der Lynker'schen Konstruirung einer deutschen und einer hessischen Partei die Rede war, zurückgewiesen worden. Indessen ist dazu doch noch Einiges nachzutragen. Lynker sagt S. 98: »Und da M., kurzsichtig und hitzköpfig, wie er war, über alle Hindernisse und Unwahrscheinlichkeiten hinwegsah u. s. w.« und S. 92: »Martin hat weder jemals den Umfang der Verschwörung, noch die Pläne Dörnberg's in ihrer ganzen Ausdehnung gekannt und verstanden«; und weiter: »Martin's Ansichten beweisen, dass er gänzlich das Gewicht der Umstände verkannte, mit deren Hülfe von einer Insurrektion in Hessen allein etwas zu erwarten war. Die Unternehmung, welche ihm vorschwebte, stand völlig vereinzelt da, und

hervor (»Martin hatte eine Uniform angezogen, liess
sich Oberst nennen und begrüsste mich als General;
ich verwies ihm dies und sagte, das würde sich alles
finden«), dass er an dem Tage, da die Schaaren der
Aufständischen sich in Homberg sammelten, eine Uniform — wahrscheinlich seine frühere Uniform als Re-
gimentsauditeur — angelegt hatte und sich bei dieser
Gelegenheit als Oberst anreden liess, sowie weiter, dass
Dörnberg hiermit nicht einverstanden war. Genügt dies
aber wirklich, um eine »ans Lächerliche streifende Eitelkeit« zu beweisen? Sollte nicht ein wohlwollender,
oder auch nur ein billig denkender Beurtheiler sich
diesen Schritt, der ja vielleicht als ein verfehlter zu
bezeichnen ist, so erklären, dass Martin dies gethan
habe, in der ganz richtigen Erkenntniss, dass wenigstens
eine Art von militärischer Autorität nothwendig
sei, um in die Schaaren der zusammenströmenden
Bauern etwas Ordnung zu bringen? Es waren dies ja
zum grossen Theile alte, gediente Soldaten; dass diese
einem simpeln Civilisten nicht so ohne weiteres ge-
horchen würden, war vorauszusehen; sie verlangten
irgend eine militärische Autorität; und da mag Martin
wohl gedacht haben, es sei nöthig, sich, bis eine solche
wirklich zur Stelle sei, den Bauern gegenüber als solche
zu gerieren.

Möglicherweise aber gründet sich der Lynker'sche
Vorwurf der Eitelkeit auf den Umstand, dass Martin in
seinen »Histor. Nachr.« allerdings häufig seine eigenen
Ansichten und Gedanken darlegt, und dass er natürlich
diese für die richtigen hält; das lag aber in der Natur
der Sache. Martin selbst hat dem Vorwurfe schon die
Spitze abgebrochen, indem er am Schlusse der »Histor.

gern sich Dörnberg untergeordnet und eigentlich selbst für sich
die Oberanführerschaft beansprucht habe, macht ja allerdings schon
Lynker; irgend welche Beweise dafür bringt Lynker nicht.

werden alle unsere Anstrengungen vergeblich sein, denn alsdann werden wir, und wenn Frankreich noch in zehn Kriege verwickelt wäre, doch nichts ausrichten.« Ist denn das wirklich eine so ganz unverständige Anschauung? Freilich hat Martin sich gründlich getäuscht, wenn er hoffte, das ganze deutsche Volk werde sich einmüthig gegen die Franzosen erheben; aber diese irrthümliche Beurtheilung der Volksstimmung ist doch verzeihlich. Haben sich nicht die Schill und Katt und Hirschfeld ebenso getäuscht? Und hat sich nicht auch Dörnberg selbst über die Volksstimmung, ganz besonders auch über die Stimmung in seinem Regiment, in einer argen Täuschung befunden? Hoffte er doch, es werde ihm gelingen, sein ganzes Regiment mit auf die Seite des Aufstandes zu ziehen; und wie vollständig hat er sich darin geirrt! Es fällt aber Lynker gar nicht ein Dörnberg deshalb zu tadeln; nur hätte er gerecht sein, und auch Martin nicht mit Vorwürfen überschütten sollen!

4) Angefügt mag hier gleich werden, dass Martin weiter auch der Vorwurf gemacht wird, er habe durch sein ungestümes Drängen den zu frühen Losbruch des Aufstandes verschuldet. Lynker spricht wiederholt tadelnd von seinem Drängen, von unbesonnener Hast etc., und Kleinschmidt sagt ebenfalls (Zeitschr. d. hess. Gesch.-V. S. 373): »Das Ungestüm des Friedensrichters Martin, dem die Volksmassen gehorchten, nöthigte Dörnberg, vorzeitig loszuschlagen.« Und diesen Vorwurf scheint auch Häusser in seiner Deutschen Geschichte (Bd. III, S. 325) als berechtigt anzuerkennen, der sonst kein Wort des Tadels gegen Martin ausspricht, obwohl Lynker's Schrift ihm bekannt war. Er sagt a. a. O.: »Dörnberg hätte gern noch gezögert, aber Martin und andere Führer vom platten Lande drängten zur Entscheidung«; aber er fügt sofort hinzu: »In der That

war Alles so vorbereitet und die Massen bereits in
solcher Gährung, dass man es kaum mehr in der Hand
hatte, den Ausbruch hinauszuschieben.« So wird es
denn wohl auch sich verhalten haben; es wird nach
Martin's und der anderen Führer (namentlich auch Ber-
ners) Ansicht nicht möglich gewesen sein, die Massen
noch länger zurückzuhalten. Man wolle nur bedenken,
dass bereits wiederholt ein früherer Termin zum Losschlagen bestimmt, dann aber der Ausbruch doch wieder
hinausgeschoben worden war. Welche Erregung musste
dadurch in die Gemüther der Bauern gekommen sein!
Und wie wuchs auch die Gefahr der Entdeckung! Es
ist geradezu wunderbar und ein herrliches Zeugniss für
die Treue und Verschwiegenheit der Theilnehmer des
Aufstandes, dass bis zur Stunde des Losbruches der
Erhebung auch nicht das Geringste davon laut geworden
war. Jérôme und seine Regierung wurden trotz ihrer
»hoben Polizei« durch die Insurrektion auf's Vollständigste überrascht. Aber auf die Dauer war, wenigstens
nach Martin's und seiner Meinungsgenossen Ansicht,
dieser Zustand doch nicht haltbar; ein weiteres Hinaus-
schieben würde nach ihrer Meinung die ganze Sache
vereitelt haben und zudem mit der grössten Gefahr für
die Theilnehmer der Verschwörung verbunden gewesen
sein. Deshalb drängten sie zum Losbruch. Schill's
Wort: »Besser ein Ende mit Schrecken, als ein Schrecken
ohne Ende«, ist diesem, soviel ich weiss, noch nie zum
Vorwurfe gmacht worden. Uebrigens soll nicht in Abrede gestellt werden, dass Martin vielleicht wirklich zu
hitzig auf den Ausbruch der Verschwörung hindrängte;
bei einem jungen Manne von noch nicht 30 Jahren ist
die Besonnenheit des reiferen Alters denn doch noch
nicht zu erwarten, zumal wenn er feuerigen, heissblütigen
Temperaments ist. Aber erstlich ist es in der That
nicht erwiesen, dass der verfrühte Ausbruch der Ver-

schwörung seine Schuld war, und zum anderen meine
ich, dass, selbst wenn diese seine Verschuldung erwiesen
würde, dieselbe jedenfalls sehr verzeihlicher Natur wäre.

5) Aehnlich verhält es sich mit dem gegen Martin
ausgesprochenen Tadel wegen der unter den Schaaren
der Aufständischen am 22. April in Homberg herrschen-
den Unordnung. Auch für diese wird er, und er allein,
verantwortlich gemacht (Lynker S. 118; Kleinschmidt
S. 275 d. Zeitschr. und S. 238 d. Gesch. d. K. W.).
Die Sache wird so dargestellt, als habe er gar nichts
gethan, um Ordnung unter die erregten Volksmassen
zu bringen. Das Gegentheil ist wahr; dies ergibt sich
deutlich aus der Anklageakte gegen Martin, aus der
hervorgeht, dass Martin den ganzen Tag über bis zum
Erscheinen Dörnberg's damit beschäftigt war, »aus den
theils bewaffnet, theils unbewaffnet sich versammelten
Bürgern, Soldaten und Bauern, die von 18 bis 40 Jahren
auszusuchen, soviel als möglich aufzuschreiben, um sie
militärisch zu formiren«; freilich heisst es weiter, dass
»dies Geschäft mit ziemlicher Unordnung von statten
ging«. Dass es Martin nicht gelang, Ordnung herzu-
stellen, das ist wahrlich kein Wunder, aber er hat gethan,
was er konnte, um Ordnung zu schaffen. Uebrigens
war ja die militärische Formirung der aufständischen
Volksmassen auch gar nicht seine Sache; das wäre
doch wohl die Sache der Offiziere gewesen, welche
sich angeschlossen hatten; er war ja ein Mann der
Feder! Seine Aufgabe war die gewesen; das Land zu
insurgiren; und diese Aufgabe hatte er gelöst: seine
Bauern waren zur Stelle! Dörnberg aber hatte seine
Aufgabe nicht gelöst: seine Gardejäger waren nicht
zur Stelle.

Andere Ausstellungen, die von Lynker gegen Martin
geltend gemacht werden, sind ohne Belang; so das
leere Gerede von der Unheimlichkeit seiner äusseren

Erscheinung. »Es lag etwas Unheimliches in seiner
äusseren Erscheinung, was dem grossen Haufen impo-
nirte, dem besonnenen Beobachter aber Besorgniss einflössen musste« (S. 88 f.)! Von »etwas Unheimlichem
in seiner äusseren Erscheinung« wissen die, welche
Martin im Leben nahe gestanden haben, nichts; aus
eigener Anschauung wird Lynker wohl auch nichts
davon wissen, da er ihn wohl schwerlich jemals gesehen hat.

6) Einer der Anklagepunkte Lynkers und Göcke-
llgens gegen Martin — und zwar ein solcher, auf den
Lynker grosses Gewicht legt — ist die von Lynker an-
genommene Herausgabe der Schrift: »Hessen vor dem
1. November 1806« durch Martin. Ich muss hier die
Stelle aus Lynker in ihrem Zusammenhange mittheilen.
Lynker sagt S. 89 f.: »Dann aber lastete noch ein besonderer Verdacht auf Martin. Zu jener Zeit, als Napoleons
Befehl die tapfere hessische Armee zu schimpflicher Auflösung verdammt hatte, als . . . ., erschien in Leipzig
eine anonyme Schrift, welche statt lindernden Balsams
Gift in diese Wunden träufelte. Sie führt den Titel:
»Hessen vor dem 1. November 1806. Von einem ehemaligen hessischen Capitain. Leipzig 1807. Wilh. Rein
& Comp. Es war eine kleine, von blinder Leidenschaftlichkeit diktirte, aus gemeinen Schimpfereien und lächer-
lichen Uebertreibungen zusammengesetzte Broschüre, in
welcher die althessische Armee und besonders der Offiziers-
stand arg mitgenommen wurde. . . . . . . Man hat nie
erfahren können, wer der Verfasser war; dass es ein
hessischer Capitain gewesen, wie der Titel angiebt, wird
durch den Inhalt der Schrift selbst unwahrscheinlich gemacht. Die entlassenen hessischen Offiziere aber hatten
Martin im Verdacht. Ein solcher Verdacht hätte nicht aufkommen können, wenn Martins Vergangenheit ihn nicht
rechtfertigte; auch hat die spätere Zeit denselben nicht

nur nicht entkräftet, sondern vielmehr befestigt, und
Martin selbst hat ihn nie widerlegt.‹

Was zunächst den Inhalt dieser Schrift betrifft,
so muss zugegeben werden, dass die in derselben gegebene Schilderung des Offizierskorps der damaligen
hessischen Armee eine recht ungünstige ist. Den Offizieren wird Mangel an geistigem Streben, Trägheit,
Hochmuth, Liederlichkeit, Kleinlichkeit etc. vorgeworfen.
Offenbar enthält die Schrift starke Uebertreibungen;
offenbar ist sie das Werk eines noch sehr unreifen
Mannes. Aber so schlimm, wie Lynker und Goecke-
llgen die Sache machen, ist es dann doch bei weitem
nicht; es ist geradezu lächerlich, bei dieser Gelegenheit
in dem Brustton höchster sittlicher Indignation zu reden
und die Sache so darzustellen, als sei der Verfasser
jener Schrift auf jeden Fall eine sittlich höchst bedenk-
liche Persönlichkeit. Die Dinge, die er dem hessischen
Offizierkorps von damals vorwirft, sind gar oft bald
diesem bald jenem Offizierkorps Schuld gegeben worden;
und in dem hessischen Offizierkorps jener Zeit mag es
ja (so wenig wie in dem preussischen) an argen Schäden
jener Art gefehlt haben. Der Verfasser jener Schrift
scheint mir ein sittlich und ideal gerichteter, aber, wie
gesagt, noch sehr unreifer und heissblütiger junger Mann
gewesen zu sein, dem der Unwille über schwere Uebel-
stände, die er in der hessischen Armee wahrgenommen,
die Feder in die Hand gedrückt hatte. Wäre also
Martin auch wirklich der Verfasser jener Schrift, so
könnte ihm m. E. kein einigermassen billig und ver-
ständig Urtheilender daraus einen schweren sittlichen
Vorwurf machen; man könnte nur ihn tadeln, dass er
sich übereilt, dass er einseitig geurtheilt, dass er übertrieben habe. Hierzu ist zu vergleichen ein Aufsatz in
Nr. 98 der ehemaligen Hessenzeitung von 10. Dez. 1864
(Rückblick, Umblick, Vorblick), in welchem es mit Be-

ziehung auf das in Rede stehende Schriftchen heisst:
»Dasselbe ist mit Geschick geschrieben und enthält
neben zahlreichen Uebertreibungen und bei grosser Ein-
seitigkeit und Gehässigkeit manches Wahre«. Dabei ist
zu bedenken, dass aller Wahrscheinlichkeit nach der
Autor der Hessenzeitung (Vilmar?) durchaus nicht geneigt war, eine Schrift besonders milde zu beurtheilen,
welche die althessischen Zustände als schlechte darstellte. Nun ist aber durch nichts erwiesen, dass Martin
dies Schriftchen verfasst hat. Der Verfasser bezeichnet
sich selbst als einen »ehemaligen hessischen Capitain«;
S. 70 sagt er: »Ich selbst hatte die Ehre, unter einem
solchen General als Adjutant zu dienen«. Beides passt
durchaus nicht auf Martin, sondern lässt auf einen Verfasser schliessen, der wirklich selbst Offizier gewesen ist.
Die ganze Schreibweise der Schrift spricht gleichfalls dafür, dass Martin n i c h t der Verfasser ist. Lynker spricht
vorsichtigerweise nur von einem V e r d a c h t e, der auf
Martin geruht habe, wenn seine Darstellung auch freilich
zeigt, dass er persönlich von der Thatsache überzeugt
ist. Wunderlicherweise führt er den Umstand, dass
Martin den auf ihm ruhenden Verdacht nie widerlegt
habe, als eine Art von Beweis für dessen Autorschaft
an. Ja, woher weiss denn Lynker, dass Martin Kenntniss von dem »auf ihm ruhenden Verdachte« gehabt
habe? Ist dieser Verdacht denn jemals öffentlich ausgesprochen worden? Hätte Martin sich irgendwann
einmal öffentlich dagegen verwahrt, der Verfasser des
Schriftchens zu sein, so würde Lynker wahrscheinlich
unter Hinweis auf das 'Qui s'excuse, s'accuse' daraus erst
recht einen für ihn ungünstigen Schluss ziehen. Während
also Lynker nur von einem auf Martin ruhenden V e r-
d a c h t e redet, behauptet Goecke-Ilgen ohne weiteres
die T h a t s a c h e; er schreibt flottweg: »Ein Mann, der
im Jahre 1806 eine der ungerechtfertigtsten Schmäh-

31 *

schriften gegen das hessische Heer veröffentlichte u. s. w. ‹
Ob Goecke-Ilgen hierfür einen Beweis hat, event. welchen
Beweis er hat, das weiss ich nicht. So lange aber,
bis er diesen Beweis erbringt, muss doch allermindestens
das Non liquet gelten, und es dürfen also auf einen
blossen Verdacht hin keine Verdammungsurtheile ausgesprochen werden. — Was übrigens die Autorschaft
jenes Büchleins betrifft, so macht schon die oben angeführte Nr. 98 der Hessenzeitung von 1864 und nach
ihr H. Martins mehrerwähnter Abwehrartikel — auf
welchen letzteren ich auch an dieser Stelle verweise
— einen gewissen Fähnrich Hundeshagen als den
wahrscheinlichen Verfasser namhaft.

Was nun überhaupt den Vorwurf betrifft, dass
Martin die in westfälische Dienste getretenen hessischen
Offiziere angegriffen habe, so ist diese Behauptung unrichtig. Er hat nicht »die« Offiziere überhaupt angegriffen, welche dies gethan haben (wie es ihm z. B. nie
in den Sinn gekommen ist, etwa Dörnberg deswegen
anzuklagen), sondern sein Angriff (»Ueber das Dienen
Teutscher im Westfälischen Kriegsdienst. Teutschland
S. 59—82‹) richtet sich nur gegen die, welche aus
persönlichen Rücksichten, aus Ehrgeiz, um ihren Lebensunterhalt zu gewinnen, um Einfluss zu gewinnen u. s. w.
(S. 68) in westfälische Dienste traten, also gegen die
vaterlandslosen, ja vaterlandsverrätherischen Streber.
Hat er denn da nicht ganz Recht, wenn er diese in
scharfen Worten straft? Freilich hat sich Martin durch
solchen scharfen Tadel die, welche sich getroffen fühlten,
zu Feinden gemacht, und vielleicht hat sich der eine
oder andere von ihnen noch in späterer Zeit an ihm
gerächt, indem er verläumderische Gerüchte gegen
Martin aussprengte. Gar nicht unmöglich ist es ja
auch, dass Lynker, natürlich unabsichtlich, gerade aus
solchen Kreisen seine mündlichen Ueberlieferungen über

Ueberzeugung gewonnen hätte, dass man ihm bitteres Unrecht anthut. Ich hoffe, diesen Beweis führen zu können.

Zunächst ist die Auffassung zurückzuweisen, als ob wirklich Martins Verurtheilung zum Tode eine ›verabredete Farce‹ gewesen sei. Verschuldet hat diese Auffassung wahrscheinlich Steffens, der in seinem mehrfach genannten Buche ›Was ich erlebte‹ (VI, 203) die Sache folgendermassen darstellt: ›Jetzt (also nachdem Martin sich auf Gnade und Ungnade ergeben hatte) fand ein öffentlich hervorgehobenes, auf Effekt berechnetes Schauspiel statt. Der alte Vater spielte eine Hauptrolle, und alle Zeitungen verkündigten die grosse Gnade seiner Befreiung.‹ Ob die westfälische Regierung bezw. Jérôme von Anfang an die Absicht gehabt hat, Martin zu begnadigen, weiss ich nicht; ich habe nirgends etwas gefunden, was darauf schliessen liesse; vielmehr weist die Zurückweisung wiederholter, theils von dem· Verurtheilten selbst, theils von anderer Seite eingebrachter Begnadigungsgesuche direkt auf das Gegentheil hin. Jedenfalls aber hat weder Martin noch seine Familie irgend etwas von einer derartigen etwa vorhandenen Absicht gewusst; alle Angehörigen Martins sind im Gegentheil bis zu dem Augenblicke, da Jérôme die Begnadigung aussprach, der festen Ueberzeugung gewesen, dass es mit dem Todesurtheile furchtbarster Ernst sei. Meine Grossmutter, Martins hinterlassene Gattin, hat mir oft von diesen schrecklichen Tagen erzählt; davon aber, dass das Todesurtheil über ihren Mann nur zum Schein ausgesprochen sei, hat sie nie auch nur eine Andeutung gemacht. Zum Beweise dafür, dass Martins Angehörige von dem Ernst der Lage überzeugt waren, theile ich diejenige Stelle aus der schon erwähnten handschriftlichen Lebensbeschreibung des Vaters Martins mit, in welcher derselbe diese An-

gelegenheit darstellt. Nachdem er erzählt hat, wie sein
Sohn sich dem Gerichte freiwillig gestellt, und wie er
nun schon seit einigen Wochen im Gefängnisse zuge-
bracht hat, fährt er fort: ›In diesem Zustande zwischen
Furcht und Hoffnung schwebten wir, bis zuletzt an den
peinlichen Gerichtshof der Befehl erging, unserem Sohn
den Prozess zu machen und durch die Geschworenen
über Schuldig oder Unschuldig entscheiden zu lassen.
Unser Sohn vertheidigte sich selbst in einer Rede, von
der man allgemein sagte, dass sie ein Meisterstück sei.
Leider verfehlte dieselbe ihren Zweck ; sie machte zwar
allgemeine Sensation und tiefen Eindruck, — dennoch
ward er des Verbrechens des Hochverraths von den
Geschworenen schuldig erklärt und zum Tode des
Schwertes vom Gericht verurtheilt‹. Dann wird erzählt, welche Schritte von der Familie des Verurtheilten
und deren Freunden gethan wurden, um die Begnadigung zu erlangen, und wie es auch so scheint, als ob
diese Bemühungen erfolgreich sein würden, wie aber
dann eines Tages die Frau des Gefängnissaufsehers mit
einer Miene der höchsten Angst ins Zimmer stürzt und
ausruft: ›Ach Gott! morgen um 8 Uhr wird Ihr Sohn
hingerichtet!‹ Der Vater eilt nun sofort ins Gefängniss
zu seinem Sohne. ›Als ich in dasselbe eintrat‹, so
berichtet er nun weiter, ›fand ich ihn zu meiner Erbauung so gefasst und so ruhig in des Todes Nähe,
wie ich nicht erwarten konnte. Ich war entschlossen,
die Nacht bis an den Morgen seines Todes bei ihm zu
bleiben, ja, wenn er es zugegeben hätte, ich würde ihn
zum Richtplatz begleitet haben. Er äusserte sich über
den Tod: ich fürchte ihn nicht, weil ich mich keines
Verbrechens schuldig weiss. Nur meine Eltern, nur
meine arme Frau und das Kind unter ihrem Herzen,
nur die Leiden, die sie meinetwegen haben, erregen in
mir traurige Empfindungen. Da ihm bei der Ankündi-

gung des Todesurtheils ausdrücklich gesagt worden war,
dass ihm nicht nur die Appellation vom Kassationshof,
sondern auch die Gnade des Königs abgeschlagen sei,
so war keine Hoffnung mehr für ihn übrig. Schon
war auch der Scharfrichter bestellt, schon das Grab
für seinen Leichnam bereitet, schon der Richtplatz mit
Sand bedeckt. Er hatte sich zu seinen letzten Unterredungen den Herrn Hofprediger Ernst erbeten und
wünschte bei diesem das Abendmahl zu empfangen,
und dieser fand sich sehr bereitwillig dazu. Als ich
bei ihm eine Zeitlang auf dem Bette gesessen hatte,
äusserte er die Meinung, ob ich es nicht gerathen finde,
des Königs Gnade in eigener Person zu suchen; er
versprach sich davon zwar keinen Erfolg, er wünsche
es aber zu seiner und unserer Beruhigung, dass nichts
unversucht gelassen worden sei. Ich war es nicht
Willens, aber kaum hatte unser Sohn den Wunsch geäussert, so war ich entschlossen. Ich eilte von ihm
hinweg, überliess ihn seinen Sterbegedanken und eilte
nach Metropolitan Schnakenbergs Wohnung. Indem
ich, durch die hintere Thür eingetreten, zur Vorderthür
hinausgehen will, hält dieser — also Schnakenberg —
in einem Wagen, unsere jüngste Tochter zur Seite, vor
seinem Hause, bereit, auszusteigen. Er erzählte mir,
dass er mich in Wolfsanger — wo Martin damals als
Pfarrer stand — habe abholen wollen, um mit mir und
unserer Tochter nach Napoleonshöhe zu fahren und die
Begnadigung des Königs zu suchen«. Es gelingt ihnen
auch nach manchen Schwierigkeiten, vor den König zu
kommen. »Ein Hofbedienter eilte herbei, um mir zu
sagen, der König sei vor dem Schloss auf dem grünen
Rasen. So sehr meine alten Beine eilen konnten, eilte
ich. Der König blieb stehen; ich liess mich auf ein
Knie, gab, so gut ich es vermochte, zu verstehen, ich
sei der Vater des Martin, der morgen auf dem Blut-

gerüste sterben solle, und bat, mir das Lehen meines
Sohnes zu schenken. In dem Augenblicke lagen auch
Schnakenberg und Fränzchen — Martins Tochter Fran-
ziska — zu des Königs Füssen, ergriffen und küssten
seine Hände. Der König schien sehr gerührt zu sein,
eine Thräne stand in seinem Auge, und mit einer
Stimme, die sehr sanft war, sagte er die glücklichen
Worte: ich accedire die Gnade. Er befahl uns aufzu-
stehen und erkundigte sich nach einem Jeden von uns.
Ihm wiederholt dankend entfernten wir uns, als der
Minister Graf v. Fürstenstein hinter uns herkam, sagte,
wir sollten warten und ein Schreiben an den Minister
Siméon, des Sohnes Begnadigung enthaltend, mit-
nehmen. Wie glücklich, wie selig fühlte ich mich nach
so vielen schmerzensvollen Monaten in diesem Augenblicke! . . . . . . In einem gerichtlichen Dokumente
ward nachher unserem Sohne die Gnade kund gemacht
und die Strafe ›Gefängniss auf unbestimmte Zeit‹ bekannt gemacht. Auch hier wird Gott helfen, dessen
Hilfe wir harren‹.

Am Tage vor der zu seiner Hinrichtung angesetzten
Zeit nahm Martin von seiner Gattin brieflich Abschied.
Ich theile diesen Brief hier wörtlich mit:

Cassel, am 23. Juli 1810,
Morgens ½12 Uhr.

Theure geliebte Frau!

Ich schreibe dir diesen Brief in der bittersten
Stunde meines Lebens. Soeben ist mir vorgelesen worden,
dass mein Kassationsgesuch und mein Gnadengesuch
an den König abgeschlagen ist. In 24 Stunden hat ein
Herz aufgehört zu schlagen, das stets nur für die Tugend
und für dich schlug. Morgen früh um 5 Uhr soll ich
bluten. Ich kann dir mein Wort geben vor dem Throne
Gottes, vor dem ich bald zu stehen denke, dass ich

furchtlos und gefasst dem Tode entgegensehe. Ich bin
Christ und bin denkender Mensch; — das Leben ist
ohnedem nicht unsere Bestimmung und zu kurz, als
um sich um eine Anzahl Jahre mehr oder weniger zu
betrüben. Allein der Gedanke an Dich, theures über
Alles geliebtes Weib, der Gedanke an meine grauen
würdigen Eltern, an meine Geschwister, dieser Gedanke
ist der einzige, der mich schmerzlich ergreift. — Wenn
das Kind, das Du unter Deinem Herzen trägst, diese
Frucht einer heiligen keuschen Liebe, nicht durch die
Schrecken und die Verzweiflung seiner Mutter getödtet
wird, wenn es das Licht der Welt erblickt und einst
zum Bewusstsein und zum Nachdenken kommt, dann
lehre es, das Andenken seines Vaters mit Wehmuth und
Schmerz, aber auch mit Achtung und Liebe segnen,
eines Vaters, dessen Auge es nie gesehen, dessen reines
Herz aber ihm schon vor seiner Geburt mit der wärmsten
Liebe entgegengeschlagen hat. Ist es gleich schon vor
seiner Geburt eine Waise, so hat es doch einen gütigen
und liebevollen Vater im Himmel, der ja selbst den
Raben ihr Futter gibt; er wird es, er wird Dich nicht
verlassen, ich befehle euch in seinen allmächtigen
Schutz. — Ich gebe Dir, ich gehe euch Allen voran.
In der Blüthe meiner Jahre, mit einem Herzen, das
des schönsten Glückes fähig war und dem das schönste
Glück bevorstand, verlasse ich die Erde nicht gern;
allein Gottes Wille geschehe, ihm will ich mich mit
Demuth unterwerfen. Theures Weib, Du hast ein grosses
Herz, einen festen und wahrhaft christlichen Sinn, Du
wirst diesen schrecklichen Schlag zwar mit entsetz-
lichem Schmerz, doch mit einiger Gefasstheit ertragen,
und die Zeit, die Trösterin jedes Kummers, wird Dir
endlich nur ein wehmüthiges Andenken an mich zu-
rücklassen. Ich sende Dir hierbei meinen Trauring,
dieses Zeichen einer reinen, nie verletzten Treue — ach,

es waren vielleicht nie zwei Herzen, die so ganz
einander gehörten, die die innigste Liebe, die zarteste
Freundschaft und Uebereinstimmung so fest mit einander verband, die so ganz geschaffen waren, einander
glücklich zu machen! Diese Herzen werden auseinander
gerissen, werden auf die furchtbarste Art getrennt. —
Ich weiss nicht, als was für ein Opfer ich falle. Entweder liegen hier unerklärliche Missverständnisse zum
Grunde, oder unauslöschlicher Hass dürstet nach meinem
Blute. Es sei, wie es wolle: ich kann Dich vor der harten
Stunde, die mir bevorsteht, und vor dem Hochwürdigen
Sakrament, das ich heute Nachmittag zum letzten Male
geniessen werde, heilig versichern, dass in diesem Augenblick keine Bitterkeit gegen irgend eine Person auf der
Erde in meinem Herzen herrscht. Hat mich je Jemand
beleidigt oder gekränkt, so verzeihe ich ihm vollkommen;
habe ich irgend Jemand Wehe oder Unrecht gethan, so
bitte ich ihn um Verzeihung. — Ach Gott, wenn ich allein
stände, wie wenig wäre mir am Leben gelegen; aber dass
das Glück so vieler mit mir zertrümmert wird, das ist es,
was mich beugt. — Du weisst es, ich habe nicht leicht-
sinnig mich in diese Gefahr begeben — dieser Ausgang
war unmöglich vorauszusehen, dieses beruhigt mich
einigermassen. Die Gefühle der Liebe und Freundschaft
können unendlich glücklich machen, und ich habe ihnen
die einzigen seligen Stunden zu verdanken — allein sie
können auch bittere Leiden verursachen, das fühle ich
in diesem Augenblicke. Ich erwarte meinen Vater und
Fränzchen [1]), welche Zusammenkunft! ich werde mehr
Stärke haben als sie. Ich wünsche, dass die letzte Er-
giessung meines ganz Dir geweihten Herzens nicht in
unreine Hände komme. Wie ich sie in Deine Hände
bringe, weiss ich noch nicht. Es wird ja wohl ein

—

[1]) Martin's Schwester Franziska.

Mitleidiger sein, der mir diesen letzten Dienst erweist.
Ich habe den Hofprediger Ernst bitten lassen, zu mir
zu kommen; mit ihm werde ich die letzte Unterredung
über die höchste Trösterin halten. — Meinen Freunden,
besonders dem edlen Reimer [1]), übermache ich meine
letzten Grüsse; ich liebe sie bis in meinen Tod [2]). —
— — — Soeben geht mein Vater von mir; er ist
gebeugt, aber gefasst wie ein ächter Priester des Gottes
der Liebe und Stärke. Ich sehe nach der Uhr; ich
lebe noch 17 Stunden, dann ist Alles vorüber und beendigt. Ich fühle jetzt, dass es leichter ist zu sterben,
als ich dachte. Bewusstsein und Religion erleichtern
mächtig diesen Schritt. — Lebe wohl, theures ewig geliebtes Weib, tausend Versicherungen der wärmsten, der
innigsten Liebe Deinen Eltern und Geschwistern! Jenseits dem Grabe, wo kein Parteigeist und keine Feindschaft mehr ist, empfängt dich

ganz der deinige
Martin.

Ist es denkbar, dass ein Mann so an seine Frau
schreibt, an seine Frau, die er auf's Zärtlichste liebt,
und die noch dazu in allernächster Zeit ihre Entbin-
dung erwartet, wenn er weiss, dass Alles nur, um mit
Lynker zu reden, eine »verabredete Farce« ist? Wie
mir scheint, wird durch die beiden mitgetheilten Schriftstücke, die ja beide nur für den nächsten Familienkreis
bestimmt waren, so dass wohl niemand an eine absicht-
liche Täuschung wird denken können, schlagend bewiesen, dass das ganze Gerede von der verabredeten
Farce etc. eben nichts als leeres Gerede ist. Damit
aber fällt zugleich die Behauptung hin, Martin habe
seine Begnadigung auf irgend eine Weise erkauft. Nein,

---

[1]) Gemeint ist der Buchhändler A. Reimer in Berlin.
[2]) Die folgenden Zeilen sind einige Stunden später geschrieben.

er hat sie nicht e r k a u f t, sondern sie ist ihm ohne irgend welche Gegenleistung seinerseits g e s c h e n k t worden; die augenblickliche Rührung, welche den weichen Jérôme ergriff, als der Mann um seines Sohnes Leben bat, der selbst ganz unschuldig so viel erlitten hatte, diese und nichts anderes ist der Grund dafür, dass Martin nicht den Tod auf dem Blutgerüste sterben musste. Lynker lässt es wohl durchfühlen, dass er persönlich der Ueberzeugung ist, Martin habe seine Begnadigung durch Verrath seiner Genossen erkauft; aber er bewahrt sich doch noch so viel historische Gewissenhaftigkeit, dass er dies nicht geradezu zu behaupten wagt. Goecke-Ilgen aber schreibt (S. 154): »Ein Mann, der´ . . . . . . kompromittirende Bemerkungen nicht allein über Scharnhorst und andere in Berlin, sondern auch über angebliche Theilnehmer des Aufstandes in Hessen, geflissentlich unterlaufen liess und auf diesem Wege (sic!) die Begnadigung Jérômes zu erlangen wusste u. s. f.« Einen Beweis für diese seine Behauptung erbringt Goecke-Ilgen so wenig, wie er einen Beweis für die von ihm m. W. zum ersten Male als historisch feststehende Thatsache behandelte Behauptung, Martin sei der Verfasser der oben erwähnten Schmähschrift gegen das hessische Militär, zu erbringen für nöthig erachtete.

Aber wenn Martins Begnadigung also auch nicht als Lohn für wichtige Enthüllungen, die er gemacht› anzusehen ist, so bleibt doch immer noch der schwere Vorwurf gegen ihn, dass er seine guten Dienste der westphälischen Regierung angeboten, seine Genossen verrathen und die ganze Verschwörung enthüllt habe. Das ists doch, was Lynker wie Goecke-Ilgen behaupten; und das scheint durch die Veröffentlichung des Briefes, den Martin an Baron von Linden geschrieben, sowie durch die Berichte Lindens über seine Unterredungen

mit Martin unwiderruflich festgestellt zu sein (S. Kleinschmidt in der Zeitschr. d. hess. Gesch.-Ver. 1890.
»Einiges über Martin« sowie Kleinschmidt, Gesch. d. K.
W., S. 256). Und ich gestehe zu, dass der erste Eindruck des Briefes ein für Martin ungünstiger ist; und
ich gestehe ferner zu, dass die Kleinschmidt'schen Veröffentlichungen, als ich von denselben Kenntniss empfing,
auf mich zunächst einen niederschlagenden Eindruck
machten, den Eindruck, dass mein Grossvater allerdings
in der furchtbaren Noth und Erregung der Zeit sich
einer schweren sittlichen Verirrung schuldig gemacht
habe, als er dem Baron von Linden diesen Brief schrieb.
Aber als ich mich nun etwas näher mit der ganzen
Sache beschäftigte und mich mit der einschlägigen
Litteratur bekannt machte, da fiel mir denn doch bald
auf, dass nirgends auch nur eine Spur davon zu entdecken ist, dass in Folge von Martins sog. Enthüllungen
und Angebereien von der westphälischen Regierung
gegen irgend jemanden eingeschritten, irgend jemand
abgesetzt oder in das Gefängniss gesteckt oder verhaftet
oder irgendwie bestraft, ja auch nur in Untersuchung
gerathen sei. Davon ist schlechterdings nichts geschehen;
es ist, soweit ich finden kann, in Folge von Martins »Enthüllungen« auch nicht ein einziger Mensch auch nur in die
geringste Ungelegenheit gekommen. Folglich kann es doch
wohl mit seinen Enthüllungen nicht schlimm gewesen
sein! Zweifellos hätte Martin, wenn er gewollt hätte, viele
wegen ihrer Theilnahme am Aufstande oder wenigstens
wegen ihrer Mitwissenschaft in grosse Ungelegenheit
bringen, er hätte sich dadurch nicht nur Begnadigung, sondern auch Gunsterweisungen, Beförderungen
erkaufen können, wenn er fähig gewesen wäre, an
seinen Genossen zum Verräther zu werden; aber er hat
es eben nicht gethan, ist vielmehr allen Verlockungen
der westfälischen Regierung gegenüber fest geblieben.

Der oben angeführte Aufsatz H. Martins: »Zur Abwehr«
theilt eine Stelle aus einem Briefe seines Vaters an einen
Berliner Freund, den bekannten Buchhändler Reimer,
vom 2. Januar 1812 mit, in welcher Martin sagt: »Man
hatte mich vom Anfang meiner Ankunft dahier stark
in die Klemme genommen, um noch Geständnisse von
mir zu erpressen; besonders wollte man durchaus
Namen von Mitschuldigen haben. Ja, es war mir
mehrere Male angeboten worden, dass, wenn ich mich
in diesem Stücke fügen wolle, meine Freiheit mir sofort
gewährt werden solle. Meine stete Antwort war, ich
wisse weiter nichts, als was ich bereits ausgesagt habe.
Und sogar jetzt noch, wenige Stunden vor dem Tode,
geschah mir der Antrag, dass ich in diesem Stücke
aufrichtig sein solle, wogegen mir nicht nur das Leben,
sondern auch alsbaldige Freiheit zugesichert wurde.
Allein, Gottlob, auch nicht einen Augenblick kam ich
in dieser schrecklichen Lage auf den Gedanken, Leben
und Glück auf Kosten der Ehre und des Rechtes wieder
zu gewinnen.« Ebenso sagt Martin in einer »Erklärung«
(vom Februar 1814. Beilage zu Nr. 11 der Casselschen,
Polizei- und Commerzien-Zeitung): »Gerade in der Zeit
rettete nur meine unerschütterliche Standhaftigkeit gegen
25 meiner ehemaligen Verbündeten von Absetzung, Gefangenschaft und anderen Uebeln«; und weiter: »(dies
geschah), als ich von der westfälischen Regierung aufs
neue geängstigt wurde; als der General v. Bongars
damaliger Chef der Polizei, und der Generalsekretär
von Schalch, um mich ganz in das Interesse der fremden
Herrschaft zu ziehen, täglich in mich drangen, irgend
ein bedeutendes Staatsamt, bald ein General-Commissa-
riat der hohen Polizei, bald eine Unterpräfektur u. s. w.
anzunehmen; als sie diese Anträge mit den glänzend-
sten Versprechungen unterstützten und ich in die pein-
liche Nothwendigkeit gesetzt war, diese Anträge ahzu-

lehnen, ohne die, in deren Händen mein Schicksal sich
befand, zu beleidigen.‹ So ist durch Martins sogenannte
Enthüllungen nicht nur niemand in Ungelegenheiten
gekommen, sondern er hat auch für seine Person gar
nichts von Begünstigung seitens der westfälischen Regierung erfahren; denn dass er endlich die Stelle eines
Notars in Eschwege erhielt, ist doch wohl nicht als
eine besondere Gunst der westfälischen Regierung zu
betrachten. ›Es gelang mir endlich‹, so sagt er in dem
oben angeführten Aufsatze, ›die unbedeutende Stelle
eines Notars, eine von den wenigen, die ich bei meinen
Grundsätzen in Westfalen bekleiden konnte, zu erhalten.‹
Ich führe hier auch eine Aeusserung Chr. v. Rommels
(Bülau, Geh. Geschichten etc. V, 475 f.) an: ›Die
hessische Insurrektion war auf den eigenthümlichen
Geist der hessischen Nation und der alten treuen Diener
des Kurfürsten berechnet. Während einer fast 3 monatlichen Vorbereitung hatten alle Vorsteher von 20—30
die Stadt Cassel umgebenden Dorfgemeinden das ihnen
anvertraute Geheimniss treulich bewahrt, und von den
vielen betheiligten Familien aus allen Ständen . . . .
trat auch nach dem Misslingen kein einziger
verrätherischer Zug auf.‹ Würde Rommel so
schreiben, wenn einer der Hauptführer des Aufstandes
sich schliesslich als ein Verräther entpuppt hätte? Und
wenn wir nun weiterhin sehen, dass Männer wie Georg
Andreas Reimer und Justus Gruner — ich werde auf
Martins Verhältniss zu ihnen noch zu sprechen kommen —
mit Martin auch nach den Freiheitskriegen noch im
besten Verhältnisse stehen und ihn ihres vollen Vertrauens
würdigen: müssen wir denn da nicht in unserer durch
jenen Brief Martins an Linden hervorgebrachten Meinung, dass er diesem zu verrätherischen Zwecken seine
Dienste angeboten habe, irre werden und uns fragen, ob
der Brief und was damit zusammenhängt, wirklich in

einer für Martin so ungünstigen Weise verstanden werden müsse?

Schon dass der Brief wirklich von Martin geschrieben worden ist, und zwar so, wie Kleinschmidt ihn mittheilt (Ztschr. d. hess. Gesch.-V. v. J. 1890, S. 285 ff.), lässt sich mit unbedingter Gewissheit nicht behaupten. Denn das Aktenstück des Geh. Staatsarchivs zu Berlin, welches von Kleinschmidt als Martins Brief an Linden reproducirt wird, ist nicht etwa der von Martin selbst geschriebene Originalbrief. Lindens Depesche an Fürstenstein (v. 4. Sept. 1809) beginnt mit den Worten (ich behalte die Orthographie dieses Schriftstückes bei. D. H.): La lettre anonime dont j'ai l'honeur de joindre la traduction. Demnach hat Martin an Linden deutsch [1]) geschrieben; von diesem Originalbriefe Martins hat Linden eine Uebersetzung anfertigen lassen und diese nach Kassel geschickt; eine Abschrift dieser Uebersetzung hat er bei seinen Gesandtschaftsakten behalten; diese Abschrift der Uebersetzung des Originalbriefes also ist es, die vorliegt. Dazu kommt, dass der Brief keine Unterschrift hat[2]). Sonach können wohl die Veröffentlichungen Kleinschmidts durchaus nicht die Eigenschaft unbedingter Authenticität beanspruchen; ein wirklich diplomatischer Charakter kann ihnen, wie mir scheint, nicht beigelegt werden. Wie leicht kann der Uebersetzer eine Wendung in Martins Briefe falsch aufgefasst oder falsch wiedergegeben haben! Wie leicht kann auch dem Abschreiber hier oder da ein kleines Versehen passirt sein! Dass Uebersetzer oder Abschreiber bei ihrer Arbeit nicht gerade sehr

---

[1]) jedenfalls nicht französisch.

[2]) Möglicherweise ist das bei den Berliner Akten liegende Schriftstück nicht eine Abschrift der Uebersetzung von Martins Brief, sondern diese Uebersetzung selbst. Auch in diesem Falle würde das im Folgenden Gesagte seine Geltung behalten.

sorgfältig verfahren sind, beweist ein Blick in das vorliegende Aktenstück, in dem es an Flüchtigkeitsfehlern nicht mangelt.

Sonach kann ich den Beweis nicht für erbracht halten, dass Martin jenen Brief wirklich — und zwar so, wie er bei den Berliner Akten liegt und wie Kleinschmidt ihn mittheilt — geschrieben hat. Ich halte es aber allerdings für im höchsten Grade wahrscheinlich, wenn auch nicht für zweifellos gewiss, dass er jenen Brief geschrieben hat. Und darauf, dass möglicherweise der eine oder andere Ausdruck in Martins eigenem Briefe doch einen etwas anderen Sinn gehabt haben kann, als der ist, welchen die uns vorliegende Abschrift hat, will ich auch nicht allzu viel Gewicht legen, wenn ich auch meine, es bedürfe zweifelloserer und klarerer Beweise, als diese Abschrift einer Uebersetzung ist, um einen Mann öffentlich als Abtrünnigen und Verräther zu brandmarken, der doch jedenfalls seine ganze Existenz daran gesetzt hat, um das Vaterland von der Fremdherrschaft zu befreien. Ich will aber für meine nachfolgende Darlegung auf den Einwand, dass die Echtheit des von Kleinschmidt mitgetheilten Briefes nicht ausreichend beglaubigt sei, verzichten und davon ausgehen, dass Martin wirklich diesen Brief so, wie er uns vorliegt, geschrieben hat. Selbst dann noch erhebe ich die Frage, ob dieser Brief wirklich in der für Martin so ungünstigen Weise aufgefasst werden muss, ob er nicht vielmehr in einer für ihn erheblich weniger ungünstigen Weise verstanden werden kann.

Zunächst also steht, wie gesagt, fest, dass Martin sich brieflich an v. Linden gewandt hat, um durch seine Vermittlung die Erlaubniss zur Rückkehr in seine Heimath zu erlangen. Daraus allein wird man ihm wohl, wie ich annehme, einen Vorwurf nicht machen wollen. Ferner steht (die Authenticität des von Kleinschmidt

mitgetheilten Briefes vorausgesetzt) fest, dass Martin dem
Baron v. Linden seine Dienste angeboten hat. Aber
es fragt sich doch sehr, w o z u er ihm seine Dienste
anbot. Aus dem Briefe selbst geht das nicht deutlich
hervor; Martin redet da natürlich in allgemeinen Ausdrücken, spricht von seinem gegenwärtigen Wunsche,
dem Könige und seinem Vaterlande nützlich zu sein
und nach besten Kräften dazu beizutragen, um es vor
den Leiden der Insurrektion zu bewahren (»je désire
actuellement, d'être util à Sa Majesté le Roi et à ma
patrie et attribuer autant que je pourrais à la garantir
des maux de l'insurrection«), von seiner Fähigkeit, der
Regierung auch in Zukunft Dienste leisten zu können
(»Ma situation m'a mis au fait de différentes rélations,
dont la connaissance pourra interesser le gouvernement;
aussi dans la suite pourrai-je peutêtre rendre des
services«), von seiner Absicht, dem Baron v. Linden,
falls dieser ihm eine Audienz gewährt, eingehendere
Mittheilungen zu machen (»Si Votre Excellence veut
m'accorder une audience, j'aurai soin de donner plus
de détails») und von seiner Hoffnung, in der Folge
seine Ergebenheit an den König beweisen zu können
(»J'espère de prouver dans la suite mon devouement
au roi«). Se. Majestät werde sich überzeugen, dass sie
grössere Dienste von einem Manne erwarten könne, der
alles seiner Ueberzeugung geopfert habe, als etc.
»[J'espère que] Sa Majesté se convaincra, qu'elle pourra
s'attendre à des plus grands services d'un homme, qui
a tout sacrifié à sa conviction, que etc).« Das alles
klingt in der That sehr bedenklich; ebenso bedenklich
klingen die Sätze, in denen Martin ausspricht, dass
sich sein Gesichtspunkt und seine Grundsätze völlig
geändert hätten (»Ma manière de voir est changé
ainsi que mes principes»), dass eine totale Aenderung
seiner Ueberzeugung ihn so handeln lasse (»Un chan-

32 *

gement total de ma conviction me fait agir ainsi«),
dass er, da sein Gesichtspunkt und seine Prinzipien
sich geändert hätten, sich vollständig seinem Könige
hingebe (»qui, aiant changé de manière de voir et de
principes, se donne en entier à son roi«). Um den
Schritt, den Martin mit diesem Briefe gethan hat, zu
beurtheilen, ist zunächst und vor allem zu bedenken,
dass er sich damals in einer sehr niedergeschlagenen,
fast verzweifelten Gemüthsstimmung befand; nicht etwa
ist das so zu verstehen, dass seine persönliche
Lage eine verzweifelte gewesen wäre; im Gegentheil:
er lebte in Berlin in ziemlicher Sicherheit, ohne materielle Sorgen, hatte sogar seine Gattin zu sich kommen
lassen können, wohnte im Hause des Buchhändlers
Reimer im besten Verhältnisse mit diesem und im lebhaften Verkehre mit dem Kreise patriotisch gesinnter
Männer, die in Reimers Hause aus- und eingingen;
aber die Gesammtlage des Vaterlandes, das Scheitern
aller seiner Hoffnungen, besonders die Erfahrung, die
er hatte machen müssen, dass das deutsche Volk zur
Erhebung noch nicht reif sei, vielleicht auf lange hinaus nicht reif werden würde: das alles lastete schwer
auf ihm. Er schildert selbst seinen damaligen Zustand
S. 53 der Zeitschrift: Teutschland. Da sagt er: »Was
aber vor allem anderen mich auf das unsäglichste
schmerzte, war das gänzliche Zertrümmern der Hoffnungen, die ich für die Freyheit meines Vaterlandes
gehegt, noch mehr, das war die schreckliche Ueberzeugung, wie sehr ich mich bis jetzt über die Gesinnung
meiner Nation geirrt hatte. Also war nicht bloss dieser
Versuch, unsere Ketten zu zerbrechen, vereitelt; nein,
noch mehr, alle Hoffnung für die Zukunft war beynahe
vernichtet, denn es war das nicht vorhanden, was je
und unter allen nur erdenklichen Verhältnissen diese
Hoffnungen verwirklichen konnte, nehmlich eine hin-

längliche Masse von moralischer Kraft in der Teutschen
Nation. Die Meinung, die ich von dem Werthe meines
Volkes hatte, war gar sehr gesunken.› Und ähnlich sagt
er in einem mir vorliegenden Briefe an seine Eltern vom
15. Okt. 1809: ›Uebrigens wird es mir schwer, mich an-
haltend mit ernstlichen Dingen zu beschäftigen, da sich
mein ganzes Wesen noch in einer zu grossen Auflösung
befindet und ich noch einige Zeit nöthig haben werde,
mich zu sammeln. Meine ehemaligen Pläne und Ansichten der Dinge habe ich gänzlich aufgegeben, indem
mich die Erfahrung und das Leben von deren Unaus-
führbarkeit überzeugt haben.‹ Wenn er also sagt, dass
seine manière de voir sich geändert hätte, so meint er
damit eben dies, dass er für jetzt die Hoffnung, das
deutsche Volk werde sich kraftvoll gegen die Fremdherrschaft erheben, aufgegeben habe. Und infolgedessen
sind auch seine ›principes‹ andere geworden: bisher
hat er aus aller Kraft darnach gestrebt, eine Insurrektion herbeizuführen; nun, da er die Ueberzeugung gewonnen hat, dass von einer solchen doch nichts zu
hoffen sei, muss er im Gegentheil, gerade im Interesse
seines Volkes, alles thun, was er kann, um es nicht
zu solchen vereinzelten Ausbrüchen des Volksunwillens
und des Nationalgefühles kommen zu lassen, wie die
hessische Insurrektion, Schills Versuch, Friedrich Wilhelm von Braunschweigs Erhebung etc. gewesen waren.
Solche vereinzelte gewaltsame Explosionen konnten,
wie er sich nunmehr überzeugt hatte, nicht nur nichts
helfen, sondern sie mussten der Sache des Vaterlandes
schaden und brachten zudem namenloses Unheil über
die Insurgenten und ihre Angehörigen. So ist unter
der Aenderung seiner Ueberzeugung lediglich eine durch
das Misslingen aller bisherigen Unternehmungen her-
beigeführte veränderte Auffassung der politischen
Sachlage zu verstehen; eine Aenderung seiner deutsch-

nationalen Gesinnung hat bei ihm nicht stattgefunden; der Sache des Vaterlandes ist er, wie die
ganze Folgezeit beweist, bis an sein Lebensende treu
geblieben. Dass er seiner deutsch-nationalen Gesinnung
treu bleibt, das kann er naturgemäss dem Baron von
Linden nicht vor den Kopf sagen; indessen fehlt es
doch in dem Briefe nicht an Ausdrücken, welche zeigen,
wozu er Linden seine Dienste anbot. Er sagt ausdrücklich: »Mes expériences, les observations faites depuis et qui m'éclairèrent tout (?) sur la manière d'agir des
cabinets opposés au système français m'arrachèrent le
bandeau et me donnèrent la plus entière conviction,
que mes anciens projets ne pourraient ammener que
la ruine des pays, et que dans l'état actuel
des choses il en faut à désirer la continuation
pour l'Allemange.« Er möchte (s. o.) »garantir sa
patrie des maux de l'insurrection«. Und so
bietet er seine Dienste allerdings dazu an, in dem
Lande die Ruhe zu erhalten. In der Unterredung, welche Martin in Folge jenes Briefes mit Linden
gehabt hat, spricht er dies deutlich genug für jeden, der
nicht mit vorgefasster Anschauung liest, aus. Linden
berichtet in seiner Depesche vom 4. Sept. 1809: »S'étant
pleinement convaincu de l'impossibilité de contribuer au
bonheur de sa patrie dans cette voie (also auf dem Wege
der Insurrektionen. D. H.), il avait quitté le service du duc
d'Oels et après avoir erré quelque temps en Silésie, il se
trouvait depuis trois jours à Berlin sous un nom supposé.
Il me répéta, que la confiance dont il jouissait près
de ses compatriotes et près de plusieurs personnes dans
l'étranger lui permettaient de promettre, qu'il pouvait
contribuer au maintien de la tranquillité
de ce district ou il lui serait permis de vivre«. Linden
hofft, durch Martin irgend welche wichtige Aufschlüsse
zu erhalten und verlangt, dass er solche gebe; aber er

findet sich in dieser Hoffnung getäuscht: »Tout ce qu'il me disait pour me satisfaire m'a été connu en partie et le sera totalement de Votre Excellence« (Lindens Depesche ist an den Grafen Fürstenstein gerichtet). Also nichts von interessanten Enthüllungen, nichts von Verräthereien und Angebereien! Bei einer späteren Unterhaltung nennt Martin dann allerdings einige Theilnehmer oder wenigstens Mitwisser der Verschwörung; so nannte er als Mitwisser Johannes von Müller. Linden behandelt diese Angabe als eine unglaubwürdige Anekdote, und Goecke-Ilgen thun desgleichen (S. 155). Aber sollte es denn diesen Herren unbekannt sein, dass Müllers Mitwissenschaft an der Verschwörung auch nach anderen Zeugnissen feststeht? Dörnberg sagt in seinem oben erwähnten Memorial ausdrücklich: »Auch Joh. v. Müller wurde davon unterrichtet, zeigte sich aber sehr furchtsam.« Auch Lynker (S. 111), Schlosser (Bd. XV. S. 481), Häusser (Deutsche Geschichte. Bd. III, S. 325), sowie Kleinschmidt (Gesch. d. K. W. S. 235) nehmen als zweifellos an, dass Müller um die Sache gewusst habe. Wozu dann Goecke-Ilgens sittliche Entrüstung über Martin als den Erfinder der Anekdote von Müllers Mitwissenschaft? Daraus, dass Martin den Namen Müllers nannte, wird ihm wohl niemand einen Vorwurf machen; denn schaden konnte dies Müller nicht; Müller war nämlich am 29. Mai 1809 gestorben, und jetzt schrieb man bereits den 12. September! Aehnlich mag es sich mit den anderen Namen, die Martin nach Lindens Depesche genannt haben soll, wohl auch verhalten haben: es ist offenbar niemand durch seine Aussagen kompromittirt worden. Dazu ist doch auch zu bedenken, dass alle diese Angaben über von Martin gemachte Aussagen lediglich auf dem Zeugnisse Lindens beruhen; dieser aber hatte ein entschiedenes Interesse daran, Martins Aussagen als möglichst wichtig hinzu-

stellen; denn er hatte ihm ohne Vorwissen seiner Regierung die Begnadigung in Aussicht gestellt und konnte
nur hoffen, dass die Regierung dies billigte, wenn
Martin wirklich sehr bedeutsame Aufklärungen gab.
Dass Linden aber gerade keine so **ganz** unbedingte
Glaubwürdigkeit beanspruchen darf, darüber belehrt
uns Goecke-Ilgen selbst [1]). Wenn Linden also von Mittheilungen redet, die ihm Martin über Scharnhorst und
den Erbprinzen von Dessau gemacht habe: ist es da
so ganz undenkbar, dass Linden hier ein wenig geflunkert
habe? Ich behaupte nicht, dass es so i s t, sondern nur,
dass es so sein k a n n. Viel Gewicht lässt sich schwerlich
auf diese Linden'schen Angaben legen.

Ebenso dürfte es sich mit den Geständnissen verhalten haben, die Martin später bei seiner Vernehmung
vor dem Criminalgerichte in Kassel machte. Er ent-
hüllte allerdings, was er ja auch schon Linden gegenüber gethan hatte, den Plan der Verschwörung, aber

---

[1]) Vergl. Goecke-Ilgen S. 119: »Linden sammelte wie eine
Art von politischem Spion alle Gerüchte und Vorgänge, die die
bösen Absichten des Kabinets (sc. des Berliners) und der Bevölkerung in Preussen darthun konnten, weil er darin ein Mittel sah,
seinem Hofe zu gefallen«; und S. 248: »Im Januar 1812 musste
Linden Briefe, die in Kassel fabrizirt waren, und in denen zur
Desertion aufgefordert wurde, an westfälische Soldaten auf die Post
in Berlin geben. Die Adressaten aber, die Falle merkend, lieferten
die Briefe an ihre Vorgesetzten ab. Senfft (der preuss. Geschäfts-
träger in Kassel) unterrichtete Reinhard (Napoleons Gesandten in
Kassel) sofort von diesem Intriguenspiel. Dass aber Linden noch die
Unverschämtheit besass, wegen dieser Briefe bei Hardenberg Vor-
stellungen zu erheben, rief naturgemäss den lebhaftesten Unwillen
Friedrich Wilhelms III. hervor, der einfach durch seinen Minister
die Vorzeigung der Originale fordern liess. Und Fürstenstein ent-
blödete sich nicht, Reinhard vorzulügen, dieselben seien wirklich
nach Berlin geschickt.« Ein Mann der solcher Machenschaften sich
nicht schämte, kann sicherlich nicht als ein einwandsfreier Zeuge
angesehen werden. —

das war ja jetzt, 1¼ Jahr nach der Niederwerfung des
Aufstandes (der Anklageact datirt vom 15. Juni 1810)
ohne jede Consequenz; war doch ohnedies dieser Plan
der Regierung nunmehr längst bekannt; Martin nannte
auch Mitschuldige; aber doch nur solche, denen
seine Aussage nicht schaden konnte, weil ihre Theilnahme schon anderweitig fest stand. Was für einen Sinn
hätte es z. B. gehabt, wenn er Anstand hätte nehmen
wollen, Dörnberg als das Haupt der Verschwörung zu
bezeichnen? Ich muss wiederholt nachdrücklichst darauf
hinweisen, dass seine Aussagen niemanden geschadet
haben, obwohl er zweifellos genug hätte aussagen
können, wodurch Männer, die bis jetzt noch nicht als
in die Verschwörung verwickelt genannt worden waren,
kompromittirt worden wären, was für ihn, wenn er es
gethan hätte, gewiss nur von Nutzen gewesen wäre.
(Vergl. die oben S. 495 angeführte Stelle aus Martins
Brief an Reimer.)

Martins Brief an Linden ist für ihn verhängnissvoll geworden. Verhängnissvoll für sein Lebensglück;
denn die westfälische Regierung löste ja, wie bekannt,
dass von dem Baron von Linden Martin gegebene Wort
nicht ein, sondern brachte die volle Strenge des Gesetzes
gegen ihn zur Anwendung; verhängnissvoll aber auch
für seinen guten Namen; denn es ist vorzugsweise
dieser Brief und das, was sich an diesen Brief weiter
anschliesst, wodurch der Verdacht, er sei ein Abtrün-
niger, ein Verräther, ein Mensch von »gänzlicher Charakterlosigkeit« (Goecke-Ilgen S. 154) gewesen, gestützt
wird. Dass ein Schein der Berechtigung für solchen
Verdacht vorliegt, habe ich schon oben zugestanden;
dass es aber eben nur ein Schein ist, dass ihm in
Wahrheit mit solchem Verdachte bitteres Unrecht geschieht, glaube ich bewiesen zu haben. Es muss zugestanden werden, dass Martin hier, wie auch sonst

noch, nicht mit der nöthigen Vorsicht und Klugheit
gehandelt hat; er war eine heftige, impulsive, leiden-
schaftliche Natur, zudem damals noch ein junger, nicht
ausgereifter Mann und denn doch auch, woraus man
ihm gewiss keinen Vorwurf machen kann, durch die
furchtbare Erregung der Zeit, durch die Gesammtlage
der öffentlichen Verhältnisse, durch seine eigenen Erlebnisse, Leiden und Sorgen etwas aus dem inneren
Gleichgewichte gekommen.

Ich gebe zu, dass es, um zu den Ergebnissen
über die Würdigung von Martins Brief an Linden zu
gelangen, zu denen ich gelangt bin, einer wohl-
wollenden Interpretation bedarf; auf eine solche
aber hat — so sollte ich denn doch meinen — ein
Mann Anspruch, der so eifrig und selbstlos für die
Befreiung des Vaterlandes gewirkt hat, wie Martin.

Aber nicht nur um deswillen hat Martin Anspruch
auf eine wohlwollende Beurtheilung, weil er zu denjenigen Männern gehört, die in jener schweren Zeit
alles daran gesetzt haben, um das Vaterland von dem
Joche der Fremdherrschaft zu befreien; auch sein
späterer Lebenslauf zeigt, dass er unmöglich jener
»gänzlich charakterlose« Mann gewesen sein kann, als
welcher er von Lynker, Goecke-Ilgen, Kleinschmidt aufgefasst wird. Auf diesen seinen späteren Lebensgang
muss ich daher zum Schlusse noch kurz zu reden kommen.

Bald nach seiner Begnadigung war Martin, wie
schon erwähnt, nachdem er verschiedene Aufforderungen
zum Eintritt in den westfälischen Staatsdienst zurückgewiesen hatte, als Notar in Eschwege angestellt worden.
Hier verlebte er eine kurze Periode stillen Berufs- und
beglückten Familienlebens. Mit dem Zusammenbruch
der westfälischen Regierung, wodurch er wieder ausser
Stellung und Beruf kam, ging diese friedliche und stille
Zwischenzeit zu Ende.

In dieser Lage ging ihm von dem zum Generalgouverneur des Mittelrheines ernannten bekannten
Staatsmanne Justus Gruner die Aufforderung zu
(im Januar 1814), sich bei ihm einzufinden und unter
seiner Verwaltung in Dienst zu treten. Gruner
war zu der Zeit, als Martin sich in Berlin aufhielt,
Polizeipräsident von Berlin gewesen und hatte also
zweifellos die beste Gelegenheit gehabt, sich über
Martins Charakter und Geistesrichtung zu informiren.
Persönlich kannte er bis zu der Zeit von Martins Eintritt in seine Verwaltung diesen nicht; durch wen er
auf ihn aufmerksam gemacht worden ist, kann ich nicht
sagen; vielleicht durch Reimer und den Kreis patriotisch
gesinnter Männer, die in Reimers Hause in Berlin ver-
kehrten, und mit denen Martin während seines Berliner
Aufenthaltes bekannt geworden war. Es ist wohl kaum
denkbar, dass Gruner über Martins Verhandlung mit
dem Baron v. Linden nichts gewusst habe; wenn das
wahr wäre, was Linden in seinem oben angeführten
Berichte erzählt, dass Martin ihm gegenüber kompromittirende Mittheilungen über Scharnhorst, den damaligen preussischen Kriegsminister, gemacht hätte, so
wäre es in der That ganz undenkbar, dass daraus nicht
irgend welche diplomatische Verwickelungen entstanden
wären, von denen doch der Polizeipräsident von Berlin
zweifellos Kenntniss gehabt hätte, zumal ein so schnei-
diger und findiger Polizeipräsident, wie es Gruner war.
Und wenn Martin durch seine Verhandlungen mit
Linden und durch alles, was sich daran anschloss, in
jenem Berliner Kreise deutschgesinnter Männer irgendwie anrüchig geworden wäre, so würde sicherlich ein
Mann von dem feurigen Patriotismus Gruners sich ge-
bütet haben, eine solche anrüchige Persönlichkeit an
sich zu ziehen. Martins Berufung kann nach Lage der
Dinge nur auf die Empfehlung jener Berliner Freunde

erfolgt sein; daraus aber, dass diese ihn Gruner empfahlen, ergiebt sich, dass sie an Martins Patriotismus, an seiner unveränderten deutschen Gesinnung, an der Lauterkeit seines Charakters nicht zweifelten; folglich haben seine Verhandlungen mit Linden sie nicht irre an ihm gemacht. Dass sie von diesen Verhandlungen, von Martins Prozess, von seiner Begnadigung etc. wussten, das kann gar keinem Zweifel unterliegen; das hatte ja in den Zeitungen gestanden[1]).

Martin folgte dem Rufe Gruners; er begab sich nach Trier, wo er von Gruner mit Vertrauen empfangen wurde, und fand Beschäftigung zunächst als Chef eines Departement-Militärbüreaus, dann als Gehilfe des Gouvernementalrathes. Nach Auflösung des Gouvernements des Mittelrheines (Juni oder Juli 1814) nahm ihn Gruner, der nunmehr zum Generalgouverneur des Grossherzogthums Berg ernannt wurde und damit in preussische Dienste zurücktrat, aus besonderem Vertrauen mit sich nach Düsseldorf, wo Martin anfangs ohne besondere Ernennung in Geschäften des Generalgouverneurs verwendet, dann aber zum Polizei-Inspektor des Landkreises Düsseldorf ernannt wurde. In dieser Stellung blieb er, bis die Entweichung Napoleons von der Insel Elba (1. März 1815) zu einer abermaligen Veränderung in Gruners und damit auch in Martins Stellung Veranlassung gab. Gruner wurde zum Generaldirektor der Armeepolizei und zum Civilgouverneur der zu erobernden französischen Provinzen bestellt. Für

---

[1]) Es erscheint mir als nach Lage der Dinge sehr wahrscheinlich, dass Gruner von Martins Briefe an v. Linden und von seinen Verhandlungen mit ihm Kenntniss hatte. Die Akten der westfälischen Gesandtschaft waren ja damals schon seit längerer Zeit im Besitze der preussischen Regierung und waren doch wohl durchforscht worden! Sollte man da nicht auch die auf Martin bezüglichen Aktenstücke gefunden haben?

Martin hatte dies die Folge, dass er — unter Vorbehalt
seines nur stellvertretungsweise an einen anderen ab-
gegebenen Düsseldorfer Postens — ebenfalls zur Armeepolizei übertrat. In der zweiten Hälfte des Juni 1815
verliess er mit Gruner Düsseldorf und begab sich mit
demselben nach Paris, wo er am 13. Juli 1815 eintraf.
Gruner bekleidete in Paris den Posten eines Generaldirektors der Armeepolizei der sämmtlichen verbündeten
Mächte; er ernannte nun seinerseits eine Anzahl von
Polizei-Inspektoren, darunter auch Martin. Ende September reiste Martin von Paris wieder ab und traf,
nachdem er sich einige Wochen in Frankfurt und Umgegend sowie im Kreise der Seinigen in Homberg aufgehalten hatte, in der ersten Hälfte des November
wieder in Düsseldorf ein, wohin auch Gruner zurückgekehrt war. Hier blieb nun Martin, die Geschäfte
seiner Polizei-Inspektorstelle wieder aufnehmend, in Erwartung der Dinge, welche die neue rheinische Verwal-
tungsorganisation bringen werde, bis zu seinem Ausscheiden aus dem preussischen Staatsdienste im Mai 1816.

Einen nicht unerheblichen und ihrer Natur nach
sehr delikaten Bestandtheil seiner Düsseldorfer Wirksamkeit bildeten seine Beziehungen zu dem anfangs
1815 begründeten und gegen Ende desselben Jahres
wieder erloschenen sog. »Deutschen Bunde« (vergl.
hierzu die sehr interessante und lehrreiche Schrift:
Meinecke, Die Deutschen Gesellschaften und der Hoffmann'sche Bund. Stuttgart, Cotta 1891). Nach verschiedenen im Besitze meiner Familie befindlichen
Schriftstücken ist Martin niemals formelles Mitglied
dieses Bundes gewesen; er war vielmehr nur unter fortwährend der Kenntnissnahme und Ermächtigung Gruners
zur Förderung des Bundes amtlich thätig. Der Staats-
kanzler Fürst Hardenberg hatte gleichfalls den Bund
genehmigt und unterstützte ihn auch mit Geldmitteln.

Als letztes Ziel und treibender Gedanke dieses ›Bundes‹
und anderer gleichzeitiger ›Deutscher Gesellschaften‹
ist die Herstellung der Einheit Deutschlands
unter preussischer Spitze zu bezeichnen, ein
Gedanke, den Martin schon früher wiederholt in politischen Aufsätzen ausgesprochen hatte. In einer später
(1829) von Martin verfassten Eingabe an das preussische
Ministerium sagt er über den Zweck des Bundes: ›Sein
der preussischen Regierung bekanntes und von ihr ge-
billigtes und befördertes Bestreben war kürzlich das:
mit Beseitigung aller anderen Souveränitäten die eine
über ganz Deutschland zu erheben, oder, mit anderen
Worten, den Wahlspruch zu verwirklichen: Friedrich
Wilhelm, letzter König von Preussen und
erster König von Deutschland‹.

Indessen Martins Hoffnungen auf eine seinen politischen Idealen entsprechende Gestaltung der öffentlichen Verhältnisse verwirklichte sich ebenso wenig,
wie seine Hoffnungen auf Erlangung einer dauernden,
seinen Neigungen und Fähigkeiten entsprechenden Stellung im preussischen Staatsdienste. Bekanntlich entwickelte sich ja in Preussen selbst sehr bald eine Reaktion gegen die deutschen Gedanken und Bestrebungen,
welche man mit allem Zubehör (Turnwesen, deutsche
Tracht, Burschenschaft etc.) als revolutionär, anti-
monarchisch, für das Bestehen jeder staatlichen Ordnung gefahrdrohend anzusehen und zu verdächtigen
begann. Zu ihrer eigentlichen Blüthe gelangte diese
Reaktion ja erst 1817, ihre Anfänge liegen aber bereits
im Jahre 1815 (die berüchtigte Schrift von Schmalz:
›Berichtigung einer Stelle in der Venturinischen Chronik
für das Jahr 1808‹, welche den Anfang der Reaktion
bezeichnet, erschien 1815). Es braucht hier nicht geschildert zu werden, wie nunmehr alle die Männer, die
bisher in deutsch-nationaler Richtung thätig waren, und

auf welche die preussische Regierung selbst sich bisher
in erster Linie gestützt hatte, Einfluss und politischen
Kredit verloren. Das alles ist ja allgemein bekannt.
Ebenso ist auch bekannt, dass es dem bisher so ein-
flussreichen Gruner nicht besser erging, als dem Freiherrn vom Stein und vielen anderen. Gruner wurde
durch Uebertragung eines indifferenten Gesandtschafts-
postens (erst in Dresden, dann in Bern) kalt gestellt;
ebenso wurde Oberpräsident Sack vom Rhein nach
Pommern versetzt. Bei der neuen rheinischen Ver-
waltungsorganisation wurden alle irgend massgebenden
Stellen mit Männern der neuen Richtung, also der Reaktion, besetzt, die Männer national-deutscher Gesinnung wurden bei Seite gedrängt. So erging es auch
Martin. Es war ihm mittels Erlasses des Staatskanzlers
Fürsten von Hardenberg vom 14. Oktober 1815 die
Stelle als Polizeidirektor in Düsseldorf zugesichert
worden; allein er erhielt diese Stelle nicht; vielmehr
gestalteten sich seine Verhältnisse so, dass er sich für
sein gänzliches Ausscheiden aus dem preussischen Staatsdienste entscheiden zu müssen glaubte. »Er habe«, so
sagt er später gelegentlich seiner noch zu erwähnenden
Vernehmung vom 22. Dezember 1820, »den preussischen
Dienst verlassen, weil sich das ganze politische System
in Preussen geändert habe und für ihn nur Zurück-
setzungen zu erwarten gewesen seien«. Und in seiner
oben erwähnten Eingabe an das preussische Staats-
ministerium vom Jahre 1829 sagt er: »Ich wurde auf
eine Weise aus dem preussischen Dienste hinausgeschoben, die selbst gewöhnliche Formen verletzte, und
erst, als meine desfallsigen Reklamationen etwa 1 Jahr
lang hingehalten waren, konnte ich mein Dienstverhält-
niss als beendigt betrachten und mich nach einem
andern Wirkungskreise umsehen«. Genaueres über die
Umstände, welche sein Ausscheiden aus dem preussischen

Staatsdienste herbeiführten, habe ich nicht ermitteln
können. Das Gesagte wird genügen, um zu zeigen,
dass auch Martin, gleich so vielen anderen der besten
Männer der Zeit, zu den Opfern der preussischen Reaktion gehörte.

Von Gruner schied Martin in bestem Einvernehmen,
ja in herzlicher Freundschaft. Zum Beweise dafür
theile ich hier das Zeugniss mit (urschriftlich im Besitze meiner Familie befindlich), welches Gruner ihm
bei seinem Scheiden ausstellte:

Pflichtmässiges Zeugniss.

Nach Auflösung der Dienstverhältnisse, in welchen
der Herr Polizei-Inspektor Martin zu Düsseldorf unter
mir gestanden und gewirkt hat, erachte ich es als eine
angenehme Pflicht, demselben hierdurch der Wahrheit
gemäss zu bezeugen, dass in den gefahr- und ereigniss-
vollen Jahren 1814, 1815, bis jetzt Herr etc. Martin in
verschiedenen Zweigen der öffentlichen Wirksamkeit,
sowohl bei der Kriegsverpflegung, bei der Polizey, als
bei der Administration und bei besondern ihm anvertrauten wichtigen Aufträgen wirksam gewesen; dass derselbe sich in allen diesen verschiedenen Verhältnissen,
auch wenn sie noch so schwierig und verwickelt waren,
als ein ausgezeichneter Beamter und als ein Mann von
unerschütterlicher Treue, redlicher Uneigennützigkeit,
fester Besonnenheit, wahrem Muthe und reiner Hin-
gebung für die gute Sache bewährt hat. Sein Fleiss,
sein Eifer und seine Geschicklichkeit sind in allen
seinen Beschäftigungen sich gleich geblieben, seine
Vaterlandsliebe hat sich nie verleugnet und seine Recht-
schaffenheit mein festestes Vertrauen in seltenem Grade
erworben und verdient. Ich begleite die künftige Dienst-
laufbahn des Herrn etc. Martin mit meinen aufrichtigen

Wünschen und mit angelegentlicher verbürgender Empfehlung bei allen resp. Behörden.

Berlin, den 5. Februar 1816.

Justus von Gruner,
Königl. wirkl. Geh. Staatsrath, design. ausserordentl.
Gesandter und bevollmächtigter Minister, Grosskreutz
und Ritter mehrerer Orden.

So hat über Martin ein Mann wie Gruner[1]), so hat über ihn sein unmittelbarer Vorgesetzter geurtheilt!

Und von demselben Manne schreibt Goecke-Ilgen: »Ein solcher Mensch ist durch seine gänzliche Charakterlosigkeit genügend gekennzeichnet«!!

Auch später noch stand Martin in freundschaftlicher Verbindung mit Gruner. Vor mir liegt ein herzlicher Brief Gruners an Martin, datirt aus Interlaken den 10. Juni 1818, in dem es u. a. heisst: »Empfangen Sie Dank für Ihren Brief, mein lieber Martin! und glauben Sie, dass meine Gesinnungen für Sie, unabhängig von der Aussenwelt, stets dieselben sein werden.

---

[1]) Vergl. über Gruner die Allgemeine deutsche Biographie Bd. X, S. 42—48. Auch die Charakteristik, die A r n d t (Erinnerungen aus meinem äusseren Leben) von Gruner entwirft, sei hier erwähnt. Es heisst da: „Er war ein feiner, liebenswürdiger Mann, von einer Beweglichkeit des Leibes und Geistes und der Rede, die man bei einem Westfalen nicht suchen sollte. . . . . Er war ein talentvoller, lebendiger, geistreicher Mann, von Natur leicht, weich und beweglich; aber zu grossen Ehren muss ihm gerechnet werden, dass dieser leichte, lebenslustige Mensch im Grossen und Gefährlichen edel und treu erfunden ist". Dass Gruner einer der bedeutendsten Staatsmänner Stein'scher Richtung, dass er ein Mann von feurigster Vaterlandsliebe und unbestechlicher Redlichkeit war, das dürfte wohl als allgemein anerkannt angenommen werden. — Aus einer anderen Stelle des angeführten Arndt'schen Buches ergiebt sich übrigens, dass Arndt selbst den Wunsch gehegt hat, in der Verwaltung des Mittelrheines unter Gruner Anstellung zu finden.

Ich habe Sie in wechselnden Zeiten als Einen meiner treuesten Freunde erfunden, durchdrungen von dem Glauben an mich und ihn festhaltend, wie einem ächt deutschen Gemüthe geziemt; des werde ich stets redlich gedenken und Ihnen solches erwiedern durch gleiches Vertrauen«; und weiterhin: »Gewiss werde ich Ihre freundliche Stätte besuchen, wenn ein guter Genius mich in dasige Gegend führt. Vielleicht gehe ich im nächsten Jahre nach Pyrmont und habe dann die Freude, Sie wiederzusehen«; und zum Schlusse: »Leben Sie wohl! Meine Frau grüsst freundlich. Geben Sie mir von Zeit zu Zeit Nachrichten von sich; ich werde Sie stets mit gleicher Theilnahme und Liebe empfangen«. Leider starb Gruner schon zu Anfang des Jahres 1820. —

Nachdem Martin den preussischen Staatsdienst verlassen hatte, begab er sich in seine Heimathstadt Homberg zurück in der Hoffnung, dass es ihm gelingen werde, eine Stelle im hessischen Staatsdienste zu erlangen. Aber auch diese Hoffnung schlug fehl; es ist begreiflich, dass man dort einen Mann nicht anstellen wollte, dessen politisches Streben nach einem unter preussischer Spitze vereinigten Deutschland ging, und der obendrein bereits i. J. 1813 den Satz hatte drucken lassen (Teutschland S. 44): »Ich für meine Person bin in der Theorie für eine reine repräsentative Demokratie, in der Praxis aber für eine beschränkte Monarchie stets gewesen und bin es noch; ich wünschte deshalb eine solche durch Freiheit der Presse und eine vernünftige Nationalrepräsentation beschränkt.«

Da es ihm nicht gelang, im hessischen Staatsdienst anzukommen, so liess er sich in Homberg als Advokat nieder und ist in dieser Stellung bis zu seinem Tode (1834) verblieben. Fortgesetzt wandte er den öffentlichen Angelegenheiten sein lebhaftes Interesse zu; davon giebt u. a. die von ihm verfasste Schrift[1]): »Über landständische Verfassung, mit besonderer Beziehung auf Kurhessen« (Göttingen 1824) Zeugniss. Den lebhaftesten Antheil nahm er seit 1831 an der damaligen Entwickelung des Verfassungslebens in Kurhessen. 1831 erschien von ihm eine Schriftchen: »Desiderien des Bauernstandes.« Während des Sommers (März bis August) 1831 liess er auch ein »Wochenblatt für Kurhessen« unter dem Titel: »Der Fürsten- und Volksfreund« erscheinen; 1834 erschienen von ihm: »Grundlinien einer Verwaltungsordnung für Kurhessen.«

Nachzutragen ist noch, dass Martin wegen seiner Beziehungen zu dem »Deutschen Bunde« nicht unbehelligt geblieben ist. Er hatte wiederholt Vernehmungen über seine politische Thätigkeit in den Jahren 1814 und 1815 zu bestehen. Die erste Vernehmung fand statt (1820) auf eine durch die preussische Regierung veranlasste Requisition der Mainzer Central-Untersuchungskommission vor dem damaligen Fiskal, Hofgerichtsrath Pfeiffer in Kassel, eine andere 1821 vor demselben Beamten, eine dritte 1824 vor dem damit beauftragten Kreisrath Reichardt aus Fritzlar in Homberg. Da er jedoch nachweisen konnte, dass er lediglich in amtlicher Eigenschaft, unter Gutheissung und auf Veranlassung seiner dienstlichen Vorgesetzten, gehandelt hatte, so konnte man ihm nichts anhaben. Diese Vernehmungen waren wunderbarerweise durch Preussen veranlasst, welches bei der Mainzer Central-Untersuchungskommission den Antrag gestellt hatte, gegen

---

[1]) Mit Beziehung auf diese Schrift schreibt Treitschke (Deutsche Geschichte, Bd. III, S. 533): „Liberale Ideen fanden in Hessen vorerst nur vereinzelte Anhänger; eine Schrift des Anwaltes Martin, die an die Berufung des Landtages erinnerte, verhallte ungehört.“

Martin wegen seiner Theilnahme an staatsgefährlichen Verbindungen die Untersuchung einzuleiten.

So hat Martin von seiner politischen Thätigkeit nur Undank geerntet. Der Staat, auf den er mit den Besten seiner Zeit alle seine Hoffnungen gesetzt und für dessen Erhebung zur Vormacht Deutschlands er nach Kräften gewirkt hatte, Preussen hatte ihm wie so vielen anderen mit Undank gelohnt, indem es ihn erst aus seinem Dienste hinausmassregelte und dann auch später noch ihn zur Verantwortung für die ihm selbst geleisteten Dienste zu ziehen suchte. Und dafür, dass er Vermögen und Amt, Familienglück und Heimath, Leben und Freiheit aufs Spiel gesetzt hat, um der westfälischen Herrschaft in Hessen ein Ende zu machen und dem Kurfürsten Wilhelm I. dazu zu helfen, dass er den Thron seiner Väter wieder besteigen könne, auch dafür ist ihm niemals auch nur eine Spur von Dank gezollt worden. Es ging ihm da, wie es ihm schon im Jahre 1806 ergangen war: Es war ihm, als die Franzosen in Hessen einrückten, gelungen, einen nicht unbeträchtlichen Theil einer Regimentskasse zu retten. Diese Summe brachte er dem Kurfürsten, der sich damals bei seinem Bruder, dem Statthalter von Schleswig und Holstein, in Itzehoe aufhielt. Er hoffte, von seinem Landesherrn freundlich empfangen zu werden; dieses war aber nicht der Fall, denn es war ihm nicht gelungen, die ganze Summe zu retten. Der Kurfürst nahm keine Rücksicht auf die Verhältnisse, und die grossen Gefahren, die bei seiner Flucht durch ein mit Feinden besetztes Land stattfanden, kamen gar nicht in Betracht. So erzählen H. Steffens (»Was ich erlebte« Bd. V, S. 232 f.) und Lynker (S. 88) [1].

[1] Ich bemerke hierzu, dass Martin selbst von diesem Vorkommniss nirgends etwa berichtet, so dass es mir zweifelhaft ist, ob es sich wirklich so verhält.

Weit schmerzlicher noch und schwerer zu ertragen würde es für Martin gewesen sein, wenn er das Erscheinen des Lynkerschen Buches erlebt und also auch hier wieder die Erfahrung gemacht hätte, dass ihm für alle seine aufopfernde Thätigkeit, für all sein begeistertes patriotisches Streben, für alles, was er um des Heiles des deutschen Vaterlandes willen geredet, gethan, gelitten hatte, nichts als Undank, ja sogar gehässigste Beurtheilung, Herabsetzung, Verunglimpfung zu Theil geworden wäre. —

Wenn meine Darlegungen nur den Erfolg haben, dass diejenigen Männer, welche sich mit der Geschichte des hessischen Aufstandes v. J. 1809 und mit der Persönlichkeit S. P. Martins beschäftigt haben, ihr Urtheil über ihn noch einmal einer gründlichen Prüfung unterziehen, so ist mein Zweck erreicht. Denn dass sie dann selbst zu der Erkenntniss kommen werden, ihre Beurtheilung seines Charakters und seiner Thätigkeit sei eine einseitige und ungerechte gewesen: das ist mir keinen Augenblick zweifelhaft. —

IX.

Zur Jugendgeschichte Wilhelms I., Kurfürsten von Hessen.

Von

Dr. Erich Meyer.

⚬—✖—⚬

Das Schriftstück, das im Folgenden geboten wird, liefert einen zwar sehr bescheidenen, aber immerhin nicht unwillkommenen Beitrag zu der Geschichte des Hessen-Casseler Regentenhauses in der zweiten Hälfte des vorigen Jahrhunderts. Entnommen ist es aus der in der Ständischen Landesbibliothek zu Cassel befindlichen Reihe von 8 Foliobänden, welche die Aufschrift tragen: »Erziehungsacten der drey D. Prinzen von Hessen«. Die drei Prinzen, deren Erziehungsgeschichte hierin fast vollständig urkundlich vorliegt, sind Prinz Wilhelm, der spätere erste Kurfürst, und seine beiden Brüder Carl und Friedrich, die Söhne des Landgrafen Friedrich II. Die Erziehung derselben vollzog sich darum unter so eigenthümlichen Umständen, weil Friedrich II. bekanntlich dem protestantischen Glauben untreu geworden und in den Schooss der katholischen Kirche zurückgekehrt war. Sein Vater, Landgraf Wilhelm VIII., hatte, von diesem verhängnissvollen und thörichten Schritte unterrichtet, eine Reihe von Massregeln zur Sicherung des Religionsstandes Hessens getroffen, die in der, am 24. October 1754 vom damaligen Erbprinzen unterzeichneten Assecurations-Acte gipfelten.

Weit schmerzlicher noch und schwerer zu ertragen
würde es für Martin gewesen sein, wenn er das Erscheinen des Lynkerschen Buches erlebt und also auch
hier wieder die Erfahrung gemacht hätte, dass ihm
für alle seine aufopfernde Thätigkeit, für all sein begeistertes patriotisches Streben, für alles, was er um
des Heiles des deutschen Vaterlandes willen geredet,
gethan, gelitten hatte, nichts als Undank, ja sogar
gehässigste Beurtheilung, Herabsetzung, Verunglimpfung
zu Theil geworden wäre. —

Wenn meine Darlegungen nur den Erfolg haben,
dass diejenigen Männer, welche sich mit der Geschichte
des hessischen Aufstandes v. J. 1809 und mit der
Persönlichkeit S. P. Martins beschäftigt haben, ihr
Urtheil über ihn noch einmal einer gründlichen Prüfung
unterziehen, so ist mein Zweck erreicht. Denn dass
sie dann selbst zu der Erkenntniss kommen werden,
ihre Beurtheilung seines Charakters und seiner Thätigkeit
sei eine einseitige und ungerechte gewesen: das ist mir
keinen Augenblick zweifelhaft. —

die nachfolgende Instruktion mitgegeben, deren Einzelbestimmungen durch diese kurze Einleitung verständlich sein werden.

Zu der Instruktion selber ist noch folgendes zu bemerken.

Die Form, in der sie hier vorliegt, ist eine bedeutend erweiterte Umarbeitung einer älteren, für den genannten Herrn von Wittorf aufgesetzten Instruktion. Besonders die Besorgniss, die Katholischen könnten sich der Prinzen zu bemächtigen oder sonstwie ihren Glauben gefährdende Einflüsse an sie heranzubringen versuchen, hat solche Erweiterungen nöthig gemacht. Als Verfasser der Instruktion in beiden Formen kann man wohl der Handschrift und den Umständen nach eben jenen Reg.-Rath Hein nennen, der die Assecurationsacte entworfen hatte und überhaupt als die Seele aller der Hessens Religionsstand sichernden Massnahmen zu betrachten ist. Es drängt sich aber mit fast unabweisbarer Augenscheinlichkeit die Vermuthung auf, dass Hein andere ähnliche Instruktionen bei seiner Abfassung vorgelegen haben und zwar möglicherweise gerade diejenigen, welche König Friedrich I. von Preussen und Friedrich Wilhelm I. von Preussen für die Erziehung ihrer Thronerben erlassen haben. [1]) Wir wissen, dass innerhalb der einzelnen Regentenhäuser eine Tradition in den Grundsätzen der Erziehung sorgfältig gewahrt wurde; die nahe Verwandschaft der beiden eben ge-

Verfasser dieses zu geben versucht in einem Abschnitte seiner demnächst bei F. A. Perthes, Gotha erscheinenden ausführlichen Lebensbeschreibung der Mutter der drei Prinzen: Maria, Landgräfin von Hessen, geborene Prinzessin von England.

[1]) Erstere vollständig bei *Förster*, Friedr. Wilh. I. Bd. 1. S. 81—87, letztere im Auszug ebd. S. 354, flgd. Die preussischen Instruktionen sind vom 1. Februar 1695 und vom 13. Aug. 1718, die hessische vom 15. April 1757.

Diese, entworfen von dem Sekretär des Landgrafen
Wilhelm, dem Regierungsrath Hein, beschäftigt sich in
ihrem ersten Viertel eingehend mit einer Regelung der
Erziehung der Kinder des katholisch gewordenen
Prinzen, und wenn in den letzten Theilen die Fürsten-
rechte des Erbprinzen in weitgehender Weise ge-
schmälert werden, so beraubt ihn dies erste Viertel
seiner wesentlichen Rechte als Mensch, der Rechte des
Vaters und des Gatten. Denn nicht nur über die drei
Söhne seiner gegenwärtigen Ehe, sondern über alle
Kinder, die ihm in einer etwaigen neuen Verbindung
geboren werden könnten, wurde ihm jede Gewalt entzogen. Gewiss eine grausam und überhart erscheinende
Massregel, die aber zweifelsohne geboten war, wenn
man Hessen-Cassel ein protestantisches Regentenhaus
sichern wollte, da niemand voraussagen konnte, welches
der Kinder Friedrichs einmal zur Regierung kommen
würde. Man brauchte nur daran zu denken, dass der
augenblicklich regierende Landgraf das siebente Kind
des Landgrafen Karl war.

Das Recht, über die Erziehung der drei Prinzen
Entscheidungen zu treffen, lag in den Händen ihres
Grossvaters und dieser entschloss sich, als 1756 die
Kriegsgefahren Hessens Grenzen immer näher rückten,
seine Enkel an den Dänischen Hof nach Copenhagen
zu senden, zu dem Hessen in verwandschaftlichen und
eng freundschaftlichen Beziehungen stand und der
auch eine der für die Assecurationsacte garantirenden
Mächte war.

Im folgenden Jahre wurde an Stelle des Ober-
stallmeisters von Wittorf, der das Amt eines Gouver-
neurs bei den Prinzen nur ad interim versehen hatte,
der General von Keyserlingk berufen. [1] Ihm wurde

---

[1] Eine eingehende Schilderung aller dieser Verhältnisse
unter ausgiebiger Vorwerthung der genannten Erziehungsacten hat

sprache erzogen wurden, dass ihnen ihre Erzieher und
Lehrer von den Eltern ohne Befragung ihrer eigenen
Wünsche und Herzensneigung gewählt wurden, mithin
das mächtige Band einer sonst naturgemäss vorhandenen Liebe erst von geschickter Hand kunst-
gemäss geknüpft werden musste, so wird man es vollkommen begreifen, dass die Instruktion so nachdrücklich
den Satz des Sokratikers Xenophon betont, dass
Niemand von einem Manne erzogen werden könne, den
er nicht von Herzen liebe. [1]

Was in Artikel 8 und 9 verlangt wird, steht
genau so in den genannten preussischen Instruktionen.
So schrieb Friedrich I.:

»Nächst der Gottesfurcht ist nichts, was ein fürst-
liches Gemüth mehr zum Guten antreiben und vom
Bösen abhalten kann, als die wahre Gloire und Begierde zu Ruhm und Ehre: nicht dass dadurch ein
aufgeblasener Stolz und Hochmuth, welcher sich in
fürstlichen Palästen ohnedem gar zu leicht einschleicht
und durch Höflinge und Flatteurs vermehrt wird, verstanden werde.«

Dringlicher noch drückte sich Friedrich Wilhelm I.
aus:

»Der Oberhofmeister sowohl, als der Sousgouver-
neur müssen ihr einziges Augenmerk sein lassen, Ihn
von allem aufgeblasenen Stolz und Hochmuth, welcher
sich ohnedem zu leicht einschleicht, auf alle Weise
abwendig zu machen und zu dem Ende alle nur er-
sinnlichen Mittel vorkehren.«

Und am stärksten wählte Friedrich der Grosse
die Ausdrücke in seiner vom 24. September 1751
datirenden Instruktion für die Erziehung seines Thron-
folgers:

---

[1] Xen. Mem. I. 2. 39.

»Man muss ihm keine Flausen in den Kopf setzen . . . er soll lernen, dass alle Menschen gleich sind, und dass die Geburt ein Hirngespinst ist, falls sie nicht getragen ist vom Verdienst.« [1])

Wie die in der hessischen Instruction für diesen Punkt gegebenen Anweisungen befolgt wurden, und was sie für Früchte trugen, lehren uns die Worte des einen der Prinzen, des Landgrafen Carl, der in seinen Memoiren (Ausg. v. Bernhardi p. 2) schreibt: »Unser Hofmeister Sévery, ein ziemlich junger Mann, welcher sehr freisinnige Ideen hatte, sagte uns oft, wenn er hochfahrende Ideen bei uns bemerkte: 'Bildet Euch nichts darauf ein, dass Ihr Prinzen seid, denkt daran, dass Ihr aus demselben Stoffe bereitet seid, wie die übrigen Menschen und dass nur das Verdienst den Werth des Menschen bestimmt.' Niemand war mehr von dieser Wahrheit überzeugt, als ich. Der 'deutsche Michel', die Etikette, die Eitelkeit des Geburtsranges waren mir immer lächerliche Dinge.«

Mit einigem Kopfschütteln, besonders wenn man von der Betrachtung der eben besprochenen liberalen Anschauung kommt, wird man vielleicht den Artikel 10 lesen. Er scheint in so vornehmer Umgebung fast ein Fremdling. Wir sind gewohnt, und nicht mit Unrecht, die gegenseitige Erziehung der Kinder untereinander, ziemlich hoch anzuschlagen; denn diese Art Erziehung ist gerade diejenige, unter der wir unser Lebenlang stehen, wenn wir längst allen Lehrern und Gouverneuren entwachsen sind: »Nicht einsam bleibst Du, bildest Dich gesellig Und handelst wohl so wie ein andrer handelt.« Die Fürsten unserer Zeit, welche ihre Söhne auf öffentliche Schulen schicken, denken ebenso, und die Meinung jenes aufgeklärten Zeitalters vermeint

---

[1]) Bei *J. B. Meyer*, Friedr. d. Grossen pädag. Schriften und Aeusserungen p. 192.

man doch in den Worten des Mannes zu hören, nach welchem es genannt wird: Friedrich der Grosse schreibt: »In seinen Erholungsstunden kann er, wenn er es wünscht, ohne Schaden Kinder seines Alters sehen.« Und an anderer Stelle: »Lassen Sie ihn ganz allein mit allen Menschen sprechen, damit er dreist wird. Was liegt daran, wenn er Unsinn schwatzt? Man weiss, dass er ein Kind ist.«

Des Landgrafen Wilhelm Meinung ist eben eine andere gewesen. Er dachte mehr an die Unarten, die Kinder von einander lernen, als an die erziehende Einwirkung gleichaltrigen Verkehrs. Ganz Unrecht hatte er darin schliesslich auch nicht, wie man Niemandem auseinanderzusetzen braucht. Da Kinder gern das ihnen Neue nachahmen, verfallen Fürstensöhne wohl noch leichter als andere darauf, die Unarten in Wort und That anzunehmen, die sie an anderen Kindern zuerst kennen lernen. Endlich wird die Bestimmung durch alles das gemildert, was der Landgraf über die Bekämpfung eines falschen Hochmuthes sagt. Lehrreich bleibt es, dass allerdings dem ältesten Prinzen ein äusserst starkes Standesbewusstsein lebenslänglich eigen gewesen ist, während wir andererseits des zweiten Prinzen spätere Denkweise soeben als eine sehr freiheitliche kennen lernten.

Man kann hier, wie so oft bei Betrachtung von Erziehungswerken, nicht umhin, an Friedrichs des Grossen Worte zu denken, welcher an den Major von Borcke schrieb: »Weder Sie noch irgend eine Macht der Erde können den Charakter eines Kindes ändern: alles was die Erziehung vermag, besteht darin, die Heftigkeit der Leidenschaften zu mässigen.« Letzteres ist in mancher Beziehung hier auch gelungen, bei dem einen Prinzen mehr, bei dem andern weniger. Den Hang zum leidenschaftlichen Aufbrausen, an dem

Prinz Wilhelm litt, die ebenfalls aus Leidenschaftlichkeit entspringende Flüchtigkeit seines jüngeren Bruders
zu beseitigen, haben die vereinigten Anstrengungen
der Mutter und der Erzieher vermocht. Sind sie auf
dem soeben in Rede stehenden Punkte beim Prinz
Wilhelm weniger glücklich gewesen, so wird sich die
Schuld dafür wohl zum Theil daraus ableiten lassen,
dass nach dem Willen des Grossvaters manches geschehen musste, was ein übermässiges Standesbewusstsein in dem Prinzen nährte.

Wie genau der alte Landgraf die Klippen kannte,
an denen eine Prinzenerziehung vorbeigesteuert werden
muss, lässt auch sein wiederholter Hinweis darauf erkennen, dass die Prinzen zum Handeln und Urtheilen
und Wollen aus eigenem Antriebe anzuleiten seien. Es
ist schon mehrfach ausgesprochen worden [1]), dass die
grosse Gefahr jeder Prinzenerziehung die sei, dass die
Zöglinge unselbstständig würden, und wie sie sich daran
gewöhnen, den Lakaien für ihre äusserliche Ordnung
sorgen zu lassen, so auch daran, den Erzieher für sich
denken, ja sogar und vor Allem für sich wollen zu
lassen. In der wohlgeordneten Erziehung hat alles seine
Stunde und Jahreszeit, wird Alles in gehöriger Reihenfolge und entsprechendem Alter an sie herangebracht,
dem eigenen Wunsche keine Möglichkeit gewährt, sich zu
regen und zu Handlungen zu treiben. An den verschiedensten Stellen sucht die Instruktion dieser Gefahr
zu begegnen, besonders bemerkenswerth ist hierfür
Art. 8 mit seinen weisen Vorschriften, wie man versuchen soll, das eigene Urtheil der Prinzen über die
mit ihnen in Berührung kommenden Personen vorsichtig zu erziehen. Der Landgraf oder Hein mochte

---

[1]) So z. B. in dem Artikel „Prinzenerziehung" in Schmidt's
Encyclopaedie der Erziehung.

bei Niederschrift dieser Worte besonders an die von
Seiten der Katholiken drohenden Gefahren denken:
was halfen alle äusseren, so zu sagen mechanischen
Sicherheitsmassregeln, wenn die Prinzen nicht lernten,
eines Tages selbst ihren Mann zu stehen! Charakter-
schwäche und Hülflosigkeit gegenüber jedem stärkeren
Willen hatten ja vorzüglich ihren eigenen Vater den
Verführungen der Katholiken erliegen lassen.

Endlich mögen uns die drei ersten Artikel noch
einen Augenblick beschäftigen. Gerade sie zeigen im
Vergleich zu den um ein halbes Jahrhundert älteren
preussischen Instruktionen den Fortschritt der Anschauungen in hellem Lichte.

Wie in den Instruktionen für die Erziehung
Friedrich Wilhelms I. und Friedrichs II. wird in der
hessischen als Grund aller Erziehung die Religion gelegt
und die Ausdrücke »wahre Gottesfurcht« (Förster I,
S. 79) und »eine rechte Liebe und Furcht vor Gott«
(ebenda S. 354) kehren auch in der letzteren wieder.
Aber wie anders muthen die Worte des Landgrafen
Wilhelm über die Andachtsübungen an, als das was
Friedrich Wilhelm I. noch von seinem bereits 19¹/₂ jäh-
rigen Sohne in dem »Reglement, wie mein ältester
Sohn Friedrich seine Studien zu Wusterhausen halten
soll« (bei Förster I 357) verlangt. Am Sonntag musste
Friedrich zunächst ein auswendiggelerntes vom Vater
verfasstes Gebet und das Vaterunser sprechen, dann
folgte in Gegenwart aller »Domestiquen« das »grosse
Gebet« auf den Knien und ein Lied, etwa 20 Minuten
lang. Fünfviertel Stunden wurden darauf dem Sonntags-
evangelium und Katechismus gewidmet, alsdann die
Kirche besucht und am Abend der Tag mit Gebet und
Gesang geschlossen. Ein kleinere aber immer halb-
stündige Andacht war hier alltäglich angesetzt. Wie
diese pietistischen Religionsübungen im Sinne der Zeit

auf Friedrich gewirkt haben, ist bekannt. Die Wirkungen spiegeln sich auch in der von ihm gegebenen
Instruktion sowie in dem für den Herzog Karl Eugen
von Württemberg verfassten Fürstenspiegel (J. B. Meyer
S. 187), in denen die Religion nur noch in ihrer politischen Bedeutung erwähnt und gewerthet wird. Von
beiden Extremen, in denen die Verschiedenheiten der
Zeiten zum Ausdruck kommen, hält sich der hessische
Entwurf gleich fern. Die Religionsübungen sollen aus
innerer Neigung und eigenem Antrieb entspringen, und
die auch von Friedrich dem Grossen im Gegensatz zu
seinen Vorfahren empfohlene Toleranz wird von dem
Landgrafen besonders in dem vierten Artikel auf die
edelsten Grundlagen gestellt.

Dass der Religionsunterricht der hessischen Prinzen
darauf hinstrebte, sie mit Anschauungen auszurüsten,
die sie dem Zeitalter der Aufklärung volles Verständniss
entgegenbringen liessen, sie aber doch vor dessen Ab-
irrungen zu bewahren vermochten, das zeigen uns die
ausführlichen Berichte ihres Informators Ledderhose.
Wenn Friedrich der Grosse (Förster p. 191) schreibt:
»Er muss die Sachen erst glauben, nachdem er sie ge-
prüft hat«, so berichtet Ledderhose (unter dem 30. April
1759) »Wie sie überhaupt und besonders in der Religion nichts auf guten Glauben annehmen, sondern von
Allem Erklärungen und Beweise fordern, die vorge-
tragenen Gründe prüfen etc.« Doch muss man eine
andere Aeusserung seiner Berichte ergänzend hinzu-
fügen, wo es heisst: »Ich habe es aber bei der natür-
lichen Erkenntniss Gottes und seiner Vollkommen-
heiten nicht bewenden lassen, sondern jedesmal zugleich
angezeigt, was die Offenbarung der Christen hiervon
lehrt, und wie dieselbe mit dem, was die Vernunft
hierin sagt, vollkommen übereinstimmt«. Auch versichert er, er habe nach dem Wunsche des Grossvaters

seine Zöglinge bei dem Vergleiche der Religionen (angestellt, als Prinz Wilhelm im 16., Prinz Karl im 15. Lebensjahre stand) »auf alle Weise gegen den blinden Religionseifer zu wahren gesucht«. Die Erfolge dieses Unterrichtes blieben nicht aus. Schon im Kindheitsalter zeigten sie sich nach Ledderhose's Ausdruck »praktisch«, und wie es Prinz Karl einst gewagt vor dem über Religion spöttelnden Friedrich dem Grossen muthig seinen Gott zu bekennen, kann man nicht ohne grosse Theilnahme in dessen Memoiren (S. 133) lesen. Nunmehr lassen wir die Instruktion folgen.

Guillaume par la grace de Dieu Landgrave de Hesse etc. etc.

Savoir faisons: que nous avons nommé notre Général Major Baron de Kayserlingck Gouverneur de nos trois chers Petits Fils les Princes Guillaume, Charles et Frédéric de Hesse, ce que faisons au moyen et en vertu des présentes en sorte et à cette fin qu'il nous sera attaché fidèlement, qu'il détournera tout dommage et préjudice de notre personne et de notre maison et en procurera le bien et l'avantage; qu'en particulier il se chargera de l'éducation ultérieure de nos chers Petits Fils surnommés et y vaquera avec soin de son meilleur sçu et connaissance et de la manière qu'il pourra en rendre compte un jour devant Dieu, devant nous et devant les dits Princes mêmes. Or

1.

La vraie connaissance et la crainte de Dieu dans le même temps qu'elle ouvre à l'homme le chemin pour entrer dans sa sainte communion en Jesus-Christ, enseignent aussi, impriment efficacement et opèrent en lui la faculté de remplir les devoirs que l'Etat et la condition d'un chacun lui impose dans ce monde: le succès de toutes les entreprises et actions des humains dépendent uniquement de la direction et bénédiction de ce Père Eternel, Source de tous les Biens, et aucun mortel ne pouvant manquer sa félicité dans cette vie et dans celle à venir sous Sa protection et Sa grace, ni parvenir à aucune félicité sans icelles: le Gouverneur fera son premier point et sa plus soigneuse et continuelle application d'inspirer à nos Petit Fils autant par luimême que par le Sous-Gouverneur et les Informateurs placés sous sa direction, une crainte de Dieu vraie et sincère, l'amour pour Sa parole et Ses commandements, la haine pour le vice et pour les actions et inclinations contraires à Sa volonté. Il travaillera à ce but et y fera travailler par des instructions et exhortations salutaires non seulement, mais aussi par le modèle et l'exemple que nous comptons qu'ils trouveront en lui et dans les autres personnes susdites placées après lui.

2.

Les dits Informateurs, Conseiller Ledderhose et Causid, se trouvant munis d'une instruction particulière [1]) comment ils doivent s'y prendre pour enseigner à nos Petits Fils les dogmes et préceptes de la religion réformée; le Gouverneur aura l'oeil qu'ils s'y conforment duement, principalement qu'ils accoutument les princes à la prière, de façon toutefois qu'à celle occasion si bien qu'en tous les exercices de piété, il soit usé d'une modération juste et chrétienne, afin qu'ils y soient engagés autant que possible, d'inclination et de propre mouvement et empêchés de toutes les façons qu'il ne s'attachent pas à l'oeuvre extérieure, ni ne prennent le préjugé comme si celui-ci pourrait être agréable à Dieu et propre au but auquel ces exercices sont destinés.

[1]) In den vorhandenen Akten befinden sich diese Instructionen leider nicht.

3.

Avec cette instruction de leur devoir envers Dieu on combinera ceux qu'un chacun généralement et eux mes Petits Fils dans l'état où Dieu les a placés portent en particulier envers eux mêmes, leur prochain et surtout envers leurs parens à qui ils sont redevables de leur vie, éducation et de tant de tendres soins et sollicitudes pour leur bien temporel et éternel. En conséquence le Gouverneur employera toute son attention, afin que, suivant toutes ces relations fondées dans les lois divines et humaines, ils soient instruits et accoutumés à temps à une conduite et des sentiments innocents, décents et vertueux et détournés au contraire de toutes actions mauvaises et déréglées.

4.

Le funeste parti où notre fils leur père s'est précipité en embrassant la religion romaine leur étant assez connu, on leur fera regarder cette démarche à l'égard de leur père pour un malheur tel qu'il est effectivement et dont ce dernier mérite leur compassion la plus douloureuse ainsi que la nôtre et celle de tout le pays. Mais on leur imprimera, que hormis ce qui est relatif à ce fatal aveuglement, ils ne lui doivent pas moins tout le respect et obéissance comme à leur père. Que leur conscience les oblige de le recommander d'autant plus souvent à Dieu dans leurs prières et d'implorer avec d'autant plus de ferveur de l'Être Suprême de ne point retirer de dessus d'eux sa grace et sa lumière, mais de les fortifier et diriger de plus en plus par son St. Esprit afin de Lui demeurer attachés et à sa vérité fidèlement de coeur et d'âme. Nous ne voulons pas aussi qu'il leur soit parlé à tout propos et trop fréquemment, à des occasions la plus part nullement convenables, de cette religion soit disant catholique, moins encore que ses erreurs soient reprises légèrement et tournées en ridicule. Mais lorsqu'il en sera question, soit dans les heures de leur instruction ou autrement, on leur montrera d'une manière sérieuse, solide et convainquante avec la modération chrétienne convenable au sujet, l'absurdité des dogmes et des cérémonies de l'église romaine et leur contrarité avec le St. Evangile, les verités y revelées et avec le but d'icelles.

5.

On ne souffrira absolument en presence de nos petits fils aucun propos ou expressions sales, lubriques et indécentes, de jurements et pareils discours lesquels, s'il ne font pas d'abord sur eux une impression vicieuse, leur inspirent au moins une légèreté nuisible. On ne leur permettra non plus aucune familiarité avec les officiers de leur chambre, les domestiques et autres gens de cette sorte. Surtout le Gouverneur y veillera avec rigueur que ceux-ci ne s'enhardissent de les exciter par des propos libertins et indécents ou par de mauvais exemples, beaucoup moins de leur fournir secrètement les occasions ou les moyens de faire le mal. Et quoique

6.

Cet article, savoir ce qui concerne la conduite de nos Petits Fils à une vie sage et chrétienne et à un comportement décent, soit d'une telle étendue et exige de tous ceux qui ont part à leur inspection et instruction, une application tellement modifiée et différente, suivant la diversité du caractère et des inclinations de chacun de ces princes en particulier, qu'à peine est-il possible d'en toucher les idées et règles les plus générales dans une pareille instruction, tant s'en faut qu'on puisse en entreprendre le détail dans la multiplicité des cas et des vues particulières qui se

présentent dans l'exécution, nous trouvons cependant
nécessaire d'inculquer que, comme on travaille envain à
la culture de l'esprit et du coeur des jeunes gens et
n'opérera jamais rien de solide et de constant à moins
que ceux qui sont préposés à les conduire et diriger
ne commencent pas gagner leur amitié et confiance,
c'est sur ce fondement que le Gouverneur doit bâtir,
user envers nos fils de douceur et d'humanité
mais sans flatterie (que nous n'avons nul lieu d'appré-
hender de sa part) d'approfondir en ami leurs penchants
et inclinations, s'il en découvre de mauvaises, y obvier
avec modération et prudence et leur prêter les
moyens de se corriger eux-mêmes par leurs propres
réflexions et par le motif d'une ambition bien ordonnée,
et si enfin il se voit dans le cas d'employer l'autorité
pour les obliger de résister à leurs passions, il évitera
d'en faire éclater de sa part ou de se laisser emporter
à l'indignation. Il mettra plutôt en pareille occasion
toute son application à leur faire sentir et se convaincre
par eux-mêmes du tort qu'ils ont, et de la précipitation
où ils ont donné et que ce n'est que leur bien qu'on
se propose dans les corrections et exhortations qu'on
leur fait.

7.

Or, comme relativement à tous ces différents objets
il importe entièrement que toute sorte de personnes,
quand même leur état ou leur naissance les y qualifie
d'ailleurs, ne soient admis indifféremment à la conversation surtout fréquente des princes mais qu'on en fasse
un choix raisonnable et prudent, le gouverneur en em-
pêchera en premier lieu les catholiques, puis toutes les
personnes inconnues ou suspectes, de même qui sont
adonnées au libertinage, qui en matière de la religion
ou morale passent pour avoir des principes pernicieux,

des gens mal élevés ou de mauvais caractère et même
ceux qui, sous l'ombre d'égayer et d'amuser, séduisent
nos Petits Fils à la disposition et à une légèreté de
sentiments nuisible. Il tachera de même de leur couper
l'accès auprès d'eux autant que cela se peut sans trop
d'inconvénient. En échange il choisira pour leur conversation des gens d'esprit solide, de probité et de bien,
d'une bonne conduite et décente dont la compagnie
peut leur servir d'exemple et d'une instruction utile.
En même temps il tachera par une direction opportune
et convenable de leur apprendre à connaître et à dé-
couvrir par eux-mêmes, à mesure que leurs facultés le
permettent, le caractère et les sentimens de ceux qui
les fréquentent, à discerner le vrai mérite et à l'honorer
et par là de se tenir en garde contre ces apparences
? ? ? [1]) sur lesquelles le jugement de jeunes personnes
est si sujet à se précipiter.

8.

Avant toutes choses le Gouverneur aura soin de
les prémunir fortement contre ceux qui les flattent pour
les prérogatives de leur naissance ou de leurs qualités
ainsi qu'en excusant et déguisant leurs défauts. Il leur
decouvrira soigneusement les, vues interessées et pernicieuses qui font agir cette indigne espèce d'hommes:
Que loin de vouloir et de chercher leur bien, ils n'ont
en vue que soi-même, afin de les bien convaincre que
de pareils adulateurs ne tachent qu'à abuser de leur
faiblesse et que, leur but atteint, ils les méprisent dans
le coeur et même les rendent encore méprisables auprès
d'autres ou que d'un esprit faible et d'un coeur imbécile
il n'y a de preuve plus dardée que quand une personne
se laisse entrainer à vouloir suppléer au défaut de ses

---

[1]) Unleserliches zu apparences gehöriges Adjectiv.

mentes (? ?) par le faux applaudissement d'indignes
flatteurs comme tels à tout le monde hormis à lui seul,
pour ne rien dire du préjudice extrême et inévitable
qui en résulte encore à la visée du public, quand un
prince par la faiblesse de son jugement ou par l'aveuglement d'un vil amour-propre confie ensuite sa gloire
et ses intérêts entre des mains si infidèles et indignes.

9.

Pour le même effet et afin que nos fils (sic), en
se laissant éblouir par les prérogatives que Dieu a attaché à leur naissance, ne marquent point les qualités
et les mérites réels, dont l'acquit seul peut les faire
aimer, estimer et honorer dans ce monde par les gens
de bien et de jugement et nommément par leurs propres serviteurs et sujets, nous voulons qu'on écarte
d'eux ce qui pourrait contribuer à attacher leur ima-
gination et à leur faire chercher leur gloire dans les prérogatives de leur état et naissance, et qu'il ne leur soit
point marqué de déférence extraordinaire en cet égard,
mais qu'ils ne reçoivent et n'acceptent d'autres démon-
strations d'égards et de politesse que ceux qu'il leur
appartient réciproquement de rendre également aux
personnes de qualité et qu'au contraire on tache de
leur imprimer à toute occasion que Dieu en leur im-.
posant par leur naissance distinguée et illustre plus de
devoirs qu'à d'autres, leur a prêté aussi, suivant sa sagesse et clémence, plus de moyens et de facilité pour
se mettre en état de les remplir, de se gouverner con-
formément aux préminences de leur naissance et à la
gloire de leur maison, d'opérer d'autant plus de bien
pour eux-mêmes et pour leur prochain et employer
ainsi avec gratitude envers leur père et créateur ces
avantages de la fortune à leur vrai bien et bonheur dans
cette vie et à leur félicité éternelle; avec quoi il sera

nécessaire de les convaincre aussi que ce n'est pas leur état mais la sagesse de leur conduite seule qui pourra leur mériter l'attention, l'estime et les graces de S. M. Danoise et de cette cour, sans quoi tout ce qu'on saura leur témoigner et telles que soient les attentions qu'on y aura pour eux, ne les en excusera nullement.

10.

Comme il ne profite jamais aux jeunes gens, si leur fréquentation est avec leurs pareils du même âge qui ont encore besoin de la même inspection, cette fréquentation sera évitée autant qu'il se peut, et lorsque la bienséance exigera l'admission des enfants des Ministres, Généraux et autres personnes de qualité on n'y permettra au moins aucune familiarité, qui demeure également prohibée entièrement avec toutes les autres personnes qui auront de la fréquentation auprès des princes, comme qui ne produit jamais rien de bon et n'engendre que du dégoût et du mépris entre les personnes mêmes et bien d'autres inconvénients.

Pour le prince héréditaire de Danemark et les autres princes royaux qu'ils auront l'avantage de fréquenter, nos petits fils doivent être instruits de leur marquer constamment le respect et la déférence qu'ils leur doivent.

11.

Nos petits fils ne seront jamais abandonnés à eux seuls. Hors des heures des instructions qu'ils recoivent de leurs informateurs un d'iceux assistera toujours aux leçons des autres maîtres et pendant les exercices si bien qu'en tout autre temps le Gouverneur ou Sous-Gouverneur les accompagnera constamment et si l'un et l'autre de ces derniers dût se trouver empêché absolument, ils auront au moins un des informateurs auprès d'eux.

12.

Ayant été prescrit et ordonné ci dessus quelles personnes doivent être admises auprès de nos petits fils et choisies pour leur conversation, nous désirons en outre que le Gouverneur s'attache à accoutumer ses élèves d'entretenir ceux qui les fréquentent ou qu'ils soient ailleurs sans embarras ni timidité mais aussi sans étourderie, modestement, d'une manière aisée mais civile, en quoi l'exemple du Gouverneur ou Sous-Gouverneur, s'ils se trouvent présents, devra les diriger principalement; mais à quel effet il contribuera en même temps s'ils ont le soin requis de les informer préalablement du caractère et de la situation des personnes qu'ils verront pour la première fois, afin qu'il sachent le pied sur lequel il convient de se conduire envers un chacun et ce qui peut fournir les matières convenables pour l'entretien avec eux. D'ailleurs

13.

Nos petits fils seront accoutumés et exhortés d'avoir de bonnes manières, de douceur et de l'humanité envers tous les gens d'une espèce inférieure, leurs serviteurs et domestiques et généralement envers un chacun et d'être charitable envers les pauvres. On ne leur pardonnera, pas surtout d'abuser jamais de la supériorité que leur état leur donne pour l'offense ou l'humiliation de qui que ce soit. On leur représentera et peindra tout ce qui tient d'une pareille conduite telle qu'elle l'est en effet comme le plus bas de tous les vices et le plus indigne de tous les caractères et quoique

14.

Il s'entend sans dire que la propreté du corps et de l'habillement fait une partie essentielle (?) d'une éducation raisonnable et de ce bon ordre et réglé qui fa-

cilite toutes les occupations de l'homme, cette propreté
appartenant d'autant plus et de toutes les façons à de
jeunes gens d'une illustre naissance, le Gouverneur aura
attention d'y accoutumer et d'y entretenir ses élèves de
ne permettre à eux ni aux gens qui ont soin de leurs
habits aucune négligence, et aura l'oeil qu'il n'y ait point
de fautes à cet égard.

15.

Le Gouverneur aura pareillement son attention
afin que la santé de nos petits fils ne souffre point
du tout par quelque excès soit dans le régime pour
leur nourriture soit dans leurs exercices. .Toutefois
nous ne voulons pas non plus que cette précaution soit
poussée au delà de ses justes bornes et qu'ils soient
entretenus trop délicatement et beaucoup moins accoutumés sans nécessité au médecines. Si cependant
quelque attaque survient à l'un ou à l'autre de façon
que pour en prévenir les suites le conseil d'un méde-
cin paraisse devenir salutaire, le Gouverneur saura lui
même à quoi alors les circonstances et son devoir
l'obligent.

16.

Le ménage des princes nos petits fils et tout ce
qui y appartient, dépend uniquement du Gouverneur
et celui-ci employera pour en tenir les comptes le
maitre d'hôtel Koch. Mais quant à l'inspection sur
les Informateurs, les officiers de la chambre et domestiques nous en remettons le soin au Gouverneur et
au Sous-Gouverneur en commun de façon toutefois que
ce dernier n'agira que sous le premier et n'y fera rien
sans le sçu et l'approbation de l'autre. D'ailleurs ils
se prêteront les mains l'un à l'autre pour entretenir un
chacun des officiers subordonnés dans les devoirs
réspectifs de leur fonction pour prévenir tout désordre

et négligence de leur part et pour y remédier si besoin
en est.

17.

Nous enjoignons au Gouverneur sur son serment
et sur sa conscience, à charge de nous en rendre compte,
sous notre disgrace la plus griève, de ne jamais mener
nos trois petits fils ou tel qui ce soit d'entre eux ni
permettre qu'ils soient menés ou qu'ils se rendent hors
du royaume de Danemark sans nos ordres spéciels et
en même temps sans la connaissance et l'agrément de
Sa Majesté Danoise, mais d'avoir constamment à toute
occasion et en tout temps l'attention la plus soigneuse
et continuelle à tel dessin, seduction ou machination
qui, quoique contre notre attent, pourrait être formée à
pareille fin, et sur le moindre soupçon qu'il en prendrait
de denoncer et rapporter incessament et d'y attendre
les ordres convenables; et comme

18.

Lui, le Baron de Kayserlingk est informé suffisamment qu'en envoyant nos petits fils s'établir à
Copenhague notre but principal a été de les mettre
par là à l'abri de toutes les tentations et séductions
publiques et secrètes qu'on n'a que trop lieu d'appré-
hender de la part des catholiques; nous lui faisons
savoir en outre que notre fils le Prince Héréditaire sur
son changement de religion ayant donné les Reversales
connues en date du 28. d'octobre 1754 en vertu des-
quelles il nous remet purement et sans restriction toutes
les mesures que nous jugerons à propos de prendre
dès à présent et pour les cas à venir pour l'éducation
de ses fils, nos petits fils dans la religion évangélique
réformée; nous avons au moyen d'un testament muni
de toutes les légalités requises, et déposé en des endroits
suffisamment surs, disposé en telle façon au cas de

notre décès par rapport à l'éducation ultérieure de nos
trois chers petits fils qu'à l'entière exclusion de notre
fils susdit, tout le soin et tous les arrangements pour
cet objet sont remis et dépendront dorénavant de Ses
Majestés les rois de la Grande-Bretagne et de Danemark et de Son Altesse Royale Madame la Princesse
notre belle-fille, de sorte qu'au cas qu'il plaise à Dieu
de nous retirer de ce monde le susdit Gouverneur
Baron de Kayserlingk aura à s'adresser uniquement et
à l'exclusion de tout autre aux deux rois susmentionnés
et à sadite Altesse Royale ou à leur defaut à ceux que
notre testament et les codicilles y ajoutés lui indi-
queront ultérieurement, par conséquent de prendre
d'eux seuls les ordres et instructions nécessaires et
d'y obéir en tout ce qui peut regarder sa fonction
portant l'éducation de nos petits fils ou tels autres
événements ou circonstances y relatives en façon
quelconque.

19.

Afin de couper aussi aux catholiques et à ceux dont
ils pourraient se servir pour leurs vues pernicieuses
toute occasion de faire par correspondance quelques
ouvertures (?) ou insinuations nuisibles à nos petits
fils, nous voulons que le Gouverneur ait sous main et
sans rien faire apercevoir, l'oeil quelles lettres, de la
part de qui et par quel moyen leur parviennent et à
qui ils en adressent? et s'il prend de là quelque
soupçon il tachera premièrement de se mettre mieux
au fait avec prudence et sans donner de l'ombrage ou
de déplaisir à ses élèves. Puis, s'il découvre effectivement quelques machinations ou trame surpâté, surtout
si on voulût lui en faire mystère, il employera toutes
les voies propres à approfondir la chose et nous en
rendra compte sans aucun délai.

20.

Nous ne saurions de plus nous empêcher d'avertir le Baron de Kayserlingk que, vu l'alliance arrêtée entre Son Altesse Royale la princesse Caroline de Danemark et l'ainé de nos petits fils, il tache de faire en sorte qu'il ne s'établisse point de familiarité entre eux lorsqu'ils se trouveront ensemble, mais d'engager le dernier à témoigner toujours le respect et l'attention dues à la Princesse et d'avoir pour elle toute la politesse qu'il doit se faire honneur de lui marquer. Nous désirons aussi que le Gouverneur fasse son objet de lui faire remarquer dans les occasions convenables les bonnes qualités de la Princesse et de lui faire sentir les avantages qu'il retirera de cette alliance à fin de l'exhorter par là à s'étudier d'autant plus de mériter les graces du Roi et l'estime et l'amitié de la princesse par ses attentions et sa bonne conduite.

21.

Le Gouverneur ou en cas que lui fût empêché pour cause de maladie ou autrement, le Sous-Gouverneur nous fera à chaque ordinaire de même qu'à Madame la Princesse notre Belle-Fille sa relation sur l'état de santé des Princes nos petits fils, de leur conduite et de ce qu'il se passera relativement à leur égard.

22.

Dans les cas qui ne sauraient être prévus ni déterminés par consequent dans ces instructions, et où il s'agit cependant de l'intérêt et de l'honneur de nos chers petits fils ou des nôtres, il rendra compte et prendra nos ordres. Si toutefois le temps ne permet pas ce délai et qu'il se trouve obligé de prendre un parti sans pouvoir attendre nos volontés, il se déter-

notre décès par rapport à l'éducation ultérieure de nos
trois chers petits fils qu'à l'entière exclusion de notre
fils susdit, tout le soin et tous les arrangements pour
cet objet sont remis et dépendront dorénavant de Ses
Majestés les rois de la Grande-Bretagne et de Danemark et de Son Altesse Royale Madame la Princesse
notre belle-fille, de sorte qu'au cas qu'il plaise à Dieu
de nous retirer de ce monde le susdit Gouverneur
Baron de Kayserlingk aura à s'adresser uniquement et
à l'exclusion de tout autre aux deux rois susmentionnés
et à sadite Altesse Royale ou à leur defaut à ceux que
notre testament et les codicilles y ajoutés lui indi-
queront ultérieurement, par conséquent de prendre
d'eux seuls les ordres et instructions nécessaires et
d'y obéir en tout ce qui peut regarder sa fonction
portant l'éducation de nos petits fils ou tels autres
événements ou circonstances y relatives en façon
quelconque.

19.

Afin de couper aussi aux catholiques et à ceux dont
ils pourraient se servir pour leurs vues pernicieuses
toute occasion de faire par correspondance quelques
ouvertures (?) ou insinuations nuisibles à nos petits
fils, nous voulons que le Gouverneur ait sous main et
sans rien faire apercevoir, l'oeil quelles lettres, de la
part de qui et par quel moyen leur parviennent et à
qui ils en adressent? et s'il prend de là quelque
soupçon il tachera premièrement de se mettre mieux
au fait avec prudence et sans donner de l'ombrage ou
de déplaisir à ses élèves. Puis, s'il découvre effectivement quelques machinations ou trame surpâté, surtout
si on voulût lui en faire mystère, il employera toutes
les voies propres à approfondir la chose et nous en
rendra compte sans aucun délai.

ablegen kann vor Gott, vor uns und den genannten
Prinzen selbst. Da nun

1.

Die wahre Erkenntniss und Furcht Gottes wie sie
gleichzeitig dem Menschen den Weg eröffnen, um zu
Seiner heiligen Gemeinschaft in Jesu Christo zu gelangen, auch lehren, wirksam einprägen und herstellen
in ihm die Fähigkeit, die Pflichten zu erfüllen, welche
der Staat und die besondere Lebensstellung einem jeden
in dieser Welt auferlegen: da ferner der Erfolg aller
Untersuchungen und Handlungen der Menschen einzig
von der Leitung und dem Segen des ewigen Vaters,
der Quelle alles Guten, abhängt, und da kein Sterb-
licher seine Seeligkeit in diesem und dem künftigen
Leben in Seinem Schutz und Seiner Gnade verlieren
kann, noch ohne dieselben zu irgend einem Glück gelangen kann: so soll der Erzieher es zu seinem ersten
Augenmerk und seinem sorgfältigsten und ununter-
brochenen Bemühen machen, unsern Enkeln sowohl
durch ihn selbst als durch den zweiten Erzieher und
die ihm unterstellten Lehrer eine wahre und aufrichtige
Gottesfurcht einzuflössen, die Liebe zu Seinem Wort
und Seinen Geboten, den Hass gegen das Laster und
gegen die Seinem Willen widersprechenden Handlungen
und Neigungen. Diesem Ziele soll er nachstreben und
nachstreben lassen nicht allein durch heilsame Unterweisungen, sondern auch durch das Muster und Beispiel, das sie, wie wir erwarten, in ihm und den
andern ihm zur Seite gestellten Personen finden werden.

2.

Die genannten Lehrer, der Rath Ledderhose und
Causid, haben eine besondere Instruktion in den Händen,
in welcher Weise sie unsere Enkel die Dogmen und

Vorschriften der reformirten Religion lehren sollen; der
Erzieher soll darüber wachen, dass sie dem pflicht-
schuldig nachkommen, besonders dass sie die Prinzen
an das Gebet gewöhnen, dergestalt jedoch, dass bei
dieser Gelegenheit sowohl wie bei allen Frömmigkeits-
übungen eine richtige und christliche Mässigung angewendet wird, damit sie dazu so viel wie möglich aus
eigener Neigung und Antrieb hingeleitet werden und
auf alle Weise verhindert werden, dass sie sich nicht
an die äusserliche Werkthätigkeit anklammern und
nicht dem Irrthum verfallen, als könne diese Gott
wohlgefällig und geeignet sein zur Erlangung des
Zweckes, dem diese Uebungen bestimmt sind.

3.

Mit dieser Unterweisung in ihrer Pflicht gegen
Gott wird man eine Unterweisung in denjenigen
Pflichten verbinden, welche jeder Mensch ohne Ausnahme und meine Enkel in der Stellung, in die Gott
sie gesetzt hat, zu erfüllen haben gegen sich selbst,
gegen ihren Nächsten und besonders gegen ihre Eltern,
denen sie Dank schuldig sind für Leben, Erziehung und
die liebevollen Sorgen und Bemühungen um ihr zeit-
liches und ewiges Wohl. Darum soll der Erzieher alle
Sorge tragen, dass, entsprechend allen diesen in den
göttlichen und menschlichen Satzungen begründeten
Beziehungen, sie unterwiesen werden und gewöhnt
werden bei Zeiten an ein vorwurffreies, geziemendes
und tugendhaftes Benehmen und Empfinden und abge-
wendet werden von allen schlechten und ungehörigen
Handlungen.

4.

Der verhängnissvolle Schritt, den unser Sohn, ihr
Vater, übereilt gethan hat, indem er zur römischen
Religion übertrat, ist ihnen hinreichend bekannt. Doch

wird man ihnen diesen Schritt hinsichtlich ihres Vaters
darstellen als ein Unglück, wie er das auch wirklich
ist, und um dessen willen der Letztere ihr schmerz-
lichstes Mitgefühl ebenso wie das unserige und das des
ganzen Landes verdient. Aber man soll ihnen einprägen, dass abgesehen von dem, was auf diese verhängnissvolle Verblendung Bezug hat, sie ihm um
nichts weniger Achtung und Gehorsam als ihrem Vater
schulden. Ihr Gewissen möge sie veranlassen, ihn um
so öfter Gott in ihren Gebeten zu empfehlen und den
Ewigen mit um so heisserer Inbrunst anzuflehen, Seine
Gnade und Sein Licht ihnen nicht zu entziehen, sondern
sie zu stärken und zu leiten mehr und mehr durch
Seinen heiligen Geist, um ihm und seiner Wahrheit
treu mit ganzer Seele zugethan zu bleiben. Auch
wollen wir nicht, dass man ihnen bei jedem Anlass
und zu häufig, bei meist keineswegs passenden Gelegenheiten von dieser sogenannten katholischen Religion spricht, noch weniger aber, dass ihre Irrthümer
leicht genommen und lächerlich gemacht werden.
Sondern wenn die Rede davon sein wird, sei es in
ihren Unterrichtsstunden oder sonst, soll man ihnen in
ernsthafter, zuverlässiger und überzeugender Weise
mit der dem Gegenstand entsprechenden christlichen
Mässigung, die innere Unhaltbarkeit der Dogmen und
der Ceremonien der römischen Kirche zeigen sowie
deren Widerspruch mit dem heiligen Evangelium, den
darin offenbarten Wahrheiten und dem Zweck derselben.

5.

Man soll in Gegenwart unserer Enkel durchaus
keine schmutzigen, schlüpfrigen und ungehörigen Redensarten und Ausdrücke dulden, noch Flüche und ähnliche
Äusserungen, welche, wenn sie nicht sofort einen verderblichen Einfluss auf sie üben, ihnen wenigstens eine

schädliche Leichtfertigkeit einflössen. Man soll ihnen
ausserdem keine Vertraulichkeiten mit den Kammer-
lakaien, Dienern und andern Leuten dieser Art gestatten. Besonders der erste Erzieher wird mit Strenge
darüber wachen, dass diese es nicht wagen, meine
Enkel durch gemeine und unanständige Redensarten
oder schlechte Beispiele zu verleiten, noch viel weniger
ihnen heimlich die Gelegenheiten oder die Mittel Böses
zu thun liefern. Und obgleich

6.

dieser Artikel, d. h. was die Anleitung unserer
Enkel zu einem weisen und christlichen Leben und
einem anständigen Betragen anbelangt, von einer solchen
Ausdehnung ist und von allen denjenigen, die mit ihrer
Erziehung und ihrem Unterricht zu thun haben, eine
derartig den Umständen angemessene und angepasste
Anwendung verlangt, entsprechend der Verschiedenheit
des Charakters und der Neigungen eines jeden Prinzen
im Besonderen, dass es kaum möglich ist, die Grund-
gedanken und allgemeinsten Vorschriften in einer solchen
Instruktion auch nur zu berühren, und obgleich noch
viel mehr daran fehlt, dass man die Einzelheiten in
der Mannigfaltigkeit der Fälle aus besonderen Rücksichten, die bei der Ausführung auftreten werden,
schildern kann, so halten wir es doch für nothwendig
einzuprägen, dass, da man vergeblich an der Pflege von
Geist und Herz junger Leute arbeitet und niemals
etwas festes und beständiges erreichen wird, wenn die
mit ihrer Führung und Leitung Betrauten nicht damit
beginnen, ihre Freundschaft und ihr Vertrauen zu gewinnen; so soll der Erzieher auf dieser Grundlage
bauen, Sanftmuth und Milde gegen unsere Enkel anwenden doch ohne Schmeichelei (die wir auch keinen
Grund haben von seiner Seite zu befürchten), soll er

als Freund ihre Neigungen und Vorlieben vertiefen,
wenn er üble entdeckt, ihnen mit Mässigung und Umsicht entgegentreten und ihnen die Mittel geben sich
selbst zu verbessern durch ihr eigenes Nachdenken
und durch den Trieb seines wohlgeregelten Ehrgeizes,
und wenn er sich in der Lage sieht, Strenge anwenden
zu müssen um sie zum Widerstand gegen ihre Leidenschaften anzufeuern, soll er es vermeiden seinerseits
Leidenschaftlichkeit zu zeigen oder sich zu heftigem
Unwillen hinreissen zu lassen. Er soll vielmehr bei
solcher Gelegenheit seinen ganzen Eifer darauf richten,
ihnen ihr Unrecht zum Verständniss zu bringen und
sie durch sich selbst davon zu überzeugen, ebenso von
der Uebereilung, die sie sich haben zu Schulden
kommen lassen, sowie davon, dass man mit allen
Strafen und Ermahnungen nur ihr Bestes im Auge hat.

7.

Da nun ferner bezüglich all dieser verschiedenen
Gegenstände es ganz und gar darauf ankommt, dass
alle Arten von Personen, auch wenn ihre Stellung oder
Geburt sie sonst dazu befähigt, nicht unterschiedslos
zum Gespräch, besonders einem häufigen, mit den
Prinzen zugelassen werden, sondern dass man unter
ihnen eine vernünftige und kluge Auswahl trifft, so soll
der Erzieher von einem solchen Verkehr ausschliessen
in erster Linie die Katholiken, dann alle unbekannten
und verdächtigen Personen, ebenso diejenigen, die einen
leichtsinnigen Lebenswandel führen, die hinsichtlich der
Religion und der Sitte im Rufe verderblicher Grundsätze stehen, ungebildete Leute oder Leute von
schlechtem Charakter und selbst diejenigen, die unter
dem Scheine, belustigen und zerstreuen zu wollen,
unsere Enkel zu schädlichen Neigungen und einer
schädlichen Leichtfertigkeit im Empfinden verführen.

Schmeichlern ersetzen zu wollen, von Schmeichlern,
die jedermann ausser ihr selbst als solche bekannt
sind, gar nicht zu reden von dem ausserordentlichen und
unvermeidlichen Schaden, der gegenüber dem Publikum
daraus entsteht, wenn ein Fürst durch Urtheilsschwäche
oder die Verblendung einer niedrigen Selbstgefälligkeit
seinen Ruf und seine Interessen den Händen Ungetreuer
und Unwürdigen überlässt.

9.

Zum gleichen Zweck und damit unsere Enkel sich
nicht durch die Vorzüge blenden lassen, die Gott an
ihre Geburt geknüpft hat und darum die Eigenschaften
und wirklichen Verdienste zeigen, deren Besitz allein
ihnen in dieser Welt Liebe, Achtung und Ehre bei den
ehrenhaften und urtheilsfähigen Leuten und besonders
bei ihren eigenen Dienern und Unterthanen verschaffen
kann, wollen wir, dass man alles von ihnen fern halte,
was dazu beitragen könnte, ihre Einbildungskraft in
diesem Sinn zu fesseln und sie ihren Ruhm in den
Vorrechten ihrer Stellung und ihrer Geburt suchen zu
lassen, und wollen wir ferner, dass ihnen in dieser
Hinsicht keine ausserordentliche Unterwürfigkeit gezeigt
wird, sondern dass sie keine anderen Beweise von
Rücksicht und Höflichkeit empfangen, als diejenigen,
die sie gehörigerweise auch ihrerseits hochgestellten
Personen erweisen müssen und dass man im Gegentheil
ihnen bei jeder Gelegenheit einzuprägen sucht, dass
Gott, indem er ihnen durch ihre hervorragende und
glänzende Abstammung mehr Pflichten als andern auferlegt hat, ihnen zugleich gemäss seiner Weisheit und
Güte mehr Mittel und grössere Leichtigkeit gewährt
hat, um sich in den Stand zu setzen, denselben gerecht zu werden und sich entsprechend ihrer bevor-

zugten Geburt und dem Ruhme ihres Hauses zu führen,
umsomehr Gutes für sich und ihren Nächsten zu thun,
und so mit Dank gegen ihren Vater und Schöpfer diese
Vorzüge des Schicksals zu ihrem wahren Glück und
Wohlergehen in diesem Leben und zu ihrer ewigen
Seeligkeit zu benutzen; womit man sie zugleich überzeugen muss, dass nicht ihre Stellung, sondern die
Vernünftigkeit ihres Betragens allein die Aufmerksamkeit, Achtung und Gnade Seiner Dänischen Majestät
und seines Hofes erwerben kann, ohne was alles, was
man ihnen etwa erzeigen kann, wie auch immer die
Aufmerksamkeiten sein mögen, die man für sie hat, sie
von dieser Verpflichtung keineswegs entbinden kann.

10.

Da es für junge Leute nie nutzbringend ist, wenn
sie mit gleichaltrigen Ihresgleichen verkehren, die noch
derselben Aufsicht bedürfen, so soll dieser Verkehr nach
Möglichkeit vermieden werden, und wenn die gesellschaftlichen Rücksichten die Zulassung der Kinder der
Minister, Generäle und anderen hochgestellten Persönlichkeiten verlangen, wird man dabei wenigstens keine
Familiaritäten zulassen, welche gleichfalls gegenüber
allen anderen Personen verhindert werden müssen, die
mit den Prinzen verkehren, indem dieselben niemals
etwas Gutes erzeugen, sondern nur Geringschätzung
und Missachtung zwischen den Persönlichkeiten selbst
und sehr viel andere Unzuträglichkeiten hervorrufen.

Was den Kronprinzen von Dänemark anbelangt
und die anderen königlichen Prinzen, mit denen sie
Vorzug haben werden, zu verkehren, so müssen sie angehalten werden, ihnen beständig die schuldige Achtung
und Ergebenheit zu bezeigen.

11.

Unsere Enkel sollen sich niemals allein überlassen werden. Ausserhalb der Unterrichtsstunden, die sie von ihren eigenen Lehrern empfangen, muss immer einer derselben den Stunden der anderen Lehrer beiwohnen und sowohl während der körperlichen Uebungen als auch zu jeder anderen Zeit soll sie der erste oder der zweite Erzieher beständig begleiten und wenn diese beide sich verhindert finden sollten, durchaus wenigstens einer ihrer Lehrer bei ihnen sein.

12.

Nachdem oben vorgeschrieben und angeordnet ist, welche Personen zu unsern Enkeln zugelassen und zu ihrer Unterhaltung ausgewählt werden dürfen, wünschen wir, dass der Erzieher sich bemüht, seine Zöglinge daran zu gewöhnen, die Personen, welche ihnen einen Besuch machen, oder die sie anderswo sehen, ohne Verlegenheit und Scheu zu unterhalten, aber auch ohne Zudringlichkeit, bescheiden, in einer leichten aber höflichen Weise, wobei das Beispiel des ersten oder des zweiten Erziehers, wenn sie dabei gegenwärtig sind, sie besonders anleiten muss, wozu aber gleichzeitig auch beitragen muss, wenn dieselben ausdrücklich dafür Sorge tragen, sie im Voraus über den Charakter und die Verhältnisse derjenigen Personen zu unterrichten, die sie zum ersten Mal sehen, damit sie wissen, auf welchen Fuss sie sich mit jedem zu stellen haben und was den passenden Stoff zu einer Unterhaltung mit ihnen liefern kann. Uebrigens

13.

sollen unsere Enkel gewöhnt und ermahnt werden sowohl gute Manieren, Milde und Freundlichkeit gegen alle Leute niederer Stellung zu zeigen, ihre Diener und

zugten Geburt und dem Ruhme ihres Hauses zu führen, umsomehr Gutes für sich und ihren Nächsten zu thun, und so mit Dank gegen ihren Vater und Schöpfer diese Vorzüge des Schicksals zu ihrem wahren Glück und Wohlergehen in diesem Leben und zu ihrer ewigen Seeligkeit zu benutzen; womit man sie zugleich überzeugen muss, dass nicht ihre Stellung, sondern die Vernünftigkeit ihres Betragens allein die Aufmerksamkeit, Achtung und Gnade Seiner Dänischen Majestät und seines Hofes erwerben kann, ohne was alles, was man ihnen etwa erzeigen kann, wie auch immer die Aufmerksamkeiten sein mögen, die man für sie hat, sie von dieser Verpflichtung keineswegs entbinden kann.

10.

Da es für junge Leute nie nutzbringend ist, wenn sie mit gleichaltrigen Ihresgleichen verkehren, die noch derselben Aufsicht bedürfen, so soll dieser Verkehr nach Möglichkeit vermieden werden, und wenn die gesellschaftlichen Rücksichten die Zulassung der Kinder der Minister, Generäle und anderen hochgestellten Persönlichkeiten verlangen, wird man dabei wenigstens keine Familiaritäten zulassen, welche gleichfalls gegenüber allen anderen Personen verhindert werden müssen, die mit den Prinzen verkehren, indem dieselben niemals etwas Gutes erzeugen, sondern nur Geringschätzung und Missachtung zwischen den Persönlichkeiten selbst und sehr viel andere Unzuträglichkeiten hervorrufen.

Was den Kronprinzen von Dänemark anbelangt und die anderen königlichen Prinzen, mit denen sie Vorzug haben werden, zu verkehren, so müssen sie angehalten werden, ihnen beständig die schuldige Achtung und Ergebenheit zu bezeigen.

Rathes heilsam erscheint, so wird der Erzieher alsdann
selbst wissen, wozu ihn die Bedingungen seiner Pflicht
veranlassen müssen.

16.

Der Haushalt der Prinzen unserer Enkel und alles,
was dahin gehört, hängt einzig von dem Erzieher ab
und dieser wird sich, um die Rechnungen derselben zu
führen, der Hülfe des Hausmeisters Koch bedienen.
Was aber die Aufsicht über die Lehrer, die Kammer-
lakaien und Dienstboten betrifft, so übertragen wir die
Sorge dafür dem ersten und zweiten Erzieher gemeinsam, jedoch so, dass der letztere unter dem ersteren
steht und nichts ohne Wissen und Billigung des ersteren
thut. Uebrigens werden sie einander gegenseitig unterstützen, um jeden der unterstellten Beamten zu seiner
Pflicht anzuhalten, um jeder Unordnung und Nachlässigkeit ihrerseits vorzubeugen und dieselbe nöthigenfalls
abzustellen.

17.

Wir befehlen dem Erzieher auf Eid und Gewissen
und unter der Bedingung uns bei unserer härtesten
Ungnade davon Rechenschaft ablegen zu müssen, niemals
unsere drei Enkel oder irgend einen unter ihnen ohne
unsere speziellen Befehle und dem gleichzeitigen Mit-
wissen und Zustimmung Seiner Dänischen Majestät aus
dem Königreich Dänemark zu führen, führen zu lassen
oder zu gestatten, dass sie sich selbst hinausbegeben,
sondern beständig, bei jeder Gelegenheit und zu jeder
Zeit die sorgfältigste und andauerndste Aufmerksamkeit
zu haben auf jede derartige Absicht, Verführung oder
Machination, welche, wenn auch gegen unser Erwarten,
zu solchem Zwecke angesponnen werden könnte, und
auf den geringsten Verdacht hin, den er schöpfen würde,

sofort Anzeige und Bericht zu erstatten und die gehörigen Befehle abzuwarten, und da

18.

er, der Baron Kayserlingk genügend darüber informirt
ist, dass, indem wir unsere Enkel nach Copenhagen
geschickt haben, unser hauptsächlichster Zweck gewesen
ist, sie dadurch vor allen öffentlichen und geheimen
Versuchungen und Verführungen zu sichern, die man
nur allzusehr seitens der Katholiken befürchten muss;
so thun wir ihm zu wissen, dass unser Sohn der Erb-
prinz über seinen Religionswechsel die bekannten Re-
versalien unter dem 28. Oktober 1754 ausgestellt hat,
kraft deren er uns rückhaltlos und ohne Einschränkung
alle Massnahmen überlässt, welche wir jetzt und in
allen zukünftigen Fällen hinsichtlich der Erziehung
seiner Söhne unsrer Enkel in der reformirten Religion
zu treffen für gut halten; auch haben wir in einem mit
allen nothwendigen Gesetzlichkeiten ausgestatteten Testamente, welches an hinreichend sicheren Stellen hinterlegt ist, im Fall unseres Hintrittes derartig bezüglich
der äusseren Erziehung unserer drei lieben Enkel verfügt, dass, unter gänzlichem Ausschluss unseres oben
genannten Sohnes, die ganze Sorge und alle Anordnung
in dieser Sache künftighin überlassen und zustehen
werden Ihren Majestäten den Königen von Gross-
britannien und von Dänemark und Ihrer Königlichen
Hoheit der Frau Prinzessin unserer Schwiegertochter,
derartig, dass, im Fall es Gott gefällt uns aus dieser
Welt abzurufen, der oben genannte Erzieher Baron
von Kayserlingk sich einzig und allein und unter
Ausschliessung eines jeden anderen an die beiden oben
erwähnten Könige und an die genannte Königliche
Hoheit zu wenden haben wird, oder wenn diese in Ausfall kommen an diejenigen, welche unser Testament

nebst angefügten Codicillen ihm des weiteren anzeigen
werden, und dass er folglich von ihnen allein Befehle
und Anweisungen zu empfangen und denselben zu ge-
horchen hat in allem, was seine Amtswaltung bezüglich
der Erziehung unserer Enkel oder sonstiger Ereignisse
oder Umstände, die in irgend einer Weise damit in
Verbindung stehen, betreffen kann.

19.

Um den Katholiken und denjenigen, deren sie sich
für ihre verderblichen Absichten bedienen könnten, jede
Möglichkeit zu nehmen, brieflich irgend welche Eröff-
nungen oder schädliche Zumuthungen an unsere Enkel
gelangen zu lassen, wollen wir, dass der Erzieher un-
auffällig und ohne etwas merken zu lassen, ein Auge
darauf habe, welche Briefe, von wem und auf welchem
Wege meinen Enkeln zugeben und an wen sie solche
schreiben; und wenn er dabei einen Argwohn schöpft,
soll er erst versuchen, sich mit Vorsicht und ohne
seinen Zöglingen Missfallen oder Unbehagen zu bereiten
genauer zu unterrichten. Dann, wenn er thatsächlich
irgendwelche Machinationen oder verdeckte Anschläge
entdeckt, besonders wenn man ihm ein Geheimniss daraus machen wollte, soll er alle geeigneten Mittel benutzen, um der Sache auf den Grund zu kommen und
uns ohne Verzug davon Bericht erstatten.

20.

Wir können uns ferner nicht entbrechen dem
Baron von Kayserlingk mitzutheilen, dass, in Anbetracht
der zwischen Ihrer Königlichen Hoheit der Prinzessin
Caroline von Dänemark und dem ältesten unserer Enkel
beschlossenen Verbindung, er es versuchen muss zu verhindern, dass zwischen diesen, wenn sie sich zusammen
befinden, irgendwelche Vertraulichkeiten Platz greifen,

sofort Anzeige und Bericht zu erstatten und die gehörigen Befehle abzuwarten, und da

18.

er, der Baron Kayserlingk genügend darüber informirt
ist, dass, indem wir unsere Enkel nach Copenhagen
geschickt haben, unser hauptsächlichster Zweck gewesen
ist, sie dadurch vor allen öffentlichen und geheimen
Versuchungen und Verführungen zu sichern, die man
nur allzusehr seitens der Katholiken befürchten muss;
so thun wir ihm zu wissen, dass unser Sohn der Erb-
prinz über seinen Religionswechsel die bekannten Re-
versalien unter dem 28. Oktober 1754 ausgestellt hat,
kraft deren er uns rückhaltslos und ohne Einschränkung
alle Massnahmen überlässt, welche wir jetzt und in
allen zukünftigen Fällen hinsichtlich der Erziehung
seiner Söhne unsrer Enkel in der reformirten Religion
zu treffen für gut halten; auch haben wir in einem mit
allen nothwendigen Gesetzlichkeiten ausgestatteten Testamente, welches an hinreichend sicheren Stellen hinterlegt ist, im Fall unseres Hintrittes derartig bezüglich
der äusseren Erziehung unserer drei lieben Enkel verfügt, dass, unter gänzlichem Ausschluss unseres oben
genannten Sohnes, die ganze Sorge und alle Anordnung
in dieser Sache künftighin überlassen und zustehen
werden Ihren Majestäten den Königen von Gross-
britannien und von Dänemark und Ihrer Königlichen
Hoheit der Frau Prinzessin unserer Schwiegertochter,
derartig, dass, im Fall es Gott gefällt uns aus dieser
Welt abzurufen, der oben genannte Erzieher Baron
von Kayserlingk sich einzig und allein und unter
Ausschliessung eines jeden anderen an die beiden oben
erwähnten Könige und an die genannte Königliche
Hoheit zu wenden haben wird, oder wenn diese in Ausfall kommen an diejenigen, welche unser Testament

23.

soll er sein Leben lang, sei es während seiner gegenwärtigen Stellung oder nachdem er sie verlassen hat,
ein vollständiges und unverbrüchliches Schweigen sowohl
über den Inhalt der vorliegenden Instructionen als über
Alles andere bewahren, was er während seiner gegenwärtigen Stellung in Erfahrung bringt und wobei es
für uns, unser Haus und besonders unsere Enkel darauf
ankommt, dass es unbekannt bleibt; worauf er sein
Wort gegeben, einen formellen Eid geleistet und den
in dergleichen Fällen üblichen Revers unterzeichnet hat.

Auf Grund worauf etc. [1])

---

[1]) Im französischen Text steht diese Schlussformel doppelt.

Lightning Source UK Ltd.
Milton Keynes UK
UKHW020745021118
331644UK00009B/131/P